한 국 헌 법 론

[제 18 판]

전 광 석 저

집 현 재

Korean Constitutional Law

18th Edition

Cheon, Kwang-Seok Dr. jur.
Professor of Public Law
Yonsei Law School

2025
JypHyunJae

제18판 머리말

한국헌법론 제18판은 2024년 말까지 개정된 법령, 헌법재판소의 결정과 법원의 판례를 반영하였다. 개정 작업을 하던 중 12·3 비상계엄이 선포되었고, 이는 국회의 요구에 따라 6시간 만에 해제되었다. 비상계엄의 선포에 저항하는 시민의 말과 행동은 헌법이 지키는 힘이었고, 이는 87년 헌법의 시대에 축적된 시민의식의 결과였다. 헌법의 파괴를 헤쳐나가며 회복하는 과정이 헌법을 가꾸어 가는 토양을 풍요롭게 하리라 믿는다.

이번 개정판에서도 집현재 위호준사장이 직접 원고를 검토해 주었다, 감사의 말을 남긴다.

2025년 1월 20일

전 광 석

초판 머리말

헌법은 국가의 기본적인 규범질서이다. 여기에는 개인 간의 법률관계, 개인과 국가와의 법률관계, 그리고 국가기관 상호간의 법률관계가 포함된다. 그러나 지난 50여년의 우리 헌법사에서 헌법이 주어진 기능을 수행하지는 못했다. 헌법은 오히려 철저히 정치적 도구로서 인식되었다. 따라서 오랜 동안 헌법은 일반국민에게는 "멀리 있는" 혹은 "죽은" 법이었고, 또 적극적인 국민에게는 "나쁜" 법이었다. 운명론적으로 보면 "불행한" 법이었다.

1987년 헌법 이후, 더 정확하게는 1987년 헌법에 의하여 도입된 헌법재판소가 활동하기 시작하면서 우리 사회에서도 헌법은 "가까운", 그리고 "살아 있는" 법이 되었다. 그리고 이제 우리 모두는 헌법을 "좋은" 법으로, 그리고 "존경받는" 법으로 가꾸어야 한다. 다른 법률과는 달리 헌법은 완결된 규범이 아니기 때문이다. 그러나 헌법의 위상이, 그리고 헌법에 대한 평가가 변화하면서 헌법을 이해하는 작업이 쉽지 않게 되었다. 이제 헌법을 이해하기 위해서는 헌법 그 자체뿐 아니라 헌법재판소의 헌법에 대한 유권적 해석에 의하여 풍부해진 내용을 이해하여야 하기 때문이다. 헌법재판소의 결정건수가 9,000건에 육박하고 있다.

헌법을 가꾸어 가기 위해서는 헌법에 대한 정확한 이해가 선행되어야 한다. 이 책은 헌법의 생성배경을 파악하고, 헌법에의 제도화를 이해하고, 이에 기초하여 우리의 헌법을 평가할 수 있는 기본적인 틀을 제시하려는 목적을 갖고 있다. 이 책은 헌법의 기본적인 틀을 제시하는 과제를 갖기 때문에 헌법학계에서 제시된 다양한 학설과 우리 사회에서 발생하는 각종 쟁점에 대한 헌법재판소의 결정을 충실히 소개하는 데에 비중을 두지는 않았다. 또 위와 같은 목적에서 책의 분량을 되도록이면 줄이려는 노력을 하였다. 이 책에서 문제의 직접적인 해결방안을 찾기보다는 문제를 해결하기 위하여 필요한 논리구조를 얻을 수 있도록 집필하였다. 이러한 의도가 성공하였는가는 의문이다. 필자 스스로 책을 집필하는 의도가 충실히 실현되도록 책의 내용을 계속 가꾸어 갈 것이다. 독자의 애정과 비판은 중요한 자극이 될 것이다.

책을 집필하고 출판하는 데 많은 이들이 도움을 주었다. 연세대학교 법과대학 박사과정의 고민수, 이희훈, 신정희, 그리고 석사과정의 남경국, 이동혁, 이

세주, 이병주는 자료수집과 교정에 있어서 좋은 책을 만들기 위하여 애써 주었다. 이들 모두에게 학운이 있기를 바란다. 법문사의 최복현 전무님, 위호준 차장과 현근택 차장은 기획과 편집에서 필자에게 생소한 많은 기술적인 문제에 대해서 도움을 주었다. 감사의 마음을 전한다.

2004년 1월 9일

연세대학교 광복관 연구실에서

전 광 석 씀

차　　례

제 1 편　헌법이란 무엇인가

제 2 편 한국헌법의 기원과 형성 · 발전

제 3 편　대한민국의 국가형태 – 민주공화국

제 4 편 헌법과 문화

제 5 편 헌법과 국제질서

제6편　국민과 영역, 분단과 분단의 극복

제 7 편 국민의 권리와 의무

제 8 편 국가기관의 조직과 기능

제 9 편 경제질서

제10편 헌법의 개정

판례 차례

제 1 편

헌법이란 무엇인가

제 1 장 헌법의 개념

제 1 절 개념과 규율대상

헌법은 국가생활공동체에서 개인의 지위를 기본권을 중심으로 규정하고, 국가생활공동체를 실현·유지하는 과제를 갖는 국내최고법규범이다. 따라서 헌법은 가장 기본적으로는 국가의 형태(제1조), 개인의 국가에 대한 기본적 지위(제10조 이하), 그리고 국가기관의 조직과 구성·기능을 규율대상으로 한다(제40조 이하). 이 밖에 우리 헌법은 국가의 사회경제적 과제를 사회적 기본권과(제31조 이하), 경제질서의 형태로(제119조 이하) 표현하고 있다.

오늘날 거의 모든 국가작용이 헌법과 관련되고, 경우에 따라서 헌법분쟁으로 발전하고 있으며, 이에 따라 국가와 개인 간의 관계뿐 아니라 개인과 공동체이익의 조화, 그리고 개인 간의 이익조정을 위한 기준으로 기능하고 있다. 이와 같이 헌법이 일반성과 보편성을 갖게 되었지만 헌법은 규율대상을 추상화하여 규율한다. 따라서 구체적인 정책의 형성 및 집행, 그리고 개인 간의 이익조정에 있어서 헌법이 판단기준으로 기능하는 데에는 한계가 있다. 즉 헌법이 모든 사안을 망라하여 규율하는 것은 아니며, 또 특정한 사안에 관련된 경우에도 헌법이 직접 규율할 수도 있지만 하위 법령에 위임을 하는 경우도 얼마든지 있다. 이 경우에 헌법은 국가기관에게 정책 판단의 여지를 부여하고 있으며, 따라서 헌법이 분쟁의 구체적인 판단기준이 될 수 없다.

이 점에 대하여 예컨대 헌법재판소는 다음과 같은 서술을 하고 있다. "... 우리 사회보장법제는 18세 이상의 자 ... 를 그 (유족급여의) 제한대상자로 선택한 것이다. 요컨대 아직 우리의 사회보장수준은 이들에 대하여까지 유족급여를 지급할 만큼 성숙되어 있지 않은 것이 안타까울 뿐이다."[1] 혹은 "물론 사립학교 교원도 그가 담당하는 직무의 내용은 국·공립학교 교원과 조금도 다른 바가 없으므로(이른바 공교육으로서의 동질성) 우리 헌법 제34조 제1항, 제2항의 정신에 따라 국가는 사립학교 교원에게도 국·공립학교 교원과 마찬가지로 사회보장·사회복지증진의 측면에서 예우를 하고 보훈을 하는 것이 바람직스러우

1) 헌재 1999.4.29, 97헌마333, 11-1, 518면 참조.

나..., 신분상의 차이로 인하여 그 예우나 보훈에 있어서 차별이 있다고 하더라도, 그것이 곧 사립학교 교원의 평등권 침해로서 헌법위반이 된다고는 보기 어렵다."[2] 이 경우 헌법은 추상적인 실체적 기준과 이를 구체화하는 데 필요한 절차 및 조직의 윤곽을 제시하며, 이러한 질서 속에서 구체적으로 입법적 및 정책적 판단이 형성된다.

헌법이 일반성과 보편성을 갖는 규범으로 발전하였다고 하더라도 모든 중요한 문제가 곧 헌법문제가 되는 것은 아니다. 헌법은 개별적인 생활단위를 결코 헌법과의 관계에서 하부체계(subsystem)로 보는 것은 아니다. 헌법은 개별 생활단위의 독자성을 인정하고 존중하며, 이 점은 주관적으로는 해당 생활단위의 구성원인 개인에게 기본권으로서 보장된다. '법체계적'으로 보면 공법과 사법이 분화되면서 사적인 영역에 대한 공법적 개입은 헌법적 정당성이 있는 경우에 한하여 인정된다. '역사적'으로 보면 헌법에 비해서는 오랜 역사를 거치면서 형성된 민법과 형법의 원칙과 내용을 헌법은 존중하여야 한다. '사회체계적'으로 보면 헌법의 일반화와 보편화로 인하여 정치의 독자성이 상실된 것은 아니다. 오히려 헌법은 헌법의 추상적 가치를 개별 영역에서 구체화하는 정치과정을 개방화하여야 한다. 또 헌법은 기존 법률에 의하여 형성된 제도 및 원칙을 그대로 수용하고 있기도 하다. 민법의 가족 및 혼인, 형법의 죄형법정주의 등이 좋은 예이다(제12조 및 제36조).

'기능적'으로 보면 오늘날 개인의 생활에 직접적이고 중요한 영향을 미치는 사회보장법 및 세법 등에 적용되는 원칙들이 헌법에서 직접 도출되는 것은 아니며, 오히려 이들 기능의 원칙들이 헌법의 내용을 형성한다. 예컨대 조세는 개인이 시장에서 취득한 재산적 이익의 일부를 국가가 환수하는 의미가 있기 때문에 고소득자에 대해서는 시장에 참여하여 얻은 이익이 크다는 이유로 누진세율을 적용할 수 있다.[3] 그러나 사회보험보험료는 모든 개인(가입자)에게 사회적 위험이 발생할 확률이 동일하다는 전제하에 개인을 사회적 위험으로부터 보호하는 정책의 재원(財源)이다. 따라서 가입자의 모든 소득을 대상으로, 그리고 누진적으로 보험료율을 형성하는 것은 타당하지 않다. 이러한 하위체계의 내용을 헌법이 수용하여 헌법적 판단의 기준으로 적용하여야 한다. 이와 같이 헌법의 기능에 포섭되는 문제가 아니라면 이는 입법권의 고유한 규율대상이며 이를

2) 헌재 1994.6.30, 91헌마161, 6-1, 670면 이하 참조.
3) 헌재 1998.2.27, 95헌바5, 10-1, 58면 참조.

헌법을 기준으로 심사할 수는 없다. 수도문제 또는 수도이전문제는 여기에 해당하는 예이다. 헌법재판소는 특별한 논증 없이 수도이전문제를 헌법문제로 보고 판단한 바 있다.[4)]

헌법문제와 법률문제, 그리고 규범의 문제와 정책의 문제를 구분하는 것이 명확하지는 않으며, 이는 헌법학의 중요한 과제이다. 예컨대 건강보험에서 범죄행위 중 발생한 질병 및 부상에 대해서 고의 및 중과실의 경우와 마찬가지로 경과실의 경우에도 급여가 제한되어야 하는가의 문제가 이러한 범주에 속한다.[5)]

제 2 절 사실과 규범

헌법국가는 인류의 오랜 역사의 산물이다. 규범으로서 헌법의 개념이 정립되기 전 시대에 헌법은 국가기관의 조직 및 기능에 관한 사실적 서술로서의 성격(Sein)이 강했다. 이 시기에 헌법은 국가기관에 대한 구속력을 갖지는 못했다. 따라서 이와 같이 사실로서의 성격을 가질 뿐이었던 조선시대의 기본법인 경국대전(經國大典)의 규정을 근거로 헌법재판소가 수도문제의 헌법적 성격을 도출하는 것은 설득력이 없다.[6)] 좀 더 정확히 말하면 당시 헌법은 하부국가조직을 구속했지만 국가의 상부조직은 헌법으로부터 자유로웠다는 의미에서, 규범의 이중성이 일반적인 현상이었다. 헌법은 국가권력을 수범자로 하는데 국가권력의 정당성이 헌법에서 도출되지 않고 종교적 및 자연적 권위에 의존했기 때문이다. 이러한 상황에서는 헌법은 보편적인 규범이 될 수 없다. 이는 전제군주체제에서 헌법에 대한 이해였으며, 민주주의로 전환하는 과정에서 입헌군주제를 거쳤던 경우에도 기본적으로 다르지 않았다. 입헌군주제에서 헌법, 그리고 헌법에 의한 권리는 군주가 인정하는 범위 내에서 적용되었기 때문이다.

헌법이 점차 규범(Sollen)으로 인식된 후에도 헌법이 현실정치에서 규범력을 갖기 위해서 필요한 헌법에 대한 이해와 이를 실현하기 위해서 필요한 제도가 함께 발전했던 것은 아니다. 우리나라에서도 1948년 새로운 국가의 건설을 위

4) 헌재 2004.10.21, 2004헌마554등, 16-2(하), 특히 36면 이하 참조.
5) 헌재 2003.12.18, 2002헌바1, 15-2(하), 457면 이하 참조.
6) 헌재 2004.10.21, 2004헌마554등, 16-2(하), 44면 이하 참조.

하여 제정된 헌법은 1987년 민주화운동을 계기로 개정되고, 헌법의 규범력이 헌법재판제도를 통하여 담보되기 전까지는 실제에 있어서 정치과정을 지도하는 규범이 아니라 정치권력의 의지에 종속된 정치적 사실로서 존재하였다.

다음에서는 헌법의 개념을 충실히 이해하기 위하여 헌법의 역사적 발전을 살펴본다.

제 2 장 헌법의 발전

제 1 절 정치적 공동체 형성규범으로서의 헌법

Ⅰ. 헌법의 과제

가장 넓은 의미에서, 그리고 가장 오래된 의미로 이해되는 헌법은 '지배와 복종을 내용으로 하는 정치적 공동체를 규율대상으로 하는 법'을 말한다. 이를 편의상 '고전적 의미의 헌법'이라고 부른다. 이러한 헌법이 배경으로 하고 있던 상황은 다음과 같다.

Ⅱ. 사회적·가치론적 배경

사회구조가 계급사회였다. 그리고 사회체계는 아직 분화(分化)되지 않았다. 즉 계급구조가 정치·경제·사회·문화 등 전체 하부체계를 포괄하여 지배하였다.

정치와 경제가 분화되지 않아 정치적 지배력이 경제적 결정에 있어서 가장 중요한 변수였다. 시장에서 독자적인 원칙이 기능하였지만 이는 정치적 결정에 종속되어 있었다. 문화의 영역에서도 정치적 공동체의 유지가 가장 중요한 가치기준이며 관심사였다. 문화는 국가 혹은 정치에 포괄적으로 종속되어 있었다. 즉 문화 그 자체가 목적으로서 존중되지 않고, 문화는 국가권력 혹은 종교적 권위를 지지하는 수단이었다. 문화는 미(美)의 추구를 목적으로 하는 것이 아니라 정치권력의 정당성을 높이거나 이를 지속하는 데 기여하는 수단으로서 이해되었다. 교육은 개인을 건전한 정신 및 신체적 조건을 갖춘 인격체로 발전시키는 목적을 가졌다기보다는 정치적 공동체의 지배적인 이념을 지지하고, 정치적 결정과 집행을 담당하는 관리를 양성하는 데에 보다 중요한 목적이 있었다. 유럽에서 최초의 근대적 의미의 대학이 신과대학(Paris) 혹은 법과대학(Bologna)이었던 사실이 역사의 우연은 아니었다. 여기에서 종교적 혹은 정치적 권위를 지지하는 성직자 및 관리를 양성하였다. 국가권력은 종교적 권위와 아직 분화되지 않았으며, 종교적 권위가 보다 지배적인 권력을 행사하였다.

Ⅲ. 국가권력의 정당성 문제

위와 같은 상황에서 국가권력은 모든 분야를 포섭하여 전체질서를 지배하는 통합적 권력이었다. 경우에 따라서는 종교가 이러한 권력을 보유하였다. 이와 같은 통합적 권력의 정당성은 종교적 절대자 혹은 자연적인 것으로부터 주어진 것으로 받아들여졌다. 좀 더 현실적으로는 사회 및 가치체계의 미분화와 신분사회의 구조 속에서 국가권력의 정당성에 대해서 의문이 제기되지 않았다.

이 경우 본질적으로 종교적 권위와 사회적 신분은 일반적인 승인 여부가 문제될 뿐 종교적 권위와 사회적 신분의 내용은 명확했기 때문에 국가권력의 정당성에 대해서는 그만큼 논의의 여지가 없었다. 민주주의에서 국가권력의 정당성이 기원하는 국민의 실체가 명확하지 않다는 이론적 어려움과 이로 인한 현실적인 문제들이 고전적 의미의 헌법에서는 제기되지 않았다. 정치권력, 그리고 통합적 권력에 대한 인간중심적 정당성의 문제는 시대의 의제가 아니었으며, 또 정치권력은 국민에게 이러한 의문을 제기하는 것을 허용하지 않았다. 국가권력, 즉 군주에게 정당성을 독점적으로 부여하여 국가적 통일성을 도모하는 구상은 (군주)주권론의 시발점이 되었다.

Ⅳ. 마그나 카르타의 헌법사적 위치

인권의 역사에서 대헌장으로 불리우는 1215년 영국의 마그나 카르타(Magna Carta)는 당시 정치권력관계에서 최고규범의 성격을 가질 수는 있었다. 그러나 마그나 카르타가 시대적 한계를 뛰어넘는 문서는 아니었다. 마그나 카르타를 통하여 국가권력이 특히 과세권 및 형사사법권을 행사함에 있어서 제한을 받게 되었다는 점에서 이 문서가 인권의 역사에서 중요한 의미를 갖는 것은 사실이다. 특히 마그나 카르타는 과세권에 국가목적적 한계를 제시했다. 즉 조세는 미리 정해진 목적, 예컨대 국왕이 인질로 잡혀 있어 석방을 위하여 보상을 하여야 하는 경우, 국왕의 딸이 결혼할 때 지참금이 필요한 경우에 한하여 부과·징수될 수 있다. 이는 조세에 대한 이해에 있어서 중요한 변화를 가져왔다. 이로써 귀족들이 조세를 징수하는 목적을 기준으로 국왕의 권력을 어느 정도 통제할 수 있게 되었다. 또 국왕이 마그나 카르타를 실천하는가를 감시하는 위원회를 설치하였으나, 이는 귀족들의 모임의 성격을 벗어나지 않았다.

그러나 마그나 카르타는 여전히 당시 영국의 계급사회를 정치적 배경으로 하였으며, 국왕에게 주어진 정치적 정당성에 의문을 제기하지도 않았다. 또 마그나 카르타가 국민 전체를 포함하는 사회의 합의는 아니었다. 마그나 카르타에서는 국가권력의 정당성이 시민계급은 물론 귀족계급에도 귀속되어 있지 않았다는 점에서는 '고전적 의미의 헌법'의 범주를 벗어나지 못했다.

제 2 절 민주주의와 기본권이념의 성립

I. 기존 헌법질서의 문제 상황

서구를 중심으로 보면 근대 시민사회는 다음과 같은 시대적 배경과 상호작용을 하면서 형성되었다. 사회의 다원화와 전문화가 진행되면서 통합적 정치권위에 대한 도전이 나타났다. 새로이 출현하는 지식인과 전문인들은 개별사회영역에서 자신들의 기능에 상응하는 법적 지위를 요구하게 되었다. 신분사회에서 평등사회로의 주장이 맹아(萌芽)를 보였다. 근대 시민사회가 형성되는 세계사적 계기였던 1789년 프랑스대혁명의 전야(前夜)는 '제3계급이란 무엇인가(*Qu'est-ce que le tiers-état?*)'라는 질문을 둘러싼 투쟁의 장(forum)이었다. 이러한 시대적 상황은 특히 종교적 권위와 국가권력이 분화되면서, 즉 이른바 국가권력이 세속화하면서 더욱 촉진되었다. 동시에 지식인과 전문인 등을 중심으로 시민세력이 국가권력의 정당성에 의문을 제기하게 되었다. 계몽사상을 중심으로 자유, 그리고 권력에 대한 통제가 시대정신으로 자리잡았다. 국가권력이 과세권을 무분별하게 행사하여 개인의 재산권을 침해하는 일련의 사건들은 이러한 사고(思考)가 사회운동으로 발전하는 직접적인 계기가 되었다.

자연법 사상에 기초한 사회계약론은 위와 같은 시대정신, 그리고 기존 체제에 대한 저항을 수용하였다. 즉 원시상태의 혼란(만인의 만인에 대한 투쟁)을 방지하기 위해서 개인들은 1차적으로 결합계약을 체결하고, 2차적으로는 지배·복종계약을 체결하였다는 것이다(Hobbes). 이로써 국가권력의 정당성의 근거가 국민 자체에 있다는 논리, 즉 국가권력의 세속화의 논리가 발전하는 사상적 기틀이 마련되었다. 국가권력의 정당성에 관한 새로운 논의에는 사회적 공감대에 기초한 국가목적에 대한 논의가 뒤따랐으며 자유공동체의 가치가 지배하였다.

다만 자유는 무엇인가, 자유는 어떠한 국가작용을 통하여 실현되는가의 문제는 새로운 시대적 과제였다. 이들 가치는 실체가 불분명하고, 또 개방적이기 때문이다. 자유는 처음부터 절대적인 가치가 될 수는 없었으며, 다른 개인의 자유, 그리고 국가목적과의 상호관계 속에서 비로소 형성되고 실현될 수 있다. 평등의 이념도 같은 문제를 내포하고 있었다. 비교대상인 상황 및 개인을 평등하게 취급하여야 한다는 평등의 이념은 구조적으로는 명확하다. 그러나 이러한 평가의 전제인 비교의 대상을 확정하는 작업은 결코 명확하지 않으며, 평등의 기준은 비합리적·자의적일 수 있다. 또 평등의 기준을 무한히 확대하는 경우 이는 개인 간의 차이를 지향하는 자유의 이념과 충돌하게 된다. 이러한 발전은 헌법적으로는 다음과 같은 형태로 구체화되었다.

Ⅱ. 새로운 이념과 제도화

1. 헌법의 구성요소

이제 헌법은 최소한 다음과 같은 세 가지 구성요소를 갖추어야 했다. 아래에서 설명하는 바와 같은 특징과 내용을 갖는 헌법을 편의상 '근대적 의미의 헌법'이라고 부른다.

(1) 기본권 · 민주주의 · 법치국가

개인은 국가와의 관계에서 기본권 주체의 지위를 갖게 되었다. 특히 개인의 신체·재산 등에 대한 국가의 침해가 허용되지 않으며, 이는 사전에 예방되어야 한다. 또 이를 침해하는 경우 사후에 구제될 수 있어야 한다. 기본권의 제한은 필요 최소한에 그쳐야 하며, 기본권을 제한하기 위해서는 법률의 수권(授權)이 필요하다. 더 일반적으로는 법률의 형태로 국민의 동의가 있는 경우에 한하여 국가권력의 행사는 정당성을 갖는다. "동의 없이 과세없다(no taxation without consent)"라는 구호가 시민혁명의 가장 중요한 계기였으며, 또 결과이기도 하였다(법치국가).

국가목적에도 변화가 왔다. 이제 국가는 모든 시민의 행복과 자유를 최대한 보장하는 목적을 가졌다. 이는 자유와 행복을 정의(定義)하는 권리를 기본적으로 개인 스스로가 보유하게 하는 방법으로 실현되었다. 즉 국가가 국가목적의 실질적인 내용을 직접 결정하고 적극적으로 실현하는 방법은 개인의 자유와 조화될 수 없었다. 이와 같은 국가목적의 변화에는 국민의 정치적 의사결정에의 참여가 필연적으로 요청되었으며, 이는 기본권으로 확립되었다. 개인이 선거를 통하여 국가기관의 구성에 참여하거나(선거권) 혹은 개인 스스로가 국가권력의 담당자가 될 수 있는 기회(피선거권)가 보장되었다(민주주의). 또 개인은 자신의 법적 지위, 즉 권리의무관계를 결정하는 정치과정에 의견과 이익을 투입할 수 있게 되었다. "동의 없이 과세없다"라는 요청에는 당연히 "대표 없이 과세없다(no taxation without representation)"라는 명제가 뒤따랐다.

역사적으로 보면 법치국가와 민주주의가 동시에 실현된 경우도 있지만, 법치국가가 먼저 도입·시행되고 민주주의가 확립될 때까지는 오랜 시간이 걸리는 것이 일반적이다. 법치국가는 역설적으로 비민주적 헌정을 오히려 안정적으로 유지시키는 역기능을 수행하는 경우도 있다. 헌법의 지배를 표방하였지만 국민주권으로 전환되지 못하고 여전히 군주의 정당성을 인정하는 경우 이른바 입헌군주정의 과도기를 거치게 된다. 독일이 이에 해당하는 대표적인 예이다. 이때 과도기적으로 국가주권이론이 형성되며, 여기에서는 국가가 주권의 보유자로, 그리고 군주가 주권의 행사자로 구성된다. 그러나 국가는 실체가 있지는 않기 때문에 실제는 군주가 주권을 행사하며 주권의 보유자로서의 국가라는 이론은 의미를 상실하게 된다.

(2) 기본권과 국가조직의 관계

기본권과 국가조직의 관계도 다음과 같이 정립되었다. 국가조직은 민주적으로 구성되어야 한다. 그리고 국가조직은 그 자체가 목적이 아니라, 개인의 기본권을 최대한, 그리고 효율적으로 보호하기 위한 수단이어야 한다(국가조직의 민주적·기본권적 정당성). 소극적으로 보면 이를 위해서는 국가권력이 통합적으로 형성되어서는 안 된다. 국가권력을 기능에 따라 여러 기관에 분리·분산하고, 이들 기관 상호 간에 견제를 위한 혹은 견제를 통한 균형을 형성하여 국가권력의 남용이 방지되어야 했다(권력분립). 적극적으로 보면 특히 기본권을 효율적으로 보장하기 위하여 국민이 정치적 및 행정적 결정에 참여할 수 있는 절차 및 조직을 형성하여야 한다(참여를 통한 기본권 실현).

이 시대를 대표하는 1789년 프랑스의 '인간과 시민의 권리선언(La Déclaration des Droits de l'Homme et du Citoyen)'이 제16조(권리의 보장이 확보되어 있지 않고 권력의 분립이 확정되어 있지 않은 사회는 헌법을 갖고 있지 않은 것이다)에서 권리의 보장과 권력분립을 연계하여 이를 헌법의 본질로 본 것은 새로운 질서를 형성하는 요소를 적확하게 표현한 것이다.

(3) 성문화, 헌법과 법률의 효력 및 기능의 분화

형식적으로 보면 새로운 헌법의 구성요소들은 당시를 지배하기 시작한 계약적 사고의 영향을 받아 문서의 형태로 담아졌다. 헌법 문서가 영구적이고, 또 다음 세대를 구속하는 것은 아니다. 그러나 이는 새로운 시대의 전환적 가치질서이기 때문에 사회에 넓은 공감대가 있는 경우에 한하여 개정될 수 있다. 헌법의 성문화를 계기로 국민주권주의의 규범적 기초인 '헌법'과 헌법을 근거로 형성되는 정치권력에 의하여 시대의 사회적 문제를 해결하기 위하여 제정되는 '법률' 간에 효력 및 기능의 분화가 뚜렷해졌다.

헌법은 한편으로는 장기적인 가치질서를 추상적으로 법제화하고 정치과정에 기준으로 제시되어 정치를 '안정화'시켜야 한다. 다른 한편 헌법은 헌법의 추상적 가치를 구체화하는 방법과 내용을 결정하는 절차를 마련하여 정치를 '개방화'하여야 한다. 이는 헌법개정권력의 한계 또는 헌법의 입법권에 대한 구속력 문제 등에 대한 논의를 거치면서 오늘날의 헌법국가로 발전하였다.

2. 국가의 소극적 · 적극적 기능

(1) 제한적 국가기능

위와 같은 역사 발전의 결과 정치영역에서는 민주주의가 실현되었고, 사회경제영역에서는 기존의 국가기능을 대체하는 시장의 원칙이 지배하게 되었다. 특히 시장의 원칙이 지배하면서 국가는 시장의 기능을 위해서 필요한 질서를 창출하고, 또 시장에 최소한의 개입을 하는 데 그쳤다. 그리고 사회경제적 영역에서 자유와 자율은 주로 기본권에 의하여 보장되었다. 재산권, 직업의 자유, 거주 · 이전의 자유 등이 이에 기여하는 대표적인 기본권들이다. 국가가 시장, 그 밖의 사회경제생활에 개입한다 하더라도 다음과 같은 제한이 따랐다. 이 제한은 최소한에 그쳐야 한다. 국가는 전통적인 과제, 즉 국내 치안을 유지하고 외부로부터 자국민의 생명 · 재산 · 신체 · 자유 등을 보호하기 위하여 전쟁 수행에 필요한 범위 내에서 개인의 권리를 제한하였다. 또 국가가 사회경제생활에 개입을 하더라도 이는 어디까지나 개별적인 교정을 위한 것이었지, 사회경제질서의 구조를 형성하는 목표를 갖지는 않았다. 즉 시장의 기능 유지를 위한 국가개입은 일종의 경찰법적 조치의 성격을 가질 뿐이었다.

(2) 예: 조세제도

국가가 개인의 자유를 최대한 보장하는 과제는 조세제도에 잘 나타나 있다. 조세는 개인 재산의 취득·이용 및 처분으로 인하여 발생하는 경제적 이익의 일부를 국가가 회수하는 수단이며, 이를 기반으로 국가의 재정이 운영된다. 조세는 이와 같이 개인의 자유를 제한하는 효과가 있다. 국가재정이 개인이 부담하는 조세를 통하여 조달되기 때문에 국가 스스로가 경제활동을 하는 것은 원칙적으로 허용되지 않으며 국가는 개인의 경제적 자유를 보장하여야 한다. 또 개인의 소득은 자유를 향유하기 위하여 필요한 경제적 기초이기 때문에 국가는 개인의 소득활동을 무의미하게 할 정도로 과세권을 행사하여서는 안 된다.[1] 이 점에서 당시 조세제도는 국가의 소극적 기능과 개인의 자유를 최대한 보장하는 이념에 의하여 지배되었다.

(3) 국가의 적극적 기능

기본권을 최대한 보장하기 위하여 국가기능을 소극화·최소화하는 이념이 절대적인 것은 아니다. 이는 각국이 시민혁명 당시에 처한 환경에 따라 차이가 있다. 시민혁명이 경제사회질서의 변혁을 필연적으로 동시에 수반한 것은 아니다. 예컨대 프랑스혁명은 구체제(ancien régime)를 전면적으로 부정하고 새로운 정치·경제·사회체제로의 전환을 설계하였다. 즉 프랑스혁명은 정치혁명에 그치지 않고 사회혁명의 성격을 띠었다. 그리고 기본권은 이에 대한 규범적 토대였다. 이에 비해서 미국혁명은 개인의 자유를 보장하기 위하여 권력을 통제하여 정치질서를 개편하는 목적이 있었으며, 전면적인 사회의 개조를 지향한 것은 아니었다. 당시 미국이 이미 자유주의적 경제사회질서를 구축하고 있었기 때문이다.

위와 같은 두 유형에 있어서 시민혁명의 결과 탄생한 기본권의 기능도 어느 정도 차이가 있다. 전자의 예에서는 기본권이 국가에 대한 방어권적 성격과 동시에 새로운 경제사회질서를 형성하는 객관적 성격을 갖는다. 반면 후자의 경우에는 기본권의 질서형성적, 그리고 객관적 성격은 결여되어 있다. 전자의 경우 기본권은 그것이 지향하는 목표를 실현하기 위하여 국가에게 적극적인 과제

---

1) 예컨대 헌재 1994.7.29, 93헌가12, 6-2, 97면 이하 참조.

를 부여하는 단서가 된다. 특히 헌법이 기능하기 위해서는 헌법적 가치에 공감하고, 이를 실현하려는 의지를 갖는 국민의 존재를 필요로 한다. 예컨대 '혁명정신'을 공유하는 시민계급의 육성을 위하여 국가가 교육영역을 적극적으로 형성하는 것은 새로운 헌법에서 국가의 과제가 되었다. 이에 비해서 후자의 경우 교육은 기본적으로는 사적(私的) 및 사회적 자율이 지배하는 영역으로 남았다.

3. 문화의 해방과 새로운 종속

근대사회로 들어와서 특히 정치권력과의 관계에서 문화의 독자적인 가치가 인정되었으며, 근대적 의미의 헌법은 문화에 대한 국가의 개입을 자유권적 기본권을 통하여 배제하였다. 이로써 문화는 정치로부터 자유를 얻었다. 그러나 잃은 것도 있었다. 즉 문화가 정치권력으로부터 독자성을 얻은 반면, 문화에 대한 국가의 후견적 보호가 사라지면서 문화는 경제적 보장의 수단을 잃게 되었다. 그리고 이러한 공백을 시장이 대체하였다. 고전적 의미의 헌법이 적용되던 시대에 국가적 권위 혹은 종교적 권위에 반하는 문화가 존속할 수 없었던 것처럼 이제 시장의 관심을 벗어나는 문화는 존속할 수 없는 문제에 처하게 되었다.

이러한 새로운 상황에서 국가는 한편으로는 문화의 독창성 · 자율성 · 독자성을 존중하면서 다른 한편으로는 시장의 수요와 관계없이 문화를 지원하는 과제를 갖게 되었다. 우리 헌법에서 전통문화 및 민족문화를 계승 · 발전시키고 창달하는 과제는(제9조), 공동체의 실현 · 유지를 위해서는 최소한의 문화적 동질성이 있어야 하지만 이것이 자연적으로 형성되기를 기대할 수 없으며, 따라서 국가의 적극적 노력이 필요하다는 인식을 반영한 것이다.

제 3 절 국가의 경제 · 사회 · 문화적 과제

Ⅰ. 기존 헌법질서의 문제 상황들

1. 사상적 배경

시민혁명의 이념을 법제화한 근대적 의미의 헌법은 계급사회를 극복하고 시민이 중심이 되어 실현된 평등사회를 시대적 배경으로 하였다. 그리고 이러한 평등의 기반 위에서 헌법이 보장하는 자유권을 실현하는 가능성이 열리게 되었다. 법적 평등이 보장되면서 개인의 사회경제적 상황에 있어서의 사실적인 차이는 어느 정도 용인되었고, 또 헌법문제로 발전하지 않았다.

그런데 사회구조의 변화에 따라서 노동자로 대표되는 이른바 제4계급이 출현하였고, 이들이 처한 상황은 시민계급과는 전혀 다른 것이었다. 무엇보다도 자유권을 실현하기 위하여 필요한 조건과 관련하여 이들 제4계급은 '교양과 재산'을 보유한 시민계급과는 차이가 있었다. 그렇기 때문에 평등사회를 실현하는 이념과 제도가 무산계급에게는 의미를 가질 수 없었다. 바꾸어 말하면 근대적 의미의 헌법이 추구하는 평등은 제3계급까지의 평등이며, 제4계급을 평등사회의 일원으로 포섭할 수는 없었다.

2. 헌법적 배경

근대적 의미의 헌법은 개인의 권리를 자유권적 기본권을 중심으로 보장하였다. 그러나 이로써 모든 개인이 실제 자유를 실현할 수 있는 것은 아니었다. 자유권을 실질적으로 행사하기 위해서는 이에 필요한 조건을 갖추어야 한다. 예컨대 자신이 선택하려는 직업에서 요구하는 전문 지식 및 기술을 갖추고 있지 못하면 직업선택의 자유는 무의미하다. 무산계급에게는 재산권 보장보다는 재산을 형성할 수 있는 기회를 부여하는 것이 보다 중요하였다. 이 점에서 자유권을 실현하기 위해서 필요한 조건 자체, 즉 재산과 교양, 그리고 전문 지식 등을 갖지 못한 무산계급에게는 헌법상의 자유권은 공허하였다. 이와 같이 헌법에 대한 기대와 헌법의 실현 간의 괴리가 뚜렷하게 나타나고 있었다.

3. 사회적 배경

서구사회에서 19세기 중반 이후 진행된 산업화에는 농촌의 피폐·산업화와 공장화·도시화·대가족구조의 해체 등의 현상이 뒤따랐다. 이들 요소들은 함께 작용하여 노동자의 상황은 악화되었다. 전통적으로 농촌사회에서 가족은 생산과 소비, 그리고 분배가 동시에 이루어지는 다기능적 공동체였다. 그런데 산업화와 공장화, 그리고 도시화가 진행되면서 농촌의 대가족구조는 점차 해체되었다. 이제 개인의 경제적 생활은 생산공동체인 공장에서 노동력에 대한 대가로서 받는 임금을 중심으로 단선적(單線的)으로 형성되었다. 그런데 새로운 산업구조에서 노동력의 공급은 필연적으로 노동력에 대한 수요를 초과하면서 노동시장의 균형은 상실되었다. 이는 저임금 및 실업의 원인이 되었다. 노동자문제의 기원이다. 노동과 임금의 기능구조가 정상을 일탈하면서 개인의 경제적 기반이 상실되고, 그 결과 빈곤이 보편화·대량화하는 문제가 뒤따랐다.

가족의 분배기능이 약화된 상황에서는 장애 등을 이유로 처음부터 노동시장에 진입할 수 없는 개인이 자율적으로 생활을 형성하는 가능성은 제한되었다. 요컨대 변화된 사회구조 속에서 개인은 새로운 경제생활의 유형을 갖게 되었지만 이러한 유형이 정상을 일탈하여 이전에 경험하지 못한 사회문제로 발전하였다.

4. 경제적 배경

수요와 공급이 원칙적으로 균형을 이루며, 균형점에서 최적 가격이 형성된다는 내용의 시장의 원칙은 어디까지나 가설이었다. 그런데 시장의 실패(the failure of the market)가 현실로 나타나기 시작하였다. 수요와 공급이 애초부터 자연적으로 균형상태에 있지 않았을 뿐 아니라, 여기에 더하여 인위적인 불균형이 나타났다. 즉 독과점을 통하여 공급이 자의적으로 조작되면서, 이제 개인은 정상적인 임금을 통해서도 생활에 필수적인 재화 및 서비스에 접근하기 어렵게 되었다. 이에 국가의 경제에 대한 책임, 시장에 대한 개입과 조정의 가능성이 새로이 조명되어야 했다.

Ⅱ. 새로운 이념과 제도화

1. 대응의 유형

기존 헌법 및 현실 상황에서 총체적이고 구조적인 문제에 대한 인식은 역사적으로는 노동(자)문제로서 구체화되었다. 노동(자)의 사회문제에 직면하여 노동자집단이 정치세력화하였고, 이에 국가는 어떠한 형태로든 대응하지 않을 수 없었다. 새로운 시대적 상황에 적응할 수 없다면, 이는 정치권력이 더 이상 정당성을 유지할 수 없다는 점에서 국가의 위기이며, 동시에 근대적 의미의 헌법의 구상이 더 이상 기능할 수 없게 되었다는 점에서 보면 헌법의 위기였다.

위와 같은 상황에서 극단적인 대응의 형태가 사회주의로의 체제전환이었다. 노동자세력이 집단화·강고화되었지만, 이에 비해서 기존 정치권력의 체제수호의 능력이 미약한 경우 나타나는 현상이다. 1917년 러시아혁명과 사회주의헌법의 출현이 대표적인 예이다. 그러나 이러한 시도는 시대의 경제사회적 문제를 해결한다는 명분은 있었지만 헌법의 고유한 정치개방적 기능이 희생되면서 전통적인 헌법국가의 궤도를 일탈한 것이었다. 이념적으로 이는 개인의 결정에 맡겨져야 하는 자유의 내용을 국가이념에 의하여 확정하고, 이러한 제한적 자유의 이념 위에서 평등을 현실적으로 실현하려는 시도였기 때문이다. 예컨대 북한헌법은 정당정치를 통한 정치의 개방화를 포기하고 조선노동당의 영도적 지위를 선언하고 있다(제11조). 그러나 국가와 사회의 기능 분담을 필요로 하는 다원적이고 복잡한 사회문제를 경제체제에 포괄적으로 포섭하여 국가가 직접, 그리고 독점적으로 해결하려는 시도는 이론적으로 무리였고, 현실적으로 불가능했다. 이러한 사회주의의 실험은 지난 세기말 실패로 끝났다.

사회주의체제로 전환하기 위한 세력화가 이루어지지 못했지만 사회문제로 인한 헌법의 위기가 충실하게 인식되는 경우에는 노동자의 사회문제를 해결하기 위한 정책이 적극적으로 개발되고, 헌법에 반영되었다. 이 경우 근대적 의미의 헌법에서는 개인의 자기결정권에 유보되었던 사회경제적 영역으로 국가의 과제를 확대하였다. 국가는 한편으로는 개인의 자유를 적극적으로 보호하고, 다른 한편으로는 이를 조정하는 권한을 갖게 되었다. 사실 국가 혹은 제3자의 행위를 통해서 개인의 권리가 침해된 경우 혹은 침해될 우려가 있는 경우 사전적 혹은 사후적 권리구제는 처음부터 전통적인 (경찰)국가의 과제에 속하였다. 이제 새로운 상황에서 국가는 국가 혹은 제3자의 행위와 관계없이 개인이 처하게 된 운명을 적극적인 행위를 통하여 부분적으로 수정하는 과제를 갖게 되었다. 이 점에서 국가의 사회적 과제는 국가기능에 대한 근본적인 재검토를 필요로 하였다.

2. 헌법의 구성요소

위와 같은 국가기능의 변화를 헌법에 제도화하는 형태는 다음과 같은 몇 가지이다. 첫째, 국가의 새로운 과제를 국가와 개인의 관계에서 기본권의 형태로 보장하는 방법이다. 교육의 권리, 노동의 권리, 노동자의 권리, 인간다운 생활을 할 권리 등 사회적 기본권이 기본권목록에 보충되었다. 이들 기본권을 실현하기 위하여 국가는 필연적으로 평균적인 혹은 최소한의 자유와 행복에 대한 개념 및 범주를 결정할 권한과 과제를 갖게 되었다. 둘째, 사회적 기본권은 그 실현에 있어서 어느 정도 사실적 상황에 종속되고, 또 규범적으로 구체화되어야 하기 때문에 실현에 한계가 있다. 이 점을 인식하여 사회적 기본권을 보장하는 대신 국가목표규정을 두어 국가에게 사회경제적 질서형성의 객관적 과제를 부과하는 경우도 있다. 독일헌법의 사회국가원리(Sozialstaatsprinzip)가 대표적인 예이다(독일헌법 제20조 및 제28조). 셋째, 사회문제의 기원이 경제질서에 있다고 보고 헌법이 직접 경제에 관한 규제와 조정의 권한을 국가에 부여하는 경우이다. 경제질서에 관한 우리 헌법 제9장이 여기에 해당한다.

우리 헌법은 처음부터 다양한 내용의 사회적 기본권을 보장하고, 경제의 사회적 책임, 그리고 이에 관한 국가과제를 법제화하였다(1948년 헌법 제16조 이하, 제84조 이하).

3. 기본권의 이해 및 기능변화

새로운 상황에서 국가의 헌법적 과제는 기존의 자유권적 기본권의 이해 및 기능에 적극적·소극적 영향을 미치게 되었다. 첫째, 자유권적 기본권 자체가 헌법이 의도하는 사회적 상태를 실현하는 데 기여하여야 한다. 이에 국가는 자유권적 기본권을 행사하기 위하여 필요한 조건을 스스로 충족시키지 못하는 상황을 적극적으로 개선하여야 한다. 둘째, 자유권적 기본권은 국가의 사회적 과제를 실현하기 위하여 필요한 범위에서 조정될 수 있다. 1948년 우리 헌법은 이 점을 명확하게 표현한 바 있다. 즉 "대한민국은 정치, 경제, 사회, 문화의 모든 영역에 있어서 각인의 자유, 평등과 창의를 존중하고 보장하며, 공공복리의 향상을 위하여 이를 보호하고 조정하는 의무를 진다"(제5조).

4. 문화적 독자성의 보호

이 시기에는 문화에 대한 헌법의 태도에도 변화가 필요했다. 헌법의 가치는 국가가 헌법을 존중하는 의지와, 또 국가작용에 비판적으로 참여하고 이를 통제하는 국민의 의지와 능력을 매개로 해서 비로소 실현된다. 따라서 헌법국가는 필연적으로 헌법의 이념과 동질화되어 있는 국민의 존재를 전제로 한다. 이 점에서 헌법적 가치에 대한 인식과 동질화의 과정이 필요하다. 이것이 다름 아닌 문화실현의 과정이다.

헌법과 문화의 관계는 이중적이다. 한편으로 문화적 자유가 보장되어야 한다. 예컨대 학문의 자유 및 예술의 자유(제22조)에 의하여 문화적 다양성과 개방성이 보장되어야 한다. 다른 한편 헌법은 일정한 문화상태가 존재하고 있을 때 비로소 실현된다. 즉 문화활동의 자유가 보장될 뿐 아니라, 적극적으로는 개인이 문화를 향유할 기회를 갖고, 문화활동을 할 수 있는 환경이 조성되어야 한다. 이와 같은 문화와 헌법의 상관관계로 인하여 문화를 더 이상 시장에 종속되는 상태로 둘 수 없게 되었으며, 이제 국가는 문화실현의 적극적 과제를 갖게 되었다.

제 4 절 국제질서에 대한 근본규범으로서의 헌법

Ⅰ. 국제질서와 헌법

특히 제2차 세계대전 이후 국제관계는 헌법의 중요한 규율대상이 되었다. 전대미문의 희생을 가져온 두 번의 세계대전을 겪은 후 세계평화를 위한 국제협력이 필요하다는 공감대가 형성되었다. 세계평화를 위한 노력과 침략전쟁의 부인, 적극적인 국제협력의 선언, 국제법과 국내법의 관계, 외국인의 법적 지위, 그리고 부분적으로 국내주권의 세계 혹은 지역공동체로의 이양에 대한 기본원칙이 헌법에 도입되었다. 제2차 세계대전 이후 국제사회에서 국제정치적 및 군사적 평화를 중심으로 국제협력이 논의되어 왔다. 이에 비해서 1980년대 이후에는 동구권의 사회주의가 붕괴하면서 국제협력의 장(場)은 사회경제적 영역으로 급격히 이동하였다. 또 1990년대 이후에는 사회경제적 활동의 장이 국가단위를 넘어서서 세계 전체의 단위로 발전하고 있다. 세계화(globalization)가 이를 상징하는 용어이다. 이는 일찍이 경험하지 못한 정도의 변화를 가져왔고, 이러한 변화는 앞으로 계속 진행될 것이다. 예컨대 세계무역기구(WTO)를 중심으로 각종 국제무역기준이 채택되었으며, 이에 따라 전(全)지구적 차원에서 무역 개방화와 자유화가 전개되고 있다.

오늘날 국제관계는 더 이상 주권국가가 폐쇄적이고 적대적으로 병존하는 상황에 있지 않다. 이제 개인의 사회경제활동은 국제협력을 지원하는 헌법관계에서 형성된다. 또 실제 지역공동체가 활발히 설립·기능하면서 국제협력의 중점이 정치·군사분야에서 사회경제분야로 옮겨가게 되었다. 따라서 헌법은 자국민이 세계공동체에 편입될 수 있도록 제도적으로 지원하여야 한다. 또 국내법은 외국인이 국내에 진입하여 활동하는 데 있어서 불이익을 받지 않도록 국제공동체에 우호적인 이념 및 제도를 형성하여야 한다. 이는 주권이론적으로 보면 국가의 대외적 독립성을 재구성하는 계기가 되었다. 또 헌법이론적으로 보면 외국인의 기본권 주체성을 포함한 기본권 및 기본권정책을 다시 한번 점검하여야 한다.

Ⅱ. 세계화의 헌법적 의미

세계화의 진전은 헌법에는 새로운 도전이 되고 있다. 오늘날 운송기술과 정보통신기술이 발달하면서 세계는 하나의 생활공동체로 형성되어 가는 과정에 있다. 사실로서의 세계화가 진전되고 있으며, 이는 세계적으로 통용되는 규범적 기준이 정립되면서 돌이킬 수 없는 세계사의 흐름이 되었다. 개방과 자유화에 의하여 통일적인 시장경쟁질서를 구성하고 이러한 환경이 각국에게, 그리고 각국의 국민에게 경쟁을 통한 발전을 가져온다는 희망과 국가 간에, 그리고 국내사회에서 계층 간에 양극화를 초래할 것이라는 우려가 교차하고 있다. 이러한 문제의식과는 별도로 세계화는 국민주권, 그리고 국민통합을 실현하는 과정과 방법에 있어서 뚜렷한 변화를 가져오고 있다.

전통적인 주권국가에서 헌법의 가치는 민주주의의 대의과정과 이에 대한 국민의 참여를 통하여 실현될 것으로 예정하였다. 그런데 세계화는 세계공동체에 적용될 기준을 제시하는 작업을 전제로 혹은 목표로 하며, 이는 국제사회, 그리고 국제기구에서 국가 간의 협의와 합의, 양보와 타협에 의하여 이루어진다. 그리고 이러한 협의와 합의에서는 각국의 이익이 포괄적으로 조정되는 절차를 거친다.

이와 관련하여 전통적인 국민국가에서 의사결정구조는 이중적인 변화를 겪고 있다. 첫째, 세계적으로 통용되는 기준으로 이미 확립되어 있거나 혹은 사실상 확립되어 가고 있는 기준을 개별국가가 거부하는 것이 현실적으로 어렵게 되었다. 이로써 국가정책의 의미가 사실상 약화되었다. 둘째, 세계화 과정에서 노출되는 각국의 이해관계는 다원적으로, 그리고 다층적으로 반영되어 국제기준으로 형성된다. 이러한 국제기준이 효력을 갖기 위해서는 국내법적 절차를 거쳐야 한다(제6조 제1항, 제60조 제1항). 따라서 세계화 과정에서 형성되는 국제기준에 대한 국내법적 통제는 규범적으로는 여전히 가능하다. 그런데 국제기준에 대한 협상과 수용과정은 외교권을 보유하고 있는 행정부가 주도한다(제73조). 이에 비해서 이를 국내법으로 수용하는 데 있어서 국회의 통제기능은 헌법의 규범적 요청과는 달리 제한적이다. 이미 위에서 언급했듯이 협상과 합의과정에서 국가 간에 포괄적으로 이익이 조정되기 때문에 이를 사후에 국회의 통제에 의하여 부정 혹은 교정하는 것은 사실상 어렵기 때문이다. 예컨대 2008년 우리나라에서 촛불시위를 촉발했던 미국산 쇠고기수입에 관한 양국간 행정부 차원에서의 합의가 국민적 저항을 일으키고 재협상이 대안으로 제시된 바 있으나, 그러한 절차가 얼마나 어려운가를 알 수 있었다.

위와 같은 의사결정구조는 기존의 헌법의 구도를 뛰어넘는다. 그런 가운데 보다 많은 이익을 얻기 위하여 최소한의 희생은 감수하여야 한다. 이러한 상황에서 헌법은 전통적인 의사결정구조를 새로이 인식하여야 한다. 대의과정이 헌법이 의도한 바 대로 기능하기 위해서는 세계화의 상황과 구체적인 내용을 투명화하여 그것이 객관적, 그리고 주관적으로 미치는 효과, 그 결과 이익을 얻는 집단과 불이익을 입는 집단, 그리고 이익과 불이익의 정도가 공론화되어야 한다. 이 경우에도 대의기관에서는 포괄적으로 이익관계가 조정되기 때문에 헌법은 이해관계 있는 개인 및 집단, 또 공익(公益)을 지향하여 행동하는 개인 및 집단에게 대의과정을 개방하고, 이들이 활동할 수 있는 공간을 충실히 보장하여야 한다.

제 5 절 새로운 시대정신과 헌법의 과제

Ⅰ. 성장의 한계와 지속가능성

헌법은 인류사회에서 거의 2세기에 걸쳐서 국가의 성격, 국가와 국민의 관계를 규정하는 근본규범으로 기능하였다. 헌법은 시대의 문제를 인식하고, 또 이를 극복하면서 공동체의 존속에 기여하여 왔다. 19세기 초중반 이후 산업화가 진행되면서 서구사회에서 자본과 노동의 분열과 대립이 나타났고, 이로써 노동 및 빈곤문제라는 새로운 사회문제가 출현하였다. 20세기는 이전 세기가 물려 준 사회문제를 사회주의, 사회민주주의 등의 정치이념을 개발하고, 복지국가의 헌법이념을 통하여 대응하는 실험무대였다. 노동의 상품성과 노동자의 존엄성 간에 균형을 유지하는 복지국가의 길에 대한 다양한 논의와 실험이 이어졌다.

1970년대 이후 경제성장의 한계, 환경의 부담능력, 그리고 1980년대 및 90년대 이후 인구고령화와 저출산으로 인한 인구구조의 불균형은 과연 인류가 지난 2세기 동안 성취했던 발전을 지속할 수 있을 것인가에 대한 논의를 불러일으켰다. 기후변화 및 기후위기의 문제는 상황의 심각성을 가중시키고 있다. 이는 지속가능성(sustainability) 혹은 지속가능한 발전(sustainable development)으로 주로 국제적인 차원에서 의제화되었고, 각국에 영향을 미쳤다. 1987년 국제연합(UN)의 위임에 의하여 '환경과 발전에 관한 위원회(World Commission on Environment and Development)'가 작성한 '우리 공동의 미래(Our Common Future)'가 대표적인 예이다. 이 보고서는 지속가능한 발전의 개념을 제시하고 이를 정의하였다. 즉 지속가능한 발전은 "현재세대의 수요(needs)를 충족시키지만, 미래세대가 자신들의 수요를 충족시킬 가능성을 박탈해서는 안 된다"는 의미이다. 이후 지속가능성은 특히 1992년 리우데자네이루(Rio de Janeiro)에서 개최된 국제연합 환경개발회의에서 채택한 '환경과 발전에 관한 리우(Rio)선언'과 '의제 21(Agenda 21)'에서 보다 구체화되었다. 이러한 국제적인 선언 및 행동강령을 계기로 현재세대가 미래세대에 극복할 수 없는 환경, 그리고 경제 및 재정적인 부담을 줄 수 있다는 문제의식이 헌법에도 새로운 과제를 부여하였다. 지속가능성 및 세대 간 정의의 문제가 21세기 인류의, 그리고 헌법의 과제로 등장한 것이다.

Ⅱ. 통합발전과 미래세대에 대한 배려

지속가능성은 우선 수평적인 차원에서 사회적, 생태적 및 경제와 재정체계가 균형있게 통합적으로 발전하여야 한다는 요청이다. 그만큼 논의의 구조가 복잡하다. 이러한 관심은 헌법적으로 말하면 공공복리에 해당한다.[2)] 이들 공공복리의 요소들을 헌법적 기준에 따라 조정·실현하는 것은 헌법의 전형적인 과제이다. 지속가능성은 이러한 영역이 지속적으로 균형있게 발전하여야 하며, 또 현재세대와 미래세대의 이해가 균형있게 고려되어야 한다는 요청을 동시에 내포하고 있다. 이 중 특히 수직적 차원의 문제는 헌법적으로는 낯선 주제

2) 이에 대해서는 헌재 2004.10.28, 99헌바91, 16-2(하), 128면 이하(경제성장과 공공복리); 1994.6.30, 92헌가9, 6-1, 543면 이하(복지와 공공복리); 1998.12.24, 89헌마214등, 10-2, 926면 이하(환경과 공공복리) 등 참조.

이다.[3] 지속가능성의 문제는 환경과 사회, 그리고 경제 및 재정에 대한 결정이 장기적인 파급효과를 가지며, 따라서 장기적인 계획에 따른 대응을 필요로 한다는 추상적인 논의의 차원을 넘어 '미래세대의 보호'를 필요로 하며, '미래세대와의 갈등'이 잠재해 있는 의제이기 때문이다.

이와 같은 비동시적(非同時的)인 사안을 평가하는 헌법적 기준으로 예컨대 신뢰보호의 원칙을 들 수 있다. 그러나 신뢰보호의 원칙은 개인의 기존 법적 지위를 보장하기 위한 원칙이지, 다음 세대와의 관계를 평가의 대상으로 하지는 않는다. 따라서 오히려 신뢰보호의 원칙은 지속가능성과 상반되는 관심을 갖는다. 말을 바꾸어 하면 만약 지속가능성이 헌법의 독자적인 과제로 진화하고 수용된다면 신뢰보호의 원칙은 그만큼 조정되어야 할 필요가 있다.

지속가능성이 주로 환경과 관련하여 주목을 받고 있지만 사회문제, 그리고 경제와 재정문제도 동등한 비중을 가져야 한다. 이는 처음부터 국제적 차원에서 지속가능성에 관한 논의의 기초였다. 또 환경문제와 사회문제, 그리고 경제 및 재정문제는 상호 밀접한 영향을 주고 받으면서 지속가능성에 기여하여야 한다. 소극적으로 보면 지속가능성의 세 요소가 각각 다른 문제를 희생하면서 실현되어서는 안 된다. 이 점이 각 영역별로 분리되어 있었던 초기 지속가능성에 관한 논의와의 차이이다.

Ⅲ. 지속가능성의 헌법적 과제로서의 성격

지속가능성은 국제(법)적으로는 1990년대 이후 인류의 보편적인 과제로서 등장하였다. 국내(법)적으로는 2007년 「지속가능발전법」이 제정되면서 비로소 본격적으로 논의되기 시작하였다. 지속가능성은 헌법의 본질로부터, 그리고 역사적으로는 멀게는 1970년대 이후, 그리고 직접적으로는 1990년대 이후 인류가 처한 위기상황에 비추어 볼 때 국가기능 및 국민생활에 영향을 주고 또 존중되어야 할 요청으로 정착되었다. 그리고 다음과 같은 몇 가지 논리에 근거하여 지속가능성은 국가작용에 대한 헌법의 기본적인 지침에 해당한다.

첫째, 헌법의 본질과 관련된 논리이다. 헌법은 국가의 존속과 지속가능성을 당연한 전제로 하며, 또 국가의 존속과 지속가능성을 적극적으로 실현하여야 한

3) 이 문제에 대한 시론적 고찰로는 예컨대 전광석, "지속가능성과 세대간 정의", 헌법학연구 제17권 제2호(2011), 274면 이하 참조.

다. 이렇게 보면 1990년대 이후 지속가능성에 대한 보편적 국가과제로서의 논의는 헌법(의 본질)에 잠재해 있는 관심을 재조명하는 의미를 갖는다. 예컨대 우리 헌법 전문의 "... 우리들과 우리들의 자손의 안전과 자유와 행복을 영원히 확보할 것을 다짐..."한다는 선언은 이를 확인한다.

둘째, 지속가능성에 관한 헌법적 관심은 부분적으로 여러 조문에 이미 내포되어 있다. 헌법 제36조 혼인과 가족의 보호가 대표적인 예이다. 혼인과 가족은 기본적으로는 종족의 계속성을 보장하는 매개체이다. 가족은 자녀에게 사회의 가치를 공유하게 하는 최소단위의 사회적 공동체이다. 이러한 구조 속에서, 특히 가족의 기능이 약화되고 있는 현재의 상황에서 지속가능성은 세대를 초월하여 다음 세대에게 가치를 계승시키도록 지원하여야 한다. 여기에서 혼인과 가족을 구성하는 미래세대에게 그들이 생활하기에 적합한 사회·경제 및 환경적 요건을 조성하는 과제가 도출된다. 혼인과 가족의 보호와 함께 규정되어 있는 모성의 보호 역시 지속가능성을 위한 배려이다. 특히 가족을 매개로 지속가능성을 보장하기 위해서는 모성과 직업을 양립할 수 있도록 사회경제적으로 지원하여야 한다. 이 점을 새로이 인식하면서 1987년 제정된 기존의 「남녀고용평등법」은 2007년 「남녀고용평등 및 일·가정 양립지원에 관한 법률」로 개칭·개정되었다. 또 노인보호와 마찬가지로 자녀에 대한 보호 역시 사회화되어야 한다. 이 밖에 헌법 제32조 제5항 연소자에 대한 보호, 제34조 제4항 노인 및 청소년에 대한 보호는 기본적으로는 사회적 보호를 위한 조문이지만 이들을 지속가능성을 매개하는 인적 단위로 인식하는 규정이기도 하다. 또 헌법 제9조 문화에 관한 조항은 환경이 지속가능성의 물리적 매체이듯이 지속가능성의 정신적 매체로서 문화, 그리고 문화적 공동체에 대한 헌법적 관심을 표현한 것이다.

셋째, 지속가능성이 헌법적 과제로 인정되고, 또 적용되기 위해서는 실체법적 내용에 대해서 어느 정도 합의가 있어야 한다. 지금까지 지속가능성에 대해서는 국제법적 차원에서 많은 논의가 있었고, 또 일정 부분 합의가 형성되어 왔다. 위에서 언급한 1992년 리우데자네이루 선언의 내용은 이후 특히 유럽연합(EU)에서 적극적으로 수용되었다. 마스트리히트조약에서 '지속적인 환경친화적 성장' 혹은 '균형있는 지속적인 경제 및 사회의 발전'을 추진하는 조항이 채택되었다. 또 유럽연합의 목표규정으로 '지속가능성의 원칙'이 삽입되었다. 이로써 지속가능성은 유럽연합법에서는 법적 기속력이 있는 원칙규정으로 인정되었다. 지속가능성은 환경과 사회체계, 경제 및 재정체계가 균형있게, 그리고 지속적으로, 즉 다음 세대의 이해를 존중하면서 발전하여야 한다는 요청이다. 지속가능성의 과제는 아직 불명확한 점이 많이 남아 있고, 특히 지속가능성의 통합체계를 이루는 개별체계 간의 관계가 조정되어야 한다는 점에서 상대적이고 동태적이다. 그러나 이러한 불명확성이 지속가능성의 헌법적 지침으로서의 성격을 부인하는 논거가 되지는 않는다.

넷째, 위와 같은 헌법의 본질, 그리고 시대적 중요성과 내용에 대한 대체적인 합의에도 불구하고 지속가능성이 헌법의 독자적인 과제로 이해되지 않는다면 이는 국가, 그리고 헌법의 정당성을 감소시킨다. 지속가능성의 헌법적 과제로서의 성격을 명확히 하기 위하여 헌법의 개정이 필요한가, 이 경우 어떠한 규범형태를 띠게 할 것인가는 별개의 문제이다.

헌법에 법제화하는 유형으로는 전문에 선언하는 방법과 국가목표규정 혹은 기본권으로 형성하는 방법 등이 있다. 예컨대 독일헌법 제20a조는 이 점을 다음과 같이 선언하고 있다; “국가는 입법, 행정 및 사법작용에 의하여 헌법질서에서 미래 세대에 대한 책임에 기초하여 자연의 생활기반과 동물을 보호한다”.

지속가능성은 기존의 헌법원리, 즉 민주주의, 법치국가원리, 복지국가원리, 문화국가원리들과 구조적인 상관성을 갖고 실현되어야 한다. 예컨대 지속가능성은 조직원리로서 민주주의의 거버넌스를 새롭게 형성·보충하게 된다. 법치국가원리에서 파생하는 신뢰보호의 원칙은 지속가능성과의 관계에서 도전을 받게 된다. 단기적, 그리고 근시안적 정책결정으로 인하여 균형발전을 할 수 없었던 복지국가는 장기적인 계획의 요소를 더욱 강화할 수 있게 된다. 문화국가는 현재 세대와 미래 세대의 연결점으로서 문화정책을 비중있게 배려하며, 특히 다문화사회가 출현하면서 문화의 동질성과 다양성을 균형있게 형성하는 과제를 장기적인 시각에서 고찰할 수 있게 된다.

제 6 절 최고규범으로의 발전

헌법은 그동안 최고법으로 발전하고, 또 제도화되어 왔다. 헌법이 최고법규라는 사실은 오늘날 인식하고 있듯이 처음부터 당연한 것은 아니었다. 비교법적으로 보면 시민혁명이 미완성으로 끝난 독일의 경우 헌법은 국가의 장기계획으로서 입법·행정 및 사법에 대한 지침적 성격(program)을 띨 뿐, 국가권력에 대한 적극적인 규범력을 갖지는 못했다. 그러나 오늘날 대부분의 국가에서는 어떠한 형태로든 헌법을 기준으로 국가권력를 통제하는 제도가 마련되어 있으며, 헌법의 내용을 위반하는 국가권력은 그 효력을 가질 수 없다. 다만 이에 대한 의식과 제도화의 정도에 따라 헌법의 규범력에도 차이가 있다. 국민 및 국가권력의 헌법에의 의지, 헌법 규범 및 헌법의 기능에 대한 이해, 헌법과 입법권과의 관계, 헌법재판소의 기능 및 이에 대한 국민 및 국가권력의 태도 등이 헌법의 최고규범성에 영향을 미치는 중요한 요소들이다.

제 3 장 헌법의 국내최고규범성

헌법은 국내최고규범이다. 이는 다음과 같은 세 가지 개념요소로 구성되어 있다.

제 1 절 국내규범성

헌법은 국내법으로서, 국가 간의(양자 간 혹은 다자 간의) 합의인 국제조약 및 국제관습법을 포함하는 국제법과 구별된다. 헌법은 주권의 주체인 국민에 의하여 형성되고, 공간적 및 인적 적용범위에 있어서 제한적이다. 따라서 헌법이 국가 간의 법률관계에 효력을 가질 수는 없다. 또 국제법은 국내 헌법에 의하여 효력을 부여하는 절차 없이 국내법이 될 수는 없다. 오히려 국제법의 국내법적 효력은 국가기관에게 국제법을 형성할 권한을 부여한 기초 위에서 발생하기 때문에 헌법의 실체법적인 내용에 반하는, 그리고 국제법을 형성하는 헌법적 절차에 반하는 국제법은 효력을 갖지 못한다. 다만 현실적으로 국제법과 국내법은 체계를 달리하기 때문에 국제법이 국내 헌법에 위반하는 경우 국내법적 효력은 부인되지만 국제법적인 효력이 자동적으로 상실되는 것은 아니다.

제 2 절 최고규범성

헌법이 다른 법과 비교하여 갖는 가장 중요한 특징은 최고법이라는 점이다. 헌법의 최고법규성은 헌법재판을 통해서 담보되고, 또 헌법개정절차에 반영된다.

헌법재판에서 위헌 결정된 법률은 효력을 상실한다. 기본권을 침해하는 공권력은 취소 혹은 위헌으로 확인되고, 그러한 공권력 행사의 근거가 된 법률은 효력을 상실한다. 이러한 헌법재판의 방법과 주체, 구체적인 내용 등은 다양하다. 우리 역대 헌법은 헌법위원회(1948년 헌법, 1972년 헌법, 1980년 헌법)와 헌법재판소(1960년 헌법, 현행 1987년 헌법), 또 대법원(1962년 헌법)이 사법심사를 관할하도록 하여 왔다. 현행 헌법은 헌법재판소를 통하여 헌법의 규범력을 보장하고 있다. 우리 헌정사는 헌법의 규범력이 이를 보장하는 제도가 충실히 기능할 때 비로소 실현될 수 있다는 사실을 보여준다. 예컨대 1972년부터 1987년에 이르기까지 헌법재판기관이었던 헌법위원회는 전혀 기능하지 못했으며, 헌법 역시 규범력을 갖기 못했다.

헌법은 국가사회에 적용되는 장기적이고 기본적인 사항에 대한 결정이다. 이에 비해서 법률은 그때그때 사회에서 발생하는 문제를 해결하기 위하여 제정된다. 따라서 헌법의 개정은 일반법률의 개정과는 차이가 있어야 한다. 우리 헌법은 헌법개정을 일반법률의 개정에 비해서 어렵게 하여 왔다. 주로 국회에서 가중정족수가 필요하였고, 국민투표의 절차를 거쳐야 했다(제128조 이하). 연방국가의 경우 연방을 구성하는 다수의 주가 찬성하는 경우에 한하여 헌법을 개정할 수 있으며, 국회에서 법률개정절차를 따르는 경우에도 일반적으로 가중정족수를 적용한다. 예컨대 미국헌법 제5조에 의하면 헌법개정의 발의를 위해서는 연방 상·하원 의원 3분의 2, 혹은 전체 주 3분의 2 이상의 주의회의 찬성이 있어야 하며, 최종적인 개정을 위해서는 4분의 3 이상의 주의회가 비준하거나, 4분의 3 이상의 주의 주헌법회의(convention)가 비준하여야 한다. 또 독일헌법 제79조 제2항에 의하면 헌법개정을 위해서는 연방의회와 연방참사원 의원 각각 3분의 2 이상의 찬성이 있어야 한다.

제 3 절 규범성과 정치성

I. 규 범 성

헌법의 법적 성격에 대해서 논란이 있다. 이러한 논란은 다음과 같은 두 가지 맥락에서 설명할 수 있다.

1. 역사적 상황

헌법의 규범력을 제한하는 역사적 상황은 다음과 같은 두 가지이다.

(1) 미완성의 시민혁명

서구사회에서 헌법은 구체제(ancien régime)에 저항하고, 이를 대체하기 위한 시민혁명의 산물로서 탄생하였다. 그런데 구체제와 단절하는 시민혁명이 완성되어 시민계급이 새로이 주권의 주체로서 등장한 국가가 있는가 하면, 불완전한 시민혁명의 결과 헌법을 제정하였지만 전제군주의 존재를 완전히 부인할 수 없었던 경험도 있다.

후자의 경우에는 국가주권의 이론을 구성하는 시도가 있었지만 실질적으로 군주주권이 그대로 유지되면서 이른바 입헌군주제의 과도기를 거치게 된다. 독일의 1867년 헌법이 여기에 해당한다. 이 경우 헌법이 기본권을 보장하고 있더라도 이는 일종의 시혜적인 성격을 갖는다. 또 이러한 기본권적 지위는 군주에 의하여 언제나 회수될 수 있다. 이와 같은 과도기의 헌법은 선언적 지침(program)의 성격을 띨 뿐 엄격한 의미에서 국가권력에 대한 규범력을 가질 수는 없다.

(2) 의회주권

시민계급이 주체가 되어 구체제를 극복하고 헌법을 제정한 경우에도 시민의 대표기관인 의회에 절대주권이 부여되는 상황이 있을 수 있다. 이 경우 헌법은 사회의 장기적인 가치 및 지도원리를 제시하고 있다는 의미에서 선언적인 성격을 가질 뿐 의회의 절대주권과의 관계에서 보면 헌법이 입법권을 지도 혹은 통제할 수는 없다. 또 의회의 절대주권을 인정하는 경우에는 헌법개정에도 한계가 있을 수 없다. 프랑스가 이러한 예에 해당한다. 프랑스에서 혁명 이후 의회주권이 군주주권을 대체하였으며, 이어서 국민주권에 기초한 민주주의의 전능성(全能性)이 헌법의 규범력을 압도하였다. 영국은 프랑스와 다른 역사 진행을 거쳤지만 의회주권이 확립되어 있다. 영국은 혁명적 전환의 사건을 거치지 않으면서 사회경제구조의 변화를 의회의 구성에 반영하였다. 또 군주가 실질적인 권한을 행사하지 않고 의회의 권한에 개입하지 않게 되면서(King in Parliament) 점진적으로 의회주권이 확립되었다. 이밖에 영국은 성문헌법을 갖고 있지 않기 때문에 헌법의 규범력에 대한 논의 가능성은 제한적이다.

위와 같은 상황에서 헌법의 규범력은 부인되거나 제한된다. 헌법상의 평등권이 집행권만을 기속하는가, 따라서 법 적용의 평등을 내용으로 하는가, 혹은 입법권 역시 기속하며, 법(내용)의 평등을 의미하는가 하는 논의는 위와 같은 헌법의 역사적 상황과 관련이 있다.

역사적 상황은 프랑스와 미국에 있어서도 다음과 같은 차이가 있었다. 프랑스에서 의회는 혁명에 의하여 구체제와 단절하고 시민계급이 정치적 주체의 지위를 갖는 상징적 국가기관이었다. 따라서 의회에 절대적 권위가 부여되었다. 이에 비해서 미국의 경우 혁명은 식민지를 자의적으로 지배하는 본국, 즉 영국 의회에 대한 저항의 의미를 가졌다. 이러한 과정을 거쳐서 새로이 건설되는 국가에서 의회는 불신의 대상이었다. 그 결과 의회에서 제정되는 법률의 위헌 여부를 심사하는 가능성은 당연히 존재한다고 이해했다. 이 점이 미국헌법에 명시되지는 않았지만 1803년 연방대법원의 판결에서 확인되었다(Marbury v. Madison).

2. 헌법의 실현구조와 규범력

(1) 헌법의 실현구조의 특성: 규범력의 한계

위와 같이 헌법의 규범력을 제한하는 역사적 유산은 오늘날 대부분 극복되었다. 따라서 헌법의 규범적 성격에 있어서 더 중요한 논리는 헌법의 실현구조와 관련되어 있다. 헌법은 일반법률에 비해 다음과 같은 특징이 있다.

일반법률은 국민을 수범자로 한다. 국민이 법률을 준수하지 않는 경우 국가는 제재를 가하거나 법률이 준수된 것과 같은 상태를 실현한다. 즉 법률의 규범력은 국가권력에 의하여 보장된다. 이에 비해 헌법은 국가권력을 수범자로 한다. 따라서 국가권력이 헌법에 위반하는 경우 헌법의 규범력을 누가 담보할 것인가 하는 문제가 제기된다. 물론 헌법의 규범력을 보장하기 위하여 헌법재판제도가 기능한다. 그러나 헌법재판 역시 국가권력의 행사이며, 또 헌법재판의 결정에는 집행력이 결여되어 있다. 즉 헌법재판소 결정의 효력은 국가권력이 이를 존중하는 조건하에 실현된다. 헌법재판소가 법률 규정에 대한 헌법불합치 결정을 하면서 개선입법 시한을 정했음에도 불구하고 국회가 이를 준수하지 않아 위헌상태가 계속 남게 되는 것이 좋은 예이다. 그렇다면 이때 여전히 헌법을 준수하여야 할 자가 이를 동시에 보장하여야 하는, 따라서 이러한 조건이 충족되지 않는 경우에는 헌법의 규범력이 담보될 수 없게 된다. 또 헌법재판은 사법권의 속성에서 나오는 한계가 있다. 헌법재판은 기본적으로 소극적·수동적 국가작용으로서 헌법 분쟁이 발생했을 때, 그리고 당사자의 신청에 의하여 분쟁을 해결한다. 당사자의 신청이 없이 헌법재판이 헌법문제 및 분쟁에 적극적으로 개입할 수는 없다. 이와 같이 헌법은 국가권력이 헌법을 존중함으로써 규범력을 실현하고, 또 권력과정을 법률에 망라하여 규율할 수도 없다는 점에서 법치국가의 기능도 제한적이다.

헌법은 일반법률에 비해서 규범력에 한계가 있는 것은 사실이다. 국가권력이 헌법을 존중하지 않을 때에는 이제 헌법과 정치의 한계상황이 나타나며, 이러한 한계를 정치를 중심으로 감수하는 경우 이른바 "성공한 쿠데타는 처벌할 수 없다"는 잘못된 결론이 도출된다. 이는 1995년 7월 18일 검찰이 이른바 5·18사건 관련 가해자에 대한 고소사건에서 공소권 없음의 불기소처분을 하면서 제시한 논리였다.[1] 이론적으로 보면 헌법과 정치의 한계 상황에서 헌법의 정당성을 정치적 상황에 대한 주권적 판단에서 구하는 경우, 이러한 주권적 판단은 헌법의 제정뿐 아니라 헌법을 폐기하는 근거가 되기도 하였다.[2]

(2) 헌법의 특유한 실현구조

위와 같은 헌법의 특유한 상황에도 불구하고 헌법은 규범적 성격을 갖는다. 헌법의 규범력을 확보하는 수단이 헌법재판에 한정되어 있는 것은 아니다. 적극적으로 보면 헌법의 규범력을 실현하는 방법이 사법적(司法的) 결정에 국한되어 있지는 않다. 헌법은 국가기관을 구속하며, 따라서 국가기관은 헌법을 실현하기 위하여 노력할 법적·정치적 과제가 있다. 또 국민 개인은 모두 헌법의 해석자로서 국가권력을 정치적으로 통제한다. 이러한 기능은 기본권에 의해서 보호되고, 또 보통 및 평등선거를 통하여 제도화되어 있다.

대의기관의 의사와 국민 개인의 의사가 어느 정도 차이를 보이는 것은 자유위임의 대의민주주의에서 피할 수 없다. 그리고 이는 국민이 기본권에 기초하여 대의과정에 지속적으로 의사를 투입하고, 대의기관이 이를 수용하면서 극복된다. 이때 헌법은 국민의 헌법의식을 제고하는 기능을 수행한다. 특히 헌법 자체가 국민의 민주주의 의식이 성장하여 제정된 경우에는 국민은 더욱 헌법적 가치와 일체감을 갖고 이를 실현하기 위하여 국가권력에 건설적인 비판의식을 갖게 된다. 헌법의 정치적·교육적 기능이다.

1) 이는 헌법소원심판의 대상이 된 바 있다. 헌재 1995.12.15, 95헌마221등, 7-2, 697면 이하 참조.
2) 우리 헌법사에서 이에 관한 상황과 이론에 대해서는 전광석, 한국헌법학의 개척자들(집현재, 2015), 148면 이하 참조.

Ⅱ. 정 치 성

1. 헌법의 정치적 성격

(1) 추상성

헌법은 사회의 장기적인 가치기준 및 근본원리로서 이를 실현하기 위해서 필수적인 내용과 원리, 그리고 부분적으로 제도와 절차 및 조직을 포함한다. 이 점에서 헌법은 사회문제를 해결하기 위한 구체적 처방으로 제정되는 법률과 구별된다. 그런데 헌법이 일반성과 보편성을 유지하면서 구체적 사안을 포섭하여 규범력을 갖기 위해서는 어느 정도 추상성을 가져야 한다. 헌법이 사회문제 및 분쟁에 구체적인 기준을 제시하는 경우에는 해당 사안에 대한 헌법의 규범력은 높아질 것이다. 그러나 이 경우에는 여기에 포섭되는 사안의 범위는 축소되며, 전체적으로 보면 헌법의 규범력이 횡적으로는 협소해진다.[3] 즉 헌법의 정치개방적 기능이 그만큼 감소한다. 예컨대 헌법 제34조 제5항은 신체장애자를 보호의 대상으로 규정하였다. 이는 이중적으로 잘못된 용어의 선택이다. 보호의 대상을 신체장애인에 한정하는 정당성이 없으며, 또 신체장애인에 비해서 오히려 정신장애인에 대한 보호의 필요성이 더욱 크기 때문이다. 이와 같이 구체적인 용어가 잘못 선택되었기 때문에 포괄적인 장애인보호의 헌법적 근거는 모든 국민에게 인간다운 생활을 보장하는 헌법 제34조 제1항을 중심으로 논의될 수밖에 없다.

이와 같이 헌법이 지나치게 구체적으로 규율하는 경우 전체적으로 헌법의 규범력은 오히려 약화된다. 헌법이 추상성을 상실하는 경우 헌법의 일반성과 보편성은 감소되며, 이로써 헌법은 현실관계의 변화에 따라서 자주 개정되거나 혹은 헌법적 공백상태를 남기게 된다. 그런데 이는 모두 헌법이 정치적 안정성을 보장하는 기능에 비추어 보면 바람직하지 않다. 또 헌법이 지나치게 구체적으로 규율하는 경우 그만큼 입법적 권한을 잠식하고, 입법적 결정의 대상은 좁아진다. 이 경우 미래세대가 상황에 적합한 문제해결방법을 스스로 선택하는데 있어서 헌법이 오히려 장애가 된다. 그 결과 인물선택뿐 아니라 어느 정도 사항적 결정을 위임하는 의미를 갖는 선거의 기능을 퇴색시킨다.

3) 헌재 2003.4.25, 2000헌가27, 14-1, 260면 이하 참조.

(2) 구조적 개방성

헌법은 언어적 표현에 있어서 추상적일 뿐 아니라 헌법과 법률의 기능분담에 기초하여 실현된다는 의미에서 구조적으로 개방되어 있다. 헌법은 이념과 가치, 이에 기여하는 국가목표, 이들을 실현하기 위한 다양한 원리와 제도, 그리고 절차와 조직을 규율한다. 그러나 헌법이 헌법적 가치를 실현하기 위하여 필요한 환경적 조건들을 망라하여 규율할 수는 없다. 즉 헌법은 헌법제정 시점에서 인식·확인된 핵심적인 사항을 규율할 수 있을 뿐이다. 그리고 이와 같은 사항에 관한 헌법적 결정이 정치과정을 안정화시키는 매체이다. 헌법의 실현을 둘러싼 환경적 요인을 구체적으로 규율할 권한과 과제는 입법기관에 부여되며, 이러한 정치과정에서 헌법은 실현된다. 이로써 헌법은 정치과정을 개방화하게 된다.

이와 같은 헌법의 구조적인 특성에서 보면 헌법에서 관습법이 형성될 가능성은 없다.[4] 헌법의 가치와 이념을 실현하는 정치과정에서 입법의 공백이 있고, 헌법의 가치와 이념을 실현하는 데 기여하는 관습이 존재하는 경우, 관습법의 기능을 긍정할 수는 있다. 그러나 이러한 관습법은 어디까지나 법률의 흠결을 보충할 뿐, 헌법의 효력을 갖는 것은 아니다. 이를 관습헌법이라고 할 수는 없다. 따라서 아래에서 소개하는 결정에서 헌법재판소가 관습헌법의 존재를 인정하고 이에 기초하여 수도이전특별법 규정에 대해서 위헌결정을 한 것은 타당하지 않다. 이러한 관습법이 실질적 의미의 헌법으로 불리우는 것은 별개의 문제이다.

헌법은 정치적 타협의 성격을 갖기도 한다. 그런데 정치적 타협도 일종의 결정이며, 이러한 타협적 결정이 이루어질 수 없는 경우 헌법은 이에 대한 결정을 미래에 유보할 수밖에 없다. 즉 헌법에는 의도된 규율의 공백이 존재한다. 1980년까지 우리 헌법은 선거권연령을 20세로 규정하였다(1980년 헌법 제23조). 그런데 1987년 헌법에서는 선거권 연령의 결정을 법률에 위임하였다. 이는 당시 헌법개정에 참여한 세력 간에 이에 대한 타협적 결정조차 할 수 없었기 때문이다. 다만 헌법이 국가조직 등에 관한 핵심사항을 정치적 타협이라는 명분으로 개방하는 경우에는 헌법의 정치안정적 기능은 중대하게 훼손된다.[5] 또 헌법재판소

4) 관습헌법에 대해서는 헌재 2004.10.21, 2004헌마554등, 16-2(하), 39면 이하 참조.

5) 예컨대 1919년 제정된 독일 바이마르헌법의 국가조직 및 사회경제질서에 대해서 진정한 타협이 아닌 타협조차 방치된 외견적 타협이라는 비판이 가해진 바 있다. 이에 대해서는 Carl Schmitt, *Verfassungslehre*(Duncker & Humblot, 1928), 31면 이하 참조.

가 정당해산결정을 하면서 헌법(과 그리고 법률)에 근거 없이 해산된 정당에 소속하였던 국회의원의 의원직을 상실시키는 결정을 하는 것은 헌법의 구조적 개방성의 한계를 벗어난다.[6]

판례 **수도문제와 관습헌법** (헌재 2004.10.21, 2004헌마554등)

우리나라는 성문헌법을 가진 나라로서 기본적으로 헌법전이 헌법의 법원이다. 그러나 성문헌법이 모든 헌법사항을 빠짐없이 완전히 규율하는 것은 불가능하고 또한 헌법은 국가의 기본법으로서 간결성과 함축성을 추구하기 때문에 형식적 헌법전에는 기재되지 않은 사항이라도 이를 불문헌법 내지 관습헌법으로 인정할 수 있다. 특히 헌법제정 당시 자명하거나 전제된 사항 및 보편적 헌법원리 등은 반드시 명문의 규정을 두지 않은 경우도 있다. 다만 헌법사항에 관하여 형성되는 관행 내지 관례가 전부 관습헌법이 되는 것은 아니고 강제력이 있는 헌법규범으로서 인정되려면 엄격한 요건들이 충족되어야만 하며, 이러한 요건이 충족된 관습만이 관습헌법으로서 성문의 헌법과 동일한 법적 효력을 가진다.

관습헌법이 성립하기 위해서는 관습이 성립하는 사항이 단지 법률로 정할 사항이 아니라 반드시 헌법에 의하여 규율되어 법률에 대하여 효력상 우위를 가져야 할 만큼 중요한 기본사항이어야 한다. 일반적으로 실질적인 헌법사항이란 국가의 조직에 관한 사항이나 국가기관의 권한 구성에 관한 사항 혹은 개인의 국가권력에 대한 지위를 포함한다. 관습헌법은 이와 같은 일반적인 헌법사항에 해당하는 내용 중에서도 특히 국가의 기본적이고 핵심적인 사항으로서 법률에 의하여 규율하는 것이 적합하지 않은 사항을 대상으로 한다. 어디까지가 기본적이고 핵심적인 헌법사항에 해당하는지 여부는 일반추상적인 기준을 설정하여 재단할 수는 없고, 개별적 문제사항에서 헌법적 원칙성과 중요성 및 헌법원리를 통하여 평가하는 구체적 판단에 의하여 확정하여야 한다.

관습헌법이 성립하기 위해서는 첫째, 기본적 헌법사항에 관하여 관행 내지 관례가 존재하여야 한다. 둘째, 그 관행은 국민이 그 존재를 인식하고 사라지지 않을 관행이라고 인정할 만큼 충분한 기간 동안 반복 내지 계속되어야 한다(반복·계속성). 셋째, 관행은 지속성을 가져야 하며 그 중간에 반대되는 관행이 이루어져서는 안 된다(항상성). 넷째, 관행은 여러 가지 해석이 가능할 정도로 모호하지 않고 명확하여야 한다(명료성). 다섯째, 이러한 관행이 헌법관습으로서 국민들의 승인 내지 확신 또는 폭넓은 컨센서스를 얻어 국민이 강제력을 가진다고 믿고 있어야 한다(국민적 합의).

서울이 수도인 것은 조선시대 이래 600여 년간 국가생활에 관한 당연한 규범적

---

6) 헌재 2014.12.19, 2013헌다1, 26-2(하), 112면 이하 참조.

사실이 되어 왔으므로 국가생활에 있어서 전통적으로 형성되어 있는 계속적 관행이고(계속성), 이러한 관행은 변함없이 오랜 기간 실효적으로 지속되어 중간에 깨어진 일이 없으며(항상성), 서울이 수도라는 사실은 개인적 견해 차이를 보일 수 없는 명확한 내용이며(명료성), 나아가 이러한 관행은 오랜 세월간 굳어져 와서 국민들의 승인과 폭넓은 컨센서스를 이미 얻어(국민적 합의) 국민이 실효성과 강제력을 가진다고 믿고 있는 국가생활의 기본사항이다. 따라서 서울이 수도라는 점은 제정헌법이 있기 전부터 전통적으로 존재하여 온 헌법적 관습이며 헌법에서 명문으로 밝힌 것은 아니지만 자명하고 헌법에 전제된 규범으로서, 관습헌법으로 성립된 불문헌법에 해당한다.

헌법개정의 절차를 거치지 않고 수도를 충청권의 일부지역으로 이전하는 것을 내용으로 한 이 사건 법률을 제정하는 것은 헌법개정사항을 헌법보다 하위의 일반법률에 의하여 개정하는 것이 된다. 헌법 제130조에 의하면 헌법의 개정은 반드시 국민투표를 거쳐야 하므로 국민은 헌법개정에 관하여 찬반투표를 통하여 그 의견을 표명할 권리를 가진다. 그런데 이 사건 법률은 헌법개정사항인 수도의 이전을 헌법개정의 절차를 밟지 아니하고 단순법률의 형태로 실현시킨 것으로서 헌법개정에 있어서 국민의 참정권적 기본권인 국민투표권의 행사를 배제한 것이므로 동 권리를 침해하여 헌법에 위반된다.

---

(3) 가치관련성

헌법은 구체적인 사안에 대해서 구체적인 언명을 하기보다는 본질적이고, 근본적인 가치를 선언하는 데 그치는 것이 일반적이다. 그런데 이러한 가치규범은 사회현실의 변화에 대한 사실판단과 상호 작용하면서 그 내용이 구체화되고, 또 실현된다. 그만큼 현실을 지도할 구체적인 기준을 헌법으로부터 직접 도출하는 것은 어렵다.

예컨대 헌법 제34조 제5항은 국가의 장애인보호를 선언하고 있다. 그런데 장애의 개념은 가변적이고, 이 점은 헌법의 해석에 영향을 미친다. 오늘날 장애인에 대한 보호는 전통적인 방법인 격리와 치료보호, 그리고 적극적인 생활보호 및 직업보호에 그치지 않는다. 장애인이 비장애인과 같이 생활을 하기 위해서는 주변환경을 장애인의 상황에 적합하게 조성하여야 하며, 이러한 인식의 변화가 헌법의 장애인보호를 선도하여야 한다. 다만 이러한 현실의 변화가 헌법적 가치에 미치는 영향에는 한계가 있다. 즉 헌법이 장애를 차별금지사유로 특별히 규정하고 있지는 않기 때문에 장애를 이유로 한 차별에 대한 헌법심

사에 있어서 엄격한 기준이 적용되고 있지는 않다.[7] 이를 위해서는 헌법개정이 필요하다.[8]

또 다른 예로 남녀평등을 들 수 있다. 여성의 가사활동에 대한 헌법적 평가는 남성은 소득활동을, 그리고 여성은 가사활동을 하는 것이 전형적인 가족에서의 기능분담인 시대에는 주목을 받지 못했다. 그러나 여성이 일반적으로 소득활동을 하게 되면서 가사활동을 하는 인력을 시장에서 구입할 필요성이 생긴다. 이러한 사실의 변화가 가사활동에 대한 평가, 그리고 남녀평등에 대한 가치의 변화, 그 결과 헌법에 대한 이해의 변화를 가져왔다.

보다 보편적으로 보면 평등권은 헌법의 가치관련성이 나타나는 대표적인 규정이다. 평등권은 비교대상 간의 관계를 평가하는 규정으로 이념적으로는 명확하다. 그러나 상황 혹은 개인 간의 관계가 비교가능한가, 그리고 평등의 실현영역 및 내용에 대한 결정은 대부분 가치 관련적이며, 이에 대한 판단은 기본적으로 입법권에 유보되어 있기 때문이다.

헌법의 가치관련성은 헌법의 실현구조에도 영향을 미친다. 헌법은 헌법적 가치에 명백히 반하는 공권력행사를 비난하는 근거가 될 수는 있어도, 헌법이 가장 효율적이고 이상적인 정책을 도출하는 근거가 될 수는 없다. 이는 헌법의 가치와 이념을 충실히 실현하는 과제를 갖는 정치과정에 위임되어 있다.

2. 헌법의 정치적 성격과 헌법적 심사의 다양성

헌법이 일반성과 보편성을 유지하기 위하여 갖는 특징, 즉 언어적 추상성과 구조적 개방성, 의도적인 규율의 공백, 그리고 가치관련성은 정치과정에서 비로소 구체화되고 보충된다는 점에서 헌법은 정치적 성격이 강하다. 헌법이 정치적 타협의 결과라거나 혹은 헌법이 정치과정을 규율대상으로 하기 때문에 정치적 성격이 강한 규범이라는 설명방법이 있다. 이는 헌법의 상대적 특징이기는 하지만 헌법의 정치적 성격에 대한 구조적인 설명이 되지는 못한다. 일반법률도 정치적 타협의 결과인 경우가 얼마든지 있으며, 또 정치관계법은 정치과정을 규율대상으로 하기 때문이다.

---

7) 헌재 2004.10.28, 2002헌마328, 16-2, 210면 이하; 2009.2.26, 2006헌마626, 21-1(상), 226면 이하 등 참조.

8) 비교헌법적으로 보면 예컨대 독일은 1994년 헌법 개정을 통하여 "모든 국민은 장애를 이유로 불이익을 받지 않는다"는 조항을 평등권에 관한 제3조 제3항 2문에 삽입하였다. 이는 장애인에 대한 불이익을 금지할 뿐이며 장애인에 대한 특별한 보호는 허용된다는 내용으로 이해되고 있다.

위와 같이 헌법 자체가 추상적·개방적·가치관련적 기준이기 때문에 헌법 기준에 따른 판단에 있어서 헌법에 명백히 반하는 상태와 헌법에 조화되는 상태 두 가지로만 분류할 수는 없다. 헌법에 반하지는 않지만 정책적으로 바람직하지 않은 상태가 얼마든지 존재한다. 이러한 바람직하지 않은 상태는 조금 더 발전하면, 즉 악화되면 헌법적 비난이 예견될 정도에 이르게 된다. 이러한 상태에 이르지 않는 한 해당 공권력 행사를 헌법을 기준으로 직접, 그리고 현재 비난을 할 수는 없다.[9] 단순한 정책적인 불만은 아직 법적 권리에 대한 침해는 아니기 때문이다. 예컨대 우리 헌법 제31조 제3항에 의하면 의무교육은 무상으로 한다. 이때 의무교육의 기간 및 무상의 종류와 범위와 관련하여 최적의 상태가 실현되어야 하는 것은 물론이다. 그러나 최적의 상태가 무엇인가, 그리고 이러한 목표와 국가재정과의 균형문제에 대해서 헌법이 구체적 기준을 제시하는 것은 아니다. 만약 이 경우 헌법재판소가 정책판단을 내용으로 하는 결정을 한다면 이는 헌법에 충실하지 못할 뿐 아니라 구체적인 여러 상황을 고려하여 정책을 결정할 국가기관의 권한을 침해하게 된다. 또 이로써 선거의 의미가 감소된다.

공권력의 행사가 헌법에 위반하는 경우에 헌법재판소의 위헌결정이 단순히 공권력의 효력을 상실시키는 데 그치지 않고 입법적 권한에 속하는 새로운 정책의 결정을 의미하는 경우가 있다. 이때 헌법재판은 위헌결정을 피하고 헌법적으로 바람직한 상태로 개선하는 과제를 입법자에게 유보하여야 한다. 헌법재판에서 헌법불합치결정은 위헌결정을 할 경우 자동적으로 헌법재판소가 직접 정책적 결정을 하는 결과가 되며, 그 결과 입법권을 침해하는 것을 피하기 위한 주문결정방식이다.

3. 헌법의 정치성과 불안정성

위에서 살펴본 바와 같은 헌법의 정치성으로 인하여 헌법은 그 자체의 해석과 입법적 구체화를 통하여 내용이 형성되어 가는 규범의 성격을 갖는다. 이 점은 주어진 사실관계를 확인하는 의미를 가졌던 이른바 고전적 의미의 헌법에서는 찾아볼 수 없었던 헌법의 특징이다. 그만큼 헌법의 내용 자체가 불안정할

9) 이 경우 예컨대 독일의 연방헌법재판소는 입법촉구결정을 하고 있다. 예컨대 *BVerfGE* 39, 169 참조. 우리 헌법재판소는 불합치결정에 수반되는 입법촉구결정을 하고 있으며, 아직 입법촉구결정을 독자적인 주문으로 채택한 적은 없다.

뿐 아니라 개방적이고 불확정적이다. 이러한 상황에서 예컨대 민주주의 혹은 법치국가원리는 실현에 어려움이 있다. 민주주의는 국민주권을 이념적 기반으로 하지만 국민주권에서 국민은 이념적 통일체로 의제되어 있을 뿐 구체적으로 확인될 수 있는 실체가 아니다. 또 법치국가를 실현하는 매체인 법률은 불안정한 민주주의의 기반 위에서 제정되고 효력을 갖기 때문이다. 이러한 헌법의 특성은 가치의 폐쇄성과 독점성을 특징으로 하는 사회주의헌법 혹은 종교국가의 헌법과 비교된다. 조선노동당의 독점적 지배를 규율하고 있는 북한헌법이 대표적인 예이다(북한헌법 제11조). 이러한 헌법에서는 가치의 독점에 기반하여 공권력이 행사되고, 그 결과 정치적 안정성이 강요되지만 이러한 안정성은 정치적 개방의 요구가 현실적으로 나타날 때 매우 취약하다는 것이 인류역사, 특히 최근의 경험이다.

헌법과 법률과의 관계를 보면 헌법과 법률이 효력에 있어서 차이가 있지만 모두 일종의 정치적 규범의 성격을 갖게 되면서 기능의 차이는 점점 상대화되어 간다. 국가의 과제가 확대되면서 법률이 질서유지의 기능과 함께 정치적 결정에 따라 정책을 형성하는 기능을 수행하게 되었기 때문이다. 그리고 이러한 기능의 상대화가 규율대상을 상대화하고, 그 결과 심사기준(헌법) 및 심사대상(법률)의 구분이 모호하게 되고 있다. 헌법의 공백을 메우는 입법적 결정이 헌법의 효력을 갖는지, 아니면 헌법이 위임한 사항을 구체화한 것으로 법률의 효력을 갖는지 하는 문제가 제기된다.

제 2 편

한국헌법의 기원과 형성 · 발전

제 1 장 1948년 – 1960년

제 1 절 1948년 헌법제정

Ⅰ. 시대적 배경

대한민국은 1945년 식민지 지배에서 벗어나고 독립국가의 건설을 위하여 1948년 최초의 헌법을 제정하였다. 1948년 헌법은 다음과 같은 시대적 과제를 가졌다.

첫째, 최초로 민족국가를 형성하여야 했다. 19세기 말 새로운 정치이념이 출현하면서 신분사회가 붕괴되고 평등사회가 실현되면서 이와 함께 민족국가가 형성되는 역사적 전개는 일본의 식민지통치로 인하여 반세기 미루어졌기 때문이다. 둘째, 식민지통치는 국가권력의 주체로서 국민의 지위, 국가권력의 제한을 통한 자유의 확보, 그리고 국가권력에의 참여의 가능성을 박탈하였다. 이러한 상황에서 국가권력의 정당성에 대한 논의의 기초인 헌법에 대한 의식이 발달하지 못하였다. 사실 서구 헌법사에서 보면 국가권력을 제한하는 가능성에 대한 논의는 헌법에 대한 논의보다 훨씬 앞선다. 1215년 영국에서 대헌장(Magna Carta)을 통하여 귀족이 국왕의 권한을 국가목적을 기준으로 제한하려 했던 시도, 19세기 중반 국민주권에 기초한 민주주의에 이르지 못했던 독일이 입헌군주정의 과도기를 거쳤던 예들이 이에 해당한다. 진정한 의미에서 입헌주의의 역사는 국가권력의 국민적 정당성에 대한 논의와 함께 비로소 시작되었다. 이제 식민지 지배가 종료되면서 당연히 국민에게 상실된 자유와 참여의 기회를 보장하여야 했다. 셋째, 사회통합의 과제이다. 산업구조적으로 보면 본격적인 것은 아니었지만 식민지시대에 산업화를 통하여 고용사회가 형성되기 시작하였다. 이는 동시에 노동자문제를 예고하고, 노동과 자본의 대립구도가 서서히 가시화되었다. 이에 신생국가는 최소한의 사회경제적 동질성을 창출하는 과제를 가졌다. 고용사회에서 어떤 이유에서건 노동시장에의 접근 자체가 봉쇄되어 있는 자에 대한 보호 역시 국가의 과제였다.

서구에서는 시대의 발전에 따라 헌법에 순차적으로 진행된 자유와 보장, 그리고 자유와 (사회경제적) 평등의 문제가 위에서 살펴본 바와 같이 우리 헌법에서는 동시에 부과되었다. 이러한 이념적 동시성은 이들 모두에 헌법적 기대가 과도하게 부하되는 문제를 남겼다.

위와 같은 시대적 배경에서 당시 헌법제정권력은 정치적 민주주의와 법치주의, 그리고 국가의 사회경제적 과제를 헌법에 적극적으로 수용하였다. 이러한 헌법적 과제는 정치적 민주주의와 사회경제적 민주주의로 표현되었다.[1] 이 점은 당시 유력한 헌법안을 제시했던 유진오의 구상에 잘 나타나 있다.[2] 사실 사회경제적 이념을 민주주의의 내용으로 형성하는 시도는 새로운 것은 아니다. 다만 정치적 민주주의와 더불어 사회경제적 민주주의가 헌법의 원리로서 서로 조화될 수 있는가는 별개의 문제이다.

Ⅱ. 국가건설의 이념

1948년 헌법은 민족국가건설의 이념을 과거 및 미래지향적으로 다음과 같이 표현하였다.

대한민국이 3 · 1운동에서 선포된 독립정신을 계승하여 건립된 민주독립국가임을 명백히 하였다(전문). 식민지시대 국권의 상실과 회복을 위한 과정에서 행한 반민족적 행위를 소급적으로 처벌할 수 있도록 하여, 과거청산의 이념을 명백히 하였다(제101조). 다만 임시정부와의 관계를 헌법에 명시하지 못한 한계를 보였다. 임시정부의 정통성은 1987년 헌법에 와서야 "대한민국 임시정부의 법통을 계승"한다는 선언으로 복원되었다.

대내적인 측면과 대외적인 측면에서 미래지향적 과제를 선언하였다. 대내적으로는 국가형태로서 민주공화국을(제1조), 그리고 민주주의의 기본이념으로 국민주권주의를 명시하였다. 즉 대한민국의 주권은 국민에게 있고 모든 권력은 국민으로부터 나온다(제2조). 대외적으로는 대한민국이 항구적인 국제평화의 유지에 노력하여 후세대의 안전과 자유와 행복을 확보할 것을 결의하였다. 국제질서에 있어서 침략전쟁의 부인(제6조 제1항), 국제법질서의 존중 등 세계공동체의 구성원으로서 대한민국의 의무를 표현하였다(제7조). 대한민국의 영토는 한반도와 그 부속도

1) 헌정사자료 제1권, 헌법제정회의록(제헌의회)(국회도서관, 1967), 102면 참조.
2) 이에 대해서는 유진오, "우리 헌법의 윤곽" 및 "국가의 사회적 기능" 등의 논문 참조. 이 두 논문은 모두 유진오, 헌법의 기초이론(명세당, 1949)에 실려 있다. 특히 21면 및 83면 참조.

서로 한다(제4조). 이로써 대한민국이 대한제국과 국가적 계속성과 영토적 동일성을 갖는 국가임을, 그리고 미래지향적으로는 이러한 공간적인 범위 내에서 세계평화에 기여하는 의지를 표명하였다.

한반도의 분단은 헌법에 어떠한 규범적 족적도 남기지 않았다. 북한 주민, 그리고 북한 지역의 법적 지위와 같이 분단에 당연히 따르는 헌법문제가 규율되지 않았다는 것이다. 다만 대한민국의 영토가 한반도와 그 부속도서라고 선언함으로써 실질적으로는 북한 정권의 존재를 부인하였다. 헌법제정회의에서 북한 지역에 현실적으로 공권력이 미치지 않기 때문에 영토조항이 삭제되어야 한다는 동의안이 있었지만 이는 오랜 논의를 거치지 않고 부결되었다.[3] 이러한 태도는 북한헌법에서도 마찬가지로 나타난다. 즉 1948년 북한헌법 제103조는 "조선민주주의인민공화국의 수부는 서울시이다"라고 함으로써 북한의 영토가 한반도 전체임을 강력하게 암시하였다.

Ⅲ. 기 본 권

1948년 헌법은 개인의 기본권적 지위를 다음과 같이 규정하였다. 국가로부터의 자유권으로서 신체의 자유(제9조), 거주 · 이전의 자유 및 주거의 자유(제10조), 통신의 자유(제11조), 신앙과 양심의 자유(제12조), 표현의 자유(제13조), 학문과 예술의 자유(제14조), 재산권(제15조) 등이 보장된다. 신체의 자유는 소급입법금지의 원칙 및 거듭처벌금지의 원칙에 의하여 그 내용이 보충되었다(제23조). 평등권이 보장된다(제8조). 특히 1948년 헌법에서 평등권은 개인의 주어진 상황에 대한 평등한 취급뿐 아니라 자유의 실현을 위하여 필요한 상황을 조성하는 적극적인 과제를 포함하였다. 이는 다양한 사회적 기본권으로 구체화되었다. 교육의 권리(제16조), 근로의 권리(제17조), 근로자의 권리(제18조), 사회보장의 권리(제19조) 등이 그것이다. 근로자의 권리와 관련해서는 사기업에서 근로자의 이익분배균점권을 보장하였다(제18조 제2항).

이 밖에 자유권과 평등권, 그리고 사회적 기본권의 성격이 혼재되어 있는 혼인과 가족의 보호를 두었다(제20조). 국가기능에 참여하는 기본권으로는 청원권(제21조), 선거권(제25조), 공무담임권(제26조) 등이 보장되었다. 청원권에는 불법행위를 행한 공무원의 파면을 청원할 내용이 포함되어 있다(제27조 제1항). 권리구제를 위한 기본

3) 헌정사자료 제1권, 헌법제정회의록(제헌의회)(국회도서관, 1967), 351면 이하 참조.

권으로 재판을 받을 권리(제22조) 및 형사피고인의 신속한 공개재판을 받을 권리(제24조 제1항), 형사보상청구권(제24조 제2항), 국가배상청구권(제27조 제2항) 등이 보장된다. 열거되지 않은 기본권의 가능성을 예정하였다. 즉 "국민의 모든 자유와 권리는 헌법에 열거되지 아니한 이유로써 경시되지는 아니한다"(제28조 제1항).

기본권들은 부분적으로 개별적인 법률유보하에 있다. 개별적인 법률유보가 없는 경우에도 기본권은 질서유지와 공공복리를 위하여 필요한 경우에 제한될 수 있다(제28조 제2항).

정치적 민주주의는 자기책임하에, 그리고 사회적 관련성 속에서 사고(思考)하고 결정하는 인격체를 전제로 실현될 수 있다. 그리고 사회적 인격체이기 위해서는 사회경제생활에서 자기결정권이 보장되어야 한다. 그런데 사회경제생활에서도 정치적 원리인 민주주의가 적용되면 기본권을 통해서 보호되는 자유의 공간이 정치화되는 위험이 생긴다. 자유는 국가의 불간섭을 통하여 보장되는데, 오히려 민주주의에 편입되게 되면 자유가 정치적 처분의 대상이 될 수 있다는 것이다. 이러한 헌법원리 상호 간의 갈등은 1948년 헌법에서는 구체적으로 다음과 같이 발견된다.

재산권이 보장되었으며, 따라서 적어도 자본주의 경제질서를 포기한 것은 아니다(제15조).[4] 그런데 동시에 개인의 자유와 평등이 공공복리를 위하여 제한 및 조정될 수 있다는 점을 명확히 하였다(제5조). 또 경제의 장(제6장)을 두어 개인의 경제상의 자유를 사회정의의 실현과 균형있는 국민경제의 발전에 필요한 범위 내에서 보장하였다(제84조). 그 밖에 사회주의적 헌법의 요소로서 근로의 권리를 보장하였고(제17조), 국유화의 범위를 확대하였다(제87조 제1항). 즉 중요한 운수, 통신, 금융, 보험, 전기, 수리, 수도, 가스 및 공공성을 가진 기업은 국영 또는 공영으로 한다. 같은 맥락에서 대외무역을 국가의 통제하에 두었다(제87조 제3항). 이 밖에 국방상 또는 국민생활상 긴절한 필요가 있는 경우 사영기업을 국유 또는 공유로 이전하거나 또는 그 경영을 통제, 관리할 수 있도록 하였다(제88조). 경제영역에 적용되는 고전적인 기본권인 직업의 자유는 명시되지 않았다. 만약 서구헌법에서 이미 일반화되어 있는 직업의 자유를 헌법제정권자가 의도적으로 포기하였다면 이는 극단적으로는 국가독점과 국가의 영리활동, 그리고 그 당연한 결과로서 조세제도의 부인 등과 같은 결과를 낳는, 파급효과가 큰 결단이었다. 그

4) 헌법초안 작성자였던 유진오 역시 이 점을 밝히고 있다. 헌정사자료 제1권, 헌법제정회의록(제헌의회)(국회도서관, 1967), 109면 참조.

러나 헌법제정권자가 이를 염두에 두었다고는 생각되지 않는다. 당시 헌법제정과정에서 중요한 참고가 되었던 1919년의 독일 바이마르헌법도 직업의 자유에 대한 명시적인 규정은 없었다. 다만 바이마르헌법은 영업의 자유 및 계약의 자유를 보장하여 우리 헌법에 비해서 경제적 영역에 적용되는 기본권의 종류가 풍부하였다(제151조, 제152조). 바이마르헌법은 직업의 자유를 의도적으로 배제하였다. 특정한 직업에의 접근 자체를 기본권으로 보호하지는 않겠다는 의지가 있었기 때문이다.[5] 반면 우리 헌법의 제정과정에서는 이 문제가 논의조차 되지 않았다.

이 밖에 비교헌법적으로 보면 유례가 없는 근로자의 이익분배균점권을 두었다(제18조 제2항). 이는 주로 일제가 남긴 적산(敵産)을 운영하는 원칙으로 제시되었지만 헌법이 이 점을 명확히 하지는 않았다. 이 규정이 일반적으로 경제질서의 기본권으로 기능하는 경우 자본의 독자성은 부인되는 셈이며, 그 자체만을 보면 국가가 강력한 분배정책을 의도하고 있다는 근거가 된다. 그러나 이 규정은 처음부터 규범력을 갖지 못하고 1962년 헌법에서 삭제되었다.

1948년 헌법상의 기본권과 경제질서에 관한 규정들은 재산권(제15조)과 국·공유에 관한 규정(제87조 제1항)들의 관계에서 보듯이 부분적으로 체계정합성이 없다. 또 사기업에서 근로자의 이익분배균점권은 그 임시적 성격이 명확히 인식되지 못하고, 실제 이후 규범력을 가질 수 없었다.

Ⅳ. 정부형태

1948년 헌법의 정부형태에 대한 결정은 난산(難産)이었다. 처음 유진오초안은 내각책임제를 의도하였다. 그러나 이는 당시 유일한 대통령후보였던 이승만의 반대에 부딪혀 대통령중심제로 바뀌었다. 다만 이 과정에서 외형적으로 내각책임제에 속하는 몇 가지 제도가 그대로 남게 되었다.

대통령과 부통령은 각각 국회에서 선출된다(제53조 제1항). 대통령중심제를 채택하였음에도 불구하고 당시 전국 단위의 선거를 치르는 데 따르는 부담이 작용하여 대통령을 국회에서 선출하도록 하였다. 그러나 제헌국회에서 이러한 임시적인 성격이 충분히 논의되지 못했고, 또 대통령중심제와 대통령 선출방법의 정합성에 대한 인식이 명확하지도 않았다. 대통령은 행정부의 수반이며, 외국에 대해

---

5) 이에 대해서는 예컨대 Christoph Gusy, *Die Weimarer Reichsverfassung*(Mohr Siebeck, 1997), 348면 이하 참조.

서 국가를 대표한다(제51조). 대통령은 외교권(제59조), 긴급명령권(제57조), 계엄선포권(제64조) 및 국군통수권(제61조)을 가지며, 헌법의 수호자로서 기능한다. 또 행정입법권(제58조), 공무원임면권(제62조) 등 행정부의 수반으로서 구체적인 권한을 행사한다. 대통령은 국무회의의 의장이다(제70조). 부통령은 대통령 권한대행 제1순위자이다(제52조). 대통령이 국무총리와 국무위원을 임명하며, 국무총리 임명에 있어서는 국회의 사후승인이 필요하다. 국회의원 총선거 후 새로운 국회가 개회되었을 때에는 국무총리 임명에 대한 승인을 다시 얻어야 한다(제69조).

1948년 헌법에는 내각책임제의 외형이 부분적으로 존재하였다. 국무총리와 국무원, 그리고 국무위원 등을 헌법기관으로 하였다. 대통령이 국무총리를 임명한 후 국회의 승인을 받아야 하고, 새로이 국회가 구성된 경우 다시 승인을 받도록 하였다. 또 국무원이 의결기관으로 되어 있다. 그러나 1948년 헌법에 내각책임제적 요소가 가미되어 있다고 평가할 수는 없다. 예컨대 국무원을 의결기관으로 한 것은 의원내각제의 요소인 것은 사실이다. 그러나 이는 정부형태가 대통령중심제로 바뀌면서 기존의 의원내각제의 헌법초안이 정비되지 못한 결과 남은 것이다. 그리고 실제 헌법제정회의에서는 대통령이 국무원의 의결에 구속되는가에 대한 논란이 있었다. 그러나 국무원을 의결기관으로 하고, 국무원의 의결이 대통령을 구속한다 해도 이는 지극히 형식적이다. 대통령은 국무위원을 새로이 임명하는 등의 방법으로 이러한 장애를 얼마든지 극복할 수 있기 때문이다. 정부형태가 대통령중심제로 전환되면서 이에 모순되는 제도가 내각책임제에서와 같은 기능을 수행할 수는 없었다. 1948년 헌법의 제도적 미완성을 보여주는 예이다.

국회는 단원제로 구성된다. 국회는 국정감사권을 갖는다. 헌법재판은 이원화되었다. 즉 명령 · 규칙과 처분이 헌법과 법률에 위반되는가의 여부에 대해서는 대법원이, 그리고 법률이 헌법에 위반되는가의 여부가 재판의 전제가 된 경우 이에 대한 판단은 헌법위원회가 관할한다. 헌법위원회는 순수한 사법기관은 아니며, 부통령을 위원장으로 하고 대법관 5인과 국회의원 5인으로 구성된다(제81조). 헌법위원회가 정치적 성격과 법원의 성격을 같이 갖도록 하여 권위를 부여하려는 시도였지만 헌법위원회는 바로 이와 같은 혼합적 성격으로 인하여 기능할 수 없었다. 탄핵심판은 독립하여 설치된 탄핵재판소가 관할한다. 탄핵재판소는 부통령을 재판장으로 하고 대법관 5인과 국회의원 5인으로 구성된다(제47조).

1948년 헌법은 헌법제정 전 시행되던 법률과의 관계에서 다음과 같은 경과규정을 두었다. 즉 "현행법령은 이 헌법에 저촉되지 아니하는 한 효력을 가진다"(제100조). 예컨대 북한주민은 이 규정을 근거로 대한민국 국적을 갖는 것으로 이해되었다. 미군정법률로 제정된 「국적에 관한 임시조례」(1948.5.11. 남조선과도정부법률 제11호) 제2조 제1호는 조선인을 부친으로 하여 출생한 자는 조선의 국적을 갖는다고 규정하였다. 제헌헌법은 제3조에서 대한민국의 국민되는 요건을 법률로써 정한다고 하면서, 제100조에서 현행법령은 이 헌법에 저촉되지 아니하는 한 효력을 가진다고 규정하였다. 따라서 조선인을 부친으로 하여 출생한 자는 위 임시조례의 규정에 따라 조선국적을 취득하였다가 제헌헌법의 공포와 동시에 임시조례가 효력을 유지하게 되면서 대한민국 국적을 취득한 것이다.[6] 이밖에 군정법령 제55호 「정당에 관한 규칙」, 제88호 「신문 급(及) 기타 정기간행물 허가에 관한 건」 등이 계속 효력을 유지하여, 각각 1958년 진보당 해산, 1959년 경향신문 발행허가 취소 및 무기정간 처분의 근거가 되었다.

제 2 절 1952년과 1954년의 헌법개정

1948년 헌법은 1960년 개정이 있기까지 두 차례 부분적으로 개정되었다. 이들 개정의 주된 동기는 권력구조의 개편에 있었다.

Ⅰ. 1952년 제1차 헌법개정

1952년 헌법개정의 가장 중요한 동기는 대통령 선출방법을 국민직선제로 바꾸려는 데에 있었다(제53조 제1항). 대통령이 국민에 의하여 직접 선출되어 국회와 함께 국민적 정당성을 보유하는 것은 대통령중심제의 본질적 특징이다. 따라서 대통령직선제의 개정은 헌법이론적으로는 타당했다. 오히려 대통령을 국회에서 간접선거하는 1948년 헌법이 건국 초기에 전국적 선거에 따르는 혼란을 방지하기 위한 임시적인 성격을 띤 것이었다. 이는 당시 국회에 제출된 내각책임제의 헌법초안에서 대통령을 국회에서 간접선거하는 내용이 그대로 남아있는 결과일 수도 있다. 그러나 1952년 헌법개정은 이러한 체계적 사고에 기초한 것은

6) 대판 1996.11.12, 96누1221 참조.

아니었다. 당시 대통령 이승만이 국회에서 간접선거를 통해서는 다시 선출될 가능성이 없다는 정치적 고려에 따른 헌법파괴적 개정이었다. 또 이 개정은 내각책임제로의 개정을 지속적으로 주장하고, 이에 대한 개정안을 제출했던 야당의 개정안과 정부의 개정안을 발췌하여 의결한 것으로(발췌개헌) 헌법개정을 위한 공고절차에 위반한 것이었다. 정부 여당은 이 문제를 인식하고 이를 공고된 개헌안 중에서 '발췌된 조항'이기 때문에 공고절차를 위반한 것은 아니라는 억지 주장을 하였다. 대통령의 권력 유지를 위한 수단으로 헌법이 개정되는 우리 헌정사의 불행의 시작이었다.

1952년 헌법개정은 대통령 선출방법 외에 야당의 헌법개정안에서 발췌된 다음과 같은 내용을 포함하고 있었다. 국회가 민의원과 참의원으로 구성되는 양원제로 개편된다(제31조 제1항). 개정헌법 부칙에 의하면 참의원에 관한 규정과 참의원의 존재를 전제로 한 규정은 참의원이 구성된 날로부터 시행된다. 그러나 이후 실제 참의원이 구성되지는 않았다. 탄핵재판소는 탄핵심판소로 이름을 바꾸었다(제47조). 국회는 국무원을 불신임할 수 있다. 국회는 국무총리와 국무위원에 대해서 개별적인 불신임을 할 수도 있다(제70조). 대통령이 행정 각부의 장을 임면할 때 국무총리의 제청을 받도록 하였다(제73조 제1항).[7] 이 점은 1948년 헌법제정 당시 치열하게 논의되었지만 도입되지 못했는데, 1952년 헌법에서 도입되었다.

1952년 헌법개정을 통하여 외형적으로 보면 대통령중심제의 요소와 의원내각제의 요소가 "기묘하게 절충"되었으며, 이로써 헌법이 기능하기에 더욱 어려워졌다.[8] 또 1952년 헌법개정이 대통령중심제와 의원내각제를 발췌하였다는 평가는 올바르지 않다. 대통령이 국민에 의하여 직접 선출되면서 대통령의 독자성 및 국회로부터 독립성이 확보되었다. 이에 비해서 민의원의 국무원 불신임권, 국무총리의 국무위원 임면제청권은 엄격히 보면 의원내각제의 요소에 해당하지도 않는다. 대통령이 불신임의 대상은 아니며, 또 행정부 구성권은 여전히 대통령이 보유하고 있기 때문이다. 또 무엇보다도 이들 요소들이 대통령중심제에서 의원내각제에서와 같이 기능할 수도 없었기 때문에 오히려 대통령중심제가 더욱 강화되었다고 보아야 한다.

---

7) 1948년 사실상 헌법초안을 작성했던 유진오박사는 국무총리의 국무위원 임면제청권에 큰 기대를 걸고, 따라서 이것이 제도화되지 못한 점을 아쉬워하였다. 유진오, "초밥먹는 동안에 이루어진 역사", 헌법기초회고록(일조각, 1980), 99면 이하 참조. 그러나 이후 헌정사가 보여주듯이 국무총리의 국무위원 임면제청권이 실제 대통령에 대한 견제기능이 될 수 있었는지는 의심스럽다.

8) 박일경, "헌정 30년 정부형태의 변천", 헌법연구 제4집(1979), 61면 참조.

Ⅱ. 1954년 제2차 헌법개정

1954년 헌법개정 역시 가장 중요한 계기는 정권 연장을 위한 것이었다. 기존 헌법에 의하면 대통령은 1차에 한하여 중임할 수 있었다. 1954년 헌법은 헌법 공포 당시의 대통령에 대해서는 이 규정을 적용하지 않도록 하였다(부칙 제3조). 이러한 정권 연장을 위한 적나라한 헌법파괴에는 국민적, 그리고 야당의 격렬한 반대가 따랐다. 실제 헌법개정안에 대한 표결 결과는 재적의원 203명 중 찬성 135명으로 헌법개정에 필요한 3분의 2인 136명에 이르지 못하여 부결되어야 했다. 또 실제 부결이 선포되었다. 그러나 이후 사사오입(四捨五入)의 논리로 가결이 선포되는 부정이 저질러졌다(사사오입개헌). 이로써 국민에 의한 통치라는 명분만이 지배하며, 헌법적 정당성은 정치현실에서는 의미를 상실하게 되었다.

초대 대통령의 종신집권을 위한 개정 이외에 다음과 같은 몇 가지 사항에 대한 개정이 장식적으로 이루어졌다. 주권의 제약 또는 영토의 변경을 가져올 국가안위에 관한 중대 사항은 국회의 가결을 거친 후 국민투표에 부칠 수 있다. 국민투표에 부치기 위해서는 민의원의원 선거권자 50만명 이상의 발의가 있어야 한다. 국민투표를 통과하기 위해서는 민의원의원 선거권자 3분의 2 이상의 투표와 유효투표 3분의 2 이상의 찬성이 있어야 한다(제7조 의2). 헌법개정의 제안은 대통령, 국회의원뿐 아니라 국민이 직접 할 수 있도록 하였다. 즉 민의원의원 선거권자 50만인 이상의 찬성으로 헌법개정을 제안할 수 있다(제98조 제1항).[9] 대통령이 궐위된 때에 부통령이 대통령을 승계하는 규정을 두었다(제55조 제2항). 여기에는 이승만의 고령을 염두에 두고 궐위 시에 부통령이 승계하여 자유당의 정권을 연장하고자 하는 의도가 있었다.

국무총리제도는 폐지되었다(제44조 등). 따라서 당연히 행정 각부장관의 임명에 있어서 국무총리의 제청권이 다시 사라졌다(제73조). 더욱 전형적인 대통령중심제로 전환된 것이다. 참의원은 대법관, 검찰총장, 대사 등 대통령이 지명한 공무원의 임명에 인준권을 갖는다(제42조 의2). 그러나 참의원이 구성되지 않은 점을 고려하면 이는 의미 없는 헌법개정이었다. 이는 헌정운영에 직접적인 영향을 미쳤다. 헌법위원회 일부 위원을 선출하는 권한을 갖는 참의원이 구성되지 않아 1960년까지 헌법위원회가 기능할 수 없었다.

---

9) 이와 같은 국민에 의한 헌법개정 제안은 1972년 헌법에서 삭제되었다.

1954년 개정헌법에서는 경제질서에 있어서 국가통제의 가능성이 후퇴하였다. 국영 혹은 공영의 범위를 광범위하게 규정하고 있던 제87조 제1항은 삭제되었다. 대외무역에 대한 통제에 있어서 법적 근거를 요청하였다(제87조). 사영기업의 국공유화에 대한 조건을 규율하였던 헌법규정이 이제 이를 원칙적으로 허용하지 않는 형태로 변하였다. 1948년 헌법은 제85조 내지 제88조에 의하여 특허를 취소하거나 권리를 수용·사용 또는 제한하는 때에 재산권 제한에 대한 보상규정, 즉 제15조 제3항을 준용하도록 하였다(제89조). 1954년 헌법은 사영기업을 국공유화하는 경우 보상의무를 명시하였다(제89조). 1954년 개정헌법은 경제질서에 있어서 국유국영(國有國營)의 원칙에서 사유사영(私有私營)의 원칙으로의 전환을 개정의 취지로 들었다.[10] 그러나 실질적으로 보면 1948년 헌법의 해당 규정은 헌법규범으로서의 성격이 약했으며 오히려 기존의 사실관계를 유지하는 의미가 보다 강했다. 그렇기 때문에 1954년 헌법개정을 통하여 헌법규범이 변화하였지만 경제질서가 전환되었다고 평가할 수는 없다.

1954년 헌법은 헌법개정의 한계에 관한 규정을 두었다. 즉 민주주의에 관한 제1조와 제2조, 그리고 위에서 언급한 국민투표에 관한 제7조의2는 개폐할 수 없다(제98조 제6항).

10) 헌법개정회의록(제3대 국회)(국회도서관, 1968), 9면 참조.

제 2 장 1960년 헌법개정

제 1 절 제3차 헌법개정

1960년 3월 15일 시행된 제4대 정부통령선거는 극심한 부정행위로 얼룩졌다. 이것이 결정적인 계기가 되어 대학생을 중심으로 전국적으로 처음에는 부정선거 무효화, 그리고 이후에는 정권의 퇴진을 요구하는 저항이 전개되었다. 그 결과 1948년부터 집권한 이승만은 대통령직에서 물러나고, 새로운 정치체제를 출범시킬 규범적 기초로서 1960년 6월 15일 세번째로 헌법이 개정되었다. 헌법개정의 일정과 관련하여 기존의 국회를 해산하고 새로운 선거를 통하여 국회를 구성한 후 여기에서 헌법을 개정하여야 한다는 주장(선선거 후개헌), 기존의 국회가 헌법을 개정한 후 해산하여야 한다는 주장(선개헌 후선거)이 대립하였다. 기존의 국회가 헌법을 개정할 정당성이 있는가의 문제가 있음에도 불구하고 민주당 구파와 자유당 일부의 찬성으로 기존 국회에서 개헌을 한 후 국회를 해산하고 선거를 실시하는 방법이 채택되었다.

1948년 헌법의 실패는 1960년 새로운 정치질서를 형성하기 위한 헌법을 근본적으로 검토하는 계기가 되어야 했다.

기존의 대통령중심제에서 의원내각제로의 변화에 대해서는 쉽게 합의되었다. 국회에 구성된 헌법개정을 위한 위원회의 명칭 자체가 '국회내각책임제개헌기초위원회'였다. 독재정권이 국민의 저항에 의하여 극복되었다는 점이 1960년 헌법개정에서 주요한 '역사적 배경'이었다. 1948년 헌법 제정과정에서, 그리고 그 후 지속적으로 야당이 의원내각제 개헌을 추진하였다는 사실이 1960년 헌법개정의 '정치적 상황'이었다. 이에 1960년 헌법은 내각책임제로 정부형태를 변경하는 데 유일한 비중을 두었다. 이에 비해서 중요한 두 가지 점이 근본적인 검토가 필요했음에도 불구하고 간과되었다. 첫째, 제1공화국 실패의 원인이 대통령중심제 그 자체에 있는가, 아니면 제도의 운영에 있는가 하는 점이다. 둘째, 대통령중심제를 대체할 내각책임제가 기능하기 위한 환경이 우리 사회에 갖추어졌는가의 문제이다. 당시 우리 사회에서 내각책임제가 기능하기 위한 조건, 즉 직업공무원제도와 정당제도가 확립되어 있지는 않았다. 특히 이념과 정책을 중심으로 국민의 정치적 의사를 사전적으로 형성하는 데 필요한 정당제도가 확립되어 있지 않았다. 따라서 정치의 중심인 국회가 의사결정능력을 가질 수 없다는 점에서 치명적으로 부정적인 환경이었다.

정부형태에 관하여 개정된 내용을 살펴보면 다음과 같다. 대통령은 양원합동회의에서 선출된다(제53조 제1항). 대통령은 긴급재정처분권(제57조), 계엄선포권(제64조), 국군통수권(제61조), 외교권(제59조) 등을 갖는다. 행정권은 국무원에 속한다. 국무원은 국무총리와 국무위원으로 구성된다(제68조). 국무원의 의결은 국무회의를 통해서 이루어지고 국무총리가 국무회의의 의장이다(제70조). 국무원은 연대하여 민의원에 책임을 지며, 민의원은 국무원에 대한 불신임의결을 할 수 있다. 이 경우에 국무원은 민의원을 해산할 수 있다. 이 밖에 국무원은 민의원이 조약비준에 대한 동의를 부결하거나 신년도 총예산안을 법정기일 내에 의결하지 않은 때에 이를 국무원에 대한 불신임으로 간주할 수 있다(준불신임)(제71조). 국회는 양원으로 구성된다(제31조). 기본적으로는 민의원이 우위에 있는 양원제이다. 고위직 공직자에 대한 인준권은 참의원에 부여되어 있다(제40조 의2).

1960년 헌법의 내각책임제에 대해서는 다양한 분석과 평가가 있으며, 실제 이는 이후 헌법사에 중요한 영향을 미쳤다. 예컨대 국무원이 국회를 해산하는 사유가 제한적이었고, 이로써 국회가 우위에 있게 되었으며, 그 결과 정국의 안정이 도모될 수 없다는 평가가 일반적이다. 그러나 이는 일종의 신화에 해당한다. 국무원이 국회를 해산하는 사유가 제한되어 있었지만 국회가 국무원의 불신임을 결의하면 국무원이 국회를 해산할 수 있기 때문에 국회가 우월하다는 평가는 논리의 비약이다. 오히려 당시 국회와 같이 하나의 정당, 즉 민주당이 절대다수 의석을 갖고 있는 경우 국무원을 불신임할 이유도, 또 국무원이 자신의 정당이 지배하고 있는 국회를 해산할 동기도 없었다. 그럼에도 불구하고 제2공화국 의원내각제에서 국회의 우위를 문제로 지적하는 것은 이후 다음과 같은 역사적 및 헌법정책적 영향을 미쳤다. 역사적으로 보면 제2공화국 의원내각제에서 국회가 우월하였기 때문에 국정이 안정적으로 운영될 수 없었다는 논리는 1961년 군사쿠데타를 정당화하는 도구가 되었다. 헌법정책적으로 보면 1962년 헌법의 개정에서 국회의 우위 및 국회의 권한남용이 문제로서 인식되었고, 이를 통제하는 과제가 핵심쟁점으로 취급되었다.[1]

1) 헌법개정심의록 제1집(대한민국 국회, 1967), 205면 이하 참조.

1960년 헌법은 공무원의 정치적 중립성과 신분보장을 처음으로 헌법에 규정하였다(제27조 제2항). 특히 경찰의 중립이 보장되며, 이에 필요한 기구를 설치하도록 하였다(제75조 제2항). 이는 이중적인 의도가 있었다. 첫째, 과거의 반성이다. 즉 이전 시기에 공무원집단이 집권자 개인의 사적(私的) 권력기구로 전락하였으며, 이를 방지할 필요가 있었다. 특히 경찰이 정권의 사조직과 같이 정치투쟁에서 야당을 탄압하는 선봉에 섰던 사례가 되풀이되어서는 안 되었다. 둘째, 미래지향적으로 보면 새로운 정부형태인 의원내각제에서 정권의 교체에도 불구하고 정치중립적으로 집행기능을 담당할 공무원제도가 확립되어야 했다.

결사의 특별한 형태로서 정당이 처음으로 헌법에 규율되었다. 민주적 기본질서에 위배되는 정당은 헌법재판소의 판결로써 해산된다(제13조 제2항). 이는 1958년 진보당이 공보실장의 행정처분에 의하여 해산되었던 경험을 되풀이하지 않으려는 목적으로 도입되었다. 정당의 자유를 보장하였지만 민주주의를 부인하는 정당은 해산할 수 있도록 하여 이른바 방어적 민주주의의 이념을 기반으로 하였던 독일헌법의 정당해산제도와는 역사적 배경에 있어서 차이가 있었다. 다만 이에 관한 규정 자체는 방어적 민주주의의 이념에 기초하여 도입된 1949년 독일헌법의 선례를 따랐다. 정당해산을 위해서는 실체법적으로는 엄격한 조건을 충족시켜야 하며, 절차법적으로는 헌법재판소의 판결에 의하도록 하여 정당 존속의 특권을 부여한 것이었다.[2)]

이와 같이 의원내각제가 기능하기 위한 전제조건인 직업공무원제도의 확립과 정당정치의 활성화문제를 1960년 헌법이 처음으로 주목하였다. 같은 맥락에서 선거관리기구를 헌법기관으로 설치하였다. 즉, 선거의 관리를 공정하게 하기 위하여 중앙선거위원회를 둔다(제75조 의2). 이 역시 과거 반성이 계기가 되었다. 즉 이승만정권 중후반기에 와서 선거조작을 통하여 사이비 정당성을 재생산하는 폐해가 지속적으로 나타났으며, 이를 방지하기 위한 제도가 필요했다. 중앙선거위원회는 대법관 3인과 정당추천위원 6인으로 구성된다.

기본권 제한과 관련하여 새로이 본질적인 내용의 침해금지가 도입되었다. 언론·출판에 대한 허가나 검열과 집회·결사에 대한 허가를 통한 제한을 금지하였다(제28조 제2항). 선거권연령이 20세로 헌법에 확정되었다(제25조).

1960년 헌법은 사법기구의 독립성과 효율성을 증진하기 위한 조치를 취하였

2) 헌법개정회의록(제4대 국회)(국회도서관, 1967), 58면 참조.

다. 대법원장과 대법관은 법관의 자격이 있는 자로 조직되는 선거인단에 의하여 선거한다(제78조). 헌법재판기구로서 헌법재판소를 설치한다. 헌법재판소는 구체적 규범통제뿐 아니라 추상적 규범통제를 포함하는 위헌법률심판, 헌법에 관한 최종적 해석, 국가기관 간의 권한쟁의, 정당의 해산, 탄핵재판, 대통령 · 대법원장과 대법관의 선거에 관한 소송을 관할한다(제83조의3). 그러나 1961년 4월 17일 「헌법재판소법」이 제정된 후 1961년 5 · 16 군사쿠데타에 의하여 헌법재판소에 관한 규정이 효력을 상실하면서(「국가재건비상조치법」 부칙 제5조) 헌법재판소는 구성조차 될 수 없었다. 우리 헌법사에서 헌법재판소는 1987년 헌법에 의하여 비로소 설치되었다.

제 2 절 제4차 헌법개정

제3차 헌법개정을 통해서 집권하게 된 민주당정권은 처음부터 과거청산을 정권의 기반으로 하였다. 이에 비해서 자신의 정책을 추진할 적극적인 미래지향적 정책연합을 형성하는 데에는 실패하였다. 정치적으로 민주당이 분열되었으며, 군부의 군사행동의 위협이 처음부터 예견되었다. 사회적으로 이익집단의 급진성과 혁신성을 수용하기에는 제도적 기반과 역사적 전통이 아직 모자랐다. 여기에 부정선거에 저항하여 독재정권을 무너뜨린 세력은 1960년 10월 8일 서울지방법원의 부정선거 관련자에 대한 경미한 처벌을 보면서 혁명의 이념이 왜곡되고 있다는 회의를 갖게 되었다. 당시 정부는 후자의 세력마저 수용할 수 없는 경우 국정이 위기에 처한다는 우려를 하였다. 이에 1960년 11월 29일 부정선거 관련자 등 반민주행위자들을 소급하여 처벌하기 위한 헌법개정을 하였다. 소급형법은 헌법에 위반되기 때문에 이에 대한 특별한 헌법적 근거를 마련한 것이다. 그 내용은 다음과 같다.

1960년 3월 15일 정부통령선거에서 부정행위를 행한 자, 이에 항의하는 국민에 대하여 살상 등의 부정행위를 한 자를 처벌하거나 혹은 1960년 4월 26일(이승만 대통령의 하야) 이전에 특정한 지위를 남용하여 반민주행위를 한 자의 공민권을 제한하기 위하여 특별법을 제정할 수 있다. 또 1960년 4월 26일 이전에 특정한 지위 또는 권력을 남용하여 부정한 방법으로 재산을 축적한 자에 대한 행정상 또는 형사상의 처리를 위하여 특별법을 제정할 수 있다(부칙 제16조). 위와 같은 형사상의 처리를 위하여 특별재판소와 특별검찰부를 둘 수 있다(부칙 제17조).

위와 같은 헌법개정은 과거의 비정상적인 헌정운영을 사후에 비헌법적인 방법으로 치유하는 의미를 가졌기 때문에 정치적인 정당성을 가졌다. 또 과거의 헌법적 부정을 청산하기 위하여 헌법적 방법과 절차를 적용할 때 나타나는 정치적 불만족을 국민이 수용할 수 없었다는 점이 헌법개정의 계기였다. 1990년 동·서독이 통일된 후 통일 전 동독정부에 의하여 저질러진 불법행위를 청산하는 결과를 보고 "통일 후 기대했던 것은 정의(Gerechtigkeit)였지만 얻은 것은 법치국가(Rechtsstaat)에 불과했다"라는 어느 시민운동가(Bärbel Bohley)의 푸념으로 끝나기에는 1960년 시점에 우리 헌법의 역사는 아직은 짧았다.

제 3 장 1961년 – 1987년

제 1 절 1961년 국가재건비상조치법과 국가재건 최고회의법, 1962년 헌법개정

Ⅰ. 1961년 국가재건비상조치법과 국가재건최고회의법

1960년 헌법에 기초하여 정부가 출범하는 시점에 이미 이승만정권 시기에 도모하였던 군사쿠데타의 가능성이 예견되었다. 이는 실제 민주당정권 출범 1년이 되지 않아서 1961년 5월 16일 현실화되었다. 불안정하게 출범한 1960년 헌정체제는 공고화되기 위하여 필요한 실험의 시간도 거치지 못하고 강제로 퇴장하였다. 군사쿠데타세력은 1961년 6월 6일 초헌법적인 성격을 갖는 「국가재건비상조치법」을 제정하여 헌법의 효력을 일부 정지시켰다. 즉 「국가재건비상조치법」에 저촉되는 헌법규정은 적용되지 않는다(제24조). 「국가재건비상조치법」에 의하여 최고기관으로 국가재건최고회의가 구성되었다(제2조). 국가재건최고회의는 입법·행정 및 사법에서 최고권력으로 형성되었다. 국가재건최고회의는 현역장교로 구성된다(제4조 제1항). 국가재건최고회의에는 상임위원회가 구성되었으며, 상임위원회가 실제 통치기능을 담당하였다(제8조).

국가재건최고회의는 국회의 권한을 행사한다(제9조). 기존 헌법상 국무원의 권한은 국가재건최고회의의 지시와 통제에 따라 국가재건최고회의 내각이 행한다. 내각은 국가재건최고회의에 연대책임을 진다(제13조). 국회 및 국무원에 관한 헌법규정은 국가재건최고회의와 내각에 준용한다(제23조). 사법에 관한 행정권의 대강은 국가재건최고회의가 지시·통제한다. 대법원장과 대법원판사 등의 임명에도 국가재건최고회의가 절대적인 영향력을 갖는다. 즉 대법원장과 대법원판사는 국가재건최고회의의 제청으로 대통령이 임명한다(제17조 이하).

「국가재건비상조치법」은 독자적인 재판권 행사를 위한 근거를 규정하였다. 즉 1961년 5월 16일 이전 또는 이후에 반국가적·반민족적 부정행위 또는 반혁명적 행위를 한 자를 처벌하기 위하여 특별법을 제정할 수 있으며, 이에 관한 형사사건을 처리하기 위하여 혁명재판소와 혁명검찰부를 둘 수 있다(제22조).

국가재건최고회의는 「특수범죄 처벌에 관한 특별법」과 「부정축재처리법」을 제정하였고, 이어 「혁명재판소 및 혁명검찰부조직법」에 의하여 설치된 기관이 이에 관한 위반사건을 심판하도록 하였다. 「특수범죄 처벌에 관한 특별법」은 부칙에서 공포한 날로부터 3년 6월까지 소급하여 법을 적용하도록 하였다. 이에 따라 정당과 사회단체의 주요 간부의 지위에 있으면서 반국가단체나 그 구성원의 활동을 찬양, 고무, 동조하거나 기타 방법으로 목적수행을 위한 행위를 한 자를 처벌하도록 하였다.

「국가재건비상조치법」에 의하여 국민의 기본권은 의미를 상실하였다. 기본권은 혁명과업 수행에 저촉되지 않는 범위 내에서 보장되기 때문이다(제3조).

1961년 6월 10일의 「국가재건최고회의법」은 「국가재건비상조치법」상의 상임위원회의 종류 및 기능을 주로 규율하였으며, 이 법에 의하여 정보기관인 중앙정보부가 설치되었다(제18조).

Ⅱ. 1962년 제5차 헌법개정

군사정부는 「국가재건비상조치법」을 개정하여 헌법개정절차를 마련하였다. 이에 따르면 헌법개정안은 국민투표에 의하여 확정된다. 이와 같이 1962년의 헌법은 기존 헌법의 개정절차를 따르지 않았으며, 또 실질적으로 국민의 합의를 도출하는 절차가 결여되었다는 점에서 보면 헌법개정이 아니라 새로운 헌법의 제정이라고 볼 수 있다. 다만 기존의 민주적 헌법체제로부터 완전히 전환한 것은 아니었기 때문에 실질적인 내용을 기준으로 보면 헌법개정에 해당한다. 1962년 헌법개정안 중 정부형태에 대해서는 이미 1961년 8월 12일자 국가재건최고회의 의장이 '정권이양시기에 관한 성명'에서 제시하였다. 그 밖의 헌법개정안의 내용은 국가재건최고회의에 설치된 헌법심의위원회에서 작성하였다.[1] 이 안은 1962년 12월 17일 국민투표에서 통과되었다. 개정헌법은 국회가 처음으로 집회한 날로부터 시행된다. 1962년 헌법의 개정에는 처음으로 헌법학자들이 본격적으로 참여하였다. 그 영향 때문이었는지 헌법체계가 정비되었다. 1962년 헌법의 특징을 보면 다음과 같다.

---

1) 헌법개정심의록 제1집(대한민국 국회, 1967), 헌법심의위원회의 전문위원회의록 참조. 헌법개정안에 대해서 전국에 걸쳐서 공청회가 개최되었다. 헌법개정심의록 제2집 및 제3집(대한민국 국회, 1967) 참조.

총강에 현행 헌법과 유사한 내용을 갖는 정당에 대한 독자적인 조문을 두었다(제7조). 그러나 아직 정당운영자금에 대한 보조를 명시하지는 않았다. 기본권에 대한 규율을 체계화하였다. 헌법 전체, 그리고 좁게는 기본권의 이념적 기초로 인간의 존엄과 가치를 처음으로 제시하였다(제8조). 이는 1949년 제정된 독일헌법이 인간의 존엄을 제1조에 규정한 예를 참고한 것이다. 우리 헌법에서 이 규정이 독일과 같이 객관적 규범으로 기능할 것인가, 아니면 주관적 공권의 성격을 가질지에 대해서는 앞으로 논의가 필요하게 되었다. 사회보장을 받을 권리를 인간다운 생활을 할 권리로 보장하였다(제30조 제1항). 이 밖에 사회적 기본권을 다양한 객관적인 질서의 내용으로 보충하였다. 국가는 사회보장의 증진에 노력하여야 한다(제30조 제2항). 생활능력이 없는 국민은 법률이 정하는 바에 의하여 국가의 보호를 받는다(제30조 제3항). 1948년 헌법과는 달리 보호대상자를 근로능력이 없는 자에 한정하지는 않았다. 이로써 근로능력의 유무를 불문하고 생계유지가 곤란하다는 상황을 기준으로 보호대상자를 선정할 수 있게 되었다. 이는 빈곤의 원인과 관계없이 모든 빈민을 보호의 대상으로 한다는 보편성의 원칙에 대한 헌법적인 근거이다. 그러나 1961년 제정된 「생활보호법」은 빈곤을 보편적으로 보호하는 내용을 갖지 못했고, 이러한 상황은 오랫동안, 즉 1999년 「국민기초생활보장법」을 제정하는 시점까지 지속되었다.

1962년 헌법에서 신체의 자유와 관련하여 체포 · 구속 등에 앞서 영장을 신청하는 주체로 검찰관이 명시되었다(제10조 제3항). 1962년 헌법은 1948년 헌법에 비해서 훨씬 정리된 자본주의 시장경제의 이념을 표방하였다. 개인의 자유와 창의를 경제질서의 기본으로 하였다(제111조). 개인의 자유와 평등을 공공복리의 유보하에 두었던 기존 헌법 제5조는 삭제되었다. 직업선택의 자유를 신설하였다. 그 당연한 결과로 예외적인 경우에 한하여 국유화의 가능성을 인정하였다(제117조). 1948년 헌법에 규정된 이후 전혀 기능하지 못했던 사기업에서 근로자의 이익분배균점권을 삭제하였다. 노동의 권리에 관한 규정이 정비되었다. 1948년 헌법은 노동의 권리와 노동의 의무를 통일체로서 파악하고 있었다. 즉 모든 국민은 근로의 권리와 의무를 가진다(제17조). 이에 비해 1962년 헌법은 노동의 권리를 보장하면서, 이어서 국가에게 경제적 및 사회적 방법으로 고용의 증진을 위해서 노력할 의무를 부과하였다(제28조). 이는 다음과 같은 두 가지 의미를 갖는다. 한편으로 노동의 기회가 현실적으로 실현될 수 있도록 국가에게 과제를 부과하였다. 다른 한편으로 이 규정은 노동의 권리의 성격을 변화시킬 수 있는 계기가 되었다. 즉, 노동의 권리를 국가목표 규정으로 파악할 수 있게 되었다.

1962년 헌법은 사회적 기본권이 결코 자동적으로 실현되는 것은 아니며, 오히려 부정적인 현실을 포장하는 왜곡된 기능을 수행할 수도 있다는 교훈을 주었다. 즉 미래의 장밋빛 청사진을 제시하고, 이를 통해서 현실의 희생을 감내하도록 하는 구실로서 사회적 기본권이 기능할 위험이 있다는 것이다.

1962년 헌법은 다시 대통령중심제로 복귀하였다. 강력한 정당국가를 지향하였다. 국회의원선거에서 입후보자가 되기 위해서는 정당의 추천을 받아야 하며(제36조 제3항), 국회의원이 당적을 이탈·변경하거나 소속정당이 해산된 때에는 자격을 상실한다(제38조). 대통령선거에서 입후보자가 되기 위해서 정당의 추천이 있어야 한다(제64조 제3항). 3분의 1 이상의 국회의원선거 지역구에 지구당을 두도록 정당설립의 요건을 강화하였고, 비례대표제를 도입하여 정당을 정치의 중심에 두었다. 이와 같이 강력한 정당국가를 지향하는 헌법적 의도가 무엇인지 명백하지는 않다. 추측컨대 당시 민주공화당이 이미 사전창당단계에 있었기 때문에 선거에서 지배적인 영향력을 가질 수 있을 것이라는 '선거전략적 사고'가 작용했다고 볼 수 있다. 또 정당을 매개로 국회와 행정부를 동시에 지배할 수 있다는 '정치전략적 사고'가 작용했을 가능성도 크다. 즉, 정당을 '혁명과업의 수행을 위한' 전위(前衛) 조직으로 구성하였다는 것이다. 그러나 위와 같은 규정들은 헌법이론적으로 보면 정당의 본질 및 민주주의와 조화될 수 없었다. 대통령과 국회의원은 국민의 대표이며, 이러한 지위와 정당의 대표로서의 지위가 충돌하는 경우 국민의 대표로서의 지위가 우월하여야 한다. 그런데 위 규정들은 정당의 대표로서의 지위를 우선하여 이를 상실하는 경우 국민의 대표로서의 지위를 박탈하는 결과가 되기 때문이다.

대통령은 국민에 의하여 직접 선출되고, 임기는 4년이며 1차에 한하여 중임할 수 있다(제64조 제1항, 제69조 제1항 및 제3항). 국무총리는 대통령을 보좌하는 지위를 갖는다. 국무총리는 대통령이 임명하며, 국회의 관여는 인정되지 않는다(제84조 제1항). 국무회의는 더 이상 의결기관이 아니라 심의기관으로 기능이 약화되었다(제86조). 감사원이 독립된 헌법기관으로 설치되었으며 회계검사와 직무감찰을 담당한다(제92조 이하).

국회는 단원제로 조직되었다. 국회의 회기를 제한하였다. 즉 정기회의 회기는 120일을, 임시회의 회기는 30일을 초과할 수 없다(제43조 제3항). 이는 국회의 기능 약화를 암시하였다. 국회는 국무총리 또는 국무위원에 대한 해임건의권을 가지며, 대통령은 특별한 사유가 없는 한 이에 응하여야 한다(제59조).

대법원장은 법관추천회의의 제청에 의하여 대통령이 임명하며, 국회의 동의를 얻어야 한다. 대법원판사인 법관은 대법원장이 법관추천회의의 동의를 얻어 제청하고 대통령이 임명한다. 일반법관은 대법원판사회의의 의결을 거쳐 대법원장이 임명한다(제99조). 1962년 헌법에서 위헌법률심판(제102조 제1항), 정당해산심판(제103조) 등 헌법재판은 대법원이 담당하였다. 탄핵결정은 대법원판사와 국회의원으로 구성된 탄핵심판위원회가 관할하였다(제62조).

제 2 절 1969년 제6차 헌법개정

1954년 정권연장을 위한 헌법개정의 퇴행은 1969년 다시 나타났다. 1963년과 1967년 대통령으로 당선된 박정희는 1971년 퇴임을 앞두고 정권연장을 위한 헌법개정에 착수하여 1969년 대통령의 계속재임을 3기로 연장할 수 있도록 하였다(3선개헌)(제69조 제3항).

국회의원의 수를 150인 이상 200인 이하에서 150인 이상 250인 이하의 범위로 증가시켰다(제36조 제2항). 기존에 헌법에 의하면 국회의원은 대통령 · 국무총리 · 국무위원 · 지방의회의원 기타 법률이 정하는 공사의 직을 겸할 수 없었다. 개정 헌법은 이를 법률에 위임하여 국회의원은 법률이 정하는 공사의 직을 겸할 수 없다고 규정하였다(제39조). 대통령에 대한 탄핵소추 의결정족수를 증가시켰다. 즉 대통령에 대한 탄핵을 위해서는 국회의원 50인 이상의 발의와 재적의원 3분의 2 이상의 찬성이 있어야 한다(제61조 제2항). 그러나 이들 개정은 헌법적 폭거의 중대성을 희석시키는 장식적인 것들이었다.

제 3 절 1972년 제7차 헌법개정

1971년 대통령선거에서 다시 당선된 박정희는 3번 연속 재임을 넘어서 영구집권을 기도하였다. 1972년 헌법은 1962년 헌법과 비교할 수 없을 정도로 이질적인 헌법이다.

우리 헌법사의 암흑기인 1972년 헌법개정의 서곡은 1971년 12월 6일자 국가비상사태의 선포, 그리고 12월 27일자 「국가보위에 관한 특별조치법」의 제정이었다. 이 법을 통하여 이미 헌법은 부분적으로 효력을 상실해 가고 있었다. 대통령은 필요한 경우 경제규제를 명하고, 옥외집회 및 시위를 규제하며, 언론·출판에 대한 특별조치를 취하고, 근로자의 단체행동권을 제한할 수 있다. 「국가보위에 관한 특별조치법」은 당시 헌법에서 대통령에게 국가긴급권 및 계엄선포권 등이 인정되어 있음에도 불구하고 발동요건이 모호하고 사전적 및 사후적 통제가 불충분한 방법으로 비상사태를 선포할 수 있도록 하여 대통령의 권한을 강화하였다. 이는 초헌법적 국가긴급권에 해당하였으며, 법률을 통하여 헌법을 무력화시키는 결과가 되었다. 이후 헌법재판소는 이 법률 전체에 대해서 위헌결정을 하였다.[2] 이윽고 1972년 10월 17일 전국에 비상계엄이 선포되었다. 헌법에 근거없이 국회는 해산되었고 헌법 일부조항의 효력은 정지되었다. 비상국무회의가 국회의 기능을 받았다. 1972년 10월 27일까지 헌법개정안을 공고하고 이를 국민투표에 부치도록 하였다. 이와 같은 긴급한 상황변화는 이른바 '10월유신'을 통한 영구집권의 음모를 사전에 계획하고 있었다는 사실을 보여준다. 헌법개정안은 1972년 11월 21일 국민투표에 부쳐져서 확정되었고, 12월 27일 공포·시행되었다.

전문에 헌법의 목적으로 기존에 '민주주의의 확립'을 '자유민주적 기본질서의 공고화'로 바꾸었다. 이는 다분히 북한과의 대립을 염두에 둔 방어적 개념이었지만 이후 시기에 헌법원리로서 민주주의에 대한 이해에 있어서 혼란과 소모적인 논쟁을 일으켰다.

국민이 주권을 행사하는 방법으로 국민투표를 명시하였다. 즉 국민은 그 대표자나 국민투표에 의하여 주권을 행사한다(제1조 제2항). 이로써 대의정치에서 견제와 균형의 기제를 우회하여 국민의 직관적·감성적 지지에 기초한 정치운영을 예고하였다. 1972년 헌법은 처음으로 평화통일에 관한 표현을 삽입하였다(전문, 제43조 제3항 등). 1972년 헌법은 영구집권에 필요한 여러 반민주주의적 규정을 두었다. 강력한 대통령중심제와 대통령의 장기집권을 도모하였다. 국회는 조직 및 기능에 있어서 약화되었다. 정당해산의 요건으로 "민주적 기본질서에 위배된 때" 이외에 "국가의 존립에 위해가 될 때"가 추가되었다. 통일주체국민회의를 주권적 수임기관으로 설치하였다. 이 밖에 기본권을 개별적인 법률유보하에 두었으며, 내용면에서 기존의 기본권에 비해서 후퇴하였다.

---

2) 헌재 1994.6.30, 92헌가18, 6-1, 564면 이하 참조. 이 밖에 헌재 2015.3.26, 2014헌가5, 27-1(상), 230면 이하 참조.

신체의 자유에 있어서 구속적부심을 폐지하였고, 자백의 증거능력을 제한하는 조항 역시 삭제하였다(제10조). 표현의 자유에 대한 허가나 검열에 의한 제한을 금지하는 조항 역시 사라졌다(제18조). 재산권 제한에 대한 보상의 기준과 방법을 포괄적으로 법률에 유보하였다(제20조 제3항). 1971년 대법원은 「국가배상법」 제2조 제1항 단서에 규정된 이른바 이중배상금지에 관한 규정을 위헌으로 결정한 바 있다.[3] 그런데 1972년 헌법은 이 조항을 헌법에 삽입하여 헌법적 효력을 갖게 하였다(제26조 제2항). 기본권 제한의 실질적 요건에 국가안전보장을 추가하였다. 기본권의 본질적인 내용에 대한 침해금지조항을 삭제하였다(제32조).

1972년 헌법은 대통령에 대한 국민적 정당성을 직접 심사하는 기회를 차단하였다. 대통령은 통일주체국민회의에서 선출된다(제39조). 대통령에게 평화적 통일의 의무를 부과하였다(제43조 제3항). 대통령의 임기는 6년이며, 연임제한규정은 두지 않았다(제47조). 이로써 영구집권이 가능해졌다. 대통령은 중요정책을 국민투표에 부칠 수 있다(제49조). 예방적 목적으로 긴급조치를 선포할 수 있게 하는 등 긴급조치의 요건이 지극히 완화되어 긴급조치를 통한 통치의 가능성을 열어 놓았다. 대통령의 긴급조치에 대해서는 동의 및 승인과 같은 형태로 국회가 사전적 혹은 사후적으로 통제할 수도 없었다.[4] 또 긴급조치는 명시적으로 사법심사의 대상에서 제외되었다(제53조).[5] 실제 빈번하게 긴급조치를 발동하여, 정치과정이 극히 경직되었다. 이와 같이 헌법은 정치적 안정성을 도모한다는 명분 아래 정치적 개방성을 철저히 희생시켰다. 1974년에서 1975년까지 무려 아홉 차례 긴급조치가 발동되었다. 이 중 특히 1975년 5월 13일 선포된 긴급조치 제9호는 헌법개정의 논의 자체를 금지하였다. 또 긴급조치를 위반하는 자는 법관의 영장 없이 체포·구금될 수 있고, 심지어는 검찰관이 영장을 발부할 수 있도록 하였다(긴급조치 제1호 제5항). 이러한 조치는 법관의 사후적 심사에서도 제외되었다(긴급조치 제5호 제12항). 이는 현행 헌법은 물론이고 당시 헌법의 기준에도 반하는 조치들이었다. 실제 이후 헌법재판소는 당시 선포된 긴급조치에 대해서 현행 헌법을 기준으로 위헌결정

3) 대판 1971.6.22, 70다1010 참조.

4) 이는 이후 대통령의 긴급조치가 법률로서의 속성을 갖지 못하여 위헌법률심판의 대상이 될 수 없으며, 따라서 이에 대한 위헌판단은 대법원이 관할한다는 논거가 되었다. 대판 2010.12.16, 2010도5986; 2013.4.18, 2011초기689 등 참조. 이에 관한 헌법재판소의 결정으로는 아래 각주 6 참조.

5) 대판 1975.1.28, 74도3492; 1975.1.28, 74도3498; 1975.4.8, 74도3323 등 참조. 긴급조치를 합헌으로 판단한 선고로는 대판 1977.3.22, 74도3510; 1977.5.13, 77모19 등 참조.

을 하였다.[6] 이로써 헌법은 더 이상 국가의사결정의 규범적 기준이 될 수 없었고, 정치과정은 실정헌법의 테두리 내에서 제한적 정치에 머무르는 '제도권'과 헌법의 보편적 가치를 지향하여 실정헌법의 테두리를 부인하는 '비제도권'으로 분열되었다. 결국 당시 헌법은 보편적 효력을 갖지 못하고 부분질서의 의미만을 가졌다. 또 헌법이 개방성과 자기개혁의 가능성을 상실하고, 화석화(化石化)되었다.

국회는 대통령에 대한 적절한 통제권한을 갖지 못했다. 1972년 헌법에서 처음으로 대통령은 국무총리를 임명함에 있어서 사전에 국회의 동의를 얻도록 하였다(제63조). 대통령이 국회의 일부를 구성하는 권한을 갖는 유례없는 대통령 중심의 정부형태를 채택하였다(제40조 제1항, 제76조 제1항). 규범적으로 보면 통일주체국민회의가 국회의원 정수의 3분의 1을 선거하도록 되어 있지만, 이는 대통령의 추천에 의한 일괄적인 선출이었기 때문에 실제로는 대통령의 의지가 그대로 관철되었다. 나아가서 중선거구제를 채택하여 1선거구에서 2인의 국회의원을 선출하였다. 이는 집권당 후보자가 모든 선거구에서 1명씩 당선되는 결과가 되었다. 국회의 권한은 약화되었다. 상징적으로 편제상 대통령(제4장)이 국회(제6장)에 앞서 위치하였다. 대통령은 국회해산권을 가졌지만(제59조), 국회는 개별적으로 국무위원 또는 국무총리에 대한 해임의결권을 가졌을 뿐이다(제97조). 국회의 국정에 대한 중요한 통제수단인 국정감사권을 폐지하였다. 국회의 회기는 더욱 단축되어 정기회의 회기는 90일, 임시회의 회기는 30일, 그리고 총 연 150일을 초과할 수 없다(제82조 제2, 3항).

사법부 역시 대통령에 종속되었다. 대법원장을 비롯하여 모든 법관은 대통령이 임명한다(제103조). 법관은 탄핵, 형벌뿐 아니라 징계처분에 의하여도 파면될 수 있어 법관의 신분보장은 크게 약화되었다(제104조 제1항). 위헌법률심판, 탄핵결정, 정당해산 등 헌법재판은 헌법위원회가 담당한다(제109조). 그러나 헌법위원회는 이러한 권한을 한 번도 행사하지 않았다. 이미 위에서 언급했듯이 유신선포 이후 행해진 헌법초월적 조치들은 사법심사의 대상에서 제외되었다(제53조 제4항). 지방자치는 사실상 유예되었다. 지방의회는 통일이 될 때까지 구성하지 않도록 했기 때문이다(부칙 제10조).

6) 헌재 2013.3.21, 2010헌바70등, 25-1, 180면 이하 참조.

판례 국가보위에 관한 특별조치법에 의한 대통령의 긴급권 창설의 위헌성
(헌재 1994.6.30, 92헌가18)

특별조치법은 그 법이 공포시행된 당시의 제3공화국 헌법(제73조, 제75조)이나 현행 헌법(제76조, 제77조)이 국가안전보장에 관계되는 비상사태수습을 위하여 대통령에게 부여한 국가긴급권, 즉 긴급재정처분 및 명령권이나 긴급명령권 또는 계엄선포권 이외에 또 하나의 국가긴급권을 대통령에게 부여한 법률이다.

그런데 특별조치법은 대통령이 국가비상사태를 선포할 수 있는 요건으로 "국가안전보장에 대한 중대한 위협에 효율적으로 대처하고 사회의 안녕질서를 유지하여 국가를 보위하기 위하여 신속한 사태대비조치를 취할 필요가 있을 경우"라고만 규정하여 국가긴급권 발동요건이 매우 추상적이어서 대통령의 주관적 판단에 따라 용이하게 발동할 수 있다. 또 대통령이 비상사태의 선포를 하고 나서도 국회에 보고 또는 통고하거나 국회의 승인을 받아야 할 의무도 없다(제4조의 경제에 관한 규제명령과 제5조의 국가동원령을 발하였을 때에만 국회에 통고할 의무가 있다). 다만 국회가 해제를 건의하면 대통령은 비상사태를 해제하여야 하는데 이때에도 대통령은 특별한 사유가 있음을 이유로 해제를 안 할 수도 있다(제3조 제2항). 결국 헌법상의 국가긴급권은 그 요건도 엄격하고 국회의 사후통제도 강력하여 대통령이 함부로 이를 발동할 수 없는 데 비하여 특별조치법상의 국가긴급권은 그 발동이 매우 용이하며 이렇게 볼 때 특별조치법은 대통령으로 하여금 국가긴급권 발동에 관한 헌법상의 엄격한 통제를 벗어나게 하기 위한 법률이라고 볼 수 있다(북한의 남침위협을 이유로 내려진 위수령 및 비상사태선포의 공포분위기 아래서 국회는 박정희 대통령의 협박 아래 야당의 반대에도 불구하고 적법절차를 생략한 채 날치기 통과시켰다).

특별조치법은 첫째, 초헌법적인 국가긴급권을 대통령에게 부여하고 있다는 점에서 이는 헌법을 부정하고 파괴하는 반입헌주의, 반법치주의의 위헌법률이다. 둘째, 국가긴급권 발동의 조건을 규정한 특별조치법 제2조의 "국가안전보장에 대한 중대한 위협에 효율적으로 대처하고 사회의 안녕질서를 유지하여 국가를 보위하기 위하여 신속한 사태대비조치를 취할 필요가 있을 경우"라는 규정내용은 너무 추상적이고 광범위한 개념으로 되어 있어 거의 대통령이 마음 내키는 대로 적용할 수 있게 되어 있으므로 남용 · 악용의 소지가 매우 크다. 이는 기본권 제한법률 특히 형벌법규의 명확성의 원칙에 반한다. 그럼에도 불구하고 국회에 의한 사후통제장치도 전무한 상태이다. 이러한 점에서 비상사태선포에 관한 특별조치법 제2조는 위헌무효이고 비상사태선포가 합헌 · 유효인 것을 전제로 하여서만 합헌 · 유효가 될 수 있는 특별조치법의 그 밖의 규정은 모두 위헌이다.

제 4 절 1980년 제8차 헌법개정

1972년 헌법은 '조국의 평화적 통일' 혹은 '대망의 80년대' 등의 정치적 상징 조작하에서 어느 정도 기능했지만 1970년대 후반에 들어서면서 필연적인 한계로 치닫고 있었다. 집권세력의 입장에서 보면 이제 그동안 억제되었던 국민의 자유를 보장하든가, 아니면 자유의 희생을 더 감내하도록 유도하는 다른 정책이 필요했다. 1977년 의료보험의 시행과 같은 복지조치를 통하여 민주주의의 희생을 부분적으로 보상하는 시도가 있었으나 여기에도 한계가 있었다. 1972년 헌법은 1979년 당시 중앙정보부장이 유신헌법과 동체(同體)였던 대통령을 살해하는 사건을 계기로 자연스럽게 운명을 다하였다. 1972년 헌법이 폐지되면서 이에 기초하여 발동되었던 긴급조치는 효력을 상실하였고, 이에 위반하여 기소된 사건에 대해서는 이후 무죄판결이 내려졌다.[7)]

1979년 10월 26일 대통령이 살해된 후 민주화의 열망은 시대의 대세였다(서울의 봄). 그러나 이러한 열망은 당시 정치권의 대처능력 부족, 그리고 기존 집권세력의 집권연장 음모가 복합적으로 작용하여 다시 한번 시대를 기다려야 했다. 1979년 12·12 사태와 1980년 5·18 민주화운동 등을 거치면서 이른바 신군부가 시나리오에 따라 집권하였다. 신군부가 사실상 집권한 후의 상황은 5·16 군사쿠데타 후와 유사하다. 신군부는 국가보위비상대책위원회(국보위)를 설치하고, 산하에 상임위원회를 두어 상임위원장에 전두환이 임명되었다. 국보위는 공무원사회 숙정, 사회정화조치, 삼청교육, 언론통폐합 등 헌법을 초월하여 통제되지 않는 권력을 행사하였다. 국보위는 1980년 10월 27일 새로운 헌법이 효력을 발생하면서 국회가 구성될 때까지 국가보위입법회의로 확대 개편되었고, 여기에서 189건의 법률안을 처리하여 이른바 '5공악법'의 산실이 되었다.

1980년 헌법개정안은 정부의 헌법개정심의위원회에서 검토·확정한 후 1980년 10월 22일 국민투표에 부쳐져 확정되었다. 이 헌법은 1980년 10월 27일 공포·시행되었다. 1980년 헌법은 1972년 헌법에 비해서는 권력구조를 개선하였다. 기본권은 1972년 헌법 이전의 모습을 회복하였다. 사회정의의 실현을 헌법의 원리로서 강조하였다.

7) 대판 2010.12.16, 2010도5986 참조.

총강에서 정당의 활성화를 위하여 처음으로 정당운영자금에 대한 보조에 관한 규정을 두었다(제7조 제3항). 이는 한편으로는 정당제도의 안정화를 도모하여 정당정치를 확립하려는 의지라고 이해할 수도 있지만, 다른 한편 정당의 재정이 국가에 종속되면서 정당이 길들여질 수 있는 위험이 있기도 하였다. 문화에 대한 국가의 과제를 전통문화의 계승·발전과 민족문화의 창달에 노력하여야 하는 내용으로 선언하였다(제8조).

기본권에 대한 개별적인 법률유보를 삭제하였다. 본질적인 내용 침해 금지조항이 회복되었다(제35조). 1972년 헌법에서 삭제되었던 구속적부심, 그리고 자백의 증거능력제한에 관한 규정이 다시 도입되었다(제11조). 자기의 행위가 아닌 친족의 행위로 불이익한 처분을 받지 않는다는 이른바 연좌제금지를 명시하였다(제12조 제3항). 형사피고인은 유죄의 판결이 확정될 때까지 무죄로 추정된다는 원칙이 새로이 도입되었다(제26조 제4항). 선거권연령을 헌법사항에서 제외하여 입법적으로 선거권연령을 하향조정할 수 있도록 하였다(제23조). 행복추구권(제9조), 사생활의 비밀과 자유(제16조), 환경권(제33조) 등 새로운 기본권들을 추가하였다. 혼인과 가족의 보호가 국가의 적극적인 과제로 규정되었고, 개인의 존엄과 양성의 평등이 혼인과 가족을 형성하는 기준으로 제시되었다. 같은 조문에 2항을 두어 보건에 관한 권리를 보장하였다(제31조).

대통령은 여전히 선거인단을 통하여 간접적으로 선출되었다(제39조 제1항). 대통령의 임기는 7년이며, 장기집권을 방지하기 위하여 중임을 금지하였다(제45조). 또 대통령의 임기연장 또는 중임변경을 위한 헌법개정은 그 헌법개정 제안 당시의 대통령에 대해서는 효력이 없도록 하였다(제129조 제2항). 긴급조치의 요건을 강화하였다. 특히 사전적·예방적인 긴급조치의 가능성이 사라졌으며, 또 긴급조치를 사법심사의 대상에서 제외하는 규정을 삭제하였다(제51조). 그러나 대통령중심제에 이질적인 대통령의 국회해산권은 여전히 유지하였다(제57조).

국회의 구성방법이 정상화되고, 국회의 권한을 강화하였다. 대통령이 국회의 일부를 구성하는 권한을 삭제하였으며, 1972년 헌법에서 폐지되었던 국회의 국정감사권 대신 국정조사권이 도입되었다(제97조). 대통령은 국회해산권을 가지며, 국회는 국무총리 및 국무위원의 해임을 의결할 수 있다(제99조). 사법부 구성에 있어서 대통령의 독단이 어느 정도 약화되었다. 대법원장은 국회의 동의를 얻어 대통령이 임명하며, 대법원판사는 대법원장의 제청에 의하여 대통령이 임명한다. 그 밖의 판사는 대법원장이 임명한다(제105조).

경제질서에 있어서 독과점에 대한 규제·조정, 중소기업에 대한 보호·육성, 소비자 보호 등을 새로이 도입하였다(제120조 제3항, 제124조 제2항, 제125조). 독과점의 규제와 조정에 관한 규정은 시장 자체에 시장의 기능을 저해하는 요소가 내포되어 있다는 점을 주목한 규정이다. 기존의 헌법이 주로 사회적 배려와 사회통합을 위하여 경제질서를 규율하고 있었던 태도와 비교하면 1980년 헌법은 경제질서가 독자적인 규율대상임을 암시하였다. 이 규정은 경제질서에 사회적 책임을 부과하는 의미보다는 경제질서가 기능하기 위한 내재적인 조건에 해당하기 때문이다. 소비자보호운동을 새로이 규정하였다(제125조). 이 규정은 이후 경쟁질서가 기능하기 위한 시장경제에 내재적인 조치인가, 소비자보호를 위한 사회적 배려인가, 또 이로써 소비자운동을 기본권으로서 보장한 것인가에 대한 논의를 일으켰다.

위와 같은 개선에도 불구하고 1980년 헌법은 태생적 한계가 있었다. 후에 사법적으로도 확인된 바와 같이 1980년 헌법은 헌정파괴범죄의 결과로 탄생한 정부의 존립기반이었기 때문이다.[8] 또 이미 과거의 경험을 통하여 헌법재판제도로서 기능하지 못하였던 헌법위원회제도를 그대로 유지하는 한계를 보였다. 실제 1972년 헌법과 마찬가지로 1980년 헌법하에서도 헌법재판은 한 번도 제기되지 않았다. 국회가 구성되기 전 국가보위입법회의에서 제정된 법률 등의 공권력행사는 사법 심사의 대상에서 제외되었다(부칙 제6조). 그러나 이들 이른바 '5공악법'들은 정권이 바뀐 후 모두 과거청산의 대상이 되었다.

8) 헌재 1996.2.16, 96헌가2등, 8-1, 51면 이하; 대판 1997.4.17, 96도3376 등 참조.

제4장 1987년 제9차 헌법개정

1987년은 국민의 저항에 의하여 국민이 실질적으로 국가권력의 정당성을 결정하는 위상을 갖게 되었다는 의미에서 민주주의의 원년이었다. 1980년에 집권한 정권의 후반기에 민주화의 국민적 열망은 정치권력이 통제할 수 없는 상황으로 발전하였다. 기존 헌법에 따른 정권교체에 집착하여 헌법개정을 미루는 내용의 1987년 4월 13일 '호헌선언(護憲宣言)'은 전국적으로 격렬한 저항을 일으켰다. 이에 당시 집권당인 민정당의 대통령후보가 대통령직선제를 주요 내용으로 하는 헌법개정을 수용할 것을 선언(6·29선언)하면서 헌법개정작업은 급속히 진전되었다. 1987년 9월 18일 헌법개정안이 국회에서 발의되고 10월 12일 의결되었다. 이는 10월 27일 국민투표에 부쳐져서 통과되고, 10월 29일 공포되어 1988년 2월 25일 효력을 발생하였다. 1987년 헌법개정으로 이제 정치권력이 정당성을 스스로 창설하고 후견적으로 국가를 운영하는 시대가 종식되었다. 대통령직선제가 이를 상징하는 변화였다. 헌법의 실효성과 관련하여 괄목할 만한 변화는 헌법재판기관으로 헌법재판소가 설치·기능하게 되었다는 사실이다. 이미 언급했듯이 헌법재판소제도는 1960년 헌법에서 채택된 바 있다. 그러나 군사쿠데타로 인하여 헌법재판소는 설치되지도 못하고 1960년 헌법은 효력을 상실하였다. 1987년 헌법에서 헌법재판소는 헌법의 최고규범성을 실현하는 결정적인 기여를 하고 있다.

이와 같이 1987년 헌법은 우호적인 정치적 환경에서 출발하였지만 다음과 같은 상황적 및 정치역학적 여건이 한계로서 작용하였다. 상황적으로 보면 6·29선언 이후 부분적으로 과격하게 진행된 노동운동은 체제 이행에 적극적으로 참여했던 중산층을 소극적으로 만들었다. 정치역학적으로 보면 6·29선언은 민주주의로 이행하는 촉매였지만 동시에 기존 권위주의세력의 존속을 보장하는 계기이기도 했다. 즉 기존 권위주의 군부세력이 국민적 항쟁에도 불구하고 여전히 정치주도세력으로 남을 수 있게 되었다. 이에 헌법 개정에 있어서 두 가지 특징이 나타났다. 첫째, 헌법 개정작업은 전적으로 정치권에 맡겨졌다. 즉 헌법이 기존 정치세력 간에 협소한 정치과정에서 탄생하였다. 이는 엘리트 협상의 산물로 표현되기도 하였다. 실제 국회는 예정되었던 지역공청회를 여야 간에 공청회 장소 및 연사 선정 등의 문제에 이견을 보이며 한 번도 시행하지 못했다. 둘째, 헌법 개정에 있어서 전적으로 차기집권을 위한 전략적 사고가 지배하였다.

1987년 헌법은 저항권의 행사에 의하여 민주주의로 이행하는 문서였다. 이에 저항권을 독자적인 기본권으로 보장하지는 않았지만 전문에 "...불의에 항거한 4·19 민주이념을 계승하고..."로 저항권의 흔적을 남겼다.

헌법 본문에 처음으로 독립 조문으로 평화적 통일의 과제를 선언하였다(제4조). 기본권을 부분적으로 보충하였다. 신체의 자유에 있어서 적법절차, 그리고 이를 고지받을 권리를 도입하였고, 구속이유고지제도를 보장하였다(제12조 제5항). 범죄피해자구조청구권을 새로이 기본권으로 보충하였다(제30조). 이로써 국가의 불법행위로 인한 피해(국가배상) 혹은 공공의 필요로 인한 희생(수용보상) 이외에 범죄로 인한 피해에 대해서 국가책임을 인정하여 사회보상의 사고(思考)에 새로운 전기를 마련하였다. 사회적 약자에 대한 사회보장을 명시하였다. 여자·노인·청소년 및 장애인 등이 여기에 해당한다(제34조). 그러나 장애인보호와 관련하여 보호의 대상을 신체장애자로 한정하였다. 정신장애인이 오히려 더욱 보호되어야 한다는 점을 고려하면 숙고에 따른 규정은 아니었다. 또 여전히 생활능력이 없는 조건 하에 장애인을 보호한다고 규정함으로써 장애 그 자체를 보호의 대상으로 하지 않는 한계를 보였다. 선거권연령을 헌법사항에서 제외하여 법률에 의하여 선거권연령을 낮출 수 있도록 하였다.

국회의 기능을 강화하였다. 우선 상징적으로는 국회에 관한 장(제3장)이 정부(제4장)에 앞서 위치하였다. 국회개회일수에 대한 제한을 삭제하여 국회가 상설화될 수 있게 되었다(제47조). 국회는 국정조사권과 함께 국정감사권을 갖는다(제61조). 대통령은 더 이상 국회해산권을 갖지 않는다. 국회는 국무총리와 국무위원의 해임을 건의할 수 있다(제63조). 정부와 국회의 조직상의 분리가 더 강화된 셈이다.

대통령은 국민에 의하여 직접 선출된다(제67조). 대통령의 임기는 5년으로 단축되었고, 중임할 수 없다(제70조). 헌법재판은 헌법재판소가 담당한다(제111조). 헌법재판소는 위헌법률심판과 정당해산심판, 그리고 탄핵심판 외에 권한쟁의심판과 헌법소원심판을 관할한다.

1987년 헌법은 국민의 보상 욕구를 헌법에 적극적으로 반영하는 조치를 부분적으로 도입하였다. 기존 헌법의 표현 중 사회정의실현의 국가 과제를 다음과 같이 세분화하였다. 첫째, 적정한 소득의 분배를 유지한다. 둘째, 시장의 지배와 경제력의 남용을 방지한다. 셋째, 경제주체간의 조화를 통한 경제의 민주화를 위하여 규제와 조정을 한다(제119조 제2항). 이 중 특히 적정한 소득의 분배를 위한 국가의 과제는 넓게 해석하면 노동시장에서 1차소득의 분배뿐 아니라 2차소득의 분배, 즉 재분배를 통하여 시장에서의 소득불균형이 지속되는 것을 방지하는 의미를 갖는다. 이 규정들은 기존의 경제질서와는 차별성이 있었다. 1948년 이래 헌법은 경제질서의 사회적 목표에 관한 명시적인 규정을 두었다. 즉 경제질서가 생활의 기본적 수요를 충족하는 목표를 갖는다. 그런데 이 규정은 1987년 헌법에서는 삭제되었다. 이로써 헌법 제119조는 순수한 경제질서에 관한 규정인가, 아니면 여전히 경제의 사회적 책임을 전제로 하는 규정인가, 혹은 경제질서의 목표에 대한 분석을 통하여 헌법의 경제질서에 대한 새로운 이해가 필요한가 하는 문제가 제기되었다. 특히 위와 같은 경제질서의 목표는 동일한 차원의 문제가 아니라 시장의 내재적인 한계와 시장의 사회질서 형성에 관한 기능적 한계를 함께 포함하고 있다. 그만큼 경제질서에 대한 이해는 복잡하고 혼란스러워졌다. 그러나 1987년 헌법의 이러한 변화가 이후에도 주목을 받지는 못했다.

1987년 헌법은 우리 헌법사에서 유례없이 안정적인 근본규범으로서 기능하고 있으며, 특히 헌법재판소가 헌법수호기관으로서 헌법의 기능 유지에 괄목할 만한 기여를 하고 있다. 그러나 1987년 헌법에 대해서 처음부터 다음과 같은 문제가 제기되었다. 즉 1987년 헌법하에서 절차적으로 보면 대의민주주의가 충실히 실현되지 못하고, 실질적으로 보면 특히 사회경제적 민주주의를 실현하는데 한계가 있다는 지적이다. 그러나 규범으로서의 헌법이 이러한 현실을 보장하는 것은 아니며, 이는 헌법이 제시한 절차와 조직에 의하여 정치과정에서 구체화되어야 하는 과제이다. 따라서 이러한 지적이 1987년 헌법 자체에 대한 적합한 비판은 아니었다.

보다 헌법적인 쟁점들은 1987년 이후 빈번하게 이른바 여소야대, 즉 대통령을 배출한 정당이 국회에서 다수의석을 차지하지 못하고, 그 결과 대통령과 국회가 극단적인 대립을 보여왔다는 사실과 관련되어 있다. 이에 의원내각제로의 전환을 주장하는 견해에서부터 기존의 정부형태를 그대로 유지하면서 대통령의 권한을 분산시키자는 주장, 그리고 대통령과 국회의원의 선거 시기 혹은 임기를 일치시키자는 주장, 대통령의 임기와 관련하여 5년 단임을 4년 중임으로 하자는 주장 등에 이르기까지 다양한 개헌 논의가 이루어지고 있다. 이 밖에도 국무총리의 존재, 헌법재판소의 구성 및 경제질서 등에 대한 개헌문제가 논의되고 있다. 1987년 헌법은 민주주의의 실현을 시대적 과제로 하였으며, 이는 어느 정도 실현되었다. 이제 새로운 시대적 상황을 맞아 1987년의 시대적 부담에서 벗어나서 객관적으로 타당한 헌법개정의 필요성과 가능성, 그리고 효용성에 대한 논의가 필요한 때이다.

제 3 편

대한민국의 국가형태 – 민주공화국

제1장 민주주의와 공화주의

헌법 제1조 제1항은 대한민국의 국가형태를 민주공화국으로, 그리고 제2항은 민주주의의 내용을 "대한민국의 주권은 국민에게 있고, 모든 권력은 국민으로부터 나온다"라고 표현하고 있다.

헌법상 국가형태는 민주공화국이며, 이는 민주주의와 공화주의를 내용으로 한다. 공화주의의 가장 중요한 내용은 세습군주가 아닌 한시적인 공직의 담당자에 의하여 국가권력이 행사된다는 점이다. 실제 절대군주제에서 민주주의로의 전환기에 공화주의는 혁명적 파괴력을 갖는 이념이었다. 우리 역사에 있어서 19세기 말 절대군주시기의 후반에 공화주의를 기치로 정치운동을 전개했다면 이는 곧 혁명을 의미했고, 공화주의는 구시대와 단절하는 중요한 헌법이념이 되었을 것이다. 1919년 4월 11일 제정된 대한민국 임시정부의 임시헌장은 제1조에서 '대한민국은 민주공화제로 함'이라고 하여 군주제와의 단절을 선언하였다. 이는 당시로서는 역사적 전환을 예고하는 것이었다. 다만 임시헌장은 제8조에서 '대한민국은 구황실을 우대함'이라고 하여 조심스러운 태도를 보였다.

그러나 이미 민주주의가 정착해 있는 현대에 있어서 국가형태로 공화주의는 역사적 의미를 다했다고 생각한다. 공화주의는 군주제가 존재하지 않거나 혹은 군주가 실제 통치권을 행사하지 않는 국가형태이며, 이에 대립하는 국가형태로서 군주주의를 드는 것은 더 이상 의미가 없기 때문이다. 현실적으로 여러 나라에서 군주제를 그대로 유지하면서 민주주의가 형성·발전하였으며, 이 경우 공화주의는 형식적인 의미 이상을 가질 수 없다. 또 공화주의의 대부분의 내용은 민주주의의 이념·내용 및 제도 등이 발전하면서 민주주의에 포섭되었다.[1]

공화주의는 1990년대 후반, 그리고 2000년대 이후 특히 미국에서의 논의를 소개하는 형태로 우리 헌법학의 담론에 진입하였다. 이때 공화주의는 헌법 제1조의 해석론이 아니라 일반적인 사상재(思想材)로서 서술되었다. 그러나 한시적 공직제, 비지배적 자유, 국민 및 공직자의 덕성, 공화(共和) 등의 제도 혹은

1) 이러한 이해방법은 이미 18세기 후반기에 나타나고 있었다. 이에 대해서는 Robert Dahl, *How Democratic is the American Constitution?*(Yale University Press, 2003); *Federalist Papers* No. 10 참조.

윤리적 명제가 민주주의, 혹은 법치국가원리의 대안으로 헌법원리를 보충하거나 재발견하는 의미를 갖지는 못했다. 즉, 공화주의의 절대적 개념 요소, 그리고 민주주의·법치국가원리·복지국가원리 등과의 관계에서 갖는 상대적 특징은 무엇이며, 공화주의가 이들 원리와 헌법의 형성에 있어서 어떠한 상호작용을 하는가에 대한 논의는 없었다. 공화주의는 다분히 헌법의 사회적 관련성 및 사회적 과제를 명시하고 있지 않은 미국헌법을 새로이 형성 혹은 재형성하는 가능성에 대한 이론적 탐색이었다. 예컨대 표현의 자유의 공공성, 그리고 국가의 사회적 과제를 명시하지 않은 미국헌법을 재구성하는 기여를 할 수 있었다. 그러나 우리 헌법은 처음부터 헌법원리 및 기본권의 사회적 연관성 및 사회적 과제를 명시하였고, 이에 관한 담론의 장을 충분히 제시하고 있다. 따라서 이 책에서는 공화주의에 대한 설명을 따로 하지 않기로 한다.

제 2 장 민주주의의 기원과 이념

제 1 절 기 원

민주주의의 기원을 그리스 도시국가의 직접민주주의에서 찾는 것은 타당하지 않다. 당시 그리스 도시국가의 민주주의는 계급사회를 배경으로 하였다. 따라서 모든 국민의 의사가 국민적 동질성에 기초하여 정치권력의 정당성을 결정하는 기초가 될 수는 없었다. 우리 헌법상 민주주의의 기원은 근대 이후 시민계급이 정치권력의 주체로 등장하는 계기였던 시민혁명을 역사적 배경으로, 그리고 국민주권주의를 이념적 배경으로 이해하여야 한다.

제 2 절 국민주권주의

Ⅰ. 사실적 개념과 규범적 개념

국민주권주의는 국가권력의 정당성의 기초가 국민으로부터 기원하여야 한다는 내용을 갖는다. 이때 국가권력 및 국가공동체는 결코 선존(先存)하는 것이 아니라 국민적 정당성이라는 기반 위에서 성립·형성되어야 한다. 그리고 이 점에서 국민주권주의는 존재론적 개념이 아닌 규범적 개념이다. 예컨대 군주주권에서 주권의 소재는 군주, 즉 군주의 의사이며, 이는 존재론적 세계에 있다. 이에 비해서 국민주권에서 주권이 소재하는 국민, 그리고 국민의 의사는 추상적·이념적 실체로서 규범의 성격을 갖는다. 우리 헌법 제1조 제2항의 "대한민국의 주권은 국민에게 있고, 모든 권력은 국민으로부터 나온다"는 표현은 사실의 확인이 아닌 규범적 요청이라는 것이다.

국민주권이 실현되는 대표적인 계기는 헌법제정권력의 행사이다. 그러나 헌법이 제정된 후 국민주권의 규범적 의미가 소멸하는 것은 아니다. 즉, 국민주권은 규범적 성격이 없는 단순한 정치적 이념이 아니라 헌법원리, 기본권 등의 존속을 보장하며 이를 일탈하는 공권력의 행사를 심사하는 기준으로 작용한다.

다만 헌법현실에 있어서는 헌법원리, 기본권 등이 직접 국가권력을 선도하고, 또 심사하는 기준이 되며, 이와 같은 헌법국가가 기능하는 상황에서 국민주권은 잠재적인 규범적 의미를 갖는다.

Ⅱ. 이른바 동일성이론에 대하여

민주주의는 치자(治者)와 피치자(被治者)의 동일성에 기초한 국가형태라는 이해가 아직 존재하고 있다.[1] 그러나 이와 같은 명제는 다음과 같은 이유에서 타당하지 않다.

첫째, 동일성이론은 그 내용 자체가 모호하다. 특히 오늘날 다원화된 사회에서는 각 영역에서 다양한 기준에 따라 생활관계가 형성되며, 또 민주주의의 의사결정이 광범위하게 영향을 미친다. 이러한 상황에서 치자와 피치자의 동일 여부를 평가하는 명확한 기준이 존재할 수 없기 때문이다.

둘째, 근본적으로 보면 동일성이론은 피치자에게 치자의 그것과 비교 가능한 의사가 존재하여야 한다. 그런데 피치자인 국민은 자체적으로 실질적인 내용에 관한 의사형성능력을 갖고 있지 못하다. 피치자의 의사는 가공되지 않은 현실의 의사로서, 국가권력에게 절차적으로 일정한 권한의 행사를 위임할 수는 있지만 국민 전체의 의사를 형성하고 이를 기준으로 치자의 의사와 비교할 수는 없기 때문이다.

셋째, 동일성이론은 남용의 가능성을 안고 있다. 치자와 피치자가 동일하다면 치자의 권한행사는 곧 피치자의 의사에 기초한 것이며, 이로써 통제의 대상이 존재하지 않게 되기 때문이다. 동일성이론은 의사결정방법으로 필연적으로 국민투표를 선호할 것이다. 그런데 국민투표에서 동일성이론의 문제점은 뚜렷하게 나타난다. 대의과정에서는 국가기관 사이에 사전적 및 사후적 견제와 균형을 형성하면서 의사가 결정된다. 또 이는 한시적인 정당성을 갖기 때문에 새로운 선거에 의하여 구성된 국가기관에 의하여 재검토되는 상대적 효력을 갖는다. 그런데 국민투표는 이러한 이중적 통제에서 벗어나 절대적 효력을 갖는다. 이로써 권력의 남용과 경직성을 초래할 가능성이 크다.

위와 같은 이유에서 루소(Rousseau)적 의미에서의 치자와 피치자의 동일성이론, 혹은 같은 맥락에서 인민의 지배를 주장하는 사회주의헌법에서의 민주주

1) 예컨대 헌재 1991.3.11, 90헌마28, 3, 81면; 1992.2.25, 89헌가104, 4, 94면 이하 등 참조.

의에 대한 이해는 현실적 및 이론적 기초를 결여하고 있다.

Ⅲ. 국민주권주의의 내용과 민주주의의 실현형태

1. 국민주권주의

민주주의는 국가권력의 정당성이 국민에게 있는 정치원리이다. 이때 국민은 무엇이며, 국민과 국가권력의 상호작용은 어떠한 형태로 이루어지는지에 대한 해명이 필요하다.

국민주권은 민주주의를 실현하기 위하여 필요한 이론 구성이지만 현실 정치에서는 헌법에 의하여 창설된 국가권력이 기능한다. 국민주권은 헌법제정권력으로 행사된 후 국가권력을 비판적으로 감시하는 잠재적인 의미를 가질 뿐이다. 이러한 이유에서 우리나라 헌법과 같이 국민주권주의를 헌법에 명시하는 헌법례는 드물다.

주권의 주체로서 전체 국민은 민주주의가 기능하기 위하여 필요한 구상이며, 이는 이중적 의미를 갖는다. 첫째, 헌법은 국민의 주권적 결정이기 때문에 헌법에 의하여 형성된 국가권력을 구속한다. 이는 동시에 헌법개정의 한계로 작용하며, 그만큼 헌법의 안정성이 보장될 수 있다. 둘째, 이념적 통일체로서 국민은 헌법의 정당성과 타당성을 규범적 구속을 받지 않고 판단하는 권한을 갖는다. 이 점에서 보면 국민주권은 오히려 헌법의 안정성과 개방성에 장애가 될 수도 있다. 예컨대 1972년 헌법은 통일주체국민회의를 '국민의 주권적 수임기관'으로 규정한 바 있다(제35조). 이로써 통일주체국민회의는 헌법에 의하여 형성된 국가기관이지만 헌법을 초월하여 기능할 수 있게 되었다. 이와 같은 주권적 결정은 기존의 보편적인 헌법적 가치도 부인할 수 있다는 점에서 헌법의 안정성을 침해하며, 또 주권적 결정이 정치과정을 폐쇄 혹은 협소하게 할 수 있다는 점에서 보면 헌법의 개방성 역시 저해한다.

2. 국민의 이중적 지위

민주주의가 기능하는 데 있어서 국민은 다음과 같이 이중적인 지위를 갖는다.

(1) 추정적 의사의 귀속주체로서의 국민

여기에서 국민은 이념적 통일체로서, 국민의 의사는 부분이익이 아니라 공익을 지향하는 통일적인 모습으로 나타난다. 그런데 이는 현실은 아니며 규범적인 요청하에 형성된다. 따라서 이러한 국민의 의사는 대표될 수밖에 없으며, 그 결과 현실적, 그리고 이론적인 이유에서 대의민주주의는 필연적이다.

예외적으로 국민의 현실적 의사가 추정적 의사로 전환되는 경우는 다음과 같은 두 가지이다. 첫째, 선거이다. 국민 개인은 기본권의 주체로서 선거권을 행사하지만 선거의 결과는 유권자 개인의 의사와는 독립하여 국민의 의사로서 공직자를 선출하고, 또 선출된 공직자에게 헌법과 법률상의 권한을 위임한다. 다만 이러한 국민의 의사는 공직자를 선출하는 기능이 있을 뿐 공직자의 업무수행에 구속력 있는 기준이 되지는 않는다. 둘째, 국민투표에 의하여 다수를 형성하는 국민 개인의 의사는 국민 전체의 의사로 의제된다. 이때 민주주의에서 일반적으로 적용되는 자유위임에 대한 예외로서 명령적 위임에 따라 국민투표로 나타난 국민의 의사는 대의기관을 구속한다.

(2) 개별적인 의사의 귀속주체로서의 국민

이를 편의상 인민이라고 부른다. 인민의 개별적인 의사는 기본권에 의하여 보호된다. 따라서 기본권이 대리행사될 수 없듯이 인민의 의사는 대표되어질 수 없다. 국민을 이와 같이 이해하는 경우 필연적으로 직접민주주의가 선호된다. 그러나 인민의 의사에는 국가권력에 대한 통일적인 판단능력이 결여되어 있기 때문에 개별적인 의사가 귀속되는 국민이 민주주의가 기초하는 국민이 될 수는 없다. 이러한 이유에서 직접민주주의는 이론적으로 불가능하다.

사회주의헌법의 인민민주주의에서는 사회경제적 토대(Unterbau)의 변화가 인민의사를 지배하며 이와 같은 인민의 의사가 정당성의 기반이 된다. 그러나 사회경제적 토대의 변화 여부 및 내용, 그리고 인민의 의사를 어떠한 내용으로 변화시키는가는 영도적 정당의 매개가 필요했다. 그 결과 가치를 독점적으로 지배하는 일당독재가 나타났고, 사회주의의 실험은 지난 세기 말 실패로 끝났다.

3. 민주주의적 정당성과 기본권적 정당성

헌법은 민주주의의 기초인 전체 국민의 의사를 존중하고, 또 개별적인 인민을 기본권의 주체로서 보호하여야 한다. 따라서 국가권력의 정당성은 민주주의뿐 아니라 기본권의 측면에서 존재하여야 한다. 민주주의와 기본권은 서로 정당성을 보충하는 관계에 있다. 이에 상응하여 민주주의 위기의 원인 역시 이원적이다. 첫째, 인민의 의사가 가치와 이념에 있어서 구심점이 없이 파편화되어 있는 경우 국가는 의사결정능력, 그 결과 정치적 결정능력을 상실하게 된다. 둘째, 전체 국민의 의사가 현실적으로 존재하는 것은 아니기 때문에 대의기관에서 왜곡 혹은 조작될 수 있으며, 이 경우 국민의 의사는 인민의 의사와 지나치게 거리가 멀어질 수 있다. 이 두 상황은 모두 민주주의가 기능할 수 없는, 민주주의가 위기에 처하게 되는 원인이 된다.

제3장 민주주의의 가치

민주주의의 이념적 기초는 국민주권주의이다. 그런데 국민주권주의는 어느 정도는 순환논리이다. 국민의 추정적 의사가 국가권력과 상호작용하면서 민주주의가 실현되는데, 이때 추정적 의사가 실질적인 검증을 받을 수는 없기 때문이다. 따라서 추정적인 의사가 형성되는 과정에 국민 개인이 의사를 투입할 수 있어야 하며, 또 정치적 참여를 위하여 필요한 최소한의 조건이 보장되어야 한다. 이에 기여하는 가치가 정치적 평등과 소수의 보호이다.

제1절 정치적 평등

Ⅰ. 정치적 평등과 일반적 평등

민주주의에서 모든 국민은 정치적 의사의 가치에 있어서 평등하다. 이 점에서 민주주의의 정치원리는 부분사회를 규율하는 원리와 구분된다. 부분사회에서는 해당 부분사회를 지배하는 가치가 단일하다. 예컨대 학교에서는 학문과 교육, 그리고 기업에서는 이윤추구의 가치가 지배하며, 이러한 가치들이 기준이 되어 조직 및 기능이 형성된다. 그렇기 때문에 학원의 민주화, 혹은 기업의 민주주의라는 구호는 운영의 투명성과 이를 기초로 해당 사회가 지향하는 가치를 충실히 실현하기 위한 요청이 될 수는 있어도 헌법적 효력을 갖지는 않는다. 예컨대 기업에서 근로자의 참여를 규율하는 법으로 「근로자참여 및 협력증진에 관한 법률」이 제정되어 있다. 그러나 이 법에 의하여 구성되는 노사협의회는 극히 부분적인 사항에 한하여 의결하고 있으며, 대부분의 경우 협의사항에 그치고 있다(동법 제20조 및 제21조 참조). 독일의 경우 연방헌법재판소는 1979년 이른바 공동결정법(Mitbestimmungsgesetz)에 대한 위헌심판에서 근로자 경영참여의 가능성과 한계를 제시한 바 있다.[1] 따라서 이들 부분사회에서 기관의 구성 및 의사결정에 있어서 다수결의 원칙이 적용되어야 하는 것은 아니다.[2] 오히려 해당 부

1) *BVerfGE* 50, 290면 이하 참조.

2) 헌재 2003.3.27, 2002헌마573, 15-1, 335면 참조.

분사회가 지향하는 가치를 지배하는 자 혹은 집단의 의사가 의사결정에 있어서 중요한 역할을 하게 된다.

이에 비해 정치적 영역에서는 여러 가치가 혼재하고 있어, 단일가치가 지배적인 역할을 할 수 없다. 그렇기 때문에 정치적 영역에서는 의사의 질적 가치가 아니라, 다수의 의사가 중요하다.

Ⅱ. 정치적 평등과 평등선거의 원칙

1. 절대적 평등

정치적 평등은 위와 같은 이유에서 일반적인 평등과는 차이가 있다. 일반적 평등권은 상대적 평등을 내용으로 하며, 상대적 평등 사안에서는 자의(恣意)의 금지, 비례의 원칙 등 다양한 기준이 적용된다.[3] 이에 비해서 정치적 영역에서는 상대적 평등이 아니라 절대적 평등이, 그리고 실질적인 평등이 아니라 형식적이고 기계적인 평등이 적용된다.[4]

2. 평등선거의 원칙

정치적 평등은 선거에 있어서 평등선거의 원칙으로 구체화된다. 1인 1표의 원칙이 확립된 후에는 표의 가치가 평등하게 평가되어야 한다는 점이 중요성을 갖게 되었다. 국회의원 지역선거구의 인구불평등은 필연적으로 투표가치의 불평등을 발생시킨다. 헌법재판소는 이 문제를 처음부터 헌법문제로 이해하고 적극적인 해석을 하였다. 헌법재판소는 초기에는 최대선거구와 최소선거구의 인구비율이 4 : 1을 넘으면 정당성이 없다고 판단하였다.[5] 이 결정에 대해서는 너무 완화된 기준을 적용했다는 비판이 가해졌다. 헌법재판소는 이후 국회의원선거구의 최대선거구와 최소선거구의 인구비율이 3 : 1을 넘으면 헌법에 위반된다는 결정을 하였고, 이 결정에서 헌법재판소는 궁극적으로는 2 : 1 혹은 그 미만의 기준에 따라 심사할 것을 예고하였다.[6] 이후 헌법재판소는 최대선거구와 최소선거구의 인구비율이 2 : 1이 넘는 선거구획정에 대해 헌법에 합치하지 않

3) 헌재 2001.11.29, 99헌마494, 13-2, 714면 이하(자의금지); 1999.12.23, 98헌마363, 11-2, 770면 이하(엄격한 비례의 원칙) 등 참조.
4) 헌재 1995.5.25, 92헌마269등, 7-1, 785면 참조.
5) 헌재 1995.12.27, 95헌마224등, 7-2, 760면 이하 참조.
6) 헌재 2001.10.25, 2000헌마92등, 13-2, 510면 이하 참조.

는다는 결정을 하였다.[7)]

판례 **정치적 평등과 선거구 인구불평등** (헌재 2014.10.30, 2012헌마190등)

헌법재판소는 국회의원의 지역대표성, 도시와 농어촌 간의 인구편차, 각 분야에 있어서의 개발불균형 등을 근거로 국회의원 지역선거구의 획정에 있어 인구편차의 허용기준을 인구편차 상하 50%로 제시한 바가 있다(헌재 2001.10.25, 2000헌마92등 참조). 그러나 다음의 점들을 고려할 때, 현재의 시점에서 헌법이 허용하는 인구편차의 기준을 인구편차 상하 33⅓%, 인구비례 2 : 1을 넘어서지 않는 것으로 변경하는 것이 타당하다. 인구편차 상하 50%의 기준을 적용하게 되면 1인의 투표가치가 다른 1인의 투표가치에 비하여 세 배의 가치를 가지는 경우도 발생하는데, 이는 지나친 투표가치의 불평등이다. 더구나, 단원제하에서는 인구편차 상하 50%의 기준을 따를 경우 인구가 적은 지역구에서 당선된 국회의원이 획득한 투표수보다 인구가 많은 지역구에서 낙선된 후보자가 획득한 투표수가 많은 경우가 발생할 수도 있다. 이는 대의민주주의의 관점에서도 결코 바람직하지 않다.

국회를 구성함에 있어 국회의원의 지역대표성이 고려되어야 한다고 할지라도 이것이 국민주권주의의 출발점인 투표가치의 평등보다 우선할 수는 없다. 특히 현재는 지방자치제도가 정착되어 지역대표성을 이유로 투표가치의 평등을 현저히 완화할 필요성이 예전에 비해 크지 않다. 또 인구편차의 허용기준을 완화하면 할수록 과대대표되는 지역과 과소대표되는 지역이 생길 가능성이 높아지는데, 이는 지역정당구조를 심화시키는 부작용을 야기할 수 있다. 특히 이러한 불균형은 같은 농·어촌 지역 사이에서도 나타나게 되는데, 이와 같은 불균형은 농·어촌 지역의 합리적인 변화를 저해할 수 있으며, 국토의 균형발전에도 도움이 되지 않는다.

따라서 심판대상 선거구 구역표 중, 인구편차 상하 33⅓%를 넘어서는 "경기도 용인시 갑선거구", "경기도 용인시 을선거구", "충청남도 천안시 갑선거구", "충청남도 천안시 을선거구", "서울특별시 강남구 갑선거구" 및 "인천광역시 남동구 갑선거구" 부분은 해당 선거구가 속한 지역에 거주하는 청구인들의 선거권 및 평등권을 침해한다.

국회의원선거와는 달리 지방의회의원선거에서는 인구비례의 원칙과 함께 지방의회의원의 지역대표성, 그리고 도시와 농촌의 균형 등을 고려하여 선거구 인구비례를 완화하여 적용하고 있다. 헌법재판소는 지방의회의원 선거구의 경

7) 헌재 2014.10.30, 2012헌마190등, 26-2(상), 668면 이하 참조.

우 인구편차의 허용 한계를 3 : 1로 결정한 바 있다.[8)]

판례 **정치적 평등과 지방의회의 지역대표성** (헌재 2018.6.28. 2014헌마189)

헌재 2007.3.29, 2005헌마985등 결정은 인구편차 상하 60%의 기준을 시·도의원 지역구 획정에서 허용되는 인구편차 기준으로 보았다. 그런데 위 기준에 의하면 투표가치의 불평등이 지나치고, 위 기준을 채택한지 11년이 지났으며, 이 결정에서 제시하는 기준은 2022년에 실시되는 시·도의회의원선거에 적용될 것인 점 등을 고려하면, 현시점에서 인구편차의 허용 한계를 보다 엄격하게 설정할 필요가 있다. 다만 시·도의원은 주로 지역적 사안을 다루는 지방의회의 특성상 지역대표성도 겸하고 있고, 우리나라는 도시와 농어촌 간의 인구격차가 크고 각 분야에 있어서의 개발불균형이 현저하다는 특수한 사정이 존재한다. 따라서 시·도의원 지역구 획정에 있어서는 행정구역 내지 지역대표성 등 2차적 요소도 인구비례의 원칙에 못지않게 함께 고려해야 한다.

인구편차 상하 50%를 기준으로 하는 방안은 투표가치의 비율이 인구비례를 기준으로 볼 때의 등가의 한계인 2 : 1의 비율에 그 50%를 가산한 3 : 1 미만이 되어야 한다는 것으로서 인구편차 상하 33 ⅓%를 기준으로 하는 방안보다 2차적 요소를 폭넓게 고려할 수 있고, 인구편차 상하 60%의 기준에서 곧바로 인구편차 상하 33 ⅓%의 기준을 채택하는 경우 시·도의원지역구를 조정함에 있어 예기치 않은 어려움에 봉착할 가능성이 매우 크다. 따라서 현시점에서는 시·도의원지역구 획정에서 허용되는 인구편차 기준을 인구편차 상하 50%(인구비례 3 : 1)로 변경하는 것이 타당하다.

---

3. 정치적 평등과 기탁금제도

정치적 평등은 정치적 의사결정에 이질적인 요소에 의하여 침해될 위험이 있다. 이 점은 특히 다음과 같은 경우 문제가 되었다.

공직선거 입후보자가 후보자등록을 하기 위해서는 기탁금을 납부하여야 한다. 헌법 제116조 제2항은 법률이 정하는 경우 선거에 관한 경비를 정당 또는 후보자에게 부담시킬 수 있도록 하고 있다. 이는 기탁금의 헌법적 근거로 이해되었으며, 따라서 기탁금제도 자체가 헌법에 위반되는 것은 아니다. 그러나 기

---

8) 헌재 2018.6.28, 2014헌마189, 30-1(하), 627면 이하; 2019.2.28, 2018헌마415등, 31-1, 225면 이하 참조. 헌법재판소는 이전에 지방의회의원선거 지역구 간 4 : 1의 인구편차에 대해서 합헌결정을 한 바 있다. 헌재 2007.3.29, 2005헌마985등, 19-1, 305면 이하; 2010.12.28, 2010헌마401, 22-2(하), 834면 이하; 2012.2.23, 2010헌마282, 24-1(상), 303면 이하 등 참조.

탁금의 액이 고액이어서 입후보자의 경제적 부담능력을 벗어나고, 따라서 후보자등록을 할 수 없다면 이는 헌법적 정당성을 가질 수 없다.

헌법적으로 타당한 기탁금의 수준을 판단하는 기준으로 헌법재판소는 다음을 제시해 왔다. 즉 선거의 진지성과 유권자의 후보자 선택의 용이성을 확보하고, 선거의 과열·혼탁을 방지하며, 선거과정에서 발생하는 불법행위에 대한 과태료 및 행정대집행 비용을 사전에 확보하기 위하여 어느 정도 고액의 기탁금은 필요하다. 이와 같은 논거로 기탁금이 지나치게 고액이어서 헌법불합치 혹은 위헌결정을 한 경우가 있는가 하면 합헌결정을 한 경우도 있다. 헌법불합치 혹은 위헌의 결정에서 헌법재판소는 입후보자의 부담능력 혹은 이와 더불어 선거비용에 대한 후보자 개인이 부담하는 비율을 판단기준으로 삼았다.[9] 특히 선거인명부의 작성비용, 선거방송비용 등 선거비용 중 기탁금에서 부담하는 비중이 줄어들고 후보자 개인이 부담하는 비율이 크게 되면 더욱 고액의 기탁금은 정당성을 가질 수 없다. 예컨대, 헌법재판소는 대통령선거 입후보자가 납부하여야 하는 3억원의 기탁금에 대해서 합헌결정을 하였지만,[10] 이후 위에서 언급한 이유에서 5억원의 기탁금에 대해서는 헌법불합치결정을 하였다.[11] 이에 비해서 합헌결정의 경우에는 전체 선거경비에서 기탁금이 차지하는 비중을 기준으로 판단하였다.[12]

그러나 기탁금의 입법목적이 고액의 기탁금을 통해서 비로소 실현되는 것은 아니다. 고액의 기탁금은 경제력이 풍부한 자에게는 진지성을 담보하는 수단이 될 수 없기 때문이다. 오히려 위와 같은 입법목적은 적정 규모의 유권자 추천제도를 정비하여 어느 정도 확보될 수 있다. 또 무엇보다도 고액의 기탁금은 경제적 이유에서 공직선거 입후보의 기회를 차단하는 효과가 있다. 특히 기탁금의 반환조건이 엄격한 경우 이와 같은 효과는 더 커진다.

비례대표 국회의원후보자 명부에 올라 있는 후보자 중 당선인이 1명이라도 있는 경우에는 기탁금은 전액 반환된다. 그러나 실제 정당이 비례대표 의석배분에 참여하기 위해서는 유효투표 총수의 3% 이상을 획득하였거나 지역구국회의원 의석을 5석 이상 확보하여야 한다. 그런데 이는 소수 정당 및 신생 정당

9) 헌재 1989.9.8, 88헌가6, 1, 199면 이하; 1991.3.11, 91헌마21, 3, 91면 이하; 2001.7.19, 2000헌마91등, 13-2, 89면 이하; 2008.11.27, 2007헌마1024, 20-2(하), 477면 이하 등 참조.
10) 헌재 1995.5.25, 92헌마269등, 7-1, 768면 이하 참조.
11) 헌재 2008.11.27, 2007헌마1024, 20-2(하), 477면 이하 참조.
12) 헌재 1995.5.25, 92헌마269등, 7-1, 768면 이하 참조.

이 충족하기 쉬운 조건은 아니다. 또 비례대표국회의원 후보자의 경우에는 정당을 중심으로 선거가 이루어지고, 따라서 선거의 과열·혼탁과 같은 위험이 크지 않다. 이에 헌법재판소는 비례대표국회의원 후보자 1인당 1,500만원의 기탁금을 납부하도록 하였던 규정에 대해서 헌법불합치결정을 하였다.[13)]

헌법재판소가 기탁금에 대한 심사에서 더 엄격하게 정치적 평등의 기준을 적용한 경우도 있다. 즉, 기탁금액의 설정은 가능하면 피선거권의 행사를 위축시키지 않을 정도의 상징적인 금액에 머물러야 한다.[14)] 그러나 이러한 태도는 계속 유지되지 못하고, 다시 최초의 논리에 따라 국회의원선거에 적용되는 1,500만원 기탁금규정에 대해서 합헌결정을 하였다.[15)]

판례 **민주주의와 선거 기탁금** (헌재 2001.7.19, 2000헌마91등)

기탁금의 액수는 불성실한 입후보를 차단하는 데 필요한 최소한으로 정해야 하며, 진지한 자세로 입후보하려는 국민의 피선거권을 제한하는 정도이어서는 안 된다. 그런데 공직선거법 제56조 제1항 제2호는 국회의원 후보자등록을 신청하는 후보자로 하여금 2천만원을 기탁금으로 납부하도록 하고 있다. 이 금액은 평균적인 일반국민의 경제력으로는 피선거권 행사를 위하여 손쉽게 조달할 수 있는 금액이 아니다. 이는 기탁금을 마련할 자력이 없으면 아무리 훌륭한 자질을 지니고 있더라도 국회의원 입후보를 사실상 봉쇄하며, 그로 말미암아 서민층과 젊은 세대를 대표할 자가 국회에 진출하지 못하게 한다. 반면 재력이 풍부하여 그 정도의 돈을 쉽게 조달·활용할 수 있는 사람들에게는 입후보 난립을 방지하는 효과를 갖지 못한다. 결국 후보자의 난립 방지라는 목적을 공평하고 적절히 달성하지 못하고, 진실된 입후보의 의사를 가진 많은 국민들로 하여금 입후보 등록을 포기하게 하므로 이들의 평등권과 피선거권, 유권자들의 선택의 자유를 침해한다.

Ⅲ. 의사결정방법으로서 다수결원칙의 필연성과 한계

1. 다수결원칙의 필연성과 제도화

정치적 평등의 이념에 기초하여 민주주의에서 의사결정은 다수결의 원칙에 따른다. 따라서 의사의 가치를 기준으로, 즉 예컨대 일정한 개인 혹은 집단의

13) 헌재 2016.12.29, 2015헌마509등, 28-2(하), 708면 이하 참조.
14) 헌재 2001.7.19, 2000헌마91등, 13-2, 특히 89면 이하 참조.
15) 헌재 2003.8.21, 2001헌마687등, 15-2(상), 223면 이하 참조.

가치에 가중치를 두어 의사결정을 할 수는 없다.

다수결원칙은 일반적으로 과반수의 의사를 묻는 형태로 구체화된다. 이는 세 가지로 제도화된다.

첫째, 의사결정에 필요한 최소한의 정족수는 과반수이다. 과반수 미만으로 의사가 결정될 수 있다면 모순되는 둘 이상의 의사가 결정될 수 있기 때문이다. 따라서 과반수 미만이 발의정족수가 될 수는 있어도 의결정족수가 될 수는 없다. 실제 헌법은 국회 임시회 개최요구(제47조 제1항), 국회에서 국무총리 또는 국무위원 해임건의안 발의(제63조 제2항), 국회에서 탄핵소추 발의(제65조 제2항) 등에 있어서 과반수 미만의 발의정족수를 두고 있다.

둘째, 과반수 이상의, 즉 가중된 의결정족수가 적용되기 위해서는 명시적 근거가 존재하여야 하며, 또 실질적 타당성이 있어야 한다. 이는 국회 의사결정에 있어서 일반적으로 선언되어 있다. 즉 "국회는 헌법 또는 법률에 특별한 규정이 없는 한 재적의원 과반수의 출석과 출석의원 과반수의 찬성으로 의결한다"(제49조). 가부동수(可否同數)인 경우에는 부결된 것으로 본다. 이 때에는 현상변경을 위하여 필요한 다수형성에 미달하는 것으로 보기 때문이다.

헌법은 가중정족수가 적용되는 사안을 열거하여 규정하고 있다. 이는 다음과 같이 유형화될 수 있다. 헌법의 존속을 보호할 필요가 있는 경우이다. 국회에서 헌법개정안을 의결하기 위해서는 국회재적의원 3분의 2 이상의 찬성이 필요하다(제130조 제1항). 민주적 정당성 및 안정성을 위하여 국가기관의 지위와 권한을 특별히 보호할 필요가 있는 경우이다. 대통령에 의하여 거부된 법률안에 대한 재의결(제53조 제4항), 국회의원의 제명(제64조 제3항), 국회에서 대통령에 대한 탄핵소추의 의결(제65조 제2항 단서) 등이 여기에 해당한다.

셋째, 헌법 및 법률에 특별한 규정이 없는 한 의결정족수는 과반수이다. 따라서 헌법의 근거없이 법률에 의하여 의결정족수를 과반수보다 엄격하게 하는 것은 정당성이 없다. 다수결원칙은 모든 국민의 정치적 의사의 가치가 평등하다는 이념에 기초하고 있지만, 결코 다수의 의사가 질적 우월성을 징표하는 것은 아니다. 따라서 다수결원칙에 의한 의사결정은 한시적으로 효력을 가지며, 앞으로 다수와 소수관계의 가변성이 보장되어야 한다. 즉 소수의 입장에서 보면 현재의 소수가 앞으로 다수의 지위를 가질 수 있는 실질적인 기회가 보장되어야 한다. 그런데 과반수 이상의 의결정족수를 적용하는 경우 다수와 소수의 관계가 그만큼 고정될 가능성이 있기 때문이다.

2. 다수결원칙의 절차법적 내용

다수결의 원칙은 의사결정에 이르는 과정이 보장되었을 때 비로소 정당성을 갖는다. 구성원 간의 자유로운 의사형성 및 교환, 그리고 이를 통한 자기개선의 과정을 보호하여야 한다. 이때 비로소 소수의 입장에서도 다수결에 의한 의사결정을 자신이 참여하여 함께 결정한 것으로 승인할 수 있다. 이러한 절차가 보장되지 않는다면 정치적 평등은 훼손된다.

헌법재판소는 국회에서 자유로운 토론과 표결이 보장되지 않은, 이른바 '날치기 법안통과'에 대해서 처음에는 국회의원의 국회의장에 대한 권한쟁의는 국회의원이 권한쟁의의 당사자능력이 없으며, 또 이는 국회 내부의 권한에 관한 다툼이라는 이유로 각하결정을 하였다.[16] 그러나 이후 결정을 변경하여 국회의원의 국회의장을 상대로 한 날치기 법안통과에 대한 권한쟁의심판 청구의 적법성을 긍정하고 이를 인용하였다. 이로써 다수결원칙이 절차법적으로 보강된 셈이다.[17]

3. 다수결원칙의 적용상의 한계

다수결의 원칙은 다음과 같은 경우에는 적용하는 데 한계가 있다.

첫째, 다수결원칙은 해당 공동체와 구성원 간에 어느 정도 사회적·규범적 및 가치적 동질성이 전제되어 있는 경우에 적용될 수 있다. 모든 구성원이 공유하는 가치를 실현하기 위한 구체적인 방법과 내용에 대한 의사결정에서 다수결의 원칙은 의미를 갖기 때문이다. 또 구성원이 다른 의견에 동의할 수 있는 기본적인 합의가 존재할 때 비로소 소수가 의사결정에 참여하고, 또 다수의 의사에 동의할 수 있게 된다. 즉 다수의 결정이 소수에게 타율적 결정이어서는 안 된다. 이에 비해서 일정한 집단 혹은 가치가 다수 및 다수의 가치와 근본적으로 이질적이며 독자적인 정당성이 있는 경우에는, 다수결의 원칙은 이들 소수를 보호하는 별도의 제도에 의하여 보충되어야 한다. 이와 같은 이유에서 다수의 주권국가로 구성되어 있는 국제조직에서 다수결의 원칙을 적용하는 데에는 한계가 있다.

둘째, 헌법상 기본권은 정치적 의사결정에 의한 처분의 대상이 될 수 없으며, 이 경우 다수결의 원칙이 적용될 수 없다. 따라서 헌법에 특별한 상황에서

16) 헌재 1995.2.23, 90헌라1, 7-1, 140면 이하 참조.

17) 헌재 1997.7.16, 96헌라2, 9-2, 154면 이하 참조. 다만 이 결정에서 헌법재판소는 법률안 가결행위가 위헌인가에 대해서는 헌법재판관 사이에 견해가 나뉘어서 위헌결정을 하지는 못했다.

개인의 기본권을 부인하는 제도가 존재하는 경우 이에 대한 판단은 민주주의적 의사결정이 아니라 별도의 헌법적 결정에 따라야 한다. 예컨대 독일헌법상의 기본권 실효(失效)제도가 이에 해당한다(독일헌법 제18조). 기본권 실효는 헌법재판소에 의하여 결정되며, 이때 재판관 3분의 2 이상의 찬성이 필요하다(독일연방헌법재판소법 제15조 제3항).

셋째, 정치적 영역이 아닌 사회의 자율적인 영역에서는 다수결의 원칙이 적용될 수 없다. 기본권이 보호하는 생활영역에서는 해당 생활영역을 지배하는 가치기준에 따라서 의사가 결정되어야 하기 때문이다. 예컨대 학문과 교육의 영역에서 의사결정의 조직구성과 방법은 학문과 교육의 가치기준에 의하여 자율적으로 결정되어야 한다. 구성원의 다수의 의사에 의한 결정은 기본권을 정치화시키고, 그 결과 기본권 보장의 의미는 상실된다. 근로의 의무의 내용과 조건을 민주주의원칙에 따라 정한다는 규정(제32조 제2항), 경제의 민주화에 관한 규정(제119조 제2항) 등은 이와 같은 관점에서 보면 우리 헌법체계에 생소하다.

넷째, 다수결의 원칙은 민주주의에서 의사결정의 방법이다. 따라서 일정한 사안에 대한 규범적 인식 및 사실인식에 있어서는 다수결의 원칙이 적용될 수 없다. 규범적 인식 및 사실인식은 옳고 그름, 그리고 존재와 부존재에 관한 실질적 판단이며, 가치의 평등에 기초한 형식적 결정의 대상은 아니기 때문이다. 예컨대 법원의 재판에서 형식적인 다수결원칙이 적용되는 것은 아니다. 다만 또 다른 이유에서, 즉 법관이 전문적 판단능력에 있어서 동등하다는 전제에서 법원의 합의심에서는 원칙적으로 과반수로 결정한다. 따라서 헌법에 근거 없이 위헌결정을 위하여 가중정족수를 적용하는 법률 규정은 헌법에 위반된다.

1971년 「국가배상법」상 이른바 이중배상금지원칙의 위헌 여부가 문제된 사건에서 대법원은 해당 조항을 위헌결정하기에 앞서 당시 「법원조직법」 제59조 제1항 단서에 대해서 먼저 위헌결정을 하였다. 당시 「법원조직법」에 따르면 대법원에서 법률에 대한 위헌결정을 하기 위해서는 대법원판사 전원의 3분의 2 이상의 출석과 출석인원 3분의 2 이상의 찬성이 필요하였다. 「국가배상법」 규정에 대해서는 3분의 2에 미치지 못하는 9인이 위헌의견을 냈으며, 따라서 「법원조직법」에 따르면 위헌결정을 할 수 없었다. 「국가배상법」의 규정에 대해서 위헌결정을 하기 위해서는 의결정족수에 관한 「법원조직법」의 규정에 대한 위헌결정이 먼저 필요하였다. 당시 대법원의 다수의견(16명 중 11명)은 「법원조직법」의 규정을 위헌으로 결정하였다.[18)]

18) 대판 1971.6.22, 70다1010 참조.

제 2 절 소수의 보호

Ⅰ. 가치의 상대성과 가변성, 그리고 소수의 보호

정치적 평등은 가치의 상대성을 이념적 기초로 하고 있다. 정치적으로 절대 우월한 가치는 존재하지 않으며, 따라서 다수의 의사는 의사결정의 기준이 될 뿐 그것이 질적 우월성을 징표하는 것은 아니다. 소수를 중심으로 말하면 소수의 의사가 다수의 의사에 비해서 질적으로 열등한 것은 아니다. 그리고 다수와 소수의 관계는 시간의 흐름에 따라 변화한다. 그렇기 때문에 소수의 보호는 민주주의의 필수적인 가치이다. 이에 대한 인식이 없는 민주주의는 동질성을 상실하고 부분사회의 질서로서 기능할 뿐이며, 극단적으로 국가공동체가 해체되는 결과를 가져올 것이다.

Ⅱ. 미국식 대통령중심제의 기원

미국에서 대통령중심제가 출현한 것은 소수보호의 원칙이 가장 중요하게 작용하였다. 합중국 성립 당시 느슨한 연방국가였던 미국에서 인구비례로 선출되는 하원의원들은 주의 대표로서의 성격이 강했다. 이에 연방하원의 의사결정에서 규모가 큰 주의 이익이 주로 반영될 가능성이 있었다. 그 결과 소규모 주의 이익이 무시되는 경향이 커지면, 이는 곧 연방해체의 원인이 될 수 있다는 점을 헌법의 아버지들은 주목했다. 이에 의회 다수를 견제하여, 연방의 존속을 보장하는 국가권력이 필요했다. 이를 위하여 대통령중심제가 도입되었으며, 연방을 의회 다수의 횡포로부터 보호하기 위하여 대통령에게 의회에서 의결된 법률안을 거부하는 권한이 부여되었다(미국헌법 제7조 제2항). 이와 같은 연방국가적 배려는 부분적으로는 민주주의를 희생하는 원인이 되었다. 인구규모에 관계없이 모든 주에서 2명의 상원의원이 선출되는 것이 대표적인 예이다.

Ⅲ. 소수 보호의 제도화

1. 기 본 권

소수의 보호는 헌법에서는 다양한 이념과 제도를 통해서 실현된다. 기본권은 소수의 보호를 위한 가장 중요한 이념이다. 기본권은 대의과정에서 다수의 결정으로부터 개인을 방어할 수 있는 권리를 부여하기 때문이다. 시대의 다수에 의하여 이익이 보호되는 자는 기본권에 의지할 필요가 없다. 오히려 다수에 의하여 승인받지 못하는 의사, 제도적으로 표현하면 국회의 다수에 의하여 형성된 법률에 의하여 자유가 희생되는 자에게 기본권은 의미가 있다.

2. 제도적 요소들

소수는 고위공직자에 대한 임기제와 선거제를 통해서 정권교체의 가능성이 인정되면서 보호된다. 이로써 오늘의 소수가 내일의 다수가 될 기회가 열리게 된다. 우리 헌법은 대통령의 중임을 제한하여(제70조) 장기적인 집권을 방지하고, 소수를 보호하는 데 특별한 의미를 두고 있다. 헌법재판제도 역시 국회의 다수의 의사와는 독립된 사회의 장기적인 가치인 헌법을 기준으로 국가권력의 정당성을 판단하는 제도라는 점에서는 소수 보호에 기여한다.

이 밖에 민주적 대표성과 민주주의가 효율적으로 기능하기 위해서 필요한 전문성과의 대립관계를 형성하여 다수의 횡포를 방지할 수 있다. 사법부의 독립성과 전문성에 입각한 판단은 민주적 대표성, 즉 다수의 지지에 기초한 정치적 및 정책적 결정을 통제하는 의미가 있다(제103조). 또 직업공무원의 정치적 독립과 신분을 보장하여 정치적 기준과 정책적 기준이 서로 견제할 수 있도록 하였다(제7조 제2항). 이와 같은 제도들은 처음부터 소수를 보호하는 목적을 갖는 것은 아니지만, 결과적으로 소수를 보호하는 효과가 있다.

제 4 장 민주주의의 실현원리

제 1 절 대의제원리

Ⅰ. 본질과 기능

1. 민주주의의 본질: 대의제

민주주의는 국민적 정당성에 기초한 국가형태이다. 그런데 민주주의는 국가권력의 행사에 전체 국민이 개별적으로 직접 정당성을 부여하는 형태로 실현될 수는 없다. 개별 국민은 통일적 의사의 주체가 될 수 없기 때문이다. 국민 전체의 의사는 대의과정에서 비로소 형성되며, 따라서 민주주의는 필연적으로 간접적으로 실현된다. 민주주의의 실현방법에 있어서 직접민주주의와 간접민주주의는 결코 선택의 관계에 있지 않으며, 민주주의는 본질적으로 간접민주주의를 통해서 실현된다.

2. 직접민주주의의 현실적 · 이론적 장애

직접민주주의의 역사적 예로서 그리스의 도시국가를 든다. 그러나 오늘날의 기준으로 보면 도시국가의 직접민주주의는 국민주권주의에 기초한 민주주의일 수 없다. 이 점에 대해서는 이미 설명하였다. 그런데 그것이 설혹 민주주의였다는 가정을 하더라도 오늘날 이와 같은 민주주의가 실현될 수는 없다. 오늘날 국민국가는 지역적 광역성과 인구의 과다성을 특성으로 하고 있다. 따라서 공동체의 중요한 사안에 대해서 직접 국민의 동의를 얻는 것은 불가능하다.

현실적으로 직접민주주의가 실현될 수 없다는 사실은 국가기능의 변화와 관련하여 더 충실히 설명된다. 오늘날 국가는 국방과 치안의 유지뿐 아니라 사회 및 경제질서를 형성하는 적극적인 과제를 갖는다. 나아가서 헌법은 다원적인 사회의 이익을 조정하는 과제를 갖는다. 이와 같이 국가의 과제가 확대되어 있는 상황에서 모든 사안에 대해서 국민의 동의를 받아 결정 · 집행하는 것은 더 이상 현실적일 수 없다.

직접민주주의가 실현될 수 없는 더 본질적인 이유는 헌법이론적인 데에 있다. 국가권력에 정당성을 부여하는 국민의 의사는 개별적인 국민의 의사도, 또 그 개별적인 국민의사의 합도 아니며, 공동체를 지향하고 또 공동체이익에 기초한 국민 전체의 의사(Rousseau의 표현에 따르면, 'volonté générale')이다. 그런데 이러한 국민 전체의 의사는 규범의 세계에 존재하며, 또 가변적이다. 즉 존재론적으로 확인되는 것은 아니다. 따라서 민주주의는 국민 전체의 추정적 의사를 형성할 권위와 책임이 인정되어 있는 대의기관을 통해서 실현된다.

3. 대의제원리와 기본권

민주주의는 대의제원리를 통해서 실현된다. 여기에서는 대의기관이 국민 전체의 추정적 의사를 형성하고, 국민은 선거에서 통일적으로 정당성을 부여 혹은 박탈한다. 이러한 국민적 판단에 기초하여, 그러나 국민의 개별 의사로부터 독립하여 대의기관에서 국민 전체의 추정적 의사가 형성·집행된다. 이와 같은 대의과정에서 국민 개인은 자신의 의사를 개별적 혹은 집단적으로 반영시킬 수 있으며, 이는 기본권에 의하여 보호된다. 국가권력은 민주주의원리에 의하여, 그리고 동시에 기본권적으로 정당화되어야 한다.

Ⅱ. 실현구조

1. 권한의 위임

국민 개인의 의사는 공익을 지향하는 국민 전체의 의사로서의 권위를 갖지 못한다. 국민 전체의 의사를 형성하는 '권한'은 대의기관에게 위임되어 있다. 이에 비해서 대의기관에서 형성되는 의사의 실질적인 '내용'이 위임관계에 포함되어 있는 것은 아니다. 따라서 대의제원리에서 필연적으로 자유위임이 적용된다. 이 점을 우리 헌법은 국회의원의 지위와 관련하여 제46조 제2항에서 명확히 하고 있다. 즉 "국회의원은 국가이익을 우선하여 양심에 따라 직무를 행한다."

2. 대의제원리의 기능구조

(1) 자유위임관계

가) 자유위임관계의 내용과 헌법규정

위와 같은 국민과 국가기관 간의 권한위임관계에서 대의제원리는 다음과 같이 기능한다. 먼저 대의기관은 국민 개인의 의사와 독립하여 국민 전체의 의사를 형성할 권위와 책임이 있다. 대의기관은 유권자와 소속정당, 그리고 사회의 부분이익으로부터 독립하여 국가의사를 형성하여야 한다. 따라서 민주주의가 여론정치이어야 한다는 명제는 사실적으로 타당하고 또 존중되어야 하지만 규범적인 의미를 갖지는 않는다. 여론으로 나타나는 국민의 의사와 대의기관의 의사가 차이를 보이는 것은 민주주의에서 얼마든지 발생할 수 있으며, 이러한 갈등은 기본권과 대의제의 상호 작용에서 극복되어야 한다. 경우에 따라서 입법자는 여론의 추이보다는 헌법적 가치를 존중하여 여론을 선도하는 과제가 있다. 또 전통·미풍양속·관습 등으로 포장된 오래된 사실이 결코 입법자를 구속하는 것은 아니며, 입법자는 이를 헌법의 가치를 기준으로 판단하여야 한다.[1] 특히 윤리적 가치문제가 혼재해 있는 동성동본금혼제도, 호주제, 부성주의(父姓主義) 등 가족법상의 제도, 그리고 간통죄, 혼인빙자간음죄 등 법과 도덕의 경계선상에 있는 형법의 사안에 대한 위헌 심사에서 극복되어야 할 논리들이다.[2]

공직의 권위에 대해서 헌법은 국회의원의 지위와 관련해서는 제46조 제2항에, 그리고 일반적으로는 공무원의 국민 전체에 대한 봉사자로서의 지위를 규정하는 제7조 제1항에서 선언하고 있다. 헌법이 자유위임관계를 국회의원의 지위에 국한하여 명시하고 있지만 자유위임관계는 다른 국가권력에도 적용된다.

나) 국민소환

국민소환은 구속적 위임 혹은 강제위임을 전제했을 때 비로소 가능하다. 따라서 국민소환은 현행 헌법상 허용되지 않을 뿐 아니라 이를 도입하기 위한 헌법개정은 헌법이론적으로 타당하지도 않다. 국민소환은 유권자가 자신이 선출한 공직자의 신분을 임기 전에 상실시키는 제도이다. 이 제도가 정당성을 갖기 위해서는 공직자가 국민 전체가 아닌, 유권자의 이익을 대표하는 의무가 있어야 한다. 그런데 현행 헌법상, 그리고 헌법이론적으로 공직자는 유권자의 구체적인

1) 헌재 2004.10.21, 2004헌마554등, 16-2(하), 68면 이하 참조.

2) 헌재 1997.7.16, 95헌가6등, 9-2, 1면 이하(동성동본금혼제도); 2005.2.3, 2001헌가9등, 17-1, 1면 이하(호주제); 2005.12.22, 2003헌가5등, 17-2, 544면 이하(부성주의); 1990.9.10, 89헌마82, 2, 306면 이하; 1993.3.11, 90헌가70, 5-1, 18면 이하; 2001.10.25, 2000헌바60, 13-2, 480면 이하; 2008.10.30, 2007헌가17등, 20-2(상), 696면 이하; 2015.2.26, 2009헌바17등, 27-1(상), 20면 이하(간통죄); 2009.11.26, 2008헌바58, 21-2(하), 520면 이하(혼인빙자간음죄) 등 참조.

이익을 대표하는 권한과 책임을 갖지 않는다.[3] 이른바 인민민주주의의 헌법이념을 표방하고 있는 북한헌법이 국민소환제도를 두고 있는 것은 논리적으로는 타당하다(북한헌법 제7조). 인민민주주의 헌법에서 국가권력은 인민의 의사를 직접 실현하는 명령적 위임이 적용되기 때문이다. 그러나 인민의 의사가 직접 확인될 수는 없기 때문에 이는 헌법이론적으로 타당하지는 않다.

국민소환에 우호적인 정서가 있기는 하지만 자세히 관찰하면 정치현실적으로 바람직한지는 의문이다. 국민소환은 정치문화가 발달하지 않은 환경에서는 선거의 결과를 번복하기 위한 정치전략으로 악용될 수 있기 때문이다.

지방자치단체에서는 「지방자치법」(제20조)과 「주민소환에 관한 법률」에 의하여 주민소환제도가 실시된다. 즉 주민은 그 지방자치단체의 장 및 지방의회의원을 소환할 권리를 가진다. 다만 비례대표 지방의회의원은 주민소환의 대상에서 제외된다. 이는 대의민주주의의 지역적 실현과 지역사무의 자치실현이라는 지방자치의 두 가지 측면 중 후자를 존중한 결과이다. 이것이 헌법적으로 정당한가, 또 타당한가는 좀 더 논의할 필요가 있다. 적어도 주민소환에 관한 권리가 헌법상의 기본권에 해당하지는 않는다.[4]

(2) 정당기속과 자유위임관계

국회의원의 지위와 관련하여 공직선거법은 비례대표국회의원의 당선인 혹은 비례대표국회의원이 소속정당의 합당·해산 또는 제명 외의 사유로 당적을 이탈·변경하는 경우 당선을 무효로 하거나 국회의원직을 상실하도록 하고 있다(공직선거법 제192조 제3항 제3호, 제4항). 그러나 이는 자유위임관계를 선언한 헌법과 조화될 수 없다. 국회의원은 유권자, 소속정당, 그리고 사회의 부분이익으로부터 독립하여야 한다. 이는 국회의원의 의무이며 동시에 권한이다. 규범적으로 보면 국회의원이 소속정당을 이탈·변경하는 것은 정당의 의사와 본인이 구상하는 국민 전체의 의사가 일치하지 않는 경우일 것이다. 그리고 국회의원은 이때 후자를 선택할 헌법적 권한과 의무가 있다. 국회의원의 이러한 권한은 이와 같은 선택을 이유로 국회의원직의 상실과 같은 불이익이 가해져서는 안 된다는 의미가 포함되어 있다.

헌법재판소의 이 문제에 대한 태도는 명확하지 않다. 헌법재판소는 이에 대

3) 헌재 1998.10.29, 96헌마186, 10-2, 605면 이하 참조.
4) 헌재 2011.12.29, 2010헌바368, 23-2(하), 670면 참조.

한 헌법소원을 각하하였지만 결정이유에서 "…별도의 법률규정이 있는 경우는 별론으로 하고 당연히 국회의원직을 상실하지는 않는다"라고 하고 있다.[5] 이는 별도의 법률규정이 있으면 판단이 달라질 수도 있다는 점을 암시하고 있다. 실제 이후 「공직선거법」은 개정되어 위에서 언급한 바와 같이 비례대표국회의원의 경우 해당 상황에서 국회의원직을 상실하도록 하고 있다. 이 결정의 소수의견은 지역구국회의원과는 달리 비례대표국회의원의 경우 자유위임의 원칙이 적용될 수 없기 때문에 당적을 이탈·변경한 경우 국회의원의 신분을 상실시키는 입법의무가 있다고 보았다.[6] 그러나 이러한 주장은 타당하지 않다.

당적의 이탈·변경을 이유로 국회의원의 신분을 상실시키는 규정은 다음과 같은 이유에서도 정당성이 없다. 첫째, 국민의 국회의원에 대한 위임에는 당선 당시의 소속정당에 충실하라는 실질적인 내용이 포함되어 있지 않다. 둘째, 선거의 결과 나타난 정치적 세력분포가 존속력을 갖는 것도 아니다.[7] 유권자의 의사는 특정 입후보자에 대한 주관적인 지지의 의미가 있다. 이는 동시에 객관적인 정치구도에 대한 정치적 선택이라고 할 수 있지만 이러한 선택이 헌법적 효력을 갖는 것은 아니다. 따라서 선거에 의하여 설정된 국회의석분포가 존속할 것을 내용으로 하는 이른바 '국회구성권'은 헌법상 인정되지 않는다. 국회의원선거에서 유권자가 입후보자에 대한 투표와 독립하여 정당에 대한 제2투표권을 행사하기 때문에 적어도 비례대표국회의원의 경우 정당에 충실할 정치적 의무가 강해졌다고 볼 수는 있다. 그러나 이 점이 자유위임관계에서 파생하는 국회의원의 헌법적 지위에 변화를 가져오는 것은 아니다. 이 점은 상대적으로 보면 우리 헌법과 같이 대통령중심제를 택하고 있는 경우 더욱 타당하다. 의원내각제에서 국회의원선거는 국회의원의 선출과 동시에 집권정당을 선택하는 의미가 있다. 따라서 국회의원이 당적을 이탈·변경하여 국회의 다수세력이 교체되는 경우 이는 집권정당이 바뀌는 중대한 변화이다. 이에 비해서 대통령중심제에서 국회의원선거는 집권정당을 선택하는 의미를 갖지 않고, 따라서 상대적으로 의원내각제에 비해서 정치적 중요성은 낮다. 셋째, 헌법에 명시적인 근거가 없이 지역구국회의원과는 달리 비례대표국회의원에 한하여 국회의원의 신분에 대한 위와 같은 제한은 평등의 원칙에 반한다.

5) 헌재 1994.4.28, 92헌마153, 6-1, 415면 이하 참조.
6) 헌재 1994.4.28, 92헌마153, 6-1, 430면 이하 참조.
7) 헌재 1998.10.29, 96헌마186, 10-2, 606면 참조.

소속정당의 이탈·변경은 지금까지 국회의원들의 정치행태를 보면 대부분 정략적인 동기가 작용하였다. 그러나 이는 정치적 비난의 대상이며, 이를 이유로 헌법의 원리를 배척할 수는 없다. 정치현실적인 이유에서 자유위임관계를 배척하는 경우 헌법에 충실한 국회의원에게 오히려 불이익이 가해지는 결과가 되기 때문이다. 결국 정치현실적인 이유에서 당적을 이탈·변경하는 사안에 있어서는 헌법을 존중하는 범위 내에서 정치적 비난을 가하는 방법으로 문제를 해결하여야 한다.

헌법재판소는 2014년 통합진보당에 대한 해산결정을 하면서 소속 국회의원의 의원직을 상실시키는 선고를 하였다.[8] 이 문제에도 자유위임관계가 판단의 기준이 되어야 하며, 비판적 검토가 필요하다. 이에 대해서는 뒤에서 따로 설명한다.

판례 **국회의원선거와 국민의 국회구성권** (헌재 1998.10.29, 96헌마186)

대의제 민주주의에서 국회의원 선거권은 보통·평등·직접·비밀선거에 의하여 국민의 대표자인 국회의원을 선출하는 권리에 그치고, 개별 유권자 혹은 집단으로서의 국민의 의사를 선출된 국회의원이 그대로 대리하여 줄 것을 요구할 수 있는 권리를 포함하는 것은 아니다. 또한 대의제도에 있어서 국민과 국회의원은 명령적 위임관계에 있는 것이 아니라 자유위임관계에 있기 때문에 일단 선출된 후에는 국회의원은 국민의 의사와 관계없이 독자적인 양식과 판단에 따라 정책결정에 임할 수 있다. 유권자가 설정한 국회의석분포에 국회의원들을 기속시키고자 하는 "국회구성권"은 오늘날 이해되고 있는 대의제도의 본질에 반하므로 헌법상 인정될 여지가 없다.

(3) 대의기관의 특권과 책임

가) 특 권

헌법은 대의기관의 기능을 보호하기 위하여 특권을 부여하고 있다. 이는 특히 합의제기구로서 자유로운 토론과 표결을 통하여 국가의사를 형성하는 국회에 적용된다. 국회의원에게는 불체포특권과 면책특권이 보장된다(제44, 45조). 또 국회에서 대의과정은 국회의 자율권에 의하여 보호된다(제64조). 다만 국회내부자율권에는 한계가 있으며, 이는 헌법과 법률의 범위 내에서 보장된다.[9]

8) 헌재 2014.12.19, 2013헌다1, 26-2(하), 112면 이하 참조.
9) 헌재 1997.7.16, 96헌라2, 9-2, 165면 이하 참조.

나) 책 임

대의기관에게는 공공성에 대한 책임이 있다. 헌법은 국회의원의 청렴의무와 지위남용금지의무 등을 명시하고 있다(제46조 제1, 3항).

대의기관의 권위에는 이에 대한 사후적 책임이 따라야 한다. 가장 중요한 정치적 책임은 선거를 통해서 실현된다. 다만 선거는 시간적 간격을 두고 시행되기 때문에 구체적 사안에 대한 책임을 묻는 제도는 아니다. 또 선거에서는 판단의 대상이 뚜렷하지 않으며, 여기에는 정치적 판단과는 관계없는 이질적인 요소들이 작용하는 한계가 있다.

공직자에게 법적 기준에 따른 책임을 물을 수 있다. 공무원이 법적 기준에 위반하여 개인에게 손해를 발생시킨 경우에는 국가가 손해배상책임을 진다(제29조). 이때 공무원이 법령위반에 고의 또는 중과실이 있는 경우에도 공무원은 국가에게 구상(求償)의 책임을 진다. 법적 기준을 위반한 경우 고위직 공직자에게 일반적인 사법절차를 통하여 책임을 묻는 것이 현실적으로 쉬운 것은 아니다. 이 경우 대의기관을 통해서 책임을 물을 수 있다. 탄핵심판이 그것이다(제65조). 이에 대한 최종적인 결정은 헌법재판소가 관할한다. 국가기관의 내부규율을 위반한 경우에는 직무상의 책임을 물어 징계할 수 있다.

위와 같이 공직자에게 책임을 묻는 제도 외에 공직자에 대한 국민의 감시와 비판이 중요하다. 표현의 자유 등 기본권이 이를 보장하고 있다. 다만 감시와 비판을 위해서는 이에 대한 국민의 의지가 존재하여야 한다.

Ⅲ. 직접민주주의적 요소의 실현가능성과 한계

1. 대의제원리와 국민투표: 원칙과 예외

민주주의는 대의제원리를 통하여 간접적으로 실현된다. 그런데 우리 헌법에서 다음과 같은 의문이 제기된다. 헌법 제72조는 대통령에게 국민투표부의권한을 부여하고 있다. 즉 "대통령은 필요하다고 인정할 때에는 외교·국방·통일 기타 국가안위에 관한 중요정책을 국민투표에 붙일 수 있다." 국민투표는 국민소환·국민발안과 함께 대표적인 직접민주주의의 요소라고 이해되고 있다. 그러면 민주주의는 대의제에 의하여 실현된다는 명제와 헌법 제72조의 관계를 어떻게 이해하여야 할 것인가?

국민투표는 국가의사결정을 위하여 국민의 의사를 직접 제공받는 수단이다.

그런데 이러한 수단이 국민의사를 형성하는 데 있어서 대의과정과 같은 비중을 갖는 것은 아니다. 즉 국민투표는 어디까지나 민주주의의 실현과정에 예외적으로 적용되는 절차이다.[10] 헌법은 민주주의가 대의과정을 통하여 실현된다는 원칙하에 대의기관에게 국가의사형성의 권한뿐 아니라 의무와 책임을 부과하여 남용의 가능성을 방지하고 있다. 그런데 국민투표는 다음과 같은 기능적 한계가 있다. 첫째, 국민투표는 복잡한 정책사안을 지나치게 단순화하고, 그 결과 정책문제가 정치화될 가능성이 있다. 둘째, 대의과정에서는 국가기관 간의 견제를 통하여 균형있는 정책결정이 유도될 수 있는 반면, 국민투표에서는 이와 같은 견제가 존재하지 않고 오히려 국민의 감성적이고 직관적인 판단이 지배할 가능성이 많다. 이와 같은 상황에서는 오늘날 권력분립의 축을 이루는 정당정치가 퇴화할 위험도 있다. 셋째, 대의기관의 결정은 공직이 한시적 정당성을 갖기 때문에 시간이 흐르면서 다시 검토될 수 있다. 이에 비해서 국민투표의 결과는 주권자인 국민의 결정이기 때문에 정책이 경직적이고, 그 결과 탄력성을 상실할 수 있다. 이와 같이 남용과 역기능의 우려가 있는 국민투표가 빈번히 사용된다면 국가의 안정성은 훼손될 우려가 있다.

2. 국민투표의 정치적 · 제도적 · 역사적 한계

국민투표가 민주주의를 실현하는 데 있어서 원칙적 수단이 될 수 없는 이유를 정리하면 다음과 같다.

첫째, 국민투표에 부칠 수 있는 권한은 대통령에게 있다. 그런데 대통령은 국회의 통제를 우회하기 위하여 국민투표를 시행할 가능성이 있다. 이를 국회를 중심으로 보면 국회의 정치적 책임이 희석되는 결과가 된다.

둘째, 국민투표에는 제도적 한계가 있다. 즉 국민투표가 직접민주주의의 요소라는 표현은 부분적으로만 타당하다. 국민투표에서 질문은 필연적으로 양자택일의 형태로 제시된다. 국민투표가 여론조사의 방법이 될 수 없으며, 또 이와 같이 질문이 구성될 경우 국가의사가 명확하게 결정될 수 없기 때문이다. 그런데 질문이 단순화되어야 하는 경우 질문의 내용에 따라서는 국민투표에 의한 국가의사가 대통령이 원하는 내용으로 유인될 수 있다. 이와 같이 국민투표 부의권자인 대통령이 선도적인 역할을 하는 제도를 직접민주주의의 요소라고

10) 유사한 취지의 결정으로는 헌재 2004.5.14, 2004헌나1, 16-1, 648면 이하 참조.

부르는 데에는 유보가 필요하다.

셋째, 국민투표가 대의과정을 보충하는 것이 아니라 오히려 대의제를 우회하고 민주주의를 왜곡하는 역사적 경험은 불행하게도 우리에게는 풍부하다. 국민투표가 첨예한 정치적 대립을 종결시켜 정치적 평화를 도모하기보다는 정치적 환경을 더 악화시켰던 것이 우리의 경험이었다. 유신헌법, 즉 1972년 헌법의 존속과 대통령의 신임을 결부시켰던 1975년의 국민투표가 좋은 예이다. 또 1989년, 2003년 대통령의 신임을 묻는 국민투표에 대한 논의는 그 자체가 정치적 불안정을 야기하였다.

결국 국민투표는 이론적으로 직접민주주의를 실현하는 데에 한계가 있으며, 또 경험론적으로 민주주의에 오히려 역기능이 있었기 때문에 신중히 시행되어야 한다. 각국의 정치적 전통과 문화를 배경으로 국민투표가 활성화되어 있는 경우도 있다. 스위스와 미국의 캘리포니아주가 대표적인 예이다. 그러나 이에 대한 정치적 평가는 다양하다.

3. 국민투표의 기능조건

위와 같은 이론적인 한계에도 불구하고 헌법이 대통령에게 국민투표에 부칠 수 있는 권한을 부여하고 있는 상황에서 국민투표가 민주주의의 실현에 기여할 수 있도록 형성하여야 한다. 이를 위해서는 국민투표를 다음과 같은 조건하에 시행하여야 한다.

첫째, 민주주의는 원칙적으로 대의제원리를 통하여 실현된다. 따라서 국민투표는 대의기관에서 현안의 문제가 진지하게 논의된 후에도 결정에 이를 수 없는 경우에 한하여 '보충적으로' 실시되어야 한다. 예컨대 프랑스헌법 제11조는 국민투표는 반드시 국회 회기 중에 하도록 하고 있다. 이는 국민투표가 대의제원리와의 관계에서 보충성을 갖는다는 점을 염두에 둔 것으로 보인다.

둘째, 국민투표사안을 명확하게 형성하여야 한다. 국민투표가 국민의 의사에 따라 정책을 결정하는 기능을 하기 위해서는 해당 사안을 비본질적인 주변문제와 결부시키거나 혹은 대통령에 대한 신임 여부와 연계지어서는 안 된다. 이는 정책문제를 정치화하여 국민투표의 결정대상을 혼란스럽게 한다.

셋째, 국민이 국민투표에 부의된 안건에 대한 충분한 의견교환을 할 수 있어야 한다. 국민투표에서는 필연적으로 문제가 단순화하여 제기된다. 따라서 이에 대한 찬성 및 반대 자체가 해석의 필요성을 가질 수 있다. 또 국민이 이에 대한 사전지식이 없이는 국민투표에 의한 결정은 설득력을 가질 수 없고 오히려 새로운 문제상황이 시작될 수 있다. 현행 「국민투표법」은 이러한 요청에 충실하지 않다. 「국민투표법」 제25조는 '국민투표에 관한 운동'을 국민투표의 대상이 되는 사항에 관하여 찬성하게 하거나 반대하게 하는 행위로 정의하고, 제26조는 국민투표운동기간을 제한하고 있다. 또 제27조는 국민투표운동의 방법을 제한하고, 제28조는 「정당법」상 당원의 자격이 없는 자는 국민투표운동을 할 수 없도록 하고 있다. 이는 과거 국민투표의 특수성, 그리고 국민투표와 선거의 차이를 고려하지 않고 선거법의 체계에 따른 것으로 근본적으로 다시 검토되어야 한다.

국민투표의 성립요건을 투표권자의 참여율과 관련하여 엄격히 하는 것이 정당한가 하는 질문이 제기될 수 있다. 헌법개정을 위한 국민투표에 있어서는 국회의원 선거권자 과반수가 투표할 것을 요건으로 하고 있다(제130조 제2항). 헌법 제72조의 정책국민투표에 있어서는 헌법과 「국민투표법」이 모두 이 문제에 대해서 규율하고 있지 않다. 지방자치에서는 전체 주민투표권자 총수의 4분의 1 이상이 투표하여야 한다(주민투표법 제24조 제1항).[11] 생각건대 국민투표 또는 주민투표는 어디까지나 대의제원리에 대한 예외적인 의사결정방법이라는 점을 고려하면 일정 규모 이상의 국민 혹은 주민이 투표하는 경우에 한하여 의사결정을 할 수 있도록 한 것은 정당성이 있다.

Ⅳ. 대의제원리의 실현구조와 민주주의의 위기

1. 공직의 남용가능성

(1) 민주주의의 내재적 문제

민주주의에는 민주주의의 위기의 문제가 내재해 있다. 이를 지금까지 살펴본 대의제원리를 중심으로 설명하면 다음과 같다. 대의제원리는 공직의 권위를 인정하는 기반 위에서 기능한다. 그런데 공직은 남용의 가능성이 있다. 단순화해서 말하면 민주주의를 '국민에 의한', 그리고 '국민을 위한' 통치라고 정의할 때 이는 어디까지나 규범적인 설명이며, 이 두 요청은 현실에 있어서는 첨예한 긴장관계에 있다. 즉 국민을 위한 통치라는 명분으로 국민에 의한 통치가 실현

11) 이 규정에 대한 헌법적 평가에 대해서는 헌재 2009.3.26, 2007헌마843, 21-1(상), 651면 이하 참조.

되지 못하고, 또 국민에 의한 통치라는 구호하에 국민을 위한 통치가 희생될 수 있다.

(2) 공직의 편향성

가) 유권자 종속적 경향

국민에 의한 통치라는 명분하에 국민을 위한 통치가 희생되는 경우이다. 규범적으로 대의기관은 국민 전체의 이익을 지향하여야 한다. 그러나 정치현실에서 선출직 공직자는 자신의 선거에 영향을 미치는 유권자 다수의 이익을 추종하며, 그 결과 유권자에 종속되는 경향이 뚜렷하다. 객관적이고 균형있는 사회정책의 형성을 위해서는 사회적 약자의 최저생활을 보장하는 정책에 비중을 두어야 한다. 그러나 이들은 중산층에 비해서는 숫적으로 소수일 뿐 아니라 국가권력의 정당성을 좌우할 만한 영향력을 갖지 못한다. 따라서 현실에 있어서는 국민 대부분을 차지하는 사회보험 가입자, 그리고 그들의 이익을 중심으로 정책이 형성·집행되는 것이 좋은 예이다.

민주주의에서 나타나는 정책적 불균형은 정치적 정당성을 부여하고 박탈하는 제도인 선거와 함께 상승작용을 하는 것이 일반적이다. 선거를 전후해서, 특히 선거 직전 국민 다수를 대상으로 하는 정책조치들을 남발하는 것이 대표적인 예이다. 그만큼 민주주의에서 정책결정은 현실정치에 종속되어 있으며, 탈정치화하여 독자적인 가치에 기초하여 형성하기 어렵다. 이러한 의사결정의 정치적 종속성은 세대간 갈등의 계기가 되기도 한다. 현재의 유권자를 지향하는 정치적 결정은 경우에 따라서 미래세대에 지나친 부담으로 남게 될 수 있다. 그럼에도 불구하고 미래세대는 현재 정치과정에 영향을 미칠 수 없기 때문에 현재세대의 이익에 비해서 미래세대의 이익이 희생될 우려가 있다.

위와 같은 공직의 편향성은 선거제도 및 정부형태와 밀접한 관련성이 있다. 대통령중심제에서는 의원내각제에 비하여 공직의 편향성이 나타날 가능성이 크다. 의원내각제에서는 주요 사안이 의회를 중심으로 결정되고, 그만큼 의회에 대표되어 있는 정당, 특히 소수정당의 의사가 대의과정에 반영될 가능성이 열려 있다. 이때 선거제도가 변수로 작용한다. 비례대표선거에서는 다양한 정책의제가 타협과 절충의 과정을 거칠 것이다. 이에 비해서 다수대표선거에서는 국민 다수를 일방적으로 지향하는 정책이 선택될 가능성이 크다.

나) 국가기능의 전문화와 이익집단 종속성의 경향

공직의 편향성은 국가기능이 전문화·복잡화되고, 이러한 상황에서 대의기관의 기능이 한계를 보이는 현상과 관련이 있다. 민주주의는 국민적 정당성과 대표성을 갖는 대의기관에서 대의과정을 통하여 실현된다. 그런데 대의기관을 지배하는 이념은 정치적 평등이다. 따라서 대의기관의 구성에 있어서 전문성을 투입할 가능성은 그만큼 제한되어 있다. 이를 극복하기 위한 시도가 없는 것은 아니다. 비례대표선거제도를 도입하여 국회에 직능대표가 진출할 수 있도록 도모하는 방법이다.[12] 그러나 국회의 전문성을 보충하려는 시도는 비례대표선거제도의 이념일 수 있지만 그것을 제도화할 수는 없다. 특정한 직능대표를 제도적으로 국회에 대표되도록 하는 것은 정치적 평등의 원칙에 반하기 때문이다. 우리의 현실에 있어서 비례대표선거제도가 직능대표의 국회 진출을 위하여 활용되고 있는가에 대한 경험이 위와 같은 한계를 잘 보여주고 있다.

일반적으로 대의기관은 국민적 대표성은 있으나 전문성을 결여하고 있다. 이러한 상황에서 대의기관은 의사결정에 있어서 외부의 전문성에 의존하는 비중이 크다. 여기에 사회 이익집단의 활동영역이 있다. 대의과정이 이러한 이익집단의 의사투입활동(로비)에 노출될수록 공직의 의사결정은 편향성을 띠게 된다. 이와 같이 대의과정에서 의사결정이 일부 유권자 또는 일부 사회의 부분이익에 종속되어 국민에 의한 통치라는 구실하에 국민을 위한 통치의 이념은 희생된다.

(3) 공직의 경직성

민주주의에서 공직의 권위는 개별적인 국민의 현실적 지지에 사실상 의존한다. 그러나 기본권에 의하여 표현하는 개별적인 의사는 국가의사에 반영되는 가능성이 있을 뿐 구속력을 갖는 것은 아니다. 다만 국가의사가 국민 개인의 의사와 지나치게 멀리 있는 경우에는 국가의사의 수용력은 그만큼 낮아진다. 그리고 대의기관에서 형성되는 의사와 국민의 개별적인 의사 사이에 거리가 멀어지는 경우 어느 지점에서는 대의기관의 의사를 민주주의가 기능하기 위한 진정한 국가의사라고 볼 수 없게 된다.

위와 같은 민주주의의 위기상황은 이러한 현상을 확인하는 가능성이 보장될 때 비로소 극복될 수 있다. 이를 위해서는 다음과 같은 두 가지 조건이 충족되

---

12) 헌재 2001.7.19, 2000헌마91등, 13-2, 99면 참조.

어야 한다. 첫째, 국민 스스로가 기본권을 적극적으로 행사하여 민주주의의 과정에 참여하는 의지가 있어야 한다. 둘째, 국가기관 역시 자신의 의사가 국민 개인의 의사와 지나치게 괴리되지 않도록 개별적인 국민의 의사를 적극적으로 수용하려는 헌법적 의지가 있어야 한다. 이러한 의지적인 요소가 결여되어 있는 경우 공직의 경직성이 나타난다. 그리고 이때 국가권력은 더 이상 국민으로부터 나오는 것이 아니라 국민을 일방적인 후견의 대상으로 보게 된다. '국민을 위한 통치'라는 구실하에 '국민에 의한 통치'가 실현되지 못한다는 것이다. 그런데 국민과 국가권력의 헌법에 대한 의지는 제도화될 수 없으며, 이는 해당 공동체 전체의 발전단계 및 성격과 관련된 문제이다. 1972년 헌법이 표방했던 '한국적 민주주의'는 국민의 의사가 대의과정에 투입되는 것을 차단하고, 정치적 상징조작과 억압을 통하여 국민을 후견적 대상으로 보았던 대표적인 예이다.

2. 대 응

민주주의의 위기는 민주주의 자체에 내재해 있으며, 민주주의는 처음부터 이에 대한 대응수단을 필요로 하였다. 다만 이는 제도적으로 완전할 수 없으며, 또 의지적 요소에 종속되어 있다. 민주주의는 국민을 후견적 대상으로 격하시키는 하나의 극단과 국민의 개별적인 의사에 전적으로 종속되는 다른 하나의 극단 사이에서 균형을 유지하여야 하며, 이를 위하여 제도의 완전성과 의지적 요소가 동시에 존재하여야 한다. 민주주의를 차선(次善)의 국가형태로 부르는 이유는 이와 같이 민주주의의 성공 여부가 다양한 요소에 의존해 있기 때문이다.

(1) 제도적 대응

민주주의에서 공직의 남용을 통제하는 가장 대표적이고 중요한 수단은 선거이다. 선거를 '민주주의의 시작과 끝'이라고 표현하는 것은 조금 과장된 측면이 있고, 또 민주주의의 기능구조를 지나치게 협소하게 파악하는 것이다. 그러나 이는 민주주의에 내재해 있는 다음과 같은 두 가지 측면을 적확하게 지적한다. 첫째, 선거는 민주주의의 핵심적인 과정이며, 민주주의의 성패를 가늠하는 중요한 척도이다. 둘째, 부정적인 시각에서 보면 민주주의에서 선거 이외에 국민이 국가권력의 행사를 효율적으로 통제할 수 있는 수단이 결여되어 있고, 그렇기 때문에 국민은 일회적인 주권행사기관으로 전락할 수 있다는 점을 경고한다.

공직의 남용을 저지하는 수단으로서 선거의 효율성에는 한계가 있다. 먼저 선거는 국가기관의 통제 외에 다양한 기능을 갖는다. 국가기관 구성기능, 국민의 표현의 자유를 활성화하는 기능, 그리고 국민통합기능 등이 그것이다. 또 선거는 국가기능을 항상적으로 통제하는 수단이 아니다. 선거는 공직임기에 따라 4년 혹은 5년 마다 실시되기 때문이다. 그리고 그만큼 선거에 의한 평가의 대상은 포괄적이다. 인적 통제와 사항적 통제가 혼재되어 있고, 그 밖에 비본질적인 요소들이 작용하기도 한다. 결국 선거는 민주주의가 기능하는 데에 있어서 필요요소이지만 충분요소는 아니다.

(2) 비제도적 요소

민주주의가 내재적 위기를 극복하고 기능하기 위해서는 비제도적인 요소가 보충되어야 한다. 공익을 지향하는 사회적 단위를 활성화시키고, 또 이들의 의견을 적극적으로 의사결정에 반영하여야 한다. 그리고 이러한 헌법에의 의지를 조성하기 위해서는 정책내용 및 정책의 결과, 그리고 현재 및 미래의 발전에 대한 객관적인 상황이 투명하게 공개되고, 또 충실히 조사·평가하여야 한다. 민주주의의 위기는 공익을 지향하는 사회적 압력과 이에 의해서 형성되는 여론, 그리고 이러한 작업에 기초를 제공하는 학문적 노력에 의해서 비로소 극복될 수 있다. 표현의 자유 등 이른바 의사소통을 위한 기본권을 활성화하고, 이에 대한 헌법에의 의지에 민주주의의 실현 여부가 상당 부분 의존해 있다는 것이다.

(3) 민주주의의 사회화와 사회의 민주주의화?

위와 같은 민주주의의 문제상황에 제도적으로 대응하려는 시도가 있어 왔다. 다음과 같은 두 가지에 대한 논의가 필요하다.

가) 민주주의의 사회화

사회의 소외된 소수집단에 대한 배려를 민주주의의 의사결정에 제도적으로 반영하는 방법이다. 예컨대 노동자대표기구를 헌법에 설치하고 이 기구가 일반적인 국민의 대표기관인 국회와 의사결정권한을 공유하여 노동자의 권익을 향상시키려는 시도이다. 이른바 '민주주의의 사회화'에 관한 구상이다. 그러나 이는 헌법적으로 정당하지 않다. 이로써 특정 사안에 있어서 국민 일부집단에게 정치적 우월성이 부여되며, 이는 정치적 평등의 이념, 그리고 그 결과 민주주의의 이념을 희생시킨다.

실제 이에 관한 역사적 실험은 실패했다. 1919년 독일 바이마르헌법 제165조에 의한 제국경제위원회(Reichswirtschaftsrat)의 경험이 좋은 예이다. 헌법에서 제국경제위원회를 의결기관으로 하는 경우 민주주의원리에 충실하지 못하고, 또 국회와의 관계가 불명확했다. 제국경제위원회를 자문기관으로 하는 경우 그 존재 의미를 갖기 어려웠다. 우리 헌법 제119조 제2항에 언급되어 있는 '경제의 민주화'가 거시질서로서 경제영역에서 민주화를 의도한 것이라면 이 역시 헌법적으로 실현될 수 없는 목표이다. 이에 대해서는 이 책 제9편에서 자세히 설명한다.

나) 사회의 민주화

민주주의를 사회의 원리로 변형하여 부분사회에서 의사결정과정에 적용하는 방법이다. '민주주의의 생활화' 혹은 '사회의 민주화'가 이에 관한 구호이다. 이는 구체적으로는 학원의 민주화, 그리고 기업민주주의 등으로 나타난다. 그러나 이는 법치국가원리를 희생하지 않고서는 실현될 수 없다. 이로써 사회영역의 독자적인 존재 목적이 부정되고, 사회영역에서 당사자의 기본권을 제한하는 결과가 될 것이기 때문이다.

예컨대 민주주의가 학원에서 적용되는 경우에는 진리탐구가 정치화되어 극단적으로는 진리가 다수결에 의하여 결정되는 위험이 있다. 또 민주주의가 기업에서 근로자의 경영참가제도를 도입하는 근거가 될 수는 없다. 경영참가제도는 민주주의의 이념에 기초하였다기보다는 기업의 투명성을 확보하고 이로써 근로자의 참여를 유도하여 기업에서 개인의 기본권을 효율화하기 위한 제도이기 때문이다.[13)]

제 2 절 권력분립원리

Ⅰ. 대의제원리와 권력분립원리

대의제원리는 (실제로는 존재하지 않기 때문에) 의제되어야 하는 국민 전체

13) 독일에서는 1979년 연방헌법재판소가 공동결정법에 대해서 합헌결정을 하였다. *BVerfGE* 50, 290면 이하 참조.

의 의사를 형성하는 원리이다. 대의제원리는 공직의 권위와 책임, 그리고 이에 대한 통제를 중요한 구성요소로 한다. 그런데 공직은 남용될 수 있기 때문에 이를 방지하기 위한 원리가 필요하다. 권력분립원리는 기본적으로 공직의 권위가 집중·남용되지 않도록 하기 위한 국가기관의 조직 및 기능원리이다.

국가권력은 민주적으로 구성되어야 하며, 또 기능적으로 분리되지만 동시에 통일성을 도모할 수 있어야 한다. 이 점에서 권력분립의 원리는 단순히 개인의 기본권을 충실히 보호하기 위한 법치국가적 조직원리가 아니라 민주주의의 구조적 원리로서의 성격을 갖는다.

Ⅱ. 권력분립원리의 기능

권력분립원리는 공직의 권위가 집중 혹은 일원화되어 공직이 남용되고, 이로써 국민의 자유와 권리가 보장되지 못하는 상황을 방지하기 위한 국가기관의 조직 및 기능원리이다. 권력분립원리는 적극적으로는 국가기관 간의 협력을 통하여 국가기능이 효율적으로 실현될 수 있도록 형성되어야 한다.[14)]

Ⅲ. 권력분립원리의 실현형태

1. 고전적 권력분립

권력의 집중을 견제하고 권력의 분산을 통하여 남용을 방지하는 이념 자체는 오랜 역사를 갖고 있다. 권력분립원리의 고전적인 형태는 로크와 몽테스키외에 의하여 제시되었다.

로크(John Locke)는 시민정부이론(*Two Treatises of Government*, 1690)에서 정부의 형성과 존재의미는 자연권의 보장에 있다고 보았다. 이를 위하여 정부의 권한이 남용되지 않도록 특히 입법권과 집행권이 분리되어야 한다. 입법권은 불특정 다수에 적용될 일반적인 규범을 제정하며, 이로써 구체적 사건이 자의적으로 처리되는 가능성이 차단되어야 한다. 또 거꾸로 집행권은 구체적인 사안을 해결하며, 따라서 집행권이 해당 사안을 자의적으로 해결하기 위한 목적에서 일반적으로는 타당성이 없는 규범을 제정할 권한을 보유해서는 안 된다.

경험적이고 체계적인 권력분립원리는 몽테스키외(Montesquieu)가 그의 저서

---

14) 이 점에 대한 지적으로는 헌재 2008.1.10, 2007헌마1468, 20-1(상), 33면 이하 참조.

법의 정신(*De l'esprit des lois*, 1748)에서 제시하였다. 몽테스키외는 2년간의 영국 여행의 경험을 토대로 영국의 정부 운영을 추상화하여 권력분립원리를 구성하였다. 이에 따르면 국가권력을 입법·집행 및 사법으로 분리하고, 이들 권력을 각각 독립된 국가기관에 분산시키며, 분산된 권력 간의 견제와 균형을 통하여 개인의 자유가 보장될 수 있다.[15] 몽테스키외의 권력분립원리는 이 밖에 다음과 같은 중요한 명제를 담고 있다. 즉 법은 사물의 본성에 의하여 지배되며, 사물의 본성에는 해당 사회의 다양한 주변상황, 예컨대 기후, 국토의 속성과 크기, 종교, 인구, 관습 등이 포함된다. 이에 비추어 보면 몽테스키외는 자유의 원리로서 권력분립원리를 결코 정적(靜的)인 것이 아니라, 진화적·역동적인 것으로 파악하였다.

몽테스키외의 권력분립이론은 서구헌법이론에 지속적인 영향을 미쳤다. 특히 미국헌법의 형성에 중요한 요소로 작용하였다. 예컨대 연방주의자논문집(*Federalist Papers*)에서는 몽테스키외의 이론을 정부구성의 전범(典範)으로 인용하고 있다.[16]

2. 권력분립원리의 현대적 상황

이미 몽테스키외의 인식에서 나타나 있듯이 시대와 장소를 초월하여 타당한 자유의 원리로서 권력분립원리는 존재하지 않는다. 따라서 상황의 변화에 따라 권력분립원리는 새로운 대응을 필요로 했으며, 다음과 같은 상황들이 여기에 해당한다.

(1) 정당정치의 활성화

입법부와 행정부 간의 권력의 분리 및 분산을 통하여 권력의 남용을 방지하고 개인의 자유를 보장하는 명제는 정당정치가 활성화되면서 보충이 필요하게 되었다. 정당을 매개로 입법부와 행정부 간의 권력의 통합이 가능하게 되었기 때문이다.

의원내각제에서 권력의 통합은 제도필연적이다. 의원내각제에서 행정부는 의회에서 구성되며, 이때 의회의 다수의석을 확보한 정당이 행정부를 구성하기

15) 그러나 사실 이러한 관찰은 옳은 것은 아니었다. 당시 영국에서 특히 야당으로부터 권력분립의 요청이 있기는 하였지만 이것이 아직 현실은 아니었다. 또 영국 정당정치의 현실을 고려하지 않은 것도 중요한 흠결이었다.

16) 연방주의자논문집(*Federalist Papers*) 중 특히 47번째 논문 참조.

때문이다. 대통령중심제에서는 이러한 사정은 상황에 따라 다양하다. 대통령을 배출한 정당이 동시에 국회의 다수의석을 차지하고, 정당의 기속력이 강한 경우에는 정당을 통한 권력통합의 현상이 나타난다. 이러한 상황에서 고전적인 입법·행정 및 사법 간의 권력분립만을 가지고는 권력분립의 이념은 실현될 수 없다. 이에 비해서 대통령이 소속한 정당이 국회에서 다수의석을 갖지 못하거나, 혹은 국회에서 다수세력일 경우에도 정당의 기속력이 약한 때에는 고전적 권력분립원리는 기능할 수 있다.

(2) 행정부와 사법부의 기능 강화

현대 급부국가의 등장은 필연적으로 행정부와 사법부의 기능을 강화하였다. 이에 행정부 내부에서 기능의 분리와 분산, 그리고 사법부에 대한 통제가능성이 새롭게 조명되어야 했다.

가) 직업공무원제도와 지방자치

급부국가에서 국가과제는 질적으로 변화하고 양적으로 증가하였다. 그리고 이는 법률의 성격에도 변화를 가져왔다. 이러한 변화는 이중적이다. 첫째, 법률은 원칙규범이 아니라 시대의 사회문제를 구체적으로 해결하는 수단이 되었다. 그리고 구체적인 정책수단으로서 법률을 제정하는 경우 일반적으로 입법부보다는 이에 대한 전문적인 지식을 갖고 있는 행정부가 주도적인 역할을 한다. 둘째, 거꾸로 법률은 추상적으로 정책의 방향을 제시할 뿐 이에 대한 구체적인 정책수단의 선택을 행정부에 위임하는 경향이 발견된다. 이 경우 행정부의 적극적인 법률해석 혹은 행정입법이 필요하고, 또 정당화된다. 헌법 제75조 및 제95조의 존재 이유이다. 경우에 따라서는 법적 규율의 공백상태에서 행정이 이루어진다. 어떠한 경우이든 국민적 정당성에 기초하여 기능하는 대의기관보다는 전문지식에 기초하여 임용되고 직무를 수행하는 공무원집단, 즉 직업공무원의 활동영역이 확대·강화된다. 정치적 공무원이 국민적 정당성에 기초하여 직무를 수행하며, 국민적 대표성이 업무수행의 기반이라는 점에서 보면 행정부 내에서 이질적인 두 개의 권력이 존재하게 되었다.

현대국가는 소극적으로 기존의 질서를 유지하는 데 그치지 않고 적극적으로 질서를 형성하는 과제를 갖는다. 이로써 국가는 국민의 개별적인 상황을 충실히 파악하고 이에 구체적으로 대처하여야 한다. 그런데 중앙정부가 지방의 개별적인 상황을 파악하여 이에 적합한 구체적인 결정을 하는 데에는 한계가 있다. 따라서 중앙정부에서 의사결정은 전국의 평균적인 상황을 기준으로 이루어진다. 이때 지방주민이 자신의 이익을 국가의사형성에 반영하는 데 한계가 있다. 바꾸어 말하면 행정적 의사결정을 중앙정부가 독점할 경우 지방의 이해관계가 소홀히 된다는 의미에서 중앙정부의 권한이 남용될 수 있다. 이를 방지하고 전국적 평균성과 지역적 특수성을 조화시킬 수 있도록 중앙정부와 지방정부의 균형이 유지되어야 하며, 여기에 지방자치의 존재 의미가 있다.

나) 사법부의 기능 확대와 통제

법률이 추상적으로 형성되며, 해석에 의하여 그 내용이 구체화되면서 법적 분쟁이 그만큼 증가하게 되었다. 이에 상응하여 사법부의 기능이 확대된다. 또 국가의 기능이 다양화되면서 특히 수익적 행정에 있어서는 이를 모두 법률에 의하여 규율하는 데에는 한계가 있다. 이러한 상황에서 분쟁이 발생할 때 사법부는 분쟁해결에 적용되는 법을 직접 형성하여야 한다. 급부국가의 등장은 행정부의 기능을 강화하여 행정국가화 경향을 초래하였지만, 여기에는 동시에 사법국가화의 경향이 뒤따른다는 것이다. 이와 같은 사법부의 기능 확대는 국가기능의 변화와 밀접한 관련이 있으며, 이에 대한 권력분립원리의 보충이 필요하게 되었다.

(3) 국가과제의 질적 · 양적 변화, 그리고 국가와 사회의 상호작용

국가과제가 증대하고, 또 전문화 · 복잡화 · 기술화하면서 국가와 사회의 상호작용은 더욱 긴밀하게 되었다. 이는 다음과 같은 두 가지 형태로 나타난다.

첫째, 국가의사결정이 부분사회의 존속 및 이해관계에 직접적인 영향을 미치게 됨에 따라(국가의 개입) 부분사회들이 국가의사결정에 적극적인 영향을 미치거나 혹은 제도적으로 국가의사결정에 부분사회들을 참여시키는 경향이 나타나고 있다(사회의 개입). 국가는 부분사회의 의견을 수렴할 필요가 있고, 이때 비로소 의사결정이 수용성을 가질 수 있다. 우리나라에서 1998년 이후 노사정위원회의 기능이 여기에 속하는 대표적인 예이다. 또 2003년 출범한 이른바 참여정부에서 각종 위원회가 설치되고 활발하게 기능한 것은 국가의사결정과정에서 사회의 참여를 민주주의의 발전방향으로 보았기 때문이다. 「최저임금법」상의 최저임금위원회의 기능 역시 같은 예에 해당한다. 이러한 현상이 심화되면서 다음과 같은 문제가 새롭게 제기된다. 즉 이익집단이 국가의사를 효율적으로 형성하기 위하여 사회의 의사와 이익을 매개하는 데 그치지 않고 이제 오히려 사회적 세력이 대의기관을 실질적으로 구속하는 정도로 정책결정에 있어서 중요한 행위자로 등장하게 되었다는 것이다.

둘째, 국가과제의 전문화에 따라 정책결정 및 집행을 위하여 국가는 사회가 보유하는 전문지식에 의존하게 되었다. 이로써 국가는 정책의 효율성을 높이고 부담을 줄이는 효과가 있다. 이러한 효용성의 논리는 국가와 사회의 비중 이동에 따라서는 민주적 정당성의 논리와 긴장관계에 있게 된다. 개별 생활영역에 영향을 미치는 의사결정에서 해당 생활영역의 구성원이 스스로 결정을 형성하여 대의과정에 투입하거나 혹은 이것이 실질적으로 대의과정을 대체하는 위험이 있기 때문이다.

고전적인 권력분립원리는 기본적으로 국가기관의 조직 및 기능원리로서 구상되었다. 그런데 위와 같은 상황에서 특정 사회적 세력이 국가의사형성에 있어서 과잉대표되는 것이 관찰되고 있으며, 이제 권력분립원리의 이념을 실현하기 위해서는 이 점에 대한 보충이 필요하게 되었다.

3. 헌법상의 권력분립과 권력분립의 새로운 틀

고전적인 권력분립의 구상은 현대의 새로운 상황에서 민주주의를 실현하는데 충분하지 않으며 따라서 보충이 필요하다는 점을 설명하였다. 그러나 고전적 권력분립의 구상은 여전히 민주주의의 필요조건이다. 헌법은 기본적으로 고전적인 권력분립원리에 충실하게 편제되어 있다. 제40조 이하, 제66조 이하, 그리고 제101조 이하에서 각각 국회와 행정부, 헌법재판소를 포함한 사법부의 조직·구성 및 기능, 그리고 이들 상호 간의 견제를 통한 균형을 도모하고 있다. 그 밖에 현대적인 상황에서 권력분립을 보충하기 위하여 헌법이 직접 그 계기를 제공하는 경우가 있는가 하면, 헌법재판소의 결정을 통하여 형성된 경우도 있다. 이는 또한 부분적으로 앞으로 헌법이론의 과제로 남아 있다.

(1) 정당 간의 견제와 균형

정당 간의 견제와 균형은 헌법이 간접적으로 시사하고 있으며, 앞으로 계속 재조명되어야 한다. 정당을 매개로 권력이 통합되는 경우 국가권력에 대한 견제와 균형은 소수정당에게 집권당을 통제하는 가능성을 부여하여 실현되어야 한다. 이를 위해서는 가장 기본적으로는 국회를 상설화하여야 한다. 이는 「국회법」에 다음과 같이 반영되어 있다. 즉 국회운영 기본일정은 2월, 3월, 4월, 5

월 및 6월 1일과 8월 16일에 임시회를 집회하는 것으로 한다. 국회의원 총선거가 있는 경우에는 집회하지 않는다(국회법 제5조의2). 또 정치적 현안문제를 투명화하고, 이를 매개로 정치적 현안을 공론화하기 위해서는 국회 소집의 가능성이 열려 있어야 한다. 이를 반영하여 헌법은 국회 재적의원 4분의 1 이상의 요구에 의하여 국회가 집회할 수 있도록 하였다(헌법 제47조 제1항). 소극적으로 보면 다수당의 동의하에 비로소 국회가 개회할 수 있는 상황이 되어서는 안 된다.

소수정당이 다수당과 토론과 협의, 그리고 타협을 통하여 정치적 및 정책적으로 타당한 국가의사를 형성하는 절차가 보장되어야 한다. 따라서 소수정당의 자유로운 토론과 표결의 권한을 침해하는 경우 이에 대한 헌법적 통제가 필요하다. 이와 같은 관점에서 보면 헌법재판소가 소수정당의 구성원에게 국회의장을 상대로 하는 권한쟁의심판의 당사자능력을 인정한 것은 정당 간 권력분립의 중요한 수단을 형성한 것이다.[17)]

(2) 직업공무원제도

정치적 공무원과 직업공무원은 업무를 수행하는 기반과 업무수행의 기준이 다르다. 따라서 직업공무원이 헌법적 기능을 충실히 수행하기 위해서는 정치적 공무원으로부터 독립성이 보장되어야 하며, 또 이러한 독립적인 업무수행을 이유로 신분상의 불이익을 받지 않아야 한다. 헌법 제7조 제2항 직업공무원제도의 존재의미는 이와 같이 정치적 공무원과의 권력의 분리와 분산, 그리고 견제·균형의 법리에서 찾아야 한다. 직업공무원제도가 기능하지 않고 정치적 기준이 일방적으로 적용되는 경우에는, 객관적으로 보면 국민의 개별적인 의사에 종속되어 정책이 결정·집행되면서 정책의 안정성이 상실되며, 이는 곧 주관적으로는 개인의 법적 지위를 불안정하게 하는 요인이 된다.

(3) 지방자치

행정부 내에서 권력분립의 계기는 지방자치에서도 발견된다. 헌법 제117조 이하의 지방자치는 민주주의를 보충하여 중앙정부의 권력남용을 방지하고, 이를 통하여 지방주민의 기본권을 활성화시킨다는 점에서 권력분립과 이념을 같이 하며, 또 권력분립의 시각에서 평가되어야 한다.

---

17) 헌재 1997.7.16, 96헌라2, 9-2, 154면 이하 참조. 초기에 헌법재판소는 국회의원에게 국회의장을 상대로 하는 권한쟁의심판의 당사자능력을 부인한 바 있다. 헌재 1995.2.23, 90헌라1, 7-1, 140면 이하 참조.

(4) 사법과 정치, 일반재판과 헌법재판

사법권은 우리 헌정사에서 오랫동안 기능할 수 없도록 억제되어 왔다는 점에서 강력한 사법부에 대한 염원이 있었다. 특히 정치문제에 있어서 사법부는 소극적이었으며, 사법부에 대한 정치적 지배가 일반적인 현상이었다. 이 점은 제도와 동시에 사법부 자신의 의식의 문제였다. 예컨대 1972년 헌법은 제53조 제4항에서 대통령의 긴급조치를 사법심사의 대상에서 제외하였다.[18] 또 1980년 헌법은 부칙 제6조 제3항에서 당시 헌법초월적인 기구였던 국가보위입법회의가 제정한 법률과 이에 따라 행해진 재판 및 예산 기타 처분 등의 효력을 지속시키고, 헌법 기타의 이유로 제소하거나 이의를 제기할 수 없도록 하였다. 이제 사법부의 기능이 정상화된 시대에 와서는 사법부 역시 국가권력의 일부를 이루며, 따라서 신뢰와 함께 통제의 대상이다. 다음과 같은 두 가지 점을 주목하여야 한다.

가) 사법과 정치

사법부의 정치화가 바람직하지 못한 현상이듯이 정치의 사법화 역시 신중하여야 한다. 정치적 문제는 기본적으로는 대의과정에서 정치적 토론 및 표결, 그리고 이 과정에서 협상과 타협을 통하여 결정되어야 한다. 그런데 정치적 의사결정에 사법부가 조기에 개입하는 경우 대의과정이 단절되는 부정적인 현상이 나타나기 때문이다. 극단적인 경우에는 정치의 사법화는 사법의 정치화를 가져올 가능성이 있다. 2014년 헌법재판소의 통합진보당 해산결정은 사법과 정치의 관계를 검토하는 좋은 예이다.[19] 정당의 존속에 관한 정치적 문제를 정부가 헌법재판소에 심판청구를 하는 것 자체가 정치적 문제를 사법화하는 발상이었으며, 헌법재판소는 정당의 존속에 관한 문제를 정치과정에 맡기는 (헌법적 심사와는 별개의 문제로) 정치적 고려가 필요했다. 외국의 예를 들면 1929년 미국 대공황 당시 미국 대법원의 역할에 대해서 당시 미국 대통령 루스벨트(Franklin D. Roosevelt)는 사법혁명을 통하여 정치적으로 극복하는 시도를 한 바 있다.

나) 일반재판과 헌법재판

우리 헌법과 같이 사법부가 대법원과 헌법재판소로 이원화되어 있는 경우, 적어도 이론적으로 역할의 분담은 뚜렷하다. 대법원은 법률에 대한, 그리고 헌

18) 이 규정이 현재 긴급조치의 위헌성을 판단하는 데 장애가 되지는 않는다. 이에 대해서는 헌재 2013.3.21, 2010헌바70등, 25-1, 180면 이하; 대판 2010.12.16, 2010도5986 등 참조.

19) 헌재 2014.12.19, 2013헌다1, 26-2(하), 104면 이하 참조.

법재판소는 헌법에 대한 최종적인 해석권자이다. 이러한 기본적인 역할분담에도 불구하고 제도적인 흠결로 인하여 대법원이 헌법해석에 개입하여 헌법의 규범력을 상실시키는 상황에 대한 통제가 필요하다. 가장 기본적으로 법원의 재판에 대한 헌법소원의 기회를 보장하여야 한다. 그러나 현행 「헌법재판소법」은 이러한 가능성을 배제하고 있다(헌재법 제68조 제1항). 위헌으로 결정한 법률을 적용하여 재판이 이루어진 경우에 한하여 재판에 대한 헌법소원을 인정하고 있을 뿐이다.[20]

(5) 국가와 사회

국가의사결정과정에서 국가와 사회세력 간의 관계, 그리고 사회세력 상호간의 견제와 균형의 관계는 앞으로 헌법이론적인 조명이 필요하다. 사회세력의 국가의사결정과정에의 참여는 앞으로 더욱 활발하게 이루어질 것이다. 적극적으로 질서를 형성하는 과제에 있어서 국가의 전문성은 한계가 있기 때문이다. 이와 같이 사회세력의 실질적인 영향력이 증대할수록 의사결정과정이 투명하게 공론화되어야 한다. 그리고 그러한 의사결정이 어떠한 조직법 및 절차법적인 구조 속에서 이루어졌는가, 구체적으로 어떠한 결과를 의도하였으며, 실제 어떠한 결과를 낳았는가 하는 문제가 주기적으로 공개되어 국민 전체의 이익에 기초하여 평가되어야 한다.

20) 헌재 1997.12.24, 96헌마172등, 9-2, 842면 이하, 특히 859면 이하 참조.

제 5 장 민주주의와 정당제도

제 1 절 정당의 출현·발전과 기능

Ⅰ. 정당의 출현과 기능

정치사회에서 이념과 이해를 같이하는 사람들이 집단을 이루어 그들의 의사를 국가의사결정에 투입하는 시도는 처음부터 존재하였으며, 또 자연스러운 현상이다. 다만 이러한 현상은 국민주권의 이념에 따라 민주주의가 실현된 이후의 시기에 비로소 헌법에 수용되었다. 주권을 갖지 않는 국민에게는 이러한 의사의 투입이 허용되지 않았기 때문이다. 또 무엇보다도 이들 집단의 의사에 대해서는 공익성이 부인되었다. 이들 집단은 '붕당'으로 폄하되었다.

독일의 헌법학자 트리펠(H. Triepel)은 정당이 헌법에 승인·제도화되기까지 네 단계를 구분한 바 있다. 헌법의 정당에 대한 적대시단계, 무시단계, 승인 및 합법화 단계, 그리고 마지막으로 헌법에의 편입단계이다. 그러나 헌법에 편입되면서 정당이 국가기관화되었다는 평가는 적절한 지적은 아니다.

우리 헌법에서 정당은 1960년 헌법에서 결사의 특수한 형태로 처음으로 규율되었다(제13조 제2항). 1962년 헌법에서 현행 헌법과 같이 정당이 독자적인 조문으로 편성되었다.

이념과 이해를 같이 하는 집단을 헌법관계에 편입시키는 중요한 계기는 대중민주주의의 출현, 그리고 산업화와 더불어 나타난 국가기능의 변화이다. 대중민주주의가 발전하면서 국가의사형성에 사회의 다원적인 가치가 투입되었고, 또 국가는 이를 흡수·여과·수렴하여 국가의사를 형성하고 이를 기초로 국가권력을 행사하여야 했다(제1조 제2항). 국가기능이 변화하면서 이제 국가의사결정이 개인의 세부적인 생활관계에까지 영향을 미치게 되었다. 그만큼 개인으로서는 정치과정에 자신의 이념과 이해관계를 투입할 필요성이 커졌고, 이에 상응하여 이러한 투입가능성을 헌법이 보장하여야 했다.

위와 같은 상황에서 정당의 존재는 국가와 사회 모두에게 필요하다. 국가의 입장에서 보면 사회의 다양한 가치를 유형화하여 선택 혹은 조합하는 방법을 통하여 비로소 국민의사를 수렴할 수 있다. 사회의 입장에서 보면 개인의 의사는 개별적으로 국가의사형성과정에 반영될 경쟁력을 가지고 있지 않다. 따라서 어느 정도 이념과 이해를 같이하는 개인들이 집단화하여 자신의 의사를 반영시킬 필요가 생긴다.

Ⅱ. 정당과 일반 단체

국가의사결정에 참여의 필요성만을 기준으로 보면 아직 정당과 일반 단체 사이에 차이가 없다. 정당은 단순히 의사소통과 관련된 기본권에 기초해서 국가의사형성에 영향을 미치는 데에 그치지 않고 일반 단체와는 달리 여러 형태로 국가의 의사형성과정에 '직접 참여'한다는 데에 그 특수성이 있다. 그리고 정당은 자신의 정강·정책에 대해서 선거를 통하여 국민의 심사를 받는다. 따라서 정당은 한편으로는 이익단체의 성격을 띠지만 다른 한편으로는 다원적인 가치공동체인 국가에서 자신의 정치적 이념에 기초하여 공익을 지향한다는 의미에서 공공성을 갖는다.[1] 이 점에서 정당은 다른 단체와 차이가 있다. 이는 헌법 제8조 제2항과 제4항이 정당에게 특별한 의무와 권리를 부여하는 근거가 된다.

Ⅲ. 정당의 헌법편입과 정당국가의 의미

1. 정당의 헌법편입

위와 같은 발전과정을 거치면서 정당은 헌법에 편입되고, 적극적인 보호의 대상이 되었으며, 정당 운영에 필요한 자금을 보조받을 수 있는 지위를 갖게 되었다. 오늘날 민주주의는 현실적으로 정당국가의 경향을 강하게 띠고 있다. 정당은 국가기관의 구성 및 조직에 직접 참여하거나 혹은 간접적으로 영향을 미치면서 국가기능에 있어서 중요한 요소가 되었다. 이러한 측면에서 정당은 권력분립원리가 새롭게 조명되어야 하는 정치요소이다.

---

1) 이에 대해서는 헌재 2003.10.30, 2002헌라1, 15-2(하), 32면; 2004.12.16, 2004헌마456, 16-2(하), 630면 등 참조.

2. 정당국가의 규범적 의미

정당국가라는 개념이 규범적인 의미를 갖지는 않는다. 정당국가의 경향으로 인하여 선거가 기존의 인물선거에서 정책선거로, 그리고 신임투표적 성격을 띠게 되었다. 그러나 선거는 복합적인 성격을 가지며, 정당의 추천을 받아 선거에서 당선된 공직자는 정당의 대표가 아니라 국민대표의 지위를 갖는다. 정당국가의 현실을 존중하여 정당을 중심으로 국가기관이 조직·구성되고 기능하는 것이 용인되기는 한다. 따라서 예컨대 소속 정당의 의사를 따르지 않는 국회의원에 대해서 신분에 변동을 가하지 않으면서 본인의 의사에 반하여 소속 상임위원회를 변경하는 조치가 국회의원의 권한을 침해하는 것은 아니다.[2] 그러나 규범적으로 국회의원은 독자성을 갖는다. 정당이 국민정당으로 발전한 경우에도 정당은 여전히 국민의사의 대변기관이 아니다.[3] 오히려 정당은 개별적인 국민과 국가권력 간의 의사소통을 매개하는 결사이다. 따라서 국회의원의 정당의 대표로서의 지위와 국민의 대표로서의 지위가 충돌하는 경우 후자의 지위가 우선한다.

판례 **국회의원의 대표성과 정당기속성**(헌재 2003.10.30. 2002헌라1)

현대의 민주주의는 순수한 대의제 민주주의에서 정당국가적 민주주의의 경향으로 변화하고 있다. 다만, 국회의원의 국민대표성보다는 오늘날 복수정당제하에서 실제적으로 정당에 의하여 국회가 운영되고 있는 점을 강조하려는 견해와, 반대로 대의제 민주주의의 원리를 중시하고 정당국가적 현실은 기본적으로 국회의원의 전체국민대표성을 침해하지 않는 범위내에서 인정하려는 입장이 서로 맞서고 있다. 국회의원의 원내활동을 기본적으로 각자에 맡기는 자유위임은 자유로운 토론과 의사형성을 가능하게 함으로써 당내민주주의를 구현하고 정당의 독재화 또는 과두화를 막아주는 순기능을 갖는다. 그러나 자유위임은 의회내에서의 정치의사형성에 정당의 협력을 배척하는 것이 아니며, 의원이 정당과 교섭단체의 지시에 기속되는 것을 배제하는 것도 아니다. 또한 국회의원의 국민대표성을 중시하는 입장에서도 특정 정당에 소속된 국회의원이 정당기속 내지는 교섭단체의 결정(이른바 '당론')에 위반하는 정치활동을 한 이유로 제재를 받는 경우, 국회의원 신분을 상실하게 할 수는 없으나 "정당내부의 사실상의 강제" 또는 소속 "정당으로부터의 제명"은 가능하다. 그렇다

---

2) 헌재 2003.10.30. 2002헌라1, 15-2(하), 17면 이하; 2020.5.27. 2019헌라1, 32-1(하), 29면 이하 등 참조.

3) 독일의 연방헌법재판소는 한때 이와 반대되는 견해를 취한 바 있다. *BVerfGE* 1, 208(223면 이하) 참조. 그러나 이러한 견해는 곧 극복되었다.

면, 당론과 다른 견해를 가진 소속 국회의원을 당해 교섭단체의 필요에 따라 다른 상임위원회로 전임(사·보임)하는 조치는 특별한 사정이 없는 한 헌법상 용인될 수 있는 "정당내부의 사실상 강제"의 범위내에 해당한다.

교섭단체는 정당국가에서 의원의 정당기속을 강화하는 수단으로 기능할 뿐만 아니라 정당소속 의원들의 원내 행동통일을 기함으로써 정당의 정책을 의안심의에서 최대한으로 반영하기 위한 기능도 갖는다. 따라서 국회의장이 국회의 의사를 원활히 운영하기 위하여 상임위원회의 구성원인 위원의 선임 및 개선에 있어 교섭단체대표의원과 협의하고 그의 "요청"에 응하는 것은 국회운영에 있어 본질적인 요소이다. 피청구인은 국회법 제48조 제1항에 규정된 바에 따라 소속 "교섭단체대표의원의 요청"을 서면으로 받고 이 사건 사·보임행위를 한 것으로서 헌법이나 법률에 위반되는 행위를 한 바가 없다. 요컨대, 피청구인의 이 사건 사·보임행위는 청구인이 소속된 정당내부의 사실상 강제에 터 잡아 교섭단체대표의원이 상임위원회 사·보임 요청을 하고 이에 따라 이른바 의사정리권한의 일환으로 이를 받아들인 것으로서, 그 절차·과정에 헌법이나 법률의 규정을 명백하게 위반하여 재량권의 한계를 현저히 벗어나 청구인의 권한을 침해한 것으로는 볼 수 없다.

제 2 절 정당에 대한 헌법의 태도

헌법은 기본적으로 정당을 사회적 단위로 인식하고 있다. 따라서 누구나 법률이 정하는 바에 의하여 정당을 설립할 수 있다. 정당설립의 자유는 정당존속의 자유 및 정당활동의 자유를 포함하며 이에 대한 제한은 엄격한 비례의 원칙에 따라 심사된다.[4)]

정당은 아래에서 설명하듯이 법인격 없는 사단이지만 그 구성원과 독립하여 기본권 행사의 능력이 있으며, 따라서 정당의 활동의 자유는 기본권으로서 보장된다.[5)] 정당은 사회의 다원적인 정치적 가치를 유형화하여 국가기관에 투입하는 매개기관이다. 따라서 정당의 본질상 복수정당제는 보장된다(제8조 제1항). 한 나라의 헌법이 정당제도 자체를 인정하면서 복수정당제를 부인한다면 이는 이미 민주주의에 기여하는 정당으로 구상된 것은 아니다. 예컨대 북한헌법은 제67조

---

4) 헌재 1999.12.23, 99헌마135, 11-2, 816면 이하; 2004.12.16, 2004헌마456, 16-2(하), 618면 이하; 2014.1.28, 2012헌마431등, 26-1(상), 162면 이하 등 참조.

5) 헌재 1991.3.11, 91헌마21, 3, 98면; 2014.1.28, 2012헌마431등, 26-1(상), 161면 등 참조.

에서 "국가는 민주주의적 정당, 사회단체의 자유로운 활동조건을 보장한다"고 하여 정당제도를 예정하고 있다. 그러나 제11조에서 "조선민주주의인민공화국은 조선로동당의 영도 밑에 모든 활동을 진행한다"고 규정하여 조선노동당은 국가정당, 그리고 그 밖의 정당은 조선노동당의 이념을 지지하는 우당(友黨)의 지위를 가질 뿐이다. 이는 실질적으로 민주주의적 정당제와는 조화될 수 없는 일당제 국가이다.

헌법은 정당의 기능을 인식하고 정당의 속성과 의무를 명시하고 있다. 즉 정당은 목적과 조직 및 활동이 민주적이어야 하며, 국민의 정치적 의사형성에 필요한 조직을 가져야 한다(제8조 제2항). 이 점에서 정당은 일반 단체와는 명백히 구분된다. 정당의 의무에는 정당의 특권이 따른다. 즉 정당은 법률이 정하는 바에 의하여 국가의 보호를 받으며, 국가는 법률이 정하는 바에 의하여 정당 운영에 필요한 자금을 보조할 수 있다. 전자의 보호에 대해서는 「정당법」이, 그리고 후자의 보조에 대해서는 「정치자금법」이 규율하고 있다. 특히 정당운영자금의 보조는 비교헌법적으로 보면 흔치 않은 예에 속한다. 정당은 민주주의에 충실할 의무가 있으며, 그러한 범위 내에서 강력한 존속의 보호를 받는다. 즉 정당의 목적이나 활동이 민주적 기본질서에 위배될 때에는 정부는 헌법재판소에 그 해산을 제소할 수 있고, 정당은 헌법재판소의 심판에 의하여 해산된다(제8조 제4항).

제 3 절 정당의 개념과 법적 성격

정당의 개념은 「정당법」에서 정의하고 있다. 즉 정당은 "국민의 이익을 위하여 책임 있는 정치적 주장이나 정책을 추진하고 공직선거의 후보자를 추천 또는 지지함으로써 국민의 정치적 의사형성에 참여함을 목적으로 하는 국민의 자발적 조직"이다(정당법 제2조). 여기에서는 정당의 개념을 기능요소와 조직법적 특징요소로 구성하고 있다.

정당은 국민의 정치적 의사형성에 참여하는 정치단체이다. 다만 정당이 정치의 영역에서 독점적인 지위를 갖는 것은 아니며, 일반 단체와 경쟁관계에 있다는 점에 대해서는 위에서 설명하였다. 정당이 정치적 의사형성에 참여하는 방법으로 「정당법」은 두 가지를 예정하고 있다. 첫째, 책임 있는 정치적 주장이나 정책을 추진한다. 둘째, 공직선거의 후보자를 추천 또는 지지한다. 이 점에서 정당이 공적 기능을 수행하는 정치단체이며, 따라서 이에 대한 입법적 형성이 정당화되고, 또 필요하다.

정당은 국민의 자발적인 조직이다. 정당이 공적 기능을 수행하지만 정당의 법적 성격은 사적 결사(법인격 없는 사단)이다. 정당에게 사적 결사로서의 자율성이 보호되어야 하며, 이는 기본권에 의하여 보장된다.[6)]

정당의 두 가지 특성, 즉 공적 기능을 수행한다는 점과 자율성을 갖는 사적 결사라는 점은 실제에 있어서는 긴장관계에 있으며, 정당을 둘러싼 헌법적 분쟁의 원인이 된다. 정당에서 공직선거후보자추천을 둘러싼 분쟁이 여기에 해당하는 대표적인 예이다.

제 4 절 헌법적 요청과 입법적 구체화

Ⅰ. 목적·조직 및 활동의 민주성

정당은 국가와 국민 간의 정치적 의사소통을 매개하는 목적을 가진 정치단체이다. 정당은 이러한 목적에 기여하는 경우에 한하여 존재의의가 있으며, 따라서 정당은 목적·조직 및 활동이 민주적이어야 한다. 이러한 헌법적 요청은 일반 단체에 비해서 정당의 자유를 제한하지만, 이는 정당에 내재해 있는 속성이다.

1. 목적의 민주성

정당의 목적은 민주적이어야 한다. 정당의 목적은 정당이 추구하는 정치적 방향이나 지향점 혹은 이를 현실적으로 실현하기 위한 정치적 계획을 말한다. 이는 주로 정당의 강령 혹은 당헌에 선언되어 있다. 정당이 국민의 다양한 정치적 이념을 포섭할 수 있어야 하기 때문에 목적의 민주성은 넓은 개념으로 이해하여야 한다. 예컨대 사회주의정당도 존립이 인정된다. 노동자계급의 독점적인 지배가 아니라 노동자계급을 사회적 약자로서 보호하기 위하여, 그리

6) 헌재 1993.7.29, 92헌마262, 5-2, 211면 이하, 특히 216면; 2006.3.30, 2004헌마246, 18-1(상), 402면 이하 등 참조.

고 자본과의 관계에서 훼손된 평등을 회복하기 위하여 노동자계급의 이해를 반영하는 이념과 제도를 추구하는 것은 헌법적 가치에 반하지 않기 때문이다. 법원은 사회주의적 정당을 표방했던 진보당에 대해서 헌법적 정당성을 인정한 바 있다.[7] 다만 북한헌법과 같이 국가정당의 독점적인 지배를 강령으로 하는 정당은 정당목적의 민주성과 조화될 수 없다.

2. 조직의 민주성

(1) 의 미

정당의 조직은 민주적이어야 한다. 정당이 구성원의 의사와 국가의사를 매개하여 국민의 정치의사를 사전적으로 형성하기 위해서는 정당의 구성원이 수용할 수 있는 방법과 절차를 통하여 정당의 의사를 결정하여야 한다. 정당은 이념적 동질성을 갖는 정치단체이다. 그러나 이념은 변화하며, 또 정치적 환경의 변화에 적응하여야 한다. 특히 1980년대 이후 환경문제, 1990년대 이후 세계화와 지속가능성, 기후변화, 그리고 사회양극화와 노인 및 노동빈곤 등 새로운 사회적 문제가 제기되면서 기존 정당이 존립하기 위해서는 정당은 개방화·유연화, 그리고 다원화되어야 했다. 이러한 시대적 배경에서 정당 내부에서 민주적인 방법과 절차에 따른 의사결정이 보다 강화되어야 했다.

이념의 동질성이 있는 경우에도 이념을 실현하기 위한 방법론과 제도의 구체화에 있어서는 다시 다양한 의견이 존재한다. 이러한 상황에서 정당에서 결정된 의사에 진정으로 정당구성원들이 동질성을 갖기 위해서는 정당조직, 그리고 의사결정의 방법과 절차가 민주적이어야 한다. 정당조직의 민주성은 정당의 대외적인 측면과 대내적인 측면에 있어서 다음과 같이 구체화되어 있다.

(2) 대외적 민주성

대외적으로 정당조직의 민주성을 확보하기 위하여 정당은 정치적 이념과 구체적인 실현의 청사진인 강령 또는 기본정책을 공개하여야 한다. 또 정당의 기본법인 당헌을 공개하여야 한다(정당법 제28조 제1항). 이때 비로소 국민의 정당에 대한 접근과 동질화가 이루어질 수 있다. 따라서 숨겨진 혹은 은폐된 목적, 그리고 비밀조직 혹은 폐쇄적인 조직은 정당의 대외적인 민주성과 조화될 수 없다.

7) 대판 2011.1.20, 2008재도11 참조.

(3) 대내적 민주성

대내적 측면에서 정당의 민주성(이른바 당내민주주의)이 실현되기 위해서는 정당의 의사결정이 민주적인 방법과 절차에 따라야 한다.[8] 구체적으로 보면 정당은 당원 전체의 의사를 반영하기 위하여 대의기관과 집행기관을 설치하여야 한다. 정당의 지도부가 독단적인 의사결정을 하는 과두적인 조직은 정당의 민주성에 반한다. 국가와 사회를 매개하는 단체로서 정당이 정치적 의사를 투입하는 대표적인 국가기관은 국회이다. 정당소속의 국회의원은 한편으로는 정당의 구성원의 지위와 다른 한편 국가기관의 지위를 갖는다. 정당소속 국회의원들의 의견을 수렴하여 국가의사를 형성하는 과정을 보호하여야 한다. 이를 위하여 소속 국회의원이 있는 경우 의원총회를 둔다(정당법 제29조 제1항). 정당의 내부질서가 투명하여야 한다. 이에 중앙당은 정당의 예산과 결산 및 그 내역에 관한 회계검사 등 재정에 관한 사항을 확인·검사하기 위하여 예산결산위원회를 두어야 한다(정당법 제29조 제2항).

공직선거후보자를 추천(공천) 또는 지지하는 것은 정당의 주요한 기능이다. 그런데 공천은 정당의 의사를 국가조직 및 기능에 투입하는 계기이기 때문에 공천에 있어서 민주적인 방법과 절차에 따라 정당구성원의 의사를 충실히 반영하여야 한다. 이 문제는 뒤에서 상세하게 설명한다.

3. 활동의 민주성

정당의 활동은 정당의 목적을 실현하기 위한 행위 혹은 행위형태를 말한다. 정당 자체는 권리능력이 없지만 사실상 행위의 주체는 될 수 있다. 따라서 정당 자체가 민주주의의 가치에 반하는 활동을 해서는 안 된다. 이 밖에 정당의 지도부, 그리고 개별적인 정당원에게도 활동의 민주성에 대한 요청이 적용된다. 다만 이에 대한 평가는 종합적으로 이루어져야 한다. 따라서 정당 혹은 정당의 지도부 혹은 정당원 개인의 행위 혹은 행위형태의 민주성 여부를 평가하는 데에는 신중하여야 한다. 활동의 민주성은 주로 위헌정당해산심판에서 문제가 되므로 이에 대해서는 아래에서 다루기로 한다.

---

8) 헌재 1999.12.23, 99헌마135등, 11-2, 814면 참조.

Ⅱ. 공직선거후보자 추천의 문제

1. 선거법의 내용

(1) 정당공천의 대상과 방법

정당은 대통령선거와 국회의원선거, 그리고 지방자치단체장의 선거와 지방의회의원선거에 후보자를 추천할 수 있다(공직선거법 제47조 제1항).[9] 공천은 민주적인 의사결정의 방법과 절차를 따라야 한다(공직선거법 제47조 제2항). 2005년「정당법」및「공직선거법」개정 전에는 선거법은 공천에 관하여 민주적인 절차에 따라야 한다는 원칙적인 선언만을 하고, 이에 대한 규율을「정당법」에 위임하였다. 그리고「정당법」은 당내경선에 관하여 규율하고 있었다. 그런데 개정「정당법」에서는 공천에 관한 규정을 삭제하고,「공직선거법」에서 당내경선에 관한 자세한 규정을 두었다. 이러한 입법이 타당하다.「정당법」이 공천을 규율하는 경우 정당이 자율적인 조직이라는 이유로 임의규정으로 해석될 가능성이 있었기 때문이다.

(2) 당내경선

「공직선거법」은 민주적인 절차에 따른 공천의 방법으로서 당내경선에 대해서 규율하고 있다. 당내경선은 정당의 당헌·당규 또는 경선후보자 간에 서면에 의한 합의가 있는 경우에는 여론조사에 의하여 대체될 수 있다(공직선거법 제57조의2 제2항). 당내경선에서 정당은 당원이 아닌 자에게도 투표권을 부여할 수 있다. 다만「정당법」의 규정에 따라 당원이 될 수 없는 자는 당내경선의 선거인이 될 수 없다(공직선거법 제57조의2 제3항). 정당은 당내경선사무의 일부, 예컨대 경선운동, 투표 및 개표에 관한 사무를 관할선거관리위원회에 위탁할 수 있으며, 이 경우 비용은 국가가 부담한다(공직선거법 제57조의4). 당내경선을 실시하는 경우 경선후보자로서 당내경선에서 선출되지 않은 자는 당해 선거의 같은 선거구에서 후보자로 등록할 수 없다. 다만 후보자로 선출된 자가 사퇴·사망·피선거권 상실 또는 당적의 이탈·변경 등으로 인하여 자격을 상실한 때에는 그러하지 아니하다(공직선거법 제57조의2 제2항). 이에 위반하여 등록한 경우 이러한 등록은 무효이다(공직선거법 제52조 제1항 제8호). 당내경선에 불복하는

9) 2005년 선거법 개정 이전까지는 기초지방의회의원선거에서는 정당이 후보자추천을 할 수 없었다. 다만 후보자가 특정 정당의 지지 혹은 추천을 받고 있음을 표방할 수는 있다. 이를 금지하고 있던 선거법 규정에 대해서 헌법재판소는 위헌결정을 하였다. 헌재 2003.1.30, 2001헌가4, 15-1, 7면 이하; 2003.5.15, 2003헌가9등, 15-1, 514면 이하 등 참조. 이는 헌법재판소가 기존의 입장을 변경한 것이다. 헌재 1999.11.25, 99헌바28, 11, 543면 이하 참조.

문제를 방지하기 위한 규정이다.

(3) 여성할당제

「공직선거법」은 여성할당제를 규정하고 있다. 즉 정당은 비례대표국회의원선거 및 비례대표지방의회의원선거에 후보자를 추천하는 경우 후보자의 50% 이상을 여성으로 추천하여야 한다. 또 실제 여성의 당선비율을 보장하기 위하여 후보자 명부순위의 매 홀수에 여성을 추천하여야 한다(제47조 제3항). 선거관리위원회는 위 규정을 위반하는 후보자등록신청을 수리하지 않는다(제49조 제8항). 후보자등록 후에도 위 규정에 위반되는 사유가 있는 때에는 후보자등록을 무효로 한다(제52조 제1항 제2호).

지역구국회의원 후보자 또는 지역구지방의회의원 후보자 추천에 있어서도 정당은 30% 이상을 여성으로 추천하도록 노력하여야 한다(제47조 제4항). 또 정당은 지방의회의원선거에 후보자를 추천하는 때에는 지역구 시·도의원선거 또는 지역구 자치구·시·군의원선거 중 어느 하나의 선거에 국회의원 지역구마다 1명 이상을 여성으로 추천하여야 한다(제47조 제5항). 이를 유도하기 위하여 여성할당제를 실천한 정당에 대하여는 통상의 보조금 외에 별도의 규정에 의하여 여성추천보조금을 추가로 지급할 수 있다(정치자금법 제26조).

2. 공천과 공천에 관한 규정의 법적 성격

정당은 사적 결사로서 정당내부 사안에 대한 자율권을 갖는다. 그러나 정당은 국가의사형성에 직접 참여하여 공적 기능을 수행하기 때문에 이에 상응하여 국가의 공법적 개입이 필요하고 또 정당화된다. 그런데 이 두 측면이 현실에 있어서는 긴장관계에 있다. 그렇다면 공천은 정당기능의 두 측면 중 어디에 가까운가?

공천은 공직자 선출에 직접적인 관련성을 가지며, 또 유권자의 입장에서 보면 공천은 공직선거의 중요한 사전적 과정으로서 공직자 선택에 절대적인 영향을 준다. 따라서 공천은 기본적으로는 공직선거의 일부분으로서 공적 기능을 수행하는 정당의 활동이다. 그만큼 공천에 대한 국가적 규율이 정당성이 있으며, 또 필요하다. 이 점에서 보면 현행 「공직선거법」이 당내경선을 민주적인 공천의 절차로 규율하고 있는 것은 타당하다.

공천은 공적 기능이 강하기 때문에 이에 대한 「공직선거법」의 규정은 강행규정으로 이해되어야 한다. 따라서 비민주적인 절차와 방법에 의한 공천은 효력을 가질 수 없다. 또 이러한 요청에 반하는 당헌은 사법심사의 대상이 되며, 효력을 상실시킬 수 있다.[10] 다만 이 점이 실제 심사되기 위해서는 「공직선거법」에 민주적인 공천을 보장하기 위한 중요한 실질적인 내용이나 절차 및 조직법적 내용이 충실히 규율되어야 한다.

공직선거 입후보자가 등록하는 경우 해당 공직선거 입후보자추천이 민주적인 방법과 절차에 따랐음을 징표하는 사항을 선거법에 규율하여야 한다. 또 입후보자가 등록을 할 때 정당에서 입후보자선출을 위한 집회의 장소, 시간, 개최통고방법, 참석인원, 표결결과 등을 기재하도록 하여야 한다. 예컨대 독일 선거법은 이를 규율하고 있다(제21조 제5항). 그리고 선거법의 위와 같은 요청을 충족시키지 못하는 경우 선거관리기구는 입후보등록을 거부할 수 있는 권한을 가져야 한다. 보다 근본적으로는 당헌에서 정당 내부질서의 핵심적인 사항인 공직선거 입후보자선출에 관한 사항을 선거법의 해당 규정에 충실하게 구체적으로 규율하고, 정당이 등록할 때 선거관리기구가 이를 심사하여야 할 것이다.

3. 선거의 원칙과 공천

공천은 공직선거의 구성부분이며, 공적 기능이 강한 정당활동이다. 따라서 공천에 헌법상 선거의 원칙이 원칙적으로 적용되어야 한다. 그러나 이때 정당의 자율성도 어느 정도 인정되어야 한다. 헌법은 선거의 원칙으로 보통·평등·직접·비밀선거의 원칙을 제시하고 있다(제41조 제1항, 제67조 제1항). 이 밖에 헌법이 명시하고 있지는 않지만 자유선거의 원칙은 선거의 일반적인 원칙으로 인정되어 있다. 이에 따르면 선거에서 선거권자의 의사형성 및 실현의 자유가 보장되며, 구체적으로는 투표 및 입후보, 그리고 선거운동의 자유가 보장된다.[11]

공천에 있어서 평등선거 및 자유선거의 원칙은 반드시 적용되어야 한다. 민주주의는 정치적 평등을 전제로 실현된다. 따라서 공직선거의 일부를 이루는 공천에 평등선거의 원칙이 적용되어야 하는 것은 당연하다. 평등선거의 원칙이 적용되지 않는 경우 이는 선거의 속성을 상실한다. 자유선거의 원칙에는 유권

10) 법원은 비록 가처분결정이기는 하였지만 이러한 가능성을 인정한 바 있다. 서울지법 2000.3.24, 2000카합489 참조. 이에 비해서 서울지법 2000.3.29, 2000카합729등 사건에서 법원은 정당은 후보자등록 후에는 등록된 후보자에 대한 추천을 취소 또는 변경할 수 없다는 선거법 규정을 이유로 가처분신청을 각하한 바 있다.

11) 헌재 1989.9.8, 88헌가6, 1, 232면; 1994.7.29, 93헌가4등, 6-2, 29면; 1995.4.20, 92헌바29, 7-1, 506면 등 참조.

자의 후보자 선택의 자유가 포함되어 있다. 그런데 공천과정에 유권자의 의사가 반영될 수 없다면 정당원의 자유로운 입후보자 선출의 기회뿐 아니라, 이를 통해서 유권자의 자유로운 공직자 선택의 기회는 제한된다.

보통선거의 원칙은 정당의 자율적 조직으로서의 성격상 원천적으로 적용이 배제된다. 당내 경선에 정당원뿐 아니라 당원이 아닌 자가 참여할 수 있지만(공직선거법 제57조의3 제1항) 이것이 헌법필연적이지는 않다. 비밀선거의 원칙은 선거의 본질적인 속성은 아니다. 따라서 공천에 있어서 거수 혹은 기립 등의 공개선거를 할 것인가는 정당이 자율적으로 결정할 수 있다. 직접선거의 원칙 역시 마찬가지이다. 정당은 시·도 당원 전체를 선거기관으로 하거나 혹은 대의기관을 공천기관으로 할 수 있다.[12)]

Ⅲ. 조직의 진지성

정당은 국민의 정치적 의사형성에 참여하는 데 필요한 조직을 가져야 한다. 이때 필요한 조직의 규모는 국민의 정치적 의사를 사전적으로 형성하는 데 기여할 수 있는 정도가 기준이어야 한다. 이 점은 다음과 같이 구체화되어 있다. 「정당법」은 광역정당의 원칙을 선언하고 지역정당을 부인하고 있다. 정당은 5 이상의 시·도당을 가져야 한다(정당법 제17조).[13)] 정당의 진지성은 시·도당의 당원수로 판단된다. 즉 시·도당은 1,000명 이상의 당원을 가져야 한다(정당법 제18조 제1항). 이들 요건이 충족되지 못하는 경우 정당의 등록은 취소된다(정당법 제44조 제1항 제1호). 신생 정당을 보호하고, 또 선거 직전 과도기적인 요건 흠결로 인하여 선거에 참여할 수 없게 되는 것을 방지하기 위한 규정이 마련되어 있다. 즉 요건의 흠결이 정당이 후보자를 추천할 수 있는 공직선거일 전 3개월 내에 생긴 때에는 선거일 후 3개월까지, 그 외의 경우에는 요건흠결시부터 3개월까지 등록의 취소를 유예한다(정당법 제44조 제1항 제1호).

정당은 선거에 참여할 의무가 있다. 즉 정당은 최근 4년간 국회의원선거 또는 지방자치단체장의 선거나 시·도의회의원선거에 참여하여야 한다. 그러나

12) 이와 달리 당내경선에서도 헌법상 선거의 원칙이 모두 적용되어야 한다는 판결로는 대판 2013.11.28, 2013도5117 참조.

13) 기존의 「정당법」에서는 지구당 단위로 정당이 설립·활동하였다. 개정 「정당법」이 시·도당 중심으로 정당의 조직을 개편하면서 지구당은 폐지되었다. 이에 대해서는 헌재 2004.12.16, 2004헌마456, 16-2(하), 618면 이하 참조.

선거 참여의 거부가 정당의 정치적 의사표현일 수 있기 때문에 선거 참여를 정당의 존립요건으로 하는 것은 타당하지 않다. 기존에 「정당법」은 국회의원 총선거에서 의석을 얻지 못하고 유효투표 총수의 100분의 2 이상을 득표하지 못한 때에는 정당의 등록을 취소하였다(정당법 제44조 제1항 제3호). 또 등록취소된 정당의 명칭과 같은 명칭은 등록취소된 날부터 최초로 실시하는 임기만료에 의한 국회의원선거의 선거일까지 정당의 명칭으로 사용할 수 없도록 하였다(정당법 제41조 제4항). 헌법재판소는 이 규정들이 한 번의 선거의 결과를 기준으로 정당존속 및 활동의 자유를 침해한다는 이유로 위헌으로 결정하였다.[14)]

판례 **국회의원선거결과와 정당의 등록취소** (헌재 2014.1.28, 2012헌마431등)

실질적으로 국민의 정치적 의사형성에 참여할 의사나 능력이 없는 정당을 정치적 의사형성과정에서 배제하여 정당제 민주주의 발전에 기여하고자 하는 한도에서 정당등록취소조항의 입법목적의 정당성과 수단의 적합성을 인정할 수 있다. 그러나 정당등록의 취소는 정당의 존속 자체를 박탈하여 모든 형태의 정당활동을 불가능하게 하므로, 그에 대한 입법은 필요최소한의 범위에서 엄격한 기준에 따라야 한다. 그런데 일정기간 동안 공직선거에 참여할 기회를 수 회 부여하고 그 결과에 따라 등록취소 여부를 결정하는 등 기본권을 제한하는 방법이 있고, 정당법에서 법정의 등록요건을 갖추지 못하게 된 정당이나 일정 기간 국회의원선거 등에 참여하지 않은 정당의 등록을 취소하도록 하는 등 현재의 법체계 아래에서도 입법목적을 실현할 수 있는 다른 장치가 마련되어 있으므로, 정당등록취소조항은 침해의 최소성 요건을 갖추지 못하였다.

나아가, 정당등록취소조항은 정당이 대통령선거나 지방자치선거에서 아무리 좋은 성과를 올리더라도 국회의원선거에서 일정 수준의 지지를 얻는 데 실패하면 등록이 취소될 수밖에 없어 불합리하고, 신생·군소정당으로 하여금 국회의원선거에의 참여 자체를 포기하게 할 우려도 있어 법익의 균형성 요건도 갖추지 못하였다. 따라서 정당등록취소조항은 과잉금지원칙에 위반되어 청구인들의 정당설립의 자유를 침해한다.

---

14) 헌재 2014.1.28, 2012헌마431등, 26-1(상), 155면 이하 참조.

제 5 절 정당에 대한 보호 – 정당운영자금에 대한 보조를 중심으로

Ⅰ. 국고보조금과 그 밖의 정당의 재원

1. 정치자금의 종류와 내용

일반 단체와는 달리 정당은 국가로부터 운영자금의 보조를 받을 수 있다(제8조 제3항). 정당에 대한 국고보조를 포함하여 당비, 후원금, 기탁금, 정당의 당헌·당규 등에서 정한 부대수입, 그 밖에 정치활동을 위하여 정당, 공직선거 당선자, 후보자 또는 후보예정자, 후원회·정당의 간부 또는 유급사무직원 그 밖에 정치활동을 하는 자에게 제공되는 금전이나 유가증권 그 밖의 물건과 정치활동에 소요되는 비용을 정치자금이라고 한다(정치자금법 제3조 제1호). 정치자금의 수입지출에 대해서는 「정치자금법」이 규율하고 있다. 이에 따르면 각종 정치자금은 다음과 같이 정의된다(정치자금법 제3조 제3, 4, 5, 6호).

'당비'는 정당의 당헌·당규 등에 의하여 정당의 당원이 부담하는 금전이나 유가증권 그 밖의 물건이다. '후원금'은 후원회의 회원이 후원회에 납입하는 금전이나 유가증권 그 밖의 물건을 말한다. 국회의원, 대통령선거 후보자 및 예비후보자 등이 후원회를 지정하여 둘 수 있다.[15] 기존에 「정치자금법」은 정치인 개인에 한정하여 후원회를 지정하여 둘 수 있도록 하였고, 정당후원회를 통하여 정치자금을 모금하는 것은 금지하였다. 헌법재판소는 이 규정에 대해 헌법불합치결정을 하였다.[16] 개정 법률은 중앙당에 후원회를 둘 수 있도록 하고, 후원회의 모금 및 기부한도액, 후원인의 연간 기부한도액 등에 제한을 두었다(정치자금법 제6조 제1호, 제11조 이하). 개인이 후원회에 기부할 수 있는 후원금에는 연 한도액, 그리고 후원회당 한도액이 있다. 후원인이 기부하는 후원금은 연 2천만원을 초과할 수 없다. 후원인이 하나의 후원회에 연간 기부할 수 있는 한도액은 대통령후보자 후원회에 대해서는 1천만원, 그 밖의 후원회에는 5백만원을 초과할 수 없다. 후원인은 1회 10만원, 연 120만원의 한도 내에서는 익명으로 기부할 수 있

15) 기존에 지방자치단체장 선거에 있어서는 후보자 이외에 예비후보자가 예비후보의 단계에서 후원회를 지정하여 둘 수 있는 규정은 없었다. 이에 대해서 헌법재판소는 헌법불합치결정을 하였다. 헌재 2019.12.27, 2018헌마430등, 31-2(하), 294면 이하 참조.

16) 헌재 2015.12.23, 2013헌바168, 27-2(하), 511면 이하 참조.

다. 후원회가 연간 모금할 수 있는 금액에도 한도가 있다. 중앙당 후원회는 중앙당 창당준비위원회 후원회가 모금한 후원금을 합하여 50억원, 대통령 후보자 등 후원회는 선거비용제한액의 100분의 5에 해당하는 금액, 국회의원 등의 후원회는 1억5천만원, 지방자치단체장 후보자 후원회는 선거비용제한액의 100분의 50에 해당하는 금액을 초과할 수 없다. 후원회는 대통령 선거, 국회의원 선거 등 공직선거가 있는 연도에는 연간 모금·기부한도액의 2배를 모금·기부할 수 있다.

'기탁금'은 정치자금을 정당에 기부하고자 하는 개인·법인 또는 단체가 선거관리위원회에 기탁한 금전이나 유가증권 그 밖의 물건을 말한다. 특정 정당을 지정하여 정치자금을 기탁하는 것은 허용되지 않는다. '(국고)보조금'은 정당의 보호·육성을 위하여 국가가 정당에 지급하는 금전이나 유가증권이다.

2. 단체와 법인의 정치자금 기부금지

위와 같은 방법 이외에 외국인, 국내·외의 법인 또는 단체는 정치자금을 기부할 수 없다. 또 누구든지 국내·외의 법인 또는 단체와 관련된 자금으로 정치자금을 기부할 수 없다(정치자금법 제31조). 헌법재판소는 노동단체의 정치자금 기부를 금지하는 개정 전 「정치자금법」 규정에 대해서 위헌결정을 내린 바 있다.[17] 이후 개정 법률은 노동단체의 정치자금 기부금지에 관한 규정을 삭제하였으나 다시 개정되면서 이제 노동조합뿐 아니라 모든 법인 및 단체에게 정치자금의 기부가 금지되었다. 이와 더불어 법인 또는 단체와 관련된 자금으로 정치자금을 기부할 수 없도록 하는 규정이 추가되었다. 이 규정에 대해서는 헌법재판소가 합헌결정을 하였다.[18]

Ⅱ. 정당의 재정운영 – 국고보조금의 정당성과 한계

1. 국고보조금의 정당성

정당은 국민의 사전적인 정치적 의사형성을 위한 자발적인 조직이다. 이 점을 기준으로 보면 적어도 규범적으로는 정당은 구성원의 재정기여, 즉 당비를

17) 헌재 1999.11.25, 95헌마154, 11-2, 555면 이하 참조.

18) 헌재 2010.12.28, 2008헌바89, 22-2(하), 659면 이하; 2012.7.26, 2009헌바298, 24-2(상), 57면 이하 등 참조.

통하여 재정을 운영하여야 한다. 내부적인 재정자립도가 높을수록 자율적인 권한이 확보되며, 재정자립도가 낮을수록 자율성은 약해지기 때문이다. 그러나 정당문화가 아직 확립되어 있지 않은 상황에서 전적으로 당비를 재원으로 정당이 운영되는 것을 기대하기는 어렵다.[19] 이와 같은 현실을 무시하는 경우 정당이 특정한 개인의 재정적 기여에 의존하여 금권정치의 폐해가 나타날 수 있고, 정당재정을 의존하는 특정인의 의사에 정당의 의사결정이 종속될 수 있다. 이러한 위험을 방지하기 위하여 헌법은 명시적으로 정당육성을 위한 재정적 기초를 보호하고 있다.

위와 같은 이유에서 국고보조가 지급되지 않는 일반 단체에 비해서 정당에 대한 국고보조가 평등의 이념에 반한다고는 할 수 없다.[20] 정당이 수행하는 공적 기능을 고려하면 더욱 그렇다.

2. 국고보조금의 형성기준

국고보조금이 원칙적으로 정당성이 있지만 다음과 같은 질문이 제기된다. 즉 정당에 대한 국고보조에 있어서 입법자가 존중하여야 할 헌법적 지침은 무엇인가 하는 점이다.

정당의 공적 기능과 자율기능을 구별하여 전자에 한하여 국고보조를 하는 것은 현실성이 없고, 또 이론적으로 타당하지도 않다. 위에서 공천과 관련하여 설명했듯이 정당의 기능은 공적 기능과 자율기능이 혼재되어 있으며, 명확히 구분되지 않기 때문이다.

정당은 공적 기능을 수행하지만 기본적으로는 자율적인 단체이다. 따라서 규범적으로 정당의 가장 중요한 재원은 당비수입이어야 한다. 그러나 정당의 조직률이 낮고, 또 당비를 납부하는 정당원의 비율은 더욱 미미한 것이 현실이다.[21]

---

19) 2023년 현재 우리 정당들의 재정수입 대비 당비의 비율은 아직 낮은 상태에 있다. 더불어민주당, 국민의힘, 정의당의 경우 이 비율은 24%, 26%, 그리고 30%이다. 이들 정당에서 전체 재정수입 대비 국고보조금의 비율은 각각 18%, 24%, 그리고 32%이다. 중앙선거관리위원회, 2023년 정당의 활동개황 및 회계보고(2024), 504면 참조.

20) 독일의 연방헌법재판소는 한때 정당이 선거에 참여하는 데에 따르는 보상 외에 일반운영비용을 국가가 보조하는 것은 헌법에 위반된다는 결정을 한 바 있다. *BVerfGE* 20, 56면 참조. 그러나 이 결정 이후 독일의 연방헌법재판소는 선거자금과 통상의 정당활동자금을 구분하는 것은 현실성이 없다는 이유로 위 결정의 태도를 상당 부분 완화하였다. 예컨대 *BVerfGE* 85, 264면 이하 참조.

21) 2023년 전체 선거인 수 대비 당원수는 24%에 불과하다. 또 전체 당원 중 당비를 납부하는 당원의 비율은 24%이다. 중앙선거관리위원회, 2023년도 정당의 활동개황 및 회계보고(2024), 23면, 30면 참조.

이러한 상황에서 정당의 기능유지를 위한 국고보조는 정당성이 있다. 그러나 정당의 국고보조에 대한 의존율이 높을수록 정당의 자율적 단체로서의 성격은 약화된다. 따라서 상징적으로 정당에 대한 국고보조가 차지하는 비율이 정당운영 비용의 50%를 넘지 않도록 하는 것이 합리적인 기준이 될 수 있다. 좀 더 엄격하게 국고보조를 정당에 대한 국민적 지지도를 기준으로 결정하고, 국고보조금이 정당의 자체 수입을 초과할 수 없도록 하는 방법이 있다. 예컨대 독일의 정당법 제18조 제1항이 이러한 입법례에 속한다. 이에 따르면 선거결과, 의석비율, 그리고 자체 수입인 기부금 수준을 기준으로 정당에 보조금이 배분된다. 정당의 자율성을 유지하기 위하여 이와 같은 방법이 이상적이다. 다만 현재 자체 수입이 차지하는 비율이 낮고, 또 정당 간 심한 불균형을 보이고 있는 우리의 경우 이러한 방법이 현실성이 있을지는 계속 검토가 필요하다.

Ⅲ. 국고보조금의 계상과 배분

1. 국고보조금의 계상, 여성추천보조금 및 장애인추천보조금

국고보조금은 다음과 같이 계상·배분된다.

국고보조금으로 최근 실시한 국회의원선거의 선거권자 총수에 보조금 계상단가를 곱한 금액이 계상된다. 보조금 계상단가는 소비자물가에 연동된다. 즉 보조금 계상단가는 전년도 보조금 계상단가에 통계청장이 매년 고시하는 전전년도와 대비한 전년도 전국소비자물가변동률을 적용하여 산정한 금액을 증감한 금액으로 한다. 2025년 보조금 계상단가는 1,183원이다. 대통령선거, 국회의원선거 또는 동시지방선거가 있는 연도에는 각 선거마다 보조금 계상단가를 추가한 금액을 예산에 계상하여야 한다(정치자금법 제25조).

공직선거에서 여성후보자를 공천한 정당에 대해서는 보조금이 추가로 계상된다. 즉 최근 실시한 임기만료에 의한 국회의원선거의 선거권자 총수에 100원을 곱한 금액을 이러한 용도로 계상한다(정치자금법 제26조 제1항). 공직선거에서 장애인후보자를 추천한 정당에 지급하기 위한 보조금이 별도로 계상된다. 장애인추천보조금으로 최근 실시한 임기만료에 의한 국회의원선거의 선거권자 총수에 20원을 곱한 금액을 선거가 있는 연도의 예산에 계상한다(정치자금법 제26조의2 제1항). 공직선거에서 39세 미만의 청년후보자를 추천한 정당에 청년추천보조금을 지급한다. 청년추천보조금으로 최근 실시한 임기만료에 의한 국회의원선거의 선거권자 총수에

100원을 곱한 금액을 예산에 계상하여야 한다(정치자금법 제26조의3).

2. 국고보조금의 배분

국고보조금의 배분은 정당의 지지도에 비례하는 방법과 국회에서 원내교섭단체를 구성하는 정당에게 균등하게 배분하는 원칙을 혼합하여 적용하고 있다. 이와 같은 일반적인 국고보조금 외에 특별한 경우, 즉 여성, 장애인, 그리고 청년을 공직선거 후보자로 추천한 경우에 보조금이 지급된다.

먼저 보조금의 50%는 동일 정당의 소속의원으로 교섭단체를 구성한 정당에게 균등하게 배분·지급한다.[22] 소수정당은 다음과 같이 배려된다. 5석 이상의 의석을 얻은 정당에게 국고보조금 총액의 5%가 지급된다. 의석을 얻지 못하였거나 5석 미만의 의석을 얻은 정당으로서 최근 국회의원 총선거에 참여하여 유효투표 총수의 2% 이상을 득표한 경우, 혹은 이에 미치지는 못했지만 정당의 후보추천이 허용되는 지방의회의원 또는 지방자치단체의 장의 선거에서 유효투표 총수의 0.5% 이상 득표한 경우, 또는 국회의원 총선거에 참여하지 않고 정당의 후보추천이 허용되는 지방의회의원 또는 지방자치단체의 장의 선거에서 유효투표 총수의 2% 이상 득표한 경우에는 보조금총액의 2%가 배분된다.

위와 같이 배분·지급된 액을 제외한 잔여분 중 50%는 지급 당시 국회의석을 가진 정당에게 의석수의 비율에 따라 배분·지급한다. 그 잔여분은 최근에 실시된 국회의원총선거에서의 득표수 비율에 따라 배분·지급한다(정치자금법 제27조).

여성추천보조금은 각종 선거에서 여성후보자를 전국지역구 총수의 40% 이상 추천한 정당이 있는 경우 총액의 50%는 지급 당시 정당별 국회의석 수의 비율에, 40%는 최근 임기만료에 따른 국회의원선거에서 득표 수의 비율에 따라 배분·지급한다. 그 잔여분은 각 정당이 추천한 지역구 여성후보자의 합에 대한 정당별 지역구 여성후보자의 비율에 따라 배분·지급한다. 여성후보자를 전국지역구 총수의 40% 이상 추천한 정당이 없는 경우에는 30% 이상 40% 미만을 추천한 정당에게 여성추천보조금의 30%를 여성후보자를 전국지역구 총수의 40% 이상 추천한 정당의 경우와 같은 방법으로 배분·지급한다. 여성후보자를 전국지역구 총수의 20% 이상 30% 미만으로 추천한 정당에게는 여성추천보조금 총액의 20%를 여성후보자 전국지역구 총수의 40% 이상에 여성후보자

22) 이 규정에 대한 헌법심사로는 헌재 2006.7.27, 2004헌마655, 18-2, 242면 이하 참조.

를 추천한 정당의 경우와 같은 방법으로 배분 · 지급한다(정치자금법 제26조 제2항).

장애인추천보조금은 장애인후보자를 추천한 정당에게 다음과 같은 기준에 따라 지급한다. 장애인후보자를 전국지역구 총수의 5% 이상 추천한 정당이 있는 경우에는 총액의 40%는 지급 당시 정당별 국회의석 수의 비율에 따라, 총액의 40%는 최근 실시한 국회의원선거의 득표 수 비율에 따라, 그 잔여분은 각 정당이 추천한 지역구 장애인후보자의 합에 대한 정당별 지역구 장애인 후보자의 비율에 따라 배분 · 지급한다. 장애인후보자를 전국지역구 총수의 5% 이상 추천한 정당이 없는 경우에는 다시 다음과 같이 세분화된 기준이 적용된다. 장애인후보자를 전국지역구 총수의 3% 이상 5% 미만을 추천한 정당에 대해서는 장애인추천보조금 총액의 30%를 장애인후보자를 5% 이상 추천한 정당의 경우와 같은 방법으로 배분 · 지급한다. 장애인후보자를 전국지역구 총수의 1% 이상 3% 미만 추천한 정당에게는 장애인추천보조금 총액의 20%를 장애인후보자를 5% 이상 추천한 정당의 경우와 같은 방법으로 배분 · 지급한다(정치자금법 제26조의2 제2항).

청년추천보조금은 39세 이하의 청년후보자를 추천한 정당에 지급한다. 청년후보자를 20% 이상 추천한 정당에는 총액의 50%를 다음의 기준에 따라 배분 · 지급한다. 즉 이 중 40%는 정당별 국회의석수의 비율에 따라, 40%는 국회의원선거의 득표수 비율에 따라, 나머지 20%는 각 정당이 추천한 지역구 청년후보자수의 합에 대한 정당별 지역구 청년후보자수의 비율에 따라 배분 · 지급한다. 청년후보자를 15% 이상 20% 미만, 그리고 10% 이상 15% 미만을 추천한 정당에는 청년추천보조금 총액의 30%, 그리고 20%를 위 기준에 따라 배분 · 지급한다(정치자금법 제26조의3).

Ⅳ. 국고보조금의 사용과 정치자금의 회계 및 회계보고

국고보조금은 정당이 국민의 정치적 의사형성을 매개하는 기능을 재정적으로 지원하는 목적을 갖기 때문에 「정치자금법」은 국고보조금의 용도를 제한하고 있다. 또 정치자금의 회계를 투명화하기 위한 조치들을 취하고 있다.

1. 국고보조금의 용도

국고보조금은 인건비, 정책개발비, 당원교육훈련비, 선전비 및 선거관계비용 등 이외의 용도로 사용할 수 없다. 정당의 정책기능을 강화하기 위하여 정당은 경상보조금의 30% 이상을 정책연구소의 운영에 사용하여야 한다. 정당의 지역적 균형발전을 위하여 경상보조금의 10% 이상은 시·도당에 지급하여야 한다. 또 경상보조금의 10% 이상은 여성 정치발전을 위하여, 5% 이상은 청년정치발전을 위하여 사용하여야 한다. 정당은 공직선거의 후보자 및 예비후보자에게 보조금을 지원할 수 있으며, 이때 여성추천보조금, 장애인추천보조금, 청년추천보조금은 여성후보자, 장애인후보자, 청년후보자의 선거경비로 사용하여야 한다(정치자금법 제28조).

이와 같은 용도 외로 사용한 경우에는 용도 외로 사용한 금액의 2배에 해당하는 액을 회수하거나 감액하여 보조금을 지급할 수 있다. 여성추천보조금, 장애인추천보조금, 청년추천보조금을 용도 외로 사용한 경우에도 마찬가지의 제재가 가해진다(정치자금법 제29조).

2. 정치자금의 회계 및 회계보고

정치자금의 투명하고 민주적인 관리를 위하여 정당은 회계처리에 관한 절차를 당헌·당규에 정하여야 한다.[23] 중앙당의 예산결산위원회는 회계와 관련된 사항을 확인·검사하고 그 결과를 당원에게 공개하여야 한다(정치자금법 제38조). 이 밖에 정당의 대표, 후원회의 대표, 후원회를 둔 국회의원, 대통령선거 및 당대표 경선후보자, 공직선거후보자 및 예비후보자 등은 회계책임자 1인을 선임하여 정치자금의 수입과 지출에 대하여 관할 선거관리위원회에 신고할 의무가 있다(정치자금법 제34조). 위와 같은 정당의 회계책임자 등은 관할선거관리위원회에 정치자금의 수입과 지출에 관한 회계보고를 하여야 한다(정치자금법 제40조).

회계보고에 관한 규정을 위반하여 회계보고를 하지 않은 경우에는 중앙당의 경우 지급한 보조금의 25%에 상당하는 금액, 시·도당의 경우 중앙당으로부터 지원받은 보조금의 2배에 상당하는 금액을 회수하거나 감액하여 보조금을 지급할 수 있다(정치자금법 제29조).

23) 정치자금의 투명성 확보를 위한 회계의 필요성에 대해서는 헌재 2005.12.22, 2004헌바25, 17-2, 706면 이하 참조.

제 6 절 위헌정당해산제도

Ⅰ. 정당특권과 방어적 민주주의

정당의 목적이나 활동이 민주적 기본질서에 위배된 때에는 정부는 헌법재판소에 해산을 제소할 수 있고, 정당은 헌법재판소의 심판에 의하여 해산된다(제8조 제4항). 이는 정당이 정부의 제소와 헌법재판소의 결정을 거치는 엄격한 절차에 의하여 비로소 해산될 수 있고, 이로써 정당의 존속을 자의적인 행정처분으로부터 보호하는 정당의 특권에 해당한다. 특히 헌법사적으로 보면 1958년 당시 진보당이 정부 공보처장의 명령에 의하여 해산되었던 경험이 1960년 헌법이 위헌정당해산제도를 도입하는 배경이 되었다. 이에 정당을 해산하기 위해서는 헌법재판소의 결정이 필요하도록 하였다. 또 이론적으로 보면 위헌정당해산은 민주주의에서 가치상대주의를 부인하는 예외적인 제도이기 때문에 정당의 존속을 보호하기 위하여 엄격한 요건을 충족하여야 하며, 또 특별한 절차를 거치도록 하였다.[24)]

정당해산심판제도는 민주주의에 대한 침해를 사전에 예방하는 기능도 있다. 민주주의가 가치상대주의에 기초하여 정치적 평등을 기반으로 하고 있지만, 민주주의를 부인하는 정치적 가치를 관용하는 것은 아니다. 이른바 방어적 민주주의의 이념적 기초이다. 방어적 민주주의는 민주주의의 적에 대한 공격에 취약했던 독일 바이마르공화국의 헌법상황에 대한 대응으로 전후(戰後) 독일헌법에 도입되었다. 독일헌법은 위헌정당해산(제21조 제2항) 외에 단체해산제도(제9조 제2항), 기본권실효제도(제18조)를 방어적 민주주의의 수단으로 제도화하였다.

정당해산심판제도의 정당 특권으로서의 성격과 방어적 민주주의를 위한 예방적 기능은 어느 정도 긴장관계에 있다. 예컨대 1956년 독일 연방헌법재판소는 당시 독일이 유럽에서 이념적 전초기지였던 시대적 배경에서 후자의 기능을 중시하여 독일 공산당(KPD)을 해산하는 결정을 한 바 있다.[25)] 그러나 민주주의가 성숙하고 일반적인 정치과정에 대한 신뢰가 쌓여가면서 정당해산심판제도는

24) 정당해산제도의 이와 같은 양면성에 대해서는 헌재 2014.12.19, 2013헌다1, 26-2(하), 18면 이하 참조.

25) *BVerfGE* 5, 85면 이하 참조.

뚜렷하게 정당 특권의 성격을 강화하여 왔다. 특히 우리의 경우 위에서 서술한 바와 같이 1960년 헌법에 도입된 정당해산심판제도는 야당의 탄압을 방지하고 정당정치를 복원·활성화하는 목적이 있었다. 이와 같은 정당해산심판제도에 대한 이해에서 보면 정당해산의 사유인 민주적 기본질서에 대해서는 엄격한 해석이 필요하다.

Ⅱ. 위헌정당해산의 요건과 위헌정당해산제소

1. 위헌정당해산의 요건

(1) 민주적 기본질서에 위배

가) 민주적 기본질서

정당의 목적이나 활동이 '민주적 기본질서'에 위배되는 것이 정당해산의 실질적인 요건이다. 민주적 기본질서는 다원적 세계관을 존중하고, 가치상대주의 및 가치의 평등을 전제로 하며, 모든 폭력적·자의적 지배를 배제한다. 구체적으로 국민주권의 원리, 권력분립 등 민주주의의 요소, 기본적 인권의 존중과 같은 법치국가원리의 요소, 그리고 복수정당제도 등이 민주적 기본질서를 구성한다. 그리고 이들 요소 중 핵심적인 내용에 위배되는 경우에 한하여 정당해산의 사유가 된다. 헌법재판소는 민주적 기본질서가 정치질서에 해당하기 때문에 사유재산제도와 시장경제 등 경제질서의 요소는 민주적 기본질서의 요소에서 제외하였다.

민주적 기본질서의 위배는 '정치질서'로서 민주주의를 부인하는 경우를 말한다. 사회경제질서로서 사회주의 혹은 사회민주주의를 표방하는 정당의 강령 그 자체가 민주적 기본질서에 위배되는 것은 아니다. 다만 정당의 목적 및 강령이 민주주의가 더 이상 기능할 수 없을 정도로 개인의 기본권을 침해하고 시장의 존재를 부인하는 경우 이는 민주적 기본질서 위배 여부의 판단에 결정적인 영향을 미칠 것이다. 이에 비해서 민주적 기본질서의 범주 내에서 헌법질서를 개편하는 주장은 정당해산사유가 될 수 없다.

나) 종합적이고 엄격한 심사의 필요성

정당해산의 사유가 되기 위해서는 '민주적 기본질서'에 위배되는 정당의 목적이나 활동이 실질적이고 구체적이어야 한다. 즉 정당의 목적이나 활동이 민주적 기본질서에 단순히 위배되는 것으로는 불충분하고 민주적 기본질서에 실질적 해악을 끼칠 수 있는 구체적인 위험을 초래하여야 한다.[26] 이때 정당의 상황이 종합적으로 검토되어야 한다. 특히 헌법 제8조 제2항 정당의 민주성에 대한 판단에 비해서 보다 신중을 기하여야 한다. 헌법 제8조 제2항은 정당의 개별행위에 대한 평가의 기준이지만 위헌정당해산제도는 정당의 존립 자체를 부인하는 것이기 때문이다.

정당해산심판제도는 정당의 존속을 보호하는 특권이다. 따라서 정당의 이념적 목적과 추상적 활동방향만이 아니라 정당의 목적과 활동이 현실적으로 실현되고 있는 구체적인 근거가 있어야 한다. 정당해산심판제도는 민주적 기본질서의 침해를 사전에 예방하는 목적도 있다. 따라서 정당이 현실적으로 민주적 기본질서를 침해하고 있는 경우에 한하여 해산사유가 되는 것은 아니다. 이 경우에 한하여 정당이 해산될 수 있다면 정당해산심판제도가 예방적 기능을 할 수 없기 때문이다.

정당해산의 요건을 엄격하게 해석하여야 하기 때문에 실제 정당해산결정은 드물 것이다. 정당해산의 제소는 일반적으로 소수정당을 대상으로 할 것인데, 소수정당은 대부분의 경우 현실적 혹은 잠재적으로 민주적 기본질서에 구체적 위험을 초래하지는 않기 때문이다. 2014년 헌법재판소의 통합진보당에 대한 해산결정은 이와 같은 기준에 따르면 정당해산의 사유를 엄격하게 해석·적용하지 않은 예에 해당한다.

민주적 기본질서의 위배 여부를 판단하기 위해서는 정당의 강령·당헌, 지도부 및 당원의 행동, 그리고 발언 등을 종합적으로 고려하여야 한다. 특히 강령과 당헌이 심사의 대상이 된다. 정당 지도부와 당원의 행동 및 발언 등은 개별적이고 우발적일 수 있기 때문에 지속적으로 반복되어 정당의 정체성과 관련을 가질 때 비로소 심사의 대상이 된다. 이러한 여러 요소 중 일부만을 기준으로 민주적 기본질서에 위배 여부를 판단하는 경우 정당해산제도가 남용될 위험이 있다. 예컨대 공천이 비민주적인 방법과 절차에 의하여 이루어진 경우 헌법 제8조 제2항에 위반한다는 이유로 공천의 효력을 상실시킬 수는 있다. 그러나 이러한 행태를 유일한 이유로 위헌정당해산의 요건이 충족되는 것은 아니다.

(2) 독일의 예

독일헌법은 우리와 유사한 위헌정당해산제도를 두고 있다(제21조 제2항). 1950년대

26) 헌재 2014.12.19, 2013헌다1, 26-2(하), 23면 이하 참조.

독일의 연방헌법재판소는 사회주의제국당(Sozialistische Reichspartei: SRP)과 독일 공산당(Kommunistische Partei Deutschlands: KPD)을 해산하는 결정을 내렸다.[27] 사회주의제국당의 해산결정에 있어서 종합적인 검토를 행한 후 연방헌법재판소는 다음과 같은 해산이유를 들었다. 첫째, 해당 정당이 민주적인 기본질서의 핵심을 이루는 기본적 인권을 부인하였다. 둘째, 해당 정당은 복수정당체제를 부인하고 단일정당에 의한 지배를 추구하였다. 이는 단순히 정당 내부의 문제가 아니라 해당 정당이 집권하는 경우 국가성격을 전복할 위험을 내포하고 있다. 셋째, 해당 정당은 정당원의 가입과 탈퇴의 자유를 인정하지 않음으로써 정당의 자율적인 조직으로서의 성격을 부인하고 있다. 넷째, 해당 정당은 이미 역사적 심판을 받은 바 있는 나치당과의 연속선상에 있다는 사실을 여러 정황을 통하여 확인할 수 있었다.[28]

1950년대 연방헌법재판소의 정당해산결정은 직전 시기 나치정당의 역사적 경험, 그리고 동구권과 이념적인 대립이 첨예하였던 시대를 배경으로 하였다. 따라서 정당해산제도는 기본적으로 방어적 민주주의와 연계되었으며, 정당의 존속보호는 부수적인 결과로 이해되었다. 그러나 이후 독일이 정치적, 그리고 사회경제적으로 안정되면서 정당해산심판제도는 진부한 제도로 평가되었다. 1990년대 두 번의 정당해산제소가 있었으나 모두 각하되었다.[29] 오랜 휴면기를 지나서 2017년 독일민족민주당(Nationaldemokratische Partei Deutschlands; NPD)에 대한 해산이 제소되었다.[30] 이 결정에서 연방헌법재판소는 민족민주당의 목적과 활동이 자유민주적 기본질서를 침해하는 것은 사실이지만 이와 같은 목적이 실현될 것이라는 구체적인 근거는 없다는 이유로 기각의 결정을 하였다. 이는 1956년 독일공산당 해산결정과 비교하면 정당해산의 기준을 엄격하게 적용한 결과였다. 그리고 이로써 독일헌법에서 정당해산은 헌법 및 민주주의의 보호를 위한 방어적 민주주의의 수단보다 정당의 존속에 관한 특권으로 이해하는 전환이 이루어졌다.

27) *BVerfGE* 2, 1; 5, 85 참조.

28) *BVerfGE* 2, 1(12면 이하) 참조.

29) *BVerfGE* 91, 262면 이하; 91, 276면 이하 등 참조.

30) 2003년 독일 정부가 제소하여 연방헌법재판소에서 심리되었던 독일민족민주당(NPD)에 대한 위헌정당해산사건은 절차적인 이유에서 중단된 바 있다. *BVerfGE* 107, 339면 이하 참조.

2. 위헌정당해산의 제소

위헌정당해산의 제소권자는 정부이다. 정부의 제소 여부는 재량행위이다. 정부는 제소에 있어서 신중하여야 한다. 위헌정당해산은 다원적 가치의 존재와 상대적 가치질서에 기초하여 기능하는 민주주의에서 예외적인 제도이기 때문이다. 그렇지 않을 경우 위헌정당해산제도는 정치적 가치의 획일화와 그 결과 정치과정의 경직화를 가져올 수 있다. 따라서 정당의 존속은 일차적으로는 선거 등 정치과정에서 판단되어야 한다. 또 정부는 위헌정당해산의 실질적인 요건이 갖추어졌다고 판단하는 경우에도 정치적인 이유에서 제소를 포기할 수 있다. 실제 어느 정도 정치적으로 안정된 국가에서 정부는 위헌정당해산제소를 하지는 않을 것이다. 극단적으로 비민주적인 행태를 보이는 정당은 국민적 지지를 거의 받을 수 없다. 따라서 이러한 정당은 선거를 통하여 자연스럽게 소멸할 것이기 때문이다.[31)]

정부가 위헌정당해산을 제소하더라도 위헌정당해산의 최종적인 결정은 헌법재판소가 행한다. 그런데 위헌정당해산사유에 대한 해석은 엄격하기 때문에 해산결정에 이르지 않을 수도 있으며, 이 경우 해당 정당의 존립근거는 더 강화될 수 있다. 실제 우리 헌법은 1960년 헌법부터 위헌정당해산제도를 두었으나 위헌정당해산결정은 최근에야 비로소 처음 있었다.[32)]

Ⅲ. 위헌정당해산결정과 결정의 효력

위헌정당해산심판은 헌법재판소가 관할한다. 이는 정당의 특권에 해당한다. 정당이 행정처분에 의하여 해산될 수는 없기 때문이다.

위헌정당해산결정으로 정당은 해산된다. 해산된 정당의 대표자 또는 간부는 대체정당을 창당할 수 없다. 대체정당이란 강령 또는 기본정책이 해산된 정당의 그것과 동일하거나 유사한 정당을 말한다(정당법 제40조). 또 해산된 정당의 목적을 달성하기 위한 집회 또는 시위는 금지되며, 이를 선전·선동할 수 없다(집회 및 시위에 관한 법률 제5조).

해산된 정당의 재산은 국고에 귀속된다(정당법 제48조 제2항). 헌법재판소의 위헌정당해

31) 실제 독일에서 위헌정당해산결정에 참여했던 재판관 중 한 명은 독일공산당이 선거를 통해서 자연스럽게 소멸하도록 하는 방법이 좀 더 정치적으로 바람직하지 않았는가 하는 반성을 고백한 바 있다. Konrad Zweigert, "Drei Jahre KPD-Verbot", *Juristen Zeitung*(1959), 677면 참조.

32) 헌재 2014.12.19, 2013헌다1, 26-2(하), 1면 이하 참조.

산결정은 창설적 효력을 갖는다. 즉 위헌정당해산결정은 기존의 정당활동의 효력에 영향을 주지 않는다.

해산된 정당에 소속한 국회의원이 신분을 그대로 유지하는가에 대해서는 논란이 있다. 사회주의제국당(SRP)에 대한 해산결정을 한 독일의 연방헌법재판소는 법적 근거가 없음에도 불구하고 정당해산결정으로 인하여 소속 국회의원의 신분이 상실된다는 결정을 한 바 있다.[33] 이후 독일의 선거법은 이 점을 입법적으로 명백히 하였다(독일연방선거법(Bundeswahlgesetz) 제46조 제1항 및 제4항). 이러한 독일 연방헌법재판소의 결정은 당시 정당국가, 그리고 국회의원의 정당대표성에 강한 헌법적 의미를 부여하는 입장이었던 재판관 라이프홀츠(Gerhard Leibholz)의 영향이었다고 추측된다. 또 선거법이 재검토되지 않았던 것은 이후 정당해산결정이 더 이상 없었기 때문일 것이다.

우리의 경우 이 문제에 대한 근본적인 검토가 필요하다. 현행 「공직선거법」에 이에 관한 명시적인 규정은 없다. 2014년 헌법재판소의 통합진보당 해산결정에서는 위헌정당에 소속되어 있는 국회의원의 직을 상실시키는 결정을 하였다.[34] 소속 국회의원이 의원직을 유지하는 경우 위헌적인 정치이념을 정치과정에서 대변하고 이를 실현하려는 활동을 허용하여 실질적으로는 그 정당이 계속 존속하는 것과 마찬가지의 결과를 가져오며, 따라서 정당해산결정의 실효성을 확보할 수 없다는 논리였다. 이러한 경우에 한하여 국회의원의 국민대표성이 희생된다는 것이다.

그러나 위와 같은 결론에 대해서는 다음과 같은 세 가지 관점에서 검토가 필요하다. 첫째, 규범형식의 관점이다. 국회의원 신분의 상실은 신분의 취득만큼이나 중요한 사안이다. 그렇다면 이 문제에 대해서는 헌법이 직접 규정하거나 적어도 입법적 결정이 필요하다. 이러한 상태에서 헌법재판소가 국회의원의 신분상실에 관하여 독자적인 결정을 할 수 있는지 의문이다. 둘째, 헌법해석의 관점이다. 위헌정당해산심판의 대상은 정당이다. 정당해산결정이 해당 정당 소속 국회의원의 신분에 영향을 미치기 위해서는 정당과 소속 국회의원 간에 일체성이 있어야 한다. 그러나 국회의원은 유형화된 정치이념과 정책방향을 기준으로 정당에 소속된 것이며, 구체적으로 정당의 이념 및 정책과 일체성을 갖는

33) *BVerfGE* 2, 1(73면 이하) 참조.

34) 헌재 2014.12.19, 2013헌다1, 26-2(하), 112면 이하 참조. 같은 취지의 대법원 판례로는 대판 2021.4.29, 2016두39856 참조.

것은 아니다. 이는 정당의 활동과의 관계에서도 마찬가지이다. 즉 정당과 소속 국회의원의 일체성을 도출할 수 있는 해석상의 근거는 없다. 셋째, 헌법이론의 관점이다. 국민과 국회의원의 관계에 적용되는 자유위임의 원칙에 의하면 국회의원은 정당의 대표보다는 국민 전체의 대표의 지위를 갖는다. 그런데 위헌정당해산의 경우에 국회의원의 신분을 상실시키는 것은 민주주의를 방어한다는 명목으로 자유위임관계에 대한 예외를 인정하는 결과가 된다. 이는 국회의원의 국민대표성과 자유위임관계를 희생시키는 뇌관이 될 수 있고, 민주주의의 독소로서 작용할 수 있다.

판례 **통합진보당 해산 및 소속 국회의원의 신분상실 결정**(헌재 2014.12.19, 2013헌다1)

[인용의견]

피청구인 주도세력은 과거 자주·민주·통일 노선을 제시하면서 북한의 주장에 동조하거나 북한과 연계되어 활동하고, 북한의 주체사상을 추종하였다. 이들은 북한 관련 문제에서는 맹목적으로 북한을 지지하고 대한민국 정부를 무리하게 비판하고 있다. 피청구인 주도세력은 자유민주주의 체제의 모순을 해소하기 위해 민중이 주권을 가지는 민중민주주의 사회로 전환하여야 하는데 민족해방문제가 선결과제이므로 민족해방 민중민주주의혁명을 하여야 한다고 주장한다. 피청구인의 진정한 목적과 활동은 1차적으로 폭력에 의하여 진보적 민주주의를 실현하고 최종적으로는 북한식 사회주의를 실현하는 것으로 판단된다.

참가자들의 내란 관련 회합의 개최 경위, 참석자들의 피청구인 당내 지위 및 역할, 이 회합이 피청구인의 핵심 주도세력에 의하여 개최된 점, 회합을 주도한 자의 경기동부연합의 수장으로서의 지위 및 이 사건에 대한 피청구인의 전당적 옹호 및 비호 태도 등을 종합하면, 이 회합은 피청구인의 활동으로 귀속된다. 그 밖에 비례대표 부정경선, 중앙위원회 폭력 사태 및 관악을 지역구 여론 조작 사건 등은 피청구인 당원들이 토론과 표결에 기반하지 않고 비민주적이고 폭력적인 수단으로 지지하는 후보의 당선을 관철시키려고 한 것으로서 선거제도를 형해화하여 민주주의 원리를 훼손하는 것이다.

피청구인의 이러한 활동은 유사상황에서 반복될 가능성이 크다. 더구나 피청구인 주도세력의 북한 추종성에 비추어 피청구인의 여러 활동들은 민주적 기본질서에 대해 실질적 해악을 끼칠 구체적 위험성이 발현된 것이며, 우리 헌법상 민주적 기본질서에 위배된다.

피청구인은 적극적이고 계획적으로 민주적 기본질서를 공격하여 그 근간을 훼손하고 이를 폐지하고자 하였으므로, 이로 인해 초래되는 위험성을 시급히 제거하기 위해 정당해산의 필요성이 인정된다. 위법행위가 확인된 개개인에 대한 형사처벌이 가능하지만 그것만으로 정당 자체의 위헌성이 제거되지는 않으며, 피청구인 주도세력은 언제든 그들의 위헌적 목적을 정당의 정책으로 내걸어 곧바로 실현할 수 있다. 합법정당을 가장하여 국민의 세금으로 상당한 액수의 정당보조금을 받아 활동하면서 민주적 기본질서를 파괴하려는 피청구인의 고유한 위험성을 제거하기 위해서는 정당해산결정 외에 다른 대안이 없다. 따라서 피청구인에 대한 해산결정은 비례의 원칙에 어긋나지 않는다.

국회의원은 국민 전체의 대표로서, 또 소속 정당의 이념을 대변하는 정당의 대표로서도 활동한다. 「공직선거법」 제192조 제4항은 비례대표 국회의원에 대하여 소속 정당의 해산 등 이외의 사유로 당적을 이탈하는 경우 퇴직된다고 규정하고 있다. 그러나 이 규정의 의미는 정당이 자진 해산하는 경우 비례대표 국회의원은 퇴직되지 않는다는 것으로서, 국회의원의 국민대표성과 정당기속성 사이의 긴장관계를 적절히 조화시켜 규율하고 있다. 위헌정당으로 판단하여 정당 해산을 명하는 것은 헌법을 수호한다는 방어적 민주주의 관점에서 비롯된 것이므로, 이러한 비상상황에서는 국회의원의 국민대표성은 부득이 희생될 수밖에 없다. 해산되는 위헌정당 소속 국회의원이 의원직을 유지한다면 위헌적인 정치이념을 정치적 의사형성과정에서 대변하고 이를 실현하려는 활동을 허용함으로써 실질적으로는 그 정당이 계속 존속하는 것과 마찬가지의 결과를 가져온다. 따라서 해산 정당 소속 국회의원의 의원직을 상실시키지 않는 것은 결국 정당해산제도가 가지는 헌법수호 기능이나 방어적 민주주의 이념과 원리에 어긋나고 정당해산결정의 실효성을 확보할 수 없게 된다.

[기각의견]

정당의 목적이나 활동의 판단자료는 대부분 표현행위이므로 그 의미는 가능한 한 객관적이고 보편적으로 수용 가능한 해석 방법론에 의하여 확정되어야 한다. 피청구인에게 '은폐된 목적'이 있다는 점 자체가 엄격하게 증명되어야 할 사항 가운데 하나임에도 불구하고, 청구인의 논증은 이를 당연한 것으로 전제하고 있다. 피청구인의 일부 구성원이 민주적 기본질서에 위배되는 사상을 가지고 있으므로 나머지 구성원도 모두 그러할 것이라는 가정은 부분에 대하여 말할 수 있는 것을 전체에 부당하게 적용하는 것으로서 성급한 일반화의 오류이다.

피청구인이 사회주의적 요소를 내포하는 강령을 내세우고 있고, 북한도 적어도 대외적·공식적으로는 사회주의 이념을 내세우고 있으므로, 피청구인의 주장이 북한의 주장과 일정 부분 유사한 것은 자연스런 현상이다. 피청구인이 북한을 추종하기 때문에 위와 같은 유사성이 나타났다고 보는 것은 지나치게 단순한 해석이다. 정부와 권력에 대한 비판적 정신과 시각이 북한과의 연계나 북한에 대한 동조라는 막연한 혐의로 좌절되는 일이 재발하지 않도록 하기 위해서는 북한의 주장과 유사하다는 점만으로 북한 추종성이 곧바로 증명될 수 있다고 보아서는 안 된다.

피청구인 구성원 가운데 민혁당 조직원이나 하부 조직원 또는 관계자였던 것으로 인정할 수 있는 사람은 직접 유죄판결을 받았거나 판결에서 조직원으로 언급된 단지 몇 명에 불과하다. 경기동부연합이 과거 민혁당 또는 민혁당 조직원 등에 의하여 의사결정이 좌우되는 상태에 있었다는 점이나, 경기동부연합, 광주전남연합, 부산울산경남연합이 어떤 이념을 공유하거나 지지하여, 통일적으로 단결하여 활동하고 있다는 점도 입증되었다고 볼 수 없다. 비례대표 부정경선 사건이나 중앙위원회 폭력 사건, 야권단일화 여론조작 사건과 같은 피청구인 일부 구성원의 개별 활동이 당내 민주주의를 훼손하거나, 민주적 의사결정원리를 존중하지 않았거나, 실정법을 위반한 사실은 인정된다. 그러나 피청구인 전체가 민주적 기본질서에 위배되는 목적을 위하여 조직적, 계획적, 적극적, 지속적으로 위와 같은 활동을 한 것은 아니다.

피청구인에 대한 해산결정을 통하여 얻을 수 있는 이익은 미약하다. 그 반면 피청구인의 해산결정으로 인해 초래될 사회적 불이익은 민주사회의 순기능에 장애를 줄 만큼 크다. 강제적 정당해산은 민주주의 체제의 가장 중요한 요소인 정당의 자유 및 정치적 결사의 자유에 대한 중대한 제약을 초래한다. 피청구인에 대한 해산결정은 우리 사회가 추구하고 보호해야 할 사상의 다양성을 훼손하고, 특히 소수자들의 정치적 자유를 심각하게 위축시킬 수 있다. 나아가 피청구인에 대한 해산결정은 우리 사회의 진정한 통합과 안정에도 심각한 영향을 준다.

피청구인 소속 당원들(내란 관련 사건의 관련자들) 중 북한의 대남혁명론에 동조하여 대한민국의 민주적 기본질서를 전복하려는 세력이 있다면, 형법이나 국가보안법 등을 통해 그 세력을 피청구인의 정책결정과정으로부터 효과적으로 배제할 수 있다. 그 세력 중 일부가 국회의원이고 그 지위를 활용하여 국가질서에 대한 공격적인 시도를 더욱 적극적으로 행하고 있다면, 국회는 이를 스스로 밝혀내어 자율적인 절차를 통해 그들을 제명할 수도 있다(헌법 제64조 제3항). 정당해산제도는 비록 그 필요성이 인정된다고 하더라도 최대한 최후적이고 보충적인 용도로 활용되어야 하므로 정당해산 여부는 원칙적으로 정치적 공론(선거 등)의 장에 맡기는 것이 적절하다. 따라서 피청구인에 대한 해산은 정당해산의 정당화사유로서의 비례원칙을 충족시키지 못한다.

제 4 편

헌법과 문화

제 1 장 헌법과 문화의 상호관계

제 1 절 문화국가의 헌법원리

1980년 헌법은 전통문화의 계승·발전과 민족문화의 창달에 노력할 국가의 과제를 도입하였다. 헌법과 문화는 헌법의 형성에 중요한 상호작용을 하며, 이 점에서 헌법의 문화적 과제는 일종의 헌법원리 혹은 헌법의 구조적 원리에 해당한다. 이러한 시각에서 보면 헌법 제9조의 표현방식은 문제가 있다. 문화적 관련성을 전통문화 및 민족문화에 한정하여 문화의 의미가 협소해지기 때문이다. 근본적인 검토가 필요하다.

문화는 헌법에 명시 여부에 관계없이 헌법적 관련성을 갖는다. 즉 국가의 문화에 대한 관심은 헌법에 내재해 있다. 헌법은 인간의 존엄을 보장하여야 하며, 인간의 존엄의 실체는 개인의 자기결정권이다. 그리고 헌법이 예정하고 있는 인간상은 공동체에서 분리된 개인주의적 인간도, 그리고 공동체에 함몰된 전체주의적 인간도 아닌, 사회적 관련성과 사회적 책임성을 갖는 인격체이다. 그런데 사회적 관련성과 책임성은 공동체에 대한 동질성을 전제로 하며, 이는 문화에 의해서 매개된다. 이 점에서 보면 예컨대 언어 및 공용어는 문화 그 자체이며, 또 문화의 매개수단으로서 헌법의 중요한 규율대상이다. 또 인간의 존엄은 일정한 문화적 기반 위에서 비로소 실현될 수 있다. 헌법의 문화적 과제는 헌법 자체에 내재해 있다는 것을 다시 한번 확인할 수 있다.

제 2 절 헌법과 문화의 관계

I. 문화의 일부로서의 헌법

헌법과 문화의 관계는 이중적이다. 헌법은 사회의 문화적 맥락에서 형성되며, 따라서 문화현상 그 자체이다. 다만 이러한 관심은 기본적으로 법학의 연구대상은 아니다. 그러나 이러한 관점이 헌법학에 일정한 시사점을 준다. 헌법

제정에 참여하는 주체들은 당대의 문화적 기초를 충실히 반영하여야 한다. 헌법은 '형성되어가고 있는 법'이며, 또 국민의 헌법에 대한 태도는 헌법을 형성하는 중요한 요소이다. 이러한 이유에서 헌법은 헌법문화에 충실하게 운영되어야 한다.

Ⅱ. 헌법의 기능조건 및 보호대상으로서의 문화

헌법은 국가공동체를 실현·유지하는 데 있어서 정치적 공동체, 사회경제적 공동체와 더불어 문화적 공동체를 형성하는 과제를 갖는다. 헌법은 학문과 예술의 자유, 종교의 자유, 양심의 자유, 교육의 자유를 보장하여 정신적 사고와 가치를 창조하고 전달한다. 언론의 자유는 이에 대한 의사표현, 그리고 의사표현의 매체를 보호한다. 또 문화적 기초와 문화적 동질성의 유지는 세대를 초월하여 지속성을 가져야 한다. 이 점에서 보면 가족은 세대간 문화적 의사소통의 매체이다. 가족은 개인이 국가 및 사회에서 문화적으로 적응하고, 또 문화적 동질성을 형성·유지하기 위하여 필요한 교육이 이루어지는 매체이다. 따라서 가족은 공동체의 지속가능성을 매개하는 단위로서 인식되고, 이러한 인식에 기초하여 보호·지원되어야 한다.

특히 오늘날 정보사회에서 문화적 현상 그 자체 혹은 그에 관한 정보에의 접근 여부는 문화적 빈곤 혹은 문화적 양극화의 원인이 되며, 개인이 정치적 및 사회경제적 영역에 참여하기 위한 조건이다. 과학기술의 발달과 이에 따르는 언론매체 및 교육매체의 발달은 새로운 문화적 과정에의 참여를 보호하여야 한다.

Ⅲ. 문화와 민주주의·법치국가원리·복지국가원리

헌법의 문화적 과제는 헌법 원리와 상호 기능하면서 실현된다. 이러한 맥락에서 헌법은 문화영역에서 국가활동의 정당성과 그 한계를 제시하는 기본규범이다.

개인은 사회의 최소한의 문화적 유산을 공유할 수 있을 때 정치적 주의·주장을 충실히 이해할 수 있으며, 그 결과 정치적 동질성을 공유하는 구성원으로서 정치적 의사결정에 참여할 수 있다(문화의 민주주의적 관련성). 헌법과 법률에 의하여 개인에게 부여된 권리의 존재, 그리고 권리침해 및 구제가능성(인권

감수성)은 문화적 맥락(context)에서 비로소 인식될 수 있다(문화의 법치국가적 관련성). 최소한의 문화생활에의 참여는 인간다운 생활의 기본적인 구성요소이며, 개인이 사회경제생활에 통합되는 요건이다(문화의 복지국가적 관련성).

제2장 문화현상에 대한 헌법의 태도발전

근대국가에서 부분사회의 기능이 분화하면서 각각 독자성을 갖게 되었다. 법·종교·경제·문화 등 사회의 부분체계가 한편으로는 독자성을 갖지만, 다른 한편으로는 상호관련을 가지면서 전체사회체계를 형성하게 되었다. 부분체계의 '독자성'의 개념을 기준으로 문화에 대한 국가 혹은 헌법의 태도는 크게 세 단계의 발전을 겪어 왔다.

제1절 지배체계 종속적·후견적 문화

사회의 기능이 분화되지 않았던 근대 이전에 문화는 국가의 지배체계에 포괄적으로 종속되어 있었다. 즉 문화는 그 자체로서 존재의의를 갖고 고유한 기준에 따라 평가되지 못했으며, 지배체계의 지시에 따라 활동하고 지배체계의 가치를 기준으로 평가되었다. 예컨대 예술은 아름다움을 위해서 창조되고 아름다움을 기준으로 평가되지 않고, 궁중의 상징을 만들기 위해서(즉 궁중의 대표성의 한 표현으로), 그리고 궁중의 즐거움을 위해서 봉사했다. 문화예술은 그러한 수단으로 기능하는 경우에 한하여 지원을 받았다. 종교 또한 믿음의 체계라는 의미 외에 지배적인 신앙체계에 충실하는 전제하에 존재할 수 있었다. 국교제도가 이것을 뒷받침하였다. 교육은 진리의 탐구와 지식의 전달이라는 측면보다는 국가기능과 사무를 담당하는 공무원의 양성에 목적을 두었다. 요컨대 근대 이전에 문화는 지배체계에 봉사하는 수단적 존재였다.

제2절 체계독립적·자율적 문화

Ⅰ. 문화적 자율성 보장

서구사회에서 문화의 자율성이 인정되는 계기는 무엇보다도 시민계급의 성장이었다. 시민계급은 전문가로서 집단의식을 배경으로 사회의 기능분화를 주도하였고, 이로써 궁중의 지배체계와 경쟁상대가 되어 갔다. 그리고 시민계급은 교수 · 예술인 · 산업기술자 등 부분적으로 그들 자신이 문화인이었다. 이로써 문화인들은 새로운 사회의 수요에 부응하면서 활동범위를 넓힐 수 있었다. 특히 예술은 지배체계에 제도적으로 종속되어 있지는 않았다. 예컨대 종교는 국교제도라는 형태로, 학문과 교육은 종교교육 또 국가의 교육독점 등으로 제도적으로 정치체계와 연계되었지만 예술과 국가와의 관계에서는 그러한 상황이 존재하지 않았다. 따라서 궁중의 대표성과 오락을 제공하는 목적을 위한 수단(도구)에서 벗어나 문화 그 자체를 위해서 활동을 할 수 있게 되었다.

문화의 독자성은 근대 헌법에서 자유권이 보장되면서 확립되었다. 이제 개인은 타인의 권리를 침해하지 않는 범위 내에서는 문화 자체를 위하여 문화활동을 할 수 있었다. 교육분야에서는 교육이 특정 종교교육 혹은 귀족교육의 틀을 벗어나서 인문교육의 성격을 띠게 되었다. 또 루소(Rousseau)와 페스탈로찌(Pestalozzi) 등의 영향을 받아 개인의 인격실현이 교육의 목표로 자리잡았다. 대학도 이제 특정 가치에 따라 공인된 지식을 전수하는 것이 아니고 학문의 자유를 주장하고, 또 이것이 인정되었다. 요컨대 국가가 문화에 개입하지 않고 문화생활에서 개인의 자유를 최대한으로 보장하는 것이 국가와 문화의 이상적인 관계로 정립되었다.

Ⅱ. 공동체유보와 시장의 지배

그러나 문화의 자율성 보장이라는 이상(理想)은 두 가지 유보하에 놓여 있었다.

문화의 자유도 공동체질서를 완전히 무시하면서 실현될 수는 없었고, 그러한 범위 내에서 국가가 개입하였다. 다만 이 시대 국가의 개입은 다른 목적이 아닌 문화 자체에 기여하는 목적을 가졌다. 오늘날 기본권이론의 표현을 빌면 자유제한적 유보가 아니고 자유형성적 유보인 셈이다. 국가가 문화를 지원하는 과제를 갖는 문화국가론은 이때 이미 그 싹을 발견할 수 있다.

이제 문화활동이 시장을 중심으로 이루어지게 되었다. 그러나 이로써 문화는 또 다른 지배와 종속의 관계에 놓여졌다. 문화활동의 자유는 인정되었지만 그것이 시장의 요구에 맞지 않으면 문화활동을 하는 사람의 생활의 경제적 기초가 될 수 없었고, 실질적인 문화활동을 그만큼 향유할 수 없게 된다. 바꾸어 말하면 문화가 국가의 지배로부터는 해방되었지만 문화를 지배하는 또 다른 체계에 종속될 위험에 처하게 되었다.

제 3 절 편향적 문화와 문화조성의 과제

국가는 문화적 자율성과 독자성, 그리고 중립성을 보장하여야 하지만 이것이 국가가 문화에 무관심하다는 의미는 아니다. 국가공동체는 국민의 일정한 문화수준을 전제로 기능하므로 이와 같은 조건을 창출하는 것은 국가의 중요한 관심사이다. 다만 국가가 특정문화와 자신을 동일시해서는 안 되며, 국가는 문화에 중립적이어야 한다. 국가가 특정한 도덕기준을 제시하고 준수할 것을 요청할 수는 없지만 도덕적인 문제에 무관심할 수 없는 것과 같은 맥락이다.

위와 같은 국가의 과제에는 다음과 같은 문화편향성의 위험이 내재해 있다. 첫째, 문화행위가 시장에 편입되면서 민족문화 혹은 건전한 문화 대신 상업 문화가 확대 재생산되는 위험이다. 이로써 문화의 다양성이 훼손될 수 있다. 또 헌법이 기능하기 위해서는 일정한 문화수준이 존재하여야 하는데, 이것이 결여되어 있는 경우 국가공동체를 실현·유지하는 헌법의 과제는 실현될 수 없다. 둘째, 문화를 향유하는 국민의 입장에서 보면 우수한 문화에 대한 접근은 높은 비용을 필요로 한다. 따라서 소수 국민만이 문화 향유의 기회를 갖고, 그 결과 모든 국민이 최소한의 문화생활에 동참하는 데에는 한계가 있다. 이로써 문화적 불평등이 초래되었다.

위와 같은 상황에서 이제 헌법은 문화의 자율성을 보장하면서, 동시에 균형 있는 문화의 형성을 지원하여야 한다.

제 3 장 문화적 과제의 실현구조

헌법을 중심으로 보면 문화는 "헌법을 매개로 국가와 밀접한 관계를 갖는 지적·창조적 영역"이라고 정의할 수 있다. 헌법에서는 학문·예술·교육·언론 등이 대표적으로 문화의 범주에 속한다. 이러한 문화의 자율성을 존중하고, 또 국가가 이를 적극적으로 지원하는 과제는 거의 모든 헌법규범과 관련되어 있다. 다만 헌법규범 중에는 문화지원과 직접적인 관련이 있는 규정이 있는가 하면 간접적인 관련을 갖는 규정도 있다. 문화국가의 실현과 관련된 중요한 헌법규정의 내용과 기능 일반을 헌법 제9조의 실현구조를 중심으로 살펴본다.

제 1 절 문화지원의 과제

국가는 문화창작뿐 아니라 문화보급을 지원하여야 한다. 문화적 동질성은 사회적 통합의 필수적인 요소이기 때문에 국가는 사회 일반이 동질성을 느낄 수 있는 문화의 창작 혹은 보급을 장려하고 물질적으로 지원하여야 한다. 그렇지 않으면 상업문화가 범람하면서 건전문화는 위축될 수 있다. 따라서 문화진흥의 재원을 문화진흥기금이라는 특별부담금의 형태로 공연관람객에게 부담시키는 것은 국가의 책임을 일부 국민에게 전가시키는 것으로 헌법에 위반된다.[1)]

문화지원의 대상에는 원칙적으로 '모든 문화'가 포함된다. 따라서 국가는 문화의 다양성을 해치지 않는 범위에서 문화를 지원하여야 한다. 국가가 제시하는 가치에 적합 여부에 따라 지원을 하는 것은 허용되지 않는다. 국가는 문화중립성에 기초하여 문화의 자율성을 해치지 않고, 적극적으로는 문화의 다양성을 보호하여야 하기 때문이다. 다만 국가의 문화지원이 모든 '주관적 문화'에까지 확대되는 것은 아니다. 따라서 '문화'와 '비문화'에 대한 차별취급은 허용된다. 또 국가는 모든 국민에게 문화창작의 기회를 부여하여야 한다. 따라서 '천재적인 문화'뿐 아니라 '보통문화' 역시 지원의 대상이다. 다만 헌법은 민족문화 및 전통문화의 육성을 명시하고 있으므로 이른바 대중문화와 현대문화에 비

1) 헌재 2003.12.18, 2002헌가2, 15-2(하), 380면 이하 참조.

해서 우선적으로 이를 지원하는 것은 적어도 헌법 제9조에 의해서는 정당화될 수 있다. 그렇다고 대중문화가 지원의 대상에서 제외되는 것은 아니다.

국가의 문화지원은 구체적인 경우에는 실현에 어려움이 있다. 민족문화 혹은 전통문화와 대중문화의 구별, 그리고 지원대상인가의 여부에 대한 판단(문화와 비문화에 대한 판단)을 하여야 하기 때문이다. 적어도 제도적으로는 전문가가 참여하는 위원회에서 객관적인 관점에 따라 이를 결정하는 절차가 마련되어야 한다. 국가가 독점적으로 결정하는 경우 국가는 후견적 문화 수호자 혹은 문화 지배자가 될 가능성이 있다.

판례 **국가의 문화진흥의무** (헌재 2003.12.18, 2002헌가2)

특별부담금인 문예진흥기금을 관객에게 부담시키는 것은 다음과 같은 이유에서 헌법에 위반된다.

첫째, 문예진흥기금의 모금대상인 시설을 이용하는 자를 공연 등을 관람한다는 이유만으로, 역사적·사회적으로 나아가 법적으로, 다른 사람들과 구분할 만한 동질성 있는 특별한 집단으로 인정할 수 없다. 현대 문화국가에 있어서 공연장 등을 이용하는 자가 선택된 문화적 향수자라고 구획될 만한 특정한 국민에 해당한다고 할 수는 없다.

둘째, 문예진흥기금을 납입하는 의무를 지는 사람들이, 똑같은 일반 국민인데도, 우연히 관람기회를 갖는다고 하여 이로써 여타의 다른 국민 또는 일반 납세자보다 문화예술진흥의 목적을 달성하는 데 객관적으로 더 근접한 위치에 있다고 볼 수 없다. 공연 등을 관람하는 것은 모든 국민에게 일상적으로 용이하게 접근이 가능하기 때문에 일반 관람자로서의 국민들 중에 누구를 특별히 문화예술의 진흥이라는 공적 과제에 더 근접한 위치에 있다고 할 수 없다.

셋째, 공연 등을 관람하는 일부의 국민들만이 문화예술의 진흥에 집단적으로 특별한 책임을 부담하여야 할 합리적인 이유는 없다. 오히려 이들은 일반납세자로서 공연 등의 관람료에 포함된 부가가치세를 부담함에도 불구하고, 세금의 부담 외에 문예진흥기금의 납입이라는 추가적인 책임과 부담까지 안게 된다.

넷째, 문예진흥기금이 공연관람자 등의 집단적 이익을 위해서 사용되는 것도 아니다. 현실적으로 문예진흥기금은 문예진흥을 위한 다양한 용도로 사용되고 있지만, 그것이 곧바로 공연관람자들의 집단적 이익을 위한 사용은 아니다. 공연 등을 보는 국민이 예술적 감상의 기회를 가진다고 하여 이것을 집단적 효용성으로 평가하는 것도 무리이다. 공연관람자 등이 예술감상에 의한 정신적 풍요를 느낀다면 그것은 헌법상의 문화국가원리에 따라 국가가 적극 장려할 일이지, 이것을 일정한 집단에 의한 수익으로 인정하여 그들에게 경제적 부담을 지우는 것은 헌법의 문화국가

이념(제9조)에 역행한다.

제 2 절 문화적 자율성의 보호

국가는 문화의 자율성을 보호하여야 한다. 지난 시대 문화예술인을 정치적 이념에 따라 분류하고 지원의 대상에서 제외하거나 차별적으로 지원하는 현실(이른바 문화예술계 블랙리스트)은 문화적 자율성을 정면으로 침해하는 것이었다. 이는 구체적으로는 개별적인 문화와 관련된 기본권분야에서 상세히 서술한다.

제 3 절 문화적 약자의 보호

국가는 문화적 약자를 보호·지원하여야 한다. 이는 문화창작인에 대한 의무이며, 또 모든 국민에 대한 의무이다. 즉 국가는 스스로의 경제적 능력으로는 문화활동을 할 수 없는 재능 있는 창작인의 창작활동을 지원하여야 하며, 국민 일반에게는 문화에 접근하는 권리를 보장하여야 한다.

문화에의 접근을 보장하는 헌법 제9조는 헌법 제34조를 적극적으로 해석하기 위한 보충적인, 그리고 중요한 논거가 된다. 헌법 제9조의 지원을 받아 헌법 제34조 인간다운 생활의 내용이 문화적 생활을 포함하도록 해석되어야 한다. 최저생활을 보장받을 권리를 실현하는 「국민기초생활보장법」은 인간다운 생활을 보장하기 위한 급여의 수준으로 건강하고 문화적인 최저생활을 제시하고 있다(기초보장법 제4조 제1항). 다만 실제 이러한 요청은 실체법 및 절차법적으로 반영되지 못하고 있다. 인간다운 최저생활을 위한 문화적 지원은 이와 같은 입법 및 행정상태를 헌법적 기준에 따라 재검토 하는 계기가 되어야 한다.

제 5 편

헌법과 국제질서

제 1 장 국제질서에 관한 헌법규정

제 1 절 헌법의 국제질서에 관한 기본태도

헌법은 세계평화 및 국제협력이 민족의 장래의 발전을 위해서 필수적인 조건이라는 점을 인식하고 전문과 총강에 이를 명시하고 있다. 헌법 전문은 항구적인 세계평화와 인류공영에 이바지하는 현세대의 과제를 명시하고, 이 점이 후대의 안전과 자유 및 행복을 실현하는 전제조건임을 선언하고 있다. 이 점을 헌법 제5조는 다시 한번 강조하였다. 즉 대한민국은 국제평화의 유지를 위하여 노력하여야 한다. 이와 같은 국제질서에 관한 과제는 다음과 같은 규정들을 통해서 구체화되고 있다.

첫째, 대한민국의 영토는 한반도와 그 부속도서이다(제3조). 이 규정은 1차적으로는 헌법의 장소적 효력범위를 표현하지만, 한반도와 그 부속도서 외에 다른 나라의 영토에 대한 야심이 없음을 세계에 선언한 것이다. 둘째, 헌법은 인류평화에 위해(危害)한 대표적인 형태인 침략전쟁을 부인하고 있다(제5조 제1항). 국군은 국가안전보장과 국토방위의 의무를 수행한다(제5조 제2항). 이 점은 헌법 제4조의 평화통일조항을 통해서 분단국가인 우리 현실에서 통일정책의 기본방향을 제시한다. 셋째, 국제협력은 국가 간의 합의인 국제법이 국내법과 같은 효력을 가질 때 비로소 실현된다. 헌법 제6조 제1항은 국제법의 국내법적 효력을 인정하여 국제법 존중의 의지를 명백히 하였다. 넷째, 국제협력은 국가 간의 노동력·자본·서비스·상품이 자유롭게 이동할 수 있을 때 비로소 실질적으로 실현된다. 특히 자유로운 인적 교류를 통한 국제협력을 뒷받침하기 위해서 외국인의 지위를 국제법과 조약이 정한 바에 의해서 보장하도록 하였다(제6조 제2항).

제 2 절 외국의 입법례

헌법의 국제질서에 대한 관심은 대량 인명살상을 가져왔던 전쟁이 종료된 후 국제적인 경향으로 발전하였다. 제2차 세계대전 후 이러한 경향은 뚜렷해졌다. 국제질서에 대한 헌법의 과제는 특히 패전국의 헌법에 충실히 나타난다.

일본헌법은 제9조에서 전쟁권을 부인하고 있다(이른바 '평화헌법조항'). 즉 "일본 국민은 정의와 질서를 기조로 하는 국제평화를 성실히 희구하며 국권의 발동인 전쟁과 무력에 의한 위협 또는 무력의 행사는 국제분쟁을 해결하는 수단으로서 영구히 이를 방기한다." 독일헌법은 양심상 이유로 인한 집총거부권을 기본권으로 보장하고 있다(독일헌법 제4조 제3항). 또 국제질서유지를 위하여 국가고권을 국제기구에 위임할 수 있도록 하였다(독일헌법 제24조 제1항). 국제법의 일반원칙은 법률보다 우위의 효력을 갖는다(독일헌법 제25조). 이 밖에 인류의 공존을 위협하거나 혹은 위협할 의도로 행해지는 일체의 행위, 특히 침략전쟁은 헌법에 위반되며, 형법에 의하여 처벌된다(독일헌법 제26조 제1항). 프랑스헌법은 비준 또는 승인된 국제조약이나 국제협정은 상대국에서도 시행된다는 조건 하에 법률에 우선한다고 규정하고 있다(제55조).

제 2 장 침략전쟁의 부인

세계공동체가 존재하지 않는 현실에서 국제법의 주체는 여전히 국가이다. 이는 지역공동체 혹은 경제공동체 등 기능적 공동체가 활성화되더라도 마찬가지이다. 그리고 국가는 국제법상 자기존속에 대한 권리를 갖는다(유엔헌장 제51조). 따라서 국가에게 방어적 전쟁을 수행할 권리는 인정된다. 그러나 침략전쟁은 부인된다(제5조 제1항). 또 국군은 국가안전보장과 국토방위의 목적을 갖기 때문에 침략전쟁에 동원될 수 없다. 침략전쟁이란 타국의 영토에 대한 야심을 실현하기 위한 전쟁, 채권을 확보하기 위한 전쟁 등 인류의 공존을 위협하는 무력을 사용하여 행해지는 국가 간의 충돌을 말한다.

헌법은 침략전쟁을 부인하고 있다. 형식적으로 전쟁의 범주에 속하지 않더라도 실제 인류의 공존을 위협하는 국가행위는 금지된다. 남북관계에 있어서는 헌법 제4조가 평화통일을 선언하고 있다. 또 「남북관계 발전에 관한 법률」은 평화통일을 기본원칙으로 규정하고 있다(남북관계법 제2조, 제6조). 그 밖의 국제관계에서도 방위목적 이외의 무력사용은 금지된다.

제 3 장 국제법의 국내법적 효력

국가 간의 협력을 통하여 국제정치적 평화를 도모하고, 사회경제적 교류를 촉진하며, 공동질서를 형성하기 위해서는 국제법이 국내법적으로 존중되어야 한다. 이는 다음과 같은 내용을 갖는다. 첫째, 인류의 오랜 역사에서 일반적으로 승인된 국가 간의 관계에 적용되는 원칙이 국내법적 효력을 가져야 한다. 둘째, 일정한 사안에 대해서 국가 간에 조약의 형식으로 명시적으로 합의된 사항은 국내법적으로 존중되어야 한다. 셋째, 외국인의 법적 지위가 보장되어야 한다. 이 장에서는 첫번째와 두번째 문제에 대해서 설명하고, 세번째 문제에 대해서는 장을 달리하여 설명한다.

제 1 절 조약의 국내법적 효력

Ⅰ. 조약의 개념과 범주

1. 일 반 론

조약의 개념에 대해서 헌법이 직접 정의하고 있지는 않다. 헌법은 국제법상 조약의 개념을 수용하고 있다고 보아야 한다. 국제법에서 조약이란 "국제법관계를 설정하기 위한 국제법 주체 간의 문서에 의한 합의"를 말한다(조약법에 관한 비엔나협약 제2조 제1항(a)). 여기에는 국가와 국제기구 간의 합의도 포함된다. 예컨대 국제연합(UN) 혹은 국제노동기구(ILO)에의 가입은 이들 국제기구와 대한민국 정부의 합의라고 볼 수 있다.

소극적으로 접근하면 다음과 같은 두 가지 유형은 조약의 범주에서 제외된다. 첫째, 조약은 '국제'법적으로 규율되는 국가 간의 합의이기 때문에 국내법에 따른 국가 간의 관계에 대한 규율은 조약이 아니다. 국제사법, 국제사회보장법, 국제노동법 등 여러 나라에 걸쳐 법률관계가 형성되는 경우 적용법을 결정하는 국내법이 여기에 해당한다. 둘째, 조약은 국제'법적 관계'를 설정하기 위한 규율이기 때문에 문서에 의한 국가 간의 합의가 법적 기속력이 없는 경우에는 이들은 조약의 범주에 속하지 않는다.[1] 이른바 '신사협정(gentlemen's agreement)'이 대표적인 예이다. 헌법재판소는 1992년 「남북 사이의 화해와 불가침 및 교류협력에 관한 합의서」를 신사협정에 준하는 성격을 갖는 것으로 파악한 바 있다.[2] 다만 헌법재판소가 합의서를 신사협정으로 파악한 이유가 당사자들이 국가와 국가 사이의 관계가 아니기 때문인지 아니면 조약 자체의 내용을 기준으로 판단한 것인지는 불명확하다. 이 합의서는 국회의 동의를 받지는 않았다. 이에 비해서 독일의 연방헌법재판소는 1972년 체결된 동서독 기본조약(Vertrag über die Beziehungen zwischen der Bundesrepublik Deutschland und Deutschen Demokratischen Republik; Grundlagenvertrag)에 대해서 내부관계를 규율하는 성격과 국제관계를 규율하는 성격을 함께 가진다고 하여 이중적 성격을 부여한 바 있다. 실제 독일의 기본조약은 국회의 동의를 얻기도 하였다.[3]

엄격한 의미에서 보면 국제기구에서 채택되는 법적 기속력이 없는 합의들도 조약의 범주에서 제외된다. 각종 의결(resolution), 선언(declaration), 권고(recommendation) 등이 여기에 해당한다.[4] 이러한 규범들은 법적 기속력이 있는 것은 아니지만 국제사회에서 미치는 사실상의 정치적 및 도덕적인 영향력이 무시할 수 없기 때문에 'soft law'란 명칭으로 불리우고 있다.

조약의 개념요소를 충족하는 한 규범의 명칭은 중요하지 않다. 실제 조약(treaty) 외에 협약(convention), 협정(agreement), 규약(covenant) 등의 용어가 사용되고 있다.

2. 조약과 행정협정

조약과 구별되는 개념으로 행정협정이 있다. 행정협정을 이해하는 방법은 두 가지이다.

첫째, 미국헌법의 현실에서 기원하는 행정협정이다. 미국헌법에서 조약이 효력을 발생하기 위해서는 상원에서 출석의원 3분의 2 이상의 찬성을 얻어야 한다(미국헌법 제2조 제2절 제2항). 그런데 이러한 요건을 충족시키기는 대단히 어렵다. 따라서 미국에서는 국회의 동의를 받지 않고 국제협정을 체결하는 관행을 발전시켜 왔

1) 유사한 취지의 결정으로는 헌재 2004.12.16, 2002헌마579, 16-2(하), 576면 이하 참조.
2) 헌재 1997.1.16, 92헌바6등, 9-1, 23면; 2000.7.20, 98헌바63, 12-2, 65면 이하 등 참조.
3) *BVerfGE* 36, 20면 이하 참조.
4) 헌재 1991.7.22, 89헌가106, 3, 425면 이하; 2005.10.27, 2003헌바50등, 17-2, 257면 이하 등 참조.

는데 이를 행정협정(executive agreement)이라고 부른다. 이러한 행정협정의 미국 국내에서의 효력에 대해서는 논란이 있다. 이와 같은 의미의 행정협정은 우리 헌법체계와 관행에서는 존재하지 않는다. 예컨대 1953년 체결된 「대한민국과 미합중국 간의 상호방위조약」 제4조를 구체화하기 위하여 1966년 체결된 「한미행정협정」(SOFA)은 미국헌법 관례상의 명칭이다. 그러나 「한미행정협정」은 그 명칭에도 불구하고 우리 헌법에서는 조약에 해당한다. 또 실제 「한미행정협정」은 국회의 동의를 받고 효력을 발생하였다.[5)]

둘째, 우리 헌법에서도 행정협정의 가능성과 필요성은 있다. 국가 간의 기본적인 합의가 조약의 형태로 이루어진 후 이를 구체적으로 집행하기 위하여 세부적인 사항에 대한 합의가 필요한 경우가 있다. 이때 합의의 대상이 헌법 제60조 제1항에 열거된 사항에 해당하여 국회의 동의절차를 거친 경우에 이를 구체적으로 집행하기 위해서 필요한 세부적인 사항에 대한 합의에 있어서는 다시 국회의 동의가 필요없이 행정부 간에 합의하여 효력을 발생시킬 수 있다. 이 경우 행정협정은 기본적인 사항에 대한 합의인 모조약(母條約) 혹은 기본조약에 반할 수 없으며, 따라서 법률을 개폐하는 효력을 갖지는 못한다. 이는 미국헌법상의 행정협정과는 내용과 효력에 있어서 차이가 있는 행정협정이다.

Ⅱ. 조약체결·공포의 헌법절차

1. 대통령의 조약체결·비준, 협상과 서명

대통령은 외국에 대하여 국가를 대표하며(제66조 제1항), 이러한 지위에서 대통령은 조약을 체결·비준한다(제73조). 비준은 국제법적인 용어인 데 비해서, 체결의 개념은 모호하다. 체결은 아래에서 설명하겠지만 조약이 성립되어 효력을 발생하는 전체 과정을 말할 수도 있고, 서명과 비준이 행정부의 주요권한이라는 점을 보면 서명이라고 이해할 수도 있다. 어쨌든 모호한 개념을 우리 헌법이 사용하고 있다.

조약을 체결·비준하는 절차는 다음과 같다. 먼저 조약의 규율대상에 대한 협상이 국가 간에 혹은 국가와 국제기구 사이에서 진행된다. 이는 일반적으로 대통령에 의하여 협상권한이 위임된 전권대표가 담당한다. 협상의 결과 사안에

5) 헌재 1999.4.29, 97헌가14, 11-1, 282면 이하 참조.

대한 합의가 이루어지면 조약문안을 확정하고 이에 대한 합의가 서명의 형태로 이루어진다.

서명은 두 가지 의미를 가질 수 있다. 첫째, 조약이 국제법적 효력을 갖는다는 의미로 해석할 수 있다. 이른바 고시류조약과 같은 약식조약의 경우가 이러한 예에 해당한다. 둘째, 조약이 효력을 발생하기 위하여 필요한 국내절차를 진행시키기 위한 전(前) 단계의 의사표시로 이해하는 방법이다. 이 경우 조약은 아직 효력이 없으며, 국내관할기관에 이송되어 해당 조약이 구속력을 갖는다는 확인절차, 즉 비준을 거쳐야 한다.

2. 비 준

비준은 국내 헌법상의 절차이다. 일부 조약은 비준을 위하여 국회의 동의를 얻어야 한다. 즉 상호원조 또는 안전보장에 관한 조약, 중요한 국제조직에 관한 조약, 우호통상항해조약, 주권의 제약에 관한 조약, 강화조약, 국가나 국민에게 중대한 재정적 부담을 지우는 조약 또는 입법사항에 관한 조약의 체결·비준에 대해서 국회는 동의권을 갖는다(제60조 제1항).

국회의 동의권은 한편으로는 대통령의 외교적 권한에 대한 국회의 협력적 참여와 통제의 의미를, 다른 한편으로는 조약이 국내법적 효력을 갖는 데 따르는 국회에서의 심사의 의미를 갖는다. 여기에는 조약의 위헌 여부에 대한 사전적 심사가 포함된다. 헌법 제60조 제1항에 명시된 조약에 해당하지 않는 경우에는 국회의 관여없이 대통령이 비준한다. 비준에 앞서 동의를 위하여 국회에 회부되는 조약안은 국무회의의 심의를 거치고(제89조 제3호), 국무총리와 관계 국무위원이 부서를 하여야 한다(제82조).

판례 대통령의 조약체결·비준권에 대한 국회에 의한 통제가능성과 한계 (헌재 2007.7.26, 2005헌라8)

대한민국 정부는 1995년부터 2004년까지 10년간 쌀에 대한 관세화를 유예받았던 특별대우를 2014년까지 10년간 추가로 연장하기 위하여 세계무역기구(WTO) 회원국들과 사이에 소위 쌀협상을 하였다. 그 결과 다시 10년간 쌀에 대한 관세화를 유예하기로 하는 내용의 "세계무역기구 설립을 위한 마라케쉬 협정 부속서 1. 가중 1994년도 관세 및 무역에 관한 일반협정에 대한 마라케쉬 의정서에 부속된 대한민국 양허표 일부개정안"을 채택하게 되었다. 정부는 쌀협상 과정에서 이해관계국인 미국, 인도, 이집트와 사이에 쌀에 대한 관세화 유예기간을 연장하는 대가로 위나라들의 요구사항을 일부 수용하는 내용의 각 합의문을 작성하였다. 정부가 국회에 위 양허표 개정안에 대한 비준동의안을 제출하면서 이 사건 합의문을 포함시키지 아니하자, 국회의원인 청구인들은 이 사건 합의문을 포함하여 비준동의안을 제출할 것을 요구하였고, 정부는 이를 거부하였다. 이에 청구인들은 헌법상 조약의 체결·비준 주체인 피청구인이 이 사건 합의문을 국회의 동의 없이 체결·비준한 행위로 인하여 국회의 조약 체결·비준 동의권 및 청구인들의 조약안 심의·표결권이 침해되었다고 주장하였다.

국회의 의사가 다수결에 의하여 결정되었음에도 다수결의 결과에 반대하는 소수의 국회의원에게 권한쟁의심판을 청구할 수 있게 하는 것은 다수결의 원리와 의회주의의 본질에 어긋난다. 또한 국가기관이 기관 내부에서 민주적인 방법으로 토론과 대화에 의하여 기관의 의사를 결정하려는 노력 대신 모든 문제를 사법적 수단에 의해 해결하려는 방향으로 남용될 우려도 있다. 따라서 국가기관의 부분 기관이 자신의 이름으로 소속기관의 권한을 주장할 수 있는 '제3자 소송담당'을 명시적으로 허용하는 법률의 규정이 없는 현행법 체계하에서는 국회의 구성원인 국회의원이 국회의 조약에 대한 체결·비준 동의권의 침해를 주장하는 권한쟁의심판을 청구할 수 없다.

국회의원의 심의·표결권은 국회의 대내적인 관계에서 행사되고 침해될 수 있을 뿐 다른 국가기관과의 대외적인 관계에서는 침해될 수 없다. 따라서 국회의원들 상호간 또는 국회의원과 국회의장 사이와 같이 국회 내부적으로만 직접적인 법적 연관성을 발생시킬 수 있을 뿐이고 대통령 등 국회 이외의 국가기관과 사이에서는 권한침해의 직접적인 법적 효과를 발생시키지 아니한다. 따라서 대통령이 국회의 동의 없이 조약을 체결·비준하였다 하더라도 국회의원인 청구인들의 심의·표결권이 침해될 가능성은 없다.

---

3. 조약실무에서의 관행

조약의 서명과 효력인정까지의 절차에 대해서 부분적으로는 혼란이 있다. 따라서 조약실무에서는 조약의 발효시기를 독자적으로 규율하여 이와 같은 혼란을 배제하고 있다. 일반적으로 조약의 "발효를 위한 모든 헌법적·법률적 요건을 완료하였다는 서면통보를 각 정부가 타방 정부로부터 접수한 날로부터" 일정한 기간이 지난 후 조약이 효력을 발생하도록 하고 있다. 예컨대 2000년 3월 13일 서명된 "대한민국과 미합중국 간의 사회보장에 관한 협정" 제19조가 이와 같은 규정을 두고 있다. 이로써 이론적으로 나타날 수 있는 현상, 즉 국회의 동의 없이 비준된 조약의 효력에 대한 논란이 피해질 수 있다. 이 경우 국회가 동의를 하지 않으면 해당 조약은 국내법의 효력뿐 아니라 국제법의 효력도 발생하지 않기 때문이다.

Ⅲ. 조약의 국내법적 효력

위와 같이 성립된 조약은 국내법적 효력을 갖는다(제6조 제1항). 이와 관련하여 다음과 같은 논의가 필요하다. 첫째, 헌법에 의하여 체결·공포된 조약은 국내법적 효력을 갖는다. 그런데 이때 조약은 헌법 제60조 제1항에 열거되어 있으며, 따라서 국회의 동의를 요하는 조약만을 말하는가, 아니면 대통령이 서명·비준하는 모든 조약을 포괄하는가 하는 질문이다. 둘째, 조약은 국내법적 효력을 갖는데, 이때 어느 단계의 규범을 말하는가 하는 문제이다. 조약은 모두 특정 단계의 국내법적 효력을 갖는가, 아니면 조약의 종류에 따라서 국내법적 효력에 차이가 있는가 하는 문제도 밝혀져야 한다. 이에 따라서 조약에 대한 사법심사의 내용 역시 달라진다. 아래에서 차례로 살펴본다.

1. 조약의 체결·비준절차와 조약의 효력

헌법 제6조 제1항에 의하여 국내법적 효력을 갖는 조약은 제60조 제1항에 열거된 조약에 한정되지 않는다. 국회의 동의를 받지 않은 국가 간의 문서에 의한 합의 역시 조약에 포함된다. 또 국가 간의 합의가 국내헌법상 절차인 국회의 동의를 받지 못했다고 해서 국내법적 효력을 부인하는 것은 국제법 존중의 원칙에 반한다. 조약은 국내법적 집행을 최종적인 목적으로 하는데, 이를 부인하는 것은 조약의 본질에 반한다. 다만 모든 조약이 동일한 단계의 국내법적 효력을 갖는가, 아니면 차별적인 효력을 갖는가 하는 문제가 남는다.

2. 조약의 국내법적 효력에 대한 이해

국내법은 효력의 단계에 따라 헌법과 법률, 그리고 명령으로 구분된다. 현재 조약은 법률과 같은 효력을 갖는다는 데에 대체로 의견이 일치되어 있다.[6] 헌

6) 다만 국제법학자 중에는 입법적 다자조약은 법률에 우월한 효력을, 계약적 양자조약은 법률과 같은 효력을 가진다는 주장이 보인다. 예컨대 김대순, "국제법과 국내법의 관계에 관한 소고: 97헌바65 결정을 보면서", 「헌법판례연구」 3(2001), 180면 이하 참조.

법재판소 역시 조약의 법률적 효력을 인정하고 있다. 이에 대한 좀 더 세분화된 논의가 필요하다.

(1) 헌법과 같은 효력

가) 헌법해석론

국제법 존중의 원칙을 고려하더라도 조약에 헌법과 같은 효력을 부여할 수는 없다. 이를 헌법 제6조 제1항 자체와 헌법 부칙 제5조를 통해서 살펴본다.

헌법 제6조 제1항에 의하면 "헌법에 의하여 체결·공포된 조약은 국내법적 효력을 갖는다." 이에 따라 조약의 체결과 공포에 있어서 헌법상의 절차적 기준뿐 아니라 실체법적 기준이 존중되어야 한다. 그런데 조약이 헌법과 같은 효력을 갖는다면 조약은 후법(後法)으로서 헌법을 개정하는 효력을 가지며, 그 결과 조약은 헌법의 효력을 상실시킬 수 있다. 그러나 이와 같은 조약의 효력은 국내최고법인 헌법과 조화될 수 없다. 헌법 부칙 제5조에 따르면 "이 헌법 시행 당시의 법령과 조약은 이 헌법에 위배되지 아니하는 한 그 효력을 지속한다." 이는 헌법이 조약에 비해서 효력상의 우위에 있음을 당연히 전제하고 있는 조문이다. 엄격하게 보면 위 부칙은 조약이 헌법에 비해서 효력이 낮다는 근거가 되지는 못한다. 조약이 헌법과 같은 효력을 갖더라도 새로운 헌법은 기존 조약과의 관계에서 신법이 되기 때문에 신법우선의 원칙에 의하여 부칙의 내용은 설명될 수 있기 때문이다. 다만 부칙이 법령과 조약을 함께 언급한 것으로 보아 조약을 법령과 같은 효력이 있다고 전제한 것으로 이해할 수 있다.

나) 권한배분의 관점

조약과 헌법의 관계는 헌법상의 권한배분의 관점에서도 설명될 수 있다. 다음과 같은 두 가지 논리가 중요하다.

첫째, 조약이 헌법과 같은 효력을 갖는다면 헌법과 조약이 구법과 신법의 관계에 있는 경우에는 신법우선의 원칙에 의하여 조약이 헌법을 개정하는 효과를 갖는다. 그런데 헌법은 그 존속 및 변화를 헌법개정권자에게 위임하였다. 그리고 헌법개정은 중요한 문제이기 때문에 이에 관한 헌법 제128조 이하의 규정에 의한 방법 이외에 다른 헌법개정방법은 없다. 즉 조약을 통하여 헌법을 개정할 수는 없다. 둘째, 조약체결권은 헌법에 의하여 비로소 형성된 권한이다. 그런데 이러한 권한이 자신의 형성기반인 헌법 자체를 변화시킬 수는 없다.

(2) 헌법하위, 법률상위의 효력

조약이 헌법보다 하위의, 그러나 법률보다 높은 효력을 갖는다는 견해도 옳지 않다. 만약 조약이 법률보다 높은 효력을 갖는다면 조약의 효력을 부인하기 위해서는 헌법을 개정하여야 한다. 국내법의 규범형식으로 법률보다 상위이지만 헌법보다 하위인 규범은 존재하지 않기 때문이다. 조약이 국가 간의 합의이며, 따라서 당사국이 일방적으로 조약의 국제법적 효력을 부인할 수는 없지만 국내 입법자인 국회는 자기개선 혹은 교정의 가능성을 보유하여야 한다. 그런데 조약이 법률보다 높은 효력을 갖는다면 이러한 가능성이 봉쇄된다.

(3) 법률 혹은 명령과 같은 효력

조약에 헌법 혹은 법률우위의 효력을 부여하기 위해서는 이에 대한 헌법의 명시적인 근거가 필요하다. 예컨대 독일헌법은 제25조에서 국제법의 일반원칙(Allgemeine Regeln des Völkerrechts)은 법률보다 우월한 효력을 갖는다는 점을 명시하고 있다. 또 프랑스헌법은 비준 또는 승인된 국제조약이나 국제협정은 상대국에서도 시행된다는 조건 하에 법률에 우선한다고 규정하고 있다(제55조). 그렇지 않은 경우 조약은 법률과 같은 효력을 갖는다고 보아야 한다.[7]

이제 남은 문제는 위와 같은 조약의 효력에 대한 설명은 헌법 제60조 제1항에 열거된 조약에 한하여 적용되는가, 아니면 모든 조약에 대해서 타당한가 하는 질문이다. 이에 대해서는 헌법 제60조 제1항에 열거된 조약은 법률과 같은 효력, 그리고 그 밖의 조약은 명령과 같은 효력을 갖는다고 이해하는 것이 일반적이다.[8] 이러한 견해가 타당하다. 헌법 제60조 제1항에 열거된 조약의 규율대상은 국가의 존립 및 재정 등 중요한 사항과 입법사항을 포괄하고 있다. 또 헌법 제60조 제1항에 열거되어 있지는 않지만 중요한 사항인 경우 제60조 제1항을 예시규정으로 보고 국회의 동의를 필요로 하는 조약의 범주를 확장시킬 수도 있다. 그렇다고 해도 개념적으로는 국회의 동의를 요하는 조약과 국회의 동의를 요하지 않는 조약의 구분은 뚜렷하다. 다만 그 범주가 구분되기 어려울 뿐이다. 개념적으로 국회의 동의를 요하지 않는 조약은 입법사항이 아니

---

7) 헌재 1998.11.26, 97헌바65, 10-2, 699면; 1999.4.29, 97헌가14, 11-1, 282면 이하; 2001.9.27, 2000헌바20, 13-2, 328면; 2003.4.24, 2002헌마611, 15-1, 477면 등 참조. 헌법재판소는 국내법에 대한 국제법 우위의 원칙을 언급하고 있으나 진지한 의미가 있지는 않았다. 헌재 2001.3.21, 99헌마139등, 13-1, 697면 참조. 다만 대법원은 국회의 동의 없이 체결된 조약에 법률과 같은 효력을 부여하는 경우도 있었다. 예컨대 대판 1990.7.24, 89후1479 참조.

8) 대판 2005.9.9, 2004추10 참조.

거나 혹은 중요한 사안에 대한 기존의 합의를 구체적으로 집행하기 위하여 필요한 세부적인 사안에 대한 합의를 내용으로 하는 행정협정의 범주에 속한다고 보아야 한다.

(4) 조약의 구속력

국제법적으로 조약은 조약당사국에 구속력을 갖는다. 조약은 경우에 따라서는 국내법과 마찬가지로 직접 개인에게 권리를 부여하고, 또 의무를 부과하기도 한다(self-executing). 이와 같이 조약이 자기집행력을 갖기 위해서는 해당 조약의 문언이 명백하여야 하며, 직접 의무를 부과하는 내용이어야 한다. 또 국가의 조약 이행을 위한 매개조치가 필요없이 실현될 수 있어야 한다. 그런데 특히 급부를 내용으로 하는 다자조약의 경우 의도적으로 자기집행력을 갖지 않도록 형성되는 것이 일반적이다.

3. 조약과 국내법의 충돌

조약은 법률과 같은 효력을 갖기 때문에 조약체결 후에 제정되는 법률과 충돌할 수 있다. 규율대상을 같이 하는 법률 간에 내용에 있어서 충돌이 있을 때 일반적으로 신법우선의 원칙과 특별법우선의 원칙을 적용하여 적용법률을 결정한다. 그러나 이러한 원칙들은 국제법을 존중하는 범위 내에서 적용에 신중하여야 한다. 새로이 체결·공포되는 조약이 기존의 국내법률과 충돌하여 국내법률의 효력이 상실되는 것은 국제법 존중의 원칙과 관련하여 문제가 없다. 문제는 반대의 경우이다. 즉 기존의 조약에 비해서 후에 제정되는 국내법률이 조약의 내용과 충돌하기 때문에 조약의 (국내법적인) 효력을 상실시키는 경우이다.

위와 같은 경우 국제법 존중의 원칙은 두 가지 방법으로 실현될 수 있다. 첫째, 국내입법자가 명시적으로 기존 조약의 국내법적인 효력을 부인하는 의도를 갖는 경우에 한하여 신법우선의 원칙을 적용하는 방법이다. 국내입법자가 되도록 조약의 효력을 존중한다는 의제를 하는 것이다. 둘째, 후에 제정되는 국내법률과의 관계에서 조약을 특별법으로 이해하는 방법이다. 이로써 특별법우선의 원칙을 적용하여 조약을 계속 적용하고, 국제법 존중의 원칙을 유지할 수 있다.[9)]

9) 이러한 사례로는 예컨대 대판 1986.7.22, 82다카1372 참조.

4. 조약에 대한 사법심사

조약이 헌법에 위반되어서는 안 되며, 따라서 조약은 헌법재판을 통하여 위헌심사의 대상이 될 수 있다.[10] 다만 조약이 위헌으로 결정되는 경우 조약의 국내법적 효력은 상실되지만, 국제법적 효력에는 영향을 미치지 않는다. 이후 조약의 효력을 상실시키기 위해서는 국제법적 절차가 필요하다. 이때 경우에 따라서 국가책임문제가 따를 것이다. 이와 같이 이론적으로 사법심사의 가능성이 있지만 실제 조약이 위헌으로 결정되는 것은 드물다. 다음과 같은 이유에서이다.

첫째, 조약의 체결·비준은 대통령의 권한이지만 헌법은 이에 대하여 다양한 심사 및 통제장치를 두고 있다. 조약안은 국무회의의 심의를 거치고 국무총리와 관계 국무위원의 부서를 받아야 하며, 또 중요한 조약은 국회의 동의를 필요로 한다. 이와 같은 여러 단계에서 헌법을 기준으로 조약이 심사되기 때문이다. 또 조약이 사후적으로 사법심사의 대상이 된다는 사실은 조약의 체결 및 비준과정에서 신중하게 헌법을 기준으로 사전적 심사를 하는 계기가 된다. 둘째, 모든 국가기관은 국제법을 존중하여야 하며, 헌법재판소 또한 예외가 아니다. 따라서 헌법재판소는 조약의 위헌 여부를 심사할 때 되도록이면 조약을 헌법에 합치하도록 해석하여야 한다. 조약에 위헌적 요소와 합헌적 요소가 함께 있는 경우에 헌법재판소는 합헌적 조약해석을 통하여 국제법을 존중하는 노력을 해야 할 것이다.

제 2 절 일반적으로 승인된 국제법규의 국내법적 효력

Ⅰ. 일반적으로 승인된 국제법규의 개념

조약과 마찬가지로 일반적으로 승인된 국제법규는 국내법적 효력을 갖는다. 일반적으로 승인된 국제법규의 실체에 대해서는 해석이 필요하다.

일반적으로 국제관습법과 조약, 문명국에서 승인된 법의 일반원칙, 그리고 규범을 확정하기 위한 보조수단인 법원의 결정과 역량있는 국제법학자의 학설

10) 조약에 관한 위헌심사에 대해서는 헌재 1999.4.29, 97헌가14, 11-1, 281면 이하; 2009.2.26, 2007헌바35, 21-1(상), 82면 이하 등 참조.

등이 국제법의 법원(法源)을 이룬다. 이들 모든 법원이 일반적으로 승인된 국제법규라고는 할 수 없다. 조약이 대표적인 예이다.

우리나라가 당사자인 조약은 일반적으로 승인된 국제법규라는 논리를 원용할 필요없이 이미 그 자체로서 국내법적 효력을 갖는다. 조약이 일반적으로 승인된 국제법규로서 인정되기 위해서는 대부분의 국가가 비준하였다는 추가적인 징표가 있어야 한다. 이러한 조약의 경우 우리나라가 당사국이어야 하는 것은 아니다. 예컨대 우리나라가 가입하기 전 국제연합(UN) 헌장 혹은 국제노동기구(ILO) 헌장 등이 여기에 해당한다. 우리나라가 이들 기구에 가입한 후에도 이들 규범이 일반적으로 승인된 국제법규의 성격을 상실하는 것은 아니다. 그러나 이들은 우리나라가 당사국인 조약으로서 국내법적 효력을 갖기 때문에 이들 규범을 일반적으로 승인된 국제법규로서 논증하여야 할 실질적 의미가 더 이상 없다.

Ⅱ. 일반적으로 승인된 국제법규의 범위

조약으로서 일반적으로 승인된 국제법규에 해당하여 국내법적 효력을 인정하는 경우는 드물다. 특히 조약이 국가의 적극적인 급부를 내용으로 하는 경우, 세계 대부분의 국가가 비준하였다는 이유로 경제사회적 환경이 전혀 다른 국가에서 국내법적 효력을 갖고, 그 결과 국민에게 권리를 부여하는 것은 타당성이 없다.

이 밖에 국제관습법, 사법적 결정, 학설 등이 일반적으로 승인된 국제법규로서 국내법적 효력을 갖는 것은 지극히 예외적이다. 특히 급부영역에 관한 한 국제관습법은 존재하지 않는다는 것이 일반적인 견해이다. 오늘날 중요한 국제사안은 조약에 의하여 밀도있게 규율되고 있다. 또 국내입법자의 관여없이 일반적으로 승인된 국제법규라는 이유로 국내법적 효력을 인정하는 것을 법원이 주저할 것이기 때문이다. 헌법재판소는 「강제노동폐지에 관한 국제노동기구(ILO) 협약 제105호」, 「결사의 자유 및 단결권보장에 관한 협약 제87호」, 「단결권 및 단체교섭권에 대한 원칙의 적용에 관한 협약 제98호」, 그리고 「공공부문에서의 단결권 보호 및 고용조건의 결정을 위한 절차에 관한 협약 제151호」 등에 대해서 이를 일반적으로 승인된 국제법규라고 볼 만한 근거가 없다는 이유로 국내법적 효력을 부인한 바 있다.[11] 그러나 이에 관한 적극적인 논증은

11) 헌재 1998.7.16, 97헌바23, 10-2, 265면; 2005.10.27, 2003헌바50등, 17-2, 259면; 2007.8.30,

결여되어 있다.

Ⅲ. 일반적으로 승인된 국제법규의 국내법적 효력

조약과 마찬가지로 일반적으로 승인된 국제법규 역시 국내법률로서의 효력을 갖는다. 법률보다 상위의 효력을 갖기 위해서는 헌법에 직접 근거가 있어야 하는데, 우리 헌법에 이에 관한 규정은 없다. 국제법의 일반원칙에 대해서 법률보다 우월한 효력을 부여하는 독일헌법 규정에 대해서는 위에서 소개하였다. 일반적으로 승인된 국제법규는 이에 대한 명시적인 국가의 의사표시 없이 국내법적 효력을 갖는다. 따라서 국내법의 효력을 갖기 위한 국내법적 절차를 거치지 않으며, 이에 충돌하는 법률을 개폐하는 효력을 갖는다.

일반적으로 승인된 국제법규에 해당하는지, 그리고 국내법적 효력을 갖는지에 대해서는 법원이 최종적으로 결정한다. 따라서 일반적으로 승인된 국제법규가 헌법에 위반되는가, 그리고 사법심사의 대상이 되는가의 논리 자체가 성립되지 않는다. 법원은 일반적으로 승인된 국제법규로서의 외형을 갖는 경우에도 헌법에 위반한다고 판단하는 경우에는 국내법으로서의 효력 자체를 부인할 것이기 때문이다.

2003헌바51등, 19-2, 235면 등 참조.

제4장 외국인의 법적 지위보장

제1절 외국인의 법적 지위보장의 이념적 기초

외국인은 국제법과 조약이 정하는 바에 의하여 그 지위가 보장된다(제6조 제2항). 국제협력을 통하여 정치적 및 사회적 평화를 유지하기 위해서는 국가 간뿐 아니라 국민 간의 교류가 필수적이다. 이를 위해서는 우선 외국인에게 내국민과 같은 권리를 부여하여 내·외국민 평등을 실현하여야 한다. 외국인의 법적 지위가 보장되지 않을 경우 국제교류에 장애가 되며, 그 결과 국제협력이 활발할 수 없다. 또 무엇보다도 국민 간의 교류를 통하여 상호 이해를 증진하는 것은 국제협력의 전제조건이다.

오늘날 국제교류를 통한 국제협력은 국제법과 국내법이 상호작용하면서 형성되고 있다. 전세계가 각종의 기능공동체로 편성되면서 기능공동체를 실현·유지하기 위해서 외국인의 법적 지위에 대한 국제법적 합의가 형성되어 가고 있다. 1995년 세계무역기구(WTO)가 출범하면서 상품뿐 아니라 자본과 노동, 그리고 서비스의 국가 간 자유로운 이동을 위하여 국내시장의 개방과 자유화에 대한 합의가 이루어지고 있다. 또 이는 회원국 국내질서를 재편하는 계기가 되었다. 그러나 이러한 국제법질서는 국내정책적 필요의 산물이기도 하다. 특히 고용문제에 있어서 이제 전세계가 하나의 노동시장을 형성하는 경향을 보이고 있다. 국가의 입장에서 보면 필요한 노동력을 국내 노동시장이 공급할 수 없는 경우 외국인 근로자를 고용하여야 하며, 근로자의 입장에서도 국내 노동시장에서 자신의 노동력에 대한 수요가 없는 경우 다른 국가의 노동시장에 접근하여야 한다.

이와 같이 국제법과 국내법이 상호작용을 하면서 노동력의 이동이 증가하는 상황에서 국내법질서는 이를 규범적으로 지원하여야 하며, 이러한 규범적 기초가 외국인의 법적 지위에 대한 보장이다. 이에 관한 국내법으로 「재한외국인 처우 기본법」이 제정·시행되고 있다.

제 2 절 외국인의 법적 지위보장의 방법 및 내용

Ⅰ. 외국인의 법적 지위보장을 위한 규범형식

외국인의 법적 지위는 국제법과 조약이 정하는 바에 의하여 보장된다. '조약'은 국제법의 법원이기 때문에 헌법에서 말하는 국제법은 조약을 제외한 국제법을 말한다. 우리나라가 당사국이 아닌 조약은 '국제법'에 포함된다. 국내 입법자는 외국인의 법적 지위를 보장하는 헌법규정, 그리고 이를 구체화하는 국제법과 조약의 내용을 충실하게 형성하여야 한다. 아래에서 설명하겠지만 헌법 제6조 제2항이 외국인의 법적 지위를 형성하는 기준으로 상호주의를 제시하고 있는 것은 아니다. 외국인의 법적 지위는 다음과 같은 기능분담에 의하여 보장된다.

Ⅱ. 일반국제법: 최소한의 보장

일반국제법에 의하여 형성된 외국인의 법적 지위는 국내법적으로 보장되어야 한다. 대표적인 원칙이 문명국의 법질서에 따라서 외국인에게 최소한의 법적 지위를 인정할 국가의 의무이다. 그 내용은 다음과 같다.

첫째, 모든 외국인에게 권리주체성이 인정되어야 한다. 둘째, 외국인은 원칙적으로 사법(私法)상의 권리를 자유로이 취득할 수 있어야 한다. 셋째, 합법적으로 취득된 외국인의 사법상의 권리는 존중되어야 한다. 넷째, 외국인에게 국내법에 의한 사법적(司法的) 구제수단이 인정되어야 한다. 다섯째, 국가는 외국인의 생명·자유·재산 및 명예를 보호하여야 한다. 다만, 외국인에게 정치적 권리나 특정한 직업에 관한 권리가 당연히 보장되지는 않는다.

일반국제법은 외국인의 법적 지위를 국내법적으로 보장하는 데 다음과 같은 기여를 할 수 있다. 즉 외국인의 법적 지위를 국내법적으로 형성하는 정치과정에서 국제법은 객관화된 혹은 보편화된 기준으로서 사실적이지만 설득력있는 영향을 미칠 수 있다. 이는 우리 사회가 다문화공간으로 변화하는 상황에서 더욱 의미가 있다. 이와 관련하여 국제연합은 1966년 「인종차별금지에 관한 국제규약(The International Convention on the Elimination of All Forms of Racial Discrimination)」, 1990년 「이주노동자와 그 가족의 권리보호에 관한 국제협약(The International Convention on the Protection of the Rights of All Migrant Workers and Members of Their Families)」을 제정한 바 있다. 난민의 법적 지위는 1951년 '난민의 지위에 관한 협약(Convention Relating to the Status of Refugees)'과 1967년 '난민지위에 관한 의정서(Protocol Relating to the Status of Refugees)' 등에 의하여 보호되고 있다. 또 국제법은 헌법에 비해서 보다 구체적인 기준을 제시하여 외국인의 법적 지위를 보장할 수 있다.

Ⅲ. 조약: 내 · 외국민의 평등보장

내 · 외국민 평등의 원칙은 아직 일반적인 국제법의 원칙으로 승인되지는 못하고 있다. 이러한 이념은 조약에 의하여 실현되어야 한다. 따라서 대한민국은 외국인의 법적 지위를 보장하기 위하여 외국과 적극적으로 조약을 체결하여 내 · 외국민 평등을 실현하여야 한다. 결과적으로 이러한 노력은 외국에서 우리 국민의 법적 지위를 보장하는 계기가 된다.

Ⅳ. 국내법적 보장

국내 입법자는 국내법의 체계를 존중하여 국적 및 거주지가 아니라, 사항적 기준에 따라 연결점을 형성하여 외국인의 법적 지위를 보장하여야 한다. 또 적어도 내국민과 차별이 없도록 노력하여야 한다.

이와 같은 시각에서 보면 외국인의 법적 지위와 관련하여 이른바 '상호주의'는 헌법에 충실한 원칙은 아니다. 이에 따르면 외국의 법률이 우리 국민에 적용되는 조건하에 해당 외국의 국민을 우리 법률에 의하여 보호한다. 상호주의는 해당 외국에 대해서 우리 국민의 보호를 위한 적극적인 조치를 유도하는 목적을 갖는다. 이와 같은 정책적인 고려를 통해서 압력을 받아야 하는 객체는 국가 자체이다. 그러나 실제로는 개인의 법적 지위가 희생된다. 이는 개인이 그 자체로 목적이어야 하며 다른 목적을 달성하기 위한 수단이 되어서는 안 된다는 의미에서 인간의 존엄과 조화될 수 없다. 또 상호주의는 해당 국가에 문제가 되는 제도가 존재하지 않는 경우에는 해당 외국인에 적용될 수 없다는 정책적 한계가 있다.

외국인의 국내유입이 활발해지면서 2007년 「재한외국인 처우 기본법」이 제정·시행되고 있다. 이는 사회적응을 지원하여 재한외국인이 우리 사회에 통합될 수 있도록 하는 목적을 갖는다. 재한외국인 및 그 자녀들에 대한 불합리한 차별이 금지된다(재한외국인 처우기본법 제10조). 그리고 재한외국인이 대한민국에서 생활하는 데 필요한 기본적 소양과 지식에 관한 교육·정보제공 및 상담 등의 지원을 할 수 있다(재한외국인 처우기본법 제11조). 국가 및 지방자치단체는 우리 국민과 재한외국인이 서로의 역사·문화 및 제도를 이해하고 존중할 수 있도록 교육, 홍보, 불합리한 제도의 시정이나 그 밖에 필요한 조치를 하여야 한다(재한외국인 처우기본법 제18조).

결혼이민자인 외국인에 대해서는 이미 우리 영토 및 가치에 동질성을 갖는 관계에 편입되었다고 보고, 좀 더 밀도있는 보호를 행한다. 이들을 보호하기 위하여 「다문화가족지원법」이 제정·시행되고 있다. 우리 국민과 혼인한 적이 있거나 혼인관계에 있는 재한외국인, 출생에 의하여 우리 국적을 취득한 자로 구성된 가족, 그리고 귀화허가를 받은 자와 출생에 의하여 우리 국적을 취득한 자로 구성된 가족이 보호의 대상이다. 대한민국 국민과 사실혼 관계에서 출생한 자녀를 양육하고 있는 다문화가족 구성원, 그리고 다문화가족이 이혼 등의 사유로 해체된 경우에 그 구성원이었던 자녀 역시 보호된다(다문화가족지원법 제2조, 제14조및 제14조의2). 국가 및 지방자치단체는 다문화가족에 대한 사회적 차별과 편견을 예방하고 문화적 다양성을 존중할 수 있도록 다문화 이해를 위한 교육을 하며, 필요한 기본정보를 제공하고 사회적응 훈련, 한국어 교육 등을 실시하여야 한다. 또 다국어에 의한 서비스를 제공하도록 하여야 한다(다문화가족지원법 제5조 이하).

제 6 편

국민과 영역, 분단과 분단의 극복

제1장 국 민

제1절 국민의 개념

국민은 국가의 인적 구성요소로서 자연인을 말한다. 여기에서 국민은 기본권의 주체로서 국민보다는 좁은 개념이다. 기본권의 주체로서 국민에는 자연인뿐 아니라 부분적으로는 법인 및 단체가 포함되기 때문이다. 국민은 국내 헌법 및 법률상의 권리와 의무의 주체이다. 이러한 지위에서 국민은 국가에 의하여 보호되고, 또 국가기능에 참여하는 권리를 갖는다.

국민이 국가권력이 행사되는 공간을 벗어나면 국내법상의 권리와 의무의 주체로서의 지위는 잠재력을 가질 뿐 현재화될 수 없다. 다만 국가는 국외에 거주 혹은 체류하는 국민이 불이익을 받지 않도록 노력하여야 한다(제2조 제2항).

「국적법」은 우수 외국인재가 귀화하여 국익에 기여할 수 있도록 귀화요건을 완화하고, 또 외국인이 귀화한 후에도 기존국적을 유지할 수 있도록 하여 부분적으로 이중국적을 인정하고 있다. 세계화가 진전되고 국제교류와 협력의 필요성이 증대하면서 외국인의 귀화를 유도하여 우리 국민으로서 국내법 질서에 편입할 것인가, 아니면 이들에게 우리 국민의 자격을 인정하지 않으면서 국민과 같은 법적 지위를 부여하여 같은 목적을 달성할 것인가는 정책선택의 문제이다.

제2절 국민의 자격

Ⅰ. 국적의 취득과 상실

1. 속인주의와 속지주의

국민의 요건은 법률로 정한다(제2조 제1항). 국적의 취득과 상실 등은 「국적법」에서 규율하고 있다. 비교법적으로 보면 국적취득의 기준은 두 가지가 있다. 속인주의와 속지주의가 그것이다.

속인주의는 부모의 국적을 기준으로 자녀의 국적을 결정하는 원칙이다. 이에 비해서 속지주의에 의하면 자녀의 출생지를 기준으로 자녀의 국적이 결정된다. 전형적인 다민족국가인 미국이 속지주의를 적용하고 있다. 출생에 의한 국적취득 외에 인지 및 귀화에 의하여 외국인이 대한민국 국적을 취득할 수 있다.

2. 출생에 의한 국적취득

(1) 속인주의

「국적법」은 출생에 의한 국적취득에 있어서 기본적으로 속인주의를 채택하고 있다. 출생 당시에 부(父) 또는 모(母)가 대한민국 국민인 자의 자녀는 대한민국 국적을 취득한다. 출생하기 전에 부가 사망한 경우에는 사망 당시 부가 대한민국 국민이었다면 대한민국 국적을 취득한다(국적법 제2조 제1항 제1, 2호). 1997년 「국적법」 개정 이전에는 부의 국적을 중심으로 자녀의 국적을 결정하였다(부계혈통주의). 우리 정부는 1984년 국제연합의 「여성에 대한 모든 형태의 차별철폐에 관한 협약」에 가입하면서 국적취득에 있어서의 남녀평등조항에 대해서는 위와 같은 이유로 적용을 유보한 바 있다. 그러나 국적에 있어서 남녀차별은 평등의 원칙에 위반되며, 또 기본권에 중대한 제한을 가하는 것이었다. 실제 헌법재판소는 이 규정을 위헌으로 결정하였다.[1] 이에 개정 「국적법」은 부모양계혈통주의를 채택하였다.[2]

(2) 속지주의 – 예외적 적용

속인주의를 적용할 수 없는 예외적인 상황에는 속지주의를 보충적으로 적용한다. 즉 부모가 모두 분명하지 않은 때, 혹은 부모 모두 국적이 없는 때에는 대한민국에서 출생한 자녀는 대한민국 국적을 취득한다(국적법 제2조 제1항 제3호). 이 밖에 대한민국에서 발견되었지만 출생지가 불명확한 기아(棄兒)는 대한민국에서 출생한 것으로 추정하여 대한민국 국적을 취득한다(국적법 제2조 제2항).

---

1) 헌재 2000.8.31, 97헌가12, 12-2, 167면 이하 참조.

2) 1997년 개정 「국적법」의 부칙 제7조 제1항은 부모양계혈통주의의 소급적용기간을 10년으로 한정하였다. 이에 대해서 헌법재판소는 평등위반을 이유로 헌법불합치결정을 하였다. 헌재 2000.8.31, 97헌가12, 12-2, 167면 이하 참조. 이에 국적법은 다시 개정되어 2001년 개정 「국적법」 부칙은 부모양계혈통주의의 소급적용기간을 20년으로 연장하였다.

3. 외국인의 국적취득

(1) 인 지

외국인은 인지(認知)에 의하여 대한민국 국적을 취득한다. 인지란 대한민국 국민인 부 또는 모가 대한민국 국민이 아닌 자를 자신의 자녀로서 확인하는 행위이다(국적법 제3조). 인지에 의하여 국적을 취득하기 위해서는 다음과 같은 두 가지 요건을 충족하여야 한다. 첫째, 자녀가 우리 민법에 의하여 미성년자이어야 한다. 인지는 자녀의 국적을 취득시키는 부모의 일방적인 행위이다. 성년자의 경우 이미 해당 외국의 법질서에 편입되어 있으며, 따라서 일방적으로 부모의 의사에 의하여 국적을 변경시킬 수 없기 때문이다. 둘째, 출생 당시에 부 또는 모가 대한민국 국민이었어야 한다. 결국 인지는 출생에 의한 국적취득의 원칙을 사후에 적용하는 제도이다.

인지에 의하여 대한민국의 국적을 취득하고자 하는 자는 이를 법무부장관에게 신고하여야 한다(국적법 시행령 제2조).

(2) 귀 화

외국인은 귀화에 의하여 대한민국 국적을 취득한다. 귀화는 일반귀화와 간이귀화, 그리고 특별귀화로 구분된다. 귀화에 의하여 국적을 취득하기 위해서는 법무부장관의 허가를 필요로 한다. 귀화허가를 받은 사람은 법무부장관 앞에서 국민선서를 하고 귀화증서를 수여받은 때에 대한민국 국적을 취득한다(국적법 제4조).

가) 일반귀화

일반귀화에 의하여 국적을 취득하기 위해서는 다음과 같은 요건을 충족하여야 한다(국적법 제5조). 첫째, 대한민국에서 영주할 수 있는 체류자격을 갖고 5년 이상 계속하여 대한민국에 주소가 있어야 한다. 둘째, 우리 민법에 의하여 성년이어야 한다. 셋째, 품행이 단정하여야 한다. 넷째, 자신의 자산이나 기능에 의하거나 생계를 같이 하는 가족에 의존하여 생계를 유지할 능력이 있어야 한다. 다섯째, 국어능력 및 대한민국의 풍습에 대한 이해 등 대한민국 국민으로서의 기본소양을 갖추어야 한다. 여섯째, 귀화를 허가하는 것이 국가안전보장·질서유지 또는 공공복리를 해치지 않아야 한다.

귀화 요건을 심사하기 위하여 종합평가와 면접심사가 시행된다. 다만 미성년자, 60세 이상인 사람, 대한민국에 특별한 공로가 있는 사람, 과학·경제·문화·체육 등 특정 분야에서 매우 우수한 능력을 보유한 사람으로서 대한민국의 국익에 기여할 것으로 인정되는 사람, 법무부장관이 정하여 고시하는 한국어 및 다문화 이해 등에 대한 교육과 정보제공 등을 내용으로 하는 사회통합프로그램을 이수한 사람, 귀화허가 신청일을 기준으로 최근 3년 이내에 필기시험에서 100점을 만점으로 하여 60점 이상을 득점한 사람, 그 밖에 법무부장관이 인정하는 특별한 사유가 있는 사람 등에게는 종합평가가 면제된다. 또 국적을 회복한 사람의 배우자로서 60세 이상인 사람, 귀화허가 신청 당시 15세 미만인 사람, 종합평가에서 100점을 만점으로 하여 60점 이상을 득점한 사람에게는 면접심사가 면제된다(국적법 시행규칙 제4조).

나) 간이귀화

간이귀화를 위해서는 일반귀화의 요건을 갖추어야 하지만 주소보유기간은 단축되어 있다. 간이귀화는 두 가지 유형이 있다(국적법 제6조).

a) 일반간이귀화

부모가 대한민국과 밀접한 관련이 있는 사람은 일반간이귀화에 의하여 대한민국 국적을 취득할 수 있다. 이에 따라 부 또는 모가 대한민국의 국민이었던 사람, 대한민국에서 출생한 사람으로서 부 또는 모가 대한민국에서 출생한 사람, 대한민국 국민의 양자로서 입양 당시 대한민국의 민법에 의하여 성년이었던 사람 등이 귀화할 수 있다. 이들은 영주를 위한 체류자격을 가져야 하는 것은 아니며, 주소보유기간은 3년이다.

b) 혼인에 의한 귀화

외국인이 대한민국 국민인 배우자와 혼인한 상태로 대한민국에 2년 이상 계속하여 주소가 있거나 혹은 대한민국 국민인 배우자와 혼인한 후 3년이 지나고 혼인한 상태로 대한민국에 1년 이상 계속하여 주소가 있으면 귀화할 수 있다.

위와 같은 기간에 관한 조건을 충족하지 못한 경우에도 배우자의 사망이나 실종 그 밖에 자신에게 책임이 없는 사유로 정상적인 혼인생활을 할 수 없었던 사람 또는 그 배우자와의 혼인에 의하여 출생한 미성년의 자를 양육하고 있거나 양육하여야 할 사람으로서 위에서 언급한 필요한 주소보유기간의 잔여기간을 채웠고 법무부장관이 상당하다고 인정하는 사람은 귀화할 수 있다.

다) 특별귀화

특별귀화에 의하여 대한민국 국적을 취득할 수 있는 경우는 다음과 같은 세

가지이다. 첫째, 부 또는 모가 대한민국의 국민인 사람이다. 다만 양자로서 우리 민법상 성년이 된 후 입양된 사람은 제외된다. 둘째, 대한민국에 특별한 공로가 있는 사람이다. 본인 또는 그 배우자나 직계 존·비속이 독립유공자이거나, 또는 국가유공으로 관계법률에 따라 대한민국 정부로부터 훈장·포장 또는 표창을 받은 사실이 있는 사람, 국가안보·사회·경제·교육 또는 문화 등 분야에서 대한민국의 국익에 기여한 공로가 있는 사람, 그 밖에 이에 준하는 공로가 있다고 법무부장관이 인정하는 사람이다. 셋째, 과학·경제·문화·체육 등 특정 분야에서 매우 우수한 능력을 보유한 사람으로서 대한민국의 국익에 기여할 것으로 인정되는 사람이다.

특별귀화의 세 번째 요건은 우수 외국인재를 유치·확보하여 국가경쟁력을 높인다는 취지로 도입되었다. 이들이 특별귀화를 하기 위해서는 국회사무총장, 법원행정처장, 헌법재판소사무처장 또는 중앙행정기관의 장이 추천하거나, 또는 재외공관의 장, 특별시·광역시·도 및 특별자치도의 장, 4년제 대학의 총장, 그 밖에 법무부장관이 정하는 기관·단체의 장이 추천하여 법무부장관이 심의에 부치거나, 혹은 과학·경제·문화·체육 등의 분야에서 수상, 연구실적, 경력 등으로 국제적 권위를 인정받고 있는 사람으로서 법무부장관이 심의에 부쳐야 한다. 이들에 대한 귀화 심사는 국적심의위원회의 심의를 거쳐 법무부장관이 정한다(국적법 시행령 제6조 제2항).

특별귀화의 경우 일반귀화에 적용되는 요건 중 주소보유기간, 성년자일 것, 생계유지능력 등은 요구되지 않는다(국적법 제7조).

라) 자녀의 국적 수반취득

외국인이 귀화를 신청할 때 우리 민법상 미성년인 자녀들은 함께 국적취득을 신청할 수 있다. 또 귀화를 허가할 때 자녀는 부모와 함께 국적을 취득한다(수반취득)(국적법 제8조).

(3) 국적변경에 따른 경과조치

외국인이 대한민국 국적을 취득한 경우 대한민국 국적을 취득한 날로부터 1년 이내에 기존 외국 국적을 포기하여야 한다. 그렇지 않은 경우 그 기간이 경과한 날로부터 대한민국 국적을 상실한다(국적법 제10조). 다만 일정한 경우 기존에 보유하고 있던 외국 국적을 포기하는 대신 대한민국에서 해당 외국 국적을 행사하지 않는 조건하에 기존 외국 국적을 보유할 수 있다. 이로써 복수국적이 부분적으로 인정된다. 이에 대해서는 아래에서 설명한다.

4. 국적의 회복 및 재취득

대한민국 국민이었던 외국인의 경우 귀화가 아니라 국적회복절차를 통하여 대한민국 국적을 취득할 수 있다. 이는 신청에 의하여 법무부장관이 심사한 후 결정한다. 다만 국가 또는 사회에 위해(危害)를 가한 사실이 있는 사람, 품행이 단정하지 못한 사람, 병역기피의 목적으로 대한민국의 국적을 상실하였거나 이탈하였던 사람, 국가안전보장 · 질서유지 또는 공공복리를 위하여 국적회복이 적당하지 않다고 인정하는 사람에 대해서는 국적회복을 허가하지 않는다(국적법 제9조).

외국인으로서 귀화에 의하여 대한민국 국적을 취득한 사람이 1년 내에 기존 외국 국적을 포기하지 않거나 대한민국에서 그 외국 국적을 행사하지 않겠다는 서약을 법무부장관에게 하지 않아 대한민국 국적을 상실한 경우 1년 내에 그 외국 국적을 포기하면 법무부장관에게 신고함으로써 대한민국 국적을 다시 취득할 수 있다(국적법 제11조).

Ⅱ. 복수국적의 문제

1. 복수국적의 원칙적 금지

「국적법」은 복수국적을 원칙적으로 금지하고 있다. 이는 「국적법」에서 다음과 같이 구체화하고 있다. 첫째, 외국인으로 대한민국 국적을 취득한 사람은 기존의 외국 국적을 포기하여야 한다. 다만 위에서 언급한 바와 같이 이러한 조건은 어느 정도 완화되어 있다. 둘째, 출생 등의 이유로 만 20세가 되기 전에 이중국적을 갖게 된 사람은 만 22세가 되기 전에, 그리고 만 20세가 된 후에 이중국적을 갖게 된 사람은 그때부터 2년 내에 하나의 국적을 선택하여야 한다. 이러한 선택을 하지 않은 경우에는 해당 선택기간이 종료되면서 대한민국 국적을 상실한다.

병역의무의 이행과 관련해서는 다음과 같은 특례를 두고 있다. 「병역법」 규정에 의하여 대한민국 국민인 남성은 18세부터 병역준비역에 편입되며(병역법 제8조), 병역준비역에 편입된 사람은 편입된 때로부터 3개월 이내에 국적을 선택하여야 한다. 이 기간이 지나면 병역의무가 해소된 후에 복수국적자는 비로소 대한민국 국적을 이탈할 수 있다.[3] 조기에 국적을 선택하게 하여 병역의무의 문제를 명확히 하려는 데에 취지가 있다. 현역·상근예비역·보충역·대체역으로 복무를 마치거나 마친 것으로 보게 되는 경우, 전시근로역에 편입된 경우, 또는 병역면제처분을 받은 경우에는 2년 이내에 하나의 국적을 선택하여야 한다. 병역을 기피할 목적으로 외국에서 자녀를 출산하는 폐해를 방지하기 위한 규정을 두었다. 즉 직계존속이 외국에서 영주할 목적없이 체류한 상태에서 출생한 사람은 병역의무의 이행과 관련하여 현역·상근예비역·보충역·대체역으로 복무를 마치거나 마친 것으로 보는 경우, 전시근로역에 편입된 경우, 병역면제처분을 받은 경우에 한하여 국적이탈신고를 할 수 있다(국적법 제12조).

2. 복수국적의 예외적 허용

(1) 복수국적 취득의 요건

대한민국 국적을 취득한 사람으로서 일정한 경우에 외국 국적을 행사하지 않겠다는 서약을 하고 기존 국적과 대한민국 국적, 즉 복수국적을 보유할 수 있다. 다음과 같은 사람들이 여기에 해당한다(국적법 제10조). 첫째, 혼인을 이유로 간이귀화를 한 사람(국적법 제6조 제2항 제1, 2호), 특별한 공로가 있거나 우수한 능력 보유자로서 국익에 기여할 것으로 인정되어 특별귀화를 하는 사람(국적법 제7조 제1항 제2, 3호)이다. 둘째, 국적회복허가를 받은 사람으로서 특별한 공로가 있거나 우수한 능력 보유자로서 국익에 기여할 것으로 인정되어 특별귀화를 하는 사람이다. 셋째, 대한민국의 민법상 성년이 되기 전에 외국인에게 입양된 후 외국 국적을 취득하고 외국에서 계속 거주하다가 국적회복허가를 받은 사람이다. 넷째, 외국에서 거주하다가 영주할 목적으로 만 65세 이후에 입국하여 국적회복허가를 받은 사람이다. 다섯째, 본인의 뜻에도 불구하고 외국의 법률 및 제도로 인하여 외국 국적을 포기하기 어려운 자이다.

(2) 복수국적자의 법적 지위

복수국적자는 대한민국의 법령을 적용함에 있어서 대한민국 국민으로만 처

3) 헌법재판소는 외국에서 출생하고 생활하여 온 복수국적자가 「국적법」상의 국적선택 절차 및 국적선택 기간을 일반적으로 인지할 수 없는 경우에도 이 규정을 적용하는 것은 헌법에 합치하지 않는다는 결정을 하였다. 헌재 2020.9.24, 2016헌마889 참조. 기존 헌법재판소는 이 규정을 합헌으로 결정한 바 있다. 헌재 2006.11.30, 2005헌마739, 18-2, 528면 이하; 2015.11.26, 2013헌마805등, 27-2(하), 346면 이하 등 참조.

우한다. 이들이 관계 법령에 따라 외국 국적을 보유한 상태에서 직무를 수행할 수 없는 분야에 종사하려는 경우에는 외국 국적을 포기하여야 한다(국적법 제11조의2).

(3) 복수국적의 상실

복수국적자가 국가안보, 외교관계 및 국민경제 등에 있어서 대한민국의 국익에 반하는 행위를 하는 경우, 혹은 대한민국의 사회질서 유지에 상당한 지장을 초래하는 행위로서 대통령령으로 정하는 경우에 해당하여 대한민국의 국적을 보유하는 것이 현저히 부적합하다고 인정하는 경우에는 대한민국 국적을 상실한다. 이는 법무부장관이 청문을 거쳐 결정한다(국적법 제14조의3).

제 3 절 북한주민의 국적

헌법은 제4조 및 제66조 제3항 등에서 분단국가를 상정하고 있으면서 북한주민의 국적에 대해서는 규율하고 있지 않다. 「국적법」 역시 북한주민의 국적에 대해서 침묵하고 있다. 헌법 및 「국적법」은 북한주민을 당연히 대한민국 국민으로 전제하고 있다. 해방 후 남조선과도정부 법률 제11호 「국적에 관한 임시조례」 제2조 제1호는 조선인을 부친으로 하여 출생한 자는 조선의 국적을 갖는다고 규정한 바 있다. 또 제헌헌법은 제3조에서 대한민국의 국민이 되는 요건을 법률로써 정한다고 하면서, 제100조에서 현행 법령은 이 헌법에 저촉되지 않는 한 효력을 갖는다고 규정하였다. 따라서 위헌의 문제가 제기되지 않는 한 북한주민은 대한민국 국적을 보유한다.[4)]

다만 북한주민은 현재 대한민국의 공권력이 미치지 못하는 지역에 거주하고 있다. 따라서 북한주민은 현실적으로 헌법 및 법률상의 권리와 의무의 주체가 되지 못한다. 이러한 장소적인 제한이 해제되면 북한주민은 우리 헌법 및 법률상 권리의무의 주체가 된다. 따라서 조선인을 부친으로 하여 태어난 중국교포는 대한민국 국민이며, 이들에게 불법체류를 이유로 강제퇴거명령을 내리는 것은 위법하다.[5)]

북한을 이탈하여 우리 공권력이 미치는 지역으로 이주한 북한주민이 사회에

4) 헌재 2000.8.31, 97헌가12, 12-2, 177면; 대판 1996.11.12, 96누1221 등 참조.
5) 대판 1996.11.12, 96누1221 참조.

신속히 적응할 수 있도록 지원하기 위하여 「북한이탈주민의 보호 및 정착지원에 관한 법률」이 시행되고 있다. 이 법에 의하여 북한이탈주민에 대해서 정착지원, 사회적응교육, 직업훈련, 취업보호, 특별임용, 주거지원, 정착금 지급, 교육지원, 생활보호 등의 조치를 하고 있다(법 제10조 이하). 그러나 의사면허 등과 같은 자격과 관련하여 교육과정 및 자격부여 기준이 다르기 때문에 북한에서의 자격취득이 우리나라에서 인정되어야 하는 것은 아니다.[6] 북한주민의 인권보호 및 증진을 목적으로 2016년 「북한인권법」이 제정되었다. 북한주민의 인권상황과 인권증진을 위한 정보를 수집·기록하기 위하여 통일부에 북한인권기록센터를 둔다(북한인권법 제13조).

판례 **북한주민의 법적 지위** (대판 1996.11.12, 96누1221)

조선인을 부친으로 하여 출생한 자는 남조선과도정부 법률 제11호 「국적에 관한 임시조례」의 규정에 따라 조선국적을 취득하였다가 제헌헌법의 공포와 동시에 대한민국 국적을 취득하였다. 설사 그가 북한법의 규정에 따라 북한국적을 취득하여 중국 주재 북한대사관으로부터 북한의 해외공민증을 발급받았더라도 북한지역 역시 대한민국의 영토에 속하는 한반도의 일부이므로 대한민국의 주권이 미칠 뿐이고, 대한민국의 주권과 부딪치는 어떠한 국가단체나 주권을 법리상 인정할 수 없으며, 그러한 사정은 그가 대한민국 국적을 취득하고 이를 유지함에 있어 아무런 영향을 끼칠 수 없다.

「출입국관리법」 소정의 외국인으로서 대한민국 밖으로 강제퇴거를 시키기 위해서는 상대방이 대한민국의 국적을 갖지 않은 외국인이어야 한다. 재외 국민이 다른 나라의 여권을 소지하고 대한민국에 입국하였다 하더라도 그가 대한민국의 국민이었던 점이 인정되는 이상 다른 나라의 여권을 소지한 사실 자체만으로는 그 나라의 국적을 취득하였다거나 대한민국의 국적을 상실한 것으로 추정·의제되는 것이 아니다. 따라서 다른 특별한 사정이 없는 한 그와 같은 재외 국민을 외국인으로 볼 것은 아니다. 다른 나라의 여권을 소지하고 입국한 재외 국민이 그 나라의 국적을 취득하였다거나 대한민국의 국적을 상실한 외국인이라는 점에 대하여는 관할 외국인보호소장 등 처분청이 이를 입증하여야 한다.

---

6) 헌재 2006.11.30, 2006헌마679, 18-2, 549면 이하 참조.

제 4 절 재외국민에 대한 보호

Ⅰ. 재외국민의 범위

국가는 대한민국 국적을 보유하고 국내에 거주하는 국민뿐만 아니라 재외국민을 보호하여야 한다(제2조 제2항). 이때 국민의 개념은 넓게 이해된다. 즉 민족적 동질성과 이를 기초로 대한민국 국적을 보유한 적이 있는 한 현재 국적은 중요한 기준이 아니다. 위의 조건을 충족하는 때에는 외국의 국적을 보유하고 있는 사람도 재외국민으로서 보호된다.

재외동포정책을 관할하기 위하여 재외동포청이 새로이 설치되었다. 또 재외동포정책의 기본적 사항을 정하기 위하여 2023년 「재외동포기본법」이 제정되었다. 재외동포의 법적 지위에 대해서 자세히는 「재외동포의 출입국과 법적 지위에 관한 법률」이 규율하고 있다.

이 법률에 의한 재외동포는 대한민국의 국민으로서 외국의 영주권을 취득한 사람 또는 영주할 목적으로 외국에 거주하고 있는 사람(재외국민), 그리고 정부수립 이전에 국외로 이주한 동포를 포함하여 대한민국의 국적을 보유하였던 사람 또는 그 직계비속으로서 외국 국적을 취득한 사람(외국국적동포)을 말한다(재외동포법 제2조). 이들이 국내에서 활동하고자 하는 경우 재외동포체류자격을 부여한다. 다만 다음과 같은 경우에는 재외동포체류자격을 부여하지 않는다. 첫째, 현역·상근예비역·보충역 또는 대체역으로 복무를 마치거나 마친 것으로 보게 되는 경우, 전시근로역에 편입된 경우, 병역면제처분을 받은 경우가 아닌 상태에서 대한민국 국적을 이탈하거나 상실하여 외국인이 된 경우이다. 둘째, 대한민국의 안전보장·질서유지·공공복리·외교관계 등 대한민국의 이익을 해칠 우려가 있을 경우이다. 첫째의 경우는 병역기피를 목적으로 대한민국 국적을 이탈한 사실에 대한 불이익처분이다. 이에 해당하는 사람에 대해서 법무부장관이 필요하다고 인정하는 경우에는 41세가 되는 해 1월 1일부터 해외동포체류자격을 부여할 수 있다(재외동포법 제5조).[7)]

7) 개정 전 「재외동포법」 제2조는 1948년 대한민국 정부수립 이전 해외에 이주한 자 및 그 직계비속을 법적 보호의 대상에서 제외하였는데, 이에 대해서 헌법재판소는 헌법불합치결정을 한 바 있다. 헌재 2001.11.29, 99헌마494, 13-2, 714면 이하 참조.

Ⅱ. 국가의 보호의무

주민등록을 한 재외국민과 국내거소신고를 한 외국국적동포는 체류자격, 국내에서의 취업, 국내 토지의 취득·보유·이용 및 처분, 금융거래 및 외국환거래, 그리고 국민건강보험 등에 있어서 대한민국 국민과 동등 혹은 유사한 법적 지위를 갖는다. 예컨대 주민등록을 한 재외국민과 국내거소신고를 한 외국국적동포는 90일 이상 대한민국 안에 체류하는 경우에는 건강보험 관계 법령으로 정하는 바에 따라 건강보험을 적용받을 수 있다. 또 외국국적동포는 「국가유공자 등 예우 및 지원에 관한 법률」, 그리고 「독립유공자예우에 관한 법률」에 의한 보훈급여금을 받을 수 있다(재외동포법 제3, 10, 11, 12, 14, 16조).

국가는 재외국민이 해당 거주국에서 조약, 그 밖에 일반적으로 승인된 국제법규, 그리고 당해 국가의 법령에 의하여 정당한 대우를 받도록 외교적으로 노력해야 하며, 국외거주 국민을 지원하여야 한다. 그러나 재외국민 보호조항이 국가에게 구체적인 행위의무 혹은 보호의무를 발생시키는 것은 아니다.[8] 따라서 재외국민이 외국에서 발생한 피해와 관련하여, 예컨대 국제중재와 같은 특정한 분쟁해결절차에 회부하여 해결할 것을 청구할 권리가 일반적으로 인정되지 않는다. 그러나 경우에 따라서는 정부는 이를 해결하기 위한 외교상의 조치를 취할 의무가 있고 이를 게을리한 경우 재외국민 보호의무에 위반된다. 일본군위안부 피해자에 대한 보상과 관련하여 헌법재판소가 취한 소극적 및 적극적 태도이다.[9]

재외국민의 정치적 권리는 대폭 개선되었다. 기존 「공직선거법」 및 「국민투표법」은 선거구 혹은 투표구에 주민등록이 되어 있는 자에 한하여 부재자투표를 포함하여 투표권을 인정하였고, 또 피선거권 역시 주민등록이 되어 있을 것을 조건으로 인정되었다(공직선거법 제15조 제2항 제1호, 제16조 제3항, 제37조 제1항, 제38조 제1항; 국민투표법 제14조 제1항). 이들 규정에 대해서 헌법재판소는 헌법불합치결정을 하였다.[10] 개정 법률에 따르면 「재외동포의 출입국과 법적 지위에 관한 법률」에 의하여 해당 지방자치단체의 국내거소

8) 헌재 1998.5.28, 97헌마282, 10-1, 705면 이하 참조.

9) 헌재 2000.3.30, 98헌마206, 12-1, 393면 이하; 2011.8.30, 2006헌마788, 23-2(상), 366면 이하; 2015.12.23, 2011헌바55, 27-2(하), 447면 이하 등 참조.

10) 헌재 2007.6.28, 2004헌마644등, 19-1, 859면 이하 참조. 이전 헌법재판소는 해당 규정에 대해서 합헌결정을 한 바 있다. 헌재 1996.6.26, 96헌마200, 8-1, 550면 이하; 1999.1.28, 97헌마25, 11-1, 54면 이하; 1999.3.25, 97헌마99, 11-1, 218면 이하 등 참조.

신고인명부에 올라 있는 국민은 공직선거의 선거권을 갖는다. 국내거소신고인명부에 올라 있는 경우 공직 피선거권에 있어서도 자격이 인정된다. 주민등록이나 국내거소신고가 되어 있지 않은 자로서 외국에서 투표하려는 선거권자는 부재자투표를 할 수 있다. 국민투표에 있어서는 주민등록이나 국내거소신고가 되어 있지 않은 재외국민도 국민투표권을 갖는다.[11]

판례 **재외국민의 선거권** (헌재 2007.6.28, 2004헌마644등)

주민등록이 되어 있는지 여부에 따라 선거인명부에 오를 자격을 결정하여 그에 따라 선거권 행사 여부가 결정되도록 하여 대한민국의 국민임에도 불구하고 주민등록법상 주민등록을 할 수 없는 재외국민의 선거권 행사를 전면적으로 부정하고 있는 공직선거법 제37조 제1항은 어떠한 정당한 목적도 찾기 어렵다. 따라서 헌법 제37조 제2항에 위반하여 재외국민의 선거권과 평등권을 침해하고 보통선거원칙에도 위반된다.

직업이나 학문 등의 사유로 출국한 자들이 선거권을 행사하려면 반드시 귀국해야 하고 귀국하지 않으면 선거권 행사를 못하도록 하는 것은 해외체류자의 국외 거주·이전의 자유, 직업의 자유, 공무담임권, 학문의 자유 등의 기본권을 희생하도록 강요하는 것이다. 또 가속화되고 있는 국제화 시대에 해외로 이주하여 살 가능성이 높아지고 있는 상황에서, 기본적인 권리인 선거권의 행사가 부인되는 것은 타당성을 갖기 어렵다. 선거인명부에 오를 자격이 있는 국내거주자에 대해서만 부재자신고를 허용함으로써 재외국민과 단기해외체류자 등 국외거주자 전부의 선거권을 부인하고 있는 공직선거법 제38조 제1항은 정당한 입법목적을 갖추지 못한 것으로 국외거주자의 선거권과 평등권을 침해하고 보통선거원칙에도 위반된다.

국내거주 재외국민은 주민등록을 할 수 없을 뿐이지 '국민인 주민'이라는 점에서는 '주민등록이 되어 있는 국민인 주민'과 실질적으로 동일하므로 지방선거 선거권 부여에 있어 양자에 대한 차별은 정당화될 수 없다. 또한 국내거주 재외국민의 선거권이 법률상의 권리에 불과한 '영주의 체류자격 취득일로부터 3년이 경과한 19세 이상의 외국인'의 지방선거 선거권에 못 미치는 부당한 결과가 되고 있다. 따라서 국내거주 재외국민에 대해 그 체류기간을 불문하고 지방선거 선거권을 전면적·획일적으로 박탈하는 공직선거법 제15조 제2항 제1호, 제37조 제1항은 국내거주 재외국민의 평등권과 지방의회 의원선거권을 침해한다.

지방자치단체의 주민으로서 오랜 기간 생활해 오면서 그 지방자치단체의 사무와 얼마든지 밀접한 이해관계를 형성할 수 있고, 주민등록 이외에 거주 사실을 공적으

11) 재외선거인에게 국민투표권을 부인하였던 기존「국민투표법」규정은 헌법불합치로 결정되었다. 헌재 2014.7.24, 2009헌마256등, 26-2(상), 173면 이하 참조.

로 확인할 수 있는 방법은 존재한다는 점, 나아가 공직선거법 제16조 제2항이 국회의원 선거에 있어서는 주민등록 여부와 관계없이 25세 이상의 국민이라면 누구든지 피선거권을 가지는 것으로 규정함으로써 국내거주 여부를 불문하고 재외국민도 국회의원 선거의 피선거권을 가진다는 사실에 비추어, 주민등록만을 기준으로 함으로써 주민등록이 불가능한 재외국민인 주민의 지방선거 피선거권을 부인하는 공직선거법 제16조 제3항은 국내거주 재외국민의 공무담임권을 침해한다.

국민투표는 국가의 중요정책이나 헌법개정안에 대해 주권자로서의 국민이 그 승인 여부를 결정하는 절차이다. 그런데 주권자인 국민의 지위에 아무런 영향을 미칠 수 없는 주민등록 여부만을 기준으로 하여, 주민등록을 할 수 없는 재외국민의 국민투표권 행사를 전면적으로 배제하고 있는 국민투표법 제14조 제1항은 청구인들의 국민투표권을 침해한다.

제2장 영 역

제1절 영역의 구성요소

영역은 헌법의 공간적 적용범위이다. 헌법의 효력을 외국으로 확대하는 경우 해당 외국의 주권과 충돌을 일으킨다. 영역은 영토와 영해, 그리고 영공으로 구성된다. 이 중 헌법은 영토에 한하여 규정하고 있다. 즉 대한민국의 영토는 한반도와 그 부속도서이다(제3조).

헌법의 공간적 적용범위를 규정하려는 헌법제정권자의 의지가 분명한 데에도 불구하고 영토만을 규율의 대상으로 한 데에는 다음과 같은 이유가 있다. 즉 국가에 귀속되고 공권력이 미치는 범위인 영토에 대한 이해는 처음부터 확립되어 있었다. 이에 비해서 영해의 경우에는 개념 자체는 알려져 있었지만 그 범위에 대한 합의는 오랫동안 미루어져 왔다. 영공의 개념과 범위는 아직 형성 중에 있다. 이와 같이 개념 및 범위가 불확정한 상태에서 영해 및 영공이 헌법적 규율대상이 될 수는 없었다.

제2절 영토조항의 헌법적 의미

영토조항은 헌법의 공간적 적용범위를 명확히 하는 객관적 의미가 있다. 영토조항으로부터 국민 개인의 영토에 관한 기본권이 도출되는 것은 아니다.[1] 일반적으로 영토는 헌법의 필수적인 규율대상은 아니다. 다른 나라의 헌법례를 보면 오히려 영토조항을 두지 않는 것이 일반적이다.[2] 헌법이 영토조항을 둔 것은 우리나라의 특별한 상황에 원인이 있다. 다음과 같은 세 가지 상황이 작용하였으리라 생각한다.

첫째, 40년간의 식민지 지배를 벗어나 독립민족국가를 건설하면서 새삼스럽

1) 헌법재판소는 국민의 영토에 관한 권리를 기본권으로 구성한 바 있다. 헌재 2001.3.21, 99헌마139등, 13-1, 694면 이하 참조.

2) 영토조항을 두고 있는 예로는 오스트리아헌법(제3조), 벨기에헌법(제1편), 멕시코헌법(제2편 제2장) 등이 있다.

게 영토에 대한 확인적 규정을 둘 필요가 있었다.

둘째, 분단상황과 이에 대한 헌법적 평가를 명확히 하려는 의도가 있었다. 한반도와 그 부속도서가 전통적으로 한민족의 생활공간인 점, 더 직접적으로 대한제국과 영토적 동일성을 선언한 것이다. 이로써 대한민국이 대한제국의 정통성을 계승한 유일한 국가이며, 북한의 국가성은 부인된다. 분단상황 때문에 헌법에 영토조항 혹은 헌법의 공간적 효력범위를 규정한 헌법으로 분단시대의 독일헌법을 들 수 있다. 1919년 독일의 바이마르헌법은 영토를 직접 규율하지는 않았다. 이에 비해서 분단국가 독일은 1949년 헌법 제23조에서 현실적으로 국가권력이 미치는 서독지역만을 효력범위로 하였다. 독일의 다른 지역, 즉 동독지역은 적용범위에서 제외하고, 앞으로 가입(Beitritt)에 의하여 독일헌법의 효력을 확장하도록 하였다.

셋째, 헌법의 영토조항은 다른 지역에 헌법의 효력을 확대시키지 않겠다는 점을 국제사회에 명백히 하여 국제평화의 의지를 선언하는 의미가 있다. 이와 같은 영토조항의 헌법적 의미는 동·서독 통일과정에서 확인할 수 있었다. 국경이 유동적이었던 독일과 주변국과의 관계에서 이 점에 대한 명확한 합의는 독일 통일의 외교적 전제조건이었다. 실제 통일과정에서 독일은 동·서독, 그리고 미국·영국·프랑스·소련과의 이른바 'two plus four' 조약 제1조에 국경문제에 대한 합의를 우선적으로 규율하였다. 또 독일은 국경을 접하고 있는 폴란드와 조약에 의하여 국경문제에 합의를 선언하여야 했다.

제 3 절 영토 · 영해 · 영공

Ⅰ. 영 토

영토는 헌법이 직접 규율하고 있다. 즉 대한민국의 영토는 한반도와 그 부속도서이다(제3조). 북한지역은 대한민국의 영토의 일부분이며, 이에 대해서는 별도의 설명이 필요하다(아래 제4절).

Ⅱ. 영 해

영해의 개념은 다음과 같은 계기에서 중요성을 갖게 되었다. 첫째, 과학기술의 발전에 따라 무기가 발달하면서 더 이상 영토의 완전성을 영토에 대한 방어만으로는 유지할 수 없게 되었다. 즉 해상에서의 영토에 대한 공격을 방어하여야 하며, 이를 위해서는 영토에 접한 일정한 범위의 해상을 국가의 주권이 미치는 지역으로 확정할 필요가 있었다. 둘째, 수산자원 및 해저광물자원에 대한 중요성이 인식되어, 영토로부터 일정 범위의 수산자원 및 해저광물자원에 대한 독점적 개발 및 이용에 대한 논의가 필요하였다.

영해의 필요성과 개념이 정립된 후에도 영해의 범위에 대해서는 쉽게 국제적인 합의가 이루어질 수 없었다. 바다를 접하고 있는 국가와 그렇지 못한 내륙국, 그리고 해양선진국과 해양후진국 간에 영해의 범위에 있어서 이해가 엇갈렸기 때문이다. 오랜 논의 끝에 1982년 국제연합 「해양법협약(Convention on the Law of the Sea)」이 채택되었으며, 이 협약은 1994년 효력을 발생하였다. 우리나라는 1996년 이를 비준하였다. 「해양법협약」 논의과정에서 영해의 범위로서 3해리, 6해리, 그리고 12해리 등이 제안되었으나 최종적으로 영해는 12해리를 넘지 못한다고 합의되었다(협약 제3조).

우리나라는 1977년 최초로 「영해법」을 제정하였으며, 이는 1995년 「영해 및 접속수역법」으로 개정되었다. 이 법에 의하여 대한민국의 영해는 해안기선으로부터 12해리선까지의 수역이다. 다만 대한해협을 구성하는 수역에서의 영해의 범위는 따로 정하며, 대체로 3해리에 해당한다(영해접속수역법 제1조 및 시행령 제3조, 별표 2).

영해 밖이지만 특정한 목적으로 대한민국의 권한이 행사될 수 있는 수역(水域)으로 접속수역과 배타적 경제수역이 있다. 접속수역은 기선으로부터 24해리에 이르는 수역에서 영해를 제외한 수역을 말한다. 대한민국의 접속수역에서 관계 당국은 대한민국의 영토 또는 영해에서 관세·재정·출입국관리 또는 보건·위생에 관한 대한민국의 법규를 위반하는 행위를 방지하거나 그러한 행위를 제재하기 위하여 직무권한을 행사할 수 있다(영해 및 접속수역법 제3조의2, 제6조의2). 배타적 경제수역에 대해서는 「배타적 경제수역 및 대륙붕에 관한 법률」이 규율하고 있다. 배타적 경제수역은 기선으로부터 200해리에 이르는 수역에서 영해를 제외한 수역을 말한다. 배타적 경제수역에서는 천연자원의 탐사·개발·보존·관리 등의 목적으로 주권적 권리가 행사된다(배타적 경제수역법 제2조, 제3조). 배타적 경제수역에서 외국인의 어업활동에 대해서는 「배타적 경제수역에서의 외국인어업 등에 대한 주권적 권리의 행사에 관한 법률」이 자세히 규율하고 있다.

Ⅲ. 영 공

영공의 개념은 대한민국의 주권이 미치는 영토와 영해의 수직상공이다. 그러나 영공의 수직적 범위에 대해서는 아직 국제사회에서 논의 중에 있으며, 이에 대한 국제법적 합의를 기다려야 한다. 적어도 영토와 영해의 수직상공으로서 비행가능한 공간이 영공의 범위에 포함되는 것은 물론이다.

제 4 절 북한지역의 법적 지위

Ⅰ. 헌법과 국제법

헌법 제3조에 의하여 북한지역 역시 대한민국의 영토이다. 대한민국이 대한제국의 정통성을 이어 받았다는 점을 확인한 것이다. 이에 법원은 예컨대 저작권법이 당연히 북한지역에도 규범력을 갖는다는 판결을 한 바 있다.[3] 다만 현실적으로 현재의 북한지역에 대한민국의 공권력이 미치지 못하고 있다. 이와 같이 북한이 국가는 아니며 대한민국 영토의 일부라는 점을 명확히 하였지만 북한의 법적 지위에 대해서 헌법 제3조는 개방적이다.

이에 대한 국제법적 확인이 1948년 12월 12일 국제연합(UN)총회에서 채택된 「한반도의 정치적 상태에 대한 결의 195(Ⅲ)」이다. 이 선언 중 대한민국의 법적 지위에 관한 중요한 내용은 다음과 같다; "... this government is based on elections which were a valid expression of the free will of the elaborate of that part of Korea and which were observed by the Temporary Commission; and that this is the only such Government in Korea." 이 문장은 대한민국이 한반도에 있어서 유일한 합법정부라는 의미로 이해될 수 있다. 그러나 엄격히 보면 대한민국이 한국임시위원단의 감시하에 해당 지역 주민의 자유로운 의사에 의하여 성립된 해당 지역의 유일한 합법정부라는 의미로도 해석될 수 있다. 후

3) 대판 1990.9.28, 89누6396 참조.

자의 경우 북한과의 관계는 여전히 개방적인 것으로 남는다.

Ⅱ. 남북특수관계론

현실적으로 북한은 대한민국을 적화통일하려는 의지를 가졌고, 또 그 의지를 실현하고자 1950년 한국전쟁을 일으킨 바 있다. 이러한 맥락에서 법원은 지속적으로 북한지역을 범죄단체가 불법적으로 점거하고 있는 미수복지역이라고 이해해 왔다.[4] 그러나 1970년대 초반, 즉 1972년 남북공동성명과 1973년 6·23선언을 시작으로 북한이 대화와 협력의 상대방이라는 전제하에 통일정책이 추진되어 왔다. 이는 1972년 헌법에 부분적으로 반영되었다. 즉 1972년 헌법은 전문에서 '평화적 통일의 역사적 사명'을 선언하였고, 대통령에게 평화통일의 의무를 부과하였다(제43조 제3항). 남북관계는 1988년 '7·7선언'을 계기로 획기적으로 전환되었다. 이 선언을 통하여 이른바 북방정책을 추진하면서 우리나라는 주변의 전통적인 적대국이었던 중국 및 러시아와 외교관계를 수립하였고, 남북한의 국제연합 동시가입을 추진하였다.

위와 같은 남북관계의 진전에 따라 1991년 우리나라와 북한은 함께 국제연합에 가입하였다. 또 남북 사이의 교류와 협력을 촉진하기 위한 합의가 「남북 사이의 화해와 불가침 및 교류·협력에 관한 합의서」의 형태로 이루어졌으며, 이는 1992년 2월 19일 발효되었다. 이로써 대한민국은 북한을 국제법상의 주체로 인정한 것이다. 그러나 이를 통해서 우리나라가 북한을 국제법적으로 승인하였거나 혹은 국내법적으로 국가로 인정한 것은 아니다.[5] 따라서 국내법적으로 보면 북한은 여전히 국가는 아니며, 단지 사실상의 정부일 뿐이다. 이 점을 「남북기본합의서」는 남과 북이 "나라와 나라 사이의 관계가 아닌 통일을 지향하는 과정에서 잠정적으로 형성되는 특수관계"에 있다고 표현하고 있다(남북기본합의서 전문). 또 2005년 「남북관계 발전에 관한 법률」, 2012년 「남북 주민 사이의 가족관계와 상속 등에 관한 특례법」 등도 이러한 태도를 수용하고 있다(남북관계법 제3조 제2항, 남북가족관계 등 특례법 제2조). 이 법률은 남북 간의 거래가 국가 간의 거래가 아니라 민족 내부의 거래임을 명확히 하였다(남북관계법 제3조 제2항). 이는 2012년 「통상조약

4) 예컨대 대판 1948.3.24, 4281형상10; 1955.9.27, 4288형상246; 1961.9.28, 4292행상48; 1971.1.26, 70도2357; 1971.2.23, 70도2417; 1983.3.22, 82도3036 등 참조.

5) 헌법재판소도 이 점을 강조하고 있다. 예컨대 헌재 1997.1.16, 92헌바6등, 9-1, 22면 이하 참조.

의 체결절차 및 이행에 관한 법률」에서도 확인되고 있다(법 제18조). 다만 남과 북 사이에 통일적인 화폐가 통용되지 않고, 또 남북관계는 여전히 어느 정도 통제와 감독이 필요하기 때문에 남북한이 국가와 국가 사이의 관계가 아니기는 하지만 「외국환거래법」이 적용되도록 하고 있다(남북교류협력에 관한 법률 제26조 제3항 제1호).[6)]

북한과의 관계에 있어서 국제무역에 적용되는 최혜국대우조항과 조화시키는 문제에 대해서는 검토가 필요하다. 최혜국대우란 조약당사국이 제3국에 부여하는 대우에 비해서 다른 조약당사국을 불리하게 대우해서는 안 된다는 원칙을 말한다. 우리 국내법에서와 같이 북한과의 관계가 민족내부거래인 경우 최혜국대우원칙은 적용되지 않는다. 이에 비해서 북한과의 거래를 국제무역으로 이해할 경우 대한민국에 있어서 북한은 최혜국에 해당하고, 그렇다면 대한민국은 다른 나라와의 관계에 있어서 북한에 비해서 불리한 무역조건을 제시할 수 없다. 이러한 후자의 이해방법은 현실적으로는 받아들일 수 없기 때문에 이에 관한 적극적인 외교통상적인 노력과 이론개발이 필요하다.

6) 이에 관한 헌법재판소의 결정으로는 헌재 2005.6.30, 2003헌바114, 17-1, 879면 이하 참조.

제 3 장 분단과 분단의 극복

제 1 절 통일의 과제와 절차

Ⅰ. 통일의 과제

헌법 제4조는 통일의 과제, 이를 실현하는 정치이념적 기반 및 방법을 규율하고 있다. 즉 대한민국은 통일을 지향하며, 자유민주적 기본질서에 입각한 평화적 통일정책을 수립하고 이를 추진한다. 모든 국가기관은 통일을 위하여 노력하여야 하며, 통일을 저해하는 국가작용은 허용되지 않는다. 다만 통일은 객관적인 국가의 과제이기 때문에 국민 개인이 이에 관한 구체적인 내용의 국가행위를 청구할 권리를 갖지는 않는다.

남북관계는 엄격한 의미에서 국가 간의 외교관계는 아니지만 준외교적 관계에 해당한다. 따라서 특히 대통령을 비롯한 행정부는 대북관계뿐 아니라 한반도 주변을 둘러싼 외교정책을 수립·집행하는 데 있어서 통일의 과제를 존중하여야 한다. 정부는 북한과 평화적 공존관계를 유지하면서 협력과 교류를 추진하는 적극적인 의무가 있으며, 소극적으로는 평화적 공존의 틀을 깨고 대립적 관계로 악화되지 않도록 하여야 한다.

Ⅱ. 통일정책수행의 절차

통일정책은 준외교적 성격을 갖고, 기본적으로 대통령의 권한에 속한다. 대통령은 권한행사에 있어서 일반적인 국가의사결정절차를 따라야 한다. 예컨대 통일정책이 개인의 기본권에 관련되어 있거나 혹은 중요한 국가조직의 변화를 수반하는 경우 법적 근거를 필요로 한다.

이 밖에 헌법은 통일정책의 수행에 있어서 두 가지 특수한 형태의 권한행사 방법을 두고 있다. 첫째, 헌법 제72조에 의하여 대통령이 필요하다고 인정하는 경우 통일문제를 국민투표에 부칠 수 있다. 통일문제에 관하여 대의기관의 의견이 파편화되어 의사결정능력이 없는 경우에 대통령은 이를 국민투표에 부칠 수 있다. 둘째, 헌법은 통일문제에 신중하게 접근하기 위하여 대통령자문기구로서 국가안전보장회의와 민주평화통일자문회의를 두고 있다(제91, 92조). 전자는 국가안전보장 일반에 관한 자문기구이며, 후자는 통일문제를 특유한 대상으로 한다. 전자는 필수기구이며, 후자는 임의기구이지만 현재 두 기구가 모두 설치되어 있다.

북한과 이루어진 합의의 효력에 관한 문제가 제기된다. 이 점은 이미 1991년 남북기본합의서가 채택된 후 논란을 겪은 바 있다. 당시 남북기본합의서는 국회의 관여 없이 채택되었고, 또 이후 헌법재판소와 법원은 이를 일종의 신사협정으로 보고 법적 구속력을 부인하였다.[1] 남북 간의 합의에 대한 국회의 통제가능성에 대해서는 2005년 제정된 「남북관계 발전에 관한 법률」이 실용적인 규정을 두었다. 즉 대통령은 남북합의서를 비준하기에 앞서 국무회의의 심의를 거쳐야 하며, 국가나 국민에게 중대한 재정적 부담을 지우는 남북합의서 또는 입법사항에 관한 남북합의서의 체결·비준에 대해서는 국회의 동의를 얻어야 한다(남북관계법 제21조 제2, 3항). 그러나 이 법률이 남북합의서의 법적 효력을 규정하고 있지는 않다. 남북합의서가 조약의 성격을 갖지 않는 한, 국회에서 동의절차는 정부의 통일행위를 통제하는 의미를 가질 뿐 법적 효력을 부여하는 계기가 되지는 않는다. 즉 남북합의서가 국회의 동의절차를 거쳤다고 해서 법적 효력을 갖는 것은 아니다. 더구나 「남북관계 발전에 관한 법률」은 조약에 적용되는 일반적인 기준을 벗어나 조약의 효력을 정지시킬 수 있도록 하였다. 즉 "대통령은 남북관계에 중대한 변화가 발생하거나 국가안전보장, 질서유지 또는 공공복리를 위하여 필요하다고 판단될 경우에는 기간을 정하여 남북합의서의 효력의 전부 또는 일부를 정지시킬 수 있다"(남북관계법 제23조 제2항).

법적 구속력 있는 조약이기 위해서는 당사국 간에 법률관계를 성립시키고자 하는 합의가 있어야 한다. 그런데 남과 북 사이에 이러한 의사가 존재하는가의 여부에 관계없이 준외교적 행위라는 이유로, 혹은 국회의 동의를 거쳤다는(혹은 거칠 것이라는) 이유로 남북합의서에 조약과 같은 법적 효력을 부여할 수는 없다.[2] 다만 입법정책적으로 보면 구체적으로 통일이 진행되는 과정에서 이루어

1) 헌재 1997.1.16, 92헌바6등, 9-1, 23면; 2000.7.20, 98헌바63, 12-2, 66면; 대판 1999.7.23, 98두14525 등 참조.

2) 비교의 대상으로 빈번히 거론되었던 1972년 '동서독 기본조약'은 국회의 동의절차를 거쳤으며, 합의가 조약의 명칭을 가졌기 때문에 법적 효력이 부여되었다. 이에 관한 연방헌법재판소의 결정으로는 *BVerfGE* 36, 1 참조.

지는 남북합의는 법적 효력을 갖는 형태이어야 한다. 이는 통일절차와 통일 후 상황에 대한 구체적인 결과를 도출하기 위한 합의일 것이기 때문이다.

판례 **북한의 이중적 지위, 남북기본합의서의 법적 성격** (헌재 2000.7.20, 98헌바63)

남북기본합의서는 남북관계를 '나라와 나라 사이의 관계가 아닌 통일을 지향하는 과정에서 잠정적으로 형성되는 특수관계'임을 전제로 하고 있다. 그런데 이는 민족내부의 특수관계를 바탕으로 한 당국간의 합의로서 남북당국의 성의있는 이행을 상호 약속하는 일종의 공동성명 또는 신사협정에 준하는 성격을 갖는다. 남북한 당국이 각기 정치적인 책임을 지고 상호간에 성의 있는 이행을 약속하였지만 법적 구속력이 있는 것은 아니다. 따라서 이를 국가 간의 조약 또는 이에 준하는 것으로 볼 수 없고, 국내법과 동일한 효력이 인정되는 것도 아니다

제 2 절 평화적 통일의 과제

평화통일정책을 수립하고 집행하기 위해서는 북한과 평화적인 공존관계를 형성·유지하여야 한다. 헌법 제3조와 제4조의 관계는 이러한 맥락에서 이해되어야 한다. 위에서 언급했듯이 헌법 제3조는 북한의 법적 지위에 대해서 개방적이다. 소극적으로 보면 헌법 제3조가 북한이 불법이적단체라고 해석하는 근거가 되는 것은 아니다. 이 점은 헌법재판소의 결정에서는 다음과 같이 간접적으로 표현되고 있다. 즉 "... 구법이 북한을 반국가단체로 규정하고 있음을 전제로 한 위헌주장은 형사절차상의 사실인정 내지 법적용의 문제를 헌법문제로 오해한 것"이다.[3] 적극적으로 보면 북한은 이중적 지위를 갖는다. 한편으로 북한은 분단 이후 오랫동안 대한민국을 공산화 혹은 해방의 대상으로 삼고 실제 전쟁을 일으킨 당사자로서 대한민국과 적대·대립의 관계에 있다. 다른 한편 북한은 1970년대 이후 우리 통일정책이 변화하면서 헌법 제4조 평화통일조항을 근거로, 또 국제연합의 회원국으로서 서로 평화적 관계를 형성하여 교류 및 협력을 하는 관계에 있다.[4]

헌법 제3조는 헌법 제4조의 적용에 있어서 영향을 미친다. 평화적 공존의

3) 헌재 1997.1.16, 92헌바6등, 9-1, 22면; 1997.1.16, 89헌마240, 9-1, 74면 이하 등 참조.
4) 헌재 1993.7.29, 92헌바48, 5-2, 75면; 대판 2000.9.29, 2000도2536; 2003.4.8, 2002도7281 등 참조.

관계를 규율하는 경우에도 남북관계의 또 다른 측면인 적대적 관계가 현실화될 수 있으며, 이러한 상황에 대비하기 위한 규제가 필요하기 때문이다. 「남북교류협력에 관한 법률」은 이 점을 실체법적으로, 그리고 절차법적으로 다음과 같이 반영하고 있다. '실체법'적으로 보면 이 법의 적용대상을 한정하였다. 즉 "남한과 북한의 왕래 · 접촉 · 교역 · 협력사업 및 통신 역무의 제공 등 남한과 북한 간의 상호 교류와 협력을 목적으로 하는 행위에 관하여는 이 법률의 목적 범위에서 다른 법률에 우선하여 이 법을 적용한다"(법 제3조). 이로써 적극적으로는 목적범위 내의 교류와 협력에 대해서는 「국가보안법」을 적용하지 않고, 소극적으로 보면 적대대립의 관계에 대해서 「국가보안법」 등 다른 법률을 적용할 가능성을 여전히 남겨 두고 있다. '절차법'적으로 보면 북한을 방문하기 위해서는 통일부장관의 승인을 받아야 한다(법 제9조). 이는 대한민국의 영토인 북한지역에 대한 거주 · 이전의 자유를 제한하는 것이지만 교류협력관계가 적대대립관계로 변질될 가능성이 있기 때문에 이에 대한 사전심사가 헌법에 위반되는 것은 아니다.[5)]

「남북교류협력에 관한 법률」과 외견적으로는 충돌하는 관계에 있는 「국가보안법」을 적용하는 데 있어서도 평화적 통일의 과제는 존중되어야 한다. 「국가보안법」은 국가안전보장을 구체적으로 위태롭게 하는 행위를 금지한다. 따라서 「국가보안법」의 직접적인 근거는 헌법 제37조 제2항이며, 헌법 제37조 제2항을 적용함에 있어서 헌법 제3조가 내포하고 있는 북한의 법적 지위 및 남북관계의 이중적 측면 중 적대 · 대립관계가 「국가보안법」의 적용대상이 된다. 평화적 공존의 관계에서 이루어지는 접촉이 추상적으로 북한에 이로운 행위라는 이유로 「국가보안법」이 적용될 수는 없다.

「남북교류협력에 관한 법률」과 「국가보안법」이 충돌관계에 있으며, 이러한 법의 충돌이 특별법우선의 원칙에 의하여 극복되어야 한다는 주장 역시 타당성이 없다. 두 법률은 입법목적과 규율대상 자체를 달리하기 때문이다. 국가보안법의 폐지 혹은 개정의 필요성이 있다면 이는 「국가보안법」이 남용된 과거의 경험을 되풀이하지 않기 위한 입법정책의 문제이며, 평화통일정책의 문제는 아니다.

5) 헌재 1993.7.29, 92헌바48, 5-2, 65면 이하; 1997.1.16, 92헌바6등, 9-1, 22면 이하; 2000.7.20, 98헌바63, 12-2, 64면 이하 등 참조.

제 3 절 자유민주적 기본질서에 입각한 통일의 과제

Ⅰ. 질서선택의 가능성과 이론적 · 현실적 한계

북한은 우리와는 이질적인 헌법을 운영하고 있으며, 이는 자유민주적 기본질서와는 근본적인 차이가 있다. 이러한 정치적 및 규범적 상황에서 북한과 대화와 합의를 통하여 남북이 함께 수용할 수 있는 국가형태 및 헌법에 합의하는 것은 불가능하다.

통일의 실현방법과 관련하여 이론적으로 세 가지 형태를 생각할 수 있다. 이는 통일 후 한반도의 헌법질서와 직접적으로 연계되어 있는 문제이다. 첫째, 우리 헌법질서를 기초로 통일이 이루어지는 방법이다. 헌법 제4조는 이 점을 명확히 하고 있다. 헌법은 국가의 정치 및 사회경제질서에 대한 근본적인 결정이며, 국가를 지배하는 장기적인 가치질서이다. 따라서 우리 헌법의 가치질서가 통일의 기초가 되어야 한다는 선언은 당연하다. 다만 이를 평화적으로 실현하는 문제가 남는다. 둘째, 북한의 헌법질서에 기초하여 통일을 실현하고 이것이 통일 후 헌법으로 기능하는 경우이다. 북한의 입장에서 보면 당연한 구상이지만 이는 우리의 연구 및 정책과제는 아니다. 셋째, 우리와 북한의 헌법질서를 혼합하여 중간 형태로 통일을 실현하고 이를 통일 후의 헌법질서로 형성하는 방법이다.

감성적 혹은 정치상징적으로 보면 남한과 북한의 정치 · 사회경제질서 및 헌법을 절충하여 통일을 실현하는 방법이 정당성이 있어 보이지만 이는 이론적으로는 불가능하다. 또 현실적인 가능성도 높지 않다. 대의민주주의와 인민민주주의, 실체적 가치의 개방성과 폐쇄성, 복수정당제도와 일당지배의 원칙, 권력분립과 권력집중, 자본주의시장경제와 사회주의계획경제 등은 선택의 대상이며, 절충할 수 있는 문제가 아니기 때문이다.

Ⅱ. 자유민주적 기본질서의 이해

자유민주적 기본질서의 내용에 대해서는 논란이 있다. 자유민주적 기본질서를 통일의 기반으로 제시한 결과 평화적 통일의 가능성을 차단한다는 지적은 타당하지 않다. 위에서 언급했듯이 통일의 기반으로 헌법의 가치를 제시하는 것은 당연하다. 또 우리 헌법상의 가치와 질서 및 제도와 북한 헌법상의 가치와 질서 및 제도를 중간에서 절충하여 제3의 길을 가는 방법은 이론적으로 불가능하고, 또 현실성도 지극히 낮다. 따라서 자유민주적 기본질서의 이해에 대한 문제가 통일정책과 갖는 관련성은 크지 않다.

헌법이 선언하고 있는 자유민주적 기본질서는 일반적인 민주적 기본질서 혹은 민주주의와 구별되는 특별한 형태의 민주주의를 염두에 둔 것은 아니다. 민주주의에서 자유와 평등의 이념이 균형 있게 실현되어야 하며, 자유의 가치가 부인될 수 없다는 의미로 이해하여야 한다. 따라서 통일의 기반이 되는 민주주의는 자유와 평등의 이념 어느 하나를 일방적으로 희생시키지 않는 범위에서 개방적인 가치질서를 예정하고 있다. 자유민주주의에 대한 헌법재판소의 이해방법도 다르지 않다. 헌법재판소는 자유민주주의의 가치로서 다원적 세계관, 가치상대주의 및 가치의 평등, 그리고 이를 구성하는 요소로서 일인 혹은 일당독재의 배제, 국민다수의 지배, 자유와 평등에 기초한 법치주의 등을 들고 있다. 제도적으로는 기본권 보장, 권력분립, 의회제도, 복수정당제도, 선거제도, 사유재산제와 시장경제, 사법권의 독립 등이 갖추어져야 한다.[6] 이후 헌법재판소는 자유민주적 기본질서에서 사유재산제도와 시장경제 등 경제질서의 요소를 제외하였다.[7] 우리 헌법이 개방적 혼합경제질서이기 때문에 사유재산제도와 시장경제가 다양하게 형성될 수 있으며, 따라서 자유민주적 기본질서를 판단하는 뚜렷한 기준이 될 수 없다는 점이 작용한 것으로 보인다. 이는 민주주의에 대한 일반적인 이해와 다르지 않다.

자유민주적 기본질서가 자유와 평등의 균형을 강조하는 사회민주주의를 배제하는 것은 아니다. 또 통일질서를 현행 우리 헌법의 정치질서 및 사회경제질서에 비해서 협소하게 해석하여야 할 이유도 없다.

제 4 절 통일의 방법: 합의통일과 흡수통일

자유민주적 기본질서에 의한 통일은 흡수통일을 암시하고 있으며, 따라서 평화적 통일의 요청과 모순된다는 주장이 있지만 이는 타당하지 않다. 통일

6) 헌재 1990.4.2, 89헌마113, 2, 64면 참조.
7) 헌재 2004.5.14, 2004헌나1, 16-1, 656면 참조.

의 실현과정을 예측하기는 어렵다. 1990년 독일의 통일은 일반적으로 흡수통일로 평가되어 왔다. 이는 동독 주민이 서독헌법에 가입하는 형태로 통일이 이루어졌으며, 또 서독의 정치·경제체제가 동독 지역에 확대되었다는 사실에 대한 평가이다. 그러나 실질적으로 보면 독일의 통일을 결코 흡수통일이라고 할 수는 없다. 먼저 서독에의 가입은 전후 동독의 강권적인 통치체제를 붕괴시킨 동독 주민의 저항의지에 따른 것이었으며, 이들은 서독의 정치 및 경제체제를 지향하였다. 구체적인 통일과정 역시 서독의 일방적인 의지가 관철된 것은 아니다. 서독 정부와 새로이 민주적으로 구성된 동독 정부 간에 짧지만 집중적인 협의를 거쳐서 동독의 특수성을 고려하여 부분적으로는 일시에, 그리고 부분적으로는 점진적으로 법적 통일을 이루었다.

우리의 통일도 위와 같은 과정을 거칠 것으로 예측된다. 통일은 어느 한쪽의 체제가 중심이 될 것이다. 다만 오랫동안 이질적인 법, 정치 및 사회경제체제가 지배하였던 공동체가 새로운 질서에 편입되는 데 따르는 혼란을 방지하기 위해서는 일정한 경과조치가 필요하다. 이 점에 있어서도 남북대표 간에 밀도 있는 협의가 있거나 (북한의 대표가 구성될 수 없는 경우에는) 북한주민의 이익을 충실히 반영하여 실질적으로는 합의에 의하여 통일이 되어야 한다.

제 7 편

국민의 권리와 의무

제 1 장 기본권 일반이론

제 1 절 기본권의 개념, 헌법의 기본원리와의 관계

Ⅰ. 기본권의 개념, 기본권과 인권

기본권은 국가에서 개인의 지위를 국가에 대한 권리를 중심으로 규정하는 근본규범이다. 소극적으로 보면 기본권이 보장되지 않는 국가는 정당성이 없으며, 적극적으로 보면 기본권의 행사를 통해서 비로소 국가가 형성된다는 의미에서 기본권은 공동체형성적 기능을 수행한다. 기본권이 민주주의를 형성하는 요소라는 점이 좋은 예이다.

기본권은 인권과는 개념과 범위에 있어서 구별된다. 인권의 개념은 넓게 혹은 좁게 이해될 수 있다. 넓은 의미의 인권은 헌법과 국가의 존재를 전제로 하지 않고 인간으로서 누려야 하는 권리를 말한다. 다분히 자연법적 개념이다. 그러나 이때 인권의 범주는 불확정적이다. 그 결과 이러한 의미의 인권은 재판규범으로 기능할 수는 없다.[1] 이와 같이 자연법적으로 이해되는 인권의 개념과 범주가 명확하지 않기 때문에 오늘날 인권의 이해는 국제법, 특히 국제관습법 및 국제법의 일반원칙을 중심으로 논의되는 경향을 보이고 있다. 좁은 의미의 인권은 법제화를 한다. 이에 따르면 인권은 헌법 혹은 국제적인 합의에 의하여 개인에게 보장되는 권리이다. 「국가인권위원회법」상의 인권개념이 여기에 해당한다. 이에 따르면 인권이란 "대한민국헌법 및 법률에서 보장하거나 대한민국이 가입·비준한 국제인권조약 및 국제관습법에서 인정하는 인간으로서의 존엄과 가치 및 자유와 권리"를 말한다(국가인권위법 제2조 제1호). 다만 이때 국제관습법에서 인정하는 권리라는 표현은 인권을 개념정의함에 있어서 헌법에 충실하지는 않다. 헌법상 국제관습법보다는 넓은 개념인 '일반적으로 승인된 국제법규'가 국내법적 효력을 갖기 때문이다.

기본권은 법제화를 전제로 한다는 점에서 넓은 의미의 인권과는 구별된다. 법제화를 전제로 한다는 점에서 좁은 의미의 인권과는 공통점을 갖는다. 그러

1) 이에 대해서는 대판 1975.4.8, 74도3323; 1980.5.20, 80도306; 1980.8.26, 80도1278 등 참조.

나 기본권은 헌법상의 권리라는 점에서 헌법 및 법률상의 권리를 포괄하는 인권개념과 구별된다.

인권의 개념은 외국인의 기본권적 지위를 논의하는 데에 유용한 기준이 된다. 즉 헌법이 보장하는 기본권 중에는 인권의 범주에 속하기 때문에 국적에 관계없이, 즉 외국인에게도 보장되는 기본권이 있는 반면 국적을 전제로 보장되는 기본권이 있다.

Ⅱ. 기본권과 민주주의

민주주의에서 국가권력의 정당성은 국민에 있다. 이때 국가권력에게 정당성을 부여하는 국민의 의사는 추정적 의사이며, 이념적·정치적 통일체로서 국민이 국가기관에게 국가권력의 행사를 위임한다. 국민의 추정적 의사는 국민 개인의 현실적인 의사에 종속되지 않고, 또 이것과 동일할 수도 없다. 그런데 국민의 추정적 의사에 기초하여 국가권력이 정당성을 갖기 위해서는 추정적 의사의 형성에 국민 개인이 자신의 의사를 투입하고, 반영시킬 기회가 보장되어야 한다. 이와 같이 개인의 의사를 국가의사형성에 투입하고 반영시키는 기회를 보장하지 않는 경우 국가권력은 실질적인 정당성을 가질 수 없다. 결국 국가권력은 한편으로는 민주주의원리에 의하여 제도적으로(민주주의적 정당성), 다른 한편으로는 개인의 기본권 행사에 의하여 실질적으로 정당성을 갖추어야 한다(기본권적 정당성). 대표적으로 언론·출판, 그리고 집회·결사의 자유 등 이른바 의사소통을 위한 기본권이 민주주의원리와 상호작용을 하면서 국가권력의 정당성을 근거짓는다. 그 밖의 기본권들도 개별 생활영역에서 인격실현의 기반을 보호하고 이에 기초하여 개인이 정치적 의사형성에 참여할 수 있게 된다는 점에서 민주주의원리와 기능상 상관관계를 갖는다.

위에서 살펴본 바와 같이 기본권이 보장되지 않는 경우 민주주의는 실현될 수 없다. 또 이론적으로 보면 민주주의와 같은 헌법원리로부터 개인의 구체적인 기본권이 도출되는 것도 아니다. 만약 민주주의로부터 기본권이 도출될 수 있다면 기본권은 그 정형을 상실하고, 또 기본권과 법률적 권리의 기능분담도 의미가 약화될 것이다. 그렇다면 민주주의를 채택하지 않는 헌법에서 기본권이 보장될 수 있는가? 경험적으로 보면 이와 같은 기본권과 민주주의의 관계가 불가능한 것은 아니다. 다만 이때 기본권은 절대적인 통치권자가 승인하는 범위 내에서 인정되는 시혜적인 권리가 된다. 통치권자는 언제든지 필요한 경우 기본권을 회수할 수 있기 때문이다. 그리고 이러한 정치적 상황에서 기본권의 규범력은 불안정하다. 따라서 입헌군주제 헌법에서 기본권은 필연적으로 법률이 허용하는 범위 내에서, 법률유보 하에서 보장될 뿐이다. 헌법사에서 보면 입헌군주제에서 민주주의로 전환하는 헌법의 경우 기본권을 비롯한 헌법의 규범력을 사법적(司法的)으로 보장하는 문제가 중요한 쟁점이 되었다.

기본권이 한편으로 국민 개인이 민주주의의 의사결정에 참여하는 것을 보장하고, 또 국가권력에 정당성을 부여하기 위한 조건이지만 다른 한편 기본권은 민주주의의 의사결정을 통제하는 독자적인 기능을 갖는다. 즉 민주주의적 의사결정의 정당성이 기본권의 기능을 소진시키는 것은 아니다.

제 2 절 기본권의 유형과 내용

Ⅰ. 기본권목록의 특징

우리 헌법은 비교헌법적으로 보면 다양한 기본권을 보장하는 헌법례에 속한다. 헌법사적으로 보면 다음과 같은 두 가지 이유가 있다.

첫째, 1948년 헌법이 제정된 후 현행 1987년 헌법에 이르기까지 헌법은 9차례 개정을 거듭해왔다. 우리 헌법은 주로 국가조직의 구도와 조직방법에 대한 변화의 필요성 때문에 자주 개정되어 왔다. 그러나 헌법이 개정을 거듭하면서 부분적으로는 새로운 기본권을 도입하였으며, 이로써 기본권목록이 비교적 풍부해졌다. 1962년 헌법에서 인간의 존엄과 가치, 직업선택의 자유, 인간다운 생활을 할 권리가, 1980년 헌법에서 행복추구권, 사생활의 비밀과 자유, 환경권이, 그리고 1987년 헌법에서 범죄피해자구조청구권이 새로이 기본권목록에 추가되었다.

둘째, 우리 헌법은 처음부터 사회적 과제를 기본권의 형태로 실현하기 위하여 다양한 사회적 기본권을 두었다. 1948년 헌법에는 다른 나라에 유례가 없는 사기업에서 노동자의 이익분배균점권이 규정되었다. 이는 1962년 헌법에서 삭제되었다. 이와 같은 기본권의 유형과 내용에 관한 두번째 특징, 즉 다양한 사회적 기본권을 보장하고 있는 부분에 대하여는 따로 설명한다(Ⅲ).

Ⅱ. 일 반 론

기본권을 보장하기 위한 국가의 역할 및 기본권이 실현되는 구조를 중심으로 기본권을 분류하면 다음과 같다.

1. 국가로부터 자유를 내용으로 하는 기본권

이는 기본권의 가장 오래된, 그리고 대표적인 내용이다. 이에 따르면 개인생활에서 자기결정권을 존중하여야 하며, 국가권력이 개입해서는 안 된다. 따라서 개인은 허용되지 않는 국가권력의 개입을 방어할 권리가 있다(이른바 '방어권적 성격'). 헌법 제10조 행복추구권, 제12조 신체의 자유, 제14조 거주·이전의 자유, 제15조 직업선택의 자유, 제16조 주거의 자유, 제17조 사생활의 비밀과 자유, 제18조 통신의 자유, 제19조 양심의 자유, 제20조 종교의 자유, 제21조 언론·출판과 집회·결사의 자유, 제22조 학문과 예술의 자유, 제23조 재산권 등이 여기에 속한다.

이들 자유권적 기본권이 국가로부터의 자유를 위한 방어적 내용만을 갖는 것은 아니다. 적극적인 청구권의 근거가 될 수도 있으며 이에 대해서는 아래 3(국가의 적극적인 행위의무를 내용으로 하는 기본권)에서 다시 설명한다. 그렇기 때문에 분류의 단위로서 자유권적 기본권이라는 명칭을 사용하지 않고 '국가로부터의 자유를 내용으로 하는 기본권'으로 표현하였다.

2. 평등을 내용으로 하는 기본권

국가는 모든 국민의 평등을 보장하여야 한다. 모든 국민은 법 앞에 평등하다(제11조). 제도적 불평등을 배제하였다. 즉 사회적 특수계급은 인정되지 않고(제11조 제2항), 훈장 등의 영전은 이를 받은 자에 한하여 효력이 있으며, 어떠한 특권도 따르지 않는다(제11조 제3항).

평등권은 다음과 같이 다양한 내용을 갖는다.

(1) 법적 평등

개인의 주어진 상황에 대해서 국가는 평등한 취급을 하여야 하며, 불합리한 차별취급은 금지된다(법적 평등, 소극적 평등). 누구든지 수학능력에 따라 평등하게 교육을 받을 권리가 있고(제31조 제1항), 동일한 노동의 질과 양에 대해서 성별을 이유로 하는 차별은 허용되지 않는다(제32조 제4항). 특히 정치적 영역에서는 모든 국민의 정치적 의사의 가치는 평등하다고 의제하며, 이에 상응하여 형식적이고, 절대적인 평등이 보장된다(제24조, 제41조 제1항, 제67조 제1항 등).

모든 국민은 법 '앞'에서 법의 적용에 있어서 평등할 뿐 아니라 법의 내용 자체가 평등하여야 한다. 따라서 평등권은 법의 집행뿐 아니라 입법작용을 구속한다. 그러나 이러한 내용의 평등권은 개인이 해당 상황에 이르게 된 계기에 대해서는 주목하지 않는다. 따라서 개인의 주어진 상황에 있어서의 차이가 평등권을 통하여 극복되지는 않는다. 극단적으로 말하면 이와 같은 내용의 평등권이 적용되는 경우에는 개인 간의 사실적인 불평등은 오히려 규범적으로 지속된다.

(2) 사실적 평등

위와 같은 실질적인 불평등에 주목하여 헌법은 개인의 주어진 상황 자체를 어느 정도 교정하는 과제를 갖는다. 평등은 자유의 조건이라는 인식하에 국가는 모든 개인에게 자유를 향유하기 위하여 필요한 최소한의 조건을 평등하게 보장하여야 한다(사실적 평등, 적극적 평등, 출발에 있어서의 평등). 사회적 기본권들이 이러한 유형에 해당하며, 이에 대해서는 아래 3(국가의 적극적인 행위의무를 내용으로 하는 기본권)에서 다시 설명한다.

(3) 적극적 평등실현조치

주어진 상황을 국가의 적극적인 행위를 통하여 교정하여 평등을 실현하는 유형에 이른바 '적극적 평등실현조치(affirmative action)'가 포함된다. 적극적 평등실현조치는 위에서 설명한 사실적 평등과 다음과 같은 점에서 구별된다. 통상적인 국가의 평등실현조치는 개인에게 자유를 향유하기 위하여 필요한 조건을 보장하는 데 1차적인 관심이 있다. 그러한 조건 위에서 실제 평등한 결과가 실현되는가는 개인의 능력과 의지에 달려 있다. 이에 비해서 적극적 평등실현조치는 어느 정도 결과의 평등을 실현하는 목표를 갖는다. 즉 역사적 혹은 사회구조적인 이유에서 불평등한 취급을 받았던 집단에게 이를 보상하기 위하여 다른 집단과 평등한 상태를 직접 실현하기 위한 조치를 취한다. 고용에 있어서 여성 혹은 장애인에게 평등한 경쟁의 기회를 부여하기 위하여 가산점을 부여하는 것은 일반적인 평등실현의 조치이다. 이에 비해서 신규 고용인력의 일정 비율을 반드시 이들 집단에서 선발하도록 하는 이른바 '할당제'는 적극적 평등실현조치에 속한다.[2] 적극적 평등실현조치는 적용대상이 아닌 개인에게는 역차별의 문제를 발생시킨다. 따라서 적극적 평등실현조치는 헌법적 정당성과 정책적 타당성에 관한 엄격한 검토를 거쳐 한정된 범위에서 취해질 수 있다.

3. 국가의 적극적인 행위의무를 내용으로 하는 기본권

(1) 사회적 기본권

사회적 기본권은 자유권적 기본권과는 달리 국가의 불개입이 아니라, 오히려 적극적인 행위를 통해서 실현된다. 제31조 교육의 권리, 제32조 근로의 권리, 제33조 노동3권, 제34조 인간다운 생활을 할 권리, 그리고 부분적으로 제35조 환경권, 제36조 혼인과 가족의 보호 등이 이와 같은 유형에 해당한다.

헌법 제30조 범죄피해자구조청구권은 사회적 기본권의 성격이 강하지만 범죄예방을 게을리한 국가책임을 묻는 의미도 있기 때문에 이념적으로 보면 어느 정도 권리구제를 위한 기본권의 성격도 있다. 헌법 제33조 노동3권과 제35조 환경권은 다른 사회적 기본권에 비해서는 특수성이 있으며, 이에 대해서는 따로 설명이 필요하다.

(2) 국가의 기본권보호의무

자유권적 기본권도 국가의 적극적인 행위를 통해서 비로소 실현되는 경우가 있다. 기본권이 보호하는 생활영역이 국가가 아닌 제3자의 행위를 통해서 침해되는 때이다. 국가가 이를 방치한다면 모든 국민의 기본권이 보장되는 상태를 실현할 수 없다. 따라서 국가는 적극적으로 제3자에 의한 기본권침해행위를 방지하거나 혹은 이를 사후에 처벌하여 기본권을 보호하여야 한다(국가의 기본권보호의무).

기본권보호의무의 관계에서 보면 범죄의 경우 형법상의 법률관계에 그치지 않고 헌법적인 평가의 대상이 된다. 범죄의 위험이 있는데도 국가가 범죄방지의무를 게을리하여 희생이 발생한 때에 국가책임의 문제 등이 기본권보호의무로 논의된다.[3] 이러한 상황에서 국가와 가해자의 관계는 형법이 규율하지만,

---

2) 헌재 2003.7.24, 2001헌바96, 15-2(상), 79면 이하; 2014.8.28, 2013헌마553, 26-2(상), 435면 이하 등 참조.

3) 이에 대해서는 헌재 1997.1.16, 90헌마110등, 9-1, 119면 이하; 2009.2.26, 2005헌마764등, 21-1(상), 156면 이하 등 참조.

피해자가 가해자로부터 받은 법익침해는 국가와의 관계에서 기본권적 평가의 대상이 된다. 행정청이 영업을 허가한 결과 기본권으로 보호되는 제3자의 법익이 침해되는 경우 역시 같은 논리로 평가하여야 한다.[4] 보다 일반적으로 보면 적극적인 외교행위를 행하지 않아 타국에 대한 우리 국민의 손해배상이 실현되지 못하는 상황에 대해서는 기본권보호의무에 따른 국가책임이 성립될 수 있다.[5] 또 공직선거 운동을 규율하면서 소음규제기준을 두지 않은 경우 건강하고 쾌적한 환경에서 생활할 권리를 침해하는 구도가 나타난다.[6]

4. 국가기능에 적극적으로 참여하는 내용의 기본권

기본권은 개인의 법적 지위를 더 이상 국가권력의 객체가 아니라 주체의 지위로 격상시켰다. 이제 개인은 직접 공직을 담당하거나 아니면 적어도 공직자를 선택하는 기회를 갖게 되었다. 이는 각각 헌법 제25조 공무담임권, 그리고 제24조 선거권에 의하여 보장된다.

청원권에 대해서는 설명이 필요하다. 헌법 제26조 청원권은 기원적으로는 사법적(司法的)인 권리구제가 충실하지 못한 상황에서 재판 이외의 방법으로 개인의 권리를 구제하는 수단이었다. 그러나 오늘날 사법적 권리구제가 충실히 정비되어 있기 때문에 청원권은 개인적 혹은 집단적으로 국가의사형성에 영향을 미치기 위한 수단으로 발전하고 있으며, 이 점에서 국가기능에 참여하기 위한 의사소통을 지원하는 기본권의 성격을 띠게 되었다.

5. 권리구제를 위한 기본권

국가는 공권력 혹은 제3자의 행위로 인하여 헌법 및 법률이 보호하는 개인의 법익 및 권리가 침해되지 않도록 하여야 하며, 침해된 경우 이를 구제하여야 한다. 헌법은 이를 기본권으로 보장하고 있다. 이러한 기본권들을 일반적으로 청구권적 기본권으로 부른다. 그러나 이러한 용어례는 적절하지 않다. 국가로부터 자유를 내용으로 하는 기본권을 포함하여 모든 기본권이 정도의 차이는 있지만 청구권의 성격이 있기 때문이다.

4) 이에 대해서는 예컨대 대판 1975.5.13, 73누96, 97; 1992.7.10, 91누9107 등 참조.
5) 헌재 2011.8.30, 2006헌마788, 23-2(상), 386면 이하 참조.
6) 헌재 2019.12.27, 2018헌마730, 31-2(하), 315면 이하 참조. 같은 사안에서 기본권 침해를 부정하였던 결정으로는 헌재 2008.7.31, 2006헌마711, 20-2(상), 345면 이하 참조.

국가는 1차적으로 권리의 존속을 보장하여야 한다. 이는 헌법 제27조 재판을 받을 권리를 통해서 이루어진다. 또 국가권력의 행사과정에서 불가피하게(적법한 행위를 원인으로 한 경우이건 혹은 불법행위를 원인으로 한 경우이건) 개인에게 피해가 발생한 경우 이를 사후에 보상 혹은 배상하여야 한다. 이는 헌법 제23조 제3항 재산권 수용에 대한 보상청구권, 제28조 형사보상청구권, 제29조 국가배상청구권을 통하여 실현된다.

헌법 제26조 청원권은 개인의 권리 혹은 법익이 침해되었을 때 비로소 행사되는 기본권은 아니지만 권리구제의 기능을 수행할 수도 있으며, 이러한 의미에서 권리구제를 위한 기본권에 해당할 수 있다. 기원적으로 보면 청원권은 권리구제를 위한 기본권으로 형성되었지만 오늘날에는 개인이 정치과정에 참여하기 위한 기본권의 성격이 보다 강하다는 점에 대해서는 위에서 설명하였다.

헌법 제30조 범죄피해자구조청구권은 국가가 범죄예방의 의무를 게을리하여 범죄를 방지하지 못했고, 그 결과 발생한 피해에 대해서 국가의 책임을 인정한다는 점에서 이념적으로 보면 국가의 책임을 묻는, 권리구제를 위한 기본권의 성격이 전혀 없는 것은 아니다. 그러나 범죄피해로 인하여 개인이 스스로의 능력으로 정상적인 생활을 할 수 없게 된 상황이 보다 중요한 보호의 계기이다. 따라서 사회적 기본권의 성격이 더 강하다.

Ⅲ. 사회적 기본권

1. 자유와 보장, 사회적 배려와 사회적 평등

1948년 헌법은 개인의 자유를 보장하며, 동시에 사회경제질서를 형성하고 사회를 통합하는 과제를 가졌다. 서구에서는 시대의 발전에 따라 헌법에 순차적으로 자유와 보장의 문제가 부과되었다. 그러나 우리 헌법에는 이들 과제들이 동시에 제기되고 부과되었다.

사회적 기본권은 개인의 자유를 실질적으로 실현하기 위하여 필요한 최소한 혹은 적절한 수준의 조건을 보장하여야 한다. 이때 자유의 조건은 개인생활의 모든 영역과 관련되며, 국가는 자유의 조건을 포괄적으로, 그리고 평등하게 보호하여야 한다. 그런데 평등이 모든 생활영역에서 동시에 실현될 수는 없다. 절대적 차원의 이념인 사회적 배려(복지)가 상대적 차원에서 이를 보편적으로 실현하는 기준이 될 수 있도록 하여야 한다.

자유권적 기본권이 기본권 행사의 조건을 보장할 수 없는 문제를 극복하고 기본권의 효력을 강화하기 위하여 기본권보호의무가 인정되었다. 이 경우 기본권의 실현구조는 사회적 기본권과 동일하다. 다만 기본권보호의무는 자유권의 효력을 강화하는 시도이며, 따라서 개인의 문제를 사회화하는 사회적 기본권과는 기능영역에 있어서 차이가 있다.

2. 체제순응적 기능 – 사회적 기본권과 자유권적 기본권

(1) 사회적 기본권과 시장의 기능

사회적 기본권은 사회문제를 발생시킨 체제 자체, 즉 자본주의 시장경제의 변혁을 목적으로 하지는 않는다. 정치적으로 보면 사회적 기본권은 가치의 다원성 및 중립성을 배경으로 하는 민주주의의 기반 위에서 기능한다. 특정 계급이 독점적으로 지배하는 정치체제에서는 가치판단의 자유가 보장되지 않는다. 따라서 자유권적 기본권을 실질적으로 향유하기 위하여 필요한 조건을 보장하는 사회적 기본권도 존재의미가 없다. 국가는 개인생활에 제한없이 개입하여 국가의 가치를 실현하고 개인 간의 이익관계를 조정하는 권한을 갖기 때문이다. 이와 같은 사회주의헌법에서는 경제운용에 있어서 분배와 재분배의 기능상의 구분이 없이 분배과정에서, 즉 고용관계에서 사회문제를 포괄적으로 해결하는 구상을 따른다. 개인의 법적 지위를 기준으로 보면 여기에서는 국가정책의 결과로서 '이익'이 있을 뿐 사회적 '기본권'이 존재할 필요는 없다.

경제사회질서의 관점에서 보면 사회적 기본권이 시장경제와 자본주의에 대한 변혁을 의도하지는 않는다. 오히려 시장경제와 자본주의를 유지하는 기반 위에서 개인의 사회적 상황과 위험을 보호·지원하며, 이를 위하여 시장경제와 자본주의에 헌법이 허용하는 범위에서 사회적 책임을 부과한다. 이와 같이 사회적 기본권이 체제순응적인 기본권이라는 사실은 시각을 달리해서 보면 사회적 기본권이 기초하고 있는 체제가 어느 정도는 사회적 기본권의 실현에 장애가 된다는 역설적인 의미를 갖는다. 따라서 필연적으로 사회적 기본권과 자유권적 기본권의 조화문제가 헌법학의 중요한 관심사이다. 이러한 문제는 다음과 같은 여러 가지 국면에서 나타난다.

(2) 사회적 기본권과 타인의 자유권적 기본권

사회적 기본권과 타인의 자유권적 기본권은 서로 긴장관계에 있다. 이는 사회적 기본권이 부분적으로 시장의 기능을 대체하거나 혹은 시장에 사회적 책임을 부과하는 방법으로 실현되기 때문이다. 예컨대 노동기본권은 사용자의 재산권, 직업의 자유, 영업의 자유를 어느 정도 제한하며, 이때 비로소 실현될 수 있다. 국가는 노동시장에서 분배관계에 개입하여 인간의 존엄에 상응하는 근로조건을 보장하여야 한다. 그러나 포괄적으로 시장에 개입하여 국가가 근로조건을 결정한다면 이는 '사회적'일 수 있지만 자본주의 시장경제질서와 조화될 수는 없다. 따라서 시장에서 이루어지는 분배정책(distribution)과 국가의 사회적 과제가 집중적으로 실현되는 재분배정책(redistribution)의 분화는 필수적이다.

헌법 제33조 근로자의 단체행동권, 즉 노동의 파업에 대해서 사용자가 자본의 파업인 '직장폐쇄'로써 대응할 수 있는가 하는 문제 역시 같은 구조를 갖는다. 근로자의 단체행동권에 사용자의 권리가 포괄적으로 종속되지는 않기 때문에 사용자의 직장폐쇄권을 부인할 수는 없다. 실제 「노동조합 및 노동관계조정법」은 방어적인 직장폐쇄권은 인정하고 있다. 이에 비해서 단체행동을 사전에 차단하기 위한 공격적인 직장폐쇄권은 인정되지 않는다. 따라서 사용자는 노동조합이 쟁의행위를 개시한 이후에는 직장폐쇄를 할 수 있다(법 제46조 제1항). 사용자의 직장폐쇄권을 부인하기 위해서는 독자적인 헌법적 결정이 필요하다.

(3) 사회적 기본권과 본인의 자유권적 기본권

사회적 기본권은 본인의 자유권적 기본권과도 긴장관계에 있다. 근로의 권리를 보장하기 위해서는 국가는 근로의 자유를 제한하여 어느 정도 노동의 의무를 부과하여야 한다. 이러한 의무가 헌법상 인정될 수 없다면 근로의 권리는 완벽하게 실현될 수 없다. 그런데 노동의 의무가 개인에게 노동을 강제할 수는 없기 때문에 근로의 권리는 실현에 한계가 있다. 즉 근로의 권리가 노동의 기회를 구체적으로 청구하는 권리로 실현될 수는 없다. 같은 이유에서 기존의 직장이 존속할 것을 내용으로 하는 청구권은 인정되지 않는다.[7]

인간다운 생활을 보장하는 국가의 과제는 개인에게 자신의 능력을 모두 투입할 것을 조건으로 하여 실현된다. 그런데 이러한 조건의 충족 여부를 심사하기 위해서는 국가는 개인의 수요 및 자산상황, 부양관계 등을 조사하여야 하며, 이 과정에서 개인의 생활이 포괄적으로 노출될 위험이 있다. 따라서 근로의 자유, 사생활을 보호하는 기본권 등을 기준으로 사회적 기본권의 실현과정

7) 헌재 2002.11.28, 2001헌바50, 14-2, 679면 참조.

을 심사하여야 한다.

(4) 사회적 기본권의 현상유지적 고착화의 위험

사회적 기본권은 위에서 살펴본 바와 같이 시장의 기능, 그리고 시장에 참여하는 개인의 권리 및 이익 등과 조정이 되면서 실현된다. 사회적 기본권을 실현하기 위한 국가정책에 따른 개인의 법적 지위가 자유권적 기본권에 의하여 보호될 때 안정성을 가질 수 있다. 그러나 이와 같이 주관적 권리가 강화되면서 객관적으로 타당한 정책형성에 오히려 장애가 될 수도 있다.

자본주의경제에서 자본과 노동은 기본적으로 대립관계에 있다. 이러한 대립이 사회불평등의 기원이며, 동시에 헌법에 대한 도전적 요소였다. 사회적 과제를 실현하기 위하여 형성된 개인의 권리가 자유권적으로 보호되는 경우 이제 법과 제도에 포섭되는 자와 그렇지 못한, 즉 배제되는 자 간에 불평등이 새로운 문제로 나타난다. 또 미래세대의 이익이 정치과정에서 반영되지 못하고 미래세대의 희생 하에 현재세대가 일방적으로 이익을 얻는 경우 이는 세대 간 갈등의 계기가 되며, 객관적으로는 사회의 지속가능성을 위태롭게 할 수 있다. 예컨대 사회보장급여가 재산권적 보호의 대상이 되어 개인에게 법적 안정성을 부여하는 것은 바람직하다. 그러나 재산권이 지나치게 현상유지의, 그리고 현세대 중심의 논리로서 동원되는 경우 객관적으로 타당한 사회정책에는 장애가 될 수 있다.

3. 사회적 기본권의 실현구조

사회적 기본권이 모두 동일한 실현구조를 갖는 것은 아니다. 다음과 같은 두 가지 유형이 있다.

(1) 국가의 조정에 의한 실현

사회적 기본권은 자본주의시장경제를 새로운 상황에 순응시키기 위한 기본권이기 때문에 논리적으로 보면 사회적 기본권은 자본주의시장경제의 법률관계에서 실현된다. 국가는 노동시장에 개입하여 근로조건의 최소한을 법정화하고, 노사가 합의하는 근로조건이 이에 미달하지 않도록 보장하여야 한다. 노동자에게 인간다운 최저생활을 보장할 수 없는 근로조건이 강요되어서는 안 된다. 이것이 헌법 제32조 제1항 및 제3항의 헌법적 의미이다. 또 근로자가 사용자와 대등한 협상력을 갖고 근로조건에 관하여 교섭할 수 있도록 제도를 조성하여야 한다. 이는 헌법 제33조가 보장하고 있다.

국가는 재화와 서비스 교환시장에 개입하여, 독과점 등의 형태로 시장을 지배하고 경제력을 남용하여 정상적인 수준의 소득으로도 생활을 유지할 수 없는 상태를 교정하여야 한다. 헌법재판소도 이 점을 명확히 인식하고 있다. 즉 "...국가목표로서...공정경쟁질서의 유지는 자연적인 사회현상이 아니라 국가의 지속적인 과제라는 인식에 그 바탕을 두고 있다".[8] 시장은 국가의 개입이 최소화되고 자율적으로 운용되어야 하지만, 시장은 또한 개인의 소비가 이루어지는 장(forum)이다. 따라서 적절한 수요를 충족하기 위한 소비를 보장하기 위하여 시장에 어느 정도 책임을 부과하는 것은 국가의 정당한 권한이며, 동시에 책임이다.[9] 또 가족법은 가족구성원 간의 기능분담을 통하여 가족의 생활을 보장하여야 하며, 이러한 가족의 복지생산을 위하여 국가는 가족을 적극적으로 지원하여야 한다.

(2) 국가의 직접급여

위와 같이 시장에 개입하여 조정하고, 시장에 사회적 책임을 부과하는 조치를 통하여 사회적 기본권을 실현하는 데에는 규범적, 그리고 현실적인 한계가 있다. 따라서 국가는 시장에 책임을 부과하는 방법으로 목표를 실현할 수 없는 경우 직접 시장을 대체하여 사회적 기본권을 실현하여야 한다. 국가는 해당 사회의 최소한의 가치를 공유하는 국민(의식)을 필요로 하기 때문에 국가는 교육에 적극적으로 관여하여야 한다. 국민생활에 필수적인 공공재이지만 시장에서 보편적이고 안정적으로 제공될 수 없는 경우(예컨대 교통, 사회간접자본 등)에는 국가가 직접 이를 공급할 수도 있다. 국민의 경제적 부담능력이 제한적이기 때문에 시장이 공급할 수 없는 공공재(예컨대 사회보장급여)에 대해서는 국가가 직·간접적으로 시장의 기능을 대체하거나 시장에 책임을 부과하여 생산과 분배기능을 담당하여야 한다.

국가가 직접 개입하여 사회적 기본권을 실현하는 데 있어서는 공통적으로 다음과 같은 규범적, 그리고 현실적인 한계가 있다.

사회적 기본권은 적극적인 국가행위를 통하여 실현된다. 그런데 헌법이 보

---

8) 헌재 2002.7.18, 2001헌마605, 14-2, 97면 참조.
9) 헌재 2004.10.28, 99헌바91, 16-2(하), 128면 참조.

호의 목표, 내용과 형태, 수준 및 방법에 대해서 직접 구체적인 지침을 제시하는 것은 아니다. 따라서 이들 내용은 입법적·행정적으로 구체화되어야 한다. 이러한 결정과정에서 국가는 가변적이고 개방적 상황을 고려하여 사회적 기본권을 실현하여야 한다. 자유의 조건을 보장하기 위한 국가의 사회적 조치는 일시에, 포괄적으로 취해질 수는 없기 때문에 이에 포섭되지 못하는 자에 대해서는 필연적으로 불평등의 원인이 되며, 이러한 불평등에 대한 사회적 지원이 필요하다. 이와 같이 사회적 기본권은 정치과정에서 비로소 그 이념이 구체화되고 실현되기 때문에 구체적인 청구권의 직접적인 근거가 될 수는 없다.

사회적 기본권은 국가의 급부행위를 통하여 실현되기 때문에 국가의 재정능력이 중요한 변수이다. 그런데 국가의 재정능력에는 한계가 있으며, 헌법의 규정에 의하여 필요한 재정이 창출되는 것은 아니다. 기본권 실현의 현실적인 한계이다. 다만 국가의 재정능력은 절대적으로 보면 제한되어 있지만 상대적으로 보면 재정배분의 우선순위에 관한 정치적 및 정책적 선택의 문제이다. 따라서 예컨대 최저생활을 보장하는 정책과 같이 가장 기본적인 국가의 과제에 있어서는 재정적인 이유가 실현에 절대적인 장애요소가 될 수 없다.

판례 **사회적 기본권의 실현과 재정적 및 규범적 한계**(헌재 2002.12.18, 2002헌마52)

장애인의 복지를 향상해야 할 국가의 의무가 다른 다양한 국가과제에 대하여 최우선적인 배려를 요청할 수 없으며, 나아가 헌법의 규범으로부터 '장애인을 위한 저상버스의 도입'과 같은 구체적인 국가의 행위의무를 도출할 수 없다. 모든 국가기관은 헌법규범을 실현하고 존중해야 할 의무가 있으므로, 행정청은 그의 행정작용에 있어서 헌법규범의 구속을 받는다. 그러나 장애인의 복지를 위한 국가의 의무는 장애인도 인간다운 생활을 누릴 수 있는 정의로운 사회질서를 형성해야 할 일반적인 의무이지, 장애인을 위하여 저상버스를 도입해야 한다는 구체적 내용의 의무가 헌법으로부터 나오는 것은 아니다. 저상버스의 도입은 버스운송사업자가 국가나 지방자치단체가 운영하는 공기업이 아니라 순수한 사기업인 이상, 이들에 대한 국가의 지원대책이 마련되지 않고서는 불가능하다. 즉 저상버스를 대중버스노선에 도입하기 위해서는 버스운송사업자에 대한 재정지원이 필수적인 전제조건이다. 따라서 국가가 저상버스의 도입을 추진하는 문제는 재원확보의 문제이고, 결국 제한된 국가재정의 배분과 우선순위결정의 문제이다.

'장애인의 복지를 위하여 노력해야 할 국가의 과제를 언제 어떠한 방법으로 이행할 것인가' 하는 이행의 구체적 방법(예컨대 장애인 생활안정지원, 재활시설운영,

직업생활시설운영, 편의시설설치, 재활서비스운영 등)과 이행시기에 관하여는, 행정청이 다른 여러 과제들과의 우선순위, 재정적 여건 등 다양한 요인들을 감안하여 결정할 사안으로서, 그에 관하여 광범위한 재량권을 갖는다. 국가가 장애인의 복지를 위하여 저상버스를 도입하는 등 국가재정이 허용하는 범위 내에서 사회적 약자를 위하여 최선을 다하는 것은 바람직하다. 그러나 이는 사회국가를 실현하는 일차적 주체인 입법자와 행정청의 과제로서 이를 헌법재판소가 강제할 수는 없다. 국가기관 간의 권력분립원칙에 비추어 볼 때 헌법이 스스로 국가기관에게 특정한 의무를 부과하는 경우에 한하여, 헌법재판소는 국가기관이 특정한 행위를 하지 않은 부작위의 위헌성을 확인할 수 있다. 이 사건의 경우 저상버스를 도입해야 한다는 구체적인 내용의 국가 의무가 헌법으로부터 도출될 수 없으므로, 이 사건 심판청구는 부적법하다.

---

(3) 사회적 평등의 제도적 실현

일정한 조직·제도 및 절차를 통하여 사회적 기본권의 이념을 실현하는 유형이 있다. 헌법 제33조 노동 3권이 여기에 해당된다. 노동 3권은 근로자단체에게 사용자와 대등한 지위에서 교섭하기 위하여 단체를 조직하여 활동하며, 단체교섭을 행하고, 단체교섭이 결렬된 경우에는 집단적인 실력행사를 통하여 의사를 관철하는 권리를 보장한다. 이러한 기본권은 궁극적으로는 사용자와 협상에 의해서 실현된다. 즉 국가가 직접 급부를 제공하는 방법으로 기본권이 실현되는 것이 아니다. 노동3권은 직접 근로조건의 실체법적 기준과 목표를 제시하지 않고 노동시장에서 노동자의 자유권을 강화하여 사회적 지원을 하기 위한 기본권이다. 이 점에서 노동3권은 헌법 제32조 근로의 권리와는 그 실현구조에 있어서 차이가 있다. 즉 노동3권은 국가의 재정능력 등 현실적인 상황에 의하여 그 실현이 좌우되지는 않는다. 다만 노동3권에 있어서는 노동자집단의 이익관철을 위한 상황과 능력이 어느 정도로 전제되어야 한다.

(4) 구체적 상황실현의 과제와 한계

자유권적 기본권은 국가의 불간섭을 통하여 개인의 자유가 보장된다는 가정을 한다. 이러한 가정이 현실로 나타나지 않을 때 이에 대한 책임은 더 이상 국가에 있지는 않다. 국가가 바꿀 수 없는 개인의 운명이라고 할 수 있다.

이에 비해서 사회적 기본권은 자유를 향유할 수 있는 상태를 실현하여야 한다. 따라서 국가가 일정한 급부를 한 경우에도 급부의 목적이 달성되지 않았으면 아직 사회적 기본권이 실현된 것은 아니다. 사회적 기본권은 개인에게 자유를 실현하기 위하여 필요한 조건을 보장하여야 하기 때문에 현물 및 현금급여 외에 필요에 따라서 대인적 서비스(personal service)를 제공하여야 한다. 특히 대인적 서비스는 입법기술적인 이유에서 법적으로 규율하는 데에는 한계가 있기 때문에 입법목적의 실현에 필요한 하부구조(infrastructure)가 충실히 갖추어지고, 또 지속적으로 보완되어야 한다.

사회적 기본권은 민주주의 및 법치국가 원리의 구조 속에서 실현되며, 또 이들 원리를 보충한다. 대인적 서비스를 통하여 실현되는 사회적 기본권의 주체는 주로 취약계층이기 때문에 민주주의의 의사결정에 참여능력이 제한되어 있다. 또 서비스 급여는 법치국가적 보호를 받는 데에도 한계가 있다. 서비스 급부관계를 밀도있게 규율하는 데 한계가 있으며, 따라서 이들 급여의 성립 및 변동에 있어서 법치국가원리는 제한적으로 적용되기 때문이다. 노인, 장애인, 아동 등의 사회적 기본권이 여기에 해당한다.

4. 헌법의 실현구조와 사회적 기본권

(1) 복지국가원리의 취약성

위에서 살펴본 사회적 기본권의 규범적 및 현실적인 한계들은, 사회적 기본권의 형태로 표현된 복지국가원리를 헌법의 다른 구조적 원리인 민주주의 및 법치국가원리와 비교하면 뚜렷하다.

민주주의는 국민주권주의라는 기본이념, 정치적 평등과 소수의 보호라는 가치, 그리고 이를 실현하기 위한 대의제 및 권력분립원리를 내포하고 있다. 이들 원리들은 다시 선거제도, 정당제도, 공무원제도, 지방자치제도 등을 통하여 실현된다. 법치국가원리는 국가와 사회의 구별이라는 기본이념, 기본권보장의 목적, 법률유보와 법률우위의 원칙, 그리고 법적 명확성의 요청, 신뢰보호의 원칙 및 과잉금지의 원칙 등을 내포하고 있다. 그리고 이들 법치국가원리의 내용들은 사법심사의 기준이 되어 국가작용을 통제한다.

복지국가원리 역시 헌법의 구조적 원리이다. 모든 국민에게 인간다운 생활을 보장하여야 하며, 이들 이념은 다시 구체적 생활영역에서 세분화되어 보장되고 있다. 이를 위하여 국가는 시장경제질서를 존중하며, 동시에 시장경제를 규제 · 조정하는 권한을 갖는다. 즉 균형있는 경제의 성장 및 안정을 도모하고 적정한 소득의 분배를 유지하여야 하며, 시장의 지배와 경제력의 남용을 방지하고, 경제주체 간의 조화를 통한 경제의 민주화를 이루어야 한다(제119조 제2항).

그러나 복지국가원리는 이념과 중간목표를 제시하고 있을 뿐 이를 실현하기 위한 구체적인 제도와 조직 및 절차에 관한 기준을 제시하고 있지 않다. 그만큼 복지국가원리는 1차적으로는 사회변화 및 사회문제를 적극적으로 인식하는 입법권에 의하여 실현된다. 헌법재판소는 사회국가원리 혹은 복지국가원리를 헌법원리로 인정하고 있지만 그 기능에 대해서는 소극적으로 판단하고 있다. 즉 사회국가원리 또는 복지국가원리는 주로 입법적 형성권을 정당화하는 기능을 수행한다.[10] 따라서 극단적으로 보면 해석에 의하여 형성된 복지국가원리의 내용들이 민주주의와 법치국가원리에 함몰될 수 있다. 그 결과 '국민에 의한 통치'의 이념과 '국민을 위한 통치'의 이념은 헌법적으로 비대칭적 구조를 띠고 있다. 사회적 약자가 정치적 의사형성에서 과소대표되는 경우, 그리고 사회적 약자를 대변하는 세력이 제도적으로 대표되지 못하는 경우에는 복지국가원리가 희생될 수 있다. 또 이미 언급했듯이 복지국가원리는 국가의 급부행위를 통해서 실현되기 때문에 국가의 재정능력을 논거로 복지국가원리에 기초한 헌법의 기대가 한계에 부딪칠 수 있다.

(2) 복지국가원리의 활성화

복지국가원리, 그리고 사회적 기본권의 규범적 및 현실적인 한계는 그 실현에 있어서 다음과 같은 시사점을 준다.

첫째, 복지국가원리의 내용을 헌법의 전체적인 이념과 체계에 비추어 구체화하여야 한다. 이때 비로소 복지국가원리의 최소한의 내용, 그리고 이로부터 후퇴하는 국가작용에 대한 통제의 기준과 통제의 현실적인 가능성이 마련될 수 있다. 예컨대 헌법재판소는 경과실에 의한 범칙행위 중 발생한 질병을 건강보험급여의 지급제한 사유로 하는 것은 복지국가원리의 최소한을 침해하는 것으로 본 바 있다.[11] 또 「산업재해보상보험법」이 보호하는 업무상의 재해에서 통근상의 재해를 제외하여 보상하지 않는 규정은 산재보험의 사회보장적 성격과 합치하지 않는다고 보았다.[12]

둘째, 헌법은 다른 실정법에 비해서 규범적 기능과 더불어 정치적·교육적 기능이 강한 규범이다. 따라서 복지국가원리에 대한 국민의 인식은 국가작용에

10) 헌재 2000.6.29, 99헌마289, 12-1, 913면 이하(955면) 참조.
11) 헌재 2003.12.18, 2002헌바1, 15-2(하), 457면 참조.
12) 헌재 2016.9.29, 2014헌바254, 28-2(상), 323면 이하 참조.

대한 비판적인 태도를 갖고, 정치적으로 통제하는 중요한 계기가 된다.

셋째, 그렇더라도 여전히 복지국가원리의 기능은 제한적이다. 사회변화에 충실하게 복지국가의 제도와 원리, 그리고 규율을 실현하는 것은 물론 헌법의 과제이다. 그러나 가장 효율적이고 이상적인 복지국가의 실현은 사회변화를 인식하고 이를 입법과정에 반영하는 입법자, 그리고 입법의 과제이다.

5. 환경권의 특수성

환경권은 사회적 기본권으로만 이해되는 것은 아니다. 또 환경권은 위에서 설명한 사회적 기본권에 대한 이론적·역사적 기초에서 보면 특수한 위치를 차지하고 있다. 사회문제에 대한 헌법적 접근이라는 점에서 환경권 역시 사회적 기본권에 해당한다. 그러나 전통적인 사회적 기본권은 개인의 문제, 특히 경제적 문제를 사회(문제)화하여 국가의 과제로 수용하고 조정하는 시도였다. 그런데 환경은 공공재이며, 환경문제는 처음부터 개인의 문제가 아니고 공동체이익의 성격을 갖고 있다. 따라서 환경권을 개인의 생활영역에 귀속되는 법익을 보호하는 기본권으로 포섭하기는 힘들다.

환경권을 사회적 기본권에 포섭하는 것은 부분적으로는 가능하다. 개인이 처분할 수 있는 환경을 함께 향유할 권리로서 나타나는 경우이다. 예컨대 개인에게 최소한의 생활환경을 보장하기 위하여 해당 환경을 지배하고 있는 타인의 권리를 제한할 수 있다. 그러나 일반적으로는 국가가 자연을 지배(처분)할 수는 없기 때문에 환경권이 예컨대 생태계보호 그 자체를 목적으로 하는 기본권으로 기능할 수는 없다. 기본권적 규율의 대상은 인간중심적이기 때문이다.[13] 따라서 생태계 중심의 환경정책은 기본적으로는 자연보호를 대상으로 하는 입법정책의 과제이다.

Ⅳ. 기본권의 진화적 성격

헌법 제37조 제1항은 "국민의 자유와 권리는 헌법에 열거되지 아니한 이유로 경시되지 아니한다"고 규정하고 있다. 이에 따르면 기본권은 헌법 제10조에서 제36조까지 명시된 것에 한정되지 않으며, 기본권목록이 개방되어 있다. 그러면 개방적인 기본권목록은 구체적으로 어떠한 의미를 갖는가?

13) 대판 2006.6.2, 2004마1148등 참조.

개방적인 기본권목록에 대해서는 두 가지 이해의 방법이 있을 수 있다.

첫째, 기본권의 포괄성이다. 즉 헌법에 명시된 기본권 외에도 개인과 국가의 모든 관계가 기본권적 관계에 포섭될 수 있다. 따라서 명시적으로 기본권에 포섭되지 않는 법률관계도 헌법 제37조 제1항에 의하여 기본권으로 보장된다.[14) 그러나 헌법 제37조 제1항이 이렇게 이해될 수는 없다. 기본권은 특별히 침해의 위험이 높은 생활영역을 구체적으로 보호하는 헌법적 권리이다. 기본권의 포괄적인 성격은 이와 같은 기본권의 이념적 특성과 조화될 수 없다. 더구나 헌법 제10조 행복추구권은 일반적인 행동의 자유를 내용으로 한다. 이러한 상황에서 헌법 제37조 제1항을 기본권의 포괄성을 선언하는 것으로 이해하는 것은 더욱 의미가 없다.

둘째, 헌법 제37조 제1항이 기본권의 진화적 혹은 발전적 성격을 선언한 것으로 이해하는 방법이다. 이러한 이해방법이 옳다. 기본권을 포함하는 헌법은 사회를 지배하는 장기적인 이념과 가치를 법제화한 것이지만 이 경우에도 시대적 한계를 완전히 극복할 수는 없다. 따라서 헌법제정 당시에는 예상할 수 없었지만 시대의 변화, 이에 따르는 사회경제적 환경 및 가치의 변화에 따라서 특별히 헌법적으로 보호하여야 할 새로운 생활영역이 인식될 수 있다. 이를 기본권의 보호영역으로 흡수하는 근거가 헌법 제37조 제1항이다.

헌법제정 당시 보호의 필요가 있음에도 불구하고 열거되지 않은 기본권은 헌법 제37조 제1항을 근거로 해서가 아니라 헌법 제10조의 해석을 통해서 구체적인 기본권으로서 인정하여야 한다. 생명권, 인격권 등이 대표적인 예이다.

위와 같은 이해방법에 따르면 헌법 제37조 제1항의 적용례는 지극히 드물다. 첫째, '역사'적으로 보면 헌법은 제정된 이후 그동안 9차례에 걸쳐 개정되면서 기본권목록을 보충하여 왔고, 따라서 헌법제정 당시에는 예상할 수 없었던 새로운 기본권에 대한 논의의 필요성은 거의 없다. 둘째, '헌법구조'적으로 보면 우리 헌법은 제37조 제1항이 유래하는 미국헌법에 비해서 사회적 기본권을 비롯하여 다양한 기본권 규정을 두고 있다. 따라서 사회적 관련성을 헌법에 투영하기 위하여 헌법 제37조 제1항을 원용할 필요성은 그만큼 없다. 셋째, '헌법이론'적으로 보면 특히 기본권의 객관적 성격이 인정되어 기본권을 행사

14) 헌법재판소는 기본적으로 이러한 입장이다. 예컨대 헌법 제10조와 제37조 제1항을 근거로 일반적 행동자유권과 명예권을 독자적인 기본권으로 인정하고 있다. 헌재 2002.1.31, 2001헌바43, 14-1, 57면; 1998.10.15, 98헌마168, 10-2, 596면 등 참조.

하기 위하여 필요한 실체적, 그리고 절차적 및 조직적 조건에 해당하는 내용들이 헌법적으로 보호될 수 있게 되었다. 또 새로운 기본권을 인정하는 필요성이 생긴 경우에도 헌법 제37조 제1항은 제10조와 관련성 속에서 비로소 헌법적 논거로 기능할 수 있다.

헌법에 열거되지 않은 기본권으로 인정되기 위해서는 구체적으로 다음의 요건을 충족하여야 한다. 첫째, 기본권으로 인정해야 할 필요성이 특별히 있어야 한다. 둘째, 권리의 내용, 즉 보호영역이 비교적 명확하여 구체적 기본권으로서 실체를 보유하고 있어야 한다. 그리고 권리의 실현이 방해되는 경우에는 재판에 의하여 실현을 보장받을 수 있어야 한다.[15] 여기에 해당하는 대표적인 예가 개인정보자기결정권이다.[16] 이에 비해서 평화적 생존권은 열거되지 않은 기본권으로 인정되지 않았다.[17]

제 3 절 기본권의 주체

기본권의 주체는 기본적으로 대한민국의 국적을 가진 자연인이다. 그러나 기본권의 주체가 '국민'인 '자연인'에 한정되는 것은 아니며, 외국인과 법인 및 단체도 기본권의 주체가 될 수 있다. 환경권에서 자연 혹은 동물 그 자체가 기본권의 주체가 될 수 있는가에 대한 논의가 있으나, 의사능력이 없는 자연 그 자체 및 동물이 기본권의 주체가 될 수는 없다.[18]

Ⅰ. 대한민국 국적의 자연인

우리 국적을 가진 자연인은 당연히 기본권의 주체가 된다. 형성 중에 있는 생명인 태아는 부분적으로 기본권의 주체가 될 수 있다. 예컨대 태아는 생명

15) 헌재 2009.5.28, 2007헌마369, 21-1(하), 775면 참조.
16) 헌재 2009.10.29, 2008헌마257, 21-2(하), 384면 이하; 2015.12.23, 2014헌마449등, 27-2(하), 480면; 2016.6.30, 2015헌마924, 28-1(하), 697면 이하 등 참조.
17) 헌재 2009.5.28, 2007헌마369, 21-1(하), 775면 이하 참조. 헌법재판소는 이전 결정에서 평화적 생존권을 열거되지 않은 기본권으로 인정한 바 있다. 헌재 2006.2.23, 2005헌마268, 18-1(상), 304면 참조.
18) 대판 2006.6.2, 2004마1148등 참조.

권의 주체가 될 수 있다.[19] 그러나 아직 원시선이 형성되지 않는 등 분열된 세포군으로 존재하는 '초기배아'는 생명으로서 속성이 없으므로 생명권의 주체가 될 수는 없다.[20]

공무원은 국민의 기본권을 보장하여야 하는 수범자로서 원칙적으로 기본권을 향유하는 지위에 있지 않다. 그러나 기본권의 성격, 공무원으로서 직무와 제한되는 기본권 간의 관련성 및 밀접성, 직무상 행위와 사적인 행위 간의 구별 가능성을 종합적으로 고려하여 기본권의 주체가 될 수 있다.[21] 이에 대해서는 제8편 제2장 공무원제도와 관련하여 따로 다룬다.

Ⅱ. 외국인의 기본권적 지위

1. 헌법적 형성의 가능성

외국인의 기본권 주체성에 관한 규정방식은 이론적으로 보면 다음과 같이 세 가지를 상정할 수 있다.

첫째, 기본권의 주체를 국민으로 표현하여 국적을 가진 자만을 기본권의 주체로 인정하는 방법이다. 그러나 아래에서 설명하는 바와 같이 우리 헌법을 이와 같이 이해할 수는 없다.[22] 또 외국인에게 모든 기본권을 부인하는 것은 인권의 성격을 갖는 기본권조차 외국인에게 인정하지 않게 되어 인권의 속성에 맞지 않는다. 이러한 이해방법은 국제교류를 통하여 국제협력을 증진시키는 헌법정책과도 조화될 수 없다.

둘째, 기본권의 주체를 국적과 연계시키지 않고 규율하는 방법이다. "누구든지 기본권을 갖는다"고 규율하거나 혹은 기본권의 주체를 '인민'으로 규정하는 방식이다. 이러한 헌법례가 있는지는 확실치 않으나 이 경우에도 외국인에게 선거권과 공무담임권과 같은 기본권을 인정하는 의미를 갖지는 않을 것이다. 1948년 유진오가 중심이 되어 국회 헌법기초위원회에 제출한 초안은 기본권의 주체를 '인민'으로 표현했다. 국회 헌법기초위원회에서 이 표현은 인민이라는 용어가 북한에서 이미 사용되고 있다는 이유로 '국민'으로 바뀌었다. 또

19) 헌재 2008.7.31, 2004헌바81, 20-2(상), 101면; 2012.8.23, 2010헌바402, 24-2(상), 480면 등 참조.
20) 헌재 2010.5.27, 2005헌마346, 22-1(하), 291면 이하 참조.
21) 헌재 2008.1.17, 2007헌마700, 20-1(상), 159면 이하 참조.
22) 이러한 이해방법에 대해서는 헌재 2011.9.29, 2007헌마1083등 결정의 반대의견 참조. 23-2(상), 653면 이하 참조.

국회 헌법제정 논의에서 기본권의 주체를 '국민'으로 표현한 결과 외국인이 보호되지 못하는 상황을 고려하여 "외국인의 법적 지위는 국제법과 국제조약의 범위 내에서 보장된다"(1948년 헌법 제7조)는 규정을 두었다. 그러나 국제법과 국제조약은 법률과 같은 효력을 갖기 때문에 외국인의 기본권 주체성에 관한 헌법적 논의는 여전히 개방되어 있다.

셋째, 기본권의 종류에 따라서 그 주체를 국민에게 혹은 국적에 관계없이 인정하는 방법이다. 독일헌법이 이러한 예에 해당한다. 독일헌법은 인간의 권리와 국민의 권리를 구분하여 규율하고 있다. 인간의 권리의 주체는 모든 '개인(Jeder)' 혹은 '모든 인간(alle Menschen)' 등으로 표현하고 있다. 독일헌법 제2조 일반적인 행동의 자유, 생명권 및 신체불훼손권, 제3조 평등권, 제4조 양심의 자유, 제5조 표현의 자유, 제6조 모성 보호, 제17조 청원권, 제101조, 103조, 104조의 사법절차적 기본권 등이 여기에 속한다. 이에 비해서 국민에 한하여 인정되는 경우 기본권의 주체는 '독일 국민(alle Deutschen)'으로 표현한다. 제8조 집회의 자유, 제9조 결사의 자유, 제11조 거주·이전의 자유, 제12조 직업의 자유, 제20조 제4항 저항권, 제33조 공무담임권 등이 이러한 범주에 속한다. 이 밖에 명시적으로 규율하고 있지는 않지만 국적을 박탈당하지 않을 권리(제16조 제1항)와 외국으로의 인도금지(제16조 제2항)는 국민의 권리로 이해된다. 이에 비해서 망명권(제16조 제2항)은 본질적으로 외국인에 적용되는 권리이다.

우리 헌법은 기본권의 주체를 국민으로 표현하고 있다. 그러나 헌법 제정과정을 보면 우리 국민만을 기본권의 주체로 하려는 의도에서 이러한 표현을 쓴 것은 아니다. 따라서 기본권의 주체에 관한 문제가 실정헌법적으로 확정된 것은 아니다.

2. 판단기준

(1) 인권과 기본권

헌법은 기본권을 국민뿐 아니라 외국인에게도 보장할 것인가에 대해서 직접 규율하고 있지는 않다. 이 문제에 대해서는 다음과 같은 시도가 일반적으로 이루어져 왔다. 헌법 규정과 관계없이 인권에 해당하는 기본권이 있으며, 이 경우 대한민국 국민뿐 아니라 외국인 역시 기본권의 주체로 인정되어야 한다. 이를 소극적으로 보면 외국인이 헌법에 보장된 모든 기본권의 주체가 될 수는 없다.

인권개념을 기준으로 외국인의 기본권 주체성을 판단하는 시도는 문제해결에 단서를 제공할 수는 있다. 이와 같은 기준에 따라 예컨대 최저생활을 보장받을 권리, 그리고 자녀의 교육을 받을 권리 등에 대해서는 외국인의 기본권 주체성이 인정되어야 한다. 그러나 인권 기준은 다음과 같은 문제가 있다. 무엇보다도 인권의 범주가 불명확하다. 헌법 제21조 표현의 자유가 대표적인 예이다. 국제인권법의 시각에서 보면 표현의 자유는 인권의 범주에 속한다. 1966년 국제연합의 「시민적 및 정치적 권리에 관한 국제규약」은 제19조에서 언론의 자유를 보장하고 있다. 그러나 헌법의 시각에서 보면 표현의 자유는 민주주의의 실현에 관련된 기본권이라는 점에서 정치적 기본권으로 분류되기도 한다. 그런데 외국인이 정치적 성격을 갖는 기본권의 주체가 될 수 있는가에 대해서는 논란이 있다. 이렇듯 관점에 따라 표현의 자유에 관한 외국인의 기본권 주체성에 대한 평가는 달라진다.

(2) 국민 및 국민과 유사한 지위

우리 사회경제적 공동체에 편입 여부를 기준으로 외국인의 기본권 주체성을 판단하는 방법이다. 이에 따르면 선거권과 공무담임권과 같이 명백히 외국인에게 인정될 수 없는 기본권을 제외하면 외국인이 사회경제공동체에 이미 편입되어 있는 경우 기본권 주체성을 인정할 수 있다. 헌법재판소는 국민과 유사한 지위에 있는 외국인에게 기본권의 주체성이 인정될 수 있다고 하면서 이에 대한 대표적인 징표로서 이미 대한민국에서 일정한 생활관계를 형성·유지하고 있는 경우를 들고 있다.[23] 이러한 논리에 따르면 기본권 혹은 인권에 해당하는 여부가 명확하지 않은 직업의 자유, 그리고 일부 사회적 기본권에 있어서도 외국인은 기본권의 주체가 될 수 있다. 예컨대 헌법재판소는 직업선택의 자유의 내용으로 직장선택의 자유, 그리고 근로의 권리의 내용 중 근로환경의 권리에 대해서 외국인의 기본권 주체성을 인정하였다.[24] 또 외국인인 영주권자와 결혼이민자, 그리고 난민인정자에게도 기본권 주체성은 인정된다.[25] 그러나 아래 결정례를 통하여 알 수 있듯이 외국인의 기본권 주체성 인정 여부에 있어서 권리의 성질, 즉 기본권인가 혹은 인권인가의 문제와 외국인이 국민과 유사한 정도로 국내질서에 편입되었는가의 문제가 명확히 구분되어 논의되고 있지는 않다.

23) 헌재 2011.9.29, 2007헌마1083등, 23-2(상), 640면 참조.
24) 헌재 2001.11.29, 99헌마494, 13-2, 723면 이하; 2011.9.29, 2007헌마1083등, 23-2(상), 640면; 2021.12.23, 2020헌마395, 33-2, 920면; 2007.8.30, 2004헌마670, 19-2, 297면 이하 등 참조.
25) 헌재 2024.3.28, 2020헌마1079, 36-1(상), 341면 이하 참조.

판례 직장선택의 자유와 외국인의 기본권(헌재 2011.9.29, 2007헌마1083등)

헌법재판소법 제68조 제1항 소정의 헌법소원은 기본권의 주체가 청구할 수 있으며, '국민' 또는 국민과 유사한 지위에 있는 '외국인'은 기본권의 주체가 될 수 있다. 즉, 인간의 존엄과 가치 및 행복추구권 등과 같이 단순히 '국민의 권리'가 아닌 '인간의 권리'로 볼 수 있는 기본권에 대해서는 원칙적으로 외국인의 기본권 주체성을 인정하였다. 이와 같이 외국인에게는 모든 기본권이 무한정 인정될 수 있는 것이 아니라 '인간의 권리'의 범위 내에서만 인정된다. 따라서 먼저 이 사건 법률조항이 어떤 기본권의 제한과 관련되는지를 확정하고, 그 기본권이 권리성질상 외국인인 청구인에게 인정할 수 있는지 살펴야 할 것이다.

직업의 자유 중 직장 선택의 자유는 인간의 존엄과 가치 및 행복추구권과도 밀접한 관련을 가지므로 단순히 국민의 권리가 아닌 인간의 권리로 보아야 한다. 따라서 권리의 성질상 참정권, 사회권적 기본권, 입국의 자유 등과 같이 외국인의 기본권 주체성을 전면적으로 부정할 수는 없고, 외국인도 제한적으로라도 직장 선택의 자유를 향유할 수 있다. 다만 기본권 주체성의 인정 문제와 기본권 제한의 정도는 별개의 문제이다. 따라서 외국인에게 직장 선택의 자유에 대한 기본권 주체성을 인정한다는 것이 곧바로 이들에게 우리 국민과 동일한 수준의 직장 선택의 자유가 보장된다는 것을 의미하지는 않는다.

청구인들은 국내 기업에 취업하기 위하여 외국인고용법상 고용허가를 받고 적법하게 입국하여, 우리나라에서 일정한 생활관계를 형성·유지하며 살아오고 있으며, 우리 사회에서 정당한 노동인력으로서의 지위를 부여받았다. 따라서 청구인들이 선택한 직업분야에서 이미 형성된 근로관계를 계속 유지하거나 포기하는 데 있어 국가의 방해를 받지 않고 선택·결정을 할 자유는 외국인인 청구인들도 누릴 수 있는 인간의 권리로서의 성질을 지닌다. 그렇다면, 직장 선택의 자유라는 권리의 성질에 비추어 청구인들에게 직장 선택의 자유에 대한 기본권 주체성을 인정할 수 있다.

---

(3) 헌법 제6조 제2항

외국인은 조약 및 국제법이 정하는 바에 의하여 지위가 보장된다(제6조 제2항). 그러나 이는 외국인의 기본권 주체성에 직접 관련된 규정은 아니다. 외국인의 기본권 주체성은 헌법 문제인 데 비해서 조약과 국제법은 국내 법률과 같은 효력을 갖기 때문이다.

헌법은 국제법의 국내적용 가능성에 중점을 두고 규율하고 있다. 그러나 국제법과 조약의 보다 기본적인 출발점은 국내정책결정이고, 국내정책결정에서 헌법은 지침으로 작용한다. 즉 이 문제에 대한 헌법적 규명이 없이는 국제법 및 조약은 그 자체로서 실질적인 정당성을 갖지 못한다. 또 헌법이 개인의 법적 지위에 대한 포괄적이고 통일적인 규율을 하는 반면 국제법은 아직 부분적인 생활영역에 대한 합의를 하는 단계에 머물러 있다. 따라서 외국인의 기본권 주체성은 여전히 국제법이 아니라 헌법적 논의의 대상이다.

3. 외국인의 기본권 주체성이 인정되는 경우와 부정되는 경우

위와 같은 이론적 및 실정법적 한계 속에서 국내공동체의 동질성을 유지하는 관점을 기준으로 외국인의 기본권 주체성을 살펴 보면 다음과 같이 분류될 수 있다. 다만 외국인의 기본권 주체성에 대한 논의의 실익이 그렇게 크지는 않다. 예컨대 독일헌법에서 오늘날 외국인의 기본권 주체성에 관한 논의는 드물다. 이는 기본권의 특성과 유럽의 상황이 함께 작용하는 것으로 추측된다. 첫째, 이미 위에서 다루었듯이 기본권은 입법적 형성에 의하여 비로소 개인에게 직접적이고 구체적인 영향을 미치기 때문에 그만큼 기본권의 주체에 관한 논의가 갖는 비중이 낮다. 둘째, 독일의 경우 유럽연합의 회원국으로서 유럽의 각종 규범이 이 문제를 밀도 있게 규율하기 때문에 국내 헌법의 차원에서 기본권의 주체에 관한 논의가 실익이 크지 않다.

외국인의 기본권 주체성을 부인하는 경우 외국인의 법적 지위에 대한 논의는 입법정책의 문제가 된다. 이에 비해서 외국인의 기본권 주체성을 인정하는 경우에는 외국인의 법적 지위는 헌법문제이며, 이때 개별 기본권과, 경우에 따라서는 평등권이 함께 판단기준으로 적용된다.[26]

(1) 외국인의 기본권 주체성이 인정되는 경우

국내공동체의 동질성에 영향을 미치지 않는 경우에는 외국인도 기본권의 주체가 될 수 있다. 헌법재판소는 인간의 존엄과 가치, 행복추구권, 평등권, 신체의 자유, 변호인의 조력을 받을 권리, 주거의 자유, 직업선택의 자유의 일부로서 직장변경의 자유, 재판을 받을 권리, 부모의 자녀에 대한 교육권, 노동의 권리 중 노동환경에 관한 권리 등에 있어서 외국인의 기본권 주체성을 인정한 바 있다.[27] 물론 외국인이 주체가 될 수 있는 기본권이 여기에 한정되는 것은

26) 헌재 2001.11.29, 99헌마494, 13-2, 726면 이하 참조.

27) 헌재 2000.4.27, 98헌가16등, 12-1, 446면(부모의 자녀교육권); 2001.11.29, 99헌마494, 13-2, 723면 이하(인간의 존엄과 가치, 행복추구권, 평등권); 2007.8.30, 2004헌마670, 19-2, 305면(근로환경에 관한 권리); 2011.9.29, 2007헌마1083등, 23-2(상), 639면; 2011.9.29, 2009헌마351,

아니며, 앞으로 판례의 발전을 지켜보아야 한다.

헌법 제12조·제13조 신체의 자유, 제14조 거주·이전의 자유, 제16조 주거의 자유, 제17조 사생활의 비밀과 자유, 제18조 통신의 자유, 제19조 양심의 자유, 제20조 종교의 자유, 제22조 학문과 예술의 자유, 제27조 재판을 받을 권리, 제28조 형사보상청구권, 제29조 국가배상청구권, 제30조 범죄피해자구조청구권 등에 있어서도 외국인은 기본권의 주체가 된다. 다만 거주·이전의 자유의 내용 중 외국인의 입국의 자유는 보장되지 않는다.[28] 외국인이 국내공동체에 접근하는 것 자체는 국내정책에 의하여 결정되며, 기본권에 의하여 보장될 수는 없기 때문이다.

(2) 외국인의 기본권 주체성이 부인되는 경우와 그 의미

국가권력을 직접 담당하거나 혹은 이에 참여하는 내용의 기본권에 있어서는 외국인이 기본권의 주체가 될 수 없다. 따라서 외국인은 헌법 제24조 선거권, 제25조 공무담임권의 주체가 될 수는 없다. 이 경우 국가적 동질성을 침해할 염려가 있기 때문이다. 이에 비해서 주민자치단위인 지방자치단체에서 주민투표를 실시함에 있어서 일정한 거주요건을 갖춘 외국인에게 주민투표권을 부여하는 것은 별개의 문제이다. 여기에서는 국가공동체의 문제가 아니라 지역주민의 지역적 관심사가 결정의 대상이기 때문이다. 「주민투표법」 및 「공직선거법」은 일정한 거주요건을 갖춘 외국인에게 투표권을 인정하고 있다(주민투표법 제5조 제1항 제2호;공직선거법 제15조 제2항 제3호).

외국인에게 기본권 주체성이 인정되지 않은 경우 외국인에게 해당 권리를 부인할 수 있다는 것이지, 외국인에게 해당 권리를 인정하는 것이 금지되는 것은 아니다. 선거권과 공무담임권의 경우는 다르지만 예컨대 외국인에 대해서 국제조약 혹은 국내법에 기초하여 입국의 자유를 부여하는 것이 헌법에 위반되지는 않는다.

23-2(상), 669면 이하(직장선택의 자유); 2012.8.23, 2008헌마430, 24-2(상), 574면(신체의 자유, 주거의 자유, 변호인의 조력을 받을 권리, 재판청구권); 2018.5.31, 2014헌마346, 30-1(하), 166면(변호인의 조력을 받을 권리) 등 참조. 외국인의 기본권 주체성을 처음으로 인정한 결정으로는 헌재 1994.12.29, 93헌마120, 6-2, 480면 참조. 그러나 이 결정에서 특정 기본권에 대한 외국인의 기본권 주체성을 논의한 것은 아니다.

28) 헌재 2011.9.29, 2007헌마1083등, 23-2(상), 639면 참조.

(3) 입법정책적 형성

위와 같은 논리를 확대적용하면 정치과정에 밀접한 관련이 있는 기본권에 대해서도 새로운 논의가 필요하다. 그 중에서도 특히 사회적 파급력이 크고 직접적인 집회의 자유와 결사의 자유가 문제된다. 그러나 정치영역과 사회경제 및 문화영역은 상호 영향을 주면서 형성된다는 점을 고려하면, 외국인의 국내 공동체에서의 활동, 그리고 국내공동체로의 편입을 보장하면서 위와 같이 간접적으로 정치적 영향력을 갖는 기본권에 대해서도 외국인에게 기본권 주체성을 인정하여야 한다. 이때 외국인의 법적 지위를 법률에 의하여 부분적으로 제한하는 것은 별개의 문제이다. 집회의 자유에 있어서 독일의 입법이 이러한 예에 해당한다. 즉 헌법상 집회의 자유는 독일 국민의 권리이다. 그런데 「집회 및 행진에 관한 법률」(Gesetz über Versammlungen und Aufzüge)은 외국인의 집회를 제한하고 있지 않다. 다만 「외국인법」(Ausländergesetz)에서 외국인에게 정치적 목적의 집회를 제한하고 있다. 이는 「유럽인권협약」(Convention for the Protection of Human Rights and Fundamental Freedoms)의 태도와 유사하다. 즉 「유럽인권협약」은 집회의 자유를 인권으로 규정하면서도, 외국인의 정치적 목적의 집회를 제한할 수 있도록 하고 있다(협약 제16조).

이와 같은 이해방식에 따르면 사회경제질서에 밀접한 영향을 미치는 기본권에 대해서도 외국인의 기본권 주체성을 인정하여야 한다. 헌법 제15조 직업선택의 자유와 제23조 재산권이 대표적인 예이다. 상대적으로 보면 직업선택의 자유는 소득의 기회를 갖기 위한 권리인 데 비해서 재산권은 이미 형성된 권리를 대상으로 하기 때문에 외국인의 재산권에 대한 기본권 주체성은 더욱 인정되어야 한다. 따라서 이러한 영역에서 외국인의 기본권을 제한하는 것은 입법정책의 문제가 아니라 헌법문제이다.

4. 상호주의의 문제

기본권의 성질에 따라 외국인이 주체가 될 수 있으며, 그 밖의 기본권은 상호주의에 따라 외국인에게 인정되어야 한다는 입장이 있다.[29)] 예컨대 「사회보장기본법」이 상호주의에 관한 규정을 두고 있다(사회보장기본법 제8조).

그러나 위와 같은 설명 및 입법은 다음과 같은 문제가 있다. 첫째, 외국인

29) 예컨대 헌재 2001.11.29, 99헌마494, 13-2, 724면 참조.

의 기본권 주체성은 기본권의 성질에 따라 인정 혹은 부인된다. 즉 외국인의 기본권 주체성은 헌법의 문제이며, 상호주의에 따라 국가 간의 국제법적 합의에 의하여 결정되는 문제가 아니다. 둘째, 외국인의 권리와 관련하여 적용되는 상호주의는 그 자체로 타당성이 없다. 상호주의는 외국에 대해서 조약의 체결을 유도하기 위한 외교상의 원칙이며, 이와 같은 정책을 통해서 압력을 받아야 하는 객체는 국가 자체이다. 그러나 상호주의를 적용하는 결과 실제로는 외국인 개인이 희생된다. 이는 개인은 그 자체 목적이어야 하며 다른 목적을 달성하기 위한 수단이 되어서는 안 된다는 의미에서 헌법상 인간의 존엄과 조화될 수 없다.

5. 평등권과 사회적 기본권의 문제

외국인의 기본권 주체성과 관련하여 평등권과 사회적 기본권에 대한 논의가 필요하다.

(1) 평등권

평등권은 기본권 실현 및 보호의 방법에 관한 원칙이다. 따라서 평등권은 독자적인 보호범위를 갖지 않는다. 그런데 평등권 심사에 있어서 대부분의 경우 자유권의 침해 여부가 동시에 심사된다. 그러나 엄격하게 보면 외국인에게 자유권적 기본권의 주체성을 인정한다고 해서 평등권의 주체가 되는 것은 아니다. 외국인이 평등권의 주체라는 이유로 국민과 마찬가지로 해당 기본권의 주체성을 주장해서는 안 되기 때문이다.

외국인의 평등권 주체성 문제는 자유권의 침해 여부에 관계없이 순수하게 평등권이 심사기준으로 적용되는 경우에 특유하게 제기된다.[30] 국제법과 조약이 정하는 바에 의하여 외국인의 법적 지위를 존중하여야 하고, 또 일반적으로는 국제협력을 지원하기 위하여 외국인의 법적 지위를 보장하여야 한다. 그러나 이러한 과제가 외국인에게 평등권의 주체성을 인정하는 논거가 되지는 않는다. 외국인이 평등권의 주체가 되는 경우에는 외국인 정책은 기본적으로 내외국민 평등을 실현하고 예외적으로 외국인에 대한 차별적인 대우가 고려되어야 한다. 그러나 이는 아직 외국인에 대한 최소보장의 원칙에 머물러 있는 국제법

30) 외국인의 평등권 주체성을 긍정하는 결정으로는 헌재 2024.3.28, 2020헌마1079, 36-1(상), 341면 이하 참조.

의 발전단계에 비추어 볼 때 무리한 이해방법이다.

(2) 사회적 기본권

사회적 기본권에 있어서는 외국인의 기본권 주체성을 부인하는 것이 일반적인 견해이다. 그러나 이에 대한 뚜렷한 근거가 제시되어 있지는 않다. 예컨대 헌법재판소는 근로환경에 관한 권리에 대해서 외국인의 기본권 주체성을 인정하였다. 그러나 이를 자유권적 성격을 갖는다고 함으로써 사회적 기본권에 대한 외국인의 기본권 주체성에 대해서는 소극적인 입장이다.[31] 외국인에게 사회적 기본권을 일률적으로 부인할 수는 없다. 사회적 기본권은 개인이 자유를 실제 향유하기 위해서 필요한 조건을 보장하며, 이와 같이 자유권적 기본권과 밀접하게 상호기능한다는 점이 고려되어야 한다. 다만 사회적 기본권은 국가의 사회경제질서와 밀접한 관련성을 갖고, 또 상호작용을 하면서 실현되며 이러한 성격이 강할수록 외국인에게 기본권을 인정할 가능성은 낮아진다.

사회경제질서와의 관련성보다는 개인의 인간다운 최저생활을 보장하는 데 중점이 있는 경우, 또 국민과 유사한 지위인가를 중심으로 보면 이미 노동시장에 편입되어 있는 외국인 근로자의 경우 기본권을 부인할 이유가 없다. 교육의 권리, 인간다운 최저생활을 할 권리 및 근로환경에 관한 권리 등이 이러한 예에 해당한다. 헌법재판소는 '코로나 19' 재난을 지원하기 위한 긴급재난지원금 수급자격과 관련하여 외국인인 난민인정자의 기본권 주체성을 인정한 바 있다.[32] 다만 사회적 기본권에 있어서도 외국인에게 부분적으로 기본권 주체성을 인정하는 것과 이를 인정하지 않으면서 입법적으로 내국인과 외국인을 평등하게 취급하지는 않지만 적어도 최소한의 조건을 보호하는 것은 실제에 있어서 큰 차이가 없다.

Ⅲ. 법인 및 단체의 기본권

1. 사법상 법인 혹은 단체의 기본권

일반법질서에서 법인은 자연인과 함께 권리능력의 주체로서 인정된다. 또

---

31) 헌재 2007.8.30, 2004헌마670, 19-2, 304면 이하 참조.

32) 헌재 2024.3.28, 2020헌마1079, 36-1(상), 341면 이하 참조. 독일 연방헌법재판소는 독일 국적을 갖지 않은 망명신청자에 대해서 최저생활보장에 관한 기본권을 인정한 바 있다. *BVerfGE* 132, 134(159)면 참조.

법인격을 갖지는 않지만 단체가 개별 구성원으로부터 독립하여 통일된 의사 및 행위주체로서 기능하는 경우에는 국가 및 제3자와의 관계에서 자기결정권을 보장하여야 한다. 비교헌법적으로 보면 법인 혹은 단체의 사회적 존재와 그 의미를 인식하고 기본권적 지위를 헌법이 직접 인정하는 예도 있다. 독일헌법 제19조 제3항이 대표적인 예이다. 이에 따르면 기본권의 성질상 적용될 수 있는 범위에서 국내법인도 기본권의 주체가 될 수 있다. 다만 이 경우에도 법인과 단체에게 인정되는 기본권의 종류와 인정의 조건에 대한 해석은 여전히 필요하다.

사법상의 법인이 기본권의 주체가 될 수 있다. 사단법인과 재단법인, 영리법인과 비영리법인 모두 기본권의 주체가 된다.[33] 다만 기본권의 성질상 법인이 해당 기본권을 행사할 수 있어야 한다. 예컨대 법인은 인격권의 주체가 될 수는 있지만 양심의 자유의 주체는 될 수 없다. 헌법재판소는 이 점을 간접적으로 밝히고 있다. 예컨대 민법상 불법행위책임을 실현하는 방법으로 사죄광고명령은 법인 그 자체가 아니라 법인의 '대표자'에게 양심표명을 강제하는 결과가 된다. 법인 자체는 양심의 자유의 주체가 될 수 없다는 것이다.[34]

법인이 아닌 단체 역시 기본권의 주체가 될 수 있다. 다만 법인은 그 자체로서 독립적인 인격을 가지며, 기본권의 주체가 될 수 있지만, 법인이 아닌 단체의 경우 다음과 같은 제한이 있다. 즉 해당 단체가 독립적인 의사 및 행위주체이어야 한다. 모든 단체가 이러한 성격을 갖는 것은 아니다. 정당과 노동조합은 법인은 아니지만 기본권의 주체가 될 수 있다.[35] 대학의 자율성은 보장되며, 이때 대학 자체뿐 아니라 대학의 구성원인 교수 및 교수회에게도 자율성이 인정되기 때문에 기본권의 주체가 될 수 있다.[36] 이에 비해서 단체 내부에 설치되어 있으며 외부에 대해서 단체와 별도로 독립된 실체를 갖지 못하는 위원회는 기본권의 주체가 될 수 없다.[37]

---

33) 헌재 1991.6.3, 90헌마56, 3, 295면 참조.
34) 헌재 1991.4.1, 89헌마160, 3, 154면 참조.
35) 헌재 1991.3.11, 91헌마21, 3, 98면; 2006.3.30, 2004헌마246, 18-1(상), 402면 이하; 2014.1.28, 2012헌마431등, 26-1(상), 161면 등 참조.
36) 헌재 2006.4.27, 2005헌마1047등, 18-1(상), 613면 참조.
37) 헌재 1991.6.3, 90헌마56, 3, 296면 참조.

2. 공법상 법인의 기본권

(1) 원칙적으로 부정

공법상 법인 혹은 그 기관은 기능과 조직형태에 관계없이 원칙적으로 기본권의 주체가 될 수 없다. 공법상의 법인은 기본권의 향유자가 아니라 수범자이기 때문이다. 예컨대 지방자치단체, 지방의회 및 지방자치단체의 장 등은 모두 기본권의 주체가 될 수 없다.[38] 공법인의 성격과 사법인의 성격이 함께 존재하는 경우에는 기본권 주체성 자체는 긍정된다. 다만 이러한 법인의 기본권 제한에 대해서는 심사의 기준이 완화된다.[39]

(2) 예외적으로 인정

공법인에게 예외적으로 기본권의 주체성이 인정될 수 있다. 다음과 같은 두 가지 경우이다. 첫째, 사법절차적 기본권은 공법인도 주체가 될 수 있다. 소송당사자로서 평등하게, 그리고 사법절차에 따른 소송을 수행할 수 있어야 하기 때문이다. 둘째, 해당 생활영역이 특별히 기본권에 의하여 보호되며, 해당 생활영역에서 활동의 주체가 공법상 법인의 형태로 조직되어 있는 경우이다. 연구와 교육이 이루어지는 국립대학, 방송의 자유가 실현되는 공영방송 등이 대표적인 예이다.[40]

이 밖에 법인의 구성원에게 기본권 침해의 자기관련성을 인정하여 법인의 법적 지위를 규율하는 공권력의 행위를 심사할 수 있다. 해당 법조문의 실질적인 규율대상이 법인과 함께 법인 구성원의 법적 지위를 포함하며, 해당 조문이 법인 구성원에게도 유사한 정도의 불이익을 가져오는 경우가 여기에 해당한다. 해당 법조문의 직접적인 수범자는 공법인인 건강보험조합이지만, 그 조합원에게 기본권 침해의 자기관련성을 인정하는 것이 좋은 예이다.[41]

---

38) 헌재 1994.12.29, 93헌마120, 6-2, 477면 이하; 1995.2.23, 90헌마125, 7-1, 238면 이하; 1995.9.28, 92헌마23등, 7-2, 343면 이하; 1997.12.24, 96헌마365; 1998.3.26, 96헌마345, 10-1, 299면 등 참조.

39) 축협중앙회에 대해서 헌법재판소가 내린 판단이다. 헌재 2000.6.1, 99헌마553, 12-1, 709면 참조.

40) 헌재 2015.12.23, 2014헌마1149, 27-2(하), 715면 이하 참조. 헌법재판소는 국립서울대학교에 대해서 기본권 주체성을 인정한 바 있다. 헌재 1992.10.1, 92헌마68등, 4, 670면 참조. 다만 당시 국립서울대학교가 법인은 아니었다.

41) 헌재 2000.6.29, 99헌마289, 12-1, 934면 참조.

제 4 절 기본권의 성격과 효력

Ⅰ. 헌법의 역사·구조, 기본권의 이중적 성격

1. 미 국

기본권은 소극적으로 국가권력을 제한하여 개인의 법적 지위를 보장한다. 이러한 주관적 공권의 성격은 기본권의 역사에서 기원한다. 최초의 성문헌법인 미국헌법의 기본권은 주관적 공권의 성격만을 가졌다. 당시 미국에서는 영국의 영향 아래 이미 자유화된 사회경제질서가 형성되어 있었다. 미국 혁명은 영국 의회에 식민지의 이익이 대표될 수 없는 상황에서 미국에 불이익을 주고 있었던 영국법에 대한 정치적 저항이었다. 따라서 미국 혁명은 그들을 억압하는 영국이라는 외세로부터 해방을 목표로 하였으며, 사회경제질서의 변화를 의도한 것은 아니었다. 이러한 상황에서 기본권은 국가권력을 제약하고 개인의 권리를 방어하는 수단이었다.

2. 프 랑 스

기본권이 주관적 공권으로서 방어권적 성격을 갖는다는 이해방법이 일반적인 역사적 경험은 아니다. 프랑스가 좋은 비교의 예이다. 프랑스 혁명은 시민계급의 정치적 소외를 극복하기 위한 정치적 혁명과 사회경제질서를 개편하기 위한 사회혁명의 성격을 함께 갖고 있었다. 구체제(ancien régime)를 극복하는 작업은 사회경제질서가 기초하고 있는 가치체계 자체의 변화를 필요로 했다. 프랑스의 혁명세력은 실제 하위실정법을 통해서 사회경제질서를 변혁하는 작업을 하기 전에 헌법의 형식으로 기본권을 채택하였다. 따라서 프랑스에서 기본권은 처음부터 전체사회의 변혁을 지향하는 객관적인 성격을 띠었다. 즉 기본권은 기본권적 가치와 조화되는 민법·형법·절차법 등 법질서를 창설하기 위한 입법적 지침이었다.

3. 사회의 변화와 기본권의 성격·기능

위와 같은 역사비교에서 보듯이 기본권의 성격은 역사적 상황에 따라서 다를 수 있다. 기본권의 성격은 현대의 새로운 시대적 배경에서 다시 한번 검토되어야 한다. 서구에서 시민사회가 형성되고 주관적 성격이 전면에 나타났던 기본권은 현대에 와서 그 객관적 성격이 부각되는 변화를 겪었다.

사회경제구조의 변화로 인하여 개인은 국가와 같은 공적인, 그리고 기업과 같은 사적인 형태의 공동체에 종속관계를 가지면서 생활을 형성하는 생활유형을 갖게 되었다. 이러한 새로운 상황에서 기본권이 이미 형성된 개인의 지위를 보호하는 데에 그친다면 기본권은 자유를 실질적으로 실현하는 기능을 충실히 수행할 수 없다. 이제 기본권은 개인의 권리실현에 필요한 행위를 적극적으로 요구하는 내용으로 발전되어야 한다. 사회적 기본권의 도입은 위와 같은 상황인식이 가져온 헌법정책적 결정이었으며, 헌법이론적으로는 자유권적 기본권을 참여권으로 구성하게 되었다.

4. 기본권의 객관적 성격과 사회적 기본권

우리나라의 경우 기본권은 전제정권에 대한 투쟁의 산물은 아니다. 오히려 1948년 헌법에 국한해서 보면 헌법은 식민지 지배로부터 벗어나 민족국가를 완성하는 과제를 가졌다. 따라서 기본권은 새로운 질서를 형성하기 위한 법질서의 출발점이었다. 그 결과 자유권적 기본권에 공익을 위한 유보를 두었다. 1948년 헌법 제5조가 이에 해당한다. 이에 따르면 "대한민국은 정치·경제·사회·문화의 모든 영역에 있어서 각인의 자유·평등과 창의를 존중하고 보장하며 공공복리의 향상을 위하여 이를 보호하고 조정하는 의무를 진다." 또한 다양한 내용의 사회적 기본권을 두었다.

사회적 기본권이 보장된다고 해서 기본권의 객관적 성격에 대한 논리구성이 존재의미를 상실하는 것은 아니다. 헌법 제22조 학문의 자유와 제31조 교육의 권리의 관계가 좋은 예이다. 교육의 권리는 개인에게 공동체의 최소한의 정신적 유산을 공유할 수 있는 기회를 보장한다. 그러나 이 점이 학문의 자유와 갖는 관련성은 부분적이다. 학문의 자유는 학문활동주체의 자기결정에 대해서 국가의 간섭을 배제하는 주관적 성격 외에 가치질서의 성격을 갖는다. 후자의 성격에서 국가는 학문의 자유를 실질적으로 행사하기 위하여 필요한 조건을 조성할 의무, 즉 예컨대 학문연구기관의 인적·물적 시설을 지원하는 의무가 도출된다. 그런데 이는 학교 교육을 주로 규율대상으로 하는 교육의 권리의 보호내용은 아니다.

Ⅱ. 가치체계로서의 기본권

1. 내 용

기본권의 객관적 성격은 기본권을 객관적 가치질서로서 이해할 때 보다 체계화될 수 있다. 기본권이 개인의 국가에 대한 지위를 규정하는 데에 그치지 않고, 기본권은 자체로서 혹은 개별적으로 일정한 가치를 지향하여 질서를 형성하는 규범의 성격이 있다. 이러한 이해에서 기본권은 전체법질서에 가치를 투영한다.

위와 같은 이해에 따라 기본권의 기능은 이중적이다. 첫째, 기본권은 국가와의 관계에서 개인의 권리의무관계를 규율한다(Regel). 이 경우 국가와 개인의 관계에서 기본권은 일종의 영합게임(zero-sum game)의 성격을 갖는다. 즉 국가가 개인의 생활에 개입하는 만큼 개인의 기본권은 제한된다. 둘째, 기본권은 가치질서를 지향하는 원칙규범(Prinzip)의 성격을 갖는다. 이 경우 국가와 개인은 함께 기본권이 지향하는 가치를 실현하기 위하여 노력하여야 한다.

헌법재판소는 이 점을 특히 헌법 제15조 직업선택의 자유와 관련하여 뚜렷하게 밝힌 바 있다. 직업선택의 자유는 한편으로는 생활의 기본적 수요를 충족시키는 수단이며 인격실현의 기초가 된다. 그리고 이 점에서 주관적 공권의 성격을 갖는다. 다른 한편 직업선택의 자유는 개인이 선택한 직업의 수행에 의하여 사회경제질서가 형성된다는 점에서 객관적 법질서의 구성요소이다.[42] 또 헌법 제21조 표현의 자유를 객관적 질서를 지향하는 기본권으로 이해했을 때 표현의 자유를 실제 행사하기 위한 전 단계를 보호하여야 하며, 이로부터 알 권리가 기본권으로 인정된다.[43] 기본권을 원칙규범 혹은 가치질서로 이해하면, 개인생활에 대한 국가의 불개입은 기본권을 실현하기 위한 필요조건이지만, 충분조건이 될 수는 없다. 이제 기본권은 구성요건과 이에 대한 법적 효과를 규율하는 규범이면서 동시에 국가과제의 성격을 갖는다. 이로써 기본권은 국가에게 적극적인 행위의무를 부과한다.

42) 예컨대 헌재 1995.7.21, 94헌마125, 7-2, 162면 참조. 이 밖에도 헌재 1996.8.29, 94헌마113, 8-2, 153면 이하; 1997.4.24, 95헌마273, 9-1, 496면 등 참조.

43) 헌재 1989.9.4, 88헌마22, 1, 176면 이하 참조. 그러나 알 권리의 헌법적 근거가 헌법 제21조 표현의 자유만은 아니며, 보다 광범하게 제10조 인간의 존엄과 가치가 헌법적 근거로서 타당하다.

2. 비판 및 평가

기본권을 가치체계로 이해하는 시도에 대해서는 가치개념이 불확정하다는 이유로 다음과 같은 문제점이 지적된다.

(1) 기본권의 효력이 약화된다는 비판

기본권을 가치체계로 이해할 경우 기본권의 주관적 공권의 성격이 상실된다는 비판이 있다. 또 이 경우 기본권은 그 내용이 동적(動的)이고, 불명확하여 결국 기본권이 공동화(空洞化)된다.[44)]

기본권의 주관적 공권과 객관적인 원칙규범의 관계에 대해서는 이론적으로 다음과 같은 세 가지 경우를 상정해 볼 수 있다. 첫째, 기본권의 주관적 공권성과 원칙규범성이 병존하는 경우이다. 둘째, 기본권의 원칙규범성이 기본권의 주관적 공권의 성격을 변화시켜 객관화시키는 관계이다. 셋째, 기본권의 객관적인 원칙규범성이 기본권의 주관적 공권성을 축출하는 관계이다.

세 번째 경우는 기본권의 본래의 의미를 상실시키는 이론구성이기 때문에 취할 수 없다. 두 번째의 경우는 이른바 제도적 기본권론(institutionelle Grundrechts-theorie)과 사실상 같은 이해방법이다.[45)] 여기서는 기본권이 주관적 성격을 완전히 상실하는 것은 아니지만 기본권이 거시질서의 구성부분이 되어, 기본권의 독자성은 약화된다. 즉 이 경우 기본권은 거시질서에 합치하는 범위에서 보장된다. 민주주의를 기본권이 지향하는 거시질서로 이해하는 이른바 민주주의-기능주의적 기본권이론(demokratisch-funktionelle Grundrechtstheorie)은 제도적 기본권이론을 특정 질서를 중심으로 극단화시킨 예이다.[46)] 우리나라에서 1947년 미소공동위원회에 제출된 남로당의 헌법구상에서 표현의 자유는 다음과 같이 선언되고 있다. "인민은 민주주의적 언론·출판·집회와 신앙의 자유를 갖는다." 이는 민주주의에 기여하는 범위 내에서 표현의 자유를 보장하는 것으로, 우리 헌법상의 표현의 자유에 대한 이해와는 배치된다.

기본권의 원칙규범적 성격은 주관적 공권성을 배척하는 것은 아니며 오히려 주관적 공권성과 병존하면서 기본권의 효력을 강화시키기 때문에 위와 같은 비

---

44) 이 논쟁에 관한 학술사적 연구로는 Michael Stolleis, *Geschichte des öffentlichen Rechts,* Bd. III(C. H. Beck, 1999), 160면 이하 참조.

45) 이에 대해서는 예컨대 Peter Häberle, *Die Wesensgehaltsgarantie des Art. 19 Abs. 2 Grundgesetz*(C. F. Müller, 1962), 70면 이하, 96면 이하 등 참조.

46) 이에 대해서는 Hans Klein, *Die Grundrechte im demokratischen Staat*(Kohlhammer, 1972) 참조.

판은 타당하지 않다.

(2) 권력분립의 시각에서의 비판

기본권을 가치체계로서 이해하는 경우 기본권은 결국 사법부에 의해서 구체화되며, 그 결과 헌법의 의도와는 달리 사법부로 권력이 이동한다는 비판이 있다. 이러한 비판은 타당하지는 않지만 경청할 만한 가치는 있다. 이 점은 기본권의 객관적 성격에 내재하는 비판이기 때문이다.

Ⅲ. 기본권의 객관적 성격의 실정헌법적 근거

가치질서로서 기본권, 그리고 국가의 적극적인 행위를 통해서 실현되는 기본권에 대한 이해는 인간의 존엄 및 국가의 기본권보호의무를 선언하고 있는 헌법 제10조가 근거가 된다. 헌법 제10조에 의하여 모든 국가기관은 소극적으로 기본권 보호뿐 아니라 적극적으로 기본권 실현의 의무를 갖는다. 또한 인간의 존엄은 다른 기본권의 가치기준에 해당한다. 따라서 기본권이 전체적으로 가치질서를 형성할 뿐 아니라 모든 개별 기본권은 주관적 공권성과 객관적 가치질서성을 동시에 갖는다.

Ⅳ. 기본권의 객관적 성격과 헌법구조적 영향

1. 공동체질서 형성을 위한 기본원칙으로서의 기본권

기본권의 객관적 성격에서 기본권의 효력은 국민과 국가의 개별적인 관계뿐 아니라 모든 사회질서에 확대된다. 이로써 기본권은 전체 법질서를 지도하면서 개인의 지위를 형성한다. 하위실정법은 개별 생활영역에서 헌법적 가치가 구체화된 것이며, 헌법과 예컨대 민법 혹은 형법은 동일한 가치가 지배하는 규범이 된다. 따라서 헌법이 민법, 형법 혹은 행정법의 흠결을 보충할 수도 있다.

그렇다고 헌법이 개별 실정법의 형성지침을 개별적으로 제시할 수는 없다. 따라서 개별 실정법의 독자성은 여전히 존재하며, 또 존중하여야 한다. 이러한 상황에서 헌법재판이 관할하는 '특유한 헌법문제'의 독자성을 밝히는 작업이 한층 더 필요하다. 그렇지 않을 경우 공권력에 의한 권리의 침해는 모두 헌법문제로서 헌법소원을 청구하는 사유가 될 수 있다. 이로써 헌법재판은 제4심급

으로 기능하게 되는데, 이는 헌법이 의도한 권력구도는 아니기 때문이다.[47]

2. 기본권의 사인 간 효력

기본권의 객관적 성격에서 기본권은 필연적으로 보편적 효력을 갖는다. 즉 기본권은 국가기관뿐 아니라 모든 사회구성원을 수범자로 한다.[48] 이로써 기본권의 가치규범성, 기본권의 객관적 성격과 기본권의 사인 간의 효력은 서로 긴밀한 상호관계에 있다. 특히 오늘날 국가의 공적 과제가 민영화되고, 또 민간기관에 의해서 수행되는 경향을 띠게 되면서 기본권의 보편성은 더욱 의미를 갖게 되었다.

기본권이 사인 간에 효력을 갖는다는 논리에서 보면 효력이 미치는 방법이 직접적인가, 간접적인가는 본질적인 문제는 아니다. 대부분 사인 간의 관계에는 이를 특유한 규율대상으로 하는 사법(私法)이 적용되고, 따라서 헌법적 가치는 사법의 일반규정, 예컨대 민법 제2조 신의성실, 제103조 반사회질서위반금지에 관한 규정을 통해서 간접적으로 효력을 갖는다.[49] 사법에 기본권의 가치를 수용할 수 있는 일반규정이 있음에도 불구하고 기본권이 직접 효력을 갖는 경우에는 사법의 독자성이 상실될 것이기 때문이다. 그러나 사법의 해석과 적용에 기본권적 가치를 보충할 필요가 있고, 해당 사법이 기본권의 가치를 실현하기 위한 매개규범이 없는 경우에는 기본권은 사법관계에 직접 효력을 가질 수 있다.

이와 같이 이론적으로 보면 사인 간에도 기본권이 효력을 갖지만, 현재 헌법재판에서는 제도적인 이유에서 기본권의 사인 간 효력이 실제 적용되는 경우는 거의 없다. 기본권의 사인 간 효력은 사법적 분쟁을 둘러싼 법원의 판결에 대해 기본권적 가치가 존중되지 않았다는 이유로 헌법적 이의를 제기하는 절차적 모습을 띨 것이다. 즉 기본권의 수범자가 국가기관인 법원으로 전환된다. 그런데 「헌법재판소법」 제68조 제1항에 의하면 법원의 재판은 헌법소원의

47) 독일의 연방헌법재판소는 권리의 침해 정도를 기준으로 헌법적 심사의 정도를 판단하고 있다. 즉 기본권의 보호영역이 지속적이고 중대하게 침해될수록 헌법적 평가의 정도가 제고된다. 예컨대 *BVerfGE* 42, 143(148면 이하); 66, 116(131면 이하); 67, 213(223) 참조. 이로써 독일의 연방헌법재판소는 기본권의 객관적 성격에서 파생하는 헌법내용이 보호된다고 보고 있다. 그러나 이는 헌법재판과 일반재판의 이론적 구분을 유보한 결과가 되기도 한다.

48) 예컨대 헌재 2008.7.31, 2004헌바81, 20-2(상), 103면 참조.

49) 대판 2010.4.22, 2008다38288; 2011.1.27, 2009다19864 등 참조.

대상에서 제외된다. 따라서 위헌결정된 법률을 적용하여 재판을 하는 예외적인 경우를 제외하고는 법원이 소송당사자 간의 법률관계에 기본권합치적 법률을 적용했는가의 여부에 대해서 헌법재판소가 판단할 기회가 없게 된다.[50)]

판례 종교의 자유의 사인 간의 효력 (대판 2010.4.22, 2008다38288)

기본권은 1차적으로 개인의 자유로운 영역을 공권력의 침해로부터 보호하기 위한 방어적 권리이지만 다른 한편으로 헌법의 기본적인 결단인 객관적인 가치질서를 구체화한 것이다. 따라서 사법(私法)을 포함한 모든 법영역에 그 영향을 미치므로 사인 간의 사적인 법률관계도 기본권 규정에 적합하게 규율되어야 한다. 다만 기본권규정은 그 성질상 사법관계에 직접 적용될 수 있는 예외적인 것을 제외하고는 사법상의 일반원칙을 규정한 민법 제2조, 제103조, 제750조, 제751조 등의 내용을 형성하고 그 해석기준이 되어 간접적으로 사법관계에 효력을 미친다. 종교의 자유라는 기본권의 침해와 관련한 불법행위의 성립 여부도 위와 같은 일반규정을 통하여 사법상으로 보호되는 종교에 관한 인격적 법익침해 등의 형태로 구체화되어 논해져야 한다.

---

3. 기본권보호의무

(1) 국가의 기본권적 과제의 변화

전통적으로 기본권은 국가와 국민의 관계를 규율대상으로 하였고 개인과 개인의 관계를 규율하는 것은 하위실정법의 과제였다. 이에 비해서 기본권의 객관적 성격에 의하면 이제 국가는 기본권을 침해하는 잠재적인 위치에 있는 것만이 아니다. 국가는 개인의 기본권을 제3자의 침해로부터 보호할 적극적인 보호자의 위치에 서게 된다.

(2) 심사기준으로서의 실효성, 주관적 청구권의 인정 여부

기본권보호의무를 인정하더라도 이로부터 국가에 대한 주관적 청구권이 도출되는가는 별개의 문제이다. 특정 권리가 사법적(司法的)으로 관철되기 위해서는 그 내용이 명확하여야 한다. 그런데 객관적인 원칙규범으로서 기본권은 실현의 방향을 제시할 뿐 그 내용은 불확정적이다. 이 점에 있어서 기본권의 객관적 성격에서 파악되는 기본권의 내용은 사회적 기본권과 일정한 공통점을 갖

---

50) 헌법재판소는 이 조문에 대해서 합헌결정을 하면서 위와 같이 한정된 범위에서 재판에 대한 헌법소원의 가능성을 인정한 바 있다. 헌재 1997.12.24, 96헌마172등, 9-2, 842면 이하 참조.

는다.

(주관적 성격으로 이해했을 경우) 자유권적 기본권은 이를 침해하는 국가의 법적·사실적 행위를 배제하여 실현된다. 반면, 객관적 원칙규범인 기본권 및 사회적 기본권은 그 내용이 불명확하기 때문에 기본권의 내용과 실현방법에 대해서 우선 입법적 판단이 독자적으로 내려지고, 또 국가의 능력과 관련된 사실적 전제조건이 충족될 때 비로소 실현된다. 그러나 기본권의 실현을 전적으로 입법자에게 유보하는 것은 기본권의 의미를 반감시킨다. 더욱이 기본권의 객관적 성격은 권리를 충실하게 보호하기 위한 이론구성이기 때문에 주관적 권리화의 노력이 필요하다. 헌법재판소는 기본권보호의무의 논리를 재판규범으로 적용한 바 있다. 다만 이 논리에 기초하여 인용결정을 하는 데에는 소극적이다.[51)]

기본권의 객관적 성격에서 파생하는 내용 중 최소한을 확정하고 이에 대해서는 청구권을 인정할 수 있을 것이다. 이에 따르면 헌법에서 파생하는 보호의무가 다른 실정법적 방법으로 실현될 수 없으며, 이 경우 기본권침해가 명확하다고 판단되면 기본권의 객관적 성격에서 개인의 주관적 권리를 도출할 수 있다. 또 헌법이 명확한 입법위임을 하였거나 그 내용이 기본권의 해석상 당연히 도출되는 경우 청구권적 성격을 인정하여야 한다. 기본권보호의무에 대해서 헌법재판소는 위와 유사한 내용의 '과소보호금지원칙'의 논리를 적용하고 있다. 이에 따르면 국가가 국민의 법익을 보호하기 위하여 아무런 보호조치를 취하지 않은 경우 혹은 해당 조치가 법익을 보호하기에 명백하게 부적합하거나 불충분한 경우에 기본권 보호의무가 확인된다.

판례 **일본군위안부 피해자에 대한 국가의 기본권 보호의무**(헌재 2011.8.30, 2006헌마788)

헌법 전문, 제2조 제2항, 제10조와 이 사건 협정 제3조의 문언에 비추어 볼 때, 피청구인이 협정 제3조에 따라 분쟁해결의 절차로 나아갈 의무는 일본국에 의해 자행된 조직적이고 지속적인 불법행위에 의하여 인간의 존엄과 가치를 심각하게 훼손당한 자국민들이 배상청구권을 실현하도록 협력하고 보호하여야 할 헌법적 요청에 의한 것이다. 그 의무의 이행이 없으면 청구인들의 기본권이 중대하게 침해될 가능성이 있다. 따라서 피청구인의 작위의무는 헌법에서 유래하며, 또 그것이 법령에 구

51) 헌재 2008.7.31, 2004헌바81, 20-2(상), 103면 이하; 2009.2.26, 2005헌마764등, 21-1(상), 177면 이하 참조. 적극적인 결정의 예로는 헌재 2011.8.30, 2006헌마788, 23-2(상), 386면 이하; 2019.12.27, 2018헌마730, 31-2(하), 321면 이하 등 참조.

체적으로 규정되어 있는 경우에 해당한다. 특히, 우리 정부가 직접 일본군위안부 피해자들의 기본권을 침해하는 행위를 한 것은 아니지만, 일본에 대한 배상청구권의 실현 및 인간의 존엄과 가치의 회복에 대한 장애상태가 초래된 것은 우리 정부가 청구권의 내용을 명확히 하지 않고 '모든 청구권'이라는 포괄적인 개념을 사용하여 협정을 체결한 것에도 책임이 있다. 따라서 정부는 그 장애상태를 제거하는 행위로 나아가야 할 구체적 의무가 있다.

이러한 분쟁해결절차로 나아가지 않은 피청구인의 부작위가 청구인들의 기본권을 침해하여 위헌인지 여부는, 침해되는 기본권의 중대성, 기본권 침해 위험의 절박성, 기본권의 구제가능성, 작위로 나아갈 경우 진정한 국익에 반하는지 여부 등을 종합적으로 고려하여, 국가기관의 기본권 기속성에 합당한 재량권 행사 범위 내로 볼 수 있을 것인지 여부에 따라 결정된다. 일본국에 의하여 광범위하게 자행된 반인도적 범죄행위에 대하여 일본군위안부 피해자들이 일본에 대하여 가지는 배상청구권은 헌법상 보장되는 재산권일 뿐만 아니라, 그 배상청구권의 실현은 무자비하고 지속적으로 침해된 인간의 존엄과 가치 및 신체의 자유를 사후적으로 회복하는 의미를 가지므로 피청구인의 부작위로 인하여 침해되는 기본권이 매우 중대하다. 일본군위안부 피해자는 모두 고령으로서, 더 이상 시간을 지체할 경우 배상청구권을 실현하여 역사적 정의를 바로 세우고 침해된 인간의 존엄과 가치를 회복하는 것은 영원히 불가능해질 수 있다. 따라서 기본권 침해 구제의 절박성이 인정되며, 협정의 체결 경위 및 그 전후의 상황, 일련의 국내외 움직임을 종합해 볼 때 구제가능성이 결코 작다고 할 수 없다. 국제정세에 대한 이해를 바탕으로 전략적 선택이 요구되는 외교행위의 특성을 고려하더라도, 피청구인이 부작위의 이유로 내세우는 '소모적인 법적 논쟁으로의 발전가능성'이나 '외교관계의 불편'이라는 매우 불분명하고 추상적인 사유는 기본권 침해의 중대한 위험에 직면한 청구인들에 대한 구제를 외면하는 타당하고 진지한 국익이라고 보기는 힘들다.

이상과 같은 점을 종합하면 협정 제3조에 의한 분쟁해결절차로 나아가는 것만이 국가기관의 기본권 기속성에 합당한 재량권 행사이며, 피청구인의 부작위로 인하여 청구인들에게 중대한 기본권의 침해를 초래하였으므로, 이는 헌법에 위반된다.

---

(3) 행정법에의 적용

기본권보호의무는 행정법상의 공권의 확대에 일정한 시사를 준다. 예컨대 행정청의 행정행위가 법률관계의 당사자가 아닌 제3자의 권리관계에 영향을 미치는 경우 이는 기본권보호의무와 유사한 구조를 보인다. 이러한 이른바 '제3자효 있는 행정행위'를 다툴 수 있는 실정법상의 수단이 없는 경우, 그리고 침해되는 법익이 중요하여 기본권의 최소한의 내용을 침해하는 경우 국가의 기본권보호의무는 개인의 주관적 공권으로 전환된다. 그리고 개인은 직접 기본권을 근거로 권리구제를 구할 수 있다. 행정법에서 '재량이 0으로 수축'하는 때에 행정개입청구권이 인정된다는 논리 역시 헌법적으로 보면 기본권의 객관적 성격에서 파생하는 내용이 주관적 공권화하는 의미를 갖는다.[52]

4. 조직 및 절차법의 기본권 관련성

객관적 원칙규범으로서 기본권은 구성요건과 이에 대한 법적 효과를 규율하는 것이 아니라, 실현의 방법 및 수단의 선택과 관련하여 개방적인 국가과제의 성격을 갖는다. 이 경우 조직 및 절차법이 기본권적으로 중요성을 갖는다. 재판청구권 등 본래의 의미에서의 절차적 기본권뿐 아니라 모든 기본권이 정도의 차이는 있지만 절차적 보호의 대상이 된다.

기본권의 객관적 성격에서 도출되는, 기본권을 실질적으로 보호하기 위하여 필요한 질서를 형성하는 의무는 전통적인 제도보장과는 이론적 맥락을 전혀 달리한다. 제도보장이란 전통적으로 공법 혹은 사법에 의하여 형성된 제도를 입법적 처분권한으로부터 보호하기 위한 이론구성이다.[53] 따라서 제도보장은 정태적(靜態的)인 제도를 보호의 대상으로 한다. 이에 비해서 기본권의 객관적 성격에서 도출되는 제도·조직 및 절차 등 질서를 형성하는 의무는 불명확한 혹은 동태적(動態的)인 목표를 적극적으로 실현하기 위한 것이다. 따라서 조직·제도 및 절차의 형태가 사회적 현실의 변화에 적합한 형태를 띠어야 하지만, 확정적인 내용을 갖지는 않는다. 특히 조직·절차 및 제도를 형성하는 의무는 국가의 재정상태 등에 비추어 보아 실현가능한 합리적인 범위 내에서 인정된다는 한계가 있다. 그렇다면 기본권의 객관적 성격에서 일반적으로 특정한 제도·조직 및 절차를 내용으로 하는 청구권이 도출될 수는 없다.

헌법재판소는 처음부터 기본권을 절차적으로 실현하는 가능성에 주목하여, 적법절차가 헌법에 명시되어 있는 신체의 자유 외의 영역에서도 절차법적 미비를 위헌의 이유로 들었다. 예컨대 변호사에게 업무정지명령을 내리면서 혹은

---

52) 기본권 보호의무와 행정개입청구권의 관계에 관한 좋은 예로는 대판 1971.4.6, 71다124 참조.

53) 이에 대해서는 예컨대 Carl Schmitt, "Freiheitsrechte und institutionelle Garantie der Reichsverfassung", Carl Schmitt, *Verfassungsrechtliche Aufsätze aus den Jahren 1924~1954*(Duncker & Humblot, 1973), 140면 이하; Carl Schmitt, *Verfassungslehre*(Duncker & Humblot, 1928), 170면 이하 등 참조.

교원에게 재임용을 거부하면서 의견진술의 기회를 부여하지 않은 것은 적법절차에 위반하여 기본권을 침해한다.[54] 또 수사기관이 범죄수사의 목적으로 이용자의 통신자료를 제공할 것을 요청하고 이를 취득하는 행위 자체가 개인정보자기결정권을 침해하는 것은 아니지만 이를 사전 및 사후에 통지하지 않는 것은 적법절차에 의한 기본권 제한의 원칙에 위반된다.[55]

판례 **개인정보자기결정권과 적법절차** (헌재 2022.7.21, 2016헌마388등)

이 사건 법률조항은 범죄수사나 정보수집의 초기 단계에서 수사기관 등이 통신자료를 취득할 수 있도록 하여 수사나 형의 집행, 국가안전보장 활동의 신속성과 효율성을 도모하고, 이를 통하여 실체적 진실 발견, 국가 형벌권의 적정한 행사 및 국가안전보장에 기여한다. 이 사건 법률조항은 수사기관 등이 통신자료 제공요청을 할 수 있는 정보의 범위를 성명, 주민등록번호, 주소 등 피의자나 피해자를 특정하기 위한 불가피한 최소한의 기초정보로 한정하고, 민감정보를 포함하고 있지 않으며, 그 사유 또한 '수사, 형의 집행 또는 국가안전보장에 대한 위해를 방지하기 위한 정보수집'으로 한정하고 있다. 또한, 전기통신사업법은 통신자료 제공요청 방법이나 통신자료 제공현황 보고에 관한 규정 등을 두어 통신자료가 수사 등 정보수집의 목적 달성에 필요한 최소한의 범위 내에서 이루어지도록 하고 있다. 따라서 이 사건 법률조항은 과잉금지원칙에 위배되지 않는다.

그러나 통신자료 제공요청이 있는 경우 통신자료의 정보 주체인 이용자에게는 통신자료 제공요청이 있었다는 점이 사전에 고지되지 아니하며, 전기통신사업자가 수사기관 등에게 통신자료를 제공한 경우에도 이러한 사실이 이용자에게 별도로 통지되지 않는다. 그런데 당사자에 대한 통지는 당사자가 기본권 제한 사실을 확인하고 그 정당성 여부를 다툴 수 있는 전제조건이 된다는 점에서 매우 중요하다. 효율적인 수사와 정보수집의 신속성, 밀행성 등의 필요성을 고려하여 사전에 정보 주체인 이용자에게 그 내역을 통지하도록 하는 것이 적절하지 않다면 수사기관 등이 통신자료를 취득한 이후에 수사 등 정보수집의 목적에 방해가 되지 않는 범위 내에서 통신자료의 취득 사실을 이용자에게 통지하는 것이 얼마든지 가능하다. 그럼에도 이 사건 법률조항은 통신자료 취득에 대한 사후통지절차를 두지 않아 적법절차원칙에 위배된다.

---

54) 예컨대 헌재 1990.11.19, 90헌가48, 2, 393면 이하; 1994.7.29, 93헌가3, 6-2, 11면 이하; 2003.2.27, 2000헌바26, 15-1, 190면 이하 등 참조.

55) 헌재 2022.7.21, 2016헌마388등, 헌재공보(2022), 1049면 이하 참조.

제 5 절 기본권의 제한과 제한의 한계

Ⅰ. 기본권심사의 단계

기본권은 모든 국가권력을 기속한다. 특히 사법(司法)에 의하여 기본권을 기준으로 공권력이 통제되고, 그 결과 기본권이 효율적으로 보장된다. 공권력의 행사에 대한 사법심사는 다음과 같은 세 단계로 이루어진다.

첫째, 공권력에 의하여 기본권이 보호하는 영역이 제한되었는가의 여부이다. 말을 바꾸어 하면 개인의 일정한 행위 혹은 법적 지위가 기본권이 보호하는 영역에 속하는가 여부이다. 이 질문이 부정된다면 더 이상 헌법재판의 대상은 아니며, 따라서 심사는 종료된다. 예컨대 개인의 구체적인 권리가 아니라 단순한 사실상의 이익은 재산권적 보호의 대상이 아니기 때문에 헌법심사는 더 이상 필요없으며, 따라서 기본권 제한의 정당성 문제는 제기되지 않는다. 이 경우 헌법재판의 심판청구는 각하된다. 평등권은 비교대상인 사안의 관계를 심사하는 기준이기 때문에 독자적인 보호영역을 갖지 않으며, 따라서 첫 번째 단계의 심사는 이루어지지 않는다.

둘째, 공권력이 기본권을 제한한 경우, 이제 기본권 제한의 정당성, 즉 기본권 제한의 요건을 충족하였는가의 여부가 심사된다. 기본권 제한의 요건이 충족되지 않은 경우 해당 공권력의 행사는 위헌이며, 취소되어야 한다.

기본권 제한에 대한 헌법심사에 있어서 첫 번째 단계인 보호범위에 관한 심사와 두 번째 단계인 제한의 정당성에 관한 심사는 상대적으로 기능하고 있다. 일반적으로 기본권의 보호범위를 좁게 이해하는 경우 개인의 법적 지위 및 행위를 제한하는 조치에 대해서 엄격한 심사기준이 적용되며, 그만큼 위헌 판단의 가능성이 높아진다. 이에 비해서 기본권의 보호범위를 넓게 파악하는 경우에는 완화된 심사기준이 적용되어 합헌 판단의 가능성이 높아질 것이다. 우리 헌법재판소는 대체로 기본권의 보호범위를 넓게 이해하고 있다. 음란물, 타인의 명예나 권리를 침해하는 모욕적 표현도 언론의 자유의 보호범위에 포함된다.[56] 우리 헌법은 예컨대 제12조 신체의 자유에 있어서 특정한 원칙을 제시하

56) 헌재 2002.4.25, 2001헌가27, 14-1, 265면; 2009.5.28, 2006헌바109등, 21-1(하), 558면 이하; 2013.6.27, 2012헌바37, 25-1, 509면 이하 등 참조.

여 기본권 보장을 강화하고 있다. 고문금지, 형사상 불리한 진술의 강요 금지(제12조 제2항)가 이러한 예에 해당한다.

셋째, 공권력의 행사가 기본권 제한의 요건을 충족했다고 해서 헌법심사가 종료되는 것은 아니다. 이제 공권력의 행사로 인하여 기본권의 본질적인 내용이 침해되었는가를 심사하여야 한다. 기본권의 본질적 내용을 침해하는 공권력의 행사는 헌법에 위반된다. 그러나 실제 기본권 제한의 요건을 충족하였지만 기본권의 본질적인 내용을 침해하였다는 이유로 위헌으로 결정되는 예는 없다.

위와 같은 세 단계의 심사절차 중 기본권의 보호영역은 개별 기본권을 설명하면서 밝혀야 한다. 아래에서는 기본권 제한의 요건 및 제한의 한계에 대해서 설명한다.

판례 **기본권의 보호범위와 제한의 정당성** (헌재 2013.6.27, 2012헌바37)

헌법 제21조 제4항은 '언론·출판은 타인의 명예나 권리 또는 공중도덕이나 사회윤리를 침해하여서는 아니 된다.'고 규정하고 있다. 이는 언론·출판의 자유에 따르는 책임과 의무를 강조하는 동시에 언론·출판의 자유에 대한 제한의 요건을 명시한 규정이고, 헌법상 표현의 자유의 보호영역 한계를 설정한 것은 아니다. 즉, 표현이 어떤 내용에 해당한다는 이유만으로 표현의 자유의 보호영역에서 애당초 배제된다고는 볼 수 없으므로, '모욕적 표현'이 일정한 경우 타인의 명예나 권리를 침해한다고 하여도 언론·출판의 자유의 보호영역에는 해당한다. 다만 헌법 제37조 제2항에 따라 국가안전보장·질서유지 또는 공공복리를 위하여 제한할 수 있다.

Ⅱ. 기본권 보장의 상대성

기본권이 절대적으로 보장되는 것은 아니다. 즉 기본권 보장은 상대적이다. 이러한 평가는 생명권에 대해서도 마찬가지이다. 생명권이 인간의 존엄과 가치를 보장하는 기본적인 전제조건이기는 하지만 생명권도 다른 혹은 다수의 사람의 생명을 구하기 위하여 필요한 특별한 상황에서는 제한될 수 있기 때문이다.[57] 기본권을 제한하는 구조는 다음과 같은 두 가지 경우이다.

57) 이에 대해서는 헌재 1996.11.28, 95헌바1, 8-2, 546면 이하; 2010.2.25, 2008헌가23, 56면 이하 등 참조.

1. 국가의 헌법적 과제

기본권은 국가에 대한 권리이다. 그런데 적극적으로 보면 국가는 헌법적 과제를 실현하기 위하여 필요한 경우 기본권을 제한할 수 있다. 특히 국가의 사회경제적 과제가 증대하면서 사회경제영역에 적용되는 기본권은 다른 기본권, 예컨대 정신적 영역에 적용하는 기본권에 비해서 제한의 필요성이 커졌다. 이에 따라 경제적 영역에 적용하는 기본권에 비해서 정신적 영역에 적용되는 기본권의 경우 위헌성 판단의 기준을 더욱 엄격하게 하는 이론이 개발되기도 하였다(double standard doctrine).[58]

2. 타인의 기본권

기본권이 타인의 권리 혹은 법익을 침해하는 방법과 내용으로 실현될 수는 없다. 즉 기본권은 타인의 기본권과 조화되는 범위 내에서 보호된다. 이와 같이 타인의 기본권과 충돌하는 범위 내에서 기본권을 실현하여야 한다는 요청은 '기본권의 충돌'의 주제로 다루어진다.[59]

Ⅲ. 기본권 제한의 형태

기본권 제한은 규범적 근거에 따라 헌법에 의한 직접제한과 법률에 의한 제한으로 나눌 수 있다. 또 법률에 의한 제한은 기본권을 보장하는 규정 자체에서 해당 기본권을 법률에 의하여 제한하는 근거를 두는 경우와 기본권 제한에 관한 헌법 제37조 제2항에 의하여 일반적으로 기본권을 제한하는 경우가 있다.

1. 헌법에 의한 직접제한

(1) 헌법에 의한 직접제한의 의미

헌법제정권자가 헌법에서 직접 기본권을 제한하는 결정을 한 경우이다. 헌법제정권자가 기본권의 실현과 관련된 모든 상황을 예상할 수는 없기 때문에 이러한 유형의 기본권 제한은 많지 않고, 제한의 내용은 추상적이다. 그렇더라도 기본권 심사에 있어서 헌법 규정에 대한 정확한 이해가 필요하다.

58) 유사한 취지의 결정으로는 헌재 1991.9.16, 89헌마165, 3, 524면 참조.

59) 예컨대 헌재 2013.6.27, 2012헌바37, 25-1, 512면; 대판 2010.4.22, 2008다38288 참조.

예컨대 헌법 제33조 제1항은 근로자의 단결권·단체교섭권 및 단체행동권을 보장한다. 그런데 이 규정은 세 개의 독립적인 기본권을 보장한 것인가, 아니면 하나의 기본권을 통합하여 보장한 것인가에 따라 헌법적 평가는 달라진다. 특정 근로자에게 단체행동권을 부인하는 입법을 한 경우 전자의 이해방법에 따르면 헌법 제33조 제1항에 정면으로 위반되지만, 후자의 이해방법에 따르면 기본권의 제한으로서 헌법 제37조 제2항에 의한 심사가 필요하게 된다.[60)]

일반적으로는 헌법에 의한 기본권 제한은 법률에 의하여 구체화되어야 하며, 법률이 정하는 바에 의하여 기본권이 제한된다. 이 경우 해당 법률이 헌법과 조화되는가의 여부가 문제로 남는다.

(2) 관련 헌법규정

헌법 제8조 제1항은 정당설립의 자유를 보장한다. 정당은 국가기관이 아니라 사적 결사이며, 이에 상응하여 자율성이 보장된다. 그런데 헌법 제8조 제2항 및 제4항은 정당의 공적 기능에 주목하여 정당의 목적·조직 및 활동이 민주적이어야 하며, 또 정당의 목적이나 활동이 민주적 기본질서에 위배되어서는 안 된다는 제한을 직접 하고 있다.

헌법 제21조는 표현의 자유를 보장한다. 그런데 제21조 제4항은 표현의 자유를 행사하여 타인의 명예나 권리 또는 공중도덕이나 사회윤리를 침해해서는 안 된다는 제한을 하고 있다. 이는 사실 표현의 자유에 대한 일반적인 제한이기 때문에 헌법에 특별히 규율할 필요가 있지는 않다. 이를 다시 한번 강조하는 의미가 있는 규정이다.

헌법 제23조는 재산권을 보장한다. 그런데 제23조 제2항은 재산권을 공공복리에 적합하게 행사하도록 하고 있다. 이는 다른 기본권과는 달리 재산권이 갖는 특성을 반영한 것이다. 재산권은 시장경제질서 등 사회적 기제를 사용하여 형성한 법적 지위를 보호하기 때문에 형성과정에서 사회적 관련성이 강하다. 또 재산권은 개인의 인격을 실현하기 위한 경제적 기초를 보호하기 때문에 타인의 경제적 기초를 보호하도록 혹은 침해하지 않도록 행사하여야 한다. 이러한 특성을 헌법제정권자가 인식하고 직접 헌법에서 제한을 한 것이다.

헌법 제33조는 근로자에게 노동3권을 보장한다. 제33조 제2항은 공무원의 노동3권을, 제33조 제3항은 주요방위산업체 종사자의 단체행동권을 제한 또는

60) 이에 해당하는 예로는 헌재 2009.10.29, 2007헌마1359, 21-2(하), 304면 이하 참조.

부인하고 있다. 이는 국가기능을 담당하는 집단에게 노동3권을 제한하여 국가기능의 중단을 예방하기 위한 헌법제정권자의 결정이다.

이 밖에 헌법 제29조는 제1항에서 공무원의 직무상 불법행위로 인하여 손해를 받은 국민에게 국가배상청구권을 보장하면서, 제29조 제2항은 군인·군무원 및 경찰공무원 등이 법률이 정하는 보상을 받는 경우 배상청구권을 부인하고 있다. 이 규정과 같은 내용의 「국가배상법」 제2조 제1항 단서는 평등권 등을 침해한다는 이유로 이미 1971년 대법원에서 위헌으로 판단되었다.[61] 1972년 헌법은 위헌판단을 피하기 위하여 위헌결정된 법률조항을 직접 헌법에 삽입하였다. 이는 법치국가원리에 충실하지 못한 기본권 제한이었으며, 이 규정은 현행 헌법에도 그대로 유지되어 있다.

2. 법률에 의한 제한

(1) 개별적 제한

기본권을 보장하는 조문 자체가 해당 기본권을 법률에 의하여 제한하는 근거를 두고 있는 경우가 있다. 헌법 제12조 제1항 신체의 자유, 제23조 제1항 재산권 등이 대표적인 예이다. 다만 제12조 제1항과 제23조 제1항에서 법률의 기능은 차이가 있다. 헌법 제12조 제1항에서 법률은 기본권을 제한하는 근거이다. 이에 비해서 헌법 제23조 제1항에서 법률은 재산권의 내용을 형성하는 기능을 수행한다. 재산권의 특성에 대해서는 위에서 언급한 바 있다. 이와 같은 재산권의 사회적 관련성으로 인하여 재산권은 그 한계뿐 아니라 내용이 입법적으로 형성된다.

헌법 제31조 이하 사회적 기본권과 제27조 이하 권리구제를 위한 기본권에서 법률의 기능에 대해서는 따로 설명이 필요하다. 먼저, 사회적 기본권에서 법률은 재산권에 있어서 법률과 유사하게 기능한다. 사회적 기본권은 사회적 과제의 이념을 표현하고 있을 뿐 그 구체적인 내용과 실현의 방법은 법률에 유보되어 있다. 따라서 법률에 의하여 기본권의 내용이 형성되어야 한다.

헌법 제27조 이하 권리구제를 위한 기본권, 헌법 제23조 제3항 수용보상청구권에서 법률의 기능은 또 다른 차이가 있다. 권리구제를 위한 기본권에서 법률은 1차적으로 기본권을 실현하기 위하여 필요한 절차를 규율한다. 법률이 정

61) 대판 1971.6.22, 70다1010 참조.

하는 바에 의하여 권리의 인정 여부가 결정되는 것은 아니다.

위와 같이 사회적 기본권과 권리구제를 위한 기본권에서 법률은 기본권을 구체화한다는 공통점이 있다. 즉 법률이 해당 기본권을 부인하는 근거가 될 수는 없다. 이를 구체화하는 규범이 없는 경우에는 해당 입법부작위가 위헌이 된다.[62] 다만 재산권 제한에 대한 수용보상청구권은 다른 기본권과는 달리 재산권의 내용 및 한계가 법률에 유보되어 있기 때문에 법률에 보상규정이 없는 경우 이는 위헌이 될 뿐이며, 헌법에서 직접 특정한 수준의 보상청구권이 도출되지는 않는다.[63] 사회적 기본권 역시 헌법을 직접 근거로 개인이 청구권을 행사하는 가능성은 제한적이다.

(2) 일반적 제한

법률에 의한 제한의 가능성이 개별 기본권에 명시되어 있지 않다고 해서 이들 기본권이 제한 없이 보장되는 것은 아니다. 기본권의 공익과의 관계, 그리고 타인의 기본권과의 관계에서 기본권은 상대적으로 보장된다. 헌법 제37조 제2항은 기본권 제한에 일반적으로 적용된다. 헌법 제37조 제2항의 조건이 충족되었을 때 비로소 기본권이 제한될 수 있다는 것은 시각을 달리하면 헌법 제37조 제2항은 공권력 행사의 한계에 관한 규정이라는 의미이기도 하다. 이에 대해서 아래에서 설명한다.

Ⅳ. 기본권 제한의 요건

헌법 제37조 제2항에 의하면 "국민의 모든 자유와 권리는 국가안전보장·질서유지 또는 공공복리를 위하여 필요한 경우에 한하여 법률로써 제한할 수 있으며, 제한하는 경우에도 자유와 권리의 본질적인 내용을 침해할 수 없다."

1. 실질적 요건

기본권은 국가안전보장·질서유지 또는 공공복리의 목적을 달성하기 위하여 제한될 수 있다. 이 심사단계에서는 기본권을 제한하여 추구하는 목적 자체에 대한 헌법적 정당성이 심사된다. 이에 비해서 기본권의 제한을 통하여 해당 목

62) 헌재 2023.5.25, 2019헌마1234, 35-1(하), 36면 이하 참조.
63) 헌재 1994.12.29, 89헌마2, 6-2, 395면 이하 참조.

적이 달성될 수 있는가의 여부는 과잉금지의 원칙 중 수단의 적합성에 관한 심사에서 검토된다. 예컨대 헌법재판소는 시각장애인에 한하여 안마사자격을 부여하는 이른바 '비맹제외기준'을 심사함에 있어서 시각장애인에게 생활보장을 위하여 안마사자격을 독점적으로 부여하더라도 실제 안마사직업을 수행하여 생활을 영위하는 시각장애인의 수가 많지 않으므로 '목적의 정당성'이 없다고 판단한 바 있다.[64] 그러나 목적의 정당성이란 시각장애인에게 생활을 보장하기 위한 목적이 정당한가의 문제이며, 이는 긍정될 수 있다. 헌법재판소의 위와 같은 논리는 과잉금지의 원칙 중 수단의 적합성과 관련된 심사에 해당한다.

(1) 국가안전보장

국가안전보장은 "국가의 존립·헌법의 기본질서의 유지 등을 포함하는 개념으로서 국가의 독립, 영토의 보전, 헌법과 법률의 기능, 헌법에 의하여 설치된 국가기관의 유지" 등의 의미로 이해된다.[65] 실정법을 중심으로 보면 「국가보안법」이 국가안전보장을 이유로 개인의 기본권을 제한하는 대표적인 법률이다. 반국가단체와의 관계에서 일반적인 행동의 자유, 신체의 자유, 결사의 자유, 거주·이전의 자유, 표현의 자유, 통신의 자유, 양심의 자유 등이 제한된다.[66]

(2) 질서유지

질서유지는 "공동체의 평화를 위하여 개인 혹은 집단 간의 조화로운 생활을 보장하기 위한 규칙의 형성과 유지"라고 이해된다. 예컨대 「도로교통법」 및 형법상의 각종 금지규정을 통하여 일반적인 행동의 자유가 제한된다.[67] 헌법재판소는 사형제도를 질서유지의 목적으로 생명권을 제한하는 합헌적인 제도라고 이해하고 있다.[68]

(3) 공공복리

공공복리는 국가안전보장이나 질서유지에 비해서 추상적이고 개방적인 개

---

64) 헌재 2006.5.25, 2003헌마715등, 18-1(하), 124면 이하 참조.

65) 헌재 1992.2.25, 89헌가104, 4, 90면 참조.

66) 이에 대해서는 예컨대 헌재 1990.4.2, 89헌가113, 2, 49면 이하(표현의 자유); 1998.1.28, 89헌가8, 4, 4면 이하(집회의 자유); 1993.7.29, 92헌바48, 5-2, 65면 이하(거주·이전의 자유); 1998.7.16, 96헌바35, 10-2, 159면 이하(양심의 자유); 1992.4.14, 90헌마82, 4, 194면 이하(신체의 자유) 등 참조.

67) 예컨대 헌재 1990.8.27, 89헌가118, 2, 222면 이하(진술거부권 등) 참조.

68) 헌재 1996.11.28, 95헌바1, 8-2, 537면 이하; 2010.2.25, 2008헌가23 참조.

념이다. 공공복리는 헌법 제9장 경제질서에 관한 규정에서 구체화되어 있다. 균형있는 국민경제의 성장과 안정, 적정한 소득의 분배, 시장의 지배와 경제력 남용의 방지, 경제주체 간의 조화를 통한 경제의 민주화, 균형 있는 지역경제의 육성, 중소기업의 보호육성, 소비자보호 등 헌법의 경제적 과제는 '공익' 개념을 구체화한 것이다. 그러나 공익이 헌법에 명시적으로 규정된 목표에 한정되는 것은 아니다. 국민 모두의 사회보장을 위하여, 혹은 녹지공간 등 환경보전을 위하여 재산권을 제한하는 조치가 공공복리의 목적에 의하여 정당화된다.[69] 지속가능성(sustainability) 역시 공공복리에 해당하는 국가목표이다.

2. 형식적 요건

(1) 법률 혹은 법률의 근거

규범형식상의 요건으로서 기본권은 법률로써 제한하여야 한다. 기본권 제한의 근거로 국민의 대표기관인 국회의 동의를 필요로 하며, 이는 일반적으로 법률의 형태로 표현된다. 가장 일반적인 기본권 제한의 근거는 국회에서 정상적인 입법절차를 거쳐서 제정된 법률이다. 기본권 제한에 있어서 법률의 근거가 있을 때 개인은 법률을 기초로 자신의 기본권적 지위를 알거나, 적어도 예상할 수 있다. 또 법률은 추상적·보편적 성격을 가지며, 따라서 국민 개인은 구체적·개별적 상황에 따라 자신에게 유리한 결정을 할 수 있게 된다.

조약 역시 기본권 제한의 근거가 될 수 있다. 다만 모든 조약이 아니라, 국회의 동의를 받아 법률의 효력을 갖는 조약이 기본권 제한의 근거가 될 수 있다(제6조 제1항, 제60조 제1항). 이 밖에 대통령의 긴급재정경제명령 및 긴급명령에 의하여 기본권이 제한될 수 있다. 이들 명령은 사후에 국회의 승인을 받으며, 또 법률의 효력이 있다(제76조).

기본권 제한의 근거가 법률에 직접 있어야 하는 것은 아니다. 법률에 근거가 있는 한 행정입법에 의하여 기본권이 제한될 수도 있으며, 이러한 현상이 일반적이다. 이에 비해서 법률에 근거없는 행정입법 혹은 행정처분에 의한 기본권 제한은 헌법에 위반된다.[70]

---

69) 예컨대 헌재 1994.6.30, 92헌가9, 6-1, 543면 이하(사회보장); 1998.12.24, 89헌마214등, 10-2, 926면 이하(환경보전) 등 참조.

70) 헌재 2007.8.30, 2004헌마670, 19-2, 315면 이하 참조.

(2) 법률에 의한 제한에 대한 헌법적 예외

예외적으로 법률에 의하지 않고 기본권이 제한될 수 있다. 대통령이 비상계엄을 선포한 경우이다. 대통령이 비상계엄을 선포한 경우 법률이 정하는 바에 의하여 영장제도, 언론·출판·집회·결사의 자유, 그리고 정부나 법원의 권한에 관하여 특별한 조치를 취할 수 있다(제77조 제3항). 이 경우 기본권 제한이 법률, 즉 「계엄법」이 정하는 바에 의하여 제한되기 때문에 법률에 의한 기본권 제한의 예외가 아니라는 주장이 있을 수 있다. 그러나 「계엄법」은 기본권을 제한하는 포괄적인 근거규정을 두고 있을 뿐이다(계엄법 제9, 10조). 따라서 비상계엄 하에서의 기본권 제한은 헌법 제37조 제2항이 요구하는 법률에 의한 제한의 예외적인 상황이다.

3. 방법상의 요건

기본권을 제한하는 정당한 목적이 존재하고, 또 이러한 제한이 법적 근거가 있더라도 국가권력은 개인의 신뢰를 침해하지 않는 방법으로 필요한 범위 내에서, 필요한 경우에 한하여 기본권을 제한하여야 한다. 즉 신뢰보호의 원칙과 과잉금지의 원칙을 존중하여야 한다. 신뢰보호를 위한 기본적인 전제조건으로 그 내용을 예측할 수 있도록 해당 조문이 명확하게 형성되어야 한다.

(1) 법적 명확성의 요청

개인의 법적 지위에 대한 신뢰를 부여하기 위해서는 법적 지위 및 지위의 변동과 관련된 법률관계의 내용이 명확하여야 한다. 이때 비로소 개인은 자신의 법적 지위를 예측할 수 있다. 이에 기초하여 개인은 법적 지위에 불이익한 효과를 미치는 행위를 자제하고, 법적 지위를 유리하게 변경시키는 행위를 적극적으로 도모할 수 있기 때문이다. 또 기본권을 제한하는 법문이 명확하지 않은 경우에는 이를 집행하는 공권력이 자의적으로 판단하는 여지가 넓어진다. 따라서 기본권을 제한하는 법문의 표현은 구체적이고 명확하여야 한다. 기본권을 제한하는 법문이 모호하다면 그 자체를 이유로 위헌이 된다(void for vagueness).

기본권을 제한하는 법률은 명확하게 표현되어야 하지만, 명확성의 정도에 대해서는 설명이 필요하다. 일반적인 규범인 법률은 현재의, 그리고 앞으로의 규율대상을 모두 구체적으로 규율할 수는 없다. 또 법률은 해석을 필요로 하는 용어와 가치개념을 포함하고 있다. 이러한 이유에서 헌법재판소는 명확성의 원칙은 기본적으로 최대한이 아닌 최소한의 명확성을 요구하는 것이라고 한다.[71] 이러한 판단은 너무 단정적이다. 법적 명확성의 요청이 구성요건과 법적 효과 등이 모두 서술적으로 규정되어야 한다는 것을 의미하지는 않는다. 그러나 다음과 같은 요건을 충족하여야 한다.

먼저, 법률을 적용하는 법관의 입장에서 보충적인 가치판단을 통해서 그 의미내용이 확인될 수 있어야 한다. 그리고 그 결과 법을 해석·집행하는 기관에게 자의적인 법해석이나 법집행이 배제될 수 있으면 어느 정도 추상적인 표현을 사용하였더라도 법적 명확성의 원칙에 위배되지 않는다.[72] 다만 해석자의 자의적인 판단에 따라 해석의 내용이 좌우될 정도로 법문이 불명확하여서는 안 된다. 이에 대한 판단에 있어서는 법의 문언뿐 아니라 입법목적과 입법취지, 그리고 법규범의 체계적 구조 등이 종합적으로 고려된다. 다음, 수범자인 국민의 입장에서 보면 법문이 사회의 평균인이 그 뜻을 이해하고 위반에 대한 위험을 알 수 있어야 한다. 일정한 신분 및 직업 또는 지역에 거주하는 사람에게 한정하여 적용되는 법령의 경우에는 그 사람들 중의 평균인을 기준으로 명확성의 여부가 판단된다.[73]

이러한 기준에 따라서 헌법재판소는 인쇄 및 출판이 금지되는 '음란 또는 저속한 간행물'이라는 개념을 사용하는 법문의 위헌성 여부를 판단하였다. '음란'의 개념은 "인간의 존엄 및 인간성을 왜곡하는 노골적이고 적나라한 성표현으로서 오로지 성적 흥미에만 호소할 뿐 전체적으로 보아 문학적, 예술적, 과학적 또는 정치적 가치를 지니지 않은 것"이라고 일반적으로 이해된다. 따라서 자의적인 해석의 여지가 없기 때문에 명확성의 원칙에 반하지 않는다. 이에 비해서 '저속'의 개념은 적용범위가 광범하고, 또 해석에 의하여 의미내용을 확정하기 어려울 정도로 추상적이기 때문에 법적 명확성의 원칙에 반한다.[74] 미성년자에게 만화반포를 금지하는 사유인 '잔인성'의 개념 역시 모호하여 법적 명확성의 원칙에 반한다.[75]

법적 명확성의 원칙은 부담적 효과를 갖는 법률의 경우 수익적 효과를 갖는 법률의 경우에 비해서 더 엄격히 요구된다. 특히 신체의 자유를 제한하거나 조

71) 예컨대 헌재 1999.7.22, 97헌바9, 11-2, 124면; 2012.3.29, 2010헌바432, 24-1(상), 504면 등 참조.
72) 헌재 1992.2.25, 89헌가104, 4, 78면 이하 참조.
73) 헌재 2010.10.28, 2008헌마638, 22-2(하), 229면; 2012.2.23, 2009헌바34, 24-1(상), 88면 등 참조.
74) 헌재 1998.4.30, 95헌가16, 10-1, 342면 이하 참조.
75) 헌재 2002.2.28, 99헌가8, 14-1, 93면 이하 참조.

세를 부과하는 법률의 경우 죄형법정주의 및 조세법률주의의 내용에 속하는 과세요건명확주의에 의하여 보다 엄격하게 법적 명확성을 존중하여야 한다.[76] 또 표현의 자유를 제한하는 법률은 표현의 자유경쟁을 통한 의사형성을 위축시키는 효과(chilling effect)가 있기 때문에 법적 명확성이 강하게 요구된다. 예컨대 헌법재판소는 「전기통신기본법」상 공익을 해할 목적으로 허위의 통신을 한 자를 처벌하는 규정에 대해서 엄격한 기준을 적용하여 '공익'의 개념이 추상적이고 불명확하다는 이유로 위헌결정을 한 바 있다.[77] '공공의 안녕질서' 또는 '미풍양속'을 해치는 '불온통신'을 제한하는 규정도 같은 이유에서 위헌으로 결정되었다.[78]

판례 기본권 제한사유로서 '공익을 해할 목적'의 불명확성 (헌재 2010.12.28, 2008헌바157등)

이 사건 법률조항은 표현의 자유에 대한 제한입법이며, 동시에 형벌조항에 해당하므로, 엄격한 의미의 명확성원칙이 적용된다. 이 사건 법률조항은 "공익을 해할 목적"의 허위의 통신을 금지하는바, 여기에서 "공익"은 형벌조항의 구성요건으로서 구체적인 표지를 정하고 있는 것이 아니라, 헌법상 기본권 제한에 필요한 최소한의 요건 또는 헌법상 언론·출판의 자유의 한계를 그대로 법률에 옮겨 놓은 것에 불과할 정도로 그 의미가 불명확하고 추상적이다. 따라서 어떠한 표현행위가 "공익"을 해하는지에 관한 판단은 사람마다의 가치관, 윤리관에 따라 크게 달라질 수밖에 없다. 이는 판단주체가 법전문가라 하여도 마찬가지이고, 법집행자의 통상적 해석을 통하여 그 의미내용이 객관적으로 확정될 수 있다고 보기 어렵다.

나아가 현재의 다원적이고 가치상대적인 사회구조하에서 구체적인 상황에서 공익은 하나로 수렴되지 않는 경우가 대부분이다. 또, 공익을 해할 목적이 있는지 여부를 판단하기 위한 공익 간 형량의 결과가 언제나 객관적으로 명백한 것도 아니다. 결국, 이 사건 법률조항은 수범자인 국민에 대하여 일반적으로 허용되는 '허위의 통신' 가운데 어떤 목적의 통신이 금지되는 것인지 고지하여 주지 못하고 있으므로 표현의 자유에서 요구하는 명확성의 요청 및 죄형법정주의의 명확성원칙에 위배하여 헌법에 위반된다.

---

76) 헌재 1990.4.2, 89헌마113, 2, 60면; 1994.6.30, 92헌가18, 6-1, 568면 이하; 1998.4.30, 95헌바55, 10-1, 367면 이하; 2005.11.24, 2004헌가28, 17-2, 378면 이하; 2012.12.27, 2011헌바117, 24-2(하), 400면 이하; 2013.3.21, 2010헌바70등, 25-1, 200면 이하 등 참조.

77) 헌재 2010.12.28, 2008헌바157등, 22-2(하), 684면 이하 참조.

78) 헌재 2002.6.27, 99헌마480, 14-1, 616면 이하; 2012.8.23, 2010헌마197, 24-2(상), 620면 등 참조. 이 밖에 헌재 2020.4.23, 2018헌마551, 32-1(상), 503면 이하 참조.

(2) 신뢰보호의 원칙

가) 일반적인 신뢰보호의 원칙

개인의 국가에 대한 신뢰가 보호되어야 한다. 다만 개인이 국가에 대해서 일방적 혹은 추상적으로 가졌던 기대가 아니라 기존 국가질서의 범위 내에서 국가가 개인에게 이미 부여했던 확정적·구체적 신뢰가 보호된다.[79)]

예컨대 개발제한구역으로 설정되어 토지를 계속해서 기존의 용도대로 사용하는 신뢰가 유지될 수 없는 경우 개발제한구역의 설정은 신뢰보호의 원칙에 반한다. 이에 비해서 개인이 가졌던 적극적인 기대, 예컨대 개발가능성이 없어지고 그 결과 지가가 하락 혹은 지가상승률이 상대적으로 감소된다는 실망은 신뢰보호의 대상이 아니다.[80)]

자신에게 유리한 기존의 법령 및 제도가 존속하리라는 신뢰는 민주주의원리와 긴장관계에 있다. 기존의 법이 존속한다는 신뢰는 가변적인 사회경제적 상황에서 구체적으로 타당한 법을 제정할 입법권의 민주적 정당성에 비해서 우월한 것이 아니라 서로 조정되어야 하기 때문이다. 따라서 이는 신뢰의 근거 및 종류, 상실된 이익의 중요성, 침해의 방법 등을 종합적으로 고려하여 평가되어야 한다.[81)] 신뢰보호의 정도는 법적 상태의 변화를 예측할 수 있는지 혹은 예측하였어야 했는지의 여부에 따라서, 또 국가에 의하여 일정한 방향으로 유도된 신뢰인가 아니면 단지 법률이 부여한 기회를 활용한 것이어서 원칙적으로 개인이 부담하여야 하는가에 따라 차등화된다.[82)]

합헌적인 법률뿐 아니라 위헌법률의 존속에 대해서도 신뢰보호가 부인되는 것은 아니다. 위헌결정된 법률도 위헌결정이 있기까지는 합헌이었기 때문이다.[83)] 다만 신뢰보호는 법률의 위헌 여부에 따라서 차등화된다. 즉 위헌법률에 대한 신뢰는 합헌법률에 대한 신뢰에 비해서 보호의 정도가 낮다.

일반적인 신뢰보호의 원칙은 소급입법금지의 원칙에 의하여 구체적으로 실현된다. 또 장래를 향하여 개인의 법적 지위를 불이익하게 변경하는 경우에도 신뢰는 제한될 수 있기 때문에 이 점에 대한 헌법적 평가 역시 필요하다.

---

79) 헌재 2002.11.28, 2002헌바45, 14-2, 713면 이하 참조.

80) 헌재 1998.12.24, 89헌마214등, 10-2, 951면, 955면 이하; 2001.9.27, 2000헌마152, 13-2, 346면 이하; 2001.9.27, 2000헌마208등, 13-2, 375면 이하 등 참조.

81) 헌재 2003.9.25, 2001헌마93등, 15-2(상), 357면; 2004.6.24, 2002헌바15, 16-1, 732면; 대판 2006.11.16, 2003두12899 등 참조.

82) 헌재 2002.11.28, 2002헌바45, 14-2, 713면 이하 참조.

83) 헌재 2006.3.30, 2005헌마598, 18-1(상), 447면 이하 참조.

나) 소급입법금지의 원칙

a) 헌법적 근거와 의미

aa) 일반적인 소급입법금지의 원칙: 소급입법금지는 헌법 제37조 제2항이 명시하고 있지는 않지만 개인의 법적 지위에 대한 신뢰를 당연히 보호되어야 하며, 따라서 소급입법금지의 원칙은 헌법 제37조 제2항에서 도출된다. 헌법 제37조 제2항은 기본권을 제한하기 위하여 법률의 형식뿐 아니라 행위시의 법이라는 시간적인 요건을 동시에 요청하고 있다.

이에 비해서 신체의 자유에 적용되는 소급입법금지는 헌법 제12조 제1항이 직접 헌법적 근거이다. 또 기본권을 제한하는 입법작용을 넘어서서 모든 국가작용을 포괄하는 신뢰보호원칙의 헌법적 근거는 법치국가원리이다. 헌법 제37조 제2항은 기본권을 제한하는 법률에 대한 기준이기 때문이다.

헌법은 이와는 별도로 제13조 제1항에 "행위시의 법률에 의하여 범죄를 구성하지 않는 행위로 소추되지 않는다"는 규정을 두고 있다. 헌법 제13조 제1항은 법치국가원리 및 헌법 제37조 제2항에서 도출되는 법적 안정성의 요청을 단순히 확인하는 것인가, 아니면 헌법 제13조 제1항과 헌법 제37조 제2항의 소급입법금지의 원칙은 특별법과 일반법의 관계에 있는가 하는 문제가 제기된다.

bb) 형법상의 소급입법금지원칙의 헌법적 수용: 형법에서 소급입법금지의 직접적인 근거는 헌법 제12조 제1항이며, 제13조 제1항은 이를 확인하는 규정이다. 제37조 제2항과의 관계에서 보면 제13조 제1항은 소급입법금지의 원칙을 단순히 확인하는 규정은 아니다. 헌법 제13조 제1항은 신체의 자유의 중요성을 고려하고, 이를 기본권에 의하여 강하게 보호하려는 헌법제정권자의 의지의 표현이다. 이 점에서 보면 제13조 제1항은 법치국가원리에서 파생하는 일반적인 소급입법금지가 아니라 죄형법정주의를 수용하고 있는 헌법 제12조 제1항과 규범의미가 같다. 다만 이와 같이 해석하는 경우 헌법 제13조 제2항은 해석상의 어려움을 준다. 헌법 제13조 제2항에 의하면 소급입법에 의해서 참정권을 제한하거나 재산권을 박탈할 수 없다. 이 규정은 헌법 제13조 제1항과 함께 1962년 헌법개정 당시 헌법 제11조에 도입되었다. 이전 정권의 붕괴에 따라 구정치인에 대한 정치활동금지 및 재산환수가 소급적으로 이루어졌다는 사실을 염두에 둔 규정이었다. 그러나 동일한 정치사적인 의미를 갖는다 하더라도 헌법해석 및 이론적으로 보면 제13조 제1항과 제2항의 의미는 다르다.

헌법 제13조 제1항은 죄형법정주의의 내용 중 소급입법금지의 원칙을 헌법이 수용한 것으로, 이는 절대적 효력을 갖는다.[84] 독일헌법 역시 형벌불소급의 원칙을 제103조 제2항에서 선언하고 있으며, 이는 형법에 있어서 소급입법을 절대적으로 금지하는 것으로 이해되고 있다. 헌법재판소는 재산권에 대한 소급입법이 문제되는 경우 일반적인 소급입법금지의 원칙을 언급하지 않고 헌법 제13조 제2항을 적용하고 있다.[85] 그리고 헌법 제13조 제2항에 의하여 금지되는 것은 진정소급입법이라고 이해하고 있다.[86] 그러나 헌법 제13조 제2항은 재산권 및 참정권을 제한하는 소급입법을 절대적으로 금지하는 것은 아니다. 즉 헌법 제13조 제2항은 제37조 제2항에서 도출되는 소급입법금지의 원칙을 확인하는 규정이다.

b) 내 용

aa) **소급입법에 의한 불이익변경의 금지:** 소급입법에 의한 기본권 제한은 원칙적으로 금지되기 때문에 행위 후의 법률에 의하여 개인의 기본권적 지위가 소급적으로 불이익하게, 즉 권리를 박탈하거나 의무를 부담하는 내용으로 변경되어서는 안 된다. 형법에 있어서는 행위시에는 구성요건에 해당하지 않는 행위를 후에 제정된 법률에 의하여 새로운 구성요건으로 규정하는 것은 금지된다. 또 행위시의 법률에 의하여도 구성요건에 해당하였으나 행위 후에 제정된 법률에 의하여 처벌을 중하게 하는 것 역시 금지된다.

개인의 법적 지위를 소급하여 불이익하게 변경하는 것이 금지되기 때문에 행위 후에 제정된 법률을 통하여 유리한 영향을 미치는 내용의 입법과 적용을 금지하는 것은 아니다. 이는 형법에 다음과 같이 반영되어 있다. 즉 범죄 후 법률의 변경에 의하여 그 행위가 범죄를 구성하지 아니하거나 형이 구법보다 경한 때에는 신법에 의한다. 또 재판이 확정된 후 법률의 변경에 의하여 그 행위가 범죄를 구성하지 아니하는 때에는 형의 집행을 면제한다(형법 제1조 제2, 3항).

bb) **이른바 시혜적인 소급입법의 문제:** 입법자는 신법이 피적용자에게 유리하도록 하는, 이른바 시혜적인 소급입법을 할 수는 있다. 그러나 이에 대한 입법적 의무는 없다. 개인의 법적 지위를 행위시의 법률에 비하여 불리하게 형성하는 것이 아니기 때문이다. 이는 입법재량의 문제로서 합리적인 범위에서 입법자는 입법목적, 사회실정이나 국민의 법감정, 법률의 개정이유나 경위 등을

84) 헌재 2017.10.26, 2015헌바239등, 25-2, 30면 이하 참조.

85) 헌재 2003.9.25, 2001헌마93등, 15-2(상), 356면 이하; 2003.9.25, 2001헌마194, 15-2(상), 409면 등 참조.

86) 헌재 2004.6.24, 2002헌바15, 16-1, 731면; 2013.9.26, 2013헌바170, 25-2(상), 780면 이하 등 참조.

참작하여 판단할 수 있다.[87] 이에 관한 입법적 판단은 합리적 재량의 범위를 벗어나 현저하게 불합리하고 불공정한 경우가 아닌 한 존중된다.

cc) **불처벌특례에 대한 헌법소원**: 소급입법금지의 원칙에서 보면 이른바 '불처벌의 특례'를 두고 있는 법률조항에 대한 헌법소원심판청구는 권리보호의 이익이 없기 때문에 원칙적으로 부적법하다. 불처벌의 특례규정에 대해 위헌결정을 하게 되면, 기존에 처벌하지 않았던 행위가 사후에 구성요건에 해당하게 된다. 그런데 이는 소급입법금지의 원칙에 위반되기 때문이다. 형벌규정에 대한 위헌결정이 소급효를 갖는다는 「헌법재판소법」 제47조 제3항은 이 경우 적용될 수 없다. 이 규정은 기존의 처벌규정이 위헌으로 결정되어 이미 처벌되었던 행위에 대해서 비난가능성을 해제하는 목적이 있기 때문이다.

c) **진정소급입법과 부진정소급입법**

형법을 제외하고는 소급입법이 절대적으로 금지되는 것은 아니다. 허용되는 소급입법과 허용되지 않는 소급입법을 판단하는 기준으로 일반적으로 진정소급입법과 부진정소급입법으로 구분하여 이에 대한 헌법적 판단을 달리하고 있다.

aa) **진정소급입법**: 진정소급입법이란 이미 과거에 완성된 사실 또는 법률관계에 대해서 부여되었던 법적 효과를 소급적으로 불이익하게 변경하는 입법이다. 이는 개인의 신뢰를 침해하는 정도가 크기 때문에 원칙적으로 허용되지 않는다.[88] 다만 형법의 경우를 제외하고는 예외적으로 진정소급입법이 허용되는 경우도 있다.

진정소급입법은 다음과 같은 경우에 예외적으로 허용된다.[89] 첫째, 국민이 소급입법을 예상할 수 있는 경우이다. 이때 소급입법을 허용할 수밖에 없는 공익상의 이유가 있어야 하며, 소급입법으로 인한 불이익의 내용을 어느 정도는 예상할 수 있어야 한다. 즉 단지 소급입법을 예상할 수 있었다는 사유만으로 진정소급입법이 허용되는 것은 아니다.[90] 둘째, 법적 상태가 불확실하고 혼란스러워 보호할 만한 신뢰이익이 적은 경우이다.[91] 셋째, 소급입법에 의한 당

87) 예컨대 헌재 2012.8.23, 2011헌바169, 24-2(상), 550면 이하 참조.
88) 헌재 1989.12.18, 89헌마32등, 1, 354면 이하; 2006.6.29, 2005헌마165등, 18-1(하), 407면 이하; 2008.7.31, 2005헌가16, 20-2(상), 12면 이하; 2013.8.29, 2010헌바354, 25-2(상), 402면 이하; 2013.9.26, 2013헌바170, 25-2(상), 780면 이하 등 참조.
89) 헌재 1996.2.16, 96헌가2등, 8-1, 88면; 2011.3.31, 2008헌바141등, 23-1(상), 304면 이하; 2021.1.28, 2018헌바88, 33-1, 29면 이하 등 참조.
90) 헌재 2013.8.29, 2010헌바354등, 25-2(상), 404면 참조.
91) 헌재 2021.1.28, 2018헌바88, 33-1, 30면 이하 참조.

사자의 손실이 없거나 경미한 경우이다. 넷째, 신뢰보호의 요청에 우선하는 심히 중대한 공익상의 사유가 있는 경우이다. 처음 세 가지의 경우는 신뢰 자체의 보호가치가 없거나 경미한 경우에 해당한다. 네 번째 사유는 공익이 중대하여 국민의 신뢰이익에 비해서 현저히 우선하는 경우에 해당한다.

판례 **소급입법의 예상가능성** (헌재 2011.3.31, 2008헌바141등)

다음과 같은 이유로 친일재산의 소급적 박탈은 일반적으로 소급입법을 예상할 수 있었던 이례적인 경우에 해당하며, 그로 인한 법적 신뢰의 침해는 우리 헌법의 이념 속에서 용인될 수 있다.

첫째, 친일재산은 국제법규를 위반하여 우리 민족을 강압으로 제압하고 불법적인 통치를 자행한 일본제국주의에 부역하여 침략행위를 정당화하고 국권 회복을 위한 항일독립운동을 탄압한 친일반민족행위의 대가로 취득한 재산이다. 따라서 친일반민족행위자측의 입장에서는 그 재산의 취득 경위에 내포된 민족배반적 성격에 비추어 향후 우리 민족이 일제로부터 독립을 쟁취하여 민족의 정통성을 계승한 국가를 건립하였을 때에는 그러한 친일재산을 보유하고 후대에 전수하여 자신과 그 후손들이 대대로 부귀를 누릴 수 없을 것이라고 충분히 예상할 수 있었다.

둘째, 친일재산을 환수함으로써 정의를 구현하고 민족의 정기를 바로 세우며 일본제국주의에 저항한 3·1운동의 헌법이념을 구현하는 일은 제헌 헌법 이래 우리의 모든 헌법 속에서 면면히 계승된 가치이자 헌법적으로 부여되었던 당위이다. 그렇다면, 대한민국 헌법의 제정권자이자 수범자로서 그 헌법 아래에서 살아온 모든 국민들에게 친일재산의 환수를 포함한 일제 식민지 역사의 청산 작업은 언제든지 현실로 성립될 수 있는 이른바 '잠재적 현실'이었다.

셋째, 우리 선조들은 일제의 을사조약에 동조한 친일반민족행위자들의 행위로 인해 국권을 상실하였고, 그러한 친일행위로 인해 징용되거나 일본군위안부로 강제동원되는 등 수많은 고초를 겪었다. 민족 자결의 주장을 펼치며 일제의 부당한 통치에 항거하였다는 이유만으로 생명과 신체의 안전 등을 포함한 기본적 권리를 박탈당하거나 침해받기도 하였다. 그러나 그로 인한 역사적 상흔의 상당 부분들은 해방 후 반세기 이상이 지난 오늘날까지도 여전히 치유되지 않고 있다. 반민족행위처벌법에 따른 일제과거사 청산 작업도 실효적으로 이루어지지 못했다. 이에 친일반민족행위자를 역사적·법적으로 엄중히 평가하고 사회정의를 실현해야 한다는 사회적 요구가 현재까지 끊임없이 제기되어 왔다. 즉, 일제과거사의 청산 문제, 그 가운데에서도 친일행위의 대가로 취득한 재산의 처리 문제는 오늘에까지 우리 사회의 비중있는 사회적 과제로 남아 있다. 그렇다면 이와 같은 그간의 논의 상황에 비추어 보더라도, 친일재산 문제가 본격적으로 불거져 친일재산의 사회적 환수 요청이 제기될 수 있다는 점은 충분히 예상할 수 있었다.

이 사건 조항은 진정소급입법에 해당한다. 그러나 소급입법을 예상할 수 있었던 예외적인 사안이고 진정소급입법을 통해 침해되는 법적 신뢰는 심각하다고 볼 수 없는 데 반해 이를 통해 달성되는 공익적 중대성은 압도적이므로 진정소급입법이 허용되는 경우에 해당한다. 그러므로 이 사건 조항이 진정소급입법이라는 이유만으로 위헌이라 할 수 없다.

판례 **소급입법의 예상가능성과 공익** (헌재 2013.8.29, 2010헌바354등)

소급입법이 예외적으로 허용되기 위해서는 '소급입법을 허용할 수밖에 없는 공익상의 이유'가 있어야 한다. 이러한 필요성도 없이 단지 소급입법을 예상할 수 있었다는 사유만으로 이를 허용하는 것은 헌법 제13조 제2항의 소급입법금지원칙을 형해화시킬 수 있으므로 예외사유에 해당하는지 여부는 매우 엄격하게 판단하여야 한다.

헌법재판소가 2007.3.29. 구법조항에 대하여 헌법불합치결정을 하면서 입법개선을 명함에 따라, 그 결정의 취지에 따른 개선입법이 예정되어 있었다. 그러나 그 결정이 내려진 이후부터 잠정적용시한인 2008.12.31.까지 사이에 상당한 시간적 여유가 있었는데도 국회에서 개선입법이 이루어지지 않았다. 그로부터 다시 1년이 경과한 2009.12.31.에야 비로소 공무원연금법이 개정되었고, 재직 중의 사유로 금고 이상의 형을 선고받은 퇴직 공무원들은 2009.1.1.부터 2009.12.31.까지 퇴직연금을 감액 없이 전부 지급받았는데, 이는 전적으로 또는 상당부분 국회가 개선입법을 하지 않은 때문이었다. 이 점에 관하여 퇴직 공무원들에게 어떠한 잘못이나 책임이 있는 것이 아닌데도 그 기간 동안 지급받은 퇴직연금 등을 다시 환수하는 것은 국가기관의 잘못으로 인한 법집행의 책임을 퇴직공무원들에게 전가시키는 것이다. 그렇다면 그 기간 동안 퇴직연금 등을 온전히 지급받은 퇴직공무원들이 뒤늦게 개정된 공무원연금법에서 이 사건 부칙조항을 두어 소급적으로 환수할 것까지는 예상하지 못하였고, 소급적으로 환수 당하지 않을 것에 대한 퇴직 공무원들의 신뢰이익이 적다고 할 수도 없다.

이 사건 부칙조항으로 달성하려는 공익은 공무원범죄의 예방, 공무원이 재직 중 성실히 근무하도록 유도하는 효과, 더불어 공무원에 대한 일반 국민의 신뢰 제고, 제재방안의 실효성 확보 등이다. 그러나 이러한 공익은 범죄를 저지른 공무원을 당연퇴직시키거나(국가공무원법 제69조), 장래 지급될 퇴직연금을 감액하는 방법(공무원연금법 제64조 제1항)으로 충분히 달성할 수 있다. 그러므로 이 사건 부칙조항에 따라 이룰 수 있는 공익은 공무원연금공단의 재정 보전이라는 금전적·재정적 이익으로 한정된다. 그런데 개정 공무원연금법 제64조 제1항 제1호의 적용을 받는 퇴직공무원들의 숫자가 많지 아니한 점, 퇴직공무원들이 환수당하는 금액은 2009년도에 지급받은 퇴직급여(최대 1년분)의 2분의 1인 점 등을 감안하면, 이 사건 부칙조항으로 인하여 보전되는 공무원연금의 재정규모도 그리 크지 않다.

오히려 헌법재판소가 잠정적용의 시한을 정하여 내린 헌법불합치결정에 대한 입법자의 입법개선의무의 준수, 신속한 입법절차를 통한 법률관계의 안정 등도 중요한 공익상의 사유라고 볼 수 있다. 이 점에 대한 신뢰는 단지 개인적이고 주관적인 것이 아닌, 사법기관과 입법기관 전체에 대한 객관적인 신뢰라는 면도 있다. 그러므로 이 사건에서는 신뢰보호의 요청이 공익상의 사유에 우선한다고 볼 수 있다.

판례 **법적 상태의 불확실성과 혼란** (헌재 2021.1.28. 2018헌바88)

이 사건 법령들은 1945.9.25, 1945.12.6. 각 공포되었음에도 이 사건 무효조항은 1945.8.9.을 기준으로 하여 일본인 소유의 재산에 대한 거래를 전부 무효로 하고 있고, 이 사건 귀속조항은 이 사건 무효조항의 적용대상이 되는 일본인 재산을 1945.9.25.로 소급하여 전부 미군정청의 소유가 되도록 정하고 있어서, 진정소급입법으로서의 성격을 갖는다. 그러나 1945.8.9. 이후 남한 내에 미군정이 수립되고 이 사건 법령들이 제정·공포됨으로써 일본인이 소유·관리하던 재산에 대한 동결 및 귀속조치가 이루어지기까지 법적 상태는 매우 불확실하고 혼란스러웠다. 따라서 당시 재조선 일본인과 한국인들이 일본의 패망과 미군정의 수립에도 불구하고 일본인이 소유·관리하던 재산의 자유로운 처분이나 거래가 가능할 것으로 신뢰하였다 하더라도 그러한 신뢰가 헌법적으로 보호할 만한 가치가 있다고 보기는 어렵다. 또 불법적인 한일병합조약으로 인해 조선을 침탈하는 과정에서 일본인들이 조선에 진출하여 축적한 재산을 보전하고 이양한다는 공익은, 한반도 내의 사유재산을 자유롭게 처분하고 일본 본토로 철수하고자 하였던 재조선 일본인이나 일본의 패망 직후 일본인으로부터 재산을 매수한 사람들에 대한 신뢰보호의 요청보다 훨씬 더 중대하다.

---

bb) **부진정소급입법:** 부진정소급입법이란 과거에 구성요건이 시작하였으나 아직 완성되지 않고 진행 중에 있는 사실 또는 법률관계에 대해서 구성요건이 완성되었더라면 부여하였을 법적 효과를 불이익하게 변경하는 입법이다. 이는 진정소급입법에 비해서는 개인의 신뢰를 침해하는 정도가 상대적으로 약하다. 부진정소급입법에 있어서는 구법질서에 대하여 기대했던 당사자의 신뢰보호보다는 입법자의 입법형성권이 존중되어야 하므로 입법자에게 구법관계 내지 구법상의 기대이익을 존중하여야 할 의무가 발생하지 않는다. 따라서 부진정소급입법은 원칙적으로 허용된다.

그러나 이미 진행 중인 구성요건에 대한 기존의 법적 효과를 변경하는 경우에도 개인의 법 혹은 제도에 대한 신뢰는 제한된다. 따라서 부진정소급입법이 언제나 허용되는 것은 아니다. 즉 이러한 신뢰를 훼손하는 입법을 정당화할 만한 공공의 이익이 존재하여야 한다. 입법자는 한편으로는 침해받은 이익의 보호가치, 침해의 중한 정도, 신뢰를 손상하는 정도, 신뢰침해의 방법 등과 다른 한편으로는 새 입법을 통해 실현하고자 하는 공익적 목적을 종합적으로 비교·형량하여야 하며, 이 점이 헌법적 심사의 기준이 된다.

예컨대 과세연도 말에 세법을 개정하여 세법을 소급적으로 적용하는 경우 아직 과세연도가 종료하지 않았기 때문에 형식적으로 보면 이는 부진정소급입법에 해당한다. 그러나 과세연도의 기간이 진행될수록 기존의 세법이 계속 존속하여 적용된다는 개인의 신뢰의 정도는 점점 커진다. 그렇기 때문에 과세연도 말에 개인에게 불이익하게 개정된 세법은 형식적으로는 부진정소급입법이지만 실질적으로 진정소급입법과 같은 정도로 신뢰를 제한한다. 따라서 이와 같은 정도의 신뢰의 훼손을 정당화할 만한 공익이 존재하지 않는다면 해당 입법은 헌법적 정당성을 가질 수 없다.[92]

cc) **진정소급입법과 부진정소급입법의 상대성:** 진정소급입법과 부진정소급입법의 분류 의미가 실제에 있어서는 반감되는 경우가 종종 나타난다. 다음이 좋은 예이다. 공무원연금의 재정이 악화되면서 입법자는 연금지출을 줄이기 위한 여러 조치를 취하였다. 일반적으로 이러한 조치들은 공익을 달성하기 위하여 필요하기 때문에 헌법에 위반된다고 볼 수 없다.[93] 이러한 변화는 현재 재직 중인 공무원에 대해서는 부진정소급입법에 해당한다. 이에 비해서 연금수급자에 대한 법적 효과에 대해서는 검토가 필요하다.

헌법재판소는 이 규정이 "이미 종료된 과거의 사실관계 또는 법률관계에 새로운 법률이 소급적으로 적용되어 과거를 법적으로 새로이 평가하는 진정소급입법에 해당하지 않는다"고 하면서 이 규정을 합헌으로 결정하였다.[94] 그러나 위와 같은 개정이 부진정소급입법에 해당하는가는 의문이다. 진정소급입법은

92) 헌재 1995.10.26, 94헌바12, 7-2, 458면 이하; 2009.5.28, 2005헌바20등, 21-1(하), 446면 이하; 2012.8.23, 2010헌바28, 24-2(상), 431면 이하; 대판 2006.11.16, 2003두12899 등 참조.

93) 헌재 2003.9.25, 2001헌마93등, 15-2(상), 359면 이하; 2003.9.25, 2001헌마194, 15-2(상), 404면 이하; 2009.7.30, 2007헌마113, 21-2(상), 238면 등 참조.

94) 헌재 2003.9.25, 2001헌마93등, 15-2(상), 362면 이하; 2003.9.25, 2001헌마194, 15-2(상), 407면 이하; 2005.6.30, 2004헌바42, 17-1, 973면 이하 등 참조. 같은 취지의 결정으로는 헌재 2014.6.26, 2012헌바382등, 26-1(하), 545면 참조.

이미 종료된 법률관계 또는 사실관계에 대해서 주어졌던 법적 효과를 개인에게 불이익하게 변경하는 입법이다. 법적 효과가 실제 과거에 이미 실현되었고, 그것을 불이익하게 변경할 때 비로소 진정소급입법에 해당하는 것은 아니다. 헌법재판소는 진정소급입법을 개념 정의하면서 '과거를 법적으로 새로이 평가하는'이라는 요건을 추가하고 있는데, 이는 과거에 이미 실현된 법적 효과를 불이익하게 변경시키는 것이 진정소급입법이라는 점을 강조한 것이라고 보인다.

좀 더 구체적으로 설명하면 헌법재판소는 과거에 이미 지급된 연금을 회수하는 경우가 진정소급입법에 해당한다고 보는 듯하다. 그러나 이는 다음과 같은 두 가지 이유에서 타당하지 않다. 첫째, 헌법재판소가 상정하는 그러한 법률, 즉 과거에 이미 지급된 연금을 회수하는 법률은 일반적으로 존재하지 않는다. 지급된 연금을 환수하는 것과 같은 효과를 갖는 경우도 있으며, 이에 대해서 헌법재판소는 진정소급입법으로서 위헌의 결정을 하였다. 그러나 이는 지극히 예외적인 상황이었다.[95] 둘째, 위 규정을 부진정소급입법이라고 본다면 소급입법을 진정소급입법과 부진정소급입법으로 분류하는 의미가 상실된다. 이와 같은 이해에 따르면 재직 중인 공무원으로서 연금에 대한 기대권을 갖는 경우와 퇴직한 후 이미 연금을 수급하고 있는 상황은 신뢰보호의 정도에 있어서 현격한 차이가 있음에도 불구하고 모두 부진정소급입법에 해당한다. 그리고 그 결과 같은 헌법적 평가, 즉 원칙적으로 헌법에 위반되지 않는다는 평가를 하여야 한다. 진정소급입법과 부진정소급입법의 분류는 그 자체가 목적이 아니라 신뢰를 제한하는 정도를 판단하는, 그리고 그 결과 헌법적 평가를 달리하기 위한 목적을 갖는다. 그런데 신뢰가 제한되는 정도가 현저히 다른 두 경우를 모두 부진정소급입법이라고 한다면 소급입법의 분류는 더 이상 의미가 없어진다.

위와 같은 개정은 연금수급자에게는 진정소급입법에 해당한다. 그리고 진정소급입법임에도 불구하고 허용될 수 있는 예외적인 사유가 존재하는가의 여부가 핵심적인 쟁점이다. 공무원연금은 장기적으로 개별 수급자의 생활의 기초를 보호하여야 하기 때문에 법률의 개정에 있어서 신뢰보호의 원칙을 존중하여야 한다. 그러나 다른 한편 공무원연금은 모든 공무원에게 안정적으로 생활을 보장하고, 또 공무원연금이 장기적으로 기능할 수 있도록 상황에 적합하게 개정되어야 한다. 이는 중대한 공익에 해당하기 때문에 이를 위하여 개인의 개

95) 예컨대 헌재 2013. 8.29, 2010헌바354, 25-2(상), 402면 이하; 2013.8.29, 2011헌바391등, 25-2(상), 454면 이하 등 참조.

별적인 신뢰가 제한될 수 있다. 그렇다면 이론적으로 보면 헌법적 판단에 있어서 진정소급입법과 부진정소급입법을 구분하는 의미는 제한적이다. 진정소급입법에 해당하는 규정들이 대부분 위헌으로 평가될 수 없다면 진정소급입법과 부진정소급입법의 구분이 신뢰가 제한되는 정도를 징표하는 기준이 될 수 있지만 더 이상 위헌과 합헌을 구분하는 기준이 될 수 없기 때문이다.

d) 체제전환의 특수한 상황에서 소급입법의 가능성

위에서 지적했듯이 형법에 있어서는 소급입법이 절대적으로 금지된다. 그러나 독일의 사례는 체제전환의 특수한 상황에서는 형법에서도 소급입법이 허용되는 경우를 보여주고 있다. 우리의 통일 상황을 염두에 두고 이를 점검할 필요가 있다.

독일에서도 기존에는 형법에 있어서 소급입법이 절대적으로 금지된다고 이해하였다.[96] 1989년 동·서 베를린 사이의 장벽이 철거되기 전까지 동베를린에서 서베를린으로 탈출하는 수많은 시도가 있었으며, 264명이 탈출 도중 사살되었다(Mauerschützen). 독일 통일 후 국경 탈출자를 사살하였거나 혹은 사살을 명령한 국경수비대원 등에 대한 형사재판에서 연방최고법원은 살인죄의 유죄판결을 확정하였다. 통일조약은 통일 전 동독에서 행해진 행위에 대해서는 원칙적으로 동독 형법이 적용되도록 하였다. 다만 서독 법률이 해당 구성요건에 대해서 완화된 규정을 두고 있는 경우에는 이에 따른다. 따라서 핵심적인 질문은 동독 형법상 국경살인이 정당화될 수 있는가의 문제였다. 이는 정치적으로는 의문의 여지가 없이 청산의 대상이었지만 설득력 있는 헌법적 논리가 필요했다.

독일의 연방헌법재판소는 다음과 같이 문제에 접근했다. 소급입법금지에 관한 헌법 제103조 제2항이 체제전환의 경우에는 상대화될 수 있다.[97] 형법상 소급입법금지의 절대적 효력은 해당 형법이 민주주의와 권력분립, 입법권의 기본권 구속성과 같은 실질적인 정당성 기반 위에서 제정되었다는 전제에 기초해 있다. 그런데 이러한 기반이 결여된 동독 형법의 경우에는 실질적 정의와 법적 안정성이 균형관계에 있지 않았기 때문에 법적 안정성에 우월한 효력을 부여하는 소급입법금지의 원칙이 절대적 효력을 가질 수 없다. 국제법적으로 승인된 인권을 침해하는 국경살인과 같은 행위를 정당화하는 규범은 소급입법을 금지

96) 형법에 있어서 소급입법금지의 절대적 효력에 대해서는 *BVerfGE* 30, 376면 이하, 특히 385면 참조.
97) *BVerfGE* 95, 96면 이하 참조.

하는 신뢰의 기반이 될 수 없다. 따라서 국경살인을 소급입법에 의하여 처벌하는 것이 헌법에 위반되지 않는다는 것이다.

이와 같은 논증방법은 형법상의 소급입법금지의 원칙도 이를 정당화하는 기본적인 전제가 결여되어 있는 체제에서는 절대적인 효력을 갖지 못하며, 따라서 상대화될 수 있는 가능성을 열어 두었다. 소급입법의 절대적 금지는 형법상의 처벌이 자유를 제한하는 정도가 강하기 때문에 법적 안정성과 실질적 정의 중 전자에 우월한 효력을 부여하는 헌법적 결정이다. 그러나 불법적 국가의 권력하에서, 그리고 문제되는 형법 규정이 실질적으로 불법(unrichtiges Recht)에 해당하는 경우에는 해당 법률은 효력을 갖지 못하며, 따라서 국경살인을 정당화하는 사유는 더 이상 적용될 수 없다는 것이다.

다) 경과적 보호의 요청

부진정소급입법이 원칙적으로 허용되더라도 이를 통하여 개인의 신뢰는 훼손된다. 따라서 입법자는 경과규정을 두어 신뢰를 침해하지 않도록 하여야 한다.[98]

예컨대 과세연도 초에 개정된 세법이 과세연도 전체 소득에 적용되는 경우 이는 부진정소급입법에 해당한다. 이때 제한되는 신뢰의 정도는 낮으며, 따라서 이는 허용되는 부진정소급입법이다. 그러나 과세기간이 진행될수록 신뢰를 제한하는 정도는 커지며, 따라서 이를 시행일 이후에 해당하는 과세기간에 한하여 적용하도록 하여야 한다. 이때 경제생활에 있어서 예측가능성과 법적 안정성이 보다 충실하게 보장되기 때문이다.[99]

판례 **신뢰보호의 원칙과 경과규정** (헌재 1995.10.26, 94헌바12)

이 사건에서 청구인은 당초 구법규정에 따라 증자소득공제를 기대하고 증자를 하였는데, 구법은 기업이 증자를 통하여 재무구조 개선을 하도록 유도하는 목적이 있었다. 그런데 구법이 위헌·무효라거나 내용이 모호하거나, 특별히 공익 내지 형평성에 문제가 있다고는 할 수 없으며, 청구인이 구법상의 증자소득공제율이 조만간에 개정될 것을 예견하였다는 사정도 없었다. 또한 이 사건 규정이 투자 유인이라는 입법목적의 달성 정도에 따라 합리적으로 개정된 것이라 하더라도 이로써 청구

---

98) 신뢰를 중대하게 제한하고 있음에도 경과규정을 두지 않아 (한정)위헌결정이 이루어진 예로는 헌재 1995.10.26, 94헌바12, 7-2, 447면 이하; 2009.5.28, 2005헌바20등, 21-1(하), 470면 이하 등 참조. 경과규정을 두었으나 신뢰보호에 충실하지 못하다는 이유로 헌법불합치결정을 한 예로는 헌재 2001.9.27, 2000헌마152, 13-2, 338면 이하; 2001.9.27, 2000헌마208, 13-2, 363면 이하 등 참조.

99) 헌재 1998.11.26, 97헌바58, 10-2, 682면 이하 참조.

인과 같이 구법을 신뢰한 국민들의 기대권을 압도할 만큼 공익의 필요성이 긴절한 것은 아니다. 그렇다면 입법자는 구법에 따른 국민의 신뢰를 보호하기 위하여 상당한 기간 경과규정을 두는 것이 바람직한데도 그러한 조치를 하지 않아 결국 청구인의 신뢰가 상당한 정도로 침해되었다.

이 사건 규정과 같은 부진정소급입법의 경우 당사자의 구법에 대한 신뢰는 보호가치가 있는 특단의 사정이 있으므로, 적어도 이 사건 규정의 발효일 이전에 도과된 사업년도분에 대해서는 이 사건 규정은 적용될 수 없다.

라) 신뢰보호와 미래의 법률관계에 대한 불이익변경

미래의 법률관계에 불리한 새로운 조건을 제시하는 경우에 소급입법금지의 원칙이 적용되지는 않는다. 기존의 법률이 존속하리라는 기대는 보호되지 않기 때문이다. 예컨대 2001년 의약분업이 실시되면서 의료기관의 시설 또는 부지의 일부를 분할·변경 또는 개수하여 약국을 개설하는 경우 약국개설등록 거부사유에 해당하였다. 또 기존의 이러한 유형의 약국에 대해서는 1년의 유예기간을 두고 같은 건물에서 영업을 하지 못하도록 하였다.[100] 이 사안이 소급입법에 해당하지는 않는다. 즉 이는 장래효를 가질 뿐이다. 다만 기존의 영업환경을 이제 변화된 법적 상황에 적합하게 재구성하여야 한다는 의미에서 신뢰가 제한된다. 그러나 기존의 직업수행과 관련하여 구성요건 혹은 법률관계에 대한 평가와 이에 대한 법적 효과는 일회적으로 종료된 것이며, 개정 법률은 단순히 제도를 변화시키는 내용을 가질 뿐이다. 여기에서 구성요건 혹은 법률관계가 진행 중 혹은 완성되었다든가, 또 주어졌을 혹은 이미 주어진 법적 효과에 불이익을 가하는 것은 아니다.

이러한 사안에서 해당 신뢰가 보호가치가 있는가, 아니면 단순한 기대에 불과한가에 대해서는 평가를 필요로 한다.[101] 그러나 이 경우에도 과거에 영업을 수행하는 조건이 불이익하게 변경된 것은 사실이다. 즉 장래효의 경우에도 경과규정, 즉 적응기간을 두어 신뢰가 상당한 정도로 제한되는 집단에 대한 구제가 필요한 경우 혹은 이로써 정당성이 보다 높아지는 경우가 있다. 따라서 장래효 있는 개정 법률에서 어떠한 경우에 경과규정에 의한 일부 구제가 필요한

---

100) 이에 대한 결정은 헌재 2003.10.30, 2001헌마700, 15-2(하), 159면 이하; 헌재 2003.10.30, 2003헌바11 등 참조.

101) 신뢰이익을 침해하여 위헌으로 결정된 예로는 대판 2006.11.16, 2003두12899 참조.

가는 여전히 신뢰보호의 원칙에 따라 평가되어야 한다. 헌법재판소는 이와 같은 입법에 대해서 대부분의 경우 적응기간을 두었다는 이유로 합헌의 결정을 하였다.

판례 **법률의 개정과 신뢰보호** (대판 2006.11.16, 2003두12899)

규제개혁위원회의 방침에 따라 변리사 등 전문자격사의 인원을 확대하기 위한 일환으로 변리사 제1, 2차 시험을 종전의 '상대평가제'에서 '절대평가제'로 전환하는 내용의 구 변리사법 시행령이 절대평가제를 도입한 목적과 그 경위, 이전 수년간 상대평가제에 의하여 시행된 제1차 시험의 합격점수, 개정 전 시행령의 공포 후 유예기간, 그 후 제1차 시험을 '절대평가제'에서 '상대평가제'로 환원하는 내용의 개정된 변리사법 시행령의 입법예고와 개정·공포 및 그에 따른 시험공고 등에 관한 일련의 사실관계에 비추어 보면, 합리적이고 정당한 신뢰에 기하여 절대평가제가 요구하는 합격기준에 맞추어 시험준비를 한 수험생들은 제1차 시험 실시를 불과 2개월밖에 남겨놓지 않은 시점에서 개정 시행령의 즉시 시행으로 합격기준이 변경됨으로 인하여 시험준비에 막대한 차질을 입게 되어 신뢰가 크게 손상되었다. 특히 절대평가제에 의한 합격기준인 매 과목 40점 및 전과목 평균 60점 이상을 득점하고도 불합격처분을 받은 수험생들의 신뢰이익은 그 침해된 정도가 극심하다. 그 반면 개정 시행령에 의하여 상대평가제를 도입함으로써 거둘 수 있는 공익적 목적은 개정 시행령을 즉시 시행하여 바로 임박해 있는 2002년의 변리사 제1차 시험에 적용하면서까지 이를 실현하여야 할 합리적인 이유가 있다고 보기 어렵다.

결국 개정 시행령의 즉시 시행으로 인한 수험생들의 신뢰이익 침해는 개정 시행령의 즉시 시행에 의하여 달성하려는 공익적 목적을 고려하더라도 정당화될 수 없을 정도로 과도하다. 나아가 개정 시행령에 따른 시험준비 방법과 기간의 조정이 2002년의 변리사 제1차 시험에 응한 수험생들에게 일률적으로 적용되었다는 이유로 위와 같은 수험생들의 신뢰이익의 침해를 정당화할 수 없다. 또한 수험생들이 개정 시행령의 내용에 따라 공고된 2002년의 제1차 시험에 응하였다고 하더라도 사회통념상 그것만으로는 개정 전 시행령의 존속에 대한 일체의 신뢰이익을 포기한 것이라고 볼 수도 없다. 따라서 변리사 제1차 시험의 상대평가제를 규정한 개정 시행령 제4조 제1항을 2002년의 제1차 시험에 시행하는 것은 헌법상 신뢰보호의 원칙에 비추어 허용될 수 없으므로, 개정 시행령 부칙 중 제4조 제1항을 즉시 2002년의 변리사 제1차 시험에 대하여 시행하도록 그 시행 시기를 정한 부분은 헌법에 위반되어 무효이다.

(3) 과잉금지의 원칙

기본권은 필요한 경우에 한하여 제한할 수 있다. 이는 헌법 제37조 제2항에서 도출되는 기본권 제한의 요건으로 과잉금지의 원칙 혹은 비례의 원칙을 말한다. 과잉금지의 원칙은 해당 조치의 목적과 수단의 관계에 적용되는 기준으로, 다음과 같은 세 가지 개념요소로 구성된다. 첫째, 기본권을 제한하는 조치가 해당 목적을 달성하기 위하여 효과적이고 적합한 수단이어야 한다(적합성의 원칙). 둘째, 적합성의 요청을 충족하는 경우에도 기본권의 제한은 최소한에 그쳐야 한다(최소침해의 원칙). 셋째, 해당 조치에 의하여 침해되는 기본권과 이를 통해서 추구되는 공익 사이에 비례관계가 있어야 한다(법익균형의 원칙).

가) 수단의 적합성

기본권을 제한하는 조치가 목적을 달성하기 위하여 적합하여야 한다. 적합성의 요청은 일반적으로 엄격하지는 않으며, 입법재량이 인정된다. 수단의 적합성은 해당 조치가 목적달성에 어느 정도 기여하는 것으로 충분하다. 또 해당 조치가 목적달성을 위하여 유일한 수단일 필요는 없다. 특히 사회적 관련성이 강한 사회·경제적 법률을 제정 및 개정하는 경우에는 이른바 실험입법의 필요성을 인정하여야 한다. 따라서 입법자의 예측판단이나 평가에 대해서 명백히 합리적인 이견(異見)이 있거나 혹은 현저히 오류가 있는 경우에 한하여 수단의 적합성에 의문이 제기되며, 그만큼 입법재량이 널리 인정된다. 다만 입법자는 적어도 현저하게 불합리하고 불공정한 수단을 선택해서는 안 된다.

수단의 적합성이 엄격하게 심사되는 경우도 있다. 이에 따르면 해당 법률이 입법목적을 달성할 수 있다는 것을 어느 정도 확실하게 예측할 수 있을 때 수단의 적합성이 인정된다. 예컨대 정당이 정치과정에서 중요한 기능을 수행하기 때문에 정당설립의 자유를 제한하는 것은 원칙적으로 허용되지 않으며, 이를 제한하는 법률에 대해서는 엄격한 심사가 이루어진다.[102] 이에 비해서 정당조직의 개편을 내용으로 하는 법률에 대해서 수단의 적합성을 판단함에 있어서 헌법재판소는 완화된 심사기준을 적용한 바 있다.[103] 이러한 헌법재판소의 이해가 얼마나 일반화될 수 있는지는 두고 보아야 한다.

---

102) 헌재 1999.12.23, 99헌마135, 11-2, 816면 이하 참조.
103) 헌재 2004.12.16, 2004헌마456, 16-2(하), 629면 참조.

나) 최소침해의 원칙

목적을 달성하기 위하여 적합한 수단이 여러 가지가 있는 경우에는 기본권을 제한하지 않는, 혹은 기본권을 가장 덜 제한하는 수단을 선택하여야 한다. 기본권을 제한하지 않으면서 혹은 기본권을 덜 제한하면서 목적을 달성할 수 있는 수단이 있음에도 불구하고 기본권을 제한하는 혹은 더 제한하는 수단을 선택하는 것은 과잉금지의 원칙에 반한다.

기본권 제한의 필요성이 있는 경우에도 그 행사의 방법에 대한 규제를 통하여 목적을 달성할 수 있는 경우에 기본권의 행사 여부를 규제하는 조치는 최소침해의 원칙에 반한다.[104] 이러한 내용의 과잉금지의 원칙은 직업의 자유에 대한 제한에 있어서는 이른바 '단계이론'을 통해서 구체화된다.[105] 이에 대해서는 직업선택의 자유의 제한과 관련하여 설명한다. 또 개인의 행위를 원칙적으로 허용하고 예외적으로 금지하는 조치를 통하여 입법목적을 달성할 수 있음에도 불구하고 원칙과 예외를 거꾸로 규율하는 입법 역시 최소침해의 원칙에 위반된다. 예컨대 과외교습은 기본권에 의하여 보장되는 행위이며, 다만 고액과외 및 공교육의 정상적 운영에 장애가 되는 경우에는 제한될 수 있다. 그럼에도 불구하고 과외교습을 전면적으로 금지하는 것은 기본권 보장의 원칙과 예외가 뒤바뀐 것으로서 최소침해의 원칙에 반한다.[106] 다만 해당 법률에 의하여 기본권이 제한되는 정도가 경미한 경우에는 최소침해의 원칙은 완화되어 적용된다. 즉 이 경우 기본권을 덜 제한하면서 입법목적을 달성할 수 있는 대안적 방법이 존재하는가의 여부가 심사되는 것이 아니라 해당 법률이 입법목적을 달성하기 위하여 필요한 범위 내에서 기본권을 제한하고 있는가의 여부가 심사된다. 예컨대 헌법재판소는 상업광고를 표현의 자유의 보호범위에 포함시켰지만, 이것이 사상이나 지식에 대한 표현행위가 아니며, 따라서 기본권 제한의 효과가 경미하다는 이유로 완화된 기준을 적용하였다.[107] 그러나 최소침해의 원칙에 특유한 상대적 평가가 아니라 위와 같이 절대적 기준에 따른 심사를 하는 경우 입법권에 대한 통제는 제한적이게 된다.

최소침해의 원칙에 대한 심사에 있어서도 입법형성권은 존중된다. 예컨대

104) 헌재 1998.5.28, 96헌가5, 10-1, 556면; 2022.11.24, 2020헌마1181, 34-2, 624면 이하 등 참조.
105) 예컨대 헌재 1993.5.13, 92헌마80, 5-1, 374면 참조.
106) 헌재 2000.4.27, 98헌가16등, 12-1, 465면; 2009.9.24, 2008헌가25, 21-2(상), 442면 이하; 2011.12.29, 2007헌마1001등, 23-2(하), 756면 이하 등 참조.
107) 헌재 2005.10.27, 2003헌가3, 17-2, 198면 참조.

헌법상의 목적을 달성하기 위한 여러 수단 중 무엇이 덜 침해적이라고 판단하기 어려운 경우에 이에 대한 판단은 입법권에 유보되어 있다.[108)]

다) 법익균형의 원칙

개인의 법적 지위를 제한하는 조치를 통하여 달성하려는 공익과 침해되는 사익을 비교형량하여 공익이 크거나, 최소한 균형관계에 있어야 한다. 이때 비로소 기본권 제한을 개인에게 기대할 수 있고, 또 수인될 수 있기 때문이다. 이 심사단계에서 구체적인 이익형량이 이루어진다.

형사처벌에 있어서 양형의 문제는 기본적으로 입법형성의 대상이다. 그러나 이 경우에도 비례의 원칙은 존중되어야 한다. 예컨대 법정형을 사형으로 하는 것은 다른 생명 또는 중대한 공익을 보호하기 위하여 불가피한 예외적인 경우에 한하여 정당성을 갖는다. 따라서 경미한 범죄에 대해서 법정형을 사형으로 하는 것은 법익균형의 원칙에 반한다.[109)] 또 법정형의 하한을 일률적으로 지나치게 높게 하여 해당 범죄에 해당하지만 비난가능성이 그렇게 크지 않은 경우에도 집행유예를 선고할 수 없도록 하는 것은 책임주의의 원칙에 반하여 비례의 원칙을 위반한다.[110)] 이상적으로는 이 심사에서 대립하는 두 법익이 최적점에서 조화하여야 하지만 이것을 법익균형의 원칙이 요구하는 것은 아니다. 기본권을 제한하는 목적이 제한되는 개인의 이익과의 관계에서 현저히 균형을 상실하는 경우에 법익균형의 원칙에 위반된다.[111)]

판례 **형벌의 형성과 과잉금지의 원칙** (헌재 2007.11.29, 2006헌가13)

법정형의 종류와 범위를 정하는 것이 기본적으로 입법자의 권한에 속하지만 형벌은 죄질과 책임에 상응하도록 적절한 비례성이 지켜져야 한다. 이 사건 법률조항은 군대 내 명령체계유지 및 국가방위라는 이유만으로 가해자와 상관 사이에 명령복종관계가 있는지 여부를 불문하고 전시와 평시를 구분하지 아니한 채 다양한 동기와 행위태양의 범죄를 동일하게 평가하여 사형만을 유일한 법정형으로 규정하고 있다. 이 사건 법률조항은 범죄의 중대성 정도에 비하여 심각하게 불균형한 과중한

---

108) 헌재 2008.7.31, 2007헌바85, 20-2(상), 216면; 2012.8.23, 2010헌가65, 24-2(상), 385면 이하 등 참조.

109) 헌재 2002.11.28, 2002헌가5, 14-2, 606면 이하 참조. 이 밖에 헌재 2014.1.28, 2012헌마431 등, 26-1(상), 165면 이하; 2014.4.25, 2013헌바25, 26-1(하), 85면 이하; 2016.7.28, 2015헌바6, 28-2(상), 100면 이하 등 참조.

110) 헌재 2023.2.23, 2021헌가9, 35-1(상), 8면 이하 참조.

111) 이에 대해서는 예컨대 헌재 2005.7.21, 2004헌가30, 17-2, 14면 이하; 2022.5.26, 2019헌가12, 34-1, 335면 이하 등 참조.

형벌을 규정하여 죄질과 그에 따른 행위자의 책임 사이에 비례관계를 준수하지 않고 있다. 따라서 인간의 존엄과 가치를 존중하고 보호하려는 실질적 법치국가의 이념에 어긋나고, 형벌체계상 정당성을 상실한 것이다.

Ⅴ. 기본권 제한의 한계 – 본질적인 내용에 대한 침해금지

기본권 제한의 요건을 충족하는 경우에 기본권은 제한될 수 있다. 그러나 이 경우에도 "자유와 권리의 본질적인 내용을 침해할 수 없다." 기본권의 본질적인 내용에 대한 침해금지는 위에서 설명한 기본권 제한의 요건과는 구별되며, 특히 과잉금지원칙과는 별개로 독자적인 의미를 가져야 한다. 우선 조문체계상 헌법은 두 기준을 분리하고 있다. 본질적인 내용에 대한 침해금지조항의 독자성, 그리고 구체적인 내용에 대해서는 논란이 있다.

1. 본질적인 내용침해금지조항의 독자성

(1) 과잉금지의 원칙으로 이해하는 방법

기본권의 제한을 통하여 실현하려는 공익과 기본권이 제한되는 정도를 비교하여 현저히 균형이 상실되는 경우 기본권의 본질적인 내용이 침해된다고 보는 입장이 있다. 그런데 이는 과잉금지의 원칙의 내용 중 최소침해의 원칙 및 법익균형의 원칙의 내용과 다르지 않다. 따라서 이와 같이 이해하는 경우 헌법의 이에 대한 규정은 독자성을 갖지 못하고, 오히려 선언적 의미에 그친다.

헌법재판소는 사형제도의 합헌성을 논증하면서 위와 같은 입장을 취하고 있다. 즉 "...비록 생명이 이념적으로 절대적 가치를 지닌 것이라 하더라도 생명에 대한 법적 평가가 예외적으로는 허용될 수 있다. 생명권 역시 헌법 제37조 제2항에 의한 일반적 법률유보의 대상이 될 수밖에 없다. 따라서 사형이 비례의 원칙에 따라서 최소한 동등한 가치가 있는 다른 생명 또는 그에 못지않은 공공의 이익을 보호하기 위하여 불가피하게 예외적으로 적용되는 경우에는 헌법 제37조 제2항 단서에 위반되지 않는다."[112)]

---

112) 헌재 1996.11.28, 95헌바1, 8-2, 546면 참조. 이 밖에 이러한 방법으로 논증하는 결정으로는 헌재 1991.9.16, 89헌마165, 3, 528면 이하; 1992.4.28, 90헌바24, 4, 236면 이하 등 참조.

(2) 독자적인 심사기준

본질적인 내용침해금지조항을 과잉금지의 원칙과 동일시하고 독자성을 부인하는 것은 다음과 같은 두 가지 이유에서 타당성이 없다. 첫째, 헌법조문의 체계에 반한다. 헌법 제37조 제2항은 기본권 제한의 요건과 제한의 내용상 한계를 구분하고 있기 때문이다. 둘째, 본질적인 내용침해금지조항을 과잉금지의 원칙과 동일시하는 의도가 이해되기는 한다. 기본권의 본질적인 내용은 그 자체가 확정적인 것은 아니기 때문에 경우에 따라서는 기본권의 내용이 무의미하게 될 정도로 공동화될 수 있으며, 이 경우 공권력을 통제하는 기준으로 작용할 수 없게 된다. 따라서 이러한 결과를 과잉금지의 원칙을 통하여 방지하는 취지가 있을 수 있다. 즉 기본권 제한을 통하여 추구하는 공익이 중대한 경우 본질적 내용은 축소되겠지만, 그 공익이 중대하지 않은 경우에는 본질적인 내용은 확대될 수 있다.

그러나 기본권이 공동화될 수 있다는 우려는 이미 과잉금지의 원칙 자체에 의하여 방지될 수 있다. 본질적인 내용침해금지는 기본권 제한의 요건을 모두 갖춘 후, 다음 단계에서 최종적으로 심사된다. 따라서 기본권 제한이 과잉금지의 원칙에 반한다면 본질적인 내용침해금지조항을 기준으로 한 심사는 필요없으며, 해당 공권력은 위헌이다.

(3) 생명권과 관련된 특수성

인간의 생명은 다른 법익과는 달리 핵심과 외연이 구분되지 않는 특징이 있다. 즉 생명권의 일부분이 제한될 수 있지만 핵심에 해당하는 본질적인 부분을 침해할 수 없다는 논리는 성립될 수 없다. 따라서 생명권의 경우에도 본질적인 내용침해 금지조항이 적용된다면 사형제도는 곧 본질적인 내용을 침해하며, 그 결과 생명권은 어떠한 경우에도 제한될 수 없는 절대적인 효력을 갖게 된다. 그러나 헌법에 특별한 근거가 없이 생명권이 절대적인 효력을 갖는다고 할 수는 없다. 따라서 생명권은 본질적인 내용침해금지의 기준이 적용될 수 없는 기본권이라고 이해하여야 한다.[113)]

2. 본질적인 내용침해금지조항의 내용

기본권의 본질적인 내용침해금지조항은 과잉금지의 원칙과는 별개의 논리로

113) 이러한 논리는 사형제도에 대한 위헌의견에서 제시된 바 있다. 헌재 2010.2.25, 2008헌가23, 22-1(상), 86면 이하 참조.

독자적인 내용을 갖는다.[114] 즉 본질적인 내용침해금지조항은 창설적 의미를 갖는다. 이제 기본권 제한의 요건을 충족시킨 경우에도 침해될 수 없는 기본권의 본질적인 내용은 무엇인가 하는 질문이 제기된다.

개별기본권은 인간의 존엄과 가치를 개별생활영역에서 보호한다. 따라서 기본권을 제한하는 경우에도 인간의 존엄을 침해해서는 안 된다. 다만 이러한 추상적인 명제는 현실적용에 있어서는 한계가 있다. 따라서 본질적인 내용침해금지조항은 개별적으로 판단되어야 한다. 즉 개별기본권이 기능을 상실하고, 그 결과 기본권 자체가 무의미하게 되는 지점에 기본권의 본질적인 내용이 확정될 수 있다. 기본권이 해당 생활영역에서 개인의 자기결정권을 보호하기 때문에 이러한 기능이 수행될 수 없다면, 그리고 이로써 기본권이 의미를 상실하는 경우 기본권의 본질적인 내용은 침해된다.

헌법재판소는 지금까지 법관에 의한 사실확정과 법률해석 및 적용의 기회를 보장하지 않은 것, 형사보상청구에 대한 보상결정에 대해서 불복을 신청할 수 없도록 한 것이 재판을 받을 권리의 본질적인 내용을 침해하고,[115] 「근로기준법」상의 퇴직금우선변제에 관한 규정이 질권이나 저당권 등 재산권의 본질적인 내용을 침해하는 것으로 판단한 바 있다.[116] 경과실로 인한 범죄행위에 기인하는 보험사고에 대해서 요양급여를 제한하는 것은 건강보험수급권의 본질을 침해하는 것으로 보았다.[117] 1971년 제정된 「국가보위에 관한 특별조치법」이 노동3권의 기본적인 사항을 법률에 정하지 않고 그 제한의 범위와 내용을 주무관청에 포괄적으로 위임한 것은 노동3권의 본질적인 내용을 침해한다.[118] 또 이미 1971년 대법원은 「국가배상법」의 이른바 이중배상금지의 규정이 국가배상청구권의 본질적인 내용을 침해하여 위헌으로 결정한 바 있다.[119]

헌법 제21조는 언론·출판의 자유와 집회·결사의 자유를 사전검열 혹은 허가제를 통하여 제한하는 것을 금지하고 있다. 사전검열 및 허가제가 표현의 자

114) 다만 헌법재판소의 결정에 과잉금지의 원칙과 본질적 내용침해금지조항의 독자성이 언제나 뚜렷이 표명되어 있지는 않다. 기탁금규정에 대한 헌법판단에서 실질적으로는 같은 논리이지만 양자를 독립하여 혹은 같은 내용으로 판단하는 혼란이 보인다. 예컨대 헌재 1995.5.25, 91헌마44, 7-1, 698면(독자성 인정); 1995.5.25, 92헌마269등, 7-1, 780면(독자성 인정); 1996.8.29, 95헌바108, 8-2, 181면(독자성 부인) 등 참조.

115) 헌재 1995.9.28, 92헌가11등, 7-2, 278면; 2010.10.28, 2008헌마514등, 22-2(하), 180면 이하 등 참조.

116) 헌재 1997.8.21, 94헌바19등, 9-2, 258면 이하 참조.

117) 헌재 2003.12.18, 2002헌바1, 15-2(하), 457면 참조.

118) 헌재 2015.3.26, 2014헌가5, 27-1(상), 232면 참조.

119) 대판 1971.6.22, 70다1010 참조.

유의 본질적인 내용을 침해하는가 하는 질문이 제기될 수 있다. 그러나 기본권의 본질적인 내용은 기본권의 실체에 관한 논의이므로 제한의 방법과는 논의의 차원이 다르다. 또 헌법은 허용되지 않는 제한의 방법을 직접 제시하였기 때문에 이를 본질적인 내용과 관련하여 다시 논의하는 것은 실익도 없다.

판례 **생명권과 기본권의 본질적인 내용침해금지** (헌재 2010.2.25, 2008헌가23)

인간의 생명에 대하여는 함부로 사회과학적 혹은 법적인 평가를 할 수 없으며, 각 개인의 입장에서 생명은 절대적 가치를 가지므로 생명권은 헌법 제37조 제2항에 따른 제한이 불가능한 절대적 기본권이 아닌지가 문제될 수 있다. 우리 헌법은 절대적 기본권을 명문으로 인정하고 있지 않으며, 국민의 모든 자유와 권리는 국가안전보장·질서유지 또는 공공복리를 위하여 필요한 경우에 한하여 법률로써 제한될 수 있다. 어느 개인의 생명권에 대한 보호가 다른 개인의 생명권에 대한 제한이 될 수밖에 없거나, 특정한 인간에 대한 생명권의 제한이 일반국민의 생명 보호나 이에 준하는 매우 중대한 공익을 지키기 위하여 불가피한 경우에는 비록 생명이 이념적으로 절대적 가치를 지닌 것이더라도 생명에 대한 법적 평가가 예외적으로 허용될 수 있다. 따라서 생명권 역시 헌법 제37조 제2항에 의한 일반적 법률유보의 대상이 될 수밖에 없다.

헌법 제37조 제2항에서는 자유와 권리를 제한하는 경우에도 그 본질적인 내용을 침해할 수 없다고 규정하고 있다. 그런데 생명권의 경우, 다른 일반적인 기본권 제한의 구조와는 달리, 생명의 일부 박탈이라는 것은 상정할 수 없으며, 생명권에 대한 제한은 필연적으로 생명권의 완전한 박탈을 의미한다. 이를 이유로 생명권의 제한은 어떠한 상황에서든 생명권의 본질적인 내용을 침해하는 것으로서 기본권 제한의 한계를 넘는 것으로 본다면, 이는 생명권을 제한될 수 없는 절대적 기본권으로 인정하는 결과가 된다. 그러나 생명권 역시 그 제한을 정당화할 수 있는 예외적 상황 하에서는 제한이 허용되는 기본권인 점, 그리고 생명권 제한구조의 특수성을 고려한다면, 생명권 제한이 정당화될 수 있는 예외적인 경우에는 생명권의 박탈이 초래된다 하더라도 곧바로 기본권의 본질적인 내용을 침해하는 것이라 볼 수는 없다. 따라서 사형이 비례의 원칙에 따라 최소한 동등한 가치가 있는 다른 생명 또는 그에 못지 아니한 공공의 이익을 보호하기 위하여 불가피한 예외적인 경우에만 적용됨으로써 생명권의 제한이 정당화될 수 있는 경우에는, 비록 생명권의 박탈을 초래하는 형벌이더라도 생명권의 본질적인 내용을 침해하는 것이라 볼 수는 없다.

제 2 장　개별기본권

제 1 절　인간의 존엄과 가치, 행복추구권

헌법 제10조는 인간의 존엄과 가치, 그리고 행복추구권을 보장한다. 국가는 불가침의 기본적 인권을 확인하고 이를 보장할 의무를 진다. 인간의 존엄과 가치는 헌법의 존재 의의이며, 넓게는 헌법 전체, 그리고 좁게는 기본권을 구성하는 구조적 원리이다. 이에 비해서 같은 조문에 규정된 행복추구권은 인간의 존엄조항과 동일한 위상을 갖지는 않는다. 행복추구권은 국가에 대한 방어권적 성격을 갖는다. 아래에서는 인간의 존엄과 가치와 행복추구권을 구분하여 설명하기로 한다.

Ⅰ. 인간의 존엄과 가치

1. 전체헌법 및 기본권질서에서 인간의 존엄과 가치

(1) 헌법의 구조적 원리

인간의 존엄과 가치는 헌법의 최고원리이며 헌법질서의 구조적 원리이다. 헌법의 존재 의의는 궁극적으로는 인간의 존엄과 가치를 실현하는 데에 있기 때문이다. 따라서 인간의 존엄과 가치는 다른 헌법규정에 대해서 지도원리로서 기능한다. 인간의 존엄과 가치는 기본권질서의 이념적 출발점이며, 핵심적인 내용이다. 헌법에 보장된 다른 기본권들은 경제·사회·문화·정치 등 생활영역에서 인간의 존엄과 가치를 실현하는 수단이며, 국가조직 역시 인간의 존엄과 가치를 실현하기 위하여 기능하여야 한다.

(2) 헌법상의 인간상

인간의 존엄과 가치는 헌법이 예정하는 인간상을 제시한다. 헌법상의 인간상은 공동체에서 유리된 개인주의적 인간도, 그리고 공동체에 함몰된 전체주의적 인간도 아닌, 사회적 관련성과 사회적 책임성 속에서 자기결정권을 실현하는 인격체이다. 헌법재판소는 이를 “자기결정권을 가진 창의적이고 성숙한 개

체"로 표현하고 있다.[1)]

2. 인간의 존엄과 가치의 법적 성격, 효력범위와 기능

(1) 법적 성격

인간의 존엄과 가치에 관한 규정이 객관적인 규범인가, 혹은 구체적인 기본권의 성격이 있는가에 대한 논의가 필요하다. 인간의 존엄은 헌법의 최고의 가치이며 이념적 기초로서 헌법 전체를 구성하는 객관적인 원리이다. 이에 비해서 인간의 존엄이 구체적인 기본권의 성격을 갖는 것은 인간의 존엄이 모든 기본권의 이념적 출발점에 해당한다는 명제와는 모순된다. 이 경우 인간의 존엄은 다른 기본권과 경합할 수 있고, 국가안전보장·질서유지·공공복리 등의 목적을 위하여 제한될 수 있으며 더 이상 절대적 효력을 갖는 헌법원리가 될 수 없기 때문이다. 또 인간의 존엄이 구체적인 기본권의 성격을 갖는다면 다른 개별적인 기본권과의 서열관계에 관한 문제도 발생한다. 그러나 우리 헌법이 이러한 상황을 예정하고 있지는 않다.

이에 관한 헌법재판소의 입장이 아직 명확하지는 않다. 인간의 존엄은 국가의 침해로부터 보호받을 개인의 방어권이라는 표현을 쓰고 있지만 이는 인간의 존엄조항의 기능을 표현한 것일 뿐 법적 성격에 관한 명제는 아니다.[2)] 헌법재판소는 교정시설에서 과밀수용에 대한 심사에서 인간의 존엄과 가치를 독자적인 심사기준으로 적용한 바 있다. 즉 국가형벌권의 행사에 있어서 개인이 재사회화의 목적이 아니라 단순히 객체로 취급되고, 또 비인간적이고 잔혹한 형벌이 부과되는 경우 인간의 존엄이 침해된다.[3)]

판례 **교정시설 과밀수용과 인간의 존엄** (헌재 2016.12.29, 2013헌마142)

헌법 제10조에서 보장하는 인간의 존엄과 가치는 국가가 형벌권을 행사함에 있어 사람을 국가행위의 단순한 객체로 취급하거나 비인간적이고 잔혹한 형벌을 부과하는 것을 금지한다. 또 행형에 있어 인간 생존의 기본조건이 박탈된 시설에 사람을 수용하는 것을 금지한다. 구금의 목적달성을 위하여 필요 최소한의 범위 내에서는 수형자의 기본권에 대한 제한이 불가피하더라도, 국가는 어떠한 경우에도 수형자의 인간의 존엄과 가치를 훼손할 수 없다. 수형자가 인간 생존의 기본조건이 박탈

---

1) 헌재 1998.5.28, 96헌가5, 10-1, 555면 참조.
2) 예컨대 헌재 2011.8.30, 2008헌마648, 23-2(상), 434면 참조.
3) 헌재 2016.12.29, 2013헌마142, 28-2(하), 656면 이하 참조.

된 교정시설에 수용되어 인간의 존엄과 가치를 침해당하였는지 여부를 판단함에 있어서는 1인당 수용면적뿐만 아니라 수형자 수와 수용거실 현황 등 수용시설 전반의 운영 실태와 수용기간, 국가예산의 문제 등 제반 사정을 종합적으로 고려할 필요가 있다. 그러나 교정시설의 1인당 수용면적이 수형자의 인간으로서의 기본 욕구에 따른 생활조차 어렵게 할 만큼 지나치게 협소하여 신체적·정신적 건강이 악화되거나 인격체로서의 기본 활동에 필요한 조건을 박탈 당하는 등 극심한 고통을 경험하였을 가능성이 큰 경우에는 그 자체로 국가형벌권 행사의 한계를 넘어 수형자의 인간의 존엄과 가치를 침해하는 것이다.

---

(2) 효력범위

인간의 존엄과 가치는 기본권질서의 이념적 기초이기 때문에 자유권적 기본권뿐 아니라 사회적 기본권에도 효력을 미친다. 따라서 국가로부터의 자유를 보장할 뿐 아니라 국가에 적극적인 행위의무를 부과한다. 다만 이로부터 개인의 국가에 대한 구체적인 권리가 나오지는 않는다. 인간의 존엄과 가치의 개념은 가치관련적이며, 가치의 가변성 때문에 이를 실현하기 위하여 확정적·구체적인 권리를 예정하고 있는 것은 아니기 때문이다.

(3) 기 능

인간의 존엄과 가치가 구체적인 헌법분쟁에 있어서 유용한 판단기준이 되는 것은 아니다. 구체적인 헌법분쟁에서 심사기준은 해당 생활영역에 적용되는 개별기본권이기 때문이다. 인간의 존엄과 가치는 헌법의 해석과 적용에 있어 다음과 같은 의미에서 중요한 지도지침이다.

인간은 존엄과 가치를 갖기 때문에 개인이 단순히 국가권력의 객체의 지위에 있지 않다. 오히려 개인은 주체적 지위에서 자신의 권리를 형성한다. 국가와 개인이 일방적인 지배복종관계가 아니라 권리와 의무를 내용으로 하는 쌍방적인 헌법관계에 있다는 것이다. 예컨대 「국민기초생활보장법」은 개인에게 노동의 의무를 부과하고 있다(법 제9조 제5항). 그런데 이러한 제도가 수급권자의 자기결정권을 존중하지 않고 노동을 강요하는 수단으로, 나아가서 국가가 노동력을 확보하기 위한 수단으로 이용되어서는 안 된다. 빈곤보호 그 자체가 입법목적이기 때문이다. 또 개인의 법적 지위를 제한하기 위해서는 구체적인 법적 근거가 있어야 한다. 이때 비로소 개인에게 예측가능성과 법적 안정성이 보장되며, 이로써 개인은 자기결정의 기회를 가질 수 있기 때문이다.

인간의 존엄과 가치는 사회적 책임성과 사회적 관련성 속에서 자기결정권을 실현하는 인간상을 전제로 하며, 국가는 이와 같은 인간상을 실현하여야 한다. 국가의 과제는 단순히 의식주 등 물리적인 생존을 보장하는 데에 그치지 않는다. 인간의 존엄과 가치는 개인이 사회적 주변환경과 의사소통을 할 수 있는 상태에서, 자신이 주변환경에 영향을 미치고 또 영향을 받는 과정을 통해 실현될 수 있기 때문이다. 헌법재판소는 아직 이와 같은 관점을 소홀히 하고 있다.[4)]

3. 인간의 존엄과 가치의 헌법적 구체화

기본권질서의 핵심이며 이념적 기초인 인간의 존엄과 가치는 모든 기본권의 지도원리이다. 헌법은 일부 기본권에 대해서 이를 명시적으로 선언하고 있다.

근로조건은 기본적으로 사용자와 근로자의 협의와 합의에 의해서 정해지며, 이것이 헌법이 보호하는 사적 자치의 원칙에 충실한 방법이다. 그러나 국가는 노동이 경제적 생활의 기반이 될 수 있도록 하기 위하여 근로자에게 열악한 근로조건이 강요되는 것을 방지하여야 하며, 헌법 제32조 제3항은 근로조건의 최저기준을 법률로 정하도록 하였다. 이때 근로조건의 기준은 인간의 존엄을 보장하여야 하며, 이는 헌법 제10조의 이념을 노동의 영역에 반영한 것이다. 헌법 제36조는 혼인과 가족을 보호하며, 혼인과 가족생활은 개인의 존엄과 양성의 평등에 기초하여야 한다. 이는 혼인과 가족을 지도하는 원리로서 인간의 존엄과 가치를 다시 한번 강조한 것이다. 헌법 제34조 제1항 인간다운 생활을 할 권리의 해석에 있어서도 헌법 제10조가 예정하고, 또 보장하고 있는 인간상이 기준이 되어야 한다.

이와 같이 헌법이 인간의 존엄과 가치를 개별 기본권 규정에 선별적으로 삽입하는 태도에 대해서는 설명이 필요하다. 혼인과 가족은 전통적으로 여성 및 자녀의 독자적인 인격이 무시되어 왔던 대표적인 생활영역이며, 노동은 오늘날 가장 중요한 개인의 소득수단으로서 특히 근로자의 생활이 보호되어야 한다는 점을 강조한 것이다.

인간의 존엄과 가치는 형벌에 관한 책임주의의 헌법적 근거로서 기능한다. 예컨대 종업원이 일정한 범죄를 행한 사실이 확인되면 영업주의 가담 여부 혹

4) 헌재 1997.5.29, 94헌마33, 9-1, 543면 이하 참조.

은 관리·감독 의무의 위반 여부에 관계없이 함께 처벌하는 것은(이른바 '양벌주의') 인간의 존엄과 가치에서 도출되는 자기책임의 원칙에 반한다.[5] 이 경우 영업주는 종업원의 범죄를 예방하기 위한 수단에 불과하게 되기 때문이다. 이에 비해서 법인 대표자가 행한 행위로 인한 법률효과는 법인에 귀속되므로 법인 대표자의 범죄행위에 대한 책임을 법인에게 부담시키는 것은 자기책임의 원칙에 반하지 않는다.[6]

판례 자기책임의 원칙과 양벌주의 (헌재 2010.9.2, 2009헌가11)

이 사건 심판대상 법률조항은 종업원 등의 범죄행위에 대한 개인 영업주의 가담 여부나 종업원 등의 행위를 감독할 주의의무의 위반 여부를 영업주에 대한 처벌 요건으로 규정하지 않고 있다. 또 달리 개인 영업주가 면책될 가능성에 대해서도 규정하지 않고 있다. 종업원 등의 일정한 행위가 있으면 영업주가 그와 같은 종업원 등의 범죄에 대하여 잘못이 있는지를 전혀 묻지 아니하고 곧바로 영업주를 종업원 등과 같이 처벌하고 있다.

형벌은 범죄에 대한 제재로서 그 본질은 법질서에 의해 부정적으로 평가된 행위에 대한 비난이다. 만약 법질서가 부정적으로 평가한 결과가 발생하였더라도 그러한 결과의 발생이 누구의 잘못에 의한 것도 아니라면, 부정적인 결과가 발생하였다는 이유만으로 누군가에게 형벌을 가할 수는 없다. 이와 같이 "책임없는 자에게 형벌을 부과할 수 없다"는 형벌에 관한 책임주의는 형사법의 기본원리로서, 헌법상 법치국가원리에 내재해 있으며 동시에, 헌법 제10조의 취지로부터 도출된다. 이 사건 심판대상 법률조항에 의할 경우, 개인 영업주가 종업원 등의 위반행위와 관련하여 선임·감독상의 주의의무를 다하여 아무런 잘못이 없는 경우에도 영업주에게 형벌이 부과된다. 이처럼 종업원 등의 범죄행위에 관하여 비난할 근거가 되는 개인 영업주의 의사결정 및 행위구조, 즉 종업원 등이 저지른 행위의 결과에 대한 영업주 개인의 독자적인 책임에 관하여 전혀 규정하지 않은 채, 단순히 개인 영업주가 고용한 종업원 등이 업무에 관하여 범죄행위를 하였다는 이유만으로 영업주 개인에 대하여 형사처벌을 과하고 있다. 이는 아무런 비난받을 만한 행위를 한 바 없는 자도 다른 사람의 범죄행위를 이유로 처벌하는 것으로서 형벌에 관한 책임주의에 반한다.

---

5) 헌재 2009.7.30, 2008헌가10, 21-2(상), 64면; 2010.9.2, 2009헌가11, 22-2(상), 491면 이하; 2016.3.31, 2016헌가4; 2016.10.27, 2016헌가10 등 참조.
6) 헌재 2020.4.23, 2019헌가25, 32-1(상), 317면 이하 참조.

4. 인간의 존엄과 가치와 헌법 제37조 제1항의 관계

국민의 자유와 권리가 헌법에 열거되지 않았다는 이유로 경시되어서는 안 된다(제37조 제1항). 이때 경시되어서는 안 되는 권리를 밝히는 기준이 인간의 존엄과 가치이다. 따라서 인간의 존엄과 가치를 실현하기 위해서 필요한 권리로서 판단되는 경우 헌법에 명시적으로 열거되어 있지 않더라도 기본권으로 보호되어야 한다.

헌법은 몇 차례의 개정을 거치면서 직업선택의 자유, 인간다운 생활을 할 권리, 행복추구권, 사생활의 비밀과 자유, 환경권, 범죄피해자구조청구권 등 기본권 목록을 확대하여 왔다. 현재 시점에서 헌법 제37조 제1항에 의하여 새로운 기본권을 형성할 가능성은 거의 없다. 헌법재판소는 개인정보자기결정권이 인간의 존엄과 가치를 실현하기 위해 필요하다고 판단하여 이를 헌법 제37조 제1항으로부터 도출한 바 있다.[7]

5. 인간의 존엄과 가치에서 인정되는 구체적인 기본권

인간의 존엄과 가치는 처음부터 기본권으로 보호되어야 할 권리가 헌법에 열거되지 않은 경우 이들 기본권을 인정하는 근거가 된다. 지금까지 생명권과 인격권이 인간의 존엄과 가치를 근거로 구체적인 기본권으로 인정되었다. 알 권리 역시 인간의 존엄과 가치를 근거로 인정되었다. 다만 알 권리의 헌법적 근거에 대해서는 논란이 있으며, 이에 대해서는 헌법 제21조 표현의 자유를 설명하면서 다루기로 한다. 개인정보자기결정권 역시 사생활보호를 위한 기본권으로 아래에서 따로 다루기로 한다.

(1) 생명권 및 연명치료중단의 자기결정권

가) 생명권

인간의 존엄과 가치에 기초하여 생명권이 보장된다. 생명권은 인간의 생존본능과 존재목적에 바탕을 둔 선험적인 권리이며, 따라서 모든 기본권의 전제이다.[8] 일반적으로 생명권은 출생 후의 인간이 향유한다. 그러나 형성 중에 있는 사람인 태아도 생명권의 주체로 인정된다.[9] 아직 기관으로 형성되기 전

7) 헌재 2009.10.29, 2008헌마257, 21-2(하), 384면 이하 참조.

8) 헌재 1996.11.28, 95헌바1, 8-2, 545면 이하; 2012.8.23, 2010헌바402, 29-2(상), 480면 이하 등 참조.

9) 헌재 2008.7.31, 2004헌바81, 20-2(상), 101면; 2012.8.23, 2010헌바402, 24-2(상), 479면 이하

의 단계에 있는 분열된 세포군, 특히 초기상태에 있는 이른바 '초기배아'는 생명권의 주체가 될 수 없다.[10] 다만 초기배아도 인간으로 발전할 잠재성을 갖는다는 사실을 고려하여 국가가 보호할 의무가 있는가는 또 다른 문제이다.

생명권과 관련하여 사형제도에 대한 헌법적 평가가 필요하다. 생명은 핵심과 외연의 구분이 없기 때문에 생명권을 제한하는 것은 곧 생명 전체를 부정하는 의미를 갖는다. 그 결과 사형제도의 헌법심사에 있어서 본질적 내용침해금지의 원칙을 적용하면 사형제도는 위헌이 된다. 그리고 결과적으로 생명권은 절대적 효력을 갖는 기본권이 된다. 그러나 생명권이 절대적으로 보장되는 기본권이라는 헌법적 근거는 없다. 따라서 사형제도의 헌법심사에 있어서는 본질적 내용침해금지의 원칙은 적용될 수 없으며, 과잉금지의 원칙이 심사의 기준이 된다. 사형제도는 다음과 같은 이유에서 과잉금지의 원칙을 충족시킬 수는 없다.

사형제도는 형벌목적에 적합한 수단이 아니다. 형벌은 일반예방과 특별예방 등의 목적을 갖는다. 그런데 사형제도는 생명을 박탈하기 때문에 범죄자를 일시적으로 사회에서 격리·교도하여 사회에 적응하도록 재사회화하는 기능을 원천적으로 수행할 수 없다. 사형제도는 최소침해의 원칙에도 반한다. 범죄자를 영원히 사회에서 격리시키는 목적은 생명의 박탈이 아니라 종신형제도를 통해서도 달성될 수 있기 때문이다. 실제 사형제도를 위헌으로 판단하면서 대안으로 가석방, 사면, 감형 등에 의하여 형의 집행이 면제되거나 감경되지 않는 절대적 종신형을 도입하자는 제안이 있다.[11] 종신형 자체가 헌법에 위반되는 것은 아니다. 그러나 자유를 다시 회복할 가능성을 봉쇄하는 절대적 종신형은 사형제도와 마찬가지로 범죄인을 격리·교도하여 재사회화하는 형벌의 목적에는 적합하지 않기 때문에 사형제도에 대한 합헌적인 대안은 아니다.[12] 또 사형제도는 회복할 수 없는 법익을 침해하므로 다른 혹은 많은 생명권과 충돌하는 등의 긴급하고 불가피한 상황이 존재하지 않는 한 어떠한 다른 법익과도 균형관계에 있을 수 없다. 마지막으로 오심(誤審)에 의하여 사형이 선고·집행된 경우 이를 회복할 수 있는 방법이 없다는 점도 고려되어야 한다. 우리 현대사에

등 참조.

10) 헌재 2010.5.27, 2005헌마346, 22-1(하), 293면 이하 참조.

11) 예컨대 헌재 2010.2.25, 2008헌가23의 소수의견이다. 헌재 2010.2.25, 2008헌가23, 22-1(상), 99면 이하 참조.

12) *BVerfGE* 45, 187(245) 참조.

서 1958년 진보당 당수 조봉암, 그리고 1970년 '인혁당재건위 사건'의 피고인들이 사형선고와 집행을 당하고 이후 재심에서 모두 무죄선고를 받았던 사실이 교훈이 되어야 한다.[13)]

헌법은 비상계엄이 선포된 경우 법률이 정한 범죄에 대해서는 단심으로 할 수 있지만 사형의 경우 대법원을 최종심으로 하도록 하고 있다(제110조 제4항). 이 규정이 사형제도를 헌법이 간접적으로 승인한 것이며, 따라서 사형제도가 위헌이 될 수 없다는 논리가 있다.[14)] 그러나 이 규정은 사형제도에 대한 헌법적 판단과는 관계없이 현재 존재하고 있는 제도를 다른 제도, 즉 재판제도와 관련하여 규율하는 의미를 가질 뿐이다.

나) 연명치료중단의 자기결정권

의료과학기술이 발달하면서 자연적인 생명을 연명하는 가능성이 증가하고 있다. 이러한 상황에서 경제적 이유에서 혹은 연명치료가 무의미하다는 자기결정권을 보호하기 위하여 연명치료를 중단하는 권리의 존재 여부가 문제된다. 경제적인 이유에서 가족의 요청에 의하여 환자의 치료를 중단하고 사망에 이르게 하는 것은 허용되지 않는다.[15)] 그러나 예컨대 법원이 제시하는 요건, 즉 죽음에 임박한 환자로서 회복불가능한 사망의 단계에 이르렀으며, 또 연명치료중단의 명시적 및 추정적 의사가 있다고 볼 수 있는 경우에는 연명치료 중단의 자기결정권이 보장된다.[16)] 2018년 「호스피스·완화의료 및 임종과정에 있는 환자의 연명의료결정에 관한 법률」이 제정되었으며, 이에 따라 개인은 '사전연명의료의향서'를 작성하여 연명치료중단의 자기결정을 할 수 있게 되었다.

(2) 인격권

인간의 존엄과 가치 조항은 인격권의 헌법적 근거이다. 인격권은 인간의 본질과 고유한 가치를 보호하는 기본권으로서, 개인은 인격을 국가의 간섭을 받

---

13) 원심판결은 대판 1959.2.27, 4291형상559; 1975.4.8, 74도3323, 재심판결은 대판 2011.1.20, 2008재도11; 2007.1.31, 2002재고합6 등 참조.

14) 헌재 1996.11.28, 95헌바1, 8-2, 545면 이하; 2010.2.25, 2008헌가23, 22-1(상), 56면 등 참조.

15) 이에 관한 법원의 판례로는 대판 2004.6.24, 2002도995(이른바 '보라매 병원 사건').

16) 헌재 2009.11.26, 2008헌마385, 21-2(하), 647면 참조. 다만 헌법재판소는 연명치료중단의 자기결정권을 실현하는 방법으로 '법원의 재판을 통한 규범의 제시'와 '입법' 중 어떠한 방법을 택할 것인가는 입법정책의 문제로 보고 해당 사안에서 입법부작위에 대한 헌법소원심판청구를 각하하였다. 치료중단의 조건을 제시한 법원의 판례로는 대판 2009.5.21, 2009다17417 참조. 이 문제에 관한 논의로는 예컨대 엄주희, "환자의 생명 종결 결정에 관한 연구: 입법적 실천 방안을 위한 미국과의 비교법적 모색"(연세대 박사학위논문, 2013) 참조.

지 않고 자유롭게 향유할 수 있다.[17] 또, 인격의 변경을 강요받지 않는다. 인격을 자유롭게 실현하기 위하여 개인에게 자기결정권이 보장된다. 헌법재판소는 낙태죄의 헌법심사에서 처음에는 태아의 생명권을 존중하여 합헌의 결정을 하였지만 두 번째 결정에서 임신 여성의 자기결정권을 우선하여 헌법불합치결정을 하였다.[18]

인격권은 이와 같이 비교적 포괄적인 성격을 갖기 때문에 다른 개별 기본권과의 관계에서 보충적으로 적용된다. 헌법 제21조에서 언론의 자유의 한계로서 제시되어 있는 타인의 명예는 인격권의 내용을 이룬다. 이때 명예는 사람이나 그 인격에 대한 사회적 평가, 즉 객관적·외부적 가치평가를 말한다.[19] 이에 비해서 단순히 주관적·내면적인 명예감정은 헌법이 보호하는 명예에 포함되지 않는다. 이와 같이 명예를 내용으로 하는 인격권은 개인의 알 권리와 충돌할 수 있다. 다만 알 권리의 대상이 공인(公人)의 공적인 사안인 경우 인격권 보호의 정도는 약화된다.[20] 이에 비해서 사인(私人)의 사적인 사안이 문제된 경우에는 알 권리보다는 명예를 보호하는 인격권이 우선한다.

민법 제764조에 의하면, 불법행위로 인하여 개인의 명예를 훼손한 경우 법원은 피해자의 청구에 의하여 손해배상에 갈음하거나 손해배상과 함께 명예회복에 적당한 처분을 명할 수 있다. 이에 따라 권리구제의 방법으로 오랫동안 법원이 사죄광고명령을 내려왔다. 헌법재판소는 이를 인격권을 침해하는 것으로 위헌으로 결정하였다. 사죄광고는 명예회복에 적합하지 않다. 또, 예컨대 명예훼손기사의 취소광고 등의 방법으로 권리가 구제될 수 있으므로 최소침해의 원칙에 반하기 때문이다.[21] 이와 같은 논리로 방송사업자의 의사에 반한 '시청자에 대한 사과'방송 역시 방송사업자의 인격권을 침해한다.[22]

인격권은 반론권을 정당화하는 기본권적 근거이다. 반론권은 객관적으로는 공정한 여론의 형성을 위하여 필요하지만, 주관적으로는 언론기관에 의하여 침해된 개인의 인격권을 회복하는 수단이기 때문이다.[23] 이 밖에 미결수용자에게

17) 헌재 2001.7.19, 2000헌마546, 13-2, 108면 이하 참조.
18) 헌재 2012.8.23, 2010헌바402, 28-2(상), 480면 이하; 2019.4.11, 2017헌바127, 31-1, 404면 이하 등 참조.
19) 헌재 2005.10.27, 2002헌마425, 17-2, 319면 이하; 2013.6.27, 2012헌바37, 25-1, 512면 등 참조.
20) 헌재 1999.6.24, 97헌마265, 11-1, 775면 이하 참조.
21) 헌재 1991.4.1, 89헌마160, 3, 155면 이하 참조.
22) 헌재 2012.8.23, 2009헌가27, 24-2, 355면 이하 참조.
23) 헌재 1991.9.16, 89헌마165, 3, 527면 이하 등 참조.

재소자용 의류를 입게 하는 것 역시 인격권을 침해한다.[24] 법원은 초상권을 헌법 제10조에서 도출되는 권리로 보고 있다.[25] 가족구성원이 국가의 간섭을 받지 않고 태아의 성별 정보에 접근할 수 있는 권리 또한 일반적 인격권의 내용을 이룬다.[26]

판례 **임신 여성의 자기결정권과 낙태죄** (헌재 2019.4.11, 2017헌바127)

자기낙태죄 조항은 모자보건법이 정한 예외를 제외하고는 임신기간 전체를 통틀어 모든 낙태를 전면적·일률적으로 금지하고, 이를 위반할 경우 형벌을 부과하여 임신의 유지·출산을 강제하고 있으므로, 임신한 여성의 자기결정권을 제한한다.

임신·출산·육아는 여성의 삶에 근본적이고 결정적인 영향을 미칠 수 있는 중요한 문제이므로, 임신한 여성이 임신을 유지 또는 종결할 것인지 여부를 결정하는 것은 스스로 선택한 인생관·사회관을 바탕으로 자신이 처한 신체적·심리적·사회적·경제적 상황에 대한 깊은 고민을 한 결과를 반영하는 전인적(全人的) 결정이다. 현 시점에서 최선의 의료기술과 의료 인력이 뒷받침될 경우 태아는 임신 22주 내외부터 독자적인 생존이 가능하다. 한편 자기결정권이 보장되려면 임신한 여성이 임신 유지와 출산 여부에 관하여 전인적 결정을 하고 그 결정을 실행함에 있어서 충분한 시간이 확보되어야 한다. 이러한 점들을 고려하면, 태아가 모체를 떠난 상태에서 독자적으로 생존할 수 있는 시점인 임신 22주 내외에 도달하기 전이면서 동시에 임신 유지와 출산 여부에 관한 자기결정권을 행사하기에 충분한 시간이 보장되는 시기까지의 낙태에 대해서는 국가가 생명보호의 수단 및 정도를 달리 정할 수 있다. 낙태갈등 상황에서 형벌에 의한 위하((威嚇)가 임신종결 여부 결정에 미치는 영향이 제한적이라는 사정과 실제로 형사처벌되는 사례도 매우 드물다는 현실에 비추어 보면, 자기낙태죄 조항이 낙태갈등 상황에서 태아의 생명을 실효적으로 보호하지 못하고 있다. 낙태갈등 상황에 처한 여성은 형벌의 위하로 말미암아 임신의 유지 여부와 관련하여 필요한 사회적 소통을 하지 못하고, 정신적 지지와 충분한 정보를 제공받지 못한 상태에서 안전하지 않은 방법으로 낙태를 실행하게 된다.

모자보건법상의 정당화사유에는 다양하고 광범위한 사회적·경제적 사유에 의한 낙태갈등 상황이 전혀 포섭되지 않는다. 예컨대, 학업이나 직장생활 등 사회활동에 지장이 있을 것에 대한 우려, 소득이 충분하지 않거나 불안정한 경우, 자녀가 이미 있어서 더 이상의 자녀를 감당할 여력이 되지 않는 경우, 상대 남성과 교제를 지속할 생각이 없거나 결혼 계획이 없는 경우, 혼인이 사실상 파탄에 이른 상태에서 배우자의 아이를 임신했음을 알게 된 경우, 결혼하지 않은 미성년자가 원치 않은 임

24) 헌재 1999.5.27, 97헌마137등, 11-1, 665면 참조.
25) 대판 2006.10.13, 2004다16280; 헌재 2014.3.27, 2012헌마652, 26-1, 534면 이하 참조.
26) 헌재 2008.7.31, 2004헌마1010등, 20-2(상), 236면 이하 참조.

신을 한 경우 등이 이에 해당한다.

자기낙태죄 조항은 모자보건법에서 정한 사유에 해당하지 않는다면 결정가능기간 중에 다양하고 광범위한 사회적·경제적 사유로 낙태갈등 상황을 겪고 있는 경우까지도 예외 없이 전면적·일률적으로 임신의 유지 및 출산을 강제하고, 이를 위반한 경우 형사처벌하고 있다. 따라서 자기낙태죄 조항은 입법목적을 달성하기 위하여 필요한 최소한의 정도를 넘어 임신한 여성의 자기결정권을 제한하고 있어 침해의 최소성을 갖추지 못하였고, 태아의 생명 보호라는 공익에 일방적이고 절대적인 우위를 부여함으로써 법익균형성의 원칙도 위반하였으므로, 과잉금지원칙을 위반하여 임신한 여성의 자기결정권을 침해한다.

자기낙태죄 조항과 동일한 목표를 실현하기 위하여 임신한 여성의 촉탁 또는 승낙을 받아 낙태하게 한 의사를 처벌하는 의사낙태죄 조항도 같은 이유에서 위헌이라고 보아야 한다.

Ⅱ. 행복추구권

1. 행복추구권의 존재의의

행복추구권에 대한 이해방법은 다양하다. 인간의 존엄과 가치조항이 인격의 형성과 밀접하게 연관된, 그러나 헌법이 기본권으로 명시하지 않은 권리를 보호하는 반면, 행복추구권은 인격적인 관련성이 밀접하지 않은 일반적인 행동권과 인격의 자유로운 실현권으로 이해할 수 있다. 사적 자치의 권리, 결혼식 하객에게 음식물을 접대하는 행위, 학생의 과외교육을 받을 권리, 휴식권, 문화향유권, 광장통행권 등이 여기에 해당한다.[27]

행복추구권은 보호영역을 특정할 수 없는 비정형적인 기본권의 근거이다. 행복추구권은 다른 기본권과 결합하여 새로운 기본권을 도출하는 근거가 되기도 한다.

2. 행복추구권의 내용

일반적인 행동권으로서 행복추구권에서 계약의 자유가 파생된다.[28] 행복추

27) 헌재 1998.8.27, 96헌가22, 10-2, 355면; 1998.10.15, 98헌마168, 10-2, 596면; 2000.4.27, 98헌가16, 12-1, 455면 이하; 2001.9.27, 2000헌마159, 13-2, 362면; 2004.5.27, 2003헌가1등, 16-1, 671면; 2011.6.30, 2009헌마406, 23-1(하), 467면 이하 등 참조.

28) 헌재 1991.6.3, 89헌마204, 3, 276면; 1999.5.27, 97헌바66등, 11-1, 602면 이하; 2001.2.22, 99헌

구권은 독자적으로 혹은 인간의 존엄에서 파생하는 일반적 인격권과 결합하여 개인의 자기결정권을 보호한다. 예컨대 이로부터 성적 자기결정권이 보장되며, 이는 형법상 간통죄에 대한 심사기준이 되었다.[29] 또 형법의 낙태죄에 대한 위헌심판에서 인격권 및 행복추구권은 임산부의 낙태에 대한 자기결정권의 헌법적 근거가 되었다.

이와 같이 행복추구권이 보호하는 범위는 넓다. 이 중 개인의 본질적이고 핵심적인 영역이라기보다는 사회적 연관관계가 강한 보호영역에 있어서는 헌법적 심사의 정도는 완화된다. 사회적 약자의 보호, 독점 방지, 실질적 평등 및 경제정의의 실현 등의 관점에서 개인의 자유를 제한하는 경우가 여기에 해당한다.[30]

판례 **성적 자기결정권과 간통죄** (헌재 2015.2.26, 2009헌바17등)

헌법 제10조는 개인의 인격권과 행복추구권을 보장하고 있고, 인격권과 행복추구권은 개인의 자기운명결정권을 전제로 한다. 자기운명결정권에는 성행위 여부 및 그 상대방을 결정할 수 있는 성적 자기결정권이 포함되어 있으므로, 심판대상조항(형법 제241조)은 개인의 성적 자기결정권을 제한한다.

우리 사회에서 혼인한 남녀의 정조유지가 전통윤리로 확립되어 있었고, 일부일처제의 유지와 부부 간의 정조의무 역시 도덕기준의 하나로 정립되어 왔다. 그러나 최근 전통적인 가족 구조 및 가족 구성원의 역할이나 지위에 대한 인식이 변화하고 있고, 급속한 개인주의 및 성개방적 사고가 확산됨에 따라 결혼과 성에 대한 인식도 바뀌어 가고 있다. 성과 사랑은 형벌로 통제할 사항이 아닌 개인에게 맡겨야 하는 문제로서 부부 간의 정조의무를 위반한 행위가 비도덕적이기는 하나, 형법으로 처벌할 사항은 아니다. 또한, 오늘날 우리 사회는 가치판단에 있어서 전통적인 성도덕의 유지 내지 부부간 정조의무 보호라는 법익 못지않게 성적 자기결정권을 자유롭게 행사하는 것이 개인의 존엄과 행복추구의 측면에서 중요하게 고려되는 사회로 변해가고 있다. 이러한 사회 구조의 변화, 결혼과 성에 관한 국민의 의식 변화, 그리고 성적 자기결정권을 보다 중요시하는 인식의 확산에 따라, 배우자 있는 사람이 배우자 아닌 사람과 성관계를 하였다고 하여 이를 국가가 형벌로 다스리는 것은 이제

마365, 13-1, 314면 이하; 2004.10.28, 2003헌바70, 16-2(하), 178면 이하 등 참조.

29) 헌재 1990.9.10, 89헌마82, 2, 310면 참조. 이후 간통죄에 대한 4번의 결정이 더 있었는데, 두 번째 결정에서는 첫 번째 결정을 그대로 원용하였고, 세 번째 결정에서는 행복추구권과의 결합 없이 인격권으로부터 성적 자기결정권을 도출하고 있다. 네 번째 결정에서는 다시 자기결정권의 헌법적 근거로서 인격권과 행복추구권을 함께 원용하였다. 간통죄규정을 위헌으로 판단한 다섯 번째 결정에서도 기존의 헌법적 근거에 관한 견해는 그대로 유지되었다. 헌재 1993.3.11, 90헌가70, 5-1, 18면 이하; 2001.10.25, 2000헌바60, 13-2, 485면; 2008.10.30, 2007헌가17, 20-2(상), 696면 이하; 2015.2.26, 2009헌바17등, 27-1(상), 27면 등 참조.

30) 헌재 2013.10.24, 2010헌마219등, 25-2(하), 257면 이하 참조.

더 이상 국민의 인식이 일치한다고 보기 어렵다.

심판대상조항의 보호법익은 일부일처제에 기초한 혼인제도이다. 그러나 일단 간통행위가 발생한 이후에는 심판대상조항이 혼인생활 유지에 전혀 도움을 주지 못한다. 간통죄는 친고죄이고, 고소권의 행사는 혼인이 해소되거나 이혼소송을 제기한 후에라야 가능하므로, 고소권의 발동으로 기존의 가정은 파탄을 맞게 된다. 설사 나중에 고소가 취소된다고 하더라도 부부감정이 원상태로 회복되기를 기대하기 어려우므로, 간통죄는 혼인제도 내지 가정질서의 보호에 기여할 수 없다. 간통죄를 폐지할 경우 성도덕이 문란해지거나 간통으로 인한 이혼이 증가할 것이라는 우려가 있다. 그러나 이미 간통죄를 폐지한 여러 나라에서 간통죄의 폐지 이전보다 성도덕이 문란하게 되었다거나 이혼이 증가하였다는 통계는 나타나고 있지 않다. 오히려 간통죄 처벌에도 불구하고 성에 대한 인식 변화 및 성적 자기결정권을 중시하는 사회적 분위기로 인하여 간통행위에 대한 사회적 비난의 정도는 상당한 수준으로 낮아져 있다. 결국, 간통죄는 행위규제규범으로서의 기능을 잃어가고 있어 형사정책상 일반예방 및 특별예방의 효과를 모두 거두기 어렵게 되었다. 부부간 정조의무 위반행위에 대하여 민사법상 책임 이외에 형사적으로 처벌함으로써 부부간 정조의무가 보호될 수 있는지는 의문이다. 왜냐하면 이러한 정조의무는 개인과 사회의 자율적인 윤리의식, 그리고 배우자의 애정과 신의에 의하여 준수되어야 하지, 형벌로 그 생성과 유지를 강요할 수는 없다. 이와 같은 사정을 종합해 보면, 선량한 성풍속 및 일부일처제에 기초한 혼인제도를 보호하고 부부간 정조의무를 지키게 하고자 간통행위를 처벌하는 심판대상조항은 그 수단의 적절성과 침해최소성을 갖추지 못하였다.

일부일처제에 기초한 혼인제도 및 부부간 정조의무 보호라는 공익이 더 이상 심판대상조항을 통하여 달성될 것으로 보기 어려운 반면, 심판대상조항은 개인의 내밀한 성생활의 영역을 형벌의 대상으로 하여 국민의 성적 자기결정권과 사생활의 비밀과 자유라는 기본권을 지나치게 제한하는 것이므로, 결국 심판대상조항은 법익의 균형성도 상실하였다.

행복추구권이 자기결정권을 보호한다는 것은 개인은 자신의 결정에 의한 행위에 한하여 책임을 부담한다는 의미가 전제된다. 이러한 맥락에서 보면 헌법 제13조 제3항의 연좌제금지는 행복추구권에서 파생되는 자기책임의 원칙을 선언하는 예시적 규정이다. 또 자기책임원칙은 자신의 행위가 아닌 타인의 행위로 인하여 책임을 부담시킬 수 없다는 내용을 갖기 때문에 연좌제금지 규정이 친족의 행위에 한하여 적용되는 것은 아니다.

행복추구권은 행복을 추구하기 위하여 필요한 국가의 적극적인 행위를 청구하는 근거가 아니라 국가의 간섭을 배제하는 소극적인 기본권이다. 개인은 스스로 행복을 정의하고, 이를 추구하는 데에 있어서 국가의 간섭을 받지 않는다. 예컨대 청구인인 피고소인이 혐의가 없음에도 불구하고 기소유예처분이 이루어진 경우 제기하는 헌법소원심판에 있어서 심사기준으로 평등권과 함께 행복추구권이 적용된다.[31)]

헌법분쟁에서 해당 분쟁을 특유하게 규율하는 기본권이 존재하는 경우, 행복추구권은 보충적인 성격을 갖기 때문에 특별히 심사기준으로 적용되지 않는다.

31) 헌재 2007.2.22, 2005헌마245, 19-1, 159면 이하; 2007.2.22, 2006헌마801, 19-1, 192면 이하 등 참조. 이에 비해서 피고소인에 대한 수사 미진으로 인하여 불기소처분을 한 경우에는 평등권과 함께 재판절차진술권이 심사의 기준으로 적용된다. 헌재 2009.2.26, 2007헌마1472, 21-1, 276면 이하 참조.

제 2 절 평 등 권

Ⅰ. 평등권의 기본권체계적 특성

1. 평등권의 원칙-규범성과 고유한 기능

모든 국민은 법 앞에 평등하다(제11조 제1항). 평등권은 기본권체계에서 독자적인 위치를 차지하고 있지만, 다른 기본권과 상호작용을 하면서 실현되는 원칙규범의 성격이 있다. 기본권은 모든 개인이 평등하게 자유로울 수 있는 기회를 보장하며, 또 모든 개인은 자신의 상황에 상응하는 평등을 실현할 수 있어야 한다. 평등권의 진정한 기능은 자유권 자체가 침해되지 않은 경우에도 차별을 금지한다는 점에 있다.[1] 자유권적 기본권은 개인의 자유로운 결정에 국가의 개입을 금지하고, 사회적 기본권은 헌법이 의도하는 일정한 상황을 실현하는 실체적 내용을 갖는다. 이에 비해서 평등권은 개인과 다른 개인의 관계 혹은 일정한 상황과 비교되는 다른 상황과의 관계를 심사하는 기준이기 때문에 실체적 내용에 관한 헌법기준은 아니다. 다만 차별금지와 적극적 평등실현조치 등은 특정한 가치를 기준으로 일정한 상황의 실현을 목적으로 한다는 점에서 일반적인 평등권과는 구별되며, 오히려 사회적 기본권과 그 실현구조가 유사하다.

자유권 및 사회적 기본권의 사안에 있어서 일반적으로 평등권이 함께 심사기준이 된다. 이는 자유 및 복지의 내용이 불명확한 데 비해서 평등권은 적어도 개념적으로는 명확하며, 또 그만큼 개인은 불평등에 민감하기 때문이다. 이와 같은 이유에서 인류역사에서 평등은 혁명과 개혁의 가장 큰 동력이 되어 왔다. 그러나 모든 사람이 모든 생활영역에서 평등을 동시에 실현하는 것은 불가능하다. 그 결과 평등 실현 조치에는 이에 포섭되는 집단과 배제되는 집단이 있게 되며, 그 결과 평등을 실현하기 위한 조치는 불평등의 기원이 된다.

보다 근본적으로 보면 평등권은 다음과 같은 현실적 및 규범적 특성이 있다. 모든 국민의 평등을 실현하는 것은 현실적으로는 불가능하다. 개인은 내면적으로 각자 다양한 능력을 가지고 있으며, 또 다양한 외부의 환경에 의하여 제약을 받기 때문이다. 또 개인이 특정한 기준에 의하여 평등한 대우를 받더라

---

1) 예컨대 헌재 2013.7.25, 2011헌마676, 25-2(상), 266면 이하; 2016.9.29, 2014헌바254, 28-2(상), 323면 이하 등 참조.

도 그것이 현실적으로 평등한 상황으로 전환되는 여부 및 정도에 있어서는 큰 차이가 있다.[2] 규범적인 측면에서 보았을 때 평등권은 역설적으로 불평등을 지향한다. 평등권이 자유를 실현하기 위한 기회의 평등을 보장하는 경우 궁극적으로 평등권은 불평등한 자유를 목적으로 하기 때문이다.

2. 평등권 심사의 특성

평등권을 기준으로 공권력을 심사하는 경우 다음과 같은 두 가지 특징이 있다.

첫째, 평등권은 특정한 행위 혹은 법적 지위와 같은 보호의 범위가 있지 않다. 오히려 차별취급이 문제가 되는 경우 비교의 대상인 개인 간의 혹은 사안 간의 관계가 심사의 대상이다. 둘째, 이와 같은 특성으로 인하여 평등권의 심사과정은 일반기본권과는 다르다. 두 사안에 대한 차별취급이 평등권에 대한 제한인가, 그리고 그러한 제한이 정당한가의 논증순서를 밟지 않는다. 보호범위가 없기 때문에 평등권의 '제한'은 논의의 여지가 없으며, 평등권의 '침해' 여부만이 문제가 된다. 평등의 원칙은 합리적인 이유가 없는 차별을 금지한다. 이를 평등권에 대한 제한이라고 평가하고, 제한의 정당성이 심사되는 것은 아니다. 따라서 합리적 기준에 따른 차별 내지 불평등은 평등의 원칙에 반하지 않는다.

Ⅱ. 평등권의 규범구조

1. 법적 평등과 사실적 평등

(1) 헌법규정

평등권의 기본규정은 헌법 제11조이다. 이에 따라 모든 국민은 법 앞에 평등하다. 차별을 금지하는 기준과 차별이 금지되는 영역이 열거되어 있다. 즉 누구든지 성별·종교 또는 사회적 신분에 의하여 정치적·경제적·사회적·문화적 생활의 모든 영역에 있어서 차별을 받지 아니한다(제1항). 이러한 기준과 영역이 열거적인가 혹은 예시적인가에 대해서는 논의가 필요하다.

헌법은 비본질적인 기준에 따라 불평등이 고정되는 것을 방지하기 위한 규정을 두고 있다. 즉 사회적 특수계급의 제도는 인정되지 아니하며, 어떠한 형

2) 이에 대한 논의에 대해서는 Amartya Sen, *Inequality Reexamined*(Harvard University Press, 1995), 23면 이하 참조.

태로도 이를 창설할 수 없다(제2항). 또 훈장 등의 영전은 이를 받은 자에게만 효력이 있고, 어떠한 특권도 이에 따르지 아니한다(제3항).

(2) 법적 평등

평등권은 개인이 처한 상황의 차이에도 불구하고 평준화된 결과를 보장하는 것은 아니다. 즉 평등권은 비교의 대상인 사안의 속성을 비교하여 같은 상황은 같게, 그리고 다른 상황은 다르게 취급하라는, 혹은 차별의 목적과 수단의 관계에서 차별조치가 목적을 달성하기에 적합하고, 목적과 수단 간에 비례관계에 있어야 한다는 요청이다(법적 평등).

(3) 사실적 평등

국가가 개인의 주어진 상황에 상응하여 같게 혹은 다르게 취급하는 경우 이는 기존의 불평등을 지속시키는 결과가 될 수 있다. 또 무엇보다도 해당 상황이 자유를 실제 행사하기 위해서 필요한 조건에 상응하지 못하는 경우 자유는 실현될 수 없다. 이때 국가는 개인이 자유를 실현하기 위해서 필요한 최소한의 조건을 적극적인 행위를 통하여 보장하여야 한다(사실적 평등, 출발에 있어서의 평등). 이러한 평등권의 내용은 사회적 기본권을 통해서 실현된다. 따라서 이에 대한 자세한 설명은 사회적 기본권과 관련하여 하기로 한다.

사실적 평등은 이념적 타당성에도 불구하고 자유의 가치와 구조적인 긴장관계에 있기 때문에 실현에 한계가 있다. 특정한 집단에게 평등의 기회를 실질적으로 보장하기 위한 조치는 이들과 경쟁관계에 있는 집단에 불리한 영향을 미친다. 또 사회적 취약계층, 예컨대 장애인을 위하여 시설 및 설비에 정당한 편의제공을 할 의무는 의무부담자의 재산권, 직업의 자유를 제한한다. 따라서 일반적으로 사실적 평등을 위한 입법은 모든 사항, 특히 대립되는 이해관계를 모두 구체적으로 규율할 수는 없으며, 집행과정에서의 결정에 유보되거나, 혹은 사법과정에서 규범적 의미가 완화될 수 있다.[3] 실제 「장애인차별금지 및 권리구제 등에 관한 법률」에서 제4조 제1항 제3호의 정당한 편의제공은 이미 제3항에서 어느 정도 상대화되어 있다. 즉 차별행위를 하지 않기 위해서 과도한 부담 혹은 현저히 곤란한 상황이 있는 경우에는 차별로 보지 않는다. 이에 관

3) 여러 생활영역에서 장애인차별을 인정하는 헌법재판소의 결정 및 법원의 판례로는 예컨대 헌재 2023.5.25, 2019헌마1234, 35-1(하), 30면 이하(이동권); 대판 2023.12.26, 2003두50127(고용); 대판 2023.9.27, 2020다301308(금융거래) 등 참조.

한 직접적이고 구체적인 입법을 하기 위해서는 해당 평등정책이 강한 헌법적 설득력을 가져야 하며, 사회 및 법률관계 당사자인 개인이 이에 관한 규범적 및 도덕적 의무를 받아들일 수 있어야 한다. 이와 같은 규범적 긴장관계와 실현의 한계는 다음에 설명하는 적극적 평등실현에 있어서도 나타난다.

(4) 적극적 평등실현조치

사실적 평등의 범주에 속하는 것으로 적극적 평등실현조치(affirmative action)가 있다. 이는 평등한 경쟁의 기회를 보장하는 데 그치지 않고, 특정집단이 역사적, 그리고 사회구조적으로 불평등한 취급을 받았다는 점을 보상하기 위하여 이들 집단에게 부분적으로 결과에 있어서의 평등을 실현한다. '할당제'가 이에 해당하는 대표적인 조치이다.[4]

판례 **고용할당제와 차별금지** (헌재 2014.8.28, 2013헌마553)

국가는 사회적·경제적 방법으로 근로자의 고용증진과 적정임금의 보장에 노력하여야 하고, 균형 있는 국민경제의 성장 및 안정과 적정한 소득의 분배를 유지하기 위하여 경제에 관한 규제와 조정을 할 수 있다(헌법 제32조 제1항, 제119조 제2항). 그런데 높은 실업률은 균형 있는 국민경제의 성장과 안정에 해가 될 뿐만 아니라 경제주체 사이의 적정한 소득의 분배를 어렵게 한다. 특히, 노동시장에 신규로 유입되어야 할 청년층의 높은 실업률은 국가와 사회뿐 아니라 개인에게도 중대한 영향을 미친다. 청년층의 노동시장 진입이 늦어짐으로써 막대한 사회적 기회비용이 발생하며, 높은 청년실업률은 지속적인 경제성장과 사회안정을 저해한다. 또한 청년실업은 실업 자체로 인한 경제적인 문제뿐만 아니라 결혼과 출산에도 영향을 미치는 등 사회적인 문제도 야기한다. 입법자는 이러한 사정을 종합적으로 고려하여 국가적 차원에서 청년실업문제를 우선 시급하게 해소하고, 지속적인 경제성장과 사회안정을 위하여 공공부문에서 청년층의 고용확대를 꾀한다는 취지에서 심판대상조항을 만들었다. 이와 같은 청년할당제의 입법목적은 정당하고, 청년할당제는 청년실업을 완화하는 데 다소나마 기여할 것이므로 입법목적 달성을 위한 적합한 수단이다.

청년할당제는 모든 공공기관이 아니라 일정 규모 이상의 공공기관에만 제한적으로 적용된다. 또한 전문적인 자격이나 능력 또는 경력 기준에 맞는 사람을 채용해야 되는 경우 등 필요에 따라 상당한 예외를 두고 있다. 이와 같이 제한적인 적용과 폭넓은 예외를 허용함으로써 청년할당제의 시행으로 불이익을 받을 수 있는 35세 이상 구직자들에 대한 불이익을 완화하고 있다. 더구나 청년할당제는 2014년부터 3년

4) 헌재 2003.7.24, 2001헌바96, 15-2(상), 79면 이하; 2014.8.28, 2013헌마553, 26-2(상), 435면 이하 등 참조.

간 한시적으로만 시행하도록 하여 혜택을 받지 못하는 연령층에 대한 불이익 내지 공공기관 취업의 자유 제한을 최소화하고 있다. 청년할당제가 35세 이상 연령층에게 불이익을 초래할 수 있음은 제도의 취지상 불가피하다. 그러나 청년실업의 증가로 말미암아 초래되는 국가적·사회적 문제를 다소나마 완화하기 위한 입법자의 부득이하고 불가피한 선택이고, 제도 시행에 따른 피해를 최소화하기 위한 조치를 취하고 있는 점에 비추어 보면, 피해의 최소성 원칙에 위배된다고 보기 어렵다.

청년할당제 시행으로 기대되는 34세 이하 청년층의 실업해소를 통한 지속적인 경제성장과 사회안정이라는 공익의 중요성은 다시 강조할 필요가 없다. 34세 이하 연령층은 노동시장에 신규 진입이 절실히 요구되는 핵심취업계층인데 이들의 실업률이 전체실업률에 비하여 2배 이상 높고, 이들의 실업이 미치는 국가적·사회적 폐해가 매우 심각하므로 이들의 취업을 적극 장려하고 촉진할 필요성이 크다. 그런데 청년할당제 적용대상인 공공기관에 취업하고자 응시하는 사람의 절대 다수가 34세 이하의 연령층에 속하므로, 청년할당제의 한시적인 시행으로 35세 이상 미취업자가 받는 불이익이나 직업선택 자유의 제한은 현실적으로는 크지 않다. 그렇다면 비록 청년할당제도가 35세 이상의 미취업자들의 공공기관 취업기회에 불이익을 준다고 할지라도 그로 인한 불이익이 수인할 수 없는 정도라고 볼 수 없다. 이에 비하여, 청년할당제가 시행됨으로써 청년실업률이 조금이라도 호전된다면 그로 인하여 얻게 되는 사회안정 등 공익적 효과는 상대적으로 크다. 따라서 심판대상조항은 법익의 균형성도 갖추고 있다.

결국, 심판대상조항이 35세 이상의 미취업자를 비례의 원칙에 어긋나게 차별하는 것이라고 볼 수 없고, 이들의 직업선택의 자유를 과도하게 침해하여 헌법에 위반된다고 보기도 어렵다.

---

2. 평등권의 이중적 성격의 예: 노동의 권리

법적 평등과 사실적 평등을 보여주는 좋은 예가 헌법 제32조 근로의 권리이다. 헌법 제32조 제4항에 의하면 "여자의 근로는 특별한 보호를 받으며, 고용·임금 및 근로조건에 있어서 부당한 차별을 받지 아니한다." 이 조문에는 법적 평등과 사실적 평등의 요청이 함께 포함되어 있다.

여자의 근로에 대한 특별한 보호는 여성이 가정에서의 역할, 사회적 인식 및 직장에서의 고정관념, 그리고 생물학적·생리학적 특징 때문에 고용과 관련하여 불리한 상황에 있다는 점을 고려한 것이다. 여성이 특별하게 보호되지 않는다면 고용에 있어서 불이익을 받으며, 이러한 보호를 통하여 비로소 여성이 남성과 평등한 경쟁관계에 설 수 있다. 이에 비해서 고용·임금 및 근로조건에 있어서 부당한 차별금지는 여성이 남성과 같은 조건이라면 고용관계에서 성별이라는 비본질적인 이유로 차별을 받아서는 안 된다는 의미에서 법적 평등을 요청한 것이다.

3. 헌법이 명시적으로 예정하는 차별과 특별한 보호

헌법은 특수한 신분을 갖고 있는 자에게 일부 기본권을 제한하고 있다. 헌법이 직접 차별취급을 하고 이에 대한 헌법심사를 배제하려는 의도이다. 군인 또는 군무원에 대해서는 일반법원 대신 군사법원이 관할한다(제27조 제2항). 비상계엄이 선포된 경우 군사재판은 이들 특수신분을 갖는 자의 범죄와 헌법 제110조 제4항에 열거된 범죄에 대해서는 단심으로 할 수 있다. 군인·군무원·경찰공무원 등에게 국가배상청구권이 제한된다(제29조 제2항). 공무원의 정치활동은 제한되며(제7조 제2항), 또 노동3권이 제한된다(제33조 제2항). 주요방위산업체에 종사하는 근로자의 단체행동권은 제한 혹은 부인될 수 있다(제33조 제3항).

헌법은 기존에 전통사회의 인식, 그리고 사회적 구조에서 불이익을 받아 왔던 약자를 사회적 기본권을 통하여 보호하고 있다. 사회적 약자 중 일부는 명시적으로 특별한 보호를 받는다. 여자 및 연소자의 근로는 특별한 보호를 받는다(제32조 제4, 5항). 국가유공자 등의 유가족은 우선적으로 근로의 기회를 부여받는다(제32조 제6항). 국가는 특히 여자, 노인과 청소년, 그리고 신체장애자 등의 복지향상을 위하여 노력하여야 한다(제34조 제3, 4, 5항). 혼인과 가족생활에서 양성의 평등이 촉진되고, 또 모성이 보호되어야 한다(제36조 제1, 2항).

평등의 이념은 경제질서에서 중요한 지도원리이다. 국가는 국민경제의 균형발전을 위하여 적정한 소득의 분배와 경제력의 남용을 방지하여야 한다(제119조 제2항). 지역 간의 균형발전을 촉진하여야 한다. 중소기업을 보호·육성하여야 하며, 농·어민의 이익을 보호한다(제123조).

Ⅲ. 평등권의 효력

모든 국민은 법 앞에 평등하다. 이로써 평등권이 법의 집행에 있어서의 평등을 요청하는 인상을 주지만 법의 내용 자체가 평등하여야 한다. 즉 평등권은 행정 및 사법권뿐 아니라 입법권을 기속한다. 입법권을 기속하지 않는 경우 법의 내용 자체가 평등하지 않다면 평등권은 불평등을 지속시키는 결과가 되기 때문이다.

역사적으로 보면 평등권은 다른 기본권과는 달리 입법권을 기속할 수 없다는 사고가 '법 앞에 평등'으로 표현되었다. 그러나 오늘날 헌법 이해에 따르면 평등권은 모든 공권력, 따라서 입법권 역시 기속한다. 따라서 '법 앞에 평등'의 표현은 역사적으로는 더 이상 타당하지 않은 지난 시대의 잔상(殘像)이었다. 이는 평등의 이념 및 평등권의 다음과 같은 특징을 고려한 것으로 보인다. 첫째, 평등권은 독자적인 보호영역을 갖지 않으며, 비교대상인 사안과 사안, 혹은 개인과 개인의 관계를 심사하는 기준이다. 따라서 평등권이 실현되는 생활영역은 횡적으로 제한이 없다. 즉 보편적이다. 그러나 다른 한편 현실적으로 평등이 모든 사안에 있어서 일시에 실현될 수는 없다. '법 앞에 평등'은 이와 같이 평등이 입법에 의하여 선택적으로 실현된다는 점을 반영한 것이다. 둘째, 헌법이 의도하는 평등의 정도는 불확정적이다. 이는 객관적으로 확정되기 어렵고, 개인의 평등에 대한 주관적 기대는 한정적이지 않다. 또 평등권은 법적 평등과 기회의 평등, 결과의 평등 및 적극적 평등 실현에 이르기까지 다양한 방법으로 실현된다. 이와 같은 이유에서 평등권은 일반적으로 입법적 결정을 통하여 실현되며, 또 입법적 결정을 존중하여야 한다. 그 결과 평등의 이념과 평등에 관한 헌법적 권리는 차이가 있으며, 헌법상의 평등권과 평등의 현실은 간극을 보일 수밖에 없다.

Ⅳ. 평등권의 내용

1. 상대적 평등과 절대적 평등

(1) 상대적 평등

가) 내 용

a) 수평적 평등과 수직적 평등

평등권이 모든 국민의 모든 상황을 동등하게 취급하는 내용을 갖는 것은 아니다. 오히려 평등권은 상황의 다양성을 존중하고 이를 선택된 기준에 따라 평가하여 같은 상황은 같게(수평적 평등), 그리고 다른 상황은 다르게(수직적 평등) 취급한다. 따라서 입법자는 합리적인 사유가 있는 경우에는 차별적으로 취급하여야 하며, 이때 사안에 따라서 비례의 원칙을 준수하여야 한다. 이와 같이 평등권은 기본적으로 상대적 평등을 내용으로 한다.

b) 직접적 차별과 간접적 차별

비합리적인 차별은 허용되지 않는다. 이때 차별의 기준을 직접 제시하여 이루어지는 차별뿐 아니라 이른바 간접적 차별도 합리적인 이유가 없는 경우에는 금지된다. 간접적 차별이란 차별기준이 명시되지 않고 해당 조문 혹은 조치 자체는 중립적으로 그 대상을 규정하고 있지만 그러한 대상에 일정한 속성을 갖는 자가 주로 관련되어 있을 때 이루어지는 차별이다.

예컨대 조문 혹은 조치의 대상이 성별중립적으로 되어 있지만 주로 여성이 해당 조문 혹은 조치에 의하여 불이익을 받을 때 성별에 따른 간접적 차별에 해당한다. 예컨대 아래에서 설명하는 제대군인가산점제도에서 법률에 제시된 차별의 기준은 제대군인과 제대군인이 아닌 자이지만 실질적으로 남녀 간에 차별이 이루어진다. 「장애인차별금지 및 권리구제 등에 관한 법률」은 형식상으로는 장애인을 제한·배제·분리·거부 등에 의하여 불리하게 대우하지 않지만 정당한 사유 없이 장애를 고려하지 않는 기준을 적용하여 장애인에게 불리한 결과를 초래하는 경우를 간접적인 차별로서 금지하고 있다(법 제4조 제1항 제2호). 또 「남녀고용평등과 일·가정 양립 지원에 관한 법률」은 성별 등의 직접적인 기준에 따른 차별 외에 "채용조건이나 근로조건은 동일하게 적용하더라도 그 조건을 충족할 수 있는 남성 또는 여성이 다른 한 성(性)에 비하여 현저히 적고 그에 따라 특정 성에게 불리한 결과를 초래하며 그 조건이 정당한 것임을 증명할 수 없는 경우"를 차별에 포함시키고 있어 간접차별을 금지하고 있다(법 제2조 제1호).

나) 기준설정에 대한 입법형성

상대적 평등을 내용으로 하는 평등권의 심사에 있어서는 입법 형성의 범위가 비교적 넓다. 이는 다음과 같은 세 가지 이유가 영향을 미친다.

a) 사실 판단

비교의 대상인 두 개의 사안이 같은 상황인가, 아니면 다른 상황인가를 판단함에 있어서 입법적 형성의 여지가 넓다. 이러한 비교대상의 속성에 대한 판단은 필연적으로 가치와 시대상황에 따라 가변적이다. 비교대상의 속성을 판단함에 있어서, 사실변화의 경향은 확인되더라도 사실변화를 법적 차별의 근거로 확인하는 권한은 입법자에게 있다. 따라서 이러한 입법적 판단을 헌법재판에서 비난하는 가능성은 제한적이다.[5] 헌법재판소는 사실변화의 경향이 헌법적으로

5) 헌재 2008.11.27, 2006헌가1, 20-2(하), 145면 이하 참조.

중요하다고 생각하는 경우, 따라서 입법개선이 필요한 경우 입법촉구결정을 내릴 것이다. 이와 같은 사실적 판단은 실제 헌법심사에 있어서는 잠재적으로 이루어지며, 다음에서 설명하는 법적 기준에 따른 판단과 혼재해 있다.

판례 **남녀의 사회적 지위 및 역할변화와 남녀평등** (헌재 2008.11.27. 2006헌가1)

일반적으로 법률에 성차별적 규정이 존재할 수 있는 것은 입법자의 차별의도보다는 성별에 대한 무의식(Gender-Blindness)과 당시의 사회적 의식에 의한 경우가 많다. 또한 제정된 법률과 사회의 변화 사이에 간극이 발생하여 제정 당시에는 성차별적으로 인식되지 않던 규정도 그 시행과 적용과정에서 차별적 규정이 될 수 있다. 그러나 사회적 인식의 변화를 반영하여 법률의 개정시점을 정하는 것은 입법자에게 판단의 여지가 있으며, 특히 연금수급권과 같은 사회보장수급권의 영역에 있어서는 입법자의 재량이 더욱 넓어진다.

오늘날 노동시장의 유연화와 여성의 경제활동참가의 확대 등 사회경제적 환경이 변화하고 가족 내에서의 경제적 역할분담의 양상이 다양화되었으나, 이 사건 법률조항은 그 제정 및 시행 당시(1988.1.1.) 우리나라의 기혼 남성과 여성의 사회경제적 지위, 취업 기타 소득활동의 참가율, 기간 및 소득수준, 그리고 가정에서의 역할 등에 있어서의 현실적 차이를 반영한 것이었다. 즉, 남성 배우자를 여성 배우자에 비해 차별하려는 의도가 아니라 남성 배우자의 사망으로 생활이 곤란하게 된 여성 배우자의 생활을 보장한다는 사회보장의 측면에서 여성 배우자를 보호하려는 의도가 강하였다. 이렇게 원래는 평등원칙에 합치하는 법률조항이 사회경제적 환경의 변화로 인하여 어느 때인가부터 평등원칙에 반하게 되는지 여부가 문제되는 사안의 경우, 사회경제적 환경의 변화와 그 시점에 대한 충분한 실증이 없는 이상, 그에 대하여 이견이 있더라도 입법자의 판단을 존중하여야 한다. 그러므로 입법자가 이 사건 법률조항을 2007년에 이르러 개정하였다고 하여 그것이 시기적으로 너무 늦었다고 단정하기는 어렵다.

---

b) 법적 판단의 기준설정문제

평등권 심사를 하기 위해서는 비교의 기준이 제시되어야 한다. 적용되는 비교의 기준에 따라 비교대상은 달리 평가된다. 그런데 비교의 기준을 찾는 작업 역시 가치관련적이다. 예컨대 목적론적 기준을 제시하여 비교의 대상을 평가하는 경우 모든 차별은 평등권에 반하게 될 개연성이 있다. 이에 비해서 원인관계를 중시하는 경우에는 이러한 차별은 합리적이라고 평가될 수 있다. 이러한 가치판단의 문제를 헌법재판을 통하여 통제하는 데에는 한계가 있다. 다음 몇 가지 예를 들어 본다.

선거운동에 있어서 정당과 단체 간의 평등의 문제는 적용 기준에 따라서 판단이 달라진다. 정당은 정치적 목적의 단체이며, 이에 상응하여 헌법에 의하여 직접 보호와 규제가 이루어지는 점을 기준으로 적용하면 정당과 단체 간 선거운동에 있어서의 차별은 정당화된다. 우리 헌법재판소의 입장이다.[6] 이러한 기준은 정당이 아닌 노동조합에게 선거운동의 자유를 인정하면 더 이상 유지될 수 없다. 실제 헌법재판소는 일반단체와는 달리 노동조합에게는 선거운동의 자유를 인정한 바 있다.[7] 그러나 정당이 결코 정치적 영역에서 독점적 지위를 갖는 것은 아니다. 또한 단체의 자유에는 정치적 목적의 단체를 결성·활동하는 자유가 포함된다. 또 정당과 단체 모두 국민 혹은 단체구성원의 정치적 의사를 사전에 형성·실현하는 기능을 수행한다. 이러한 점을 기준으로 적용하면 정당과 단체에 대한 평등권 심사의 결과는 달라진다.

「국유재산법」이 국유재산을 시효취득의 대상에서 제외하는 것이 사유재산에 대한 시효취득과의 관계에서 평등의 원칙에 반하는가의 여부도 적용기준에 따라 평가가 달라진다. 국유재산의 공익성, 그리고 국유재산은 사유재산에 비하여 관리상의 어려움이 있다는 사실이 판단기준이 되면, 국유재산과 사유재산에 시효취득에 관한 규정을 달리 적용하는 차별은 정당하다. 그러나 일반인이 갖는 시효취득에 대한 기대이익이 판단기준이 되면, 이러한 기대이익은 국유재산에도 마찬가지로 적용되어야 한다. 따라서 사유재산과는 달리 국유재산을 시효취득의 대상에서 제외하는 「국유재산법」 해당 규정은 평등의 원칙, 그리고 헌법에 위반된다.[8]

국가를 상대로 하는 재산권 청구소송에서 가집행을 선고할 수 없도록 하는 것 역시 비교의 기준에 따라 헌법적 판단이 달라진다. 가집행의 목적이 집행불능방지에 있고, 소송과 관계없는 국가기관에 대해서 집행이 이루어지면 국가회계질서가 문란해지며, 또 판결이 번복되는 경우 원상회복이 어렵다는 데에 있다면, 국가를 상대로 하는 소송에서 가집행선고를 허용하지 않는 규정은 정당하다. 그러나 가집행의 목적이 신속한 권리실현에 있다는 점이 심사의 기준이 되면 소송의 상대방이 누구인가에 따라서 가집행을 부인하는 것은 평등의 원칙

6) 헌재 1995.5.25, 95헌마105, 7-1, 826면 이하 참조.
7) 헌재 1999.11.25, 98헌마141, 11-2, 614면 이하 참조.
8) 헌재 1991.5.13, 89헌가97, 3, 202면 이하 참조.

에 위반된다.[9)]

판례 **산재보험법에 의한 출퇴근 재해 보상** (헌재 2016.9.29, 2014헌바254)

도보나 자기 소유 교통수단 또는 대중교통수단 등을 이용하여 출퇴근하는 산재보험 가입 근로자('비혜택근로자')는 사업주가 제공하거나 그에 준하는 교통수단을 이용하여 출퇴근하는 산재보험 가입 근로자('혜택근로자')와 같은 근로자인데도 사업주의 지배관리 아래 있다고 볼 수 없는 통상적 경로와 방법으로 출퇴근하던 중에 발생한 재해('통상의 출퇴근 재해')를 업무상 재해로 인정받지 못한다는 점에서 차별취급이 존재한다.

산재보험제도는 사업주의 무과실배상책임을 전보하는 기능도 있지만, 오늘날 산업재해로부터 피재근로자와 그 가족의 생활을 보장하는 기능의 중요성이 더 커지고 있다. 그런데 근로자의 출퇴근행위는 업무의 전 단계로서 업무와 밀접·불가분의 관계에 있고, 사실상 사업주가 정한 출퇴근 시각과 근무지에 기속된다. 대법원은 출장행위 중 발생한 재해를 사업주의 지배관리 아래 발생한 업무상 재해로 인정한다. 이러한 출장행위도 이동방법이나 경로선택이 근로자에게 맡겨져 있다는 점에서 통상의 출퇴근행위와 다를 바 없다. 따라서 통상의 출퇴근 재해를 업무상 재해로 인정하여 근로자를 보호하는 것이 산재보험의 생활보장적 성격에 부합한다.

사업장 규모나 재정여건의 부족 또는 사업주의 일방적 의사나 개인 사정 등으로 출퇴근용 차량을 제공받지 못하거나 그에 준하는 교통수단을 지원받지 못하는 비혜택근로자는 비록 산재보험에 가입되어 있다 하더라도 출퇴근 재해에 대하여 보상을 받을 수 없다. 그런데 이러한 차별을 정당화할 수 있는 합리적 근거를 찾을 수 없다. 따라서 심판대상조항은 합리적 이유 없이 비혜택근로자를 자의적으로 차별하는 것이므로, 헌법상 평등원칙에 위배된다.

---

c) 수직적 평등의 문제

평등권의 내용 중 이른바 수평적 평등, 즉 같은 상황은 같게 취급하여야 한다는 요청과는 달리 이른바 수직적 평등, 즉 다른 상황은 다르게 취급하여야 한다는 내용의 평등권은 그 규범력이 낮다. 본질적으로 다른 상황을 자의적으로 같게 취급하지 않았다면, 그 밖의 입법조치, 즉 차별적인 취급의 정도와 내용을 형성함에 있어서는 입법자의 판단이 존중되어야 하기 때문이다. 이러한 입법적 재량을 통제하기 위하여 아래에서 설명하듯이 일정한 경우 비례의 원칙을 심사의 기준으로 적용하고 있다.

---

9) 헌재 1989.1.25, 88헌가7, 1, 3면 이하 참조.

다) 불법의 평등, 점진적 평등, 유형화의 입법기술

모든 상황과 모든 계층을 대상으로, 특정한 시점에 일시에 평등을 실현하는 것은 불가능하다. 이는 평등실현에 있어서 세 가지 한계를 보여준다.

a) 불법의 평등

평등은 불법의 평등까지를 보장하지는 않는다. 국가는 불법행위를 처벌하여야 하지만 모든 불법행위를 처벌하는 것은 현실적으로 불가능하다. 그렇기 때문에 일부 불법행위에 대해서 현실적인 이유에서 제재할 수 없는 상황을 이유로 자신의 불법행위를 용인하도록 하는 내용의 청구권을 개인이 가질 수는 없다.

합법과 불법의 기준을 떠나 좀 더 넓게 보면, 불균형을 제거하는 것 자체가 평등권의 존재목적은 아니다. 입법목적은 단계적으로 실현될 수 있으며, 따라서 합리적인 기준에 따라 입법목적을 실현함에 있어 일시적으로 나타나는 불균형이 헌법에 위반되는 것은 아니다. 예컨대 토지를 수용당한 자에게 개발이익을 제외하고 보상액을 산정하는 상황은 아직 토지를 수용당하지 않은 자가 개발이익을 누리는 것과 비교할 때 불균형하다. 그러나 이로써 토지를 수용당한 자의 평등권이 침해되는 것은 아니다. 토지를 수용당하지 않은 자에게도 개발이익을 환수하는 제도를 준비하고 도입이 예정되어 있다면 더욱 평등권이 입법목적의 단계적 실현에 장애가 되지는 않는다.[10)]

평등이념의 실현은 실제 소송에 있어서는 다음과 같은 한계가 있다. 평등권을 기준으로 기본권 침해 여부를 다투는 경우 청구인의 법적 지위를 향상시키는 목적을 가져야 한다. 비교대상인 타인의 법적 이익을 박탈하기 위한 목적으로 평등권이 적용될 수는 없다. 병역의무를 남자만이 부담하며 여성이 제외되어 있다는 것을 차별상태라고 할 수 있지만 여성에게도 병역의무가 부과되어야 한다는 이유로 평등권 침해를 주장할 수는 없다.[11)]

b) 점진적 평등

수익적 행위를 통하여 입법목적을 달성하려는 경우에 이를 일시에 모든 국민에게 적용하는 것은 재정적인 이유에서 불가능할 수 있다. 예컨대 모든 국민에게 최소한의 교육의 기회를 부여하기 위하여 일정한 기준에 따라서 대상자를 선정하고 이들에게 우선적으로 무상의무교육을 실시할 수 있다. 우선적 의무교육대상을 선정함에 있어서 일반적인 거주장소를 기준으로 할 것인가(따라서 도

---

10) 헌재 1990.6.25, 89헌마107, 2, 196면 이하 참조.
11) 이에 대해서는 예컨대 헌재 2010.11.25, 2006헌마328, 22-2(하), 460면 이하 참조.

서·산간·벽지 등의 주민을 우선적으로 선정할 것인가), 아니면 구체적 소득을 기준으로 할 것인가(따라서 저소득자를 우선적으로 선정할 것인가)의 문제에 있어서는 아래에서 설명하는 유형화의 입법형성권이 인정된다. 따라서 합리적인 이유가 있는 경우에는 점진적으로 제도를 개선하는 입법이 평등권을 침해하지 않는다.[12)]

점진적인 제도개선의 과정에서 합리적인 이유가 없는 차별은 평등권에 위반된다. 예컨대 보호의 필요성을 이유로 사망한 국가유공자의 유족을 보호범위에 포함시키면서 우연한 기준이라고 할 수 있는 국가유공자의 사망시기를 기준으로 보호 여부를 결정하는 것은 합리적인 이유가 없는 차별이다.[13)]

c) 유형화의 입법기술

입법은 유형화와 일반화의 과정을 거쳐 이루어진다. 입법작업은 모든 구체적이고 개별적인 사안들이 아니라, 구체적 사실관계를 유형화하고, 이를 추상화하여 규율한다. 이때 개인에게 주관적으로는 중요한 사실관계가 법적으로 배려되지 않을 수 있고, 이로써 불평등이 발생할 수 있다. 즉 입법자가 개별적인 모든 상황을 고려하여 구체적으로 평등을 실현할 수는 없다.

다음과 같은 두 가지 상황이 여기에 해당한다. 첫째, 아직 확정적이지 않은 사안을 규율하는 경우 입법자가 경험을 축적하기 위하여 시간이 필요하며, 따라서 입법자가 초기에는 유형화의 입법기술에 의존하여야 한다. 둘째, 사회보장법이나 조세법에 있어서와 같이 대량행정을 규율하기 때문에 사안에 따른 개별성과 특수성을 모두 고려할 수 없는 경우이다. 이 경우 구성요건을 유형화하여 규율하여야 하는데, 이로 인하여 나타나는 개별적인 불평등은 감수되어야 한다. 이러한 이유에서 입법의 내용, 범위 및 절차가 불완전, 불충분한 이른바 부진정부작위에 대해서 평등권을 기준으로 심사하는 가능성은 제한적이다.

유형화로 인하여 발생하는 불평등이 항상 허용되는 것은 아니다. 유형화로 인한 불이익이 경미하고, 비교적 소수의 집단에게 영향을 미치며, 또 평등을 실현하기 위한 조건이 중대한 경우에는 평등권을 침해한다고 볼 수 없다. 그러나 이러한 조건을 충족하지 못하는 경우에는 입법자는 특별규정을 두어 불평등

12) 헌재 1991.2.11, 90헌가27, 3, 25면 이하; 2005.9.29, 2004헌바53, 17-2, 185면; 2005.10.27, 2003헌바50등, 17-2, 256면; 2007.3.29, 2004헌마207, 19-1, 285면 이하 등 참조.

13) 헌재 2011.6.30, 2008헌마715, 23-1(하), 438면 이하 참조. 같은 취지의 결정으로는 헌재 2011.11.24, 2009헌바356등, 23-2(하), 273면; 2012.6.27, 2010헌마716, 24-1(하), 765면 이하 등 참조.

을 제거하여야 한다.[14)]

판례 **구성요건의 유형화와 평등권**(헌재 1997.1.16. 90헌마110등)

어떤 행위를 범죄로 하고 이를 어떻게 처벌해야 하는가, 즉 범죄의 유형과 형량을 결정하는 것은 원칙적으로 입법자의 결정사항에 속한다. 헌법재판소와 입법자는 모두 헌법에 기속되나 그 기속의 성질은 서로 다르다. 다른 국가기관의 행위의 합헌성을 심사하는 헌법재판소에게 헌법은 재판규범, 즉 통제규범을 의미한다. 통제규범으로서의 평등원칙은 단지 자의적인 입법의 금지기준만을 의미하므로 헌법재판소는 입법자의 위와 같은 결정에서 차별을 정당화할 수 있는 합리적인 이유를 찾을 수 없는 경우에만 평등원칙의 위반을 선언하게 된다.

특례법 제4조 제1항의 경우 입법자는 입법목적을 실현하기 위하여 형사처벌의 여부를 결정하는 데 있어서 행위의 경과실·중과실을 차별의 기준으로 삼았는 바, 경과실·중과실이란 차별의 기준은 법이 의도하는 입법목적을 달성하기에 적합하다. 또한 경과실·중과실 간의 그 성질과 비중에 있어서 확인될 수 있는 차이가 형사처벌에 관한 차별대우를 정당화하고, 나아가 입법자가 교통사고와 같은 대중적 현상을 규율하기 위하여 유형화함에 있어 규율대상을 빠짐없이 포착한다는 것이 불가능하다. 언제나 불가피하게 소수의 불이익이 따르기 마련이고, 이에 대하여 입법자가 법률제정 이후 이미 한 차례 그 사이의 경험을 토대로 현실에 나타난 규율의 결점을 보완하였으며, 계속적인 차별화를 통하여 평등원칙에 합치하려는 노력을 기울였다. 따라서 중과실로 인하여 발생하는 교통사고로 말미암아 신체의 피해를 입게 된 일부를 특례법 제3조 제2항 단서에 포함시키지 못한 것은 범죄의 유형화에 따른 어쩔 수 없는 결과이므로 그 이유만으로 평등원칙에 반한다고 할 수 없다.

라) 체계정당성

a) 평등의 원칙과 체계정당성

평등의 원칙과 관련하여 논의가 필요한 기준이 이른바 '체계정당성(System-gerechtigkeit)'이다. 이에 따르면 입법자는 그가 선택한 가치기준을 법질서를 형성함에 있어서 일관되게 존중하여야 한다. 보다 구체적으로 말하면, 특정한 상황을 규율하기 위해서 선택한 가치기준은 하나의 법률 내부에서 뿐 아니라, 동일한 규율대상을 갖는 다른 법률에서도 일관되게 존중되어야 한다.[15)]

---

14) 이에 대해서는 예컨대 *BVerfGE* 60, 16(51면 이하); 68, 155(173면 이하) 등 참조.

15) 헌재 2003.6.26, 2001헌마699, 15-1, 764면; 2003.9.25, 2003헌바16, 15-2(상), 301면 이하; 2004.11.25, 2002헌바66, 16-2(하), 333면 이하 등 참조.

예컨대 「국민기초생활보장법」에서 최저생활을 보장하기 위하여 필요한 현금 급여를 하는 경우, 조세법은 이러한 범위의 소득을 과세대상에서 제외하는 것이 체계적합하다.[16] 헌법재판소는 「제대군인지원에 관한 법률」에 의하여 제대군인에게 채용시험에 있어서 가산점을 부여하는 제도가 장애인보호의 입법목적에 반한다는 이유로 평등의 원칙을 침해하며, 따라서 위헌결정을 한 바 있다.[17] 이로써 체계조화의 헌법적 요청이 규범 간에도 존중되어야 한다는 점을 명확히 한 것이다.

형벌체계상의 정당성과 균형이 유지되어야 한다. 즉 동일한 구성요건의 범죄행위에 대해서 선고형량에 있어서 현저한 차이가 있는 두 개의 법률을 임의로 선택하여 적용할 수 있도록 하는 것은 형벌체계의 정당성에 반하며, 따라서 평등원칙을 침해한다.[18]

b) 체계정당성의 규범력

입법자는 정책의 형평성을 위해서 체계정당성을 존중하여야 한다. 그러나 규율대상이 같다고 해서 해당 규율대상이 속해 있는 법률의 입법목적이 동일한 것은 아니다. 그리고 이와 같은 기존의 입법목적·의미 및 체계로부터의 일탈 자체가 평등의 원칙을 위반하는 것은 아니다. 따라서 체계정당성에 반하는 경우에도 체계일탈의 합리적인 근거가 있는 경우에는 평등의 원칙에 반하지는 않는다.[19]

예컨대 국민연금과 공무원연금에서 연금의 산정방법, 그리고 그 결과 소득보상의 비율이 다른 것은 비체계적이며, 형평성이 상실되었다고 볼 수 있다. 그러나 이러한 법상태가 위헌은 아니다. 일반근로자와 비교하여 공무원은 근로의 성격 및 고용관계에 있어서 뚜렷한 차이가 있기 때문이다.

(2) 절대적 평등

평등권은 정치적 영역에서는 절대적 평등을 내용으로 한다. 민주주의는 모든 국민이 정치적 의사의 가치에 있어서 평등하다는 이념에 기초하여 있기 때문이다. 특히 이러한 평등은 인구비례가 불균형한 선거구획정, 각종 기탁금 및 국

16) 헌재 1999.11.25, 98헌마55, 11-2, 611면 참조.
17) 헌재 1999.12.23, 98헌마363, 11-2, 770면 이하 참조.
18) 헌재 2014.4.24, 2011헌바2, 26-1(상), 624면 이하; 2014.11.27, 2014헌바224등, 26-2(상), 706면 이하; 2015.2.26, 2014헌가16등, 27-1(상), 16면 이하; 2015.9.24, 2014헌바154등, 27-2(상), 573면 이하 등 참조.
19) 헌재 2004.11.25, 2002헌바66, 16-2(하), 333면 이하 참조.

회의원선거에서 비례대표 국회의원 의석배분방식 등에 대한 헌법적 심사에서 중요한 기준이 된 바 있다. 이 점에 대해서는 위에서 이미 설명하였다.

2. 차별금지의 기준과 차별금지의 영역

(1) 일반론 – 예시규정인가 열거규정인가?

위에서 언급했듯이 평등권 심사에 있어서 비교의 대상을 평가하는 기준을 찾는 작업이 중요하다. 헌법은 차별이 금지되는 기준을 직접 제시하고 있다. 성별·종교 또는 사회적 신분이 그것이다(제11조 제1항 제2문). 사회적 신분이란 사회에서 장기간 점하는 지위로서 일정한 사회적 평가를 수반하는 것을 말한다. 예컨대 형법상 누범, 친일반민족행위자의 후손 등은 일종의 사회적 신분에 해당한다.[20] 이러한 차별의 기준이 열거규정인가, 아니면 예시규정인가? 헌법재판소는 이 규정을 예시규정으로 이해하고 있다.[21] 그러나 이러한 차별금지기준은 다음과 같은 이유에서 열거규정으로 보아야 한다.

첫째, 헌법 제11조 제1항은 비합리적인 차별을 일반적으로 금지하면서, 특히 차별금지기준을 직접 제시하였다. 이와 같이 차별금지기준을 한정적으로 열거한 헌법제정권자의 의사에 특별한 의미를 부여하여야 한다. 실제 헌법재판소는 헌법 제34조 제5항이 장애를 사회적 보호의 대상으로 하고 있으며 장애가 복지뿐 아니라 평등정책의 대상으로 보편적으로 인정되고 있음에도 불구하고 평등권 심사에서 장애를 이유로 한 차별이 엄격한 심사기준이 적용되는 사안은 아니라고 보았다.[22] 장애에 따른 차별을 엄격한 기준에 따라 심사하기 위해서는 헌법 개정이 필요하다. 예컨대 독일은 1994년 장애를 이유로 한 차별금지를 헌법 제3조 제3항에 2문을 신설("누구도 장애를 이유로 불이익한 취급을 받지 않는다")하여 도입한 바 있다.

둘째, 평등권 심사에 있어서는 일반적으로 입법형성권이 넓게 인정된다. 그러나 헌법이 직접 규정한 차별금지기준에 따른 심사에 있어서는 입법형성권은 좁아진다. 이 경우에는 단순히 자의금지의 원칙이 아니라 비례의 원칙에 따른

20) 헌재 1995.2.23, 93헌바43, 7-1, 235면 이하; 2011.3.31, 2008헌바141등, 23-1(상), 310면 이하 등 참조. 다만 누범에 대한 가중처벌, 친일재산의 환수 등은 평등권을 침해하지 않는다는 것이 헌법재판소의 결정내용이다.

21) 헌재 2011.3.31, 2008헌바141등, 23-1(상), 311면 참조.

22) 이에 대해서는 헌재 2004.10.28, 2002헌마328, 16-2, 210면 이하; 2009.2.26, 2006헌마626, 21-1(상), 227면 등 참조.

심사가 이루어진다. 그런데 헌법 제11조 제1항의 차별금지기준이 예시규정이라면 거의 모든 평등권 심사에 비례의 원칙이 적용되어야 한다. 이는 입법형성권이 넓게 인정되는 평등권의 본질에 반한다. 헌법이 예정하지 않은 이와 같은 상황을 피하기 위해서는 헌법 제11조 제1항의 차별금지기준을 열거규정이라고 보아야 한다.

셋째, 헌법 제11조 제1항의 차별금지기준을 열거규정으로 보더라도 평등권의 내용이 축소되는 것은 아니다. 차별금지기준이 열거규정이라고 해서 다른 기준에 따른 차별이 허용되는 것은 아니기 때문이다. 이때에는 일반적인 평등권을 기준으로 한 심사가 이루어진다. 또 성별·종교 또는 사회적 신분에 의한 차별에 대해서는 일반적으로 비례의 원칙에 따른 엄격한 심사가 이루어지지만 이러한 차별이 결코 금지되는 것은 아니다. 예컨대 남녀의 신체적 능력의 차이와 여성의 생리적 특성을 고려하여 남성에 한하여 병역의 의무를 부과하는 것이 평등권을 침해하는 것은 아니다.[23] 또 입법자가 다른 기준에 따른 차별을 의도하였지만 결과적으로 성별·종교 또는 사회적 신분에 따른 불이익이 발생하는 경우에는 오히려 완화된 심사기준이 적용될 수도 있다.[24] 이 밖에 차별금지기준을 열거규정으로 이해하더라도 차별금지기준 중 사회적 신분이 개방적 개념이기 때문에 사안에 따라서 차별금지기준은 확대될 수 있다.[25]

(2) 남녀평등

여성의 역할 및 인식이 변화하면서 남녀평등은 다양한 생활영역에서 활발하게 입법형성 및 사법적 판단의 대상이 되고 있다. 헌법은 정치적 영역에서 여성의 법적 평등을 처음부터 인정하였다. 민주주의 초기 여성에게 선거권을 부인했던 나라들과 비교되는 점이다.

가) 정치영역

정치적 영역에서 여성을 적극적으로 보호하는 조치가 취해지고 있다. 특히 「정당법」이 이에 대한 주목할 만한 규정을 두고 있다. 정당은 비례대표 국회의원선거후보자, 그리고 비례대표 지방의회의원선거후보자 중 50% 이상을 여성으로 추천하여야 한다. 이때 실질적으로 여성이 선출될 수 있도록 후보자명부

---

23) 헌재 2010.11.25, 2006헌마328, 22-2(하), 455면 이하 참조.
24) 헌재 2011.3.31, 2008헌바141, 23-1(상), 310면 이하 참조.
25) 사회적 신분에 따른 차별에 적용되는 다양한 심사기준에 대해서는 예컨대 양건, 헌법강의(법문사, 2021), 412면 이하 참조.

순위의 매홀수에 여성을 추천하여야 한다(공직선거법 제47조 제3항). 또 정당은 임기만료에 의한 지역구 국회의원선거후보자 또는 지역구 지방의회의원선거후보자 중 30% 이상을 여성으로 추천하도록 노력하여야 한다. 이를 실천한 정당에 대하여는 보조금을 추가로 지급할 수 있다(공직선거법 제47조 제4항; 정치자금법 제26조).

나) 고용영역

고용분야에서 남녀평등은 일찍부터 「남녀고용평등법」을 통하여 실현되고 있다. 이 법은 2007년, 「남녀고용평등과 일·가정양립지원에 관한 법률」로 개칭되었다. 이 법을 통하여 여성은 고용관계에서 여성이라는 이유로 차별을 받지 않을 뿐 아니라 가사활동 및 자녀양육 등을 이유로 고용관계를 중단하거나 불이익을 받지 않도록 적극적인 지원을 받을 수 있다. 산전후(産前後)휴가에 대한 지원, 육아휴직제도 등이 대표적인 예이다(남녀고용평등법 제18, 19조; 근로기준법 제74조 제1항; 고용보험법 제70조 이하 및 제75조 이하). 고령자의 고용에 있어서 차별은 금지된다. 이에 「고령자 연령차별금지 및 고령자 고용촉진에 관한 법률」이 시행되고 있다. 이에 따르면 모집·채용, 임금, 퇴직·해고 등에 있어서 합리적인 이유 없이 연령을 이유로 하는 차별은 금지된다(법 제4조의4). 예컨대 일정 연령을 기준으로 업무 감축 등 조치가 없이 일률적으로 임금을 삭감하는 조치(임금피크제)는 합리적인 이유가 없는 차별이다.[26]

다) 부부재산관계

남녀평등은 부부의 재산관계에도 중요한 변화를 가져왔다. 민법에서 부부간의 재산관계는 기본적으로 부부별산제이다(법 제830조 제1항). 그런데 부부가 이혼한 경우 소득활동을 하였던 배우자와 가사활동을 하였던 배우자는 재산관계에 있어서 차이가 있다. 그러나 가사활동이 혼인과 가족의 존속에 소득활동과 마찬가지로 기여했음에도 불구하고 재산관계에 아무런 영향을 미치지 못하는 것은 평등의 원칙에 반한다. 따라서 가사활동의 경제적 가치가 인정되었으며, 이러한 이념은 혼인기간에 증식된 재산을 이혼시 분할하는 입법에 의하여 실현되었다. 1990년 민법에 이혼시 재산분할청구권이 도입되었다(민법 제839조의2). 이와 같은 제도의 취지에 따르면 이혼시 재산분할청구권에 의한 재산의 분할은 공유물을 분할하는 성격을 갖는다. 따라서 분할재산이 증여세의 부과대상이 될 수는 없다.[27] 이로써 이혼시 재산분할청구권은 세법적 보충을 받으면서 헌법적 정당성

26) 대판 2022.5.26, 2017다292343 참조.
27) 헌재 1997.10.30, 96헌바14, 9-2, 454면 이하 참조.

을 갖게 되었다.

개인은 소득활동기간에는 현재의 소득이 경제적 기초이지만, 노후에는 생활보장을 위하여 현재 소득의 일부를 보험료로 납부하고 이를 기초로 지급되는 연금급여가 생활의 기반이 된다. 이러한 상황을 고려하여 1998년에는 「국민연금법」에, 그리고 2015년에는 「공무원연금법」에 분할연금청구권이 도입되어 이혼배우자 간에 혼인기간 중 취득한 연금청구권을 분할하도록 하였다(국민연금법 제64조; 공무원연금법 제45조). 이 밖에 혼인기간 중 형성된 퇴직금 및 퇴직연금 역시 분할의 대상이 된다.[28)]

3. 평등권의 심사기준

평등권에 대한 입법형성의 여지가 넓기 때문에 심사기준 역시 기본적으로는 완화되어 있다. 평등심사에 기본적으로 '자의금지의 원칙'을 적용하며, 이와 함께 일정한 경우에는 비례의 원칙을 적용하여 엄격한 심사를 행하고 있다. 아래에서 나누어 살펴본다.

(1) 자의의 금지

자의금지의 원칙은 다음과 같은 내용을 갖는다. 먼저, 자의금지의 원칙에 따른 심사를 위해서는 심사의 대상인 사안이 비교집단을 구성할 수 있어야 한다. 비교집단을 구성할 수 없다면 애초부터 평등권 심사의 사안이 될 수 없다.[29)] 예컨대 「공무원연금법」 및 「군인연금법」은 수급권자가 금고 이상의 형의 선고를 받은 경우 급여의 지급을 제한하였다. 이 규정에 대해서는 해당 범죄가 직무와 관련성이 없는 경우 혹은 과실범인 경우에도 적용되는 경우에는 헌법에 합치하지 않는다는 결정이 내려졌다.[30)] 그런데 이 결정에서 헌법재판소는 해당 규정이 「국민연금법」이나 「근로기준법」상의 퇴직금제도 등에는 존재하지 않으며, 따라서 평등의 원칙에 위반된다는 논증을 하였다.[31)] 그러나 공무원 및 군인과 일반 국민 혹은 근로자는 같은 비교집단이 될 수 없다. 「공무원연금법」 및 「군인연금법」 상의 공무원 및 군인은 일반 국민에 비해서 강한 법령준

---

28) 대판 2014.7.16, 2012므2888; 2014.7.16, 2013므2250등 참조.
29) 헌재 2009.11.26, 2007헌마734, 21-2(하), 598면 이하 참조.
30) 헌재 2009.7.30, 2008헌가1등, 21-2(상), 18면 이하 참조. 같은 취지의 결정으로는 헌재 2007.3.29, 2005헌바33, 19-1, 211면 이하 참조.
31) 헌재 2009.7.30, 2008헌가1등, 21-2(상), 31면 참조.

수의무가 있다. 또, 이들 연금법은 사회보장법과 공무원법의 성격을 함께 갖는다. 그런데 일반 국민, 그리고 국민연금제도는 이러한 성격을 갖지 않기 때문이다.[32)]

다음, 비교의 대상인 상황이 본질적으로 같은 경우에는 같은 취급을, 그리고 본질적으로 다른 경우에는 다른 취급을 하여야 한다. 따라서 합리적이고 객관적으로 명백한 차별사유가 발견되지 않음에도 불구하고 본질적으로 같은 상황에 대해서 자의적으로 다른 취급을 하거나, 혹은 본질적으로 다른 상황임에도 불구하고 자의적으로 같은 취급을 하는 것은 금지된다.

자의금지의 원칙에 따르면 결국 합리적인 이유가 존재한다면 적극적으로 다르게 취급할 수 있으며, 또 이러한 차별취급이 정당화된다(합리적 차별의 요청).[33)] 비교의 대상 간에 합리적이고 객관적인 차이가 존재하는지 여부는 당해 법률조항의 의미와 목적에 따라 판단된다.[34)] 이러한 심사에서는 입법형성권이 넓게 인정된다.

판례 **병역의무와 성별에 따른 합리적 차별** (헌재 2010.11.25, 2006헌마328)

이 사건 법률조항은 헌법이 특별히 양성평등을 요구하는 경우나 관련 기본권에 중대한 제한을 초래하는 경우의 차별취급을 그 내용으로 하고 있지 않다. 징집대상자의 범위 결정에 관하여는 입법형성권이 넓게 인정된다는 점에 비추어 이 사건 법률조항이 평등권을 침해하는지 여부는 완화된 심사기준에 따라 판단하여야 한다.

집단으로서의 남자는 집단으로서의 여자에 비하여 보다 전투에 적합한 신체적 능력을 갖추고 있으며, 개개인의 신체적 능력에 기초한 전투적합성을 객관화하여 비교하는 검사체계를 갖추는 것이 현실적으로 어려운 점, 신체적 능력이 뛰어난 여자의 경우에도 월경이나 임신, 출산 등으로 인한 신체적 특성상 병력자원으로 투입하기에 부담이 큰 점 등에 비추어 남자만을 징병검사의 대상이 되는 병역의무자로 정한 것이 현저히 자의적인 차별취급이라 보기 어렵다. 한편 보충역이나 제2국민역 등은 국가비상사태에 즉시 전력으로 투입될 수 있는 예비적 전력으로서 병력동원이나 근로소집의 대상이 된다. 따라서 평시에 현역으로 복무하지 않는다고 하더라도 병력자원으로서 일정한 신체적 능력이 요구되므로 보충역 등 복무의무를 여자에게 부과하지 않은 것이 자의적이라 보기도 어렵다. 결국 이 사건 법률조항이 성별을 기준으로 병역의무자의 범위를 정한 것은 자의금지원칙에 위배하지 않으며, 따라

32) 「국민연금법」과 「공무원연금법」의 기능상의 차이에 대해서는 헌재 2011.11.24, 2010헌마510, 23-2(하), 513면 이하 참조.

33) 헌재 1999.4.29, 97헌마333, 11-1, 515면 이하 참조.

34) 헌재 1996.12.26, 96헌가18, 8-2, 701면 참조.

서 평등권을 침해하지 않는다.

---

(2) 비례의 원칙

가) 내 용

자의금지의 원칙에 의하면 차별의 합리적인 이유가 존재하면 해당 차별이 정당화된다. 이때 차별의 정도와 종류 등에 대한 문제는 원칙적으로 제기되지 않는다. 이에 비해서 평등심사를 엄격히 할 필요성이 있는 경우 차별의 종류 및 정도가 차별을 행하는 목적과 비례관계에 있는지가 심사된다. 비례의 원칙에 따른 평등심사이다. 헌법재판소가 본격적으로 엄격심사기준을 적용한 것은 제대군인가산점제도에 대한 결정이었다.[35] 비례의 원칙에 따른 엄격한 심사기준이 적용되는 경우에는 자의금지원칙에 따른 심사, 즉 합리적 이유의 유무를 심사하는 것에 그치지 않고 차별취급의 목적과 수단 간에 비례관계가 심사된다. 즉 차별취급의 적합성과 최소침해의 원칙, 그리고 법익균형성이 심사된다.

나) 비례의 원칙이 적용되는 경우

비례의 원칙은 헌법에서 특별히 평등을 요구하고 있는 경우, 혹은 차별취급으로 인하여 관련 기본권에 대한 중대한 제한이 가해지는 경우에 적용된다. 헌법에서 특별히 평등을 요구하는 경우란 헌법이 직접 차별금지기준 혹은 차별금지영역을 제시한 경우를 말한다. 이때에는 입법형성권이 축소된다.

예컨대 제대군인가산점제도가 이러한 요건을 충족시킨다. 소극적으로 보면 우선, 헌법은 제대군인에 대해서 적극적인 혜택을 부여하는 직접적인 근거를 두고 있지는 않다. 헌법 제39조 제2항에 의하면 병역의무의 이행을 이유로 불이익처우를 받아서는 안 된다. 그러나 이 규정이 제대군인에게 보상을 하거나 특혜를 부여할 국가의 적극적인 의무를 발생시키지는 않는다. 다음, 적극적으로 보면 제대군인가산점제도는 헌법 제32조 제4항이 특별히 남녀평등을 요구하고 있는 '근로' 혹은 '고용'의 영역에서 결과적으로 '남녀'를 차별하는 제도이다. 또한 헌법 제25조에 보장된 공무담임권의 행사에 중대한 제약을 초래한다.

이 밖에 과세대상인 재산을 세대별로 합산하여 결과적으로 누진세율을 적용

---

35) 헌재 1999.12.23, 98헌마363, 11-2, 770면 이하 참조. 다만 이전에도 이미 헌법재판소는 비례의 원칙을 평등심사에 적용한 바 있다. 예컨대 헌재 1989.5.24, 89헌가37등, 1, 54면 이하; 1996.8.29, 93헌바57, 8-2, 56면 이하; 1997.7.16, 97헌마26, 9-2, 80면 이하 등 참조.

하는 과세권의 행사는 헌법이 보호하는 혼인공동체에 불이익을 가하는 것으로 비례의 원칙에 따른 엄격한 심사가 이루어진다. 그 결과 헌법재판소는 「종합부동산세법」에 대해서 헌법불합치결정을 한 바 있다.[36] 같은 이유에서 자산소득에 대해서 부부 간 합산과세하는 「소득세법」 규정에 대해서도 위헌결정을 하였다.[37]

그러나 성별에 의한 차별의 외형을 갖는 경우에도 남녀의 신체적 차이에 따른 차별취급으로서 합리적인 이유가 있는 때에는 비례의 원칙이 적용되지 않는다. 남성에 비해서 여성에게 병역의 의무를 부과하지 않는 것이 대표적인 예이다.[38]

판례 **제대군인 가산점제도와 엄격심사기준** (헌재 1999.12.23, 98헌마363)

헌법 제39조 제1항에서 국방의 의무를 국민에게 부과하고 있기 때문에 병역법에 따라 군복무를 하는 것은 국민의 의무에 해당하며, 그러한 의무의 이행을 특별한 희생으로 보아 보상하여야 하는 것은 아니다. 따라서 헌법 제39조 제2항은 병역의무를 이행한 사람에게 보상조치를 취하거나 특혜를 부여할 의무를 국가에게 지우는 것이 아니라, 법문 그대로 병역의무의 이행을 이유로 불이익한 처우를 하는 것을 금지하고 있을 뿐이다. 그런데 제대군인지원에 관한 법률 제8조 제1항 및 제3항, 동법 시행령 제9조에 의한 가산점제도는 헌법 제39조 제2항의 범위를 넘어 제대군인에게 일종의 적극적 보상을 하는 제도이므로 이를 헌법 제39조 제2항에 근거한 제도라고 할 수 없다. 또 제대군인은 헌법 제32조 제6항에 규정된 "국가유공자·상이군경 및 전몰군경의 유가족"에 해당하지 아니하므로 이 헌법조항도 가산점제도의 근거가 될 수 없다.

평등권 심사에서 엄격한 심사척도에 의할 것인지, 완화된 심사척도에 의할 것인지는 입법자에게 인정되는 입법형성권의 정도에 따라 달라진다. 헌법에서 특별히 평등을 요구하고 있는 경우와 차별적 취급으로 인하여 관련 기본권에 대한 중대한 제한을 초래하게 된다면 입법형성권은 축소되어 보다 엄격한 심사척도가 적용되어야 한다. 이 사건 가산점제도는 헌법 제32조 제4항이 특별히 남녀평등을 요구하고 있는 "근로" 내지 "고용"의 영역에서 남성과 여성을 달리 취급하는 제도이고, 또한 헌법 제25조 공무담임권의 행사에 중대한 제약을 초래하기 때문에 엄격한 심사척도가 적용된다.

---

36) 헌재 2008.11.13, 2006헌바112등, 20-2(하), 59면 이하 참조.
37) 헌재 2002.8.29, 2001헌바82, 14-2, 170면; 2005.5.26, 2004헌가6, 17-1, 592면 등 참조.
38) 이에 대해서는 예컨대 헌재 2010.11.25, 2006헌마328, 22-2(하), 453면 이하 참조.

다) 심사기준에 대한 재검토의 필요성

엄격히 보면 비례의 원칙은 헌법이 제시하는 금지기준에 따른 차별에 적용되어야 한다. 이때 입법 형성의 여지가 줄어들기 때문이다. 그러나 지금까지 헌법재판소는 차별취급으로 인하여 기본권에 중대한 제한이 가해진 경우에도 비례의 원칙에 따른 심사기준을 적용하고 있다. 기본권 침해의 정도가 중대할수록 보다 엄격한 심사기준이 적용된다는 것이다. 그러나 기본권 침해 여부는 해당 기본권 제한의 정당성을 비례의 원칙에 의하여 심사하면 되는 것이지, 해당 사안을 평등권을 기준으로 심사하는 경우에 심사기준을 선택하는 데 영향을 주어야 하는지는 의문이다. 평등권의 심사기준으로 자의금지의 원칙 혹은 비례의 원칙을 적용하는 문제는 해당 차별의 기준이 헌법이 금지하는가의 여부가 보다 중요한 판단기준이어야 한다.

라) 이른바 완화된 비례의 원칙

헌법이 일정한 집단을 특별히 보호하며, 그 결과 이에 속하지 않은 자의 기본권이 침해된 경우에는 어떠한 심사기준이 적용되는가? 국가유공자의 유족 등에게 시험에서 가산점을 부여하여 취업을 지원하는 제도에 대한 평등심사가 이에 해당하는 예이다.

헌법이 직접 금지하는 기준에 따라서 차별이 금지되는 영역에서 차별이 이루어진 경우에 엄격심사기준이 적용된다. 그런데 헌법은 제32조 제6항에서 "국가유공자·상이군경 및 전몰군경의 유가족은 법률이 정하는 바에 의하여 우선적으로 근로의 기회를 부여받는다"라고 규정하여 이들을 지원하도록 하고 있다. 이는 「국가유공자 등 예우 및 지원에 관한 법률」에서 국가유공자와 그 유족에게 취업시험에서 가산점을 부여하는 형태로 시행되었다. 그러나 가산점제도는 이러한 집단에 속하지 않은 자에게 공무담임권 또는 직업선택의 자유를 중대하게 제한한다. 이 경우 헌법재판소는 자의금지의 원칙이 아니라 비례의 원칙을 적용하되 구체적인 심사의 과정에서 완화된 기준을 적용한 바 있다(완화된 비례의 원칙).[39)]

그러나 이 경우 헌법이 직접 특별히 보호하도록 하고 있기 때문에 적어도 평등권 심사에 있어서는 헌법적 비난가능성은 낮다. 그럼에도 불구하고 평등권 심사에 있어서 자의금지의 원칙에 비해서 입법 형성의 여지를 축소하는 '완화

---

39) 헌재 2001.2.22, 2000헌마25, 13-1, 404면 이하 참조.

된 비례의 원칙'을 적용하는 것은 타당하지 않다. 실제 이 결정 이후 헌법재판소는 평등권 심사의 기준으로서 완화된 비례의 원칙을 더 이상 적용하지 않고 있다.

이후 유사한 사안에서 헌법재판소는 헌법 제32조 제6항의 내용을 새롭게 해석하여 근로기회의 우선적 부여는 국가유공자 자신에 한하여 적용되며, 따라서 그 가족에 대해서 가산점을 부여하는 규정은 헌법에 직접적인 근거 없이 다른 개인의 공무담임권을 제한한다는 이유로 엄격심사의 원칙을 적용하였다.[40]

40) 헌재 2006.2.23, 2004헌마675, 18-1(상), 269면 이하 참조.

제 3 절 국가로부터 자유를 내용으로 하는 기본권

Ⅰ. 신체의 자유

1. 신체의 자유에 대한 실체법적 보장과 절차법적 보장

헌법 제12조 제1항은 신체의 자유를 보장하는 기본규정이다. 모든 국민은 신체의 자유를 갖는다. 신체의 자유는 가장 기본적이고 자연적인 자유이다. 즉 신체의 자유는 국가법질서에 의하여 형성되는 사회적 관련성이 있는 기본권이 아니다. 신체의 자유는 신체의 완전성이 훼손당하지 않을 자유와 신체활동을 외부의 간섭이 없이 자율적으로 행하는 자유를 포함한다.[1] 신체의 자유는 실체법적 및 절차법적 기준을 충족하는 경우에 한하여 제한될 수 있다.

신체의 자유는 헌법 제12조 외에 제13조 소급입법금지의 원칙과 이중처벌금지의 원칙 및 연좌제금지, 그리고 제27조 제1항 재판을 받을 권리, 제4항 형사피고인의 무죄추정의 원칙과 직접적인 관련이 있다. 연좌제금지나 형사피고인의 무죄추정의 원칙은 신체의 자유에 한하여 적용되는 것은 아니다. 연좌제금지는 자신의 행위가 아닌 친족의 행위로 인하여 모든 불이익한 처분을 받지 않도록 하고 있다. 무죄추정의 원칙 역시 유죄판결을 받기 전까지 유죄라는 가정하에서 이루어지는 모든 불이익을 방어하는 기능을 수행한다.

서술의 편의상 이들 조문에 대한 설명을 부분적으로는 여기에서 함께 한다. 다만 재판을 받을 권리에 대해서는 절을 달리하여 권리구제를 위한 기본권에서 설명한다.

2. 신체의 자유를 제한하는 형태

헌법 제12조는 신체의 자유를 보장하면서 이를 제한하는 국가행위를 열거하고, 이에 대한 엄격한 기준을 제시하고 있다. 따라서 먼저 신체의 자유를 제한하는 국가행위의 형태를 이해할 필요가 있다. 이들은 대부분 「형사소송법」상의 개념들이며, 헌법이 이들 개념을 수용하였다. 신체의 자유를 제한하는 형태는 체포 · 구속 · 압수 · 수색 · 심문과 처벌 · 보안처분 · 강제노역 등이다.

'체포'와 '구속'은 범죄혐의자에 대한 수사의 필요 때문에 개인의 행동의 자

---

1) 헌재 2015.12.23. 2013헌가9, 27-2(하), 403면 참조.

유를 박탈하고 격리시키는 행위이다. 「형사소송법」에서는 피고인의 구속과 피의자의 구속이 구별되며, 전자의 구속에는 구인과 구금이 포함된다(형소법 제69조). 체포와 구속은 격리되는 시간의 차이로 구분된다. 현행법상 모두 영장주의가 적용되는데 체포기간은 48시간, 그리고 구속기간은 원칙적으로 10일이다(형소법 제200조의 2 제5항, 제203조). 피고인을 구인 또는 구금할 때에도 구속영장이 필요하다(형소법 제73조).

압수와 수색 역시 수사를 위하여 필요한 행위이다. '압수'는 수사에 필요한 증거물 등의 점유를 강제로 취득하는 행위이다. '수색'은 압수할 물건 혹은 체포할 사람을 발견할 목적으로 주거·물건·사람의 신체 등을 뒤지는 행위이다.

'심문'은 주로 수사과정에서 형사사건의 실체적 진실을 발견하기 위한 질문과 답변행위를 말한다.

'처벌'은 신체의 자유에 불이익을 가하는 모든 처분을 말한다. 그러나 그 내용이 뚜렷하지는 않다.

'보안처분'은 형벌만으로는 행위자의 장래의 재범에 대한 위험성을 제거하기에 충분하지 못한 경우에 사회방위와 행위자의 사회복귀를 위하여 취해지는 특별예방적 목적의 처분을 말한다. 헌법은 논란이 있었던 보안처분에 대해서도 법적 근거가 필요하다는 것을 명백히 하였다.[2)]「치료감호 등에 관한 법률」상의 보호처분인 치료감호, 「보호관찰 등에 관한 법률」상의 보호관찰, 그리고 「보안관찰법」상의 보안관찰, 「특정 범죄자에 대한 보호관찰 및 전자장치 부착 등에 관한 법률」상 성범죄자에 대한 전자장치 부착명령, 「성폭력범죄자의 성충동 약물치료에 관한 법률」에 의한 성충동 약물치료 등은 모두 보안처분에 포함된다. 다만 이들 처분은 실제 개인의 자유를 제한하는 정도가 다르며, 여기에 적용되는 절차도 차이가 있다. 또 이들 처분이 형벌과 병과되는 것이 이중처벌금지의 원칙에 반하는가 여부도 문제가 된다.

'강제노역'이란 본인의 의사에 반하여 부과되는 노동을 말한다. 따라서 범죄에 대한 처벌로서 노역을 부과하는 경우와 같이 법률과 적법한 절차에 의한 경우를 제외하고는 본인의 의사에 반하는 노역은 과할 수 없다. 「국제노동기구(ILO)협약 제5호」는 강제노동폐지를 규정하고 있다.

2) 보안처분에 대한 법률유보의 요청은 1972년 헌법 제10조에 처음 도입되었다.

3. 신체의 자유를 보장하기 위한 실체법적 원칙

신체의 자유를 제한하기 위해서는 법률에 근거가 있어야 한다. 이때 법률은 헌법에 합치하여야 한다. 이로써 기본적으로 형법상의 죄형법정주의를 헌법이 수용하였지만, 신체의 자유가 죄형법정주의만을 내용으로 하는 것은 아니다.

(1) 죄형법정주의

신체의 자유를 제한하기 위해서는 이에 대한 법적 근거가 필요하다. 특히 형법적 구성요건과 처벌의 종류와 내용은 형식적 법률에 명확히 규율되어야 한다. 따라서 법률 자체가 구성요건을 모호하게 표현하였다면 그 자체로서, 그리고 구성요건의 구체화를 행정입법에 위임한 경우에는 위임의 구체성이 결여되었으므로 각각 죄형법정주의 및 위임의 구체성의 요청에 위반된다.[3] 그러나 구성요건의 내용이 모두 해석의 필요가 없을 만큼 서술적 개념으로 규정되어야 하는 것은 아니다. 다소 광범위하고 어느 정도 법관의 보충적인 해석이 필요한 개념을 사용하였더라도 적용단계에서 다의적으로 해석될 우려가 없으며, 입법의도가 일반상식을 가진 사람에 의하여 일의적으로 파악될 수 있는 정도이면 헌법에 위반되지 않는다.[4] 그러나 범죄와 형벌에 관한 규정이 없음에도 불구하고 해석을 통하여 유사한 사안에 대해서 범죄와 형벌을 인정하는 '유추해석'은 금지된다.[5]

판례 죄형법정주의와 유추해석금지 (헌재 2012.12.27. 2011헌바117)

죄형법정주의로부터 누구나 법률이 처벌하고자 하는 행위가 무엇이며 그에 대한 형벌이 어떠한 것인지를 예견할 수 있고 그에 따라 자신의 행위를 결정할 수 있도록 구성요건이 명확할 것을 요구하는 '명확성의 원칙'과 범죄와 형벌에 대한 규정이 없음에도 해석을 통하여 유사한 성질을 가지는 사항에 대하여 범죄와 형벌을 인정하는 것을 금지하는 '유추해석금지의 원칙'이 도출된다.

일반적으로 형벌법규 이외의 법규범에서는 법문의 의미가 명확하지 않거나 특정한 상황에 들어맞는 규율을 하고 있는지 모호할 경우에는, 입법목적이나 입법자의 의도를 합리적으로 추론하여 문언의 의미를 보충하여 확정하는 체계적, 합목적적 해

---

3) 이에 대한 결정으로는 예컨대 헌재 1995.9.28, 93헌바50, 7-2, 297면 이하; 1998.10.15, 98헌마168, 10-2, 7면 이하; 2002.5.30, 2001헌바5, 14-1, 478면 이하; 2002.6.27, 99헌마480, 14-1, 616면 이하; 2007.5.31, 2006헌가10, 19-1, 558면 이하; 2013.3.21, 2010헌바70등, 25-1, 201면 등 참조.

4) 헌재 1989.12.22, 88헌가13, 1, 383면 참조.

5) 헌재 2012.12.27, 2011헌바117, 24-2(하), 400면 이하; 2015.11.26, 2013헌바343 등 참조.

석을 할 수도 있다. 또 유사한 규범이나 유사한 사례로부터 확대해석을 하거나 유추해석을 하여 법의 흠결을 보충할 수도 있다. 나아가 법률의 문언 그대로 구체적 사건에 적용할 경우에는 오히려 부당한 결론에 도달하게 되고 입법자가 그러한 결과를 의도하였을리가 없다고 판단되는 경우에는 문언을 일정 부분 수정하여 해석할 수도 있다. 그러나 형벌조항을 해석함에 있어서는 헌법상 규정된 죄형법정주의 때문에 입법목적이나 입법자의 의도를 감안하는 확대해석이나 유추해석은 모두 금지되고 형벌조항의 문언의 의미를 엄격하게 해석해야 한다.

---

(2) 형벌불소급의 원칙

가) 내 용

신체의 자유를 제한하기 위해서는 형식적 법률의 근거가 있어야 하며, 이는 시간적으로는 해당 행위시에 평가기준인 법률이 존재하여야 한다는 의미를 포함한다. 따라서 "모든 국민은 행위시의 법률에 의하여 범죄를 구성하지 아니하는 행위로 소추되지 아니한다"(제13조 제1항). 형벌불소급의 원칙은 헌법 제37조 제2항에 의한 신뢰보호의 원칙과 이를 구체화하는 소급입법금지의 원칙과는 특별법과 일반법의 관계에 있으며, 형벌불소급의 원칙은 일반적인 소급입법금지의 원칙과는 달리 절대적 효력을 갖는다.

형벌불소급의 원칙은 신체의 자유와 밀접한 관련을 갖는 형법상의 가치판단이 미리 제시되어야 하며, 이에 대한 신뢰는 두텁게 보호받는다는 의미를 갖는다. 따라서 행위 후에 제정된 법률에 의하여 처벌이 강화되는 것 역시 금지된다.

보안처분은 형법상의 처벌은 아니기 때문에 소급입법이 절대적으로 금지되는 것은 아니다. 그러나 보안처분의 종류에 따라서는 기본권 제한의 효과가 형벌과 유사한 경우가 있으며, 이 경우 일반적인 소급입법금지의 원칙 혹은 신뢰보호의 원칙에 따른 심사가 필요하다. 예컨대 신체의 자유를 박탈하는 효과를 갖는 보호감호처분 혹은 노역장 유치를 소급입법에 의하여 부과하는 것은 허용되지 않는다.[6] 이에 비해서 성폭력범죄자에 대해서 소급입법에 의하여 전자장치 부착명령을 내리는 것은 과잉금지의 원칙에 위반되는가의 문제와는 별개로 형법상의 소급입법금지의 원칙이 적용되지는 않는다.[7]

---

6) 헌재 1989.7.14, 88헌가5등, 1, 80면 이하; 2017.10.26, 2015헌바239등, 29-2(하), 28면 이하 등 참조.

7) 헌재 2012.12.27, 2010헌가82등, 24-2(하), 281면 이하 참조. 이 결정에서 헌법재판소는 형벌불

판례 **형벌불소급의 원칙과 처벌** (헌재 2017.10.26, 2015헌바239등)

형벌불소급원칙에서 의미하는 '처벌'은 형법에 규정되어 있는 형식적 의미의 형벌 유형에 국한되지 않으며, 범죄행위에 따른 제재의 내용이나 실제적 효과가 형벌적 성격이 강하여 신체의 자유를 박탈하거나 이에 준하는 정도로 신체의 자유를 제한하는 경우에는 형벌불소급원칙이 적용되어야 한다. 노역장 유치는 그 실질이 신체의 자유를 박탈하는 것으로서 징역형과 유사한 형벌적 성격을 가지므로 형벌불소급원칙의 적용대상이 된다.

노역장 유치 조항은 1억원 이상의 벌금형을 선고받는 자에 대하여 유치기간의 하한을 중하게 변경시킨 것이므로, 이 조항 시행 전에 행한 범죄행위에 대해서는 범죄행위 당시에 존재하였던 법률을 적용하여야 한다. 그런데 부칙조항은 노역장 유치 조항의 시행 전에 행해진 범죄행위에 대해서도 공소제기의 시기가 노역장 유치 조항의 시행 이후이면 이를 적용하도록 하고 있으므로, 이는 범죄행위 당시 보다 불이익한 법률을 소급 적용하도록 하는 것으로서 헌법상 형벌불소급원칙에 위반된다.

나) 공소시효에의 적용문제

공소시효를 소급적으로 정지하여 처벌하는 것이 형벌불소급의 원칙에 반하는가? 공소시효의 정지 및 연장에 형벌불소급의 원칙이 적용되지는 않는다. 형벌불소급의 원칙은 구성요건 및 이에 대해서 가해지는 형벌의 정도에 대한 신뢰를 보호하는 데 목적이 있다.[8] 이와 같이 형벌불소급의 원칙은 형법상의 가치판단에 대한 신뢰를 보호하기 때문에 가치판단 그 자체와는 관계없는 형법상의 절차적인 문제 및 공소시효의 문제는 형벌불소급효의 원칙이 적용되는 사안이 아니다.

소급의 원칙이 적용되지 않는 사안이라고 판단하고 곧 신뢰보호의 원칙을 심사의 기준으로 적용하였다. 그러나 신뢰보호의 원칙에 따른 심사에 앞서 일반적인 소급입법금지의 원칙이 심사의 기준이 될 수 있는가에 대한 판단을 먼저 하였어야 했다.

8) 이 점에 대해서 학설이 일치되어 있는 것은 아니다. 즉 공소시효제도는 소송법적 성격뿐 아니라 실체법적 성격을 동시에 갖기 때문에 형벌불소급의 원칙에 포섭되며, 따라서 공소시효의 소급적인 연장은 위헌이라는 견해도 있다. 다만 현행 「형사소송법」의 입법체계에 보다 충실한 입장은 공소시효제도를 소송법적으로 이해하는 것이다. 왜냐하면 「형사소송법」은 공소시효가 완성된 경우 비난가능성을 제거하는 무죄판결이 아니라 면소판결을 하도록 하고 있기 때문이다(형소법 제326조 제3호). 따라서 공소시효의 연장은 형벌불소급의 원칙이 적용되는 사안은 아니며, 헌법 제37조 제2항의 일반적인 소급입법금지의 원칙이 적용된다. 헌법재판소는 후자의 견해를 따른 바 있다. 헌재 1996.2.16, 96헌가2등, 8-1, 83면 이하; 2021.6.24, 2018헌바457, 33-1, 686면 이하 등 참조.

공소시효의 진행을 정지하는 사안에도 일반적인 소급입법금지의 원칙이 적용되며, 이에 의하여 제한된다. 공소시효의 취지는 다음과 같다. 첫째, 범죄행위에 대한 비난가능성이 시간의 흐름에 따라서 약화되어 공소시효가 완성되는 시기에 이르면 거의 존재하지 않는다. 둘째, 시간이 흐름에 따라 범죄를 저지른 자의 성정(性情)이 변화되었기 때문에 처벌 여부에 신중해야 한다. 셋째, 시간의 흐름에 따라 증거보전이 어려워지고, 따라서 사법적 판단에 오류가 발생할 가능성이 있다. 공소시효에 관한 소급입법의 허용 여부는 이로 인하여 개인의 기본권적 이익이 제한되는 정도와 공소시효의 진행을 정지하여 달성하고자 하는 공익을 비교형량하여 판단하여야 한다.

판례 **공소시효와 형벌불소급의 원칙** (헌재 2021.6.24, 2018헌바457)

헌법 제12조 제1항과 제13조 제1항은 죄형법정주의와 형벌불소급의 원칙을 규정하고 있다. 이는 형벌법규는 허용된 행위와 금지된 행위의 경계를 명확히 설정하여 어떠한 행위가 금지되어 있고, 그에 위반한 경우 어떠한 형벌이 정해져 있는가를 미리 개인에 알려 자신의 행위를 그에 맞출 수 있도록 하자는 데 그 목적이 있다. 이처럼 헌법은 '범죄를 구성하지 아니하는 행위'라고 표현함으로써 절대적 소급효금지의 대상은 '범죄구성요건'과 관련되는 것임을 밝히고 있다. 헌법이 비록 범죄구성요건만을 언급하고 있으나, 책임 없는 형벌을 금하고 행위의 불법과 행위자의 책임은 형벌과 적정한 비례관계를 유지하여야 한다는 적법절차의 원칙과 법치주의원칙에서 파생되는 책임원칙에 따라 '범죄구성요건'과 '형벌'은 불가분의 내적인 연관관계에 있기 때문에, 결국 죄형법정주의는 이 두 가지 요소로 구성되는 '가벌성'을 그 내용으로 한다. 즉 가벌성의 조건을 사후적으로 변경할 것을 요구하는 공익의 요청도 개인의 신뢰보호와 법적 안정성에 우선할 수 없다는 것을 명백히 규정하여 소급적인 범죄구성요건의 제정과 소급적인 형벌의 가중을 엄격히 금하고 있다.

이와 같이 형벌불소급의 원칙은 '행위의 가벌성'에 관한 것이기 때문에 소추 가능성에만 연관될 뿐이고 가벌성에는 영향을 미치지 않는 공소시효에 관한 규정은 원칙적으로 그 효력 범위에 포함되지 않는다. 행위의 가벌성은 행위에 대한 소추가능성의 전제조건이지만 소추가능성은 가벌성의 조건이 아니므로 공소시효의 정지규정을 과거에 이미 행한 범죄에 대하여 적용하도록 하는 법률이라도 그 사유만으로 헌법 제12조 제1항 및 제13조 제1항에 규정한 죄형법정주의의 파생원칙인 형벌불소급의 원칙에 언제나 위배되는 것으로 단정할 수는 없다.

(3) 연좌제금지

신체의 자유를 제한하기 위해서는 개인에게 책임을 물을 수 있는 행위에 대한 비난가능성이 존재하여야 한다. 따라서 다른 사람의 행위를 원인으로, 즉 자신의 행위와 관련이 없음에도 불구하고 행위자와 일정한 친족관계에 있다는 이유로 불이익한 처우를 받는 것은 허용되지 않는다(제13조 제3항). 헌법 제10조 행복추구권에서 인정되는 자기책임의 원칙은 자신의 행위가 아닌 다른 사람의 행위로 인하여 책임이 부과되어서는 안 된다는 내용을 갖는다.[9] 따라서 연좌제금지의 원칙은 헌법 제10조에서 이미 도출되며, 이 점에서 보면 헌법 제13조 제3항은 선언적 규정이다. 또 일반적인 자기책임의 원칙은 다른 사람의 행위를 이유로 책임을 부담시킬 수 없다는 내용을 갖기 때문에 친족의 행위로 인하여 책임을 부과하는 것을 금지하는 헌법 제13조 제3항의 연좌제금지에 비해서 적용범위가 넓다.

연좌제금지는 실질적으로 의미 있는 관련성이 전혀 없음에도 불구하고 오로지 친족이라는 사실 그 자체만으로 불이익한 처우를 하는 것을 금지한다. 따라서 관련 불이익을 받는 자가 해당 행위를 행한 자와 실질적으로 의미 있는 관련성이 있는 경우에는 연좌제금지의 원칙이 적용되지 않는다. 예컨대 선거에서 후보자와 밀접한 관련 속에서 중요한 역할을 하는 배우자의 위법행위, 선거사무장이나 회계책임자의 위법행위를 이유로 후보자에게 주는 불이익, 고위공직자의 직무와 관련하여 죄를 범한 고위공직자의 가족을 고위공직자수사처의 수사의 대상으로 하는 것이 연좌제금지에 위반되는 것은 아니다.[10]

연좌제금지가 적용되는 불이익한 처우에는 신체의 자유에 대한 제한이 포함되지만 불이익한 처우가 여기에 한정되지는 않는다. 재산상의 불이익 역시 포함된다. 예컨대 위헌으로 결정된「반국가행위자의 처벌에 관한 특별조치법」제8조는 반국가행위자의 재산을 몰수하도록 하였다. 피고인에 대한 몰수판결의 효력은 몰수대상물의 명의자 또는 점유자에게도 효력을 갖는다. 이로써 경우에 따라서는 친족의 재산까지 몰수될 가능성이 있었다. 헌법재판소는 이러한 조치는 헌법 제13조 제3항이 금지하는 연좌형의 가능성이 있다고 보았다.[11] 이에 비해서 친일반민족행위자가 친일행위의 대가로 취득한 재산으로서 그 후손이

9) 예컨대 헌재 2010.9.2, 2009헌가11, 22-2(상), 495면 이하 참조.

10) 헌재 2005.12.22, 2005헌마19, 17-2, 785면 이하; 2021.1.28, 2020헌마264등, 33-1, 106면 이하; 대판 1997.4.1, 96도3451 등 참조.

11) 헌재 1996.1.25, 95헌가5, 8-1, 21면 참조.

그 사실을 알면서 유증 혹은 증여받은 재산을 국가에 귀속시키는 조치는 귀속의 대상에 이러한 관련성이 없는 재산을 포함하고 있지 않는 한 연좌제금지의 원칙에 반하지 않는다.[12)]

(4) 이중처벌금지의 원칙

가) 내 용

형사처벌의 목적은 처벌을 통하여 비난가능성을 확인하고, 범죄인에게 재범의 가능성을 방지하며, 또 재사회화의 기회를 부여하는 데에 있다. 형법 위반의 행위에 대해서 이미 제재가 가해진 경우 다시 제재를 가하는 것은 제재 자체를 목적으로 한다는 의미는 있겠지만 제재의 진정한 목적과 조화될 수 없는 과잉처벌이다. 또 이로써 개인의 신뢰를 침해한다. 따라서 "동일한 범죄에 대하여 거듭 처벌받지 아니한다"(제13조 제1항). 이러한 이중처벌금지의 원칙에 의하여 국가의 형벌권 실행으로서의 처벌이 병과될 수 없다.

나) 이중적인 불이익처분

이중처벌금지의 원칙은 국가가 동일한 범죄에 대해서 거듭 처벌하는 것을 금지한다. 따라서 금지의 대상은 원칙적으로 범죄에 대한 국가의 형벌권 실행으로서 과벌을 말한다. 국가가 행하는 일체의 제재나 불이익처분이 모두 병과금지되는 처벌에 포함되는 것은 아니다.[13)] 예컨대 독일헌법 제103조 제3항 및 형법 제10조 제3항은 "동일한 행위를 이유로 일반형법에 근거하여 거듭처벌을 하는 것은 금지된다"고 규정하여 이중처벌의 근거를 '일반형법'에 한정하고 있다.

예컨대 행정법 위반행위에 대해서 형벌을 가하고, 행정법상의 의무이행을 위하여 과태료를 부과하는 것은 동일한 행위에 대한 이중처벌은 아니다. 형벌은 행정법 위반행위에 대한 제재의 목적이 있는 데 비해, 과태료는 행정법적 시정명령에 의한 의무를 이행하도록 간접적으로 강제하는 목적이 있기 때문이다.[14)] 행정법상의 의무불이행에 대해서 의무이행을 강제하는 조치를 취하고 동시에 의무위반에 대한 제재로서 징수금을 부과하는 것 역시 이중처벌금지의 원칙이 적용되는 사안은 아니다. 행정법규 위반에 대해서 면허정지처분과 과징금

12) 헌재 2011.3.31, 2008헌바141등, 23-1(상), 312면 참조.
13) 헌재 1994.6.30, 92헌바38, 6-1, 627면; 2003.6.26, 2002헌가14등, 15-1, 640면 등 참조.
14) 헌재 1994.6.30, 92헌바38, 6-1, 628면 이하; 2001.5.31, 99헌가18등, 13-1, 1100면 이하; 2003.6.26, 2002헌가14, 15-1, 640면 이하; 대판 1996.4.12, 96도158 등 참조. 이 점에 대한 외국의 입법례에 대해서는 헌재 2003.7.24, 2001헌가25, 15-2(상), 13면 이하 참조.

처분을 병과하는 조치 역시 이중처벌에 해당하지는 않는다. 더구나 이 조치가 서로 상이한 위반행위를 대상으로 하는 경우 이중처벌금지의 논리는 적용될 수 없다.[15] 다만 이러한 중첩적 제재가 과잉금지의 원칙을 위반하는가는 별개의 문제이다.[16]

다) 형벌과 보안처분

이중처벌금지의 원칙은 특히 보안처분과 형벌을 병과하는 경우에 헌법적 심사의 기준이 된다. 보안처분 중 과거 「사회보호법」상의 보호감호처분은 개인의 신체의 자유를 박탈하는 수용처분이다. 이 점에서 보호감호는 형벌과 집행상 구분되지 않는 면이 있다. 그러나 형벌과 보안처분은 그 본질과 목적 및 기능에 있어서 차이가 있다. 형벌은 기본적으로 과거의 범죄행위에 대한 법적 비난이다. 이에 비해서 보호감호처분은 형벌만으로는 행위자의 재범 위험성을 방지하기에 충분치 않다는 점에 착안하여 사회방위와 행위자의 사회복귀의 목적을 추구하고 있다.

보호감호처분은 이와 같이 형벌과는 다른 독자적 의의를 가지므로 형벌과 보안처분을 병과하는 것이 이중처벌로서 금지되지는 않는다. 다만 보안처분을 병과하는 경우에도 적법절차가 존중되어야 하며, 보안처분이 신체의 자유를 제한하는 정도에 따라 이에 상응하는 적법절차가 적용되지 않는 경우에는 헌법에 위반된다.[17] 이에 대해서는 후술한다.

라) 누범문제

형법 제35조 제1항이 누범을 가중처벌하는 것도 이중처벌금지의 원칙에 위반되지 않는다. 이 규정에 따르면 금고 이상의 형을 받아 그 집행을 종료하거나 면제를 받은 후 3년 내에 금고 이상에 해당하는 죄를 범한 자의 경우 그 죄에 정한 형의 장기의 2배까지 가중한다. 누범을 가중처벌하는 것은 전범(前犯)에 이어 다시 범행을 하였다는 사실 자체, 즉 전범에 대한 형법의 경고기능이 무시되었으며, 따라서 후범의 행위책임이 가중되었다는 점에서 비난가능성이 크기 때문이다. 전범을 후범과 함께 다시 처벌하는 것은 아니다.[18] 상습범

15) 헌재 2008.7.31, 2007헌바85, 20-2(상), 214면 이하 참조.

16) 헌재 2003.7.24, 2001헌가25, 15-2(상), 10면 참조.

17) 헌재 1989.7.14, 88헌가5등, 1, 83면 이하; 1991.4.1, 89헌마17등, 3, 130면; 1996.11.28, 95헌바20, 8-2, 584면; 1997.11.27, 92헌바28, 9-2, 565면 이하; 2015.11.26, 2014헌바475, 27-2(하), 295면 등 참조.

18) 헌재 1995.2.23, 93헌바43, 7-1, 235면; 2002.10.31, 2001헌바68, 14-2, 500면 이하; 대판

에 대한 가중처벌도 마찬가지의 이유에서 이중처벌금지의 원칙에 위반되지 않는다.[19]

마) 외국에서 받은 형벌

이중처벌금지의 원칙은 우리 헌법상의 국가권력을 수범자로 한다. 따라서 외국에서 확정판결이 이미 내려진 경우에 동일한 행위에 대해서 국내법에 따른 소추와 처벌을 금지하는 것은 아니다.[20] 다만 외국에서 형의 집행은 국내법에서의 형의 선고 및 집행에 반영되어야 한다. 개정 전 형법은 범죄를 저지르고 외국에서 형의 전부 또는 일부의 집행을 받은 자에 대하여는 형을 감경 또는 면제할 수 있도록 하였다(법 제7조). 이는 임의적인 감경 혹은 면제사유였다. 헌법재판소는 이 규정이 신체의 자유를 과잉 침해하며 헌법에 합치하지 않는다고 결정하였다. 외국에서 집행을 받은 경우 이는 형의 선고 및 집행에 있어서 필요적으로 감면하거나 형기에 산입되어야 한다는 것이다.[21] 개정 형법은 이 경우 외국에서 집행된 형의 전부 또는 일부를 선고하는 형에 산입하도록 하였다.

판례 **형벌과 보안처분** (헌재 1989.7.14, 88헌가5등)

보호감호와 형벌은 모두 신체의 자유를 박탈하는 수용처분이라는 점에서 집행상 뚜렷한 구분이 되지 않지만 그 본질, 추구하는 목적과 기능이 전혀 다르다. 따라서 형벌과 보호감호를 서로 병과하여 선고한다 하여 헌법 제13조 제1항에 정한 이중처벌금지의 원칙에 위반되는 것은 아니다.

보안처분은 재범의 위험성이 있는 자를 치료·보호·개선·격리하여 피감호자의 "재범의 위험성"을 방지하거나 예방하고, 이로써 공공의 안전과 이익을 보호하고자 하는 특별예방적 처분이다. 그런데 법 제5조 제1항은 "보호대상자가 다음 각호의 1에 해당하는 때에는 10년의 보호감호에 처한다. 다만, 보호대상자가 50세 이상인 때에는 7년의 보호감호에 처한다"라고 규정하고 있다. 법 제20조 제1항에서는 "다만, 피감호청구인이 제5조 제1항 또는 제8조 제1항 제1호에 규정한 요건에 해당하는 때에는 감호의 선고를 하여야 한다"라고 규정하고 있다. 따라서 법원은 법 제5조 제1항 각호의 1에 해당하는 소정의 법정요건이 충족될 경우에는 반드시 보호감호를 선고하여야 한다. 그러나 보안처분의 본질인 재범의 위험성은 보안처분으로 인한 신체의 자유박탈이라는 인권제한과의 비례(균형)원칙상 단순한 재범의 가능성만으로는

2006.5.26, 2006도1040 등 참조.

19) 헌재 1995.3.23, 93헌바59, 7-1, 395면 이하 참조.

20) 대판 1983.10.25, 83도2366 참조.

21) 헌재 2015.5.28, 2013헌바129, 27-1(하), 251면 이하 참조.

부족하고 상당한 개연성이 있어야 한다. 이는 전과 이외에도 범행의 의의와 행위자의 연령·성격·가족관계·교육정도·직업·환경·당해 범행 이전의 행적·범행의 동기·수단·범행후의 정황과 개전의 정 등을 총체적으로 평가하여 판단되어야 한다. 그런데 법 제5조 제1항은 법 제5조 제1항에 정한 전과나 감호처분을 선고받은 사실 등 법정의 요건에 해당되면 재범의 위험성 유무에도 불구하고 반드시 그에 정한 보호감호를 선고하여야 할 의무를 법관에게 부과하여 법관의 판단재량을 박탈하고 있다. 이는 적법절차원칙과 과잉금지원칙에 위반되며, 나아가 법원의 판단재량의 기능을 형해화(形骸化)시켜 국민의 법관에 의한 정당한 재판을 받을 권리를 침해한다.

---

4. 신체의 자유를 보장하기 위한 절차법적 원칙

(1) 적법절차의 내용과 적용영역

신체의 자유를 제한하기 위해서는 적법절차에 따라야 한다. 헌법재판소는 적법절차의 원칙에 형식적 적법절차와 실질적 적법절차가 포함된다고 이해하고 있다. 즉 형식적인 절차가 적용되어야 할 뿐 아니라 실체적 법률내용이 합리성과 정당성을 갖추어야 한다. 법률내용이 합리성과 정당성을 갖추어야 하므로 과잉금지의 원칙을 준수하고, 신체의 자유의 본질적인 내용을 침해하지 않아야 한다. 형벌규정 위반에 대한 처벌의 종류와 내용이 현저하게 과잉금지의 원칙 혹은 평등의 원칙을 위반하는 경우 위헌이 된다.[22] 이와 같이 실질적 적법절차는 기본권 제한의 일반적인 조건인 과잉금지의 원칙과 그 내용이 중첩되기 때문에 헌법 제12조의 적법절차는 기본적으로 형식적 적법절차를 말한다.

체포·구속·압수·수색 및 심문 등은 '법률'에 의하여야 한다. 이에 비해서 처벌과 보안처분, 그리고 강제노역에 대해서는 '법률'과 '적법절차'에 따를 것을 명시하고 있다. 그러나 이는 입법기술적인 실수라고 보여진다. 체포·구속·압수·수색 및 심문 등의 경우 역시 적법절차가 준수되어야 하기 때문이다. 헌법에 명시되어 있지는 않지만 실질적으로 신체의 자유를 제한하는 경우에도 적법절차가 적용되어야 한다. 따라서 사전고지, 청문 및 진술의 기회, 강제입원에 대한 불복, 절차보조인의 조력과 같은 절차가 보장되지 않은 상태에서 정신질환자의 신체의 자유를 인신구속에 버금가는 수준으로 제한하는 강제입원조치

---

22) 예컨대 헌재 1992.12.24, 92헌가8, 4, 876면 이하; 1998.7.16, 97헌바22, 10-2, 225면 이하; 2003.11.27, 2002헌바24, 15-2(하), 242면 이하; 2004.12.16, 2003헌가12, 16-2(하), 446면 이하; 2006.4.27, 2006헌가5, 18-1(상), 491면 이하; 2007.11.29, 2006헌가13, 19-2, 540면 이하 등 참조.

는 헌법에 위반된다.[23] 「출입국관리법」상 외국인에 대한 강제퇴거명령에 이어서 내린 보호명령의 기간의 상한을 두지 않은 것은 보호가 체포 또는 구속에 준하는 것으로 볼 수 있다. 따라서 독립적이고 중립적인 기관에서 절차적 기회가 부여되지 않은 상태에서 결정하는 것은 헌법에 합치하지 않는다.[24]

보안처분은 다양한 형태로 이루어지며, 또 보안처분의 내용에 따라 제한되는 기본권의 종류 및 기본권 제한의 정도가 다르다. 따라서 각각의 보안처분에 적용되는 적법절차의 내용 역시 동일하지는 않다.

적법절차원칙은 제12조에 명시적으로 보장되어 있지만 적법절차조항이 신체의 자유에 한하여 적용되는 것은 아니다. 즉 적법절차원칙은 법치국가의 실현원리로서 기본권의 제한에 있어서, 그리고 국가작용 전반에 있어서 적용되어야 한다. 적법절차원칙은 공권력에 의하여 개인에게 불이익처분이 이루어지는 경우 적용되므로 탄핵절차와 같이 국가기관에 대한 제재에 있어서는 적용되지 않는다.[25]

적법절차조항이 일률적인 내용을 갖는 것은 아니며 사항의 성질, 관련 당사자의 사익, 절차의 이행으로 제고될 가치, 국가작용의 효율성, 절차에 소요되는 비용, 불복의 기회 등 여러 요소를 고려하여 개별적으로 판단된다.[26] 예컨대 징계절차에서 자기에게 유리한 사실을 진술하거나 필요한 증거를 제출할 수 있는 청문의 기회가 보장되지 않는다면 적법절차에 위반된다.[27] 디엔에이(DNA)감식을 위한 시료채취는 신체의 자유를 제한하는 조치이며, 따라서 본인의 동의가 있거나 그렇지 않은 강제채취의 경우 영장이 발부되어야 한다. 또 이때 피채취자에게 의견진술의 기회가 부여되고, 사후 불복할 수 있는 구제절차가 마련되어야 한다.[28]

판례 **정신질환자 강제입원과 적법절차** (헌재 2016.9.29, 2014헌가9)

강제입원은 기본적으로 신체의 자유를 제한 내지 박탈하는 인신구속의 성질을 가지므로 부당한 강제입원으로부터 환자의 권리를 보호할 수 있는 절차의 마련이

23) 헌재 2016.9.29, 2014헌가9, 28-2(상), 285면 이하 참조.
24) 헌재 2023.3.23, 2020헌가1, 35-1(상), 375면 이하 참조.
25) 헌재 2004.5.14, 2004헌나1, 16-1, 631면 이하 참조.
26) 헌재 2008.12.26, 2008헌마419등, 20-2(하), 985면 참조.
27) 헌재 1990.11.19, 90헌가48, 2, 399면 이하; 1994.7.29, 93헌가3등, 6-2, 11면; 2003.2.27, 2000헌바26, 15-1, 190면 이하 등 참조.
28) 헌재 2018.8.30, 2016헌마344등, 30-2, 516면 이하 참조. 같은 취지의 결정으로는 헌재 2018.6.28, 2012헌마191등, 30-1(하), 583면 이하 참조.

필요하다. 예컨대 신체의 자유를 제한당하는 당사자에 대한 사전고지, 청문 및 진술의 기회, 강제입원에 대한 불복, 부당한 강제입원에 대한 사법심사, 국가 또는 공적기관에서 제공하는 절차보조인의 조력과 같은 절차가 보장되어야 한다. 그런데 정신보건법은 보호입원제도를 두면서 이러한 절차들을 전혀 마련하고 있지 아니하다. 또 정신질환자의 판단능력은 모두 다를 수 있음에도 불구하고, 입원을 결정함에 있어 정신질환자에게는 판단능력 내지 입원에 대한 동의능력이 전혀 없는 것으로 간주하여 이들의 의사를 고려하지 않고 있다. 또한 입원 전이나 입원 당시에 당사자에게 고지하는 제도가 없고, 입원 후에야 이를 통지하는 사후통지제도만을 두고 있다(제24조 제5항). 공적기관에서 제공하는 절차보조인과 같이 보호입원 전반에 걸쳐 객관성을 담보할 수 있는 자의 관여도 허용하고 있지 아니하다.

이와 같이 보호입원제도는 입원의 필요성에 대한 판단에 있어 객관성과 공정성을 담보하는 장치를 두고 있지 않고, 보호입원 대상자의 의사 확인이나 부당한 강제입원에 대한 불복제도도 충분히 갖추고 있지 아니하여, 보호입원 대상자의 신체의 자유를 과도하게 제한하고 있어, 침해의 최소성에 반한다.

---

(2) 영장주의

체포 · 구속 · 압수 · 수색의 형태로 신체의 자유를 제한하는 경우 영장이 제시되어야 한다(제12조 제3항). 「형사소송법」은 이 밖에 검증 및 강제처분에 대해서도 영장주의를 적용하도록 하고 있다(법 제215조 이하). 음주측정을 위하여 의식을 잃은 피의자의 동의를 받지 않은 경우에도 준현행범인의 요건을 갖춘 때에는 채혈을 할 수 있다. 그러나 사후에 지체 없이 법원으로부터 압수영장을 받아야 한다.[29)]이러한 요건을 갖추지 않은 경우에는 적법절차에 위반하며, 따라서 혈액은 증거능력이 없다.[30)] 영장주의는 피의자뿐 아니라 모든 국민에 적용된다. 따라서 수사기관이 형사절차의 참고인에 대하여 법관이 발부한 영장이 아니라 특별검사가 발부하는 동행명령장에 의하여 출석을 강제하는 동행을 명령하는 것은 헌법에 위반된다.[31)]

영장주의가 적용되는 체포 · 구속 등은 강제처분이다. 이는 신체에 직접적이고 현실적인 강제력이 행사되는 것을 말한다. 영장제도는 형사절차와 관련된 강제처분에 한하여 적용되며, 그 밖에 예컨대 형사절차가 아닌 징계절차에는

---

29) 대판 2012.11.15, 2011도15258 참조.
30) 대판 2011.4.28, 2009도2109 참조.
31) 헌재 2008.1.10, 2007헌마1468, 20-1(상), 35면 이하 참조.

적용되지 않는다. 이들 징계절차가 일반적인 적법절차를 존중하여야 하는 것은 별개의 문제이다.[32] 단순히 상대방에게 의무를 부담시키는 행위 혹은 상대방의 의사에 반하여 실질적으로 법익 또는 기본권을 침해하는 처분 등은 영장주의가 적용되는 강제처분에 해당하지 않는다. 예컨대 벌금형의 제재라는 간접적인 수단을 사용하여 지문채취를 강요하는 작용은 영장주의가 적용되는 경우에 해당하지 않는다.[33]

체포·구속은 신체의 자유를 제한하는 대표적인 형태이다. 그런데 무죄추정의 원칙에 의하여 법원의 재판에서 유죄가 확정될 때까지는 무죄로 추정되므로 범죄의 혐의가 있는 경우에도 원칙적으로 일체의 불이익을 받아서는 안 되며, 따라서 불구속수사를 원칙으로 한다.[34] 또 원칙적인 구속기간을 더 연장하기 위해서는 특별히 이를 정당화할 만한 사유가 존재하여야 한다. 이러한 이유로 헌법재판소는「국가보안법」위반자에 대해서 일반 구속기간인 30일보다 20일을 연장하여 50일까지 구속할 수 있도록 하였던「국가보안법」제19조에 대해서 위헌결정을 한 바 있다.[35] 아래에서는 체포·구속의 경우와 압수·수색의 경우로 나누어서 살펴본다.

가) 체포·구속영장제도

a) 영장주의의 본질

영장제도는 체포 및 구속의 적부를 중립적인 법관으로 하여금 판단하게 하여 신체의 자유를 제한하는 데 신중과 공정을 기하려는 목적을 갖는다. 영장주의는 구속의 개시 시점뿐 아니라 구속영장의 계속 효력 여부에 대한 문제에도 적용된다. 즉 법관에 의하여 구속영장이 발부되었더라도 법원이 종국재판으로 무죄 등을 선언한 경우에는 구속영장의 효력은 당연히 실효되며, 피고인을 석방하여야 한다.

예컨대 검사가 10년 이상의 중형을 구형하면 법원에서 무죄가 선고된 경우에도 영장의 효력을 계속 유지시키는 것은 영장제도의 본질에 반한다. 이러

32) 헌재 2016.3.31, 2013헌바190, 28-1(상), 352면 이하 참조. 여기에는 형식과 절차를 불문하고 국민의 신체를 체포·구속하는 경우에는 영장주의가 적용되어야 한다는 반대의견이 있다. 같은 결정 356면 이하 참조.

33) 이에 대해서는 헌재 2004.9.23, 2002헌가17등, 16-2(상), 388면 참조.

34) 헌재 1993.12.23, 93헌가2, 5-2, 594면 참조.

35) 헌재 1992.4.14, 90헌마82, 4, 206면 이하 참조. 같은 내용의 결정으로는 헌재 2003.11.27, 2002헌마193, 15-2(하), 311면 이하 참조.

한 이유로 헌법재판소는 「형사소송법」 제331조 단서 규정에 대해서 위헌결정을 한 바 있다.[36] 구속의 필요성 여부가 검사의 의견에 따르는 결과가 되기 때문이다. 같은 이유로 법원의 보석결정에 대해서 검사가 즉시항고를 하는 경우 보석결정의 집행을 정지시키는 규정 역시 검사에 의하여 구속의 계속 여부가 결정되기 때문에 영장주의의 본질에 반한다. 이러한 이유로 헌법재판소는 「형사소송법」 제97조 제3항을 동법 제410조와의 관련하여 위헌으로 결정한 바 있다.[37]

b) 사전영장의 원칙과 사후영장

aa) 일반론: 영장주의는 체포 및 구속을 신중하고 공정하게 하려는 취지이므로 영장의 발부 시기는 당연히 체포 및 구속 이전이다. 즉 사전영장주의가 원칙이다.

사전영장의 원칙에는 다음과 같은 예외가 있다. 현행범인인 경우, 그리고 긴급체포의 경우에는 사후에 영장을 청구할 수 있다. 현행범인이란 범죄를 실행 중이거나 실행 직후에 있는 자를 말한다. 현행범인에는 준현행범인이 포함된다. 준현행범인이란 범인으로 불리면서 추적되고 있는 자, 장물이나 범죄에 사용되었다고 인정하기에 충분한 흉기 또는 그밖의 물건을 소지하고 있는 자, 신체 또는 의복류에 증거가 될만한 뚜렷한 흔적이 있는 자, 누구냐고 묻자 도망하려는 자 등을 말한다(형소법 제211조). 긴급체포는 사형·무기 또는 장기 3년 이상의 징역 혹은 금고에 해당하는 죄를 범하고 도피 또는 증거인멸의 우려가 있어 긴급을 요하는 경우 이루어지는 체포이다. 사법경찰관이 긴급체포를 한 경우에는 즉시 검사의 승인을 얻어야 한다. 검사 또는 사법경찰관이 체포된 피의자를 구속하고자 할 때에는 48시간 이내에 구속영장을 청구하여야 한다(헌법 제12조 제3항 단서; 형소법 제200조의3, 제70조 제1항 제2, 3호).

긴급체포에 있어서 긴급성은 사후에 밝혀진 사정이 아니라 긴급체포 당시의 상황을 기초로 판단된다.[38] 이러한 긴급의 요건이 갖추어지지 않은 긴급체포는 불법이다. 불법적인 긴급체포에 이어 유치 중 작성된 피의자신문조서는 증거능력이 없다. 긴급체포가 있은 후 구속하기 위해서는 체포 후 48시간 이내에 구속영장을 청구하여야 한다(형소법 제200조의4).

---

36) 헌재 1992.12.24, 92헌가8, 4, 885면 이하 참조.
37) 헌재 1993.12.23, 93헌가2, 5-2, 598면 이하 참조.
38) 대판 2002.6.11, 2000도5701; 2003.4.8, 2003다6668 등 참조.

bb) 비상계엄이 선포된 경우: 헌법 제77조 제3항에 의하여 비상계엄이 선포된 경우에는 영장제도에 대해서 특별한 조치를 취할 수 있다. 이때 특별한 조치의 내용이 무엇인지 의문이 있다. 영장없이 체포 혹은 구속한다거나 검사가 영장을 발부하여 체포·구속하는 것은 영장제도의 본질에 반하므로 비상계엄하에서도 허용될 수 없다.[39] 사전영장 대신에 사후영장의 통상적인 요건에 해당하지 않는 경우에도 사후영장을 통해서 체포 또는 구속하는 것은 가능하지 않을까 생각한다.

c) 영장의 발부

영장은 검사의 신청에 의하여 법관에 의해서 발부된다. 구속영장을 청구받은 판사는 지체 없이 피의자를 심문한 후 구속영장의 발부 여부를 결정한다(영장실질심사제도). 영장실질심사에 있어서 변호인강제주의가 적용된다. 따라서 피의자에게 변호인이 없는 때에는 담당판사는 직권으로 변호인을 선정하여야 한다(형소법 제201조의2).

검사가 법원에 영장을 신청하는 절차적 요건은 절대적인 것은 아니다. 영장의 신청권자를 검사로 한 것은 수사단계에서 검사 아닌 다른 수사기관이 영장을 신청하는 경우 나타나는 인권침해를 방지하려는 취지이다. 따라서 공판단계에서 법원이 필요하다고 판단하는 경우 검사의 신청 없이 법관이 구속영장을 발부하여 구속하는 것이 영장주의에 반하지는 않는다(형소법 제70조 및 제73조).[40]

체포영장의 유효기간은 48시간이다. 체포한 피의자를 계속 구속하려고 할 때에는 체포영장의 유효기간 내에 구속영장을 청구하여야 한다. 사법경찰관이 피의자를 구속한 때에는 10일 이내에 피의자를 검사에게 인치하거나 석방하여야 한다. 피의자를 인치받은 검사는 10일 이내에 공소를 제기하거나 석방하여야 한다. 이 구속기간은 법관의 승인하에 10일간 연장될 수 있다. 따라서 구속영장의 유효기간은 최장 30일이다(형소법 제202조 이하).

영장에는 구속되는 피의자의 성명, 주소, 죄명, 공소사실의 요지, 구금할 장소, 영장의 발부년월일, 그 유효기간 등이 기재되어야 한다. 이와 같은 사항이 특정되어 있지 않은 이른바 일반영장은 금지된다(형소법 제75조).

나) 압수 및 수색영장

형사상의 수사목적으로 압수 또는 수색을 하기 위해서는 사전에 법관이 발

39) 헌법위원회결정 4286.10.8, 4286헌위2 참조.
40) 헌재 1997.3.27, 96헌바28등, 9-1, 322면 이하 참조.

부한 영장을 제시하여야 한다. 다만 체포현장에서 피의자가 보유한 물건 혹은 물건의 소유자 등이 임의로 제출하는 물건은 영장없이 압수할 수 있다(형소법 제218조). 이 밖에 수사목적으로 행해지는 강제처분에 대해서는 영장주의가 적용된다. 「통신비밀보호법」상 전기통신사업자에 대한 위치정보 추적자료의 확인 및 제출 요구, 그리고 「디엔에이신원확인정보의 이용 및 보호에 관한 법률」에 의한 디엔에이감식시료 강제채취는 법원의 허가가 필요한데, 이는 실질적으로 영장에 해당한다.[41]

행정목적을 위한 압수 및 수색의 경우에도 법관이 발부한 영장이 필요한가 하는 문제가 제기된다. 이 경우에도 결과적으로 개인에게 형사상의 불이익이 가해지는 경우에는 영장주의를 적용하여야 할 것이다.

(3) 체포 · 구속이유고지제도

체포 · 구속되는 자는 체포 · 구속의 이유를 고지받을 권리가 있으며, 체포 · 구속되는 자의 가족 등 법률이 정하는 자에게는 체포 및 구속의 이유와 일시 · 장소 등을 지체 없이 통지하여야 한다(제12조 제5항).

법률이 정한 자란 변호인이 있는 때에는 변호인, 변호인이 없는 때에는 피고인 또는 피의자의 법정대리인, 배우자, 직계친족, 형제자매 중 피고인이 지정한 자를 말한다(형소법 제87조). 이때 비로소 피의자 혹은 피고인은 효과적으로 자신을 방어할 수 있기 때문이다. 체포 · 구속이유 등에 대한 고지는 시간적으로는 체포 및 구속 즉시, 그리고 형식에 있어서는 서면으로 이루어져야 한다.[42]

(4) 체포 및 구속적부심사청구권

체포 · 구속을 당한 자는 법원에 체포 · 구속의 적부에 대한 심사를 청구할 수 있다(제12조 제6항). 이를 통해서 영장의 적부가 재심사된다. 영장제도를 보충하여 다시 한번 부당한 체포 · 구속을 예방하고 공정한 수사를 촉진하려는 취지이다.

헌법 및 「형사소송법」은 구속적부심사의 청구인적격을 피의자에 한정하고 있다. 따라서 피의자가 구속적부심사를 청구한 다음 검사가 법원의 결정이 있

---

41) 헌재 2018.6.28, 2012헌마191등, 30-1(하), 581면 이하; 2018.6.28, 2012헌마538, 30-1(하), 608면 이하; 2018.8.30, 2016헌마344등, 30-2, 516면 이하 등 참조.

42) 과거 「형사소송법」은 체포 및 구속 후 3일 이내에 서면으로 체포 및 구속이유 등을 통지하도록 하였으나 이러한 시간적 개념이 헌법의 '지체 없이'라는 요청에 반한다는 평가를 받았다. 이에 1987년 「형사소송법」은 현행법과 같이 체포 및 구속에 이어 지체 없이 통지하도록 개정되었다.

기 전에 기소한 경우(전격기소)에는 피의자의 신분을 상실하여 더 이상 구속적부심사를 청구할 수 없는 문제가 있었다. 헌법재판소는 이에 대해서 헌법불합치결정을 하였다.[43] 이후 「형사소송법」이 개정되어 구속적부심사를 청구한 후 피의자에 대하여 공소가 제기된 경우에도 구속적부에 대한 심사를 할 수 있도록 하였다(형소법 제214조의2 제4항). 피고인에 대해서는 구속취소제도가 적용되어 부당한 구속으로부터 보호하고 있다(형소법 제93조).

체포 및 구속적부심사는 신청에 의하여 이루어진다. 신청권자는 체포 또는 구속된 피의자 또는 그 변호인, 법정대리인, 배우자, 직계친족, 형제자매, 가족이나 동거인 또는 고용주 등이다(형소법 제214조의2 제1항). 동일한 영장에 대해서는 적부심사를 재청구할 수 없으며, 또 공범이 수사를 방해할 목적으로 순차적으로 적부심사를 신청할 수 없다(형소법 제214조의2 제3항).

구속적부심사는 원칙적으로 영장을 발부한 법관이 아닌 법관이 행한다(형소법 제214조의2 제12항). 일반적으로는 피고인에 한하여 국선변호인의 조력을 받을 권리가 인정되어 있다(제12조 제4항 단서). 그러나 구속적부심사에 있어서는 피의자에게도 국선변호인의 조력을 받을 권리가 인정된다(형소법 제214조의2 제10항). 구속적부의 심사 결과 신청이 이유가 있다고 판단되면 체포 또는 구속된 피의자는 석방된다(형소법 제214조의2 제4, 5항). 구속적부심사의 신청에 대한 법원의 결정에 대해서는 항고할 수 없다(형소법 제214조의2 제8항). 구속적부심사의 결과 석방이 명해진 경우 석방된 피의자가 도망하거나 범죄의 증거를 인멸하는 경우를 제외하고는 동일한 범죄사실에 대해 다시 체포 또는 구속할 수 없다(형소법 제214조의3).

(5) 변호인의 조력을 받을 권리

가) 의의 · 주체

체포 · 구속되는 개인은 일반적으로는 법률전문가가 아니며, 따라서 법률전문가인 수사기관, 그리고 형사사건에서 원고인 검사와의 관계에서 효과적으로 자신을 방어할 능력이 없다. 이에 피의자 및 피고인이 실질적으로 대등한 지위에서 수사 및 공판에 임하여 공격과 방어의 기회를 가질 수 있도록 변호인의 조력을 받을 권리가 보장된다(제12조 제4항). 체포 및 구속기관은 체포 및 구속을 할 때 이러한 사실을 고지하여야 한다. 변호인의 조력을 받을 권리는 형사사건에서 피의자 및 피고인의 기본권으로서 체포 또는 구속을 당한 때뿐 아니라 불구속

43) 헌재 2004.3.25, 2002헌바104, 16-1, 386면 이하 참조.

피의자 또는 피고인에게도 보장된다.[44] 형사절차가 종료되어 수용 중인 수형자는 원칙적으로 변호인의 조력을 받을 권리의 주체가 될 수 없다.[45] 변호인의 조력을 받을 권리는 수사 및 재판단계에서 피의자 및 피고인의 권리를 보호하기 위한 기본권이기 때문이다.

나) 내 용

변호인의 충분한 조력을 받을 권리가 보장되어야 한다. 피의자 및 피고인이 변호인의 충분한 조력을 받기 위해서는 자유롭게 변호인과 접견·교통할 수 있어야 한다. 변호인은 이때 비로소 피의사실 또는 공소사실에 대해서 피의자 및 피고인에게 법적인 상황을 설명하고 진술거부권이나 서명날인권 등을 인식시켜 적절하고 효과적인 방어권을 행사할 수 있기 때문이다. 피의자 및 피고인은 변호인을 선임하고, 접견·교통할 수 있어야 하며, 이때 접견·교통은 자유로워야 한다. 따라서 관계 공무원이 가까이서 감시하면서 대화 내용을 듣고 녹취하거나 또는 사진을 찍는 등 불안한 분위기를 조성한다면 이는 자유로운 접견·교통권을 침해한다.[46] 변호인과 접견·교통이 위법하게 제한된 상태에서 이루어진 피의자의 자백은 증거능력이 없다.[47]

변호인의 조력을 받을 권리는 변호인과 자유로운 접견·교통권뿐 아니라 변호인을 통하여 수사서류를 포함한 소송관계서류를 열람·등사하고, 이에 대한 검토결과를 토대로 공격과 방어를 준비하는 권리를 포함한다. 변호인의 수사기록열람·등사를 지나치게 제한하는 것은 변호인의 조력을 받을 권리를 침해한다.[48] 또 이는 변호인의 조력을 받을 권리를 실효성 있게 보장하기 위하여 필요한, 피구속자를 조력할 변호인의 권리를 침해한다.[49]

변호인의 충분한 조력을 받기 위해서는 변호인과 서신교환 역시 보호하여야 한다. 미결수용자와 변호인의 서신을 검열하는 것은 원칙적으로 허용되지 않는다. 다만 국가권력은 서신의 상대방이 변호인 또는 변호인이 되려는 자라는 사

44) 헌재 2004.9.23, 2000헌마138, 16-2(상), 554면 이하 참조.
45) 헌재 1998.8.27, 96헌마398, 10-2, 430면; 2013.8.29, 2011헌마122, 25-2(상), 503면 등 참조.
46) 헌재 1992.1.28, 91헌마111, 4, 61면 참조.
47) 대판 2003.9.26, 2001도2209 참조.
48) 헌재 1997.11.27, 94헌마60, 9-2, 696면 이하 참조.
49) 헌재 2003.3.27, 2000헌마474, 15-1, 288면 참조. 이 결정은 변호인과 접견·교통권은 피의자 및 피고인의 헌법상의 권리이며, 변호인을 중심으로 보면 접견·교통권이 「형사소송법」상의 권리이기는 하지만 헌법상의 권리는 아니라는 이전의 결정과 비교된다. 헌재 1991.7.8, 89헌마181, 3, 368면 참조.

실을 확인할 수 있어야 한다. 또 마약 등 소지금지품의 반입을 도모하거나, 서신에 도주·증거인멸·수용시설의 규율과 질서의 파괴, 그 밖에 형벌법령에 저촉되는 내용이 기재되어 있는가를 확인할 수 있다.[50)]

다) 국선변호인제도

피의자 및 피고인이 변호인을 선임하기 위하여 필요한 자력(資力)이 없다면 변호인의 조력을 받을 권리는 실현될 수 없다. 이에 헌법은 형사피고인에게 국선변호인의 조력을 받을 권리를 보장하고 있다(제12조 제4항). 법원은 구속된 피고인, 미성년자, 70세 이상의 자, 듣거나 말하는 데 모두 장애가 있는 사람, 심신장애의 의심있는 자, 사형·무기 또는 단기 3년 이상의 징역이나 금고에 해당하는 사건으로 기소된 피고인에 대해서 변호인이 없는 때에는 직권으로 국선변호인을 선정한다. 또 빈곤이나 그 밖의 사유로 변호인을 선임할 수 없는 자가 피고인인 경우 피고인의 청구가 있으면 국선변호인을 선정한다. 이 밖에 법원은 피고인의 나이·지능 및 교육 정도 등을 참작하여 권리보호를 위하여 필요하다고 인정하는 경우 피고인의 명시적 의사에 반하지 않는 범위 내에서 변호인을 선정하여야 한다(형소법 제33조). 법원은 이 규정을 준용하여 예컨대 시각장애인이 피고인인 경우 국선변호인을 선임하지 않은 것은 위법이라는 판단을 하였다.[51)]

정책적으로 보면, 수사단계에 있는 피의자에게도 국선변호인의 조력을 받을 권리를 인정하여야 한다. 수사단계에서 인권이 자주 침해되고, 또 증거수집과 같은 중요한 법적 문제에 대한 도움이 필요하기 때문이다. 그러나 현행법상 아직 체포된 피의자의 국선변호인 선임청구권과 관련하여 변호인의 조력을 받을 권리가 보장되고 있지 못하다.[52)]

(6) 고문금지, 불리한 진술을 강요당하지 않을 권리, 자백의 증거능력제한

가) 고문금지

모든 국민은 고문을 받지 않는다(제12조 제2항 전단). 그동안 특히 수사단계에서 정보를 얻거나 자백을 강요하기 위하여 폭력이 사용되었으며, 이 과정에서 인권을 침해하여 왔다는 점을 반영하여 헌법은 고문금지를 명백히 하였다. 고문금지의 원칙은 주로 피의자에 대한 수사단계에서 문제되지만 피의자에 한하지 않고 모

50) 헌재 1995.7.21, 92헌마144, 7-2, 106면 이하 참조.
51) 대판 2010.4.29, 2010도881 참조.
52) 헌재 2008.9.25, 2007헌마1126, 20-2(상), 628면 이하 참조.

든 국민에게 적용된다.

정보를 얻거나 자백을 강요하기 위한 고문행위는 형법상의 폭행 및 가혹행위죄(형법 제125조), 「특정범죄 가중처벌 등에 관한 법률」에 의한 체포·감금 등의 가중처벌에 관한 죄에 해당한다(특가법 제4조의2). 또 이러한 불법행위는 손해배상 혹은 국가배상청구권을 성립시킨다.[53)]

1984년 체결되고 1995년 우리나라가 비준한 「고문 및 그 밖의 잔혹·비인도적인 또는 굴욕적인 대우나 처벌의 방지에 관한 협약(Convention against Torture and Other Cruel, Inhuman or Degrading Treatment or Punishment)」에 의하면 고문행위는 형법상의 범죄로 처벌되며, 고문피해에 대해서 배상책임이 인정된다. 고문은 일반적으로 불리한 진술을 강요하여 얻은 자백을 유죄의 증거로 사용하기 위하여 행해진다. 따라서 아래에서 설명하는 불리한 진술을 강요당하지 않을 권리와 자백의 증거능력 및 증명력을 제한하는 조치는 고문에 의한 인권침해를 예방하는 목적이 있다.

나) 불리한 진술을 강요당하지 않을 권리

a) 내 용

모든 국민은 형사상 자기에게 불리한 진술을 강요당하지 않는다(제12조 제2항 후단). 수사 및 공판단계에서 한편으로는 형사피의자나 피고인의 인권, 그리고 다른 한편으로는 실체적 진실발견 및 구체적 사회정의의 실현이라는 목적이 대립한다. 불리한 진술 거부권은 이때 피의자 혹은 피고인의 인권을 두텁게 보호하기 위한 기본권이다.[54)]

'진술'이란 생각이나 지식 및 경험사실을 언어로 표현하는 것을 말한다. 개인의 경험사실을 문자로 기재하도록 하는 것 역시 진술에 포함된다.[55)] 그러나 예컨대 「도로교통법」상의 음주측정은 신체의 물리적·사실적 상태를 드러내는 행위이므로 진술에 해당하지 않는다.[56)]

불리한 진술이란 범죄의 성립과 양형에 불리하게 작용하는 사실을 말하며, 진술 내용이 자신의 형사책임에 관련된 것을 의미한다. 따라서 진술내용이 형사책임에 관련된 것이 아니고 진술을 거부하는 경우에 민사상 제재가 가해지는

53) 예컨대 대판 1981.10.13, 81다625 참조.
54) 헌재 1990.8.27, 89헌가118, 2, 229면; 1997.3.27, 96헌가11, 9-1, 256면 등 참조.
55) 헌재 2014.9.25, 2013헌마11, 26-2(상), 604면 참조.
56) 헌재 1997.3.27, 96헌가11, 9-1, 257면 이하 참조.

사안에는 불리한 진술을 거부할 권리가 적용되지 않는다.[57] 또 일반 행정목적으로 신고의무를 부과하는 경우 신고대상 사실이 개인에게 불리한 영향을 미칠 수 있다는 이유로 신고를 거부하는 것이 불리한 진술을 강요당하지 않을 권리에 의하여 보호되는 것은 아니다.[58] 이 경우 진술은 형사상 구성요건의 해당 여부에 대한 구체적인 강요에 해당하지 않기 때문이다.

진술거부권은 진술을 거부할 권리이며, 허위의 진술을 할 권리를 보장하는 것은 아니다.[59] 또 피고인이 객관적이고 명백한 증거가 있음에도 진실의 발견을 적극적으로 숨기거나 법원을 오도하는 시도를 하는 경우에는 가중적 양형의 조건으로 참작할 수 있다.[60]

수사기관은 수사대상인 자에게 불리한 진술을 강요당하지 않을 권리가 있음을 고지하여야 한다(형소법 제244조의3). 피의자에게 진술거부권을 고지하지 않고 작성한 피의자신문조서는 증거능력이 없다.[61]

b) 적용범위

불리한 진술을 강요당하지 않을 권리는 주로 피의자 수사단계 및 공판절차에서 문제가 되지만 적용범위가 여기에 한정되는 것은 아니다. 즉 행정절차나 국회에서의 증인·감정인에 대한 질문 등과 관련해서도 진술이 자기에게 형사상 불리한 효과를 가질 때에는 이를 강요받지 않는다.[62] 진술거부권은 사실상의 진술뿐 아니라 법률에 의한 진술강요도 금지한다. 예컨대 「공정거래법」에서 특정의 행위를 함으로써 「공정거래법」을 위반하였다는 취지의 진술을 일간지에 게재하여 공표하도록 명령하는 것은 행위자로 하여금 형사절차에 들어가기 전에 법 위반행위를 자백하게 하는 결과가 되어 진술거부권을 침해한다.[63]

불리한 진술을 강요당하지 않을 권리는 현재 형사피의자나 피고인은 아니지만 앞으로 형사피의자나 피고인이 될 가능성이 있는 자에게도 보장된다. 교통사고를 일으킨 차량의 운전자에게 자기의 범죄사실을 신고하도록 하고 그 미신

---

57) 헌재 2014.9.25, 2013헌마11, 26-2(상), 604면 이하 참조.

58) 헌재 2014.7.24, 2013헌바177, 26-2(상), 145면 이하; 2014.9.25, 2013헌마11, 26-2(상), 604면 이하 등 참조. 이와 다른 취지의 결정으로는 2005.12.22, 2004헌바25, 17-2, 705면 이하 참조.

59) 헌재 2015.9.24, 2012헌바410, 27-2(상), 534면 이하 참조.

60) 대판 2001.3.9, 2001도192 참조.

61) 대판 1992.6.26, 92도682 참조.

62) 헌재 1990.8.27, 89헌가118, 2, 229면; 2002.1.31, 2001헌바43, 14-1, 59면; 2015.9.24, 2012헌바410, 27-2(상), 534면 등 참조.

63) 헌재 2002.1.31, 2001헌바43, 14-1, 60면 이하 참조.

고를 이유로 처벌하는 벌칙을 두는 것은 불리한 진술을 강요하는 행위로서 신중히 적용되어야 한다.[64)]

다) 자백의 증명력 및 증거능력제한

a) 임의성없는 자백의 증거능력제한

피고인의 자백이 고문·폭행·협박·구속의 부당한 장기화 또는 기망 기타의 방법에 의하여 자의로 진술된 것이 아니라고 인정될 때 또는 정식재판에 있어서 피고인의 자백이 그에게 불리한 유일한 증거일 때에는 이를 유죄의 증거로 삼거나 이를 이유로 처벌할 수 없다(제12조 제7항). 헌법은 자백의 증거능력 혹은 증명력을 제한하여 고문을 통해서 자백을 강요하거나, 혹은 자신에게 불리한 내용의 자백을 강요하는 인권침해를 예방하고 있다.

임의성이 없는 자백은 증거능력 자체가 없다. '증거능력'이란 형사사건에서 유죄를 입증하는 자료로 사용될 수 있는 자격을 말한다. 헌법은 자백이 임의성이 없는 것으로 추정되는 징표를 직접 제시하고 있다. 즉 피고인의 자백이 고문·폭행·협박에 의하거나 혹은 구속이 부당하게 장기화된 후 또는 기망에 의하여 이루어진 때에는 이러한 자백은 임의성이 없다. 위와 같은 자백의 임의성을 배제하는 요건은 예시적이다. 따라서 그 밖의 여러 정황상 임의의 자백이 아니라고 볼 수 있는 경우 증거능력은 부인된다(형소법 제309조).[65)] 자백의 임의성에 관하여 의심이 있는 경우 피고인이 임의성 없음에 대한 입증책임을 지지 않고 검사가 임의성을 입증하여야 한다.[66)]

b) 임의성있는 자백의 증명력 제한

임의적인 자백의 경우 증거능력은 인정된다. 그러나 피고인의 자백이 그에게 불리한 유일한 증거일 때에는 이를 유죄의 증거로 삼거나 이를 이유로 처벌할 수 없다. 즉 임의성 있는 자백도 증명력이 제한된다. '증명력'이란 형사사건에서 유죄판결의 이유로 사용되는 증거의 진실성과 신빙성의 정도를 말한다.

자백이 임의성이 있는 경우에 증거능력을 인정하는 것은 임의의 자백은 진실일 개연성이 크기 때문이다. 그러나 범죄혐의를 받는 피의자는 외부와 격리

---

64) 이 문제와 관련하여 헌법재판소는 신고의무에 관한 규정을 피해자의 구호 및 교통질서의 회복을 위한 조치가 필요한 상황에서 적용하고, 형사책임과 관련되는 사항에 대한 신고에는 적용되지 않는 것으로 해석되어야 한다는 내용의 한정합헌결정을 한 바 있다. 헌재 1990.8.27, 89헌가118, 2, 222면 이하 참조.

65) 대판 1982.10.13, 81도2160; 1983.9.27, 83도1953; 1984.5.15, 84도472 등 참조.

66) 대판 2002.10.8, 2001도3931 참조.

된 상황에서 집중적인 조사를 받으므로 강요가 없더라도 방어의 의사를 포기하고 수사기관의 의도에 따라 자신에게 불리한 허위자백을 하게 되는 경우가 있다. 따라서 피고인의 자백이 주된 증거가 되어 있는 사건에서는 자백의 신빙성은 면밀히 검토되어야 한다. 진술내용 자체의 객관적인 합리성, 자백의 동기나 이유 및 자백에 이르게 된 경위, 자백 외의 정황증거 등이 자백의 신빙성을 판단하는 기준이 되어야 한다.[67] 자백이 임의성이 있는 경우에도 증명력은 제한되어 있기 때문에 유죄판결을 하기 위해서는 보강증거를 필요로 한다. 법원은 보강증거가 범죄사실의 전부 또는 중요 부분을 인정할 수 있는 정도가 되지 않더라도 자백이 진실하다고 인정할 수 있는 정도가 되면 충분하며, 직접증거가 아닌 간접증거나 정황증거도 보강증거가 될 수 있기 때문에 자백과 보강증거가 함께 전체로서 범죄사실을 인정할 수 있으면 유죄의 증거로 삼을 수 있다고 보고 있다.[68]

c) 거짓말탐지기 검사결과의 증거능력과 증명력

수사단계에서 사용되는 거짓말탐지기의 검사결과에 증거능력이 인정될 수 있는가 하는 문제가 제기된다. 거짓말탐지기의 사용에 본인이 동의하였다면 검사결과에 증거능력 자체는 있다. 다만 거짓말탐지기 검사결과의 증명력에 대해서는 논의가 필요하다.

거짓말탐지기의 검사결과에 증명력을 인정하기 위해서 다음 세 가지의 요건을 충족하여야 한다. 첫째, 거짓말을 하면 반드시 일정한 심리상태의 변동이 일어나야 한다. 둘째, 심리상태의 변동이 반드시 일정한 생리적 반응을 일으켜야 한다. 셋째, 생리적 반응에 의하여 피검사자의 말이 거짓인지 아닌지가 정확히 판정될 수 있어야 한다. 특히 생리적 반응에 의하여 거짓 여부를 판정할 수 있기 위해서는 거짓말탐지기가 검사에 동의한 피검사자의 생리적 반응을 정확히 측정할 수 있어야 하고, 질문사항의 작성과 검사의 기술 및 방법이 합리적이어야 한다. 또 검사자가 탐지기의 측정내용을 객관적이고 정확하게 판독할 능력을 갖추어야 한다. 법원은 거짓말탐지기의 검사결과가 이러한 세 요건을 충족하지 못하는 경우에는 증명력을 부인하고 있다.[69]

67) 이에 대해서는 예컨대 대판 1983.9.13, 83도712 참조.

68) 대판 1999.3.23, 99도338 참조.

69) 대판 1983.9.13, 83도712; 1983.11.22, 82도2087; 1984.2.14, 83도3146; 1984.3.13, 84도36; 1985.4.9, 84도2277; 1985.9.24, 85도306; 1986.11.25, 85도2208; 1987.7.21, 87도968 등 참조.

Ⅱ. 주거의 자유, 사생활의 비밀과 자유, 개인정보자기결정권, 통신의 비밀

헌법 제16조 주거의 자유, 제17조 사생활의 비밀과 자유, 그리고 제18조 통신의 비밀은 모두 개인의 사생활을 보호하는 공통점이 있다. 주거의 자유는 사생활이 이루어지는 공간을, 사생활의 비밀과 자유는 사생활의 내용을, 그리고 통신의 자유는 사생활에서 의사소통을 보호한다. 통신의 자유를 제한하여 사생활의 비밀을 침해하는 사안에 있어서 통신의 비밀은 사생활의 비밀의 특수한 형태이기 때문에 통신의 비밀이 심사의 기준이 된다.[70] 이 밖에 정보사회에서 개인의 기본권 주체로서의 지위를 보장하기 위하여 개인정보자기결정권이 독자적으로 인정되고 있다. 개인정보자기결정권은 헌법 제17조 사생활의 비밀과 자유 및 헌법 제10조 일반적인 인격권으로부터 도출된다.[71]

1. 주거의 자유

(1) 주거의 자유의 내용

가) 헌법적 보호와 법률적 보호

모든 국민은 주거의 자유를 침해받지 아니한다. 주거에 대한 압수나 수색을 할 때에는 검사의 신청에 의하여 법관이 발부한 영장을 제시하여야 한다(제16조). 주거는 사적 활동공간이며, 따라서 공권력이 주거를 침입하는 경우 사생활의 가장 기본적인 조건이 상실된다. 제3자에 의한 주거침입은 민법 혹은 형법에 의하여 금지되며, 이를 위반한 경우 책임이 따른다.[72] 민법상의 각종 방해배제청구권과 손해배상청구권 및 민법 제209조의 자력구제, 형법 제319조의 주거침입죄와 퇴거불응죄 등이 적용된다. 이에 비해서 기본권인 주거의 자유는 공권력으로부터 주거의 평온을 보호한다.

나) 주거의 자유의 보호대상

주거의 자유의 보호영역은 공간적으로 외부와 구획된 모든 사적 공간이다.

---

70) 헌재 2010.12.28, 2009헌가30, 22-2(하), 545면 이하 참조.

71) 헌재 2005.5.26, 99헌마513등, 17-1, 683면; 2005.7.21, 2003헌마282, 17-2, 90면; 2009.10.29, 2008헌마257, 21-2(하), 384면 이하 등 참조.

72) 기존에 법원은 공동주거인인 남편 모르게 내연녀와 성관계를 갖기 위하여 주거에 들어 간 경우 주거침입죄에 해당한다고 보았다. 대판 1993.6.26, 83도685 참조. 그러나 최근 법원은 아내의 승인이 있었으며, 또 성관계가 더 이상 간통죄에 해당하지 않는다는 이유로 주거침입죄에 해당하지 않는다고 판례를 변경하였다. 대판 2021.9.9, 2020도12630 참조.

주택이 대표적인 예이다. 순수히 사적인 활동이 이루어지는 공간에 한하지 않고, 노동·경제 및 학문 등 기능상 생활을 위한 공간 역시 보호된다. 예컨대 작업장, 영업장소, 학교의 연구실 등도 주거의 자유에 의하여 보호된다. 법인 역시 주거의 자유의 주체가 된다.

주거의 자유는 현재 사실상의 주거를 보호한다. 주거자가 현재 존재하는가는 중요한 기준이 아니다. 주거의 자유는 국가권력이 법적 근거없이 개인의 주거를 침입하는 것을 금지한다. 구체적으로는 주거자의 명시적 혹은 묵시적인 승낙없이, 혹은 주거자의 의사에 반하여 주거에 침입하는 것이 금지된다. 주거자의 의사에 반하지는 않으나 불법적인 목적이 있고, 사실상의 평온을 침해하는 경우에는 주거의 자유를 침해한다.[73] 주거자가 불법목적을 인식하였더라면 승낙하지 않았을 것이기 때문이다.

(2) 주거의 자유의 제한

주거의 자유는 법률의 근거가 있는 경우 제한될 수 있다. 이 경우에 기본권 제한의 실체법적 및 절차법적 요건이 충족되어야 한다. 실체법적으로 중요한 요건은 과잉금지의 원칙이다. 즉, 주거출입 등 주거의 자유를 제한하는 수단은 해당 목적을 달성하기 위하여 필요한 경우에 한하여, 그리고 필요한 범위 내에서 취해져야 한다.

주거의 자유는 공공의 안전과 질서유지, 그리고 소송목적을 달성하기 위하여 필요한 경우 제한될 수 있다. 「경찰관직무집행법」상의 위해방지의무를 이행하기 위하여(경찰직무법 제7조), 「감염병의 예방 및 관리에 관한 법률」상의 방역 및 소독조치를 위하여(감염병법 제47, 48조), 그리고 「민사집행법」상 강제집행을 위하여 타인의 주거를 출입하거나, 수색할 수 있다(민집법 제5조 제1항).

(3) 주거에 대한 압수·수색과 영장제도

압수와 수색은 주거의 자유를 침해하는 행태이다. 주거의 자유는 절차법적으로 두텁게 보호된다. 압수·수색을 위해서는 체포·구속의 경우와 마찬가지로 검사의 신청에 의하여 법관이 발부한 영장을 제시하여야 한다. 헌법 제12조 제3항은 사전영장주의를 원칙으로 하고, 현행범인의 경우와 긴급체포의 경우에는 예

73) 대판 2022.3.24, 2017도18272 참조. 유사한 사안에서 주거침입죄를 인정한 판결로는 대판 1997.3.28, 95도2674 참조.

외적으로 사후영장을 인정하고 있다. 이에 비해서 주거의 압수·수색에 관한 헌법 제16조에는 이에 상응하는 규정이 없다. 그러나 주거에 대한 압수 및 수색에 있어서도 사전영장주의에 대한 예외로서 사후영장이 인정되지 않을 이유는 없다. 피의자를 체포 혹은 구속하는 경우에 수색의 필요성이 있는 경우에는 타인의 주거나 타인이 간수하는 가옥 등에서 피의자를 수색할 수 있다(형소법 제216조 제1항). 다만 이는 다음과 같은 엄격한 조건하에 허용된다. 첫째, 해당 장소에 범죄혐의를 입증할 자료나 피의자가 존재할 개연성이 소명되어야 한다. 둘째, 사전에 영장을 발부받기 어려운 긴급한 사정이 있어야 한다.[74] 현행 범인은 이러한 요건을 충족시킨다. 이에 비해서 긴급체포의 경우에는 피의자를 우연히 발견하는 등 체포영장을 발부 받을 시간적 여유가 없어야 한다. 따라서 피의자가 존재할 개연성이 있을 뿐 영장을 발부 받을 긴급한 사정이 없음에도 불구하고 영장 없이 타인의 주거를 수색하는 것은 헌법에 위반된다.

압수 및 수색에 적용되는 영장주의는 기본적으로는 형사절차적 기본권의 내용이다. 그런데 행정절차를 통하여 실질적으로 주거의 자유를 제한하는 경우에도 영장주의가 적용되는가 하는 문제가 제기된다. 행정절차에 있어서는 기본적으로 과잉금지의 원칙과 같은 실체법적인 기준에 따른 심사가 중요하다. 그러나 이 경우에도 실질적으로 형사법적 판단을 위한 자료를 수집하는 데 1차적인 목적이 있는 경우 혹은 행정목적을 달성하기 위해서 행사되는 강제조치의 내용 및 정도가 주거자의 의사에 현저하게 반하여 실질적으로 형사절차와 같은 외형을 띠는 경우에는 영장주의를 적용하여야 한다.

판례 **주거에 대한 수색영장과 영장주의, 헌법개정의 필요성**(헌재 2018.4.26, 2015헌바370등)

헌법 제12조 제3항과는 달리 헌법 제16조 후문은 "주거에 대한 압수나 수색을 할 때에는 검사의 신청에 의하여 법관이 발부한 영장을 제시하여야 한다"라고 규정하고 있을 뿐 영장주의에 대한 예외를 명문화하고 있지 않다. 그러나 헌법 제12조 제3항과 헌법 제16조의 관계, 주거 공간에 대한 긴급한 압수·수색의 필요성, 주거의 자유와 관련하여 영장주의를 선언하고 있는 헌법 제16조의 취지 등을 종합하면, 헌법 제16조의 영장주의에 대해서도 그 예외를 인정하되, 이는 ① 그 장소에 범죄혐의 등을 입증할 자료나 피의자가 존재할 개연성이 소명되고, ② 사전에 영장을

74) 이와 같은 이유로 긴급한 사정의 요건이 없었던 개정 전 형사소송법 제216조 제1항 제1호 부분은 헌법불합치로 결정되었다. 헌재 2018.4.26, 2015헌바370등, 30-1(상), 572면 이하 참조. 이에 따르는 법원의 판결로는 대판 2021.9.9, 2017다259445 참조.

발부받기 어려운 긴급한 사정이 있는 경우에만 제한적으로 허용될 수 있다고 보아야 한다.

심판대상조항은 체포영장을 발부받아 피의자를 체포하는 경우에 필요한 때에는 영장 없이 타인의 주거 등 내에서 피의자 수사를 할 수 있다고 규정함으로써, 별도로 영장을 발부받기 어려운 긴급한 사정이 있는지 여부를 구별하지 아니하고 피의자가 소재할 개연성만 소명되면 영장 없이 타인의 주거 등을 수색할 수 있도록 허용하고 있다. 이는 체포영장이 발부된 피의자가 타인의 주거 등에 소재할 개연성은 소명되나, 수색에 앞서 영장을 발부받기 어려운 긴급한 사정이 인정되지 않는 경우에도 영장 없이 피의자 수색을 할 수 있다는 것이므로, 헌법 제16조의 영장주의 예외 요건을 벗어나는 것으로서 영장주의에 위반된다.

심판대상조항의 위헌성은 근본적으로 헌법 제16조에서 영장주의를 규정하면서 그 예외를 명시적으로 규정하지 않았다는 점에 있다. 늦어도 2020. 3. 31.까지는 현행범인 체포, 긴급체포, 일정 요건하에서의 체포영장에 의한 체포의 경우에 영장주의의 예외를 명시하는 것으로 위 헌법조항이 개정되고, 그에 따라 심판대상조항이 개정되는 것이 바람직하다. 위 헌법조항이 개정되지 않는 경우에는 심판대상조항만이라도 이 결정의 취지에 맞게 개정되어야 한다.

---

2. 사생활의 비밀과 자유

(1) 사생활의 비밀과 자유의 내용

모든 국민은 사생활의 비밀과 자유를 침해받지 아니한다(제17조). 사생활의 비밀과 자유란 적극적으로는 사회공동체에서 개인이 일반적인 생활규범의 범위 내에서 자신의 사생활을 자유롭게 설계·형성하고, 소극적으로는 이에 대해서 외부의 간섭을 받지 않을 권리를 말한다.[75]

개인의 사생활이 국가권력에 의해서 탐지되거나 공연히 폭로되는 것은 은밀한 인격영역을 침해하는 것으로서 허용되지 않는다. 형법의 업무상 비밀누설죄(법 제317조), 「아동복지법」상 비밀누설의 금지 등이 좋은 예이다(법 제65조). 특히 내밀한 사적영역에 해당하는 민감한 정보에 대한 공개는 엄격하게 심사되어야 한다. 예컨대 병역의무의 이행을 유도하는 목적이 정당하더라도 공무원의 병역면제사유인 질병명을 포괄적으로 공개하는 것은 사생활의 비밀을 침해한다.[76] 타인에 의한 사생활의 비밀침해에 대해서는 주거의 자유에서와 마찬가지로 민법 혹은

75) 예컨대 헌재 2004.8.26, 2003헌마457, 16-2(상), 360면 이하 참조.
76) 헌재 2007.5.31, 2005헌마1139, 19-1, 722면 이하 참조.

형법적 책임, 그 밖에 특별법상의 책임을 물을 수 있다.

사생활의 비밀과 자유는 사생활의 은밀한 부분에 대한 탐지 또는 그 사실의 폭로에 의하여 침해된다. 특히 사실폭로의 경우 불특정다수인을 대상으로 해야 하는 것은 아니다. 예컨대 도청에 의하여 사생활의 은밀한 영역이 탐지되고 제한된 범위의 자에게 폭로되는 경우에도 사생활의 비밀과 자유는 침해된다. 탐지 혹은 폭로된 사실이 개인의 사회적 평가에 영향을 미치는가, 또 진실인가는 중요한 기준이 아니다. 사실의 공표를 구성요건으로 하고(형법 제307조), 공표사실이 진실인 경우 면책될 수 있는 형법의 명예훼손죄와 다른 점이다(형법 제310조).

사생활의 비밀과 자유에 의해서 보호되기 위해서는 탐지 혹은 공표된 사실이 문제된 개인의 사생활과 동일성(identity)을 갖는다고 판단될 정도로 구체적이어야 한다. 또 침해의 정도가 일반적으로 수인(受忍)의 한계를 넘어야 한다.

(2) 공적인물이론

공적인물(public figure)의 성격을 띠고, 또 그와 관련된 사생활이 동시에 공적 사안일 때에는 일반개인에 비해서는 사생활의 비밀과 자유에 의한 보호범위가 줄어든다. 공적 사항에 관한 한 국민에게는 알 권리가 있기 때문이다. 다만 해당 사항이 공적 관련성이 없는 경우에는 단순히 공적인물이라는 이유로 사생활의 범위가 축소되어서는 안 된다. 헌법재판소는 아직 '공적인물이론'에 의하여 사생활의 비밀과 자유의 보호범위를 줄이고, 그 제한을 정당화하는 결정을 한 바는 없다. 그러나 국민의 알 권리와 개인의 인격권이 충돌하는 경우 '공적인물이론'을 적용한 바 있다.[77]

판례 **개인의 민감정보 공개의무와 사생활의 비밀과 자유** (헌재 2007.5.31. 2005헌마1139)

사람의 육체적·정신적 상태나 건강에 대한 정보, 성생활에 대한 정보와 같은 것은 인간의 존엄성이나 인격의 내적 핵심을 이루는 요소이다. 따라서 외부세계의 이해관계에 따라 그에 대한 정보를 수집하고 공표하는 것이 쉽게 허용되어서는 개인의 내밀한 인격과 자기정체성이 유지될 수 없다. '공직자등의 병역사항 신고 및 공개에 관한 법률' 제8조 제1항 본문 가운데 '4급 이상의 공무원 본인의 질병명에 관한 부분'에 의하여 그 공개가 강제되는 질병명은 내밀한 사적 영역에 근접하는 민감한 개인정보로서, 특별한 사정이 없는 한 타인의 지득(知得), 외부에 대한 공개

77) 헌재 1999.6.24, 97헌마265, 11-1, 768면 이하 참조. 이 밖에 대판 2006.10.13, 2005도3112 참조.

로부터 차단되어 개인의 내밀한 영역 내에 유보되어야 한다. 이러한 성격의 개인정보를 공개함으로써 사생활의 비밀과 자유를 제한하는 국가적 조치는 엄격한 기준과 방법에 따라 섬세하게 행해져야 한다.

'부정한 병역면탈의 방지'와 '병역의무의 자진이행에 기여'라는 입법목적을 달성하기 위해서는 병역사항을 신고하게 하고 적정한 방법으로 이를 공개하는 것이 필요하다. 한편, 질병은 병역처분에 있어 고려되는 본질적 요소이므로 병역공개제도의 실현을 위해 질병명에 대한 신고와 그 적정한 공개 자체는 필요하다. 그런데 이 사건 법률조항은 사생활 보호의 헌법적 요청을 거의 고려하지 않은 채 인격 또는 사생활의 핵심에 관련되는 질병명과 그렇지 않은 것을 가리지 않고 무차별적으로 공개토록 하고 있으며, 일정한 질병에 대한 비공개요구권도 인정하고 있지 않다. 그리하여 그 공개 시 인격이나 사생활의 심각한 침해를 초래할 수 있는 질병이나 심신장애 내용까지도 예외 없이 공개함으로써 신고의무자인 공무원의 사생활의 비밀을 심각하게 침해하고 있다.

이 사건 법률조항이 공적 관심의 정도가 약한 4급 이상의 공무원들까지 대상으로 삼아 모든 질병명을 예외 없이 공개토록 한 것은 입법목적 실현에 치중한 나머지 사생활 보호의 헌법적 요청을 현저히 무시한 것이고, 이로 인하여 청구인들을 비롯한 해당 공무원들의 사생활의 비밀과 자유를 침해하는 것이다.

---

3. 개인정보자기결정권

(1) 개인정보자기결정권의 성립배경

오늘날과 같은 고도의 정보화 사회, 그리고 국가의 계획활동이 필요하고 증대해가고 있는 시대에는 국가가 개인의 생활과 관련된 정보를 수집할 필요가 있다. 그런데 정보수집 및 처리기술이 비약적으로 발전하면서 이는 개인의 정보수요를 충족시키지만, 동시에 개인의 신상과 관련된 정보가 수집·배포되고, 또 자신의 정보가 의도하지 않는 방법과 목적으로 사용되는 위험에 처하게 되었다. 따라서 새로운 정보처리기술에 의하여 위협되는 개인정보를 보호하는 필요성이 커졌다. 정보화 사회의 빛과 그림자이다.

위와 같이 한편으로는 국가의 정보수요를 원인으로, 다른 한편으로는 정보수집 및 처리, 그리고 이용기술의 발달로 인하여 개인의 정보주체로서의 지위는 취약해져 가고 있다. 이에 개인정보자기결정권이 헌법 제10조 일반적 인격권과 제17조 사생활의 비밀과 자유를 근거로 독자적인 기본권으로 인정되었다.[78)]

78) 헌재 2005.5.26, 99헌마513등, 17-1, 683면 이하; 2016.3.31, 2015헌마688, 28-1(상), 546면 등

개인정보자기결정권은 자신에 관한 정보가 언제 누구에게 어느 범위까지 알려지고, 또 이용되도록 할 것인가에 대해서 정보주체가 스스로 결정할 수 있는 권리이다. 이는 개인의 내밀한 사적 영역만을 보호하는 것은 아니다. 해당 정보에 의하여 혹은 다른 정보와 결합하여 개인의 인격을 식별할 수 있는 정보이면, 개인의 신체·신념·사회적 지위·신분 등에 관한 정보 역시 보호된다. 다만 해당 정보가 인격주체성을 특징 짓는 사항으로서 개인의 동일성을 식별할 수 있어야 한다.

위에서 언급했듯이 국가 기능을 위하여 정보의 수집 및 활용은 필요하다. 다만 이때 정보취득의 범위, 정보수집 목적의 정당성, 수집된 정보의 활용범위에 관한 문제 등이 제기된다.

(2) 정보수집

개인정보자기결정권은 정보의 수집 자체보다는 수집된 정보를 이용하는 단계에서 주로 문제가 된다. 그렇다고 정보의 수집 자체가 개인정보자기결정권과 전혀 관련성이 없는 것은 아니다. 다음과 같은 두 가지 경우를 상정할 수 있다. 첫째, 개인의 사생활의 단면 중 사회적 관련성이 전혀 없는 부분에 대한 정보수집행위이다. 「개인정보보호법」은 이를 '민감정보'로 분류하여 처리하지 못하도록 하고 있다.[79] 즉 개인정보처리자는 사상·신념, 노동조합·정당의 가입·탈퇴, 정치적 견해, 건강, 성생활 등에 관한 정보, 그 밖에 정보주체의 사생활을 현저히 침해할 우려가 있는 개인정보를 처리하여서는 안 된다(개인정보보호법 제23조). 예컨대 교원의 교원단체 및 노동조합 가입현황(인원수) 등 객관적 사실을 공시할 수 있지만 개별 교원의 가입정보에 대한 청구는 허용되지 않는다.[80] 또 피의자의 소재를 파악하기 위하여 국민건강보험공단이 피의자의 요양급여정보를 수사기관에게 제공하는 것은 개인정보자기결정권을 침해한다. 요양급여정보에 기재되어 있는 상병명 등은 인격의 내적 영역에 대한 민감정보에 해당하며, 또 피의자의 소재파악을 위하여 이와 같은 포괄적인 정보가 필요한 것도 아니기 때문이다.[81] 둘째, 일정한 사생활영역에 대한 정보수집 자체가 인격적 평가의

참조.

79) 독일의 연방헌법재판소는 이러한 영역은 절대적 보호의 대상이며, 따라서 비교형량에 의한 제한의 가능성을 인정하지 않는다고 결정한 바 있다. 예컨대 *BVerfGE* 6, 32(41면); 6, 389(433면); 27, 1(6면) 등 참조.

80) 헌재 2011.12.29, 2010헌마293, 23-2(하), 888면 이하 참조.

81) 헌재 2018.8.30, 2014헌마368, 30-2, 363면 이하 참조.

기준이 될 수 있다. 국가의 정보에의 접근 자체가 개인에게는 낙인효과를 갖는 경우가 대표적인 예이다.

국가의 기능을 위하여 개인정보가 필요한 경우에도 되도록 익명 혹은 가명의 형태로 정보를 수집하여야 한다(개인정보보호법 제3조 제7항). 인터넷게시판에 의견을 게시하는 경우 본인 확인을 하고, 정보통신서비스 제공자가 그러한 개인정보를 일정 기간 보관하도록 하는 것은 개인정보자기결정권을 침해한다.[82] 또 통신매체이용음란죄로 유죄판결이 확정된 자를 재범의 위험성 및 신상정보등록 필요성에 관계없이, 또 법관의 판단 등 절차 없이 모두 신상정보등록대상자로 하는 것은 개인정보자기결정권을 침해한다.[83] 익명성이 보장되지 않는 정보의 수집이 완전히 금지되는 것은 아니다. 다만 정보수집의 범위 및 목적이 법률에 명백히 표현되어야 한다. 따라서 불특정 목적의 정보수집은 허용되지 않는다(개인정보보호법 제3조 제1항).

(3) 정보이용 · 처리

국가의 정보수요와 관련하여 개인정보자기결정권은 대부분 정보의 이용 및 처리단계에서 의미를 갖는다. 누가, 언제, 어떠한 계기로 자신의 정보를 알 수 있는가를 예측할 수 없는 경우에는 정보의 이용 및 처리단계에서 자신의 정보에 대한 자기결정권이 실현될 수 없다.[84] 따라서 이 단계에서 집중적인 보호가 필요하다.

가) 목적기속성

a) 내 용

실명의 형태로 정보수집이 필요한 경우 이러한 정보는 정보수집의 원래 목적에 엄격히 기속되어야 한다. 또 이러한 정보가 다른 목적으로 사용되고 그 결과 불이익처분이 이루어져서는 안 된다. 이 점을 「개인정보보호법」은 두 가지로 구체화하고 있다. 첫째, 개인정보는 공공기관의 법령상의 소관 업무를 수행하기 위해서 불가피한 경우, 법률에 특별한 규정이 있거나 법령상 의무를 준수하기 위하여 불가피한 경우, 정보주체의 동의를 받은 경우, 명백히 정보주체 또는 제3자의 급박한 생명, 신체, 재산의 이익을 위하여 필요하다고 인정되는

82) 헌재 2012.8.23, 2010헌마47등, 24-2(상), 590면 이하 참조.
83) 헌재 2015.7.30, 2014헌마340등, 27-2(상), 382면 이하; 2016.3.31, 2015헌마688, 28-1(상), 546면 이하; 2016.6.30, 2015헌마924, 28-1(하), 705면 이하 참조.
84) 헌재 2005.5.26, 99헌마513등, 17-1, 668면 이하 참조.

경우, 개인정보처리자의 정당한 이익을 달성하기 위하여 필요한 경우로서 명백하게 정보주체의 권리보다 우선하는 경우, 공중위생 등 공공의 안전과 안녕을 위하여 긴급히 필요한 경우 등에 한정하여 수집·이용될 수 있다(개인정보보호법 제15조 제1항). 둘째, 이용단계에서 일정한 제한이 이루어진다. 즉 개인정보처리자는 개인의 동의를 받은 경우 혹은 법률에 특별한 규정이 있거나 법령상 의무를 준수하기 위하여 불가피한 경우를 제외하고는 정보수집목적 이외의 목적으로 정보를 제3자에게 제공할 수 없다. 정보주체의 동의 없이 개인정보를 이용하는 것은 엄격한 조건하에, 그리고 특별한 형태로 허용될 수 있다. 즉 개인정보처리자는 당초 수집 목적과 합리적으로 관련된 범위에서, 그리고 정보주체에게 불이익이 발생하는지 여부, 암호화 등 안전성 확보에 필요한 조치를 하였는지 여부를 고려하여 개인정보를 이용할 수 있다(개인정보보호법 제17조, 제15조 제3항).

익명으로 수집되는 정보는 익명성이 보장되는 한 정보이용의 목적이 반드시 사전에 확정되고, 또 다른 목적으로 정보가 이용되는 것이 전면적으로 금지되지는 않는다. 다만 이 경우에도 익명성이 보장되도록 하여야 한다. 개인의 정보가 전산화되어 수집·이용되는 상황에서 개인이 특히 정보수집 및 저장단계에서 정보의 취합·분석을 통하여 익명의 정보로부터 실명을 획득하는 가능성이 방지되어야 한다.

b) 목적기속성의 예외

aa) 법률의 내용: 「개인정보보호법」은 다음의 경우 정보를 목적 외로 사용하거나 혹은 제3자에게 제공할 수 있도록 하고 있다(개인정보보호법 제18조 제2항). 정보주체로부터 별도의 동의를 받은 경우, 다른 법률에 특별한 규정이 있는 경우, 명백히 정보주체 또는 제3자의 급박한 생명, 신체, 재산의 이익을 위하여 필요하다고 인정되는 경우, 개인정보를 목적 외의 용도로 이용하거나 이를 제3자에게 제공하지 아니하면 다른 법률에서 정하는 소관 업무를 수행할 수 없는 경우로서 개인정보보호위원회의 심의·의결을 거친 경우, 조약, 그 밖의 국제협정의 이행을 위하여 외국정부 또는 국제기구에 제공하기 위하여 필요한 경우, 범죄의 수사와 공소의 제기 및 유지를 위하여 필요한 경우, 법원의 재판업무 수행을 위하여 필요한 경우, 형(刑) 및 감호, 보호처분의 집행을 위하여 필요한 경우, 공중위생 등 공공의 안전과 안녕을 위하여 긴급히 필요한 경우 등이다. 다만 이와 같은 경우에도 정보주체 또는 제3자의 권리와 이익을 부당하게 침해할 우려가 있는 경우에는 정보를 이용하게 하거나 제공해서는 안 된다.

bb) **평 가**: 위와 같은 예외조항에 대해서는 정보보호를 위하여 제한적인 해석 및 적용이 필요하다. 이와 관련하여 다음과 같은 점이 존중되어야 한다.

정보주체의 동의가 있는 경우에도 동의의 임의성이 실질적으로 확보되어야 한다. 사생활의 공개가 개인에게 생존적인 중요성을 갖는 이익을 취득하기 위한 조건일 경우 이러한 궁박한 상황에서 이루어지는 동의는 사실상 임의성이 있다고 보기 힘들다. 따라서 이 경우 동의는 엄격히 해석되어야 한다. 예컨대 동의는 문서의 형식으로, 그리고 동의자가 동의로 인한 정보의 이용가능성을 충분히 인식할 수 있는 상태에서 행해져야 한다. 개인정보처리자는 동의를 받을 때에 개인정보를 제공받는 자, 개인정보의 이용 목적, 이용 또는 제공하는 개인정보의 항목, 개인정보의 보유 및 이용 기간, 동의를 거부할 권리가 있다는 사실 및 동의 거부에 따른 불이익이 있는 경우에는 그 불이익의 내용 등을 정보주체에게 알려야 한다.

행정정보 공동이용에 대해서는 법률의 규정이 엄격히, 구체적으로 표현되어야 한다. 현재 「개인정보보호법」은 다른 법률에서 정하는 소관업무를 수행하기 위하여 당해 처리정보를 이용할 필요가 있는 경우에 개인정보보호위원회의 심의·의결을 거치도록 하고 있다. 행정정보 공동이용은 행정의 효율성과 형평성을 증진시킬 수 있지만, 동시에 개인의 정보를 포괄적으로 침해할 수 있기 때문에 심의는 신중하여야 한다. 따라서 이 규정이 행정정보 공동이용을 포괄적으로 정당화한다고 할 수는 없다.[85] 이에 관한 좋은 예가 「국민기초생활보장법」이다. 「국민기초생활보장법」 제22조는 제4항에서 행정정보 공동이용의 명시적인 근거를 두고 있다. 즉 보장기관이 제1항 각호의 조사를 실시하기 위하여 금융·국세·지방세·토지·건물·자동차·건강보험·국민연금·고용보험·출입국·병무·교정 등 관련 전산망 또는 자료를 이용하고자 할 경우에는 관계기관의 장에게 협조를 요청할 수 있다. 이 경우 관계기관의 장은 정당한 사유가 없는 한 이에 응하여야 한다.

위와 같은 요청이 존중되지 않는 경우 주관적으로 보면 개인의 법적 지위는 안전성을 상실한다. 또 객관적으로 보면 정확한 정보수집작업 자체가 저해된다. 정보가 남용될 것을 우려하여 개인은 정확한 정보제공을 주저할 것이기 때

85) 그러나 헌법재판소는 주민등록증발급신청서에 날인되어 있는 지문정보를 경찰청장이 보관하는 행위에 대해서 명확한 법적 근거가 없음에도 불구하고 합헌으로 결정한 바 있다. 헌재 2005.7.21, 2003헌마282, 17-2, 81면 이하 참조.

문이다.

나) 자기정보에 대한 열람 · 정정청구권

개인은 자신에 관한 어떠한 정보가 보관 · 이용되고 있는가를 알 수 있어야 한다. 이를 위하여 개인정보파일이 등록 및 공개되어야 한다(개인정보보호법 제32조). 다만 개인정보파일 등록제도는 국가안전, 외교상 비밀, 그 밖에 국가의 중대한 이익에 관한 사항을 기록한 개인정보파일, 범죄의 수사, 공소의 제기 및 유지, 형 및 감호의 집행, 교정처분, 보호처분, 보안관찰처분과 출입국관리에 관한 사항을 기록한 개인정보파일, 「조세범처벌법」에 따른 범칙행위 조사 및 「관세법」에 따른 범칙행위 조사에 관한 사항을 기록한 개인정보파일, 일회적으로 운영되는 파일 등 지속적으로 관리할 필요성이 낮다고 인정되는 개인정보파일, 다른 법령에 따라 비밀로 분류된 개인정보파일에는 적용되지 않는다(개인정보보호법 제32조 제2항).

개인은 자신의 정보가 올바르게 처리되고 있는가에 대해서 열람하고 필요한 경우 정정 또는 삭제를 청구할 수 있다(개인정보보호법 제35, 36조). 이러한 열람 및 정정가능성은 「행정절차법」에 의해서도 부분적으로 보장되고 있다. 즉 청문회가 개최된 경우 당사자 등은 청문조서의 기재내용을 열람 · 확인할 수 있으며, 그 정정을 요구할 수 있다(행정절차법 제34조 제2항). 이때 비로소 정보에 대한 자기결정권이 보장될 수 있기 때문이다.

다만 열람청구권의 행사로 인하여 행정청의 업무에 중대한 지장을 초래해서는 안 되며, 그러한 범위 내에서 열람청구권이 제한될 수 있다. 다음의 경우 정보주체에게 그 사유를 알리고 열람을 제한하거나 거절할 수 있다. 1. 법률에 따라 열람이 금지되거나 제한되는 경우. 2. 다른 사람의 생명 · 신체를 해할 우려가 있거나 다른 사람의 재산과 그 밖의 이익을 부당하게 침해할 우려가 있는 경우. 3. 공공기관이 다음 각 목의 어느 하나에 해당하는 업무를 수행할 때 중대한 지장을 초래하는 경우. 가. 조세의 부과 · 징수 또는 환급에 관한 업무. 나. 「초 · 중등교육법」 및 「고등교육법」에 따른 각급 학교, 「평생교육법」에 따른 평생교육시설, 그 밖의 다른 법률에 따라 설치된 고등교육기관에서의 성적 평가 또는 입학자 선발에 관한 업무. 다. 학력 · 기능 및 채용에 관한 시험, 자격 심사에 관한 업무. 라. 보상금 · 급부금 산정 등에 대하여 진행 중인 평가 또는 판단에 관한 업무. 마. 다른 법률에 따라 진행 중인 감사 및 조사에 관한 업무(개인정보보호법 제35조 제4항). 이때 열람을 청구하는 개인의 이익과 이로 인하여 지장을 받는 업무상의 불이익이 엄격하게 형량되어야 하며, 법률에 열거된 사항에 대해서 일반적으로 열람거부권이 행사되어서는 안 된다.

우리나라에 특유한 주민등록번호제도는 개인정보가 통합적으로 인식될 수 있는 매체가 되어 있다. 따라서 주민등록번호가 유출되는 경우 개인정보가 포괄적으로 오용 혹은 남용될 우려가 있다. 이 경우에 개인은 주민등록번호를 변경하여 개인정보를 보호할 수 있어야 한다. 이에 헌법재판소는 주민등록번호의 변경을 허용하지 않는 「주민등록법」 규정을 위헌으로 결정하였다.[86]

다) 정보남용의 방지

통계목적을 위하여 정보를 수집하는 경우와 같이 익명성이 보장되는 때에도 조직법적으로 정보남용을 방지하기 위한 조치가 필요하다. 즉 통계를 담당하는 조직이 동시에 집행기능을 담당해서는 안 된다. 이 경우 익명성이 해제될 위험이 있기 때문이다. 같은 맥락에서 개인의 사생활과 관련된, 그러나 익명으로 수집된 정보라 하더라도 행정집행의 목적으로 다른 국가기관에게 전달되거나 이용되는 것은 원칙적으로 허용되지 않는다. 예컨대 행정청 간 정보의 이용은 통계목적으로는 허용될 수 있다. 그러나 집행목적이 있는 경우 이에 대한 법적 근거가 필요하며, 정보에 대한 행정청 간 협조는 엄격히 필요한 범위 내에서만 가능하다.

판례 **주민등록번호 변경과 개인정보자기결정권** (헌재 2015.12.23, 2013헌바68등)

심판대상조항은 주민등록번호 변경에 관한 규정을 두지 않아 주민등록번호 불법유출 등을 원인으로 자신의 주민등록번호를 변경하고자 하는 청구인들의 개인정보자기결정권을 제한하고 있다.

주민등록번호는 단순한 개인식별번호에서 더 나아가 표준식별번호로 기능함으로써, 결과적으로 개인정보를 통합하는 연결자(key data)로 사용되고 있다. 그 결과 개인에 대한 통합관리의 위험성을 높이고, 종국적으로 개인을 모든 영역에서 국가의 관리대상으로 전락시킬 위험성이 있으므로 주민등록번호의 관리나 이용에 대한 제한의 필요성이 크다. 또한, 현대사회는 개인의 각종 정보가 타인의 수중에서 무한대로 집적, 이용 또는 공개될 수 있으므로 연결자 기능을 하는 주민등록번호가 불법유출 또는 오·남용되는 경우 개인의 사생활뿐만 아니라 생명·신체·재산까지 침해될 소지가 크고, 실제 유출된 주민등록번호가 범죄에 악용되는 등 해악이 현실화되고 있다. 이러한 현실에서 주민등록번호 유출 또는 오·남용으로 인하여 발생할 수 있는 피해 등에 대한 아무런 고려 없이 주민등록번호 변경을 일률적으로 허용하지

86) 헌재 2015.12.23, 2013헌바68등, 27-2(하), 480면 이하 참조.

않은 것은 그 자체로 개인정보자기결정권에 대한 과도한 침해가 될 수 있다. 비록 국가가 개인정보보호법 등의 입법을 통하여 주민등록번호 처리 등을 제한하고, 유출이나 오·남용을 예방하는 조치를 취했다고 해도, 여전히 주민등록번호를 처리하거나 수집·이용할 수 있는 경우가 적지 않고, 이미 유출되어 발생되는 피해에 대해서는 뚜렷한 해결책을 제시하지 못하므로, 이러한 조치는 국민의 개인정보자기결정권에 대한 충분한 보호가 된다고 보기 어렵다. 따라서 주민등록번호 변경에 관한 규정을 두고 있지 않은 심판대상조항은 과잉금지원칙을 위반하여 청구인들의 개인정보자기결정권을 침해한다.

---

4. 통신의 비밀

(1) 통신의 비밀의 내용

모든 국민은 통신의 비밀을 침해받지 아니한다(제18조). 통신의 비밀은 격지자(隔地者) 간의 의사전달과정을 보호하기 위한 기본권이다. 격지 간에 의사소통에 있어서는 중간 단계에서 개입이 발생할 수 있고, 또 국가는 통신매체를 직접 혹은 적어도 간접적으로 관리하고 있기 때문에 그 보호의 필요가 크다. 격지자 간의 의사소통은 일반적으로 우편 또는 전기통신의 방법에 의하여 이루어진다.

통신의 비밀은 통신내용의 비밀을 보장하며, 또 통신의 외형적인 사실관계, 즉 통신관여자의 인적 동일성, 통신시간, 통신장소, 통신횟수 등 통신이용과 관련된 전반적인 상황의 비밀을 보장한다. 정당한 이유 없이 통신을 금지하는 것 역시 허용되지 않는다. 구체적으로 국가기관이 개인의 통신내용을 침해하거나, 업무상 알게 된 통신내용을 외부에 공표하는 것, 또 국가가 알게 된 통신내용을 정보활동의 목적에 제공하거나 제공받는 행위가 금지된다.

통신의 비밀을 침해하는 불법적인 방법에 의하여 취득된 정보에 대해서는 증거능력이 인정되지 않는다. 이 점을 「통신비밀보호법」은 명시하고 있다. 「통신비밀보호법」의 규정에 반하여, 즉 불법검열에 의하여 취득한 우편물이나 그 내용, 불법감청에 의하여 지득 또는 채록된 전기통신의 내용은 재판 또는 징계절차에서 증거로 사용할 수 없다(통신보호법 제4조).

(2) 통신비밀보호법에 의한 제한

통신의 자유에 관한 기본적인 사항과 통신의 자유에 대한 제한은 「통신비밀보호법」에 의해서 규율되고 있다. 통신의 비밀을 제한하는 대표적인 법률은 「형사소송법」과 「군사법원법」이다. 이들 법률에서는 우편물의 검열·전기통신의 감청 또는 통신사실확인자료의 제공을 하거나 공개되지 않은 타인 간의 대화를 녹음 또는 청취하는 등의 제한이 이루어진다. 이 밖에 「우편법」의 규정에 의하여 환부우편물 등의 처리, 「관세법」의 규정에 의하여 수출입 우편물에 대한 검사, 「형사소송법」 및 「군사법원법」, 「형의 집행 및 수용자의 처우에 관한 법률」, 「군에서의 형의 집행 및 군수용자의 처우에 관한 법률」 등에 의하여 구속 또는 복역 중인 사람의 통신에 대한 관리가 이루어질 수 있다. 또 「채무자회생 및 파산에 관한 법률」의 규정에 의하여 파산선고를 받은 자의 통신에 대한 수령, 「전파법」에 의하여 혼신(混信) 제거 등을 위한 전파감시를 할 수 있다(통신보호법 제3조).

「통신비밀보호법」은 범죄를 계획 또는 실행하고 있거나 실행하였다고 의심할만한 충분한 이유가 있고 다른 방법으로는 그 범죄의 실행을 저지하거나 범인의 체포 또는 증거의 수집이 어려운 경우에 통신제한조치를 취할 수 있도록 하고 있다. 통신제한조치의 대상은 우편물과 전기통신이며, 이에 대해서 감청 혹은 검열을 할 수 있다(법 제5, 6조).

범죄수사를 위한 통신제한조치를 취하기 위해서는 검사의 신청에 의해서 법관이 허가서를 발부하여야 한다. 허가서에는 통신제한조치의 종류·목적·대상·범위·기간 및 집행장소와 방법 등이 특정하여 기재되어야 한다. 일반허가서는 허용되지 않는다. 통신제한조치의 기간은 원칙적으로 2개월로 한정되어 있다. 통신제한조치의 허가요건이 존속하는 경우에는 2개월의 범위 안에서 기간을 연장할 수 있다. 그러나 통신제한조치에 대한 허가에 비해서 완화된 심사가 이루어지는 기간연장허가가 그 연장기간이나 연장횟수에 제한 없이 이루어지는 것은 통신의 자유를 과도하게 침해한다. 이와 같은 이유로 헌법재판소는 기간연장에 관한 규정에 대해서 헌법불합치결정을 하였다.[87] 이에 통신제한조치의 총 연장기간은 1년을 초과할 수 없도록 하였다. 다만 형법상 내란의 죄, 외환의 죄 등, 「군형법」상 반란의 죄 등, 「국가보안법」에 규정된 죄 등에 대해서는 통신제한조치는 총 3년까지 연장할 수 있다. 통신제한조치에 의해서 수집된 자료가 다른 목적에 사용되거나 외부에 누설되어서는 안 된다(통신보호법 제11조).

87) 헌재 2010.12.28, 2009헌가30, 22-2(하), 54면 이하 참조.

국가안전보장의 목적으로 정보수사기관의 장은 통신제한조치를 취할 수 있다. 즉 정보수사기관의 장은 국가안전보장에 대한 상당한 위험이 예상되는 경우 또는 「국민보호와 공공안전을 위한 테러방지법」상의 대테러활동에 필요한 경우에 한하여 그 위해를 방지하기 위하여 이에 관한 정보수집이 특히 필요한 때에 통신제한조치를 할 수 있다. 다만 허가의 주체가 다음과 같이 다르다. 통신의 일방 또는 쌍방 당사자가 내국인인 때에는 고등법원 수석부장판사의 허가를 받아야 한다. 「군용전기통신법」 규정에 의한 군용전기통신에 대해서는 허가 없이 통신제한조치를 취할 수 있다. 통신의 일방 또는 쌍방 당사자가 대한민국에 적대하는 국가, 반국가활동의 혐의가 있는 외국의 기관·단체와 외국인 등인 경우에는 대통령의 승인을 얻어야 한다. 이 경우 통신제한조치의 기간은 원칙적으로 4개월로 제한되어 있다. 정보수집의 필요성이 존속하는 경우 소명자료를 첨부하여 고등법원 수석판사의 허가 또는 대통령의 승인을 얻어 4개월의 범위 이내에서 통신제한조치의 기간을 연장할 수 있다. 위에서 언급한 「군용전기통신법」 규정에 의한 군용전기통신에 대한 제한조치는 전시·사변 또는 이에 준하는 국가비상사태에 있어서 적과 교전상태에 있는 때에는 작전이 종료될 때까지 대통령의 승인을 얻지 않고 기간을 연장할 수 있다(통신보호법 제7조).

이밖에 「통신비밀보호법」은 긴급체포의 경우와 유사하게 긴급통신제한조치를 취할 수 있도록 하였다. 이에 따르면 검사, 사법경찰관 또는 정보수사기관의 장은 국가안보를 위협하는 음모행위, 직접적인 사망이나 심각한 상해의 위험을 야기할 수 있는 범죄 또는 조직범죄 등 중대한 범죄의 계획이나 실행 등 긴박한 상황에 있고 허가절차를 거칠 수 없는 긴급한 사유가 있는 때에는 법원의 허가 없이 통신제한조치를 할 수 있다. 이 경우 검사, 사법경찰관 또는 정보수사기관의 장은 긴급통신제한조치의 집행 착수 후 지체 없이 법원에 허가청구를 하여야 한다. 긴급통신제한조치를 한 때부터 36시간 이내에 법원의 허가를 받지 못한 때에는 즉시 이를 중지하여야 한다.

수사를 위하여 필요한 경우 전기통신업자로부터 통신사실 확인자료의 열람이나 제출을 요청할 수 있다(통신보호법 제13조). 특히 통신자의 실시간 추적자료, 특정한 기지국에 대한 통신사실 확인자료는 다른 방법으로는 범죄의 실행을 저지하기 어렵거나 범인의 발견·확보 또는 증거의 수집·보전이 어려운 경우에 한하여 전기통신사업자에게 자료의 열람이나 제출을 요청할 수 있다. 이 경우 법원의 허가를 받아야 한다. 또 수사에 지장을 주지 않는 한 해당 조치가 취해진 사유

등을 정보주체에게 고지하고, 또 의견진술의 기회를 부여하여야 한다.[88]

감청의 대상이 인터넷 회선인 경우에는 일반적인 경우에 비해서 통신보호를 강화하여야 한다. 인터넷감청은 감청의 대상이 특정되기 어렵고 불특정다수인을 포함하여 감청의 범위가 포괄적이라는 특성이 있다. 따라서 이 경우 감청을 사후적으로 감독 혹은 통제하는 조치가 보충되어야 한다. 이와 같은 이유로 헌법재판소는 인터넷감청을 일반 전기통신에 대한 감청과 같이 규정하고 특별한 조치를 보강하지 않은「통신비밀보호법」규정에 대해서 헌법불합치결정을 하였다.[89] 이에 인터넷 회선에 대한 통신제한조치에 관한 특례 규정이 도입되었다(법 제12조의2).

판례 **이동전화 기지국에 대한 수사와 통신의 비밀**(헌재 2018.6.28, 2012헌마538)

이동전화의 이용과 관련하여 필연적으로 발생하는 통신사실 확인자료는 비록 비내용적 정보이지만 여러 정보의 결합과 분석을 통해 정보주체에 관한 정보를 유추해낼 수 있는 민감한 정보인 점, 수사기관의 통신사실 확인자료 제공요청에 대해 법원의 허가를 거치도록 규정하고 있으나 수사의 필요성만을 그 요건으로 하고 있어 제대로 된 통제가 이루어지기 어려운 점, 기지국수사의 허용과 관련하여서는 유괴·납치·성폭력범죄 등 강력범죄나 국가안보를 위협하는 각종 범죄와 같이 피의자나 피해자의 통신사실 확인자료가 반드시 필요한 범죄로 그 대상을 한정하는 방안 또는 다른 방법으로는 범죄수사가 어려운 경우(보충성)를 요건으로 추가하는 방안 등을 검토함으로써 수사에 지장을 초래하지 않으면서도 불특정 다수의 기본권을 덜 침해하는 수단이 존재하는 점을 고려할 때, 이 사건 조항은 과잉금지원칙에 반하여 청구인의 개인정보자기결정권과 통신의 자유를 침해한다.

(3) 그 밖의 제한

수용자의 서신수발에 대해서 교도관의 검열을 받도록 하는 것은 통신의 자유에 대한 정당한 제한이다.[90] 이러한 원칙은 미결수용자에 대해서도 마찬가지로 적용된다. 이에 비해서 미결수용자와 변호인 간의 서신은 변호인의 조력을

88) 헌법재판소는 위치정보 추적자료의 제출 요구에 관한 기존의 규정이 적법절차를 존중하지 않았다는 이유로 헌법불합치결정을 하였다. 헌재 2018.6.28, 2012헌마191등, 30-1(하), 564면 이하 참조. 이동전화 기지국에 대한 수사가 과잉금지의 원칙에 위반된다는 결정으로는 헌재 2018.6.28, 2012헌마538, 30-1(하), 596면 이하 참조.

89) 헌재 2018.8.30, 2016헌마263, 30-2, 498면 이하 참조.

90) 헌재 1998.8.27, 96헌마398, 10-2, 427면 이하 참조.

받을 권리의 내용을 이루므로 원칙적으로 통신의 비밀에 의하여 보호된다. 다만 상대방이 변호인이라는 사실을 확인할 수 있어야 하며, 행형질서를 파괴하는 의심이 없어야 한다.[91)]

이 밖에 통신의 자유를 제한하는 규정으로 「국가보안법」이 있다. 이 법에 의해서 반국가단체의 구성원 또는 그 지령을 받은 자와의 통신이 금지된다(국가보안법 제8조).

Ⅲ. 양심의 자유와 종교의 자유

1. 양심의 자유

모든 국민은 양심의 자유를 가진다(제19조). 양심의 자유는 인간의 도덕적·윤리적 내면영역을 보호하는 기본권이다. 양심은 도덕적·윤리적인 선악에 대한 판단으로서 개인에게는 인격형성의 기반이 되므로 강력하게 보호된다.

(1) 양심의 개념

양심이란 세계관·인생관·주의·신조 등을 말하며, 이 밖에 개인의 인격형성에 관계되는 내심에 있어서의 가치적·윤리적 판단 역시 양심의 개념에 포함된다. 양심은 개인의 주관적 결정이다. 따라서 양심의 내용이 객관적으로 타당한가, 법질서 및 사회규범과 일치하는가는 보호의 기준이 아니다.[92)]

가치적·윤리적 판단의 대상에 해당하지 않는 단순한 사실의 확인은 양심의 자유의 보호범위에 속하지 않는다. 따라서 진지한 윤리적 판단과는 관계없는 음주측정에 응할 것인가의 고민은 양심의 자유의 보호대상은 아니다.[93)] 또 법률해석에 있어서 다른 의견이 있는 경우와 같이 개인의 인격과의 관련성이 거의 없는 의견 역시 양심의 자유의 보호대상에 속하지 않는다. 이러한 이유로 헌법재판소는 「공정거래법」상의 '법위반 사실의 공표명령'이 양심의 자유를 침해하는 것은 아니라고 보았다.[94)] 다만 이 제도는 무죄추정의 원칙 및 불리한 진술을 강요당하지 않을 권리를 침해하는 것으로 위헌으로 결정되었다.

---

91) 헌재 1995.7.21, 92헌마144, 7-2, 104면 이하 참조.
92) 헌재 2018.6.28, 2011헌바379등, 30-1(하), 405면 이하 참조.
93) 헌재 1997.3.27, 96헌가11, 9-1, 263면 이하 참조.
94) 헌재 2002.1.31, 2001헌바43, 14-1, 56면 이하, 59면 이하 참조.

(2) 양심의 자유의 내용

가) 양심형성의 자유

개인은 외부의 간섭 없이 자유로운 결정에 의하여 양심을 형성할 수 있어야 한다. 이는 양심의 자유의 가장 본질적인 내용이다. 이러한 내용의 양심의 자유는 절대적으로 보호된다. 자유민주주의를 부인하는 가치의 형성 역시 그것이 내심에 머물러 있는 한 제한되지 않는다. 따라서 외부에 공표할 것을 염두에 두고 쓰여지는 것이 아닌 일기장에 기재한 내용이 양심에 해당하는 경우에는 일기장의 기재내용을 이유로 처벌할 수 없다.[95] 일기장의 기재내용이 양심에 해당하지 않는 경우에는 양심의 자유가 적용되지는 않는다. 이는 사생활의 비밀과 자유에 의하여 보호된다. 그러나 사생활의 비밀과 자유는 절대적으로 보호되는 것은 아니다.[96]

나) 양심실현의 자유

양심의 자유는 양심실현의 자유를 포함한다. 이에 기초하여 양심의 내용을 외부에 공표하도록 강요당하지 않는다. 이른바 침묵의 자유이다. 양심에 반하는 행위를 강요당하지 않는다. 따라서 법률이 양심의 영역과 관련하여 의무를 부과하고, 그 위반이 양심상의 명령에 따른 것이며, 그 위반에 대해서 제재 혹은 이행강제가 가해지는 경우에는 양심의 자유를 제한한다.[97] 「국가보안법」상의 불고지죄는 양심실현의 자유를 제한한다. 양심실현의 자유는 양심형성의 자유와는 달리 절대적으로 보호되지는 않는다.

헌법재판소는 불고지죄에 관한 「국가보안법」 규정에 대해서 합헌결정을 한 바 있다. 병역의무에 갈음하는 대체복무제도를 두지 않고, 양심상 병역거부를 처벌하는 「병역법」 규정은 여러 차례 헌법심사의 대상이 된 바 있다. 그동안 헌법재판소는 합헌결정을 하여 왔지만, 병역거부자의 양심을 보호할 수 있는 대안을 모색하고, 법적용기관이 양심우호적 법적용을 하도록 권고하였다. 또 해당 규정이 양심의 자유를 침해하고, 형사처벌이 과도하며, 대체복무제도의 필요성과 가능성이 있어 형사처벌을 하지 않고도 국방의 의무를 형평하게 실현할 수 있다는 유력한 반대의견이 있었다.[98] 대법원은 입영하거나 소집에 응

---

95) 대판 1975.12.9, 73도3392. 이 판례에서 양심의 자유가 판결의 이유로서 제시되어 있지는 않다.

96) 이 점에 대해서는 예컨대 *BVerfGE* 80, 367면 이하 참조.

97) 헌재 2002.4.25, 98헌마425등, 14-1, 363면 참조.

98) 헌재 1998.7.16, 96헌바35, 10-2, 166면 이하; 2004.8.26, 2002헌가1, 16-2(상), 141면 이하; 2011.8.30, 2008헌가22등, 23-2(상), 174면 이하 등 참조. 이 밖에 대판 2007.12.27, 2007도7941

하지 않는 경우에 대한 처벌규정과 관련하여 「병역법」 제88조 제1항의 처벌을 면제하는 정당한 사유에 양심상의 이유로 인한 병역거부는 해당하지 않는다는 판결을 하여 왔다.[99] 그러나 법원의 판결에서도 양심상 이유로 인한 병역거부를 처벌하는 것은 인간의 존엄을 침해하고, 행위자의 책임과 비례관계를 일탈하여 과잉금지의 원칙을 위반하며, 처벌한다고 해도 피고인에게 합법행위의 기대가능성이 없다는 이유로 정당성이 없다는 반대의견이 있었다.[100]

2018년 헌법재판소는 양심상 병역거부자에게 대체복무제를 인정하지 않는 규정이 헌법에 합치하지 않는다는 결정을 하였다. 대체복무제를 인정하지 않음으로써 양심을 강요하는 결과가 되었고, 이들을 형사처벌하는 방법을 통하여 병역의무의 이행이라는 목적을 달성할 수 없으며, 병역의무와 부담의 형평을 갖는 대체복무를 도입하여 병역의무를 이행하는 것과 같은 상태를 실현할 수 있기 때문이다. 헌법재판소는 대체복무의 설계와 관련하여 다음과 같은 권고를 하였다. 즉 대체복무의 기간은 현역 복무기간보다 어느 정도 길게 할 수 있다. 이는 병역기피의 목적으로 대체복무를 선택하는 유인을 막을 수 있다. 그러나 대체복무의 기간을 장기화하고, 복무 강도를 지나치게 어렵게 하는 것은 징벌의 성격을 갖고 대체복무를 선택할 수 없게 하기 때문에 양심의 자유를 보호하는 방법이 될 수 없다.[101] 이후 대법원은 병역을 거부하는 정당한 사유에 폭력과 전쟁반대의 신념 등 양심상의 이유를 포함하는 내용으로 기존의 판례를 변경하였다.[102] 이는 양심상의 이유로 인한 병역거부에 대한 처벌규정에 대해서는 위헌판단을 하지 않은 헌법재판소의 결정을 보충하여 양심의 자유를 강화하는 의미가 있다. 이후 법원은 양심상의 이유를 예비군 훈련을 거부하는 정당한 사유에 해당한다고 보았다. 이에 비해서 군대 내 인권침해 및 부조리 등은 병역거부의 양심이 아니라 상황에 따른 논리로 병역거부의 사유가 될 수 없다.[103]

대체복무를 시행하기 위하여 「대체역의 편입 및 복무 등에 관한 법률」이 제정되었다. 대체복무요원은 교정시설 등에서 복무하며, 무기·흉기 등을 사용

참조.

99) 대판 2004.7.15, 2004도2965 참조.

100) 대판 2004.7.15, 2004도2965 참조.

101) 헌재 2018.6.28, 2011헌바379등, 30-1(하), 411면 이하 참조.

102) 대판 2018.11.1, 2016도10912; 2021.6.24, 2020도17564 등 참조.

103) 대판 2021.2.25, 2019도18442; 2021.2.25, 2019도15120 등 참조.

하거나 인명살상 또는 시설파괴가 수반되는 업무가 포함되어서는 안 된다. 대체복무요원은 대체역심사위원회의 심사·의결을 거쳐 소집되며, 복무기간은 36개월이다.

양심실현의 자유는 절대적으로 보호되지는 않지만 그 제한에 있어서 다음과 같은 고려가 필요하다. 즉 양심범에게 양심에 반하는 행위를 강제하는 것은 그 자체로서, 즉 양심을 강제하기 때문에 신중하여야 한다. 또 일반적으로 강제조치에 의한 양심의 제한은 그로 인하여 달성하려는 목적에 대해서 적합한 수단이 될 수 없다. 예컨대 간첩죄를 이유로 복역 중인 자에게 사상전향서 작성을 조건으로 가석방을 허용하는 것은 양심의 자유와 양립되기 어렵다. 우리나라에서 사상전향서제도에 대해서 헌법적인 문제가 제기되자 가석방의 요건으로 준법서약서를 제출하도록 한 바 있다. 준법서약서가 가석방 대상자에게 양심의 변경이나 혹은 양심의 표출을 적극적으로 요구하는 것은 아니며, 따라서 사상전향서에 비해서는 양심의 자유를 제한하는 정도가 낮은 것은 사실이다. 그러나 개인에게 헌법과 법률을 준수할 양심상의 의무는 없다. 그럼에도 불구하고 준법서약을 요구하는 것은 강제력이 없더라도 이를 거부할 경우 중대한 불이익이 가해지므로 양심의 자유를 침해한다.[104)]

판례 **양심상의 이유로 인한 병역거부와 대체복무제** (헌재 2018.6.28, 2011헌바379등)

병역종류조항이 규정하고 있는 병역들은 모두 군사훈련을 받는 것을 전제하고 있으므로, 양심적 병역거부자에게 그러한 병역을 부과할 경우 그들의 양심과 충돌한다. 따라서 이에 대한 대안으로 대체복무제가 논의되어 왔다. 양심적 병역거부자의 수는 병역자원의 감소를 논할 정도가 아니고, 이들을 처벌한다고 하더라도 교도소에 수감할 수 있을 뿐 병역자원으로 활용할 수는 없으므로, 대체복무제를 도입하더라도 우리나라의 국방력에 의미 있는 수준의 영향을 미친다고 보기는 어렵다. 국가가 관리하는 객관적이고 공정한 사전심사절차와 엄격한 사후관리절차를 갖추고, 현역복무와 대체복무 사이에 복무의 난이도나 기간과 관련하여 형평성을 확보해 현역복무를 회피할 요인을 제거한다면, 심사의 곤란성과 양심을 빙자한 병역기피자의 증가 문제를 해결할 수 있으므로, 대체복무제를 도입하면서도 병역의무의 형평을 유지할 수

104) 헌법재판소 다수의견은 준법서약제도가 양심의 자유를 직접 침해하지는 않는다는 이유로 합헌결정을 하였다. 헌재 2002.4.25, 98헌마425등, 14-1, 351면 이하 참조. 여기에는 준법서약제도를 위헌으로 보는 소수의견이 개진되었다. 본문에서 설명한 바와 같은 이유에서 소수의견이 보다 설득력이 있다.

있다. 따라서 대체복무제라는 대안이 있음에도 불구하고 군사훈련을 수반하는 병역의무만을 규정한 병역종류조항은 침해의 최소성 원칙에 어긋난다.

병역종류조항이 추구하는 '국가안보' 및 '병역의무의 공평한 부담'이라는 공익은 대단히 중요하지만 대체복무제를 도입한다고 하더라도 이와 같은 공익은 충분히 달성할 수 있다. 반면, 병역종류조항이 대체복무제를 규정하지 아니하여 양심적 병역거부자들은 최소 1년 6월 이상의 징역형과 그에 따른 막대한 유·무형의 불이익을 감수하여야 한다. 양심적 병역거부자들에게 공익 관련 업무에 종사하도록 한다면, 이들을 처벌하여 교도소에 수용하는 것보다는 넓은 의미의 안보와 공익실현에 더 유익한 효과를 거둘 수 있을 것이다. 따라서 병역종류조항은 법익의 균형성 요건을 충족하지 못하였다. 이와 같이 양심적 병역거부자에 대한 대체복무제를 규정하지 아니한 병역종류조항은 과잉금지원칙에 위배하여 양심적 병역거부자의 양심의 자유를 침해한다.

헌법재판소는 2004년 입법자에 대하여 국가안보라는 공익의 실현을 확보하면서도 병역거부자의 양심을 보호할 수 있는 대안이 있는지 검토할 것을 권고하였는데, 그로부터 14년이 경과하도록 이에 관한 입법적 진전이 이루어지지 못하였다. 그 사이 여러 국가기관에서 대체복무제 도입을 검토하거나 그 도입을 권고하였으며, 법원에서도 양심적 병역거부에 대해 무죄판결을 선고하는 사례가 증가하고 있다. 이러한 사정을 감안할 때 국가는 이 문제의 해결을 더 이상 미룰 수 없으며, 대체복무제를 도입함으로써 기본권 침해 상황을 제거할 의무가 있다.

---

2. 종교의 자유

모든 국민은 종교의 자유를 가진다(제20조 제1항). 국교는 인정되지 아니하며, 종교와 정치는 분리된다(제2항). 종교의 자유는 양심의 자유와 마찬가지로 인간의 정신적·내면적 생활영역을 보호하는 기본권이다. 다만 양심의 자유와 달리 종교의 자유는 피안의 세계에 대한 내적 확신을 보호한다.

(1) 신앙의 자유

종교의 자유는 피안의 세계에 대한 믿음과 그 실현행위에 대한 국가의 간섭을 금지한다. 종교의 자유의 가장 본질적인 내용은 신앙의 자유이다. 신앙의 자유는 절대적으로 보호된다.[105] 여기에는 신앙을 갖거나 갖지 않을 자유, 신앙 선택의 자유 및 기존의 신앙을 변경할 자유가 포함된다. 신앙의 자유에는 신앙

---

105) 헌재 2001.9.27, 2000헌마159, 13-2, 360면 이하 참조.

을 외부로 표현하도록 강제당하지 않을 자유, 그리고 신앙에 반하는 행위를 강제당하지 않을 자유 등이 포함된다.

(2) 종교실현의 자유

신앙을 실현하는 자유 역시 보호된다. 다만 신앙실현의 자유는 외부적 관련성을 갖기 때문에 절대적으로 보호되지는 않는다. 신앙실현의 자유에는 일반적으로 예배 등 신앙의식의 자유와 포교의 자유, 그리고 종교적 집회·결사의 자유가 포함된다.[106] 미결수용자에게 종교행사에 참석을 허용하지 않는 것은 종교의 자유를 침해한다.[107]

포교의 자유의 내용으로 학교에서 일반적인 종교교육뿐 아니라 임의의 형태인 경우에는 특정종교에 대한 종교교육도 허용된다. 다만 학교에 대한 선택권이 부여되어 있지 않는 중·고등학교에서 필수과목으로 특정 종교교육을 하는 것은 종교의 자유와 양립할 수 없다.[108] 특정 종교교육을 하기 위해서는 학생에게 그러한 종교교육에 관하여 사전에 충분한 설명을 하고 동의를 구하거나, 학생들이 불이익을 입지 않고 자유롭게 대체과목을 선택하거나 종교교육의 참여를 거부할 수 있어야 한다. 이에 비해서 법원은 대학교에서 종교교육은 대학생에게는 학교선택권이 보장되어 있기 때문에 보호의 밀도가 약하다고 보았다. 이 점에 있어서 법원의 입장이 명확한 것은 아니다. 법원은 기독교재단이 설립한 사립대학이 대학예배 참석을 졸업요건으로 하는 것은 허용된다고 보았다. 대학예배는 예배뿐만 아니라 강연 등 다양한 형식을 취하며, 따라서 복음전도나 종교인 양성에 직접적인 목표가 있지 않고 신앙을 갖지 않을 자유를 침해하지 않는 범위 내에서 보편적 교양인을 양성하기 위한 것이라는 이유였다. 따라서 순수한 종교예배에의 참석을 졸업요건으로 하는 경우 이것이 허용되는가에 대해서는 아직 판단하지 않은 셈이다.[109]

학생의 학교선택의 기회를 기준으로 중·고등학교와 대학교에서의 종교교육을 차별하여 판단하는 것이 타당하지는 의문이다. 대학교 입학에 있어서 종교적 기준에 따른 선택을 하는 것은 현실적이지 않기 때문이다. 오히려 중·고등

106) 종교적 집회의 자유에 대해서는 헌재 2014.6.26, 2012헌마782, 26-1(하), 670면 이하 참조.
107) 헌재 2011.12.29, 2009헌마527, 23-2(하), 848면 이하; 2014.6.26, 2012헌마782, 26-1(하), 675면 이하 등 참조.
108) 대판 2010.4.22, 2008다38288 참조.
109) 대판 1998.11.10, 96다37268 참조.

학교 학생은 아직 성장과정에 있으며, 따라서 이들에 대한 종교교육이 특정 종교적 성향을 주입하는 우려가 있는 반면 대학생의 경우 비판적 사고에 기초하여 종교를 선택할 능력이 있다는 점이 차별의 기준이 되어야 할 것이다.

종교적 집회·결사의 자유는 헌법 제21조 집회·결사의 자유와 특별법과 일반법의 관계에 있으며, 일반적인 집회·결사에 비해서 두터운 보호를 받는다. 예컨대 종교집회는 「집회 및 시위에 관한 법률」에 의한 신고의무 등 규제조항의 적용을 받지 않는다(집시법 제15조).

양심상의 병역거부와 마찬가지로 종교교리를 이유로 한 병역거부 혹은 집총거부는 인정되지 않아 왔다.[110] 그러나 종교적 신앙에 기초한 행위에는 일반적으로 개인의 윤리적 판단이 함께 작용하고 있기 때문에 이 경우 종교의 자유는 양심의 자유에 포함되어 침해 여부가 판단될 수 있을 것이다.[111]

(3) 종교인의 비종교적 활동

종교의 자유는 종교 그 자체를 보호한다. 종교인의 모든 활동이 종교의 자유에 의하여 보호되는 것은 아니다. 종교인의 소득은 근로의 대가로 지급되므로, 과세의 대상이며, 종교의 자유에 의하여 과세대상에서 면제될 수 없다. 또 종교단체의 세속적 활동은 종교의 자유가 아니라 해당 생활영역을 규율하는 다른 기본권의 적용대상이다. 종교의 자유에는 종교단체가 종교의 지도자와 교리자를 자체적으로 교육하는 자유가 포함된다. 그리고 종교교육기관이 내부의 순수한 성직자 양성기관으로 운영하며, 「교육기본법」상의 학교나 「학원의 설립·운영 및 과외교습에 관한 법률」상의 학원형태가 아닌 경우에는 이는 종교교육의 자유에 의하여 보장된다. 그러나 학교 혹은 학원의 형태로 운영될 경우에는 이 법률들이 적용되며, 이것이 종교의 자유를 침해하는 것은 아니다.[112]

(4) 종교의 평등과 국교 불인정

국교 불인정은 종교 간의 평등에 대한 제도적 표현이다. 이에 따르면 특정 종교에 대해서 국가가 특권을 부여하거나 혹은 우대하는 것이 금지된다. 특히 국공립학교에서 특정 종교를 필수과목으로 교육하는 것은 국교 불인정의 원칙에 반한다. 또 군훈련소에서 훈련병에게 한정된 종류의 종교행사에 참여를 사

110) 대판 1965.12.21, 65도894; 1985.7.23, 85도1094; 1992.9.14, 92도1534 등 참조.
111) 헌재 2018.6.28, 2011헌바379등, 30-1(하), 410면 참조.
112) 헌재 2000.3.30, 99헌바14, 12-1, 325면 이하 참조.

실상 강제하는 조치는 훈련병의 종교의 자유를 침해하며, 동시에 종교 평등 및 정교분리의 원칙에도 위반된다.[113] 성탄절을 공휴일로 하는 것은 그것이 특정 종교의 기념일보다는 이미 세속적인 공휴일로서의 성격을 띠었기 때문이다. 그러나 석가탄신일도 공휴일로 지정됨에 따라 이들 공휴일을 정당화하는 데 별도의 논거가 필요하게 되었다. 이에 대한 헌법적 정당성을 찾기가 쉽지는 않다.

정교분리의 원칙은 국가권력의 세속화를 표현한 것이다. 이는 근대 이후 국가와 종교의 관계에 대한 근본적인 선언이다. 국가는 종교적 중립을 지켜야 하며, 이러한 지위에서 종교의 다원성을 보장하여야 한다.

판례 **학교에서의 종교교육과 종교의 자유** (대판 2010.4.22, 2008다38288)

고등학교 평준화정책에 따른 학교 강제배정제도가 위헌이 아니지만 종립학교가 가지는 종교교육의 자유 및 운영의 자유와 학생들의 소극적 종교행위의 자유 및 소극적 신앙고백의 자유 사이에 충돌이 생기게 된다. 고등학교 평준화정책 및 교육 내지 사립학교의 공공성, 학교법인의 종교의 자유 및 운영의 자유는 학생들의 기본권이나 다른 헌법적 가치 앞에서 한계를 가지며, 또 종립학교에서 종교교육은 필요하고 순기능을 가진다는 점이 고려되어야 한다.

종교교육으로 인하여 학생들이 입을 수 있는 피해는 그 정도가 가볍지 아니하며 그 구제수단이 별달리 없음에 반하여 학교법인은 제한된 범위 내에서 종교의 자유 및 운영의 자유를 실현할 수 있다. 비록 종립학교의 학교법인이 국·공립학교의 경우와는 달리 종교교육을 할 자유와 운영의 자유를 갖지만 공교육체계에 편입되어 있는 이상 원칙적으로 학생의 종교의 자유, 교육을 받을 권리를 고려하여야 한다. 종립학교가 고등학교 평준화정책에 따라 학생 자신의 신앙과 무관하게 입학하게 된 학생들을 상대로 종교적 중립성이 유지된 보편적인 교양으로서의 종교교육의 범위를 넘어서서 학교의 설립이념이 된 특정의 종교교리를 전파하는 종교교육을 실시하는 경우에는 그 종교교육의 구체적인 내용과 정도, 종교교육이 일시적인 것인지 아니면 계속적인 것인지 여부, 학생들에게 그러한 종교교육에 관하여 사전에 충분한 설명을 하고 동의를 구하였는지 여부, 종교교육에 대한 학생들의 태도나 학생들이 불이익이 있을 것을 염려하지 아니하고 자유롭게 대체과목을 선택하거나 종교교육에 참여를 거부할 수 있었는지 여부 등의 구체적인 사정을 종합적으로 고려하여 사회공동체의 건전한 상식과 법감정에 비추어 볼 때 용인될 수 있는 한계를 초과한 종교교육에 대해서는 위법성을 인정할 수 있다.

---

113) 헌재 2022.11.24, 2019헌마941, 598면 이하 참조.

Ⅳ. 학문과 예술의 자유

1. 학문의 자유와 예술의 자유의 공통점

모든 국민은 학문과 예술의 자유를 갖는다(제22조 제1항). 저작자·발명가·과학기술자와 예술가의 권리는 법률로써 보호된다(제2항). 학문과 예술의 자유는 인간의 지적·문화적 창조활동을 보호한다. 학문의 자유는 객관적인 방법론에 기초하여 진리를 발견하기 위한 활동을, 그리고 예술의 자유는 인간의 미(美)를 추구하기 위한 감성적·심미적 활동을 보호한다. 학문과 예술의 자유는 이러한 활동에 있어서 개인의 자기결정권을 보호하여 문화적 공동체의 실현에 기여한다. 독창성과 자율성 등을 특징으로 하는 문화국가의 내용을 학문과 예술의 자유를 해석하는 데 있어서 고려하여야 하며, 따라서 개인의 자율성이 특별히 존중되어야 한다.

위와 같은 공통점이 있기 때문에 헌법은 제22조에서 학문의 자유와 예술의 자유를 함께 보호하고 있지만 이 두 기본권은 구체적인 보호영역이 다르므로 구분하여 설명한다.

2. 학문의 자유

(1) 학문의 자유 일반

학문의 자유는 학문연구의 자유와 학문활동의 자유를 보호한다. 학문연구의 자유는 연구과제, 연구의 방법과 기간 및 연구장소의 선택에 있어서의 자유를 보장한다. 따라서 이에 대한 국가의 개입은 최대한 자제되어야 한다. 그렇다고 학문연구의 자유가 절대적으로 보장되는 것은 아니다. 사회의 보편적인 가치를 기준으로 연구의 대상 및 방법을 통제할 수 있다. 생명과학 연구에 대한 국가적 규제와 그 정당성에 대한 논의가 대표적인 예이다. 또 타인의 명예와 인격을 훼손하는 연구결과를 발표해서는 안 된다. 다만 학문적 의견의 표현이 타인의 명예를 훼손하는 사실을 적시하는 것인가의 판단은 신중하여야 하며, 이는 기본적으로는 학문적 담론의 장에서 검증되어야 한다.[114)]

114) 이른바 '제국의 위안부' 사건에서 대법원의 판결이다. 대판 2023.10.26, 2017도18697 참조.

판례 **학문의 자유의 본질과 명예훼손**(대판 2023.10.26, 2017도18697)

학문의 자유는 기존의 인식과 방법을 답습하지 아니하고 끊임없이 문제를 제기하거나 비판을 가함으로써 새로운 인식을 얻기 위한 활동을 보장하는 데 그 본질이 있다. 학문적 표현의 자유는 학문의 자유의 근간을 이룬다. 학문적 표현행위는 연구결과를 대외적으로 공개하고 학술적 대화와 토론을 통해 새롭고 다양한 비판과 자극을 받아들여 연구 성과를 발전시키는 행위로서 그 자체가 진리를 탐구하는 학문적 과정이며 이러한 과정을 자유롭게 거칠 수 있어야만 학문이 발전할 수 있다. 학문적 표현의 자유에 대한 제한은 필요 최소한에 그쳐야 한다. 따라서 학문적 표현행위는 기본적 연구윤리를 위반하거나 해당 학문 분야에서 통상적으로 용인되는 범위를 심각하게 벗어나 학문적 과정이라고 보기 어렵거나, 논지나 맥락과 무관한 표현으로 타인의 권리를 침해하는 등의 특별한 사정이 없는 한 원칙적으로 학문적 연구를 위한 정당한 행위로 보아야 한다.

헌법 제10조는 인간의 존엄과 가치를 규정하고 있고, 이에 의하여 인격권이 보호된다. 학문 연구도 헌법질서 내에서 이루어질 때에 보호받을 수 있으므로, 인간의 존엄성 및 그로부터 도출되는 인격권을 존중하여야 한다. 따라서 연구자들은 연구주제의 선택, 연구의 실행뿐만 아니라 연구결과 발표에 이르기까지 타인의 명예를 보호하고, 개인의 자유와 자기결정권을 존중하며, 사생활의 비밀을 보호하는 것을 소홀히 하여서는 안 된다. 특히 사회적 약자나 소수자와 같이, 연구에 대한 의견을 표출하거나 연구결과를 반박하는 데에 한계가 있는 개인이나 집단을 대상으로 연구를 하는 경우에는, 연구의 전 과정에 걸쳐 이들의 권리를 존중하여야 할 특별한 책임을 부담한다.

명예훼손죄에서 '사실의 적시'에 관하여, 객관적으로 피해자의 사회적 평가를 저하시키는 사실에 관한 발언이 보도, 소문이나 제3자의 말을 인용하는 방법으로 단정적인 표현이 아닌 전문 또는 추측의 형태로 표현되었더라도, 표현 전체의 취지로 보아 사실이 존재할 수 있다는 것을 암시하는 방식으로 이루어진 경우에는 사실의 적시로 인정된다. 하지만 학문적 표현의 자유를 실질적으로 보장하기 위해서는, 학문적 연구결과 발표에 사용된 표현의 적절성은 형사 법정에서 가려지기보다 자유로운 공개토론이나 학계 내부의 동료평가 과정을 통하여 검증되는 것이 바람직하다. 그러므로 학문적 연구에 따른 의견 표현을 명예훼손죄에서 사실의 적시로 평가하는 데에는 신중할 필요가 있다. 역사학 또는 역사적 사실을 연구 대상으로 삼는 학문 영역에서의 '역사적 사실'과 같이, 그것이 분명한 윤곽과 형태를 지닌 고정적인 사실이 아니라 사후적 연구, 검토, 비판의 끊임없는 과정 속에서 재구성되는 사실인 경우에는 더욱 그러하다. 이러한 점에서 볼 때, 학문적 표현을 그 자체로 이해하지 않고, 표현에 숨겨진 배경이나 배후를 섣불리 단정하는 방법으로 암시에 의한 사실 적시를 인정하는 것은 허용된다고 보기 어렵다. 형사재판에서 공소가 제기된 범죄의 구성요건을 이루는 사실은 그것이 주관적 요건이든 객관적 요건이든 그 증명책임이 검사에게 있으므로, 해당 표현이 학문의 자유로서 보호되는 영역에 속하지 않는다는 점은 검사가 증명하여야 한다.

현대사회에서 학문의 자유는 단순히 국가가 개인의 학문활동에 개입을 자제함으로써 실현되는 것은 아니다. 인적·물적 시설이 충실히 갖추어졌을 때 비로소 효율적으로 학문연구가 이루어질 수 있기 때문에 국가는 이를 적극적으로 지원하여야 한다.

학문활동의 자유에는 교수의 자유, 연구결과발표의 자유 및 학문목적의 집회·결사의 자유가 포함된다. 교수의 자유는 학문연구의 자유의 연장선상에 있는 기본권으로서 대학이나 고등교육기관에서 강학의 자유를 말한다. 이 점에서 학문의 자유는 헌법 제31조 교육의 권리와 차이가 있다. 교육의 권리에서 교육은 주로 지식의 전달과정을 내용으로 한다. 따라서 초·중등학교에서 교과서 선택에 있어서 국가의 개입은 원칙적으로 허용된다. 다만 국가가 저작권을 갖는 국정교과서제도는 정부가 선호하는 편향적 가치를 일방적으로 주입하는 수단이 될 수 있기 때문에 헌법상 교육의 기본원칙인 교육의 자율성과 전문성, 그리고 문화적 다원성의 요청과는 원칙적으로 조화될 수 없다.[115] 그러나 교사가 기본권을 근거로 교과서 선택을 거부할 수는 없다.

그러나 교사는 일반적으로는 학문의 자유의 주체이다. 이를 근거로 저서를 집필·출판하는 자유는 보장되지만 교사가 수업을 받는 학생과의 관계에서 학문의 자유를 주장할 수는 없다. 초·중등학교에서 학생은 아직 성장과정에 있는 인격체로서 교사의 주관적인 가치와 이념에 일방적으로 노출될 우려가 있다. 따라서 사회에서 검증된 지식을 균형있게 학생들에게 전달할 수 있도록 교육과정을 정형화할 필요가 있기 때문이다. 이에 비해서 대학 등 고등교육기관에서 교수의 자유는 진리탐구의 과정을 보호하기 때문에 여기에서는 학문의 자유가 중요한 기준이 되며, 상대적으로 교수방법 및 내용에 있어서 교수의 자율성이 존중되어야 한다.

헌법 제22조에 의하여 보호되는 연구 및 교육에서는 사립대학뿐 아니라 국립대학 역시 기본권의 주체가 될 수 있다. 그러나 국립대학이 국민 개인에 대

---

115) 국정교과서제도에 대해서 원칙적으로 헌법적 정당성을 긍정한 헌법재판소의 결정은 비판의 여지가 있다. 헌재 1992.11.12, 89헌마88, 4, 739면 이하 참조.

해서 학문의 자유의 주체임을 주장할 수는 없다.[116)]

(2) 대학의 자치

가) 헌법적 근거

대학은 학문연구가 이루어지는 대표적인 기관이다. 대학의 자율성은 법률이 정하는 바에 의하여 보장된다(제31조 제4항). 다만 고등교육과 초·중등교육 사이에 존재하는 본질적인, 그리고 구조적인 차이를 염두에 두면 대학의 자율권을 교육의 권리에 관한 제31조에 규정하는 것은 적절하지 않다. 대학에서 연구활동은 물론이고, 강의와 교육 역시 학문과정의 연장이거나 혹은 학문과정 그 자체이기 때문이다. 따라서 대학의 자치 및 자율보장은 제22조 학문의 자유와의 관련에서 규율되는 것이 체계적합하다. 헌법재판소는 "대학의 자율성 보장은…연구와 교육을 자유롭게 하여 진리탐구와 지도적 인격의 도야라는 대학의 기능을 충실히 발휘할 수 있도록 하기 위한 것으로서 이는 학문의 자유의 확실한 보장수단이자 대학에 보장되어 있는 헌법상의 기본권이다"라고 하여 대학의 자율보장이 학문의 자유와 기능적으로 관련되어 있다는 점을 암시하였다.[117)]

입법자가 모든 교육조직 및 기능을 교육법이라는 단일법을 통하여 규율하지 않고 대학공동체를 특유하게 규율하는 「고등교육법」을 제정했다는 사실은 이와 같은 헌법적인 시각에서도 긍정적이다.

나) 대학의 자치의 내용

a) 일반론

대학의 자치는 대학에서의 인사·연구·학생선발 및 전형을 포함하여 교육과 관련된 학사, 대학질서 및 대학시설과 재정의 자치를 내용으로 한다.[118)] 즉 대학은 이들 문제를 학외, 특히 국가의 간섭을 받지 않고 학내 구성원에 의해서 자율적으로 결정할 수 있어야 한다. 헌법재판소는 대학교원이 대학총장후보

---

116) 이는 독일의 확립된 판례이기도 하다. *BVerfGE* 15, 256; 33, 303; 35, 79; 59, 1; 64, 323 등 참조. 헌법재판소가 이 점을 정확히 인식하고 있지는 못하다. 예컨대 헌법재판소는 국립대학인 서울대학교가 응시예정자인 국민에 대해서 기본권의 주체라는 이해에 기초하여 논리를 전개하고 있기 때문이다. 헌재 1992.10.1, 92헌마68등, 4, 670면 참조.

117) 헌재 1992.10.1, 92헌마68등, 4, 670면; 1998.7.16, 96헌바33등, 10-2, 144면; 2006.4.27, 2005헌마1047등, 18-1(상), 615면; 2013.5.30, 2009헌마514, 25-1, 344면; 2015.12.23, 2014헌마1149, 27-2(하), 715면 등 참조.

118) 헌재 1992.10.1, 92헌마68등, 4, 670면; 2013.5.30, 2009헌마514, 25-1, 344면; 2015.12.23, 2014헌마1149, 27-2(하), 716면 등 참조.

자 선출에 참여할 권리가 있으며, 이는 대학의 자치의 본질적인 내용에 해당한다고 하고 있다.[119] 다만 이때 참여가 공동결정권을 보유한다는 '강한 참여'인지, 의견표현의 기회를 가져야 한다는 '약한 참여'를 의미하는지는 명확하지 않다. 대학의 자치의 주체는 학문을 연구하는 교원이 중심이지만 대학운영에 참여하는 대학의 구성원인 직원, 학생 등도 사안에 따라서 대학자치의 주체가 될 수 있다.[120]

대학의 자치의 관점에서 보면 대학의 재정과 관련하여 감사원이 국고보조금 부분에 대해서 감사를 할 수 있지만 이를 포함하여 대학의 전체 회계를 사전적·포괄적으로 감사를 하는 것은 「감사원법」에 근거도 없고, 또 헌법상 대학의 자치보장에도 위반한다.

b) 법인이사회와 대학의 자치

사립학교의 경우 법인이사회의 구성 및 권한이 대학의 자율성에 밀접한 관련을 가지며, 이에 대한 헌법적 평가가 필요하다. 사립학교는 일반적으로 법인에 의하여 설립되며 이때 법인의 지위는 이중적이다. 첫째, 법인은 학교와 통일체를 이루어 기능하는 학문 및 교육공동체이며, 이러한 지위에서 국가와의 관계에서 기본권을 향유한다. 둘째, 법인에게 학문의 자유, 그리고 이로부터 파생하는 대학의 자율권을 보장하는 것은 그 자체가 목적이 아니다. 오히려 학교에서 연구 및 교육이 외부의 간섭을 받지 않고 자율적으로 이루어져야 한다는 목적에 기여하는 수단이다. 따라서 이러한 기능에 적합한 범위 내에서 법인과 학교의 관계가 형성되어야 한다.

사립대학의 학문공동체로서의 성격, 그리고 법인의 목적재단적 성격을 고려하면 법인과 학교는 협력과 대립의 관계에 있다. 설립자를 중심으로 구성된 법인은 대학의 재정 및 시설, 그리고 인사에 관한 기본적인 윤곽을 결정한다. 이러한 윤곽에서 학문 및 교육에 관한 구체적인 결정은 대학의 구성원이 할 수 있어야 한다. 그리고 이 과정에서 대학의 의견이 법인에 반영될 수 있어야 한다. 이때 비로소 효율적인 협력과 건설적인 대립관계가 유지될 수 있다. 이와 같은 관점에서 보면 법인이 학교에서의 의사결정과정을 일방적으로 지배하는 것은 대학의 자율성을 침해한다.

법인이 재산출연자의 사적 재산은 아니기 때문에 학교와 법인의 관계에 대

119) 헌재 2006.4.27, 2005헌마1047등, 18-1(상), 614면 참조.
120) 대판 2015.7.23, 2012두19496 참조.

한 헌법적 형성 및 평가에 있어서 재산권은 기준이 되지 않는다.

다) 교원의 신분보장

우리 대학의 역사에서 대학의 자치는 충실히 보장되지 못했다. 특히 교원인사에 있어서의 자율은 기간제임용제도(이른바 '교수재임용')를 통해서 상당 부분 침해되어 왔다. 「고등교육법」은 이에 대한 규율을 「사립학교법」과 「교육공무원법」에 맡기고 있다. 예컨대 「사립학교법」 제53조의2에 따르면 교원은 학교의 장의 제청으로 이사회의 의결을 거쳐 임용한다. 다만 이 권한은 총장이나 학장에게 위임될 수 있다. 사립학교 교원의 경우 교육공무원과 마찬가지로 기간을 정하여 임용할 수 있다. 이러한 이른바 재임용에 관한 규정 자체가 헌법에 위반되는 것은 아니다.[121] 대학의 기능을 위하여 교원의 신분보장도 중요하지만 교원의 자격에 대한 검증 역시 필요하기 때문이다.

지금까지 이 제도는 반정부(反政府) 혹은 재단에 비판적이라는, 따라서 연구 및 교육에 본질적이 아닌 기준에 의하여 남용되어 왔다. 처음에 법원 및 헌법재판소는 재임용제청의 여부는 재량행위로서 법적 기준에 따른 심사의 대상이 되지 않는다고 보았다. 이에 따르면 "...기간을 정하여 임용된 대학교육기관의 교원은 학교법인의 정관이나 인사규정에 재임용의무를 부여하는 규정이 없는 한, 임용기간의 만료로 교원으로서의 신분관계는 당연히 종료되고, 임용기간이 만료된 자를 다시 임용할 것인지 여부는 임용권자의 판단에 따른 자유재량행위에 속한다."[122]

그러나 이후 헌법재판소는 기간제임용이 남용되는 가능성을 고려하여 「사립학교법」상 기간제임용 규정에 대해서 헌법불합치결정을 하였다.[123] 이후 교원의 신분보장은 상당 부분 개선되었다. 「사립학교법」에 의하면 임용기간이 만료되는 교원이 재임용심의 신청을 하는 경우 임면권자는 교원인사위원회의 심의를 거쳐 재임용 여부를 결정한다. 당해 교원을 재임용하지 않기로 결정한 때에는 그 사유를 명시하여 통지하고, 재임용이 거부된 교원은 교원소청심사위원회

---

121) 헌재 1998.7.16, 96헌바33등, 10-2, 148면; 2003.2.27, 2000헌바26, 15-1, 189면 이하 등 참조.

122) 예컨대 대판 1997.6.27, 96다7069; 헌재 1993.5.13, 91헌마190, 5-1, 322면 이하 등 참조. 헌법재판소는 「사립학교법」 제53조의2 교원재임용규정에 대한 합헌결정에서 이 점을 보다 명확히 한 바 있다. 다만 이 결정에서 이미 소수의견은 본문에서와 같은 취지의 견해를 밝힌 바 있다. 헌재 1998.7.16, 96헌바33등, 10-2, 146면 이하 등 참조.

123) 헌재 2003.2.27, 2000헌바26, 15-1, 176면 이하; 2003.12.28, 2002헌바14등, 15-2(하), 466면 이하 등 참조.

에 재심을 청구할 수 있다(사립학교법 제53조의2; 교원지위향상을 위한특별법 제7조). 헌법재판소의 결정 이후, 그리고 「사립학교법」이 개정된 후 대법원은 교원이 재임용되리라는 기대, 그리고 합리적인 기준에 의하여 공정한 절차를 요구할 권리를 인정하였다.[124] 위에서 언급한 헌법재판소의 헌법불합치결정 이전에 재임용에서 탈락한 교원의 권리구제를 위해서는 2005년 「대학교원 기간임용제 탈락자 구제를 위한 특별법」이 제정되었다.

라) 대학의 의사결정구조

사립대학의 다양한 구성집단이 대학자치의 내용을 동등하게 향유하는 것은 아니다. 대학의 자유는 그 자체가 목적이 아니라 기본적으로 학문의 자유의 실현에 기여하여야 한다. 학문의 자유가 모든 국민의 기본권인 것은 사실이다. 그러나 대학에서 학문을 수행하는 주체인 교수집단과 수학자(受學者)이거나 아니면 학문연구에 있어서 교수에 대한 보조적 지위를 가지는 학생집단은 대학의 의사결정에 있어서 그 비중이 다를 수밖에 없다. 특히 학문연구에 직접 관련된 인사 및 학사관리에 관한 결정에 있어서 교수집단은 학생집단에 비해서 우월한 비중을 가져야 한다.

이른바 '학원의 민주화'라는 구호가 학생과 교수 혹은 직원의 동등한 결정참여권에 기초하여 대학이 운영되어야 한다는 것을 의미하는 것은 아니다. 다만 대학운영을 투명화하기 위하여 대학의 구성원이 의사결정에 참여하고, 또 이익관계의 당사자로서 학생들이 교과과정의 편성에 참고적 의견을 제출하는 것은 바람직하다. 특히 학생의 징계에 있어서 그 내용이 제명인 경우 회복할 수 없는 불이익을 가져오기 때문에 징계대상인 학생에게 의견진술의 기회가 보장되어야 한다. 또 실체법적으로 보면 징계의 목적과 이를 위해서 취해지는 징계의 구체적인 내용은 과잉금지의 원칙에 기초하여 형성·심사해야 한다.[125]

3. 예술의 자유

예술의 자유는 아름다움을 추구하기 위한 감성적·심미적 창작행위에 대한 자율성을 보장한다. 국가는 기본권의 객관적인 성격에서, 또 헌법 제9조 문화

124) 대판 2006.3.9, 2003다52647 참조.

125) 이에 대한 판례로는 대판 2010.4.22, 2008다38288 참조. 이 밖에 서울고법 1989.3.22, 88구10147 참조. 이 판결에서 법원은 과잉금지의 원칙을 적용하여 징계를 취소하였지만 의견진술의 권리를 인정하지는 않았다.

창달에 관한 국가의 의무로부터 예술을 보호하고 장려하여야 한다.

(1) 예술의 자유의 보호영역

예술의 자유를 보장함에 있어서 어려운 문제는 예술과 비예술의 경계를 획정하는 것이다. 예컨대 예술과 외설의 경계를 획정하는 것은 가치론적인 문제이며, 따라서 그 판단이 획일적이지 않다. 또 예술은 자기목적적 행위이므로 주로 다른 목적을 달성하기 위한 예술행위가 예술의 자유에 의하여 보호되지는 않는다.

(2) 예술창작의 자유

예술의 자유의 핵심적인 내용은 예술창작의 자유이다. 개인은 예술의 소재 및 형태를 자유롭게 선택할 수 있다. 또 국가의 간섭을 받지 않고 창작활동을 할 수 있어야 한다. 음반 및 비디오, 영화 등의 창작활동도 예술의 자유에 의하여 보호된다. 위와 같은 예술창작행위는 대중을 대상으로 하기 때문에 일정한 품질이 담보되어야 한다. 따라서 제작자에게 예술창작을 위하여 필요한 시설요건을 요구한다고 해서 예술의 자유를 침해하는 것은 아니다. 그러나 시설요건이 과다한 경우 허가제와 같이 기능할 위험이 있기 때문에 허용되지 않는다. 예컨대 음반제작자에게 녹음실, 음반제조기 등 시설을 등록의 요건으로 하는 것은 허용되지만 이들 시설을 제작자 자신이 소유하고 있음을 증명하도록 하는 것은 헌법에 위반된다.[126]

(3) 예술표현의 자유

예술의 자유에는 예술표현의 자유와 예술표현을 위한 집회·결사의 자유가 포함된다. 이는 사회적 관련성이 크므로 창작의 자유에 비해서는 제한의 가능성이 넓다. 다만 예술목적의 집회·결사는 헌법 제21조의 일반적인 집회·결사의 자유와는 특별법과 일반법의 관계에 있으며, 일반적인 집회·결사에 비해서 두터운 보호를 받는다. 예컨대 예술목적의 집회는 사전신고의무 등 「집시법」상의 각종 규제조항의 적용을 받지 않는다(집시법 제15조).

예술표현의 자유는 헌법 제37조 제2항에 의하여 제한될 수 있다. 예술의 자유는 그 밖에 타인의 명예와 권리, 그리고 공중도덕·사회윤리 등과의 관계에

126) 헌재 1993.5.13, 91헌바17, 5-1, 285면 이하 참조.

서 제한될 수 있다.

(4) 예술의 자유와 검열제도

예술의 자유를 검열에 의하여 제한할 수는 없다. 검열은 예술표현을 원천적으로 봉쇄하기 때문이다. 헌법은 제21조에서 언론·출판에 대한 허가나 검열에 의한 제한을 금지하고 있다. 그렇다면 일반적인 표현의 자유에 비해서 특별법의 지위에 있는 예술의 자유에 있어서는 더욱 엄격하게 검열 및 허가가 허용될 수 없다.[127] 다만 이는 모든 예술의 자유에 일률적으로 적용되는 것은 아니다. 예컨대 영화는 불특정한 다중(多衆)을 대상으로 하는 매체이기 때문에 일반적인 언론·출판에 비해서 그 제한에 대한 심사기준이 완화될 수 있다. 1962년 헌법은 이와 같은 영화의 특성을 명시적으로 규율하였다. 1962년 헌법 제18조 제2항은 검열이나 허가를 일반적으로 금지하면서, 영화나 연예에 대해서는 공중도덕과 사회윤리를 위하여 검열을 할 수 있도록 하였다.

헌법은 검열금지의 원칙을 언론·출판의 자유에 있어서 규정하고 있으므로 검열의 구체적인 개념요소 및 각각의 내용에 대해서는 언론·출판의 자유에 대한 아래 설명에서 다루기로 한다.

(5) 예술가 등의 권리보호

헌법은 학문과 예술의 자유를 보장할 뿐 아니라 학문과 예술의 결과물에 대한 권리를 보호하고 있다. 즉 저작자·발명가·과학기술자와 예술가의 권리는 법률로써 보호한다(제22조 제2항).

국가는 학문과 예술에 대한 불개입을 통하여 자율성을 보장하여야 할 뿐 아니라 과학기술 및 예술활동 등의 결과를 인격권 및 재산권에 의하여 보호함으로써 이들 활동을 지원하여야 한다. 현재 이는 「저작권법」, 「특허법」 등을 통하여 규율되고 있다. 다만 과학기술 및 예술활동 등의 결과물에 대한 권리는 사회적 성격이 강하기 때문에 상대적으로 보호된다. 이러한 결과물들은 기존의 창작물을 기초로 발전하여 왔으며, 또 일반 국민의 입장에서 보면 이러한 결과물들은 표현의 자유 등을 행사하기 위하여 필요한 소재이기 때문이다.

127) 이에 비해서 헌법재판소는 영화에 대한 검열금지의 논거로서 영화의 자유가 언론·출판의 자유에 포함된다는 사실을 들고 있다. 헌재 1996.10.4, 93헌가13등, 8-2, 218면 참조. 그러나 예술의 자유에는 예술표현의 자유가 포함되며, 여기에 일반적인 언론·출판의 자유와 관련하여 규정된 검열금지원칙이 적용되어야 한다고 보아야 한다.

Ⅴ. 언론·출판과 집회·결사의 자유

1. 표현의 자유의 기능과 법적 성격, 규범구조

(1) 표현의 자유의 기능과 법적 성격

언론·출판의 자유와 집회·결사의 자유를 내용으로 하는 표현의 자유는 한편으로는 개인의 국가에 대한 방어권적 성격을 갖는다. 이에 따르면 개인은 자유로이 형성된 의견을 국가의 간섭을 받지 않고 발표·전달할 수 있으며, 국가가 의견의 형성을 강요하거나 혹은 의견표현과정을 지배해서도 안 된다. 이 점에서 표현의 자유는 기본적으로 개인이 사회의 구성원으로서 타인과의 관계에서 인격을 실현하는 매체이다. 다른 한편 표현의 자유는 민주주의를 실현하기 위해서 필수적인 질서요소의 성격을 갖는다. 민주주의는 개인의 자유로운 의견형성과 교환을 통해서 형성되는 국민의 의사에 기초하여 실현된다. 표현의 자유는 개인이 여론형성에 참여하고, 또 사회구성원 간에 의사소통을 통하여 대의과정에 의사를 투입하는 매체이다.[128] 이러한 기능에서 선거에 관한 표현의 자유가 보장한다. 이와 같이 표현의 자유는 넓은 의미에서 의사소통을 위한 기본권, 그리고 정치적 기본권의 성격을 갖는다. 표현의 자유의 이중적 성격은 서로 배척하는 관계에 있지 않으며, 조화롭게 실현되어야 한다.

언론의 자유의 객관적인 기능을 이유로 언론의 자유는 다른 기본권에 비해서 우월한 지위를 갖는다고 이해되고 있다.[129] 그러나 언론의 자유가 일반적으로 개인의 인격권에 비해 우월한 것은 아니며, 궁극적으로는 비교형량에 의하여 합리적으로 조정되어야 한다.[130]

(2) 표현의 자유의 규범구조

헌법 제21조는 언론·출판과 집회·결사의 자유를 같은 조문에서 보장하고 있다(제1항). 표현의 자유 역시 헌법 제37조 제2항에 의하여 제한될 수 있다. 그런데 헌법은 제한의 방법에 있어서 한계를 두고 있다. 즉 언론·출판에 대한 허가나 검열, 그리고 집회·결사에 대한 허가는 인정되지 않는다(제2항). 헌법은 언론매체가 갖는 공적 기능을 고려하고, 언론활동에 대한 진지성을 담보하는 기

128) 헌재 1998.4.30, 95헌가16, 10-1, 338면 참조.

129) 헌재 1991.9.16, 89헌마165, 3, 524면; 2011.12.29, 2007헌마1001등, 23-2(하), 756면 이하 등 참조.

130) 헌재 1991.9.16, 89헌마165, 3, 526면 이하; 2021.2.25, 2017헌마1113, 33-1, 267면 등 참조.

준으로 방송·통신사업에 대해서 일정한 시설기준을 충족시킬 것을 요구하고 있다.[131] 같은 맥락에서 신문의 기능을 법에 정하도록 하여 신문의 공적 기능을 입법적으로 구체화하도록 하였다(제3항). 헌법은 언론·출판행위에 특별히 적용되는 제한규정을 두고 있다. 즉 언론·출판은 타인의 명예나 권리 또는 공중도덕이나 사회윤리를 침해하여서는 안 된다. 언론·출판이 타인의 명예나 권리를 침해한 때에는 피해자는 이에 대한 피해의 배상을 청구할 수 있다(제4항). 사실 이러한 규정은 민법상의 원칙을 확인하는 의미를 가질 뿐이다. 헌법제정권자가 언론·출판의 자유의 한계를 다시 한번 강조한 것이다.

(3) 언론·출판의 자유와 집회·결사의 자유

언론·출판의 자유와 집회·결사의 자유는 유사한 기능을 갖지만 그 기능형태에 있어서 차이가 있다. 언론·출판의 자유는 기본적으로 개별적인 표현행위를, 그리고 집회·결사의 자유는 집단적인 의사표시 및 형성행위를 보호한다. 그만큼 제한의 정도가 다르다. 아래에서도 언론·출판의 자유와 집회·결사의 자유를 구분하여 서술한다.

(4) 표현의 자유와 다른 기본권과의 경합

언론의 자유는 특별한 생활영역에서 의사표현을 보호하는 다른 기본권과 일반법과 특별법의 관계에 있다. 예컨대 노동조합과 정당의 경우 일차적으로는 헌법 제33조 제1항 및 제8조에 의하여 그 활동이 보장되지만 보충적으로는 언론의 자유가 적용되어 단체 고유의 목적 이외의 활동을 보장한다.[132]

2. 언론·출판의 자유

(1) 언론·출판의 개념과 언론·출판의 자유의 내용

가) 언론의 자유와 언론매체

'언론'이란 구두 및 문자에 의한 의사표시행위이다. 여기에는 사상의 표현과 전파의 자유가 포함된다. 언론의 자유에 의하여 익명으로 의견을 표현하는 자유가 보호된다.[133] 따라서 선거기간 중 인터넷언론에 정보를 제공하는 경우 실

---

131) 이 규정이 방송의 자유에 대해서 갖는 실체법적 의미에 대해서는 예컨대 고민수, "방송의 개념과 본질에 관한 헌법학적 연구"(연세대박사학위논문, 2005) 참조.

132) 헌재 1999.11.25, 95헌마154, 11-2, 573면 이하 참조.

133) 헌재 2012.8.23, 2010헌마47등, 24-2(상), 601면 참조.

명을 확인하도록 하는 규정은 헌법에 위반된다.[134] 또 선거일 전 일정한 기간 인터넷홈페이지 등을 이용하여 정당 또는 후보자를 지지 혹은 반대하는 내용의 표현을 금지하는 것은 헌법에 위반된다.[135]

의사표현의 매체는 중요한 기준이 아니다. 영화·음반·비디오 등에 의한 의사표현 역시 보호된다. 광고물도 사상·지식·정보를 불특정다수인에게 전달하는 것으로 언론의 자유에 의하여 보호된다.[136] 다만 상업광고는 주로 정보를 전달하는 행위이기 때문에 사상이나 지식의 표현에 비해서 그 제한에 있어서 완화된 기준이 적용된다.[137]

의사의 전달로서의 속성이 있는 한 의사의 가치 및 중요성 등은 보호의 여부에 영향을 미치지 않는다. 개인의 의사는 다른 사람의 의사와 다를 수 있을 뿐이지, 결코 옳고 그름에 따라 헌법적 보호 여부가 결정되지 않기 때문이다. 헌법재판소는 언론·출판의 자유의 보호범위 자체는 넓게 이해하고, 실질적인 보호 여부에 대해서는 제한의 정당성을 심사하는 과정에서 판단하는 경향이 있다. 예컨대 타인의 명예나 권리를 침해하는 모욕적 표현도 언론의 자유의 보호범위에 포함된다.[138]

나) 의견과 사실

언론의 자유는 의사의 표현을 보호하기 때문에 단순한 '사실'의 전달은 기본적으로 언론의 자유의 보호대상은 아니다. 그러나 실제 사실의 전달에는 많은 경우 사실에 대한 의사판단이 포함되어 있으며, 이 경우에 사실의 전달은 언론·출판의 자유에 의하여 보호된다. 따라서 그 표현내용이 입증될 수 있는 사실의 적시에 해당하지 않고 개인의 가치판단이나 평가를 결정적인 요소로 하는 의견표현은 언론·출판의 자유에 의하여 보호된다.[139] 다만 사실의 판단을 포함하는 의사는 그 보호영역이 좁다. '사실'은 의사와는 달리 진실과 허위로 구분될 수 있으며, 따라서 사실을 전달하는 자에게는 진실인 사실을 전달할 주

134) 헌재 2021.1.28, 2018헌마456등, 33-1, 54면 이하 참조.
135) 헌재 2011.12.29, 2007헌마1001등, 23-2(하), 739면 이하 참조. 이 결정은 해당 심판규정에 대해서 합헌결정을 하였던 이전 결정을 변경한 것이다. 헌재 2009.7.30, 2007헌마718, 21-2(상), 311면 이하 참조.
136) 헌재 2018.6.28, 2016헌가8등, 30-1(하), 326면 참조.
137) 이에 대해서는 헌재 2005.10.27, 2003헌가3, 17-2, 198면; 2010.7.29, 2006헌바75, 22-2(상), 248면 이하 등 참조.
138) 헌재 2013.6.27, 2012헌바37, 25-1, 509면 이하 참조.
139) 대판 2002.6.14, 2000도4595; 2011.9.2, 2010도17237 등 참조.

의의무가 있기 때문이다.

다) 음란물과 언론의 자유

음란물의 표현이 언론의 자유에 의하여 보호되는가는 지속적인 논의의 대상이었다. 음란물의 표현이 헌법상 보호되지 않는다든가 혹은 제한될 수 있다는 점에 대해서는 이의가 없다. 문제는 음란물의 표현이 언론의 자유의 보호범위에 포함되지 않는가, 아니면 보호범위에는 포함되지만 헌법 제37조 제2항에 의하여 제한되는가 하는 질문이다.

이때 우선 음란물의 개념이 문제된다. 헌법재판소에 의하면 '음란'이란 "인간의 존엄 내지 인간성을 왜곡하는 노골적이고 적나라한 성표현으로서 오로지 성적 흥미에만 호소할 뿐 전체적으로 보아 하등의 문학적·예술적·과학적 또는 정치적 가치를 지니지 않은 표현"을 말한다. 이 점에서 '음란'은 이러한 정도에 이르지 않은 '저속'과는 구별이 된다.[140] 법원도 음란물에 대해서 유사한 이해를 하고 있지만 표현행위의 영향력을 강조한다는 점에서 특징이 있다. 즉 '음란'이란 사회통념상 일반 보통인의 성욕을 자극하여 성적 흥분을 유발하고 정상적인 성적 수치심을 해하여 성적 도의관념에 반하는 것으로서, 표현물을 전체적으로 관찰·평가해 볼 때 인간의 존엄과 가치를 심각하게 훼손·왜곡하였다고 볼 정도로 노골적인 방법에 의하여 성적 부위나 행위를 적나라하게 표현 또는 묘사하는 것이다. 이는 전적으로 혹은 지배적으로 성적 흥미에만 호소할 뿐 어떠한 문학적·예술적·사상적·과학적·의학적 및 교육적 가치가 없는 표현이다.[141]

음란물도 표현행위의 속성을 갖는다. 또 결과론적으로 보더라도 음란물을 언론의 자유의 보호범위에서 제외하면 언론의 자유를 보호하는 헌법적 기준이 적용될 수 없기 때문에 언론의 자유를 위축시킬 수 있다. 헌법재판소는 기존에 음란물을 언론의 자유의 보호범위에서 배제시켰다.[142] 그러나 이후 판례를 변경하여 음란표현이 언론의 자유의 보호범위에는 포함되며, 다만 헌법 제37조

140) 이와 같이 어느 정도 해석기준이 존재한다는 이유로 헌법재판소와 법원은 음란의 개념이 법적 명확성의 요청에 반한다는 주장을 인정하지 않아 왔다. 헌재 1998.4.30, 95헌가16, 10-1, 327면; 2009.5.28, 2006헌바109등, 21-1(하), 562면; 대판 2008.3.13, 2006도3558 등 참조.

141) 대판 2008.3.13, 2006도3558 참조. 이 밖에 대판 1995.6.16, 94도1758; 1996.6.16, 94도2413; 1997.12.26, 97누11287 등 참조.

142) 이에 대해서는 헌재 1998.4.30, 95헌가16, 10-1, 340면 이하 참조.

제2항에 의하여 제한될 수 있다는 입장이다.[143)]

라) 언론과 출판

언론의 자유는 모든 형태의 매체를 통한 의사표현을 보호한다. 이에 비해서 출판의 자유는 대량인쇄방법에 의하여 생산·배포되는 인쇄행위를 매개로 행사한다. 출판의 자유에 의한 보호영역에 대한 논의는 기본적으로 위에서 설명한 언론의 경우와 같다.

판례 **인터넷 본인확인제와 언론의 자유** (헌재 2012.8.23, 2010헌마47등)

건전한 인터넷 문화의 조성 등 입법목적은, 인터넷 주소 등의 추적 및 확인, 당해 정보의 삭제·임시조치, 손해배상, 형사처벌 등 인터넷 이용자의 표현의 자유나 개인정보자기결정권을 제약하지 않는 다른 수단에 의해서도 충분히 달성할 수 있다. 그럼에도, 인터넷의 특성을 고려하지 아니한 채 본인확인제의 적용범위를 광범위하게 정하여 법집행자에게 자의적인 집행의 여지를 부여하고, 목적달성에 필요한 범위를 넘는 과도한 기본권 제한을 하고 있으므로 침해의 최소성이 인정되지 않는다.

이 사건 법령조항들은 국내 인터넷 이용자들의 해외 사이트로의 도피, 국내 사업자와 해외 사업자 사이의 차별 내지 자의적 법집행의 시비로 인한 집행 곤란의 문제를 발생시키고 있다. 나아가 본인확인제 시행 이후에 명예훼손, 모욕, 비방의 정보의 게시가 표현의 자유의 사전 제한을 정당화할 정도로 의미 있게 감소하였다는 증거를 찾아볼 수 없다. 반면에, 게시판 이용자의 표현의 자유를 사전에 제한하여 의사표현 자체를 위축시킴으로써 자유로운 여론의 형성을 방해하고, 본인확인제의 적용을 받지 않는 정보통신망상의 새로운 의사소통수단과 경쟁하여야 하는 게시판 운영자에게 업무상 불리한 제한을 가한다. 또 게시판 이용자의 개인정보가 외부로 유출되거나 부당하게 이용될 가능성이 증가하게 되었다. 이러한 인터넷게시판 이용자 및 정보통신서비스 제공자의 불이익은 본인확인제가 달성하려는 공익보다 결코 더 작다고 할 수 없으므로, 법익의 균형성도 인정되지 않는다.

따라서 본인확인제를 규율하는 이 사건 법령조항들은 과잉금지원칙에 위배하여 인터넷게시판 이용자의 표현의 자유, 개인정보자기결정권 및 인터넷게시판을 운영하는 정보통신서비스 제공자의 언론의 자유를 침해한다.

---

143) 헌재 2009.5.28, 2006헌바109등, 21-1(하), 558면 이하 참조. 이미 이전에 이러한 입장을 밝힌 결정으로는 2002.4.25, 2001헌가27, 14-1, 265면 참조.

(2) 자유언론제도와 언론의 사회적 기능

가) 자유언론제도

언론·출판의 자유가 실효성을 갖기 위해서는 언론기관의 설립의 자유 등을 내용으로 하는 자유언론제도가 확립되어야 한다. 다음과 같은 두 가지 이유에서이다. 첫째, 언론·출판의 자유는 기본권의 주체인 법인에게는 언론사를 설립하여 활동할 자유를 보장한다. 둘째, 언론·출판의 자유는 개인이 언론매체를 활용하여 자신의 의견을 전파할 자유를 포함하며, 이를 위하여 다양한 사회구성원의 의사가 다양한 매체를 통하여 전파될 수 있어야 한다. 따라서 국가가 독점적으로 언론사를 설립·운영하거나 혹은 국가에 우호적인 언론사에게 특혜를 부여하는 것은 자유언론의 원칙에 정면으로 반한다.

나) 언론의 사회적 기능

a) 일반론

언론기관은 사회적 영향력이 강력하며, 오늘날 '제4부'로 불리우고 있을 정도이다. 이에 언론기관이 언론의 자유를 자의적으로 남용하지 않고, 주어진 과제를 수행할 수 있도록 국가가 관여할 수 있으며, 또 그것이 필요하다. 이에 헌법 제21조 제3항이 방송·통신에 대해서는 시설기준을, 그리고 신문에 대해서는 그 기능을 보장하기 위하여 필요한 사항을 법률로 정하도록 하고 있다. 예컨대 정기간행물을 발행하기 위하여 등록의무를 부여하는 것, 그리고 정기간행물의 발행에 필요한 시설기준을 등록하게 하는 것은 언론·출판의 자유의 본질적인 내용을 침해하는 것은 아니다.[144] 그러나 언론기관설립의 요건을 지나치게 엄격하게 하는 것은 언론의 자유를 침해하고, 또 자유언론의 원칙에 반한다.[145]

언론이 다양한 의사형성 및 표현의 매체로서 기능하기 위해서는 언론매체에 대한 외부의 지배력을 규제하여야 한다. 이에 「신문 등의 진흥에 관한 법률」은 대기업 및 그 계열회사가 일반 일간신문을 경영하는 법인이 발행한 주식 또는 지분의 2분의 1을 초과하여 취득 또는 소유할 수 없도록 하고 있다(신문법 제18조 제1항). 또 시장지배력을 감시하고, 국민이 언론의 비중을 정확히 파악할 수 있도록 여론집중도를 조사하여 공표할 수 있다(신문법 제17조).[146] 그러나 언론제도를 형성

144) 헌재 1997.8.21, 93헌바51, 9-2, 194면 이하 참조. 헌법재판소는 영화제작업자에게 등록의무를 부과하는 것에 대해서도 합헌결정을 한 바 있다. 헌재 1996.8.29, 94헌바15, 8-2, 86면 이하 참조.

145) 헌재 1992.6.26, 90헌가23, 4, 300면 이하; 2016.10.27, 2015헌마1206등 참조.

146) 개정 전 「신문 등의 자유와 기능보장에 관한 법률」은 경영자료를 신고·공개하도록 하였었

하는 입법이 과도한 경우 언론의 자유를 침해한다. 예컨대 헌법재판소는 구 「신문 등의 자유와 기능보장에 관한 법률」의 규정 중 일간신문사 지배주주가 뉴스통신사 또는 다른 일간신문사의 주식 또는 지분을 소유·취득하는 것을 금지하는 규정(신문법 제15조 제3항), 시장지배적 사업자에 관한 규정, 즉 1개 일간신문사의 시장점유율 30%, 3개 신문사의 시장점유율 60% 이상을 시장지배적 사업자로 추정하는 규정(신문법 제17조), 시장지배적 사업자를 신문발전기금의 지원대상에서 제외하는 규정(신문법 제34조 제2항 제2호) 등에 대해서는 (한정)위헌결정을 하였다.

언론의 사회적 기능은 언론의 자유를 주관적 공권으로 이해하는가 혹은 객관적 질서요소로 이해하는가에 따라 달리 형성된다. 후자의 이해에 따르면 균형있는 국민의사의 형성에 기여하는 언론기관의 과제가 중요하며, 그 결과 사회적 기능을 위한 입법적 형성의 범위가 넓어진다. 어떠한 이론에 따르건 언론의 사회적 기능은 방송과 신문에 있어서 어느 정도 차이가 있다.

b) 방송과 신문

방송은 전파를 사용하는 매체이며, 사용할 수 있는 주파수가 제한되어 있기 때문에 그만큼 의견의 다양성을 보장하기 위하여 공적 과제가 부과된다. 다만 오늘날 다양한 형태의 방송이 나타나면서 이와 같은 제한은 상당 부분 상대화되었다. 그러나 여전히 공영방송의 경우 의견의 다양성을 보장하여 여론을 균형있게 형성하는 과제가 있다. 그 결과 공영방송에서는 '프로그램의 다양성'뿐 아니라 사회집단이 균형있게 조직 및 의사결정 구조에 참여하는 '구조적 다양성'이 실현되어야 한다. 이는 광고수입으로 운영되는 민영방송과는 달리 공영방송은 국민의 수신료를 재원으로 운영되기 때문에 더욱 강조되어야 한다.

이에 비해서 신문에는 주파수 제한과 같은 물리적인 제약이 없으며, 신문의 경우 사회적 기능을 형성하는 과제보다는 신문의 논조(論調)를 보호하는 것이 중요하다.[147] 이러한 논조 보호는 개별 신문을 관찰의 대상으로 한 경우이며 이때 방송과 차이가 있다. 그러나 신문제도를 전체적으로 보면, 다양한 논조를 갖는 신문들이 존속하여 국민이 다양한 정보를 제공받고 자신의 의견을 형성할 수 있어야 한다. 이로써 민주주의가 기능하기 위하여 필요한 국민의견의 다양성이 보장될 수 있다. 이 점에서 보면 신문이 개별적으로 사회적 과제를 갖는다

다. 이 규정에 대해서 헌법재판소는 합헌결정을 한 바 있다. 헌재 2006.6.29, 2005헌마165등, 18-1(하), 384면 이하 참조.

147) 이에 대해서는 예컨대 *BVerfGE* 52, 283(296) 참조.

고 할 수는 없지만 어느 정도 사회적 기능을 수행할 수 있도록 신문제도 전체를 입법적으로 형성하는 것을 헌법이 금지하는 것은 아니다.

판례 **신문의 기능과 시장지배에 대한 규제의 정당성** (헌재 2006.6.29. 2005헌마165등)

신문법 제17조는 신문사업자를 일반사업자에 비하여 더 쉽게 시장지배적 사업자로 추정되도록 하고 있다. 이러한 규제는 신문의 다양성 보장이라는 입법목적 달성을 위한 합리적이고도 적정한 수단이 되지 못한다. 첫째, 발행부수만을 기준으로 신문시장의 점유율을 평가하고 있는 점, 둘째, 신문시장의 시장지배력을 평가함에 있어 서로 다른 경향을 가진 신문들에 대한 개별적인 선호도를 합쳐 이들을 하나의 시장으로 묶고 있는 점, 셋째, 그 취급분야와 독자층이 완연히 다른 일반 일간신문과 특수 일간신문 사이에 시장의 동질성을 인정하고 있는 점, 넷째, 신문의 시장지배적 지위는 결국 독자의 개별적·정신적 선택에 의하여 형성되는 것인 만큼 그것이 불공정행위의 산물이거나 불공정행위를 초래할 위험성이 특별히 크다고 볼만한 사정이 없는데도 신문사업자를 일반사업자에 비하여 더 쉽게 시장지배적 사업자로 추정되도록 하고 있는 점 등이 모두 불합리하다. 따라서 신문법 제17조는 신문사업자인 청구인들의 평등권과 신문의 자유를 침해하여 헌법에 위반된다.

시장점유율이 높다는 이유만으로, 즉 독자의 선호도가 높아서 발행부수가 많다는 이유로 신문사업자를 차별하는 것, 그것도 시장점유율 등을 고려하여 신문발전기금 지원의 범위와 정도에 있어 합리적 차등을 두는 것이 아니라 기금 지원의 대상에서 아예 배제하는 것은 합리적이지 않다. 발행부수가 많은 신문사업자를 시장지배적 사업자제도를 이용하여 규제하려고 한다면 먼저 그 지배력의 남용 유무를 조사하여 그 남용이 인정될 때에만 기금 지원의 배제라는 추가적 제재를 가하는 것이 시장지배적 사업자제도의 취지에 맞다. 따라서 신문법 제34조 제2항 제2호는 합리적인 이유 없이 발행부수가 많은 신문사업자를 차별하는 것이므로 평등원칙에 위배된다.

---

(3) 언론의 자유에서 인정하는 권리들

언론의 자유의 객관적 질서형성의 기능, 그리고 언론기관에게 부과되어 있는 사회적 책임으로부터 다음과 같은 몇 가지 독자적인 기본권이 인정된다. 알 권리, 언론매체이용권, 보도의 자유 등이다.

가) 알 권리

a) 알 권리의 개념

엄격히 보면 알 권리는 소극적으로는 국가의 방해를 받지 않고 정보를 수집할 권리, 그리고 적극적으로는 정보공개청구권을 모두 포함한다. 정보수집권은 국가의 방해를 받지 않고 정보원(情報源)에 자유롭게 접근할 수 있는 자유권적 기본권이다. 개인은 필요한 정보를 자기의 목적에 맞게 이용할 수 있을 때 비로소 자유롭게 인격을 실현할 수 있다. 이를 위해서는 정보원(情報源)에 접근하여 일반적 정보를 수집할 수 있어야 한다. 개인은 신문, 잡지, 방송 등 불특정다수인에게 개방되어 있는 정보를 양심, 사상, 의견, 지식 등을 형성하기 위하여 접근할 수 있어야 한다.[148] 비교법적으로 보면 예컨대 독일헌법 제5조는 의견의 표현과 전파의 자유와 함께 일반적으로 접근할 수 있는 정보원으로부터 정보를 수집할 자유를 명시적으로 보장하고 있다. 세계인권선언 제19조 역시 개인에게 정보를 수집하고, 수령하며 또 전파하는 자유를 보호하고 있다.

이에 비해서 정보공개청구권은 국가의 적극적인 행위를 요구하는 내용의 기본권이다. 개인은 의사형성에 필요한 정보를 청구할 권리가 보장될 때 내심의 의사를 형성할 수 있고, 이에 기초하여 자신의 의견을 외부에 전달하고 또 표현할 수 있다. 더욱이 그 정보가 개인의 구체적인 권리를 실현하기 위해서 필수적인 경우에는 정보공개청구권이 주관적 공권으로서 인정되어야 한다.[149]

b) 알 권리의 헌법적 근거

정보공개청구권의 헌법적 근거가 헌법 제21조인가, 아니면 헌법 제10조 국가의 기본권보호의무인가에 대해서는 논란의 여지가 있다. 최초에 헌법재판소는 헌법 제21조, 그리고 이후 헌법 제10조를 근거로 제시한 바 있다. 이로써 일반적인 알 권리의 근거로서 제21조 표현의 자유 및 제10조 인간의 존엄조항이, 그리고 구체적인 정보공개청구권의 근거로서 개별기본권이 원용될 수 있는 헌법이론적인 기반이 생겼다.

정보공개청구권을 주장하는 계기가 표현행위 자체에 있지 않고 다른 기본권의 실현을 위한 중간수단인 경우에는 알 권리의 헌법적 근거는 재산권, 재판청구권 등 해당 기본권, 그리고 기본권의 보장 및 침해에 대한 구제를 요청하는

---

148) 이와 같은 내용의 알 권리에 대해서는 헌재 2010.10.28, 2008헌마638, 22-2(하), 227면 이하 참조.

149) 헌재 1989.9.4, 88헌마22, 1, 188면 이하; 2015.6.25, 2011헌마769등, 27-1(하), 520면 이하 등 참조.

법치국가원리 등이다. 이 경우에 해당 정보를 기초로 권리를 실현하고자 하는 개인에게 정보공개청구권은 구체적인 권리로 보장된다. 이에 비해서 해당 정보가 자신의 법적 권리 및 이익에 관련성을 갖지 않으며 민주주의의 의사형성을 위하여 필요한 일반 국민에게는 기본권으로서 정보공개청구권이 보장되지 않는다.

나) 언론매체이용권

a) 일반적인 언론매체이용권

언론매체가 원칙적으로 사인(私人)에 의해서 운영되지만 언론은 사회구성원의 이용에 개방되어 있어야 하며, 이때 비로소 사회의 다양한 의견을 수렴하고 균형 있는 여론을 독자들에게 전달할 수 있다. 언론매체이용권(Access권)은 이와 같은 취지에서 인정된다. 그러나 지면이 제한되어 있으며, 또 언론사 자신의 언론의 자유 역시 존중되어야 하기 때문에 개인이 언론매체를 일반적으로 이용할 수 있는 청구권은 인정될 수 없다.

b) 권리구제형 언론매체이용권

aa) 기 능: 언론기관의 보도를 통해서 개인의 인격이 침해되었을 때 이를 구제하는 방법으로서 언론매체이용권을 좁게 이해하면 청구권이 인정되어야 한다. 피해를 받은 개인의 입장에서 보면 언론매체이용권에 의하여 비로소 신속·적절하고 대등한 방어수단을 행사할 수 있으며, 특히 보도매체 자체를 통하여 방어주장을 하는 것이 적절하고 형평에 부합하기 때문이다. 또 이를 통하여 독자는 언론기관의 정보뿐 아니라 상대방의 반대주장까지 들을 수 있어, 진실발견과 올바른 여론형성을 할 수 있다.[150] 그러나 정정보도청구권 등 권리구제를 위한 수단이 지나치게 완화된 요건하에 행사되는 경우 이는 언론을 위축시키는 효과를 갖는다는 점도 함께 고려되어야 한다.

「언론중재 및 피해구제 등에 관한 법률」은 권리구제형 언론매체이용권으로 반론보도청구권과 추후보도청구권, 그리고 정정보도청구권을 보장하고 있다.

bb) 반론보도청구권: 반론보도청구권은 사실적 주장에 관한 언론보도에 의해 피해를 입은 자가 청구한다. 이로써 보도의 사실 여부와 관계없이 반대당사자에게 반박할 기회를 부여하여 균형 있는 언론의 형성에 기여한다. 언론사의 의견표명이나 비평은 반론보도청구의 대상이 아니다.[151] 반론보도청구권은 단순

---

150) 헌재 1991.9.16, 89헌마165, 3, 525면 이하; 1996.4.25, 95헌바25, 8-1, 427면 이하 등 참조.
151) 대판 2006.2.10, 2002다49040 참조.

히 허위보도를 정정하는 데 제도적 취지가 있는 것은 아니다. 따라서 반론보도청구권은 보도내용의 진실 여부와 관계없이 인정되며, 또 언론사의 고의·과실이나 위법을 요건으로 하지 않는다(언론중재법 제16조). 그러나 허위의 반론보도청구는 허용되지 않는다.[152)]

언론사의 대표자가 반론보도청구를 수용하는 때에는 지체 없이 피해자 또는 그 대리인과 반론보도의 내용·크기 등에 관하여 협의한 후 청구를 받은 날부터 7일 내에 반론보도문을 방송 또는 정기간행물에 게재하여야 한다(언론중재법 제15조 제3항). 반론보도청구와 관련하여 분쟁이 발생한 경우 「민사집행법」상 가처분절차에 의하여 재판이 이루어진다(언론중재법 제26조 제6항).

cc) **정정보도청구권**: 정정보도청구권은 허위사실을 보도하는 언론사에 의하여 피해를 입은 자가 청구한다. 이 경우에도 언론사의 고의·과실이나 위법성은 청구의 요건이 아니다(언론중재법 제14, 15조). 정정보도청구권은 반론보도청구권과 달리 허위보도를 통하여 피해를 당한 때에 진실에 합치하도록 보도를 교정하는 의미가 있다. 현행법은 정정보도청구권을 피해구제제도보다는 허위보도의 정정이라는 객관적인 교정제도로 형성하고 있다. 피해구제제도로 기능하는 경우에는 일반적으로 고의·과실 및 위법을 청구의 요건으로 할 것이기 때문이다.[153)]

언론사의 대표자가 정정보도청구를 수용하는 때 취하는 조치의 내용은 반론보도청구의 경우와 같다. 분쟁이 발생한 경우 가처분절차에 의하여 재판이 이루어지는 것도 같다(언론중재법 제15조 제3항, 제26조 제6항).

dd) **추후보도청구권**: 추후보도청구권은 특수한 경우에 사후적 정정보도를 청구하는 권리이다. 즉 언론에 범죄혐의가 있거나 형사조치를 받았다고 보도된 자가 그에 관한 형사절차가 무죄판결 또는 이와 동등한 형태로 종결된 때 언론사에 추후보도를 청구할 수 있다. 추후보도청구의 대상이 되는 보도에 의하여 피해를 입거나 또는 해당 보도가 허위보도로서 이로 인하여 피해를 입은 사람은 반론보도청구권이나 정정보도청구권을 행사할 수 있다(언론중재법 제17조).

추후보도청구를 수용한 경우 취해지는 조치도 기본적으로 정정보도청구의 경우와 같다. 다만 추후보도에는 청구인의 명예나 권리회복에 필요한 설명 또는 해명이 포함되어야 한다. 분쟁이 발생한 경우 가처분절차에 의하여 재판이 이루어지는 것도 같다(언론중재법 제17조 제2, 3항).

---

152) 대판 2006.11.23, 2004다50747 참조.
153) 이 규정에 대한 헌법적 평가로는 헌재 2006.6.29, 2005헌마165등, 18-1(하), 403면 이하 참조.

ee) 인터넷뉴스서비스의 경우: 언론사로부터 기사를 제공받아 보도하는 인터넷뉴스서비스사업자가 정정보도청구, 반론보도청구 또는 추후보도청구를 받은 경우에는 지체 없이 해당 기사에 관하여 정정보도청구 등이 있음을 알리는 표시를 하고 해당 기사를 제공한 언론사 등에 그 청구내용을 통보하여야 한다. 이와 같이 통보 받은 경우에는 기사제공언론사도 같은 내용의 청구를 받은 것으로 본다. 기사제공언론사가 정정보도청구 등의 수용 여부를 청구인에게 통지하는 경우에는 해당 기사를 매개한 인터넷뉴스서비스사업자에게도 통지하여야 한다(언론중재법 제17조의2).

다) 보도의 자유

a) 보도의 자유의 대국가적 권리

언론의 자유는 언론기관의 자유를 포함하기 때문에 보도의 자유는 언론기관의 대국가적 권리로서 당연히 보장된다. 예컨대 보도를 제한하기 위한 사전검열은 금지된다.

b) 보도의 자유와 언론의 내부질서

보도의 자유는 주로 언론기관 내부의 문제로서 편집과 경영의 분리를 통해서 편집권이 경영권의 간섭으로부터 자유로워야 한다는 것을 말한다(신문의 내적 자유). 언론기관의 공적 기능을 중시하여 경영권이 편집 및 보도에 간섭하지 못하도록 하기 위해서 「신문 등의 진흥에 관한 법률」은 신문의 편집의 자유와 독립을 보장하고, 편집인이 사업자로부터 독립하여 자율성을 갖도록 하였다(신문법 제4조). 그러나 이러한 보도의 자유는 아직 그 내용이 불확정적이며, 이의 위반에 대한 처벌규정이 있지도 않다. 헌법재판소는 이를 일종의 선언적 규정으로 보고 있다.[154)]

편집권을 보호하기 위해서 이른바 '사내민주주의'가 거론된다. 그러나 언론의 기능에 착안하여 사적 단체인 언론기관의 자율성에 개입한다 하더라도 이를 사내민주주의로 일반화할 수는 없다. 또 민주주의원리에 따라 언론기관의 조직과 구성 및 의사결정구조를 형성하는 것은 허용되지 않는다.

c) 보도의 자유와 명예훼손

언론사의 보도의 자유는 개인의 명예에 관한 권리와 긴장관계에 있다. 국민의 정보에 대한 욕구는 개인의 인격형성과 자기실현을 위하여, 또 정치적 의사

154) 헌재 2006.6.29, 2005헌마165등, 18-1(하), 374면 이하 참조.

형성에 참여하기 위하여 보장되어야 한다. 따라서 신속한 보도과정에서 허위에 대한 인식을 못하고 행한 명예훼손적 표현, 사소한 부분에 대한 허위보도에 대해서는 형사제재가 면제된다.[155] 특히 당해 표현으로 인한 피해자가 공적 인물이며, 또 그 표현이 공적 관심사안에 관한 것이라면 이에 대한 명예훼손적 표현에 대한 헌법적 심사는 완화된다.[156]

이러한 이해에 기초하여 헌법재판소는 명예훼손적 표현에 대한 형사제재의 면책요건을 다음과 같이 제시했다. 첫째, 명예훼손적 표현이 진실한 사실이라는 입증이 없어도 행위자가 진실한 것으로 오인하고 행위를 한 경우, 그 오인에 정당한 이유가 있으면 명예훼손죄는 성립되지 않는다. 둘째, 형법 제310조 소정의 명예훼손죄의 면책사유인 "오로지 공공의 이익에 관한 때"라는 요건은 언론의 자유를 보장하기 위하여 적용범위를 넓혀야 한다. 국민이 알아야 할 필요가 있는 사실에는 공공성이 인정되어야 하고, 또 사인이라도 그가 관계하는 사회적 활동의 성질과 이로 인하여 사회에 미칠 영향을 고려하여 공공의 이익은 쉽게 긍정되어야 한다. 셋째, 형법 제309조 소정의 명예훼손죄의 구성요건인 "비방할 목적"은 그 적용범위를 좁게 제한적으로 해석하여야 한다. 법관은 엄격한 증거로써 입증이 되는 경우에 한하여 행위자의 비방목적을 인정하여야 한다.[157]

판례 **공적 사안에 대한 보도와 명예훼손** (대판 2011.9.2, 2010도17237)

방송국 프로듀서 등 피고인들은 이른바 '한미 쇠고기 수입 협상'의 협상단 대표와 주무부처 장관이 미국산 쇠고기 실태를 제대로 파악하지 못하였다는 취지의 허위사실을 적시하여 이들의 명예를 훼손하였다는 내용으로 기소되었다. 그러나 피고인들은 정부가 미국 도축시스템의 실태 중 아무 것도 본 적이 없다는 구체적 사실을 적시한 것이 아니라, 미국산 쇠고기 수입위생조건 협상에 필요한 만큼 미국 도축시스템의 실태를 제대로 알지 못하였다는 주관적 평가를 내린 것이다. 이 부분 보도내용은 비판 내지 의견 제시로서 명예훼손죄에서 말하는 '사실의 적시'에 해당하지 않는다.

언론보도로 인한 명예훼손이 문제되는 경우에는 그 보도로 인한 피해자가 공적인 존재인지 사적인 존재인지, 그 보도가 공적 관심사안에 관한 것인지 순수한 사

155) 이에 대한 법원의 태도에 대해서는 대판 1996.8.23, 94도3191; 2002.1.22, 2000다37524등; 2003.10.9, 2003다24390 등 참조.

156) 대판 2011.9.2, 2010도17237 참조.

157) 헌재 1999.6.24, 97헌마265, 11-1, 777면 이하 참조. 이는 지금까지 법원의 태도이기도 하였다. 예컨대 대판 1993.6.22, 92도3160; 1994.8.26, 94도237 등 참조.

적인 영역에 속하는 사안인지, 그 보도가 객관적으로 국민이 알아야 할 공공성, 사회성을 갖춘 사안에 관한 것으로 여론형성이나 공개토론에 기여하는 것인지 등을 따져보아 공적 존재에 대한 공적 관심사안과 사적인 영역에 속하는 사안 간 심사기준에 차이를 두어야 한다. 당해 표현이 공공적·사회적인 의미를 가진 사안인 경우에는 언론의 자유에 대한 제한이 완화되어야 한다. 정부 또는 국가기관의 정책결정 또는 업무수행과 관련된 사항을 주된 내용으로 하는 언론보도로 인하여 그 정책결정이나 업무수행에 관여한 공직자에 대한 사회적 평가가 다소 저하될 수 있다. 그러나, 그 보도의 내용이 공직자 개인에 대한 악의적이거나 심히 경솔한 공격으로서 현저히 상당성을 잃은 것으로 평가되지 않는 한, 그 보도로 인하여 곧바로 공직자 개인에 대한 명예훼손이 되지는 않는다.

보도내용 중 일부가 객관적 사실과 다른 허위사실 적시에 해당한다고 하더라도 방송보도는 국민의 먹을거리와 이에 대한 정부 정책에 관한 여론형성이나 공개토론에 이바지할 수 있는 공공성 및 사회성을 지닌 사안을 대상으로 하고 있다. 또 허위사실의 적시로 인정되는 방송보도 내용은 미국산 쇠고기의 광우병 위험성에 관한 것으로 공직자인 피해자들의 명예와 직접적인 관련이 없을 뿐만 아니라 피해자들에 대한 악의적이거나 현저히 상당성을 잃은 공격으로 볼 수 없다. 이러한 사정에 비추어, 피고인들에게 명예훼손의 고의를 인정하기 어렵고 달리 이를 인정할 증거도 없다.

---

d) 취재원묵비권, 보도의 자유와 정당행위

보도의 자유의 내용에 취재원묵비권이 인정될 것인가에 대한 논란이 있다. 1980년 제정된 「언론기본법」은 제한된 범위에서 취재원을 보호하는 규정을 둔 바 있다(법 제8조). 즉 언론인은 그 공표사항의 필자, 제보자 또는 그 자료의 보유자의 신원이나 공표내용의 기초가 된 사실에 관하여 진술을 거부할 수 있다. 진술거부권이 있는 자가 보관하는 자료는 공표사항의 필자, 제보자 또는 그 자료의 보유자를 수사하거나 공표내용에 기초가 된 사실을 확인·증명 또는 수사할 목적으로 압수 또는 수색할 수 없다. 그러나 여기에는 예외가 있어서 범죄를 구성하는 내용 혹은 이와 유사한 내용이 문제되는 경우에는 취재원보호에 관한 규정은 적용되지 않는다.

아직 일반적으로 취재원묵비권이 보도의 자유에 의하여 보호되고 있지는 않다. 이 밖에 불법으로 감청 혹은 녹음된 내용을 공개하는 것은 「통신비밀보호법」에 위반되지만 일정한 요건하에 보도를 위하여 필요한 경우 정당행위로서

인정된다.[158)]

판례 **보도의 자유와 정당행위** (대판 2011.5.13, 2009도14442)

통신비밀보호법 제3조 제1항, 제16조 제1항에 의하면, 통신비밀보호법과 형사소송법 또는 군사법원법의 규정에 의하지 아니한 우편물의 검열 또는 전기통신의 감청 및 공개되지 아니한 타인 간의 대화의 녹음 또는 청취행위 등에 관여하지 않고 다른 경로를 통하여 그 통신 또는 대화의 내용을 알게 된 사람이라 하더라도, 불법 감청·녹음 등이 이루어진 사정을 알면서 이를 공개·누설하는 경우에는 통신비밀보호법 위반죄가 성립한다.

불법 감청·녹음 등에 관여하지 않은 언론기관이 그 통신 또는 대화 내용을 보도하여 공개하는 행위가 형법 제20조의 정당행위에 해당하기 위하여는 다음과 같은 요건을 충족하여야 한다. 첫째, 그 보도의 목적이 불법 감청·녹음 등의 범죄가 저질러졌다는 사실 자체를 고발하기 위한 것으로 그 과정에서 불가피하게 통신 또는 대화의 내용을 공개할 수밖에 없는 경우이거나, 불법 감청·녹음 등에 의하여 수집된 통신 또는 대화의 내용이 이를 공개하지 아니하면 공중의 생명·신체·재산 기타 공익에 대한 중대한 침해가 발생할 가능성이 현저한 경우 등과 같이 비상한 공적 관심의 대상이 되는 경우에 해당하여야 한다. 둘째, 언론기관이 불법 감청·녹음 등의 결과물을 취득함에 있어 위법한 방법을 사용하거나 적극적·주도적으로 관여하여서는 안 된다. 셋째, 그 보도가 불법 감청·녹음 등의 사실을 고발하거나 비상한 공적 관심사항을 알리기 위한 목적을 달성하는 데 필요한 부분에 한정되는 등 통신비밀의 침해를 최소화하는 방법으로 이루어져야 한다. 넷째, 그 내용을 보도함으로써 얻어지는 이익 및 가치가 통신비밀의 보호에 의하여 달성되는 이익 및 가치를 초과하여야 한다. 이러한 법리는 불법 감청·녹음 등에 의하여 수집된 통신 또는 대화 내용의 공개가 관계되는 한, 그 공개행위의 주체가 언론기관이나 그 종사자 아닌 사람인 경우에도 마찬가지로 적용된다.

---

(4) 언론·출판의 자유의 제한 및 제한 방법의 한계

언론·출판의 자유를 허가나 사전검열을 통해서 제한하는 것은 금지된다(제21조 제2항). 언론·출판의 자유에 대한 사후제한에 있어서도 언론·출판의 자유가 갖는 개인의 인격실현 및 공동체형성의 기능을 중시하여 다른 경제적 영역에 적용되는 기본권에 비해서 엄격한 기준이 적용된다. 즉 언론의 자유는 언론의 자유를 향유함으로써 국가안전보장·질서유지, 그리고 공공복리에 위해(危害)를

158) 대판 2011.5.13, 2009도14442 참조.

주는 것이 명백하고, 그 위해가 현존하는 경우에 한하여 제한될 수 있다. 헌법은 언론의 자유의 한계로서 타인의 명예나 권리, 공중도덕 및 사회윤리를 열거하고 있다(제21조 제4항). 예컨대 사실을 적시하는 표현도 타인의 명예를 훼손하는 한 형사처벌의 대상이 된다.[159)]

가) 헌법 제37조에 의한 제한과 비상계엄시의 제한

검열에 해당하지 않는 사전심사로서, 예컨대 법관의 영장에 의한 영화물의 압수, 그리고 사후심사의 결과 사법절차에 의한 영화상영금지 등은 허용된다. 일반적으로 표현의 자유는 헌법 제37조 제2항에 의하여 제한되며, 또 다른 개인의 법익과 비교형량하여 조정된다.

언론·출판의 자유를 제한하는 법률은 그 내용이 명확하여야 한다. 불명확한 규정에 의한 규제는 자의적인 법집행을 할 수 있게 하고, 그 결과 표현의 자유를 위축시키기 때문이다. 예컨대 「국가보안법」상 누설이 금지되는 국가기밀은 그 의미를 한정적으로 해석하여야 한다. 즉 이때 국가기밀에 있어서 실질적 요건으로는 '비공지성'(非公知性), 즉 보통 일반인에게 알려지지 아니하였고, '요비닉성'(要秘匿性), 즉 비밀로 감추고 보호해야 할 필요성과 상당성 및 '실질비성'(實質秘性)을 갖춘 것을 말한다. 실질비성이란 비밀로서 보호될 만한 실질적 가치가 있음을 말한다.[160)] 이밖에 「전기통신기본법」상 공익을 해할 목적으로 허위의 통신을 한 자를 처벌하는 규정은 '공익' 및 '허위의 통신'의 내용이 명확하지 않기 때문에, 또 형법에서 대한민국 또는 헌법상 국가기관에 대하여 모욕, 비방, 사실왜곡, 허위사실 유포 또는 기타 방법으로 대한민국의 안전, 이익 또는 위신을 해하거나 해할 우려가 있는 표현행위를 처벌하는 규정은 '기타 방법', 대한민국의 '이익'이나 '위신' 등의 용어가 불명확하고 적용 범위가 지나치게 넓다는 이유로 위헌으로 결정되었다.[161)]

언론·출판의 자유에 대한 제한에 있어서 실체법적으로는 과잉금지의 원칙이 존중되어야 한다.[162)]

헌법 제77조 제3항에 의하여 비상계엄이 선포된 경우 법률이 정하는 바에 의하여 언론·출판의 자유에 관하여 특별한 조치를 할 수 있다. 특별한 조치의

---

159) 이에 대한 헌법적 판단으로는 헌재 2021.2.25, 2017헌마1113등, 33-1, 266면 이하 참조.

160) 헌재 1997.1.16, 92헌바6등, 9-1, 34면 이하; 1997.1.16, 89헌마240, 9-1, 84면 이하 등 참조.

161) 헌재 2010.12.28, 2008헌바157등, 22-2(하), 684면 이하; 2015.10.21, 2013헌가20, 27-2(상), 705면 이하 등 참조. 이 밖에 2024.6.27, 2023헌바78, 36-1(하), 388면 이하 참조.

162) 헌재 1995.7.21, 92헌마177등, 7-2, 112면 이하 참조. 이 밖에 헌재 2015.10.21, 2013헌가20 참조.

내용에 대해서 「계엄법」이 직접 규율하고 있지는 않다. 생각건대 언론·출판의 자유에 대한 통상적인 제한은 헌법 제37조 제2항에 의하여 이루어진다. 비상계엄하의 특별한 조치는 이와는 다른 내용을 가진다. 따라서 비상계엄하에서는 헌법이 통상적인 경우에는 금지하는 허가나 사전검열의 방법에 의하여 언론·출판의 자유가 제한될 수 있다. 다만 이러한 조치들은 과잉금지의 원칙을 존중하여야 하며, 사법심사의 대상이 된다.

판례 **영화등급분류와 법적 명확성**(헌재 2008.7.31. 2007헌가4)

영화진흥법 제21조 제3항 제5호는 '제한상영가' 등급의 영화를 '상영 및 광고·선전에 있어서 일정한 제한이 필요한 영화'라고 정의하고 있다. 이 규정은 제한상영가 등급의 영화가 어떤 영화인지를 말해주기보다는 제한상영가 등급을 받은 영화가 사후에 어떠한 법률적 제한을 받는지를 기술하고 있으므로, 제한상영가 영화가 어떤 영화인지 이 규정에 의해서는 짐작하기 어렵다. 제한상영가 영화가 어떤 내용의 영화인지를 예측할 수 있도록 하려면 이러한 등급분류판정을 받은 후에 가해지는 법률적 효과가 아니라 그 영화 자체가 어떤 내용의 영화인지에 대한 정보를 법률 규정이 제공하여야 한다. 그런데 이 규정은 그 자체로는 이에 대해 아무런 정보도 제공하고 있지 않다.

다른 등급의 영화가 어떻게 규정되어 있는가를 종합적으로 판단하여 제한상영가 등급의 영화가 어떤 영화인지를 짐작할 수 있다면 명확성 원칙을 위반하는 것은 아니다. 그런데 영화의 상영등급분류 규정인 영화진흥법 제21조 제3항은 제한상영가 등급 이외의 다른 등급의 영화에 대해 '몇 세 미만의 자'는 관람할 수 없는 영화 등으로 규정하고 있다. 이러한 규정을 통하여서도 각각의 등급에 해당하는 영화가 어떤 영화인지 예측하기 어렵다. 예컨대 사회통념에 비추어 각 등급의 영화들이 어떤 내용을 가진 영화인지를 대강 예측할 수 있다고 가정하더라도 18세 관람가 등급과 제한상영가 등급이 갈라지는 기준은 결국 음란성, 폭력성 등의 정도가 될 것이다. 그런데 그 정도가 구체적으로 어떠한 내용인지가 분명하지 않기 때문에 결국 등급분류의 권한을 가지고 있는 영상물등급위원회가 정하는 바에 따라 나뉘게 될 것이고, 이것은 영화의 등급을 판정하는 영상물등급위원회의 자의적인 권한행사를 가능하게 할 것이다.

나) 허가 및 검열금지

언론·출판의 자유를 허가나 검열에 의하여 제한하는 것은 허용되지 않는다. 언론의 자유를 원칙적으로 제한하고 예외적으로 허용하는 규정을 두면서 예외적인 허용 여부에 대해서 행정청이 폭넓은 재량을 갖는 경우에는 허가에 해당한다. 허가는 일반적으로 금지되는 행위를 금지의 대상에서 해제하여 행위를 적법한 것으로 보는 행정행위이다. 그런데 헌법제정권자가 어떠한 상황을 염두에 두고, 또 어떠한 목적을 실현하기 위하여 허가제를 헌법에서 금지하고 있는지, 그리고 사전검열금지 이외에 허가제가 독자적인 의미가 있는지는 아직 명확하지 않다. 헌법재판소는 허가와 검열을 본질적으로 같은 것으로 이해하고 있다.[163)]

사전검열은 비상계엄이 선포된 경우를 제외하고는 허용되지 않는다. 사전검열금지가 적용되는 범위를 좁혀서 이해하려는 시도가 있다. 이에 따르면 언론 및 출판이 개인의 인격실현의 매체로서, 또 민주주의 실현을 위한 요소로서 기능하는 경우에는 사전검열은 절대적으로 금지되지만(절대적 사전검열금지의 원칙), 상업광고와 같이 사상이나 지식에 관한 표현행위와 관련이 없는 경우에는 엄격한 사전검열금지의 원칙이 적용되지 않으며, 과잉금지의 원칙이 주로 심사의 기준으로 적용되어야 한다.[164)] 그러나 상업광고가 언론의 자유의 보호범위에 해당하는 한 이에 관한 사전검열금지를 일반적인 의사표현행위에 비해서 완화할 수 있는 헌법적 근거는 없다.

1962년 헌법은 검열을 원칙적으로 인정하지 않으면서 공중도덕과 사회윤리를 위하여 영화와 연예에 대해서는 검열을 할 수 있도록 하였다(1962년 헌법 제18조 제2항). 그러나 현행 헌법은 이에 관한 규정을 두지 않았기 때문에 의사표현에 대한 사전검열은 허용되지 않는다. 위에서 언급했듯이 한때 사전검열에 상대적 효력을 부여하였던 헌법재판소는 다시 사전검열이 엄격히 금지된다는 입장을 유지하고 있다.[165)] 언론·출판의 자유는 검열이 아닌 사전제한 혹은 사후규제를 통하여 제한될 수 있다.

검열은 의사표현의 발표 여부가 오로지 행정권의 허가에 종속되어 있는 사전심사를 말한다. 검열로 평가되기 위해서는 다음과 같은 네 가지 요건을 충족하여야 한다.[166)]

---

163) 헌법재판소는 방송사업허가는 헌법이 금지하는 허가에는 해당하지 않는다고 한다. 헌재 2001.5.31, 2000헌바43등, 13-1, 1179면 이하 참조. 그러나 방송사업의 경우 허가라는 표현을 쓰고는 있지만 이는 특허의 법적 성격을 갖기 때문에 금지 혹은 허용되는 허가인가에 대한 논증은 불필요한 것이었다.

164) 이에 대해서는 헌재 2010.7.29, 2006헌바75, 22-2(상), 252면 이하 참조.

165) 예컨대 헌재 2015.12.23, 2015헌바75, 27-2(하), 637면 이하 참조.

166) 이에 대해서는 헌재 1996.10.4, 93헌가13등, 8-2, 222면 이하; 2015.12.23, 2015헌바75 등 참조.

첫째, 사상이나 의견이 발표되기 전에 일반적으로 허가를 받기 위하여 표현물의 제출의무가 있어야 한다. 따라서 표현물의 제출의무없이, 예컨대 형법상의 음란물이라는 이유로 법관이 발부한 영장에 의해 이루어지는 출판물에 대한 압수는 검열에 해당하지 않는다. 또 이미 발행한 정기간행물의 납본제도는 그 내용을 심사하여 발행 여부를 결정하는 것은 아니기 때문에 검열이 아니다.[167) 행정청의 사전심사가 있는 경우에도 출판의 허용 여부가 아니라, 해당 출판물을 교과서로 쓸 수 있는가를 결정하기 위한 것인 때에는 검열에 해당하지 않는다.[168) 또 옥외광고물을 설치하는 경우에 광고물의 종류·모양·크기·색깔, 표시 또는 설치의 방법 및 기간 등을 규제하기 위하여 제출하는 것은 의견내용을 사전에 통제하는 목적을 갖지 않으므로 검열에 해당하지 않는다.[169)

둘째, 행정권이 주체가 되어 사전심사절차가 예정되어 있어야 한다. 심사의 주체가 행정기관인가의 여부는 기관의 형식이 아니라 그 실질에 따라 판단하여야 한다. 독립적인 위원회에서 검열하는 경우에도 행정권이 주체가 되어 검열절차를 형성하고 검열기관의 구성에 지속적인 영향을 미칠 수 있는 경우에는, 실질적으로 행정기관에 해당한다. 이러한 기준에 따라서 헌법재판소는 구 「영화진흥법」상의 영상물등급위원회를 행정기관으로 판단하였다. 위원을 대통령이 위촉하고, 그 구성방법 및 절차에 관하여 필요한 사항을 대통령령으로 정하였으며, 국가예산으로 그 운영에 필요한 경비의 보조를 받을 수 있기 때문이다.[170)

셋째, 허가를 받지 않은 의사표현이 금지되어야 한다. 따라서 심의기관에서

167) 구 「정기간행물의 등록 등에 관한 법률」 제10조가 이러한 규정을 두고 있었으며, 이에 대해서 헌법재판소는 합헌결정을 한 바 있다. 헌재 1992.6.26, 90헌바26, 4, 371면 참조.

168) 헌재 1992.11.12, 89헌마88, 4, 759면 참조.

169) 헌재 1998.2.27, 96헌바2, 10-1, 118면 이하 참조.

170) 헌재 2001.8.30, 2000헌가9, 13-2, 149면 참조. 이미 헌법재판소는 당시 「영화법」상의 심의기관인 공연윤리위원회에 대해서도 행정기관으로 그 성격을 규명한 바 있다. 헌재 1996.10.4, 93헌가13등, 8-2, 226면 참조. 음반 및 비디오에 대한 사전검열의 위헌성에 대해서는 헌재 1996.10.31, 94헌가6, 8-2, 404면 이하('음반'); 헌재 1998.12.24, 96헌가23, 10-2, 816면 이하; 1999.9.16, 99헌가1, 11-2, 253면 이하; 2000.2.24, 99헌가17, 12-1, 113면 이하('비디오') 등 참조. 이후 「음반·비디오물 및 게임물에 관한 법률」상의 영상물등급위원회 역시 행정기관으로 판단되었으며, 이에 의한 사전심의가 사전검열에 해당하는 것으로서 해당 규정이 위헌으로 결정되었다. 헌재 2006.10.26, 2005헌가14, 18-2, 379면 이하('음반') 참조; 헌재 2008.10.30, 2004헌가18, 20-2(상), 664면 이하('비디오') 참조. 광고물을 사전 심의하는 방송위원회 및 광고심의위원회, 그리고 의사협회에 대해서도 행정기관으로서의 성격을 부여하였다. 헌재 2008.6.26, 2005헌마506, 20-1(하), 411면 이하; 2015.12.23, 2015헌바75, 27-2(하), 641면 이하; 2018.6.28, 2016헌가8등, 30-1(하), 327면 이하 등 참조.

허가절차를 통하여 영화의 상영 여부를 종국적으로 결정한다면 이는 검열이다. 이에 비해서 「영화 및 비디오물의 진흥에 관한 법률」상 영화의 등급을 심사하는 것은 사전검열이 아니다(법 제29조). 등급심사를 받지 않은 영화의 상영을 금지하고 그 위반에 대해서 행정적 제재를 가하기는 하지만, 상영금지는 심의의 결과가 아니고 등급심사를 관철하기 위한 조치이기 때문이다.[171] 이에 비해서 등급분류를 보류하는 결정은 그 횟수의 제한이 없으며, 그 결과 무한정 등급분류가 보류될 수 있다. 이는 비록 형식적으로는 '등급분류보류'이지만 실질적으로는 영상물등급위원회의 허가가 없으면 영화를 통한 의사표현이 금지되기 때문에 검열에 해당한다.[172]

넷째, 심사를 관철할 수 있는 강제수단이 존재하여야 한다. 영화와 관련해서 보면 등급분류를 받지 않은 영화의 상영을 금지하고, 상영을 강행할 경우 과태료를 부과하며, 상영금지 혹은 정지명령을 내리거나, 이에 위반하는 경우 형벌을 부과하는 등이 강제수단에 해당한다. 위에서 살펴본 영상물등급위원회에 의한 등급분류보류제도는 등급분류보류결정 후 문제된 내용을 삭제 혹은 수정하지 않는 한 무한정으로 등급분류가 보류되고 그 결과 영화를 통한 의사표현을 할 수 없다는 점에서 실질적으로는 심사절차를 관철할 수 있는 강제수단에 해당한다.

다) 내용 제한과 내용중립적 제한

표현의 자유의 실체적 내용이 제한되는 경우 심사는 강화된다. 이 경우 개인의 의사표현 그 자체가 제한되고, 그 결과 균형 있는 여론형성이 차단되기 때문이다. 이에 비해서 내용중립적인 제한에 대한 심사는 완화된다.[173] 이 경우 의사표현 그 자체가 아니라 표현의 시기, 장소, 형식 등에 대한 규제가 이루어지기 때문이다.

3. 집회 · 결사의 자유

(1) 집회 · 결사의 자유의 공통점과 차이점, 그리고 기능

집회와 결사의 자유는 모두 집단적인 의사의 형성과 표현을 보호한다. 집회

---

171) 헌재 1996.10.4, 93헌가13등, 8-2, 224면 이하 참조.

172) 헌재 2001.8.30, 2000헌가9, 13-2, 150면 참조.

173) 헌재 2010.12.28, 2008헌바89, 22-2(하), 673면 이하; 2012.7.26, 2009헌바298, 24-2(상), 55면, 58면 등 참조.

는 단기적인 형태의 의사표현행위이며, 여기에는 시위가 포함된다. 반면 결사는 시간적으로 지속성을 갖는 집단의 의견형성과 표현을 위한 조직형태를 말한다.

집회 및 결사의 자유는 개인의 의사를 집단적으로 표현하여 인격을 실현하는 기능을 수행한다. 집회 및 결사의 자유는 동시에 민주주의를 실현하는 데 필수적인 기본권이다. 민주주의는 국가권력의 정당성이 국민에게 있는 국가이다. 민주주의에서는 추정적인 국민의 의사에 기초하여 대의과정을 통하여 국가의사가 형성된다. 집회 및 결사의 자유는 이와 같이 국가의사를 형성하는 과정에 국민 개인 혹은 집단의 구체적인 의사를 투입하여 추정적인 국민의 의사와 구체적인 국민의 의사가 심각하게 괴리되는 위기를 방지하는 데 기여한다. 이 점에서 집회 및 결사의 자유는 소수 보호의 기능을 수행한다. 특히 국가권력을 객관적인 시각에서 비판적으로 감시하는 언론의 기능이 약화되어 있는 경우 집회 및 결사의 자유는 이를 보완한다. 또 설혹 언론이 객관적인 시각에 따라 여론을 형성한다고 해도, 이에 의해서 반영될 수 없는 소수의 의견은 이제 집회 및 결사의 자유에 의하여 표현될 수 있다. 이때 집회 및 결사의 자유는 제도언론을 보완한다. 따라서 민주주의가 억제되고 있는 정치적 상황에서는 일반적으로 언론뿐 아니라 집회 및 시위에 대한 통제도 이루어진다.

집회의 자유는 한계적인 상황에서 이른바 시민불복종을 정당화하는 맥락에서 논의되기도 한다. 즉 다수에 대한 설득과 항거뿐 아니라 더 나아가서는 다수에 대한 불복종의 가능성이 집회의 자유에서 논의될 수 있다.[174)]

(2) 집회의 자유

가) 집회의 개념

a) 다수인의 공동목적

집회는 다수인이 공동목적을 위하여 의견을 형성하고 표현하기 위한 일시적

174) 그러나 일반적으로는 시민불복종이론은 독일에서는 수용되지 못하고 있다. 시민불복종운동은 국가의 권력독점(Gewaltmonopol)의 이념에 기초하여 강력히 비판되고 있기도 하다. 독일의 연방최고법원(BGH) 역시 시민불복종을 법적 논거로서 거부한 바 있다. *BGHSt* 23, 46(56면 이하) 참조. 이후 독일에서는 연좌시위(Sitzblockade)의 합헌성을 논증하는 중요한 논거로서 시민불복종이론이 제시된 바 있다. 독일의 연방헌법재판소는 이에 대해서 자세한 판단을 하지는 않았지만 적어도 시위로 인하여 제3자의 권리가 침해된다면 시민불복종이론이 연좌시위에 대한 부정적인 판단을 극복하는 논거가 될 수는 없다. *BVerfGE* 73, 252면 참조. 집회의 자유에 포섭하여 시민불복종을 정당화하려는 시도가 있기는 하지만, 규범적인, 특히 헌법적인 차원에서 이를 포섭하여 정당화하는 데에는 현재까지는 한계를 보이고 있다.

인 모임이다. 집회가 성립되기 위해서는 2인 이상의 모임이어야 한다. 이른바 '1인 시위'는 헌법 및 「집시법」상의 시위는 아니다. 1인 시위는 언론의 자유의 보호대상이다.

집회에는 다수인 사이에 공동의 목적이 있어야 한다. 이때 공동의 목적은 공적 사안에 한정되는 것은 아니다. 따라서 정치적 혹은 그 밖의 공적인 목적의 집회뿐 아니라 사적 목적을 추구하는 집회 역시 보호된다. 또 다수인이 공동의 목적을 달성하기 위한 내적 유대가 있어야 한다.[175] 이에 비해서 공동의 목적이 없이 단순히 운집한 군중은 집회가 아니다.

b) 집회와 시위·행진

집회에는 시위가 포함된다. 시위는 불특정다수인의 의견에 영향을 주거나 제압을 가하는 행위로서, 구체적으로는 다수인이 공동목적을 가지고 도로·광장·공원 등 공중이 자유로이 통행할 수 있는 장소를 행진하거나 혹은 위력 또는 기세를 보이는 형태로 이루어진다(집시법 제2조 제2호). 이로써 집회의 개념은 이중적이다. 첫째, 넓은 의미에서 집회는 시위를 포함하여 다수인이 공동목적으로 의견을 형성하고 표현하는 일시적인 모임이다. 시위의 개념을 움직이는 집회라고 정의할 수는 없다. 움직이는 집회가 시위에 해당하지만 시위가 이것만을 포괄하는 것은 아니다.[176] 둘째, 좁은 의미에서의 집회는 시위를 제외한 범주의 모임이다.

집회 및 시위와 개념적으로 구분이 어려운 것이 행진이다. 또 행진은 법적 효과에 있어서도 차이가 있다. 「집시법」상 교통소통을 위하여 집회 및 시위를 금지 또는 제한하는 경우에도 행진은 허용될 수 있다(집시법 제12조 제2항). 행진은 개념적으로 불특정다수인의 의견에 영향을 주거나 제압을 가할 의도가 없는 다수인의 움직임으로서 공공의 안녕질서 또는 국가기관의 기능이나 안녕에 미치는 영향이나 위험이 비교적 작은 행위를 말한다. 그러나 실제에 있어서는 시위와 단순 행진을 구별하기는 쉽지 않으며, 그 결과 시위를 관리하는 행정청의 권한이 남용될 가능성이 있다.

---

175) 공동의 목적에 대한 다양한 이해방법에 대해서는 이희훈, "집회의 자유의 보호와 제한에 관한 연구"(연세대박사학위논문, 2006) 참조.

176) 그런데 일반적으로 시위는 움직이는 집회라고 이해하고 있다. 이는 위에서 언급했듯이 우리의 「집시법」의 규정에 충실한 해석은 아니다. 아마도 독일의 집회법, 즉 집회 및 행진에 관한 법률(Gesetz über Versammlungen und Aufzüge)상의 행진의 개념을 우리 「집시법」상의 시위의 개념이해에 적용한 결과가 아닌가 생각한다.

c) 긴급집회와 우발적인 집회

다수인의 공동목적이 있는 경우에는 사전에 계획된 집회뿐 아니라 긴급히 조직된 집회(긴급집회), 그리고 즉석에서 동기가 부여되어 우발적으로 행하는 집회(우발적인 집회) 역시 보호된다. 이와 같은 집회의 경우 사전신고제도가 적용될 수 없는데 「집시법」은 이 점을 고려하지 않고 있다. 이러한 입법적 불비를 헌법재판소와 법원은 해석을 통하여 극복하고 있다.

헌법재판소는 집회의 긴급성 때문에 사전에 신고를 할 수 없는 경우에는 신고 가능한 즉시 신고하면 처벌을 할 수 없다고 보았다. 이로써 긴급집회의 가능성이 인정되었다.[177] 계획된 시위를 저지하는 경찰의 조치에 대하여 항의하는 집회에 있어서와 같이 우발적인 집회를 주도한 자는 사전신고의무가 있는 집회개최인이 될 수 없으며, 따라서 이 경우 사전신고의무를 위반하였다는 이유로 처벌할 수 없다.[178]

판례 **긴급집회** (헌재 2014.1.28, 2011헌바174등)

헌법 제21조 제1항을 기초로 하여 심판대상조항을 보면, 긴급집회의 경우에는 신고 가능성이 존재하는 즉시 신고하여야 하는 것으로 해석된다. 따라서 신고 가능한 즉시 신고한 긴급집회의 경우에까지 심판대상조항을 적용하여 처벌할 수는 없다. 그러나, 그러한 신고조차 하지 아니하는 경우에는 일응 심판대상조항의 구성요건 해당성이 충족되는 것으로 보아야 한다. 다만, 이 경우에도 48시간 이내에 신고를 할 수 없는 긴급한 사정이 있고, 옥외집회나 시위가 평화롭게 진행되어 타인의 법익이나 공공의 안녕질서에 대한 직접적인 위험이 명백하게 초래된 바가 없다면, 사회상규에 위배되지 아니하는 행위로서 위법성이 조각될 수 있고, 나아가 사안에 따라서는 적법행위에 대한 기대가능성이 없어 책임이 조각되는 경우도 있을 수 있다. 그리고 이는 구체적 사안을 전제로 헌법상 보장되는 집회의 자유의 내용과 심판대상조항이 보호하고자 하는 공익을 구체적으로 비교형량하여 법원이 판단하여야 할 개별사건에서의 법률의 해석·적용에 관한 문제이다.

나) 집회의 자유의 보장과 제한

집회의 자유를 통해서 집회의 개최·사회·진행 및 집회에의 참가가 보장된다. 또 집회개최자는 집회의 시간, 장소, 방법 및 목적을 자유롭게 결정할 수

177) 헌재 2014.1.28, 2011헌바174등, 26-1(상), 47면 이하 참조. 이 결정에는 긴급집회의 경우 사전신고의무에 대한 예외를 두고 있지 않으므로 위헌이라는 반대의견이 있었다.

178) 대판 1991.4.9, 90도2435 참조.

있다. 집회는 다수인의 표현행위로서 직접적으로 사회적 관련성을 가지므로 언론의 자유에 비해서 좀 더 제한을 받는다. 그러나 집회의 자유를 제한하는 근거인 법률은 명확하여야 한다. 개정 전 「집시법」은 제3조 제1항 제4호에서 '현저히 사회적 불안을 야기할 우려'가 있는 집회를 금지하였다. 헌법재판소는 이에 대해서 공공의 안녕과 질서에 직접적인 위협을 가할 것이 명백한 경우에 한하여 적용되는 것으로 해석하는 한 위헌이 아니라는 결정을 한 바 있다.[179] 그러나 이와 같은 불명확한 규정은 개인의 법적 지위를 불안정하게 하고, 행정청에게는 자의적인 공권력 행사를 가능하게 하기 때문에 위헌이라고 보아야 한다.[180] 이후 해당 규정은 개정되어 현행 「집시법」 제5조 제1항 제2호에 의하면, '집단적인 폭행·협박·손괴·방화 등으로 공공의 안녕질서에 직접적인 위협을 끼칠 것이 명백한 집회 또는 시위'를 금지하고 있다.

집회에 대한 사전허가제는 금지된다. 그러나 집회에 대한 모든 사전적인 제한이 금지되는 것은 아니다. 집회의 자유를 제한하는 방법으로 금지하고 있는 허가제는 다음과 같은 특성을 갖는다.[181] 첫째, 행정법상 허가란 특정한 행위를 일반적으로 금지하고, 특별한 경우에 공익에 반하지 않는 한 금지대상인 행위를 해제하는 행정행위이다. 집회는 일반적으로 허용되어야 하며, 따라서 예외적으로 허용되는 형태로 보장되어서는 안 된다. 둘째, 허가제에 따르면 필연적으로 허가를 결정하는 과정에서 행정청의 실질적인 심사가 이루어진다. 따라서 허가제가 금지된다는 것은 집회의 허용 여부 혹은 금지통고의 결정에 있어서 행정청은 실질적인 심사를 자제하고, 형식적인 심사에 국한하여야 한다는 의미를 갖는다.

아래에서 설명하는 야간옥외시위를 원칙적으로 금지하고, 일정한 조건 하에 관할경찰서장이 예외적으로 허용하는 규정에 대해서 헌법재판소는 금지의 규제를 완화하는 효과를 갖는다는 이유로 허가제로 보지는 않았다.[182]

다) 집회의 자유에 대한 절차법적 제한

a) 사전신고와 금지통고

옥외집회를 하기 위해서는 집회개최 전에 신고를 하여야 한다. 집회를 주최

179) 헌재 1992.1.28, 89헌가8, 4, 4면 이하 참조.
180) 이에 해당하는 결정으로는 헌재 2016.9.29, 2014헌가3등, 28-2(상), 271면 이하 참조.
181) 헌재 2016.9.29, 2014헌가3등, 28-2(상), 274면 참조.
182) 헌재 2014.4.24, 2011헌가29, 26-1(상), 580면 참조. 이에 비해서 같은 규정을 허가제에 해당한다고 본 결정으로는 헌재 2009.9.24, 2008헌가25, 21-2(상), 440면 이하 참조.

하는 자는 옥외집회 또는 시위의 720시간 전부터 48시간 전에 관할 경찰서장에게 신고서를 제출하여야 한다(집시법 제6조 제1항). 개정 전 「집시법」은 48시간 전이라는 종기(終期)만을 규정하였으나 개정법은 시기(始期)를 함께 규정하였다. 이는 특정 집단이 한 장소에서 장기간 독점적으로 집회 및 시위를 행하는 폐해를 예방하고, 또 다른 집회가 개최되는 것을 저지하기 위하여 같은 장소에서 장기간 집회신고를 하고 실제 집회를 개최하지 않는 이른바 허위집회를 방지하는 목적을 갖는다. 이 밖에 허위집회를 방지하기 위하여 집회를 하지 않게 된 경우에는 집회 일시 24시간 전에 철회를 신고하여야 하며, 이를 위반하는 경우 과태료를 부과할 수 있다(법 제6조 제3항).

헌법재판소의 결정에 따라 해산된 정당의 목적을 달성하기 위한 집회 및 시위, 집단적인 폭행, 협박, 손괴, 방화 등으로 공공의 안녕 질서에 직접적인 위협을 끼칠 것이 명백한 집회 또는 시위, 금지되는 야간옥외 집회 및 시위, 집회금지장소에서의 집회 및 시위에 해당하는 경우에는 신고서를 접수한 때부터 48시간 이내에 집회 또는 시위의 금지를 통고할 수 있다. 집회 또는 시위가 집단적인 폭행, 협박, 손괴, 방화 등으로 공공의 안녕 질서에 직접적인 위험을 초래한 경우에는 남은 기간의 해당 집회 또는 시위에 대하여 신고서를 접수한 때부터 48시간이 지난 경우에도 금지 통고를 할 수 있다. 또 신고서 제출 후 보완통고를 하였음에도 불구하고 보완하지 않은 경우에 금지통고를 할 수 있다. 이 밖에 다음과 같은 경우 거주자나 관리자가 시설이나 장소의 보호를 요청하는 경우에는 집회 및 시위의 금지 또는 제한을 통고할 수 있다. 다른 사람의 주거지역이나 이와 유사한 장소로서 집회나 시위로 재산 또는 시설에 심각한 피해가 발생하거나 사생활의 평온을 뚜렷하게 해칠 우려가 있는 경우, 신고장소가 「초·중등교육법」에 의한 학교의 주변 지역으로서 집회 또는 시위로 학습권을 뚜렷이 침해할 우려가 있는 경우, 신고장소가 「군사기지 및 군사시설 보호법」에 따른 군사시설의 주변 지역으로서 집회 또는 시위로 시설이나 군 작전의 수행에 심각한 피해가 발생할 우려가 있는 경우 등이다(집시법 제8조). 금지통고에 대해서는 이의신청과 행정소송에 의한 구제가능성을 두고 있다(집시법 제9조).

b) 사전신고제도의 기능 및 문제점

사전신고제도는 집회의 자유를 규제할 뿐 아니라 다음과 같은 의미에서 보호하는 기능을 수행한다. 국가는 집회의 자유를 불개입을 통하여 보호할 뿐 아니라 적극적으로 조정하여 집회의 자유를 실질적으로 행사할 수 있도록 하여야 한다. 이를 위하여 행정청은 사전신고를 받아 집회의 장소·시간·인원 등을 파악하여야 한다. 이와 같이 집회에 관한 사전정보가 제공되었을 때 비로소 행정청은 이에 기반하여 집회의 자유를 효율적으로, 그리고 공동체의 이익과 조화를 이루면서 행사할 수 있도록 집회개최자와 신뢰에 기초한 협력관계에 들어갈 수 있다. 행정청은 사전적인 조정을 함에 있어서 금지조치에 앞서 우선적으로 일정한 조건을 붙여 집회의 자유를 실현할 수 있는지를 검토하여야 한다. 또 이러한 사전적인 제한에 앞서 우선 집회를 개최하도록 하고, 집회가 공공의 안녕에 위해(危害)를 가하는 형태로 진행되는 경우 자율적 혹은 타율적인 해산권고 및 해산조치를 취하여야 한다. 이와 같은 형태로 실현될 때 사전신고제도는 「집시법」의 입법목적, 즉 적법한 집회 및 시위를 최대한 보장하려는 목적(집시법 제1조)과 조화될 수 있다.

사전신고제도의 보호기능을 「집시법」은 다음과 같이 반영하고 있다. 즉, 집회 또는 시위의 시간과 장소가 중복되는 신고가 있으며 집회 또는 시위 간에 방해의 위험이 있는 경우에는 관할경찰서장은 시간을 나누거나 장소를 분할하여 개최하도록 권유하는 등의 방법으로 집회 또는 시위가 서로 방해받지 않고 개최·진행될 수 있도록 노력하여야 한다. 이러한 권유가 받아들여지지 않으면 뒤에 접수된 집회 또는 시위에 대하여 금지를 통고할 수 있다(집시법 제8조 제2,3항). 따라서 집회 또는 시위 장소가 중복되는 2개 이상의 신고가 있고, 이들 집회의 목적 등이 상반되기 때문에 충돌의 우려가 있다는 이유로 두 개의 집회에 대해서 모두 금지통고를 하는 것은 헌법에 위반된다.[183]

집회해산의 실질적인 상황, 즉 타인의 법익이나 공공의 안녕질서에 직접적인 위험이 명백하게 존재하지 않는 경우에도 사전신고가 없는 집회라는 이유로 곧 해산명령을 할 수는 없다. 그렇지 않다면 사전신고는 허가를 구하는 신청의 성격을 가질 수 있기 때문이다.[184] 좀 더 근본적으로 보면 외형상 옥외집회에 해당하더라도 외부질서와 관련성이 제한적인 경우에는 사전신고의무를 엄격하게 적용하여서는 안 된다. 집회의 목적, 방법 및 형태, 그리고 참가자의 인원 및 구성 등에 비추어 볼 때 제3자와 법익이 충돌하거나, 공공질서에 대한 위해성이 없으며, 일반적인 사회생활질서의 범위 안에서 개최되는 집회는 외형상 옥외집회에 해당하더라도 사전신고의무를 위반하였다는 이유로 처벌될 수 없

183) 헌재 2008.5.29, 2007헌마712, 20-1(하), 305면 이하 참조.
184) 대판 2012.4.19, 2010도6388; 2012.4.26, 2011도6294 등 참조.

다.[185)]

현행 「집시법」은 신고기재사항으로 지나치게 과다하고 불필요한 내용을 들고 있다(집시법 제6조 제1항, 시행령 제2조). 이 경우 행정청이 사전신고된 집회와 실제 개최되는 집회 간에 동일성이 있는가에 대해서 넓은 판단의 여지를 갖게 되고, 그만큼 권한이 남용될 수 있다.[186)] 개선이 필요한 사항이다.

라) 집회의 자유에 대한 실체법적 제한

현행법상 집회의 자유를 실체법적 기준에 의하여 제한하는 유형은 다음과 같다.

a) 폭력집회

집회의 자유는 본질적으로 평화로운 집단적 의사표현을 보호한다.[187)] 그리고 이를 통하여 대의과정에서 의사형성을 보충하는 기능을 수행한다. 따라서 민주주의를 부인하는 내용의, 그리고 폭력적인 집회는 헌법 및 「집시법」상의 집회에 해당하지 않는다. 헌법재판소의 결정에 의하여 해산된 정당의 목적을 달성하기 위한 집회 또는 시위, 집단적인 폭행·협박·손괴·방화 등으로 공공의 안녕질서에 직접적인 위협을 가할 것이 명백한 집회 또는 시위는 금지된다(집시법제5조 제1항 제1, 2호). 이는 절대적 집회금지사유이다.

이 밖에 집회 또는 시위의 주최자는 총포, 폭발물, 도검(刀劍), 철봉, 곤봉, 돌덩이 등 생명을 위협하거나 신체에 해를 끼칠 수 있는 기구를 휴대하거나 사용하여서는 안 되며, 폭행, 협박, 손괴, 방화 등으로 질서를 문란하게 하는 행위를 하여서는 안 된다(집시법 제16조).

b) 야간집회

원칙적으로 야간, 즉 해 진 후·해 뜨기 전의 옥외집회는 허용되지 않는다. 다만 집회의 성격상 부득이한 경우에는 질서유지인을 두고 미리 신고하면 관할경찰서장은 질서유지를 위한 조건을 붙여 야간집회를 허용할 수 있다(집시법 제10조). 야간집회가 주간집회에 비해서 해산사유가 발생했을 때 해산이 쉽지 않은 것은 사실이다. 그러나 이러한 사유가 존재한다고 해서 야간집회를 원칙적으로 금지하는 것은 헌법적 정당성을 가질 수 없다. 첫째, 야간집회가 주간집회에 비해서

185) 대판 2012.4.26, 2011도6294; 2013.10.24, 2012도11518 참조.

186) 사전신고된 집회와 실제 개최되는 집회 간에 동일성의 범위를 넓게 이해하려는 시도로는 대판 2008.7.10, 2006도9471 참조.

187) 공공의 안녕질서를 위협하는 비평화적 집회로 인정된 예로는 대판 1990.6.22, 90도767 참조. 비평화적 집회의 성격이 부인된 예로는 대판 1991.11.26, 91도2440 참조.

반드시 공공질서와의 충돌가능성이 높다고 할 수 없다. 예컨대 옥외집회와 옥내집회를 비교하면 전자의 경우 후자의 경우에 비해서 물리적인 노출가능성이라는 비교적 명백한 특성이 나타난다. 그러나 야간집회가 주간집회에 비해서 공공질서에 대한 위해성이 높다는 것은 추상적인 판단이다. 따라서 야간집회라는 이유만으로 주간집회에 비해서 제한의 정도를 달리하는 것은 허용되지 않는 정형화이다. 둘째, 일반 국민들이 집회에 참여할 수 있기 위해서는 퇴근 후 개최할 수 있어야 한다. 이를 원칙적으로 금지하는 것은 집회의 자유의 의미를 상실시킨다. 또 야간옥외집회가 집회의 일반적인 형태임에도 불구하고 원칙적으로 금지하는 것은 헌법이 금지하는 허가에 해당하기 때문에 허용되지 않는다.

위와 같은 이유에서 헌법재판소는 야간옥외집회를 금지하는 「집시법」 규정에 대해서 입법개선을 명하는 헌법불합치결정을 하였다.[188] 그러나 이후 국회는 정해진 기간 내에 입법개선을 하지 않았으며, 헌법재판소는 해당 규정을 '일몰시간 후부터 같은 날 24시까지의 시위'에 적용하는 한 헌법에 위반된다는 결정을 하였다.[189] 다만 야간옥외집회를 원칙적으로 금지하고, 일정한 조건하에 관할경찰서장이 예외적으로 허용할 수 있도록 하는 규정이 금지의 규제를 완화하는 효과를 갖는다는 이유로 허가제로 보지는 않았다.

판례 **야간옥외집회 금지와 집회의 자유** (헌재 2014.4.24, 2011헌가29)

집시법 제10조에 의하면 낮 시간이 짧은 동절기의 평일의 경우에는 직장인이나 학생은 사실상 집회를 주최하거나 참가할 수 없게 되어, 집회의 자유를 실질적으로 박탈하거나 명목상의 것으로 만드는 결과가 된다. 또한 도시화·산업화가 진행된 현대사회에서, '야간'이라는 시간으로 인한 특징이나 차별성은 보다 구체적으로 표현하면 '심야'의 특수성으로 인한 위험성이라 할 수 있다. 집시법 제10조는 목적달성을 위해 필요한 정도를 넘는 지나친 제한이다. 나아가 집시법은 제8조, 제12조, 제14조 등에서 국민의 평온과 사회의 공공질서가 보호될 수 있는 보완장치를 마련하고 있으므로, 옥외집회가 금지되는 야간 시간대를 집시법 제10조와 같이 광범위하게 정하지 않더라도 입법목적을 달성하는 데 큰 어려움이 없다.

집시법 제10조 단서는, 관할경찰관서장이 일정한 조건하에 집회를 허용할 수 있도록 하였으나, 그 허용 여부를 행정청의 판단에 맡기고 있는 이상, 과도한 제한을

188) 헌재 2009.9.24, 2008헌가25, 21-2(상), 442면 이하 참조. 이로써 헌법재판소는 야간옥외집회를 금지하는 규정에 대해서 야간옥외집회의 공공질서에 대한 위해가능성을 이유로 한 이전의 합헌결정(헌재 1994.4.28, 91헌바14, 6-1, 299면 이하)을 변경하였다.

189) 헌재 2014.3.27, 2010헌가2등, 26-1(상), 336면 이하; 2014.4.24, 2011헌가29, 26-1(상), 582면 이하 등 참조.

완화하는 적절한 방법이라고 할 수 없다. 따라서 집시법 제10조 중 '옥외집회'에 관한 부분은 과잉금지원칙에 위배하여 집회의 자유를 침해하는 것으로 헌법에 위반된다.

---

c) 집회장소

집회의 자유는 공간적으로 제한된다. 즉 국회의사당, 각급 법원, 대통령관저, 국무총리공관, 외교기관 등으로부터 100미터 이내의 장소에서 집회가 금지된다. 국회의사당은 국회 본관뿐 아니라 의원회관, 국회도서관 등 국회의 기능이 수행되는 국회 부지 내의 장소 전체를 포함한다(집시법 제11조).

집회가 국가기관의 대의기능 및 업무수행을 저해하거나, 또 재판 당사자 혹은 사회적 세력이 재판에 영향을 미칠 목적으로 집회를 개최하여 법관의 독립과 재판의 공정을 해쳐서는 안 되기 때문에 집회장소를 제한할 수 있다. 그러나 집회의 장소를 제한하는 규정은 다음과 같은 점을 고려하여야 한다. 즉 집회의 장소는 집회의 목적 및 내용과 밀접하게 연관되어 있으며, 따라서 집회가 특별히 상징적 의미를 갖거나 또는 집회와 특별한 연관성이 있는 장소에서 개최될 수 있을 때 효과를 갖는다. 그러나 「집시법」은 기능적인 관점이 아니라 공간적인 장소개념을 일반적인 제한의 기준으로 삼았고, 또 이마저도 너무 넓게 형성하고 있다. 또 일정한 장소에서 집회가 해당 기관의 업무를 방해하거나 위협하는 구체적인 위험이 존재하는가 여부가 아니라 이에 관한 일반적인 추정에 기초하여 규정하고 있다.[190)]

헌법재판소는 외교기관 주변 100미터 이내에서 집회 및 시위를 금지하는 규정에 대해서 위헌결정을 하였다.[191)] 위헌결정 이후 국내 주재 외국의 외교기관이나 외교사절의 숙소 주변에서의 집회 및 시위의 제한은 완화되었다. 즉 집회 및 시위가 당해 외교기관이나 외교사절의 숙소를 대상으로 하지 않는 경우, 대규모 집회 또는 시위로 확산될 우려가 없는 경우, 그리고 외교기관의 업무가 없는 휴일에 개최되는 경우로서 외교기관이나 외교사절의 숙소의 기능이나 안

---

190) 예컨대 미국에서는 대법원 주변에서의 피케팅을 금지하는 조치를 위헌으로 판결한 바 있다. 또 독일에서는 연방 및 주입법기관과 연방헌법재판소 주변지역에서의 집회를 금지하고 있을 뿐이다(독일집시법 제16조). 입법기관 주변이라는 물리적 기준 외에 예컨대 회기 중에 한하여 집회를 금지하도록 하여 철저하게 기능적 접근을 하는 것이 집회의 자유와 더 조화될 수 있다. 예컨대 영국의 집회법(Seditious Meetings Act, 1817)은 집회금지장소와 관련하여 "의회 회기중" 의사당으로부터 1마일 이내에서 50명 이상의 집회를 금지한 바 있다. 다만 이 규정은 현재는 거의 사문화되어 있다.

191) 헌재 2003.10.30, 2000헌바67등, 15-2(하), 41면 이하 참조.

녕을 침해할 우려가 없다고 인정되는 때에는 집회 및 시위가 금지되지 않는다. 그러나 이러한 규정은 여전히 일률적인 집회금지조항으로 형성되어 있다. 개별적인 사례에 있어서 위해(危害)의 정도를 판단하여 집회 및 시위의 허용 여부를 결정하는 방식으로 전환되어야 한다. 헌법재판소는 여전히 외국대사관 주변 100미터 이내에서의 집회 및 시위를 금지하는 조치에 대해서는 합헌으로 판단하고 있다.[192)]

외국의 입법례 및 적용례는 대체로 우리 「집시법」과 달리 외교기관을 장소적 및 물리적 기준이 아니라 기능적 관점에서 보호하고 있다. 미국의 경우 외교공관 등으로부터 100피트(feet) 이내에서 외교사절들을 위협 · 강박 · 협박 등을 하거나, 이들의 업무수행을 방해하는 집회가 금지된다. 영국의 경우 공관의 업무가 방해되지 않으며, 직원들이 공포에 휩싸이지 않고, 직원과 방문객의 자유로운 통행을 확보하는 경우 집회 및 시위는 허용된다. 따라서 외교공관 밖에서의 시위는 그것이 공관의 안전이나 업무효율성을 위태롭게 하지 않는 한 허용된다. 일본의 경우 외교기관 등의 주변장소에서 정숙을 해하는 방법으로 확성기를 사용할 수 없도록 하고 있다. 이 조항을 적용함에 있어서 국민의 권리가 부당하게 침해되지 않도록 유의하여야 하며, 법령의 규정에 따라 행해지는 청원을 위한 집단행진에 영향을 주지 않는다.

위와 같은 입법적 전환의 필요성은 외교기관뿐 아니라 집회가 금지되는 다른 장소에 관한 규정에 대해서도 적용되어야 한다. 헌법재판소는 국회의사당 및 법원 주변 100미터 이내 그리고 국무총리 공관 주변 100미터 이내에서 집회 및 시위를 금지하는 「집시법」 규정에 대해서 모두 헌법불합치결정을 하였다.[193)] 헌법불합치결정 이후 개정 「집시법」은 집회 및 시위가 대규모로 확산될 우려가 없기 때문에 해당 기관의 기능이나 안녕이 침해될 우려가 없다고 인정되는 때에는 집회 및 시위를 할 수 있도록 완화하였다. 국회의사당의 경우 국회의 활동을 방해할 우려가 없는 경우, 법원, 헌법재판소의 경우 법관이나 재판관의 직무상 독립이나 구체적 사건의 재판에 영향을 미칠 우려가 없는 경우,

192) 헌재 2010.10.28, 2010헌마111, 22-2(하), 303면 이하 참조.

193) 헌재 2018.6.28, 2015헌가28등, 30-1(하), 297면 이하; 2018.5.31, 2013헌바322등, 30-1(하), 88면 이하; 2018.7.26, 2018헌바137, 30-2, 71면 이하 등 참조. 이전에 헌법재판소는 법원 주변 및 국회의사당 주변 100미터 이내에서 집회 및 시위를 금지하는 규정에 대해서는 합헌의 결정을 한 바 있다. 헌재 2005.11.24, 2004헌가17, 17-2, 360면 이하; 2009.12.29, 2006헌바20등, 21-2(하), 745면 이하 등 참조.

국무총리 공관의 경우 국무총리를 대상으로 하지 않는 경우 등이 금지완화 사유에 해당한다. 그러나 국회의 업무가 없는 공휴일이나 휴회기 등의 경우에는 집회 및 시위가 금지되어서는 안 된다. 또 법원, 헌법재판소의 경우 집회 및 시위가 법원 및 헌법재판소를 대상으로 하지 않는 경우 혹은 법원 및 헌법재판소를 대상으로 하지만 사법행정과 관련된 의사표현을 목적으로 하는 경우에는 집회 및 시위가 허용되어야 한다.

판례 **법원 주변에서의 집회금지와 집회의 자유** (헌재 2018.7.26, 2018헌바137)

법원 인근에서의 옥외집회가 법관이나 법원 직원 또는 당사자의 생명이나 신체에 위협이 될 수 있는 경우나 재판과 관련하여 특정한 의사결정을 하도록 강요하는 압력으로 작용하는 경우, 또는 법원에의 출입이 제한되거나 지나친 소음 등으로 재판업무 수행에 지장을 주는 경우 등 집회나 시위가 재판에 영향을 미치거나 미칠 우려가 있는 경우가 얼마든지 있을 수 있다. 그러나 법원 인근에서의 집회라도 법관의 독립을 위협하거나 재판에 영향을 미칠 염려가 없는 경우도 있다. 예컨대 법원을 대상으로 하지 않고 검찰청 등 법원 인근 국가기관이나 일반법인 또는 개인을 대상으로 한 집회는 재판업무에 영향을 미칠 우려가 없다. 법원을 대상으로 한 집회라도 사법행정과 관련된 의사표시 전달을 목적으로 한 집회 등 법관의 독립이나 구체적 사건의 재판에 영향을 미칠 우려가 없는 경우도 있다.

입법자로서는 심판대상조항으로 인하여 발생하는 집회의 자유에 대한 과도한 제한 가능성이 완화되고, 법관의 독립과 구체적 사건의 재판에 영향을 미칠 우려가 없는 옥외집회·시위는 허용될 수 있도록 그 가능성을 열어두어야 한다.

심판대상조항은 다중의 압력으로부터 법원을 보호함으로써 법원에서 심리 중인 구체적 사건의 재판에 대한 영향을 차단하는 것을 목적으로 한다. 그런데 집시법은 심판대상조항 외에도 집회·시위의 성격과 양상에 따라 법원을 보호할 수 있는 다양한 규제수단을 마련하고 있다. 따라서 단지 폭력적이거나 불법적인 옥외집회·시위의 가능성이 있다는 이유만으로 법원 인근에서의 옥외집회를 일률적이고 절대적으로 금지하는 것이 정당화될 수 없다. 이런 사정을 종합하여 보면, 심판대상조항은 입법목적을 달성하는 데 필요한 최소한도의 범위를 넘어 규제가 불필요하거나 또는 예외적으로 허용 가능한 옥외집회·시위까지도 일률적·전면적으로 금지하고 있으므로, 침해의 최소성 원칙에 위배된다.

심판대상조항은 법관의 독립이나 법원의 재판에 영향을 미칠 우려가 있는 집회·시위를 제한하는 데 그치지 않고, 각급 법원 인근의 모든 옥외집회를 전면적으로 금지함으로써 구체적 상황을 고려하여 상충하는 법익 사이의 조화를 이루려는 노력을 기울이지 않고 있다. 심판대상조항을 통해 달성하려는 공익과 집회의 자유에 대한 제약 정도를 비교할 때, 달성하려는 공익이 제한되는 집회의 자유 정도보다 크다고 단정할 수 없으므로, 심판대상조항은 법익의 균형성 원칙에도 어긋난다.

---

d) 교통소통

교통소통을 위하여 필요하다고 인정되는 경우 집회는 금지된다. 다만 조건을 붙여 허용할 수 있으며, 질서유지인을 두고 행진하는 것은 허용된다(집시법 제12조). 교통소통은 물론 중요한 법익이다. 그러나 이때 비례의 원칙이 존중되어야 한다. 현행법과 같이 교통소통이 독자적인 집회금지사유가 되는 경우에는 집회의 자유가 「도로교통법」이 인정하는 범위 내에서 허용되는 결과가 된다. 이는 헌법적 이념이 법률의 내용을 지배하는 것이 아니라 오히려 거꾸로 법률의 범위 내에서 헌법상 기본권의 보호 여부 및 정도가 결정되는 결과가 된다.

e) 소음규제

집회 또는 시위의 주최자는 확성기 등을 사용하여 타인에게 심각한 피해를 주는 소음을 유발하여서는 안 된다. 이 경우 관할경찰관서장은 기준 이하의 소음 유지 또는 확성기 등의 사용중지를 명하거나 확성기 등의 일시보관 등 필요한 조치를 할 수 있다(집시법 제14조, 집시법 시행령 별표 2).

(3) 결사의 자유

가) 결사의 자유의 적용범위

결사는 공동의 목적을 가진 다수인의 자발적이고 계속적인 조직이다. 헌법이 독자적으로 규율하고 있는 정당(제8조) 및 노동조합(제33조)에 대해서는 이에 관한 헌법규정이 우선적으로 적용된다. 즉 이러한 규정은 헌법 제21조 결사의 자유에 대한 특별법적 성격을 갖는다.[194] 또 특별한 공공목적에 의하여 구성원의 자격을 정하고 있는 특수단체의 법률관계에서 결사의 자유를 보장하는 데에는 한계가 있다. 따라서 이러한 조직에의 가입강제가 결사의 자유를 침해하는 것은 아니다.[195]

나) 결사의 자유의 내용

결사의 자유에는 단체의 결성, 가입, 그리고 탈퇴의 자유가 포함된다. 또 결

---

194) 헌재 2012.3.29, 2011헌바53, 24-1(상), 545면 참조.
195) 헌재 1994.2.24, 92헌바43, 6-1, 77면 참조.

사 자체의 존속, 해체, 그리고 활동의 자유가 보장된다.[196] 결사의 목적에는 제한이 없다. 또 결사의 목적이 고정적인 것은 아니다.[197] 따라서 원래 목적 이외의 활동의 자유도 보장된다. 이러한 이유에서 정당과 함께 일반단체에게도 정치적 활동의 자유, 또 원칙적으로 선거운동의 자유가 보장되어야 한다. 현재 노동조합을 포함하여 단체에게 정치활동의 자유는 보장된다. 개정 전 「공직선거법」은 단체의 선거운동의 자유를 인정하지 않았으나, 현재 이러한 일반적인 제한은 폐지되었다.[198] 다만 결사의 자유의 보호범위에 속하는 정치자금의 기부와 관련해서는 법인 및 단체에게 정치자금의 기부를 금지하는 제한을 하고 있다.[199]

소극적인 결사의 자유로서 결사에 가입하지 않을 자유가 보장된다. 특히 사법상의 단체에 대한 가입강제는 결사의 자유를 제한한다. 따라서 공익목적을 위하여 단체의 존속 자체가 필요한 경우에도 가입강제가 아닌 임의가입제도를 통해서 해당 목적이 달성될 수 있는가를 검토하고, 가입강제는 예외적인 수단이 되어야 한다.[200] 공법상의 강제결사로서 공공목적을 수행하는 경우에는 소극적인 결사의 자유는 인정되지 않는다. 그러나 공법인에서의 법률관계가 처음부터 결사의 자유의 보호범위에서 제외되는 것은 아니며, 공법인과 구성원의 관계에서는 결사의 자유가 헌법적 심사의 기준이 될 수도 있다. 이 점에서 공법인은 결사의 자유에 의한 보호대상이 아니라고 단정하는 헌법재판소의 견해는 (해당 사안에서의 타당성과는 별개로) 적어도 일반적으로는 문제가 있다.[201]

다) 결사의 자유의 제한

결사의 자유를 허가제에 의하여 사전적으로 제한하는 것은 금지된다(제21조 제2항). 단체의 결성을 일반적으로 금지하고 결사의 목적·활동내용 등을 사전에 심사하여 특정한 경우에 한하여 허용하는 것은 허가제에 해당한다.[202]

196) 헌재 2000.6.1, 99헌마553, 12-1, 705면; 2012.3.29, 2011헌바53, 24-1(상), 545면 등 참조.
197) 이 점에 대해서는 대판 1982.9.28, 82도2016 참조.
198) 해당 규정에 대해서는 헌법재판소는 합헌결정을 한 바 있다. 헌재 1995.5.25, 95헌마105, 7-1, 826면 이하 참조.
199) 이 규정에 대해서 헌법재판소는 합헌결정을 하였다. 헌재 2010.12.28, 2008헌바89, 22-2(하), 659면 이하; 2012.7.26, 2009헌바298, 24-2(상), 54면 이하 등 참조.
200) 헌재 2008.10.30, 2006헌가15, 20-2(상), 693면 이하 참조. 이 사건에서 반대의견이 위와 같은 견해를 취하였다.
201) 헌재 2000.11.30, 99헌마190, 12-2, 342면 이하; 2008.10.30, 2006헌가15, 20-2(상), 689면 등 참조.
202) 헌재 2012.3.29, 2011헌바53, 24-1(상), 546면 참조.

지금은 폐지되었지만, 과거에는 단체를 결성할 때 「사회단체신고에 관한 법률」에 의하여 신고하도록 하였다. 이러한 신고의무는 행정적 편의를 위한 조치이며, 신고의무를 이행하지 않았다는 이유로 사회단체로서의 성격이 부인되지는 않았다.[203] 따라서 헌법에 위반되는 결사의 자유에 대한 제한은 아니었다.

Ⅵ. 거주 · 이전의 자유

1. 거주 · 이전의 자유의 내용

모든 국민은 거주 · 이전의 자유를 가진다(제14조). 거주 · 이전의 자유는 국가의 간섭을 받지 않고 개인의 생활공간을 자유롭게 선택할 수 있는 권리이다. 거주 · 이전의 자유는 역사적으로 보면 본적지 이외의 지역에 이주하여 영업활동을 한다는 이유로 불이익을 받지 않는다는 내용의 경제적 기본권의 성격을 띠었다. 거주 · 이전의 자유는 오늘날에도 국제교류 및 협력을 실질적으로 보장하는 기본권으로서 여전히 경제적 활동의 자유와 밀접한 관련을 갖는다. 이 점에서 보면 거주 · 이전의 자유는 국가간을 이동하는 근로자의 권리, 그리고 이를 실효적으로 보장하기 위하여 필요한 국제사회보장법의 중요한 기본권적 기초이다.

거주 · 이전의 자유에는 국내에서 거주지를 자유로이 선택하고 바꿀 자유뿐 아니라 국외로 거주지를 이전할 자유 및 해외여행의 자유가 포함된다. 출국 및 입국의 자유, 그리고 국적변경의 자유가 보장된다.[204]

외국인도 거주 · 이전의 자유의 주체가 될 수 있다. 그러나 외국인에게 입국의 자유가 보장되는 것은 아니다.[205] 정치적 동질성을 갖는 국내공동체에 외국인의 입국을 허용하여 국내편입의 계기를 부여할 것인가는 해당 국가가 독자적으로 판단하여야 하기 때문이다.

203) 이에 대해서는 대판 1967.7.18, 65누172; 1989.12.26, 87누308 등 참조.
204) 헌재 2004.10.28, 2003헌가18, 16-2(하), 86면 이하; 2008.6.26, 2007헌마1366, 20-1(하), 481면 이하 등 참조.
205) 헌재 2011.9.29, 2007헌마1083등, 23-2(상), 639면 참조.

2. 거주 · 이전의 자유의 제한

(1) 일반론

거주 · 이전의 자유는 헌법 제37조 제2항에 의하여 제한될 수 있다. 분단상황의 특수성으로 인하여 북한과의 관계에서 거주 · 이전의 자유가 제한된다. 「국가보안법」상의 잠입 · 탈출죄에 의한 제한이 대표적인 예이다(법 제6조). 북한 주민은 우리 헌법상 대한민국 국민이기 때문에 거주 · 이전의 자유를 가지며, 대한민국의 공권력이 미치는 지역으로 거주장소를 옮길 자유가 있다. 이에 대해서는 북한법에 의한 제한이 있을 뿐이다. 북한 주민이 대한민국에 거주하게 된 경우 거주 · 이전의 자유를 갖기 때문에 본인의 의사에 반하여 국외로 추방하는 것은 헌법에 반한다.[206]

이 밖에 군인 등 특수신분을 가진 자에게는 영내 거주 등의 형태로 거주 · 이전의 자유가 제한된다. 공공복리의 목적으로 거주 · 이전의 자유를 제한하는 경우가 있다. 국민보건을 위하여 감염병환자를 격리하는 조치 등이 대표적인 예이다(감염병법 제47조). 고액의 추징금 미납자는 「출입국관리법」에 의하여 출국이 금지된다. 이는 재산의 해외도피우려 등 공익을 목적으로 출국의 자유를 제한하는 것이다.[207]

(2) 간접제한

거주 · 이전의 자유가 직접 제한되는 경우는 드물다. 대부분 거주 · 이전의 자유는 이에 대한 간접적이고, 사실적인 불이익이 가해지는 경우에 문제된다. 따라서 이 경우 헌법적 심사는 간접적인 기본권 제한이 기본권의 의미를 상실시키는 정도에 이르러 직접적인 제한으로 판단될 수 있는가의 문제에 집중된다.

예컨대 대도시 인구집중을 억제하기 위하여 대도시에서 법인의 직업활동에 대해서 중과세하는 것, 거주지 중심의 학군제로 인하여 자녀의 학교선택권이 제한되는 것, 그리고 미리 영업허가예정지역을 공고하고 영업지역의 이전을 제한하는 경우 등은 모두 거주 · 이전의 자유에 대한 사실상의 불이익이라는 이유로 합헌결정이 내려졌다.[208]

---

206) 대판 1996.11.12, 96누1221 참조.

207) 헌재 2004.10.28, 2003헌가18, 16-2(하), 86면 이하 참조.

208) 헌재 1996.3.28, 94헌바42, 8-1, 199면 이하; 1995.2.23, 91헌마204, 7-1, 267면 이하; 1991.9.16, 89헌마231, 3, 542면 이하 등 참조. 이 밖에 거주 · 이전의 자유에 가해지는 사실상의 불이익효과에 대한 헌법적 평가로는 헌재 1993.12.23, 89헌마189, 5-2, 645면 이하;

Ⅶ. 직업선택의 자유, 재산권

헌법 제15조 직업선택의 자유와 헌법 제23조 재산권은 경제적 생활에 적용된다. 이들 기본권은 개인의 인격실현을 위한 경제적 기초를 보호하는 공통성이 있다. 직업선택의 자유는 경제적 이익의 취득을 목표로 하는 활동을 보호하는 반면, 재산권은 이미 형성된 재산을 보호하는 데에 중점이 있다는 점에서 차이가 있다.

1. 직업선택의 자유

(1) 헌법적 의의

가) 직업선택의 자유의 성격과 기능

모든 국민은 직업선택의 자유를 갖는다(제15조). 직업선택의 자유는 다음과 같은 다양한 헌법적 의미를 갖는다. 직업은 경제생활에서 인격실현의 수단이며 동시에 물질적 생활의 기반이다. 객관적으로 보면 직업선택의 자유는 모든 국민에게 원칙적으로 모든 직업에서 공정경쟁의 기회를 보장하는 자유경제질서의 요소이다. 직업선택의 자유는 법인에게는 특정한 영업분야에 진입할 자유와 공정경쟁의 환경에서 영업할 자유를 보장한다. 사법인도 직업의 자유의 주체가 된다.[209] 그러나 공법인은 기본권의 주체가 될 수 없으므로 영업의 자유를 향유할 수 없다.[210]

국가적 독점은 원칙적으로 허용되지 않는다. 법적 독점은 물론 사실상의 독점도 그것이 법적 독점에 유사한 효과를 갖는 경우에는 허용되지 않는다. 국가독점금지는 헌법에서는 조세제도에 의하여 뒷받침되고 있다. 국가가 자신의 과제를 수행하기 위하여 필요한 재원을 개인의 재산취득 및 이용, 그리고 처분에서 발생하는 경제적 이익에 과세하여 조달한다는 것은 국가 스스로는 경제활동을 포기하는 의미를 갖기 때문이다.

직업선택의 자유가 보장된다고 해서 실제 모든 국민이 자신이 원하는 직업을 선택할 수 있는 것은 아니다. 해당 직업에서 필요한 전문지식과 능력을 갖

1996.6.26, 96헌마200, 8-1, 562면 이하; 1999.4.29, 94헌바37, 11-1, 345면 이하; 2003.11.27, 2003헌바2, 15-2(하), 294면 이하 등 참조.

209) 사법인의 직업행사의 자유의 주체성에 대해서는 헌재 1996.3.28, 94헌바42, 8-1, 206면; 1996.4.25, 92헌바47, 8-1, 379면 이하 등 참조.

210) 헌재 2000.11.30, 99헌마190, 12-2, 343면 참조.

지 못한다면 실제 그러한 직업을 선택할 수는 없다. 이러한 의미에서 직업선택의 자유는 헌법 제31조 교육의 권리와 서로 밀접하게 기능한다. 또 직업의 자유는 직업을 수행할 기회를 가질 수 있을 때 비로소 행사할 수 있으며, 이 점에서 헌법 제32조 노동의 권리에 의하여 뒷받침을 받아야 한다.

나) 직업선택의 자유의 사회적 관련성

직업의 자유는 재산권과 같이 경제적 생활에 관한 기본권으로서 공공의 이익과 밀접한 관련성을 가진다. 이는 다음과 같은 세 가지 측면에서 그러하다. 첫째, 국민의 건강 등 헌법이 보호하는, 그 취급에 있어서 위험이 따르는 개인의 법익에 관한 직업을 행사하는 경우이다. 이 경우 직업에의 접근 및 행사에 일정한 기준을 제시하여 제한할 수 있다. 의사의 직업활동 일반, 그리고 특히 건강보험법에서 의사의 활동에 대한 규제가 좋은 예이다(위험의 측면).[211] 둘째, 영업의 자유는 영업목적으로 상품, 재화, 서비스 등을 제공하는 형태로 실현되는데, 이는 개인생활에 필요한 소비에 해당한다. 그런데 해당 소비가 개인의 생활유지를 위하여 필수적인 경우 이러한 영업에는 사회적 책임이 부과되며, 따라서 규제의 필요가 있다. 특히 필수적인 수요이지만 일반적으로 개인이 이를 구입할 경제부담능력이 없는 경우에 국가의 개입이 필요하다(수요의 측면). 셋째, 일반적인 시장활동도 그렇지만 특히 규모가 큰 기업의 경제활동은 시장의 지배와 경제력의 남용의 우려가 있다. 따라서 이를 방지하고 공정경쟁질서를 실현하기 위하여 영업의 자유에 대한 제한이 필요하다(경제질서의 측면).

(2) 직업의 개념, 보호의 범위

직업선택의 자유는 개인의 경제적 기반을 보호하기 때문에 직업으로 인정되기 위해서는 당연히 생활수단성이 있어야 한다. 또 어느 정도 계속적인 소득활동이어야 한다. 단순한 취미활동이 직업이 될 수는 없다. 이 밖에 해당 직업이 헌법가치에 반해서는 안 된다. 헌법이 보호하는 직업상(職業像)이 정태적(靜態的)으로 고정되어 있는 것은 아니며 개방적이다. 따라서 사회변화에 따라 출현하는 새로운 직업이 직업의 자유에 의하여 신축성 있게 포섭될 수 있다.

공직 역시 직업에 해당한다. 다만 공무담임권이 별도의 기본권으로 보장되기 때문에(제25조), 공직에의 접근이 헌법 심사의 대상인 경우 직업선택의 자유에

211) 의료행위의 공공성과 관련된 결정으로는 헌재 2005.3.31, 2001헌바87, 17-1, 327면 이하 참조.

비해서 특별법인 공무담임권을 우선 적용한다.[212)]

직업 '선택'의 자유에는 당연히 선택한 직업을 자유롭게 '행사'할 권리가 포함된다. 또 직업선택의 자유와 직업행사의 자유를 구분하는 것은 각각의 경우에 기본권 제한의 효과에 있어서 차이가 있기 때문에 제한의 정당성을 판단하는 데 유용한 기준이 된다. 직업행사의 자유의 경우 직업선택의 자유에 비해서 완화된 심사기준이 적용된다. 이에 대해서는 아래에서 별도로 다룬다.

(3) 직업선택의 자유와 직업행사의 자유, 공정경쟁의 보호

가) 직업선택의 자유

개인은 국가의 간섭을 받지 않고 자신이 원하는 직업을 선택하고 또 변경할 수 있다. 따라서 국가는 특정한 직업에 접근하기 위하여 필요한 조건을 지나치게 어렵게 해서는 안 된다. 예컨대 명예직 종사자에게 겸직이 금지되는 직업의 범위를 광범하게 규정하는 것은 직업선택의 자유를 침해한다.[213)] 보다 일반적으로 국가가 교육과정 혹은 노동시장에 개입하여 직접 혹은 간접적으로 직업에 관한 조정을 하는 경우에도 직업의 자유를 존중하여야 한다.

직업선택의 자유는 직업의 선택뿐 아니라 선택한 직업을 계속 유지할 자유도 포함한다. 법적으로 정해진 정년제도는 본인의 의사에 반하여 직업을 유지할 수 없도록 하는 제한으로서, 헌법적 심사의 대상이 된다.

나) 직업행사의 자유

개인은 선택한 직업을 국가의 간섭을 받지 않고 자유로운 결정에 의하여 수행할 수 있다. 직업을 행사하면서 개인은 사회적 관련성을 갖게 되며, 그만큼 직업선택에 비해서 직업의 행사는 강한 규제의 대상이 된다. 특히 해당 직업이 공공성을 띠는 경우 이에 대한 규제의 밀도는 강해진다.

모든 국민에게 질병을 보호하기 위한 건강보험에서 개인이 의료기관에 쉽게 접근할 수 있도록 「의료법」상의 의료기관은 요양기관으로 당연히 지정된다.[214)] 그러나 이 경우에도 의료행위의 종류와 내용, 그리고 보상관계를 일방적으로

---

212) 이 점에 대해서는 헌재 1999.12.23, 99헌마135, 11-2, 811면 이하; 2000.12.14, 99헌마112등, 12-2, 409면 등 참조.

213) 헌재 1991.3.11, 90헌마28, 3, 80면 참조. 이 밖에 겸직금지규정의 위헌성에 대해서는 헌재 1997.4.24, 95헌마90, 9-1, 482면 참조.

214) 이에 대해서 헌법재판소는 합헌결정을 한 바 있다. 헌재 2002.10.31, 99헌바76등, 14-2, 410면 이하 등 참조.

규제하여 해당 직업의 의미를 상실시켜서는 안 된다. 국가가 개별적인 영업의 결정과정에 간섭하는 것은 더욱 정당성이 없다. 투자결정 및 인력배치 등은 이윤을 추구하는 기업의 중요한 의사결정사항이며, 따라서 국가의 간섭은 배제되어야 한다.

다) 공정경쟁의 보호

직업선택의 자유는 공정경쟁질서가 형성되어 있을 때 비로소 실현된다. 예컨대 주류판매업자에게 총구입액의 50% 이상을 판매장이 소재하는 지역의 제조장으로부터 구입할 의무를 부과하는 '자도소주구입명령제도'는 소주판매업자의 직업행사의 자유를, 그리고 소주제조업자를 기준으로 보면 공정경쟁의 자유를 침해하는 효과가 있다.[215] 이에 비해서 대형마트 등의 영업시간을 제한하고, 또 의무휴업일을 지정하는 방법으로 직업행사의 자유를 제한하는 것은 영세한 중소유통업자의 경쟁력을 높여 스스로 경쟁력을 갖게 하고, 이로써 대형유통업체의 시장의 지배와 경제력의 남용을 방지하여 공정경쟁의 질서를 조성하는 효과가 있기 때문에 정당하다.[216]

판례 시장의 지배와 경제력의 남용방지와 대형유통업체의 직업행사의 자유
(헌재 2018.6.28, 2016헌바77등)

건전한 유통질서를 확립하고, 대형마트 등과 중소유통업의 상생발전을 도모하며, 대형마트 등에 근무하는 근로자의 건강권을 보호하려는 입법목적은 정당하고, 대형마트 등의 영업시간 제한 및 의무휴업일 지정이라는 수단의 적합성도 인정된다. 대형마트 등과 중소유통업자들의 경쟁을 형식적 자유시장 논리에 따라 방임한다면 유통시장에서 공정한 경쟁질서가 깨어지고, 다양한 경제주체 간의 견제와 균형을 통한 시장기능의 정상적 작동이 저해되며, 중소상인들이 생존 위협을 받는 등 경제영역에서의 사회정의가 훼손될 수 있다. 따라서 국가는 헌법 제119조 제2항에 따라 이에 대한 규제와 조정을 할 수 있다. 중소유통업자들의 쇠퇴가 가속화되고 있는 현재 상황에서는 장기적 지원정책의 효과가 나타나기 전에 중소유통업자가 시장에서 퇴출되거나 경쟁력의 회복이 매우 어렵게 될 것이므로, 대형마트 등의 영업을 직접 규제함으로써 중소유통업자들이 스스로 경쟁력을 확보할 수 있도록 하여야 한다. 심판대상조항은 소비자의 이용빈도가 비교적 낮은 심야시간 및 아침시간에 국한하여 영업시간을 제한하고, 의무휴업일 지정도 매월 이틀을 공휴일 중에서 지정하며, 특별자치시장 등에게 그 지역 유통시장의 구체적 사정을 고려하여 필요에 따라 영업

215) 헌재 1996.12.26, 96헌가18, 8-2, 694면 이하 참조.
216) 헌재 2018.6.28, 2016헌바77등, 30-1(하), 496면 이하 참조.

제한 조치를 할 것인지와 그 방법을 정할 수 있도록 한다. 이러한 점을 종합하면 침해의 최소성도 인정된다. 심판대상조항에 따라 대형마트 등이 경제적 손실을 입고, 소비자가 불편을 겪게 될 수도 있으나, 이는 입법목적을 달성하기 위하여 필요한 최소한의 범위에 그치고 있다. 반면, 그 입법목적은 매우 중요하므로, 법익의 균형성도 충족한다.

심판대상조항은 영업제한을 받는 대형마트 등과 그러한 제한을 받지 않는 다른 형태의 대규모점포들을 차별 취급하고 있으나, 이는 지역상권에 미치는 영향에 차이가 있음을 고려한 것으로 합리적 이유가 있다. 또, 대형마트 중에서 농수산물의 판매 비중이 55% 이상인 대형마트를 그렇지 않은 대형마트와 차별 취급하고 있으나, 이는 농수산물의 특성과 농어업에 대한 국가의 보호의무 등을 고려한 것으로서 합리적 이유가 있다. 따라서 심판대상조항은 평등원칙에 위배되지 않는다.

국가의 법적 독점은 해당 직역 및 영업에 개인의 접근을 차단하는 결과가 되기 때문에 원칙적으로 허용되지 않는다. 국가의 법적 독점은 중요한 공익이 중대한 위협에 처할 개연성이 있으며, 이를 방지하기 위하여 필요한 경우에 한하여 허용된다. 또 법적 독점에 이르지 않은 사실상의 독점도 실제 효과가 법적 독점에 유사한 경우에는 엄격한 정당화 사유가 존재하여야 한다.

(4) 직업선택의 자유의 제한

가) 직업의 자유에 대한 단계적 제한

직업의 자유는 헌법 제37조 제2항에 의하여 제한될 수 있다. 이때 과잉금지의 원칙은 직업선택의 자유에서는 다음과 같이 세분화되어 형성되어 있다(이른바 '단계이론').[217] 제한의 대상이 직업에의 접근 자체인가, 혹은 직업의 행사인가에 따라서 제한 및 한계의 내용이 다르다. 단계이론의 출발점은 여기에 있다. 단계이론은 다음과 같은 내용을 갖는다.

a) 직업행사의 자유에 대한 제한

입법자는 공공복리를 합리적으로 고려하여 필요한 경우 먼저 직업의 '행사'와 관련된 규율이나 제한을 하여 목적을 달성할 수 있는지를 검토하여야 한다.

---

217) 단계이론(Stufentheorie)은 독일의 연방헌법재판소가 이른바 "약국판결(Apotheken-Urteil)"에서 발전시키고 적용하여 왔다. *BVerfGE* 7, 377면 이하 참조. 우리 헌법재판소 역시 이러한 단계이론에 따른 결정을 하고 있다. 헌재 1993.5.13, 92헌마80, 5-1, 374면; 1997.10.30, 96헌마109, 9-2, 543면; 1998.5.28, 95헌바18, 10-1, 594면 등 참조.

영업시설의 설치를 장소적으로 제한하는 것,[218] 특정한 업무를 영업으로 수행하기 위하여 일정한 인적 규모를 요구하는 것,[219] 영업자에게 일정연령에 미달하는 자를 상대로 영업행위를 못하게 하는 것,[220] 영업내용에 대한 제한을 가하는 것,[221] 영업행위에 일정한 부담을 부과하는 것[222] 등으로 작업행사의 자유가 제한된다. 이때 과잉금지의 원칙이 존중되어야 한다. 다만 직업행사의 자유를 제한하는 경우 입법자에게 넓은 재량이 인정되어 있다.

b) 직업선택의 자유에 대한 제한: 주관적 요건과 객관적 요건

직업'선택'의 자유는 특히 중요한 공공의 이익을 보호하기 위한 경우에 한하여 제한될 수 있다. 직업선택의 자유에 대한 제한은 직업행사의 자유에 대한 제한에 비해서 개인생활에 미치는 경제적 파급효과가 훨씬 크기 때문이다. 직업'선택'의 자유에 대한 제한은 입법자가 해당 직업을 선택하려는 자에게 일정한 조건을 충족시킬 것을 요구하여 이루어진다. 이 조건은 '주관적 성격'의 것과 '객관적 성격'의 것으로 구분될 수 있다. 그리고 각각의 경우에 입법적 규율에 있어 제시되는 기준도 다르다.

특정한 직업 접근에 있어서 객관적 성격의 조건이 제시되는 경우가 있다. 그런데 이러한 조건은 직업 희망자 개인의 주관적 속성에 귀속될 수 없으며, 따라서 주관적으로는, 즉 개인의 능력으로는 그러한 조건을 충족시키는 데에 아무런 영향력을 행사할 수 없다. 예컨대 법무사자격을 취득하고자 하는 자에게 법무사자격시험을 실시하지 않는 것은 개인의 주관적 속성에 연관된 조건이 아니므로 객관적 조건에 의하여 직업선택의 자유를 제한한다.[223] 입법자는 직업선택의 자유를 제한하는 경우에 기본권 침해의 정도가 약한 방법, 즉 주관적 조건을 제시하는 방법을 먼저 택하여야 한다. 각종 자격제도가 여기에 해당한다.[224] 특정한 범죄를 저지르고 유죄판결이 확정된 자에 대해서 관련 혹은 특정한 직업을 선택할 수 없도록 하는 것 자체는 정당성이 있으나 그 기간이 지나치게 긴 경우에는 직업선택의 자유를 침해한다.[225]

218) 예컨대 헌재 1995.4.20, 92헌마264등, 7-1, 574면 이하 참조.
219) 예컨대 헌재 1996.8.29, 94헌바113, 8-2, 154면 이하 참조.
220) 예컨대 헌재 1993.5.13, 92헌마80, 5-1, 375면 참조.
221) 예컨대 헌재 1995.7.21, 94헌마125, 7-2, 162면 이하 참조.
222) 예컨대 헌재 1998.12.24, 98헌가1, 10-2, 835면 이하 참조.
223) 헌재 1990.10.15, 89헌마178, 2, 372면 이하 참조.
224) 헌재 1989.3.17, 88헌마1, 1, 21면; 1996.4.25, 94헌마129등, 8-1, 460면 등 참조.
225) 이에 관한 결정으로는 헌재 2015.12.23, 2014헌바446, 27-2(하), 585면 이하; 2016.3.31, 2013헌

객관적 조건을 제시하여 직업선택의 자유를 제한하기 위해서는 해당 직업의 선택을 허용할 경우 월등하게 중대한 공공의 이익에 위험이 발생할 것이 확실하거나, 심각한 위험을 방지하기 위해서 입법적 제한이 반드시 필요하여야 한다.[226] 이때 보호되는 공공의 이익의 중요성, 그것의 실제의 위험도, 그리고 위험의 방지를 위하여 사용되는 수단의 적정성 및 필요성에 대한 판단에 있어서는 입법자의 재량이 인정되지 않는다. 오히려 이에 대한 입증책임은 입법자가 부담한다.

c) 단계적 제한

입법자는 직업의 자유를 제한하는 효과가 작은 순서, 즉 직업행사, 주관적 조건에 의한 직업선택, 객관적 조건에 의한 직업선택의 순서로 규율을 해야 한다. 그리고 직업의 자유를 제한하는 경우에 그 제한이 최소한에 그쳐야 한다.

나) 단계이론과 과잉금지의 원칙

직업선택 및 행사의 자유를 제한하는 조치에 대한 헌법적 심사에 있어서 단계이론을 적용하는 것이 항상 용이한 것은 아니다. 또 단계이론은 그 자체가 완결된 심사수단은 아니다.

a) 제한대상의 불명확성

해당 조치가 직업선택의 자유에 대한 제한인지 아니면 직업행사의 자유에 대한 제한인지 명확하지는 않다. 예컨대 변호사 개업지를 제한하는 조치는 기본적으로 직업선택의 자유를 제한하는 것으로 평가된다.[227] 그러나 시각에 따라서는 직업 자체에의 접근이 차단된 것이 아니라 개업장소를 제한하여 직업행사를 제한했다고 볼 수도 있다. 학교환경위생정화구역 안에 당구장시설을 금지하는 경우에도 마찬가지이다.[228] 또 일정한 직업에의 접근 혹은 직업의 계속수행을 위하여 연령 조건이 있는 경우가 있다. 예컨대 각종 국가시험은 응시연령제도를 두고 있다.[229] 연령조건은 개인의 주관적 속성에 속하므로 주관적인 조건에 해당한다. 그러나 연령조건은 개인의 주관적인 노력으로 충족시킬 수 없기 때문에 어느 정도 객관적인 요소가 있다고 할 수도 있다. 이 밖에 안마사

마585등, 28-1(상), 453면 이하; 2016.7.28, 2013헌바389 등 참조.

226) 헌재 2002.4.25, 2001헌마614, 14-1, 427면; 2006.5.25, 2003헌마715등, 18-1(하), 123면 이하 등 참조.

227) 헌재 1989.11.20, 89헌가102, 1, 336면 참조.

228) 헌재 1997.3.27, 94헌마196등, 9-1, 382면 이하 참조.

229) 헌재 2008.5.29, 2007헌마1105, 20-1(하), 329면 이하 참조.

자격조건으로 이른바 '비맹제외기준', 즉 시각장애인에 한정된다는 조건에 대해서 헌법재판소는 객관적 기준에 의한 직업선택의 자유를 제한한 것으로 평가하였다.[230] 그러나 시각장애는 신체적 속성에 관한 기준이므로 이를 객관적 조건이라고 할 수는 없다.

b) 과잉금지의 원칙

직업선택의 자유를 제한하는 조치에 대한 심사에서 단계이론을 적용하는 것으로는 불충분하고, 따라서 단계이론의 원형(原型)인 과잉금지의 원칙에 따른 최종적인 심사가 필요한 경우도 있다.

예컨대 건강보험에서 요양기관에게 보험환자를 진료할 기회를 박탈하는 조치는 형식적으로 보면 직업행사의 자유를 제한한다. 보험환자를 진료하는 독자적인 직업은 존재하지 않으며, 의사의 직업을 행사함에 있어서 보험환자를 진료하기 때문이다. 그러나 이 경우 단계이론을 적용하여 보험환자를 진료할 수 없도록 하는 조치에 대해서 입법형성권을 넓게 인정할 수는 없다. 거의 전체 국민이 건강보험의 수급자인 상황에서 보험환자를 진료할 수 없다면 실제로는 의사로서 직업을 더 이상 수행할 수 없는 결과, 즉 의사의 직업을 선택할 수 없는 것과 마찬가지의 결과가 되기 때문이다. 따라서 이 경우에는 기본권을 제한하는 목적과 수단의 관계에 적용되는 과잉금지의 원칙을 원형대로 엄격하게 적용하여야 한다.[231]

판례 **안마사 자격기준**(비맹제외기준)**과 단계이론** (헌재 2006.5.25. 2003헌마715등)

모든 국민은 자유롭게 자신이 종사할 직업을 선택하고, 그 직업에 종사하며, 이를 변경할 수 있다. 따라서 직업의 자유에 대한 제한은 반드시 법률로써 하여야 하며 국가안전보장, 질서유지 또는 공공복리 등 정당하고 중요한 공공의 목적을 달성하기 위하여 필요하고 적정한 수단, 방법에 의해서만 가능하다. 특히 당사자의 능력이나 자격과 상관없는 객관적 사유에 의한 직업의 자유의 제한은 월등하게 중요한 공익을 위하여 명백하고 확실한 위험을 방지하기 위한 경우에만 정당화될 수 있고, 따라서 이 경우 과잉금지의 원칙, 즉 엄격한 비례의 원칙이 그 심사척도가 된다.

안마사 자격인정에 있어서 비맹제외기준은 시각장애인이 아닌 사람의 직업선택의 자유를 직접 침해하고 있고, 이는 당사자의 능력이나 자격과 상관없는 객관적 허가요건에 의하여 직업선택의 자유를 제한하므로, 과잉금지의 원칙을 충족하여야 한다.

---

230) 헌재 2006.5.25. 2003헌마715등, 18-1(하), 123면 이하 참조.
231) 이와 유사한 결정으로는 예컨대 *BVerfGE* 11, 30면; 95, 173면; 103, 10면 등 참조.

2. 재 산 권

(1) 재산권에 관한 헌법의 규범구조

가) 헌법 제23조와 그 밖의 재산권 관련 규정

재산권에 관한 기본규정은 헌법 제23조이다. 모든 국민의 재산권은 보장된다. 그 내용과 한계는 법률로 정한다(제1항). 재산권의 행사는 공공복리에 적합하여야 한다(제2항). 공공필요에 의한 재산권의 수용·사용 또는 제한 및 그에 대한 보상은 법률로써 하되, 정당한 보상을 지급하여야 한다(제3항).

헌법 제23조 이외에 헌법 제13조 제2항 소급입법에 의한 재산권 박탈금지, 제22조 제2항 저작자·발명가·과학기술자와 예술가의 권리보호, 그리고 제9장 경제질서에 관한 다양한 규정들이 재산권과 관련이 있다.

소급입법에 의하여 재산권이 박탈되어서는 안 된다(제13조 제2항). 이는 헌법 제37조 제2항에 이미 포함되어 있는 소급입법금지의 원칙을 확인한 것이다. 헌법재판소는 재산권에 대한 소급입법이 문제되는 경우 헌법 제37조 제2항과 분리하여 제13조 제2항을 독자적으로 적용하고 있다. 그리고 헌법 제13조 제2항은 진정소급입법을 금지하는 규정으로 이해하고 있다. 그러나 이와 같은 이해방법은 실질적인 의미가 있지 않다. 재산권을 제한하는 진정소급입법이 절대적으로 금지되는 것은 아니며, 오히려 헌법 제13조 제2항은 일반적인 소급입법금지의 원칙을 확인하는 의미를 갖는 데 그치기 때문이다. 이와 같이 재산권에 관한 소급입법금지의 원칙은 형벌에 관한 절대적 소급입법금지와는 차이가 있다는 점에 대해서는 이미 설명한 바 있다.

헌법 제22조 제2항은 저작자·발명가·과학기술자와 예술가의 권리를 법률로써 보호하여 이들의 정신적 창작물에 대한 경제적 가치를 보장하고, 이로써 이들의 창작활동을 촉진하고 있다.

헌법은 시장경제질서를 원칙으로 하면서도 경제에 관한 규제와 조정을 할 수 있도록 하였다(제119조 제2항). 이를 통해서 국가가 재산권질서에 개입하는 근거가 마련된 셈이다. 이때 경제질서에 대한 개입은 개인의 재산권 등 기본권을 존중하는 범위 내에서 이루어져야 하고, 또 기본권의 본질적인 내용을 침해해서는 안 된다. 거꾸로 재산권 등 경제적 기본권을 제한하는 결과 자본주의 시장경제의 핵심적인 내용을 훼손해서는 안 된다. 세부적으로는 농지소작제가 금지되고(제121조), 국토의 효율적인 이용을 위하여 국토에 관한 필요한 제한과 의무를 부과할 수 있다(제120조 제2항, 제122조). 사영기업의 국공유화는 원칙적으로 금지된다. 다만 예외적으로 허용될 수 있다(제126조).

나) 재산권의 규범구조적 특성

재산권규정은 다른 기본권과는 구조적으로 차이가 있다. 기본권의 내용은 해석 및 구체화의 필요가 있기는 하지만 기본적으로는 헌법에 의하여 결정된다. 그리고 헌법이 허용하는 범위 내에서 법률에 의하여 제한된다. 그런데 재산권은 그 내용 자체가 법률에 의하여 형성된다. 다른 기본권의 보호대상, 즉 생명·신체·자유 등과는 달리 재산은 시장질서 등 사회적 기제를 통해 형성되며, 그만큼 사회적 관련성이 강하다는 점을 반영한 것이다. 이 점에서 보면 예컨대 국가배상청구권이 재산권에 해당하지는 않는다.[232] 국가배상청구권은 공무원의 불법행위가 없었더라면 존재했을 상태를 완전하게 회복하는 내용을 갖는다. 따라서 법률에 의하여 비로소 형성되고, 또 사회적 기속성을 갖는 재산권의 속성을 갖지 않기 때문이다.

다른 기본권과는 달리 재산권은 공공복리에 적합하게 행사하여야 한다. 따라서 헌법 제23조 제1항 및 제2항은 헌법 제23조 제3항과는 별도의 논리로 재산권에 내재해 있는 사회적 기속성의 근거이다. 다만 이때에도 개인이 수인할 수 없는 정도로 재산권이 제한되는 경우에는 보상이 필요하지만, 이는 헌법 제23조 제3항과는 다른 논리에 따라 보상이 이루어진다. 이는 헌법 제23조 제3항에 의한 보상과는 의미가 다르다는 점이 이른바 '분리이론'의 출발점이다. 이에 비해서 헌법 제23조 제3항은 입법자가 사회적 기속성의 범위를 넘는 정도로 재산권을 제한하는 근거가 되며, 이 경우 정당한 보상이 이루어진다.

(2) 재산권 보장에 대한 헌법적 의의

재산권 보장에는 다음과 같은 이중적인 의미가 있다. 첫째, 재산권은 인간의 존엄을 보장하기 위하여 필요한 경제적·물질적 기초를 보호하여 개인의 자유를 실현한다. 둘째, 재산권 보장은 자본주의 시장경제질서를 형성하는 객관적 질서요소이다. 이러한 맥락에서 재산권은 사유재산제도를 정당화하고, 또 사유재산제도에 기초하여 실현된다. 이 점에서 재산권과 헌법 제119조 이하 경제질서에 관한 규정들은 상호 규범적 기준으로 작용한다. 즉 재산권은 자본주

---

232) 국가배상청구권이 재산권에 해당한다는 헌법재판소의 결정으로는 헌재 1994.12.29, 93헌바21, 390면; 1996.6.13, 94헌바20, 8-1, 484면; 2011.8.30, 2006헌마788, 23-2(상), 389면 이하 등 참조.

의 시장경제의 질서요소를 존중하여야 하며, 자본주의 시장경제가 재산권의 핵심적인 내용을 훼손하는 방법과 내용으로 형성될 수는 없다.

(3) 재산권의 보호대상과 범위획정

가) 재산권의 보호대상

재산권은 개인의 자유를 실현하기 위한 경제적 기초를 보호한다. 전통적으로 이에 속하는 대표적인 권리가 물권적 소유권이었다. 그러나 산업화 이후 일반적으로 고용관계에서 성립되는 임금채권이 생활의 경제적 기초가 되었으며, 따라서 임금채권이 재산권에 의하여 보호된다. 임금후불의 성격을 갖는 퇴직금청구권 역시 재산권적 보호의 대상이다.[233]

오늘날 개인은 소득활동기간에는 임금 혹은 소득을, 그리고 노령 등을 이유로 스스로의 능력으로 더 이상 정상적인 생활을 할 수 없는 경우에는 공법상의 사회보장청구권을 생활의 경제적 기초로 한다. 따라서 재산권을 기능적으로 이해할 때 이와 같은 공법상의 청구권 역시 보호범위에 속한다. 다만 구체적으로 특정한 권리가 재산권의 보호대상인가는 아래와 같은 논의가 필요하다.

나) 재산권의 범위획정

a) 범위획정의 기준

재산권에 의하여 보호되기 위해서는 다음과 같은 두 가지 요건을 충족하여야 한다. 첫째, 개인이 스스로의 노력 혹은 희생에 의해서 성취한 재산적 권리이어야 한다. 이에 비해서 국가의 일방적인 급여는 재산권의 보호대상에서 제외된다. 「국민기초생활보장법」상의 생계급여는 이러한 예에 해당한다.[234] 다만 생계급여의 형성에 있어서는 신뢰보호의 원칙·비례의 원칙이 존중되어야 하고, 또 국가는 인간의 존엄 혹은 인간다운 생활을 할 권리에 의하여 모든 국민에게 최저생활을 보장하여야 한다. 둘째, 해당 재산적 권리에 대해서 개인의 사적인 유용성과 처분성이 인정되어야 한다. 구체적인 권리가 아닌 단순한 사실상의 이익이나 재화의 획득에 대한 기대는 아직 개인에게 귀속된 것이 아니므로 사적 유용성이 없다. 또 행정청의 재량에 의한 급여는 개인이 처분할 수 있는 상태가 아니기 때문에 재산권의 보호대상에서 제외된다.

233) 헌재 1998.6.25, 96헌바27, 10-1, 819면 이하 참조.

234) 헌재 2012.2.23, 2009헌바47, 24-1(상), 108면 이하; 2009.9.24, 2007헌마1092, 21-2(상), 785면 참조.

b) 사회보장청구권

aa) **사회보장청구권 일반:** 민법상의 소유권은 위와 같은 요건을 가장 충실하게 충족시킨다. 위 두 요건을 충족시키는 공법상의 권리 역시 재산권에 의하여 보호된다. 예컨대 사회보험청구권은 가입자가 납부한 보험료에 대한 반대급여이기 때문에 자기성취의 요건을 충족시키며, 따라서 재산권적 보호의 대상이 된다.[235] 국가유공자보상과 같은 사회보상급여도 수급자의 금전적 기여에 대한 반대급여는 아니지만 생명, 신체의 손상과 같은 특별한 희생에 대한 반대급여의 성격이 있기 때문에 재산권적 보호의 대상이다.[236]

이 밖에 헌법재판소는 사회보장청구권이 재산권적 보호의 대상이 되기 위해서는 자신과 가족의 생활비를 충당하기 위한 혹은 생존의 확보에 기여하기 위한 경제적 가치가 있는 권리이어야 한다고 한다.[237] 그러나 생계유지의 기능을 수행하는 경우에 한하여 재산권에 의하여 보호되는지는 검토가 필요하다. 사회보장급여는 모두 추상적으로는 생계유지에 기여한다. 그런데 사회보장급여가 구체적으로 생계유지에 기여하는 경우에 한하여 재산권적 보호의 대상이라면 이는 구체적인 평가가 필요하기 때문에 적용에 어려움이 따른다. 따라서 재산권 보장을 위한 이 요건은 해당 사회보장급여가 일반적으로 국민 대부분에게 생존적 중요성을 갖는가를 기준으로 판단하여야 할 것이다.[238] 그리고 이러한 조건은 대부분 충족될 것이다.

bb) **사용자의 부담금에 의하여 형성된 사회보험청구권:** 재산권적 보호의 대상인 급여에는 가입자의 보험료에 의하여 형성된 급여뿐 아니라 사용자의 부담금에 의하여 형성된 급여 역시 포함되어야 한다. 헌법재판소는 사회보험급여가 전체적으로 재산권적 보호의 대상이기는 하지만 사용자가 납부한 보험료에 의하여 형성된 부분에 대해서는 입법형성권이 넓다는 입장이다.[239] 또 헌법재판소는 연금청구권이 사회보장수급권과 재산권의 성격을 동시에 가지고 있으며 따라서 순수한 재산권은 아니라는 이유로 입법 형성의 폭이 넓다고 보고

235) 헌재 2003.12.18, 2002헌바1, 15-2(하), 450면 이하(건강보험급여); 2009.5.28, 2005헌바20, 21-1(하), 468면(산재보험급여); 2004.6.24, 2002헌바15, 16-1, 730면 이하(국민연금); 1999.4.29, 97헌마333, 11-1, 513면(공무원연금); 2003.9.25, 2001헌가22, 15-2(상), 231면 이하(군인연금) 등 참조.

236) 헌재 1995.7.21, 93헌가14, 7-2, 21면 이하 참조.

237) 헌재 1995.7.21, 94헌바27등, 7-2, 90면; 2000.6.29, 99헌마289, 12-1, 949면 등 참조.

238) 이에 대해서는 *BVerfGE* 69, 272(304) 참조.

239) 예컨대 헌재 1994.6.30, 92헌가9, 6-1, 549면 참조.

있다.[240] 그러나 보다 정확하게 보면 연금청구권은 제한 없이 재산권적 보호의 대상이며, 다만 사회보장의 거시질서에서 기능한다는 특징, 즉 사회적 관련성이 강하기 때문에 입법 형성의 폭이 넓다고 보아야 한다. 사용자의 부담금에 의하여 형성된 급여는 임금후불보다는 사회보장적 급여의 성격이 있다는 논리도 타당하지 않다. 오히려 가입자가 납부하는 기여금은 보수의 일부에 해당하며, 사용자가 납부하는 부담금에 의하여 형성된 급여가 「근로기준법」상의 퇴직금과 같이 임금후불의 성격이 있기 때문이다.[241]

헌법재판소의 견해에 의하면 사용자가 보험료 전액을 부담하는 「산업재해보상보험법」상의 급여에 대해서는 상대적으로 입법 형성의 여지가 넓고, 또 보험료 전액을 본인이 부담하는 자영인의 경우와, 보험료를 사용자와 반씩 부담하는 근로자의 경우 각각 사회보험청구권에 대한 재산권적 보호의 정도가 다르게 되는 불합리가 발생한다. 사망한 가입자가 납부한 보험료에 대한 반대급부인 유족급여가 재산권에 의한 보호대상인가도 문제가 된다. 헌법재판소는 유족급여를 재산권적 보호의 대상으로 인정한 바 있다.[242]

c) 상속권

상속권은 명시적으로 헌법상의 권리로서 규정되어 있지는 않다. 외국의 입법례를 보면 예컨대 독일헌법 제14조는 제1항에서 재산권과 함께 상속권을 보호하고 있다. 헌법재판소는 상속권이 재산권에 의하여 보호되는 것으로 이해하고 있다.[243] 재산권뿐 아니라 일반적인 행동의 자유로서 유언의 자유, 혼인과 가족보호 등이 함께 고려되어야 한다. 입법자는 이와 같은 요소들을 고려하여 상속권을 형성하며, 이때 상속인이 피상속인을 부양하였는가 여부가 상속결격사유에 영향을 미치는 것은 아니다.[244]

판례 **피상속인에 대한 부양의무와 상속권의 형성** (헌재 2018.2.22, 2017헌바59)

민법 제1004조는 일정한 형사상의 범죄행위와 유언의 자유를 침해하는 부정행위 등 5가지를 상속결격사유로 한정적으로 열거하고 있다. 이는 극히 예외적인 경우를

240) 헌재 2009.7.30, 2008헌가1등, 21-2(상), 37면 이하 참조.

241) 대판 1969.12.20, 67다1597; 2004.7.22, 2004다10350 등 참조.

242) 헌재 1999.4.29, 97헌마333, 11-1, 512면 참조. 재산권적 성격보다 사회보장수급권의 성격이 강하다는 결정으로는 헌재 2008.11.27, 2006헌가1, 20-2(하), 10면 참조. 독일 연방헌법재판소는 유족연금에 대한 재산권적 성격을 부인한 바 있다. *BVerfGE* 97, 271(284).

243) 헌재 1989.12.22, 88헌가13, 1, 367면 이하; 1998.8.27, 96헌가22등, 10-2, 356면; 2014.8.28, 2013헌바119, 26-2(상), 316면 등 참조.

244) 헌재 2018.2.22, 2017헌바59, 30-1(상), 307면 이하 참조.

제외하고는 상속인의 상속권을 보호함과 동시에 상속결격 여부를 둘러싼 분쟁을 방지하고, 상속으로 인한 법률관계를 조속히 확정시키기 위함이다. 부양의무의 이행과 상속은 서로 대응하는 개념이 아니어서, 법정상속인이 피상속인에 대한 부양의무를 이행하지 않았다고 하여 상속인의 지위를 박탈당하는 것도 아니고, 반대로 법정상속인이 아닌 사람이 피상속인을 부양하였다고 하여 상속인이 되는 것도 아니다. 만약 직계존속이 피상속인에 대한 부양의무를 이행하지 않은 경우를 상속결격사유로 본다면, 과연 어느 경우에 상속결격인지 여부를 명확하게 판단하기 어려워 이에 관한 다툼으로 상속을 둘러싼 법적 분쟁이 빈번하게 발생할 가능성이 높고, 그로 인하여 상속관계에 관한 법적 안정성이 심각하게 저해된다. 나아가 민법은 유언이나 기여분 제도를 통하여 피상속인의 의사나 피상속인에 대한 부양의무 이행 여부 등을 구체적인 상속분 산정에서 고려할 수 있도록 하고 있는 점들을 고려하면, 심판대상조항이 피상속인에 대한 부양의무를 이행하지 않은 경우를 상속결격사유로 규정하지 않았다고 하여 입법형성권의 한계를 일탈하여 다른 상속인인 청구인의 재산권을 침해한다고 보기 어렵다.

---

(4) 재산권 보장의 내용과 입법적 형성

가) 존속보장과 가치보장

국가가 법률에 반하여 혹은 법적 근거 없이 재산권을 침해하는 것은 허용되지 않는다. 재산권을 침해하는 공권력은 취소되어야 한다. 재산권은 개인이 보유하는 재산의 존속을 보장하는 데에 가장 기본적인 의미가 있다. 재산은 그 경제적 가치가 보호되지만 동시에 재산권은 개인의 인격적 동질성을 징표하는 의미도 있기 때문이다.

해당 재산의 경제적 가치보장은 2차적으로 고려되어야 하며, 1차적으로는 재산의 존속이 보장되어야 한다. 예컨대 공공필요에 의하여 토지재산권이 수용되었으나 이후 공공사업에 필요가 없게 된 경우 기존 토지소유자의 재산권을 근거로 존속보장을 위한 환매권을 행사할 수 있다.[245] 다만 재산권 형성에 있어서 사회적 계기가 중요하게 작용하며, 또 재산권은 국가과제를 수행하기 위하여 필요한 경우 제한될 수 있다. 이와 같이 존속이 더 이상 보장될 수 없는 경우 헌법 제23조 제1항 및 제3항에 의하여 재산권이 제한되며, 이때 보상이 따른다. 즉 개인의 재산권은 존속보장에서 가치보장으로 전환된다.

---

245) 헌재 2011.3.31, 2008헌바26, 23-1(상), 237면 이하 참조. 이 밖에 환매권의 재산권적 성격에 대해서는 헌재 2006.11.30, 2003헌바66, 18-2, 436면 이하 참조.

나) 입법형성권과 조정적 보상

a) 수용보상과 조정적 보상

aa) 재산권의 사회적 제약과 입법형성권: 재산권은 그 내용이 입법적으로 형성된다. 입법자는 추상적이고 일반적인 형식으로 재산에 관한 권리와 의무를 구체화한다. 이는 공익목적을 위하여 개별적·구체적으로 이미 형성된 재산권을 제한하는 국가작용과는 차이가 있다. 재산권은 개인의 자유실현을 위한 경제적 기초를 보호한다. 그리고 이러한 자유는 재산권에 내재해 있는 사회적 기속성과 균형관계를 이루며 조정된다. 따라서 재산권의 사회적 관련성이 크면 클수록 입법적 형성 및 제한의 범위가 넓다.[246] 사회보장청구권, 토지재산권 등이 여기에 해당하는 대표적인 예이다.

bb) 특별희생의 예외적 발생: 위와 같은 이해에서 보면 공익을 위하여 토지에 대한 개발, 즉 이용을 제한하는 것은 토지소유자가 수인하여야 하는 사회적 제약에 해당한다. 또 이 경우 신뢰를 침해하는 것도 아니다. 장래 특정한 목적, 예컨대 자신의 토지를 개발목적으로 사용하리라는 기대, 혹은 지가상승에 따른 이익에 대한 기대는 재산권적으로 보호되는 신뢰에 해당하지 않기 때문이다.

다만 개발제한조치로 인하여 자신의 토지를 기존의 이용방법에 따라서 더 이상 사용할 수 없거나 혹은 실질적으로 사용할 수 없는 예외적인 경우에는 개인에게 수인을 감수하도록 할 수 없다. 개발제한구역으로 설정되어 건물의 신축이 금지되는 나대지의 경우가 한 예이다. 개발제한구역으로 지정된 후 주변지역의 과밀화로 인하여 농지가 오염되거나 수로가 차단되는 등의 사정변경으로 인하여 농지의 기존 용도가 폐기되는 경우가 또 하나의 예이다. 이와 같은 경우에는 예외적으로 토지소유자에게 발생한 특별한 부담을 조정하기 위한 보상규정이 필요하다.[247]

cc) 조정적 보상: 이러한 보상은 헌법 제23조 제3항의 '수용보상'과는 구별된다. 수용보상은 공공필요에 의하여 재산권을 사회적 제약의 범위를 넘어 제한하는 경우 인정된다. 그런데 위에서 언급한 이른바 '조정적 보상'은 원칙적으로 사회적 제약의 범위 내에서 이루어지는 재산권에 대한 입법형성이지만 구체

---

246) 예컨대 헌재 2014.4.24, 2013헌바110, 26-1(하), 88면 이하; 2015.10.21, 2012헌바367, 27-2(상), 708면 이하 등 참조.

247) 헌재 1998.12.24, 89헌마214등, 10-2, 952면 이하 참조.

적인 경우에 예외적으로 토지소유자의 수인가능성을 넘었기 때문에 필요한 보상이다. 이 경우 조정보상의 내용도 수용보상과는 다르다.

조정보상은 재산권의 제한과 이를 통하여 도모하는 공익 사이에 비례성을 회복하는 목적을 갖는다. 보상의 방법이 반드시 금전보상이어야 하는 것은 아니다. 입법자는 지정의 해제 또는 토지매수청구권과 같이 금전보상에 갈음하거나 기타 손실을 완화할 수 있는 제도를 보완하는 등 다른 방법을 사용할 수 있다.

실제 조정보상이 결여되어 있다는 이유로 구 「도시계획법」 규정에 대해서 헌법재판소가 헌법불합치결정을 한 후 제정된 「개발제한구역의 지정 및 관리에 관한 특별조치법」은 개발제한구역으로 지정되어 종래의 용도로 토지를 사용할 수 없기 때문에 효용이 현저히 감소된 토지 등의 소유자는 정부에 매수청구권을 행사할 수 있도록 하였다(개발제한특별법 제17조 이하).[248]

b) 경계이론과 분리이론

조정적 보상은 기존에 헌법 제23조 제1항과 제3항을 연계적으로 이해하는 태도를 극복하는 의미가 있다. 기존의 '경계이론'에 따르면 사회적 기속의 범위를 넘는 재산권 제한에는 제23조 제3항이 적용되고 정당한 보상을 지급하여야 한다. 이에 비해서 사회적 기속의 범위 내의 재산권 제한은 제23조 제1항이 적용되며 원칙적으로 보상이 필요없다.

이에 비해서 헌법 제23조 제1항과 제3항을 분리하여 이해하는 '분리이론'에서 제23조 제1항에 대한 이해는 차이가 있다. 분리이론에서도 사회적 기속의 범위 내에서 이루어지는 제한은 재산권 제한이 아니라 재산권에 대한 입법형성으로서 원칙적으로 보상이 필요하지 않다. 그러나 이 경우에도 구체적으로 판단하여 해당 입법형성이 재산권자에게 수인가능성이 없는 피해를 발생시키는 경우 비례의 원칙에 위반되며, 보상이 되어야 한다. 다만 이러한 보상은 제23조 제3항의 정당한 보상이 아니며, 이른바 조정적 보상에 해당한다. 헌법재판소는 이와 같은 분리이론을 보상없이 개발제한구역을 설정하는 「도시계획법」 규정을 심사할 때 처음 적용하였다.[249] 이후 헌법재판소는 계속 이를 적용하고 있다.[250]

248) 이 법에 대한 헌법적 판단으로는 헌재 2004.2.26, 2001헌바80등, 16-1, 202면 이하 참조.
249) 헌재 1998.12.24, 89헌마214등, 10-2, 927면 이하 참조.
250) 예컨대 헌재 1999.4.29, 94헌바37등, 11-1, 289면 이하; 1999.10.21, 97헌바26, 11-2, 383면 이하 등 참조.

판례 **재산권에 대한 입법형성과 조정적 보상** (헌재 1998.12.24, 89헌마214등)

개발제한구역의 지정으로 인한 개발가능성의 소멸과 그에 따른 지가의 하락이나 지가상승률의 상대적 감소는 토지소유자가 감수해야 하는 사회적 제약의 범주에 속한다. 자신의 토지를 장래에 건축이나 개발목적으로 사용할 수 있다는 기대가능성이나 신뢰 및 이에 따른 지가상승의 기회는 원칙적으로 재산권의 보호범위에 속하지 않는다. 구역지정 당시의 상태대로 토지를 사용·수익·처분할 수 있는 이상, 구역지정에 따른 단순한 토지이용의 제한은 원칙적으로 재산권에 내재하는 사회적 제약의 범주를 넘지 않는다. 그러나 개발제한구역의 지정으로 인하여 종래의 지목과 토지현황에 의한 이용방법에 따른 토지의 사용도 할 수 없거나 실질적으로 사용·수익을 전혀 할 수 없는 예외적인 경우에도 아무런 보상없이 이를 감수하도록 하는 한, 비례의 원칙에 위반되어 당해 토지소유자의 재산권을 과도하게 침해하는 것으로서 헌법에 위반된다.

사회적 제약의 범위를 넘어 감수할 수 없는 특별한 재산적 손해가 발생하는 구체적 예는 다음과 같다. 첫째, 나대지의 경우이다. 나대지의 상태로 있었던 토지는 구역의 지정과 동시에 건물의 신축이 금지되는 결과 실제로는 지정 당시의 지목과 토지의 현황에 따른 용도로도 사용할 수 없게 되었다. 이 경우 개발제한구역의 지정으로 인하여 토지의 이용이 사실상 폐지되며, 이는 종전의 용도대로는 계속 사용할 수 있는 다른 토지의 경우와는 달리 토지재산권에 대한 사회적 제약의 한계를 넘는 과도한 부담을 준다. 둘째, 사정변경으로 인하여 용도가 폐지되는 경우이다. 토지가 종래 농지 등으로 사용되었으나 개발제한구역의 지정이 있은 후에 주변지역의 도시과밀화로 인하여 농지가 오염되거나 수로가 차단되는 등의 사유로 토지를 더 이상 종래의 목적으로 사용할 수 없거나 현저히 곤란하게 된 경우에도 당해 토지소유자에게 위 나대지의 경우와 유사한 가혹한 부담이 발생한다. 개발제한구역으로 지정된 토지는 토지 주변상황의 변화로 인하여 지정 당시에 행사된 용도대로의 사용이 불가능한 경우에도 원칙적으로 형질변경이 허용되지 아니하여 다른 용도로도 이용할 수 없기 때문이다.

입법자가 「도시계획법」 제21조를 통하여 국민의 재산권을 비례의 원칙에 부합하게 합헌적으로 제한하기 위해서는, 수인의 한계를 넘어 가혹한 부담이 발생하는 위와 같은 경우에는 이를 완화하는 보상규정을 두어야 한다. 이러한 보상규정은 입법자가 헌법 제23조 제1항 및 제2항에 의하여 재산권의 내용을 구체적으로 형성하고 공공의 이익을 위하여 재산권을 제한하는 과정에서 이를 합헌적으로 규율하기 위하여 두어야 한다. 재산권의 침해와 공익간의 비례성을 다시 회복하기 위한 방법은 반드시 금전보상만을 해야 하는 것은 아니다. 입법자는 지정의 해제 또는 토지매수청구권제도와 같이 금전보상에 갈음하거나 기타 손실을 완화할 수 있는 제도를 보완하는 등 여러 가지 다른 방법을 사용할 수 있다.

다) 과세권에 대한 입법형성과 한계

a) 과세권에 대한 재산권적 통제의 필요성

국가의 과세권은 재산권과 밀접한 관련성을 갖는다. 과세권에 대한 헌법적 심사의 중요한 기준은 헌법 제59조의 조세법률주의이다. 이는 민주적 정당성이 있는 국회가 정부의 과세권을 통제하는 수단이다. 이를 통하여 과세권의 행사에는 국회에서 제정된 법률형식의 동의가 필요하다. 또 국회는 예산안심의확정권을 통하여 간접적으로 조세수입과 지출을 통제한다.

국회의 통제가 과세권의 남용을 방지하기 위한 충분조건이 되지는 못한다. 국회 또한 정치적 목적에서 재정지출을 스스로 증대시킬 우려가 있기 때문이다. 헌법은 이 점을 인식하여 제57조에서 정부가 제출한 지출예산 각항의 금액을 증가하거나 새로운 비목을 설치하기 위해서는 오히려 국회가 정부의 동의를 얻도록 하고 있다.

그러나 위와 같은 방법은 모두 과세권에 대한 간접적이고 제도적인 통제이다. 이에 재산권에 의하여 과세권을 통제할 필요성에 주목하게 되었다. 특히 조세가 국가목적을 실현하기 위한 유도·조정의 기능을 수행하게 되면서 이러한 공익목적이 개인의 재산권을 제한하는 과세권의 행사와 균형관계에 있는지에 대한 심사가 필요하게 되었다.

b) 과세권에 대한 재산권적 통제의 기준

과세권은 개인이 시장기제에 참여하여 형성한 재산적 이익의 일부를 회수하는 의미를 갖는다. 이것이 과세권을 정당화하는 근거이기도 하다. 과세권은 개인의 자유를 실현하기 위하여 필요한 경제적 기초를 보호하는 범위 내에서 행사되어야 한다. 개인의 전체 조세부담이 경제활동의 결과 형성한 재산적 이익의 일정한 한도를 넘으면 이는 경제적 기반을 훼손하며, 그 결과 경제적 활동의 의미를 상실시킨다(이른바 '압살적 조세'). 이는 재산권 보장의 이념과 조화될 수 없다. 다만 이러한 이념의 타당성에도 불구하고 실제 과세권의 헌법적 한계를 계량화하여 적용하는 데에는 어려움이 있다.

개인의 소득 중 전체 조세부담이 50%를 넘으면 재산권적 한계에 달하며, 따라서 헌법에 위반된다는 이론구성이 있다.[251] 이러한 주장은 추상적, 그리고 상징적으로는 타당하다. 가처분 소득이 전체 소득의 반 이상으로 줄어드는 경우에는 소득활동의 의미는 반감되기 때문이다. 그러나 전체 조세부담에 직접세

251) 독일에서의 이에 대한 논의로는 *BVerfGE* 93, 121면 이하 참조.

부담만이 포함되는가, 아니면 간접세 부담까지를 포함하는가, 그리고 간접세를 포함하는 경우 이를 어떠한 방법으로 개별적으로 산정하는가 등의 기술적인 문제는 여전히 남는다. 또 원본 그 자체가 아니라 원본에서 발생한 수익을 과세의 대상으로 하는 이른바 수득세(收得稅)의 경우에는 매년 수익이 다르고, 또 전혀 수익이 발생하지 않는 경우도 있는데 이를 평균적으로 산정하는 어려움이 있다. 따라서 위와 같은 시도는 과세권의 정치적 한계를 제시하는 의미가 있을 뿐이다. 실제 독일의 연방헌법재판소는 2006년 기존에 과세권의 한계로 제시하였던 '50% 기준'을 헌법적 심사기준으로 더 이상 적용할 수 없다는 결정을 한 바 있다.[252)]

과세권의 재산권적 한계는 구체적인 평가를 필요로 한다. 예컨대 부동산에 대한 조세부담을 공평하게 하고 부동산가격을 안정시키기 위한 목적에서 기존의 재산세 외에 별도로 종합부동산세를 부과하는 것 자체가 위헌은 아니다. 그러나 주거목적으로 주택 한 채를 일정 기간 보유하는 경우에도 종합부동산세를 부과하는 것은 주택보유자의 재산권을 과도하게 침해한다는 것이 헌법재판소의 입장이다.[253)] 그러나 이와 같은 논리가 타당한지는 의문이다. 예컨대 주거목적의 부동산을 과세대상에서 일부 면제하는 배려를 할 수는 있다. 그러나 이를 종합부동산세의 대상에서 제외하는 것이 부담능력에 따른 과세권 행사의 원칙과 조화될 수 있는가는 의문이다.

c) 미실현소득에 대한 과세

조세는 재정적 기능과 함께 유도적 기능을 갖는다. 유도적 기능을 위하여 아직 실현되지 않은 이른바 '미실현소득'에 대해서 과세하는 것 자체가 헌법에 위반되지는 않는다. 소득이 아직 실현되지 않았더라도 개인의 경제적 부담능력이 증대된 것은 사실이며 증대된 소득을 현금화할 것인가는 개인의 자산구성에 있어서 선택의 문제이기 때문이다. 그러나 미실현소득에 대한 과세가 실제에 있어서 원본인 재산을 무상으로 몰수하는 효과가 있는 때에는 신중한 헌법적 판단이 필요하다. 헌법재판소는 미실현소득에 대한 과세인 「토지초과이득세법」상의 50%의 세율은 원본잠식의 우려가 있다는 이유로 헌법에 합치하지 않는다는 결정을 한 바 있다.[254)] 같은 이유에서 헌법재판소는 구 「택지소유상한에

252) *BVerfGE* 115, 97면 이하 참조.
253) 헌재 2008.11.13, 2006헌바112등, 20-2(하), 69면 이하 참조.
254) 헌재 1994.7.29, 92헌바49등, 6-2, 95면 이하 참조.

관한 법률」에 의하여 소유상한을 넘는 택지에 대해서 기간의 제한없이 고율의 부담금을 계속 부과하는 것은 헌법에 위반된다고 판단하였다.[255] 이 밖에 「개발이익의 환수에 관한 법률」 역시 위헌으로 결정되었다.[256]

판례 **과세권 행사의 재산권적 한계** (헌재 1994.7.29, 92헌바49등)

과세대상인 자본이득의 범위를 실현된 소득에 국한할 것인가 혹은 미실현이득을 포함시킬 것인가의 여부는, 과세목적·과세소득의 특성·과세기술상의 문제 등을 고려하여 판단할 입법정책의 문제일 뿐, 헌법상의 조세개념에 저촉되거나 그와 양립할 수 없는 모순은 아니다.

「토지초과이득세법」상 여러 과세기간에 걸쳐 장기간 토지를 보유하는 경우, 전체 보유기간 동안의 지가의 변동상황에 대처함에 있어서는 아무런 보충규정도 두지 않은 결과 장기간에 걸쳐 지가의 앙등과 하락이 반복되는 경우에 최초 과세기간 개시일의 지가와 비교할 때는 아무런 토지초과이득이 없는 경우에도, 그 과세기간에 대한 토초세를 부담하는 불합리한 결과가 발생할 수 있다. 이는 토초세 과세로 인하여 원본 자체가 잠식되는 경우로서, 수득세(收得稅)인 토초세의 본질에도 반하여 사유재산권보장의 취지에 위반된다.

토초세는 그 계측의 객관성 보장이 심히 어려운 미실현이득을 과세대상으로 하므로 토초세 세율을 현행법과 같이 고율로 하는 경우에는 자칫 가공이득에 대한 과세가 되어 원본잠식으로 인한 재산권 침해의 우려가 있다. 또한 적어도 토초세와 같은 이득에 대한 조세에 있어서는, 조세의 수직적 공평을 이루어 소득수준이 다른 국민들 사이의 실질적인 평등을 도모하여야 한다. 토초세는 양도소득세의 예납적 성격도 띠고 있음에도 불구하고 굳이 토초세의 세율체계를 단일비례세로 한 것은 소득이 많은 납세자와 소득이 적은 납세자 사이의 실질적인 평등을 저해한다.

토초세는 양도소득세와 같은 수득세의 일종으로서 그 과세대상 또한 양도소득세 과세대상의 일부와 완전히 중복되고 두 세금의 목적 또한 유사하여 토초세가 양도소득세의 예납적 성격을 갖는다. 그럼에도 불구하고 토초세법 제26조 제1항과 제4항이 토초세액 전액을 양도소득세에서 공제하지 않도록 규정한 것은 조세법률주의상의 실질과세의 원칙에 반한다.

---

(5) 재산권의 제한과 정당한 보상

재산권에 내재해 있는 사회적 제약을 넘는 재산권에 대한 수용·사용 혹은 그 밖의 형태의 제한에 대해서는 법률에 의하여 정당한 보상이 이루어져야 한

255) 헌재 1999.4.29, 94헌바37등, 11-1, 340면 이하 참조.
256) 헌재 1998.6.25, 95헌바35등, 10-1, 799면 이하 참조.

다(제23조 제3항). 재산권은 일반적으로 법률에 근거한 행정처분에 의하여 제한되지만 법률에 의하여 직접 제한되는 경우도 있다. 전자를 행정적 수용, 후자를 입법적 수용이라고 부른다.[257)]

재산권의 수용·사용 또는 제한은 사회적 제약의 범위 내에서 이루어지는 재산권에 대한 입법형성과는 구별된다. 재산권에 대한 입법형성의 결과 나타나는 제한은 원칙적으로 보상의 대상이 아니다. 다만 구체적인 경우에 재산권자에게 수인가능성이 없는 때에는 비례의 원칙에 반하며, 따라서 조정적 보상이 필요하다. 이 점에 대해서는 위에서 설명하였다. 이러한 경우에 해당하지 않는 재산권 제한에 대해서는 보상의 의무가 없다.

가) 재산권 제한의 요건

a) 공공필요

공공필요가 있는 경우에 재산권은 제한될 수 있다. '공공필요'란 국민의 재산권을 그 의사에 반하여 강제적으로 취득하여야 할 공익적 필요를 말한다. 이는 기본권 제한의 일반적인 사유인 공공복리보다는 좁은 개념이다. 즉 공공필요는 '공익성'과 동시에 '필요성'의 조건을 충족하여야 한다.[258)] 이와 같이 공공필요와 공공복리가 개념적으로 차이가 있지만 실제 제한의 요건으로서 그 내용은 차이가 없다. 헌법 제37조 제2항 공공복리에 의한 제한에는 비례의 원칙에 의한 심사가 따르기 때문이다.

공익성의 정도는 공용수용을 허용하고 있는 개별법의 입법목적, 사업내용, 사업이 입법목적에 기여하는 정도, 사업시설에 대한 대중의 이용 및 접근가능성을 종합적으로 고려하여 판단된다. '필요성'을 충족하기 위해서는 공용수용을 통하여 달성하려는 공익과 그로 인하여 재산권을 침해당하는 사인의 이익 사이의 형량에서 사인의 재산권 제한을 정당화할 정도로 공익이 우월하여야 한다. 「국토의 계획 및 이용에 관한 법률」상의 도시계획시설사업이 대표적인 예이다. 이는 도로·철도·항만·공항·주차장 등 교통시설, 수도·전기·가스공급시설과 같은 도시계획시설을 설치·정비 또는 개량하여 공공복리를 증진시키는 목적을 갖기 때문이다.[259)]

---

257) 입법적 수용의 예에 대해서는 헌재 1998.3.26, 93헌바12, 10-1, 242, 246면; 2010.2.25, 2008헌바6, 22-1(상), 160면 이하 등 참조.

258) 헌재 2011.4.28, 2010헌바114, 23-1(하), 56면 이하 참조.

259) 헌재 2011.6.30, 2008헌바166등, 23-1(하), 307면 이하 참조.

공공필요의 요건을 갖추는 때에는 국가 외에 민간기업도 수용권의 주체가 될 수 있다.[260] 다만 민간기업이 사업시행자인 경우 그 사업 시행으로 획득할 수 있는 공익이 현저히 훼손되지 않도록 보장하여야 한다. 헌법재판소는 고급골프장, 고급리조트 등의 사업은 지역의 균형발전 및 주민의 소득증대에 기여하는 정도가 낮고, 또 대중의 이용·접근가능성이 작아 공익성이 낮기 때문에 공용수용을 정당화할 만한 필요성이 없다는 이유로 해당 규정에 대해서 헌법불합치결정을 하였다.[261]

공공필요가 존재하지 않는 경우 혹은 공공필요에 비해서 과도하게 재산권이 제한되는 경우, 이는 위헌으로서 취소되어야 한다. 또 공공필요가 있어 수용되었으나 사후에 수용의 목적인 공공사업이 수행되지 않거나 수용된 재산이 실제 이용되지 않은 경우에는 피수용자는 해당 재산에 대한 환매권을 갖는다.[262]

b) 수용·사용·제한

헌법상 재산권 제한의 형태는 수용·사용 및 제한이다. '수용'이란 공공필요에 의하여 공권력의 강제에 의하여 개인의 재산권이 국가 혹은 제3자에게로 이전되는 것을 말한다. 가장 강한 재산권 제한의 유형이다. 수용의 명칭을 사용하고 있지 않은 경우에도 실질적인 효과에 따라서 수용 여부가 판단되어야 한다. 「징발재산정리에 관한 특별조치법」상의 징발매매가 좋은 예이다. 이에 따르면 군사상 긴요하여 군이 계속 사용할 필요가 있다는 이유로 국방부장관이 매수통지를 한 경우에는 피징발자가 이에 응하지 않더라도 국방부장관의 매수결정에 의하여 일방적으로 매매가 성립된다. 헌법재판소는 징발매매는 매매라는 법형식과는 관계없이 실질적으로 공용수용(公用收用)에 해당한다고 보았다.[263] '사용'이란 재산권의 주체를 그대로 유지시키면서 사용권에 대한 일정한 제한을 가하는 것을 말한다. 그 밖에 일체의 형태의 재산권에 대한 '제한'이 보상의 원인이다. 이와 같이 헌법은 수용뿐 아니라 다양한 제한의 형태를 예정하고 있다.

헌법이 예정하는 제한의 형태와 관련하여 다음과 같은 두 가지 문제가 제기

---

260) 헌재 2009.9.24, 2007헌바114, 21-2(상), 571면 이하; 2011.6.30, 2008헌바166등, 23-1(하), 308면 참조. 이 결정에서 반대의견은 사인의 공용수용권을 인정하기 위해서 엄격한 요건을 제시하고 있다. 23-1(하), 314면 이하 참조.

261) 헌재 2014.10.30, 2011헌바129등, 26-2(상), 639면 이하 참조.

262) 헌재 1994.2.24, 92헌가15등, 6-1, 55면 이하; 1995.2.23, 92헌바12, 7-1, 162면; 1995.10.26, 95헌바22, 7-2, 482면; 1998.12.24, 97헌마87등, 10-2, 978면 등 참조.

263) 헌재 1995.2.23, 92헌바12, 7-1, 162면 참조.

된다. 첫째, 수용의 경우에는 문제가 없으나 단순한 사용 및 제한을 정당한 보상의 원인으로 한 것은 재산권의 사회적 기속성을 헌법이 일관되게 반영하지 못했다는 지적이다. 둘째, 헌법 제23조 제3항은 사회적 제약을 넘는 제한뿐 아니라 일체의 보상을 필요로 하는 제한에 적용되며, 따라서 헌법 제23조 제1, 2항에 따른 이른바 조정적 보상의 논리는 필요하지 않다는 지적이다.

사회적 제약의 범위를 넘지는 않지만 비례의 원칙에 반하는 경우에 적용되는 조정보상의 논리는 이론적 가치가 있다. 이에 따르면 헌법 제23조 제3항은 단순 사용 및 제한이 아니라 수용의 정도에 이르는 사용 및 제한의 경우에 적용되는 것으로 보아야 한다. 따라서 이는 재산권의 사회적 기속성의 이해태도를 벗어난 것이 아니다. 또 헌법 제23조 제1, 2항에 따른 조정적 보상은 제23조 제3항에 의한 정당한 보상과는 그 성립요건과 보상의 내용에 있어서 차이가 있다. 따라서 조정적 보상의 논리는 독자적인 필요성과 정당성이 있다.

나) 이른바 수용적 보상

헌법 제23조 제3항은 공공필요에 의하여 재산권을 의도적으로 제한하는 경우에 적용된다. 그런데 공공필요에 의하여 공권력이 행사되면서 예상하지 못한 부수적인 결과로서, 즉 간접적으로 재산권이 제한되는 경우가 있다. 예컨대 지하철 공사를 위하여 지하공사를 하던 중에 지반이 흔들려 인근 건물에 붕괴 위험이 생기는 경우가 있다. 이는 엄격히 보면 헌법 제23조 제3항이 예정하고 있는 재산권 제한은 아니다. 공공필요를 위한 의도적인 공권력작용이 아니기 때문이다. 그러나 이것 역시 특별한 희생이므로 이른바 '수용적 침해(enteignender Eingriff)'로 이론 구성하고 보상하는 것이 필요하다.

다) 정당한 보상

a) 국가책임구조와 정당한 보상

재산권 제한이 사회적 제약을 넘는 특별희생에 해당할 때 상실된 형평을 회복하기 위하여 정당한 보상이 지급되어야 한다.

이 점에서 재산권 제한에 대한 보상은 헌법 제29조 국가배상청구권과 구별된다. 국가배상청구권은 불법행위책임에 따르며, 따라서 불법행위가 존재하지 않았더라면 있었을 상태로의 회복을 내용으로 하기 때문이다. 또 수용보상은 행정법상의 희생보상청구권과도 구별된다. 희생보상청구권은 재산이 아닌 신체·생명 등에 대한 제한을 원인으로 성립하며, 발생한 피해에 대하여 국가의 행위가 직접적인 원인관계를 구성하지 않는 것이 일반적이기 때문이다.

b) **법률에 의한 정당한 보상**

재산권의 제한에 대해서는 정당한 보상이 지급되어야 하며, 보상의 종류와 내용, 보상절차 등은 법률에 규정되어야 한다. 현재 토지수용에 대한 보상의 일반법으로 「공익사업을 위한 토지 등의 취득 및 보상에 관한 법률」이 시행되고 있다.

aa) **법률에 의한 보상:** 우리 헌법은 이른바 '불가분조항'을 채택하고 있지는 않다. 즉 제한의 근거가 되는 법률에 동시에 보상의 근거가 되는 규정이 존재하여야 하는 것은 아니다. 예컨대 독일헌법 제14조 제3항은 불가분조항(Junktim-Klausel)을 두어 수용의 근거가 되는 법률에서 동시에 보상의 종류와 내용을 규율하도록 하고 있다. 이와 같은 헌법에서는 수용의 근거인 법률에 보상의 종류와 내용에 관한 규정이 없는 경우 위헌이 된다.

독일에서는 수용의 모든 요건이 충족되었지만 해당 법률에 보상규정이 없는 경우에도 보상이 지급될 수 있는지와 관련하여 헌법적 판단이 문제되었다. 이에 대해서 한때 독일의 연방최고법원(BGH)은 합헌적인 수용의 경우 보상이 지급되어야 하기 때문에 위헌적인 수용의 경우 더욱더 보상이 지급되어야 한다는 내용의 '수용유사침해이론(enteignungsgleicher Eingriff)'을 정립한 바 있다. 그러나 1981년 연방헌법재판소는 이른바 '자갈채취사건(Nassauskiesung)'에서 보상규정이 결여된 법률에 의한 수용을 위헌으로 확인하면서도, 재산권 보장은 1차적으로 존속보장을 내용으로 하므로 피수용자는 우선 해당 수용의 취소를 구하는 행정소송을 통하여 권리구제를 청구하여야 한다는 결정을 하였다.[264] 이후 수용유사침해이론은 그 법적 근거를 독일헌법 제14조 제3항이 아니라 일반적인 희생보상이념 및 관습법 등으로 하는 등 변형을 겪으며, 계속 적용되고 있다.

재산권 제한에 대한 보상규정이 존재하지 않는 경우 헌법적 판단이 문제된다. 이론적으로는 이 경우에 헌법적 구제방법이 없다는 프로그램규정설, 다른 법률을 유추해서 적용한다는 견해, 위에서 언급한 바 있는 수용유사적 침해이론 등이 제시된 바 있다. 프로그램규정은 오늘날 더 이상 받아들일 수 없으며, 또 이를 따르는 견해도 없다. 유추적용설은 법원이 한때 채택한 바 있다.[265] 그러나 법원이 보상에 대한 입법적 의도를 유추하여 스스로 형성하는 데에는 한

---

264) *BVerfGE* 58, 300면 이하 참조.
265) 대판 1987.7.21, 84누126 참조.

계가 있다. 수용유사침해이론은 위에서 언급했듯이 재산권 보장의 이념과 제한된 범위에서 조화될 수 있을 뿐이며 법원은 이를 아직 수용하고 있지 않다.[266] 이와 같은 경우 보상의 가능성에 대한 두 가지 입장에 대한 검토가 필요하다.

첫째, 헌법을 직접 근거로 개인에게 보상청구권을 인정하는 방법이다. 과거 법원은 수용법률에 보상규정이 없는 경우 헌법을 직접 근거로 하여 손실보상을 청구할 수 있다는 판례를 남긴 바 있다.[267] 둘째, 보상규정을 두지 않은 입법부작위를 위헌으로 확인하는 방법이다. 예컨대 헌법재판소는 조선철도주식회사의 주식을 보유하고 있던 청구인이 해당 주식회사가 수용되면서 보상청구권이 발생하였음에도 불구하고 보상규정을 두지 않았던 입법부작위에 대해서 위헌결정을 하였다. 이 결정에서 헌법재판소는 청구인이 어떠한 방법으로 권리구제를 받을 수 있는가에 대해서는 언급하지 않았다.[268] 생각건대 보상규정을 두지 않은 것이 위헌임은 명백하지만 그렇다고 개인이 헌법을 직접 근거로 특정한 종류와 내용의 보상을 청구할 수는 없다. 재산권은 다른 기본권과는 달리 그 내용이 입법에 의해서 비로소 형성되기 때문이다. 그렇다면 재산권에 대한 보상 없는 제한에 대해서는 이러한 부작위가 위헌임을 확인하고 그 구체적인 보상의 종류와 내용에 대한 규율을 입법자에게 유보하여야 할 것이다.

bb) 정당한 보상: 재산권 제한에 대해서는 정당한 보상이 지급되어야 한다. '정당한 보상'이란 완전보상을 의미한다. '완전보상'이란 해당 재산의 시장에서의 객관적 재산가치에 대한 보상을 말한다. 따라서 주관적 사용가치나 인근지역이 개발되는 결과 발생하는 개발이익과 같은 우연한 동기에 의한 지가상승 등은 보상의 기준이 될 수 없다.

판례 **정당한 보상과 완전보상** (헌재 2009.9.24, 2008헌바112)

헌법 제23조 제3항이 규정하는 '정당한 보상'이란 원칙적으로 피수용 재산의 객관적인 재산가치를 완전하게 보상한다는 의미이다. 토지수용으로 인한 손실보상액의 산정을 공시지가를 기준으로 하되 공시기준일부터 재결 시까지의 시점보정을 지가상승률 등에 의하여 행하도록 규정한 것은 공시지가가 공시기준일 당시 표준지의 객관적 가치를 정당하게 반영하는 것이고, 표준지와 지가산정 대상토지 사이에 가격의 유사성을 인정할 수 있도록 표준지의 선정이 적정하며, 공시기준일 이후 수용

266) 대판 1993.10.26, 93다6409 참조.
267) 대판 1967.11.2, 67다1334 참조.
268) 헌재 1994.12.29, 89헌마2, 6-2, 395면 이하 참조.

시까지의 시가변동을 산출하는 시점보정의 방법이 적정한 것으로 보이므로 재산권을 침해하지 않는다.

또한 당해 토지의 협의성립 또는 재결 당시 공시된 공시지가 중 당해 사업인정의 고시일에 가장 근접한 시점에 공시된 공시지가로 하도록 규정한 것은 시점보정의 기준이 되는 공시지가에 개발이익이 포함되는 것을 방지하기 위한 것으로서 개발이익이 배제된 손실보상액을 산정하는 적정한 수단에 해당되므로 헌법 제23조 제3항에 위반되지 않는다.

공익사업법 제67조 제2항은 보상액을 산정함에 있어 당해 공익사업으로 인한 개발이익을 배제하는 조항이다. 그런데 공익사업의 시행으로 지가가 상승하여 발생하는 개발이익은 사업시행자의 투자에 의한 것으로서 피수용자인 토지소유자의 노력이나 자본에 의하여 발생하는 것이 아니다. 따라서 이러한 개발이익은 형평의 관념에 비추어 볼 때 토지소유자에게 당연히 귀속되어야 하는 것은 아니다. 또한 개발이익은 공공사업의 시행에 의하여 비로소 발생하는 것이므로, 그것이 피수용 토지가 수용 당시 갖는 객관적 가치에 포함된다고 볼 수도 없다. 따라서 개발이익은 그 성질상 완전보상의 범위에 포함되는 피수용자의 손실이 아니므로, 이러한 개발이익을 배제하고 손실보상액을 산정하는 것이 정당보상의 원리에 반하지 않는다.

제 4 절 국가기능에 참여하는 내용의 기본권

국가기능에 참여하는 기능을 수행하는 전형적인 기본권은 헌법 제24조 및 제25조의 선거권과 공무담임권이다. 헌법 제26조 청원권은 기원적으로 보면 권리구제를 위한 기본권이었으나 오늘날 국가기능에 참여하는 기본권의 성격이 강하다.

Ⅰ. 청 원 권

모든 국민은 법률이 정하는 바에 의하여 국가기관에 문서로 청원할 권리를 가진다(제26조 제1항). 국가는 청원에 대하여 심사할 의무를 진다(제26조 제2항).

1. 청원권의 기능과 기능변화

청원권은 기원적으로 보면 사법적 권리구제수단, 특히 행정소송이 정비되어 있지 않았던 시대에 국가작용에 의하여 침해된 개인의 권리를 구제하기 위한 수단이었다. 행정소송의 발전단계에서 행정소송의 대상에 관하여 아직 '개괄주의'가 아니라 '열거주의'를 취하고 있는 상황에서는 권리구제를 위한 비전형적인 수단인 청원권은 나름대로의 기능이 있었다. 그러나 오늘날 행정소송에 개괄주의가 적용되면서 개인의 국가작용에 대한 권리구제수단이 정비되어 있다. 따라서 청원권의 기능에도 변화가 왔다.

오늘날 청원권은 권리구제수단보다는 국가기관에 절차와 형식에 구애됨이 없이 의견을 표현하며, 이를 통해서 국정에 참여하고 국정을 통제하는 수단의 기능이 더 강하다. 또 청원의 자격이 국가작용으로 인하여 권리가 침해된 자에 한정되는 것은 아니다. 이 점에서 청원권은 국가기능에 참여하는 기본권의 성격을 강하게 띠게 되었다.

소송법 이외의 권리구제수단, 또 소송의 전단계로 비전형적인 권리구제수단들이 세분화하여 발전하면서 청원권의 기능은 약화되어 가고 있다. 우리나라에서는 특히 2001년 「국가인권위원회법」이 발효하고, 이 법에 의하여 국가인권위원회가 진정사건을 처리하게 되면서 청원권의 기능범위는 보다 축소되었다.

2. 청원권의 내용

(1) 청원의 대상과 제한

청원권에 대해서 자세히는 「청원법」이 정하고 있다. 청원은 문서의 형식으로 국회·법원·헌법재판소·중앙선거관리위원회, 중앙행정기관(대통령 소속 기관과 국무총리 소속 기관을 포함한다)과 그 소속 기관, 지방자치단체와 그 소속 기관, 그리고 법령에 의하여 행정권한을 가지고 있거나 행정권한을 위임 또는 위탁받은 법인·단체 또는 그 기관이나 개인에 대하여 할 수 있다. 「전자정부법」에 의한 전자문서로 청원을 할 수도 있다.

국가작용에 의한 권리침해가 청원권 행사의 전제조건은 아니다. 따라서 모든 국민은 권리침해 여부에 관계없이 청원을 할 수 있다. 국가는 청원권이 실질적으로 행사될 수 있도록 하여야 하며, 개인의 청원행위를 방해하여서는 안 된다. 또 개인은 청원을 이유로 불이익을 받지 않는다(청원법 제12조). 청원을 공동으로 할 수도 있다(청원법 제6조 제2항). 따라서 공동청원의 목적으로 서명운동을 하는 것은 허용되어야 한다.

청원의 대상은 피해의 구제, 공무원의 위법·부당한 행위에 대한 시정 또는 징계의 요구, 법률·명령·조례·규칙의 제정·개정 또는 폐지, 공공의 제도 또는 시설의 운영, 그 밖에 청원기관의 권한에 속하는 사항 등이다(청원법 제4, 5조). 청원은 특히 시민단체들이 국회에 입법제안을 하는 중요한 수단이 되고 있다(입법청원).

청원의 내용에 관하여 다음과 같은 제한이 있다. 국가기밀 또는 공무상 비밀에 관한 사항, 감사·수사·재판·행정심판·조정·중재 등 다른 법령에 의한 조사·불복 또는 구제절차가 진행 중인 사항, 허위의 사실로 타인으로 하여금 형사처분 또는 징계처분을 받게 하는 사항, 허위의 사실로 국가기관 등의 명예를 실추시키는 사항, 사인 간의 권리관계 또는 개인의 사생활에 관한 사항, 그리고 청원인의 성명·주소 등이 불분명하거나 청원내용이 불명확한 사항에 해당하는 경우에는 청원을 수리하지 않을 수 있다(청원법 제6조). 또 타인을 모해하기 위한 목적으로 허위사실을 청원하는 것은 금지되며, 이 경우 형사처벌을 받는다(청원법 제25, 27조).

(2) 청원제기, 심사·접수·통고

청원서 기재사항과 방법 등은 「청원법」이 정하고 있다(청원법 제9조). 국회에 청원을 하는 경우에는 국회의원의 소개를 받거나 국회규칙으로 정하는 기간 동안 국회규칙으로 정하는 일정한 수 이상의 국민의 동의를 받아 청원서를 제출하여야 한다(국회법 제123조 제1항).[1] 사소한 기재사항의 하자 등은 청원의 적법성에 영향을 주지 않는다.[2] 청원서를 접수한 기관은 청원서에 부족한 사항이 있다고 판단할 때에는 보완하여야 할 사항 및 기간을 명시하여 이를 보완할 것을 요구할 수 있다. 또 청원서를 접수한 기관은 소관 사항이 아닌 경우에는 소관 기관에 청원서를 이송하고 이를 청원인에게 알려야 한다(청원법 제15조).

헌법은 국가기관에게 청원을 심사할 의무를 부과하고 있다. 「청원법」은 심사 전 단계에 대해서도 규율하고 있다. 청원기관의 장은 청원서를 지체 없이 접수하여야 한다(법 제12조). 청원기관의 장은 청원을 접수한 경우에 청원사항을 성실하고 공정하게 조사하여야 한다(법 제18조). 이때 관계기관 등에 대한 설명 요구 또는 관련 자료 등의 제출 요구, 관계기관 등의 직원, 청원인, 이해관계인이나 참고인의 출석 및 의견진술 등의 요구 등을 할 수 있다(법 제19조). 청원기관의 장은 청원에 관한 중요한 사항을 심의하기 위하여 청원심의회를 설치·운영하여야 하며, 청원은 청원심의회의 심의를 거쳐 처리하여야 한다(법 제8조, 제21조). 청원을 접수한 때에는 특별한 사유가 없는 한 90일 이내에 처리결과를 청원인에게 알려야 한다. 부득이한 경우에 60일의 범위에서 한차례 처리기간을 연장할 수 있다. 이 경우 그 사유와 처리예정기한을 청원인에게 알려야 한다. 청원이 처리기간 내에 처리되지 못한 경우에는 청원인은 이의신청을 할 수 있다(법 제22조).

청원처리내용에 대한 소송은 허용되지 않는다. 청원에 대한 처리통보는 법적 효력있는 법률행위가 아니기 때문이다.[3] 통보는 구체적인 공권력의 행사가 아니기 때문에 헌법소원의 대상이 될 수도 없다.[4]

Ⅱ. 선 거 권

모든 국민은 법률이 정하는 바에 의하여 선거권을 가진다(제24조). 선거에 관한 자세한 사항은 「공직선거법」에서 규율하고 있다.

---

1) 헌재 2006.6.29, 2005헌마604, 18-1(하), 487면 이하 참조.

2) 대판 1979.8.21, 79도1081 참조.

3) 대판 1984.5.22, 83누485; 1990.5.25, 90누1458 등 참조.

4) 헌재 2000.10.25, 99헌마458, 12-2, 273면 이하; 2004.5.27, 2003헌마851, 16-1, 699면 이하 등 참조.

1. 선거권의 기능

민주주의에서 선거권은 국민에게 국가기능에 간접적으로 참여하는 권리를 보장한다. 선거권은 다음과 같은 다원적인 기능을 수행한다.[5] 첫째, 선거권은 국가권력을 직접 담당하는 기관을 선출한다. 둘째, 선거권은 공직자선출을 통하여 국가권력의 행사를 공직자에게 위임하는 의미를 갖는다. 이때 위임은 권한의 위임이며, 실질적인 내용에 대한 위임이 아니라는 점에 대해서는 이미 자세히 설명한 바 있다. 셋째, 선거권은 선거를 계기로 국민들로 하여금 국정에 대한 자유로운 의견교환의 기회를 마련하며, 이 점에서 정치적 표현의 자유를 활성화한다. 넷째, 공직자의 선출 그 자체, 그리고 선거를 계기로 활발해지는 정치적 표현은 국민의 국정에 대한 비판의식을 형성하게 하며, 따라서 선거권은 정치적 통제의 기능을 갖는다.

2. 선거의 원칙 및 선거권의 내용

(1) 선거의 원칙

선거권은 민주주의가 기능하기 위한 필수적인 기본권으로서 최대한 보장되어야 한다. 따라서 선거권을 제한하는 법률에 대한 위헌심사에 있어서는 엄격한 비례의 원칙이 적용된다.[6] 선거권은 다양한 선거의 원칙에 의하여 제도적으로 뒷받침되고 있다. 헌법은 국회의원선거 및 대통령선거에 관하여 보통·평등·직접·비밀선거의 원칙을 보장하고 있다(제41조 제1항 및 제67조 제1항). 이 밖에 헌법재판소는 자유선거의 원칙을 헌법상 선거의 원칙으로 인정하고 있다.

(2) 선거권 연령

헌법은 선거권 능력에 대해서 직접 규율하고 있지 않다. 현행법상 만 18세에 달하는 자에게 선거권이 부여된다(공직선거법 제15조). 우리나라에서 오랫동안 선거권 연령은 20세였다. 이는 2005년 19세로 낮아졌고, 2019년 「공직선거법」 개정에 의하여 다시 18세로 낮아졌다. 선거권 연령은 국민의 정치적 판단능력을 기준으로 결정되어야 한다. 이러한 기준, 그리고 18세에 달하면 선거권을 부여하고 있는 외국법의 태도를 보면 선거권 연령을 하향조정한 것은 바람직한 개정이었다.[7]

5) 예컨대 헌재 1994.7.29, 93헌가4등, 6-2, 28면; 1995.5.25, 91헌마67, 7-1, 738면 등 참조.
6) 헌재 2014.1.28, 2012헌마409등, 26-1(상), 144면 이하 참조.
7) 헌법재판소는 선거권연령을 20세로 정한 「공직선거법」 규정에 대해서 합헌으로 판단한 바 있

(3) 외국인 및 해외국민의 선거권

외국인은 선거권의 주체가 될 수 없다. 다만 법률에 의하여 지방선거에서는 일정한 거주요건을 갖춘 외국인에게도 선거권을 부여하는 것이 세계적인 추세이다. 「공직선거법」도 지방선거에서는 외국인으로서 「출입국관리법」상 영주의 체류자격을 취득한 후 3년이 경과한 경우 해당 지방자치단체의 외국인등록대장에 등재된 자에게는 선거권을 부여하고 있다(공직선거법 제15조 제2항 제3호).

기존 선거법 및 「국민투표법」은 선거구 혹은 투표구에 주민등록이 되어 있는 자에 한하여 부재자투표를 포함하여 투표권을 인정하였다(공직선거법 제15조 제2항 제1호, 제37조 제1항, 제38조 제1항; 국민투표법 제14조 제1항). 이에 해외에 거주하는 재외국민뿐 아니라 국내에 거주하는 해외국민들에게도 선거권이 인정되지 않았으며, 또 해외 거주 국민은 부재자투표의 기회도 부여되지 않았었다. 헌법재판소는 이들 규정에 대해서 재외국민에게 원칙적으로 선거권이 보장되어야 하며, 외국에 거주하기 때문에 선거관리상의 어려움이 있다는 기술적인 이유로 참정권을 제한하는 것은 정당성이 없다고 하면서 헌법불합치결정을 하였다.[8)]

개정 법률에 따르면 「재외동포의 출입국과 법적 지위에 관한 법률」에 의하여 해당 국회의원지역선거구의 선거구역 혹은 지방자치단체의 국내거소신고인 명부에 3개월 이상 계속 올라 있는 국민은 국회의원, 지방자치단체의 의회의원 및 장의 선거권을 갖는다. 주민등록이 되어 있거나 국내거소신고를 한 국민은 재외투표소에서 투표를 할 수 있다. 주민등록이 되어 있지 않고 국내거소신고도 하지 않은 국민, 즉 재외선거인은 해당 외국의 공관에 설치된 재외투표소에서 투표를 할 수 있다(공직선거법 제15조, 제218조의4 이하).[9)] 또한 재외선거인에게 국민투표권을 인정하지 않았던 구 「국민투표법」 규정이 헌법불합치결정됨에 따라 재외선거인은 국민투표권을 갖게 되었다.[10)]

다. 헌재 1997.6.26, 96헌마89, 9-1, 674면 이하; 2001.6.28, 2000헌마111, 13-1, 1418면 이하; 2003.11.27, 2002헌마787등, 헌재공보(2003), 1123면 이하 등 참조. 선거권연령을 19세로 한 「공직선거법」 규정에 대한 헌법적 판단으로는 헌재 2014.4.24, 2012헌마287, 26-1(하), 223면 이하 참조.

8) 헌재 2007.6.28, 2004헌마644등, 19-1, 859면 이하 참조. 이전에 헌법재판소는 해당 규정들에 대해서 합헌결정을 한 바 있다. 헌재 1996.6.26, 96헌마200, 8-1, 550면 이하; 1999.1.28, 97헌마25, 11-1, 54면 이하; 1999.3.25, 97헌마99, 11-1, 218면 이하 등 참조.

9) 주민등록도 되어 있지 않고, 국내거소신고도 하지 않은 재외국민에게 선거권을 인정하지 않는 규정에 대해서는 합헌결정을 한 바 있다. 헌재 2014.7.24, 2009헌마256등, 26-2(상), 187면 이하 참조.

10) 헌재 2014.7.24, 2009헌마256등, 26-2(상), 194면 이하 참조.

(4) 선거권 자격

「공직선거법」은 선거권 자격의 제한범위를 넓게 규율하고 있다. 즉 금치산 선고를 받은 자, 1년 이상의 징역 또는 금고의 형의 선고를 받고 집행이 종료되지 않거나, 집행을 받지 않기로 확정되지 아니한 사람(다만, 형의 집행유예를 선고받고 유예기간 중에 있는 사람은 제외한다), 선거범, 「정치자금법」상의 정치자금부정수수죄를 범한 자, 대통령, 국회의원, 지방의회의원, 지방자치단체의 장 등 선출직공무원으로서 재임 중 그 직무와 관련하여 형법상의 수뢰·사전수뢰·알선수뢰 등의 죄를 범한 자로서 100만원 이상의 벌금형의 선고를 받고 그 형이 확정된 후 5년 또는 형의 집행유예의 선고를 받고 그 형이 확정된 후 10년을 경과하지 않았거나 징역형의 선고를 받고 그 집행을 받지 않기로 확정된 후 또는 그 형의 집행이 종료되거나 면제된 후 10년을 경과하지 않은 자, 법원의 판결 또는 다른 법률에 의하여 선거권이 정지 또는 상실된 자에게 선거권이 인정되지 않는다(공직선거법 제18조 제1항).

금치산자는 정치적 판단능력이 없기 때문에 선거권이 부여될 수 없다. 그러나 일반적인 범죄를 이유로 선거권을 부인하는 데에는 합리적인 이유가 없다. 기존에 「공직선거법」은 금고 이상의 형의 선고를 받고 그 형이 실효되지 아니한 자의 선거권을 인정하지 않았다. 이에 유기징역 또는 유기금고의 선고를 받고 그 집행이 종료되지 않은 자(수형자), 그리고 유기징역 또는 유기금고의 선고를 받고 그 집행유예기간 중인 자(집행유예자)에게도 선거권은 인정되지 않았다. 헌법재판소는 집행유예 중인 자에게 선거권을 부정하는 규정에 대해서는 위헌결정을, 그리고 수형자에 대해서 선거권을 부인하는 규정에 대해서는 헌법불합치결정을 내렸다.[11)]

판례 **집행유예자 및 수형자에 대한 선거권 제한**(헌재 2014.1.28, 2012헌마409등)

심판대상조항은 집행유예자와 수형자에 대하여 전면적·획일적으로 선거권을 제한하고 있다. 이 조항의 적용대상은 상대적으로 가벼운 범죄를 저지른 사람에서부터 매우 심각한 중범죄를 저지른 사람에 이르기까지 아주 다양하고, 과실범과 고의범 등 범죄의 종류를 불문하며, 범죄로 인하여 침해된 법익이 국가적 법익인지, 사회적 법익인지, 개인적 법익인지 그 내용 또한 불문하고 있다.

---

11) 헌재 2014.1.28, 2012헌마409등, 26-1(상), 146면 이하 참조. 종전에 헌법재판소는 위 규정에 대해서 합헌결정을 내린 바 있다. 헌재 2004.3.25, 2002헌마411, 16-1, 468면 이하; 2009.10.29, 2007헌마1462, 21-2(하), 327면 이하 등 참조.

심판대상조항의 입법목적에 비추어 보더라도, 구체적인 범죄의 종류나 내용 및 불법성의 정도 등과 관계없이 일률적으로 선거권을 제한하여야 할 필요성이 있다고 보기는 어렵다. 보통선거의 원칙과 선거권 보장의 중요성을 감안할 때 선거권의 제한은 필요 최소한의 범위에서 엄격한 기준에 따라야 한다. 범죄자의 선거권을 제한할 필요가 있다 하더라도 그가 저지른 범죄의 경중을 전혀 고려하지 않고 수형자와 집행유예자 모두의 선거권을 제한하는 것은 침해의 최소성원칙에 어긋난다. 집행유예 선고가 실효되거나 취소되지 않는 한 집행유예자는 교정시설에 구금되지 않고 일반인과 동일한 사회생활을 하고 있으므로, 그들의 선거권을 제한해야 할 필요성이 크지 않다. 또한 집행유예자는 1년 이상 5년 이하의 기간 형의 집행을 유예받을 수 있어 형벌에 따른 선거권 제한이 범죄에 대한 책임과 비례하지 않을 가능성이 크다.

심판대상조항에 의해 집행유예자와 수형자의 선거권을 제한하는 것은 지나치게 광범위할 뿐만 아니라 범죄의 성격과 선거권 제한과의 직접적 연관성을 찾기 어려운 부분도 포함하고 있다. 따라서 이로써 달성하고자 하는 '중대한 범죄자에 대한 제재나 일반 시민의 법치주의에 대한 존중의식 제고' 등의 공익보다 이로 인하여 침해되는 '집행유예자와 수형자 개인의 사익 또는 민주적 선거제도의 공익적 가치'가 더 크다. 그렇다면 심판대상조항은 보통선거원칙에 위반하여 집행유예자와 수형자를 차별 취급하는 것이므로 평등의 원칙에도 어긋난다.

---

(5) 사전투표, 거소 · 선상투표

유권자의 투표참가를 높이기 위하여 사전투표를 시행하고 있다. 이를 위하여 선거관리위원회는 선거일 전 5일부터 2일 동안 사전투표소를 설치·운영한다(공직선거법 제148조).

선거인명부에 기재되어 있으나 선거일에 투표소에 가서 투표를 할 수 없을 때에는 거소 또는 선상투표를 통해서 선거권을 행사할 수 있다. 영내 또는 함정에 장기 기거하는 군인이나 경찰공무원 중 사전투표소 및 투표소에 가서 투표할 수 없을 정도로 멀리 떨어진 영내 또는 함정에 근무하는 사람, 병원·요양소·수용소·교도소 또는 구치소에 기거하는 사람, 신체에 중대한 장애가 있어 거동할 수 없는 사람, 사전투표소 및 투표소에 가기 어려운 멀리 떨어진 외딴 섬에 거주하는 사람, 사전투표소 및 투표소를 설치할 수 없는 지역에 장기 기거하는 사람 등이 거소 혹은 선상투표를 할 수 있다(공직선거법 제38조 제4항).

위에서 언급한 바와 같이 「공직선거법」은 해외 혹은 국내에 거주하는 해외국민에게 부재자투표권을 부여하지 않았었다. 이에 대해서 헌법재판소가 헌법불합치결정을 하였다.[12] 개정 법률에 따르면 주민등록이나 국내거소신고가 되어 있지 않은 자로서 외국에서 투표하려는 선거권자는 재외투표소에서 투표를 할 수 있다.

Ⅲ. 공무담임권

모든 국민은 법률이 정하는 바에 의하여 공무담임권을 가진다(제25조). 개인이 직접 공직을 담당할 권리가 보장된 것이다. 여기에는 선출직 공무원과 비선출직 공무원이 모두 포함된다. 공무담임권은 직업선택의 자유와는 특별법과 일반법의 관계에 있다.

공무담임권이 모든 국민에게 현실적으로 국가 혹은 공공단체에서 직무를 담당할 권리를 부여하는 것은 아니다. 공무담임권은 공직에 평등하게 접근할 수 있는 기회를 보장하며, 따라서 자의적으로 배제되거나 혹은 공직관계가 정지되지 않을 것을 보장한다. 이러한 의미에서 공무담임권은 평등권의 특별한 형태이다.

1. 선출직 공직에의 접근권

선출직 공무원에 취임할 권리는 선거의 자유와 공정이 보장될 때 비로소 실효성을 갖는다. 헌법은 자유선거의 원칙을 보장하고 있다. 또 선거공영제를 원칙으로 하고, 선거비용을 원칙적으로 국가에 부담시켜 공정한 선거를 제도적으로 보장하고 있다(제116조).

선거에서 자유와 공정의 이념은 어느 정도 긴장관계에 있다. 현재까지 입법자는 주로 공정의 측면을 강조하여 선거(운동)의 자유를 훼손해 왔으며, 이 점에 대한 보다 적극적인 인식과 입법이 필요하다. 선출직 공무원의 선거에서 지나치게 고액의 기탁금을 납부하도록 하는 것은 모든 국민에게 기회의 평등을 보장하는 공무담임권과 조화될 수 없다.

공직자가 직무에 전념하도록 합리적인 범위 내에서 겸직을 금지하는 것은 공무원제도와 조화될 수 있다.[13] 그러나 합리적인 사유가 없이 지나치게 광범

12) 헌재 2007.6.28, 2004헌마644등, 19-1, 879면 이하 참조.
13) 헌재 1993.7.29, 91헌마69, 5-2, 156면 이하; 1995.5.25, 91헌마67, 7-1, 750면 등 참조.

위하게 겸직을 제한하는 것은 공무담임권을 침해한다.[14] 예컨대 국가공무원이나 지방공무원이 공직선거후보자가 되기 위해서는 선거일 전 90일까지 그 직을 사퇴하여야 한다(공직선거법 제53조 제1항).[15] 지방자치단체의 장은 선거구역이 당해 지방자치단체의 관할구역과 같거나 겹치는 지역구국회의원선거에 입후보하고자 하는 때에는 당해 선거의 선거일 전 120일까지 그 직을 사퇴하여야 한다. 다만 지방자치단체의 장이 임기가 만료된 후에 그 임기만료일부터 90일 후에 실시되는 지역구국회의원선거에 입후보하려는 경우에는 위와 같은 제한은 적용되지 않는다(공직선거법 제53조 제5항). 또 국회의원이 대통령선거와 국회의원선거에 입후보하는 경우, 그리고 지방의회의원선거와 지방자치단체의 장 선거에서 당해 지방의회의원이나 지방자치단체의 장이 입후보하는 경우에도 위와 같은 제한은 적용되지 않는다.

현행법은 다음에 해당하는 자에게 피선거권을 부인하고 있다. 금치산선고를 받은 사람, 특정한 범죄를 저지른 이유로 선거권이 인정되지 않는 사람, 법원의 판결 또는 다른 법률에 의하여 선거권이 정지 또는 상실된 사람, 금고 이상의 형의 선고를 받고 그 형이 실효되지 않은 사람, 법원의 판결 또는 다른 법률에 의하여 피선거권이 정지되거나 상실된 사람, 「국회법」 제166조(국회회의방해죄)의 죄를 범한 사람으로서 500만원 이상의 벌금형의 선고를 받고 그 형이 확정된 후 5년이 경과되지 않은 사람, 형의 집행유예의 선고를 받고 그 형이 확정된 후 10년이 경과되지 않은 사람, 징역형의 선고를 받고 그 집행을 받지 않기로 확정된 후 또는 그 형의 집행이 종료되거나 면제된 후 10년이 경과되지 않은 사람, 그리고 정당 후보자 추천과 관련된 금품 수수를 이유로 벌금형의 선고를 받고 그 형이 확정된 후 10년을 경과하지 않은 사람(공직선거법 제19조). 공무원은 일반 국민에 비해서 높은 법령준수의무가 있기 때문에 공직후보자에 대한 위와 같은 제한은 선거권 자격제한의 경우와는 달리 정당성이 있다.[16]

---

14) 헌재 1991.3.11, 90헌마28, 3, 76면 이하; 1995.6.12, 95헌마172, 7-1, 851면 등 참조.

15) 선거법은 지방자치단체의 장이 관할구역의 지역구 국회의원선거에 입후보할 경우에는 선거일 전 180일까지 사퇴하도록 하였었다. 헌법재판소는 이 규정에 대해서 위헌결정을 하였다. 헌재 2003.9.25, 2003헌마106, 15-2(상), 516면 이하 참조. 이 결정 이후 개정된 선거법에서도 지방자치단체의 장은 일반적인 사퇴기한인 선거일 전 90일이 아니라 선거일 전 120일로 규정하여 불평등은 여전히 남아 있다(공직선거법 제53조 제5항).

16) 선거사범의 피선거권제한에 대한 합헌결정으로는 헌재 1993.7.29, 93헌마23, 5-2, 227면 이하; 1995.12.28, 95헌마196, 7-2, 902면 등 참조.

2. 비선출직 공직에의 접근권

비선출직 공무원 중 헌법이 직접 임명방법과 절차를 규율하고 있는 경우에는 해당 규정에 따라 공무담임권이 실현된다. 그 밖에 직업공무원과 같은 비선출직 공무원임용에 있어서는 다음과 같은 기준이 적용된다. 첫째, 이들 임용에 있어서 적극적으로는 능력·전문성·적성·품성 등에 따라 균등하게 공직취임권이 보장되어야 한다(국가공무원법 제35조). 사회적 약자를 배려하기 위하여 어느 정도 예외가 인정될 수 있다. 채용시험에서의 각종 가산점제도가 여기에 해당한다. 예컨대 「국가공무원법」은 국가유공자의 우선 임용에 관한 규정을 두고 있다(국가공무원법 제42조).[17] 둘째, 경제적 혹은 신분적, 그리고 종교적 이유로 공직임용 및 직무수행에 있어서 이익 혹은 불이익이 가해져서는 안 된다. 성별, 종교, 그리고 사회적 신분에 따른 차별금지에 대해서는 「국가공무원법」이 명시하고 있다(국가공무원법 제26조의6, 제59조의2). 이 점에서 공무담임권은 일반적인 평등권의 특수한 형태이다. 제대군인가산점제도로 인하여 여성이 공직취임에 있어서 불이익을 받는 것은 평등의 원칙을 위반하여 공무담임권을 침해하는 것으로 평가되었다.[18]

공무원시험에서 응시연령의 제한은 공직사회의 위계와 연령이 이에 미치는 영향, 연령에 따른 적응능력의 차이와 공직사회의 효율성 등의 요소를 고려하면 그 자체가 헌법에 위반된다고 할 수 없다.[19] 그러나 그 상한연령을 지나치게 낮추는 것은 허용되지 않는다.[20] 또 공무원 정년제도에 대해서도 기본적으로 입법형성권이 존중된다.[21]

공무담임권은 국가의 인력수급 및 예산상의 제약 등을 받으며, 이는 국가의 조직 및 인사고권이 지배하는 영역이다. 따라서 직업선택의 자유를 기준으로 평가될 수는 없다.[22] 헌법상 혹은 공무원법상 공무원에 임용될 것을 요구하는

17) 헌재 2000.2.22, 2000헌마25, 13-1, 412면 등 참조.

18) 헌재 1999.12.23, 98헌마363, 11-2, 755면 참조.

19) 헌재 1997.6.26, 96헌마89, 9-1, 683면; 2006.5.25, 2005헌마11등, 18-1(하), 142면 이하 등 참조. 이 밖에 헌재 2000.1.27, 99헌마123, 12-1, 75면 이하 참조. 이 결정이 공무원시험에서의 응시연령제한을 직접 심판의 대상으로 한 것은 아니지만 헌법재판소는 이를 합헌으로 전제하고 심리하고 있다.

20) 헌재 2008.5.29, 2007헌마1105, 20-1(하), 329면 이하; 2012.5.31, 2010헌마278, 24-1(하) 626면 이하 등 참조.

21) 헌재 1997.3.27, 96헌바86, 9-1, 332면 이하; 2000.12.14, 99헌마112등, 12-2, 409면 이하 등 참조.

22) 헌재 1999.12.23, 99헌마135, 11-2, 811면; 2000.12.14, 99헌마112등, 12-2, 409면 등 참조. 그러나 헌법재판소는 검찰총장의 퇴임 후 공직취임을 제한하는 법률의 위헌 여부를 심사함에 있어서는 직업선택의 자유와 공무담임권을 함께 심사의 기준으로 적용하였다. 헌재 1997.7.16, 97헌마26, 9-2, 80면 이하 참조.

내용의 청구권은 인정되지 않는다. 따라서 공무원임용에 있어서 탈락한 경쟁자가 이를 소송을 통하여 다툴 수는 없다.

판례 **공무원시험 응시연령과 공무담임권** (헌재 2008.5.29, 2007헌마1105)

이 사건 시행령조항에서 5급 공개경쟁채용시험에서 응시연령의 상한을 32세로 하는 것은 공직취임권을 직접적으로 제한하는 것이므로, 그러한 제한을 정당화하려면 과잉금지의 원칙에 부합하여야 한다. 그런데 32세까지는 5급 공무원의 직무수행에 필요한 최소한도의 자격요건을 갖추고, 32세가 넘으면 그러한 자격요건을 상실한다고 보기 어렵다. 또 6급 및 7급 공무원 공채시험의 응시연령 상한을 35세까지로 규정하면서 그 상급자인 5급 공무원의 채용연령을 32세까지로 제한한 것은 합리적이라고 볼 수 없다.

따라서 이 사건 시행령조항이 5급 공채시험 응시연령의 상한을 '32세까지'로 제한하는 것은 기본권 제한을 최소한도에 그치도록 요구하는 헌법 제37조 제2항에 부합되지 않는다. 다만 5급 공무원의 공채시험에서 응시연령의 상한을 제한하는 것이 전면적으로 허용되지 않는다고 보기는 어렵고, 정년제도의 틀 안에서 공무원 채용 및 공무수행의 효율성을 도모하기 위하여 필요한 최소한도의 제한은 허용된다. 그 한계는 공무원정년제도와 인사정책 및 인력수급의 조절 등 여러 가지 입법정책을 고려하여 입법기관이 결정할 사항이다.

3. 공직수행권 및 공직유지권의 문제

공무담임권은 공직에의 평등한 접근권뿐 아니라 공직을 유지할 권리를 포함한다. 공무담임권의 이러한 내용은 부분적으로 헌법 제7조 제2항의 공무원의 신분보장에 관한 규정과 기능이 중첩된다. 그러나 헌법 제7조 제2항이 기본권을 도출하는 근거가 될 수는 없기 때문에 공직유지권에 대한 논의의 기초는 공무담임권이다.[23] 공무원은 공직의 행사와 관련하여서는 일반적으로 기본권의 주체가 될 수는 없다. 따라서 직업행사의 자유에 상응하는 공무수행의 기본권이 인정될 수 없다. 그러나 공무원의 신분이 박탈되는 불이익이 발생하는 상황에서는 공무원의 신분을 보유하고 있던 중 잠재해 있던 일반 국민의 신분이 나타나기 때문에 공직을 유지하는 권리가 기본권으로 보장된다.[24]

---

23) 헌재 2002.8.29, 2001헌마788등, 14-2, 224면; 2008.6.26, 2005헌마1275, 20-1(하), 436면; 2010.9.2, 2010헌마418, 22-2(상), 541면 이하 등 참조.

24) 헌재 2009.3.26, 2007헌마843, 21-1(상), 664면 참조.

공무원은 일반 국민에 비해서 높은 정도의 법령준수의무가 있다(국가공무원법 제56조), 그러나 실체법적인 비난의 정도를 고려하지 않고 일정한 형을 선고받은 경우 공직을 박탈하는 것은 허용되지 않는다. 예컨대 범죄의 종류와 내용에 관계없이 금고 이상의 형의 선고유예를 받는 경우 당연퇴직하도록 하는 공무원법의 규정은 헌법에 위반된다.[25] 또 형이 확정되지 않은 경우에도 금고 이상의 형의 선고를 받았다는 이유로 지방자치단체의 장의 직무를 정지시키고 부단체장으로 하여금 직무를 수행하게 하는 규정은 공무담임권을 침해한다. 국회의원과 달리 지방자치단체의 장에 한하여 이러한 불이익을 가하는 것은 평등권을 침해한다.[26]

---

25) 헌재 2002.8.29, 2001헌마788등, 14-2, 219면 이하; 2003.10.30, 2002헌마684등, 15-21(하), 211면 이하 등 참조. 이 결정은 위 심판대상인 규정을 합헌으로 결정했던 기존의 결정을 변경한 것이다. 헌재 1990.6.25, 89헌마220, 2, 200면 이하 참조. 같은 취지의 결정으로는 이 밖에 헌재 1997.11.27, 95헌바14등, 9-2, 587면; 2003.9.25, 2003헌마293등, 15-2(상), 536면 이하 등 참조.

26) 헌재 2010.9.2, 2010헌마418, 22-2(상), 526면 이하 참조. 이 결정은 같은 조항에 대해서 이전의 합헌결정을 변경한 것이다. 헌재 2005.5.26, 2002헌마699등, 17-1, 734면 이하 참조.

제 5 절 사회적 기본권

Ⅰ. 교육을 받을 권리

1. 교육을 받을 권리의 규범구조

모든 국민은 능력에 따라 균등하게 교육을 받을 권리를 가진다(제31조 제1항). 교육은 헌법이 기능하기 위한, 그리고 직업선택의 자유 및 정치적 기본권 등 다른 기본권을 실질적으로 실현하기 위하여 필요한 전제조건인 공공재이다.

교육, 특히 학교교육에의 접근은 자녀를 양육하는 부모의 협력이 필요하다. 따라서 헌법은 부모에게 교육의 권리를 실현하기 위하여 필요한 의무를 부과하고 있다. 즉 모든 국민은 그 보호하는 자녀에게 적어도 초등교육과 법률이 정하는 교육을 받게 할 의무를 진다(제2항). 자녀가 교육의 기회를 갖기 위해서는 부모가 교육비를 부담할 능력이 있어야 한다. 이를 보장하기 위하여 무상교육이 실시되며, 의무교육은 무상으로 한다(제3항). 교육은 개인에게 사회적응능력을 부여하여 사회의 구성원으로서 활동할 수 있도록 한다. 그런데 오늘날 사회경제적 환경은 빠른 속도로 변화하고 있다. 그만큼 교육을 받을 권리의 관심영역이 학교교육에 한정되어서는 안 된다. 이에 국가는 평생교육을 진흥하여야 한다(제5항).

교육은 중요한 헌법적 활동을 수행하기 때문에 국가의 규율이 필요하지만, 이러한 권한이 개인에게 국가의 지배적 가치를 주입하는 내용으로 행사되어서는 안 된다. 이에 헌법은 교육의 자주성·전문성·정치적 중립성을 보장하고 있다(제4항). 이와 함께 헌법은 대학의 자율성을 보장한다. 그러나 대학의 자율성은 교육의 권리보다는 학문의 자유와 밀접한 관계에 있으며, 또 학문의 자유의 내용을 구성한다. 따라서 대학의 자율성은 헌법 제22조 학문의 자유와 함께 규율되어야 하는 것이 체계적이다.

교육이 다른 가치체계에 종속되는 것을 방지하고, 또 교육과정을 외부의 간섭으로부터 보호하기 위하여 교육의 중요한 사항은 법률로 정한다. 즉 학교교육 및 평생교육을 포함한 교육제도와 그 운영, 교육재정 및 교원의 지위에 관한 기본적인 사항은 법률로 정한다(제6항).

2. 교육을 받을 권리의 헌법적 의의

교육을 받을 권리는 인간의 존엄을 향유하기 위하여 필요한 정신적 기초를 형성하는 기회를 평등하게 보장한다. 교육의 권리는 객관적으로 보면 다음과 같은 헌법적 의의가 있다. 교육은 헌법의 규율대상이지만, 헌법은 교육(교양)을 갖춘 문화인으로서 국민이 존재할 때 기능할 수 있다.[1] 교육을 통해서 정치적인 판단능력을 갖춘 시민이 양성되고 시민정치가 작동하지 않는다면 민주주의, 법치국가원리 등 헌법원리가 실현될 수 없기 때문이다. 교육에서 사적 자율성이 존중되어야 하지만, 동시에 헌법적 이념을 실현하기 위한 전제조건으로서 교육에 대한 국가적 규율이 필요하다. 교육정책이 독자성을 상실하고 특정한 가치에 종속되거나 혹은 국민을 일방적으로 후견의 대상으로 취급하면 이는 교육의 위기일 뿐 아니라 동시에 헌법의 위기이다.

교육의 독자성과 국가로부터의 자율이 보장된 것은 근대시민혁명이 계기가 되었으며, 또 그러한 이념은 헌법에 선언되었다. 예컨대 시민혁명 이후 제정된 프랑스헌법은 혁명의 이념이 실현되기 위해서는 이를 수용하고 실천할 수 있는 인간상이 정립되어야 한다는 인식하에 교육에 대한 국가적 규율의 필요성을 헌법에 명시하였다.

범위를 좁혀서 보면 교육은 개인이 직업을 선택하고 행사하기 위하여 필요한 (전문)지식과 능력을 갖추기 위한 과정으로서, 직업선택의 자유를 실효성 있게 실현하는 기반이 된다.

3. 교육을 받을 권리의 내용

(1) 능력에 따른 교육을 받을 권리와 균등하게 교육을 받을 권리

교육을 받을 권리는 능력에 따라 교육을 받을 권리와, 균등하게 교육을 받을 권리를 내용으로 한다. 그리고 균등하게 교육을 받을 권리를 실현하기 위하여 국가는 의무교육을 무상으로 실시하여야 한다.

가) 능력에 따른 교육을 받을 권리

교육기회를 향유하는 데 있어서 수학능력 이외의 사유로 차별취급을 받아서는 안 된다. 예컨대 신분 혹은 경제적 능력 등에 따른 차별은 교육의 권리를 침해한다. 이러한 내용의 교육의 권리는 법적 평등을 보장하는 헌법 제11조를 교

1) 헌재 1991.2.11, 90헌가27, 3, 18면 참조.

육영역에서 다시 한번 선언하는 의미를 갖는다.

나) 균등하게 교육을 받을 권리

a) 내 용

균등하게 교육을 받을 권리는 전형적인 사회적 기본권에 해당하며, 사회적 평등을 실현한다. 이에 따르면 누구든지 자신의 지적·신체적 및 정신적 상황에 상응하는 교육을 받아야 한다.

모든 국민에게 균등하게 교육받을 기회를 보장하기 위해서 교육정책을 적극적으로 시행하여야 한다. 교육에 비본질적인 이유로 교육을 받을 수 없는 국민을 적극적으로 지원하여 교육의 기회를 보장하고, 경제적 능력이 없는 개인을 경제적으로 지원하여 교육을 받을 수 있도록 하여야 한다.[2] 장애인 교육시설을 확장하여 일반 학교에 접근할 수 없거나 혹은 그곳에서 정상적인 교육을 받을 수 없는 개인에게 균등하게 교육을 받을 수 있도록 하여야 한다. 이를 위하여 현재 「장애인 등에 대한 특수교육법」이 제정·시행되고 있다.

b) 실현의 한계

균등하게 교육을 받을 권리는 규범적, 그리고 현실적인 이유에서 실현에 한계가 있다. 균등하게 교육을 받을 권리의 내용·실현방법 등은 다양하며, 특정한 내용 및 실현방법에 대해서 헌법이 직접 구체적으로 규율할 수는 없다. 이에 대한 구체적인 결정은 입법자에게 유보되어야 하기 때문이다. 헌법이 이를 직접 규율하는 경우 헌법은 시대와 상황에 적합한 정책을 선택하는 데에 오히려 장애가 된다.

교육의 권리는 현실적인 이유에서 실현에 한계가 있다. 교육의 권리는 국가의 적극적인 시설확충과 같은 구조적인 정책 혹은 개인에 대한 직접적인 지원 또는 이들 방법을 혼용하여 실현되어야 한다. 그런데 이는 모두 국가의 재정능력을 필요로 한다. 따라서 이에 대한 결정 역시 기본적으로 입법자에게 유보되어 있다.

다) 무상의무교육의 실시

모든 국민은 무상의무교육제도를 통해서 경제적 능력의 유무에 관계없이 사회의 가치를 공유하고, 또 정상적인 사회생활에 필요한 지식을 획득할 수 있어야 한다.

---

2) 헌재 2000.4.27, 98헌가16등, 12-1, 448면 이하 참조.

무상의무의 학교교육을 실시하는 것은 국가의 일반과제이다. 따라서 무상의무교육의 대상인 학교의 인적 및 물적 시설을 확보하기 위한 재원은 국가의 일반재정이어야 한다. 취학자녀를 갖는 학부모에게 부담금을 부과하여 교육재원을 마련하는 것은 무상의무교육의 헌법원칙에 위반되며, 평등권을 침해한다. 따라서 학교용지를 확보하기 위하여 공동주택을 분양받은 일반 국민에게 부담금을 부과하는 것은 헌법에 위반된다.[3] 또 학부모의 자발적인 협찬금의 성격을 가져야 할 학교운영지원비를 실질적으로 의무적으로 납부하는 형태로 운영하고, 또 이를 학교교육에 필요한 비용으로 사용하는 것은 무상의무교육의 원칙에 위반된다.[4]

무상의무교육의 기간 및 내용 등에 대한 구체적인 결정은 기본적으로는 입법자에게 유보되어 있다. 다만 무상의무교육의 내용에는 경제적인 차별 없이 균등하게 교육을 받는 데 필요한 비용이 포함되어야 한다. 수업료와 입학금의 면제, 학교와 교사 등 인적·물적 기반 및 이를 유지하기 위한 인건비와 시설유지비, 신규시설투자비 등의 재원마련, 그 밖에 의무교육을 실질적으로 보장하기 위하여 필수적인 비용이 여기에 해당한다.[5] 다만 점진적인 개선을 통하여 교육의 기회를 균등하게 보장하는 과정에서 발생하는 일시적인 불평등은 헌법적으로 용인된다.[6] 현재 6년의 초등교육 및 3년의 중등교육을 의무교육으로 한다(교육기본법 제8조 제1항).

(2) 부모의 교육의 의무와 권리, 국가의 교육권한과의 관계

부모는 자녀에 대한 양육권과 양육의무를 갖는다. 특히 학교 밖 가정에서의 교육은 부모의 독점적 영역이다. 이때 자녀 개인의 존엄이 충분히 존중되어야 한다(제36조 제1항). 오늘날 자녀의 교육은 학교교육을 중심으로 이루어진다. 이에 부모는 자녀가 그의 능력에 관계없이 교육의 기회를 보장받을 수 있도록 국가에 요구할 수 있는 권리가 있다. 이에 상응하여 부모는 자녀가 학교교육을 받을 수 있도록 하여야 한다. 헌법은 자녀가 초등교육과 법률이 정하는 교육을 받게

3) 헌재 2005.3.31, 2003헌가20, 17-1, 302면 이하 참조. 이에 비해서 학교용지부담금을 개발사업자에게 부담시키는 규정에 대해서 합헌결정을 하였다. 헌재 2008.9.25, 2007헌가1, 20-2(상), 401면 이하 참조.
4) 헌재 2012.8.23, 2010헌바220, 24-2(상), 464면 이하 참조.
5) 헌재 2012.4.24, 2010헌바164, 24-1(하), 55면; 2012.8.23, 2010헌바220, 24-2(상), 463면 참조.
6) 헌재 1991.2.11, 90헌가27, 3, 25면 이하 참조.

할 의무를 부모에게 지우고 있다(제31조 제2항).

가정에서 자녀교육은 부모의 독점적 권한이지만 교육의 주된 장소인 학교교육에서는 국가의 교육과제와 부모의 교육권이 협력관계에 있다. 부모와 국가는 함께 자녀가 인격적 성숙과 사회적 능력을 가질 수 있도록 노력하여야 한다. 부모의 학교운영 참여는 학교운영위원회 등의 형태로 실현될 수 있다. 그러나 이것이 헌법에 의하여 제도적으로 보장되지는 않는다.[7]

자녀교육에 있어서 국가와 부모의 협력관계는 현실에 있어서는 긴장관계에 있을 수도 있다. 부모의 교육권과 국가의 교육과제 중 어느 하나가 우월한 것은 아니기 때문에 부모의 교육권에 대한 제한은 한계가 있다. 이른바 '국가교육권론'과 '국민교육권론'이라는 추상적인 원칙에 따라 이러한 갈등이 일률적으로 해결될 수는 없다. 예컨대 취학연령제도 혹은 부모의 거주지를 기준으로 중고등학교 입학을 제한하는 것은 일반적인 국가의 정책결정으로서 부모의 교육권을 침해하는 것은 아니다.[8] 국가는 학교 밖에서 자녀에 대한 부모의 사적인 교육을 지원하고 장려하여야 한다. 따라서 경제력 등의 차이로 인하여 현저히 교육기회의 형평성이 상실되고, 그 결과 공교육의 기능을 저해하는 효과가 있지 않은 한 과외교습을 일률적으로 제한하는 것은 부모의 교육권을 과잉침해한다. 이는 동시에 학생이 학교교육을 보충하기 위한 목적으로 교육을 받을 권리를 내용으로 하는 행복추구권을 침해한다.[9]

판례 **부모의 교육권, 학생의 교육을 받을 권리와 과외금지** (헌재 2000.4.27, 98헌가16등)

자녀의 양육과 교육에 있어서 부모의 교육권은 교육의 모든 영역에서 존중되어야 한다. 학교교육에서 국가는 헌법 제31조에 의하여 부모의 교육권으로부터 원칙적으로 독립된 독자적인 교육권한을 부여받음으로써 부모의 교육권과 함께 자녀의 교육을 담당하지만, 학교 밖의 교육영역에서는 원칙적으로 부모의 교육권이 우위를 차지한다.

과외교습을 금지하는 규정에 있어서는 교육영역에서 자녀의 인격발현권·부모의 교육권과 국가의 교육책임의 경계설정에 관한 문제, 이로써 국가가 사적인 교육영역에서 자녀의 인격발현권·부모의 자녀교육권을 어느 정도로 제한할 수 있는가의 문제가 제기된다. 학교교육에서 국가는 교육제도의 형성에 관한 폭넓은 권한을 갖는

7) 헌재 1999.3.25, 97헌마130, 11-1, 241면 이하 참조.
8) 헌재 1994.2.24, 93헌마192, 6-1, 179면 이하; 1995.2.23, 91헌마204, 7-1, 278면 이하 등 참조.
9) 헌재 2000.4.27, 98헌가16등, 12-1, 456면 이하 참조.

다. 그러나 과외교습과 같은 사적 교육을 제한하는 경우에는 특히 자녀인격의 자유로운 발현권과 부모의 교육권을 존중해야 하므로 국가에 의한 규율의 한계가 있으며, 비례의 원칙을 준수하여야 한다.

사교육의 영역에서 우리 사회가 불행하게도 이미 자정능력이나 자기조절능력을 현저히 상실했고, 이로 말미암아 국가가 부득이 개입하지 않을 수 없는 실정이다. 이와 같이 사회가 자율성을 상실한 예외적인 상황에서는 고액과외교습을 방지하여 사교육에서의 과열경쟁으로 인한 학부모의 경제적 부담을 덜어주고 나아가 국민이 되도록 균등한 정도의 사교육을 받도록 하려는 입법목적은 입법자가 '잠정적으로' 추구할 수 있는 정당한 공익이다. 법 제3조는 학원·교습소·대학(원)생에 의한 과외교습을 허용하면서 그 밖에 고액과외교습의 가능성이 있는 개인적인 과외교습을 광범위하게 금지하는 규제수단을 택하였고, 이러한 수단은 입법목적의 달성에 어느 정도 기여한다. 따라서 수단으로서의 적합성도 인정된다.

그러나 법 제3조는 원칙적으로 허용되고 기본권적으로 보장되는 행위에 대하여 원칙적으로 금지하고 예외적으로 허용하는 방식의 '원칙과 예외'가 전도된 규율형식을 취하고 있다. 또 규제의 편의성만을 강조하여 금지범위에 포함시킬 불가피성이 없는 행위의 유형을 광범위하게 포함시키고 있다. 이 점에서 입법자가 선택한 규제수단은 입법목적의 달성을 위한 최소한의 불가피한 수단이라고 볼 수 없다. 법 제3조와 같은 형태의 사교육에 대한 규율은, 사적인 교육의 영역에서 부모와 자녀의 기본권에 대한 중대한 침해라는 개인적인 차원을 넘어서 국가를 문화적으로 빈곤하게 만든다. 국가 간의 경쟁에서 살아남기 힘든 오늘날의 무한경쟁시대에서 문화의 빈곤은 궁극적으로는 사회적·경제적인 후진성으로 이어진다. 법 제3조가 실현하려는 입법목적의 실현효과에 대하여 의문의 여지가 있고, 반면에 이로 인한 기본권 제한의 효과 및 문화국가실현에 대한 불리한 효과가 현저하다. 따라서 법 제3조는 제한을 통하여 얻는 공익적 성과와 제한이 초래하는 효과가 합리적인 비례관계를 현저하게 일탈하여 법익의 균형성을 갖추지 못하고 있다.

---

(3) 교육의 자주성·전문성·정치적 중립성과 교육제도 법정주의

헌법은 특정 가치 혹은 특정 정파의 주의·주장을 주입하는 것을 방지하여 다원적 가치관에 기초한 교육이 이루어질 수 있도록 교육의 자주성·전문성·정치적 중립성을 보장하고 있다. 교육의 독자적인 기능을 존중할 것을 헌법의 원칙으로 선언한 것이다. 이와 같은 교육의 기본원칙은 교육내용뿐 아니라 교원의 신분관계, 그리고 교육행정에서 존중되어야 한다.

가) 교육의 기본원칙의 기능

국가는 문화적 과제를 실현하기 위한 권한을 갖는다. 국가는 문화적 동질성의 최후의 수호자이다. 이와 같은 국가에 대한 문화적 및 교육적 위임을 고려하면 교육내용을 사회의 자율에 완전히 맡기는 것은 헌법의 의도가 아니다. 그러나 국가의 문화적 과제로부터 문화적 독점 혹은 문화적 종속이 나타나서는 안 된다. 이러한 국가권력의 남용을 방지하기 위하여 헌법 제31조 제4항 교육의 기본원칙은 국가론적·조직법적 및 절차법적인 기준을 제시하고 있다.

나) 교육당사자 간의 법률관계

a) 국가－교사－학생의 관계

헌법상의 교육의 원칙은 국가가 교육참여인의 기능을 조정하는 근거가 된다. 교사와의 관계가 대표적인 예이다. 국가가 세부적인 교육사항을 규율한다면 국가는 교육내용을 국가목적에 따라서 선점(先占)하여 그 자체로서 전문성 및 자주성의 원칙을 침해할 우려가 있다. 또 국가는 아직 교육단계에 있기 때문에 일방적이고 교조적 주입교육(Indoktrination)에 대해서 독자적인 판단을 할 수 없는 피교육자가 균형있는 인격을 형성할 수 있도록 보호하여야 한다. 이 점에서 교사의 지위는 학문의 자유의 주체인 대학교수의 지위와 구별된다. 교육의 정치적 중립성의 원칙에 의하여 현행 「정당법」 및 「공직선거법」은 대학교원과는 달리 초·중등교원에게는 정당가입 및 선거운동을 금지하고 있다.[10] 또 교원노동조합에는 일체의 정치활동을 허용하지 않고 있다.[11] 교육의 자주성·전문성 및 정치적 중립성의 요청은 교사의 교육전문성을 충분히 존중하여야 하지만, 이에 대한 국가의 최종적인 감독권한을 부인하는 것은 아니다.[12]

국가와 실제 교육을 담당하는 교사와의 관계에서는 다음과 같이 기능이 분담된다. 교육의 이념과 가치와 같은 일반적인 결정에 있어서는 국가의 우선적 권한이 인정된다. 이에 비해서 구체적인 교육방법 및 교육의 이념을 상황에 적합하게 실현하기 위한 결정은 교육전문가인 교사에 맡겨져야 한다. 따라서 이러한 영역에 대한 구체적인 지시권이 국가에게 인정될 수는 없다.

---

10) 이에 대해서는 헌재 2004.3.25, 2001헌마710, 16-1, 438면 이하; 2012.7.26, 2009헌바298, 24-2(상), 51면 등 참조.

11) 헌재 2014.8.28, 2011헌바32등, 26-2(상), 256면 이하 참조.

12) 헌재 1997.12.24, 95헌바29등, 9-2, 790면 이하; 1998.7.16, 95헌바19등, 10-2, 104면; 2001.1.18, 99헌바63, 13-1, 68면 등 참조.

b) 교과서정책

국가가 학생용 교과서정책을 수립·집행하는 것 자체는 국가의 권한과 과제의 범위에 속한다.[13] 현재 국가가 저작권을 갖는 국정교과서제도, 그리고 교육부장관이 검증하거나 인정하는 교과서검인정제도가 운영되고 있다(초·중등교육법 제29조). 그러나 국정교과서제도는 기본적으로 국가의 교육과제에 의하여 정당화될 수 없다. 국사 분야와 같이 헌법질서의 범위 내에서 다양한 역사해석의 가능성이 있는 경우 국정교과서는 피교육자에게 특정 역사관을 주입할 위험이 있다. 따라서 국정교과서에 의한 교육은 헌법 제31조 제4항 교육의 기본원칙과 조화될 수 없다.

다) 교육제도 법정주의

교육의 원칙이 행정부의 자의에 의해서 왜곡되지 않도록 헌법 제31조 제6항은 교육과 관련된 중요한 사항 및 교원의 지위를 법률로 정하도록 하고 있다. 이로써 교육을 외부의 간섭으로부터 보호하고 이는 법률에 의하여 보장된다. 그러나 교육제도 법정주의는 단순히 교육의 중요한 사항을 법률로 정하라는 중립적인 의미만을 갖는 것은 아니다. 교육의 자주성·전문성·정치적 중립성과 같은 기본원칙을 존중하는 기초 위에 교육제도와 교육재정, 교원의 지위 등을 효율적으로 보장하여야 한다.

교육제도 법정주의는 교원의 권익을 보호할 뿐 아니라 국민의 교육을 받을 권리를 균형있게 보장하기 위하여 필요한 경우 교원의 권리를 제한하는 가능성을 포함한다.[14] 다만 교원의 지위에 불이익한 처분을 하는 경우 그 절차와 방법, 그리고 내용이 교육의 기본원칙을 존중하여야 한다. 교원의 노동3권과 관련하여 헌법 제31조 제6항에 따른 입법은 일반 근로자를 규율대상으로 하는 헌법 제33조 제1항과의 관계에서 특별법의 위치에 있으므로 우선적으로 적용된다.[15]

13) 헌재 1992.11.12, 89헌마88, 4, 750면 이하 참조.
14) 헌재 1991.7.22, 89헌가106, 3, 416면 이하; 1998.7.16, 96헌바33등, 10-2, 143면 이하 등 참조.
15) 헌재 1991.7.22, 89헌가106, 3, 419면 이하 참조. 이 밖에 대판 2006.5.26, 2004다62597 참조.

Ⅱ. 근로의 권리

1. 근로의 권리의 규범구조

모든 국민은 근로의 권리를 갖는다(제32조 제1항). 이를 위하여 국가는 사회적·경제적 방법으로 근로자의 고용증진에 노력하여야 한다. 사회적 약자인 여자와 연소자의 근로는 특별한 보호를 받으며(제4항 및 제5항), 국가유공자·상이군경 및 전몰군경의 유가족은 법률이 정하는 바에 의하여 우선적으로 근로의 기회를 부여받는다(제6항).

헌법은 근로조건에 대한 기준을 제시하고 있다. 근로조건의 기준은 인간의 존엄성을 보장하도록 법률로 정한다(제3항). 국가는 적정임금의 보장에 노력하여야 하며, 특히 최저임금제를 실시하여야 한다(제1항). 모든 국민은 근로의 의무를 갖는다. 근로의 의무의 내용과 조건은 민주주의원칙에 따라 법률로 정한다(제2항).

2. 근로의 권리의 헌법적 의의

노동이 갖는 의미는 다음과 같이 다원적이다. 첫째, 오늘날 개인은 일반적으로 자영노동보다는 고용에 의한 노동을 수행하여 그 대가로 임금을 지급받고 이를 기초로 경제생활을 한다. 그런데 자본집약적인 현대산업구조에서는 필연적으로 노동력의 공급은 수요를 초과하며, 따라서 실업과 저임금의 문제가 발생한다. 근로의 권리는 이러한 산업화 이후의 새로운 사회문제에 대한 헌법적 대응이다. 둘째, 직업선택의 자유는 개인에게 적성과 능력에 상응하는 자유로운 경제활동을 보장한다. 그런데 개인이 근로의 기회를 갖지 못한다면 직업선택의 자유는 무의미하다. 따라서 근로의 권리는 직업의 자유를 실질적으로 보장하기 위한 전제조건에 해당한다. 셋째, 오늘날 개인은 소득활동기간에는 노동의 대가로 취득하는 임금을, 그리고 노령·장애·실업 등으로 인하여 소득활동을 할 수 없는 상황에서는 공적인 사회보장급여를 경제생활의 기초로 삼는 생활유형이 일반화되었다. 그런데 근로의 기회를 갖지 못하여 소득이 없는 경우 개인은 현재의 생활을 유지하지 못할 뿐 아니라 소득을 재원으로 하여 운영되는 사회보험에 보험료를 납부할 수 없고, 그 결과 급여청구권을 갖지 못하게 된다. 이에 장래의 생활에 대비할 수 없는 2차적인 위험이 나타난다. 넷째, 오늘날 근로의 권리는 새로운 환경을 맞고 있다. 산업화 이후 오랫동안 고용은 소득을 보장하는 계기였고, 이는 동시에 사회보장의 기반이 되었다. 즉 고용보장과 소득보장, 복지보장이 선순환구조를 이루었다. 그런데 노동시장의 유연성이 강화되면서 기간제근로 및 파견근로 등 비정규노동이 보편화되었고, 그 결과 고용과 소득, 그리고 복지가 모두 불안정한 상황이 나타났다. 이는 「기간제 및 단시간근로자 보호 등에 관한 법률」과 「파견근로자보호 등에 관한 법률」에 의하여 규율되고 있다. 이러한 새로운 환경에서 근로의 권리, 근로조건에 관한 권리가 새롭게 주목을 받게 되었다.[16] 다섯째, 고용기회의 상실은 단순히 물질적인 생활에 파급효과를 갖는 데 그치지 않는다. 즉 노동은 인격실현의 매체이기 때문에 고용의 상실은 인격실현의 기회가 박탈되는 심각한 파급효과를 갖는다.[17] 여섯째, 실업상태에서는 심리적으로 사회에 참여하는 동기가 저해되고, 그 결과 사회적 소외를 겪는 문제가 발생한다.

위와 같은 이유에서 근로의 기회 및 조건에 대한 국가의 개입은 헌법적으로 필요하고 또 정당하다. 그러나 근로의 권리는 특히 경제적 기본권 및 헌법상 경제질서와 구조적인 긴장관계에 있다. 자본주의 경제질서에서 고용의 기회를 제공하는 주체는 원칙적으로 민간경제주체이지 국가가 아니기 때문이다.

3. 근로의 권리의 내용

(1) 고용청구권과 해고보호

가) 고용청구권의 헌법적 실현의 한계

a) 고용청구권의 내용

근로의 권리는 우선 고용에의 접근을 내용으로 한다. 노동의 능력과 의지가 있음에도 불구하고 노동의 기회를 갖지 못하는 자에 대한 국가의 의무이다. 또 근로의 권리는 기존의 고용관계를 계속 유지하는 형태로 실현된다. 그러나 이와 같은 내용의 근로의 권리는 국가에 대한 구체적인 청구권으로 실현될 수는 없다. 고용의 주체는 사용자이며, 사용자의 고용에 관한 결정은 기본권에 의한 보호를 받기 때문이다. 이 점에서 근로의 권리는 전형적인 급부를 내용으로 하는 사회적 기본권에 해당한다. 그리고 절차법적인 성격이 강한 헌법 제33조 근로자의 권리와 실현구조에 있어서 차이가 있다.

16) 이에 관한 헌법재판소의 결정으로는 헌재 2013.7.25, 2011헌바395, 25-2(상), 114면 이하; 2013.10.24, 2010헌마219등, 25-2(하), 256면 이하 등 참조.

17) 대판 1996.4.23, 95다6823 참조.

b) 고용청구권이 실현되기 위한 규범적·사실적 조건

고용기회청구권이 구체적인 청구권으로 실현되기 위해서는 다음과 같은 규범적 및 사실적인 조건이 선택적으로 혹은 동시에 갖추어져야 한다. 첫째, 국가가 노동의 기회를 갖지 못하는 국민을 스스로 고용하는 능력이 있어야 한다. 산업에서 공공부문이 차지하는 비중이 크거나 국영화 혹은 공영화되어 있는 경우 이에 유리한 여건이 된다. 이러한 조건을 완벽히 갖춘 체제는 사회주의경제이다. 둘째, 국가가 사용자에게 고용의무를 부과하여 완전고용이 될 수 있도록 생산수단을 지배하고 있어야 한다. 기본권 간의 효력관계에 있어서 노동의 권리가 영업의 자유나 재산권과 같은 사용자의 기본권에 비해서 우월한 효력을 갖는다는 점을 헌법이 명시하거나 아니면 해석론적으로 이것이 가능하여야 한다. 셋째, 노동이 순수히 공공재로서 이해되고, 이에 기초하여 국가의 노동 지시에 따를 국민의 의무가 전제되어야 한다. 이 경우 노동의 의무는 진정한 법적 의무의 성격을 갖는다. 사회주의국가에서 노동의 의무는 이러한 성격을 갖는다. 넷째, 국민경제적으로 완전고용능력의 사실적인 상황이 존재하여야 한다. 국민경제적 차원에서 고용능력이 제한되어 있음에도 불구하고 법적으로 완전고용이 실현되는 경우에는 기업 내에 노동력이 과잉공급되는 현상이 나타날 것이다.

사회주의국가는 세 가지 규범적 조건을 모두 갖추고 있었다. 노동의 권리가 실현되기 위한 헌법구조를 체계적으로 입법한 예는 통일 전 동독헌법 제24조였다. 제24조는 제1항에서 노동의 권리를 보장하고, 제2항에서 노동의 권리와 노동의 의무는 통일체를 이룬다고 규정하였다. 이로써 법적인 노동의 의무가 노동의 권리를 실현하기 위한 필수적인 조건임을 명백히 하였다. 또 제3항에서는 노동의 권리가 생산수단에 대한 사회주의적 재산권, 생산과정에 대한 계획과 지도 등을 통해서 비로소 실현된다는 점을 명확히 하였다. 노동의 권리가 실현되는 규범적 조건을 완벽하게 갖춘 셈이다. 다만 사회주의국가에서 완전고용능력의 사실적 조건은 충족될 수 없었기 때문에 기업에서 노동력이 과잉공급되는 문제가 있었고, 그 결과 기업의 생산성은 현저히 낮았다.

c) 우리 헌법에서의 고용청구권

우리 헌법에서 근로의 권리가 구체적인 청구권으로 기능할 수 없으며, 그 이유는 다음과 같다.

첫째, 모든 산업의 국공유화정책은 자본주의 시장경제와 조화될 수 없다.

또 국공유화정책은 노동의 권리를 실현하는 데 장애가 될 수도 있다. 이로써 민간부문이 축소되고 이는 결국 전체적으로 고용규모를 축소시킬 것이기 때문이다. 둘째, 노동의 권리는 영업의 자유·재산권·계약의 자유 등 사용자의 기본권을 공동화시킬 만큼 우월한 기본권이 아니다. 다만 부분적으로 재산권에 내재해 있는 사회적 의무의 범위 내에서 노동의 권리를, 예컨대 해고보호 등을 통해서 부분적으로 보장할 수는 있다. 또 장애인과 같은 취약계층을 일정 비율로 고용할 의무를 부과할 수 있다.[18] 그러나 기존의 직장이 존속하고, 그 결과 자신의 고용관계가 유지될 것을 요구하는 청구권은 인정되지 않는다. 셋째, 노동의 의무는 노동의 권리와 통일체를 이루며, 함께 완전고용의 목표에 기여한다고 이해할 수도 없다. 그렇게 이해하는 경우 자기결정권을 내용으로 하는 인간의 존엄이 침해될 것이기 때문이다. 헌법사에서 보면 1948년 헌법 제17조는 근로의 권리와 의무가 통일체를 형성하는 외형을 띠고 있었다. 1962년 헌법에 와서 근로의 의무는 근로의 권리와 구분하여 독자적으로 규정되었다. 마지막으로 노동의 권리라는 규범적 요청으로부터 국민경제적 차원에서 고용능력의 제고라는 사실적인 상황이 도출되는 것은 더욱 아니다.

판례 **근로의 권리와 직장존속보장청구권** (헌재 2002.11.28, 2001헌바50)

근로의 권리는 사회적 기본권으로서, 국가에 대하여 직접 일자리(직장)를 청구하거나 일자리에 갈음하는 생계비의 지급청구권을 의미하는 것이 아니라, 고용증진을 위한 사회적·경제적 정책을 요구할 수 있는 권리이다. 근로의 권리를 직접적인 일자리 청구권으로 이해하는 것은 사회주의적 통제경제를 배제하고, 사기업 주체의 경제상의 자유를 보장하는 헌법의 경제질서 내지 기본권 규정들과 조화될 수 없다. 마찬가지 이유로 근로의 권리로부터 국가에 대한 직접적인 직장존속청구권을 도출할 수도 없다. 사용자의 처분에 따른 직장 상실에 대하여 최소한의 보호를 제공하여야 할 의무를 국가에 지운다고 볼 수는 있다. 그러나 이 경우에도 입법자가 그 보호의무를 전혀 이행하지 않거나 사용자와 근로자의 상충하는 기본권적 지위나 이익을 현저히 부적절하게 형량한 경우에만 위헌 여부의 문제가 생긴다.

나) 해고보호의 문제

근로의 권리가 해고를 절대적으로 보호하지는 않는다. 즉 직장존속보장청구

18) 이에 대한 헌법적 평가에 대해서는 헌재 2003.7.24, 2001헌바96, 15-2(상), 58면 이하; 2012.3.29, 2010헌바432, 24-1(상), 494면 이하 등 참조.

권은 인정되지 않는다. 이는 사용자의 경영 및 투자결정의 자유에 해당하는 인사에 대한 결정권과 충돌하기 때문이다.[19] 또 절대적인 해고보호는 모든 국민에게 노동의 권리를 보장하는 국가목표와도 합치하지 않는다. 기존의 일자리에 대한 절대적인 보호는 취업을 희망하는 다른 국민의 고용기회를 차단하는 효과를 갖기 때문이다.

그렇다고 헌법이 해고보호를 완전히 부정하는 것은 아니다. 특히 여성노동은 특별히 보호되기 때문에 예컨대 여성의 임신 및 출산 등 노동에 비본질적인 사실을 퇴직의 사유로 하는 것은 헌법 제32조 제4항에 위반된다. 그 밖에 일반적으로 노동에 비본질적인 사유를 들어 해고를 하는 것은 허용되지 않는다. 이러한 범위 내에서 사용자의 계약의 자유는 제약된다. 따라서 사용자는 정당한 사유없이 근로자를 해고하지 못한다(근로기준법 제23조 제1항). 이때 무엇보다도 평등의 원칙, 과잉금지의 원칙 등이 존중되어야 한다.

근로자의 일신상의, 혹은 행태상의 이유에서, 그리고 기업경영상의 이유에서 이루어지는 해고가 부인되지는 않는다. 예컨대 「근로기준법」 제24조는 엄격한 조건하에 경영상의 이유에 의한 해고의 가능성을 인정하고 있다. 즉 경영상의 이유로 해고를 하기 위해서는 긴박한 경영상의 필요가 있어야 하고(근로기준법 제24조 제1항), 사용자는 해고를 피하기 위한 노력을 다하여야 한다(제2항). 합리적이고 공정한 해고 기준에 따라 그 대상자를 선정하여야 하며, 해고를 피하기 위한 방법과 해고의 기준 등에 관하여 근로자의 과반수로 조직된 노동조합 또는 근로자 대표와 성실하게 협의하여야 한다(제3항).[20] 사용자는 일정 규모 이상의 인원을 해고하려는 경우 고용노동부장관에게 신고하여야 한다(제4항).

근로자가 해고 이후에 새로운 취업을 준비할 시간을 주고, 또 임금상실로 인한 경제적 곤란을 보호하기 위하여 「근로기준법」은 해고예고제도를 두고 있다. 이에 따르면 사용자는 근로자를 해고하려면 30일 전에 예고를 하여야 하며, 그렇지 않은 경우에는 30일분 이상의 통상임금을 지급하여야 한다. 다만 해고예고에 관한 규정은 근로자가 계속 근로한 기간이 3개월 미만인 경우, 천재·사변, 그 밖의 부득이한 사유로 사업을 계속하는 것이 불가능한 경우, 그리고 근로자가 고의로 사업에 막대한 지장을 초래하거나 재산상 손해를 끼친

19) 헌재 2002.11.28, 2001헌바50, 14-2, 679면 참조. 같은 취지의 결정으로는 헌재 2013.10.24, 2010헌마219등, 25-2(하), 256면 이하 참조.

20) 정리해고의 요건을 완화하여 적용하는 경향에 대해서는 대판 2002.7.9, 2001다29452; 2003.11.13, 2003두4119; 2013.6.13, 2011다60193; 2014.11.13, 2014다20875 등 참조.

경우로서 고용노동부령으로 정하는 사유에 해당하는 경우에는 적용되지 않는다(근로기준법 제26조).[21)]

다) 근로의 권리에 대한 헌법적 이해방법

근로의 권리는 기본권의 외관에도 불구하고 고용증진을 위한 국가의 경제적·사회적 과제에 관한 객관적인 규범이다.[22)] 국가가 개인에게 근로의 기회를 부여하여 근로의 권리를 직접 실현하는 데에는 한계가 있다. 이와 같은 이유에서 비교법적으로 보면 국가의 고용정책적 목표를 기본권이 아니라 객관적인 규범의 형태로 두는 것이 일반적이다. 여기에는 다음과 같은 세 가지 유형이 있다. 첫째, 국가목표로서 규정되어 있는 경우이다. 핀란드, 아일랜드, 노르웨이, 터키 등이 여기에 속한다. 둘째, 단순한 정치적 선언으로 두는 입법례가 있다. 이탈리아, 룩셈부르크가 여기에 속한다. 셋째, 국가목표규정에 명시적으로 국가의 의무규정을 결합하는 입법례이다. 프랑스, 포르투갈 등의 헌법의 태도이다.

국가가 근로의 권리를 직접 실현하는 데에는 한계가 있기 때문에 국가는 이를 대체적(代替的)으로 실현하기 위하여 적극적으로 노력을 하여야 한다. 고용보험이 이에 해당한다. 고용보험은 노동의 능력과 의사가 있는 자가 노동의 기회를 부여받지 못하여 인격실현의 기회와 경제적 기반을 상실할 경우에 대비하여 새로운 일자리를 찾거나 혹은 새로운 일자리에서 필요한 전문지식에 관한 직업교육을 받을 수 있도록 지원하고(적극적 노동시장정책), 또 구직급여를 지급하여 소득상실을 보전한다.

(2) 근로조건의 보호

가) 인간의 존엄과 근로조건

근로의 조건은 인간의 존엄에 상응하여야 한다(제32조 제3항). 이를 위하여 적정한 수준의 근로조건이 보장되어야 한다. 여기에는 근로환경에 대한 권리가 포함된다. 헌법은 최저임금제의 실시를 의무화하고 있다. 근로조건의 중요한 사항은 법률에 규율되어야 한다(제32조 제1항). 이를 구체화하는 법률이 「근로기준법」이며, 산업재해에 대한 보상은 「산업재해보상보험법」에 의하여 규율되고 있다. 최소한의

---

21) 헌법재판소는 월급근로자로서 6개월이 되지 못한 자에 대해서 해고예고규정을 적용하지 않도록 하였던 개정 전 「근로기준법」 규정에 대해서는 위헌결정을 하였다. 헌재 2015.12.23, 2014헌바3, 27-2(하), 555면 이하 참조. 같은 규정에 대해서는 이전에는 헌법재판소는 합헌결정을 한 바 있다. 헌재 2001.7.19, 99헌마663, 13-2, 66면 이하 참조.

22) 헌재 2002.11.28, 2001헌바50, 14-2, 678면 이하 참조.

근로조건에 관한 권리는 외국인도 향유할 수 있다.[23)]

근로조건에 있어서 근로의 자유 및 평등의 원칙을 충실히 반영하여야 한다. 법적 규율의 대상은 근로조건의 최저기준이다. 실제 「근로기준법」 제3조는 「근로기준법」상의 근로조건이 최저기준임을 명시하고 있다. 또 「근로기준법」 제15조는 「근로기준법」상의 기준에 미달하는 내용의 근로조건을 정하는 근로계약은 그 부분에 한하여 무효로 하고 있다. 근로기준 법정주의와 노동3권은 서로 보완적 관계에 있다. 근로조건의 최저기준에 기초하여 사용자와 근로자의 협상에 의하여 구체적인 근로조건이 결정된다. 이 과정에서 노동3권은 최저기준을 상회하는 근로조건에 합의할 수 있도록 유도하게 된다.

나) 적정임금보장

a) 적정임금의 내용

적정임금의 보장은 구체화가 필요하다. 다만 임금은 근로자와 사용자 간의 합의에 의해서 결정되는 것이 적합하기 때문에 적정임금보장의 과제를 입법적으로 구체화하는 데에는 한계가 있다.

적정임금이 「최저임금법」상의 최저임금 이상을 말하는 것은 물론이다. 적정임금은 단순히 노동력의 수요와 공급의 상대적 관계뿐 아니라 노동의 질과 양에 대한 절대적인 평가에 기초하여 산정되어야 한다. 이때 기업의 생산성·지불능력 및 물가 등을 고려하여야 한다.

적정임금이 근로자의 실제 생활을 유지할 수 있는 내용과 수준이어야 하는 것은 아니다. 일반적으로는 근로자가 부양하는 가족의 수요를 부분적으로 보호하기 위해서 가족수당이 임금에 포함되어 지급된다. 그러나 이러한 제도가 헌법적으로 보장되는 것은 아니다. 임금은 기본적으로는 노동의 대가이며, 또 가족수요가 고용관계에서 지급되는 가족수당에만 의존하는 경우 헌법상 사회보장의 국가과제를 사용자에게 전가하는 결과가 되기 때문이다.

b) 쟁의기간 중 임금지급청구권

쟁의기간 중에도 임금지급청구권이 발생하는가? 쟁의기간 중 임금청구권의 문제를 일률적으로 대답할 수는 없다. 이 문제는 기본적으로 단체협약에 위임되어야 한다. 단체협약이 이를 규율하지 않는 경우에 해석이 필요하다. 쟁의기간 중에는 노무제공이 정지되므로 쟁의행위가 자발적으로 발생한 경우에는 사

23) 헌재 2007.8.30, 2004헌마670, 19-2, 297면 이하 참조.

용자에게 임금지급의무를 부과할 수 없다. 한때 대법원은 임금이분설에 따라 쟁의기간 중에도 임금 중 교환적 부분을 제외한 생활보장적 부분을 청구할 수 있다고 하였다.[24] 그러나 이후 대법원은 판례를 변경하여 쟁의기간 중 임금지급청구권을 부인하였다.[25] 이 판례의 취지는 쟁의기간 중 임금지급사유가 없다는 것이며, 임금의 생활보장적 성격을 부인하는 것은 아니다.

다) 최저임금보장

최저임금제도는 노동이 개인의 경제적 생활의 기초이며, 이를 통해서 얻는 임금이 근로자와 근로자가 부양하는 가족의 인간다운 생활을 보장하여야 한다는 이념을 제도화한 것이다. 최저임금은 적어도 「국민기초생활보장법」상의 생계급여의 수준 이상이어야 한다. 모든 개인은 노동을 통해서 생활의 경제적 기초를 형성한다는 헌법의 전제에서 보면 노동을 행하는 자의 '노동임금'과 국가가 일방적으로 지급하는 '사회적 임금'이 같은 수준일 수는 없기 때문이다.[26]

최저임금이 근로자의 사회적 상황을 기준으로 결정되지는 않는다. 임금은 기본적으로 노동력의 대가이지 노동자의 상황을 보호하기 위한 수단은 아니기 때문이다. 「최저임금법」은 최저임금의 산정기준으로 근로자의 생계비와 유사근로자의 임금, 그리고 노동생산성 및 소득분배율을 들고 있다(최저임금법 제4조). 노동생산성에는 기업의 지급능력이 포함된다.

라) 근로환경에 관한 권리

근로환경은 근로조건의 중요한 부분이다. 사용자는 근로자가 노동과정에서 노동력 및 건강의 손실을 받지 않도록 각종 안전시설을 하여야 한다. 나아가 근로에 대한 정당한 보수를 지급하고, 또 합리적인 근로조건이 보장되어야 한다.

사용자는 근로자의 보건과 안전을 위하여 시설의무가 있다(근로기준법 제76조). 이에 대해서 자세히는 「산업안전보건법」이 정하고 있다. 근로자가 산업재해를 당한 경우 상실되는 소득에 대한 사후보상뿐 아니라 특히 노동력의 손실을 사전에 예방하기 위하여 필요한 각종 시설의무를 사용자에게 지우고 실현할 수 있도록 적극적인 입법조치가 취해져야 한다.

---

24) 대판 1992.3.27, 91다36307 참조.

25) 대판 1995.12.21, 94다26721 참조.

26) 이러한 주장의 취지는 빈민에 대한 보호급여의 수준보다 최저임금수준이 높게 책정되어야 한다는 것이다. 그러나 빈민정책에 있어서도 생계급여가 노동임금의 발전에 연계·조정되어야 한다. 이때 비로소 빈민이 사회발전에 참여할 수 있기 때문이다.

(3) 여자 · 연소자 및 국가유공자에 대한 특별보호

헌법은 근로의 권리를 평등권과 연계시키고 있다. 특히 성별에 따른 차별은 금지된다. 이 점은 「근로기준법」과 「남녀고용평등과 일 · 가정 양립 지원에 관한 법률」에서 구체화되어 있다. 여자의 노동을 남자에 비해서 차별하지 않아야 한다. 적극적으로 보면 여성과 소년의 노동을 특별히 보호하여야 한다. 전자가 법적 평등을 내용으로 하는 데 비해, 후자는 국가의 적극적인 행위를 통하여 사실상의 평등을 실현하는 데 기여한다. 이에 상응하여 헌법적 평가 역시 다르다. 또 국가유공자 등에게 근로기회를 우선적으로 부여하여야 한다.

가) 법적 평등

헌법은 노동영역에서 여자가 남자에 비해서 불평등한 취급을 받고 있다는 현실에 주목하였다. 이는 고용 및 근로조건 모두에 해당한다. 여자라는 이유로 우월한 능력이 있음에도 불구하고 고용에 있어서 차별을 받는 것은 허용되지 않는다. 여성에 한하여 특별한 고용조건을 요구하는 것 역시 평등의 원칙에 반한다. 여성의 경우 신장 · 용모단정 등 신체적인 조건을 채용기준으로 하는 경우가 여기에 해당한다. 또 동일한 양과 질의 노동을 수행하고 있음에도 불구하고 여성을 근로조건, 특히 임금에 있어서 남성에 비해서 차별한다든가 승진의 기회를 차단하는 관행 역시 헌법적 정당성이 없다. 경영상의 이유로 인한 해고의 경우 여성 근로자가 우선적으로 해고의 대상이 되었던 것이 관행이었다. 이러한 관행 역시 헌법에 반한다. 현행 「근로기준법」은 이 점에 주목하여 경영상의 이유로 인한 해고에 있어서 남녀차별을 금지하고 있다(근로기준법 제24조 제2항).

위와 같은 내용의 법적 평등, 즉 같은 조건에 대한 동일한 취급의 요청은 근로의 권리에서 비로소 도출되는 것은 아니다. 이는 이미 헌법 제11조 일반적인 평등의 내용에 속하기 때문이다. 또 이러한 법적 평등은 규범력에 제한이 있지 않다. 우리나라에서 노동영역에서 남녀의 법적 평등은 「남녀고용평등과 일 · 가정 양립 지원에 관한 법률」을 통해서 실현되고 있다. 또 연령을 이유로 한 차별이 금지되며, 이에 대해서는 「고용상 연령차별금지 및 고령자고용촉진에 관한 법률」이 규율하고 있다.

나) 사실적 평등

헌법은 여성과 연소자에 대해서 어느 정도 사실적 평등을 보장한다. 즉 이들에게 사실상 평등의 기회를 부여한다(차별금지). 이러한 배려가 실제로 평등한 결과를 보장하는 것은 아니다. 결과에 있어서의 평등은 이른바 '적극적 평등실현조치(affirmative action)'에 의하여 어느 정도 실현된다. 적극적 평등실현조치에 대해서는 별도의 헌법적 평가가 필요하다.

a) 여성에 대한 특별한 보호

여성은 신체적 및 생리적, 그리고 사회적·가족구조적인 이유에서 고용 및 근로조건에 있어서 남성 근로자에 비해서 불리한 조건에 있다. 그럼에도 불구하고 법적 평등만이 적용되는 경우 남녀 간의 불평등은 오히려 깊어진다. 국가는 이러한 조건이 실제 불리하게 작용하지 않도록 적극적으로 지원하여야 한다.

노동과정에서 여성의 신체적 특수성을 고려하여 보호하여야 한다. 여성에게 갱내근로를 시킬 수 없다(근로기준법 제72조). 여성 근로자가 원하는 경우 생리휴가를 부여하며(근로기준법 제73조), 출산 전과 후를 통하여 90일의 출산전후휴가를 주도록 하고, 이 중 60일은 유급으로 한다. 출산전후휴가 종료 후에는 휴가 전과 동일한 업무 또는 동등한 수준의 임금을 지급하는 직무에 복귀시켜야 한다(근로기준법 제74조 제6항). 임신 중이거나 산후 1년이 지나지 않은 여성은 도덕상 또는 보건상 유해·위험한 사업에 사용할 수 없다. 임신 중의 여성 근로자에게 시간외 근로를 하게 하여서는 안 되며, 근로자의 요구가 있는 경우에는 쉬운 종류의 근로로 전환하여야 한다. 임신 후 12주 이내 또는 36주 이후에 있는 여성 근로자는 신청에 의하여 1일 2시간의 근로시간을 단축할 수 있다(근로기준법 제74조 제7항). 이 경우 근로시간 단축을 이유로 임금을 삭감할 수 없다. 임산부가 아닌 경우에도 18세 이상의 여성을 보건상 유해·위험한 사업 중 임신 또는 출산에 관한 기능에 유해·위험한 사업에 사용할 수 없다(근로기준법 제65조 제2항).

b) 연소자에 대한 특별한 보호

연소자는 성장과정에 있는 인격체이기 때문에 헌법이 특별히 보호하고 있다. 연소자의 신체·정신 및 심리적 발달에 부정적인 영향을 미치는 노동은 금지된다. 이는 주로 「근로기준법」에 의하여 규정되어 있다. 이에 따르면 만 15세 미만인 연소자는 원칙적으로 근로자가 되지 못하며, 만 18세 미만인 연소자를 도덕상·보건상 유해·위험한 사업에 사용할 수 없다(근로기준법 제64조 제1항, 제65조 제1항). 미성년자도 직접 근로계약의 당사자가 되며, 독자적으로 임금을 청구한다(근로기준법 제67, 68조). 이는 친권자 혹은 후견인이 연소자 노동을 착취하는 위험을 방지하기 위한 조치이다. 연소자에 대해서는 이 밖에도 근로시간과 관련된 제한이 있다. 즉 15세 이상 18세 미만인 사람의 근로시간은 1일에 7시간, 1주일에 35시간을 초과하지 못한다.

다만 당사자 사이의 합의에 따라 1일에 1시간, 1주에 5시간을 한도로 연장할 수 있다(근로기준법 제69조). 또 연소자는 갱내근로를 할 수 없다(근로기준법 제72조). 여성과는 달리 연소자의 경우 주로 건전한 신체발달을 위한 배려가 되어 있다.

c) 국가유공자 등에 대한 특별한 보호

국가유공자·상이군경 및 전몰군경의 유가족에게 우선적으로 취업할 기회가 부여된다. 이는 국가를 위한 희생을 보상하는 성격을 갖는다.

이 조문에 의한 보호의 대상이 명확하지는 않다. 국가유공자는 상위 개념이며, 상이군경은 국가유공자의 종류이기 때문이다. 또 전몰군경의 유가족만이 보호의 대상인지, 모든 국가유공자의 유가족이 보호의 대상인지도 명확하지 않다. 헌법재판소는 국가유공자와 상이군경 본인, 그리고 전몰군경의 유가족을 보호의 대상으로 한정하고 있다. 그리고 그 결과 여기에 포섭되지 않는 국가유공자의 유족에게 취업에 있어서 가산점을 부여하는 규정에 대해서 엄격한 심사기준을 적용하여 헌법에 합치하지 않는다는 결정을 하였다.[27] 그러나 이러한 이해방법에 대해서는 검토가 필요하다.

국가유공자, 상이군경 등에 대한 보호는 유공자가 유공행위로 인하여 본인 및 유족의 생활기반을 마련하는 데에 소홀할 수밖에 없었다는 점을 고려한 것이다. 취업지원의 보호대상을 획정하는 데 있어서 이 점이 고려되어야 한다. 헌법 제32조는 기본적으로 사회적 기본권에 해당한다. 국가는 국가유공자의 취업보호를 하여야 하지만 그 구체적인 내용이 헌법으로부터 직접 도출되지는 않는다. 다만 보호대상과 관련해서는 전몰군경의 유가족뿐 아니라 국가유공자 및 상이군경, 그리고 그들의 유족 역시 지원되어야 한다. 헌법재판소와 같이 헌법문언의 해석을 통하여 보호대상을 협소하게 하는 것은 제32조 제6항의 제도목적에 반한다. 더구나 지금까지 헌법재판소는 헌법 제32조 제6항을 국가유공자에 대한 포괄적인 보호의 근거로 이해하여 왔다. 그렇다면 더욱 보호의 대상에 유공자 가족이 포함되며, 다만 입법자는 보호의 우선순위를 결정할 수 있을 것이다. 따라서 국가유공자의 유족이 취업보호의 대상에서 제외되었다고 하여 이를 위헌이라고 볼 수는 없지만 유공자의 가족을 포함시키는 것이 헌법에 보다

27) 헌법재판소는 이 점에 있어서 기존의 태도를 변경하였다. 최초에 헌법재판소는 보호의 대상을 국가유공자, 상이군경, 그리고 그들의 유가족과 전몰군경의 유가족으로 넓게 이해하였다. 헌재 2001.2.22, 2000헌마25, 13-1, 405면 참조. 그러나 이후 헌법재판소는 본문에서 설명한 바와 같이 보호대상의 범위를 좁게 이해하였다. 헌재 2006.2.23, 2004헌마675, 18-1(상), 269면 이하 참조. 같은 취지의 결정으로는 헌재 2012.11.29, 2011헌마533, 24-2(하), 201면 참조.

충실하다. 그렇다면 이들에 대한 가산점제도는 종전의 결정과 마찬가지로 완화된 심사가 이루어져야 할 사안이다.

국가유공자 등에 대한 취업보호는 주로 「국가유공자 등 예우 및 지원에 관한 법률」에 규율되어 있다. 민간기업은 일정한 비율로 이들을 우선적으로 고용하여야 하며, 이를 이행하지 않는 경우 제재를 가하거나 이들을 우선적으로 채용하도록 유인하고 있다(국가유공자법 제28조 이하). 현재 이들에 대한 우선적 취업보호는 가산점제도를 통하여 시행되고 있다.[28]

국가유공자는 신규임용에 있어서 우선적으로 기회가 보장된다. 이에 비해서 취업 후 보직 및 승진 등에 있어서 보호를 받는 것은 아니다. 국가유공자에 대한 취업보호가 공무원법상의 기본원칙인 실적주의를 전면적으로 배제하는 의미를 갖지는 않기 때문이다.[29] 국가유공자를 차별대우하는 것은 물론 금지된다(국가유공자법 제36조).

판례 **국가유공자 가산점제도** (헌재 2006.2.23, 2004헌마675)

종전 결정에서 헌법재판소는 헌법 제32조 제6항의 "국가유공자·상이군경 및 전몰군경의 유가족은 법률이 정하는 바에 의하여 우선적으로 근로의 기회를 부여받는다"는 규정을 넓게 해석하여, 이 조항이 국가유공자 본인뿐만 아니라 가족들에 대한 취업보호제도(가산점)의 근거가 될 수 있다고 보았다. 그러나 오늘날 가산점의 대상이 되는 국가유공자와 그 가족의 수가 과거에 비하여 비약적으로 증가하고 있는 현실과, 취업보호대상자에서 가족이 차지하는 비율, 공무원시험의 경쟁이 갈수록 치열해지는 상황을 고려할 때, 위 조항의 폭넓은 해석은 필연적으로 일반 응시자의 공무담임의 기회를 제약하게 되므로 위 조항은 엄격하게 해석할 필요가 있다. 이러한 관점에서 위 조항의 대상자는 조문의 문리해석대로 "국가유공자", "상이군경", 그리고 "전몰군경의 유가족"이라고 봄이 상당하다.

'국가유공자의 가족'의 경우 가산점의 부여는 헌법이 직접 요청하고 있는 것이 아니고, 그러한 법률상의 입법정책은 능력주의 또는 성과주의를 바탕으로 하는 공직취임권의 규율에 있어서 중요한 예외이다. 헌법적 요청이 있는 경우에는 합리적 범위 안에서 능력주의가 제한될 수 있지만, 단지 법률적 차원의 정책적 관점에서 능력주의의 예외를 인정하려면 해당 공익과 일반 응시자의 공무담임권의 차별 사이에

28) 헌법재판소는 제대군인가산점제도와는 달리 국가유공자가산점제도에 대해서 최초에는 합헌결정을 하였다. 그러나 이후 헌법 제32조 제6항에 의한 보호대상자를 좁게 이해하고, 또 가산점제도를 통하여 일반인의 공무담임권을 제한하는 정도가 심각하다는 이유로 해당 가산점제도에 대하여 헌법불합치결정을 하였다. 위 각주 27의 결정 참조.

29) 헌재 2003.7.24, 2002헌마378, 15-2(상), 145면 이하 참조.

엄밀한 법익형량이 이루어져야 한다.

이 사건 조항으로 인한 공무담임권의 차별효과는 심각한 반면, 국가유공자 가족들에 대하여 아무런 인원제한도 없이 매 시험마다 10%의 높은 가산점을 부여하는 필요성은 긴요하지 않고, 입법목적을 감안하더라도 일반 응시자들의 공무담임권에 대한 차별효과가 지나치다. 이 사건 조항의 경우 명시적인 헌법적 근거 없이 국가유공자의 가족들에게 만점의 10%라는 높은 가산점을 부여하고 있다. 그러한 가산점 부여 대상자의 광범위성과 가산점 10%의 심각한 영향력과 차별효과를 고려할 때, 그러한 입법정책만으로 헌법상의 공정경쟁의 원리와 기회균등의 원칙을 훼손하는 것은 부적절하다. 또 국가유공자의 가족의 공직 취업기회를 위하여 매년 많은 일반 응시자들에게 불합격의 심각한 불이익을 입게 하는 것은 정당화될 수 없다. 이 사건 조항의 차별로 인한 불평등 효과는 입법목적과 그 달성수단 간의 비례성을 현저히 초과하는 것이므로, 이 사건 조항은 청구인들과 같은 일반 공직시험 응시자들의 평등권을 침해한다.

---

(4) 근로의 의무

가) 근로의 의무의 법적 성격

근로의 권리에는 근로의 자유가 포함되어 있다. 따라서 근로의 의무가 노동을 강제하는 근거가 될 수는 없다. 근로의 의무를 단순히 도덕적인 의무라고 할 수도 없다. 만약 근로의 의무에 대해서 법적 성격이 완전히 부인된다면 근로의 의무를 이행하지 않은 경우에 부과되는 어떠한 형태의 불이익도 허용되지 않기 때문이다. 근로의 의사와 능력이 있음에도 불구하고 근로의 기회를 갖지 못하는 자가 적극적인 제재의 대상이 될 수는 없다. 그러나 국가가 고용을 증진하기 위해서 개인에게 근로의 기회를 알선하고 그 수행이 기대될 수 있다면 개인은 이에 응할 의무가 있다. 이러한 의무에 응하지 않는 경우 소극적인 제재를 할 수는 있다. 즉 이때 국가는 근로를 유인하는 성격을 갖는 고용보험급여나 혹은 「국민기초생활보장법」상의 자활급여를 지급할 의무에서 면제된다(고용보험법 제60조; 국민기초생활보장법 제9조 제5항). 이러한 범위 내에서 근로의 의무는 법적 의무의 성격이 있다.

나) 근로의무 법정주의

근로의 의무의 내용과 조건은 민주주의원칙에 따라 법률로 정한다. 근로의 의무의 구체적인 내용은 개인의 기본권적 지위에 영향을 미치며, 따라서 이에 대한 법적 규율이 필요하다. 이때 민주주의원칙이 지침이 되어야 한다는 의미는 명확하지 않다. 다원적인 가치의 세계인 정치영역에서 적용되는 민주주의원칙이 노동의 영역에 그대로 적용될 수는 없다. 민주주의적 다수결의 원칙이 기본권적 정당성의 요청과 경합하거나 혹은 경우에 따라서 후자가 전자에 의해서 배척될 위험이 있기 때문이다. 그러므로 이 규정은 규범적 의미가 아닌 수사적인 의미를 갖는다고 보아야 한다.

Ⅲ. 근로자의 권리

1. 근로자의 권리의 규범구조

헌법 제33조는 모든 근로자에게 노동3권, 즉 단결권·단체교섭권 및 단체행동권을 보장하면서, 그 목적과 성격을 명시하고 있다. 즉 노동3권은 근로자의 근로조건을 향상하는 목적을 가지며, 이는 근로자의 자주적인 권리이다(제33조 제1항). 노동3권은 공무원 및 주요방위산업체종사자에게는 제한적으로 보장된다. 공무원인 근로자는 법률이 정하는 자에 한하여 노동3권을 가지며(제2항), 법률이 정하는 주요방위산업체에 종사하는 근로자의 단체행동권은 법률이 정하는 바에 의하여 제한하거나 인정하지 않을 수 있다(제3항).

2. 노동3권의 주체

노동3권의 주체는 근로자이다.[30] 근로자의 범위는 「근로기준법」상의 근로자와는 구별된다. 「근로기준법」은 고용관계를 전제로 현실적으로 종속노동을 제공하는 상태에 있다는 사실에 주목하여 근로조건의 최저기준을 제시한다. 따라서 「근로기준법」의 적용대상은 현재 고용관계에 있는 자이다. 노동3권은 근로자와 사용자의 근로조건을 결정하는 조직과 절차에 적용되는 기본권이다. 따라서 고용관계에 생활을 의존한다는 추상적인 속성이 중요한 기준이며, 현재 근로를 제공하지 않은 자 역시 노동3권의 주체가 될 수 있다.[31]

위와 같은 차이점은 근로자에 대한 개념정의를 하고 있는 「근로기준법」과 「노동조합 및 노동관계조정법」에도 반영되어 있다. 「근로기준법」 제2조에 따르

30) 노동관계에서 적용되는 단결권 등 기본권의 주체를 근로자에 한하는 입법례가 일반적인 것은 아니다. 예컨대 독일헌법 제9조 제3항은 모든 국민을 단결권의 주체로 하고 있다.

31) 대판 1971.3.30, 71누9 참조.

면 "'근로자'란 직업의 종류와 관계없이 임금을 목적으로 사업이나 사업장에 근로를 제공하는 자를 말한다". 이에 비해서 「노동조합 및 노동관계조정법」 제2조 제1호에 따르면 "'근로자'라 함은 직업의 종류를 불문하고 임금·급료 기타 이에 준하는 수입에 의하여 생활하는 자를 말한다". 이와 같은 속성을 갖는 한 현실적으로 사업장에 종사하지 않는 근로자도 노동조합에 가입할 수 있다. 「노동조합 및 노동관계조정법」은 개정 법률에서 이 점을 명확히 하였다. 이밖에 고용 이외의 계약유형에 의한 노무제공자도 「노동조합 및 노동관계조정법」에 의한 근로자로 본다.[32] 다만 사업 또는 사업장에 종사하는 근로자가 아닌 노동조합의 조합원은 사용자의 효율적인 사업운영에 지장을 주지 않는 범위 내에서 노동조합 활동을 할 수 있다(법 제5조 제2항). 또 해고된 사업장 근로자가 노동위원회에 부당노동행위의 구제신청을 한 경우에는 중앙노동위원회의 재심판정이 있을 때까지는 근로자로 본다(법 제5조 제3항). 법원은 이러한 제한은 기업별 노동조합에 한정하여 적용되며, 특정한 사용자에의 종속관계를 필요로 하지 않는 산업별·직종별·지역별 노동조합 등의 경우에는 적용되지 않는다고 해석한 바 있다. 따라서 현실적으로 취업하고 있는 자뿐만 아니라, 일시적으로 실업상태에 있는 자 및 구직 중인 자도 노동3권을 보장할 필요성이 있는 한 근로자의 범위에 포함된다.[33] 여기에는 외국인 근로자, 또 취업자격이 없는 근로자도 포함된다.[34] 이에 비해서 헌법재판소는 당연퇴직 등을 이유로 해고된 교원의 교원노동조합의 조합원 자격을 부인하는 처분을 합헌으로 결정하였다.[35]

판례 **노동조합법상의 근로자** (대판 2015.6.25, 2007두4995)

노동조합법상 근로자란 타인과의 사용종속관계하에서 근로를 제공하고 그 대가로 임금 등을 받아 생활하는 사람을 의미하며, 특정한 사용자에게 고용되어 현실적으로 취업하고 있는 사람뿐만 아니라 일시적으로 실업상태에 있는 사람이나 구직 중인 사람을 포함하여 노동3권을 보장할 필요성이 있는 사람도 여기에 포함된다. 그리고 출입국관리 법령에서 외국인고용제한규정을 두고 있는 것은 취업자격 없는 외국인의 고용이라는 사실적 행위 자체를 금지하는 것이지, 나아가 취업자격 없는 외국인이 사실상 제공한 근로에 따른 권리나 이미 형성된 근로관계에 있어서 근로자로서의 신분에 따른 노동관계법상의 제반 권리 등의 법률효과까지 금지하려는

32) 대판 2018.6.15, 2014두12598 참조.
33) 대판 2004.2.27, 2001두8568 참조.
34) 대판 2015.6.25, 2007두4995 참조.
35) 헌재 2015.5.28, 2013헌마671등, 27-1(하), 346면 이하 참조.

것은 아니다. 따라서 타인과의 사용종속관계하에서 근로를 제공하고 그 대가로 임금 등을 받아 생활하는 사람은 노동조합법상 근로자에 해당하고, 노동조합법상의 근로자성이 인정되는 한, 그러한 근로자가 외국인인지 여부나 취업자격의 유무에 따라 노동조합법상 근로자의 범위에 포함되지 아니한다고 볼 수는 없다.

취업자격 없는 외국인이 노동조합법상 근로자의 개념에 포함된다고 하여 노동조합의 조합원 지위에 있는 외국인이 출입국관리 법령상 취업자격을 취득하게 된다든가 또는 그 체류가 합법화되는 것은 아니다. 취업자격 없는 외국인 근로자들이 조직하려는 단체가 '주로 정치운동을 목적으로 하는 경우'와 같이 노동조합법 제2조 제4호 각 목의 해당 여부가 문제된다고 볼 만한 객관적인 사정이 있는 경우에는 행정관청은 실질적인 심사를 거쳐 설립신고서를 반려할 수 있다. 또 설령 노동조합의 설립신고를 마치고 신고증을 교부받았다고 하더라도, 그러한 단체는 적법한 노동조합으로 인정받지 못할 수 있다.

---

3. 노동3권 보장의 헌법적 의의

노동3권은 근로자와 사용자의 관계를 순수히 자유권적 기본권의 규율대상으로 하는 경우 근로자는 필연적으로 사회적 약자의 지위에 있다는 점을 주목한다. 산업구조가 자본집약적으로 개편되면서 노동력의 공급이 수요를 초과하고, 이때 근로자는 구조적으로 실업 아니면 저임금의 위험을 갖게 되었다. 이러한 상황에서 사용자와 근로자가 대등한 협상력을 가질 수 없으며, 이러한 기반에서 성립하는 근로계약이 정당화될 수 없게 되었다. 이러한 불균형이 그대로 유지되는 경우 필연적으로 근로자의 열악한 근로조건 및 환경이 나타난다. 이는 국가공동체의 최소한의 사회경제적 동질성을 위협하고, 결국 체제위기를 그리고 동시에 헌법의 위기를 낳는다. 특히 근로자의 상황을 정치과정에 투입하는 수단이 결여되어 있을 때 더욱 그러하다. 이와 같은 인식에서 노동3권은 다음과 같은 의미를 갖는다.

노동3권은 근로의 권리, 특히 근로조건의 보호와 밀접한 관계가 있다. 근로의 권리는 적정한 근로조건을 보장하여야 한다. 이를 위해서는 국가가 사용자와 근로자의 관계에 개입하여 근로자의 권리를 실현하여야 한다. 다만 이때 사용자의 영업의 자유 등과 조정되어야 한다. 이에 비해서 노동3권은 근로자가 사용자와 대등하게 협상하여 근로자의 자유를 실질적으로 보장하는 형태로 근로조건의 개선에 기여한다. 이러한 기능의 차이를 고려하면 근로의 권리를 실현하기 위하여 국가는 근로조건의 최저기준을 규정하고, 노동3권은 이러한 기반 위에서 근로자가 근로조건을 상향 개선하기 위하여 사용자와 대등한 당사자로서 교섭할 수 있도록 한다. 또 거꾸로 노동3권이 기능하면서 보편화된 근로조건을 기초로 「근로기준법」상의 법정근로조건을 개선하도록 유도할 수 있다. 다만 이때 근로조건을 지나치게 밀도 있게 법률에 정하여 노사의 자율적인 교섭 및 합의에 장애가 되어서는 안 된다.

4. 노동3권의 주관적 기능과 객관적 기능

(1) 노동3권의 주관적 기능

노동3권은 주관적으로는 근로자의 인간다운 생활을 보장하기 위한 조건을 창출하는 데 기여한다. 이는 헌법 제32조 근로의 권리의 기능이기도 하다. 다만 근로의 권리는 근로의 기회 및 근로조건의 내용 자체를 보호한다. 그러나 실체법적인 기본권인 근로의 권리는 자본주의 경제질서에서 실현에 한계가 있다. 이에 비해서 노동3권은 근로조건 자체를 직접 보호하는 것이 아니라 오히려 사용자와 근로자가 정당한 근로조건에 합의하기 위한 조직과 절차를 보호한다.[36] 이를 위해서 국가는 근로자가 사용자와 대등하게 협상할 수 있도록 각종 제도 및 절차를 보장하여야 한다. 이로부터 자본과 노동의 대립에서 국가는 중립의 의무를 갖는다.

(2) 노동3권의 객관적 기능

노동3권은 자본과 노동의 대립을 전제로, 자본과 노동의 대등한 협상력을 보장하여야 한다. 그렇기 때문에 자본과 노동의 대립이 부인되는 사회주의 경제질서에서는 적어도 이론적으로 보면 노동3권은 존재의의가 없다. 이와 같이 노동3권은 자본과 노동이 서로 종속관계에 있지 않고 대립 혹은 협력하면서 극한적인 노사투쟁을 방지하는 데 기여한다. 이로써 노동3권은 노사관계를 안정화하여 산업평화를 유지하며, 경제 및 노동질서 등 객관적인 질서를 형성한다. 따라서 노동3권에는 헌법기능의 전제조건을 보호하기 위하여 필요한 범위에서 한계가 있다. 즉 노동3권이 자신의 존립기반인 자본과 노동의 대립을 파

36) 그런데 헌법재판소는 노동3권을 헌법 제32조 노동의 권리와 구분하지 않고 같은 실현구조를 갖는 사회적 기본권의 범주에서 다루고 있다. 헌재 1991.7.22, 89헌가106, 3, 420면 이하; 1998.2.27, 94헌바13등, 10-1, 44면 이하 등 참조.

괴하는 내용으로 행사되어서는 안 된다.

비교헌법적으로 보면 이 점을 명확히 한 예가 1919년 바이마르헌법이었다. 즉 바이마르헌법은 공동생활(Gemeinschaftsleben)에 관한 제2장에서 일반적인 결사의 자유(제124조)를 규율하고, 노동자 및 사용자의 결사의 자유를 경제질서(Wirtschaftsleben)에 관한 장인 제5장에서 독립하여 규율하였다. 이로써 첫째, 단결권의 경제질서 관련성이 충실히 인식되었다. 둘째, 노동과 자본의 사회적 대립이 전체경제 및 노동질서를 형성한다는 점을 명백히 하였다.

5. 노동3권의 내용

(1) 노동3권의 성격, 보호범위에 대한 이해

가) 노동3권의 성격

노동3권은 다른 사회적 기본권과는 달리 국가의 급부행위가 아니라 근로조건의 향상을 위하여 필요한 제도·절차 및 조직을 형성하는 과제를 갖는다. 이와 같이 노동3권은 그 실현구조는 다르지만 사회적 기본권의 성격은 여전히 있다. 일반적으로 노동3권을 자유권적 성격을 갖는 사회적 기본권으로 이해하는 경향이 있다. 이는 헌법재판소도 마찬가지이다.[37] 그러나 이는 옳지 않으며, 또 이러한 이해방법이 갖는 의미가 무엇인지 명확하지 않다. 노동3권은 자유권적 기본권과는 뚜렷한 차이가 있다. 노동3권은 사용자와 대등한 관계에서 자유롭게 교섭을 할 수 있도록 노사관계에 적극적으로 개입하여 근로자를 지원한다. 이 점에서 노동3권은 기본적으로는 사회적 기본권의 성격을 갖는다.

노동3권은 근로자와 사용자의 대등한 협상력을 보장하며, 구체적인 내용은 법률에 의하여 형성된다. 다만 노동3권은 부분적으로 사용자의 권리, 그리고 노동헌법의 질서, 사회기능에 영향을 줄 수 있으며, 이러한 권리 혹은 질서와 조화되어야 한다. 이 경우 노동3권이 제한될 수 있으며, 그 정당성은 헌법 제37조 제2항을 기준으로 판단하여야 한다.

나) 보호범위에 대한 이해

노동3권의 보호범위에 대해서는 다음과 같은 질문이 제기된다. 헌법 제33조 제1항은 '단결권·단체교섭권 및 단체행동권'을 보장하고 있다. 이는 3개의 권리를 보장하기 때문에 법률에 의하여 이 중 하나라도 부인한다면 헌법 제33조

37) 예컨대 헌재 1998.2.27, 94헌바13, 10-1, 44면 이하; 2008.7.31, 2004헌바9, 20-2(상), 67면 등 참조.

제1항에 위반하는가의 질문이다. 이 질문이 긍정된다면 해당 법규정에 대해서 헌법 제37조 제2항에 의한 심사는 필요하지 않다. 헌법 제33조 제1항 그 자체에 위반되기 때문이다.[38] 이에 비해서 노동3권을 단결권, 단체교섭권 및 단체행동권 등 3개의 요소로 구성된 하나의 기본권으로 이해하는 경우에는 예컨대 특정한 직역에 종사하는 근로자의 단체행동권을 인정하지 않는 법률규정은 헌법 제33조 제1항을 직접 침해하는 것은 아니며, 제37조 제2항에 의한 심사가 필요하다.

노동3권 중 어느 하나라도(이 경우 대부분 단체행동권이 문제될 것이다) 부인되는 경우 헌법 제33조 제1항에 위반된다는 견해는 이 경우 근로조건의 향상이라는 노동3권의 의미가 상실된다는 논리에 기초하고 있다. 그런데 이렇게 보면 예컨대 헌법 제33조 제2항에 의한 입법적 형성은 법률이 정하는 공무원에게 노동3권 모두를 인정 혹은 부인하는 양자 선택의 방식이어야 한다. 단체행동권 등 어느 하나라도 인정되지 않는다면, 따라서 단결권과 단체교섭권만을 인정해서는 노동3권을 보장하는 의미가 상실되기 때문이다. 그런데 헌법 제33조 제2항에 대한 이러한 해석은 노동3권, 즉 단결권과 단체교섭권, 그리고 단체행동권의 기능영역과 기능방식, 그리고 헌법상의 공무원제도를 기준으로 보았을 때 올바른 것은 아니다. 이러한 이해방법은 헌법 제33조 제3항을 설명하는 데에도 한계가 있다. 3개의 기본권론의 관점에서 보면 단체행동권을 부인하는 제33조 제3항은 제33조 제1항을 공동화시키기 때문이다.

노동3권은 모두 근로조건의 향상에 기여하지만 기능영역이 다르며, 기능방식에 차이가 있다. 그리고 그 결과 각각의 권리의 행사가 갖는 사회적 영향이 다르다. 따라서 제한의 정도에 있어서도 차이가 있다. 그렇다면 근로조건을 향상하는 목적에 근본적인 장애가 되지 않는 한 노동3권에 관한 입법형성에 있어서 헌법 제37조 제2항의 요건을 충족시키는 경우에는 어느 하나를 부인하는 것도 가능할 수 있어야 한다.

3개의 기본권론은 헌법이 의도하지 않은 결과를 낳을 수도 있다. 이에 따르면 공무원 혹은 주요 방위산업체에 종사하는 신분을 갖지 않는 한 헌법 제33조 제1항이 적용되고 이 경우 다음과 같은 입법적 선택이 있다. 첫째, 공무원과 주요방위산업체 종사자를 제외한 모든 근로자에게 단체행동권을 포함하여

38) 이러한 견해는 「경비업법」 제15조 제3항에 대한 헌법심사에서 반대의견의 논지였다. 헌재 2009.10.29, 2007헌마1359, 21-2(하), 319면 이하 참조.

노동3권을 보장하여야 한다. 예컨대 교원에게도 단체행동권을 포함하여 노동3권이 모두 보장되어야 하며, 그렇지 않을 경우 헌법 제33조 제1항에 위반된다. 둘째, 헌법 제37조 제2항에 의하여 일부 근로자의 경우 노동3권이 제한될 수 있다. 그런데 이 경우 노동3권을 모두 인정 혹은 모두 부인하는 양자택일을 하는 것만이 가능하다. 그러나 이에 따르면 단체행동권이 헌법의 다른 가치와 충돌하며, 따라서 부인하여야 할 필요성이 있는 경우 단결권과 단체교섭권을 함께 인정하지 않아야 한다. 이는 기본권에 우호적인 이해방법이 아니다. 결국 헌법 제33조는 근로조건의 향상을 위하여 노동3권을 보장한 것이며, 노동3권은 세 가지 내용으로 구성된 하나의 기본권으로 이해되어야 한다. 이때 비로소 헌법 제33조 제2항 및 제3항을 자연스럽게 이해할 수 있다.

판례 **노동3권의 보호범위와 단체행동권의 제한** (헌재 2009.10.29. 2007헌마1359)

헌법 제33조 제1항에서는 근로자의 단결권·단체교섭권 및 단체행동권을 보장하고 있다. 현행 헌법에서 공무원 및 법률이 정하는 주요방위산업체에 종사하는 근로자와는 달리 특수경비원에 대해서는 단체행동권 등 근로3권의 제한에 관한 개별적 규정을 두고 있지 않다. 그러나 헌법 제37조 제2항의 일반유보조항에 따른 기본권 제한의 원칙에 의하여 특수경비원의 근로3권 중 하나인 단체행동권을 제한할 수 있다.

특수경비원들이 관리하는 국가 중요시설의 안전을 도모하고 방호혼란을 방지하려는 목적의 정당성을 인정할 수 있다. 또 특수경비원의 쟁의행위를 금지함으로써 위와 같은 입법목적에 기여할 수 있으므로 수단의 적합성도 인정된다. 특수경비원 업무의 강한 공공성과 특히 특수경비원은 소총과 권총 등 무기를 휴대한 상태로 근무할 수 있는 특수성 등을 감안할 때, 특수경비원의 신분이 공무원이 아닌 일반근로자라는 점에만 치중하여 특수경비원에게 근로3권 즉 단결권, 단체교섭권, 단체행동권 모두를 인정하여야 한다고 보기는 어렵다. 적어도 특수경비원에 대하여 단결권, 단체교섭권에 대한 제한은 전혀 두지 아니하면서 단체행동권 중 '경비업무의 정상적인 운영을 저해하는 일체의 쟁의행위'만을 금지하는 것은 입법목적 달성에 필요 불가결한 최소한의 수단이어서 침해의 최소성 원칙에 위배되지 않는다.

(2) 단결권

가) 근로자의 노동조합 결성·활동권과 노동조합의 존속·활동권

근로자는 근로조건을 개선할 목적으로 사용자와 협상할 단체를 형성·유지하는 권리를 가진다. 노동조합결성권이 대표적이다. 노동조합은 자주적인 결사로서 근로자 개인에게는 노동조합을 조직할 권리, 노동조합에 가입 및 탈퇴할 권리를 보장한다(노조법 제5조).

단결권은 노동조합 자체의 존속 및 자유로운 활동을 보장한다.[39] 노동조합 결성 및 활동의 권리는 결사의 자유에 대한 특별법으로서 일반결사에 비해서 특별한 보호를 받는다. 결사의 자유에 있어서와 마찬가지로 노동조합을 결성할 권리를 허가제를 통하여 제한하는 것은 허용되지 않는다. 현재 시행되고 있는 노동조합 설립신고서 제출의무 및 설립신고서 반려제도는 허가에 해당하지 않는다.[40]

노동조합은 자주적인 결사체로서 조직형태를 자유롭게 선택할 수 있다. 일정한 요건을 갖춘 경우 산업별 노동조합에서 탈퇴하여 기업별 노동조합으로 전환하는 결정을 할 수도 있다.[41] 과거 「노동조합 및 노동관계조정법」은 노동조합을 기본적으로 사업장 단위로 조직하였으나 현재 이러한 제한은 없어졌다. 다만 이 경우 단체교섭의 당사자를 결정하는 문제에 대해서는 별도의 규정이 필요하다. 또 복수노동조합의 허용 여부 역시 기본적으로 근로자 자신이 결정할 문제이다. 과거에 복수노조를 금지했던 조항은 삭제되었다. 노동조합이 조합활동을 위하여 제3자와 연대하고, 또 지원을 받는 것은 노동조합활동의 일부로 보장되어야 한다.[42]

단체교섭은 근로자의 근로조건을 유지 · 개선하고, 경제적 · 사회적 지위를 향상시키기 위한 수단으로서 노동조합의 가장 중요한 활동이다. 그러나 단체교섭이 노동조합의 유일한 활동영역은 아니다. 그렇기 때문에 단체교섭능력의 존재 여부가 단결권에 의해서 보호되는 근로자단체인가를 판단하는 결정적인 기준은 아니다.[43] 노동조합의 활동이 단체교섭사항에 한정되는 것은 아니다. 노동조합은 단체교섭 외에 의견표명 등의 방법을 통해서 근로조건의 향상에 기여하며, 이러한 측면 역시 보호되어야 한다. 따라서 파업에 이르지 않는 한 단순한 정치적 활동, 즉 노사관계의 정상성을 유지하는 범위 내에서는 노동조합의 정치활동이 금지되지 않는다.[44] 노동조합은 근로조건의 유지 및 향상이라는 고유

39) 그러나 노동조합에 대한 비과세혜택이 보장되는 것은 아니다. 헌재 2009.2.26, 2007헌바27, 21-1(상), 61면 이하 참조.
40) 헌재 2012.3.29, 2011헌바53, 24-1(상), 545면 이하 참조.
41) 대판 2016.2.19, 2012다96120 참조.
42) 헌재 1990.1.15, 89헌가103, 2, 17면 참조.
43) 이에 대해서는 *BVerfGE* 58, 234면 참조.
44) 헌재 1999.11.25, 95헌마154, 11-2, 555면 이하 참조.

의 과제 이외에 일반적인 정치활동 및 표현의 자유를 향유할 수 있다. 이는 헌법 제21조 결사의 자유에 의하여 보장된다. 과거 헌법재판소는 노동조합에 한하여 정치자금을 기부할 수 없도록 하였던 「정치자금에 관한 법률」 규정에 대하여 결사의 자유를 침해하고, 또 특히 사용자단체와의 관계에서 평등권을 침해한다는 이유로 위헌결정을 한 바 있다.[45] 이후 「정치자금법」이 개정되어 노동조합을 포함하여 모든 단체가 정치자금을 기부할 수 없도록 하였으며, 이에 대해서 헌법재판소는 합헌결정을 하였다.[46] 그러나 이러한 개정은 평등권을 하향 실현하는 입법이며, 동시에 노동조합에 보장되어 있는 일반적인 정치적 활동 및 표현의 자유와 조화되기 힘들다.

비교법적으로 보면 노동조합의 목적을 제한하지 않으며, 제한하더라도 헌법질서파괴 및 정부전복 등에 한정하는 것이 보다 일반적이다. 다만 주로 정치활동을 목적으로 설립된 단체는 노동조합의 범위에 속하지 않는다(노조법 제2조 제4호 마).

판례 **노동조합설립신고제도와 허가제** (헌재 2012.3.29, 2011헌마53)

결사의 자유에 대한 '허가제'란 행정권이 주체가 되어 예방적 조치로 단체의 설립 여부를 사전에 심사하여 일반적인 단체 결성의 금지를 특정한 경우에 한하여 해제함으로써 단체를 설립할 수 있게 하는 제도, 즉 사전 허가를 받지 아니한 단체 결성을 금지하는 제도를 말한다. 그런데 이 사건 법률조항은 노동조합 설립에 있어 노동조합법상의 요건 충족 여부를 사전에 심사하는 구조를 취하고 있으나, 이 경우 노동조합법상 요구되는 요건만 충족되면 그 설립이 자유롭다는 점에서 일반적인 금지를 특정한 경우에 해제하는 허가와는 개념적으로 구분된다. 더욱이 행정관청의 설립신고서 수리 여부에 대한 결정은 재량 사항이 아니라 의무 사항으로 그 요건 충족이 확인되면 설립신고서를 수리하고 그 신고증을 교부하여야 한다. 이 점에서 단체의 설립 여부 자체를 사전에 심사하여 특정한 경우에 한해서만 그 설립을 허용하는 '허가'와는 다르다. 따라서 이 사건 법률조항의 노동조합 설립신고서 반려제도가 헌법 제21조 제2항 후단에서 금지하는 결사에 대한 허가제라고 볼 수 없다.

노동조합 설립신고에 대한 심사와 그 신고서 반려는 근로자들이 자주적이고 민주적인 단결권을 행사하도록 하기 위한 것으로서 만약 노동조합의 설립을 단순한 신고나 등록 등으로 족하게 하고, 노동조합에 요구되는 자주성이나 민주성 등의 요건에 대해서는 사후적으로 차단하는 제도만을 두게 된다면, 노동조합법상의 특권을 누릴 수 없는 자들에게까지 특권을 부여하는 결과가 될 뿐만 아니라 노동조합의 실

45) 헌재 1999.11.25, 95헌마154, 11-2, 572면 이하 참조.

46) 헌재 2010.12.28, 2008헌바89, 22-2(하), 659면 이하; 2012.7.26, 2009헌바298, 24-2(상), 54면 이하 등 참조.

체를 갖추지 못한 노동조합들이 난립하는 사태를 방지할 수 없게 된다. 따라서 노동조합이 그 설립 당시부터 노동조합으로서 자주성 등을 갖는지를 심사하여 이를 갖추지 못한 단체의 설립신고서를 반려하도록 하는 것은 과잉금지원칙에 위반되어 근로자의 단결권을 침해한다고 볼 수 없다.

나) Union Shop제도

노동조합의 조합원이 될 것을 조건으로 근로자를 고용하는, 이른바 union shop제도는 헌법적 심사를 필요로 한다. 「노동조합 및 노동관계조정법」은 일정한 조건하에 union shop을 인정하고 있다. 즉, 노동조합이 당해 사업장에 종사하는 근로자의 3분의 2 이상을 대표하고 있을 때에는 노동조합의 조합원이 될 것을 고용조건으로 하는 단체협약을 체결할 수 있다(노조법 제81조 제1항 제2호). 이는 노동조합의 집단적 단결권이 근로자의 단결선택권에 비해서 우월한 가치를 갖는다는 입법적 결정이다.[47] 다만 이 경우에도 사용자는 근로자가 당해 노동조합에서 제명된 것, 그 노동조합을 탈퇴하여 새로 노동조합을 조직하거나 다른 노동조합에 가입하였다는 이유로 근로자에게 신분상 불이익한 행위를 할 수는 없다.[48]

다) 노동조합의 자주성

노동조합의 사용자와의 관계에서 자주적인 권리가 보장되어야 한다. 사용자가 노동조합을 지배하는 행위, 또 사용자가 노동조합의 결성 및 활동을 방해하는 행위는 부당노동행위이다. 따라서 근로자가 노동조합에 가입 또는 가입하려고 하였거나 노동조합을 조직하려고 하였거나 기타 노동조합의 업무를 위한 정당한 행위를 한 것을 이유로 그 근로자를 해고하거나 그 근로자에게 불이익을 주는 행위, 그리고 근로자가 어느 노동조합에 가입하지 아니할 것 또는 탈퇴할 것을 고용조건으로 하거나 특정한 노동조합의 조합원이 될 것을 고용조건으로 하는 행위는 금지된다(노동조합법 제81조 제1항 제1,2호). 이 밖에 사용자가 노동조합을 조직 또는 운영하는 것을 지배하거나 이에 개입하는 행위는 금지된다. 보다 구체적으로 보면 노동조합의 전임자에게 급여를 지원하거나 노동조합의 운영비를 원조하는 행위는 금지된다. 다만 이때 노동조합의 자주성을 침해하지 않는 범위에서 예외를

---

47) 헌재 1999.11.25, 95헌마141, 11-2, 623면 이하 참조.

48) 이에 대해서는 헌재 2005.11.24, 2002헌바95등, 17-2, 404면 참조.

두고 있다. 즉 노동조합 전임자가 근로시간 면제(노동조합법 제24조 제4항)의 한도 내에서 행하는 활동에 대해서는 급여가 지급될 수 있다. 또 근로자의 후생자금 또는 경제상의 불행 그 밖에 재해의 방지와 구제 등을 위한 기금의 기부와 최소한의 규모의 노동조합사무소의 제공, 그 밖에 이에 준하여 노동조합의 자주적인 운영 또는 활동을 침해할 위험이 없는 범위에서 원조를 받을 수는 있다(노동조합법 제81조 제1항 제4호).

헌법재판소는 노동조합 전임자에 급여 지원을 금지하는 규정에 대해서는 합헌의 결정을 하였다.[49] 이에 비해서 노동조합의 운영비를 원조하는 행위를 금지하는 규정에 대해서 헌법불합치결정을 하였다.[50] 이 규정은 노동조합의 자주성을 보장하기 위하여 사용자의 지배 및 개입을 배제하기 위한 목적을 갖는다. 그러나 그 결과 노동조합의 운영비 일체가 지원의 대상에서 제외되었으며, 이는 기존에 법원이 위에서 언급한 예외 사유를 엄격하게 제한적으로 해석하였기 때문이다.[51] 이와 같이 노동조합의 자주성을 침해하는 위험에 대한 개별적인 판단이 없이 일률적으로 원조를 금지하는 경우에는 재정자립성이 낮은 현실에서 노동조합의 기능이 위축될 수 있다. 또 이와 같은 사안은 사용자와 근로자가 단체교섭에서 자율적으로 결정한 문제라는 점을 생각하면 노동조합의 단체교섭권을 침해한다. 노동조합의 운영비 원조를 금지하는 사유인 "노동조합의 자주적 운영 또는 활동을 침해할 위험"을 판단할 때 운영비 원조의 목적과 경위, 원조된 운영비 횟수와 기간, 원조된 운영비 금액과 원조방법, 원조된 운영비가 노동조합의 총수입에서 차지하는 비율, 원조된 운영비의 관리방법 및 사용처 등을 고려하여야 한다(노동조합법 제81조 제2항).

판례 **노동조합의 자주성과 운영비 원조 금지** (헌재 2018.5.31, 2012헌바90)

운영비 원조금지 조항은 단서에서 정한 두 가지 예외(즉 근로자의 후생자금 또는 경제상의 불행 기타 재해의 방지와 구제 등을 위한 기금의 기부와 최소한의 규모의 노동조합사무소의 제공)를 제외한 일체의 운영비 원조행위를 금지하여 노동조합의 자주성을 저해할 위험이 없는 경우까지 금지하고 있으므로, 입법목적 달성을 위한 적합한 수단이라고 볼 수 없다. 사용자의 노동조합에 대한 운영비 원조에 관한 사항은 대등한 지위에 있는 노사가 자율적으로 협의하여 정하는 것이 근로3권을 보장하는 취지에 가장 부합한다. 따라서 운영비 원조행위는 실질적으로 노동조합의 자주성이 저해되었거나 저해될 위험이 현저한 경우에 한하여 제한되어야 한다. 그

49) 헌재 2014.5.29, 2010헌마606, 26-1(하), 368면 이하 참조.
50) 헌재 2018.5.31, 2012헌바90, 30-1(하), 78면 이하 참조.
51) 대판 2016.4.29, 2014두15092; 2017.1.12, 2011두13392 등 참조.

럼에도 불구하고 운영비 원조금지 조항은 단서에서 정한 두 가지 예외를 제외한 일체의 운영비 원조행위를 금지하고 있으므로, 그 입법목적 달성을 위해서 필요한 범위를 넘어서 노동조합의 단체교섭권을 과도하게 제한한다. 운영비 원조금지 조항으로 인하여 오히려 노동조합의 활동이 위축되거나 노동조합과 사용자가 우호적이고 협력적인 관계를 맺기 위해서 대등한 지위에서 운영비 원조를 협의할 수 없게 되는데, 이는 실질적 노사자치를 구현하는 근로3권의 취지에도 반한다.

헌법재판소는 2014.5.29, 2010헌마606 결정에서 전임자급여 지급금지규정이 단체교섭권 등을 침해하지 않는다고 판단하였다. 전임자급여 지원행위와는 달리 운영비 원조행위에 대해서는 노동조합법 제81조 제4호에서 사용자의 부당노동행위로서 금지하고 있을 뿐, 노동조합이 운영비 원조를 받는 것 자체를 금지하거나 제한하는 별도의 규정이 없고, 금지의 취지와 규정의 내용, 예외의 인정 범위 등이 다르므로, 노동조합의 단체교섭권을 침해하는지 여부를 판단하면서 운영비 원조행위를 전임자급여 지원행위와 동일하게 볼 수 없다. 이상의 내용을 종합하여 보면, 운영비 원조금지 조항이 단서에서 정한 두 가지 예외를 제외한 운영비 원조행위를 일률적으로 부당노동행위로 간주하여 금지하는 것은 침해의 최소성에 반한다.

노동조합의 자주성을 저해하거나 저해할 위험이 현저하지 않은 운영비 원조행위를 부당노동행위로 규제하는 것은 입법목적 달성에 기여하는 바가 전혀 없는 반면, 운영비 원조금지 조항으로 인하여 청구인은 사용자로부터 운영비를 원조받을 수 없을 뿐만 아니라 궁극적으로 노사자치의 원칙을 실현할 수 없게 되므로, 운영비 원조금지 조항은 법익의 균형성에도 반한다. 따라서 운영비 원조금지 조항은 과잉금지원칙을 위반하여 청구인의 단체교섭권을 침해하므로 헌법에 위반된다.

---

(3) 단체교섭권

근로자단체는 단체의 명의로 사용자 또는 사용자단체와 근로조건에 대해서 자주적으로 교섭할 권리가 있다. 단체교섭권은 노동3권 중 핵심적인 권리이다. 단결권은 기본적으로 단체교섭을 행하기 위하여 필요한 조직적 기반을 보호하며, 단체행동권은 단체교섭이 결렬된 경우 근로자가 그의 주장을 관철시키기 위한 수단이다.

하나의 사업장에 복수로 노동조합이 존재할 수 있기 때문에 이 경우 단체교섭의 당사자를 결정하는 문제가 제기된다.[52] 현재 「노동조합 및 노동관계조정법」은 원칙적으로 노동조합이 교섭창구를 단일화하도록 하고 있다. 즉 복수의

52) 교섭창구단일화 규정에 대한 헌법적 판단으로는 헌재 2012.4.24, 2011헌마338, 24-1(하), 245면 이하; 2024.6.27, 2020헌마237등, 36-1(하), 407면 이하 등 참조.

노동조합 사이에 자율적으로 교섭대표를 정한다. 이러한 자율적 합의가 이루어지지 않는 경우 단일화 과정에 참여한 노동조합의 전체 조합원 과반수로 조직된 노동조합을 교섭대표로 한다. 이에 대한 합의가 이루어질 수 없는 때에는 교섭창구단일화절차에 참여한 노동조합 중 전체 조합원 100분의 10 미만의 노동조합을 제외한 노동조합으로 구성되는 공동교섭대표단이 교섭대표가 된다. 이 방법도 적용될 수 없는 경우 마지막으로 노동조합의 신청에 따라 노동위원회가 조합원 비율을 고려하여 교섭대표를 결정한다(노조법 제29조의2). 이로써 교섭창구단일화 과정은 마무리된다. 다만 사용자가 동의하는 경우에는 단일화 의무는 면제된다. 하나의 사업 또는 사업장에서 현격한 근로조건의 차이, 고용형태, 교섭관행 등을 고려하여 교섭단위를 분리하거나 분리된 교섭단체를 통합할 필요가 있는 경우에는 당사자의 신청을 받아 노동위원회가 교섭단위를 분리하거나 분리된 교섭단체를 통합하는 결정을 할 수 있다(노조법 제29조의3).

단체교섭은 근로조건을 개선하기 위한 목적에서 행한다. 따라서 그 밖의 조건을 협상의 대상으로 할 수는 없다. 단체교섭의 결과인 단체협약은 다른 사법상의 계약에 비해서 두터운 법적 보호를 받는다. 또 단체협약은 교섭 및 계약의 당사자가 아닌 제3자, 즉 노동조합원이 아닌 근로자에 대해서도 효력을 갖는다. 다만 단체협약이 일반적 효력을 갖기 위해서는 하나의 사업 또는 사업장에 상시 사용되는 동종의 근로자 반수 이상이 해당 단체협약의 적용을 받게 되어야 한다(일반적 구속력)(노조법 제35조).

노동조합과 사용자는 정당한 이유없이 교섭 또는 단체협약의 체결을 거부하거나 해태해서는 안 된다(노조법 제30조 제2항). 단체교섭은 단체협약의 체결을 목적으로 하므로 단체교섭권에는 단체협약체결권이 포함되어 있다.[53] 근로자의 근로조건은 기본적으로 단체교섭을 거쳐 체결되는 단체협약에서 결정되어야 한다. 따라서 단체교섭 사항을 지나치게 제한하여 법률에 규율하는 것은 헌법에 위반된다. 위에서 설명한 노동조합 원조금지가 이에 해당하는 예이다.

(4) 단체행동권

가) 단체행동권의 의미와 내용

단체교섭이 실패한 경우 최후의 수단으로 근로자는 단체행동권을 행사할 수 있다. 단체행동권은 업무의 정상적인 운영을 저해하는 형태로 이루어진다. 단

53) 헌재 1998.2.27, 94헌바13등, 10-1, 42면 참조.

체행동의 종류로는 파업 · 태업 · 불매운동 · 피케팅 등이 있다. 단체행동은 일반적으로 파업의 형태로 이루어진다. 이는 노무제공의 의무를 거부하는 것으로 민법적으로 보면 채무불이행에 해당하지만 헌법이 이를 근로자의 의사를 관철하기 위한 수단으로 보장하고 있다.

정당한 쟁의행위에 대해서는 민형사상의 책임이 면제된다(노조법 제 3, 4, 39조). 쟁의행위에 대한 법적 책임과 관련해서는 형법상의 업무방해죄가 문제된다. 정당하지 않은 쟁의행위인 경우에는 폭행 · 협박 등의 수단을 사용하지 않은 경우에도 단체행동의 목적이나 방법 및 절차적 한계를 넘어 업무방해의 결과를 야기시킨 경우에는 업무방해죄가 성립한다.[54] 다만 쟁의행위는 어느 정도 업무에 지장을 초래하는 것이 일반적이며, 또 단체행동권은 이를 당연히 예정하고 있다. 따라서 업무방해죄는 엄격한 조건하에 적용되어야 한다. 업무방해죄가 적용되는 구성요건인 '위력'은 사용자의 사업계속에 관한 의사를 제압하거나 혼란스럽게 할 수 있는 상황을 말한다. 법원은 이에 해당하는 상황으로 다음을 들고 있다. 첫째, 쟁의행위를 사용자가 예측할 수 없는 시기에 전격적으로 하는 경우이다. 둘째, 쟁의행위가 사용자의 사업운영에 큰 혼란 혹은 손해를 가져오는 경우이다.[55] 정당한 쟁의행위가 아니며, 따라서 위법성이 조각되는 경우가 아니라고 해서 모두 이러한 요건을 충족하는 것은 아니다. 즉 위와 같은 요건을 충족하지 않는 한 부당한 쟁의행위에 있어서도 업무방해죄가 성립되지는 않는다. 이는 법원의 이전의 판결에 비해서 업무방해죄의 성립요건을 강화한 것이다. 지금까지 법원은 근로자가 집단적으로 근로의 제공을 거부하여 정상적인 업무운영을 저해하고 손해를 발생시키는 행위는 위력에 해당한다고 보았다.[56]

판례 **단체행동과 업무방해죄** (대판 2011.3.17, 2007도482)

근로자가 그 주장을 관철할 목적으로 근로의 제공을 거부하여 업무의 정상적인 운영을 저해하는 쟁의행위인 파업도 단순히 근로계약에 따른 노무의 제공을 거부하는 부작위에 그치지 않고 이를 넘어서 사용자에게 압력을 가하여 근로자의 주장을 관철하고자 집단적으로 노무제공을 중단하는 실력행사이므로, 업무방해죄에서 말하는 위력에 해당하는 요소를 포함하고 있다. 그런데 근로자는, 근로조건 향상을 위한

54) 헌재 1998.7.16, 97헌바23, 10-2, 256면 이하; 2010.4.29, 2009헌바168, 22-1(하), 74면 이하 참조. 이 밖에 대판 2011.3.17, 2007도482 참조.

55) 대판 2011.3.17, 2007도482 참조. 이를 확인하는 헌법재판소의 결정으로는 헌재 2022.5.26, 2012헌바66, 34-1, 355면 이하 참조.

56) 예컨대 대판 2006.5.25, 2002도5577 참조.

자주적인 단결권·단체교섭권 및 단체행동권을 가진다. 다만 이는 국가안전보장·질서유지 또는 공공복리 등의 공익상의 이유로 제한될 수 있고 그 권리의 행사가 정당하여야 한다는 내재적 한계가 있다. 그러므로 파업이 언제나 업무방해죄에 해당하지는 않으며, 전후 사정과 경위 등에 비추어 사용자가 예측할 수 없는 시기에 전격적으로 이루어져 사용자의 사업운영에 심대한 혼란 내지 막대한 손해를 초래하는 등으로 사용자의 사업계속에 관한 자유의사가 제압·혼란될 수 있는 경우에 비로소 그 집단적 노무제공의 거부가 위력에 해당하여 업무방해죄가 성립한다.

이와 달리, 근로자들이 집단적으로 근로의 제공을 거부하여 사용자의 정상적인 업무운영을 저해하고 손해를 발생하게 한 행위가 당연히 위력에 해당함을 전제로 하여 노동관계 법령에 따른 정당한 쟁의행위로서 위법성이 조각되는 경우가 아닌 한 업무방해죄를 구성한다는 취지로 판시한 기존의 대법원 판결은 이 판결의 견해에 배치되는 범위 내에서 이를 변경한다.

나) 단체행동권의 제한

단체행동은 사회경제적 파급효과가 크고, 또 직접적이기 때문에 다른 노동자의 권리에 비해서 제한의 가능성이 크다. 또 단체행동권의 주체도 위와 같은 이유에서 제한된다. 아래에서 살펴보는 공무원과 교원에 대해서는 따로 법률로 정한다. 단체행동권에는 다음과 같은 목적 및 방법, 그리고 절차상의 제한이 따른다.

a) 목적상의 제한

단체행동권은 근로조건의 향상을 위하여 인정된 기본권이므로 단체협약의 대상이 될 수 있는 사항을 목적으로 하여야 한다.[57] 경영권의 행사에 해당하는 조치에 반대하기 위한 단체행동이 목적의 정당성이 있는가는 개별적인 판단이 필요하다. 구조조정이나 합병 등 기업의 경쟁력을 강화하기 위한 경영상의 조치는 원칙적으로 노동쟁의의 대상이 될 수 없다는 것이 법원의 태도이다. 다만 이러한 조치에 긴박한 경영상의 필요나 합리적인 이유가 없는 경우에는 단체행동의 대상이 될 수 있다.[58]

정치적 목적을 달성하기 위한 단체행동은 허용되지 않는다.[59] 이른바 정치적 파업에서는 직접적 혹은 간접적으로 교섭의 상대방이 사용자가 아니고, 국

57) 헌재 1990.1.15, 89헌가103, 2, 14면; 1998.7.16, 97헌바23, 10-2, 254면 등 참조.
58) 대판 2002.2.26, 99도5380; 2003.11.13, 2003도687 등 참조.
59) 헌재 2004.7.15, 2003헌마878, 헌재공보(2004), 775면 이하 참조.

가이다. 단체행동권은 궁극적으로는 근로조건의 향상과 유지를 목표로 한다. 그런데 정치적 파업은 국가를 상대로 하기 때문에 노동자가 노무제공을 거부하는 원인에 사용자의 영향이 미치지 않는다. 따라서 사용자는 교섭을 통한 문제해결의 권한이 없으며, 이는 결과적으로 사용자의 영업의 자유를 과도하게 침해한다. 정치적 파업에는 순수한 정치적 파업뿐 아니라 노동문제와 관련된 정치적 파업이더라도 그 상대방이 사용자가 될 수 없는 경우도 포함된다.

b) 방법상의 제한

단체행동은 폭력이나 파괴행위, 또 생산 기타 주요 업무에 관계되는 시설을 점거하는 형태로 행할 수 없다(노조법 제42조). 그 밖에 업무를 방해하거나 쟁의행위에 참가를 강요하는 것은 금지된다. 따라서 쟁의행위와 관계없는 자 또는 근로를 제공하려는 자의 출입·조업 기타 정상적인 업무를 방해해서는 안 되며, 쟁의행위의 참가를 호소하거나 설득하는 행위로써 폭행·협박을 사용해서는 안 된다(노조법 제38조 제1항).[60)]

c) 절차상의 제한

단체행동은 근로조건을 개선하기 위한 최후의 수단이다. 따라서 단체행동권의 행사에 신중을 기하도록 조정·중재 및 긴급조정 등의 제도를 두고 있다.

'조정'은 당사자 일방의 신청에 의하여 개시된다(노조법 제53조). '중재'는 당사자 쌍방이 함께 신청한 때 혹은 일방이 단체협약에 의하여 신청한 때 개시된다(노조법 제62조). 쟁의행위가 중재에 회부되면 15일간 쟁의행위를 할 수 없다(노조법 제63조).

쟁의행위가 공익사업에 관한 것이거나 그 규모가 크거나 성질이 특별한 것이어서 현저히 국민경제를 해치거나 국민의 일상생활을 위태롭게 할 위험이 현존하는 때에는 고용노동부장관은 '긴급조정'의 결정을 할 수 있다(노조법 제76조). 긴급조정이 결정되면 쟁의행위는 즉시 중지되고, 30일간 쟁의행위를 할 수 없다(노조법 제77조). 중재는 사전적 조정제도인 데 비해, 긴급조정은 사후적 조정제도라는 차이가 있다. 이와 같이 중재제도는 긴급조정제도와는 기능상의 차이가 있고, 따라서 독자적인 존재의의가 있다는 것이 헌법재판소의 견해이다.[61)]

다) 직장폐쇄권

노동쟁의가 단체교섭에서 사용자와 근로자의 대등한 관계를 저해하는 형

60) 이는 기존의 「노동쟁의조정법」상의 이른바 제3자개입금지규정을 완화하여 법제화한 것이다. 기존의 제3자개입금지규정에 대해서 헌법재판소는 합헌결정을 한 바 있다. 헌재 1990.1.15, 89헌가103, 2, 17면; 2004.12.16, 2002헌바57, 16-2, 461면 이하 등 참조.

61) 헌재 1996.12.26, 90헌바19등, 8-2, 762면 이하 참조.

태로 진행되는 경우 사용자에게 대항적 권리로서 직장폐쇄권이 보장되어야 한다. 독일헌법과 같이 단결권 등의 주체가 모든 국민인 경우 직장폐쇄권(Aussperrung)의 헌법적 근거는 노동관계기본권 자체에 있다.[62] 그러나 우리 헌법에서는 노동3권의 주체가 근로자이기 때문에 직장폐쇄권을 논의하는 헌법적 근거는 제15조 직업의 자유의 내용인 영업의 자유이다.

「노동조합 및 노동관계조정법」은 쟁의행위의 개념에 직장폐쇄를 포함시키고 있다(노조법 제2조 제6호). 다만 사용자는 방어적인 목적으로 직장폐쇄를 할 수 있을 뿐이며, 공격적인 직장폐쇄는 허용되지 않는다. 따라서 사용자는 노동조합이 쟁의행위를 개시한 후에 비로소 직장폐쇄를 할 수 있다(노조법 제46조). 또 직장폐쇄는 근로자의 쟁의행위에 대한 방어적인 목적을 갖기 때문에 이를 넘어서서 적극적으로 노동조합의 조직력을 약화시키는 등의 목적을 위하여 행사될 수 없다.

판례 **방어적 직장폐쇄와 공격적 직장폐쇄** (대판 2016.5.24, 2012다85335)

사용자의 직장폐쇄는 사용자와 근로자의 교섭태도와 교섭과정, 근로자의 쟁의행위의 목적과 방법 및 그로 인하여 사용자가 받는 타격의 정도 등 구체적인 사정에 비추어 근로자의 쟁의행위에 대한 방어수단으로서 상당성이 있어야만 정당한 쟁의행위로 인정될 수 있다. 노동조합의 쟁의행위에 대한 방어적인 목적을 벗어나 적극적으로 노동조합의 조직력을 약화시키기 위한 목적 등을 갖는 선제적·공격적 직장폐쇄에 해당하는 경우에는 정당성이 인정될 수 없다. 직장폐쇄가 정당한 쟁의행위로 평가받지 못하는 경우에는 사용자는 직장폐쇄 기간 동안 대상 근로자에 대한 임금지불의무를 면할 수 없다.

근로자의 쟁의행위 등 구체적인 사정에 비추어 직장폐쇄의 개시 자체는 정당하지만, 어느 시점 이후에 근로자가 쟁의행위를 중단하고 진정으로 업무에 복귀할 의사를 표시하였음에도 사용자가 직장폐쇄를 계속 유지하면서 근로자의 쟁의행위에 대한 방어적인 목적에서 벗어나 적극적으로 노동조합의 조직력을 약화시키기 위한 목적 등을 갖는 공격적 직장폐쇄의 성격으로 변질된 경우에는 그 이후의 직장폐쇄는 정당성을 상실하고, 이에 따라 사용자는 그 기간 동안 임금지불의무를 면할 수 없다.

---

(5) 공무원과 교원의 노동3권과 주요방위산업체 근로자의 단체행동권

가) 공무원의 노동3권

공무원인 근로자는 법률이 정하는 자에 한하여 노동3권이 보장된다. 따라서

62) 오랜 논의 끝에 독일의 연방헌법재판소는 이 점을 명백히 하였다. *BVerfGE* 84, 212 참조.

노동3권이 보장되는 공무원과 부인되는 공무원의 구분, 그리고 노동3권이 인정되는 경우 노동3권 모두를 보장할 것인가 부분적으로 보장할 것인가에 대한 입법적 형성이 필요하다.[63)]

「노동조합 및 노동관계조정법」은 교원 및 공무원에 대해서는 따로 법률로 정하도록 하고 있다.

「국가공무원법」은 공무원에게 노동운동 기타 공무 이외의 일을 위한 집단적 행위를 금지하고 있다. 노동운동이란 노동3권을 기초로 하여 이에 직접 관련된 행위이다. 또 공무 이외의 일을 위한 집단적 행동이란 모든 집단행위를 의미하는 것이 아니라 공무 이외의 일을 위한 집단행위 중 공익에 반하는 행위를 말한다.[64)] 사실상의 노무에 종사하는 공무원은 예외적으로 노동운동을 할 수 있다(국가공무원법 제66조 제1항). 「지방공무원법」 역시 같은 내용의 규정을 두고 있다(지방공무원법 제58조). 「국가공무원복무규정」 제28조에 의하면, 사실상의 노무에 종사하는 공무원은 과학기술정보통신부 소속의 현업기관의 작업현장에서 노무에 종사하는 우정직 공무원을 말한다. 여기에는 우정직공무원의 정원을 대체하여 임용된 일반임기제 공무원 및 시간선택제 일반임기제 공무원이 포함된다.[65)] 다만 서무·인사 및 기밀업무에 종사하는 자, 경리 및 물품출납사무에 종사하는 자, 노무자의 감독사무에 종사하는 자, 국가보안시설의 경비 업무에 종사하는 자, 승용자동차 및 구급차의 운전에 종사하는 자 등은 제외된다. 이에 비해서 지방공무원의 경우 노동운동이 허용되는 공무원의 범위를 조례로 정하도록 하고 있다.

위와 같은 규정들은 헌법에서 공무원에게 부분적으로 노동3권을 인정하는 취지에 충실하지 않다. 우선 「국가공무원법」이 금지하는 노동운동 혹은 집단행위 등의 개념은 매우 불명확하여 법적 명확성의 요청에 반한다. 예외적으로 노동운동이 허용되는 사실상의 노무에 종사하는 공무원의 개념 역시 같은 평가를 받을 수 있다.[66)] 또 사실상의 노무에 종사하는 공무원 중 특정 부처의 공무원

63) 공익사업 일반에 있어서 노동3권에 대한 논의로는 김진곤, "헌법상 노동3권의 보호와 제한에 관한 연구"(연세대학교 박사학위논문, 2007) 참조.

64) 헌재 2007.8.30, 2003헌바51등, 19-2, 225면; 대판 2012.4.19, 2010도6388 등 참조.

65) 이에 대한 헌법적 판단에 대해서는 헌재 1992.4.28, 90헌바27등, 4, 265면 이하; 2005.10.27, 2003헌바50등, 17-2, 238면 이하 등 참조.

66) 그러나 헌법재판소는 이들 개념이 해석에 의하여 명확해질 수 있다는 이유로 합헌으로 결정하였다. 헌재 2005.10.27, 2003헌바50등, 17-2, 247면 이하; 2007.8.30, 2003헌바51등, 19-2, 225면 등 참조. 법원의 이들 개념에 대한 이해에 대해서는 대판 1992.2.14, 90도2310; 2004.10.15, 2004도5035 등 참조.

에 한하여 노동3권을 인정하는 이유가 명확하지 않으며, 따라서 평등권을 침해한다. 지방공무원의 경우 예외적으로 노동운동이 허용되는 사실상의 노무에 종사하는 공무원의 범위를 조례로 정하도록 하는 규정 역시 헌법적 정당성이 없다. 조례는 전국적으로 통일적인 규율을 하기에 적합하지 않은 지방의 고유하고 특수한 사정을 규율하기 위한 규범형식이다. 그런데 지방공무원의 노동운동은 이러한 속성을 갖지 않으며, 오히려 전국적으로 통일적인 규율이 필요한 문제이기 때문이다. 따라서 이러한 「지방공무원법」의 규정은 규범형식위반이며, 동시에 입법부작위에 해당한다.

판례 **공무원의 노동운동** (헌재 2007.8.30, 2003헌바51등)

'노동운동'의 개념은 근로자의 근로조건의 향상을 위한 단결권·단체교섭권·단체행동권 등 근로3권을 기초로 하여 이에 직접 관련된 행위를 의미하는 것으로 좁게 해석하여야 한다. '공무 이외의 일을 위한 집단행위'의 개념도 모든 집단행위를 의미하는 것이 아니라 공무 이외의 일을 위한 집단행위 중 공익에 반하는 행위로 축소하여 해석하여야 한다. 또 '사실상 노무에 종사하는 공무원'의 개념은 공무원의 주된 직무를 정신활동으로 보고 이에 대비되는 신체활동에 종사하는 공무원으로 명확하게 해석된다.

'사실상 노무에 종사하는 공무원'은 그 의미가 명확하여 달리 해석될 여지가 없어 하위법령에서 원래의 취지와 다른 규정을 둘 수는 없음이 명백하다. 입법자가 고려하여야 할 여러 가지 입법상의 참작사유 등에 미루어 노동3권이 보장되는 공무원의 범위를 사실상의 노무에 종사하는 공무원에 한정하였던 것은, 노동3권의 향유주체가 되는 공무원의 범위를 정함에 있어서 공무원이 일반적으로 담당하는 직무의 성질에 따른 공공성의 정도와 현실의 국가·사회적 사정 등을 함께 고려하여 사실상의 노무에 종사하는 자와 그렇지 아니한 자를 기준으로 삼아 그 범위를 정한 것이다. 즉, 그 직무의 내용에 비추어 국민에 대한 영향이 크지 아니하여 노동3권을 보장하더라도 공역무 수행에 큰 지장이 없고, 노동조건에 비추어 우선적으로 노동3권을 인정할 필요성이 큰 집단을 '사실상 노무에 종사하는 공무원'으로 국회가 판단한 것이다. 이러한 입법내용은 노동3권의 실질적 보장이 전제되고 있으면서도 헌법 제33조 제2항이 노동3권이 보장되는 공무원의 범위를 법률에 의하여 정하도록 유보함으로써 공무원의 국민전체에 대한 봉사자로서의 지위 및 그 직무상의 공공성 등의 성질을 고려한 합리적인 공무원제도의 보장, 공무원제도와 관련한 주권자 등 이해관계인의 권익을 공공복리의 목적 아래 통합 조정하려는 의도와 어긋나지 않는다.

a) 공무원의 단결권

aa) **원칙적인 보장:** 이미 언급했듯이 단결권의 유일한 목적이 단체교섭에 있지는 않다. 따라서 노동조합에게는 단체협약 외에 의견표명 등의 방법을 통해서 근로조건을 향상시키는 기회가 보장되어야 한다. 공무원의 경우에도 노동조합결성권이 보장되었을 때 공무원의 집단이익이 효율적으로 증진될 수 있다. 근로조건의 향상을 위한 행위는 그 상대방이 외형적으로 보면 사용자의 위치에 있는 국가에 한정되는 것은 아니다. 따라서 공무원에게 일률적으로 단결권이 부정되어서는 안 된다. 일반적으로 노동조합의 개념요소로서 '쟁의행위의 의지'가 본질적인 요소가 아니라고 이해하면 더욱 그러하다.[67]

일정한 범위의 공무원에게는 노동운동의 내용이 공무원관계의 기능을 상실시키는 정도에 이르지 않는 한 집단이익을 외부에 표현하는 가능성마저 봉쇄되어서는 안 된다. 공무원의 단체행동권에 대해서 신중한 판단이 필요하며, 또 단결권이 단체행동권과 유사한 기능을 수행한다는 사실이 공무원의 노동조합결성권을 부인하는 이유는 더욱더 될 수 없다. 그러나 단체교섭권 및 단체행동권과 관련해서는 신중한 접근이 필요하다.

bb) **공무원노조법:** 공무원의 단결권은 부분적으로 「공무원의 노동조합 설립 및 운영 등에 관한 법률」에 의하여 보장되고 있다. 이 법에 의하여 일반직공무원, 특정직공무원 중 외무영사직렬 · 외교정보직렬 외무공무원, 별정직공무원이 노동조합에 가입할 수 있다. 나아가서 이러한 범주에 해당하는 공무원이었던 사람으로서 노동조합규약으로 정한 사람도 노동조합에 가입할 수 있다. 이에 비해서 다음과 같은 공무원은 노동조합에 가입할 수 없다; 업무의 주된 내용이 다른 공무원에 대하여 지휘 · 감독권을 행사하거나 다른 공무원의 업무를 총괄하는 업무에 종사하는 공무원, 업무의 주된 내용이 인사 · 보수 또는 노동관계의 조정 · 감독 등 노동조합의 조합원 지위를 가지고 수행하기에 적절하지 아니한 업무에 종사하는 공무원, 교정 · 수사 등 공공의 안녕과 국가안전보장에 관한 업무에 종사하는 공무원(공무원노조법 제6조).

공무원노동조합은 일반 노동조합에 비해서 조직 및 기능에 있어서 제한이 있다. 노동조합은 국회 · 법원 · 헌법재판소 · 선거관리위원회 · 행정부 · 특별시 · 광역시 · 도 · 시 · 군 · 구 등을 최소단위로 하여 설립할 수 있다. 공무원노동조합은

67) 예컨대 독일의 연방헌법재판소는 쟁의행위의 의지를 노동조합의 개념요소가 아니라고 한 바 있다. *BVerfGE* 18, 18면 이하(27면) 참조.

노동조합에 관한 사항 또는 공무원의 보수·복지, 그 밖의 근무조건에 관한 사항에 대하여 국회사무총장·인사혁신처장 등 정부측 교섭대표 및 지방자치단체의 장과 교섭하고 단체협약을 체결할 수 있다(공무원노조법 제8조).

공무원노동조합 및 조합원은 정치활동을 할 수 없으며, 파업·태업 등 업무의 정상적인 운영을 저해하는 행위를 할 수 없다(공무원노조법 제4조, 제11조).

b) 공무원의 단체교섭권

공무원의 근로조건은 국가기관과의 협상을 통해서 확정되는 것이 아니다. 공무원관계를 규율하는 법률 및 예산의 최종적인 확정권한은 국회에 있기 때문이다. 공무원은 이 점에 있어서 사법상의 계약관계에 있는 근로자와는 차이가 있다. 공무원에게 노동조합결성권을 부여한 경우 노동조합에게 단체교섭에 의하여 근로조건에 합의하는 방법이 금지되는 것은 아니다. 실제 노동조합결성권이 보장되어 있는 사실상 노무에 종사하는 공무원의 경우 인사혁신처장과의 협의과정을 거치고 있다.

외국의 입법례를 보면 외형적으로는 단체교섭에 의하여 근로조건을 협의하는 절차가 있더라도 일반 근로자와는 달리 여러 가지 제한이 따르고 있다. 예컨대 법률에 정해진 사항에 한하여 단체교섭이 허용된다든가 혹은 단체교섭의 결과가 최종적으로는 국회의 승인을 받아야 한다.

「공무원의 노동조합 설립 및 운영 등에 관한 법률」은 노동조합에 단체교섭권을 부여하고 있지만, 그 범위가 제한되어 있다. 즉 법령 등에 따라 국가나 지방자치단체가 그 권한으로 행하는 정책결정에 관한 사항, 임용권의 행사 등 그 기관의 관리·운영에 관한 사항으로서 근무조건과 직접 관련되지 않은 사항은 교섭의 대상이 될 수 없다(공무원노조법 제8조 제1항 단서). 이에 비해서 그 자체가 공무원이 공무를 제공하는 조건이 될 정도로 근무조건과 밀접한 관련이 있는 경우에는 교섭의 대상이 될 수 있다. 또 정부교섭대표는 법령 등에 따라 스스로 관리하거나 결정할 수 있는 권한을 가진 사항에 대하여 노동조합이 교섭을 요구할 때에는 정당한 사유가 없으면 이에 따라야 한다(공무원노조법 제8조 제2항).

단체협약의 효력에 제한이 있다. 즉 단체협약의 내용 중 법령·조례 혹은 예산에 의하여 규정되는 내용에 대해서는 단체협약으로서의 효력이 인정되지 않는다(공무원노조법 제10조 제1항).[68] 다만 이 경우 정부측 교섭대표는 단체협약으로서의 효력을 갖

68) 단체교섭의 대상을 제한하는 규정에 관한 헌법적 판단으로는 헌재 2008.12.26, 2005헌마971등, 20-2(하), 666면 이하; 2013.6.27, 2012헌바169, 25-1, 532면 등 참조. 이 밖에 대판 2014.12.11,

지 않는 내용에 대해서는 그 내용의 이행을 위하여 노력하여야 한다(공무원노조법 제10조 제2항).

판례 **공무원노동조합의 단체교섭대상 제한** (헌재 2013.6.27, 2012헌바169)

국가 또는 지방자치단체의 정책결정에 관한 사항은 일정한 목적 실현을 위해 국가 또는 지방자치단체가 법령 등에 근거하여 자신의 권한과 책임으로 행하여야 한다. 또 기관의 관리·운영에 관한 사항은 법령 등에 근거하여 설치·조직된 기관이 그 목적 달성을 위하여 해당 기관의 판단과 책임에 따라 업무를 처리하도록 정해져 있다. 이 사항들 중 근무조건과 '직접' 관련되어 교섭대상이 되는 사항은 공무원이 공무를 제공하는 조건이 되는 사항 그 자체를 의미한다. 이 사건 규정에서 말하는 공무원노조의 비교섭대상은 정책결정에 관한 사항과 기관의 관리·운영에 관한 사항 중 그 자체가 공무를 제공하는 조건이 되는 사항을 제외한 사항이 될 것이다. 따라서 이 사건 규정 상의 '직접'의 의미가 법집행 기관의 자의적인 법집행을 초래할 정도로 불명확하다고 볼 수 없으므로 명확성원칙에 위반되지 않는다.

이 사건 규정에서 정책결정에 관한 사항이나 기관의 관리·운영 사항이 근무조건과 직접 관련되지 않을 때 이를 교섭대상에서 제외하도록 한 이유는, 이 사항들은 모두 국가 또는 지방자치단체가 행정책임주의 및 법치주의원칙에 따라 자신의 권한과 책임 하에 전권을 행사하여야 하며, 이를 교섭대상으로 한다면 행정책임주의 및 법치주의원칙에 반하게 되고, 설령 교섭대상으로 삼아 단체협약을 체결한다 하더라도 무효가 되어 교섭대상으로서의 의미를 갖지 못하기 때문이다. 이러한 상황이 발생하는 것을 방지하기 위해서는 위 사항들을 교섭대상에서 제외하는 것이 부득이하므로 이 사건 규정이 과잉금지원칙에 위반되지 않는다.

---

c) 공무원의 단체행동권

aa) 원칙적인 부정: 노동조합결성권을 보장하면서 단체행동권을 부인한다면 노동조합의 존재의의가 반감되는 것은 사실이다. 그러나 공무원의 근로조건은 제한적으로만 단체교섭의 대상이 된다. 따라서 단체교섭에 있어서 대등한 교섭력을 확보하기 위한 수단인 단체행동권이 공무원에게 필연적으로 보장되는 것은 아니다. 결국 단결권과 단체교섭권 및 단체행동권은 그 권리행사의 내용 및 파급효과가 현저하게 다르기 때문에 이에 대해서 차별취급을 하는 것은 정당성이 있다.

비교법적으로 보더라도 단결권이 인정되는 공무원의 범위와 단체행동권이 인정되는 공무원의 범위는 일반적으로 일치하지 않는다. 단결권이 인정되는 공

2010두5097; 2017.1.12, 2011두13392 등 참조.

무원의 범위가 단체행동권이 인정되는 공무원의 범위에 비해서 현저하게 넓은 것이 일반적이다.

bb) **단체행동권을 부정하는 논거:** 문제를 보다 실질적으로 논의하면 다음과 같다.

첫째, 공무원의 국민 전체에 대한 봉사자로서의 지위와 단체행동은 조화될 수 없다. 공무원의 단체행동은 공무원의 부분이익을 관철하기 위하여 국가기관에게 영향력을 행사하기 위한 수단이다. 그리고 공무원의 단체행동은 일반 근로자와는 다음과 같은 차이가 있다. 일반 근로자의 경우 파업을 하면 사용자는 영업손실을 감수하고 파업의 원인이 된 근로조건을 수용할 것인가, 아니면 이를 거부하고 직장을 폐쇄할 것인가에 대한 선택을 할 수 있다. 이에 비해서 공무원이 직무집행을 거부하는 경우 국가는 선택의 여지가 없다. 국가가 기능상실을 감수하고 공무원의 요구를 거부할 수는 없기 때문이다.

둘째, 공무원의 근로조건은 국회에서 법률 및 예산의 형태로 결정된다. 따라서 공무원이 근로조건의 향상을 목적으로 직무수행을 거부한다면 이는 공무원이 국회 등 국가기관을 상대로 단체행동을 하는 결과가 된다. 이러한 단체행동은 국가기관이 공무원의 근로조건에 관한 요구에 대한 결정에 직접 영향을 미칠 수는 없기 때문에 법적 강요의 성격을 가진다. 이와 같은 관점에서 보면 사실 공무원의 노동쟁의는 정치적 파업의 속성을 갖는다. 쟁의의 상대방이 국가기관이며, 국가기관이 결정할 권한이 없는 사항이 쟁의의 대상이 되기 때문이다.

셋째, 근로자가 단체행동권을 행사하여 기업에게 영업상의 손실이 발생한 경우 이는 기대가능한 기업위험이라고 할 수 있다.[69] 사용자는 노동쟁의를 통한 근로자의 요구를 시장에 부담시키는 형태로 받아들일 수 있기 때문이다. 여러 생산요소의 비용을 낮추거나 혹은 가격을 인상하는 방법 등이 여기에 해당한다. 이러한 대응이 한계에 이르러 더 이상 기업위험을 극복할 수 없을 때 사용자는 노동의 파업에 대해서 자본의 파업, 즉 직장폐쇄를 할 수 있다. 이러한 구도가 공무원의 노동쟁의에는 적용되지 않는다. 공무원이 파업하는 경우 국가는 이에 대항하는 수단을 가지고 있지 않기 때문이다.

69) 이 점에 대해서는 *BVerfGE* 88, 103(117면) 참조.

나) 교원의 노동3권

한때 교원이 노동조합을 설립하는 것을 허용하지 않았고, 또 이에 대해서 헌법재판소가 합헌결정을 내린 바 있다.[70] 헌법재판소는 사립학교 교원에게 노동운동을 금지하는 「사립학교법」 규정에 대한 위헌심판에서 주로 이들 집단이 노동쟁의권을 행사할 경우를 상정하여 이 조문이 정당하다는 논증을 하였다. 심판의 대상이 정확하지 못했던 셈이다. 이후 교원의 노동3권이 부분적으로 보장되었다. 교원의 노동3권에 대해서는 「교원의 노동조합 설립 및 운영 등에 관한 법률」이 규율하고 있다. 이 법에서 교원은 「유아교육법」, 「초·중등교육법」 및 「고등교육법」에 규정된 교원을 말한다. 교원으로 임용되어 근무하였던 사람으로서 노동조합 규약으로 정하는 사람도 노동조합에 가입할 수 있다(법 제4조의2 제2호). 개정 전 법률에서 대학교원의 노동조합결성권은 보장되지 않는다. 그러나 대학교원의 신분 및 근로조건을 보장할 필요성이 적지 않기 때문에 이 규정에 대해서 헌법재판소는 헌법불합치결정을 하였다.[71] 이에 「고등교육법」에 따른 교원에게 노동조합 설립이 허용되었다.

교원노동조합은 교원의 임금, 근무조건, 후생복지 등 경제적·사회적 지위 향상에 관하여 단체교섭권과 단체협약체결권을 갖는다(교원노조법 제6조). 다만 교원노동조합의 경우 정치적 중립성의 요청에서 공무원에 비해서 더욱 강력하게 정치활동의 자유를 제한하고 있다. 즉 교원노조는 일체의 정치활동을 할 수 없다(교원노조법 제3조).[72]

판례 **교원의 정치적 중립성** (헌재 2014.8.28, 2011헌바32등)

교원의 행위는 교육을 통해 건전한 인격체로 성장해 가는 과정에 있는 미성숙한 학생들의 인격형성에 지대한 영향을 미칠 수 있는 점, 교원의 정치적 표현행위가 교원노조와 같은 단체의 이름으로 교원의 지위를 전면에 드러낸 채 대규모로 행해지는 경우 다양한 가치관을 조화롭게 소화하여 건전한 세계관·인생관을 형성할 능력이 미숙한 학생들에게 편향된 가치관을 갖게 할 우려가 있는 점, 교원노조에게 일반적인 정치활동을 허용할 경우 교육을 통해 책임감 있고 건전한 인격체로 성장해야 할 학생들의 교육을 받을 권리는 중대한 침해를 받을 수 있는 점 등에 비추어 보면, 교원노조라는 집단성을 이용하여 행하는 정치활동을 금지하는 것이 과잉금지원칙에 위반된다고 볼 수 없다.

---

70) 헌재 1991.7.22, 89헌가106, 3, 387면 이하 참조.
71) 헌재 2018.8.30, 2015헌가38, 30-2, 206면 이하 참조.
72) 이에 대한 헌법적 판단으로는 헌재 2014.8.28, 2011헌바32등, 26-2(상), 256면 이하 참조.

교원노조는 교육의 정치적 중립성 요청으로 인해 그 업무와 활동에 있어서 강하게 정치적 중립을 요구받는 점, 교원노조법은 공무원노조법과 달리 '일체의' 정치활동을 금지하는 것으로 되어 있지만, 교원노조에게도 교원의 근로조건 향상을 위한 활동 등은 허용된다는 점, 정치활동이 자유로운 대학교원단체의 경우 그 교육대상이 교원의 정치적 경향성에 별다른 영향을 받지 아니하는 대학생이라는 점에서 교원노조를 일반노조나 공무원노조, 대학교원단체와 달리 취급하는 것이 평등원칙 위반이라고 볼 수 없다.

다) 주요방위산업체 근로자의 단체행동권

주요방위산업체 근로자의 단체행동은 국가안전보장에 직접적인 위험을 초래할 우려가 있다. 따라서 이들의 단체행동권은 법률이 정하는 바에 의하여 제한하거나 인정하지 않을 수 있다. 「방위사업법」에 의하여 지정된 주요방위산업체에 종사하는 근로자 중 전력, 용수 및 주로 방산물자를 생산하는 업무에 종사하는 자는 쟁의행위를 할 수 없다. 주로 방산물자를 생산하는 업무에 종사하는 자의 범위는 대통령령으로 정한다(노조법 제41조 제2항).

단체행동권의 제한 혹은 인정 여부는 구체적인 직무를 기준으로 판단되어야 한다. 즉 단체행동권의 제한은 방산물자의 생산이라는 실질적인 기준에 따라 주요 방산물자를 직접 생산하거나 생산과정상 긴밀한 연계성이 인정되는 공장에 속하는 근로자에 한정되어야 한다.[73] 주요방위산업체에 근무한다는 사실만을 이유로 실제 수행하는 업무와는 관계없이 단체행동권을 제한 혹은 부인하여서는 안 된다.

Ⅳ. 인간다운 생활을 할 권리

1. 인간다운 생활을 할 권리의 규범구조

모든 국민은 인간다운 생활을 할 권리를 갖는다(제34조 제1항). 현대사회에서 개인에게 닥치는 추상적 혹은 구체적인 위험 및 상황을 원인으로 정상적인 생활을 할 수 없는 경우에 국가는 인간다운 생활을 보장하여야 한다. 국가는 사회보장·사회복지의 증진을 위하여 노력하여야 한다(제2항). 이러한 권리와 이에 상응

---

73) 헌재 1998.2.27, 95헌바10, 10-1, 84면 참조.

하는 국가의 과제에 있어서 사회적 약자에 대한 보호가 특히 강조되어 있다. 국가는 여자의 복지와 권익의 향상을 위하여 노력하여야 한다(제3항). 국가는 노인과 청소년의 복지향상을 위한 정책을 실시하여야 한다(제4항). 신체장애자 및 질병·노령 기타의 사유로 생활능력이 없는 국민은 법률이 정하는 바에 의하여 국가의 보호를 받는다(제5항). 국가는 재해를 예방하고 그 위험으로부터 국민을 보호하기 위하여 노력하여야 한다(제6항).

헌법 제36조는 혼인과 가족을 보호하는 기본권이지만 제3항에서 국민보건에 관한 국가의 보호의무를 두고 있다. 그러나 이 조문이 혼인과 가족의 보호와 필연적으로 연관성이 있지는 않다. 일반적인 사회적 위험인 질병에 대한 보호와 건강증진의 국가과제는 오히려 사회보장의 권리에 관한 헌법 제34조의 내용에 해당한다. 또 헌법제정권자가 혼인과 가족에 국한하여 건강권을 보호하거나 혹은 가족에 있어서 건강권을 특히 강조하고 있다고 할 수는 없다. 따라서 아래에서는 건강권을 헌법 제34조의 내용으로 설명한다.

2. 인간다운 생활을 할 권리의 헌법적 위상

헌법 제34조는 인간의 존엄과 가치를 사회경제적 영역에서 실현하기 위한 기본권인 사회적 기본권의 총칙적 성격을 갖는다고 일반적으로 이해되어 왔다. 헌법 제34조는 사회적 기본권뿐 아니라 인간의 존엄을 구체화하는 경제사회적 생활의 이념적 및 방법론적 기초로서의 성격을 갖는다는 입장도 있다. 이 입장에서는 헌법 제34조는 사회적 기본권뿐 아니라, 거주이전의 자유·직업의 자유·재산권·근로활동권 등 사회경제적 생활영역을 규율하는 기본권의 이념적 기초일 뿐 아니라, 경제질서의 가치지표이며, 동시에 국가에 대한 사회정책적 의무를 부과하는 헌법적 근거이다.

사회적 기본권은 헌법의 사회적 과제를 실현하기 위하여 입법자가 적극적으로 활동해야 할 영역(교육, 노동, 사회보장영역 등)을 '구체적'으로 지시해 준다. 이 점에서 사회적 기본권은 국가에 '일반적인 사회정책의 의무'를 부과하는 독일헌법에서의 사회국가원리(Sozialstaatsprinzip)와 차이가 있다. 그런데 인간다운 생활을 할 권리를 사회적 기본권의 총칙적 규정으로 이해할 경우 입법자에게 구체적인 활동영역을 제시하는 인간다운 생활을 할 권리는 다시 사회국가원리와 같이 개방적인 성격을 갖게 되는 불합리가 발생한다. 따라서 헌법 제34조는 보다 구체적으로 '사회보장에 관한 권리'로 이해하여야 한다.

3. 인간다운 생활을 할 권리의 헌법적 의의

국가가 급부의 방법을 통하여 개인을 빈곤 및 그 밖의 사회적 위험으로부터 보호하는 현상 자체는 오랜 역사를 가지며, 현대국가에 특유한 과제는 아니다. 다만 복지국가원리가 헌법의 구조적 원리로 자리잡기 전에는 국가의 급부작용은 개인에게 인간다운 생활을 보장하는 독자적인 목적을 갖지는 않았다. 즉 이들 국가작용은 국가의 객관적 질서를 유지하기 위한 수단으로 시행되었다. 아동복지 및 빈곤정책이 대표적인 예이다. 군사력을 유지하기 위하여 아동의 건강하고 건전한 신체적·정신적 발달이 필요했고, 따라서 이를 저해하는 착취를 금지하였다. 특히 노동법에서 아동의 노동, 노동시간 및 장소 등이 규제의 대상이었다. 또 빈곤정책은 빈민이 잠재적인 범죄인이라는 인식하에 사회의 안녕질서를 위하여 시행되었다. 아동복지를 국방부가 선도하여 강력히 주장했으며, 또 치안을 관할하는 부서가 빈곤정책을 담당했던 것이 상징적인 예이다.

인간다운 생활을 할 권리가 헌법의 기본권으로 보장되면서 사회보장급여는 이제 더 이상 객관적 목적을 위한 국가정책의 반사적 이익이 아니라, 개인의 국가에 대한 권리를 실현하는 것으로 이해하여야 한다. 이는 사회보험급여 혹은 사회보상급여뿐 아니라 생계급여에 대해서도 타당한 이해방법이다. 즉 「국민기초생활보장법」상의 생계급여가 국가의 일방적인 급여이기는 하지만, 이는 경찰질서를 위한 국가정책의 반사적 이익은 아니다. 따라서 생계급여를 받을 권리는 기본권의 내용을 이루며, 하위 실정법이 이를 구체화한 경우 이 급여에 대해서 개인은 청구권을 갖는다.

예컨대 독일에서는 이미 1954년 연방행정법원이 사회부조급여의 권리성을 확인한 바 있다.[74] 이 판결은 즉각 입법상태에 변화를 가져와서, 1961년 「연방사회부조법」 제4조는 "이 법에 급여에 관한 규정이 강행규정으로 형성되어 있는 경우에는 이 급여에 대해서는 법적 청구권이 인정된다"고 규정하였다. 우리나라에서 아직 이에 대한 판결은 없다. 다만 「노인복지법」상 노령수당의 수급연령이 65세로 되어 있음에도 불구하고 행정실무에서 70세부터 노령수당을 지급하던 행정조치에 대해서 법원은 위법결정을 하였다.[75] 이 판결은 노인수당에 대한 지급조건 및 내용이 강행규정으로 되어 있는 경우에는 국가의 일방적인 급여에 대해서도 청구권이 인정된다는 의미를 갖는다. 따라서 이러한 판결

74) *BVerwGE* 1, 159면 이하 참조.
75) 대판 1996.4.12, 95누7727 참조.

의 논리는 「국민기초생활보장법」상의 생계급여에도 적용될 수 있다.

다만 헌법의 기본권에 관한 규정으로부터 직접 특정한 내용과 종류, 그리고 특정한 수준의 급여에 대한 청구권이 도출되는가는 별개의 문제로서, 독자적인 논의를 필요로 한다.

4. 인간다운 생활을 할 권리의 내용

(1) 이념과 목표

가) 다원적인 이념과 목표

국가는 사회보장 및 사회복지의 실현에 있어서 다양한 목표를 추구하여야 한다. 첫째, 국가는 개인에게 감당할 수 없는 사회적 위험이 발생하여 소득을 상실하고, 따라서 정상적인 생활을 유지할 수 없는 상황을 보호하여야 한다. 이를 위하여 사회적 위험의 발생을 방지하고, 또 적어도 사회적 위험이 가져오는 경제적 파급효과를 최소화하여야 한다. 둘째, 국가는 사회적 위험이 발생하였을 때 개인의 기존 생활수준을 어느 정도 보장하여야 한다. 셋째, 개인이 평등하게 사회보장법에 의한 보호를 받을 수 있어야 한다. 넷째, 국가는 모든 국민에게 인간다운 최저생활을 보장하여야 한다. 이는 복지국가, 그리고 이를 실현하는 사회적 기본권의 최소한의 내용이며, 절대적 정의의 요청이다.

헌법은 위와 같은 이념과 목표를 제시하면서 특히 여자와 노인, 그리고 청소년의 복지향상을 강조하고 있다(제34조 제3, 4항). 또 신체장애인 등 스스로의 능력으로는 정상적인 생활을 할 수 없는 집단에게 인간다운 최저생활을 보장하여야 한다(제5항).

나) 상대적 실현과 절대적 실현

위와 같은 국가의 과제들은 같은 비중을 갖고 실현될 수는 없다. 복지의 평등을 실현하기 위한 조치는 필연적으로 선택적이며, 따라서 또 다른 불평등을 낳는다. 모든 국민을 동시에 만족시킬 수 있는 평등이란 존재하지 않기 때문이다. 따라서 이념적, 그리고 현실적인 이유에서 1차적으로는 모든 국민에게 최저 혹은 기초생활을 보장하는 절대적 평등 혹은 절대적 정의가 충실히 실현되어야 한다. 이것이 사회보장의 기원상의 과제에 충실한 것이기도 하다. 이 점은 경제성장이 한계에 부딪히고 사회보장의 우선순위가 변화하는 상황에서도 계속 강조되어야 한다.

(2) 보호의 내용과 종류 및 수준

가) 다원적인 실현방법

위와 같은 이념과 목표는 주로 사회보장법을 통하여 실현된다. 질병, 노령·장애·사망, 산업재해, 실업, 장기요양 등과 같은 전형적인 사회적 위험은 사회보험에 의하여 보호된다. 이를 위하여 「국민건강보험법」, 「국민연금법」, 「산업재해보상보험법」, 「고용보험법」, 「노인장기요양보험법」 등이 시행되고 있다. 국가사회를 위한 희생 및 공헌은 「국가유공자 등 예우 및 지원에 관한 법률」에 의하여 보상된다. 오늘날 널리 퍼지고 있는 노인빈곤과 노동빈곤을 보호하기 위하여 「기초연금법」과 「구직자 취업촉진 및 생활안정지원에 관한 법률」이 시행되고 있다. 비전형적인 원인에 의하여 발생한 빈곤은 「국민기초생활 보장법」이 보호한다.

세법 역시 사회적 위험을 극복하기 위하여 필요한 개인의 소득을 과세의 대상에서 제외하고, 또 사회보험보험료와 같이 사회적 위험을 사전에 배려하기 위하여 지출하는 소득부분, 그리고 사회보장급여를 세법적으로 배려하여 사회보장의 기능을 수행하여야 한다.[76] 특히 최저생계비에 미달하는 소득은 처음부터 과세의 대상에서 제외되어야 한다. 국가과세권이 먼저 행사된 후 나머지 가처분소득이 최저생계비에 미달하는 경우 사회보장급여를 하는 방법은 헌법우호적이지 않다.[77] 시장에서 획득한 개인의 소득은 '자연적 자유'의 기반이다. 반면 국가의 급여에 의한 이른바 사회적 소득은 '인위적 자유'를 부여할 뿐이며, 그 급여조건의 심사와 급여내용의 결정과정에서 국가의 각종 개입이 이루어진다. 그런데 이는 개인의 자유를 제한하는 효과를 갖기 때문이다.

국가는 주로 재분배정책에 의하여 사회보장의 과제를 실현한다. 그런데 사회보장의 과제는 경제의 운용을 시장의 효율성에 유보없이 위임하고, 국가는 재분배기능만을 수행하는 방법으로 실현되는 것은 아니다. 헌법논리적으로 보면 사회보장은 1차적으로는 시장에서 이루어진다. 한편으로 시장에서는 경쟁을 통하여 개인의 경제적 자유가 실현되고, 이에 기초하여 능력에 따라 적정한 소득이 분배된다. 이때 자유경쟁을 보장하기 위해서는 시장에 대한 국가의 규제와 조정이 어느 정도 필요하다. 다른 한편 시장에서는 개인의 소비가 이루어진다. 그렇기 때문에 개인의 사회적 문제는 필연적으로 시장관련성을 갖는다. 그

76) 헌재 1994.7.29, 92헌바49등, 6-2, 95면 참조.
77) 헌재 1999.11.25, 98헌마55, 11-2, 612면 참조.

렇다면 국가는 시장관련성을 갖는 사회적 문제를 어느 정도 시장 자체에 부담시켜야 한다. 이와 같이 분배정책과 재분배정책이 함께 사회보장에 기여한다.

나) 보호의 내용과 수준에 대한 입법형성기준

인간다운 생활을 보장하기 위한 구체적인 내용과 수준에 대해서 헌법이 직접 기준을 제시하고 있지는 않다. 따라서 헌법을 직접 근거로 특정한 제도의 존재 및 제도의 내용에 대한 구체적인 청구권이 발생하는 것은 아니다. 이는 기본적으로 입법적으로 형성된다. 다만 입법자는 제도의 체계에 적합하게 그 내용을 형성하여야 한다. 예컨대 헌법재판소는 보험사고가 경과실의 범죄행위에 기인하여 발생한 경우에 건강보험급여의 지급을 제한하는 것은 사회보험의 본질에 반하며, 그 결과 복지국가원리의 최소한을 침해하는 것으로 보아 위헌으로 판단한 바 있다.[78] 또 헌법재판소는 「산업재해보상보험법」이 업무상의 재해를 보호하면서, 업무수행의 전단계에 해당하며 또 업무와 밀접한 관련성이 있는 통근상의 재해를 보호하지 않는 것은 인간다운 생활을 할 권리를 침해하며, 평등권에 위반된다는 결정을 한 바 있다.[79] 이 결정은 업무상의 재해, 그리고 통근상의 재해와 같은 특정한 위험에 대한 보호청구권이 헌법에서 직접 도출될 수 있다는 의미를 갖기 때문에 이례적인 결정이라고 볼 수 있다.

사회보장에 관한 권리의 입법 형성에 있어서 다음과 같은 기준이 존중되어야 한다. 즉 보험료를 납부하여 형성된 급여를 지급하는 사회보험에서는 급여가 개인의 사전적인 기여에 상응하여야 한다. 사용자가 납부한 부담금에 대해서도 같은 평가가 이루어져야 한다. 국가유공자보상 등 사회보상급여 역시 개인의 공동체를 위한 희생과 공헌의 정도에 상응하여야 한다. 사회보험급여와 사회보상급여는 이와 같이 개인의 기여에 대한 반대급여의 성격이 있기 때문에 재산권적 보호의 대상이다.

이에 비해서 순수한 사회정책적 목적에서 지급되는 급여는 인간다운 최저생활이라는 기준에 따라 형성된다. 이때 빈곤선을 절대적 기준으로 할 것인가, 혹은 국민 전체의 소득수준의 일정 비율에 미치지 못하는 상황을 빈곤으로 정의하고 이에 상응하는 보호를 할 것인가는 정책선택의 문제이다. 「국민기초생활 보장법」은 오랫동안 최저생계비를 기준으로 수급자를 선정하여 절대적 빈곤 개념에 기초해 있었다. 2015년 개정 법률에 의하여 이제 중위소득을 기준으로

78) 헌재 2003.12.18, 2002헌바1, 15-2(하), 457면 이하 참조.
79) 헌재 2016.9.29, 2014헌바254, 28-2(상), 323면 이하 참조.

수급자를 선정하도록 하였으며, 이로써 상대적 빈곤개념으로 전환하였다(법 제8조 제2항).

헌법재판소는 인간다운 생활을 할 권리로부터 '최소한의 물질적인 생활'의 유지에 필요한 급부를 요청할 수 있는 권리가 직접 도출되는 것으로 보았다.[80] 다만 최저생활보장의 권리에 대한 헌법심사에 있어서 「국민기초생활보장법」의 생계급여 외에 그 밖의 각종 급여 및 부담의 감면을 종합적으로 고려하여 판단하였다. 이 점에 대해서는 수긍할 수 있지만 이러한 종합적인 판단의 결과 최저생활이 실현되고 있는가에 대해서 헌법재판소는 직접 판단하여야 한다. 그런데 헌법재판소는 이러한 작업을 행하지 않고 행정적으로 결정된 급여수준에 합헌결정을 한 바 있다.[81] 이러한 입장을 유지하는 한 최저생활보장의 기준에 따른 헌법적 심사는 불가능하게 될 것이다.

판례 **인간다운 생활을 할 권리와 사회보장수급권의 제한** (헌재 2003.12.18. 2002헌바1)

법률에 의하여 구체적으로 형성된 의료보험수급권은 재산권이 보호하는 공법상의 권리로서 사회적 기본권의 성격과 재산권의 성격을 함께 가지므로 가입자가 이 사건 급여제한규정에 의하여 보험급여를 받을 수 없게 된다면 재산권과 사회적 기본권에 대한 제한이 된다. 이 사건 법률조항은 보험급여의 제한 사유인 '범죄행위'에 고의나 중과실에 의한 것 이외에 경과실에 의한 것까지 포함하고 있다. 그런데 고의·중과실을 제외한 경과실범의 경우에는 그 비난가능성이 상대적으로 낮으며 우연히 발생한 경과실에 의한 범죄행위에 기인한 보험사고에 대하여 보험급여를 하는 것이 의료보험의 공공성에 위반된다고 보기 어렵다. 보험재정의 공공성을 유지하기 위하여 범죄행위에 기인한 보험사고에 대하여 보험급여를 하지 않는 것은 고의범과 중과실범의 경우로 한정하면 충분하므로, 경과실범에 의한 보험사고의 경우에도 의료보험수급권을 부정하는 것은 기본권 제한에 있어서의 최소침해의 원칙에 어긋난다. 나아가 보호되는 공익에 비하여 침해되는 사익이 현저히 커서 법익균형의 원칙에도 어긋난다. 따라서 이는 재산권에 대한 과도한 제한으로서 헌법에 위반된다.

경과실의 범죄로 인한 사고는 개념상 우연한 사고의 범위를 벗어나지 않으므로 이러한 보험사고에 대하여 의료보험급여를 부정하는 것은 우연한 사고로 인한 위험으로부터 다수의 국민을 보호하고자 하는 사회보장제도로서의 의료보험의 본질을 침해하여 헌법에 위반된다.

---

80) 헌재 1995.7.21, 93헌가14, 7-2, 30면 이하; 1998.2.27, 97헌가10등, 10-1, 30면 등 참조.

81) 헌재 1997.5.29, 94헌마33, 9-1, 555면 이하; 2004.10.28, 2002헌마328, 16-2(하), 195면 이하; 2012.2.23, 2009헌바47, 24-1(상), 106면 이하 등 참조.

다) 인간다운 최저생활 보장

인간다운 생활의 보장은 물질적인 최저생활보장을 의미하는가, 아니면 문화적인 최소한도의 생활보장까지를 포함하는가 하는 질문이 제기된다. 그러나 질문은 보다 세분화되어야 한다. 이는 헌법 제34조 제5항에서 특유하게 제기되는 질문이기 때문이다. 이미 위에서 언급했듯이 사회보험, 특히 연금보험은 가입자의 자기기여에 상응하는 급여를 지급하여야 하며, 최저 생활보장과는 제도적으로 직접적인 관계가 없다. 오히려 사회보험에서는 개인이 근로기간 중에 형성한 생활수준을 기준으로 사회적 위험을 보호하여야 한다. 따라서 최저생활보장에 관한 문제는 「국민기초생활 보장법」상의 생계급여에 특유하게 제기된다.

인간다운 생활을 할 권리로부터 구체적인 제도와 보호의 종류 및 내용, 그리고 수준에 관한 구체적인 지침이 도출될 수 없으며, 헌법이 직접적인 청구권의 근거가 될 수는 없다. 따라서 인간다운 생활을 할 권리의 실현은 일반적으로 입법형성에 유보되어 있다. 그러나 최저생활보장의 권리는 다른 사회보장청구권과 이념과 실현구조에 있어서 차이가 있다. 첫째, 이념적으로 보면 최저생활을 할 권리는 절대적으로 보장되어야 한다. 둘째, 아래에서 설명하는 바와 같이 최저생활을 할 권리는 헌법해석을 통하여 어느 정도 그 내용을 형성할 수 있다. 셋째, 최저생활보장의 권리는 사용자 등 다른 개인의 권리와 조정이 필요한 성격을 갖지 않는다. 즉, 사회적 기본권을 실현하는 데 작용하는 규범적 한계가 어느 정도 극복될 수 있다. 넷째, 최저생활을 보장받을 권리는 그 권리의 중요성에 비추어볼 때 국가의 재정능력이 실현에 장애가 된다고 볼 수도 없다.

최저생활을 보장받을 권리는 다음과 같은 기준에 따라서 입법권을 통제할 수 있다. 첫째, 인간다운 최저생활은 우선 이에 필요한 물질적인 수요를 충족시켜야 한다. 우리 헌법이 예정하는 인간상은 사회에서 고립된 개인주의적 인간도, 또 개인의 인격이 단체에 함몰된 집단주의적 인간도 아닌 사회적 관련성을 갖는 인격체이다. 그렇다면 인간다운 최저생활은 개인이 사회경제적 생활에 참여하여 자유를 실현하는 능력을 보장하거나 회복시키고, 그 결과 사회통합이 실현되어야 한다. 이러한 결론은 헌법 제9조 문화에 관한 조항에 확고한 헌법적 보충근거를 가지고 있다. 실제 「국민기초생활 보장법」은 이러한 헌법적 이념을 규정하고 있다. 즉 “이 법에 따른 급여는 건강하고 문화적인 최저생활을 유지할 수 있는 것이어야 한다”. 다만 이 이념을 구체화하지 않고, 또 필요한 법적 절차를 규율하지 않고 있다. 둘째, 최저생활을 보장하기 위하여 필요한 급여수준을 헌법적 기준에 따라 통제하는 것은 어렵다. 그러나 현재의 급여가 명백히 최저생활을 하는 데 필요한 수준에 이르지 못하는 경우에는 적극적인 헌법적 통제가 필요하다. 예컨대 독일의 연방헌법재판소는 최저생활보장의 기준을 스스로 정립하고 이에 명백히 미치지 못하는 생계급여에 대해서 위헌결정을 한 바 있다.[82] 이때 명백성 통제는 실질적으로는 적극적인 헌법적 판단을 필요로 한다. 명백히 최저생활을 하기에 미치지 못하는 수준을 헌법재판소가 직접 결정하여야 하기 때문이다. 셋째, 최저생활보장은 개인의 구체적인 상황을 보호하여야 하며, 또 사회경제적 상황의 변화에 따라서 생계급여의 수준이 계속 조정되어야 한다. 따라서 일반적인 생활수준 및 물가수준의 변화에 맞추어 생계급여 역시 조정되어야 한다. 생계급여의 수준이 전반적인 물가의 상승에도 불구하고 예산상의 이유로 정체되어 있다면 이는 헌법에 위반된다.

판례 **최저생활을 보장받을 권리** (헌재 1997.5.29, 94헌마33)

모든 국민은 인간다운 생활을 할 권리를 가지며 국가는 생활능력이 없는 국민을 보호할 의무가 있다는 헌법의 규정은 입법부와 행정부에 대하여는 국민소득, 국가의 재정능력과 정책 등을 고려하여 가능한 범위 안에서 최대한으로 모든 국민이 물질적인 최저생활을 넘어서 인간의 존엄성에 맞는 건강하고 문화적인 생활을 누릴 수 있어야 한다는 행위의 지침, 즉 행위규범으로서 작용한다. 이에 비해서 헌법재판에 있어서는 다른 국가기관, 즉 입법부나 행정부가 국민으로 하여금 인간다운 생활을 영위하도록 하기 위하여 객관적으로 필요한 최소한의 조치를 취할 의무를 다하였는지의 여부를 기준으로 국가기관의 행위의 합헌성을 심사하는 통제규범으로 작용한다. 그러므로 국가가 인간다운 생활을 보장하기 위한 헌법적인 의무를 다하였는지의 여부가 사법적 심사의 대상이 된 경우에는, 국가가 생계보호에 관한 입법을 전혀 하지 않았거나 그 내용이 현저히 불합리하여 헌법상 용인될 수 있는 재량의 범위를 명백히 일탈한 경우에 한하여 헌법에 위반된다.

국가가 행하는 생계보호의 수준이 그 재량의 범위를 명백히 일탈하였는지의 여부, 즉 인간다운 생활을 보장하기 위한 객관적 내용의 최소한을 보장하고 있는지의 여부는 생활보호법에 의한 생계보호급여뿐 아니라 그외의 법령에 의거하여 국가가 생계보호를 위하여 지급하는 각종 급여나 각종 부담의 감면 등의 총괄한 수준을 가지고 판단하여야 한다. 1994년도를 기준으로 생계보호급여와 그 밖의 각종 급여 및

82) 이에 대해서는 *BVerfGE* 125, 175면(226면 이하); 132, 134(152면 이하); *BVerwGE* 94, 326면(331면 이하); 102, 366면(368면 이하) 등 참조.

각종 부담감면의 액수를 고려할 때, 이 사건 생계보호기준이 인간다운 생활을 보장하기 위하여 국가가 실현해야 할 객관적 내용의 최소한을 보장하지 못하였다거나 헌법상 용인될 수 있는 재량의 범위를 명백히 일탈하였다고는 보기 어렵다. 따라서 생계보호의 수준이 일반 최저생계비에 못미친다고 하더라도 그 사실만으로 곧 그것이 헌법에 위반된다거나 행복추구권이나 인간다운 생활을 할 권리를 침해한 것은 아니다.

라) 보건에 관한 권리

국가는 기본적인 자유의 조건인 건강을 보호하여야 한다. 국가는 개인의 건강을 저해하는 행위를 하여서는 안 되고, 개인은 이러한 국가작용을 배제하는 권리가 있다. 국가의 기본권보호의무에서 도출되는 내용이다.[83] 사회적 기본권으로서 보건의 권리는 적극적으로 국가가 질병보호와 건강증진을 위하여 각종 제도를 마련하여 국민 모두가 이에 접근할 수 있도록 하여야 한다.[84] 이와 같은 내용의 보건권은 인간다운 생활을 할 권리와 부분적으로 중첩된다. 또 이러한 권리는 인간다운 생활을 할 권리와 마찬가지로 입법적 형성에 의하여 실현된다.

질병은 적시에 적합한 보호를 필요로 하며, 그렇지 않은 경우 회복할 수 없는 피해를 발생시킨다. 또 건강보장은 개인의 일반적인 행위 및 가치실현의 가장 기본적인 전제조건이다. 보건의 권리는 국민건강보험과 의료급여제도 등을 통하여 보호되고 있으며, 이러한 제도들은 공중보건정책과 협력적으로 기능하여야 한다. 특히 모든 국민에게 공중보건시설에 평등하게 접근할 수 있도록 하여야 한다. 그만큼 건강보험과 의료급여를 평등의 이념에 기초하여, 그리고 효율적으로 보충할 수 있다. 또 공중보건은 국민에게 건강에 우호적인 행태를 유도하는 등의 예방사업에 집중하여 현재 심화되고 있는 건강보험의 재정부담을 덜어주면서 전체적으로 사회적 지속가능성을 유지하는 데 기여할 수 있다.

(3) 사회보장에 있어서 국가와 사회의 기능분담

국가가 사회보장에 대한 독점적 권한과 과제를 갖는 것은 아니다. 개인이

---

83) 헌재 2008.12.26, 2008헌마419등, 20-2(하), 974면 이하 참조.

84) 헌재 2009.11.26, 2007헌마734, 21-2(하), 597면; 2012.2.23, 2011헌마123, 24-1(상), 371면 이하 등 참조.

스스로 자유로이 설계하여 생활을 보장할 수 있어야 하며, 또 이 경우 국가의 부담은 덜어진다. 국가와 사회의 기능분담의 경계가 어디인가는 정책적 판단의 문제이다. 그러나 헌법적으로 보면 국가의 기능에 직접적인 관련성을 갖고, 따라서 통제가 필요한 공공재(예컨대 교육 등), 시장에서 안정적·보편적으로 제공되기를 기대할 수 없는 공공재(예컨대 교통, 사회간접자본 등), 그리고 소비자가 재정능력이 제한되어 있기 때문에 시장에서 구입할 수 없는 공공재(예컨대 사회보장급여) 등에 대해서는 국가가 적극적으로 생산과 배분의 권한을 가져야 한다. 특히 전체 국민에 대한 최저 혹은 기초보장은 국가의 과제이다. 여기에서는 국민적 연대 혹은 가입자 간 연대의 원칙이 헌법적 정당성을 갖는다.[85] 그러나 이를 초과하는 범위에서는 국민적 연대와 함께 자기결정에 의하여 생활을 형성하는 가능성이 존중되어야 한다.

V. 혼인과 가족의 보호

1. 헌법의 규범구조

혼인과 가족생활은 개인의 존엄과 양성의 평등을 기초로 성립되고 유지되어야 하며, 국가는 이를 보장한다(제36조 제1항). 국가는 모성의 보호를 위하여 노력하여야 한다(제2항). 모든 국민은 보건에 관하여 국가의 보호를 받는다(제3항).

혼인과 가족에서 사적 자율성이 존중되어야 하지만, 또 혼인과 가족은 종족유지와 교육, 그리고 생활보장의 기능을 수행하는 사회성을 띠고 있다. 특히 후자의 성격을 중시하여 헌법은 혼인과 가족을 보호하고 있다. 헌법은 혼인과 가족이 전통적으로 가부장 중심이었으며, 이를 극복하는 과제를 명확히 하였다. 전통적으로 독립 인격체로 존중되지 않았던 여성의 지위를 보장하기 위하여 양성의 평등을 강조하였다. 또 여성과 함께 자녀가 더 이상 후견의 대상이 아니라 존엄한 인격체임을 혼인과 가족의 기준으로 제시하였다.

모성은 생물학적·사회적인 이유에서 보호되어야 한다. 또 여성이 주로 지는 가족의 부양부담을 사회적·국가적으로 지원하여야 한다. 이에 헌법은 모성의 기능에 상응하는 평가와 보호를 강조하고 있다. 특히 저출산과 고령사회에서 세대 간의 균형발전을 위해서는 여성의 출산 및 자녀부양이 다차원적으로 평가

85) 헌법재판소는 사회보험의 2대 원칙으로 보험의 원칙과 사회연대의 원칙을 들고 있다. 헌재 2000.6.29, 99헌마289, 12-1, 943면; 2001.8.30, 2000헌마121, 13-2, 295면 이하 등 참조.

되고, 또 적극적으로 보호되어야 한다.

헌법 제36조 제3항에 규정된 보건의 권리는 헌법 제34조 인간다운 생활을 할 권리와 보다 밀접한 관련을 갖기 때문에 위에서 이미 설명하였다.

2. 헌법과 혼인 및 가족질서

(1) 전통적인 혼인 및 가족질서와 헌법의 긴장관계

혼인과 가족질서는 다른 생활영역에 비해서 전통성과 보수성, 그리고 윤리성이 강하게 지배하는 특성이 있다. 따라서 혼인과 가족질서에 있어서 헌법적 논리는 관습 등 사실적인 관계와 충돌하는 경우가 많다. 그러나 전통적인 제도가 관습의 반영이라고 해도 이는 헌법적으로 보면 존중되어야 하는 하나의 사실관계일 뿐이며, 이러한 제도로서 고정된 사실관계가 새로운 규범 및 시대상황 속에서 타당한가에 대해서는 지속적인 헌법적 검토가 필요하다. 실제 오랜 가족법적 전통에 기초한 제도였던 동성동본 금혼규정과 호주제에 대해서는 헌법불합치결정이 내려졌다.[86] 또 종중의 구성원을 남성에 한하여 인정하여 왔으며, 이를 관습법으로 이해하여 왔으나, 이러한 이해는 현행 헌법에서는 더 이상 타당성이 없게 되었다.[87]

(2) 혼인과 가족질서에 대한 다원적 이해

혼인과 가족보호의 내용을 설명하기 전에 먼저 헌법의 혼인 및 가족질서에 대한 기본적인 입장을 살펴본다. 헌법이 선존(先存)하는 혼인과 가족질서를 자유권적으로 보호하는 데 그치는가, 아니면 혼인과 가족을 일정한 기능공동체로 예정하고 가족을 적극적인 지원의 대상으로 하고 있는가에 따라서 헌법적인 보호의 중점이 달라지기 때문이다. 헌법의 가족질서에 대한 기본적인 입장은 다음과 같이 정리될 수 있다.

가) 혈연공동체

이 입장에서는 혈연이라는 매체가 없이는 가족의 속성을 갖지 못한다. 이러한 이해방법에 따르면 혼인과 가족질서에서 혈연적 동질성을 보호하는 것이 가장 중요하며, 이를 존중하는 경우에 나타날 수 있는 개별적인 불합리는 감수되

86) 헌재 1997.7.16, 95헌가6등, 9-2, 1면 이하; 2005.2.3, 2001헌가9등, 17-1, 1면 이하 참조.
87) 대판 2005.7.21, 2002다1178 참조.

어야 한다.[88] 예컨대 헌법재판소는 친생부인의 소에 적용되는 제척기간을 子가 출생한 후 1년 이내로 하였던 민법 규정에 대해 헌법불합치결정을 하면서 제척기간을 출생한 자가 친자가 아님을 안 날로부터 1년, 출생한 날로부터 5년으로 하자는 의견을 제시하였다. 이에 반해 소수의견은 제척기간을 보다 연장하여야 한다는 주장을 하였다. 이와 같은 소수의견은 혈연적 동질성을 가족관계에서 가장 본질적인 요소로서 파악하고, 가족을 주로 혈연공동체로 이해하는 예에 해당한다.[89]

나) 경제공동체

전통적인 혈연공동체는 동시에 경제공동체로서 기능하였다. 생산과 소비 및 분배의 과정이 모두 대가족 내부에서 이루어졌기 때문이다. 이러한 공동체에서는 구성원 간의 기능분담을 통하여 가족에서 발생하는 사회문제를 해결할 수 있었기 때문에 가족은 사회보장공동체의 성격도 가졌다.

산업화 이후 전통적인 대가족이 해체되고, 또 부분적으로 혈연공동체의 성격이 엷어졌지만 경제공동체로서 가족의 기능은 새로운 조명을 받았다. 대가족구조의 전통적인 기능이 약화되었으며, 또 개인의 사회적 문제를 고용관계에서 보호하는 데에도 한계가 있다. 이에 미시적으로 보면 개인의 사회적 위험 및 문제를 보호하기 위하여 가족의 경제 및 사회보장 공동체의 기능은 계속 유지되어야 한다. 또 거시적으로 보면 국가가 이와 같은 가족의 기능을 지원할 수 있을 때 비로소 고용관계의 부담이 덜어질 수 있게 된다. 가족의 보호를 헌법의 과제로 하는 것은 가족의 이와 같은 미시적 및 거시적 중요성을 고려한 것으로 볼 수 있다.

다) 애정공동체

이러한 이해에 따르면 가족성립의 기초는 가족 구성원들 간의 애정이다. 이 경우 가족을 집단적인 관념체가 아니라 독자성을 갖는 개체의 집합으로 이해한다. 이에 상응하여 가족의 결속력은 엷어졌다. 역사적으로 보면 가족은 전통적인 혈연공동체 및 경제공동체에서 점차 애정공동체로 전환되어 왔다. 그러나 여

88) 헌재 1997.3.27, 95헌가14등, 9-1, 207면 이하 참조.

89) 2005년 개정된 가족법은 친생부인의 소에 있어서 원고적격을 夫뿐 아니라 妻에게도 인정하였고, 제소기간을 친생부인의 사유, 즉 친생자가 아님을 안 날로부터 2년으로 하였다. 이로써 헌법불합치로 결정된 개정 전 규정에 비해서 제소기간이 연장되었으며, 이는 혈연의 진실성을 강조하는 조치라고 할 수 있다. 처에게도 원고적격을 인정한 것은 父子 간에 혈연이 불일치하는 상태에서 가족이 부자연스럽게 방치되는 사태를 방지하기 위한 고려가 작용했다고 볼 수 있다.

전히 가족은 사회적 기능을 수행한다. 따라서 가족의 사회적 기능과 이에 관한 국가의 규율권을 배제하고 가족을 순수한 애정공동체로서만 이해할 수는 없다.

라) 사회적 공동체

가족은 개인이 사회적 관련성을 갖는 인격체로서 사회적 지식을 습득하고 사회적응을 위한 교육이 이루어지는 최소단위이다. 따라서 국가의 기능은 가족과 밀접한 관련을 갖는다. 또 국가의 존속 자체가 가족의 구성과 유지에 의존해 있다. 이 점에서 혼인과 가족은 지속가능성의 중요한 구성요소이다. 이와 같이 사회적 공동체로서 가족을 이해하는 경우 혈연공동체로서 가족의 성격은 엷어질 수밖에 없다.

(3) 혼인과 가족의 성격변화와 입법적 과제

위와 같이 헌법의 가족질서에 대한 기본태도는 다원적이다. 이러한 상황에서 가족이 애정공동체로 성격을 전환하고 있는 현실을 입법적으로 승인하여 개체 중심으로 가족을 형성할 것인가, 이때 필연적으로 나타나는 가족결속력의 약화, 이로 인한 사회적 기능의 공백을 어떠한 방법으로 극복할 것인가 하는 문제 등을 주목하여야 한다. 예컨대 가족을 애정공동체로서 파악함에 따라 이혼의 가능성을 비교적 완화할 필요가 있지만, 여기에는 이혼배우자의 사회문제가 뒤따른다. 또 저출산 고령사회가 진행되면서 가족의 형성과 유지에 따르는 부담과 사회적 불이익, 특히 여성이 자녀양육 부담으로 인하여 직업을 단절하는 등의 불이익을 지원하는 것이 중요한 과제가 되었다.

3. 혼인과 가족의 개념

헌법이 혼인 및 가족의 개념을 직접 정의하고 있지는 않다. 결국 헌법은 민법상의 혼인과 가족의 개념을 수용하는 것으로 볼 수 있다. 민법상 혼인은 남녀 이성 간의 혼인의 의사에 의하여 형성되며,「가족관계의 등록 등에 관한 법률」에 의하여 신고된 생활공동체이다(민법 제807조 이하). 그리고 가족은 기본적으로 혼인에 의하여 형성된다. 이는 현재 헌법재판소의 혼인의 개념에 대한 이해방법이다. 이에 따르면 사실혼은 헌법상 혼인의 범주에 속하지 않는다. 그리고 사실혼 배우자에게는 상속권이 인정되지 않으며, 일방의 사망으로 인하여 사실혼이 해소된 경우에는 재산분할청구권도 인정되지 않는다.[90]

---

90) 헌재 2014.8.28, 2013헌바119, 26-2(상), 311면 이하; 2024.3.28, 36-1(상), 289면 이하 등 참조.

오늘날 혼인과 가족에 대한 이해는 새로운 국면을 맞고 있다. 동성혼(同性婚)의 인정문제가 대표적인 예이다. 원칙적으로 해소되지 않는 동거공동체, 그리고 상호 부양의 기능을 혼인의 개념요소로 한다면 혼인을 더 이상 이성(異性) 간의 결합으로 한정적으로 이해할 필요는 없게 되었다. 이러한 이해의 변화에 헌법 제36조 제1항이 장애가 되는 것은 아니다. 헌법은 양성의 평등을 혼인과 가족을 형성·유지하는 기준으로 제시하고 있기는 하다. 그러나 이는 혼인이 기본적으로 이성 간에 성립되는 상황에서 당사자 간의 평등을 규정한 것이며, 혼인의 개념요소로서 반드시 이성 간의 결합을 선언한 것은 아니다. 또 동성혼은 미국 등 각국에서 점차 인정되는 추세에 있다.[91] 혼인을 여전히 이성 간의 결합으로 이해하지만, 동성 간의 생활공동체의 기능에 주목하여 이를 이성 간의 혼인공동체와 동등한 법적 취급을 하는 입법도 발견된다. 다른 나라의 예를 보면 이러한 과도기를 거치고 동성혼을 법적으로 인정하는 것이 일반적이다. 이 점에서 보면 오랫동안 혼인과 가족의 법적 성격으로 이해되었던 제도보장의 이론적 가치는 더 이상 없게 되었다. 제도보장은 입법권이 훼손할 수 없는 고정적인 제도 내용을 전제로 하는데, 혼인과 가족은 그 개념 자체가 유동적인 것이 되었기 때문이다.

가족에 대한 사회적 보호를 위하여 사회보장법 및 세법에서 혼인 및 가족은 기능적으로 이해되어야 한다. 민법상의 개념에 구속되지 않고, 실제 가족과 같이 기능하고 있다면 헌법적으로는 유연하게 혼인과 가족에 대한 이해를 할 수 있다. 특히 가족의 이해 및 형성을 반드시 혼인과 연계시킬 필요는 없으며, 가족의 기능을 중심으로 지원·보호되어야 한다. 앞으로 사회구조와 국민의 의식, 그리고 생활행태가 변화하면서 보다 적극적인 논의가 필요한 부분이다.

판례 헌법상 혼인, 사실혼 배우자의 상속권 (헌재 2014.8.28. 2013헌바119)

우리나라는 법률혼주의를 채택하고 있다. 이는 원칙적으로 혼인신고를 한 자에 대하여만 혼인으로 인한 법적 효과를 귀속시키겠다는 것이므로, 법률이 특별히 '사실혼 배우자'라고 규정하지 아니하고 단순히 '배우자'라고만 한 경우에는 법률혼 배우자만을 의미하는 것으로 해석된다. 이 사건 법률조항 역시 단순히 '배우자'라고만 규정하고 있으므로, 법률혼 배우자에게만 상속권을 인정한 것으로 해석된다.

이 사건 법률조항이 사실혼 배우자에게 상속권을 인정하지 아니하는 것은 상속인에 해당하는지 여부를 객관적인 기준에 의하여 파악할 수 있도록 함으로써 상속

91) 미국 연방대법원의 Obergefell v. Hodges 사건 참조.

을 둘러싼 분쟁을 방지하고, 상속으로 인한 법률관계를 조속히 확정시키며, 거래의 안전을 도모하기 위한 것으로서 입법목적의 정당성과 수단의 적정성이 인정된다. 사실혼 부부는 법률상 혼인의 효과를 배제하고 부부공동생활의 내용에 관하여 스스로 결정하기 위하여 법률혼 대신 사실혼을 선택한 것이다. 그런데 사실혼 부부에 대하여 획일적으로 법률이 정한 상속권을 인정하게 되면 경우에 따라 당사자들의 의사에 반하게 될 수 있고, 사실혼관계인지 여부는 공시가 되지 않아 당사자 이외의 자가 쉽게 알 수 없으므로, 이에 관하여 다툼이 생겨 상속을 둘러싼 법적 분쟁이 발생할 가능성이 매우 높다. 또한 사실혼 배우자는 혼인신고를 함으로써 상속권을 가질 수 있고, 증여나 유증을 받는 방법으로 상속에 준하는 효과를 얻을 수 있으며, 피상속인 명의의 재산을 취득함에 있어 대가를 부담한 경우에는 소유권 또는 공유지분을 주장할 수 있다. 뿐만 아니라 사실혼 배우자는 상속인이 없는 경우에는 민법상 특별연고자에 대한 분여를 받을 수 있고, 피상속인이 상속인 없이 사망한 경우 또는 사망 당시 상속인이 주택에서 가정공동생활을 하고 있지 아니한 경우 일정한 범위 내에서 주택임대차보호법에 따라 임차권을 승계할 수 있으며, 근로기준법, 산업재해보상보험법, 공무원연금법, 군인연금법, 사립학교교직원 연금법, 국민연금법, 독립유공자예우에 관한 법률 등에 따라 유족급여 등을 받을 권리가 인정된다.

이러한 사정들을 종합하여 볼 때, 사실혼 배우자에게 상속권을 인정하지 않는 것이 현저히 자의적이어서 기본권 제한의 한계를 벗어난 것이라고 할 수는 없다.

헌법 제36조 제1항에서 규정하는 '혼인'이란 양성이 평등하고 존엄한 개인으로서 자유로운 의사의 합치에 의하여 생활공동체를 이루는 것으로서 법적으로 승인받은 것을 말하므로, 법적으로 승인되지 아니한 사실혼은 헌법 제36조 제1항의 보호범위에 포함되지 않는다. 따라서 이 사건 법률조항은 헌법 제36조 제1항에 위반되지 않는다.

---

4. 혼인과 가족보호의 법적 성격과 내용

혼인과 가족보호의 기본권은 다양한 법적 성격을 띠고 있으며, 그에 상응하는 내용을 갖는다.

(1) 구성원의 자기결정권보호

가) 가족법질서에서의 보호

혼인과 가족의 보호는 자유권적 기본권과 평등권의 내용을 포함하고 있다. 이에 기초하여 국가는 혼인, 그리고 가족의 형성·유지에 있어서 개인의 결정을 존중하여야 한다. 예컨대 혼인의 성립(혼인의 자유)은 물론이고 기존의 혼인

관계를 해체하고(이혼의 자유), 새로운 혼인관계를 형성할 권리도 보호되어야 한다. 따라서 혈족관계에 있는 자 간의 혼인금지의 범위를 지나치게 넓게 하는 것은 혼인의 자유를 침해한다. 이에 헌법재판소는 동성동본 혼인금지에 관한 민법 규정을 헌법불합치로 결정한 바 있다.[92] 이후 「민법」은 금혼의 범위를 좁혀서 8촌 이내의 혈족 사이의 혼인을 금지하였고, 금지된 혼인을 무효로 하였다(민법 제809조 및 제815조 제2호). 이 규정은 다시 헌법재판의 대상이 되었다. 좁혀진 금혼 사유에 대한 규정은 합헌으로 결정되었다. 그러나 이를 무효로 하는 규정은 혼인의 형성과 유지에 대한 당사자나 자녀의 신뢰를 획일적으로 과도하게 침해한다는 이유로 헌법에 합치하지 않는 것으로 결정되었다.[93] 또 진실한 혈연에 따라 가족관계를 형성하는 권리가 보장되어야 한다. 따라서 혼인관계가 종료한 날로부터 300일 이내에 출생한 자를 혼인기간에 포태한 것으로 추정하여 이혼 후 모(母)가 재혼한 생부(生父)의 가족관계부에 등록할 수 없도록 한 것은 헌법에 합치하지 않는다.[94]

혼인과 가족에 있어서 양성의 평등과 개인의 존엄을 보장하여야 한다. 따라서 성인남성 우위의 가부장적 가족제도는 헌법에 합치하지 않으며, 양성의 평등과 가족구성원 각자의 인격을 존중하는 내용으로 개선되어야 한다. 이미 오래 전에 명확하게 여성을 차별하는 제도였던 여성의 행위능력 제한, 상속지분에 관한 규정 등이 개선되었다. 호주제도는 성인남성 중심의 가부장적 유물에 해당하는 대표적인 제도였다. 헌법재판소는 호주제에 대해 헌법불합치결정을 하여 가족법에 중요한 변화를 가져왔다.[95] 자녀로 하여금 부의 성을 따르게 하는, 이른바 '부성주의(父姓主義)' 자체가 헌법에 위반되는 것은 아니다. 그러나 부가 사망하거나 부모가 이혼한 후 재혼하는 상황에서 자(子)가 모(母) 혹은 계부(繼父)의 성을 선택할 수 없게 하는 것은 가족관계에서 개인의 존엄과 양성의 평등을 침해한다.[96]

판례 **가족에서의 남녀평등과 호주제** (헌재 2005.2.3, 2001헌가9등)

호주제는 성역할에 관한 고정관념에 기초한 차별로서, 호주승계 순위, 혼인 시 신분관계 형성, 자녀의 신분관계 형성에 있어서 정당한 이유없이 남녀를 차별하는

92) 헌재 1997.7.16, 95헌가6등, 9-2, 1면 이하 참조.
93) 헌재 2022.10.27, 2018헌바115, 34-2, 372면 이하 참조.
94) 헌재 2015.4.30, 2013헌마623, 27-1(하), 112면 이하 참조.
95) 헌재 2005.2.3, 2001헌가9등, 17-1, 1면 이하 참조.
96) 헌재 2005.12.22, 2003헌가5등, 17-2, 558면 이하 참조.

제도이다. 이로 인하여 많은 가족들이 현실적 가족생활과 가족의 복리에 맞는 법률적 가족관계를 형성하지 못하여 여러 가지 불편과 고통을 겪고 있다. 숭조(崇祖)사상, 경로효친, 가족화합과 같은 전통사상이나 미풍양속은 문화와 윤리의 측면에서 얼마든지 계승, 발전시킬 수 있으므로 이를 근거로 호주제의 명백한 남녀차별성을 정당화하기 어렵다.

호주제는 당사자의 의사나 복리와 무관하게 남계혈통 중심의 가(家)의 유지와 계승이라는 관념에 뿌리박은 특정한 가족관계의 형태를 일방적으로 규정 · 강요한다. 이로써 개인을 가족 내에서 존엄한 인격체로 존중하는 것이 아니라 가의 유지와 계승을 위한 도구적 존재로 취급하고 있다. 이는 혼인 · 가족생활에 관한 개인과 가족의 자율적 결정권을 존중하라는 헌법 제36조 제1항에 부합하지 않는다.

오늘날 가족관계는 가장(호주)과 그에 복속하는 가속(家屬)으로 분리되는 권위주의적인 관계가 아니라, 가족원 모두가 인격을 가진 개인으로서 성별을 떠나 평등하게 존중되는 민주적인 관계로 변화하고 있다. 사회의 분화에 따라 가족의 형태도 모와 자녀로 구성되는 가족, 재혼부부와 그들의 전혼소생자녀로 구성되는 가족 등으로 매우 다변화되었다. 또한 여성의 경제력 향상, 이혼율 증가 등으로 여성이 가구주로서 가장의 역할을 맡는 비율이 점증하고 있다. 호주제가 설사 부계혈통주의에 입각한 전래의 가족제도와 일정한 연관성을 지닌다고 하더라도, 이와 같이 그 존립의 기반이 붕괴되어 더 이상 변화된 사회환경 및 가족관계와 조화되기 어렵고 오히려 현실적 가족공동체를 질곡하기도 하는 호주제를 존치할 이유를 찾아보기 어렵다.

나) 그 밖의 법률관계: 간통죄 등

혼인과 가족생활을 규율하는 법률관계에서 국가는 당사자의 자기결정권을 존중하여야 한다. 형법의 간통죄에 대해서는 혼인과 가족의 사적 자율성에 비추어 오랫동안 논란이 있어 왔다. 간통행위는 혼인 당사자 개인의 행위인 동시에 혼인관계의 계속 여부를 결정하는 계기가 된다. 즉 1차적으로는 혼인한 자와 배우자가 아닌 자와의 간통행위가 이루어진 후에, 이제 남은 문제는 혼인 당사자 간에 간통행위를 이유로 혼인관계를 해소할 것인가, 아니면 간통행위에도 불구하고 계속할 것인가를 결정하여야 한다. 즉 2차적으로는 혼인 당사자 간의 문제가 된다. 이러한 가족 내부의 문제에 대한 국가의 간섭은 허용되지 않는다. 따라서 혼인 혹은 가족 내부의 문제에 국가가 형법에 의하여 개입하는 간통죄는 헌법 제36조 제1항이 예정하지 않은 혼인 및 가족에 대한 국가행위이다. 헌법재판소는 여러 차례 간통죄를 합헌으로 결정하였지만,[97] 2015년

97) 헌재 1990.9.10, 89헌마82, 2, 306면 이하; 1993.3.11, 90헌가70, 5-1, 18면 이하; 2001.10.25,

위헌으로 결정하였다.[98)]

이 밖에 가족에 대한 보호는 부모의 자녀에 대한 교육권을 포함한다. 따라서 특히 학교 밖에서 자녀교육에 있어서 부모는 원칙적으로 국가의 간섭을 받지 않고 결정할 수 있어야 한다.[99)]

(2) 가족 및 혼인제도의 소극적·적극적 보호

국가는 가족과 혼인공동체를 다른 남녀공동체에 비하여 불이익하게 차별해서는 안 된다(소극적 과제). 이로써 헌법 제36조는 혼인과 가족에 대한 차별취급을 특별히 금지하고 있다. 또 혼인 및 가족의 성립·유지를 적극적으로 지원하여야 한다(적극적 과제).

가) 소극적 과제

사법질서에 속하는 고용관계에서 미혼조건을 제시하는 것은 허용되지 않는다(남녀고용평등법 제7조). 또 소득활동을 하지 않는 배우자의 가사활동에 경제적 가치를 인정하지 않는 것은 평등의 원칙에 위반된다. 이 경우 이혼 후 혼인 중 부부 공동으로 증식된 재산에 대한 지분을 가질 수 없는 배우자는 독자적인 생활기반이 보장될 수 없기 때문에 사실상 이혼의 자유를 제한하는 결과가 된다. 이에 대해서는 1989년 개정된 민법이 이혼시 재산분할청구권을 도입하여 일반적인 평등 및 남녀평등을 회복하는 조치를 마련하였다(민법 제839조의2). 또 이와 같은 이념은 연금제도에도 반영되었다. 1998년 「국민연금법」에, 그리고 2015년 「공무원연금법」에 분할연금청구권이 도입되었다(국민연금법 제64조; 공무원연금법 제45조).

분할연금청구권은 혼인과 가족의 존속 및 유지를 위한 배우자의 기여를 보상하는 성격을 갖기 때문에 청구권을 행사하기 위해서는 실질적인 혼인관계가 존재하여야 한다. 이에 비해서 별거, 가출 등으로 인하여 실질적인 혼인관계가 존재하지 않고 배우자의 역할을 수행하지 않은 경우에는 분할연금청구권은 성립되지 않는다.[100)]

부부의 자산소득을 합산하여 과세하는 것은 혼인한 부부를 혼인하지 않은 동거남녀나 독신자에 비해서 불이익하게 취급하는 것이기 때문에 허용되지 않

2000헌바60, 13-2, 480면 이하; 2008.10.30, 2007헌가17, 696면 등 참조.

98) 헌재 2015.2.26, 2009헌바17등, 27-1(상), 20면 이하 참조.

99) 헌재 2000.4.27, 98헌가16등, 12-1, 446면 이하 참조.

100) 헌재 2016.12.29, 2015헌바182, 28-2(하), 398면 이하 참조.

는다.[101] 같은 이유에서 부부의 재산을 합산하여 종합부동산세의 과세대상으로 하는 것도 재산권을 침해할 뿐 아니라 혼인공동체를 다른 공동체에 비하여 차별하는 위헌적 입법이다.[102]

판례 **부부 자산소득의 합산과세와 혼인·가족보호** (헌재 2002.8.29, 2001헌바82)

헌법 제36조 제1항은 혼인과 가족에 관련되는 공법 및 사법의 모든 영역에 영향을 미치는 헌법원리 내지 원칙규범의 성격도 갖는다. 국가는 혼인과 가족을 적극적으로 지원하고 제3자에 의한 침해로부터 혼인과 가족을 보호하여야 한다. 소극적으로는 불이익을 야기하는 제한조치에 의하여 혼인과 가족을 차별하는 것을 금지하여야 한다. 이러한 차별금지명령은 헌법 제11조 제1항에서 보장되는 평등원칙을 혼인과 가족생활영역에서 더욱 구체화하여 혼인과 가족을 부당한 차별로부터 특별히 보호하는 목적을 가진다. 혼인한 자에 대한 불리한 차별취급은 중대한 합리적 근거가 존재하여 정당화되는 경우에만 헌법 제36조 제1항에 위배되지 아니한다.

부부 간의 인위적인 자산 명의의 분산과 같은 가장행위 등은 상속세 및 증여세법상 증여의제규정 등을 통해서 방지할 수 있고, 부부의 공동생활에서 얻어지는 절약가능성을 담세력과 결부시켜 조세의 차이를 두는 것은 타당하지 않다. 자산소득이 있는 모든 납세의무자 중에서 혼인한 부부가 혼인하였다는 이유만으로 혼인하지 않은 자산소득자보다 더 많은 조세부담을 하여 소득을 재분배하도록 강요받는 것은 부당하다. 또 부부 자산소득 합산과세를 통해서 혼인한 부부에게 가하는 조세부담의 증가라는 불이익이 자산소득 합산과세를 통하여 달성하는 사회적 공익보다 크다. 따라서 소득세법 제61조 제1항이 자산소득 합산과세의 대상이 되는 혼인한 부부를 혼인하지 않은 부부나 독신자에 비하여 차별취급하는 것은 헌법 제36조 제1항에 위반된다.

나) 적극적 과제

헌법 제36조 제1항은 사회적 기본권의 성격을 갖기도 한다. 국가는 혼인 및 가족의 성립·유지를 적극적으로 지원하기 위해서 국가재정이 허락하는 범위 내에서 자녀양육, 노인부양 등에 따르는 가족의 추가부담을 경제적·물리적으로 지원하여야 한다. 우리 사회는 미혼 인구가 증가하고 이혼율이 높아지면서 혼인과 가족이 해체의 위험에 처해 있으며, 이러한 경향이 더욱 강하게 나타날

101) 헌재 2002.8.29, 2001헌바82, 14-2, 170면 이하; 2005.5.26, 2004헌가6, 17-1, 593면 이하 등 참조.

102) 헌재 2008.11.13, 2006헌바112등, 20-2(하), 59면 이하 참조. 같은 취지의 결정으로는 헌재 2011.11.24, 2009헌바146, 23-2(하), 234면 이하 참조.

것으로 예상된다. 이러한 상황에서 국가는 세대 간의 형평을 위하여 모성을 사회적 관점에서 보호하여야 한다. 국가는 자녀양육이 단순히 개인의 문제가 아니며, 사회적 문제라는 점을 인식하고 적극적으로 사회보장법 및 세법을 통하여 보호하여야 한다. 자녀양육에 대한 지원은 관점에 따라서 여러 정책 간의 협력이 필요하다. 자녀양육지원은 자녀의 건전한 육성이라는 사회 및 가족정책적 문제이며, 동시에 여성의 취업보호를 위한 고용정책적 성격을 갖는다. 또 사회보험가입자가 자녀양육으로 인하여 고용과 소득이 단절되고, 그 결과 사회보험에 의한 급여기대권을 상실할 수 있다는 점에서 보면 사회보험정책의 성격을 띤다. 이 점을 고려하여 「국민연금법」은 자녀가 2명 이상인 경우 노령연금의 산정에 있어서 일정 기간을 보험료 납부의무 없이 가입기간으로 인정하고 있다(법 제19조).

자녀양육은 그 자체가 절대적으로 보호되어야 하지만 상대적으로 보면 평등의 관점이 적극적으로 고려되어야 한다. 자녀를 양육하는 가정과 자녀를 양육하지 않은 가정은 상황에 있어서 이중적으로 차이가 있다. 첫째, 자녀의 양육 여부는 현재 가정에 경제적 부담의 차이를 가져온다. 둘째, 자녀를 양육하는 부담을 갖지 않았던 가정도 자녀를 양육한 가정과 마찬가지로 미래에 성장한 자녀의 경제활동으로 인한 혜택을 누리는 불공평한 결과가 나타난다.

현재 사회보장법은 자녀 및 부모에 대한 부양의 부담을 특별히 보호하고 있다. 다만 이에 대한 추상적인 유형화를 하여, 예컨대 25세 혹은 19세 이상의 자녀는 일률적으로 보호의 대상에서 제외하고 있다(국민연금법 제73조; 공무원연금법 제57조). 그러나 25세 혹은 19세 이상의 자녀라도 아직 교육과정에 있고, 따라서 가족에 부담이 된다는 점을 고려하면 위와 같은 입법이 합리적인 유형화는 아니다.[103)]

VI. 환 경 권

1. 환경권의 규범구조

헌법은 환경의 보존과 개선의 과제를 개인의 환경권을 보호하는 형태로 선언하고 있다(제35조). 모든 국민은 건강하고 쾌적한 환경에서 생활할 권리를 갖는다. 환경권의 규정에는 다른 기본권에서는 볼 수 없는 내용이 표현되어 있다.

103) 헌재 1999.4.29, 97헌마333, 11-1, 503면 이하 참조. 이 밖에 헌재 2019.2.28, 2017헌마432, 31-1, 204면 이하 참조.

즉 국가뿐 아니라 국민 역시 환경보전을 위하여 노력하여야 한다(제1항). 환경권의 내용과 행사에 관하여는 법률로 정한다(제2항). 특히 국가의 주택정책적 과제를 환경권과 관련하여 선언하고 있다. 즉 국가는 주택개발정책 등을 통하여 국민이 쾌적한 주거생활을 할 수 있도록 노력하여야 한다(제3항). 사실 주택정책은 국가의 일반정책의 범주에 속하며, 부분적으로는 사회정책에 해당한다. 각국에서 주택수당을 사회보장법의 한 내용으로 입법하는 것이 좋은 예이다. 예컨대 독일에서는 주거비용이 사회보장법의 한 분야인 「주택수당법(Wohngeldgesetz)」에 의하여 보호되고 있다. 우리 헌법은 주택문제를 환경권과 연계하여 보장하는 특별한 형태를 띠고 있다.

환경권은 환경이라는 사회적 문제를 헌법에서 보장하는 의미에서 다른 사회적 기본권과 공통점이 있다. 그러나 실제 환경권은 국가의 급부작용에 의하여 실현되는 사회적 기본권과는 차이가 있다. 또 환경권은 기본권 외에 국가목표로서 기능한다. 이에 기초하여 국가는 광범한 환경보전 및 조성의무를 지고, 국민 역시 이에 협력할 의무가 있다.

2. 환경권의 형성

자연환경이 과도하게 개발되고, 또 피폐해지면서 현재 세대뿐 아니라 미래 세대의 생활환경을 파괴하여 인간의 쾌적한 생활공간이 상실되어 간다는 인식이 보편화되었다.[104] 이러한 인식이 헌법에 수용되어 환경권을 기본권으로 인정하기에 이르렀다. 환경에는 자연환경뿐 아니라 생활환경이 포함된다. 소음·진동이 대표적인 예이다.[105] 헌법은 주거환경조성에 정책적 우선순위를 두고 있다(제35조 제3항).

환경문제는 특히 1980년대 이후 국제사회에서 신속히 의제화되었다. 환경의 침해 및 향유의 문제는 광역성을 갖기 때문에 국가 간의 협력이 없이는 환경권, 그리고 환경의 지속가능성이 실현될 수 없기 때문이다. 이미 이전 시기에 대표적인 국제적인 논의는 1972년 스톡홀름에서 개최된 '유엔인간환경회의(United Nations Conference on the Human Environment)'에서 이루어졌으며, 여기에서 '인간과 환경에 관한 스톡홀름 선언'이 채택되었다. 또 전지구적, 그리고

104) 환경에 대한 주의를 환기시킨 선도적인 문헌으로는 Rachel Carson, *Silent Spring*(Houghton Mifflin, 1962) 참조.

105) 헌재 2008.7.31, 2006헌마711, 20-2(상), 358면; 2019.12.27, 2018헌마730등, 31-2(하), 320면 이하 등 참조.

탈영토적 대응이 필요한 기후변화문제가 인류의 핵심과제가 되었다.

환경에 있어서 지속가능한 발전에 관한 최초의 포괄적인 보고서는 1987년 국제연합이 위탁하여 환경과 발전에 관한 위원회(World Commission on Environment and Development)가 작성한 '우리 공동의 미래(Our Common Future)'이다. 이 보고서는 지속가능한 발전의 개념을 제시하고 이를 정의하였다. 즉 지속가능한 발전(sustainable development)은 "현 세대의 수요(needs)를 충족시키면서, 그러나 미래세대가 자신들의 수요를 충족시킬 가능성을 박탈해서는 안 된다"는 의미이다. 이후 지속가능성은 특히 1992년 리우데자네이루(Rio de Janeiro)에서 개최된 국제연합 환경개발회의에서 채택한 '환경과 발전에 관한 리우 선언'과 '아젠다 21(Agenda 21)'에서 보다 구체화되었다. 1987년 보고서와 1992년의 아젠다 21이 모두 환경문제에 국한된 선언은 아니었다. 그러나 국제사회에서 지속가능한 발전에 대한 논의는 주로 환경문제에 집중되었다. 이러한 국제적 움직임은 국내 환경권의 논의에 촉매로서 작용하였다.

3. 환경권의 특성, 자연의 기본권 주체성?

환경권은 (인공환경과 함께) 기본적으로는 자연환경을 대상으로 한다. 그런데 환경은 규범 이전에, 그리고 규범과 독립하여 존재한다. 이와 같이 환경은 국가가 처분할 수 있는 범위를 벗어난다. 따라서 환경권을 기본권으로 보장하는 데에는 한계가 있다. 이러한 이유에서 예컨대 독일헌법은 환경에 대한 국가의 과제를 기본권이 아닌 국가목표규정의 형태로 도입하였다. 즉 독일헌법 제20a조에 의하면 "국가는 현세대 및 미래세대에 대한 책임을 인식하여 헌법질서의 범위 내에서 입법·행정 및 사법작용을 통하여 자연환경과 동물을 보호하여야 한다". 이와 같은 이유에서 우리 헌법은 환경보존을 국가와 함께 국민의 과제로 하였다. 또 많은 헌법례들이 환경에 대한 국민의식 혹은 국민의 의무를 명시하고 있다. 이때 환경권은 환경 그 자체가 아니라 환경과 관련된 인간의 행태를 규율한다. 환경권을 통해서 인간의 자연파괴행위를 규제하고, 국가는 자연환경을 보호하는 행위를 조장하며, 이를 위한 장단기계획을 수립·조정하여야 한다.

위와 같은 환경권의 특수성으로부터 자연 그 자체 혹은 동물이 환경권의 주체가 될 수 있는가의 문제가 제기된다. 실제 스위스 일부 주헌법 등에서 이러한 예가 있기도 하다. 또 우리나라에서도 이른바 '도롱뇽 사건'에서 동물의 당사자능력이 문제된 바 있다.[106] 그러나 자연이 기본권의 주체가 될 수는 없다. 헌법을 비롯한 법질서는 인간의 의지와 이에 기초한 행태를 규율대상으로 한다. 그런데 자연 및 동물은 독자적인 의지능력이 없고, 또 의지능력에 기초하여 행태를 조절하는 가능성이 없다. 결국 기본권적 관심은 자연보호에 관한 인간의 의지와 행태이고, 자연 그 자체가 기본권에 의하여 보호될 수는 없다.

판례 **동물의 권리주체성**(이른바 '도롱뇽소송') (대결 2006.6.2, 2004마1148)

도롱뇽은 천성산 일원에 서식하고 있는 도롱뇽목 도롱뇽과에 속하는 양서류로서 자연물인 도롱뇽 또는 그를 포함한 자연 그 자체로서는 소송을 수행할 당사자능력을 인정할 수 없다. 환경권에 관한 헌법 제35조 제1항이나 자연방위권 등 헌법상의 권리에 의하여 직접 한국철도시설공단에 대하여 고속철도 중 일부 구간의 공사 금지를 청구할 수 없고, 환경정책기본법 등 관계 법령의 규정 역시 그와 같이 구체적인 청구권을 발생시키지 않는다.

헌법 제35조 제1항은 "모든 국민은 건강하고 쾌적한 환경에서 생활할 권리를 가지며, 국가와 국민은 환경보전을 위하여 노력하여야 한다"고 규정하여 환경권을 기본권으로 명시함과 동시에 국가와 국민에게 환경보전을 위하여 노력할 의무를 부과하고 있다. 이에 국가는 각종 개발·건설계획을 수립하고 시행함에 있어 소중한 자연환경을 보호하여 그 자연환경 속에서 살아가는 국민들이 건강하고 쾌적한 삶을 영위할 수 있도록 보장하고 나아가 우리의 후손에게 이를 물려줄 수 있도록 적극적인 조치를 취하여야 한다. 환경영향평가제도는 환경 등에 미치는 영향이 큰 사업에 대한 계획을 수립·시행함에 있어서 그 사업이 환경 등에 미칠 영향을 미리 평가·검토하여 건전하고 지속가능한 개발이 되도록 함으로써 쾌적하고 안전한 국민생활을 도모함을 목적으로 한다(환경·교통·재해 등에 관한 영향평가법 제1조). 한국철도시설공단이 국가의 전 지역에서 장기간 이루어지는 고속철도사업을 시행함에 있어서는 환경영향평가절차를 충실히 이행할 뿐 아니라, 환경영향평가절차를 이행한 후 환경영향평가시에 고려되지 아니하였던 새로운 사정이 발견되어 그 사업으로 인하여 사업시행구간 관련 토지소유자들의 환경이익을 침해할 수 있다는 개연성이 나타나고 종전의 환경영향평가만으로는 그와 같은 개연성에 관한 우려를 해소하기에 충분하지 못한 경우에는 새로이 환경영향평가를 실시하거나 그 환경이익의 침해를 예방할 수 있는 적절한 조처를 먼저 행한 후 사업을 시행하여야 한다.

위 토지소유자들은 이를 사법상의 권리로 청구할 수 있다. 그러나 환경영향평가를 통한 권리의 보장은 실체적인 환경이익의 침해를 보호하기 위한 것이므로, 비록 다시 환경영향평가를 함이 상당한 새로운 사정들이 발생하였더라도, 그 새로운 사

106) 대판 2006.6.2, 2004마1148 참조.

정들과 소유자들의 환경이익 사이에 구체적인 피해가능성 내지는 연관성을 인정하기 어려운 사정이 소명되는 경우 또는 새로운 환경영향평가절차 내지는 이에 준하는 조사가 이루어지고 환경이익의 침해를 예방할 수 있는 적절한 방법이 보완되는 등 소유자들의 환경이익이 침해될 수 있다는 개연성이 부정될 만한 사정이 소명되는 경우에는 더 이상 사업시행의 중지를 구할 수는 없다.

4. 환경권의 기능구조와 내용

헌법 제35조 환경권 외에 거의 모든 기본권이 환경헌법질서의 구성요소로서 기능한다. 다음과 같은 기능구조가 예상된다.

(1) 국가의 적극적인 환경보호정책

국가는 환경침해를 방지하고, 모든 국민이 쾌적한 환경을 향유할 수 있도록 노력하여야 한다. 환경은 한 번 침해되면 회복이 어렵거나 혹은 회복에 오랜 시간이 소요되는 특성이 있다. 따라서 환경정책은 처음부터 미래세대를 배려하여야 하며, 이러한 이유에서 환경권은 지속가능성의 논의에서 핵심적인 위치를 차지하고 있다. 예컨대 위에서 언급했듯이 독일은 1994년 헌법 개정을 하면서 환경보호에 관한 국가목표규정을 제20a조에 도입하였다. 이 규정은 환경보호가 국가의 미래세대에 대한 책임에 기초하고 있다는 점을 명확히 하였다. 이로써 환경문제의 지속가능성, 그리고 세대간 정의의 요청을 헌법에 반영한 것이다.

산업화 이후 점진적으로 진행된 기후변화, 그리고 오늘날 나타나고 있는 기후위기는 특히 불가역적(irreversible) 현상으로서 필연적으로 미리 세대의 부담으로 남는다. 이에 미래 세대의 환경권을 보호하기 위하여 기본권 이론을 적극적으로 구성할 필요가 있다. 헌법재판소는 온실가스 배출량을 줄이는 구체적인 기준을 제시하지 않은 「탄소중립기본법」의 규정에 대해서 미래 세대의 환경권의 최소한을 보호하는 국가의 의무를 위반하여 헌법에 합치하지 않는다는 결정을 하였다.[107]

판례 **기후위기와 미래 세대의 환경권** (헌재 2024.8.29, 2020헌마389등)

2030년까지의 중장기 감축목표로서 국가 온실가스 배출량을 2018년 대비 40%만큼 감축한다는 감축비율의 수치만으로는, 전 지구적 온실가스 감축 노력의 관점에서

107) 헌재 2024.8.29, 2020헌마389등, 헌재공보(2024), 1409면 이하 참조.

우리나라가 기여해야 할 몫에 현저히 미치지 못한다거나, 기후변화의 영향과 온실가스 배출 제한의 측면에서 미래에 과중한 부담을 이전하는 것이라고 단정하기 어렵다. 연도별 감축목표의 이행현황 점검이나 배출권 거래제 등 배출량 목표 달성을 보장하기 위한 수단들과 관련하여, 매년 정량적 감축목표가 달성되지 않은 경우 추후의 감축목표에 미달성 부분을 추가하는 규율이 법률에 명시되어 있지 않다는 이유로, 탄소중립기본법 제8조 제1항의 온실가스 감축목표 설정 방식이 온실가스 감축을 실효적으로 담보할 수 있도록 설계되지 않은 것으로 볼 수도 없다.

그러나 탄소중립기본법 제8조 제1항에서 2031년부터 2049년까지의 감축목표에 관하여 어떤 형태의 정량적 기준도 제시하지 않은 것은, 같은 조 제4항의 온실가스 감축목표 재설정 주기나 범위 등 관련 법령의 체계를 살펴보더라도 2050년 탄소중립의 목표 시점에 이르기까지 점진적이고 지속적인 감축을 실효적으로 담보할 수 없으므로, 미래에 과중한 부담을 이전하는 방식으로 온실가스 감축목표를 규율한 것이다. 구체적인 감축목표를 정할 때 단기적일 수도 있는 정부의 상황 인식에만 의존하는 구조로는 온실가스 감축정책의 적극성 및 일관성을 담보하기 어렵다. 따라서 탄소중립기본법 제8조 제1항은 2031년부터 2049년까지의 감축목표에 대한 규율에 관하여 기후위기라는 위험 상황에 상응하는 보호조치로서 필요한 최소한의 성격을 갖추지 못하였으므로 과소보호금지원칙을 위반하였다.

탄소중립기본법 제8조 제1항에서 2030년까지의 감축목표에 대하여 2030년을 목표연도로 한 2018년 대비 감축비율의 하한만 법률에서 정하였을 뿐, 구체적인 감축비율의 수치는 대통령령에 위임하고 감축의 경로는 정부가 설정하는 부문별 및 연도별 감축목표에 따르도록 한 것은 법률유보원칙을 위반한 것으로 볼 수 없다. 그러나 중장기적인 온실가스 감축목표와 감축경로를 계획할 때에는 매우 높은 수준의 사회적 합의가 필요하다는 점, 미래 세대는 민주적 정치과정에 참여하는 것이 제약되어 있다는 점과 관련하여 입법자에게 더욱 구체적인 입법의무와 책임이 있음을 고려할 때, 2031년부터 2049년까지의 감축목표에 관하여 대강의 정량적 수준도 규정하지 않고 이에 관해 정부가 5년마다 정하도록 한 것은 의회유보원칙을 포함하는 법률유보원칙을 위반한 것이다.

결국 탄소중립기본법 제8조 제1항은 과소보호금지원칙 및 법률유보원칙에 반하여 기본권 보호의무를 위반하였으므로 청구인들의 환경권을 침해한다.

환경정책에 있어서 일반적으로 개인의 기본권, 특히 재산의 자유로운 사용권 및 개발권이 제한될 수 있다. 이때 국가의 환경보전의 과제는 재산권 제한을 정당화하는 공공복리의 중요한 요소이다.[108] 그러나 환경보전의 과제가 다

108) 헌재 1998.12.24, 89헌마214등, 10-2, 926면 이하; 1999.7.22, 97헌바9, 11-2, 122면 이하 등 참조.

른 기본권에 비하여 우월한 위상을 갖는 것은 아니기 때문에 기본권은 또한 환경보전정책에 대한 한계로서 기능한다.

(2) 방어권

국가가 환경매체를 오염시켜 개인의 재산적 가치를 훼손하거나 개인의 생명·신체를 침해할 때에는 환경권은 방어권으로서 기능한다. 국가의 환경침해를 배제하는 권리행사에 있어서는 환경권뿐 아니라 개별 생활영역을 보호하는 구체적인 기본권들이 적용된다.

(3) 사인에 대한 침해배제청구권

환경권은 환경오염을 위협하는 제3자의 행위에 대해서는 국가의 기본권보호의무를 발생시킨다.[109] 이에 기초하여 환경권은 사인(私人)의 침해행위를 배제하는 청구권의 근거가 된다.

판례 **환경권과 기본권보호의무** (헌재 2019.12.27, 2018헌마730)

공직선거법에는 확성장치를 사용함에 있어 자동차에 부착하는 확성장치 및 휴대용 확성장치의 수는 '시·도지사선거는 후보자와 구·시·군 선거연락소마다 각 1대·각 1조, 지역구지방의회의원선거 및 자치구·시·군의 장 선거는 후보자마다 1대·1조를 넘을 수 없다'는 규정만 있을 뿐 확성장치의 최고 출력 내지 소음 규제기준이 마련되어 있지 아니하다. 기본권의 과소보호금지원칙에 부합하면서 선거운동을 위해 필요한 범위 내에서 합리적인 최고 출력 내지 소음 규제기준을 정할 필요가 있다.

공직선거법에는 야간 연설 및 대담을 제한하는 규정만 있다. 그러나 대다수의 직장과 학교는 그 근무 및 학업 시간대를 오전 9시부터 오후 6시까지로 하고 있어 그 전후 시간대의 주거지역에서는 정온한 환경이 더욱더 요구된다. 그러므로 출근 또는 등교 시간대 이전인 오전 6시부터 7시까지, 퇴근 또는 하교 시간대 이후인 오후 7시부터 11시까지에도 확성장치의 사용을 제한할 필요가 있다. 공직선거법에는 주거지역과 같이 정온한 생활환경을 유지할 필요성이 높은 지역에 대한 규제기준이 마련되어 있지 아니하다. 예컨대 소음·진동관리법, '집회 및 시위에 관한 법률' 등에서 대상 지역 및 시간대별로 구체적인 소음 기준을 정한 것과 같이, 공직선거법에서도 이에 준하는 규정을 둘 수 있다.

따라서 심판대상조항이 선거운동의 자유를 감안하여 선거운동을 위한 확성장치를 허용할 공익적 필요성이 인정된다고 하더라도 정온한 생활환경이 보장되어야 할

109) 헌재 2008.7.31, 2006헌마711, 20-2(상), 358면 참조.

주거지역에서 출근 또는 등교 이전 및 퇴근 또는 하교 이후 시간대에 확성장치의 최고 출력 내지 소음을 제한하는 등 사용 시간과 사용 지역에 따른 수인한도 내에서 확성장치의 최고 출력 내지 소음 규제기준에 관한 규정을 두지 아니한 것은, 국민이 건강하고 쾌적하게 생활할 수 있는 양호한 주거환경을 위하여 노력하여야 할 국가의 의무를 부과한 헌법 제35조 제3항에 비추어 보면, 적절하고 효율적인 최소한의 보호조치를 취하지 아니하여 국가의 기본권 보호의무를 과소하게 이행한 것으로서, 청구인의 건강하고 쾌적한 환경에서 생활할 권리를 침해하므로 헌법에 위반된다.

5. 환경관련법제의 현황

환경보전을 위하여 오염매체별 혹은 오염원을 기준으로 각종 법률이 제정되어 있다. 환경정책의 기본법은 「환경정책기본법」이다. 개별환경법으로 「대기환경보전법」, 「물환경보전법」, 「자연환경보전법」, 「폐기물관리법」, 「소음 · 진동관리법」, 「화학물질관리법」 등이 있다. 이 밖에 「오존층보호를 위한 특정물질의 제조규제 등에 관한 법률」, 「가축분뇨의 관리 및 이용에 관한 법률」, 「자원의 절약과 재활용촉진에 관한 법률」, 「토양환경보전법」, 「해양환경관리법」, 「원자력안전법」 등이 환경법에 해당한다. 환경피해구제와 관련하여 환경오염으로 인한 피해를 신속히 조정하기 위하여 「환경분쟁 조정법」이 제정 · 시행되고 있다.

6. 환경법의 원칙과 입법방향

위와 같은 법률에는 환경의 특수성이 충실히 반영되어야 하며, 이때 입법지침으로 다음과 같은 환경법의 원칙이 제시되고 있다.

(1) 사전배려의 원칙

환경은 한번 오염되면 그 파급효과가 지역적 및 시간적으로 광범위하다. 따라서 위해(危害)의 원인이 되는 위험뿐 아니라 위험으로 발전할 우려가 있는 상태를 미리 예방하여야 한다. 사전배려의 원칙은 단순히 환경의 악화를 예방하는 것 이상을 내용으로 한다. 사전배려를 위하여 장래를 예측하는 국가행위가 필요하며, 따라서 환경법은 행위형식에 있어서 계획에 의존하는 비중이 높다. 환경영향평가는 사전배려의 원칙을 실현하는 중요한 제도이며, 이에 대해서는 「환경영향평가법」이 규율하고 있다.

(2) 오염원인자책임의 원칙

환경오염은 원인자가 직접 제거하는 것이 형평의 원칙에 적합하다. 또 이 경우 환경회복을 위하여 가장 효율적이고, 또 그 비용이 저렴하다. 오염원인자 책임의 원칙은 비용부담을 배분하기 위한 원칙이라기보다는 환경오염방지를 위한 유도적 및 예방적 기능에 중점을 두고 있다. 그렇기 때문에 이는 환경오염을 배제하거나 회복하기 위한 각종 금지 혹은 명령의 형태로 나타난다.

「환경정책기본법」 제7조 비용부담에 관한 규정, 「물환경보전법」 제41조와 「대기환경보전법」 제35조의 배출부과금제도 등이 오염원인자의 비용부담을 배분하는 수단들이다. 이에 비해 예컨대 「먹는물관리법」 제31조의 수질개선부담금은 먹는 샘물 제조업자에게 재정적 부담을 지움으로써 지하수자원을 고갈시키고 침해하는 기업활동을 억제하도록 간접적으로 유도하는 목적을 갖는다.[110]

오염원인자책임의 원칙은 사전배려의 원칙을 전제로 시행되어야 한다. 즉 오염원인자책임의 원칙이 사업자에게 자유롭게 환경을 오염하되 비용은 원인자가 부담한다는 의미를 갖는 것은 아니다.

(3) 공동부담의 원칙

공동부담의 원칙은 오염원인자책임의 원칙과 대칭되는 개념이다. 공동부담의 원칙은 오염원인자책임의 원칙에 보충적으로 적용된다. 즉 주로 오염원인자를 확정할 수 없거나, 환경오염으로 인한 급박한 상황이 발생하여 오염원인자에게 상황의 제거를 명하는 방법을 통해서는 환경을 보전할 수 없는 경우에 적용된다. 그러나 기업의 고용보장과 경쟁보호, 또는 사회적 약자의 보호를 위해서 오염원인자책임의 원칙보다는 공동부담의 원칙이 보다 적합한 경우도 있다. 또 현실적으로 환경오염의 원인관계가 대단히 복잡한 경우 이에 대한 판단은 어느 정도 정책적인 결정에 의존할 수밖에 없다. 이러한 경우 국가에게는 공동부담의 원칙을 채택하는 재량이 부여되어 있다.

공동부담의 원칙은 간접적으로는 환경보전을 위한 시설설비에 투자하도록 보조금을 지원하는 등 재정적 혹은 기술적 지원을 행하는 방법으로 실현된다. 「환경정책기본법」은 특히 제56조와 제57조에서 국가 혹은 지방자치단체는 사업자가 행하는 환경보전을 위한 시설의 설치·운영을 지원하기 위하여 필요한

110) 헌재 1998.12.24, 98헌가1, 10-2, 829면 이하 참조.

세제상의 조치, 그 밖의 재정지원을 하도록 하고, 환경보전에 관련되는 학술조사·연구 및 기술개발에 필요한 재정지원을 하도록 하고 있다. 이는 간접적으로 공동부담의 원칙을 구체화하는 의미가 있다. 환경오염에 대한 사전배려에 있어서는 아직 오염원인자가 확인되지 않기 때문에 공동부담의 원칙이 적용된다.

(4) 협력의 원칙

환경보전의 과제는 국가뿐 아니라, 관련당사자 모두의 협력을 필요로 한다. 환경관련입법은 과학기술의 발달에 따라 가변적인 판단기준을 정하고, 이때 일반적으로 불확정개념이 사용된다. 불확정개념을 행정적으로 집행하는 데 필요한 전문지식을 보유하고 있는 기업과의 협조는 필수적이다. 이 점에 주목하여 「환경정책기본법」은 국민 일반, 그리고 특히 사업자의 협력의무를 규율하고 있다(환경정책기본법 제5, 6조).

협력의 원칙은 국가의 환경정책을 통하여 불이익을 받을 수 있는 기업의 이해관계를 의사형성 및 결정과정에 조기에 반영하여 실현된다. 이로써 환경정책이 설득력을 갖고, 그 결과 집행이 수월해진다는 부수적인 효과가 있다. 협력의 원칙은 주변환경에 영향을 미치는 계획이나 승인에 있어서 인근 주민의 의견을 수렴하는 방법으로 실현된다. 이로써 주민의 권리를 사전에 구제하고, 행정의 효율성과 정당성을 높일 수 있다.

7. 환경권보호를 위한 권리구제의 특수성

환경오염행위는 넓은 지역에 걸쳐, 그리고 장기적으로 영향을 미치고, 그 결과 다수의 피해자를 발생시킨다. 이러한 이유로 환경소송에서 소송의 주관적 요건으로서 원고적격을 완화하고, 객관적으로 처분의 개념을 확대할 필요가 있다. 환경은 일단 침해되면 회복하기 어려우며, 또 대체성을 갖는 것도 아니다. 그렇기 때문에 존속보장의 관점이 환경소송에서는 충분히 배려되어야 한다. 적극적으로 가구제제도(假救濟制度)를 도입하는 문제에 대한 논의가 필요하다.

환경오염을 사전에 방지하기 위하여 필요한 예방적 소송의 가능성이 검토되어야 한다. 현재 환경분쟁의 신속하고 효율적인 해결을 위하여 알선과 조정 및 재정절차 등 사전적 분쟁해결수단이 운영되고 있다. 이에 대해서는 「환경분쟁조정법」이 자세히 규율하고 있다.

Ⅶ. 범죄피해자구조청구권

1. 범죄피해자구조청구권의 법적 성격

타인의 범죄행위로 인하여 생명·신체에 대한 피해를 받은 국민은 법률이 정하는 바에 의하여 국가로부터 구조를 받을 수 있다(제30조). 범죄피해자구조청구권은 서술의 편의상 사회적 기본권으로 분류하지만 그 법적 성격은 다음과 같이 이중적이다.

범죄피해자구조청구권은 국가가 범죄예방을 게을리하여 발생한 범죄피해에 대한 책임을 제도화한 것이다. 그러나 이러한 책임은 국가배상, 그리고 국가유공자보상 등 전통적인 국가책임과는 명확히 구별된다. 범죄피해에는 국가의 행위가 직접적으로 개입되어 있지 않기 때문이다. 국가에게 범죄예방의 의무가 있고, 이를 게을리하여 범죄가 발생하였다는 측면이 있기는 하다. 그러나 이러한 사실이 국가에게 법적 책임을 물을 수 있는 근거가 되지는 못한다. 따라서 범죄피해자구조청구권의 이념적 기초는 기본적으로는 복지국가원리에 있다.[111)]

이와 같이 범죄피해자구조청구권의 이념적 및 이론적 근거는 취약하다. 본질적으로 보면 범죄피해자구조청구권은 헌법적 기본권이라기보다는, 오히려 입법정책적으로 형성되어야 할 문제이다.

2. 입법형성의 헌법적 기준 및 현행법의 내용

(1) 입법형성의 헌법적 기준

범죄피해에 대한 국가의 책임이 간접적이기 때문에 범죄피해자구조청구권을 구체화하는 데 있어서 넓은 입법형성권이 인정된다. 국가책임사상을 충실히 반영하고, 또 사회보장의 효과가 나타나도록 급여의 조건과 급여의 종류 및 내용, 그리고 수준을 형성하는 것이 바람직하다. 예컨대 개인의 구체적인 상황에 관계없이 급여의 지급 여부가 결정되어야 하며, 또 연금과 같이 피해자의 기존의 소득과 연계하여 장기급여를 지급하는 것이 사회보장의 이념에 충실할 것이다. 예컨대 독일의 「범죄피해자구조법」은 급여의 구성요건, 급여의 조건 등을 규율하고, 급여의 종류와 내용, 그리고 수준에 대해서는 전형적인 사회보상법인 「연방부양법」(Bundesversorgungsgesetz)을 준용하도록 하고 있다.

---

111) 이러한 취지의 결정으로는 헌재 2011.12.29, 2009헌마354, 23-2(하), 800면 참조.

(2) 현행법의 내용

범죄피해자구조청구권은 「범죄피해자보호법」에 의하여 실현되고 있다. 1987년 헌법에 범죄피해자구조청구권이 도입되었고, 이를 구체화하기 위하여 「범죄피해자구조법」이 제정되었다. 그러나 「범죄피해자구조법」은 범죄피해구조의 요건을 엄격히 하였으며, 범죄피해에 대한 구조방법이 현금급여에 국한되었다. 또 구조금의 수준이 현실적이지 못하였다. 이에 2005년 새로이 「범죄피해자보호법」이 제정되었다. 이후 「범죄피해자구조법」과 「범죄피해자보호법」이 함께 적용되다가 2010년 「범죄피해자보호법」의 개정을 통하여 기존의 「범죄피해자구조법」은 폐지되고 범죄피해에 대한 구조에 대해서는 「범죄피해자보호법」이 통일적으로 규율하고 있다.

「범죄피해자보호법」의 입법목적은 범죄피해자 보호 및 지원의 기본정책을 정하고, 국민을 피해로부터 신속히 회복시켜 인간의 존엄을 보장하는 데에 있다. 이를 위하여 국가 또는 지방자치단체는 범죄피해자 보호 및 지원의 체제를 구축·운영하고, 보호 및 지원을 위한 실태조사, 연구·교육·홍보를 행하며, 보호 및 지원을 위한 관계법령의 정비 및 각종 정책을 수립하고 시행하여야 한다(범죄피해자보호법 제4, 5조).

범죄피해자에게 당해 사건에 참여할 기회를 보장하여야 한다. 이를 위하여 범죄피해자가 수사담당자와 상담하거나 재판절차에서 진술하는 권리를 보장하여야 한다. 또 피해자의 요청이 있는 경우 수사결과, 공판기일, 재판결과, 형집행 및 보호관찰집행 등의 관련 정보를 제공할 수 있다(범죄피해자보호법 제8조). 국가는 수사 및 재판과정에서 형사절차상 범죄피해자의 권리에 관한 정보, 범죄피해자의 지원에 관한 정보, 그 밖에 범죄피해자의 권리보호 및 복지증진을 위하여 필요한 정보를 범죄피해자에게 제공하여야 한다(범죄피해자보호법 제8조의2). 국가 또는 지방자치단체는 피해자의 명예와 사생활을 보호하여야 한다. 피해자가 형사소송에서의 진술·증언과 관련하여 보복을 당할 우려가 있을 때에는 피해자보호를 위하여 적절한 조치를 강구하여야 한다(범죄피해자보호법 제9조).

범죄피해자에 대한 체계적이고 지속적인 보호를 위하여 범죄피해자 보호·지원에 관한 기본계획을 5년마다 수립하여야 한다(범죄피해자보호법 제12조). 범죄피해자 보호·지원에 관한 기본계획 및 범죄피해자보호에 관한 주요 사항을 심의하기 위하여 법무부장관 소속하에 범죄피해자보호위원회를 둔다(범죄피해자보호법 제15조). 범죄피해자 보호·지원에 관한 기본계획에 따라 법무부장관, 관계중앙행정기관의 장 및 광역지방자치단체의 장은 연도별 시행계획을 수립 · 시행하여야 한다(범죄피해자보호법 제12, 13조).

「범죄피해자보호법」은 사람의 신체 · 생명을 해하는 범죄를 통해서 개인에게 발생한 사망, 장해 또는 중상해에 해당하는 위험을 보호하고 있다. 범죄피해자 구조는 국가의 범죄예방의무와 연계되어 있는 국가책임이다. 따라서 국가의 공권력이 미치는 영역 안에서의 범죄피해를 구조하며, 외국에서 발생한 범죄피해는 구조의 대상에서 제외된다.[112] 그 밖에 범죄피해 방지 및 범죄피해자 구조활동으로 인하여 피해를 받은 자도 범죄피해자로 본다(범죄피해자 보호법 제3조).

다음과 같은 두 경우에 구조청구권이 성립된다. 첫째, 피해자가 피해의 전부 혹은 일부를 배상받지 못하는 경우이다. 둘째, 자기 또는 타인의 형사사건의 수사 또는 재판에서 고소 · 고발 등 수사단서를 제공하거나 진술, 증언 또는 자료제출을 하다가 피해자가 된 경우이다(범죄피해자 보호법 제16조). 다만 피해자나 유족이 해당 범죄피해로 인하여 「국가배상법」이나 다른 법령에 의한 급여를 받을 수 있는 경우에는 구조금을 지급하지 않는다(범죄피해자 보호법 제20조).

위와 같은 조건이 충족되었을 때 장해피해에 대해서는 장해구조금 혹은 중상해구조금이, 사망피해에 대해서는 유족구조금이 지급된다. 유족구조금은 피해자의 사망 당시 월급액이나 월실수입액 또는 평균임금의 24개월 이상 48개월 이하의 범위에서 대통령령으로 정한다. 이때 유족의 수와 연령 및 생계유지상황 등을 고려한다. 장해구조금과 중상해구조금으로는 피해자가 신체 손상을 입은 당시 월급액이나 월실수입액 또는 평균임금의 2개월 이상 48개월 이하의 범위에서 대통령령으로 정한다. 이때 피해자의 장해 또는 중상해의 정도, 부양가족의 수 및 생계유지상황 등을 고려한다(범죄피해자보호법 제22조, 시행령 제20조 이하). 구조금은 범죄피해로 인하여 상실된 소득을 보전하는 기능을 갖는다. 이에 비해서 신체 및 건강에 대한 피해를 치료하는 조치 혹은 이에 소요되는 비용을 보상하고 있지 않다.[113]

112) 헌재 2011.12.29, 2009헌마354, 23-2(하), 800면 이하 참조.
113) 이 점이 문제가 된 판례로는 대판 2024.4.12, 2023다307741 참조.

제 6 절 권리구제를 위한 기본권

Ⅰ. 재판을 받을 권리

1. 재판을 받을 권리의 규범구조

모든 국민은 헌법과 법률이 정한 법관에 의하여 법률에 의한 재판을 받을 권리를 가진다(제27조 제1항). 재판을 받을 권리는 모든 국민이 법적 분쟁에 있어서 분쟁의 당사자가 아니며, 독립하여 중립적인 위치에 있는 국가권력에 의하여 심판을 받을 기회를 보장한다. 분쟁해결의 기준은 헌법 또는 법률이며, 독립성이 보장된 법관에 의하여 심판되어야 한다. 재판의 공정성을 보장하기 위하여 재판은 공개적으로 이루어져야 한다(제3항 제2문). 또 효율적인 권리구제를 위하여 신속한 재판이 이루어져야 한다. 특히 신체구속 및 신분상 불이익의 위험이 큰 형사피고인의 경우 신속한 권리구제의 필요성이 있다(제3항 제1문). 범죄의 확인 및 형의 부과는 최종적으로 법관의 결정에 의한다. 따라서 형사피고인은 유죄의 판결이 확정될 때까지는 무죄로 추정된다(제4항). 형사사건에서 재판의 당사자는 국가와 피고인이다. 그런데 헌법은 실체적 진실의 발견을 위하여 형사피해자에게 법률이 정하는 바에 의하여 당해 사건의 재판절차에서 진술할 수 있도록 하였다(제5항).

헌법은 예외적인 경우에 특별법원인 군사법원의 관할을 인정하고 있다. 군인 또는 군무원의 특수신분을 가진 자, 혹은 특수신분을 갖지 않은 경우에도 특정한 범죄, 즉 중대한 군사상 기밀 · 초병 · 초소 · 유독음식물공급 · 포로 · 군용물에 관한 죄 중 법률이 정한 경우, 그리고 비상계엄이 선포된 경우에는 군사법원의 재판을 받는다(제2항).

2. 헌법과 법률이 정한 법관에 의하여 재판을 받을 권리

(1) 재판을 받을 권리

가) 법원에 의해서 재판을 받을 권리

재판을 받을 권리는 법적 분쟁이 중립적이고 독립적인 국가기관에 의해서 공정하게 판단되도록 보장하기 위한 기본권이다. 재판을 통하여 법적 분쟁이 최종적으로 결정된다. 권리를 침해 당한 자에게 법원에 의한 재판을 받을 권리를 보장하지 않고 해당 법률관계의 당사자인 국가기관이 최종적으로 결정을 하는 것은 헌법에 위반된다.

예컨대 중립성과 독립성이 희박한 국가배상심의회의 결정에 동의를 한 경우 「민사소송법」상의 재판상 화해가 성립된 것으로 보고 그 효력을 다툴 수 없게 한 것은 재판청구권을 침해한다.[1] 다만 독립성과 중립성, 그리고 절차적 정당성이 갖추어진 경우에 해당 결정이 재판상 화해와 같은 효력을 갖도록 한 것 자체가 헌법에 위반되는 것은 아니다.[2] 또 형사사건에서 「형사소송법」상 기소편의주의에 따라서 기소의 여부는 원칙적으로 검사가 결정하지만, 검사가 자의적인 판단에 의하여 기소를 하지 않을 경우 재판을 받을 권리를 침해한다.[3]

판례 **민주화운동 관련자 명예회복 및 보상심의위원회의 보상결정과 재판청구권** (헌재 2018.8.30, 2014헌가180등)

민주화보상법은 관련자 및 그 유족에 대한 명예회복과 보상금 등을 심의·결정하기 위하여 국무총리 소속으로 위원회를 두고 있다. 위원회는 민주화운동에 대한 경험이나 학식이 풍부한 사람 중에서 국회의장이 추천한 3명과 대법원장이 추천한 3명을 포함하여 총 9명의 위원으로 구성하고, 대통령이 위원을 임명하며, 위원장은 위원 중에서 호선하고, 위원장과 위원의 임기를 2년으로 정하되 한 차례만 연임할 수 있다. 국무총리가 위원회에 대한 지휘·감독권이나 위원에 대한 징계권 등을 갖지 않는다. 이와 같이 위원회의 구성 및 활동에 있어 중립성과 독립성을 보장하고 있다. 또한 위원회에 상정될 안건에 대한 분석·정리 및 보완이나 그 밖에 필요한 연구·검토 등의 업무를 하는 상임조사위원 1명을 두어야 하고, 위원회에 다양한 분과위원회를 설치하면서, 각 분과위원회의 위원은 민주화운동에 대한 경험이나 학식이 풍부한 자 또는 전문의 자격을 갖춘 자 등으로 구성된다. 이로써 심의절차의 전문성과 공정성을 제고하고 있다.

위원회가 결정한 보상금 등의 지급 여부와 금액에 대해 다투고자 하는 신청인은 위원회의 결정서를 송달받은 날부터 30일 이내에 위원회에 재심의를 신청할 수 있고, 결정서 정본 또는 재심의결정서 정본을 송달받은 날부터 60일 이내에 소송을 제기할 수 있다. 따라서 신청인이 충분히 생각하고 검토할 시간을 보장하고 있으며, 재심의 신청 및 소송 제기 절차를 통해 위원회의 결정에 대한 동의 또는 불복 여부를 신청인이 자유롭게 선택할 수 있다. 또 보상결정서 정본을 송달받은 신청인이 보상금 등을 지급받고자 할 때에는 지체 없이 그 결정에 대한 동의서를 첨부하여 위원회에 이를 청구하도록 하면서, 그 과정에서 위원회의 보상금 등 지급결정에 동

1) 헌재 1995.5.25, 91헌가7, 7-1, 611면 참조.
2) 헌재 2018.8.30, 2014헌바180등, 30-2, 270면 이하 참조.
3) 헌재 1992.6.26, 92헌마7, 4, 471면; 1996.3.28, 95헌마170, 8-1, 255면 등 참조.

의할 경우 더 이상 민주화운동과 관련한 피해의 배상을 청구할 수 없다는 점도 '동의 및 청구서'를 통하여 신청인에게 고지하도록 하고 있다.

위와 같이 민주화보상법은 위원회의 중립성·독립성을 보장하고 있고, 심의절차에 전문성·공정성을 제고하고 있으며, 신청인에게 지급결정 동의의 법적효과를 안내하면서 검토할 시간을 보장하여 이를 통해 그 동의 여부를 자유롭게 선택하도록 하고 있으므로, 심판대상조항이 입법형성권의 한계를 일탈하여 재판청구권을 침해한다고 볼 수도 없다.

나) 상고심제한의 문제

헌법상 최고법원은 대법원이다(제101조 제2항). 그러나 재판을 받을 권리가 대법원 또는 상고심의 재판을 받을 권리를 보장하는 것은 아니다.[4] 상고제도는 법질서의 통일이라는 공익과 당사자의 충실한 권리구제라는 목적을 동시에 추구하므로 상고심 허용 여부는 입법정책의 문제이다.[5] 예컨대 민사소송에서 얻어질 이익과 지출할 비용을 비교한 결과, 또 신속·간편·저렴한 처리를 요구하는 특성상 소액사건에 대해서 상고를 제한하는 것이 재판청구권을 침해하지는 않는다.[6] 이미 확정된 판결에 대한 불복방법인 재심을 청구할 권리에 대해서는 더욱 입법형성권이 넓게 인정된다.[7]

그러나 상고심을 포함하여 상소제도는 재판오류의 가능성을 염두에 두고 당사자를 구제하기 위하여 필요하기 때문에 상고심 청구권을 불합리하게 제한하는 것은 재판청구권을 침해한다. 궐석재판이 이루어진 후 피고인이 체포되거나 임의로 검사에게 출석하는 경우에 한하여 상고심을 청구할 수 있게 하고, 또 상소권 회복청구의 기회를 차단하는 형태의 상고심 제한은 재판청구권을 침해한다. 헌법재판소는 이와 같은 내용의「반국가행위자의 처벌에 관한 특별조치법」제5조 등에 대해서 위헌결정을 한 바 있다.[8]

---

4) 헌재 1992.6.26, 90헌바25, 4, 349면; 1996.10.31, 94헌바3, 8-2, 477면 등 참조.
5) 헌재 1993.11.25, 91헌바8, 5-2, 405면; 1995.1.20, 90헌바1, 7-1, 10면 이하; 1996.10.31, 94헌바3, 8-2, 474면 이하; 1997.10.30, 97헌바37등, 9-2, 502면 이하; 2002.5.30, 2001헌마781, 14-1, 555면; 2006.4.27, 2004헌마441 등 참조.
6) 헌재 1995.10.26, 94헌바28, 7-2, 468면 이하 참조.
7) 헌재 1996.3.28, 93헌바27, 8-1, 187면 참조.
8) 헌재 1993.7.29, 90헌바35, 5-2, 31면 이하 참조.

다) 재판을 받을 권리의 실질적 보장

형사피고인 혹은 민사소송에서 당사자가 자력이 없다는 이유로 재판을 받을 권리를 행사할 수 없어서는 안 된다. 형사피고인에 대해서는 헌법 제12조 제4항이 국선변호인제도를 두어 재판을 받을 권리를 보장하고 있다. 민사소송에서는 재판비용의 부담으로 인하여 재판을 받을 권리에 제약이 가해진다. 따라서 국가는 재판비용을 당사자가 부담할 수 없을 정도의 다액(多額)으로 결정해서는 안 된다.[9] 또 패소할 것이 명백한 경우를 제외하고는 재판비용의 납입을 유예하는 제도 등을 통하여 재판을 받을 권리를 실질적으로 보장하여야 한다.[10] 형사사건에서 수사기록에 대한 열람·등사권은 재판을 받을 권리를 실효성있게 보장하기 위하여 필요하다. 따라서 재판을 받을 권리에 의하여 보장된다.[11] 또 재판을 청구할 수 있는 기간이 지나치게 짧은 경우 재판을 받을 권리가 실질적으로 보장될 수 없다. 이러한 이유로 「인신보호법」이 수용처분에 대한 구제청구에 있어서 즉시항고기간을 3일로 정한 부분에 대해서 위헌결정이 내려졌다.[12]

재판을 받을 권리를 실효적으로 보장하기 위해서는 구금시설 수용자가 변호사로부터 충실하게 조력을 받을 수 있어야 한다. 수용자와 변호사가 접촉차단시설에서 접견하여야 하기 때문에, 또는 변호사와의 접견 시간 및 횟수가 제한되어 있기 때문에 효율적인 재판준비를 할 수 없는 경우에는 재판청구권이 침해된다.[13]

헌법소원의 심판청구와 심리에 있어서는 변호사강제주의가 적용된다. 이는 헌법소원심판에 접근을 어렵게 하는 효과가 있지만, 국선변호인제도를 통해서 이를 극복하는 기회가 보장되어 있기 때문에 재판청구권을 침해하지 않는다.[14]

---

9) 헌재 1989.5.24, 89헌가37등, 1, 58면 참조. 그러나 헌법재판소는 소가상한(訴價上限)을 두지 않고, 소송물가액에 비례하여 인지가액을 결정하는 것을 합헌이라고 한 바 있다. 헌재 1996.8. 29, 93헌바57, 8-2, 60면; 1996.10.4, 95헌가1, 8-2, 273면 참조.

10) 헌재 1994.2.24, 93헌바10, 6-1, 87면 이하 참조.

11) 헌재 1997.11.27, 94헌마60, 9-2, 676면 이하 참조.

12) 헌재 2015.9.24, 2013헌가21, 27-2(상), 467면 이하 참조. 이에 비해서 「형사소송법」이 즉시항고의 제기기간을 3일로 한 규정에 대해서는 기간의 연장 혹은 예외가 허용된다는 이유로 합헌으로 결정하였다. 헌재 2011.5.26, 2010헌마499, 23-1(하), 254면 이하 참조.

13) 헌재 2013.8.29, 2011헌마122, 25-2(상), 504면 이하; 2015.11.26, 2012헌마858 등 참조. 이는 변호사와의 접견 시간 및 횟수를 제한하는 규정에 대한 합헌결정을 변경한 것이다. 헌재 2004.12.16, 2002헌마478, 16-2(하), 565면 이하 참조.

14) 헌재 1990.9.3, 89헌마120등, 2, 295면 이하 참조.

(2) 법관에 의하여 재판을 받을 권리

모든 국민은 헌법과 법률이 정한 자격과 절차에 의하여 임명되고 재판상 독립(제103조)과 신분보장(제106조)이 된 법관에 의한 재판을 받을 권리를 갖는다.

가) 법관에 의하여 법률심판 및 사실심판을 받을 권리

재판을 받을 권리는 법관이 분쟁에 적용될 법률을 해석·적용할 뿐 아니라 법관에 의하여 사실을 확정받을 권리를 보장한다. 행정청에서 이루어지는 전심절차의 심결이나 결정이 법령에 위반된 경우에 한하여 대법원에 상고심을 허용하는 것은 법관에 의한 재판을 받을 권리를 침해한다. 대법원은 법률심이며, 따라서 이러한 경우에는 사실확인에 있어서 법관의 판단을 받을 기회가 보장되지 않기 때문이다.

위와 같은 이유로 헌법재판소는 특허청의 항고심판에 대해서 곧바로 대법원에 상고하도록 하였던 구「특허법」규정에 대해서 헌법불합치결정을 한 바 있다.[15] 또 같은 이유로 대한변협 징계위원회에서의 징계에 대해서 법무부 변호사징계위원회에서의 이의절차를 밟은 후 곧바로 대법원에 즉시항고하도록 하였던「변호사법」규정에 대해서 역시 위헌결정을 하였다.[16] 다만 대법원이 단심(單審)으로 관할하는 경우에도 대법원이 법률심뿐 아니라 사실확정을 심리하는 때에는 재판청구권을 침해하지 않는다. 이러한 이유로 법관에 대한 징계처분 취소소송을 대법원이 단심으로 재판하는「법관징계법」의 규정(법 제27조)에 대해서는 합헌결정이 내려졌다.[17]

판례 **사실확정에 있어서 법관에 의한 재판을 받을 권리** (헌재 1995.9.28. 92헌가11등)

법관에 의한 재판을 받을 권리는 법관이 사실을 확정하고 법률을 해석·적용하는 재판을 받을 권리를 보장하고, 법관에 의한 사실확정과 법률의 해석적용의 기회에 접근하기 어렵도록 제약이나 장벽을 쌓아서는 안 된다. 만일 그러한 보장이 제대로 이루어지지 않는다면 재판을 받을 권리의 본질적 내용을 침해한다.

특허청의 심판절차에 의한 심결이나 보정각하결정은 특허청의 행정공무원에 의한 것으로서 이를 헌법과 법률이 정한 법관에 의한 재판이라고 볼 수 없다. 따라서 특허법 제186조 제1항은 법관에 의한 사실확정 및 법률적용의 기회를 박탈한 것으

15) 헌재 1995.9.28. 92헌가11등, 7-2, 278면 이하 참조.
16) 헌재 2000.6.29. 99헌가9, 12-1, 763면 이하 등 참조.
17) 헌재 2012.2.23. 2009헌바34, 24-1(상), 80면 이하 참조.

로서 "법관에 의한" 재판을 받을 권리의 본질적 내용을 침해하는 위헌규정이다. 특허법 제186조 제1항은 행정심판임이 분명한 특허청의 항고심판 심결이나 결정에 대한 법원의 사실적 측면과 법률적 측면에 대한 심사를 배제하고 대법원으로 하여금 특허사건의 최종심 및 법률심으로서 단지 법률적 측면의 심사만을 할 수 있도록 하고 있다. 이는 일체의 법률적 쟁송에 대한 재판기능을 대법원을 최고법원으로 하는 법원에 속하도록 하고 있는 헌법 제101조 제1항 및 제107조 제3항에 위반된다.

나) 배심제와 참심제의 문제

현행 헌법에서는 법관의 자격이 없는 일반 국민에게 사실판단에 있어서 최종적인 결정권한을 부여하는 배심제는 허용되지 않는다. 또 일반 국민이 전문법관과 함께 재판부를 구성하여 사실판단뿐 아니라 법적 판단에도 참여하는 참심제 역시 헌법과 법률이 정한 법관에 의하여 재판을 받을 권리와 조화될 수 없다. 이와 같은 헌법적 한계로 인하여 「국민의 형사재판참여에 관한 법률」은 배심원이 참여하는 재판을 운영하고 있지만, 이때 배심원의 평결과 의견은 법원을 기속하지 않는다(법 제46조 제5항). 보다 일반적으로 보면 재판을 받을 권리에 국민참여재판을 받을 권리가 포함되는 것은 아니다.[18)]

다) 입법과 사법의 기능분담

형사사건에 있어서 법관에 의한 재판을 받을 권리는 법률에 의해서도 침해될 수 있다. 형법적 비난가능성을 유형화하는 추상적인 구성요건은 입법적으로 결정되어야 한다. 그러나 이러한 구성요건에 해당하는 경우 여기에 자동적으로 신체의 자유를 박탈하는 수용처분인 보안처분을 부과하는 것은 입법적 형성의 한계를 일탈한다. 보안처분의 필요성은 재범의 가능성 및 개연성, 범행의 의의와 행위자의 연령 · 성격 · 가족관계 · 교육 정도 · 직업 · 환경 · 범행의 동기 · 범행 후의 정황과 개전의 정 등을 종합하여 판단하여야 한다. 그런데 이는 입법적 결정이 아닌 사법적 결정, 즉 법관에 의하여 구체적이고 개별적으로 판단되어야 하기 때문이다.[19)] 이에 비해서 형사법적 제재가 아니라 자유를 제한하는 의무를 부과하는 데 그치는 보안관찰처분은 자유의 전면적 박탈에 이르는 제한은 아니기 때문에 법관이 판단하여야 하는 것은 아니다. 따라서 준사법기관인 보

---

18) 헌재 2009.11.25, 2008헌바12, 21-2(하), 493면 이하 참조.
19) 헌재 1989.7.14, 88헌가5등, 1, 84면 이하 참조.

안관찰처분심의위원회에서 심의·의결하는 것이 재판을 받을 권리를 침해하지는 않는다.[20)]

라) 재판과 전심절차

법관에 의하여 재판을 받을 권리는 각종 법률이 행정심판제도를 두고 있는 경우 행정심판과 재판을 받을 권리와의 관계에서 문제된다. 재판의 전심절차로서 행정심판은 헌법에 명시되어 있으므로(제107조 제3항) 그 자체 정당성에 문제가 있는 것은 아니다. 다만 이 경우 다음과 같은 두 가지 점이 검토되어야 한다.

첫째, 전심절차가 법적 분쟁에 있어서 최종적인 판단이어서는 안 된다. 즉 최종적으로는 법관에 의한 판단을 받을 기회가 보장되어야 한다. 둘째, 전심절차는 법률로 정하여야 하며, 이때 사법절차를 준용하여야 한다. 따라서 사법절차의 내용, 그리고 준용의 의미가 무엇인지 밝혀져야 한다.[21)] 이 점에 대해서는 사법부를 설명할 때 다루기로 한다. 이에 비해 통고처분은 피통고자의 권리의무에 직접적인 영향을 미치지 않고, 또 통고이행을 강제하지도 않으므로 이를 행정심판이나 행정소송의 대상에서 제외한 것이 재판을 받을 권리를 침해하지는 않는다.[22)]

(3) 헌법과 법률에 의하여 재판을 받을 권리

가) 합헌적 법률에 의하여 재판을 받을 권리

헌법과 법률에 의한 재판을 받을 권리는 합헌적인 실체법과 절차법에 따라 재판을 받을 권리를 말한다. 따라서 재판의 당사자는 적용법률이 헌법에 위반되는 경우 해당 법률의 적용을 배제하는 신청을 할 수 있고, 법관은 신청의 인용 여부를 결정하여야 한다. 다만 이에 대한 최종결정은 헌법재판소가 관할하기 때문에 법관은 이를 헌법재판소에 제청하고 당해 소송을 정지할 수 있을 뿐이다. 법관은 해당 신청이 명백히 이유없다고 판단하는 경우에는 해당 법률을 적용하여 재판을 할 수 있다. 이 경우 신청인인 당사자는 「헌법재판소법」 제68조 제2항에 의하여 헌법재판소에 헌법소원심판을 청구할 수 있다. 명령·규칙 및 처분이 헌법 혹은 법률에 위반되는가의 여부가 재판의 전제가 된 때에는 대법원이 이에 대한 최종적인 심판권을 갖는다(제107조 제2항).

20) 헌재 1997.11.27, 92헌바28, 9-2, 569면 이하 참조.
21) 이에 대한 결정으로는 헌재 2000.6.1, 98헌바8, 12-1, 590면 이하 참조.
22) 헌재 1998.5.28, 96헌바4, 10-1, 620면 이하 참조.

나) 헌법재판을 받을 권리

재판을 받을 권리에 헌법재판을 받을 권리가 포함되는가 하는 문제가 제기된다. 법원은 기본적으로 법률을 기준으로 재판을 하며, 법률의 위헌 여부는 법관이 해당 법률을 적용할 것인가의 판단에 영향을 미친다. 이에 비해서 헌법재판은 헌법 자체가 심사의 기준이 된다. 따라서 헌법과 법률에 의한 재판을 받을 권리에는 법원에 의한 재판뿐 아니라 헌법을 기준으로 헌법재판을 받을 권리가 포함된다.[23] 이러한 관점에서 보면 「헌법재판소법」 제68조 제1항에서 헌법소원의 대상에서 법원의 재판을 제외한 것은 재판을 받을 권리를 침해하는 위헌적인 규정이다.

3. 신속한 공개재판을 받을 권리, 공정한 재판을 받을 권리

(1) 신속한 재판을 받을 권리

재판이 실질적으로 권리를 구제하기 위해서는 신속히 이루어져야 한다. 이러한 요청은 부분적으로 각종 소송법에 구체화되어 있다. 예컨대 헌법재판소는 심판사건을 접수한 날로부터 180일 이내에 종국결정의 선고를 하여야 한다(헌재법 제38조). 다만 이 규정은 훈시규정으로 이해되고 있다.[24] 민사소송에서는 소가 제기된 날로부터 5개월 이내에 판결을 선고한다(민소법 제199조). 신속한 재판의 요청은 특히 형사피고인의 이익을 위하여 중요한 의미를 갖는다.

(2) 공개재판을 받을 권리

헌법은 공개재판을 원칙으로 하고 있다. 이는 비밀재판을 금지하며, 외부에 투명한 상태에서 심리와 판결을 하여 재판의 공정성을 보장하는 효과가 있다. 공개법정에서 증거자료가 조사·진술되어야 하며, 소송의 당사자는 이에 대해서 공격·방어할 수 있어야 한다. 따라서 형사사건에서 피고인의 절차참여를 배제하여 공격·방어권을 제한하는 것은 재판을 받을 권리를 침해한다.[25]

공개재판의 원칙에 대해서는 헌법 자체가 예외를 인정하고 있다. 즉 국가안전보장 또는 안녕질서를 방해하거나 선량한 풍속을 해할 염려가 있는 때에는 예외적으로 법원의 결정에 의해서 심리를 공개하지 않을 수 있다(제109조). 이 경

---

23) 헌재 1993.7.29, 89헌마31, 5-2, 109면; 2014.4.24, 2012헌마2, 26-1(하), 214면 등 참조.
24) 헌재 1999.9.16, 98헌마75, 11-2, 370면 이하.
25) 헌재 1996.12.26, 94헌바1, 8-2, 828면 이하 참조.

우에도 선고는 공개되어야 한다.

(3) 공정한 재판을 받을 권리

공정한 재판을 위해서는 당사자주의와 구두변론주의가 보장되어 공소사실에 대한 답변과 입증 및 반증 등 공격·방어권이 충분히 보장되어야 한다. 궐석재판을 통하여 피고인이 방어권을 전혀 행사할 수 없는 상태에서 중형이 선고되는 경우에는 공정한 재판을 받을 권리를 침해한다.[26] 그러나 궐석재판이 항상 헌법에 위반되는 것은 아니다. 예컨대 「형사소송법」은 경미한 사건의 경우, 피고인에게 유리한 재판을 하는 경우 등에는 예외적으로 궐석재판을 허용하고 있다(형소법 제277조, 제306조 제4항 등).

공판 전 검사가 작성한 피의자조서가 피의자가 부인하는 때에도 증거능력을 갖는다면 공정한 재판을 기대할 수 없다. 따라서 검사가 작성한 피의자조서는 서명·날인 등 형식적 진정성립의 요건뿐 아니라 피의자가 자신이 진술했음을 인정하는 실질적 진정이 성립했을 때 비로소 증거로서 사용될 수 있다.[27] 다만 피고인이 자신의 진술의 내용을 부인하는 경우에도 해당 진술이 특별히 신빙할 수 있는 상태에서 행해진 경우에는 피의자신문조서에 증거능력을 인정하고 있다.[28]

헌법 제12조 제4항 변호인의 조력을 받을 권리는 형사사건에서 피의자 및 피고인의 권리이기 때문에 민사소송에서 변호인의 접견·교통에 있어서 적용되지는 않는다. 그러나 민사소송에서도 공정한 재판을 받기 위해서는 전문적 법률지원을 받을 수 있어야 한다. 민사소송에서 변호인과 접견교통권은 재판청구권에서 파생하는 기본권에 해당한다. 따라서 수용자가 민사소송에 관하여 변호인의 도움을 받을 권리를 지나치게 제한하는 것은 재판청구권을 침해한다.[29]

4. 무죄추정의 원칙

형사피고인은 유죄의 판결이 확정될 때까지 무죄로 추정된다(제27조 제4항). 이는 아

---

26) 헌재 1996.1.25, 95헌가5, 8-1, 17면; 1998.7.16, 97헌바22, 10-2, 229면 이하 등 참조.

27) 대판 2004.12.16, 2002도537; 2008.10.23, 2008도2826 등 참조. 이 판결은 「형사소송법」 제312조 제1항의 '진정의 성립'의 해석에 있어서 형식적 진정이 성립되면 실질적 진정을 추정하였던 기존의 판례를 변경한 것이다. 대판 1984.6.26, 84도748; 2000.7.28, 2000도2617 참조.

28) 헌재 2005.5.26, 2003헌가7, 17-1, 558면 이하 참조.

29) 헌재 2013.8.29, 2011헌마122, 25-2(상), 504면 참조.

직 공소가 제기되지 않은 피의자에게도 적용된다. 무죄로서 추정되는 기간은 최종심에서 유죄판결이 확정되기 전까지를 말한다. 따라서 1심 및 2심에서 유죄판결이 선고되었다는 이유로 무죄추정의 원칙이 배제되는 것은 아니다.[30)]

무죄추정의 원칙은 재판과정에서 피고인에 대한 유죄의 예단을 방지하고 피고인의 절차적 권리를 충실히 보호하는 목적을 갖는다. 이로부터 형사사건에서 불구속수사 및 불구속재판의 원칙이 도출된다.

무죄추정의 원칙은 피고인 혹은 피의자라는 이유로 받을 수 있는 불이익이 최소화되어야 한다는 내용이다.[31)] 모든 국민은 유죄가 확정될 때까지 형사절차상의 불이익뿐 아니라 그 밖의 기본권과 관련된 불이익을 받지 않는다. 이때 불이익이란 범죄사실의 인정 또는 유죄를 전제로 이루어지는 법률적·사실적 측면에서의 유형 및 무형의 차별취급을 말한다. 따라서 아직 유죄판결이 확정되기 전에 단순히 공소가 제기되었다는 사실만으로 직업행사와 관련하여 업무정지명령 혹은 직위해제처분 등의 불이익을 가하는 것은 일반적인 경우에는 무죄추정의 원칙에 반한다.[32)] 형이 확정되지 않은 경우에도 금고 이상의 형의 선고를 받았다는 이유로 지방자치단체의 장의 직무를 정지시키는 규정 역시 무죄추정의 원칙에 반한다.[33)] 재산상의 불이익에 대해서도 마찬가지이다.[34)] 고발이 된 상태에서 아직 공소가 제기되지도 않은 시점에 행위자에게 법위반 사실을 공표하도록 명령하는 것은 행위자의 소송 수행을 위축시키고 법원에는 불합리하게 예단을 하게 하는 효과가 있으므로 무죄추정의 원칙에 위반된다.[35)]

무죄추정의 원칙이 절대적 효력을 갖지는 않는다. 다만 이에 대한 제한은 필요한 최소한에 그쳐야 한다. 예컨대 변호사에 대한 공소가 제기되어 변호사 등록이 취소될 가능성이 매우 큰 경우에 내려지는 업무정지명령은 의뢰인의 이익 및 법적 절차의 공정성과 신속성과 같은 공익에 미치는 구체적인 위험이 크기 때문에 무죄추정의 원칙에 대한 정당한 제한이다.[36)]

---

30) 헌재 2010.9.2, 2010헌마418, 22-2(상), 542면 이하 참조.

31) 피의자에 대한 적용례로는 헌재 1992.1.28, 91헌마111, 4, 58면; 1992.4.14, 90헌마82, 4, 206면 등 참조.

32) 헌재 1990.11.19, 90헌가48, 2, 402면; 1994.7.29, 93헌가3등, 6-2, 12면; 1998.5.28, 96헌가12, 10-1, 569면 등 참조.

33) 헌재 2010.9.2, 2010헌마418, 22-2(상), 542면 이하 참조. 이 결정은 같은 조항에 대해서 이전의 합헌결정을 변경한 것이다. 헌재 2005.5.26, 2002헌마699등, 17-1, 734면 이하 참조.

34) 헌재 1997.5.29, 96헌가17, 9-1, 517면 참조.

35) 헌재 2002.1.31, 2001헌바43, 14-1, 59면 이하 참조.

36) 헌재 2014.4.24, 2012헌바45, 26-1(하), 49면 이하 참조.

질서유지, 그 밖에 도망·증거인멸을 방지하기 위하여 어느 정도 형사피고인의 기본권을 제한하는 것은 불가피하다. 따라서 예컨대 미결수용자에게 신문의 일부 기사를 삭제하여 제공하거나 사복을 입지 못하게 하는 것은 무죄추정의 원칙에 반하지 않는다.[37] 그러나 미결수용자가 수사 혹은 재판을 받기 위하여 구치소 밖으로 나올 때에는 기본권을 제한할 필요성은 약화되고, 반면 피고인이 심리적으로 위축되어 공격과 방어를 충실히 할 수 없는 상황이 발생한다. 따라서 이 경우에도 미결수에게 사복을 입지 못하게 하는 것은 무죄추정의 원칙에 반한다.[38]

5. 형사피해자의 재판절차에서의 진술권

형사피해자는 형사재판에 있어서 재판의 당사자는 아니다. 그럼에도 불구하고 헌법은 형사피해자에게 재판에서 진술할 권리를 부여하고 있다. 형사피해자의 진술권은 실체적 진실을 발견하는데, 또 형사사법의 절차적 정당성을 확보하여 공정한 재판을 진행하는 데 기여한다.[39] 형사피해자에는 형사실체법상의 직접적인 보호법익의 주체뿐 아니라 범죄로 인하여 법률상 불이익을 받게 되는 자가 포함된다. 예컨대 「교통사고처리특례법」 위반의 사망사고로 인한 형사재판에서 사망한 자의 부모는 「형사소송법」상 고소권자의 지위에 있으며, 또 교통사고로 인하여 자녀가 사망하여 정신적 고통을 받은 법률상 불이익을 입게 되었으므로 재판절차진술권이 보장되는 형사피해자의 범주에 속한다.[40]

형사피해자의 재판진술권은 고발 혹은 기소를 독점하고 있는 국가기관, 즉 예컨대 공정거래위원회와 검찰의 고발 혹은 기소권 행사에 있어서 재량의 일탈 여부를 심사하는 기준으로 적용되고 있다. 이들 기관이 자의적으로 고발 혹은 기소를 하지 않는 경우 피해자의 재판에서의 진술권이 실현될 수 없기 때문이다.[41] 이 경우 형사피해자의 재판진술권은 일반적으로 재판을 받을 권리에 부

37) 헌재 1998.10.29, 98헌마4, 10-2, 648면 이하; 1999.5.27, 97헌마137등, 11-1, 662면 이하 등 참조.

38) 헌재 1999.5.27, 97헌마137등, 11-1, 664면 이하; 2015.12.23, 2013헌마712 등 참조.

39) 헌재 1989.4.17, 88헌마3, 1, 37면; 2009.2.26, 2005헌마764등, 21-2(상), 172면 등 참조.

40) 헌재 1992.2.25, 90헌마91, 4, 134면; 1993.3.11, 92헌마48, 5-1, 129면; 1995.7.21, 94헌마136, 7-2, 176면 등 참조.

41) 헌재 1989.4.17, 88헌마3, 1, 37면; 1995.7.21, 94헌마136, 7-2, 179면 등 참조. 이에 비해서 기소유예처분으로 인하여 무죄판결의 기회가 상실되었다는 이유로 피고소인이 청구하는 헌법소원심판에 있어서는 평등권 및 행복추구권이 심사기준으로 적용된다. 헌재 2007.2.22, 2005헌마639, 19-1, 186면 이하 참조.

수하여 적용된다. 형사피해자의 재판절차에서의 진술권은 구체적으로 「형사소송법」에 의하여 보장된다. 이에 따르면 법원은 범죄로 인한 피해자의 신청이 있는 경우에는 그 피해자를 증인으로 신문하여야 한다(형소법 제294조의2 제1항).

6. 군사법원에 의한 재판

재판을 받을 권리는 일반법원에서 헌법과 법률이 정한 법관에 의하여 재판을 받을 권리를 말한다. 이에 대한 예외로서 헌법은 군사법원을 특별법원으로 두고 있다. 헌법은 군사법원에 의하여 재판을 받는 예외적인 경우를 명시하여 군사법원의 재판권이 남용되지 않도록 하고 있다. 즉 군인 또는 군무원이 아닌 국민은 대한민국의 영역 안에서는 중대한 군사상 기밀·초병·초소·유독음식물공급·포로·군용물에 관한 죄 중 법률이 정한 경우와 비상계엄이 선포된 경우를 제외하고는 군사법원의 재판을 받지 아니한다(제27조 제2항). 전투용에 공하는 시설을 군사시설에 해당한다고 보아 이에 관한 민간인의 범죄를 군사법원의 관할로 하고 있던 구 「군사법원법」 제2조 제1항 제1호에 대해서는 위헌결정이 내려졌다. 1980년 헌법은 군사법원의 관할대상으로 군용물·군사시설에 관한 죄를 병렬적으로 규정하고 있었다. 이에 비해서 현행 헌법은 군사시설에 관한 죄를 범한 민간인에 대한 군사법원의 재판권을 제외하는 것을 명백히 의도하여 이에 관한 규정을 삭제하였기 때문이다.[42)]

헌법 제110조에 의하여 특별법원으로서 군사법원을 설치할 수 있다. 그러나 이 조항이 군인이 일반법원에 의한 재판을 받을 가능성을 부인하는 것은 아니다. 또 헌법 제27조는 군인이 아닌 국민이 군사법원에 의한 재판을 받을 수 있다는 근거이며, 이 조문 역시 군인이 일반법원에 의한 재판을 받을 권리를 직접적으로 부인하는 것은 아니다.[43)] 따라서 예컨대 군입대 이전에 저지른 범죄에 대해서 현재 군인신분이라는 이유로 군사법원의 재판을 받도록 할 것인가, 아니면 일반법원이 관할할 것인가는 입법정책적인 문제이다. 군조직의 특수성과 효율성을 기준으로 보면 군사법원에 관할권을 부여할 것이다. 이에 비해서 일반 국민의 지위에서 저지른 범죄는 군조직에 위해한 것이 아니라, 일반 사회질서와 관련하여 비난가능성이 있다는 점을 우선적으로 고려하면 일반법원이

42) 헌재 2013.11.28, 2012헌가10, 25-2(하), 338면 이하 참조.
43) 헌재 1996.10.31, 93헌바25, 8-2, 452면 이하; 2009.7.30, 2008헌바162, 21-2(상), 280면 이하 등 참조.

관할하여야 할 것이다. 기존의 「군사법원법」은 이 경우를 군사법원이 관할하도록 하였지만, 개정 법률은 이를 일반법원이 관할하도록 하였다(군사법원법 제2조 제2항).[44)]

군사재판의 특수성을 고려하여 군사법원의 조직·권한 및 재판관의 자격을 일반법원과 달리 정하는 것은 헌법상 허용된다. 그러나 이 경우에도 재판청구권의 본질적인 내용이 침해되어서는 안 된다.[45)] 현행 「군사법원법」은 대법원을 군사재판의 최종심으로 하고, 재판관의 재판상 독립과 신분을 보장하고 있다. 기존에 군사법원으로 보통군사법원과 고등군사법원을 설치하고, 대법원이 최종심을 관할하였다. 개정 법률에서는 군사법원이 1심을 관할하고 이에 대한 항고사건은 서울고등법원이 관할하도록 하였다(군사법원법 제5조, 제9조). 군사법원은 군판사 3명으로 구성된다. 다만 약식절차에서는 군판사 1명을 재판관으로 한다. 군판사의 소속은 국방부로 한다. 군판사는 군판사인사위원회의 심의를 거치고 군사법원운영위원회의 동의를 받아 국방부장관이 임명한다. 기존 「군사법원법」은 군지휘관에 해당하는 관할관이 판결을 확인하고, 선고결과인 형을 감경할 수 있도록 하였다(군사법원법 제9, 21조, 제22조 제3항, 제23, 24조, 제26, 27조). 개정 「군사법원법」은 관할관제도를 폐지하였다.

판례 **군사법원의 특수성과 재판을 받을 권리** (헌재 1996.10.31, 93헌바25)

구 「군사법원법」은 군사법원을 군부대 등에 설치하도록 하고, 군사법원에 군 지휘관을 관할관으로 두도록 하며, 국방부장관, 각군 참모총장 및 관할관이 군판사 및 심판관의 임명권과 재판관의 지정권을 갖고 심판관은 일반장교 중에서 임명할 수 있도록 하고 있다. 이는 헌법 제110조 제1항, 제3항의 위임에 따라 군사법원을 특별법원으로 설치함에 있어서 군대조직 및 군사재판의 특수성을 고려하고 군사재판을 신속, 적정하게 하여 군기를 유지하고 군지휘권을 확립하기 위한 것으로서 필요하고 합리적인 이유가 있다.

헌법이 군사법원을 특별법원으로 설치하도록 허용하면서 대법원을 군사재판의 최종심으로 하고, 군사법원법이 재판관의 재판상의 독립, 재판관의 신분을 보장하고 있으며, 또한 군사법원의 재판관은 반드시 일반법원의 법관과 동등한 자격을 가진 군판사를 포함시켜 구성된다. 이러한 사정을 감안하면 일반법원과 따로 군사법원을 군부대 등에 설치하였다는 사유만으로 헌법이 허용한 특별법원으로서 군사법원의 한계를 일탈하여 사법권의 독립을 침해하고 위임입법의 한계를 일탈하거나 재판청구권, 평등권을 본질적으로 침해한 것이라고 할 수 없다. 또한 일반법원의 조직이

44) 이 규정에 대해서 헌법재판소는 합헌결정을 하였다. 헌재 2009.7.30, 2008헌바162, 21-2(상), 280면 이하 참조.

45) 헌재 1996.10.31, 93헌바25, 8-2, 443면 이하; 2009.7.30, 2008헌바162, 21-2(상), 288면 이하 등 참조.

나 재판부 구성 및 법관의 자격과 달리 군사법원에 관할관을 두고 군검찰관에 대한 임명, 지휘, 감독권을 가지고 있는 관할관이 심판관의 임명권 및 재판관의 지정권을 가지며 심판관은 일반장교 중에서 임명할 수 있도록 하였다. 그러나 그렇다고 하여 군사법원의 헌법적 한계를 일탈하여 사법권의 독립과 재판의 독립을 침해하고 죄형법정주의에 반하거나 인간의 존엄과 가치, 행복추구권, 평등권, 신체의 자유, 정당한 재판을 받을 권리 및 정신적 자유를 본질적으로 침해하는 것이라고 할 수 없다.

Ⅱ. 형사보상청구권

1. 형사보상청구권의 헌법적 의의

형사피의자 또는 형사피고인으로서 구금되었던 자가 법률이 정하는 불기소처분을 받거나 무죄판결을 받은 때에는 법률이 정하는 바에 의하여 국가에 정당한 보상을 청구할 수 있다(제28조). 형사보상청구권은 「형사보상 및 명예회복에 관한 법률」에 의하여 구체화되어 있다.

형사보상청구권은 피고인 혹은 피의자로서 구금되었던 자가 입은 신체의 자유와 관련된 희생에 대한 국가책임을 실현한다. 이에 기초하여 입법자는 권리구제가 실질적으로 보장되도록 형사보상청구권을 형성하여야 한다. 예컨대 헌법재판소는 무죄판결이 확정될 때로부터 1년 이내에 형사보상을 청구하도록 한 규정에 대해서 청구기간이 지나치게 짧고, 또 무죄판결의 선고사실을 모르고 청구기간이 도과할 수 있다는 사실을 배려하지 않았다는 이유로 헌법불합치결정을 하였다.[46] 형사보상청구권은 형사사법절차에서 나타날 수 있는 과오로 인한 희생을 보상하기 위한 제도이기 때문에 구금의 위법 여부는 청구권의 성립에 영향을 주지 않는다. 또 과실을 청구권 성립의 요건으로 하지 않는다.

형사소송법에 따르면 특히 형사피고인이 무죄판결을 받은 때에는 국가는 그 재판에 소요된 비용을 보상하여야 한다(법 제194조의2).

2. 형사보상청구권의 내용

(1) 형사보상청구권의 성립요건

형사보상청구권을 행사하는 주체는 형사피고인 또는 피의자 및 이들의 상속

46) 헌재 2010.7.29, 2008헌가4, 22-2(상), 1면 이하 참조.

인이다(형사보상법 제3조). 「형사소송법」에 따른 일반 절차 또는 재심이나 비상상고 절차에서 무죄재판을 받아 확정된 사건의 피고인이 미결구금을 당하였을 때 그 구금에 대해서, 또 상소권 회복에 의한 상소, 재심 또는 비상상고의 절차에서 무죄재판을 받아 확정된 사건의 피고인이 원판결에 의하여 구금되거나 형 집행을 받았을 때 구금 또는 형의 집행에 대해서 형사보상청구권을 행사할 수 있다(형사보상법 제2조). 재심절차에서 무죄를 받은 것은 아니지만 다음과 같은 경우에는 형사보상청구권이 성립한다. 기존에 유죄판결의 근거가 되었던 법률 조항이 삭제되자 검사가 다른 처벌 규정을 제시하여 공소장을 변경하고 재심판결에서 가벼운 형의 유죄판결이 내려진 경우이다. 이때에는 재심판결에서 선고된 형을 초과하는 구금에 대해서 형사보상청구권이 성립한다.[47)]

이와 같이 구금을 당했을 때 형사보상청구권을 행사할 수 있기 때문에 불구속기소 후 무죄판결을 받은 때에는 형사보상청구권은 성립되지 않는다. 형사보상청구권이 기소로 인한 단순한 명예훼손에 대해서는 보상하지 않는다는 것을 알 수 있다. 형사피고인 혹은 피의자가 구금 후 법률이 정한 무죄판결에 상응하는 처분을 받은 경우에 형사보상청구권은 성립된다. 법률이 정한 불기소처분, 면소·공소기각의 재판을 받아 확정된 피고인이 면소 또는 공소기각의 재판을 할 만한 사유가 없었더라면 무죄재판을 받을 만한 현저한 사유가 있었을 경우가 여기에 해당한다. 재심의 경우에도 마찬가지이다. 또 「치료감호법」상 피치료감호청구인의 치료감호사건이 범죄로 되지 않거나 범죄사실의 증명이 없는 때에 해당되어 청구기각의 판결을 받아 확정된 경우, 「헌법재판소법」에 따른 재심 절차에서 원판결보다 가벼운 형으로 확정됨에 따라 원판결에 의한 형 집행이 재심 절차에서 선고된 형을 초과한 경우에도 형사보상청구권이 성립된다(형사보상법 제26조).

그러나 기소편의주의에 따라서 내려지는 검사의 불기소처분은 법률이 정한 불기소처분에 속하지 않기 때문에 형사보상청구권은 성립되지 않는다.

다음과 같은 경우에는 형사보상청구권을 일부 혹은 전부 인정하지 않을 수 있다(형사보상법 제4조). 첫째, 형사미성년자 혹은 심신장애자(형법 제9조 및 제10조)를 이유로 무죄판결을 받은 경우이다. 둘째, 본인이 수사 또는 심판을 그르칠 목적으로 거짓 자백을 하거나 다른 유죄의 증거를 만들어 기소, 미결구금 또는 유죄재판을 받게

47) 이러한 경우를 형사보상의 대상에 열거하지 않았던 형사보상법 규정은 헌법불합치로 결정되었다. 헌재 2022.2.24, 2018헌마998등, 34-1, 206면 이하 참조.

된 것으로 인정된 경우이다. 셋째, 1개의 재판으로 경합범의 일부에 대하여 무죄재판을 받고 다른 부분에 대하여 유죄재판을 받았을 경우이다(형사보상법 제4조).

(2) 정당한 보상 및 명예회복

형사보상청구권은 신체의 희생에 대한 정당한 보상과 실질적 명예회복을 내용으로 한다. 보상의 내용은 정당한 보상이어야 한다. 이는 형사보상청구권자가 입은 손실에 대한 완전한 보상을 의미한다. 여기에는 구금 혹은 사망으로 인한 신체손상 및 재산상의 손실, 그리고 정신적인 고통이 포함된다. 재산상의 손실에는 소극적인 손실뿐 아니라 구금되지 않았더라면 얻을 수 있었던 이익의 상실도 포함된다. 다만 형사보상청구권은 국가배상청구권과는 달리 형사절차와 인과관계 있는 모든 손해를 개별적으로 보상하는 것은 아니고, 어느 정도 손해를 정형화하고 보상하고 있다. 또 아래에서 보는 바와 같이 보상의 상한에 관한 규정을 두고 있다(형사보상법 제5조 및 시행령 제2조). 이는 형사보상의 경우 침해되는 가치를 객관적으로 평가하기 어렵고, 또 개별적으로 보상을 산정하는 경우 상당한 기간이 소요되고 절차가 지연되기 때문이다.[48)]

보상의 내용과 관련하여 구금에 대한 보상에 있어서는 하한과 상한을, 사망에 대해서는 상한을 정하고 있다. 구금의 경우 보상의 하한과 상한은 보상청구의 원인이 발생한 연도의 「최저임금법」상의 일급최저임금액 및 그 5배에 해당하는 액이다. 보상금을 산정할 때 구금의 종류 및 기간의 장단, 구금기간 중에 입은 재산상의 손실과 얻을 수 있었던 이익의 상실 또는 정신적인 고통과 신체손상, 경찰·검찰·법원 각 기관의 고의 또는 과실 유무, 무죄재판의 실질적 이유가 된 사정, 그리고 그 밖에 보상금액 산정과 관련되는 모든 사정을 고려하여야 한다(형사보상법 제5조, 시행령 제2조). 사형집행으로 사망한 경우 보상금은 구금에 대한 보상금 외에 3천만원 이내의 범위에서 인정하는 액을 가산하여 결정된다(형사보상법 제5조 제3항).

무죄판결을 받은 자의 명예회복을 위하여 다음과 같은 조치가 취해진다. 즉 무죄재판사건의 피고인은 무죄재판이 확정된 때부터 3년 이내에 확정된 무죄재판사건의 재판서를 법무부 인터넷 홈페이지에 게재하도록 할 수 있다. 이는 해당 사건을 기소한 검사가 소속된 지방검찰청에 청구할 수 있다. 이러한 청구를 받은 경우 1개월 이내에 무죄재판서를 법무부 인터넷 홈페이지에 게재하여야

48) 이에 대한 헌법재판소의 합헌결정의 논리이다. 헌재 2010.7.29, 2008헌마514등, 22-2(하), 187면 이하 참조.

한다. 무죄재판서의 게재기간은 1년으로 한다(형사보상법 제30, 32조).

(3) 절 차

보상청구는 불기소처분을 한 검사가 소속된 지방검찰청 또는 불송치결정을 한 사법경찰관이 소속된 경찰관서에 대응하는 지방검찰청의 심의회에 한다. 무죄판결의 경우에는 보상청구는 무죄재판을 한 법원에 대하여 한다(형사보상법 제7조, 제28조). 보상청구는 무죄재판이 확정된 사실을 안 날부터 3년, 무죄재판이 확정된 때부터 5년 이내에 하여야 한다(형사보상법 제8조). 불기소처분 또는 불송치결정으로 인한 피의자보상의 청구는 이에 관한 고지 또는 통지를 받은 날부터 3년 이내에 하여야 한다.

보상청구는 법원합의부에서 재판한다(형사보상법 제14조). 개정전 「형사보상법」은 보상의 결정에 대해서는 불복을 신청할 수 없다고 규정하였다(구 형사보상법 제19조 제1항). 그러나 이 규정은 법적 안정성을 위하여 재판의 적정성을 일방적으로 희생시키는 결과가 되며, 따라서 재판청구권의 본질적인 내용을 침해한다는 이유로 위헌으로 결정되었다.[49] 현행 「형사보상법」은 보상결정에 대해서 즉시항고를 할 수 있도록 하였다(형사보상법 제20조).

3. 다른 법률에 의한 배상청구권과의 조정

해당 구금이 불법행위의 요건을 충족하는 경우 형사보상청구권과 국가배상청구권이 경합한다. 보상청구권자가 동일한 원인에 대하여 다른 법률의 규정에 의하여 손해배상을 받았을 경우에 그 손해배상의 액수가 「형사보상법」에 의하여 받을 보상금의 액수와 동일하거나 또는 이를 초과할 때에는 형사보상은 하지 않는다. 손해배상의 액수가 「형사보상법」에 의한 보상금의 액수보다 적을 때에는 그 금액을 공제하고 형사보상금의 액수를 정한다. 다른 법률의 규정에 의하여 손해배상을 받을 자가 동일한 원인에 대하여 「형사보상법」에 의한 보상을 받았을 때에는 그 보상금의 액수를 공제하고 손해배상의 액수를 정한다(형사보상법 제6조).

49) 헌재 2010.7.29, 2008헌마514등, 22-2(하), 190면 이하 참조.

Ⅲ. 국가배상청구권

1. 국가배상청구권의 규범구조

헌법은 국가의 불법행위책임을 인정하여 공무원의 직무상 불법행위로 인하여 손해가 발생한 개인은 국가에 손해배상청구권을 행사할 수 있다. 즉 공무원의 직무상 불법행위로 손해를 받은 국민은 법률이 정하는 바에 의하여 국가 또는 공공단체에 정당한 배상을 청구할 수 있다. 이 경우 공무원 자신의 책임은 면제되지 아니한다(제29조 제1항). 군인 등 특수신분을 갖는 자에 대해서는 헌법에 의하여 직접 국가배상청구권이 제한된다. 즉 군인·군무원·경찰공무원 기타 법률이 정하는 자가 전투·훈련 등 직무집행과 관련하여 받은 손해에 대하여는 법률이 정하는 보상 외에 국가 또는 공공단체에 공무원의 직무상 불법행위로 인한 배상을 청구할 수 없다(제2항).

국가배상청구권에 대해서 자세히는 「국가배상법」에서 정하고 있다. 「국가배상법」은 공무원 또는 공무를 위탁받은 사인의 직무상 불법행위로 인한 손해배상청구권과 함께 영조물의 설치·관리상의 하자로 인하여 국민에게 손해가 발생한 경우에도 손해배상청구권을 인정하고 있다(국가배상법 제5조).[50] 영조물의 설치·관리상의 하자로 인한 피해에 대해서 국가는 무과실책임을 진다. 이것이 헌법적 권리인가에 대해서 논란이 있다. 그러나 헌법 제29조 국가배상청구권은 불법행위에 대한 국가책임에 관한 기본권이기 때문에 무과실책임의 성격을 갖는 영조물의 설치·관리상의 하자로 인한 손해배상청구권이 헌법적 권리라고는 할 수 없다. 아래에서는 공무원의 직무상의 불법행위로 인한 손해배상청구권을 중심으로 불법행위에 대한 국가책임을 살펴본다.

2. 국가배상청구권의 헌법적 의의

공무원의 직무상 불법행위로 인하여 발생한 손해에 대해서 국가를 배상책임의 주체로 한 것은 다음과 같은 헌법적 의의가 있다.

(1) 국가책임의 실현

각국의 입법례를 보면 공무원의 불법행위로 인한 책임을 순수히 민법상의 법률관계로 보아 국가책임과는 관계없는 것으로 보는 경우도 있다. "국왕은 불

---

50) 이에 대해서는 예컨대 대판 1993.6.8, 93다11678 참조.

법을 행하지 않는다(The king can do no wrong)"는 이념에 기초하여 오랫동안 국가책임을 부인했던 영국이 좋은 예이다. 우리 헌법이 국가배상청구권을 기본권으로 보장하는 것은 국가무책임(無責任)사상을 취하지 않고, 국가의 불법행위 책임을 인정하는 의미가 있다.

(2) 충실한 권리구제

공무원은 공권력을 행사하는 주체이며, 따라서 국민은 다른 사인과의 관계에 비해서 공무원과의 관계에서는 규범적 그리고 사실적인 이유에서 불균형관계에 있다. 또 국민은 공권력이 기본적으로 합법적으로 행사된다고 신뢰한다. 이러한 관계에서 공무원의 불법행위에 의하여 피해를 받은 국민의 권리가 충실하게 구제되어야 한다. 그런데 배상책임의 주체를 공무원으로 하는 경우 공무원이 자력(資力)이 없다는 이유로 권리구제가 실현되지 않을 수 있다. 국가배상청구권은 이러한 상황을 방지하기 위하여 공무원의 불법행위로 인하여 발생한 손해에 대한 배상을 국가가 직접 부담하도록 한 것이다.

(3) 공무원의 적극적인 업무수행 촉진

국가배상청구권은 공무원책임과 국가책임을 조화롭게 형성하여 행정의 효율성을 도모하는 객관적인 의미가 있다. 국가배상청구권이 인정되었다고 해서 불법행위를 행한 공무원의 책임이 면제되는 것은 아니다. 공무원에게 고의 혹은 중과실이 있는 때에는 국가 또는 지방자치단체는 공무원에게 구상권을 행사할 수 있다(국가배상법 제2조 제2항). 이에 비해서 공무원 자신에게 고의 혹은 중과실이 없는 경우에는 내부관계에서 공무원에게 책임을 묻지 않는다.[51)]

만약 불법행위로 인하여 손해가 발생한 모든 경우에 내부관계에서 공무원에게 책임을 묻는다면 공무원은 항상 구상권이 행사될 우려 속에서 업무를 수행하게 된다. 그만큼 공무원은 수동적으로 법률에 정한 경우에 한하여 업무를 수행하게 될 것이다. 그런데 국가배상청구권은 불법행위책임을 국가에게 부담시키며, 내부관계에서 공무원의 책임을 제한함으로써 공무원의 적극적인 업무수행을 지원하는 효과가 있다.

---

51) 헌법 제29조 제1항 단서의 공무원의 책임이 국가 또는 지방자치단체와의 관계에서 내부책임을 말하는지, 아니면 피해자와의 관계에서 외부책임, 즉 민법상의 불법행위로 인한 손해배상책임을 말하는지에 대해서는 논란이 있다. 이에 대해서는 따로 다룬다.

3. 배상책임의 법적 성격

국가배상책임의 법적 성격과 관련해서는 다음 세 가지 문제에 대한 해명이 필요하다. 첫째, 국가배상청구권이 사법적 청구권인가, 아니면 공법적 청구권인가 하는 문제이다. 둘째, 국가배상책임이 국가의 자기책임인가 아니면, 발생한 손해에 대해서 공무원에게 책임이 있지만 국가가 이를 대위(代位)하는가 하는 문제이다. 셋째, 공무원의 직무상 불법행위로 인하여 손해를 받은 개인은 국가만을 청구권 행사의 상대방으로 하는가, 아니면 국가와 공무원 중 선택적으로 청구권을 행사할 수 있는가 하는 문제이다. 그런데 이 문제들은 다음에서 보는 바와 같이 부분적으로 상호 관련이 있기 때문에 함께 살펴보기로 한다.

(1) 사법적 청구권 – 대위책임 – 선택적 청구

초기 법원은 국가배상청구권은 민사상의 손해배상책임을 특별법인 「국가배상법」에 규율한 것이며, 국가배상청구권이 기본적으로 사법상의 권리라고 이해하였다.[52] 이 경우 공무원의 책임은 외부책임, 즉 피해자에 대한 민사상의 책임이며, 이러한 민법상의 청구권과 국가배상청구권이 경합하게 된다.

우리 헌법에서 기원적으로 보면 국가배상청구권에서 문제가 되는 공무원의 책임은 손해가 발생한 국민에 대한 민사책임이었다. 1948년 헌법에서 현행 헌법 제29조 제1항 제2문에 해당하는 규정은 다음과 같았다. "공무원의 직무상 불법행위로 인하여 손해를 받은 자는 국가 또는 공공단체에 대하여 배상을 청구할 수 있다. 단 공무원 자신의 민사상이나 형사상의 책임이 면제되는 것은 아니다"(제27조 제2항 제2문). 이 규정은 1962년 헌법에서 현재와 같은 모습으로, 즉 책임에 대한 수식어가 없는 형태로 바뀌었다. 이것이 공무원의 책임에 대한 이해의 변화를 반영한 것인지는 분명하지 않다. 적어도 법원의 판결에서는 헌법 조문의 변화가 공무원의 책임을 이해하는 데 아무런 영향을 미치지 않았다.[53]

위와 같은 이해에 따르면 국가배상책임은 공무원의 민사책임과 같은 성격을 갖기 때문에 국가책임은 공무원의 민사책임을 대신 부담하는 대위책임이 된다. 또 헌법 또는 법률에 특별히 공무원의 책임을 배제하는 규정이 없는 한 손해가 발생한 개인은 국가 혹은 공무원에 대해서 선택적으로 청구권을 행사할 수 있다. 실제 당시 법원은 대위책임에 대한 논리는 없었으나 헌법상 면제되지 않

52) 예컨대 대판 1972.10.10, 69다701 참조.
53) 대판 1972.10.10, 69다701 참조.

는 공무원의 책임을 손해가 발생한 국민에 대한 책임으로 보고, 선택적 청구권을 인정하였다.

(2) 공법적 청구권 – 자기책임 – 국가에 대한 청구

국가배상청구권은 공권력 행사의 특수성, 충실한 권리구제 그리고 국가책임과 공무원책임의 조화라는, 민법상의 불법행위로 인한 손해배상청구권과는 전혀 다른 이념이 지배하는 기본권이다. 따라서 법률관계의 당사자는 국가와 피해를 받은 국민이며, 불법행위를 행한 공무원은 직접적인 법률관계의 당사자는 아니다. 그렇다면 국가배상청구권은 국가와 손해를 받은 국민 간의 관계를 규율하는 공법상의 청구권이며, 국가는 공무원이 행한 불법행위의 책임을 자기책임으로서 부담한다. 그리고 손해에 대해서 국가가 자기책임을 지기 때문에, 즉 손해에 대해서 공무원의 외부적인 책임이 존재하지 않기 때문에 개인은 국가에 국가배상청구권을 행사할 수 있을 뿐 불법행위를 행한 공무원에게 민사상의 불법행위로 인한 손해배상청구권을 행사할 수는 없다.[54)]

위와 같은 이해에 따르면 헌법 제29조 제1항 제2문에서 공무원의 책임이 면제되지 않는다는 것은 공무원의 직무위반에 따르는 국가에 대한 책임이 면제되지 않는다는 의미이다. 이때 공무원의 책임은 손해배상을 행한 국가가 공무원과의 내부관계에서 구상권의 형태로 실현된다.

국가배상책임의 성격과 선택적 청구권의 문제에 대해서는 다음과 같은 다른 이해도 있다. 즉 국가책임의 성격이 대위책임이라면 결국 실질적으로 공무원의 책임이 존재하지만 국가가 이를 대신 부담하고 개인은 불법행위를 행한 공무원에게 손해배상청구권을 행사할 수 없으며, 따라서 선택적 청구권이 부인된다. 반대로 국가책임이 자기책임이라면 국가의 자기책임과 공무원의 민사상의 책임이 경합하므로 오히려 이때에는 선택적 청구권이 인정되어야 한다. 그러나 이는 법적 구조를 정확히 이해한 논리는 아니다. 국가배상책임이 대위책임이라면 선택적 청구권을 인정할 것인가의 여부에 대해서는 다시 입법적 결정이 필요하다. 즉 국가의 책임만을 인정하고 공무원에 대한 청구권을 부인할 수 있으며,

---

54) 위에서 살펴본 대판 1972.10.10, 69다701는 대판 1994.4.12, 93다11807에서 변경되었다. 즉 대법원은 「국가배상법」에서 공무원의 책임은 내부관계에서 구상권의 형태로 실현되며, 발생한 손해에 대한 배상청구권의 상대방은 국가 또는 지방자치단체라고 판시하였다. 다만 이 판결은 기존 판례의 변경임에도 불구하고 대법원 전원합의체에서 다루어지지 않았으며, 또 판례변경의 논거도 찾아볼 수 없는 문제점이 있다.

이러한 결정이 없다면 개인은 국가와 공무원 중 선택적으로 청구할 수 있다. 그러나 국가배상책임을 자기책임으로 이해하면 공무원에게는 애초부터 발생한 손해에 대한 책임이 존재하지 않는다. 그럼에도 불구하고 국가배상책임을 자기책임으로 이해한 경우 선택적 청구권이 인정된다는 견해는 여전히 국가배상책임을 사법상의 책임으로 보고, 여기에 공무원 개인의 책임도 본질적으로 공존한다는 사고에 집착하기 때문이었다.

(3) 국가배상책임의 성격에 대한 다원적인 이해

1996년 대법원은 손해배상청구권의 선택적 행사문제에 대해서 다양한 이해의 가능성을 제시하였다.[55)]

가) 다수의견: 공무원의 행위책임에 따른 차별적 이해

이 사건 다수의견에 따르면 헌법 제29조 제1항 제2문의 공무원의 책임은 발생한 손해에 대한 공무원의 민·형사상의 책임을 말한다. 다만 구체적인 손해배상의 성격에 대해서는 공무원의 행위책임의 정도에 따라 달리 이해하였다. 즉 공무원이 고의 혹은 중과실에 의하여 손해를 발생시킨 경우 이는 더 이상 국가행위로서의 성격을 갖지 못하며 본래는 공무원 개인이 손해배상책임을 부담한다. 그렇더라도 피해자의 권리구제를 위하여 국가배상청구권이 인정된다. 이러한 이해에 따르면 국가배상책임은 대위책임이 된다. 따라서 손해가 발생한 개인은 공무원에게도 손해배상청구권을 행사할 수 있다. 이때 국가가 먼저 손해배상을 한 경우 국가는 공무원에게 구상권을 행사할 수 있다.

이에 비해서 공무원의 경과실로 인하여 손해가 발생한 경우에는 이는 통상 예상할 수 있는 흠으로서 국가기관의 행위로서의 성격에 영향을 주지 않는다. 따라서 이때 성립되는 배상책임은 국가의 자기책임이며, 국가만이 손해배상책임을 지고, 손해에 대한 공무원의 책임은 존재하지 않는다.

나) 별개의견과 반대의견

별개의견은 헌법 제29조 제1항 제2문의 공무원의 책임을 공무원의 책임의 정도와는 관계없이 일관해서 손해에 대한 공무원의 민·형사상의 책임으로 이해한다. 이에 따르면 배상책임의 성격은 대위책임이고, 어떠한 경우에도 공무원 자신에게 손해배상청구권을 행사할 수 있다.

55) 대판 1996.2.15, 95다38677 참조.

이에 비해서 반대의견은 공무원의 책임은 발생한 손해에 대한 책임이 아니라 공무원의 국가에 대한 내부책임이라고 한다. 따라서 손해에 대한 국가배상책임은 국가의 자기책임이며, 개인은 국가만을 상대로 손해배상을 청구할 수 있을 뿐 공무원에 대해서 손해배상청구를 할 수는 없다.

다) 평 가

다수의견과 별개의견과 같은 이해방법은 여전히 국가배상청구권을 사법적 청구권으로 이해하고 사법관계에서 발생하는 손해배상의 구조에 따르면서 국가배상청구권의 이념을 가미하려는 발상이다. 그러나 국가배상청구권은 국가책임에 귀속되는 손해를 사후에 구제하기 위한 기본권이며, 따라서 공무원의 행위책임과는 관계없이 국가기관의 행위에 흠이 존재했다는 사실이 책임의 계기이다. 공무원의 직무상 불법행위로 인하여 발생한 손해에 대한 국가책임의 성격이 공무원에 대한 비난가능성의 정도에 따라 달라질 수는 없다.

다수의견과 같이 국가배상책임을 기본적으로 사법상의 청구권·대위책임·선택적 청구권으로 이해하려는 시도에 헌법 자체가 어느 정도 오해의 여지를 제공하고 있는 것은 사실이다. 앞에서 언급했듯이 헌법 제29조 제1항 제2문의 공무원의 책임이 기원적으로는 발생한 손해에 대한 공무원의 민·형사상의 책임이었으며, 변형된 형태이지만 이 조문이 아직 그대로 남아 있기 때문이다. 헌법정책적으로 보면 헌법 제29조 제1항 제2문은 삭제되어야 한다. 공무원의 국가와의 관계에서 적용되는 내부구상의 책임은 헌법에 규율될 사안이 아니다. 또 현재「국가배상법」제2조 제2항은 내부 구상책임의 근거로서 충분하기 때문이다.

4. 국가배상청구의 요건

국가배상청구권이 성립하기 위해서는 '공무원'의 '직무상' '불법행위'로 인하여 '손해'가 발생하여야 한다.

(1) 공무원

불법행위의 주체인 공무원에는「국가공무원법」및「지방공무원법」상의 신분을 가진 공무원이 포함된다. 국가배상청구권에서 공무원의 범위는 이보다 넓다. 즉 공무를 위탁받아 행하는 기능상의 공무원, 그리고 공법상의 의무를 수행하는 자 등이 포함된다. 전자의 예로 집행관, 후자의 예로 소집 중인 예비군을 들 수 있다.[56] 「국가배상법」은 2009년 개정을 통하여 공무원 외에 공무를 위탁받은 사인을 행위주체의 범위에 포함시켰다. 또 국회와 행정부, 그리고 법원의 모든 공무원이 포함된다. 다만 입법적 불법 혹은 사법적 불법에 의해서 개인에게 손해가 발생하는 것은 드물며, 또 이를 확인하는 것 역시 어려운 문제이다.

(2) 직무행위

불법행위는 직무집행과 관련하여 발생하여야 한다. 따라서 직무와 관련이 없는, 예컨대 순수히 사적(私的)인 동기에서 행한 불법행위로 인한 손해에 대해서는 민법상의 불법행위책임이 발생할 뿐 국가배상책임이 성립되지는 않는다.

직무행위로 판단되기 위해서는 객관적으로 직무에 속하는 행위 혹은 적어도 직무와 밀접히 관련된 행위가 존재하여야 한다. 이에 대한 공무원의 주관적인 인식이 필요하지는 않다.[57] 또 해당 행위가 공무원의 직무행위임을 피해자가 인식하였어야 하는 것도 아니다. 나아가서 법원은 손해가 발생한 개인이 해당 행위가 공무집행행위가 아니라는 사실을 알았더라도 직무행위로서의 성격에 영향을 주지는 않는다고 보았다.[58] 이와 같은 요건이 갖추어져 있는 한 권력행위뿐 아니라 비권력행위도 포함된다. 그러나 국가 혹은 지방자치단체의 사경제적인 사법상의 행위에 의하여 손해가 발생한 경우에는 민법상의 손해배상청구권이 적용된다.[59]

직무행위는 주로 행정작용이지만, 입법 및 사법적(司法的)인 행위 역시 직무행위에 포함될 수 있다. 다만 이들 행위의 불법행위로서의 성격 구명, 이로 인하여 발생하는 손해의 확인은 어려운 작업이다. 이에 대해서는 아래에서 불법행위와 관련하여 설명한다. 직무행위는 주로 작위를 내용으로 하지만, 부작위 역시 포함될 수 있다. 이 문제 역시 불법행위를 확인하는 과정에서 제기되기 때문에 아래에서 따로 다룬다.

---

56) 그러나 대법원은 소방서장의 소방업무를 보조하게 하기 위하여 설치한 의용소방대는 국가기관이 아니기 때문에 의용소방대원은 「국가배상법」상의 공무원에 포함되지 않는다고 하였다. 업무의 실질을 기준으로 하지 않고, 순전히 조직법적인 논리를 따랐다는 점에서 이해되지 않는 판결이다. 대판 1978.7.11, 78다584 참조.

57) 대판 1994.5.27, 94다6741 참조.

58) 대판 1966.6.28, 66다781 참조.

59) 판례도 이러한 입장에 있다. 대판 1997.7.22, 95다6991; 1998.7.10, 96다38971; 1999.11.26, 98다47245; 2004.4.9, 2002다10691 등 참조.

(3) 불법행위

가) 법령위반

국가배상청구권이 성립하기 위해서는 고의 혹은 과실에 의해서 법령에 위반되는 행위가 존재하여야 한다. 법령에는 헌법과 법률, 그리고 그 밖의 하위규범은 물론이고 법의 일반원칙 및 관습법과 같은 불문법도 포함된다.

나) 고의 · 과실

국가배상책임은 불법행위책임이며, 따라서 행위자의 고의 혹은 적어도 과실이 존재하여야 한다. 그러나 과실에 대한 엄격한 입증책임을 개인에게 부담시킬 경우 손해배상청구권을 행사하는 것이 실질적으로 어렵게 된다. 그렇기 때문에 국가배상청구권의 실효성을 높이기 위해서 과실에 대한 입증책임을 완화할 필요가 있다. 이와 같은 노력은 다음과 같은 두 가지 형태로 이루어진다.

첫째, 행위자의 과실을 객관적인 주의의무에 대한 위반으로 이해하는 방법이다. 이에 따르면 개인의 주관적인 심리상태와 관계없이 특정 행위와 관련하여 객관적으로 요구되는 주의의무를 게을리하여 위법행위가 발생했으면 과실이 인정된다.[60] 이러한 과실의 객관화경향이 좀 더 발전하면 이른바 '기관과실(Organisationsverschulden)'의 이론을 적용하게 된다. 이에 따르면 행정행위의 흠결로 인하여 개인에게 손해가 발생하면 이를 공무원 개인의 과실 여부를 묻지 않고 공무원이 속한 기관의 과실로 의제한다.

둘째, 공무원의 위법행위가 객관적으로 존재하면 이로써 공무원의 과실을 추정하거나 혹은 입증책임을 통상의 경우에 비해서 권리구제에 유리하게 분배하는 방법이다. 과실이 추정되는 경우에는 입증책임이 전환되어서 국가는 공무원의 과실이 없었음을 반증하여야 한다. 공무원의 법령위반행위에는 법령의 해석이 어렵고, 또 이에 대한 학설과 판례가 일치된 입장으로 정리되어 있지 않는 등의 사정이 없는 한 과실이 존재하는 것으로 인정된다.[61]

판례 **국가배상책임과 공무원의 고의·과실** (헌재 2020.3.26, 2016헌바55)

헌법 제29조 제1항 제1문은 '공무원의 직무상 불법행위'로 인한 국가 또는 공공단체의 책임을 규정하면서 제2문은 "이 경우 공무원 자신의 책임은 면제되지 아니한다"고 규정하는 등 국가배상책임은 공무원의 책임을 일정 부분 전제하고 있다. 헌

60) 대판 2022.8.30, 2018다212610 참조.
61) 대판 1981.8.25, 80다1598 참조.

법 제29조 제1항에 법률유보 문구를 추가한 것은 국가재정을 고려하여 국가배상책임의 범위를 법률로 정하도록 한 것이며, 공무원의 고의 또는 과실이 없는데도 국가배상을 인정할 경우 피해자 구제가 확대되겠지만 현실적으로 원활한 공무수행이 저해될 수 있어 이를 입법정책적으로 고려할 필요가 있다. 외국의 경우에도 대부분 국가에서 국가배상책임에 공무수행자의 유책성을 요구하고 있으며, 최근에는 국가배상법상의 과실관념의 객관화, 조직과실의 인정, 과실 추정과 같은 논리를 통하여 피해자에 대한 구제의 폭을 넓히려는 추세에 있다. 피해자구제기능이 충분하지 못한 점은 위 조항의 해석·적용을 통해서 완화될 수 있다. 이러한 점들을 고려할 때, 위 조항이 국가배상청구권의 성립요건으로서 공무원의 고의 또는 과실을 규정한 것을 두고 입법형성의 범위를 벗어나 국가배상청구권을 침해한다고 보기는 어렵다.

국가의 행위로 인한 모든 손해가 이 조항으로 구제되어야 하는 것은 아니다. 긴급조치 제1호 또는 제9호로 인한 손해의 특수성과 구제 필요성 등을 고려할 때 공무원의 고의 또는 과실 여부를 떠나 국가가 더욱 폭넓은 배상을 할 필요가 있다면, 이는 국가배상책임의 일반적 요건을 규정한 심판대상조항이 아니라 국민적 합의를 토대로 입법자가 별도의 입법을 통해 구제하면 된다.

다) 부작위에 의한 불법행위

불법행위는 주로 공무원의 적극적인 행위를 통해서 이루어진다. 그러나 공무원의 부작위에 의하여 불법행위가 행해질 수도 있다. 부작위란 단순히 행위를 하지 않는 것이 아니라 행위의무가 있음에도 불구하고 이를 행하지 않는 상태를 말한다. 따라서 부작위에 의한 불법행위가 인정되기 위해서는 피해자가 행정청에 대한 행정개입청구권이 있으며, 행정청의 부작위가 존재하여야 한다. 이를 행정청을 중심으로 말하면 처음부터 해당 행위를 행할 의무가 존재하거나 혹은 처음에는 재량행위였으나, 상황이 변하여 '재량이 0으로 수축'되는 결과 기속행위로 성격이 전환되어야 한다.[62] 그리고 이러한 부작위에 법령위반의 고의 혹은 과실이 있어야 한다.

법원은 이를 다음과 같이 확인하고 있다. 즉, 부작위에 의한 불법행위가 엄격하게 법령에 명시된 공무원의 작위의무를 위반한 경우에 한정되는 것은 아니며, 국민의 생명·신체 등에 대한 중대한 위험상태가 발생하였거나 발생할 우려가 있음에도 불구하고 이를 보호하기 위하여 위험을 배제하기 위한 행위를 하지 않은 경우에도 인정할 수 있다. 이와 같은 이해에 따라 법원은 예컨대 경

62) 이에 대해서는 예컨대 대판 1971.4.6, 71다124 참조.

찰관의 출동의무가 문제된 사건에서 「경찰관직무집행법」상 출동의 여부는 기본적으로 재량행위이지만 생명이나 신체 등 중요한 법익이 침해될 위협이 있는 경우 재량행위는 기속행위로 전환된다고 해석한 바 있다.[63)]

라) 입법 및 재판작용

입법행위나 재판행위 역시 손해발생의 원인이 될 수 있다. 그러나 입법 혹은 재판행위의 성격상 위법행위가 되는 경우는 드물고, 또 고의 혹은 과실을 확인하거나, 인과관계를 확정하는 데에 어려움이 있다.

a) 입법행위

국회의원은 입법행위에 대해서 원칙적으로 정치적 책임을 질 뿐 법적 책임을 지지는 않는다. 법원도 입법행위는 「국가배상법」상의 위법행위에 원칙적으로 포함될 수 없다는 입장이다.[64)] 다만 위법행위의 가능성이 완전히 배제되는 것은 아니다. 즉 입법내용이 헌법의 문언에 명백히 위반됨에도 불구하고 국회가 굳이 당해 입법을 한 것과 같은 특수한 경우에는 위법행위가 될 수 있다. 또 일정한 사항에 관하여 헌법에 의하여 구체적인 입법의무가 있음에도 불구하고 그 입법에 필요한 상당한 기간이 경과한 후에도 고의 또는 과실로 이를 이행하지 않은 경우 위법행위로 인정될 수 있다. 그러나 설혹 위법행위가 확인된다 하더라도 고의 혹은 과실을 입증하는 것은 불가능에 가깝다. 과실의 객관화도 이 경우에는 도움이 되지 않는다. 또 입증책임의 추정이론을 적용하기도 어렵다. 공무원의 구체적인 행위에 대해서는 과실을 추정하고 반증의무를 부담시킬 수 있다. 그러나 국회의 경우에는 전체 국회의원의 과실을 부인하는 반증의 부담은 너무 커서 과실책임을 실질적으로는 포기하여야 하는데, 이는 손해배상책임의 불법행위책임으로서의 성격과 조화될 수 없다.

b) 재판작용

재판의 경우에도 평가가 다르지 않다. 재판에 있어서 불법행위책임이 성립하기 위해서는 단순히 법령의 해석이나 사실확인이 잘못되어 손해가 발생한 것만으로는 불충분하다. 이는 일반적으로는 심급제도를 통하여 교정될 수 있다. 따라서 심급을 통하여 시정할 수 없는 피해가 법관이나 다른 공무원의 귀책사유로 인하여 발생한 경우, 또는 처음부터 재판에 대하여 불복절차 내지 시정절

63) 대판 2004.6.25, 2003다69652 참조.

64) 대판 1997.6.13, 96다56115; 2008.5.29, 2004다33469 등 참조.

차 자체가 없는 경우에는 불법행위가 성립할 수 있다.[65)]

재판행위에 의하여 불법행위책임이 성립되기 위해서는 재판을 담당한 법관이 고의 혹은 과실에 의하여 명백히 헌법 및 법령에 위반하여 재판을 하였다는 사실이 입증되어야 한다.[66)] 그런데 이러한 위법행위는 일반적으로 존재하지 않는다. 이러한 이유로 법원은 1972년 헌법하에서 발동된 긴급조치를 위헌으로 선언하면서도 이를 적용하여 유죄판결을 선고한 법관의 재판상 직무행위에 고의 또는 과실에 의한 불법행위의 성격을 부인하였다.[67)] 그렇다고 해서 재판행위로 인한 불법행위책임이 완전히 배제되는 것은 아니다. 예컨대 헌법소원심판에서 헌법재판소가 청구기간의 계산을 잘못하여 각하결정한 경우 법원은 불법행위로 인한 국가배상청구권을 인정한 바 있다. 청구기간의 판단은 재량의 여지가 없고, 통상의 주의도 기울이지 않았으며, 또 헌법재판소의 결정에 대해 불복의 방법이 없기 때문이다.[68)]

(4) 손해의 발생

공무원의 직무상 불법행위로 인하여 손해가 발생하여야 한다. 손해의 종류에는 제한이 없다. 즉 신체 및 생명과 관련된 손해와 재산적 손해, 그리고 정신적 손해가 모두 포함된다. 또 소극적 손해뿐 아니라 적극적 손해, 즉 불법행위가 존재하지 않았더라면 있었을 이익의 상실도 포함된다.

손해는 불법행위와 상당인과관계에 있어야 한다. 상당인과관계의 존재 유무를 판단함에 있어서는 일반적인 결과 발생의 개연성은 물론 직무상의 의무를 부과하는 법령 기타 행동규범의 목적이나 가해행위의 태양 및 피해의 정도 등 구체적인 사정이 종합적으로 고려되어야 한다.[69)]

5. 배상의 범위 · 주체 · 절차, 내부적인 구상권

(1) 정당한 배상

공무원의 직무상 불법행위로 인하여 발생한 손해에 대해서 국가는 정당한

---

65) 대판 2003.7.11, 99다24218 참조.

66) 대판 1994.4.12, 93다62591; 2001.3.9, 2000다29905; 2001.4.24, 2000다16144; 2001.10.12, 2001다47290 등 참조.

67) 대판 2014.10.27, 2013다217962 참조.

68) 대판 2003.7.11, 99다24218 참조.

69) 대판 1998.5.8, 97다36613; 1999.12.21, 98다29797 등 참조.

배상을 하여야 한다. '정당한 배상'이란 불법행위와 상당인과관계가 있는 모든 손해에 대한 배상을 말한다. 이는 민법상의 불법행위로 인한 손해산정의 방식에 따라 이루어진다.

국가배상청구권에 있어서 정당한 배상의 내용은 다른 국가책임과 비교하면 뚜렷해진다. 헌법 제23조 제3항의 수용보상 역시 정당한 보상이어야 하지만, 이때 보상은 수용으로 인하여 상실되는 형평의 회복을 목적으로 한다. 따라서 수용보상에 대해서는 입법적 형성의 여지가 넓다. 또 헌법 제28조 형사보상 역시 정당한 보상이어야 한다. 이때 적법행위를 행하는 과정에서 발생한 희생이 보상의 대상이며, 여기에는 국가책임의 정도가 낮기 때문에 법률에 정형화된 보상이 이루어진다. 이에 비해서 국가배상은 국가의 불법책임에 대한 구제를 내용으로 하므로 이때 발생한, 그리고 발생가능한 모든 손해가 배상되어야 한다. 여기에는 정신적 손해에 대한 배상이 포함된다.[70] 이와 같은 이해에 따르면 국가배상청구권이 재산권에 해당한다고 볼 수는 없다.[71] 재산권은 법률에 의하여 형성되고, 또 사회적 기속성을 갖는데, 국가배상청구권이 이와 같은 속성을 갖는 것은 아니기 때문이다.

「국가배상법」은 생명 및 신체상의 손해, 그리고 정신상의 손해 및 재산상의 손해에 대한 기준을 제시하고 있다(국가배상법 제3조). 그러나 이러한 배상기준은 구속력이 없으며, 또 배상액의 상한에 관한 규정도 아니다.[72]

판례 **정당한 배상과 정신상의 피해** (2018.8.30, 2014헌바180등)

민주화보상법은 1999. 12. 28. 여·야의 합의에 따라 만장일치의 의견으로 국회 본회의에서 심의·의결되었다. 이는 자신의 생명·신체에 대한 위험 등을 감수하고 기본권을 침해한 권위주의적 통치에 항거함으로써 민주헌정질서의 확립에 기여하고 현재 우리가 보장받고 있는 자유와 권리를 회복·신장시킨 사람과 유족에 대한 국가의 보상의무를 회피하는 것이 부당하다는 사회적 공감대에 근거하여 제정되었다. 이러한 맥락에서 심판대상조항은 민주화운동을 위해 희생을 감수한 관련자와 유족에 대한 적절한 명예회복 및 보상이 사회정의를 실현하는 첫 걸음이란 전제에서, 관련자와 유족이 위원회의 지급결정에 동의하여 적절한 보상을 받은 경우 지급

---

70) 헌재 2018.8.30, 2014헌바180등, 30-2, 277면 이하; 2021.5.27, 2019헌가17, 33-1, 526면 이하 등 참조. 이에 따르는 법원의 판결로는 대판 2021.7.29, 2016다259363; 2021.9.30, 2018재다50230 등 참조.

71) 국가배상청구권이 재산권에 해당한다는 헌법재판소의 결정으로는 헌재 1994.12.29, 93헌바21, 6-3, 390면; 1996.6.13, 94헌바20, 8-1, 484면; 2018.8.30, 2014헌바180등, 30-2, 273면 등 참조.

72) 대판 1970.1.29, 69다1203 참조.

절차를 신속하게 이행·종결시킴으로써 이들을 신속히 구제하고 보상금 등 지급결정에 안정성을 부여하기 위해 도입되었다.

심판대상조항의 "민주화운동과 관련하여 입은 피해"에는 적법한 행위로 발생한 '손실'과 위법한 행위로 발생한 '손해'가 모두 포함되므로, 민주화보상법상 보상금 등에는 '손실보상'의 성격뿐만 아니라 '손해배상'의 성격도 포함되어 있다. 그리고 민주화보상법 및 같은 법 시행령에 규정되어 있는 보상금 등의 지급대상과 그 유형별 지급액 산정기준 등에 의하면, 민주화보상법상 보상금, 의료지원금, 생활지원금은 적극적·소극적 손해 내지 손실에 대한 배·보상 및 사회보장적 목적으로 지급되는 금원에 해당된다.

그러나 민주화보상법상 보상금 등에는 정신적 손해에 대한 배상이 포함되어 있지 않다. 이처럼 정신적 손해를 적절히 배상하지 않은 상태에서 적극적·소극적 손해에 상응하는 배상이 이루어졌다는 사정만으로 정신적 손해에 대한 국가배상청구마저 금지하는 것은, 해당 손해가 적절히 배상되었음을 전제로 하여 국가배상청구권 행사를 제한하려 한 민주화보상법의 입법목적에 부합하지 않는다. 이는 국가의 기본권 보호의무를 규정한 헌법 제10조 제2문의 취지에도 반하는 것으로서, 국가배상청구권에 대한 지나치게 과도한 제한에 해당한다. 따라서 심판대상조항 중 정신적 손해에 관한 부분은 민주화운동 관련자와 유족의 국가배상청구권을 침해한다.

---

(2) 배상책임의 주체

국가배상의 책임을 부담하는 자는 국가 또는 공공단체이다. 그런데 「국가배상법」은 국가배상의 주체로 국가와 지방자치단체를 들고 있다(국가배상법 제2조). 결국 지방자치단체가 아닌 공공단체의 경우 민법상의 불법행위로 인한 손해배상청구권에 의하여 권리구제가 이루어진다.

공무원의 선임·감독권자와 봉급·급여 등 비용을 부담하는 자가 다른 경우 배상책임자에 대한 결정이 필요하다. 「국가배상법」은 선택적으로 배상을 청구할 수 있도록 하고 있다. 다만 이 경우 손해를 배상한 자는 내부관계에서 손해를 배상할 책임이 있는 자에게 구상할 수 있다(국가배상법 제6조).[73]

공무원의 국가 혹은 지방자치단체와의 관계에서 국가배상책임은 무과실책임이다. 따라서 국가 혹은 지방자치단체는 공무원에 대한 선임·감독에 있어서 과실이 없다는 이유로 손해배상책임을 면할 수는 없다. 이 점이 민법상의 사용자책임과 차이가 있다. 민법상의 사용자책임은 사용자가 선임·감독에 있어 주

---

73) 이에 관한 판례로는 예컨대 대판 1994.1.11, 92다29528 참조.

의의무를 다한 경우에는 면제되기 때문이다(민법 제756조 제1항).

(3) 배상절차, 소멸시효

배상을 청구하기 위해서는 배상심의회에 배상신청을 하고, 배상심의회가 이를 심의·결정한다. 배상심의를 위한 본부심의회는 법무부에 설치된다. 군인이나 군무원이 발생시킨 손해에 대한 배상신청사건에 대한 심의를 위해서는 국방부에 특별심의회를 둔다(국가배상법 제10조 이하). 피해자는 배상심의회에 배상신청을 하지 않고 직접 손해배상소송을 할 수도 있다(국가배상법 제9조). 배상결정을 받은 신청인은 동의서를 첨부하여 배상금지급을 청구하여야 한다. 배상결정 후 신청인이 배상금지급을 청구하지 않은 경우에는 배상결정에 동의하지 않은 것으로 본다(국가배상법 제15조). 개정 전 「국가배상법」 제16조는 "심의회의 배상결정은 신청인이 동의한 때에는 「민사소송법」의 규정에 의한 재판상의 화해가 성립된 것으로 본다"고 규정하였다. 이 규정은 배상신청인의 재판을 받을 권리를 침해한다는 이유로 위헌결정되었으며, 이후 삭제되었다.[74)]

국가배상청구권에는 민법의 소멸시효에 관한 규정이 적용된다(국가배상법 제8조). 이에 따르면 불법행위가 있었음을 안 날로부터 3년(주관적 기산점), 또는 불법행위를 한 날로부터 10년이 지나면(객관적 기산점) 더 이상 손해배상청구권을 행사할 수 없다. 일반적으로 보면 이 규정이 국가배상청구권을 실현하는 데 장애가 되는 것은 아니다.[75)] 그러나 국가의 조직적인 불법행위가 있고, 또 오랫동안 이를 조작·은폐하는 시도가 있었던 특수한 상황에서는 소멸시효로 인하여 실질적으로 피해 국민이 손해배상을 청구할 수 없다. 따라서 이 경우에는 객관적 기산점을 적용하여 소멸시효의 도과 여부를 결정하는 것은 헌법에 위반된다.[76)]

판례 **소멸시효의 객관적 기산점과 국가배상청구권** (헌재 2018.8.30, 2014헌바148등)

민간인 집단희생사건과 중대한 인권침해·조작의혹사건은 국가기관이 국민에게 누명을 씌워 불법행위를 자행하고, 소속 공무원들이 조직적으로 관여하였으며, 사후에도 조작·은폐함으로써 오랜 기간 진실규명이 불가능한 경우가 많아 일반적인 소

74) 헌재 1995.5.25, 91헌가7, 7-1, 598면 이하 참조.
75) 헌재 2011.9.29, 2010헌바116, 23-2(상), 594면 이하 참조.
76) 헌재 2018.8.30, 2014헌바148등, 30-2, 237면 이하 참조. 이는 위 유형에 해당하는 사건에 객관적 기산점을 적용하여 소멸시효에 관한 판단을 한 대법원의 판결을 실질적으로 변경하는 것이었다. 대판 2012.4.26, 2011다4091; 2013.5.16, 2012다202819 등 참조. 이후 대법원은 이러한 경우 소멸시효는 해당 사건에 대한 대법원 선고일부터 기산하도록 한 바 있다.

멸시효 법리로 타당한 결론을 도출하기 어려운 문제들이 발생하였다. 위 사건 유형은 국가가 현재까지 피해자들에게 손해배상채무를 변제하지 않은 것이 명백하므로, '채무자의 이중변제 방지'라는 입법취지가 국가배상청구권 제한의 근거가 되기 어렵다. 또한 국가가 소속 공무원을 조직적으로 동원하여 불법행위를 저지르고 그에 관한 조작·은폐를 통해 피해자의 권리를 장기간 저해한 사안이므로, '채권자의 권리 불행사에 대한 제재 및 채무자의 보호가치 있는 신뢰 보호'라는 입법취지도 그 제한의 근거가 되기 어렵다. 따라서 위와 같은 사건 유형에서는 '법적 안정성'이란 입법취지만 남게 된다. 국가배상청구권의 시효소멸을 통한 법적 안정성의 요청이 헌법 제10조의 국가의 기본권 보호의무와 헌법 제29조 제1항의 국가배상청구권 보장 필요성을 완전히 희생시킬 정도로 중요한 것이라 보기 어렵다.

불법행위의 피해자가 '손해 및 가해자를 인식하게 된 때'로부터 3년 이내에 손해배상을 청구하도록 하는 것은 불법행위로 인한 손해배상청구에 있어 피해자와 가해자 보호의 균형을 도모하기 위한 것이다. 따라서 과거사정리법 제2조 제1항 제3, 4호에 규정된 사건에 민법 제766조 제1항의 '주관적 기산점'이 적용되도록 하는 것은 합리적 이유가 있다. 그러나, 국가가 소속 공무원들의 조직적 관여를 통해 불법적으로 민간인을 집단 희생시키거나 장기간의 불법구금·고문 등에 의한 허위자백으로 유죄판결을 하고 사후에도 조작·은폐를 통해 진상규명을 저해하였음에도 불구하고, 그 불법행위 시점을 소멸시효의 기산점으로 삼는 것은 피해자와 가해자 보호의 균형을 도모하는 것으로 보기 어렵고, 발생한 손해의 공평·타당한 분담이라는 손해배상제도의 지도원리에도 부합하지 않는다. 그러므로 과거사정리법 제2조 제1항 제3, 4호에 규정된 사건에 민법 제166조 제1항, 제766조 제2항의 '객관적 기산점'이 적용되도록 하는 것은 합리적 이유가 인정되지 않는다. 결국 민간인 집단 희생사건, 중대한 인권침해·조작의혹사건에 객관적 기산점을 적용하도록 규정하는 것은, 소멸시효제도를 통한 법적 안정성과 가해자 보호만을 지나치게 중시한 나머지 합리적 이유 없이 위 사건 유형에 관한 국가배상청구권 보장을 외면한 것으로서 입법형성의 한계를 일탈하여 청구인들의 국가배상청구권을 침해한다.

---

(4) 내부적인 구상권

국가 또는 지방자치단체가 손해를 배상한 경우 불법행위를 행한 공무원의 책임은 면제되지 않는다. 이미 언급했듯이 이 규정은 기원적으로 불법행위로 인하여 발생한 손해에 대한 공무원의 민·형사상의 책임을 염두에 둔 것이었다(1948년 헌법 제27조 제2항 제2문). 그러나 국가배상책임의 공법적 성격, 그리고 국가의 자기책임으로서의 성격을 고려하면 공무원의 책임은 손해가 발생한 국민 개인에 대한 책임이 아니라, 법령에 위반하여 손해를 발생시켰다는 사실에 대한 국가와의 관계에서의 책임을 의미한다. 따라서 공무원의 책임에 관한 규정은 내부적인 구상권의 근거로서 이해되어야 한다.

「국가배상법」은 공무원의 책임을 이중적으로 완화하고 있다(국가배상법 제2조 제2항). 첫째, 공무원이 고의 혹은 중과실로 불법행위를 행한 경우에 한하여 국가는 배상한 액만큼 공무원에 대해서 내부적으로 구상할 수 있다. 경과실에 대해서도 책임을 묻는다면 공무원의 적극적인 업무수행을 위축시킬 염려가 있기 때문이다. 둘째, 구상권의 행사는 임의적이다. 따라서 공무원이 고의 혹은 중과실에 의하여 법령에 위반하는 행위를 한 경우에도 국가 또는 지방자치단체는 구상권의 행사를 포기할 수 있다. 이때 국가는 공무원의 직무내용, 당해 불법행위의 상황, 손해발생에 대한 공무원의 기여 정도, 평소 근무태도 등을 참작하여 구상권을 행사한다.[77)]

6. 이른바 이중배상금지의 원칙

헌법은 제29조 제2항에서 군인·군무원·경찰공무원 등 위험직무를 수행하는 공무원에게는 국가배상청구권을 제한하고 있다. 즉 이들이 전투·훈련 등 직무집행과 관련하여 다른 공무원의 불법행위로 인하여 전사·순직하거나 공상을 입은 경우에 본인이나 그 유족이 다른 법령에 따라 재해보상금·유족연금·상이연금 등의 보상을 지급받을 수 있을 때에는 「국가배상법」 및 민법에 따른 손해배상을 청구할 수 없다. 「국가배상법」은 예비군대원을 국가배상청구권이 제한되는 인적 범위에 추가하고 있다(국가배상법 제2조 제1항 단서).[78)] 또 경찰공무원에는 전투경찰이 포함된다. 결국 경찰공무원은 '「경찰공무원법」상의 경찰공무원'만이 아니라 '경찰조직의 구성원인 경찰공무원'으로 넓게 해석된다.[79)] 이에 비해서 공익근무요원 및 현역병에서 전임되어 근무하는 경비교도대원 등에 대해서는 헌법 제29조 제2항이 적용되지 않는다.

이중배상금지와 관련하여 보상을 행하는 대표적인 법률이 「국가유공자 등 예우 및 지원에 관한 법률」이다. 「국가유공자법」에 의하여 보상을 받은 경우

77) 대판 2008.3.27, 2006다70929 참조.
78) 이와 같이 국가배상청구권이 제한되는 인적 범위를 입법적으로 확대하는 규정의 헌법적 정당성에 대해서는 헌재 1996.6.13, 94헌바20, 8-1, 475면 이하 참조.
79) 헌재 1996.6.13, 94헌마118등, 8-1, 500면 참조.

헌법 및 「국가배상법」에 의하여 국가배상청구권을 행사할 수는 없다. 그러나 「국가유공자법」은 급여의 조정에 관하여 직접 규율하고 있지는 않다. 따라서 피해자가 이미 국가배상을 받은 경우에는 「국가유공자법」에 의한 보상을 받을 수 있는 것으로 해석하고 있다.[80] 피해자가 다른 법률에 의한 보상을 받을 수 없는 경우에는 국가배상청구권을 행사할 수 있는 것은 물론이다.[81]

판례 **국가배상과 국가유공자보상** (대판 2017.2.3, 2014두40012)

국가배상법 제2조 제1항 단서가 명시적으로 "다른 법령에 따라 보상을 지급받을 수 있을 때에는 국가배상법 등에 따른 손해배상을 청구할 수 없다"고 정하고 있는 것과 달리, 구 국가유공자법은 국가배상법에 따른 손해배상금을 지급받은 자를 보상금 등 보훈급여금의 지급대상에서 제외하는 규정을 두고 있지 않다. 헌법 제29조 제2항 및 국가배상법 제2조 제1항 단서의 취지는, 국가 또는 공공단체가 위험한 직무를 집행하는 군인 등에 대한 피해보상제도를 운영하여, 직무집행과 관련하여 피해를 입은 군인 등이 간편한 보상절차에 의하여 자신의 과실 유무나 그 정도와 관계없이 위험부담이 없는 확실하고 통일된 피해보상을 받을 수 있도록 보장하는 대신 피해 군인 등이 국가 등에 대하여 공무원의 직무상 불법행위로 인한 손해배상을 청구할 수 없게 하여, 동일한 피해에 대하여 보상과 배상을 하여 발생할 수 있는 과다한 재정지출과 피해 군인 등 사이의 불균형을 방지하기 위한 것이다.

그런데 구 국가유공자법 제12조가 정한 공상군경 등에 대한 보상금의 액수는 해당 군인 등의 과실을 묻지 아니하고 상이등급별로 구분하여 정해지고, 그 지급수준도 가계조사통계의 전국가구 가계소비지출액 등을 고려하여 국가유공자의 희생과 공헌의 정도에 상응하게 결정되며, 이와 같이 정하여진 보상금은 매월 사망시점까지 지급된다. 반면, 국가배상법에 따른 손해배상에서는 완치 후 장해가 있는 경우에도 그 장해로 인한 노동력 상실 정도에 따라 피해를 입은 당시의 월급액이나 월실수입액 또는 평균임금에 장래의 취업가능기간을 곱한 금액의 장해배상만을 받을 수 있다. 또 해당 군인 등의 과실이 있는 경우에는 그 과실의 정도에 따라 책임이 제한된다. 따라서 대부분의 경우 구 국가유공자법에 따른 보상금 등 보훈급여금의 규모가 국가배상법상 손해배상금을 상회할 것으로 보인다. 이와 같은 국가배상법 제2조 제1항 단서의 입법 취지, 구 국가유공자법이 정한 보상과 국가배상법이 정한 손해배상의 목적과 산정방식의 차이 등을 고려하면, 구 국가배상법 제2조 제1항 단서가 구 국가유공자법 등에 의한 보상을 받을 수 있는 경우 추가로 국가배상법에 따른 손해배상청구를 하지 못한다는 것을 넘어 국가배상법상 손해배상금을 받은 경우

80) 대판 1997.2.10, 97다45919; 2017.2.3, 2014두40012 등 참조.
81) 대판 1997.2.14, 96다28066 참조.

일률적으로 구 국가유공자법상 보상금 등 보훈급여금의 지급을 금지하는 취지로 해석하기는 어렵다.

이중배상금지에 관한 「국가배상법」 규정은 이미 1971년 당시 대법원에 의하여 위헌결정된 바 있다.[82] 그런데 이후 개정된 1972년 헌법은 이 규정에 대한 위헌판단을 원천적으로 봉쇄하기 위하여 해당 규정과 같은 내용을 헌법에 삽입하였다(1972년 헌법 제26조 제2항). 그리고 이것이 현행 헌법까지 이어지고 있다. 그동안 이 규정의 위헌성을 해석을 통해서 극복하려는 시도가 간헐적으로 있어 왔다. 예컨대 사망한 공무원의 유족에게 지급되는 「공무원연금법」상의 유족급여는 일종의 보상급여로서 국가배상과는 법적 원인관계가 다르므로, 유족급여가 지급된다고 해서 국가배상청구권을 배제하는 것은 아니라고 해석되었다.[83] 그러나 헌법 제29조 제2항은 법이론적으로 보상과 배상은 서로를 배제하는 것이 아님에도 불구하고 보상청구권이 배상청구권을 배제한다는 헌법적 결정이기 때문에 위와 같은 해석이 가능한지는 의문이다.

특수신분을 갖는 자에게 국가배상청구권을 제한하는 것은 재정적인 이유 때문이라고 생각된다.[84] 이와 같은 재정적인 논리가 예컨대 사회적 기본권의 규범력을 제한하는 논거는 될 수 있다. 그러나 불법행위책임을 묻는 국가배상청구권을 재정적인 이유에서 제한하는 것은 헌법적 정당성이 없다. 궁극적으로는 헌법개정을 통하여 제29조 제2항은 삭제되어야 한다. 다만 헌법 제29조 제2항이 그대로 유지되는 한 그로 인한 불합리를 해석을 통하여 교정하려는 시도가 필요하다. 예컨대 군인과 공동불법행위자로서 손해배상에 있어서 연대책임을 지는 제3자가 손해의 전부를 배상한 후 공동불법행위자의 지위에 있는 국가를 상대로 구상권을 행사한 경우, 국가는 국가배상청구권 자체가 성립되지 않는다는 이유로 책임의 면제를 주장할 수 없다.[85]

---

82) 대판 1971.6.22, 70다1010 참조.

83) 대판 1979.1.30, 77다2389 선고의 보충의견 참조.

84) 이른바 이중배상금지원칙에 대해서는 헌법재판소는 합헌결정을 한 바 있다. 합헌논거에 대해서는 헌재 1994.12.29, 93헌바21, 6-2, 392면 이하; 1995.12.28, 95헌바3, 7-2, 841면 이하; 2001.2.22, 2000헌바38, 13-1, 289면 이하 등 참조.

85) 기존에 법원은 이러한 경우 공동불법행위자인 민간인의 국가에 대한 구상권을 허용하지 않아 왔다. 대판 1994.5.27, 94다6741 참조. 헌법재판소는 이와 같은 경우 손해의 전부를 배상한 제3자가 국가에 대해서 구상권을 행사할 수 없다고 해석하는 한 「국가배상법」 제2조 제1항 단서는 헌법에 위반된다는 한정위헌결정을 하였다. 헌재 1994.12.29, 93헌바21, 6-2, 388면 이하 참조. 그러나 이후 대법원은 기존의 판결을 번복하여 위와 같은 경우 공동불법행위로 인하여 부진정연대

판례 **이중배상금지규정의 합헌적 해석** (헌재 1994.12.29, 93헌바21)

국가배상법 제2조 제1항 단서 중 군인에 관련되는 부분을, 일반 국민이 직무집행 중인 군인과의 공동불법행위로 직무집행 중인 다른 군인에게 공상을 입혀 그 피해자에게 공동의 불법행위로 인한 손해를 배상한 다음 공동불법행위자인 군인의 부담부분에 관하여 국가에 대하여 구상권을 행사하는 것을 허용하지 않는다고 해석하는 것은 헌법 제11조, 제29조에 위반된다. 이는 헌법 제29조가 구상권의 행사를 배제하는 해석을 하는 것으로서 합리적인 이유 없이 일반국민을 국가에 대하여 지나치게 차별하기 때문이다. 또한 국가에 대한 구상권은 헌법 제23조 제1항에 의하여 보장되는 재산권이고 위와 같은 해석은 재산권의 제한에 해당하며 재산권의 제한은 헌법 제37조 제2항에 의한 기본권 제한의 한계 내에서만 가능하다. 그런데 위와 같은 해석은 기본권을 제한할 때 요구되는 비례의 원칙에 위배하여 일반 국민의 재산권을 과잉 제한하는 것으로서 헌법 제23조 제1항 및 제37조 제2항에도 위반된다.

채무가 성립되지 않고, 민간인은 국가와의 내부적인 관계에서 국가가 부담할 부분을 제외한 나머지 부분에 대해서만 손해배상의무를 부담한다는 결정을 하였다. 대판 2001.2.15, 96다42420 참조. 그러나 이는 헌법재판소의 한정위헌결정의 내용과 배치된다.

제 3 장 국민의 의무

제 1 절 국민의 의무의 존재 의의

국민은 국가의 존속을 위하여 혹은 자신의 충실한 권리보호를 위하여 의무를 부담하며, 이러한 의무는 헌법의 명시 여부에 관계없이 존재한다. 헌법윤리적으로 보면 국민은 헌법 및 법률에 충실할 의무가 있고, 또 근로의 권리를 실현하기 위해서는 자신의 적성과 능력에 상응하는 소득활동을 행할 의무가 있다. 다만 이들 의무를 모두 국민의 헌법적 의무라고 할 수는 없다. 기본권은 헌법이 기능하기 위하여 전제하고 있는 의무를 이행하지 않을 권리를 포함하기 때문이다. 이 점에서 국민의 의무는 결코 국민의 기본권에 상응하는 내용과 의미를 갖는 것은 아니다.

국민의 의무는 기본적으로 기본권을 제한하기 위하여 존재하는 것이 아니라 기본권의 공동체형성적 기능을 보충하고, 또 기본권을 실질적으로 보장하는 기능을 수행한다. 이와 같은 상황에서 정치적 의무 중 국가와 헌법, 그리고 기본권의 보호를 위하여 필수적인 범위 내에서 의무를 규정하여 국민의 헌법적 지위를 명확하게 하려는 것이 국민의 의무의 존재 의의이다. 다만 헌법의 기능은 헌법이 제도화할 수 없는 정치적 및 윤리적 의무에 적지 않게 의존하고 있다는 점을 간과해서는 안 된다.

제 2 절 국민의 의무의 법적 성격과 기능

Ⅰ. 국민의 의무에 대한 새로운 이해

국민의 의무는 국민의 권리, 즉 기본권을 중심으로 하는 헌법 논의의 산물은 아니다. 기본권이 헌법에 보장되기 이전에 국민의 지위는 국가와 쌍방관계가 아니라 일방적인 관계에서 이해되었으며, 이때 국민의 의무는 공동체를 위하여 일방적인 희생을 강요하는 의미를 가졌다. 개인이 기본권의 주체로서의 지위를 갖게 되면서 국민의 의무는 새롭게 이해되어야 했다.

Ⅱ. 기본권과 상호주의적으로 이해하는 방법

국민의 의무를 기본권과 상호주의적으로 이해하면 국민의 의무는 기본권과 통일체를 이루면서 공동체형성적 기능을 수행한다. 그러나 이러한 이해에 따르면 기본권은 국민의 공동체에 대한 포괄적인 의무에 의하여 제약을 받는 범위 내에서만 보장되기 때문에 기본권의 진정한 의미는 상실된다. 예컨대 근로의 권리는 근로의 의무를 이행할 때 보장되며, 이러한 상황에서 근로의 권리는 근로의 자유가 희생되는 기반 위에서 인정된다. 그러나 헌법 제32조 제2항 근로의 의무가 근로를 직접적으로 강제하는 권한을 국가에게 부여한 것은 아니다.

헌법 제23조 제2항 재산권의 공공복리 적합의무는 기본권과 상호주의적 의무의 범주에 가깝다. 기본권 자체에 이러한 의무가 포함되어 있기 때문이다. 공공복리 적합의무가 구조적으로 이러한 범주에 속하지만 재산권이 엄격하게 공공복리 적합의무와 상호주의적 관계에 있다고 볼 수는 없다. 기본적으로 재산권이 보장되면서 공공복리 적합의무는 재산권 제한의 논거로 작용하기 때문이다.

Ⅲ. 헌법이 기능하기 위한 전제조건

국민의 의무는 국가의 존속 혹은 헌법의 존속을 위한 전제조건이다. 국방의 의무와 납세의 의무가 대표적인 예이다. 이 밖에 헌법적 가치를 구현하기 위하여 필요한 지식과 가치 등을 자녀에게 교육시킬 의무, 경제활동에 적극적으로 참여하여 헌법이 예정하는 생산과 소비, 그리고 분배에 참여할 의무 등 역시 이러한 범주에 속한다.

적극적으로 보면 다음과 같은 의무 역시 존재한다. 국민은 법치국가에서 법령을 충실하게 준수하여야 하며, 또 법치국가의 존재목적인 기본권의 보장을 위해서는 타인의 기본권을 존중하여야 한다. 민주주의는 국가권력을 신중하게 평가하고, 또 국가정책을 건설적으로 비판하는 국민의 의지가 존재할 때 비로소 실현될 수 있다. 이를 위하여 참여의 의무가 필요하다. 복지국가원리가 실현되기 위해서는 사회적 약자가 소득의 재분배과정에 참여하여 모든 국민이 인간다운 최저생활을 할 수 있어야 하며, 이를 위하여 국민은 기꺼이 재정부담의 의지가 있어야 한다. 납세의 의무의 적극적인 내용이다.

제 3 절 국민의 의무의 효력

국민의 의무는 공동체 존속과 헌법보호의 객관적인 기능을 수행한다. 그러나 이들 의무는 개인의 주관적 지위에 불리한 영향을 미치기 때문에 국민의 의무에 관한 헌법 규정이 직접적 효력을 갖지는 않는다. 즉 이들 의무가 적용되기 위해서는 법률에 의하여 구체화되어야 한다. 다만 교육의 의무는 자녀의 교육의 권리를 실효적으로 보장하며, 따라서 직접적인 효력을 갖는다.

제 4 절 국민의 의무의 내용

Ⅰ. 납세의 의무와 국방의 의무

납세의 의무와 국방의 의무는 국가의 존속을 보장하기 위한 국민의 재정적 부담 및 역무희생을 내용으로 한다(제38, 39조). 납세의 의무와 국방의 의무는 공동체의 존속을 보장하는 객관적인 목적에 기여하므로 개인의 기본권적 지위에 직접적인 효력을 갖지는 않으며, 입법적으로 구체화되어야 한다. 납세의 의무와 국방의 의무는 개인에게 부여된 기본권에 상응하는 국민의 의무는 아니다. 납세의 의무와 국방의 의무를 구체화하는 입법은 헌법적 심사의 대상이 된다.[1)]

국방의 의무는 「병역법」 등에 의하여 군복무를 하게 하는 등 직접적인 병력형성의무뿐 아니라 「예비군법」, 「민방위기본법」, 「비상대비자원관리법」, 「병역법」 등에 의한 간접적인 병력형성의무 및 병력형성 이후 군작전명령에 복종하고 협력할 의무를 포함한다.[2)] 병역의 의무에는 군사적 역무뿐 아니라 비군사적 복무가 포함되며, 양심상의 이유로 인한 병역거부에 따르는 대체복무가 여기에

1) 헌재 1999.2.25, 97헌바3, 11-1, 130면 참조.
2) 헌재 1995.12.28, 91헌마80, 7-2, 868면 이하; 1999.2.25, 97헌바3, 11-1, 130면; 2002.11.28, 2002헌바45, 14-2, 710면 등 참조.

해당한다.[3)]

병역의 의무와 관련하여 헌법은 차별금지규정을 두고 있다. 누구든지 병역의무의 이행으로 인하여 불이익한 처우를 받지 아니한다(제39조 제2항). 병역의 의무는 폐쇄된 공간에서 장기간 역무를 수행하는 내용을 갖는다. 그러나 이는 특별한 희생이 아니기 때문에 국가가 이를 보상하거나 적극적으로 특혜를 부여하여야 하는 것은 아니다. 보다 일반적으로 보면 병역의 의무 그 자체를 이행하는 데 따르는 불이익은 헌법이 금지하는 불이익한 처우에 해당하지 않는다.[4)] 이와 같은 이유에서 헌법재판소는 제대군인가산점과 같은 취업보호를 위한 제도는 헌법에 근거가 없으며, 따라서 단순한 입법정책의 결과라고 파악한 바 있다.[5)] 그러나 최소한 불이익을 받아서는 안 된다. 이때 불이익한 처우란 단순한 사실상 및 경제상의 불이익이 아니며, 법적인 불이익을 의미한다. 여기에 병역의무 그 자체를 이행하여 받는 불이익은 포함되지 않는다.[6)]

Ⅱ. 교육의 의무

교육은 헌법질서의 실현에 필요한 가치 및 지식이 전달되는 과정이며, 이러한 의미에서 교육은 헌법이 기능하기 위한 전제조건이다. 이에 1차적으로 헌법은 모든 국민에게 능력에 따라 균등하게 교육을 받을 권리를 보장하고 있다(제31조 제1항). 그런데 자기결정능력이 아직 성숙되지 않은 자녀의 경우 교육의 여부 및 방법은 자녀를 양육하는 부모의 의지에 달려 있다. 이에 모든 국민은 보호하는 자녀에게 적어도 초등교육과 법률이 정하는 교육을 받게 할 의무가 있다(제31조 제2항). 이와 같이 교육의 의무는 교육의 권리를 실효성있게 보장하기 위하여 필요한 국민의 의무이다.

Ⅲ. 근로의 의무

모든 국민은 근로의 의무를 진다. 국가는 근로의 의무의 내용과 조건을 민

3) 헌재 2018.6.28, 2011헌바379등, 30-1(하), 403면 이하 참조.
4) 헌재 1999.2.25, 97헌바3, 11-1, 133면; 2009.7.30, 2008헌바162, 21-2(상), 291면; 2010.11.25, 2006헌마328, 22-2(하), 454면 이하 등 참조.
5) 헌재 1999.12.23, 98헌바33, 11-2, 747면 참조.
6) 헌재 1995.12.28, 91헌마80, 7-2, 870면 이하; 1999.2.25, 97헌바3, 11-1, 133면 등 참조.

주주의원칙에 따라 법률로 정한다(제32조 제2항). 근로의 권리에는 근로의 자유가 포함되어 있으므로 근로의 의무가 강제노동을 정당화하는 것은 아니다. 그렇다고 근로의 의무가 단순히 도덕적인 의무는 아니다. 만약 근로의 의무에 법적 성격이 완전히 부인된다면 법률에 의하여 부과되는 근로의 의무를 이행하지 않은 경우에 부과되는 어떠한 형태의 불이익도 허용되지 않기 때문이다.

근로의 의사와 능력이 있음에도 불구하고 근로의 기회를 갖지 못하는 자가 적극적인 제재의 대상이 될 수는 없다. 그러나 개인은 국가가 고용을 증진하기 위하여 알선하는 근로의 종류가 기대 가능한 것이라면 이에 응하여야 한다. 이에 응하지 않는 경우 소극적인 제재가 가해질 수 있다. 즉 이때 국가는 근로의 권리를 촉진하는 목적을 갖는 「고용보험법」상의 실업급여를 지급하지 않거나 혹은 인간다운 생활을 보장하기 위한 급여를 제한할 수 있다. 이러한 범위 내에서 근로의 의무는 법적 의무의 성격이 있다. 「고용보험법」과 「국민기초생활보장법」에서 현실적으로 제기될 수 있는 문제이다(고용보험법 제60조; 국민기초생활보장법 제9조 제5항). 이 제도들이 결코 개인의 적성과 근로능력을 무시하고 사실상 근로를 강요하거나 혹은 값싼 노동력을 이용하기 위한 수단이 되어서는 안 된다. 이는 인간의 존엄에서 파생하는 최소한의 자기결정권을 침해하기 때문이다.

Ⅳ. 재산권의 공공복리 적합의무

재산권의 공공복리 적합의무는 재산권의 특수한 성격을 반영한다. 재산권은 그 형성에 있어서 사회적 관련성이 강하다. 이러한 이유에서 재산권은 그 내용과 한계를 법률로 정하도록 하는 특별한 구조를 띠고 있으며, 그 행사는 공공복리에 적합하여야 한다. 재산권의 공공복리 적합의무는 직접 효력을 갖지 않으며, 법률에 의하여 구체화되어야 한다. 이때 추구하는 목적과 재산권에 부과되는 의무가 비례관계를 상실하고 개인에게 발생한 희생이 수인할 수 없을 정도에 이른 경우에는 국가에게 보상의 의무가 있다.[7]

7) 헌재 1999.4.29, 94헌바37, 11-1, 310면 참조.

제 8 편

국가기관의 조직과 기능

제 1 장 정부형태론

제 1 절 정부형태론 분류의 기준

대한민국은 민주공화국이다(제1조 제1항). 이는 국가권력의 정당성이 국민에 있고, 또 임기제 공직자가 국가권력을 한시적으로 행사하는 국가형태를 밝힌 것이다. 이로써 전제국가와 군주국가는 배제된다. 정부형태는 권력분립원리가 국가권력의 조직 및 기능에 있어서 구체화된 모습을 기준으로 한 분류이다. 일반적으로 적극적·능동적인 국가권력인 국회와 행정부의 관계를 중심으로 정부형태를 분류한다. 사법부는 기본적으로는 소극적·수동적 권력이기 때문이다.

아래에서는 정부형태론 일반을 대통령중심제와 의원내각제, 그리고 이원정부제로 나누어 각각의 특징·기능의 현실·문제점, 그리고 기능을 위한 전제조건으로 나누어 설명한다. 이어서 우리 헌법상의 정부형태를 밝힌다.

제 2 절 일 반 론

Ⅰ. 대통령중심제

1. 특징적 요소들

(1) 실질적인 국가권력의 담당자로서 대통령의 존재

대통령이 국정의 최고책임자이며, 동시에 행정부의 수반으로 존재한다. 사실 서구에서 시민세력이 주체가 되어 기존의 구체제(ancien régime)를 극복하고 민주주의와 법치국가를 이념으로 하는 새로운 체제를 구성한 역사적 맥락에서 보면 자연스러운 정부형태는 의원내각제이다. 1인의 독단적 전제군주체제에 대한 대안은 다수의 시민의 대표로 구성된 합의제의사결정체제의 국가이기 때문이다. 따라서 실제 서구 대부분의 국가가 의원내각제를 채택하게 된 것은 자연스러운 역사의 전개이다.

이 점에서 유사한 시민혁명의 과정을 겪은 미국이 정부형태로 대통령중심제를 채택한 것은 설명이 필요하다. 미국은 영국의 식민지 국가였다. 영국의 식민지 국가들은 독립 후 대부분 영국의 예에 따라 의원내각제를 채택하였다. 이 점을 고려하면 미국이 독립 후 의원내각제가 아닌 대통령중심제를 채택한 것은 더욱 설명이 필요하다. 이는 다음과 같은 두 가지로 설명할 수 있다.

첫째, 영국의 의원내각제가 새로운 국가 미국에는 오히려 반면교사(反面教師)의 역할을 하였다. 식민지에 무분별하게 과세권을 행사하는 영국 의회의 입법은 식민지 주민에게는 주민의 이익을 대변하지 않는 다수의 횡포로 비추어졌다. 미국혁명 전후의 정치적 구호가 “대표없이 과세없다(no taxation without representation)”라는 사실이 이를 상징적으로 보여준다. 이 점에서 의원내각제가 부정적으로 각인되었으며, 동시에 의회에 대한 통제의 필요성이 자리잡았다. 이는 시민혁명 후 시민의 대표들로 새로이 구성된 의회가 주권적 지위를 갖게 된 프랑스와 비교된다. 프랑스의 경우 의회의 부정적 정치행태에 대한 경험이 없었으며, 따라서 새로운 체제의 상징인 시민의 대표들로 구성된 의회가 자연스럽게 정치적 중심을 차지하게 되었다.

둘째, 유사한 맥락에서 미국 자체의 상황에 비추어 의원내각제가 부정적으로 평가되었다. 당시 미국은 13개의 독립성을 갖는 주가 느슨한 형태로 합중국을 이루고 있었다. 합중국의 의사결정은 연방의회에서 이루어지고, 이때 연방의회의 결정은 개별 주의 이해관계에 중요한 영향을 미친다. 연방의회, 특히 연방하원은 각 주에서 인구비례로 선출한 의원으로 구성된다. 그런데 의원들은 출신 주의 이익을 도모하는 결정을 할 가능성이 크며, 그러한 결정은 필연적으로 규모가 큰 주에게 유리한 내용이 된다. 이러한 상황은 작은 규모의 주에게는 합중국에 잔류하는 의미를 상실시킬 우려가 있다. 이는 곧 국가 존립의 위기라고 판단하였을 것이다. 이와 같은 가능성을 차단하여 다수의 횡포를 견제하고, 소수를 보호하는 국가기관의 존재가 필요했고, 이 점이 대통령중심제를 채택한 계기였다.

(2) 국회와 행정부의 조직 및 기능상의 독립

대통령중심제에서 국회와 행정부는 각각 국민에 의하여 직접 구성되어 독자적인 정당성을 갖는다. 대통령, 그리고 국회를 구성하는 국회의원은 모두 국민에 의하여 직접 선출된다. 그 결과 국회와 행정부는 서로 상대방의 존속을 부인할 수 없으며, 헌법에 정해진 임기 동안 존속한다. 따라서 1972년 헌법 및

1980년 헌법에서 대통령이 간접 선거되고, 대통령이 국회해산권을 가지면서 국회는 이에 상응하는 권한이 없었던 정부형태는 대통령중심제의 정형은 아니었다. 대통령, 그리고 국회를 구성하는 국회의원은 정치적 책임을 이유로 임기 중 존속이 부정되지 않는다. 물론 법적 책임이 면제되지는 않는다. 대통령이 직무상 헌법이나 법률에 위반하는 경우 탄핵을 받는 것이 대표적인 예이다.

대통령은 정치적 책임을 지지 않고 임기가 보장되기 때문에 정국의 불안이 방지될 수 있다. 특히 우리나라와 같은 분단상황에서 대통령중심제는 강력하고 안정적인 정부를 유지할 수 있다는 이유로 선호되어 왔다. 대통령중심제에서 대통령은 선거를 통해서 정치적 책임을 지는 데 그치기 때문에 의원내각제에 비해서 정권의 교체가 빈번하지 않은 것은 사실이다. 그러나 대통령중심제가 정국의 안정을 가져온다는 평가는 논리의 비약이다. 정국의 안정은 오히려 대통령의 국정운영능력에 달려 있으며, 정당정치가 발달한 상황에서는 국회에서의 정당구도가 결정적인 영향을 미친다. 1987년 헌법 이후 계속해서 우리가 경험했듯이 대통령이 소속한 정당이 국회에서 소수의석을 차지하고 있는 경우에는 대통령과 국회의 극한적인 대립으로 인하여 오히려 정국이 불안한 현상이 나타난다. 이는 2022년 대통령선거와 2024년 국회의원선거 이후의 시기에 극단적으로 나타난 바 있다. 또 우리는 대통령이 소속한 정당이 국회에서 다수의석을 차지하고 있는 경우에 대통령에게 권력이 통합되어 제왕적으로 국정이 운영되었던 역사적 경험 역시 갖고 있다. 이를 안정적인 국정이라고 할 수는 없다.

분단국가의 특수성을 들어 선험적으로 대통령중심제가 우월하다는 주장도 타당하지 않다. 이미 살펴보았듯이 대통령중심제가 곧 안정적인 국정을 보장하는 것은 아니다. 또 비교법적으로 보면 40여년 만에 분단을 극복한 독일의 정부형태는 대통령중심제가 아닌 의원내각제였으며, 이것이 분단상태에서 경쟁과 분단의 극복에 장애가 되었던 것은 아니다. 의원내각제에 대해서 일반적으로 지적되는 정국불안정의 문제가 독일의 경우에는 나타나지 않았다는 점도 주목되어야 한다. 독일에서 연방의회의 연방총리에 대한 불신임에 따른 정권교체는 1982년 단 차례 있었을 뿐이다.[1)]

(3) 대통령의 지위: 국정의 최고책임자와 행정부의 수반

대통령은 국가의 존립과 헌법의 보호를 위한 최고책임자이며, 이에 상응하

1) 1972년 당시 수상 브란트(Willy Brandt)에 대한 불신임 표결은 부결되었다.

는 권한을 갖는다. 우리 헌법을 중심으로 보면 대통령은 외국에 대해서 국가를 대표하고, 긴급명령권 및 계엄선포권, 국민투표부의권 및 헌법개정안발의권, 사면권 등을 갖는다. 또 대통령은 국군의 통수권자이다. 대통령은 동시에 행정부의 수반이다. 이러한 지위에서 대통령은 공무원임명권과 행정입법권을 가지며, 국정 일반에 대한 심의기관인 국무회의의 의장이다. 행정권을 국회에서 구성된 내각이 갖는 의원내각제, 그리고 행정권을 대통령과 수상이 나누어 갖는 이원정부제와 구별되는 점이다.

대통령에게 부여된 법률안거부권은 이중적인 의미를 갖는다. 첫째, 적극적으로 보면 법률안거부권은 국회 다수의 횡포를 방지하고 소수를 보호한다는 의미에서는 국정의 최고책임자의 지위를 반영한다. 둘째, 소극적으로 보면 법률안거부권은 국회에 대한 집행적 차원에서의 통제수단이다. 국회에서 의결된 법률안은 집행에 의하여 비로소 입법목적을 실현한다. 그런데 법률안이 헌법에 위반되거나 집행에 과도하게 재정이 소요되는 경우 혹은 법률안의 내용이 대통령의 정책구상과 차이가 있는 경우에는 대통령은 법률안을 거부할 수 있다.

2. 기능의 현실

대통령중심제는 제도적으로 동일하더라도 여러 가지 변수에 의하여 그 운영의 현실은 달라진다. 정당의 기속력과 국회의 구도가 대표적인 변수이다.

(1) 대통령이 소속한 정당이 국회 다수세력인 경우

대통령이 소속한 정당이 국회에서 다수의석을 차지하고 있는 경우에 정당의 기속력이라는 변수에 의하여 다음과 같은 두 가지 경우의 수가 나타난다.

가) 정당의 기속력이 강한 경우

이때에는 국회는 독자성을 상실하고, 사실상 대통령에 종속되어 대통령의 독단적 정국운영이 나타날 가능성이 크다. 이른바 제왕적 대통령(imperial president)이라고 불리우는 현실이다. 소수의 의견이 존중되지 않고, 제도정치에서 견제와 균형이 이루어질 수 없는 경우 필연적으로 제도권 밖에서 또 하나의 정치의 장(forum)이 형성될 것이다. 우리의 오랜 경험이다. 이를 제어하는 것은 다수의 횡포를 견제하고 소수를 존중하는 정치문화이다.

나) 정당의 기속력이 약한 경우

이 경우에 국회에서 대통령과 독립한 의사결정이 이루어지며, 이는 현실적으로 국회 표결에 있어서 자유투표(cross-voting)의 행태로 나타난다. 대통령은 예산을 확정하고, 법률안을 통과시키거나, 또 정책을 결정·집행하는 데에 국회의 동의가 필요한 경우에 오히려 자신이 소속한 정당의 국회의원을 설득하는 데 어려움을 겪는 경우도 발생한다. 미국의 헌정에서 자주 볼 수 있는 상황이다.

(2) 대통령이 소속한 정당이 국회 소수세력인 경우

대통령이 소속한 정당이 국회에서 소수의석을 차지하고 있는 경우를 편의상 분리정부(divided government)라고 부른다. 이 경우에도 정당의 기속력에 따라 두 가지 경우의 수가 나타난다.

가) 정당의 기속력이 강한 경우

이때에는 대통령과 국회가 극단적으로 대립할 수 있다. 대통령중심제에서 이를 방지하기 위한 제도적인 장치는 존재하지 않는다. 따라서 정상적으로 국정이 운영되기 위해서는 정치적 타협의 정치문화가 조성되어 있어야 한다.

나) 정당의 기속력이 약한 경우

이 경우에는 국회의원의 의정활동에 있어서 소속 정당의 지침과 함께 다른 변수가 투표행태에 영향을 미치기 때문에 대통령의 국정운영능력에 따라서는 국회와 협력관계를 유지할 수도 있다. 국회 표결에 있어서는 자유투표의 행태가 나타난다.

3. 제도적 문제점

대통령중심제는 위에서 살펴본 경우의 수 중 두 가지 경우에 문제점을 보인다.

(1) 대통령이 소속한 정당이 국회 다수세력인 경우, 그리고 정당의 기속력이 강한 경우

대통령이 소속한 정당이 국회의 다수의석을 차지하고, 또 정당의 기속력이 강한 경우에는 대통령은 이른바 제왕적 대통령으로서 독단적으로 국정을 운영할 위험이 나타난다. 헌법에 내재해 있는 대통령의 독재가능성이 현실화하는 경우이다(헌법내재적 독재). 이때에는 국민의 일반적인 의사를 반영하지 못하고, 독자적인 정치적 가치에 따라 기능하는 '제도권정치'와 제도권정치에서 투입통

로를 찾지 못한 국민의사가 집결하는 '비제도권정치'로 정치의 장이 분열될 것이다. 헌법은 이러한 상황을 극복하는 제도적 장치를 갖고 있지는 않다. 저항권의 행사 등 비제도적인 방법에 의하여 헌법의 기능을 회복할 수 있을 뿐이다. 1960년 4·19혁명 그리고 1987년 민주화운동 당시 우리 헌정의 상황이 여기에 해당한다.

저항권의 행사를 통하여 제도권정치에 압력을 가하는 경우 대통령은 헌법보호의 수단인 비상대권을 사용(남용)하는 등의 파행적인 헌법현실이 나타날 수 있다(비상대권적 독재). 극단적으로는 헌법파괴적인 방법으로 제도권정치를 유지하려는 현실이 나타날 수도 있다(헌법초월적 독재).[2] 이 경우에는 이미 헌법은 규범으로서의 기능을 상실한다.

(2) 대통령이 소속한 정당이 국회 소수세력인 경우, 그리고 정당의 기속력이 강한 경우

대통령이 소속한 정당이 국회에서 소수이며, 정당의 기속력이 강한 경우에는 협력적 견제의 정치문화의 전통이 있는 경우가 아니라면 대통령과 국회는 서로 대립하여 국정이 혼란해질 위험이 있다. 정치현실은 대통령의 인격에 의하여 좌우되는, 이른바 '대통령직의 인격화' 현상이 나타날 가능성이 크며, 이때 부정적인 경우의 수는 두 가지이다.

첫째, 대통령이 국정의 혼란을 극복하기 위하여 헌법내재적 혹은 비상대권적 권한을 행사하여 국회에서 자신의 정책을 관철시키거나 아니면 헌법초월적인 방법으로 국회를 해산시키는 등으로 국회를 재구성하는 것이다. 이 밖에 우리 헌정사에서는 정계개편을 통하여 인위적으로 국회의 정당구도를 변화시키는 경우도 있었다. 1988년 국회의원선거에서 형성된 여소야대의 국회구도를 1990년 3당합당을 통하여 인위적으로 변화시킨 것이 대표적인 예이다. 이후에도 대통령이 소속한 정당이 국회 다수의석을 차지하지 못한 경우 집권당은 다른 정당과의 연합을 통하여 혹은 인위적으로 국회의 다수세력을 차지하기 위한 노력을 해왔다.[3]

둘째, 국정의 혼란을 감수하는 경우이다. 1988년 출범한 노태우정권에서 1990년 3당합당 전 나타났던 상황이다.

---

2) 위와 같은 독재의 세 가지 유형에 대한 설명으로는 예컨대 최대권, "정부형태론", 최대권, 헌법학(박영사, 1989), 370면 이하 참조.

3) 이에 관한 헌법적 평가에 대해서는 헌재 1998.10.29, 96헌마186, 10-2, 600면 이하 참조.

위와 같은 두 가지 상황은 제도적으로 보면 각각 독립하여 모두 민주적 정당성을 갖는 대통령과 국회가 대립하는 공통점이 있다(민주적 정당성의 이원적 구조). 그런데 대통령중심제에서는 이를 조정하는 제도적 장치가 없다. 의원내각제에서 국회와 행정부가 대립하는 경우 정부의 국회해산권과 국회의 정부불신임권을 통하여 서로 존속을 부정할 수 있고, 이후 국민의 선거를 통하여 새로운 국회가 구성되며, 결과적으로 국민이 직접 조정역할을 하는 점과 비교된다. 또 이원정부제에서 이 경우 국무총리가 대통령과 함께 행정권을 분점하는 방법으로 국회의 다수세력과 공존하도록 하는 점과 비교된다.

4. 기능의 전제조건

(1) 국회의 독자성

국회가 헌법에서 예정하는 바와 같이 독자성을 갖고, 대통령을 견제할 수 있어야 한다. 이에 대한 좋은 예가 미국이다. 미국의 경우 정당의 기속력이 거의 없기 때문에 국회가 독자성을 유지할 수 있다. 정당조직에 있어 중앙당이 존재하지 않기 때문에 정당에서 모든 결정을 지도하는 관례가 없다. 이 경우 국회의원이 전국적 이해관계보다는 출신 지역구를 중심으로 의사에 참여하며, 국회의원의 국민대표성이 감소한다는 문제점이 있기는 하다.

우리나라에서와 같이 현실적으로 정당의 기속력을 단기간 내에 부인하는 것이 불가능하다면 부분적으로, 즉 교섭단체 내에서 의원 간에 이견(異見)이 상당부분 존재하여 당론을 결정할 수 없는 경우 사안별로 자유투표를 도입하여야 할 것이다.

(2) 지역적 분권

대통령중심제에서는 대통령과 국회의 구도에 따라서는 대통령이 독단적으로 정국을 운영할 가능성이 있다. 이 문제는 미국의 경우 연방국가원리를 통해서 희석된다. 연방의 권한이 주의 권한과 병존하여 대통령의 권한이 제한적이다. 또 연방의회에서 상원은 지역대표의 성격이 강하기 때문에 연방과 주의 권력분립이 실현되고 있다.

우리의 경우 연방국가로 전환하기 위해서는 헌법개정이 필요하며, 이에 대해서는 또 다른 논의가 필요하다. 지방자치제도가 연방국가의 기능을 어느 정도 수행할 수 있으며, 이를 활성화하여야 한다. 다만 연방국가에서 연방과 주간의 분권이 헌법적 문제인 데 비해서 지방자치는 입법에 의하여 구체적으로 형성되기 때문에 지방자치를 통한 지역적 분권은 상당 부분 입법적 의지에 달려 있다.

(3) 사법부의 기능

사법부의 기능이 활성화되어야 한다. 대통령의 헌법 및 법률상의 행위는, 특히 개인의 기본권에 직접 영향을 미치는 경우에는 사법심사의 대상이 되어야 한다. 이 점에서 대법원 및 헌법재판소의 비판적인 감시기능이 필요하며, 특히 헌법재판소가 다른 국가기관에 대한 견제기능을 수행한다는 점을 깊이 인식하고 실현하여야 한다.

(4) 정치문화적 요소

이 밖에 정치문화적인 요소들이 갖추어져야 한다. 미국의 경우 국민, 그리고 유권자 일반에 지배적인 정치이념으로서 정부에 대한 불신이 자리잡고 있다. 예컨대 대통령을 배출한 정당이 중간선거에서는 국회의 다수세력이 될 수 없도록 하는 유권자의 투표행태가 오랫동안 관찰되고 있다. 그 결과 미국에서는 이른바 '분리정부'가 자주 출현한다. 정치권력은 이러한 국민의 의지를 존중하여 국민이 만들어 준 정치구도의 틀에서 협력적으로 견제하는 정치력을 발휘하여야 한다.

우리나라에서는 이른바 '여소야대'의 정국이 출현할 때마다 이를 인위적으로 개편하여 다시 여대야소화하려는 경향을 보여왔다. 이러한 정치문화적 행태 및 환경에서 대통령중심제가 민주주의의 실현에 기여할 수는 없다.

Ⅱ. 의원내각제

1. 특징적 요소들

(1) 국민에 의한 의회의 구성, 의회 중심의 국정운영

대통령중심제에서는 국회와 행정부가 모두 국민에 의해서 직접 구성되는 반면, 의원내각제에서는 국회만이 국민에 의해서 직접 구성된다. 행정부는 국회의 다수세력에 의하여 구성되는 집행부이다. 행정부는 국회 다수세력에 의하여 구성되기 때문에 국회에서 정당구도의 변화에 따라 행정부가 불신임될 수 있으며, 따라서 행정부의 임기는 존재하지 않는다. 이미 언급했듯이 의원내각제는 전제군주체제를 극복하고 새로운 정치체제를 구성함에 있어서 시민의 대표들로 구성된 합의체기관에서 국가의사를 결정하도록 하였다는 점에서 자연스러운 역사의 산물이다.

의원내각제에서는 국회를 중심으로 주요 국가의사가 결정된다. 의원내각제는 다양한 모습으로 나타나며, 이때 중요한 변수는 선거제도와 상원의 구성 및 권한이다. 특히 선거제도로서 다수대표제와 비례대표제에 따라 다양한 현실이 나타난다.[4] 이에 대해서는 아래에서 따로 살펴본다.

의원내각제에서 행정권은 국회에서 구성된 내각이 담당한다. 따라서 대통령과 같은 국가기관이 존재하더라도 일반적으로 대통령은 국가통합의 매개체로서 상징적인 지위와 권한을 가질 뿐 실질적으로 정치적 지도기능을 수행하지는 않는다.

(2) 국회와 행정부 간 상호 존속을 부인할 가능성

가) 국회의 행정부 불신임

의원내각제에서 행정부는 국회 다수세력에 의해서 구성된다. 이때 국회에서 내각으로 집행권이 위임된다. 따라서 제도필연적으로 국회는 행정부에 대한 신임을 철회하는 권한이 있다. 이에 대해서는 다음과 같은 설명이 필요하다. 행정부가 국회의 다수세력에 의해서 구성되는데, 국회가 행정부에 대한 신임을 철회하는 경우가 현실정치에서 발생하는가 하는 의문이다. 이는 다음과 같은 상황에서 나타날 수 있다.

국회의원선거에서 절대다수 유권자의 지지를 받은 정당이 없는 경우 어떠한 정당도 단독으로 국회를 지배할 수 없으며, 이때 일반적으로는 상대다수 득표를 한 정당과 일부 소수 정당 간에 절대다수 세력을 구성하여 연립정권이 성립된다. 그런데 다수정당에서 일부 국회의원들이 이탈하여 사후적으로 소수 정권이 나타날 수 있다. 또 연립정권의 운영과정에서 이에 참여하고 있는 소수정당의 정체성에 반하는 의사결정이 이루어질 수 있으며, 이 경우 일정한 단계에서 해당 정당은 연립정권에서 탈퇴를 검토할 수 있다. 그리고 실제 연립정권을 탈퇴한 경우 이제 행정부를 구성하는 정당은 국회에서 다수의 지위를 상실

4) 선거제도가 정당구도 및 정부형태와의 관계에서 미치는 상호작용에 대해서는 예컨대 양건, "정부형태론", 양건, 헌법연구(법문사, 1995), 466면 이하 참조.

한다. 이 경우 국회와 행정부 간에 정당의 세력분포가 달라진다. 이는 국회가 행정부를 불신임하는 원인이 되고, 실제 행정부에 대한 불신임을 결의하면 행정부가 국회를 해산하게 된다.

나) 행정부의 국회해산권

의원내각제에서는 국회를 중심으로 국정을 운영하지만 권력분립원리를 포기한 것은 아니다. 의원내각제에서는 국회의 행정부 불신임제도가 필연적이다. 권력분립의 시각에서 이에 상응하는 행정부의 권한은 국회해산권이다. 이에 일반적으로 행정부와 국회 간에 위에서 살펴본 바와 같은 이질성이 나타나는 때에는 행정부는 국회를 해산하고 국회를 다시 구성하기 위한 선거를 실시한다. 행정부가 국회를 해산하는 사유에는 다양한 헌법례가 있다.

1960년 우리 헌법에서는 민의원이 국무원을 불신임한 경우, 또 민의원이 조약비준에 대한 동의를 부결하거나 신년도 총예산안을 법정기일 내에 의결하지 않은 때에 불신임으로 간주하여(준불신임) 민의원을 해산할 수 있었다. 이밖에 독일헌법에서 연방대통령은 다음과 같은 경우에 연방총리의 제청에 의하여 국회를 해산한다. 첫째, 연방총리의 신임투표 요구에 따라 연방의회에서 투표 결과 과반수의 찬성을 얻지 못한 경우 연방대통령은 연방총리의 제청에 의하여 연방의회를 해산할 수 있다(제68조 제1항). 이는 이례적인 경우로서 국회의 정당구도가 가변적이어서 연방총리가 국회와의 협력관계에서 안정적으로 정국을 운영하는 것이 어렵다고 판단하는 경우에 한하여 요구할 수 있다. 이에 비해서 연방정부가 국회에서 다수의석을 안정적으로 확보하고 있음에도 불구하고 국회해산을 유도하는 목적으로 불신임을 요구할 수는 없다.[5] 둘째, 총선 후 구성된 국회는 연방대통령이 제청한 후보자를 총리로 선출한다. 국회가 과반수의 찬성으로 총리를 선출하는 데 실패한 경우 다수득표를 한 자가 총리후보자로 선출된다. 총리후보자가 이후 연방의회에서의 투표에서 과반수 득표를 한 경우 대통령은 해당 후보자를 총리로 임명한다. 그러나 과반수 득표에 실패한 경우에는 연방의회를 해산할 수 있다(제63조 제4항). 독일에서 이와 같은 사유로 인하여 연방의회가 해산된 적은 아직 없다.

---

5) 이와 같은 유형의 불신임 요구는 1972년 브란트(Willy Brandt) 총리, 1982년 슈미트(Helmut Schmidt) 총리, 1983년 콜(Helmut Kohl) 총리, 2005년 슈뢰더(Gerhard Schroeder) 총리 등이 행한 바 있다. 이러한 가능성에 대한 독일 연방헌법재판소의 결정으로는 *BVerfGE* 62, 1; 114, 121 참조. 이에 대한 다양한 헌법례에 대해서는 예컨대 Arend Lijphart, *Patterns of Democracy*(Yale University Press, 1999), 116면 이하 참조.

대통령중심제에서는 국회와 행정부가 대립하는 경우에 분리정부의 정치적 전통과 이를 극복하는 정치문화가 발달해 있지 않는 한 정부 운영이 어려워진다. 그런데 의원내각제에서는 행정부와 국회가 대립하는 경우 행정부는 국회를 해산하고 이후 선거에 의하여 국회, 그리고 국회에서 구성되는 행정부가 새로이 조직되며, 이로써 국민이 직접 조정자로서, 그리고 결과적으로 정부 구성의 주체가 된다.

위와 같이 의원내각제에서는 국회와 행정부가 서로 임기 중에 존속을 부인할 수 있으며, 이 점에서 대통령중심제와 비교하면 의원내각제에서 빈번하게 정권이 교체될 가능성이 있는 것은 사실이다. 그러나 이러한 가능성이 실제 현실화되는가는 여러 변수가 작용하며, 의원내각제가 대통령중심제에 비해서 정국의 불안을 가져온다는 평가는 논리의 비약이다. 이 점에 대해서는 위에서 검토하였다.

2. 기능의 현실

(1) 다수대표선거제도

가) 다수결 민주주의

국회의원선거에서 다수대표제를 채택하는 경우 국회에 진출할 수 있는 정당은 제한되어 있으며, 일반적으로 양당제로 정국이 운영된다. 이 경우 하나의 정당이 국회에서 절대다수의석을 갖게 되며, 의사결정은 다수결의 형태로 나타난다. 국회의 독단적인 운영은 상원에 의하여 통제될 수 있다. 다만 이를 위해서는 상원이 하원과는 다른 방법에 의하여 구성되고, 또 상원이 하원과 같은 비중의 권한을 가져야 한다.

나) 영국의 예

의원내각제를 채택하면서 다수대표선거제도를 시행하고, 그 결과 양당제 정국운영이 나타나는 대표적인 국가는 영국이다. 여기에 더하여 영국에서는 자유위임의 원칙에도 불구하고 실질적으로 국회의원에게 표결강제원칙(whipping system)에 따라 정당 중심으로 정국이 운영되고 있다. 그 결과 영국의 의원내각제는 총리, 그리고 행정부가 항상 국회 다수에 의하여 지지를 받기 때문에 행정부가 안정적으로 운영되고, 또 행정부가 국회에 우월한 유형으로 평가되고 있다. 영국에서 상원이 하원과 같은 정치적 비중을 갖고 있는 것도 아니다. 그럼에도 영국에서 집권정당이 독단적인 정국운영을 하는 폐단이 나타나지 않고, 국정이 민주적으로 운영되는 것은 정당의 민주화가 계속 추구되고, 또 소수보호를 위한 여러 제도적 장치와 비제도적 정치문화가 함께 작동하기 때문이다.[6] 이와 같은 제도적인 여건이 결여되어 있고, 또 소수보호의 정치문화가 발달하지 않은 경우 의원내각제에서 독단적인 정국운영이 나타날 수 있다.

(2) 비례대표선거제도

가) 합의제 민주주의

국회의원선거에서 비례대표제를 채택하는 때에는 국회에서 정당이 단독으로 절대다수의석을 차지하는 경우는 드물다. 따라서 이 경우에는 국회에서 일반적으로 2개 혹은 3개 이상의 정당이 연합하여 다수를 형성하고, 또 이에 기초하여 행정부를 구성한다(연립정권). 프랑스 제3공화국 헌법과 제4공화국 헌법이 대표적인 예이다. 이에 더하여 해당 국가가 연방국가이며, 상원이 하원과 다른 방법으로 구성되어, 예컨대 상원이 지역대표의 성격을 강하게 갖는 경우에는 국가의사결정은 복잡한 타협의 과정을 거치게 된다. 상원이 하원과 같은 비중의 권한을 갖거나 혹은 하원의 의결이 효력을 갖기 위해서는 상원의 동의를 필요로 하는 경우에도 마찬가지이다. 아래에서 설명하듯이 독일이 이에 해당하는 대표적인 예이다. 북부 유럽에서는 이러한 합의제 민주주의의 정치적 특징이 뚜렷이 관찰된다.

나) 독일의 예

독일은 연방국가이면서 연방의 상원에 해당하는 연방참사원(Bundesrat)은 선출된 국회의원들이 아니라, 주(州)정부의 대표들로 구성된다. 주의회의 선거결과에 따라서는 연방의회(Bundestag)의 연립정당들과 연방참사원의 다수세력을 형성하는 정당(들)은 다를 수 있다.

이 경우 국가의사결정에 있어서 다음과 같은 세 단계의 타협의 과정이 나타난다. 첫째, 연립정권에 참여하는 정당 간의 타협이 필요하다. 이와 같은 정치적 타협은 연립정권이 성립하기 위한 전제조건이며, 또 연립정권이 유지되기 위해서는 이와 같은 타협이 계속 존중되어야 한다. 둘째, 하원에서 연립정권을 구성하는 여당과 이에 참여하지 않은 야당과의 정치적 타협이 필요하다. 셋째,

6) 이 점에 대해서는 예컨대 안경환, "의원내각제와 정치적 소수자", 「법과 사회」 제4호(1991), 156면 이하 참조.

이와 같이 형성된 하원의 의사가 최종적으로 확정되기 위해서는 지역대표의 성격이 강한 연방참사원과 정치적 타협이 필요하다. 이때 하원에서는 소수를 차지하고 있는 정당연합이 연방참사원에서는 다수세력인 경우에는 하원과 연방참사원과의 타협은 어려운 작업이 될 것이다. 반면 연방참사원과 하원이 동일한 연합세력에 의하여 지배되는 경우에는 연방하원과 연방참사원 간의 타협의 작업은 최소화될 것이다. 그렇더라도 연방참사원을 구성하는 지역대표가 중앙당의 의사와는 관계없이 지역의 이해에 따른 의사를 관철하려는 경우 연방하원과 연방참사원 간에 충돌의 여지는 있으며, 이 경우 정치적 타협이 필요하다. 이와 같은 복잡한 의사결정의 구조는 정부의 신속한 정치적 대응능력을 감소시키는 요인이 될 수 있다. 이 점은 이른바 'veto player'의 문제로서 정치과정이론에서 중요한 논의의 대상이 되고 있다.

양당제도와 다수대표제를 선택하는 경우 집권정당은 자신의 이념과 정책에 따른 과감한 개혁을 할 수 있다. 이에 비해서 다당제와 비례대표선거제도하에서는 지지계층인 인적 집단이 다원화되어 있어 모든 집단을 적절하게 고려하는 느슨한 개혁이 이루어질 수밖에 없다.

3. 제도적 문제점

의원내각제에서는 위에서 살펴본 문제점을 극복하기 위한 정치제도적 및 문화적 환경이 갖추어져 있지 않은 경우 다음과 같은 두 가지 극단적인 상황이 나타날 수 있다.

(1) 독단적 국정운영의 우려

대통령중심제에서는 제도필연적으로 국회와 행정부를 동일 정당이 지배하는 것은 아니다. 대통령 선거와 국회의원 선거에서 유권자의 성향에 따라 동일 정당에 의해서, 혹은 각각 다른 정당에 의해서 국회와 행정부가 구성된다. 그런데 의원내각제에서는 필연적으로 국회와 행정부는 동일 정당(들)이 주도하며, 따라서 제도내재적으로 독단적인 정국운영의 가능성이 있다. 실제 영국에서는 이를 내각의 독재(Cabinet Tyranny)로 표현하기까지에 이르렀다.

특히 다수대표제와 양당제도가 결합되어 있고, 또 정당기속이 강한 경우에는 그러한 가능성은 보다 증가한다. 영국에서 마가렛 대처(Margaret Thatcher) 시절의 강한 정부는 대처의 인격적 특성('철의 여인')에 기인할 뿐 아니라 제도적 원인이 함께 작용하였던 것이다.

(2) 정국불안정의 우려

비례대표제와 다당제도가 결합되어 있는 경우에는 이와는 정반대의 상황이 나타난다. 연립정권 내에 갈등이 증폭하여 정당 간의 정책연합을 더 이상 유지할 수 없는 경우에는 이제 내각과 다른 정당분포를 갖게 된 국회는 행정부에 대한 불신임을 의결하게 된다. 여기에 더하여 예컨대 프랑스 제3공화국 및 제4공화국 헌정에서와 같이 실질적으로 내각이 국회를 해산하는 가능성이 없어진 경우에는 내각은 불신임의 위험에 항상 처하게 된다. 실제 프랑스 제3공화국 시기인 1875년에서 1940년 사이에 100개 이상의 내각이 교체되었고, 제4공화국 시기인 1945년에서 1958년 사이에도 25개의 내각이 교체되어 상황이 개선되지 않았다.

행정부를 불신임한 후에는 행정의 공백이 발생한다. 그리고 국회가 새로운 행정부를 구성하는 데에 합의할 수 없도록 분열되어 있는 경우, 즉 소극적 결속력은 있으나 적극적 결속력이 결여되어 있는 경우에는 행정, 그리고 국가권력의 공백은 장기화된다. 예컨대 독일의 경우 이러한 국정의 공백을 방지하기 위하여 헌법에 이른바 '건설적 불신임제도(konstruktives Misstrauensvotum)'를 도입하고 있다. 독일헌법 제67조에 따르면 연방의회는 연방총리를 불신임할 수 있다. 다만 불신임을 의결하기 위해서는 먼저 연방의회의 재적의원 과반수에 의하여 후임 연방총리를 선출하여야 한다.

4. 기능의 전제조건

(1) 국회의 행정부 구성능력

의원내각제가 성공하기 위한 가장 기본적인 조건은 국회가 행정부를 구성하기 위하여 필요한 다수세력을 형성하여 의결능력을 가져야 한다. 이는 양당제 구도하에서 쉽게 실현될 수 있다. 다당제에서는 하나의 정당이 단독으로 과반수의석을 차지하기는 거의 불가능하기 때문에 정당 간에 연립정권을 구성할 수 있어야 한다.

국회의 정당구도가 지나치게 파편화되어 있는 경우에는 그만큼 국회에서 행정부를 구성하는 가능성은 제한적이다. 이 경우 이념 및 정책연합을 통하여 연립정권을 구성하기 위한 정치적 타협이 필요하다. 소수정당이 난립하는 것을 막고 국회가 다수형성 능력을 갖도록 제도적으로 보장하기 위한 선거 및 국회 구성원리가 선거법상 이른바 '저지조항'이다. 독일선거법상의 저지조항에 따르면 지역선거구에서 5% 이상을 득표한 정당에 한하여 비례대표의석의 배분에 참여할 수 있다(독일연방선거법 제6조 제3항).[7)]

(2) 정당정치의 확립

가) 정당의 정체성과 안정성, 그리고 민주성

의원내각제에서는 국회가 국정의 중심에 위치하며, 국회의 다수정당이 행정부를 구성하여 정당이 국정운영에 있어서 지도적인 역할을 한다. 따라서 의원내각제에서 선거는 인물선택보다는 정당 및 정책선택의 성격이 강하다. 그런데 정당 및 정책선거에서 국민의 의사를 충실히 반영하기 위해서는 정당이 정치적 이념 및 정책에 있어서 정체성과 안정성을 가져야 한다. 이때 비로소 국민은 자신의 선택이 갖는 정치적 의미를 인식하고 결정에 임할 수 있다. 또 야당이 제시하는 정책대안과 예상되는 내각의 구성(이른바 'shadow cabinet')이 판단의 기준이 되어 대안선택의 가능성을 갖게 된다.

정당이 이념적 및 정책적 정체성과 안정성을 갖기 위해서는 정당의 이념과 정책이 우연한 요소, 즉 정당을 지배하는 특정인 혹은 과두집단의 근시안적·정략적 결정에서 독립하여 민주적인 방법과 절차에 따라 결정되고 존속하여야 한다. 그리고 이들 결정내용 및 절차가 투명하게 정치의 장에 제시되어야 한다.

나) 정당의 기속력

의원내각제에서 정당의 기속력은 현실적으로 필요하다. 국회의원은 규범적으로는 정당의 대표가 아니라 국민의 대표이다. 그런데 합의체인 국회가 의사결정능력을 갖기 위해서는 정당 중심으로 유형화된 이념과 정책이 제시되어야 하며, 이때 현실적으로 결정이 이루어질 수 있다. 그리고 국회의원은 이와 같은 정당의 이념 및 정책적 결정에 따를 정치적 의무가 있어야 하기 때문이다.

따라서 국회의원의 의사에 반하여 소속 상임위원회를 변경하는 정당 내부의 결정 및 이에 따른 사실상의 강제가 국회의원의 권한을 침해하는 것은 아

---

7) 우리 선거법도 비례대표의석배분에 참여하는 정당을 저지조항에 의하여 제한하고 있다. 즉 비례대표국회의원선거에서 유효투표총수의 3% 이상을 득표하였거나 지역구국회의원총선거에서 5석 이상을 차지한 정당에 한하여 비례대표국회의원의석이 배분된다. 「공직선거법」 제189조 제1항 참조. 그러나 의원내각제에서는 국회가 행정부를 구성하기 위하여 의사결정능력을 가져야 하기 때문에 저지조항이 정당성을 갖지만, 대통령중심제에서는 저지조항의 정당성은 적어도 의원내각제에 비해서는 낮다.

니다.[8] 다만 이는 규범적 의무가 될 수는 없으며, 정당의 대표로서의 지위와 국민의 대표로서의 지위가 경계선상에서 긴장관계에 있는 경우에는 국회의원은 여전히 국민의 대표로서의 지위에 충실하여야 한다. 따라서 의원내각제에서도 국회의원이 당선 당시의 당적을 변경하는 경우 의원직을 상실시키는 것은 헌법적으로 허용되지 않는다.

(3) 공무원제도의 정착

의원내각제에서는 국회와 행정부가 상호 존속을 부인할 수 있다. 그렇기 때문에 의원내각제에서는 대통령중심제에 비해서 빈번하게 정권이 변동되면서, 정국이 불안정해질 수 있다. 이는 객관적으로는 정책의 불안정과 단절, 그리고 주관적으로는 개인의 법적 지위를 불안정하게 하는 원인이 된다. 이러한 상황에서 정국이 안정되기 위해서는 정권의 교체에도 불구하고 정책의 안정성과 계속성을 유지할 수 있는 조직기반이 필요하다. 정치적 중립성과 신분보장을 속성으로 하는 직업공무원제도의 확립이 의원내각제가 기능하기 위한 중요한 전제조건이다.

Ⅲ. 이원정부제

1. 이원정부제의 기원

대통령중심제와 의원내각제는 나름대로의 장·단점이 있다. 대통령중심제는 정부의 안정성이 비교적 도모되지만 독단적·독점적 권력행사의 가능성이 내재해 있다. 또 대통령과 국회가 극한대립을 하는 경우 정상적인 국정운영을 하기 어렵다. 이에 비해서 의원내각제는 합의체인 국회가 국정의 중심에 위치하여 순화된 권력행사가 이루어지는 반면 경우에 따라서, 특히 국회가 행정부 구성능력이 없는 경우에는 안정적 정국운영이 저해된다.

이원정부제는 대통령중심제와 의원내각제의 장점을 취하고자 하는 제3의 정부형태이다. 역사적으로 보면 이원정부제는 1919년 독일 바이마르공화국헌법이 채택한 바 있으며, 현재 이원정부제를 채택하고 있는 대표적인 국가는 프랑스이다. 다만 두 헌법례는 기본적으로 다음과 같은 차이가 있다.

---

8) 따라서 교섭단체의 요청에 의하여 국회의원의 의사에 반하는 국회 상임위원회 소속 변경은 국회의원의 헌법상 권한을 침해하지 않는다. 헌재 2003.10.30, 2002헌라1, 15-2(하), 17면 이하; 2020.5.27, 2019헌라1, 32-1(하), 24면 이하 등 참조.

(1) 의회 중심의 이원정부제

바이마르공화국헌법에서 이원정부제는 기본적으로 의원내각제를 기초로 하고, 의원내각제에서 정당이익이 각축하여 정국의 불안정이 나타나는 경우에는 대통령에게 실질적인 권한을 부여하여 극복하려는 시도였다. 그 결과 특히 국가의 위기상황에서 대통령에게 권력을 집중시켜 헌법을 수호하려는 이론적 시도가 있었다.[9)]

(2) 대통령 중심의 이원정부제

프랑스헌법에서 이원정부제는 기본적으로 대통령중심제를 출발점으로 한다. 따라서 비교정치학에서는 프랑스가 대통령중심제 정부형태로 분류되기도 한다.[10)] 대통령을 배출한 정당이 국회 다수세력이 될 수 없는 경우 이른바 분리정부가 나타난다. 이미 언급했듯이 대통령중심제에서 이 경우 행정부와 국회 간의 대립을 해결할 수 있는 제도적 장치는 없다. 프랑스헌법은 이 경우, 즉 이른바 '동거정부(cohabitation)'가 출현하는 경우 국회의 다수세력에게 실질적으로 수상을 선출할 수 있는 권한을 부여하고, 총리에게 행정권을 부여하여 대통령과 국회의 대립을 헌법 자체에서 제도적으로 해결하고자 하였다.

2. 이원정부제의 특징적 요소들

(1) 국회와 행정부의 구성

이원정부제에서는 대통령과 국회가 모두 국민에 의하여 직접 구성된다(바이마르헌법 제41조, 제22조; 프랑스헌법 제6조 제1항, 제24조 제2항). 이것은 대통령중심제와의 공통점이다.

(2) 행정부의 이원화

이원정부제에서는 행정권이 대통령에 의하여 일원적으로 관장되지 않는다. 대통령과 총리가 함께 행정권을 담당한다. 행정부를 관장하는 총리는 대통령이 임명한다. 국회는 총리를 불신임할 수 있으며, 이 경우 총리는 퇴임하거나 혹은 사임서를 제출하여야 한다(바이마르헌법 제53, 54조; 프랑스헌법 제8조, 제50조). 총리는 대통령을 정점으로 하는 행정부의 2인자가 아니라 대통령과는 독자적으로 행정권을 담당한다. 이러

9) 헌법의 수호자를 둘러싸고 슈미트(Carl Schmitt)와 켈젠(Hans Kelsen)이 격렬한 논쟁을 벌인 바 있다. Hans Kelsen, *Wer soll der Hüter der Verfassung sein*(Berlin, 1931); Carl Schmitt, *Der Hüter der Verfassung*(Duncker & Humblot, 1931) 등 참조.

10) 이에 대해서는 Arend Lijphart, 위 각주 5의 책, 116면 이하 참조.

한 지위에서 총리는 정책의 지침을 결정하고, 국회에 대해서 책임을 진다(바이마르헌법 제56조; 프랑스헌법 제49조 제1, 2항).

대통령은 국가원수로서 국방·외교 등의 사안을, 그리고 총리는 일반적인 국정업무를 담당한다고 이해되고 있다. 그러나 이 점이 바이마르헌법이나 프랑스헌법에 명시적으로 표현되어 있지는 않다. 대통령과의 관계에서 총리의 지위는 약간 차이가 있다. 바이마르헌법에서 총리는 관할사항에 제한이 있는 행정부의 수반이다. 즉, 총리는 정부의 수반이며, 정부가 의결하고 대통령이 승인하는 직무규칙에 따라 직무를 수행한다(바이마르헌법 제55조). 이에 비해서 프랑스헌법에서 국무회의의 의장은 대통령이다(프랑스헌법 제9조).

(3) 국회와 행정부의 관계

행정부와 국회의 관계는 다음과 같이 형성되어 있다. 즉 국회는 총리를 불신임할 수 있다(바이마르헌법 제54조; 프랑스헌법 제49조 제2항). 그러나 의원내각제와 달리 이원정부제에서 총리는 국회를 해산하는 권한을 갖지 않는다. 대통령이 국회를 해산할 수 있다(바이마르헌법 제25조; 프랑스헌법 제49조 제2항).

3. 기능의 현실

이원정부제 역시 국회의 정당구도로부터 자유로울 수 없다. 또 정당의 기속력이 중요한 변수로 작용한다.

(1) 대통령이 소속한 정당이 국회 다수세력인 경우

국회에서 다수정당과 대통령을 배출한 정당이 동일한 경우 안정적인 정국이 나타난다. 다만 이 경우에 일반적으로 대통령과 총리가 정당 내에서 위계관계에 있고, 따라서 총리가 대통령과 동등한 지위에서 행정부를 함께 관장할 수는 없을 것이다. 특히 바이마르헌법이나 프랑스헌법에서와 같이 헌법에서 대통령과 총리의 권한배분이 명확하지 않은 상황에서는 더욱더 총리가 독자성을 유지하기 힘들다.

이러한 상황에서 총리가 독자적으로 권한을 행사하기 위해서는 헌법에 충실하고자 하는 대통령의 의지가 있어야 한다. 그만큼 이원정부제의 운영이 불안정하다. 이 경우 실질적으로는 대통령중심제로 정국이 운영된다.

(2) 대통령이 소속한 정당이 국회 소수세력인 경우

국회에서 다수정당과 대통령을 배출한 정당이 다른 경우, 이른바 '동거정부(cohabitation)'에 있어서 전형적인 이원정부제가 나타난다. 그러나 이러한 상황에서 대통령과 국회가 지속적으로 대립하여 정국이 불안해질 수도 있다. 이 경우 대통령은 정치적 대화와 타협을 통하여 안정적인 정국운영을 할 수 있으나, 이것이 한계에 달하면 국회를 해산하여 새로이 구성하는 시도를 할 것이다. 이는 결국 이원정부제의 운영이 현실적으로 수월치 않다는 사실을 알려준다.

(3) 국회가 의사결정능력을 갖지 못하는 경우

소수정당이 난립하여 국회에서 행정부를 구성하는 데 필요한 다수가 형성되지 못하는 현실이 나타날 수도 있다. 이와 같은 정당의 파편화현상은 기본적으로 민주주의가 기능하기 위해서 필요한 조건, 즉 사회의 이념적 동질성과 안정성이 결여되어 있다는 의미이다. 이 점은 제도적으로는 비례대표선거제도를 채택하면서 더 첨예화된다. 이 경우 특히 국회 중심의 이원정부제는 더 이상 기능을 할 수 없다.

(4) 바이마르공화국의 예

역사적으로 보면 독일 바이마르공화국의 정치현실이 위와 같은 예에 해당한다. 이 점이 이원정부제를 도입하였지만 선거에서 상대다수대표제를 채택하는 프랑스의 경우와 구별된다. 바이마르공화국의 정치현실에서는 정당은 단독으로는 물론이고 정당 간의 연합을 통해서도 국회에서 다수를 형성할 수 없었고, 따라서 대통령은 국회에서 상대다수의석을 보유하는 정당의 지도자를 총리로 임명할 수밖에 없었다. 그 결과 행정부는 항상 국회에 의한 불신임의 위험이 있었다. 실제 국회가 행정부를 불신임하는 경우 새로운 행정부가 구성된다는 보장도 없었다. 국회에서 정당구도가 파편화되어 있는 상황에서 행정부를 불신임하는 소극적 결속력이 새로이 행정부를 구성하는 적극적 결속력으로 이어지지 못했기 때문이다. 바로 이 점이 바이마르공화국의 불안정을 초래하였다는 반성에서 위에서 설명한 바와 같이 1949년 제정된 독일헌법은 제67조에서 이른바 '건설적 불신임제도(konstruktives Misstrauensvotum)'를 도입하였다.

원래 바이마르공화국의 이원정부제에서 행정부는 국회의 신임하에 존속하지만 정국의 안정을 위하여 대통령에게 실질적인 권한을 부여하였다. 그런데 정당 및 정치이념이 파편화되어 있는 상황에서는 전혀 다른 정치현실이 나타났다. 즉 총리는 국회보다는 대통령의 신임에 의존하게 되었다. 이제 대통령은 총리를 임명하고, 국회가 총리를 불신임할 가능성이 있는 경우에는 국회해산의 위협을 통하여 행정부의 존속을 유지시켜야 했다. 이러한 정치적 현실을 보면서 바이마르공화국 당시 유력한 헌법학자(Carl Schmitt)는 바이마르헌법이 현실적으로 강력한 대통령중심제로도, 그리고 의원내각제로도 운영될 수 있는 불안정한 상태에서 대통령이 결국 헌법수호자가 될 수밖에 없다고 이해하였다.[11)]

4. 제도적 문제점과 기능의 전제조건

(1) 이원정부제 탄생의 배경과 문제인식

전제군주체제에 대항하여 시민혁명이 완성된 후 새로운 체제형성에 있어서 자연스러운 정부형태는 의원내각제이다. 그런데 의원내각제는 정치의 중심에 있는 국회가 의사결정능력을 가질 수 없을 정도로 분열되어 있는 경우에는 정부에 대한 불신임과 국회해산이 연속적으로 이루어지면서 안정적인 정국운영을 유지할 수 없다.

이러한 문제에 대한 제도적 대응은 당연히 대통령중심제로의 전환이었을 것이다. 그러나 근대국가 정부형태로서 의원내각제의 정당성, 그리고 특히 프랑스의 강한 의원내각제적 전통이 작용하여 대통령을 국가의 원수로 하는 대통령중심제를 채택하되 동거정부가 출현하는 경우 의원내각제적 요소를 보충하는 형태로 이원정부제를 형성하였다. 이원정부제에서 나타나는 이와 같은 정당성의 이원화에서 이미 제도의 창안자들은 정당성의 경쟁으로 인한 정국의 위기상황을 예견하였다. 그래서 바이마르헌법과 프랑스 제5공화국헌법은 모두 대통령에게 비상대권을 부여하였다(바이마르헌법 제48조; 프랑스헌법 제16조).

(2) 분권의 가능성과 한계

국가권력의 분권을 헌법에서 정밀하게 제도화하는 것은 불가능에 가깝다. 국가권력은 상호 간에 밀접하게 관련되어 있고, 따라서 국가권력을 사안별로 나누어 대통령 혹은 총리에게 분배하는 것은 현실성이 없기 때문이다. 예컨대 프랑스헌법은 대통령을 군의 통수권자로 하면서(프랑스헌법 제15조), 정부에게 행정 및 군사를

11) 예컨대 Carl Schmitt, "Legalität und Legitimität", Carl Schmitt, *Verfassungsrechtliche Aufsätze aus den Jahren 1924–1954*(Duncker & Humblot, 1958), 345면 참조.

관리할 권한을 부여하고 있다(프랑스헌법 제20조 제2항). 결국 프랑스에서 군의 통수는 결코 대통령의 독점적 관할이 아니라 정부와의 긴밀한 협력하에 비로소 실현된다.

이와 같이 국가기능이 상호 관련되어 있기 때문에 이원정부제에서는 일반적으로 국가기능 및 권력분립의 구체적인 내용을 헌법이 직접 결정하기보다는 개방되어 있다. 즉 이원정부제는 구체적인 정국구도에 따라서 의원내각제에 가깝게 혹은 대통령중심제에 가깝게 운영된다. 의원내각제로 운영되는 경우 의원내각제가 성공하기 위한 요건이 갖추어져야 하며, 여기에 대통령과의 관계에서 이원정부제의 제도적 취지가 실현되기 위한 조건이 추가로 충족되어야 한다. 국회의 다수정당이 동시에 대통령을 배출한 때에는 대통령은 헌법상 권한배분을 충실하게 이행할 의지가 있어야 한다. 반대로 국회의 다수정당과 대통령이 소속한 정당이 다른 경우에는 행정부 내에서 대립하는 권력이 상호 견제·협력하면서, 또 극단적인 대립으로 인하여 국정이 마비되는 상황이 나타나지 않도록 자제하는 고도의 정치적 숙련이 필요하다.

(3) 헌법정책적 평가

우리의 경우 대통령의 독단적 권력행사가 문제였고, 이원정부제가 대안으로 오랫동안 논의되어 왔다.[12] 그러나 위에서 살펴본 바와 같이 대통령중심제에 대한 대안으로서 이원정부제는 그 기능 여부가 더 복잡한 변수에 달려 있다. 그렇다면 대통령의 독단적인 권력행사는 행정권을 이원화하는 방법이 아니라 다른 국가기관, 특히 국회가 대통령을 정점으로 하는 행정권에 대한 통제를 강화하는 방법으로 순화하는 것이 더 합리적이다.

제 3 절 한국헌법상의 정부형태

Ⅰ. 대통령중심제의 특징적 요소들

우리 헌법의 정부형태는 대통령중심제의 특징적인 요소들을 갖추고 있으며, 따라서 대통령중심제이다. 대통령중심제의 특징적인 요소들은 다음과 같다.

12) 최초의 이원정부제에 대한 구체적인 구상은 1980년 김철수 외 6인이 작성한 제5공화국헌법 개정시안에 나타나 있다. 이 시안은 김철수, 비교헌법론(상)(박영사, 1980), 655면 이하에 수록되어 있다.

1. 대 통 령

대통령이라는 국가기관이 존재한다. 우리 헌법에서 대통령은 실질적인 정치권력을 보유하고 있으며, 상징적인 존재에 그치지 않는다. 이 점에서 의원내각제에서 대통령 등 국가원수의 지위와는 차이가 있다. 국무총리가 국가기관으로 존재하지만 국무총리는 대통령을 보좌하는 행정부의 2인자 지위에 있을 뿐이다(제86조 제2항). 이 점이 총리가 대통령과 함께 행정권을 분담하는 이원정부제와 다르다.

2. 대통령과 국회의 조직·기능상의 독립

국회와 대통령은 각각 독립하여 국민의 직접선거에 의하여 구성된다(제41조 제1항, 제67조 제1항). 이와 같이 각자 독자적으로 국민적 정당성을 보유하고 있기 때문에 국회의원과 대통령은 모두 헌법에 정해진 임기 동안 재직하며, 임기 중 상호 존속을 부인할 수 없다.

대통령은 임기 중 국회에 대한 정치적 책임을 이유로 불신임받지 않으며, 대통령은 국회를 해산할 수 없다. 국회는 대통령에 대해서 탄핵소추발의와 의결을 할 수는 있다(제65조). 그러나 이는 국회가 대통령에게 정치적 책임을 묻는 제도는 아니다. 탄핵소추발의와 의결은 대통령이 직무집행에 있어서 헌법과 법률에 위반하는 경우에 법적 책임을 묻는 제도이며, 이에 대한 최종적인 결정은 국회가 아니라 헌법재판소가 행한다(제111조 제1항 제2호).

3. 대통령의 이중적 지위

대통령은 국가의 원수, 국정의 최고책임자로서의 지위와 동시에 행정부의 수반으로서의 지위를 갖는다(제66조). 국정의 최고책임자로서 대통령은 외교권과 국군통수권, 국가긴급권, 헌법개정안발의권, 그리고 국민투표부의권과 사면권 등을 갖는다(제73조, 제74조, 제76조, 제77조, 제128조, 제79조, 제72조). 행정부의 수반의 지위에서 대통령은 행정입법권과 공무원임면권 등을 갖는다(제75조, 제78조).

대통령의 법률안거부권은 보는 시각에 따라서 국정의 최고책임자로서의 지위에서 나오는 권한과 행정부의 수반으로서의 지위에서 나오는 권한의 성격을 함께 가지고 있다.

Ⅱ. 대통령중심제에 이례적인 요소들

우리 헌법에는 대통령중심제의 특징적인 요소들 외에 대통령중심제에서는 이례적인 요소들이 있다. 그러나 이러한 이유에서 헌법상의 정부형태를 의원내각제적 요소가 가미된 대통령중심제로 평가할 수는 없다. 헌법에서 대통령중심제에 이례적인 요소들을 정리하면 다음과 같다.

첫째, 국무총리가 헌법기관이다. 국무총리가 대통령에 의하여 임명되지만 국무총리임명에 있어서 국회의 동의를 필요로 한다(제86조). 이는 미국식 대통령중심제에서 부통령이 존재하고 부통령은 대통령과 동반 입후보하여 당선되는 점과 차이가 있다. 둘째, 국무회의가 헌법기관으로 설치되어 있다(제88조). 이는 미국헌법에서 국무회의가 헌법기관이 아닌 점과 구별된다. 다만 의원내각제에서 내각이 의결기관인 데 비해서 우리 헌법상의 국무회의는 심의기관이다. 셋째, 국회는 행정부를 적극적으로 구성하는 권한은 없지만 소극적인 통제권이 있다. 즉 국회는 국무총리와 국무위원에 대한 해임건의권을 갖는다(제63조). 넷째, 법률안제출권을 국회의원과 함께 대통령도 갖는다(제52조). 이는 미국헌법에서 대통령은 국회와 기능상 독립되어 있으며, 따라서 법률안제출권은 국회의원만이 갖는 점과 비교된다. 같은 맥락에서 헌법은 국무총리·국무위원 또는 정부위원이 국회에 출석하여 국정처리 상황을 보고하거나 혹은 의견을 진술하고 질문에 응답할 수 있도록 하고, 국회의 요구가 있을 때에는 국무총리·국무위원 또는 정부위원은 출석·답변하여야 한다(제62조).

Ⅲ. 우리 헌법상의 정부형태

1. 대통령중심제에 이례적인 요소들 및 이에 대한 평가

우리 헌법상의 정부형태는 위와 같은 요소들을 근거로 의원내각제적 요소가 가미된 대통령중심제라고 평가하는 것이 일반적이다. 그러나 대통령중심제에서 이례적인 몇 가지 제도가 있다는 이유로 의원내각제적 요소가 가미되어 있다고 볼 수는 없다.

(1) 국무총리제도, 국무총리임명방법

국무총리가 헌법기관이며, 대통령이 국무총리를 임명함에 있어서 국회의 동의를 받는 것이 의원내각제적 요소는 아니다. 국무총리가 헌법기관인가 여부는 형식적인 논리이며, 정부형태의 실체에 영향을 주지 않는다. 우리 헌법에서 국무총리는 행정부의 수반이 아니며, 대통령을 보좌하는 기관이다. 따라서 국무총리의 존재가 곧 의원내각제적 요소는 아니다.

국무총리임명에 있어서 국회의 동의권 역시 의원내각제의 요소는 아니다. 이것이 의원내각제적 요소이기 위해서는 이러한 동의가 실질적으로 행정부를 구성하는 의미를 가져야 한다. 그러나 국무총리임명에 대한 국회의 동의는 행정부를 구성하는 의미를 갖지는 않으며, 이는 오히려 대통령에 대한 국회의 인사통제의 수단이다.

(2) 국무회의

국무회의가 헌법기관으로 설치되어 있다는 사실도 그 자체로서 의원내각제적 요소라고 할 수는 없다. 또 국무회의는 의결기관이 아니고 심의기관이다. 따라서 헌법 제89조에 열거되어 있는 사안들이 국무회의에서 심의되는 것일 뿐 이러한 심의의 결과가 대통령을 구속하지는 않는다.

(3) 국회의 국무총리 및 국무위원 해임건의권

국회의 국무총리 및 국무위원에 대한 해임건의권은 외형적으로 보면 의원내각제에서 국회의 정부에 대한 불신임과 유사하다. 그러나 국무총리 및 국무위원에 대한 해임건의가 의원내각제의 요소는 아니다. 의원내각제에서 국회의 정부불신임은 구속력이 있으며, 이로써 행정부의 존속이 부정된다. 그런데 우리 헌법에서 해임건의는 법적 구속력이 없으며, 또 국무총리 혹은 국무위원은 개별적으로 해임건의의 대상일 뿐이다. 국무총리 해임이 건의된 경우에 국무위원 전체가 연대책임을 지는 것도 아니다. 현행 헌법과는 달리 예컨대 1972년 헌법 제97조 제3항, 그리고 1980년 헌법 제99조 제3항은 국무총리에 대한 해임의결이 있을 때에는 국무총리와 국무위원 전원을 해임하도록 하였다.

결국 우리 헌법상의 해임건의제도는 의원내각제에서 국회의 행정부 불신임과는 전혀 비교될 수 없으며, 단지 국회의 대통령에 대한 인사통제의 수단으로 보아야 한다.

(4) 정부의 법률안제출권

국회의원 외에 정부가 법률안제출권을 갖는 것도 대통령중심제에 이질적이지만, 그렇다고 의원내각제에 특유한 요소는 아니다. 오늘날 국가기능의 확대와 질적 변화, 즉 복잡화·전문화가 진행되면서 현실적으로 국회가 입법주도권을 갖지 못한다는 것은 보편화된 현상이다.

국회의원에 한하여 법률안제출권을 부여하고 있는 미국헌법에서도 실질적으로 법률안의 상당부분은 행정부가 작성하여 국회의원의 명의로 국회에 제출한다.[13] 그렇기 때문에 우리 헌법이 국회의원과 함께 정부에게도 법률안제출권을 부여한 것이 의원내각제의 요소는 아니다.

(5) 국무총리 등의 국회출석·의견진술제도

국무총리·국무위원의 국회출석, 의견진술 등은 헌법에 제도화 여부와 관계없이 국회의 행정부 통제기능에 내재해 있다. 엄격히 보면 이를 헌법상의 제도라고 할 수 없으며, 「국회법」에 규정하는 것으로 충분하다. 따라서 이러한 제도 역시 의원내각제의 요소가 가미되어 있다고 평가하는 근거로서는 취약하다.

2. 대통령중심제

위와 같은 논의를 요약하면 우리 헌법상의 정부형태가 미국식 대통령중심제와 동일한 것은 아니지만 대통령중심제의 특징적인 요소들을 갖추고 있다. 그리고 몇 가지 대통령중심제에 이례적인 제도가 있지만 이를 근거로 의원내각제의 요소를 가미한 것은 아니다.

판례 **헌법상의 정부형태** (헌재 1994.4.28, 89헌마221)

우리 헌법은 자유민주적 기본질서를 구현할 통치기구로서 입법권은 국회에, 행정권은 대통령을 수반으로 하는 정부에, 사법권은 법관으로 구성된 법원에 각각 속하게 하는 권력분립의 원칙을 취하고 있다. 또한 대통령은 국가의 원수로서 외국에 대하여 국가를 대표하며, 국가의 독립·영토의 보전, 국가의 계속성과 헌법을 수호할 책무가 부여되고, 조국의 평화적 통일을 위한 성실한 의무를 지고 있는 등 대통령중심제를 채택하고 있다. 그런데 헌법은 대통령중심제를 취하면서도 부통령제를 두지 않고, 국무총리제를 두고 있다. 여기에서 국무총리의 법적 성격 내지 지위 특

---

13) 이 점에 대해서는 예컨대 임종훈, "미국 대통령제의 현실과 전망", 「헌법학연구」 제4집 제2호(1998), 136면 이하 참조.

히 대통령과의 관계 등이 문제가 된다. 헌법상 국무총리는 국회의 동의를 얻어 대통령이 임명하고 국무총리는 대통령을 보좌하며, 행정에 관하여 대통령의 명을 받아 행정각부를 통할한다. 국무위원은 국무총리의 제청으로 대통령이 임명하고, 행정각부의 장은 국무위원 중에서 국무총리의 제청으로 대통령이 임명하며 대통령의 국법상 행위에 관한 문서에의 부서권이 있다.

국무총리에 관한 제 규정을 종합하면 국무총리가 대통령의 권한행사에 다소의 견제적 기능을 할 수는 있다. 그러나 우리 헌법이 대통령중심제를 취하면서도 국무총리제도를 두게 된 주된 이유가 부통령제를 두지 않았기 때문에 대통령 유고시에 그 권한대행자가 필요하고, 또 대통령중심제의 기능과 능률을 높이기 위하여 대통령을 보좌하고 그 의견을 받들어 정부를 통할·조정하는 보좌기관이 필요하다는 데 있었던 점과 대통령에게 법적 제한 없이 국무총리해임권이 있는 점 등을 고려하면 내각책임제 밑에서의 행정권이 수상에게 귀속되는 것과는 달리 우리나라의 행정권은 헌법상 대통령에게 귀속된다. 국무총리는 단지 대통령의 첫번째 보좌기관으로서 행정에 관하여 독자적인 권한을 가지지 못하고 대통령의 명을 받아 행정각부를 통할하는 지위만을 가진다. 따라서 행정권 행사에 대한 최후의 결정권자는 대통령이다.

헌법 제86조 제2항은 그 위치와 내용으로 보아 국무총리의 헌법상 주된 지위가 대통령의 보좌기관이며 그러한 지위에서 행정에 관하여 대통령의 명을 받아 행정각부를 통할할 수 있다는 규정이다. 이는 국가의 공권력을 집행하는 행정부의 조직은 헌법상 예외적으로 열거되어 있거나 그 성질상 대통령의 직속기관으로 설치할 수 있는 것을 제외하고는 모두 국무총리의 통할을 받아야 하며, 그 통할을 받지 않은 행정기관은 법률에 의해서도 설치할 수 없다는 의미는 아니다. 헌법 제94조, 제95조 등의 규정취지에 비추어 정부의 구성단위로서 그 권한에 속하는 사항을 집행하는 모든 중앙정부기관이 곧 헌법 제86조 제2항 소정의 "행정각부"라고 볼 수도 없다. 국가가 정보기관을 대통령직속으로 하느냐 여부는 기본적으로 입법정책의 문제로서 당해 국가의 헌법이념에 위배되지 않는 한 위헌이라 할 수 없다.

국가안전기획부법은 그 목적, 직무범위, 통제방법 등의 관점에서 헌법이 요구하는 최소한의 요건을 갖추고 있으므로, 국무총리의 관할을 받지 않는 대통령직속기관인 국가안전기획부의 설치근거와 직무범위 등을 정한 정부조직법 제14조와 국가안전기획부법 제4조 및 제6조의 규정은 헌법에 위배되지 않는다.

Ⅳ. 정부형태에 대한 헌법정책적인 평가

헌법해석론과는 별도로 헌법정책적인 관점에서 헌법상의 정부형태를 평가할 필요가 있다. 우리 헌법사에서 대부분의 헌법개정은 정부형태 선택의 문제를 둘러싸고 이루어져 왔다. 따라서 앞으로 보다 합리적인 헌법개정에 대한 논의를 위해서 현행 헌법상의 정부형태에 대한 평가가 필요하다. 아래에서는 먼저 정부형태 일반에 대한 평가를 하고, 이어 현행 헌법의 대통령과 국무총리에 대한 규정을 정책적으로 검토한다. 나머지 세부적인 문제에 대해서는 해당 사안을 설명할 때 함께 다루기로 한다.

1. 정부형태 일반

(1) 분리정부의 정상성과 극복방안

1987년 헌법 이후 우리나라에서 국회구도는 오랫동안 이른바 여소야대를 형성하여 왔다. 그리고 이러한 상황에서 정국의 불안정이 항상적으로 나타났다. 이미 설명했듯이 대통령중심제에서 집권당이 국회에서 다수의석을 차지할 것인가 소수정당으로 머무를 것인가는 대통령선거와 독립해서 국회의원선거에 임하는 유권자의 결정에 따른다. 이러한 분리정부의 상황이 정국파행의 원인이 될 것인가는 대통령중심제의 본질적인 문제이다.

분리정부의 상황에서 나타날 수 있는 정국위기의 문제를 극복하는 방법은 두 가지이다. 첫째, 무엇보다도 대통령의 국정운영능력이 필요하다. 일방적인 정치적 이념과 의지가 아니라 합리적인 정책의 결정과 집행의 관점을 존중하여 국회를 설득하는 능력과 의지가 있어야 한다. 국회도 국민의 대표기관이며 국회의 구성은 대통령에 대한 통제를 위한 국민 의지의 표현이기도 하기 때문이다. 물론 이러한 자세는 대통령과의 관계에서 국회에게도 요구된다. 이러한 대통령과 국회의 정치의식이 발전하고 대화와 설득의 정치문화가 조성되는 경우 자연스럽게 국회에서 자유투표의 관행이 자리잡을 수 있을 것이다. 둘째, 국회의원 스스로가 헌법의 규범적 요청에 충실하게 정당으로부터 어느 정도 독자성을 가져야 한다. 지금과 같이 이념 및 정책이 경쟁하는 정당정치가 확립되어 있지 않은 상황에서는 더욱 정당의 기속력은 국민적으로 수용되기 힘들다.

(2) 극복을 위한 시도들 및 이에 대한 평가

대통령중심제에서 분리정부는 정상적인 상황임에도 불구하고 이를 인위적으로 극복하려는 시도들이 있어 왔으며, 또 새로운 제안들이 이루어지고 있다. 다음과 같이 정리할 수 있다.

첫째, 우리 헌정사에서 가장 빈번히 관찰되었던 현상은 야당국회의원의 당적을 바꾸거나 정당을 통폐합하는 등 인위적으로 국회의 구도를 바꾸려는 시도였다. 그러나 이는 선거로 표출된 국민의 의사를 왜곡한다. 둘째, 대통령임기와 국회의원의 임기를 통일시키고, 또 선거를 같은 해에 치루는 방법을 통하여 대통령과 국회를 하나의 정당 혹은 정당연합이 지배하도록 하는 방법이 제안되었다. 그러나 이러한 방법을 통하여 분리정부가 출현하지 않는다는 보장도 없고, 또 이는 아래에서 살펴보듯이 바람직하지도 않다. 셋째, 대통령이 소속된 집권당이 국회 다수의석을 차지하지 못하는 경우에 다수세력인 야당에게 국무총리를 추천하게 하고 국무총리에게 행정권의 상당부분을 분점하게 하여 실질적으로는 이원정부제로서 기능하게 하는 방법이다. 그러나 이는 정부형태에 관한 헌법적 결정을 왜곡하는 것이며, 또 규범적으로는 국무총리의 권한을 대통령이 언제든지 회수할 수 있기 때문에 안정적이지도 못하다. 넷째, 의원내각제로 정부형태를 바꾸는 방법이다. 이 점에 대해서는 아래에서 별도로 평가를 한다.

(3) 의원내각제로 전환의 문제

헌법적 정당성과 정당적 정당성이 부분적으로 일치하지 않기 때문에 나타나는 문제를 의원내각제를 통하여 극복할 수 있는가에 대한 검토가 필요하다. 의원내각제에서는 헌법적 및 민주적 정당성과 정당적 정당성이 항상 일치하여 일반적으로는 분리정부가 나타나지 않는다. 그러나 의원내각제에서도 항상 그러한 것은 아니다. 두 가지 문제가 나타난다. 첫째, 민주적 정당성의 분열이 사후에 나타날 수 있다. 연립정부에서 참여정당이 이탈하는 경우이다. 둘째, 의원내각제의 보다 본질적인 문제는 헌법이 기능할 수 있도록 민주적 정당성이 형성되어야 한다는 점이다. 국회가 정당구도에 있어서 파편화되는 경우 국회는 의사결정능력 자체를 갖지 못한다. 이 경우 고도의 정치문화가 갖추어져 있지 않는 한 대통령중심제에 비해서 훨씬 극심한 혼란이 초래될 것이다.

위와 같은 시각에서 보면 정당민주주의의 역동성 속에서 나타나는 불안정을 정부형태의 변화를 통해서 극복하고자 하는 시도는 성급하다. 현재의 제도가 성공하기 위한 여건을 좀 더 갖추도록 하여야 한다. 우리의 역사가 보여주듯이 기존 체제의 실패가 곧 다른 체제로의 이행을 정당화하는 것은 아니다. 새로운 체제로의 이행은 그 체제가 기능하기 위한 요건을 갖추어졌을 때 비로소 정당화된다. 의원내각제와 이원정부제의 제도 내용, 그것이 기능하기 위한 조건, 그리고 이와 관련된 우리의 정치현실이 아직 충실하게 파악되었다고 볼 수는 없는 상태이다. 오히려 국회의원의 의식의 변화, 사회의 의식변화가 국회의원의 행태에 미치는 영향을 고려하고, 지금까지 정당정치를 지배해 왔던 지역적 구도가 어느 정도 약화되리라는 기대를 하면 기본적으로 대통령중심제를 유지하는 것이 바람직하다.

2. 대통령의 임기 및 연임제한의 문제

(1) 5년 단임제의 역사적 과제, 그리고 재검토의 필요성

대통령의 임기 및 연임제한에 대한 개방적인 논의가 필요하다. 1979년까지 우리 헌정은 1인 장기집권에 시달려왔다. 이에 대한 반성으로 1980년 헌법은 대통령의 중임을 제한하여 단임제로 하였으며, 임기를 7년으로 하였다. 1987년 헌법은 단임제를 유지하면서 다시 대통령의 임기를 5년으로 단축하였다. 1980년 헌법이 단임제를 채택하고, 1987년 헌법이 임기를 단축한 것은 당시의 상황에서는 충분히 시대적 정당성이 있었다. 이는 1인 장기집권을 방지하는 적절한 방법이었기 때문이다. 그러나 이제는 위와 같은 제도는 역사적 과제를 다했다고 생각한다. 민주주의가 진전하고 국민의 정치의식이 발전하면서 1인 장기집권의 폐단이 반복될 가능성은 없어졌다. 따라서 이 문제에 대해서 역사적 부담을 벗어버리고 논의할 필요가 있다.

(2) 4년 중임제의 장점

5년 단임제에 대한 대안으로 4년 중임제가 제시된다. 생각건대 어느 하나가 절대적으로 타당하다고 할 수는 없으나 5년 단임제에 비해서 4년 중임제가 뚜렷한 장점이 있다. 다음과 같은 몇 가지 이유에서이다.

가) 국민적 평가의 가능성

5년 단임제는 무엇보다도 임기 중 대통령의 업무수행에 대해서 국민이 평가·선택할 수 있는 기회를 부여하지 못한다. 4년 중임제의 경우 4년의 임기가 끝나면 이제 국민은 지난 4년간의 대통령의 업적을 평가하여, 또 한번의 집권의 기회를 부여할 것인가를 결정할 수 있다. 다음과 같은 효과도 있다. 이러한 선택에서 국민이 긍정적인 평가를 하는 경우 정책의 연속성이 보장된다. 또 5년마다 한번씩 임기 말기에 국정능력이 현저히 감소하는, 이른바 '레임덕(lame duck)' 현상이 4년 중임제에서는 자주 발생하지 않는다는 장점도 있다.

나) 대통령과 국회에 대한 유기적 평가

5년 단임제의 경우 국회와의 관계가 일관되게 형성되지 못한다. 4년 중임제를 채택하면서 국회의원선거를 대통령선거와 같은 해가 아니라 대통령 임기 중반에 실시하게 되면 이는 대통령 및 집권당에 대한 또 다른 형태의 국민적 평가가 될 수 있다. 이로써 대통령은 자신의 정치 및 정책노선을 재점검하는 계기를 갖게 된다. 대통령의 정치 및 정책노선에 비판적인 경우 국민은 국회의원선거에서 집권당이 아닌 야당에게 국회 다수의석을 갖도록 하여 대통령을 보다 강하게 견제하고, 이로써 대통령에 대한 국민의 통제를 실현할 수 있다.

다) 선거의 통일적 기능 유지

대통령의 임기는 국회의원의 임기와 불일치하면서 또 다른 문제를 낳는다. 대통령 임기 중에 국회의원선거를 하는 것 자체가 문제는 아니다. 그러나 현행 헌법에서 대통령의 임기는 5년, 국회의원의 임기는 4년이기 때문에 대통령선거와 국회의원선거의 주기가 일치하지 않는다. 대통령선거의 여파가 국회의원선거에(밀월선거), 또 국회의원선거의 여파가 대통령선거에 영향을 미치는(역밀월선거) 등 선거의 의미가 그때그때 달라지는 문제가 발생한다.

각각의 선거가 중립적인 의미를 갖기 위해서는 대통령임기의 중간에 국회의원선거를 실시하는 것이 바람직하다. 이 점에서도 대통령의 임기는 4년으로 하고 중임을 허용하는 것이 헌법의 기능을 위하여 합리적이다.

3. 국무총리의 존재 및 기능의 문제

(1) 국무총리제도의 기원과 기능

국무총리의 존재 그 자체와 기능에 대한 평가가 필요하다. 국무총리제도가 대통령중심제에서 반드시 필요한 것은 아니다. 국무총리제도는 사실 1948년 헌법이 제정되던 당시 의원내각제에 가까운 초안을 급히 대통령중심제로 바꾸면서 남아있는 사생아의 성격이 있었다.

1948년 헌법제정 당시에는 의원내각제를 의도하여 작성한 초안이 대통령중심제로 바뀌면서 신중한 검토없이 국무총리제도가 남게 되었지만 그 후 헌법이 수차례의 개정을 거치면서 국무총리제도를 그대로 둔 것에 대해서는 설명이 필요하다. 이후의 우리 헌정에서는 대부분 규범적, 그리고 현실정치적으로 대통령이 비정상적인 방법과 절차에 따라 권력을 독단적으로 운영하였으며, 이러한 상황에서 국무총리는 나름대로의 존재이유가 있었다. 첫째, 국무총리제도는 국정, 특히 행정부의 최고책임자가 대통령임에도 불구하고 정부의 실정(失政)에 대한 대통령의 책임을 희석시키는 폐해가 있었다. 둘째, 좀 더 적극적으로 보면 국무총리는 대통령의 독단적인 정국운영의 의도를 국회와의 관계에서, 그리고 국민과의 관계에서 관철시키는 첨병의 역할을 하였다. 이러한 국무총리의 기능이 지금까지 우리 헌정사에서 헌법개정을 주도했던 대통령에게 필요했었을 것으로 보인다.

(2) 헌법정책적 평가

위와 같은 국무총리의 기능은 책임정치에 비추어 보면 바람직하지 않다. 또 대통령의 유고시 국무총리가 대통령의 권한을 최장 60일 동안 행사할 수 있는 것도 정당성이 취약하다. 국회에서 대통령에 대한 탄핵이 의결된 경우에는 그 때로부터 헌법재판소의 결정이 있을 때까지 국무총리가 대통령의 권한을 대행하는데, 이 경우 권한대행의 기간은 더 길어질 수 있다. 그런데 국무총리는 결코 국민에 의하여 직접 정당성이 부여된 것이 아니며, 기껏해야 국회의 동의라는 간접적인 정당성이 있을 뿐이다.

행정부의 2인자가 필요하다면 미국과 같이 부통령제를 두어 부통령이 대통령 선거에서 대통령과 함께 출마하여 정당성을 부여받는 방법이 더 합리적이다.

제 2 장 공무원제도와 선거제도

국가기관의 조직 및 구성·기능, 그리고 국가기관 상호 간의 관계를 설명하기에 앞서 국가기관에서 기능을 담당하는 인적 집단, 즉 공무원의 헌법적 지위와 선출직 공무원의 공무담임의 계기가 되는 선거제도에 대해서 살펴보기로 한다.

제 1 절 공무원제도

Ⅰ. 공무원제도의 존재 의의

공무원은 국민 전체에 대한 봉사자이며, 국민에 대하여 책임을 진다(제7조 제1항). 이어 공무원의 신분과 정치적 중립성을 보장하고 있다(제2항). 이와 같이 헌법이 공무원제도를 직접 규율하는 것은 다음과 같은 의의가 있다.

1. 헌법의 기본원리와 공무원제도

공무원제도는 헌법의 기본원리와 다음과 같은 기능상의 상관관계가 있다.

(1) 공무원제도와 민주주의

공무원제도는 공직행사에 있어서 민주적 정당성을 명확히 하려는 의미가 있다. 민주주의는 국가권력의 정당성이 국민에 있는 국가형태이다. 그리고 이때 전체국민의 의사는 정적(靜的)이고 사실적인 것이 아니라 동적(動的)이고 규범적이다. 따라서 민주주의의 실현은 국민 개개인의 의사와는 독립해서 국민 전체의 의사를 형성하는, 그리고 국민 전체의 이익을 지향하여 공직을 수행하는 집단에 의존해 있다. 헌법 제7조 제1항은 이를 표현하고 있다. 즉 공무원은 국민 전체에 대한 봉사자이다. 이 점은 국회의원의 직무와 관련해서는 헌법 제46조 제2항에 이른바 자유위임의 형태로 선언되어 있다. 이러한 요청은 국회의원에 한하지 않고, 행정공무원에게도 마찬가지로 적용된다. 모든 공무원은 자신이 소속한 정당, 자신을 선출한 유권자, 그리고 부분사회의 이익으로부터 독립하여 국민 전체에 봉사하는 민주주의적 직무의무가 있다.

(2) 공무원제도와 법치국가원리

공무원제도는 법치국가원리를 보충한다. 법치국가에서 기본권의 실현과 관련된 중요한 사항은 법률에 규율하여야 하지만, 모든 사항이 법적 규율의 대상이 될 수는 없다. 입법자가 미래에 발생할 수 있는 모든 상황을 예측할 수는 없기 때문이다. 또 설혹 예측할 수 있더라도 법문이 추상적으로 형성되기 때문에 법의 집행을 담당하는 공직자에게는 재량판단의 여지가 있다. 이 밖에 공무원은 법률의 공백 상태에서도 국가과제를 실현하고 국민의 권리를 보호하기 위하여 적극적이고 성실하게 직무를 수행하여야 한다.

(3) 공무원제도와 복지국가원리

복지국가의 기능이 확대되어, 오늘날 국가는 생활에 필요한 상품, 재화, 서비스 등을 안정적으로 공급하는 과제를 갖는다. 이러한 기능을 실제 공무원이 담당한다. 이와 같이 공무원의 기능과 국민의 일상생활과의 관계가 밀접해지고 복지국가의 실현이 공무원의 공권적 결정에 의존할수록 공무원제도의 헌법적 의미는 중요성을 더하게 된다.

2. 정책의 안정성과 계속성 보장

공무원은 국민 전체에 대한 봉사자의 지위에 있지만 모든 공무원의 구체적인 기능방식이 같은 것은 아니다. 정치적 공무원은 정치적 이념이나 정책구상에 기초하여, 그리고 직업공무원은 전문지식에 기초하여 주로 집행기능을 담당한다.

직업공무원은 정치적 이념으로부터 독립하여 정권교체에도 불구하고 정치적으로 중립적인 지위에서 정책의 안정성과 계속성을 실현하여야 한다. 따라서 이들 공무원은 정치적인 이유로 신분상의 불이익을 받아서는 안 된다(제7조 제2항). 물론 현실적으로 보면 전통적으로 공무원에게 요구되고 있던 국가에 대한 충성의무, 헌신적인 직업윤리 등이 오늘날에는 엷어지고 있고, 이에 공무원제도에 대한 근본적인 개혁이 요청되고 있기도 하다. 그러나 전통적인 국가기능의 일부분을 사회의 영역으로 이전하고, 국가의 기능을 축소하는 과제는 별개의 문제이며, 위와 같은 특성을 갖는 공무원제도 자체에 의문이 제기되는 것은 아니다.

3. 권력분립의 제도화

오늘날 행정권이 확대되는 상황에서 행정권을 정치적 관점에서 주도적으로 형성하는 것은 바람직하지 않다. 즉 정치적 판단과 정책적 및 전문적 판단이 균형있게 국정운영에 반영되어야 한다. 이를 위하여 공무원은 정치적 판단에 종속되어서는 안 되며, 이 점은 신분보장을 통해서 뒷받침된다. 이러한 행정실현의 구조 속에서 공무원제도는 행정부 내에서 정치적 공무원과의 관계에서 권력분립의 축을 형성하는 의미를 갖는다.

Ⅱ. 공무원의 개념과 범위

1. 신분상의 공무원과 기능상의 공무원

공무원은 국가 또는 공공단체와 공법상의 근무관계에 있는 자이다. 그러나 헌법 제7조의 공무원이 이와 같은 신분상의 공무원만을 말하는 것은 아니다. 헌법 제7조 제1항의 국민 전체에 대한 봉사자로서의 공무원은 좀 더 넓은 범위를 포괄한다. 「국가공무원법」 및 「지방공무원법」상의 공무원뿐 아니라 공무원의 신분을 갖지는 않지만 공무를 위탁받아 행하는 사인(私人) 역시 해당 공무를 수행하는 동안에는 공무원에 포함된다.

2. 개별문제영역에서 공무원의 범위

국민 전체에 대한 봉사자로서 공무원은 정치적 공무원뿐 아니라 직업공무원도 포함된다. 공무원의 직무상 불법행위로 인하여 국민에게 손해가 발생한 경우 국민은 국가에 대해서 국가배상청구권을 행사할 수 있다(제29조 제1항). 이때 공무원에는 신분상의 공무원과 기능상의 공무원, 그리고 정치적 공무원과 직업공무원을 모두 포괄한다. 국가배상청구권은 공권력의 행사에 노출되어 있는 국민의 권리를 충실히 구제하는 목적을 갖기 때문에 공무를 수탁받아 행하는 사인의 경우에도 공권력을 행사하는 동안에는 직무행위의 결과 발생한 손해에 대해서 국가가 그 책임을 부담한다(국가배상법 제2조).

이에 비해서 헌법 제7조 제2항에 의하여 신분이 보장되고 정치적 중립성을 갖는 공무원은 「국가공무원법」 및 「지방공무원법」상의 공무원 중 전문지식에 기초하여 임용되고 직무를 수행하는 공무원, 즉 직업공무원을 말한다. 공무를 수탁받아 행하는 사인의 경우 신분보장을 논의할 여지가 없다. 또 정치적 공무원은 정치적 이념 및 주장에 기초하여 취임하고 업무를 수행하기 때문에 정치적 중립성은 그들의 속성이 될 수 없다.

공무원제도가 직업공무원만으로 형성되어야 하는 것은 아니다. 특정한 공직의 담당자를 신분이 보장되는 직업공무원으로 할 것인가, 아니면 이러한 속성을 갖지 않는 별정직 공무원으로 할 것인가는 입법정책적 문제이다.[1)]

Ⅲ. 공무원의 헌법적 지위

1. 국민 전체에 대한 봉사자

(1) 적극적 의미와 소극적 의미

공무원은 법령을 준수하고, 국가 및 헌법에 충실할 의무가 있다. 공무원은 소극적으로는 자신이 소속한 정당, 자신을 선출한 유권자, 그리고 부분사회의 이익으로부터 독립하여 국민 전체를 위하여, 그리고 적극적으로는 국민 전체의 이익을 위하여 공정하고 균형있게 업무를 수행하여야 한다.

공무원의 적극적 및 소극적인 의무의 내용은 공무원의 종류에 따라서 차이가 있다. 정치적 공무원은 정치적 대표성이 그 업무의 기초이며, 따라서 정치적 이념과 정책의 방향을 제시하는 방법으로 직무를 수행한다. 이에 비해서 직업공무원은 제시된 정책의 방향을 전문지식에 따라서 구체화하는 방법으로 국민 전체에 봉사한다. 직업공무원 중에서도 예컨대 법관은 헌법 및 법률의 내용을 전문성에 기초하여 인식하고, 또 분쟁의 당사자로부터 독립하여 중립적이고 공정한 판단을 할 수 있어야 한다.

(2) 법령준수의무와 성실의무

국민 전체에 대한 봉사자로서 공무원은 법령준수의무와 성실의무가 있다(국가공무원법 제56조). 공무원의 이러한 의무는 단순히 직무상의 의무에 그치는가, 아니면 신분상의 의무인가에 대해서는 논란이 있다. 후자의 이해방법에 따르면 법령준수 및 성실의무를 위반하는 계기가 된 행위가 해당 공무원의 직무범위에 속하는가의 여부는 중요한 판단기준이 아니다. 예컨대 헌법재판소는 명예퇴직공무원이 재직 중의 사유로 금고 이상의 형의 선고를 받은 경우 해당 범죄의 직무관련성의 존재 여부에 관계없이 명예퇴직수당을 회수하는 「국가공무원법」 제

1) 헌재 1997.4.24, 95헌바48, 9-1, 443면 이하 참조.

74조의2 제3항 제1호에 대해서 합헌결정을 하였다.[2)] 공무원의 법령준수의무 및 성실의무는 일반적으로는 신분상의 의무로 보아야 한다. 다만 헌법재판소는 공무원에게 위와 같은 의무위반을 이유로 불이익이 가해지는 경우 이를 직무상의 의무로 이해하는 경향이 있다.

가) 법령준수의무

일반 국민 역시 법령준수의 의무가 있으며, 이는 헌법이 기능하기 위한 전제조건이다. 그러나 법령을 집행하는 공무원은 일반 국민에 비해서 보다 높은 정도의 법령준수의무가 있다. 일반 국민이 법령에 위반하는 행위를 한 경우 제재를 통해서 법령의 규범력을 회복시키는 조치가 취해진다. 그러나 공무원이 법령에 위반하는 행위를 한 때에는 공무원의 신분 혹은 당해 행위와는 관계없는 공무원의 법적 지위에 불이익이 가해진다. 이러한 차별취급이 평등의 원칙 혹은 공무담임권을 침해하는 위헌적인 조치는 아니다. 재직 중 직무와 관련된 범죄행위로 인하여 유죄판결을 받았다는 이유로 공무원의 연금법적 지위에 불이익을 주는 규정, 그리고 금고 이상의 형을 받는 등 형법적 비난가능성이 큰 범죄를 저지른 경우 이를 당연퇴직사유로 하는 규정 등이 공무원의 법령준수의무를 구체화한 예이다.[3)] 다만 이 경우 과잉금지의 원칙 등 기본권 제한의 요건을 기준으로 심사가 필요하다.

예컨대 재직 중의 사유로 형의 선고를 받은 경우 해당 범죄가 직무와의 관련성이 없거나, 또는 비난가능성이 크지 않은 과실범인 때에도 연금법적 지위에 불이익을 가하는 것은 헌법에 합치하지 않는다.[4)] 또 금고 이상의 형의 선고유예 판결을 받은 경우 이를 당연퇴직사유로 하는 것은 헌법에 위반된다. 이러한 규정은 과잉금지의 원칙 중 특히 최소침해의 원칙과 법익균형의 원칙에 위반된다. 선고유예의 판결을 한 경우 일반적으로 비난가능성이 낮으며, 따라서 공직의 신뢰를 침해하는 정도가 현저하지 않기 때문이다.[5)]

2) 헌재 2010.11.25, 2010헌바93, 22-2, 438면 이하 참조.
3) 헌재 2003.12.18, 2003헌마409, 15-2(하), 654면 이하 참조.
4) 헌재 2007.3.29, 2005헌마33, 19-1, 211면 이하 참조.
5) 헌재 2002.8.29, 2001헌마788등, 14-2, 219면 이하 참조. 같은 취지의 결정으로는 헌재 2003.9.25, 2003헌마293등, 15-2(상), 536면 이하 참조. 「지방공무원법」이 금고 이상의 형의 선고유예의 판결을 받은 경우 당연퇴직사유로 하고 있는 것에 대해서는 처음에는 합헌결정을 하였다. 헌재 1990.6.25, 89헌마220, 2, 200면 이하 참조. 헌법재판소는 공무원이 「국가공무원법」 및 「지방공무원법」상 집행유예의 판결을 받은 경우 당연퇴직사유로 하고 있는 것에 대해서 합헌결정을 한 바 있다. 헌재 1997.11.27, 95헌바14등, 9-2, 575면 이하 참조.

판례 **공무원의 범죄책임에 따르는 연금법상의 불이익**(헌재 2007.3.29, 2005헌바33)

공무원의 신분이나 직무상 의무와 관련이 없는 범죄의 경우에도 퇴직급여 등을 제한하는 것은, 공무원범죄를 예방하고 공무원이 재직 중 성실히 근무하도록 유도하는 입법목적을 달성하는 데 적합한 수단이 아니다. 특히 과실범의 경우에는 공무원이기 때문에 더 강한 주의의무 내지 결과발생에 대한 가중된 비난가능성이 있다고 보기 어려우므로, 퇴직급여 등의 제한이 공무원으로서의 직무상 의무를 위반하지 않도록 유도 또는 강제하는 수단으로서 작용한다고 보기 어렵다. 입법자는 입법목적을 달성함에 반드시 필요한 범죄의 유형과 내용 등으로 그 범위를 한정하여 최소침해의 원칙에 따른 기본권 제한을 하여야 한다. 단지 금고 이상의 형을 받았다는 이유만으로 이미 공직에서 퇴출당할 공무원에게 더 나아가 일률적으로 그 생존의 기초가 될 퇴직급여 등까지 반드시 감액하도록 하는 규정은 침해되는 사익에 비해 지나치게 공익만을 강조한 입법이다.

나아가 이 사건 법률조항은 퇴직급여에 있어서는 국민연금법상의 사업장 가입자에 비하여, 퇴직수당에 있어서는 근로기준법상의 근로자에 비하여 각각 차별대우를 하고 있는 바, 이는 자의적인 차별에 해당한다.

나) 성실의무

공무원은 해당 업무를 규율하는 법령이 존재하지 않은 경우 혹은 관련 법령은 존재하지만 재량규정으로 되어 있는 경우 국민 전체의 이익을 위하여 자신의 업무를 최적화시킬 의무가 있다. 예컨대 공무원은 특별히 법적 근거가 없는 경우에도 초과근무의 의무가 있다. 공무원의 업무를 규율하는 내부지침이 구체적인 경우에 타당성을 결여하고 있거나, 업무의 최적실현을 위하여 지침과는 다른 행위가 필요할 때에는 공무원은 이를 행할 권한이 있고, 또 경우에 따라서는 이를 행할 의무가 있다. 따라서 구체적 타당성을 결여한 지침을 철저히 준수하는 방법으로 공익에 반하는 결과를 의도하는 행위, 이른바 '준법투쟁'은 노동쟁의의 한 형태로서 금지된다.

2. 공무원의 지위와 기본권

(1) 공무원의 이중적 지위

공무원은 국가와의 관계에서 특수한 신분을 가지며, 이러한 신분상의 특징으로 인하여 일반 국민과 동등하게 기본권을 향유할 수 없다. 그러나 공무원이 공무원의 특수신분 외에 국민의 지위를 완전히 상실 혹은 포기하는 것은 아니다(공무원의 이중적 지위). 따라서 개인이 공직관계에 진입하면서 공직의 목적을 달성하기 위하여 자신의 권리를 포기한 것으로 의제하여 공무원과 국가의 관계를 쌍방관계가 아니라 일방관계로 파악하는 이른바 '특별권력관계이론'은 오늘날 더 이상 공무원의 기본권적 지위에 관한 이해방법이 될 수 없다. 그러나 공무원이 직무수행과 관련하여 기본권의 주체가 될 수는 없다. 따라서 공무담임권으로부터 공무수행의 권리가 도출되는 것은 아니다. 이에 비해서 공직의 상실이라는 개인적 이익이 관련된 경우에는 공무원은 기본권의 주체가 될 수 있다.[6)]

개별적인 사안에서 공무원의 기본권적 지위는 해당 기본권의 성격, 공무원으로서의 직무와 제한되는 기본권 간의 관련성 및 밀접성, 직무상 행위와 사적인 행위 간의 구별가능성을 종합적으로 고려하여 판단한다.[7)] 국가작용이 공적과제를 수행하는 공무원의 권한 혹은 직무영역을 제약하는 성격이 강한 경우에는 공무원이 기본권의 주체가 될 수 없다. 이에 비해서 직무연관성이 약하고, 따라서 일반 국민으로서의 지위를 제약하는 경우에는 공무원이 기본권 침해를 주장할 수 있다. 예컨대 대통령이 직무로서의 성격이 약하며, 일반적인 정치적 발언을 하는 경우에는 기본권의 주체가 될 수 있다.

헌법은 특히 공무원의 정치적 활동, 그리고 노동3권을 명시적으로 제한하고 있다. 공무원의 노동3권에 대해서는 위에서 설명한 바 있다. 따라서 아래에서는 공무원의 정치적 기본권에 한하여 살펴본다.

(2) 정치적 기본권이 제한되는 공무원의 범위

정치적 기본권이 제한되는 공무원은 전문지식에 기초하여 임용되고 업무를 집행하는 직업공무원에 한한다. 이들은 정치적으로 중립적인 지위에서 전문지식에 기초하여 균형있게 국가정책을 입안·집행하여야 한다. 따라서 이들이 정치적 기준에 의해서 신분상의 불이익을 받아서는 안 된다.

(3) 정당가입 및 선거운동금지

가) 법률의 내용

직업공무원에게 구체적으로 제한되는 정치적 기본권의 내용이 무엇인가

6) 헌재 2009.3.26, 2007헌마843, 21-1(상), 664면 참조.
7) 헌재 2008.1.17, 2007헌마700, 20-1(상), 161면 이하 참조.

에 대해서는 논란이 있다. 「국가공무원법」 제65조 및 「지방공무원법」 제57조는 이들 공무원에게 정당 그 밖의 정치단체의 결성에 관여하거나 이에 가입할 수 없게 하고, 또 선거운동을 금지한다.[8] 공직선거에서 투표를 하거나 하지 않도록 권유하는 행위는 전형적인 선거운동으로서 금지된다.[9] 또 공무원이 선거에서 특정 정당 또는 특정인을 지지 또는 반대하기 위하여 타인에게 정당이나 그 밖의 정치단체에 가입하도록 권유하는 행위도 금지된다.[10]

선거운동은 가장 밀도높은 정치활동이며, 또 정치적 중립을 저해하는 대표적인 활동이다. 따라서 공무원의 선거운동은 금지된다. 이 점을 「공직선거법」은 다시 확인하여 규정하고 있다(공직선거법 제60조 제1항 제4호). 「공직선거법」은 공무원이 공직선거 후보자의 배우자인 경우에는 예외적으로 선거운동을 할 수 있도록 규정하고 있다(공직선거법 제60조 제1항 단서). 그러나 이 규정이 공무원의 정치적 중립성의 원칙과 조화될 수 있는지 의심스럽다.

공무원 기타 정치적 중립을 지켜야 하는 자(기관·단체를 포함한다)는 선거에 부당한 영향력을 행사하거나 기타 선거결과에 영향을 미치는 행위를 하여서는 안 된다(공직선거법 제9조 제1항). 따라서 공무원이 공직상 부여되는 정치적 비중과 영향력을 국민 전체에 봉사하고 책임을 지는 과제와 부합하지 않는 방법으로 사용하여 선거에서 득표에 영향을 미치는 행위를 하여서는 안 된다.[11] 공무원에게 금지되는 선거에 영향을 미치는 행위에 대해서는 「공직선거법」 제85조 공무원의 지위를 이용한 선거운동금지에 관한 일반규정 및 제86조 공무원 등의 선거에 영향을 미치는 행위금지에 관한 규정 등이 자세히 규율하고 있다.[12] 예컨대 공무원이 그 지위를 이용하여 선거운동의 기획에 참여하거나 그 기획의 실시에 관여하는 행위는 금지된다. 그러나 지위를 이용하지 않은 단순한 참여 및 실시에 관여하는 행위가 금지되는 것은 아니다.[13] 또 선거운동에 이르지 않은 단순한 정치적 의사표현은 허용된다.

이 밖에 공무원은 '공무 외의 일을 위한 집단행위'를 할 수 없다(국가공무원법 제66조 제1항).

8) 「국가공무원법」 제65조 중 '그밖의 정치단체'의 부분은 '표현의 내용'에 근거한 규제임에도 불명확한 개념을 사용하여, 수범자에 대한 위축효과와 법 집행 공무원의 자의적 판단 위험이 있다는 이유로 위헌으로 판단되었다. 헌재 2020.4.23, 2018헌마551, 32-1(상), 503면 이하 참조.
9) 이에 관한 헌법적 판단으로는 헌재 2012.7.26, 2009헌바298, 24-2(상), 51면 이하 참조.
10) 이에 대한 헌법적 판단으로는 헌재 2021.8.31, 2018헌바149, 33-2, 102면 이하 참조.
11) 헌재 2008.1.17, 2007헌마700, 20-1(상), 165면 참조.
12) 이 규정에 대한 헌법적 평가로는 헌재 2005.10.27, 2004헌바41, 17-2, 292면 이하 참조.
13) 헌재 2008.5.29, 2006헌마1096, 20-1(하), 270면 이하 참조.

집단행위는 공무원의 직무전념성을 해치거나 공무에 대한 국민의 신뢰를 손상시킬 수 있는 다수의 결집된 행위를 말한다. 이는 모임의 형태로 혹은 연명(連名)의 방식으로 이루어질 수 있다. 집단행위에는 일정한 범위의 정치적 표현행위가 포함된다. 따라서 공무원은 특정 정당이나 정치적 세력에 대한 지지 또는 반대의사를 직접적으로 표현하여 정치적 편향성을 드러내는 행위를 할 수 없다.[14] 다만 집단행위가 특정한 정파성과 집단적 이익을 위한 것인가, 혹은 일반적인 국정운영에 대한 비판에 해당하는 것으로 공무원의 정치적 중립성과 조화될 수 있는가에 대해서 구체적인 판단을 필요로 한다.

나) 선거중립의 의무가 있는 공무원의 범위

선거중립의 의무가 있는 공무원에 직업공무원이 포함되는 것은 물론이고 각부 장관 등 정치적 공무원도 집행업무를 수행하는 지위에 있기 때문에 선거중립의 의무가 있다.[15] 그러나 대통령이 선거중립의 의무가 있는지는 의문이다. 헌법재판소는 대통령 탄핵심판에 있어서 이를 긍정한 바 있다.[16]

대통령은 선거를 관리하는 최고책임자로서 선거에 직접적인 영향을 주는 행위를 하여서는 안 된다. 그러나 대통령은 국회와 견제와 대립, 그리고 협력관계에 있는 국가기관이다. 이러한 관계가 효율적으로 형성될 수 있도록 자신의 정치적 의견을 표현하는 형태로 영향력을 행사하는 것이 대통령의 선거중립의무 위반이라고 할 수는 없다. 이 점에서 보면 이에 관한 「공직선거법」 제9조 제1항은 엄격히 해석·적용하여야 한다.[17]

다) 정당가입금지

공무원의 정당가입금지에 대해서는 선거운동금지와는 다른 평가가 필요하다. 공무원의 정당가입은 정치적 활동을 할 잠재성을 징표하는 사실이다. 그러나 아직 정치활동을 실제 하는 것은 아니며, 따라서 선거운동과는 그 성격이 다르다. 그런데 현행법은 이를 정치활동에 근접해 있는 사실로 보고 금지하고 있다.[18] 공무원의 정당가입을 금지하는 규정들이 명백히 헌법에 위반되는 것은

14) 대판 2012.4.19, 2010도6388 참조.
15) 지방자치단체의 장의 선거중립의무에 대해서는 대판 2004.6.25, 2003도2932 참조.
16) 헌재 2004.5.14, 2004헌나1, 16-1, 637면 이하 참조. 이 밖에 헌재 2008.1.17, 2007헌마700, 20-1(상), 163면 이하 참조.
17) 헌재 2008.1.17, 2007헌마700의 소수의견, 20-1(상), 193면 이하 참조.
18) 공무원의 정당가입을 금지하는 규정에 대한 합헌결정으로는 헌재 2020.4.23, 2018헌마551, 32-1(상), 499면 이하 참조.

아니지만, 그렇다고 헌법필연적인 것은 아니다. 이는 입법정책적인 문제라고 보아야 한다.

(4) 그 밖의 정치적 활동

정당가입이나 선거운동의 범주에 속하지 않지만 일반적으로 정치적 기본권의 보호범위에 속하는 행동, 예컨대 정치적 표현의 자유도 공무원에게 일반 국민과 동일한 정도로 보장되지는 않는다. 기본적으로 공무원이 현실의 문제에 대해서 공개적으로 정치적인 발언을 하는 것은 허용되지 않는다. 다만 정치적 발언이 구체적으로 공무원의 정치적 중립을 저해하는가의 여부는 개별적인 판단을 필요로 한다.

법령준수의무 및 성실의무와 마찬가지로 공무원의 정치적 중립의 의무는 신분상의 의무이며, 단순히 직무상의 의무에 그치는 것은 아니다. 직무시간 외에 혹은 직무와 관련이 없는 맥락에서 정치적 발언 및 선거운동을 공개적으로 하는 경우에는 이미 공무원의 정치적 중립에 대한 신뢰가 상실되며, 또 직무에 있어서 정치적 중립을 더 이상 기대할 수 없기 때문이다.

판례 **대통령의 기본권 주체성, 선거중립의무** (헌재 2008.1.17. 2007헌마700)

대통령도 국민의 한사람으로서 제한적으로 기본권의 주체가 될 수 있다. 대통령은 소속 정당을 위하여 정당활동을 할 수 있는 사인으로서의 지위와 국민 모두에 대한 봉사자로서 공익실현의 의무가 있는 헌법기관으로서의 지위를 동시에 갖는데 최소한 전자의 지위와 관련하여는 기본권 주체성을 갖는다.

대의민주주의에서 선거는 국민이 통치기관을 결정·구성하는 방법이고 선출된 대표자에게 민주적 정당성을 부여함으로써 국민주권주의를 실현하는 핵심적인 역할을 한다. 따라서 선거에서 공정성은 매우 중요하고 필연적인 바, 공명선거의 책무는 우선적으로 국정의 책임자인 대통령에게 있다. 또한 선거에 관한 사무는 행정부와는 독립된 헌법기관인 선거관리위원회가 주관하지만, 선거의 구체적인 실행은 행정부 공무원의 지원과 협조 없이는 현실적으로 불가능하므로 행정부 수반인 대통령의 선거중립이 매우 긴요하다. 나아가 공무원들이 직업공무원제에 의하여 신분을 보장받고 있더라도, 최종적인 인사권과 지휘감독권을 갖는 대통령의 정치적 성향을 의식하지 않을 수 없으므로 대통령의 선거개입은 선거의 공정을 해할 우려가 무척 높다. 결국 선거활동에 관하여 대통령의 정치활동의 자유와 선거중립의무가 충돌하는 경우에는 후자가 강조되고 우선되어야 한다.

이 사건 법률조항은 공무원에게 정치적 중립의무를 부과하여 선거의 공정을 이루고 궁극적으로 선거를 통한 국민주권원리가 구현될 수 있도록 하여 입법목적에 적정한 수단이다. 이 사건 법률조항은 대통령의 정치적 표현의 자유를 상시적으로 모든 영역에서 규제하는 것이 아니라, 선거가 임박한 시기에 부당한 영향력을 행사하는 방법으로 선거결과에 영향을 미치는 표현행위만을 규제하고, 또한 대통령의 직무집행과 관련된 공적인 행위만을 규제하며 순수한 개인적인 영역까지 규제하는 것은 아니다. 나아가 법률조항의 위반에 대한 제재조항이 없어 위 조항을 위반하더라도 형사처벌을 받을 위험성이 없으므로 피해의 최소성을 갖추었다. 민주주의 국가에서 공무원, 특히 대통령의 선거중립으로 인하여 얻게 될 '선거의 공정성'은 매우 크고 중요한 반면, '표현의 자유 제한'은 상당히 한정적이므로, 위 법률조항은 법익의 균형성도 갖추었다.

---

3. 신분보장과 사회보장

(1) 신분보장

가) 내 용

공무원의 신분보장은 정치적 중립성과 기능적인 상관관계에 있다. 정치적으로 중립적인 관점에서 직무를 수행하기 위해서는 그러한 판단이 정치적 관점과 충돌하더라도 이를 이유로 신분상의 불이익을 받지 않아야 하기 때문이다. 따라서 공무원은 형의 선고·징계처분 또는 법에 정한 사유에 해당하지 않는 한 의사에 반하여 휴직·강임 또는 면직을 당하지 않으며(국가공무원법 제68조; 지방공무원법 제60조), 정년까지 근무할 권리를 갖는다. 다만 1급공무원, 그리고 직위분류제의 적용을 받는 경우로서(국가공무원법 제23조 제1항), 배정된 직무등급이 가장 높은 등급의 직위에 임용된 고위공무원단에 속하는 공무원은 예외로 한다.

「국가공무원법」은 신분보장에 대한 예외를 두고 있다. 즉 직제와 정원의 개폐 또는 예산의 감소 등에 의하여 폐직 또는 과원이 되었을 때에는 공무원은 직권에 의하여 면직될 수 있다(국가공무원법 제70조 제1항 제3호; 지방공무원법 제62조 제1항 제1호).[19] 다만 이 경우 면직기준을 정하여야 하며, 면직기준을 정하거나 면직대상자를 결정함에 있어서 심사위원회를 구성하여 심의·의결을 거쳐야 한다. 또 직권면직처분에 대해서는 소청 및 행정소송의 권리구제절차를 마련하여야 한다(국가공무원법 제70조 제3, 4, 5항). 공무원의 정

---

19) 헌재 2004.11.25, 2002헌바8, 16-2(하), 282면 이하 참조. 이러한 사정이 존재하지 않음에도 「국가보위입법회의법」 부칙 제4항에서 임명권자가 후임자를 임명함으로써 공무원은 자동적으로 공무원직을 상실하도록 한 것은 헌법에 위반된다. 헌재 1989.12.18, 89헌마32등, 1, 354면 참조.

년연령은 법률에 정한다. 또 공무원임용연령에 제한을 두는 것 역시 입법정책의 문제이며, 그 자체가 위헌은 아니다. 그러나 공무원임용 연령을 지나치게 낮추는 것은 허용되지 않는다.[20]

나) 국가과제의 민영화와 공무원의 신분보장

공무원이 수행하는 국가과제의 종류와 범위에 대해서 헌법은 개방적이다. 즉 공무원의 기능범주에 속한다는 이유로 국가과제의 민영화가 허용되지 않는 것은 아니다. 다만 기존에 공무원이 수행하던 국가과제가 민영화되면서 담당조직은 그대로 존속하는 경우 공무원의 신분이 제한 없이 일반근로자의 신분으로 전환될 수는 없다. 공무원에 대한 신분보장의 헌법원칙에 반하기 때문이다. 따라서 이 경우 공무원의 권리와 의무를 유지시키는 별도의 법률이 필요하다.

판례 **직업공무원제도와 신분보장**(헌재 1992.11.12, 91헌가2)

직업공무원 중에서도 시비선악을 가리는 법관은 더욱 두텁게 그 신분이 보장되어야 하며 그것이 헌법이 법관에 대하여 일반적인 공무원 신분보장규정과는 별도로 제헌 헌법 당시부터 그 신분보장규정을 두고 있는 이유이다. 따라서 특조법(1980년 「해직공무원의 보상 등에 관한 특별조치법」)의 해석 및 그 적용에 있어서도 위와 같은 법관의 특수 지위를 고려하여야 한다.

이 사건 심판대상인 규정은 법원장과 같은 중책을 수행하는 법관이었던 신청인들을 종전의 직위에 복귀시키는 문제가 아니고 보상에 관련된 규정이다. 따라서 그 사례에 해당되는 법관의 인원수로 볼 때 예산사정을 운위할 것은 못되며 인사질서에 문제가 야기될 여지도 없고 따라서 그에 따른 파장도 거의 없으므로 질서유지·공공복리 등 공익을 앞세워 그들의 희생을 강요할 명분과 이유는 없다. 오히려 장래에 법관의 신분이 함부로 박탈되는 사태의 재발을 영구히 봉쇄하기 위하여서도 특조법 제2조 제2항의 비적용대상에서 적어도 법관은 제외되어야 법관의 신분을 보장하는 헌법의 취지에 합당할 것이다. 만일 법관이 위 비적용대상에 포함된다면 법관의 신분을 직접 가중적으로 보장하고 있는 헌법의 규정취지에 정면으로 배치되며, 직업공무원으로서 신분이 보장되는 일반직 공무원과 비교하여 그 처우가 차별되고 있는 것이어서 평등권에도 저촉된다.

---

20) 헌재 2008.5.29, 2007헌마1105, 20-1(하), 329면 이하; 2012.5.31, 2010헌마278, 24-1(하), 626면 이하 등 참조.

(2) 사회보장

공무원의 고도의 법령준수의무와 성실의무에 상응하여 국가는 공무원에 대한 사회보장의 과제를 갖는다. 이에 따라 국가는 공무원이 질병·부상·장해·퇴직·사망 또는 재해를 입으면 본인이나 유족에게 법률로 정하는 바에 따라 적절한 급여를 지급하여야 한다(국가공무원법 제77조; 지방공무원법 제68조). 이러한 사회보장의 과제가 공무원의 법령준수의무와 성실의무에 대한 헌법적 차원의 보상은 아니다. 오히려 공무원에 대한 각종 사회보장제도는 공무원의 특수신분을 배려한 조치이다.

공무원의 사회보장을 위한 각종 제도가 헌법적 존속력을 갖는 것은 아니다. 현재 공무원을 대상으로 하는 공무원연금이 독자적으로 운영되고 있다. 그런데 공무원연금이 일반 국민을 가입자로 하는 국민연금과 유사한 기능이 있기 때문에 두 연금제도를 통합하는 데 헌법적 장애가 있는 것은 아니다. 공무원연금이 아직 국민연금과 통합되지는 않았지만 2009년 「국민연금과 직역연금의 연계에 관한 법률」이 제정되어 두 제도에서 가입기간이 합산되어 연금이 산정될 수 있도록 하였다.

4. 공무원의 책임: 정치적 책임·법적 책임·징계 책임

공무원은 국민에 대해서 책임을 진다. 이는 공무원의 국민 전체에 대한 의무에 상응하는 것으로 책임을 묻는 기준은 다양하다.

(1) 정치적 책임

정치적 기준에 따른 책임은 정치적 공무원에 대해서 적용된다. 이에 비해서 직업공무원은 정치적 기준에 따라 업무를 수행하는 것이 아니므로 직업공무원에 대하여 정치적 관점에 따라 책임을 묻는 것은 헌법에 반한다.

(2) 법적 책임

정치적 공무원과 직업공무원은 모두 법령준수의무가 있으므로 모든 공무원은 법적 기준에 따른 책임을 진다. 대통령, 국무총리 등 헌법 제65조 제1항에 규정된 고위직 공무원의 경우 통상적인 사법절차에 따라서 법적 책임을 묻는 것이 사실상 어렵다. 따라서 이들에게는 정치기관인 국회로 하여금 탄핵소추의 발의 및 의결을 하도록 하였다. 법적 기준에 따른 최종적인 탄핵결정은 헌법재판소가 행한다. 헌법재판소의 탄핵결정에 의하여 해당 공무원은 공직에서 파면된다. 탄핵결정에 따른 파면과 독립하여 해당 공무원에서 법적 기준에 따라 민·형사상의 책임을 물을 수 있다. 헌법은 이 점을 명확히 규정하고 있다(제65조 제4항).

(3) 징계 책임

공무원에 대한 징계 책임은 특히 조직 내의 위계질서에서 상명하복의 복무규율을 운용하는 직업공무원에게 적용된다. 다만 상명하복의 복무규율이 절대적인 효력을 갖는 것은 아니다. 공무원은 법령준수의무와 성실의무가 있기 때문에 법령에 반하는 상관의 명령을 거부할 의무와 권한이 있다.[21] 또 국가기능의 최적화를 위하여 필요한 경우 조직 내부의 행위준칙을 적용하지 않을 의무도 있다.

제 2 절 선거제도

Ⅰ. 선거의 의미

1. 공직자 선출

선거는 공직자를 선출하여 대의기관을 구성하는 의미를 갖는다. 선거에는 정당에 대한 신임투표적 성격이 어느 정도 있다. 그러나 이는 어디까지나 보충적인 의미이며, 선거는 기본적으로 공직자를 선출하는 기능을 갖는다.[22] 국회의원선거에서 선거의 결과 나타난 국회의 세력분포가 헌법적 존속력을 갖지는 않는다.[23] 그렇기 때문에 이러한 세력분포에 변화를 가져오는 국회의원의 당적변경에 정치적 비난을 할 수는 있어도 이 경우에 국회의원의 신분을 박탈하는 것은 허용되지 않는다.

2. 권한의 위임

민주주의에서 선거는 헌법과 법률에서 정한 권한을 선출된 공직자에게 위임하는 의미를 갖는다. 국회의원의 경우 헌법 제46조 제2항에 의하여, 그리고 그

21) 대판 1999.4.23, 99도636 참조.
22) 헌재 2001.7.19, 2000헌마91등, 13-2, 97면 참조.
23) 헌재 1998.10.29, 96헌마186, 10-2, 606면 참조.

밖의 선출직 공무원의 경우에는 헌법 제7조 제1항에 의하여 국민 전체의 이익을 위하여 공직을 수행할 권한이 위임된다.

3. 국민의 국정참여

선거는 국민이 국정에 참여하는 대표적인 계기이다. 선거과정에서 국민은 적극적으로 정치적 의견을 형성하고 특정후보자를 지지하며, 다른 정치적 의견과의 의사소통을 통하여 설득하고, 또 자신의 의견을 개선할 수 있다. 따라서 선거에서 투표행위 자체뿐 아니라 투표라는 의사결정에 이르는 전(前) 단계인 의사형성과정을 보호하여야 한다. 이로써 선거는 객관적으로 국민통합의 기능을 수행할 수 있다.

4. 국정통제기능

선거는 표현의 자유를 활성화하는 중요한 계기이다. 선거과정에서 정치적 의견의 형성과 표현 및 전달은 그 자체로 국정에 대한 비판적 통제의 효과가 있기 때문이다.

Ⅱ. 후보자추천과 등록

1. 후보자추천

(1) 정당의 후보자추천

공직선거에서 후보자추천은 현실적으로는 정당에 의하여 이루어지고 있다. 현재 대통령선거와 국회의원선거, 그리고 지방자치단체 장의 선거와 지방의회의원의 선거에서 정당추천이 허용된다.[24)]

정당의 공직선거후보자추천은 민주적인 절차와 방법에 의하여야 한다. 이에 관한 현행 「공직선거법」의 내용 및 헌법적 평가에 대해서는 위에서 서술하였다.

---

24) 헌법재판소는 기초지방의회의원선거에서 후보자가 특정 정당의 지지 혹은 추천을 받았음을 표방하는 것을 금지하였던 「공직선거법」 제47조 제1항에 대해서 합헌결정을 내린 바 있으나(헌재 1999.11.25, 99헌바28, 11-2, 543면 이하), 이후 판례를 변경하여 이 규정을 위헌으로 결정하였다. 헌재 2003.1.30, 2001헌가4, 15-1, 7면 이하 참조. 이후 「공직선거법」이 개정되어 기초지방의회의원 선거에 있어서도 정당추천이 허용되었다.

(2) 유권자추천

무소속후보자가 되고자 하는 자는 일정 규모의 선거권자의 추천을 받아야 한다(공직선거법 제48조 제2항). 대통령선거의 경우 5 이상의 시·도에 나누어 하나의 시·도에 주민등록이 되어 있는 선거권자의 수를 700인 이상으로 하여 총 3천 500인 이상 6천인 이하의 추천을 받아야 한다. 지역구 국회의원선거 및 자치구·시·군의 장 선거에서는 300인 이상 500인 이하의 추천을, 지역구 시·도의원선거에서는 100인 이상 200인 이하의 추천을, 시·도지사선거에서는 당해 시·도 안의 3분의 1 이상의 자치구·시·군에 나누어 하나의 자치구·시·군에 주민등록이 되어 있는 선거권자의 수를 50인 이상으로 하여 총 1천인 이상 2천인 이하의 추천을, 그리고 자치구·시·군의원선거에서는 50인 이상 100인 이하의 추천을 받아야 한다.

2. 기탁금제도

공직선거에 입후보자로 등록하기 위해서는 기탁금을 납부하여야 한다. 기탁금의 액수는 선거의 종류에 따라 다양하다(공직선거법 제56조 제1항). 현재 대통령선거에서는 3억원,[25] 국회의원선거에서는 1천 500만원, 시·도의회의원선거에서는 300만원, 시·도지사선거에서는 5천만원, 자치구·시·군의 장 선거에서는 1천만원, 자치구·시·군의원선거에서는 200만원이 기탁금으로 정해져 있다. 예비후보자는 선거기탁금의 20%를 납부하여야 한다(공직선거법 제60조의2 제2항).

「공직선거법」은 비례대표국회의원 후보자에 대해서도 후보자 1인에 대해서 1,500만원의 기탁금을 납부하도록 하였다. 그러나 비례대표국회의원 선거는 정당을 중심으로 이루어지며, 선거운동의 방법 등에 있어서 지역구국회의원 선거와는 본질적인 차이가 있다. 예컨대 비례대표국회의원 선거는 정당에서 작성한 명부를 기준으로 하기 때문에 선거의 진지성을 확보하고, 또 선거의 과열·혼탁을 방지하는 일반적인 기탁금의 입법목적이 그대로 타당하지는 않다. 이에 헌법재판소는 해당 규정을 헌법에 합치하지 않는 것으로 결정하였다.[26] 이후 비례대표국회의원선거에서 기탁금은 500만원으로 낮아졌다.

기탁금 반환 여부는 후보자에 대한 유권자의 지지의 정도에 따라 결정된다.

---

25) 기존에 5억원의 기탁금 규정에 대해서 헌법재판소가 헌법불합치결정을 한 후 3억원으로 조정되었다. 헌재 2008.11.27, 2007헌마1024, 20-2(하), 477면 이하 참조.

26) 헌재 2016.12.29, 2015헌마509등, 28-2(하), 699면 이하 참조.

대통령선거, 지역구 국회의원선거, 지역구 지방의회의원선거, 자치구·시·군의원선거 및 지방자치단체의 장 선거에서는 후보자가 당선되거나 사망한 경우, 그리고 후보자의 득표수가 유효투표 총수의 100분의 15 이상인 때, 또 비례대표 국회의원선거 및 비례대표 지방의회의원선거에서는 당해 후보자명부에 올라 있는 후보자 중 당선인이 있는 때에는 원칙적으로 기탁금을 전액 반환한다(공직선거법 제57조). 후보자가 유효투표총수의 100분의 10 이상, 100분의 15 미만을 득표한 경우에는 기탁금의 100분의 50에 해당하는 금액을 반환한다. 이러한 요건을 충족시키지 못하는 경우 기탁금은 국가 또는 당해 지방자치단체에 귀속한다. 예비후보자의 경우 사망하거나 당내경선에서 탈락하여 입후보할 수 없는 때에는 기탁금 전액이 반환된다.[27]

3. 후보자등록

공직선거에서 후보자로 등록하려는 자는 피선거권에 관한 증명서류, 재산신고서(공직자윤리법 제10조의2), 병역사항에 관한 신고서(공직자 등의 병역사항 신고 및 공개에 관한 법률 제9조), 최근 5년간의 후보자, 그의 배우자와 직계 존·비속의 소득세·재산세 및 종합부동산세의 납부 및 체납신고서, 벌금 100만원 이상의 형의 범죄경력에 관한 증명서류, 정규학력에 관한 최종증명서, 공직선거 후보자등록 경력에 관한 신고서 등을 제출하여야 한다(공직선거법 제49조 제4항).

공직선거에서 정당이 중추적인 기능을 수행하며, 정당의 공직선거후보자 추천이 실효성과 신뢰성을 갖도록 하기 위한 조치들이 취해졌다. 첫째, 정당의 당원인 자는 무소속후보자로 등록할 수 없으며, 후보자등록기간 중 당적을 이탈·변경하거나 둘 이상의 당적을 가지고 있는 때에는 당해 선거에 후보자로 등록할 수 없다(공직선거법 제49조 제6항). 둘째, 정당은 후보자등록 후에는 등록 후보자에 대한 추천을 취소 또는 변경할 수 없다. 또 비례대표국회의원 후보자명부 혹은 비례대표지방의회의원 후보자명부에 후보자를 추가하거나 그 순위를 변경할 수 없다. 선거권자 역시 후보자에 대한 추천을 취소 또는 변경할 수 없다(공직선거법 제50조).

27) 이에 대한 결정으로는 헌재 2010.12.28, 2010헌마79, 22-2(하), 820면 이하 참조.

Ⅲ. 선거의 기본원칙

헌법은 국회의원 및 대통령선거에 적용하는 선거의 원칙으로 보통·평등·직접·비밀선거의 원칙을 명시하고 있다(제41조 제1항, 제67조 제1항). 이 밖에 헌법재판소는 자유선거의 원칙을 헌법상 선거의 기본원칙으로 이해하고 있다.

1. 보통선거의 원칙

(1) 내 용

보통선거의 원칙에 의하여 모든 국민은 재산, 사회적 신분, 인종, 성별, 교육정도 등에 관계없이 선거권과 피선거권을 갖는다. 선거권과 피선거권은 국민의 권리이기 때문에 외국인은 원칙적으로 제외된다. 다만 부분적으로 지방선거에서 외국인에게 선거권이 인정된다. 즉 「출입국관리법」상 영주의 체류자격을 취득한 후 3년이 경과한 18세 이상의 외국인으로서 선거인명부작성 기준일 현재 「출입국관리법」의 규정에 따라 당해 지방자치단체의 외국인등록대장에 등재된 자는 지방선거에서 선거권을 갖는다(공직선거법 제15조 제2항 제3호). 해외국민의 선거권에 대해서는 위에서 설명하였다.

(2) 선거권의 제한

가) 제한의 유형과 내용

선거권은 정치적 판단능력이 있는 경우에 행사할 수 있으며, 이러한 능력이 결여되어 있는 사람에 대해서는 선거권이 부인된다. 선거권의 제한에는 다음과 같은 몇 가지 유형이 있다.

우선, 연령에 따른 제한이 있다. 헌법은 직접 선거연령을 규정하고 있지는 않으며, 「공직선거법」이 이에 대해서 규율하고 있다. 「공직선거법」상 선거연령은 선거일 현재 만 18세이다(공직선거법 제15조 제1항).[28] 정치적 판단을 직접 하기에 적합하지 않은 정신 및 심리상태에 있는 경우 선거권은 제한된다. 금치산선고를 받은 자가 여기에 해당한다(공직선거법 제18조 제1항).

범죄전과가 있는 자의 선거권 또한 제한된다. 1년 이상의 징역 또는 금고의 형의 선고를 받고 집행이 종료되지 않았거나, 집행을 받지 아니하기로 확정되

28) 선거권연령을 19세로 한 「공직선거법」 규정에 대한 헌법적 판단으로는 헌재 2014.4.24, 2012헌마287, 26-1(하), 223면 이하 참조.

지 않은 사람은 선거권이 없다. 다만, 형의 집행유예를 선고받고 유예기간 중에 있는 사람은 선거권을 행사할 수 있다. 기존에 집행유예자 및 수형자에게 대해서 일률적으로 선거권을 인정하지 않았던 규정(공직선거법 제18조 제1항 제2호; 형법 제43조 제2항)에 대해서는 위헌 및 헌법불합치결정이 내려진 바 있다.[29] 선거범에 대해서는 일반 범죄를 저지른 자에 비해서 선거권 및 피선거권의 제한이 강화되어 있다. 즉 선거범으로서 100만원 이상의 벌금형의 선고를 받고 그 형이 확정된 후 5년 또는 형의 집행유예의 선고를 받고 그 형이 확정된 후 10년을 경과하지 않았거나 징역형의 선고를 받고 집행을 받지 않기로 확정된 후 또는 그 형의 집행이 종료되거나 면제된 후 10년을 경과하지 아니한 자의 선거권은 제한된다.[30] 법원의 판결에 의하여 선거권이 정지 또는 상실된 자는 선거권을 행사할 수 없다(공직선거법 제18조 제1항).

지방선거의 경우 선거인명부 작성일 현재 당해 지방자치단체의 구역에 주민등록이 되어 있어야 선거권이 있다(공직선거법 제15조 제2항). 다만 헌법재판소는 주민등록을 할 수 없는 해외 국민에 대해서도 이러한 요건을 요구하는 것은 헌법에 합치하지 않는다는 결정을 내린 바 있다.[31] 개정 「공직선거법」에 의하면 주민등록이 되어 있거나 국내거소신고인 명부에 3개월 이상 계속해서 올라 있는 국민은 국외부재자 투표를 할 수 있다. 주민등록이 되어 있지 않고 국내거소신고도 하지 않은 국민은 해당 외국의 공관에 설치된 재외투표소에서 투표를 할 수 있다(공직선거법 제218조의4 이하).

나) 장애인에 대한 지원

위와 같이 법률상 선거권이 제한되는 경우를 제외하고는 국가는 모든 유권자가 실제 투표권을 행사할 수 있도록 시설을 갖추고, 편의를 제공하여야 한다. 예컨대 장애인이 투표장에 사실상 접근할 수 없다는 이유로 투표권을 행사할 수 없는 사태를 사전에 방지하여야 한다. 「장애인복지법」은 이 점에 대한 배려를 하고 있다. 즉 국가와 지방자치단체는 장애인의 선거권 행사의 편의를 위하여 편의시설·설비의 설치, 선거권 행사에 관한 홍보, 선거용 보조기구의 개발·보급 등 필요한 조치를 강구하여야 한다(장애인복지법 제26조). 예컨대 선거운동을

29) 헌재 2014.1.28, 2012헌마409등, 26-1(상), 136면 이하 참조.

30) 이러한 규정이 평등의 원칙에 위반되지는 않는다는 것이 헌법재판소의 태도이다. 이에 대해서는 헌재 1993.7.29, 93헌마23, 5-2, 227면 이하; 1995.12.28, 95헌마196, 7-2, 902면; 1997.12.24, 97헌마16, 9-2, 887면 이하 등 참조.

31) 헌재 2007.6.28, 2004헌마644등, 19-1, 881면 이하 참조.

위한 방송광고에 있어서 후보자는 청각장애선거인을 위한 한국수화언어 또는 자막을 방영할 수 있다(공직선거법 제70조 제6항). 다만 이는 아직 의무사항은 아니다.[32]

판례 **선거에서 장애인을 위한 편의제공의무** (헌재 2009.5.28, 2006헌마285)

공직선거법은 선거운동기간 중의 방송광고, 방송시설주관 후보자 연설의 방송, 선거방송토론위원회 주관 대담·토론회의 방송에 있어서 청각장애선거인을 위한 자막 또는 수화통역의 방영을 의무사항으로 규정하고 있지는 않다. 그러나 심판대상조항은 기본적으로 청각장애선거인들을 위한 차원에서 마련된 것인 점, 청각장애선거인들은 심판대상조항이 정한 수화방송 등 이외에 홍보유인물 등 문서·도화에 의한 선거운동이나 정보통신망을 이용한 선거운동방식 등에 의해서도 선거에 관한 정보를 얻을 수 있는 점, 심판대상조항의 수범자들은 장애인복지법 등 관련 조항에서 정하고 있는 청각장애선거인들을 위한 각종 행위의무와 차별금지의무를 부담하고 있는 점, 심판대상조항이 수화방송 등을 의무사항으로 규정하지 아니한 취지는 수화방송 등이 원칙적으로 실시되어야 함을 부정하는 의미가 아니라 방송사업자 등의 시설장비나 기술수준 등에서 비롯되는 불가피한 사유로 말미암아 수화방송 등을 적시에 실시할 수 없는 경우도 있다는 사정을 고려하였기 때문인 점, 현 단계에서 수화방송 등을 예외 없이 반드시 실시하여야 하는 의무사항으로 규정할 경우 후보자의 선거운동의 자유와 방송사업자의 보도·편성의 자유를 제한하는 문제가 있다는 점 등을 종합하여 고려하여야 한다.

심판대상조항이 수화방송 등을 할 수 없는 예외사유를 보다 제한적으로 구체화하여 규정하는 것이 바람직하겠지만, 이 사건에서 심판대상조항이 입법자의 입법형성의 범위를 벗어난 것으로서 청구인들의 참정권, 평등권 등 헌법상 기본권을 침해하는 것은 아니다.

---

(3) 피선거권의 제한

피선거권은 공무수행의 능력이 결여되어 있다고 의제되는 경우 제한되며, 또 연령에 따른 제한이 있다. 대통령의 피선거권연령은 40세이다. 대통령의 경우 최소 국내거주기간이 필요하다. 즉 선거일 현재 5년 이상 국내에 거주하고 있어야 한다. 공무로 외국에 파견된 기간과 국내에 주소를 두고 일정기간 외국에 체류한 기간은 국내거주기간으로 본다. 국회의원의 피선거권연령은 25세이다(공직선거법 제16조).

---

32) 이 규정에 대해서 헌법재판소는 합헌결정을 하였다. 헌재 2009.5.28, 2006헌마285, 21-1(하), 726면 이하 참조.

지방의회의원 및 지방자치단체의 장의 피선거권을 갖기 위해서는 연령과 거주기간에 관한 요건을 충족시켜야 한다. 피선거권연령은 18세이다. 거주기간과 관련해서는 선거일 현재 계속 60일 이상 당해 지방자치단체의 관할구역 안에 주민등록이 되어 있어야 한다(공직선거법 제16조).[33] 국회의원입후보자와는 달리 지방선거입후보자에게 거주기간을 요건으로 하는 것은 지방의회의원이나 지방자치단체의 장은 주민자치의 원리에 따라서 행정사무를 처리하며, 이때 지방자치 차원에서 민주성과 능률성을 도모하기 위하여 필요하기 때문이다.[34]

금치산선고를 받은 자, 선거사범 그리고 법원의 판결 또는 다른 법률에 의하여 피선거권이 정지 혹은 상실된 자, 법원의 판결 또는 다른 법률에 의하여 선거권이 정지 또는 상실된 자, 금고 이상의 형의 선고를 받고 그 형이 실효되지 아니한 자 등의 피선거권은 인정되지 않는다(공직선거법 제19조).

2. 평등선거의 원칙

(1) 내 용

평등선거의 원칙은 모든 유권자가 산술적으로 평등하여야 한다는 의미에서 1인 1표의 원칙, 그리고 투표결과에 기여한 정도가 평등하여야 한다는 성과가치의 평등을 내용으로 한다. 또 인구비례를 지나치게 일탈하여 선거권자의 의사가 왜곡되어서는 안 된다.[35] 국회의원선거와 지방선거에 있어서 선거구 인구비례에 대한 헌법적 심사기준이 차이가 있으며, 따라서 그 평가가 다르다는 점에 대해서는 위에서 설명하였다. 이 밖에 소수정당이 국회에 진입하면서 국회의 구성이 파편화되고, 그 결과 국회가 의사결정능력을 상실하는 것을 방지하기 위하여 일반적으로 이른바 저지조항을 두고 있는데, 이에 대해서 평등선거의 원칙에 따른 평가가 필요하다.

---

33) 이 규정이 해외국민에게 적용되는 것은 헌법에 합치하지 않는다. 헌재 2007.6.28, 2004헌마644 등, 19-1, 883면 이하 참조.

34) 이에 대해서는 헌재 1996.6.26, 96헌마200, 8-1, 557면 이하, 563면 이하 참조.

35) 헌재 1995.12.27, 95헌마224등, 7-2, 771면; 1998.11.26, 96헌마54, 10-2, 747면; 1998.11.26, 96헌마74등, 10-2, 773면; 2001.10.25, 2000헌마92등, 13-2, 510면 이하; 2014.10.30, 2012헌마190등, 26-2(상), 682면 이하 등 참조.

(2) 투표가치의 평등과 성과가치의 평등

가) 내 용

정치적 의사결정능력을 갖는 모든 국민은 동등한 투표가치를 갖는다. 모든 국민은 정치적 의사의 가치에 있어서 평등하기 때문이다. 이는 제도적으로는 1인 1표제로 실현되고 있다. 또 유권자의 1표는 공직자를 선출하는 데 동등한 비중으로 기여하여야 한다(성과가치의 평등).

성과가치의 평등은 인구비례를 벗어나는 선거구획정의 문제를 판단하는 중요한 기준이다. 오늘날 선거구획정의 문제는 더 이상 사법심사에서 제외되는 정치문제가 아니다.[36] 이 문제는 다음과 같은 두 가지 상황에서 제기된다.

나) 선거구인구 불평등

국회의원선거구는 기존의 행정구역을 기준으로 획정되므로 행정구역의 동질성을 훼손하면서 인구비례에 엄격하게 맞추어 선거구를 획정하는 것은 현실적으로 불가능하다. 따라서 인구불균형이 어느 정도까지 헌법적으로 허용되는가 하는 문제가 제기된다.

초기 헌법재판소는 국회의원 선거구 간에 인구편차 4 : 1까지는 허용하였으나, 이후 편차가 3 : 1을 넘는 경우 평등선거의 원칙에 위반된다고 보았다. 나아가서 궁극적으로는 인구편차 2 : 1 혹은 그 미만의 기준을 적용할 것을 예고하였다.[37] 실제 이후 헌법재판소는 최대선거구와 최소선거구의 인구비율이 2 : 1이 넘는 선거구획정은 헌법에 합치되지 않는다는 결정을 하였다.[38] 이에 비해서 지방의회의원선거에서는 인구편차의 허용한계를 3 : 1로 결정하였다. 국회의원선거와는 달리 지방의회의원선거에서는 인구비례의 원칙과 함께 지방의회의원의 지역대표성, 도시와 농촌의 균형이 함께 고려되어야 하기 때문이다.[39]

다) 자의적인 선거구획정

자의적인 선거구획정으로 인하여 특정 지역의 선거인들이 정치과정에 참여

36) 선거구 인구불평등문제는 비교법적으로 보면 1962년 미국 연방대법원의 Baker v. Carr 사건에서 본격적으로 사법심사의 대상에 포함되었다.

37) 헌재 1995.12.27, 95헌마224등, 7-2, 760면 이하; 2001.10.25, 2000헌마92등, 13-2, 510면 이하 등 참조.

38) 헌재 2014.10.30, 2012헌마190등, 26-2(상), 668면 이하 참조.

39) 헌재 2018.6.28, 2014헌마189, 30-1(하), 627면 이하; 2019.2.28, 2018헌마415등, 31-1, 225면 이하 등 참조. 기존에 헌법재판소는 지방의회의원선거 지역구 간 4;1의 인구편차에 대해서 합헌결정을 한 바 있다. 헌재 2007.3.29, 2005헌마985등, 19-1, 305면 이하; 2010.12.28, 2010헌마401, 22-2(하), 834면 이하; 2012.2.23, 2010헌마282, 24-1(상), 303면 이하 등 참조.

할 기회를 잃게 되었거나, 그들이 지지하는 후보가 당선될 가능성을 의도적으로 박탈하는 것이 명확한 경우에는 해당 지역의 선거인들을 차별하는 것으로 성과가치의 평등에 위반된다.[40]

이 점과 관련하여 헌법재판소는 이른바 '게리맨더링(Gerrymandering)'에 대한 헌법적 평가를 명확히 하고 있다. 즉 선거구의 획정은 사회적·지리적·역사적·경제적·행정적 연관성 및 생활권 등을 고려하여 특단의 불가피한 사정이 없는 한 인접지역이 1개의 선거구를 구성하도록 획정되어야 한다. 따라서 인접지역이 아닌 지역을 1개의 선거구로 구성하는 경우는 특별한 사정이 없는 한 입법재량의 범위를 일탈한 자의적인 선거구획정으로서 헌법에 위반된다.[41]

(3) 선거운동에 있어서의 기회균등의 원칙

평등선거의 원칙은 입후보자와 정당을 중심으로 보면 기회균등의 원칙과 선거운동에 있어서의 평등원칙으로 나타난다. 정당소속 입후보자와 무소속 입후보자 간에 선거운동의 기회에 있어서 차별을 하거나, 기탁금의 액수를 차등화하는 것 등은 모두 평등선거의 원칙에 위반된다.[42] 경제적 능력의 차이가 선거운동의 불평등을 낳고, 그 결과 경제적 불평등이 대표선출에 그대로 반영되는 것을 방지하기 위하여 선거공영제를 원칙으로 하고 있다. 즉 선거에 관한 경비는 법률이 정하는 경우를 제외하고는 정당 또는 후보자에게 부담시킬 수 없다(제116조 제2항). 다만 법률이 정하는 바에 의하여 선거경비를 부분적으로 정당 혹은 입후보자에게 부담시킬 수는 있다.

선거운동에 있어서 기회균등의 원칙이 예외없이 모든 입후보자를 동등하게 취급하도록 요청하는 것은 아니다. 예컨대 최소한의 당선가능성, 선거권자의 관심도를 기준으로, 또 주요 정당의 추천에 의하여 일부 후보자만을 방송토론회 혹은 언론사의 대담·토론회에 선정 혹은 초청하는 것이 헌법에 위반되지는 않는다.[43] 현직 국회의원은 의정활동보고 등을 통하여 선거기간 전에도 어느 정도 선거운동의 효과를 갖는 활동을 할 수 있는 반면 일반적인 입후보자는 그렇지 못하고, 따라서 이 점이 평등선거의 원칙에 위반된다는 지적이 있어

40) 헌재 1998.11.26, 96헌마54, 10-2, 748면 이하 참조.
41) 헌재 1995.12.27, 95헌마224등, 7-2, 788면 참조. 이에 비해서 인접지역을 포함하여 1개의 선거구를 구성하는 특단의 사정이 있었다는 이유로 합헌결정을 한 예로는 헌재 2001.10.25, 2000헌마92등, 13-2, 516면 이하 참조.
42) 헌재 1989.9.8, 88헌가6, 1, 249면; 1992.3.13, 92헌마37등, 4, 147면 이하 참조.
43) 헌재 1998.8.27, 97헌마372등, 10-2, 476면 이하; 1999.1.28, 98헌마172, 11-1, 92면 이하 등 참조.

왔다. 이에 「공직선거법」은 예비후보자제도를 두어 이들이 선거운동기간 전에 일정한 범위에서 선거운동에 준하는 행위를 할 수 있도록 하였다.[44)]

(4) 저지조항

지역구국회의원총선거에서 5석 이상의 의석을 차지하였거나 비례대표국회의원선거에서 유효투표의 3% 이상을 차지한 정당에 한하여 비례대표의석배분에 참여할 수 있다(공직선거법 제189조 제1항). 이와 같은 저지조항이 평등선거의 원칙에 합치되는가가 문제된다.

저지조항은 형식적·기계적인 평등취급을 내용으로 하는 평등선거의 원칙을 제한한다. 따라서 이를 특별히 정당화할 만한 사유가 존재하여야 한다. 이는 국회가 소수정당이 난립하는 등의 형태로 파편화되어 의사결정능력을 갖지 못하는 현상을 방지한다는 추상적인 논리만으로 정당화될 수는 없다. 저지조항이 존재하지 않는다면 실제 국회 구성의 파편화가 나타나며, 그 결과 의사결정능력을 상실하는가의 여부를 구체적으로 검토하여야 한다. 또 정부형태에 따라 저지조항의 필요성과 타당성에 대한 판단은 달라질 수 있다. 대통령중심제에 비해서 의원내각제에서는 국회의 의사결정능력을 유지하기 위하여 저지조항의 필요성과 타당성은 크다. 그러나 이 경우에도 저지조항에 대한 구체적인 심사가 필요없는 것은 아니다. 예컨대 의원내각제를 채택하고 있는 독일에서 저지조항의 정당성에 대한 구체적인 심사가 이루어진 바 있다. 독일의 연방헌법재판소는 5% 저지조항이 기본적으로는 합헌이라는 입장이다.[45)]

3. 직접선거의 원칙

(1) 내 용

직접선거의 원칙은 투표자의 의사가 직접 선거결과를 확정하는 데에 반영되어야 한다는 원칙이다. 따라서 유권자가 아니라 선거인단에 의하여 선거결과가 최종적으로 결정되거나 혹은 유권자 대신 제3자가 기표하는 방법으로 행해지는 투표는 직접선거의 원칙에 위반된다.

예컨대 시각장애인이 투표권을 행사할 수 있도록 보조인으로 하여금 유권

44) 헌재 2005.9.29, 2004헌바52, 17-2, 160면 이하 참조.

45) *BVerfGE* 1, 208(256); 51, 222(236) 등 참조. 그러나 독일 통일이라는 구체적인 상황에서 5% 저지조항을 일반적으로 적용하는 것은 위헌이라는 결정도 보인다. *BVerfGE* 82, 322면 참조.

자의 의사에 따라 기표를 하게 하는 방법은 유권자의 의사가 보조인에 의하여 왜곡될 가능성이 있기 때문에 직접선거의 원칙에 반한다. 또 아래에서 설명하는 비밀선거의 원칙에도 위반된다.

(2) 정당선거와 비례대표의석 배분의 문제

개정 전 「공직선거법」에서는 지역선거구 입후보자에 대한 투표를 해당 입후보자가 소속한 정당에 대한 지지로 의제하여 비례대표의석을 배분하였다. 그러나 지역구 후보자에 대한 지지와 후보자가 소속된 정당에 대한 지지는 다를 수 있다. 따라서 이 경우 유권자는 비례대표국회의원의 선출을 직접 결정할 수 없게 되어 직접선거의 원칙에 위반된다. 헌법재판소는 이 규정을 위헌으로 결정하였다.[46] 현행 「공직선거법」은 유권자 1인이 2표를 행사하도록 하여, 한 표는 후보자를, 그리고 다른 한 표는 정당을 선택하도록 하였다. 그리고 비례대표의석은 정당투표에서 각 정당의 득표율을 기준으로 배분된다.

(3) 정당명부작성과 직접선거의 원칙

비례대표선거에서 정당명부작성방식인 고정명부제가 직접선거의 원칙에 반하는가 하는 문제가 제기된다. 고정명부제에서는 정당이 작성한 명부에 의하여 국회의원을 선출하며, 선거권자가 직접 후보자를 선택하지는 않는다. 그러나 비례대표제가 시행되는 한 이와 같은 의원선출절차는 필연적이다. 또 적극적으로 보면 고정명부제에 있어서 후보자명단과 그 순위, 그리고 의석배분방식은 이미 선거 시점에 확정되어 있고, 투표 후 정당이 후보자명부의 순위를 변경시키는 등의 사후개입은 허용되지 않는다(공직선거법 제50조). 이와 같이 고정명부제에 있어서도 선거권자의 의사가 선거결과에 직접 영향을 미치기 때문에 고정명부제 자체가 직접선거의 원칙에 위반되는 것은 아니다.[47]

4. 비밀선거의 원칙

선거권자는 타인의 간섭을 받지 않고 독자적인 판단에 의하여 투표를 할 수 있어야 한다. 이를 위하여 투표의 비밀은 보장된다. 따라서 선거인은 투표한 후보자의 성명이나 정당명을 진술할 의무가 없으며, 누구든지 선거일의 투표마감시각까지 이를 질문하거나 진술을 요구할 수 없다. 다만 언론기관이 선거결

46) 헌재 2001.7.19, 2000헌마91등, 13-2, 95면 이하 참조.
47) 헌재 2001.7.19, 2000헌마91등, 13-2, 96면 참조.

과를 예상하기 위한 목적으로 선거일에 투표소로부터 50미터 밖에서 질문을 할 수는 있다. 이때 언론기관은 투표의 비밀을 침해하지 않는 방법으로 질문하여야 하며, 또 그 경위와 결과를 투표마감시각까지 공표할 수 없다(공직선거법 제167조).

5. 자유선거의 원칙

(1) 유권자의 자유로운 후보자선택권 보장

자유선거의 원칙은 선거권자가 외부의 간섭을 받지 않고 자유롭게 후보자를 선택할 수 있어야 한다는 내용을 갖는다. 여기에는 선거에 참여하지 않을 자유가 포함된다. 따라서 선거의 참여는 국민의 정치적 의무이며, 법적 의무는 아니다. 또 후보자들은 자유롭게 입후보하여 선거권자가 실제 선택권을 행사할 수 있어야 한다. 기탁금이 고액이어서 경제적 이유로 입후보의 기회가 차단되는 경우 그만큼 유권자의 후보선택권이 좁아지기 때문에 자유선거의 원칙에 반한다.[48)]

(2) 선거운동의 자유

자유선거의 원칙은 선거운동의 자유를 포함한다. 선거운동은 특정 후보자를 당선되게 하거나 당선되지 못하게 하기 위한 행위이다. 여기에는 경쟁후보자를 당선되지 못하게 하는 행위뿐 아니라 이와 같은 목적이 없이 특정 후보자의 낙선을 목적으로 하는 행위, 즉 '제3자편의 낙선운동'도 포함된다.[49)] 다만 선거에 관한 단순한 의견개진 및 의사표시, 그리고 정당의 후보자 추천에 관한 단순한 지지·반대의 의견개진 및 의사표시는 선거운동에 해당하지 않는다(공직선거법 제58조 제1항).

선거운동의 자유는 표현의 자유에 의하여 보호된다.[50)] 선거를 통해서 국가권력에 정당성을 부여하는 실체는 선거결과 자체이다. 그러나 선거의 결과가 국가권력의 행사에 대한 실질적인 근거로서 수용되고, 또 기능하기 위해서는 선거과정에서 모든 국민이 의사를 자유롭게 표현하여 설득과 공감의 과정이 보호되어야 한다. 이때 비로소 선거의 국민통합기능이 실현된다. 그런데 선거의 자유가 효율화·극대화되기 위해서는 일정한 질서를 형성하는 규율이 필요하다. 제한없는 자유는 필연적으로 자유에 내포된 평등하게 자유로울 수 있는 권

48) 헌재 2001.7.19, 2000헌마91등, 13-2, 89면 이하 참조.

49) 위와 같은 낙선운동에 대한 헌법적 평가에 대해서는 헌재 2001.8.30, 2001헌마121등, 13-2, 263면 이하 참조.

50) 헌재 2007.1.17, 2004헌바82, 18-1, 9면 참조.

리와 상충하기 때문이다.

위와 같은 구조에서 보면 선거의 자유와 기회균등의 원칙은 규범적으로는 상호 대립하는 관계가 아니라 같은 목적을 위하여 상호 보완하는 관계에 있다. 즉 정치적 주의·주장의 설득력과 같은 선거 내적 요소보다는 정치적·경제적 및 사회적 세력구도 등 선거 외적 요소가 선거에 그대로 반영되거나 혹은 과다대표되는 가능성을 방지하여 기회균등의 원칙을 실현할 때 선거의 자유가 효율적으로 보장된다. 그러나 현상적으로 보면 위의 두 원칙은 상호 충돌하기도 한다. 입법자는 이들 원칙 간에 조화점을 찾아야 한다.

선거운동기간의 제한, 특정 공직자의 피선거권에 대한 제한, 기탁금제도 자체 혹은 그 액수 및 반환조건에 대한 규율, 선거운동주체 및 방법의 문제 등이 모두 선거의 자유와 공정성이 대립하는 문제이다. 예컨대 「공직선거법」은 선거운동에 해당하는 행위를 제한하고 있다. 즉, 선거일전 120일부터 선거일까지 법률에 규정된 경우를 제외하고는 선거에 영향을 미치게 하기 위하여 정당 또는 후보자를 지지·추천하거나 반대하는 내용이 포함되어 있거나 정당의 명칭 또는 후보자의 성명을 나타내는 광고, 인사장, 벽보, 사진, 문서·도화, 인쇄물이나 녹음·녹화테이프 그 밖에 이와 유사한 것을 배부·첩부·살포·상영 또는 게시할 수 없다(공직선거법 제93조 제1항). 헌법재판소는 이 조항과 관련하여 인터넷상의 선거운동 및 정치적 표현행위도 허용되지 않는 것으로 해석하는 한 헌법에 위반된다는 한정위헌결정을 하였다.[51] 그러나 정당 및 후보자에 대한 정치적 표현은 국민의 일반적인 표현의 자유에 의하여 보장되어야 하며, 선거에 영향을 미치는 행위인가를 일률적으로 판단할 수 없다.[52] 이로써 정당은 통상적인 정당활동을 통하여 선거운동에 해당하는 행위를 할 수 있기 때문에(공직선거법 제93조 제1항 제2호) 정당과 다른 단체를 차별하는 결과가 된다. 또 일반적으로 선거에 관한 단순한 의견개진 및 의사표시 혹은 정당의 후보자 추천에 관한 단순한 지지·반대의 의견개진 및 의사표시를 선거운동으로 보지 않고 허용하면서(공직선거법 제58조 제1항), 이를 일정한 매체를 통하여 표현하는 것을 금지하는 것은 합리적인 이유가 있다고 보기 어렵다.

현행 「공직선거법」은 자유선거의 원칙이 독자적인 가치를 가지며, 기회균등의 원칙과 조화되어야 한다는 사실을 적극적으로 반영하지는 못하고 있다. 두

51) 헌재 2011.12.29, 2007헌마1001등, 23-2(하), 739면 이하 참조.
52) 이에 대해서는 예컨대 대판 2011.10.27, 2011도9243 참조.

가지 유형이 존재한다. 첫째, 선거자유의 원칙과 공정성의 원칙을 대립적인 것으로 보고 후자에 정책적 비중을 두는 경우이다. 둘째, 국민의 정치적 의사소통과 그 결과 나타나는 국민의 정치적 의사를 정확히 확인하는 기능보다는 입후보 및 선거운동의 제한을 통해서 안정적인 선거질서를 형성하는 데 중점을 두고 있는 경우이다. 여론조사결과의 공표금지가 좋은 예이다.[53] 이에 따르면 선거일 전 6일부터 선거일의 투표마감시각까지 여론조사의 결과를 공표할 수 없다. 여론조사의 결과가 수동적인 유권자에게 영향을 미치며, 이는 바람직하지 않다는 고려를 한 것이다. 그러나 유권자가 정치적으로 성숙한 인격체로서 독자적인 판단능력을 갖고 있다는 점을 존중하면 오히려 여론조사의 결과는 투표권을 행사하는 유권자에게 중요한 참고자료가 된다. 선거운동기간 중 인터넷 언론사에 정당 및 후보자에 대한 지지 및 반대의 글을 게시하는 경우 실명확인을 받도록 하는 조치가 또 하나의 예이다.[54]

전체적으로 보면 과거 부정선거의 경험, 그리고 권위주의 시대의 위축된 선거문화가 아직 「공직선거법」을 지배하고 있으며 이는 민주주의의 환경에서 전면적으로 재검토되어야 할 필요가 있다.

판례 **선거운동의 자유와 인터넷 선거운동** (헌재 2011.12.29, 2007헌마1001등)

인터넷은 누구나 손쉽게 접근 가능한 매체이고, 이를 이용하는 비용이 거의 발생하지 않거나 또는 상대적으로 매우 저렴하여 선거운동비용을 획기적으로 낮출 수 있는 정치공간이다. 인터넷은 매체의 특성 자체가 '기회의 균형성·투명성·저비용성의 제고'라는 공직선거법의 목적에 부합하고, 후보자에 대한 인신공격적 비난이나 허위사실 적시를 통한 비방 등을 직접적으로 금지하고 처벌하는 법률규정은 이미 도입되어 있으며, 모두 이 사건 법률조항보다 법정형이 높다. 결국 허위사실, 비방 등이 포함되지 아니한 정치적 표현만 이 사건 법률조항에 의하여 처벌되고, 인터넷의 경우에는 정보를 접하는 수용자 또는 수신자가 그 의사에 반하여 이를 수용하게 되는 것이 아니고 자발적·적극적으로 이를 선택(클릭)한 경우에 정보를 수용하게 되며, 선거과정에서 발생하는 정치적 관심과 열정의 표출을 반드시 부정적으로 볼 것은 아니다. 이 사건 법률조항에서 선거일전 180일부터 선거일까지 인터넷상 선거와 관련한 정치적 표현 및 선거운동을 금지하고 처벌하는 것은 후보자 간 경제

53) 이 문제에 대해서 헌법재판소는 합헌결정을 한 바 있다. 헌재 1995.7.21, 92헌마177등, 7-2, 112면 이하 참조. 이 밖에 헌재 2016.12.29, 2015헌마509등, 28-2(하), 710면 이하 참조.

54) 헌재 2010.2.25, 2008헌마324등, 22-1(상), 347면 이하 참조. 이에 비해서 헌법재판소는 일반적으로 인터넷게시판에 정보를 게시하려고 하는 경우 본인확인을 요구하는 이른바 인터넷실명제에 대해서는 위헌으로 결정한 바 있다. 2012.8.23, 2010헌마47등, 24-2(상), 590면 이하 참조.

력 차이에 따른 불균형 및 흑색선전을 통한 부당한 경쟁을 막고, 선거의 평온과 공정을 해하는 결과를 방지한다는 입법목적 달성을 위하여 적합한 수단이 아니다.

또한, 대통령 선거, 국회의원 선거, 지방선거가 순차적으로 있는 현실에 비추어 보면, 기본권 제한의 기간이 지나치게 길고, 그 기간 '통상적 정당활동'은 선거운동에서 제외됨으로써 정당의 정보제공 및 홍보는 계속되는 가운데, 정당의 정강·정책 등에 대한 지지, 반대 등 의사표현을 금지하는 것은 일반국민의 정당이나 정부의 정책에 대한 비판을 봉쇄하여 정당정치나 책임정치의 구현이라는 대의제도의 이념적 기반을 약화시킬 우려가 있다는 점, 사이버선거부정감시단의 상시적 운영, 선거관리위원회의 공직선거법 위반 정보 삭제요청 등 인터넷상에서 선거운동을 할 수 없는 자의 선거운동, 비방이나 허위사실 공표의 확산을 막기 위한 사전적 조치는 이미 별도로 입법화되어 있고, 선거관리의 주체인 중앙선거관리위원회도 인터넷상 선거운동의 상시화 방안을 지속적으로 제시해오고 있는 점, 일정한 정치적 표현 내지 선거운동 속에 비방·흑색선전 등의 부정적 요소가 개입될 여지가 있다 하여 일정한 기간 이를 일률적·전면적으로 금지하고 처벌하는 것은 과도하다는 점 등을 감안하면, 최소침해성의 요건도 충족하지 못한다.

인터넷상 정치적 표현 내지 선거운동을 금지하여 얻어지는 선거의 공정성은 명백하거나 구체적이지 못한 반면, 인터넷을 이용한 의사소통이 보편화되고 각종 선거가 빈번한 현실에서 선거일 전 180일부터 선거일까지 장기간 동안 인터넷상 정치적 표현의 자유 내지 선거운동의 자유를 전면적으로 제한하여 생기는 불이익 내지 피해는 매우 크므로, 이 사건 법률조항은 법익균형성의 요건도 갖추지 못하였다.

Ⅳ. 선거제도

1. 다수대표선거제도와 비례대표선거제도

(1) 다수대표선거제도

국회의원의 선거구와 비례대표제 기타 선거에 관한 사항은 법률로 정한다(제41조 제3항). 이에 따라서 국회의원선거는 지역구에서 다수대표제와 전국 단위의 비례대표제를 혼합하여 실시한다. 다수대표제는 지역구에서 유권자 다수의 지지를 획득한 입후보자를 당선자로 결정하는 방법이다. 이는 기본적으로는 인물선거이다. 우리 선거법상 당선결정을 위하여 상대적으로 다수를 획득하는 것으로 충분하다(상대다수대표제). 절대다수대표제를 채택하는 경우에는 1차 선거에서 절대다수를 획득한 입후보자가 없는 때에는 결선투표를 통하여 절대다수를 획득한 후보자가 나오도록 선거절차가 형성된다.

(2) 비례대표선거제도

가) 비례대표선거제도의 이념

선거가 민주주의에 기여하기 위해서는 국민의 의사를 충실히 반영하여야 한다. 그런데 다수대표제에서는 당선자 이외의 입후보자를 지지한 유권자의 의사가 국회의 구성에 반영될 수 없다. 그 결과 국민의 다원적인 정치적 이념이 국회에 대표되지 못한다. 이에 비해서 비례대표제는 사회의 다원적인 정치적 이념을 유권자의 의사에 따라 충실하게 반영하는 장점이 있다. 이와 같은 이념에 충실한 제도는 연동형비례대표제도이다. 2019년 오랜 논의 끝에 「공직선거법」이 개정되어 이른바 준연동형비례대표제로 바뀌었다. 이에 대해서는 아래 제3장 국회의 구성과 관련하여 설명한다.

「공직선거법」은 비례대표국회의원 후보자에 대해서도 후보자 1인에 대해서 1,500만원의 기탁금을 납부하도록 하였다. 그러나 비례대표국회의원 선거는 정당을 중심으로 이루어지며, 선거운동의 방법 등에 있어서 지역구국회의원 선거와는 본질적인 차이가 있다. 비례대표국회의원 선거는 정당명부를 기준으로 이루어지기 때문에 선거의 진지성을 확보하고, 또 선거의 과열·혼탁을 방지하는 기탁금제도의 입법목적이 그대로 적용될 수 없다. 또 기탁금 반환에 있어서도 소수정당이 국회에 진출하는 것을 저해하는 요소가 있다. 즉 비례대표국회의원 후보자명부에 올라 있는 후보자 중 당선인이 1명이라도 있는 경우에는 기탁금은 전액 반환되지만 실제 정당이 비례대표 의석배분에 참여하기 위해서는 유효투표 총수의 3% 이상을 획득하였거나 지역구국회의원 의석을 5석 이상 확보하여야 한다. 이는 소수정당 및 신생정당이 충족하기 쉬운 조건은 아니다. 이에 헌법재판소는 해당 규정을 헌법에 합치하지 않는 것으로 결정하였다.[55] 현재 비례대표국회의원 선거에서 기탁금은 500만원이다.

비례대표제는 직능대표를 국회에 진출하도록 하여 국회의 전문성을 강화할 수 있고, 정당정치를 활성화시킬 수 있다는 점에서 다수대표제를 보완할 수도 있다[56]

55) 헌재 2016.12.29, 2015헌마509등, 28-2(하), 699면 이하, 708면 이하 참조.

56) 헌법재판소는 비례대표제의 기능을 사회세력에 상응한 대표의 형성, 정당정치의 활성화, 정치적 독점배제에서 찾고 있다. 헌재 2001.7.19, 2000헌마91등, 13-2, 99면; 2009.6.25, 2008헌마413등, 21-1(하), 936면 이하 등 참조.

나) 기능조건

비례대표제가 제도와 취지에 충실하게 기능하기 위해서는 다음과 같은 조건이 갖추어져야 한다. 첫째, 제도 내용 자체가 헌법에 충실하여야 한다. 예컨대 지역선거구에서 입후보자의 지지를 그대로 소속 정당에 대한 지지로 의제하는 것은 헌법에 위반된다. 둘째, 정당의 민주화와 같은 정치적 환경이 조성되어야 한다. 정당이 민주화되어 있지 않은 상황에서는 정당지도부가 독단적으로 후보자명부를 작성하면서 정당의 관료화가 조장될 수 있다. 셋째, 비례대표제에서는 다수대표제를 채택하는 경우에 비해서 적어도 상대적으로는 국회의 정당구도가 다원화될 수 있다. 그런데 사회의 정치이념 및 세력이 구심점이 없이 파편화되어 있는 경우에는 국회가 의사결정능력을 상실할 수도 있다. 역사적으로 보면 1919년 출범한 바이마르공화국, 그리고 프랑스 제3공화국(1875~1940) 및 제4공화국(1945~1958)의 경험이 좋은 예이다. 이를 방지하기 위하여 일반적으로 이른바 '저지조항'을 둔다. 그러나 저지조항이 국회의 의사결정능력을 보장하는 것은 아니다. 예컨대 바이마르공화국헌법에 저지조항이 존재했더라면 헌법이 기능했으리라고 볼 수는 없다는 것이다. 또 저지조항은 평등선거의 원칙을 제한하기 때문에 이에 대해서 구체적인 상황에 따른 헌법심사가 필요하다는 점에 대해서는 위에서 설명하였다.

판례 **비례대표국회의원 선거와 기탁금** (헌재 2016.12.29. 2015헌마509등)

비례대표국회의원 선거는 전국 단위로 실시되고, 정당이 후보자 추천과 등록신청의 주체가 되며, 투표용지에도 후보자 개인이 아닌 후보자를 추천한 정당의 기호와 정당명만이 표시된다. 선거운동방법에 있어서도 후보자 개인에게 선거벽보나 현수막의 제작, 공개장소에서의 연설·대담 등을 허용하지 아니하고, 정당에 대해 선거공보의 작성, 신문광고, 방송광고, 인터넷광고 등 전국 단위로 영향력을 미칠 수 있는 매체를 통해 정당의 정강·정책 등을 홍보할 수 있도록 하고 있다. 더욱이 비례대표국회의원 후보자는 최대 120일 동안 사전선거운동을 할 수 있는 예비후보자 제도를 활용할 수 없어 14일이라는 짧은 기간 동안에만 선거운동이 허용되며, 지역구국회의원 후보자에게 허용되는 후원회제도도 허용되지 않는다.

이러한 사정들을 고려하면, 정당에 대한 선거의 성격을 가지는 비례대표국회의원 선거는 인물에 대한 선거의 성격을 갖는 지역구국회의원 선거와 근본적으로 그 성격이 다르고, 공직선거법상 허용된 선거운동을 통하여 선거의 혼탁이나 과열을 초래할 여지가 지역구국회의원 선거보다 훨씬 적다. 비례대표 기탁금조항은 이러한 차이를 전혀 반영하지 않고 지역구국회의원 선거에서와 동일하게 기탁금을 규정하고 있다. 이는 후보자 추천의 진지성이나 선거관리업무의 효율성 확보 등의 입법목적을 달성하기 위해 필요한 최소한의 액수보다 지나치게 과다한 액수이다.

기탁금액이 상대적으로 높더라도 반환 요건을 갖추기가 매우 용이하다면 결국 일정기간 금전을 예치해 놓는 것에 불과하여 정당이 후보자를 추천하는 데에 별다른 제약으로 작용하지 않을 것이다. 반대로 반환 요건을 충족시키기 어렵다면 결국 기탁금을 포기할 것을 각오하지 않는 한 신생정당이나 소수정당에 대해 선거에 참여하는 것 자체를 포기하게 하는 위축효과를 가져온다. 비례대표국회의원 선거의 경우 정당은 후보자명부에 올라 있는 후보자 중 당선인이 1명이라도 있으면 기탁금 전액을 반환받게 되지만, 1명이 당선되기 위해서는 해당 정당이 유효투표 총수의 3% 이상을 획득하였거나 지역구국회의원 의석을 5석 이상 확보하였어야 한다. 이러한 반환 요건은 신생정당이나 소수정당의 입장에서 달성하기 매우 어려운 수준이다. 제17대부터 제19대까지 비례대표국회의원 선거의 결과를 보더라도 선거에 참여한 15개 내지 20개의 정당 중 실제로 의석을 확보한 정당은 4개 내지 6개에 불과했다. 이와 같이 기탁금은 반환 요건과 결합하여 비례대표국회의원 의석을 1석이라도 배분받을 확률이 높은 정당에게는 후보자를 최대 비례대표국회의원 정수(47명)까지 추천하는 데 어떠한 실질적인 제약이나 부담으로 작용하지 않는다. 반면에 1석의 확보조차 예측하기 어려운 신생정당이나 소수정당에게는 후보자 인원수에 비례하여 지나치게 과다하게 설정된 기탁금이 비례대표국회의원 선거에의 참여, 나아가 정당으로서 소속 당원을 후보자로 추천함에 있어 상당한 부담감으로 작용하게 된다. 이는 다수대표제의 단점, 즉 거대정당에게 일방적으로 유리하고 다양한 국민의 목소리를 제대로 대표하지 못하는 현상을 방지하기 위해 도입된 비례대표제의 본래 취지에도 부합하지 않는다. 따라서 상대적으로 당비나 국고보조금을 지원받기 어렵고 재정상태가 열악한 신생정당이나 소수정당에게 후보자 1명마다 1천 500만원이라는 기탁금액은 선거에의 참여 자체를 위축시킬 수 있으며, 비례대표제의 취지를 실현하기 위해 필요한 최소한의 액수보다 지나치게 과다한 액수이다. 이상을 종합하면, 비례대표 기탁금조항은 침해의 최소성 원칙에 위반된다.

2. 선거관리와 선거소송

(1) 선거관리

가) 선거관리위원회

민주주의에서 선거의 중요성을 인식하고 전체선거를 관리하는 선거관리위원회가 헌법기관으로 설치되어 있다. 선거관리위원회는 선거와 국민투표의 관리, 그리고 정당에 관한 사무를 처리한다.

a) 중앙선거관리위원회의 구성

선거 및 정당사무를 관할하는 최고기관은 중앙선거관리위원회이다. 중앙선거관리위원회는 정치적 세력으로부터 독립하여 정치적 중립을 지켜야 한다. 이 점은 중앙선거관리위원회의 구성방법에 반영되어 있다. 즉 중앙선거관리위원회는 대통령이 임명하는 3인, 국회에서 선출하는 3인과 대법원장이 지명하는 3인의 위원으로 구성한다(제114조 제2항). 선거관리가 정치과정 그 자체이기 때문에 정치적 중립성을 제고하기 위하여 국회, 행정부 및 사법부에 공동으로 기관구성권을 부여한 것이다. 그러나 국회가 다원적인 정치세력의 집합체이며, 따라서 적극적으로 중립성을 형성할 수 있는 반면 대통령 및 대법원이 중앙선거관리위원회의 구성에 관여하는 것은 문제가 있다. 대통령이 중앙선거관리위원회의 구성에 관여함으로써 국회에 의하여 담보되는 정치적 다원성과 정치적 중립성이 다시 균형을 상실할 위험이 있기 때문이다. 대법원의 관여를 통하여 전문성이 확보될 수 있겠지만 이러한 장점은 법률에 위원의 자격규정을 둠으로써 담보될 수 있기 때문에 대법원의 관여가 반드시 필요한 것은 아니다. 헌법개정에 있어서 고려되어야 할 문제이다.

위원장은 위원 중에서 호선한다. 위원의 임기는 6년이다. 위원의 정치활동은 금지된다. 즉 위원은 정당에 가입하거나 정치에 관여할 수 없다. 이에 상응하여 위원의 신분이 보장된다. 즉 위원은 탄핵 또는 금고 이상의 형의 선고에 의하지 않고는 파면되지 않는다(제114조 제2항 이하).

b) 선거관리위원회의 기능

중앙선거관리위원회는 집행업무를 수행하기 위하여 법령의 범위 안에서 선거관리·국민투표관리 또는 정당사무에 관한 규칙을 제정할 수 있으며, 법률에 저촉하지 않는 범위 안에서 내부규율에 관한 규칙을 제정할 수 있다.

각급 선거관리위원회의 조직·직무범위 기타 필요한 사항은 법률로 정한다. 선거관리는 다른 국가기관의 협조를 필요로 하며, 선거관리위원회는 이를 요청할 권한이 있다. 즉 각급 선거관리위원회는 선거인명부의 작성 등 선거사무와 국민투표사무에 관하여 관계 행정기관에 필요한 지시를 할 수 있으며, 당해 행정기관은 이에 응하여야 한다(제115조).

나) 선거경비 및 선거비용 보전

선거에 관한 경비는 기본적으로 정당 또는 후보자에게 부담시킬 수 없다. 다만 법률이 정하는 경우에는 선거비용의 일부를 후보자 또는 정당에게 부담시킬 수 있다(제116조 제2항). 이 점에 대해서는 이미 위에서 설명한 바 있다.

다) 선거비용

각급 선거에 있어서 선거비용은 법률로 정해져 있다. 예컨대 대통령선거의 경우 선거비용은 인구 1인당 950원이다. 지역구국회의원선거에 있어서는 1억원에 인구 1인당 200원을 곱한 액, 그리고 전체 읍 · 면 · 동수에 200만원을 곱한 액을 더한 액으로 한다(공직선거법 제121조 제1항).

공직선거후보자가 선거운동을 위하여 지출한 선거비용은 득표 수에 따라서 선거비용 제한액의 범위 내에서 전부 혹은 일부 보전한다. 예컨대 대통령선거, 지역구국회의원 선거, 지역구지방의회의원 선거 및 지방자치단체의 장 선거에서 후보자가 당선되거나 사망한 경우 또는 유효투표의 15% 이상을 득표한 경우에는 선거비용의 전액이 보전된다. 후보자가 유효투표의 10% 이상 15% 미만을 득표한 경우에는 선거비용의 50%를 보전한다(공직선거법 제122조, 제122조의2).

(2) 선거소송

선거와 관련된 소송으로 선거소송과 당선소송이 있다.

가) 선거소송

대통령 및 국회의원선거에 있어서 선거소송은 선거의 효력에 관하여 이의가 있는 선거인 · 정당 또는 후보자가 제기하는 소송이다. 이는 당해 선거구 선거관리위원회 위원장을 피고로 하여 대법원에 제기한다(공직선거법 제222조 제1항).

지방의회 의원 및 지방자치단체의 장의 선거에 있어서 선거의 효력에 이의가 있는 선거인 · 정당 또는 후보자는 우선 선거구 선거관리위원회 위원장을 피소청인으로 하여 관할선거관리위원회에 소청을 제기한다. 이 결정에 불복이 있는 소청인은 당해 선거구 선거관리위원회 위원장을 피고로 하여 비례대표 시 · 도의원선거 및 시 · 도지사선거에 있어서는 대법원에, 지역구 시 · 도의원선거, 자치구 · 시 · 군의원선거 및 자치구 · 시 · 군의 장선거에 있어서는 그 선거구를 관할하는 고등법원에 소를 제기할 수 있다(공직선거법 제219조 제1항 및 제222조 제2항).

나) 당선소송

대통령선거 및 국회의원선거에 있어서 당선의 효력에 이의가 있는 정당 또는 후보자는 「공직선거법」 제52조 등록무효 또는 제192조 피선거권 상실로 인한 당선무효 등의 사유가 있는 경우에는 당선인을, 그리고 제187조 대통령 당선인의 결정·공고·통지, 제188조 지역구 국회의원 당선인의 결정·공고·통지, 제189조 비례대표 국회의원의석의 배분과 당선인의 결정·공고·통지, 그리고 제194조 당선인의 재결정과 비례대표 국회의원의석 및 비례대표 지방의회의원의석의 재배분 결정에 위법의 사유가 있는 때에는 대통령선거에 있어서는 그 당선인을 결정한 중앙선거관리위원회 위원장 또는 국회의장을, 국회의원선거에 있어서는 당해 선거구 선거관리위원회 위원장을 각각 피고로 하여 대법원에 소를 제기할 수 있다(공직선거법 제223조 제1항).

지방의회의원 및 지방자치단체의 장의 선거에 있어서 당선의 효력에 관하여 이의가 있는 정당 또는 후보자는「공직선거법」제52조 등록무효 또는 제192조 피선거권 상실로 인한 당선무효 등의 사유에 해당하는 때에는 당선인을, 제190조 지방의회의원 당선인의 결정·공고·통지 또는 제191조 지방자치단체의 장의 당선인의 결정·공고·통지의 규정에 의한 결정의 위법을 이유로 하는 때에는 당해 선거구 선거관리위원회 위원장을 각각 피소청인으로 하여 지역구 시·도의원선거, 자치구·시·군의원선거 및 자치구·시·군의 장 선거에 있어서는 시·도선거관리위원회에, 비례대표 시·도의원선거와 시·도지사선거에 있어서는 중앙선거관리위원회에 소청할 수 있다. 소청에 대한 결정에 불복이 있는 소청인 또는 당선인인 피소청인은 당선인 혹은 관할선거관리위원회 위원장을 피고로 하여 비례대표 시·도의원선거 및 시·도지사선거에 있어서는 대법원에, 지역구 시·도의원선거, 자치구·시·군의원선거 및 자치구·시·군의 장 선거에 있어서는 그 선거구를 관할하는 고등법원에 소를 제기할 수 있다(공직선거법 제219조 제2항 및 제223조 제2항).

선거쟁송에 있어서는 선거에 관한 규정에 위반된 사실이 있는 경우에도 이것이 선거의 결과에 영향을 미쳤다고 인정되는 때에 한하여 선거의 전부나 일부의 무효 또는 당선의 무효를 결정하거나 판결한다(공직선거법 제224조).

제3장 국 회

제1절 국회의 헌법적 지위

Ⅰ. 국회의 헌법적 지위에 대한 전통적인 이해

1. 입법부로서의 지위

입법권은 국회의 전통적이고 대표적인 기능이다. 우리 헌법도 국회에 관한 규정 중 가장 먼저 이 점을 선언하고 있다. 즉 입법권은 국회에 속한다(제40조). 국회의 입법권은 국회가 국민의 대표들로 구성되어 있으며, 따라서 국민의 권리와 의무에 관한 중요한 사항, 특히 자유와 재산권에 관한 사항은 국회의 동의가 필요하다는 의미를 갖는다. 이러한 발상에는 행정부가 자의적인 권력행사를 통하여 개인의 자유와 재산을 침해할 잠재력이 있다는 인식이 있었다.

2. 대의기관으로서의 지위

국회는 대의기관으로서, 국민의 의사를 토론과 표결을 통하여 결정하는 합의체의사결정기관이다. 이러한 국회의 지위에 상응하여 국회의원은 국가이익을 우선하여 양심에 따라서 직무를 수행한다(제46조 제2항). 국회에서 대의과정이 행정부 등 외부에 의해서 방해되거나, 또 국회 내에서 자유로운 토론과 표결이 저해되는 것을 방지하기 위해서 국회의원에게는 불체포특권과 면책특권이 인정된다(제44조, 제45조).

3. 국정통제기관으로서의 지위

오늘날 국회의 실질적인 중요한 기능은 국정에 대한 통제이다. 국회는 입법·행정·인사·재정에 걸쳐 국정을 통제한다. 특히 예산안심의 및 확정권은 중심적인 위치를 차지하고 있다.

Ⅱ. 국회 기능변화의 배경

위와 같은 국회의 기능은 현대에 와서는 실질적으로는 퇴화하고 있다. 특히 국회의 입법기능과 관련해서 오늘날 국회는 통법부(通法部), 즉 행정부에서 실질적으로 작성된 법률안이 단순히 통과하는 국가기관으로 냉소적으로 표현되고 있다. 이러한 국회기능의 변화는 국가의 정당성 구조, 현대국가의 기능변화 및 기능양식의 변화, 국회의 조직 및 기능상의 특성, 그리고 정당정치의 활성화와 밀접한 관련이 있다.

1. 국가의 정당성구조

오늘날 헌법에서는 국회뿐 아니라 행정부 역시 민주적 정당성을 갖는다(제1조 제2항 및 제67조). 행정의 기능유지를 위해 행정입법은 필요하고, 또 행정부 역시 민주적으로 구성되면서 행정입법에 대한 국가이론에 따른 거부감은 약화되었다. 행정입법의 필요성이 인정되며, 그만큼 국회의 입법권은 약화된 셈이다. 대통령은 긴급재정경제명령 및 긴급명령을 발하는 권한이 있으며(제76조 제1, 2항), 이는 국회를 대신하여 대통령이 한시적으로 긴급입법을 하는 의미가 있다.

2. 국가의 기능변화와 기능양식의 변화

(1) 국가의 기능변화

국가기능의 변화에 따른 국회의 지위 변화는 보다 근본적이다. 국가가 전통적인 질서유지뿐 아니라 점차 사회경제질서를 형성하는 기능을 수행하게 되면서 국가기능은 양적으로 증대하고, 또 질적으로 전문화되었다. 이에 따라 법률에 의한 규율대상, 그리고 국회에서 의사결정 및 통제의 대상은 확대되었지만 국회는 전문적인 지식을 보유하고 있지 않으며, 또 이러한 상황변화에 효율적으로 대처하기에 적합한 조직이 아니다.

(2) 기능양식의 변화

국회의 대표적인 기능양식은 법률이다. 그런데 사회경제적 상황이 변화하면서 발생하는 다양한 문제를 모두 법률의 형식으로 규율하기에는 적합하지 않은 여러 행정분야가 출현하였다. 경제법·금융법 및 환경법 등의 분야에서 비공식적인 행정행위의 중요성이 증대하는 것이 좋은 예이다. 또 오늘날 국가는 다양한 서비스를 제공하여 개인의 상황에 구체적이고 사실적인 영향을 미쳐야 한다. 그런데 이를 법제화하는 데에는 입법기술적으로 한계가 있다. 예컨대 건강보험에서 요양급여의 종류와 내용 및 수준, 그리고 급여비용에 대한 보상은 급여를 제공하는 요양기관과 협의를 거칠 때 비로소 정책적 효율성과 타당성을 갖기 때문에 이에 대한 규율은 법률과 시행령, 그리고 각종 고시 등에서 단계적으로 구체화되어야 한다.

3. 합의체기관으로서의 한계

국회는 정치적 이념과 정책구상을 달리하는 다수의 국회의원들로 구성되어 있는 합의체기관이다. 이는 국정에 대한 소극적인 통제에는 적합하지만, 신속한 정책결정을 통하여 적극적으로 문제의 발생을 예방하고, 또 발생한 문제를 해결하는 데에는 한계가 있다.

4. 국회의 대표성과 비전문성

국회는 국민적 대표성을 갖지만, 적어도 제도적으로는 전문기관의 성격을 갖지 않는다. 따라서 국회는 전문성을 보유한 행정부 혹은 외부의 이익집단에 의존하거나 종속될 위험이 있다. 국가위기의 상황에서는 이러한 위험은 보다 뚜렷이 나타난다. 1997년 말 이후 경제위기상황에서 볼 수 있었던 노사정위원회와 국회의 관계가 좋은 예이다. 당시 상황에서 국회는 위기극복을 위하여 독자적인 기능을 수행하기보다는 노사정위원회에서의 합의사항을 추인하는 역할에 그쳤다. 이외에도 국민의 권리·의무에 관한 중요한 사항이 국회에서 결정되지 않고, 전문성 혹은 민주성을 갖는 집행기관이나 위원회에 위임되며, 이에 정당성을 인정하는 경향이 있다. 예컨대 개정 전 「국민건강보험법」은 지역가입자의 보험료를 재정운영위원회의 의결을 거쳐 공단이 정하도록 하였고, 헌법재판소는 이와 같은 절차를 해당 규정에 헌법적 정당성을 인정하는 근거로 이해하였다.[1)]

비례대표제를 통하여 직능대표를 국회에 진출시키고, 이로써 국회의 전문성을 제고시킬 수는 있다. 그러나 비례대표제가 실제 국회의 전문성을 제도적으로 보장하는 것은 아니다. 비례대표제의 이념이 실현되는가 여부는 정당의 정

---

1) 이에 대해서는 헌재 2000.6.29, 99헌마289, 12-1, 959면 이하 참조.

치적 의지에 달려 있다. 비례대표 후보자명부를 작성하는 권한이 있는 자, 즉 일반적으로 정당의 지도부가 비례대표제를 실시하는 의미를 실현하려는 의지가 있어야 한다.

5. 정당정치에서 국회의 독자성

오늘날 국회의 의사결정은 자유위임의 헌법원칙에도 불구하고 정당을 중심으로 집단화되어 있는 것이 현실이다. 국회 및 국회의원의 독자성은 약화되어 있으며, 국회는 정당을 매개로 하여 외부영향력에 노출되어 있다. 정당을 중심으로 국회가 행정부와 긴밀하게 행하는 협력은 운영현실에 따라서는 국회의원을 종속적인 위치로 전락시킬 수 있다. 또 국회의원은 정당을 매개로 이익집단의 로비에 집단적으로 포섭되어 의사결정이 왜곡될 우려가 있다.

6. 세계화 및 지방분권의 영향

오늘날 정보통신기술 및 운송기술의 발달로 인하여 노동 및 상품의 공급과 수요가 전세계적인 차원에서 동시에 이루어지면서 세계화의 경향은 강화되고 있다. 이는 규범적으로는 전세계 시장에 적용되는 기준이 국제기구에서 채택되고, 각국이 수용하는 형태로 발전하고 있다. 이러한 상황에서 국가가 국제적 기준의 적용을 거부하는 것은 사실상 어렵다. 이에 국가주권에 기초한 국내정책적 통제의 가능성은 점점 약화되고 있다. 세계적 기준을 국내상황에 적합하게 조정하고 협상하는 권한과 과제는 국내 의사결정구조에서 보면 행정부에 집중되어 있다. 그만큼 국회는 행정부의 협상결과를 사실상 그대로 추인하는 역할을 하는 데 그칠 수밖에 없게 되었다.

지방자치의 발전 역시 오늘날 국회의 헌법적 지위에 영향을 주고 있다. 지방자치단체는 기본적으로 행정기관이지만 그 자체 입법권을 가지며, 이로써 입법권을 국회와 분점하고 있다. 특히 지방의회는 민주적 정당성을 갖기 때문에 법률에서 행정입법을 위임하는 경우 일반적으로 위임입법에서 요구되는 위임의 구체성의 정도는 완화된다.[2] 이와 같이 지방자치단체의 독자적인 입법형성의 여지가 클수록 국회의 규율범위는 좁아지게 된다.

2) 헌재 1995.4.20, 92헌마264등, 7-1, 572면; 대판 1991.8.27, 90누6613 등 참조.

Ⅲ. 국회기능의 변화

위와 같은 국회의 기능변화로 인하여 오늘날 국회에 적극적인 의사결정이나 입법활동보다는 국정통제기능이나 국정공개기능이 보다 기대되고 있다.[3] 특히 국회의 국정공개기능은 대의제의 한계를 극복하는 데 기여한다. 국정의 투명성이 높아지고, 이는 국민 개인이 국정현안에 대해서 자신의 의견을 형성·표출하며, 이로써 국가의사결정과정에 의견을 투입하는 계기가 되기 때문이다.

제 2 절 국회의 구성·조직과 운영

Ⅰ. 국회의 구성

1. 단 원 제

일반적으로 국회의 구성은 단원제와 양원제로 구분된다. 1948년 헌법 제정 과정에서 양원제가 제안된 바 있으나 단원제가 채택되었다. 1952년 제1차 헌법 개정을 통하여 참의원을 설치하여 양원제가 운영되도록 하였으나(제31조 제1항) 실제 참의원이 구성되지는 않았다. 1960년 헌법은 양원제를 도입하여 국회를 민의원과 참의원으로 이원화하였다. 그러나 1960년 헌법은 시행기간이 짧았기 때문에 양원제의 경험을 쌓고 이를 평가하기에는 충분하지 않았다. 이후 우리 헌법이 양원제를 도입하지는 않았으며, 또 이에 관한 진지한 논의가 있지도 않았다.

국회를 양원으로 구성하는 계기는 크게 세 가지이다. 첫째, 신분제의 유산으로 상원이 특정 계층을 대표하도록 하는 구상이다. 그러나 이는 더 이상 민주주의의 가치와 조화될 수 없다. 둘째, 상원을 직능대표로 구성하여 국민 전체의 대표와 함께 직능대표가 국회를 구성하도록 하는 구상이다. 그러나 이러한 구상은 이미 비례대표제에 내재해 있으며, 또 무엇보다도 이를 상원구성에

---

3) 이미 바조트(Walter Bagehot)는 국회의 기능을 공직선출기능(elective function), 대의기능(expressive function), 사회개선을 위한 교육기능(teaching function), 국민 일반에 대한 국정과 관련된 정보제공기능(informing function), 입법기능(function of legislation)으로 나눈 바 있다. Walter Bagehot, *The English Constitution*(1964), 151면 이하 참조. 이때 특징적인 점은 그가 정보제공기능을 국회의 입법기능보다 우선적으로 열거하고 있는 점이다. 물론 이는 의원내각제를 택하고 있는 영국 의회를 분석의 대상으로 하였기 때문에 우리 국회의 기능에 정확히 적용될 수는 없지만 상당 부분은 참고하여야 할 것이다.

제도화하는 것은 직능대표가 일반 국민과 구분되는 정치적 가치를 독자적으로 가질 수는 없기 때문에 민주주의와 조화되기 힘들다. 셋째, 국회를 양원제로 구성하는 가장 일반적인 계기는 연방국가에서 연방과 주의 관계를 균형있게 형성하려는 데에 있다. 이 경우 일반적으로 하원은 국민 전체의 대표로서, 상원은 주의 이익을 대표할 수 있도록 구성된다. 예컨대 미국에서 하원은 인구비례에 따라 구성되는 반면 상원(Senate)은 모든 주가 동등한 비중을 갖도록 구성된다. 즉 인구규모에 관계없이 모든 주에서 2명의 상원의원이 선출된다. 독일의 경우 연방참사원(Bundesrat)은 주정부가 임명하고 소환하는 주정부의 대표로 구성된다.

우리나라에서 아직 양원제를 도입하는 진지한 계기가 발견되지는 않는다. 아마도 남북통일 후 연방국가에 대한 논의가 활발해지면 이에 상응하여 양원제 논의가 본격적으로 이루어질 것으로 예측된다.

2. 지역구의원과 비례대표의원

(1) 다수대표제와 비례대표제의 혼합

국회는 국민에 의해서 직접 선출된 임기 4년의 국회의원으로 구성된다(제41조 제1항, 제42조). 국회의원의 수는 법률로 정한다. 헌법은 국회의원 수의 하한을 정하고 있다. 즉 국회의원은 200인 이상으로 한다(제41조 제2항). 국회의원의 선출방법에 대해서 헌법은 최소한의 내용을 제시하고 있다. 즉 국회의원의 선거구와 비례대표제 기타 선거에 관한 사항은 법률로 정한다(제41조 제3항). 이로써 헌법은 국회의원 선출방법으로 지역선거구에서 다수대표제와 전국구에서 비례대표제를 혼합하는 방법을 제시한 것이다.

지역구국회의원의 선출을 위한 후보자투표와 비례대표의원의 선출을 위한 정당투표가 각각 독립하여 이루어진다. 이는 다수대표제만을 선택하는 경우 나타나는 사표(死票)를 방지하고, 또 비례대표제를 통하여 다원적인 정치이념을 충실히 국회구성에 반영하는 목적을 갖는다. 또 정당 중심의 정치 및 국회운영을 촉진하며, 직능대표의 국회진출을 도모하여 국회의 전문성을 제고하려는 의도이다.

(2) 국회의원 정수 · 선거구획정

현재 국회의원의 정수는 300명이다(공직선거법 제21조 제1항). 254개의 국회의원 지역선거구가 획정되어 있다(공직선거법 별표 1). 국회의원 지역선거구에서 1인의 국회의원을 선출하는 소선거구제를 채택하고 있다(공직선거법 제21조 제2항). 전국을 단위로 선출되는 비례대표의원의 정수는 46명이다.

국회의원 지역선거구의 공정한 획정을 위하여 중앙선거관리위원회에 국회의원선거구획정위원회가 설치되어 있다. 위원회는 중앙선거관리위원회 위원장이 위촉하는 9명으로 구성된다. 위원회의 정치적 중립을 보장하기 위하여 국회의원은 위원회의 위원이 될 수 없도록 하였다. 위원회는 선거구획정안을 마련하여 총선거일 전 13개월까지 국회의장에 제출한다. 위원회는 선거구획정안을 마련할 때 국회에 의석을 가진 정당에게 의견진술의 기회를 부여하여야 한다(공직선거법 제24조).

(3) 지역구와 전국구의 불균형

현재 지역구 국회의원과 비례대표 국회의원의 비율은 균형이 상실되어 있다. 이는 헌법의 의도에 충실한 것은 아니다. 비례대표제의 이념을 실현하기에 미흡하며, 특히 정당투표제를 운영하는 상황에서는 정당명부를 통하여 선출되는 비례대표 국회의원의 수는 지역구 국회의원의 수와 균형을 이루어야 한다.

지역구 국회의원의 수가 압도적으로 많은 것은 공천권을 행사하려는 정당지도부의 의도와 또 공천을 보장받으려는 국회의원 입후보자의 이해를 반영하기 위하여 편의적으로 왜곡된 정치관행의 산물이다.

3. 비례대표 의석배분: 변형된 연동형(준연동형)

정당이 비례대표 의석배분에 참여하기 위해서는 지역구 국회의원총선거에서 5석 이상의 의석을 차지하거나 비례대표 국회의원선거, 즉 정당투표에서 유효투표총수의 3% 이상을 득표하여야 한다(의석할당정당)(공직선거법 제189조 제1항). 이러한 저지조항은 파편화된 정당구도에서 국회가 의사결정능력을 갖지 못하는 상황을 방지하기 위한 것이다. 그러나 그 헌법적 정당성이 의심스럽다는 점에 대해서는 위에서 언급한 바 있다.

국회의석 배분방법은 2019년 「공직선거법」의 개정으로 크게 변하였다. 그동안 오랫동안 이른바 연동형선거제도의 도입이 논의되어 왔다. 이를 시행하는 대표적인 국가가 독일이다. 연동형 비례대표 선거에서 의석은 다음과 같이 배분된다. 정당별 연동배분의석 수는 정당투표(제2투표)를 기준으로 각 의석할당정당의 득표수를 모든 의석할당정당의 득표수의 합계로 나누어 산출한다. 이와 같이 결정된 의석수에서 지역구선거구에서 당선된 의원 수를 제외하고 비례대표의원명부에서 의석이 배분된다.

그러나 「공직선거법」에서 비례대표 의석배분은 연동형을 부분적으로 변형한 것이며, 그래서 '준연동형'으로 불리우고 있다.[4] 다음과 같은 단계로 비례대표 의석이 배분된다. 우선 각 정당의 득표율에 따라 국회의석이 계산된다. 예컨대 정당득표율이 10%에 해당하는 정당의 경우 30석이 계산된다. 그런데 이때 정당득표율의 50%만이 의석계산에 반영된다. 그 결과 해당 정당의 의석은 30석이 아니라 15석이 된다. 15석에서 지역구선거에 당선된 자의 의석수가 제외된다(공직선거법 제189조 제2항). 해당 정당이 지역선거구에서 5석을 얻었다면 비례대표의석은 10석이 된다.

4. 재선거와 보궐선거

(1) 재선거

지역선거구에 후보자가 없는 때, 당선인이 없는 때, 선거의 전부무효의 판결 또는 결정이 있는 때, 당선인이 임기개시 전에 사퇴하거나 사망한 때, 당선인이 임기개시 전에 선거법 제192조 피선거권상실로 인하여 당선의 효력이 상실되거나 혹은 당선이 무효로 된 때, 선거법 제263조 선거비용의 초과지출로 인하여 당선이 무효로 되거나 제265조 선거사무장 등의 선거범죄로 인하여 당선이 무효로 된 때에는 재선거를 실시한다(공직선거법 제195조).

(2) 보궐선거

지역구 국회의원에 궐원이 생긴 때에는 보궐선거를 실시한다(공직선거법 제200조 제1항). 다만 보궐선거는 보궐선거일부터 임기만료일까지의 기간이 1년 미만일 때에는 실시하지 않을 수 있다(공직선거법 제201조 제1항).

4) 준연동형에 대한 헌법적 평가에 대해서는 헌재 2023.7.20, 2019헌마1443, 35-2, 69면 이하 참조.

Ⅱ. 국회의 조직

1. 국회의장과 부의장

(1) 선 출

국회에는 국회를 대표하는 1인의 국회의장과 2인의 부의장을 둔다(제48조). 이들의 임기는 2년이다(국회법 제9조 제1항). 의장과 부의장은 국회에서 무기명투표로 선출한다. 당선을 위해서는 재적의원 과반수의 득표를 얻어야 한다(국회법 제15조 제1항). 의장이나 부의장이 궐위된 때에는 보궐선거를 실시한다(국회법 제16조). 보궐선거에 의하여 당선된 의장 및 부의장의 임기는 전임자의 남은 기간이다(국회법 제9조 제2항).

(2) 국회의장의 무당적

국회의 초당파적 운영을 위하여 국회의장은 당선된 다음 날로부터 당적을 보유할 수 없다. 다만 국회의원총선거에서 정당추천후보자로 추천을 받고자 하는 경우에는 임기만료일전 90일부터 당적을 가질 수 있다. 의장의 임기가 만료된 때에는 당적이탈 당시의 소속 정당으로 복귀한다(국회법 제20조의2).

(3) 국회의장·부의장의 기능

국회의장은 국회를 대표하고 의사를 정리하며, 질서를 유지하고 사무를 감독한다(국회법 제10조). 의장은 위원회에 참석하여 발언할 수 있다. 그러나 표결권을 갖지는 않는다(국회법 제11조). 의장이 사고가 있을 때에는 의장이 지정하는 부의장이 그 직무를 대리한다. 의장이 심신상실 등 부득이한 사유로 의사표시를 할 수 없어 직무대리자를 지정할 수 없는 때에는 소속의원수가 많은 교섭단체소속인 부의장의 순으로 의장의 직무를 대행한다(국회법 제12조).

2. 국회사무처, 국회도서관, 국회예산정책처, 국회입법조사처

국회에 입법·예산결산심사 등의 활동을 지원하고 행정사무를 처리하기 위하여 사무처를 둔다(국회법 제21조). 국회의 도서 및 입법자료에 관한 사무를 처리하기 위하여 국회도서관을 둔다(국회법 제22조).

국회의 예산심의 확정과 그 밖의 재정통제를 보조하기 위하여 국회예산정책처를 둔다. 국회예산정책처는 국가의 예산결산·기금 및 재정운용과 관련된 사항에 관하여 연구분석·평가하고 의정활동을 지원한다(국회법 제22조의2).

국회에서의 입법 및 정책과 관련된 사항을 조사·연구하고 관련 정보 및 자료를 제공하는 등 입법정보서비스와 관련된 의정활동을 지원하기 위하여 국회입법조사처를 둔다(국회법 제22조의3).

Ⅲ. 국회의 운영 및 자율권

1. 교섭단체와 위원회

(1) 교섭단체

국회에서 회의 및 그 밖의 의사결정은 현실적으로 정당을 단위로 운영된다. 이러한 정치의 현실을 존중하여 정당이 교섭단체를 구성하며, 교섭단체를 중심으로 국회운영에 관한 협의가 이루어진다. 국회에 20인 이상의 소속의원을 가진 정당은 교섭단체가 된다. 이 밖에 다른 교섭단체에 속하지 않은 국회의원들 20인 이상이 교섭단체를 구성할 수 있다(국회법 제33조).

(2) 위원회

가) 위원회 중심주의

국회에서 심의사항이 양적으로 증대하고 질적으로 전문성을 띠게 됨에 따라 심의의 효율성을 기하기 위해서 국회는 위원회 중심으로 운영된다. 위원회는 상임위원회와 특별위원회 두 종류가 있다(국회법 제35조).

나) 상임위원회

상임위원회로 국회운영위원회와 행정부의 부처분류에 상응하여 설치한 16개 위원회 등 모두 17개가 있다. 국회운영위원회는 국회운영에 관한 사항과 「국회법」 및 「국회규칙」에 관한 사항을 관장한다. 이 밖에 소관업무에 따라서 법제사법위원회, 정무위원회, 기획재정위원회, 교육위원회, 과학기술정보방송통신위원회, 외교통일위원회, 국방위원회, 행정안전위원회, 문화체육관광위원회, 농림축산식품해양수산위원회, 산업통상자원중소벤처기업위원회, 보건복지위원회, 환경노동위원회, 국토교통위원회, 정보위원회, 여성가족위원회 등이 활동하고 있다(국회법 제37조).

상임위원은 교섭단체소속 의원수의 비율에 의하여 각 교섭단체 대표의원의 요청으로 의장이 선임 및 개선한다.[5] 교섭단체에 속하지 않은 의원의 상임위원

5) 국회의원의 의사에 반하여 기존 상임위원회 위원을 사임시키는 행위는 정당 내부의 사실상의 강

선임은 의장이 행한다(국회법 제48조). 상임위원의 임기는 2년이다(국회법 제40조).

다) 특별위원회

국회는 여러 개의 상임위원회 소관이 함께 관련되거나 특히 필요하다고 인정한 안건을 효율적으로 심사하기 위하여 본회의의 의결로 특별위원회를 둘 수 있다. 특별위원회를 구성할 때에는 그 활동기한을 정하여야 한다. 다만, 본회의의 의결로 그 기간을 연장할 수 있다(국회법 제44조). 「국회법」은 특별위원회로 예산결산특별위원회, 윤리특별위원회, 그리고 인사청문특별위원회 등 3개의 위원회를 두고 있다.

예산결산특별위원회는 예산안·기금운용계획안 및 결산을 심사한다. 예산결산특별위원회의 위원수는 50인이다. 위원의 선임은 교섭단체소속 의원수의 비율과 상임위원회의 위원수의 비율에 의하여 각 교섭단체 대표의원의 요청으로 의장이 행한다. 예산결산특별위원회의 위원의 임기는 1년으로 한다. 이와 같이 임기가 1년으로 되어 있기 때문에 위원회의 전문성이 낮다는 문제점이 있다. 예산결산특별위원회에는 특별위원회의 활동기간에 관한 「국회법」의 규정이 적용되지 않도록 하여 상설화하였다(국회법 제45조).

윤리특별위원회는 의원의 자격심사 및 징계에 관한 사항을 심사한다. 의원의 징계와 관련된 사항에 관하여 윤리특별위원회의 자문에 응하기 위하여 윤리심사자문위원회를 둔다(국회법 제46조의2).

인사청문특별위원회는 헌법에 의하여 임명에 국회의 동의를 필요로 하는 대법원장·헌법재판소장·국무총리·감사원장 및 대법관, 국회에서 선출하는 헌법재판소 재판관 및 중앙선거관리위원회 위원에 대한 임명동의안 또는 의장이 각 교섭단체 대표의원과 협의하여 제출한 선출안 등을 심사한다(국회법 제46조의3).

2. 국회의 회의

(1) 입법기와 회기, 정기회와 임시회

가) 입법기와 회기

입법기는 국회의원총선거에 의하여 구성된 국회가 집회하여 해당 국회의원의 임기가 종료될 때까지의 기간을 말한다. 이에 비해서 회기는 같은 입법기에

제로서 국회의원의 헌법상의 권한을 침해하지 않는다. 헌재 2003.10.30, 2002헌라1, 15-2(하), 17면 이하; 2020.5.27, 2019헌라1, 32-1(하), 24면 이하 등 참조.

서 회의가 개회되어 폐회될 때까지의 기간을 말한다.

나) 정기회와 임시회

a) 정기회

국회의 회의는 정기회와 임시회로 나눈다. 정기회는 법률이 정하는 바에 의하여 매년 1회 집회한다. 정기회는 매년 9월 1일 집회한다(국회법 제4조). 정기회의 회기는 헌법에서 직접 제한하고 있다. 즉 정기회의 회기는 100일을 초과할 수 없다(제47조 제2항).

b) 임시회

국회의 임시회는 대통령 또는 국회재적의원 4분의 1 이상의 요구에 의하여 집회한다(제47조 제1항).

헌법은 임시회의 회기 역시 제한하고 있다. 즉 임시회의 회기는 30일을 초과할 수 없다(제47조 제2항). 현행 헌법은 정기회 및 임시회의 총 개회일수를 제한하고 있지는 않다. 예컨대 1972년 헌법과 1980년 헌법은 국회는 정기회·임시회를 합하여 연 150일을 초과하여 개회할 수 없도록 하였다(1972년 헌법 제82조 제2항; 1980년 헌법 제83조 제3항). 대통령이 임시회의 집회를 요구할 때에는 기간과 집회요구의 이유를 명시하여야 한다(제47조 제3항).

임시회를 집회하는 때에는 국회의장은 이를 집회 기일 3일 전에 공고하여야 한다. 내우·외환·천재·지변 또는 중대한 재정·경제상의 위기, 국가의 안위(安危)에 관계되는 중대한 교전상태나 전시·사변 또는 이에 준하는 국가비상사태에 있어서는 집회 기일 1일 전에 공고할 수 있다(국회법 제5조).

c) 연중 상시운영체제

2000년 「국회법」 개정 이후 국회는 연중 상시 운영되는 것을 원칙으로 한다. 이를 위하여 국회의장은 각 교섭단체 대표의원과 협의를 거쳐 매년 12월 31일까지 다음 연도의 국회운영기본일정을 정하여야 한다. 국회운영기본일정은 2월·3월·4월·5월 및 6월 1일과, 8월 16일에 임시회를 집회하는 것으로 한다. 다만 국회의원총선거가 있는 달에는 집회하지 않는다(국회법 제5조의2).

(2) 심의와 의결

가) 개회와 심의, 일사부재의 및 회기계속의 원칙

회의를 개회하기 위해서는 재적의원 5분의 1 이상이 출석하여야 한다. 이는 본회의와 위원회 모두 마찬가지이다(국회법 제73조 제1항, 제54조). 의안의 발의는 국회의원 10인 이상의 찬성으로 한다(국회법 제79조). 의안에 대한 수정동의는 국회의원 30인 이상의 찬성으로 한다. 예산안에 대한 수정동의는 국회의원 50인 이상의 찬성이 있어야 한다. 의안에 대한 수정동의는 원안 또는 위원회에서 심사보고한 안의 취지 및 내용과 직접 관련성이 있어야 한다. 다만 의장이 각 교섭단체 대표의원과 합의를 하는 경우에는 예외로 한다(국회법 제95조).

의안이 발의되고 부결된 경우 해당 안건은 같은 회기 중에 다시 발의 또는 제출할 수 없다(일사부재의의 원칙)(국회법 제92조). 의안이 이미 본회의에 상정되어 투표가 있은 후 의사정족수가 미달된 경우 이를 미결, 즉 표결이 없었던 것으로 볼 것인가, 아니면 부결로 보고 일사부재의의 원칙을 적용하여 같은 의안에 대해서 같은 회기에 더 이상 표결할 수 없는가의 문제가 제기된다. 표결에 참여하지 않은 것도 반대의 의사표시로 볼 수 있기 때문에 이 경우 일사부재의의 원칙이 적용된다.[6)]

국회에 제출한 법률안 등을 비롯한 의안은 해당 회기에 의결되지 못한 경우 다음 회기에서 다루어지며, 회기가 종료되었다는 이유로 자동적으로 폐기되지는 않는다(회기계속의 원칙). 다만 국회의원의 임기가 만료한 때, 즉 해당 입법기가 종료한 때에는 해당 의안은 폐기된다(제51조).

판례 **재적의원 과반수 출석 미달의 경우 표결과 일사부재의 원칙**
(헌재 2009.10.29, 2009헌라8등)

[5인의견] (일사부재의 원칙 위반)

헌법 제49조 및 국회법 제109조는 의결정족수에 관하여 일부 다른 입법례와는 달리, 의결을 위한 출석정족수와 찬성정족수를 병렬적으로 규정하고 있고, '재적의원 과반수의 출석'과 '출석의원의 과반수의 찬성'이라는 규정의 성격이나 흠결의 효력을 별도로 구분하여 규정하고 있지 않다. 국회의원이 특정 의안에 반대하는 경우 회의장에 출석하여 반대투표하는 방법뿐만 아니라 회의에 불출석하는 방법으로도 이를 표시할 수 있으므로, '재적의원 과반수의 출석'과 '출석의원 과반수의 찬성'의 요건이 국회의 의결에 대하여 가지는 의미나 효력을 달리 할 이유가 없다. 전자투표에 의한 표결의 경우 국회의장의 투표종료선언에 의하여 투표 결과가 집계됨으로써 안건에 대한 표결 절차는 실질적으로 종료된다. 따라서 투표의 집계 결과 출석의원 과반수의 찬성에 미달한 경우는 물론 재적의원 과반수의 출석에 미달한 경우에도 국회의 의사는 부결로 확정되었다고 볼 수밖에 없다.

결국 방송법 수정안에 대한 1차 투표가 종료되어 재적의원 과반수의 출석에 미

6) 헌재 2009.10.29, 2009헌라8등, 21-2(하), 68면 이하 참조.

달되었음이 확인된 이상, 방송법 수정안에 대한 국회의 의사는 부결로 확정되었다. 따라서 피청구인이 이를 무시하고 재표결을 실시하여 그 표결 결과에 따라 방송법안의 가결을 선포한 행위는 일사부재의 원칙(국회법 제92조)에 위배하여 청구인들의 표결권을 침해한 것이다.

[4인의견] (일사부재의 원칙 합치)

헌법 제49조 및 국회법 제109조의 '재적의원 과반수의 출석'이라는 의결정족수는 국회의 의결을 유효하게 성립시키기 위한 전제요건인 의결능력에 관한 규정으로서, '출석의원 과반수의 찬성'이라는 다수결 원칙을 선언한 의결방법에 관한 규정과는 그 법적 성격이 구분된다. 따라서 의결정족수에 미달한 국회의 의결은 유효하게 성립한 의결로 취급할 수 없다. 국회에서의 실무 관행도 이와 같고, 의결정족수를 국회의 의결을 유효하게 성립시키기 위한 전제요건으로 보는 것은 비교법적으로도 공통된 것으로서, 이렇게 보지 않을 경우 소수의 국회의원만이 참석한 상태에서의 표결도 가능하고 이때에는 굳이 투표 결과를 확인할 필요도 없이 부결이 된다는 결론에 이르게 되어 대의민주주의의 원리에도 부합하지 않는다.

방송법 수정안에 대한 투표가 종료된 결과 재적의원 과반수의 출석이라는 의결정족수에 미달된 이상, 이에 대한 국회의 의결이 유효하게 성립되었다고 할 수 없다. 따라서 피청구인이 재표결을 실시하여 그 결과에 따라 방송법안의 가결을 선포한 것이 일사부재의 원칙에 위배된다고 할 수 없다.

나) 심사기간, 신속처리제도

국회에 제출된 의안의 심사기간과 관련하여 의장은 특별한 경우에 각 교섭단체대표의원과 협의하여 심사기간을 지정할 수 있다. 천재지변의 경우, 전시·사변 또는 이에 준하는 국가비상사태의 경우, 그리고 의장이 각 교섭단체대표의원과 합의하는 경우가 여기에 해당한다. 이 경우 위원회가 이유 없이 그 기간 내에 심사를 마치지 않는 때에는 의장은 중간보고를 들은 후 다른 위원회에 회부하거나 바로 본회의에 부의할 수 있다(직권상정)(국회법 제85조).

이유 없이 심의안건의 심사가 지체되는 경우 신속처리대상안건(패스트트랙)으로 지정할 수 있다. 이를 위해서는 의원은 국회 재적의원 과반수가 서명한 신속처리대상안건 지정요구 동의를 의장에게, 위원회 소속 위원은 소관 위원회 재적위원 과반수가 서명한 신속처리안건 지정동의를 소관 위원회 위원장에게 제출하여야 한다. 이 경우 의장 또는 위원회 위원장은 지체 없이 신속처리안건 지정동의를 무기명투표로 표결하며, 재적의원 5분의 3 이상 또는 소관 위원회

재적위원 5분의 3 이상의 찬성으로 의결한다.

위원회는 신속처리대상안건에 대한 심사를 지정일부터 180일 이내에 마쳐야 한다. 법제사법위원회는 신속처리대상안건에 대한 체계·자구심사를 그 지정일로부터 90일 이내에 마쳐야 한다. 위원회가 신속처리대상안건에 대하여 기간 내에 심사를 마치지 않은 경우에는 그 기간이 종료된 다음 날에 소관 위원회에서 심사를 마치고 체계·자구심사를 위하여 법제사법위원회로 회부된 것으로 본다. 법제사법위원회가 신속처리대상안건에 대하여 기간 내에 심사를 마치지 않은 때에는 그 기간이 종료한 다음 날에 법제사법위원회에서 심사를 마치고 바로 본회의에 부의된 것으로 본다. 신속처리대상안건은 본회의에 부의된 것으로 보는 날부터 60일 이내에 본회의에 상정되어야 한다. 그렇지 않은 경우 그 기간이 경과한 후 처음으로 개의되는 본회의에 상정된다(국회법 제85조의2).

다) 발언과 표결

국회는 합의체기관이므로 의사결정에 있어서 국회의원 간에 자유로운 토론과 표결의 절차를 거쳐야 하며, 또 이것이 보장되어야 한다. 다만 위원회의 심사를 거치지 않은 안건에 대하여는 제안자가 그 취지를 설명하여야 하고, 위원회의 심사를 거친 안건에 대하여는 의결로 질의와 토론 또는 그 중의 하나를 생략할 수 있다(국회법 제93조). 따라서 위원회의 심사를 거치지 않은 안건에 대해서 본회의에서 질의 및 토론절차를 생략한 경우 이는 「국회법」을 위반하여 국회의원의 권한을 침해하는 것이다.[7]

a) 발언, 무제한 토론

국회의원이 발언할 때에는 의장에게 통지하여 허가를 받아야 한다(국회법 제99조). 의원은 의제 외의 발언을 해서는 안 되며, 허가받은 발언의 성질에 반해서는 안 된다(국회법 제102조). 의원의 발언은 횟수에 제한이 있다. 즉 의원은 동일 의제에 대하여 2회에 한하여 발언할 수 있다(국회법 제103조). 의원의 발언시간에는 제한이 있다. 즉 정부에 대한 질문 외에는 발언시간은 15분을 초과하지 않도록 의장이 정한다. 교섭단체 대표는 40분까지 발언할 수 있다. 의장은 교섭단체 대표의원과 협의하여 동일 의제에 대하여 교섭단체별로 소속의원수의 비율에 따라 발언시간을 할당한다(국회법 제104조). 의장은 본회의에서 개회시로부터 1시간의 범위 내에서 의원에게 심의 중인 의안, 기타 중요한 사안에 대하여 5분 이내의 발언을 허가할 수

7) 헌재 2009.10.29, 2009헌라8등, 21-2(하), 50면 이하 참조.

있다(5분 자유발언)(국회법 제105조).

위와 같은 시간제한 규정에도 불구하고 재적의원 3분의 1 이상이 서명한 요구서를 의장에게 제출하여 본회의에 부의된 안건에 대해서는 '무제한 토론'을 할 수 있다. 이 경우 의원 1인당 1회에 한정하여 토론할 수 있다. 재적의원 3분의 1 이상의 서명으로 무제한 토론의 종결동의를 의장에게 제출할 수 있다. 무제한 토론의 종결동의는 토론 없이 무기명투표로 표결하며, 재적의원 5분의 3 이상의 찬성으로 의결한다(국회법 제106조의2).

b) 표 결

국회에서 표결은 원칙적으로 전자투표에 의한 기록표결로 가부를 결정한다. 그 밖에 중요한 안건으로서 의장의 제의 또는 의원의 동의로 본회의 의결이 있거나 재적의원 5분의 1 이상의 요구가 있을 때에는 기명·호명 또는 무기명 등 다양한 표결방법을 사용할 수 있다. 다만 다음과 같은 특별 규정이 있다. 헌법개정안은 반드시 기명투표로 표결한다. 국회에서 의결하였지만 대통령이 환부한 법률안, 인사에 관한 안건은 무기명투표로 표결한다. 예컨대 탄핵에 관한 표결은 무기명투표로 한다. 국회에서 각종 선거도 법률에 특별한 규정이 없는 한 무기명투표로 표결한다. 국무총리 또는 국무위원에 대한 해임건의안 역시 무기명투표로 표결한다(국회법 제112조).

「국회법」은 헌법 제46조 제2항 자유위임의 원칙을 국회의원의 표결에 있어서 중요한 지침으로 다시 한번 선언하고 있다. 즉 국회의원은 국민의 대표자로서 소속정당의 의사에 기속되지 않고 양심에 따라 투표한다(자유투표)(국회법 제114조의2).

c) 의결정족수

헌법 또는 법률에 특별한 다른 규정이 없는 한 재적의원 과반수의 출석과 출석의원 과반수의 찬성으로 의결한다(제49조).

헌법개정안 의결, 국회의원제명, 대통령에 대한 탄핵소추의결을 위해서는 재적의원 3분의 2 이상의 찬성이 있어야 한다(제130조 제1항, 제64조 제3항, 제65조 제2항). 국무총리 및 국무위원 해임건의, 계엄해제요구를 위해서는 국회 재적의원 과반수의 찬성이 필요하다(제63조 제2항, 제77조 제5항). 법률안에 대한 대통령의 재의요구가 있는 경우 국회가 재의결을 위해서는 국회 재적의원 과반수의 출석과 출석의원 3분의 2 이상이 찬성하여야 한다(제53조 제4항).

(3) 회의공개의 원칙

국회의 회의는 원칙적으로 공개한다. 의사공개의 원칙은 국회의 운영을 공개하여 투명화하고, 이로써 국민의 참여와 감시 및 비판을 가능하게 하며, 국민의 알 권리를 실현하는 데 기여한다. 다만 출석의원 과반수의 찬성이 있거나, 의장이 국가의 안전보장을 위하여 필요하다고 인정할 때에는 공개하지 않을 수 있다(헌법 제50조; 국회법 제75조). 그러나 국회에서 의사공개와 비공개는 원칙과 예외의 관계에 있으며, 따라서 비공개 사유는 엄격하게 해석하여야 한다. 또 일체의 공개를 불허하는 것은 허용되지 않고 개별적·구체적으로 회의마다 구성원의 실질적인 합의에 의하여, 그리고 회의 내용을 고려하여 결정되어야 한다. 이러한 이유에서 국회 정보위원회의 회의를 공개하지 않도록 하는 「국회법」의 규정은 위헌으로 결정되었다.[8)]

국회 회의의 공개는 방청 및 보도의 자유와 회의록의 공표를 그 내용으로 한다. 공개의 대상이 되는 것은 단순한 행정적 회의를 제외하고 헌법의 기능과 관련된 국회의 모든 회의이다. 따라서 국회 본회의는 물론이고 위원회 및 각종 청문회 역시 공개한다(국회법 제75조, 제71조, 제65조 제4항).[9)]

위원회에서는 위원이 아닌 자는 위원장의 허가를 얻어 방청할 수 있다. 그러나 이 조문은 국회 의사공개의 원칙을 전제한 규정이다. 즉 위원장은 장소적 제한 및 회의의 원활한 진행의 목적 등 합리적인 사유가 있는 경우에 한하여 방청을 불허할 수 있으며, 자의적으로 방청불허를 결정할 수는 없다.[10)] 위에서 설명한 바와 같이 정보위원회의 회의를 공개하지 않도록 하는 규정은 위헌으로 결정되었다. 비공개로 하기로 결정한 경우에는 그 취지를 반영하여 정보위원회의 위원 및 소속 공무원, 의원 보좌직원 등은 직무수행상 알게 된 국가기밀에 속하는 사항을 공개하거나 타인에게 누설해서는 안 된다(국회법 제55조, 제54조의2).

3. 국회의 자율권

국회는 자율권을 갖는다. 이는 일반적인 자율권과 내부질서유지를 위한 자율권으로 나뉜다. 국회는 의사와 내부규율 등 국회운영에 있어서 자율권을 가진다. 국회의 자율권은 헌법과 법률에 명백히 위반되지 않는 한 존중되어야 한

8) 헌재 2022.1.27, 2018헌마1162등, 34-1, 77면 이하 참조.
9) 헌재 2000.6.29, 98헌마443등, 12-1, 897면 이하 참조.
10) 헌재 2000.6.29, 98헌마443등, 12-1, 898면 이하 참조.

다.[11] 국회는 법률에 저촉되지 않는 범위 내에서 의사와 내부규율에 관한 규칙을 제정할 수 있다(제64조 제1항).

국회는 의원의 자격을 심사하고, 징계할 수 있다(제64조 제2항). 자격심사는 의원이 다른 의원의 자격에 대하여 이의가 있을 때 30인 이상의 연서로 의장에게 청구하여 이루어진다. 의장은 청구서를 윤리특별위원회에 회부하고 심사대상 의원에게 답변서를 제출하게 한다. 의장이 답변서를 접수한 후 이를 윤리특별위원회에 회부한다. 윤리특별위원회는 필요한 때에는 청구의원과 심사대상 의원을 출석하게 하여 심문할 수 있다. 윤리특별위원회에서 심사보고서를 의장에게 제출한 때에는 의장은 본회의에 부의한다. 본회의에서 자격이 없는 것을 의결하기 위해서는 재적의원 3분의 2 이상의 찬성이 있어야 한다(국회법 제138조 이하).

국회는 의원이 헌법 제46조 제1항 및 제3항의 청렴의무 등을 위반하였을 때, 겸직 금지규정을 위반하였을 때, 영리업무 종사 금지규정을 위반하였을 때, 사적 이해관계의 등록·변경등록을 하지 아니하거나 등록·변경등록 사항을 고의로 누락 또는 허위로 제출하였을 때, 이해충돌의 신고 규정을 위반하였을 때, 이해충돌의 우려가 있는 안건에서 표결 및 발언을 회피할 의무가 있음을 알면서 회피를 신청하지 아니하였을 때, 정보위원회 위원으로서 기밀유지의무를 위반하였을 때, 의제와 관계없거나 허가받은 발언의 성질과 다른 발언을 하거나 발언시간의 제한규정을 위반하여 의사진행을 현저히 방해하였을 때, 회의장의 질서를 어지럽히는 행위를 하거나 이에 대한 의장 또는 위원장의 조치에 따르지 아니하였을 때, 「공직자윤리법」에 따른 징계사유에 해당할 때, 「공직자의 이해충돌 방지법」을 위반하였을 때, 그리고 「국회의원윤리강령」이나 「국회의원윤리실천규범」을 위반하였을 때 징계를 받을 수 있다(국회법 제155조 이하). 의장은 징계대상인 의원을 윤리특별위원회에 회부하고 본회의에 보고한다. 의원이 징계대상자에 대한 징계를 요구하는 경우에는 의원 20명 이상의 찬성이 필요하다. 윤리특별위원회는 징계에 대해서 심의·의결하고 그 결과를 본회의에 부의하여 의결한다. 징계의 종류는 공개회의에서의 경고 또는 사과, 30일 혹은 90일 이내의 출석정지, 제명으로 한다.

국회는 의원을 제명할 수 있다. 이를 위해서는 윤리특별위원회의 심사를 거쳐 제명을 의결하여야 한다(국회법 제155조). 의원을 제명하기 위해서는 국회재적의원 3

11) 헌재 2020.5.27, 2019헌라1, 32-1(하), 22면 이하 참조.

분의 2 이상의 찬성이 있어야 한다(제64조 제3항). 국회에서 의원에 대한 징계 및 제명에 대해서는 법원에 제소할 수 없다(제64조 제4항). 국회에서 제명된 국회의원은 그로 인하여 궐원된 국회의원의 보궐선거에 후보자가 될 수 없다(국회법 제164조).

제 3 절 국회의 기능

Ⅰ. 입법기능

1. 국회의 입법기능의 내용과 의의

(1) 입법의 개념

입법권은 국회에 속한다(제40조). 입법권은 일반적이고 추상적인 구속력을 갖는 법규를 정립할 권한이다. 이와 같이 넓은 의미로 입법권을 이해할 때 국회가 독점적으로 입법권을 갖지는 않는다. 대통령은 긴급재정경제명령 및 긴급명령을 발할 수 있으며(제76조), 대통령과 국무총리 및 행정각부의 장은 법규명령을 제정할 수 있다(제75조 및 제95조). 전자는 법률과 같은 효력을, 후자는 명령과 같은 효력을 갖는다. 또 조약은 법률 또는 명령과 같은 국내법적 효력을 갖는다(제6조 제1항 및 제60조 제1항). 국회의 입법권은 위와 같은 법규범 중 형식적 의미의 법률을 제정할 권한을 말한다.

(2) 입법 여부, 그리고 입법형식의 문제

가) 법제화의 문제

국회의 입법권과 관련하여 법적 규율의 대상을 획정하여야 한다. 보다 근본적으로는 특정한 사안을 국가입법의 대상으로 할 것인가, 아니면 사회의 자율에 맡길 것인가를 결정하여야 한다. 법제화(legalization)의 가능성과 한계에 관한 문제이다. 이는 특히 법과 도덕, 법과 윤리의 한계선상에서 제기된다. 간통죄, 혼인빙자간음죄 등에 대한 형법적 규율의 정당성의 문제가 이러한 맥락에서 제기된다.[12]

12) 헌재 2015.2.26, 2009헌바17등, 27-1(상), 20면 이하; 2009.11.26, 2008헌바58등, 21-2(하), 520면 이하 등 참조.

나) 법률에 의한 규율대상

특정한 사안에 대한 법적 규율의 필요성과 가능성이 있을 때 이제 입법형식을 선택하여야 한다. 즉 국회에서 제정하는 법률로 규율할 필요성이 있는가, 아니면 행정입법으로 규율하는 것으로 충분한가 하는 문제이다. 행정입법 자체의 민주적 정당성, 국가기능적인 정당성, 그리고 그로 인하여 국회의 입법기능이 약화되는 상황과 그 배경에 대해서는 위에서 설명하였다. 아래에서는 국회입법의 필요성이 있는 사안에 관한 문제를 살펴보기로 한다. 이 점에 대해서 헌법은 부분적으로 기준을 제시하고 있다.

신체의 자유를 제한하기 위해서는 법률의 근거가 있어야 하며(제12조), 이는 기본권 제한에 대한 일반적인 요청이다(제37조 제2항). 또 조세의 종목과 세율은 법률로 정하여야 한다(제59조). 행정입법에 있어서 위임의 내용과 범위가 법률에 구체적으로 정해져야 한다(제75조, 제95조). 따라서 위임법률이 위임의 구체적인 내용과 범위를 직접 규율하여야 한다. 그리고 입법권은 국회에 속한다(제40조). 위와 같은 헌법규정들은 입법기능의 분배문제에 일정한 내용과 지침을 제시하고는 있지만 그대로 적용할 수 있을 정도로 구체적이지 못하며, 따라서 이에 대한 이론적 해명이 필요하다.

(3) 국회입법권의 범위

가) 침해유보 – 급부유보 – 본질성이론

a) 법률에 의한 규율대상의 확대

국가작용이 국민의 권리를 제한하거나 의무를 부과하는, 즉 침해적 효과를 갖는 경우 국회에서 제정하는 법률의 근거가 필요하다고 이해하여 왔다(침해유보). 이러한 침해유보이론은 전통적인 국가의 기능과 법률에 대한 이해하에서는 나름대로 타당성이 있었다. 국가의 기능이 소극적인 상황에서 국가는 개인의 자기결정에 개입하지 않아야 하며, 개입하기 위해서는 국민의 동의에 해당하는 법률의 근거를 필요로 한다. 그러나 침해유보이론은 국가의 기능이 변화하면서 더 이상 타당성을 가질 수 없게 되었다.

국가는 적극적인 급부행위를 통하여 개인에게 인간다운 생활을 할 수 있는 기회를 평등하게 보장하여야 하며, 이를 위하여 필요한 절차와 제도, 그리고 조직을 형성하여야 한다. 이제 법적 근거를 필요로 하는 국가기능의 범위에는 침해적 행위뿐 아니라 급부행위도 포함되어야 한다(급부유보). 다만 법적 규율의 필요 및 정도는 입법기술적인 이유로 인하여 차이가 있다.

법적 근거를 필요로 하는 범위에 대하여는 헌법에 대한 이해의 변화도 영향을 미쳤다. 헌법의 국가조직에 관한 규정은 결코 그 자체가 목적이 아니다. 즉 국가조직은 개인의 기본권을 효율적으로 보장하기 위한 수단의 성격을 갖는다. 국가조직의 구체적인 내용에 따라 개인의 기본권 실현에 영향을 미치기 때문이다. 따라서 국가조직의 구성 및 조직, 그리고 기능에 관한 중요한 사항 역시 법률에 의하여 규율되어야 한다.

b) 본질성 이론

이와 같이 법률에 의한 규율대상은 수평적으로 확장되었다. 국가의 침해적 행위뿐 아니라 급부행위, 그리고 직접 개인의 권리·의무에 관한 사항뿐 아니라 국가조직의 중요한 사안 역시 법률에 의하여 규율하여야 한다. 특히 기본권적 관련성이 있고, 이에 관한 공개적인 토론의 필요성, 그리고 상충하는 이익 간에 조정이 필요할수록 법률에 직접 규율되어야 한다.[13] 그러나 법적 근거를 필요로 하는 국가기능의 범위는 수직적으로 보면 축소되었다. 침해적 효과를 갖는 모든 국가기능이 아니라, 개인의 권리의무관계에 영향을 미치는 중요하고 본질적인 문제가 형식적 의미의 법률, 즉 국회 제정법의 규율대상이기 때문이다(본질성이론).[14]

나) 의회유보

전통적으로는 침해적 효과를 갖는 국가작용은 국회 제정법의 근거가 필요하며, 따라서 법적 근거없이 행해지는 국가작용의 효력은 부인되었다(법치국가적 법률유보). 그러나 오늘날 민주주의 관점에서 어떠한 사안을 반드시 국회 제정법을 통하여 규율하여야 하는가라는 적극적인 논의로 발전되었다(의회유보의 원칙 혹은 민주주의적 법률유보). 이에 따르면 법률로 규율하여야 할 사안을 행정입법에 위임하는 경우 해당 법률 혹은 입법부작위는 의회유보의 원칙에 반하며, 따라서 헌법에 위반된다.

(4) 개별사건법률

가) 헌법적 평가의 필요성: 권력분립의 원칙·평등의 원칙

국회의 입법권, 그리고 국회 입법권과 행정입법권과의 관계에서 거꾸로 다

13) 헌재 2004.3.25, 2001헌마882, 16-1, 441면 이하 참조.
14) 헌재 1999.5.27, 98헌바70, 11-1, 643면 이하 참조.

음과 같은 문제가 제기된다. 국회가 행정행위에 특유한 구체성과 개별성을 특징으로 하는 법률을 제정할 수 있는가 하는 문제이다. 법의 가장 중요한 속성은 추상성과 일반성에 있다. 특히 기본권을 제한하는 법률은 다음과 같은 이유에서 일반적으로 적용되어야 한다. 첫째, 법률의 일반성과 추상성은 권력분립원칙의 요청이다. 법률이 개별적인 사건 혹은 특정 개인에 적용되도록 형성되는 경우 이러한 법률은 행정행위와 같은 성격을 갖기 때문이다. 둘째, 법률의 일반성은 평등의 원칙의 요청이다. 특정 개인을 대상으로 하는 법률은 같은 사안임에도 불구하고 다른 개인에게는 적용이 배제될 수 있고, 이는 평등의 원칙에 반한다. 이와 같은 시각에서 특정한 개인을 규율대상으로 하는 법률에 대한 헌법적 평가가 필요하다.

헌법에서 직접 개별사건법률에 의한 기본권 제한을 금지하는 입법례도 있다. 예컨대 독일헌법 제19조 제1항은 기본권을 제한하는 개별사건법률을 명시적으로 금지하고 있으며, 이는 주로 개인대상법률을 금지하는 것으로 이해되고 있다. 그러나 우리 헌법은 이에 관한 명시적인 규정을 두고 있지는 않다.

나) 평 가

개별사건법률 자체가 헌법에 위반되는 것은 아니다. 권력분립의 시각에서 보면, 권력분립은 그 자체가 목적이 아니라 권력의 집중과 남용을 방지하기 위한 국가조직 및 기능원리이다. 그리고 이에 따르면 구체적인 집행권은 원칙적으로 입법권이 아니라 행정권에게 부여된다. 그러나 공익을 실현하기 위해서 구체적인 사안 및 개인에 대한 입법조치가 필요할 때 이것이 금지되는 것은 아니다.

개인대상법률이 그 자체로 평등의 원칙에 반하지는 않는다. 구체적인 상황에 따라 특별한 법적 취급이 오히려 필요하고, 합리적일 수 있다. 생각건대 1980년의 5·18 민주화운동에 대한 무력탄압은 우리 헌정사에서 민주헌정질서의 회복을 가로막고 오랫동안 지체시킨 사건이다. 이를 법적으로 청산하기 위하여 「5·18민주화운동 등에 관한 특별법」이 제정되었으며, 이는 1979년 12월 12일과 1980년 5월 18일을 전후하여 발생한 헌정질서파괴범죄에 대하여 국가의 소추권행사에 장애사유가 존재한 기간, 즉 해당 범죄행위의 종료일부터 1993년 2월 24일까지의 기간은 공소시효의 진행이 정지되도록 하였다(법 제2조 제1항). 이와 같이 과거의 극복과 미래의 경고를 위해서 중대성을 가진 사건에 대해서 개인대상법률을 제정했다고 해서 이것이 평등의 원칙에 반하는 것은 아니다.[15)] 같은 이유에서 특정인에 대한 특정 사건을 특별검사를 임명하여 수사하도록 하는 제도, 즉 특별검사제도가 평등권 및 권력분립의 원칙에 반하는 것은 아니다.[16)]

판례 **특별검사제도와 평등권, 권력분립의 원칙** (헌재 2008.1.10, 2007헌마1468)

검찰의 기소독점주의 및 기소편의주의에 대한 예외로서 특별검사제도를 인정할지 여부, 특정 사건에 대하여 특별검사에 의한 수사를 실시할 것인지 여부, 특별검사에 의한 수사대상을 어느 범위로 할 것인지는, 국민을 대표하는 국회가 검찰 기소독점주의의 적절성, 검찰권 행사의 통제 필요성, 특별검사제도의 장·단점, 당해 사건에 대한 국민적 관심과 요구 등 제반 사정을 고려하여 결정할 문제이다. 그 판단에는 국회의 폭넓은 재량이 인정된다. 따라서 특별검사제도에 관한 국회의 결정이 명백히 자의적이거나 현저히 부당한 것으로 인정되지 않는 한 존중되어야 하며, 국회가 여러 사정을 고려하여 이 사건 법률 제2조가 규정하고 있는 사안들에 대하여 특별검사에 의한 수사를 실시하도록 한 것이 명백히 자의적이거나 현저히 부당한 것이라고 단정하기 어렵다. 결국 특별검사에 의한 수사의 실시와 그 대상을 규정하고 있는 이 사건 법률 제2조에 의한 차별취급은 합리적인 이유가 있어, 청구인들의 평등권을 침해하지 않는다.

권력분립의 원칙은 국가권력의 기계적 분립과 엄격한 절연을 의미하는 것이 아니라, 권력 상호 간의 견제와 균형을 통한 국가권력의 통제를 목적으로 한다. 따라서 특정한 국가기관을 구성함에 있어 입법부, 행정부, 사법부가 그 권한을 나누어 가지거나 기능적인 분담을 하는 것은 권력분립의 원칙에 반하는 것이 아니라 이를 실현하는 것이다. 이러한 원리에 따라 헌법은 대통령이 국무총리, 대법원장, 헌법재판소장을 임명할 때에 국회의 동의를 얻도록 하고 있고, 헌법재판소와 중앙선거관리위원회의 구성에 대통령, 국회 및 대법원장이 공동으로 관여하도록 하고 있다.

특별검사제도는 검찰의 기소독점주의 및 기소편의주의에 대한 제도적 견제장치로서 권력형 부정사건 및 정치적 성격이 강한 사건에서 대통령이나 정치권력으로부터 독립된 특별검사에 의하여 수사 및 공소제기·공소유지가 되게 함으로써 법의 공정성 및 사법적 정의를 확보하기 위한 것이다. 이처럼 본질적으로 권력통제의 기능을 가진 특별검사제도의 취지와 기능에 비추어 볼 때, 그 도입 여부를 입법부가 독자적으로 결정하고, 특별검사 임명에 관한 권한을 헌법기관 간에 분산시키는 것이 권력분립의 원칙에 반한다고 볼 수 없다. 한편 정치적 중립성을 엄격하게 지켜

15) 헌재 1996.2.16, 96헌가2등, 8-1, 16면 이하 참조.
16) 헌재 2008.1.10, 2007헌마1468, 20-1(상), 27면 이하, 33면 이하 등 참조.

야 할 대법원장을 정치적 사건을 담당하게 될 특별검사의 임명에 관여시키는 것이 바람직한가에 대하여 논란이 있으나, 그렇다고 국회의 이러한 정치적·정책적 판단이 권력분립의 원칙에 어긋나거나 입법재량의 범위에 속하지 않는 것은 아니다.

---

(5) 국회입법권, 행정입법에 대한 통제

위와 같이 국회의 입법기능, 그리고 행정입법과의 관계에 관한 원칙은 존재하지만 이에 대한 구체적인 판단은 개별적으로 이루어질 수밖에 없다. 전문적이고 복잡한 대상에 대해서 행정입법에 의한 규율이 필요하지만 본질적으로 중요한 사안에 대해서는 국회입법의 원칙은 여전히 중요하다. 다음과 같은 세 가지 이유에서이다.

첫째, 행정입법에 비해서 국회입법은 국회에서 토론과 표결을 거쳐서 이루어진다. 그리고 국회의 회의는 공개되기 때문에 모든 국민이 의지만 있다면 토론과 표결과정에 쉽게 접근할 수 있다. 그만큼 중요한 사회문제가 공론화되며, 이 과정에서 사회의 부분적인 의사가 국회의사결정에 투입되어 건설적인 기여를 할 수 있다. 둘째, 국가의사결정이 공개되기 때문에 국민이 국정을 통제할 수 있고, 또 개인이 자신의 법적 지위를 예측할 수 있게 된다. 셋째, 이로써 개인의 의사를 국가의사결정과정에 투입하기 위하여 필요하며, 자신의 법적 권리를 실현하기 위한 전제조건인 알 권리가 실현될 수 있다.

「국회법」은 행정입법권이 국회의 입법 의도와 범위를 넘어 남용되는 것을 방지하기 위한 규정을 두고 있다. 중앙행정기관의 장은 대통령령·총리령·부령 등 행정입법이 제정·개정 또는 폐지되었을 때에는 10일 이내에 이를 국회 소관 상임위원회에 제출하여야 한다. 국회 상임위원회는 위원회 또는 상설소위원회를 정기적으로 개최하여 제출된 행정입법의 법률 위반 여부 등을 검토하여야 한다. 검토 결과 행정입법이 법률의 취지 또는 내용에 합치되지 않는다고 판단되는 경우에는 이에 관한 검토결과보고서를 의장에게 제출하고, 국회는 본회의 의결로 이를 처리하고 정부에 송부한다. 정부는 검토결과에 대한 처리 여부를 검토하고 그 처리결과, 혹은 검토결과에 따르지 못하는 경우 그 사유를 국회에 제출하여야 한다. 상임위원회는 검토 결과 부령이 법률의 취지 또는 내용에 합치되지 않는다고 판단되는 경우에는 소관 중앙행정기관의 장에게 그 내용을 통보할 수 있고, 중앙행정기관의 장은 통보받은 내용에 대한 처리 계획과 그 결과를 지체 없이 소관 상임위원회에 보고하여야 한다(국회법 제98조의2).

2. 입법절차

(1) 법률안제출

국회의원과 정부는 법률안을 제출할 수 있다(제52조). 국회의원뿐 아니라 정부도 법률안을 제출할 수 있는 것은 미국식 대통령중심제에는 이질적이지만 그렇다고 의원내각제의 요소가 아니라는 점에 대해서는 위에서 설명하였다. 정부가 법률안을 제출할 때에는 국무회의의 심의를 거쳐야 하며, 국무총리와 관계국무위원이 부서하여야 한다(제89조 제3호, 제82조). 정부는 원칙적으로 매년 1월 31일까지 당해 연도에 제출할 법률안에 관한 계획을 국회에 통지하여야 한다(국회법 제5조의3). 국회의원은 10인 이상이 연서하여 법률안을 제출한다(국회법 제79조). 법률안의 재정적 타당성을 확보하기 위하여 의원이 예산 또는 기금상의 조치를 수반하는 의안을 발의하는 경우에는 시행에 수반될 것으로 예상되는 비용에 대한 국회예산정책처의 추계서 또는 국회예산정책처에 대한 추계요구서를 함께 제출하여야 한다(국회법 제79조의2). 또 「조세특례제한법」에 따른 조세특례를 도입하는 법률안을 발의 또는 제안하는 경우 연간 조세특례금액이 일정 금액 이상인 때에는 국회예산정책처 등 전문 조사·연구기관에서 조세특례의 필요성 및 적시성, 기대효과, 예상되는 문제점 등의 내용에 대하여 평가한 자료를 함께 제출하여야 한다(국회법 제79조의3).

(2) 국회에서의 심의·의결

가) 법률안 접수·회부

국회에 제출한 법률안은 의장이 접수하여 의원에게 배부하고 본회의에 보고한다. 이어 법률안은 소관상임위원회에 회부하여 심사한 후 본회의에의 부의 여부를 결정한다(국회법 제81조). 소관 상임위원회 위원장은 회부된 법률안의 입법 취지와 주요 내용 등을 국회공보 또는 국회 인터넷 홈페이지 등에 입법예고하여야 한다. 입법예고기간은 10일 이상으로 한다. 다만 입법이 긴급을 요하는 경우, 입법내용의 성질 또는 그 밖의 사유로 입법예고를 할 필요가 없거나 곤란하다고 판단되는 경우에는 입법예고를 하지 않을 수 있다(국회법 제82조의2). 정부가 발의하는 법률안의 경우 이를 마련한 행정청이 입법예고를 하여야 한다(행정절차법 제41조). 과거 「국회법」은 법률안에 대한 입법예고를 임의적으로 하였지만 이제 정부발의 법률안뿐 아니라 국회의원이 발의한 법률안에 대한 입법예고도 필수적이다.

나) 법률안 심의 · 의결

법률안에 대한 실질적인 심의는 상임위원회에서 이루어진다. 기획재정부 소관에 속하는 법률안과 상당한 규모의 예산 또는 기금상의 조치를 수반하는 법률안을 심사하는 소관위원회는 미리 예산결산특별위원회와 협의를 거쳐야 한다(국회법 제83조의2). 위원회는 이견을 조정할 필요가 있는 안건을 심사하기 위하여 재적위원 3분의 1 이상의 요구로 안건조정위원회를 구성할 수 있다. 안건조정위원회는 회부된 안건에 대한 조정안을 재적 조정위원 3분의 2 이상의 찬성으로 의결한다. 이 경우 조정위원장은 의결된 조정안을 지체 없이 위원회에 보고한다(국회법 제57조의2).

상임위원회에서 법률안에 대한 심의를 마친 후 본회의에 부의하기에 앞서 법률안을 법제사법위원회에 회부한다. 법제사법위원회는 법률안의 체계와 자구에 대한 심사를 한다. 법제사법위원회는 사안을 전문적으로 논의하는 위원회가 아니기 때문에 체계와 자구의 심사를 벗어나 실질적인 내용과 관련된 심사를 할 수는 없다(국회법 제86조 제5항).

소관 상임위원회에서 실질적인 심사를 마친 법률안이 법제사법위원회에 오래 머무르면서 본회의에 회부되는 것이 지체될 수 있다. 이를 방지하기 위하여 특별한 경우에는 의장은 교섭단체대표의원과 협의하여 법제사법위원회에서의 심사기간을 지정할 수 있으며, 법제사법위원회가 이유 없이 그 기간 내에 심사를 마치지 않은 때에는 바로 본회의에 부의할 수 있다. 천재지변의 경우, 전시 · 사변 또는 이에 준하는 국가비상사태의 경우, 이 밖에 의장이 각 교섭단체대표의원과 합의하는 경우이다(국회법 제86조 제2, 3항).

법제사법위원회가 법률안이 회부된 날부터 60일 이내에 이유 없이 심사를 마치지 않은 때에는 소관 위원회 위원장은 간사와 협의하여 이의가 없는 경우에는 의장에게 해당 법률안의 본회의 부의를 서면으로 요구할 수 있다. 이의가 있는 경우에는 해당 법률안에 대한 본회의 부의요구 여부를 무기명투표로 표결하고 해당 위원회 재적위원 5분의 3 이상의 찬성으로 의결한다.

소관 상임위원회에서 법률안을 본회의에 부의할 필요가 없다고 결정하는 경우에는 본회의에 부의하지 않는다. 다만 이러한 결정이 본회의에 보고된 후 7일 이내에 국회의원 30인 이상의 요구가 있는 때에는 해당 의안은 본회의에 부의하여야 한다(국회법 제87, 88조).

다) 법률안 수정동의

위원회에서 법률안을 심사하는 동안 수정동의를 할 수 있다. 수정동의를 위해서는 국회의원 30인 이상이 연서하여야 한다(국회법 제95조). 법률안에 대한 수정동의에 있어서 수정된 법률안과 원안의 동일성이 인정되어야 한다. 헌법재판소는 이를 완화하여 해석하고 있다. 즉 이때 수정은 원안에 다른 의사를 가하는 것으로 추가, 삭제 및 변경을 모두 포함하며, 원안이 전혀 다른 의미로 변경되는 경우가 아니라면 수정안으로 인정된다.[17] 그러나 수정안이 원안과 동일성을 상실한다고 볼 정도로 변형된 경우에는 이를 더 이상 수정동의라고 할 수는 없다.

(3) 정부이송 · 공포 · 재의요구 및 재의결

가) 정부이송 · 공포

국회에서 의결된 법률안은 정부에 이송한다. 대통령은 이를 15일 이내에 공포하여야 한다(제53조 제1항). 이 기간 내에 대통령이 법률안을 공포하지 않은 때에는 법률안은 법률로서 확정된다(제53조 제5항).

나) 재의요구 · 재의결

대통령은 국회에서 의결한 법률안을 거부할 수 있다. 즉 대통령은 법률안에 이의가 있을 때에는 법률안이 정부에 이송된 후 15일 이내에 이의서를 붙여 국회에 환부하고 법률안에 대한 재의를 요구할 수 있다. 대통령은 법률안의 일부에 대하여 혹은 법률안을 수정하여 재의를 요구할 수는 없다. 이와 같은 수정재의요구는 또 다른 법률안의 제출과 같은 의미를 갖기 때문이다. 국회가 폐회 중인 경우에도 대통령은 위와 같은 요건을 갖추어 법률안에 대한 재의요구를 할 수 있다. 대통령이 국회의 폐회시까지 법률안을 공포하지도 않고, 또 명시적으로 재의요구도 하지 않는 방법을 통하여 거부권을 행사하는 가능성, 즉 이른바 보류거부(pocket veto)는 인정되지 않는다.

대통령이 법률안에 대해서 재의요구를 한 경우 국회가 이를 재의결하기 위해서는 국회 재적의원 과반수의 출석과 출석의원 3분의 2 이상의 찬성이 있어야 한다(제53조 제2·3·4항). 이와 같이 재의결을 위해서는 가중된 정족수가 필요하기 때문에 국회의 정당구도가 극히 균형을 상실하고 있는 경우가 아니라면 대통령의 거부권행사는 사실상 최종적이다. 국회가 재의결을 하면 법률안은 법률로서 확

17) 헌재 2006.2.23, 2005헌라6, 18-1(상), 90면 이하; 2008.4.24, 2006헌라2, 20-1(상), 448면 등 참조.

정된다.

다) 국회의장이 공포하는 경우

대통령이 이송된 법률안을 재의요구하지 않은 채 15일 이내에 공포하지 않아 법률로 확정된 후, 혹은 대통령이 거부한 법률안을 국회가 재의결하여 확정된 법률이 정부에 이송된 후 5일 이내에 대통령이 공포하지 않은 때에는 국회의장이 이를 공포한다(제53조 제6항).

라) 효력발생

법률 자체에 특별한 규정이 없는 한 법률은 공포한 날로부터 20일이 지나면 효력을 발생한다(제53조 제7항). 법률 자체가 법률의 효력발생시기에 대해서 특별한 규정을 두고 있으면 그에 따른다. 효력발생시기에 대한 규정의 유형은 두 가지이다. 첫째, 공포일로부터 기간을 정하여 법률의 효력이 발생하는 시점을 결정하는 방법이다. 둘째, 특정 시점을 지정하여 해당 시점으로부터 법률이 효력을 발생하도록 하는 경우이다.

3. 국회의 입법기능에 대한 통제

(1) 대통령의 재의요구권

국회입법에 대한 외부의 통제수단으로 대통령의 재의요구권이 있다. 재의요구권의 내용과 절차에 대해서는 위에서 설명하였다. 재의요구의 사유에 대해서는 대통령의 권한을 다루면서 설명한다.

(2) 입법절차의 하자에 대한 통제가능성과 내용

국회에서 입법절차는 헌법과 법률에 따라야 한다. 이를 따르지 않은 경우, 예컨대 우리 헌정사에서 종종 있었던 이른바 '날치기 법률안통과'가 헌법재판소에서 권한쟁의심판의 대상이 되는지가 해명을 필요로 하였다. 즉 국회의원에게 자유로운 토론 및 표결권을 보장하지 않은 상태에서 국회의장이 일방적으로 가결을 선포한 행위가 권한쟁의심판의 대상이 되는가, 그리고 이러한 법률안 가결선포행위는 위헌인가 하는 문제이다.

가) 권한쟁의심판청구의 적법 여부

a) 부적법 논거

초기 헌법재판소는 다음과 같은 이유에서 국회의원은 국회의장을 상대로 하는 권한쟁의심판의 당사자가 될 수 없다는 입장이었다.[18] 첫째, 헌법 제111조 제1항 제4호 및 「헌법재판소법」 제62조 제1항 제1호의 권한쟁의심판의 당사자에 대한 규정은 열거규정이며, 국회의장과 국회의원은 여기에 열거되어 있지 않다. 둘째, 국회의장과 국회의원의 관계는 국가기관과 국가기관 간의 관계가 아니라 국회 내 구성원 사이의 내부관계에 해당한다.

b) 적법 논거

그러나 위와 같은 이해방법은 타당하지 않으며, 실제 헌법재판소는 이후 다음과 같은 이유에서 기존의 결정을 변경하였다.[19]

첫째, 권한쟁의심판의 다양한 가능성을 헌법제정권자 및 입법자가 모두 망라하여 규정했다고 볼 수는 없다. 따라서 헌법 및 「헌법재판소법」상의 권한쟁의심판의 당사자에 대한 규정은 예시규정으로 보아야 한다. 둘째, 국회의장과 국회의원의 관계는 한편으로는 국회라는 국가기관을 구성하는 구성원 간의 내부관계의 측면이 있다. 그러나 다른 한편 국회의장과 국회의원은 모두 헌법과 법률에 의하여 독자적인 권한이 부여되어 있는 헌법기관이다. 후자의 측면에서 보았을 때 국회의원이 국회의장의 일방적인 행위로 인하여 헌법과 법률상의 권한을 침해받을 가능성이 충분히 있다. 셋째, 국회의장과 국회의원의 관계가 설혹 국회의 내부적 분쟁의 외형을 띠고 있더라도 이를 국회의 자율권에 의하여 해결하는 데에는 한계가 있다. 국회의 자율권은 헌법과 법률이 정하는 바에 의하여 형성되며, 자율권의 행사가 헌법 및 법률을 초월할 수는 없다(제64조). 그런데 입법절차의 하자는 헌법과 법률에 위반 여부가 문제되는 사안이기 때문이다. 넷째, 이와 같은 분쟁을 해결할 다른 수단이 존재하는 것도 아니다. 예컨대 「행정소송법」상의 기관소송은 법률이 정한 경우에 한하여 제기할 수 있는데, 국회의원이 국회의장에게 기관소송을 제기할 수 있는 법적 근거는 없다. 따라서 권한쟁의심판에 의하여 분쟁을 해결할 방법만이 남아 있다.

나) 권한의 침해 여부 및 가결선포행위의 효력

권한쟁의심판의 당사자능력의 문제와 별개로 다음과 같은 문제가 이어서 제기된다. 첫째, 국회의장의 일방적인 가결선포행위가 국회의원의 법률안에 대한 심의 및 표결의 권한을 침해하였는가의 여부이다. 둘째, 심의 및 표결 권한의

18) 헌재 1995.2.23, 90헌라1, 7-1, 140면 이하 참조.
19) 헌재 1997.7.16, 96헌라2, 9-2, 154면 이하 참조.

침해가 확인된 경우 이러한 입법절차상의 하자가 법률안 가결선포행위의 효력에 영향을 미치는가 하는 문제이다. 차례로 살펴본다.

a) 권한침해 여부

입법절차상의 하자가 헌법이나 법률에 명백히 위반되는 경우에는 국회의원의 권한에 대한 침해를 확인한다. 이 경우 국회의 자율권을 근거로 권한침해의 확인을 피할 수는 없다. 다만 입법절차의 하자가 헌법 및 법률을 명백히 위반하였는가는 상황에 대한 구체적인 판단을 필요로 한다.

예컨대 야당과 협의를 거치지 않고 본회의 개의시간을 변경하고 이를 통지하지 않은 상태에서 여당의원들만이 출석한 회의에서 질의와 토론이 없이 이의의 유무를 묻는 방법으로 법률안을 표결하여 통과시키는 것, 또 국회 상임위원장이 회의장 출입문을 폐쇄하여 의원들의 출석을 봉쇄한 상태에서 의안을 상정하고 표결하여 통과시킨 것 등은 국회의원의 법률안 심의·표결권을 침해한다.[20) 이에 비해서 국회 본회의에서 국회의원들의 이의제기가 있었음에도 불구하고 국회의장이 이를 무시한 경우에 헌법재판소는 국회 회의록에 기재된 내용을 기준으로 판단하여 청구를 기각한 바 있다.[21) 보도내용을 담은 방송사의 비디오테이프 등에 대해서는 증거능력을 부인하였다. 그러나 이와 같이 실체적 진실의 발견을 포기하는 것은 바람직하지 않다. 실제 이에 관하여 실체적 판단을 한 사례도 있다. 표결과정에서 본회의가 극도로 무질서하고 혼란한 상황에서 위법한 투표행위 또는 투표방해행위가 있었다면 질서를 회복한 후 표결에 들어가야 하는데, 그렇지 못한 상태에서 표결을 강행한 것은 표결결과에 영향을 미쳤을 개연성이 높고, 따라서 국회의원의 자유로운 표결권을 침해한 것으로 보았다. 심의과정에서 국회의원에게 질의 및 토론의 기회를 주지 않고 표결을 강행한 경우 혹은 질의 및 토론 신청 여부를 확인하지 않고 표결을 한 경우에도 국회의원의 권한을 침해한다.[22)

국회의원의 권한침해를 확인하는 결정이 헌법질서의 유지에 기여하기 위해서는 국회가 권한침해의 위헌적인 상태를 제거하기 위하여 필요한 조치를 취하여야 한다. 그러나 아직 헌법재판소는 권한침해의 확인결정이 적극적인 작위의무를 부과하는 의미를 갖지는 않으며, 또 이에 대한 판단은 국회의 자율권에

20) 헌재 1997.7.16, 96헌라2, 9-2, 168면 이하; 2010.12.28, 2008헌라7, 22-2(하), 587면 이하 등 참조.
21) 헌재 2000.2.24, 99헌라1, 12-1, 115면 이하. 같은 취지의 결정으로는 헌재 2008.4.24, 2006헌라2, 20-1(상), 445면 이하 참조.
22) 헌재 2009.10.29, 2009헌라8등, 21-2(하), 59면 이하 참조.

맡겨져야 한다는 입장이다.[23]

판례 **국회의원의 심의·표결권 침해와 가결선포행위의 효력** (헌재 2009.10.29. 2009헌라8등)

헌법 제49조 다수결의 원칙은 국회의 의사결정과정의 합리성 내지 정당성이 확보될 것을 전제로 하고, 국회의원의 법률안 표결권은 자신과 다른 국회의원의 표결권이 모두 정당하게 행사되고 확인되는 과정을 거쳐 국회의 최종 의사로 확정되는 국회입법권의 근본적인 구성요소이다. 따라서 법률안에 대한 표결의 자유와 공정이 현저히 저해되고 이로 인하여 표결 결과의 정당성에 영향을 미칠 개연성이 인정되는 경우라면, 그러한 표결 절차는 헌법 제49조 및 국회법 제109조가 규정한 다수결 원칙의 대전제에 반하는 것으로서 국회의원의 법률안 표결권을 침해한다.

신문법 수정안 표결 전후의 무질서하였던 회의장 상황 및 현행 전자투표 방식의 맹점 등을 고려할 때, 국회의장은 표결과정에서 최소한의 질서를 확보하고 위법한 투표행위나 투표 방해행위를 제지하는 등의 조치를 취하였어야 했다. 그런데 그러지 못한 결과, 신문법 수정안에 대한 표결과정에 권한 없는 자에 의한 임의의 투표행위, 위법한 무권 또는 대리투표행위로 의심받을 만한 여러 행위, 투표방해 또는 반대 투표행위 등 정상적인 절차에서 나타날 수 없는 투표행위가 다수 확인되는 바, 신문법 수정안에 대한 표결 절차는 자유와 공정이 현저히 저해되었다.

권한쟁의심판사건에서 심판대상은 원칙적으로 피청구인의 처분 등이 헌법 또는 법률에 의하여 부여받은 청구인의 권한을 침해하였는지 여부이고, 더 나아가 피청구인의 처분을 취소하거나 그 무효를 확인하는 것에 대하여는 헌법재판소에게 그의 재량에 따른 부가적인 심판 가능성을 부여하고 있을 뿐이다. 따라서, 국가기관 상호간의 권한쟁의심판 결과 드러난 위헌·위법 상태를 제거함에 있어서 피청구인에게 여러 가지 정치적 형성의 여지가 있는 경우에는, 헌법재판소는 피청구인의 정치적 형성권을 되도록 존중하여야 한다. 따라서 재량적 판단에 의한 무효확인 또는 취소를 통하여 피청구인의 처분의 효력을 직접 결정하는 것은 권한질서의 회복을 위하여 헌법적으로 요청되는 예외적인 경우에 한정되어야 한다. 국회의원이 국회의장을 상대로 입법절차의 하자로 인하여 심의·표결권이 침해되었다고 주장하는 권한쟁의심판에 있어서도 특히 국회의 입법에 관한 자율권을 존중하는 의미에서 헌법재판소는 원칙적으로 처분의 권한 침해만을 확인하고, 권한 침해로 인하여 야기된 위헌·위법 상태의 시정은 피청구인에게 맡겨두는 것이 바람직하다. 그러므로 이 사건 신문법안의 가결선포행위에 대한 무효확인 청구는 이유 없으므로 기각하여야 할 것이다.

---

23) 이에 대해서는 헌재 2010.11.25, 2009헌라12, 22-2(하), 320면 이하 참조. 이 결정에는 헌법재판 결정이 기속력을 갖기 위해서는 권한침해를 확인하는 결정에는 위헌·위법상태를 제거하여야 할 국회의 작위의무가 있다는 소수의견이 있다. 22-2(하), 336면 이하 참조.

b) 가결선포행위의 효력

법률안에 대한 심의 및 표결의 권한을 침해하였다고 확인하는 때에는 해당 법률안 가결선포행위는 위헌이라고 보아야 한다. 그러나 헌법재판소는 법률안 가결행위의 효력에 대해서는 의견이 나뉘어서 위헌결정을 하지는 못했다. 기각 의견은 법률안 가결행위가 「국회법」의 규정에 위반하였을 뿐, 입법절차에 관한 헌법 규정을 명백히 위반한 흠은 아니라고 한다.[24] 그러나 이는 국회에서의 표결에 대한 지나치게 형식논리적인 접근이다.

국회는 합의체기관이며, 의사결정은 다수결의 원칙에 따른다. 다수결의 원칙은 그 자체가 목적이 아니며, 합의체기관의 진정한 의사를 결정하는 수단이다. 이때 의사결정은 구성원 간에 자유로운 토론과 협의, 그리고 합의와 타협의 과정을 거쳐서 이루어진다. 다수결의 원칙은 이와 같은 과정을 보호하여야 하며, 따라서 국회의원의 심의 및 표결권은 헌법적인 권한으로 보아야 한다. 더욱이 국회의원은 헌법 제46조 제2항에 의하여 특정한 내용을 결정하도록 위임받은 것이 아니며, 공익을 지향하는 국민 전체의 의사를 토론과 표결을 통하여 형성하여야 한다. 그렇다면 국회에서 의사결정과정은 헌법이 예정하고, 또 보호하는 대상이며, 이때 국회의원의 심의 및 표결권은 헌법적인 중요성을 갖는다.[25] 이를 침해하여 행한 의사결정은 헌법 규정을 위반한 명백한 흠이 해당한다. 따라서 법률안 가결선포행위는 위헌이라고 보아야 한다.[26]

(3) 헌법재판소의 사후심사

법률에 대한 위헌심사는 법률이 제정된 후, 그리고 해당 법률이 적용되는 구체적인 사안과 관련해서 이루어진다. 법률안에 대한 사전심사, 그리고 법률이 적용되는 구체적인 사건이 법원에 계속 중인가의 여부와 관계없이 행하는 위헌심사, 즉 추상적 규범통제는 우리 헌법에서는 인정되지 않는다. 비교헌법

---

24) 헌재 1997.7.16, 96헌라2, 9-2, 172면 이하 참조.

25) 헌법재판소는 국회의원의 법률안에 대한 심의표결권의 헌법적 근거를 의회민주주의원리, 입법권에 관한 헌법 제40조, 국회의원의 국민 직선에 관한 헌법 제41조 제1항에서 도출하고 있다. 헌재 2000.2.24, 99헌라1, 12-1, 125면 이하 참조.

26) 이후 헌법재판소는 입법절차의 하자가 있는 법률안 가결선포행위의 효력에 대해서 판례가 변경될 수 있음을 암시하는 결정을 한 바 있다. 국회 상임위원회에서 국회의원의 심의 및 표결의 권한이 침해되었음을 확인하고 가결선포행위의 무효를 구하는 권한쟁의심판에서 종국결정을 앞두고 청구인이 청구를 취하하여 헌법재판소는 절차를 종료하였다. 그런데 이 결정 반대의견에서는 이 사건에 대한 실질적인 심사에 있어서는 재판관 다수가 권한의 침해확인뿐 아니라 가결선포행위가 무효라는 견해임을 밝히고 있다. 헌재 2001.6.28, 2000헌라1, 13-1, 1, 226면 이하 참조.

적으로 보면 프랑스헌법이 사전심사를, 그리고 독일헌법이 구체적인 사건의 계속 여부에 관계없이 이른바 추상적 규범통제를 인정하고 있다. 그러나 우리 헌법에서도 법률에 대한 사후적인 위헌심사가 예정되어 있다는 사실은 국회 및 정부에서 법률안의 작성 및 심의단계에서 실질적인 사전심사를 강화하는 중요한 계기가 된다.

헌법재판소는 국회에서 자유로운 토론과 표결의 기회가 보장되지 않은 상태에서 법률안이 통과된 경우 법률의 효력에는 영향을 주지 않는다고 판단하고 있다. 따라서 권한쟁의가 아닌 헌법소원사건에서 입법절차의 하자는 심판대상인 법률의 위헌 여부에 영향을 주지 않는다.[27)]

Ⅱ. 국회의 재정기능

1. 예산심의확정 및 결산승인권

(1) 예산의 개념 및 구성요소

예산은 한 회계연도의 국가의 총수입과 총지출의 예정표이다. 예산은 예산총칙 · 세입세출예산 · 계속비 · 명시이월비 및 국고채무부담행위로 구성된다(국가재정법 제19조).

예산총칙에는 세입세출예산 · 계속비 · 명시이월비와 국고채무부담행위에 관한 총괄적 규정을 둔다. 이 밖에 국채 또는 차입금의 한도액, 재정증권의 발행과 일시차입금의 최고액, 그 밖에 예산집행에 관하여 필요한 사항을 규정한다(국가재정법 제20조).

세입세출예산은 한 회계연도의 모든 수입과 지출을 말한다. 세입세출예산에는 예비비가 포함된다. 예비비는 예측할 수 없는 예산 외의 지출 또는 예산 초과지출에 충당하기 위하여 계상되는 예산이다. 따라서 예비비의 경우 지출항목을 미리 명시하는 데에는 한계가 있으며, 총액으로 국회의 의결을 받는다. 그만큼 예비비는 남용의 위험이 있다. 「국가재정법」은 부분적으로 예비비에 상한액을 두고 있다. 즉 예비비는 일반회계예산총액의 100분의 1의 범위 내에서 계상한다. 예산총칙에 미리 사용목적을 지정해 놓은 예비비는 상한에 관한 규정의 적용을 받지 않고 별도로 세입세출예산에 계상할 수 있다. 다만 공무원의 보수 인상을 위한 인건비 충당을 위해서는 예비비의 사용목적을 지정할 수 없다

27) 헌재 1997.1.16, 92헌바6등, 9-1, 22면; 1998.8.27, 97헌마8, 10-2, 439면 이하 등 참조.

(국가재정법 제22조 제1항). 예비비의 지출은 차기국회의 승인을 얻어야 한다(헌법 제55조 제2항). 국회의 승인은 예산집행의 정치적 책임을 면제한다. 국회의 승인 여부가 예산의 집행행위, 특히 지출의 규범적 효력에 영향을 미치는 것은 아니다.

명시이월비는 세출예산 중 성질상 연도 내에 그 지출을 끝내지 못할 것이 예측될 때, 특히 그 취지를 세입세출예산에 명시하여 미리 국회의 승인을 얻어 다음 연도에 이월하여 사용할 수 있는 예산을 말한다(국가재정법 제24조).

국고채무부담행위는 법률에 의한 것과 세출예산금액 또는 계속비의 총액의 범위 안의 것 외에 채무를 부담하는 행위로서, 국회의 의결을 얻어야 한다. 이 밖에 재해복구를 위하여 필요한 경우 회계연도마다 국회의 의결을 얻은 범위 내에서 채무를 부담하는 행위를 할 수 있다(국가재정법 제25조).

(2) 국회의 예산심의확정권 및 결산승인권의 헌법적 의미

의회민주주의가 출발하면서 예산심의 및 확정과 결산승인은 국회의 권한으로 하였다. 이는 다음과 같은 헌법적 의미가 있다.

가) 정치적 기능

정부는 예산을 편성하고, 국회가 이를 심의·확정한다(제54조). 이러한 절차를 거치면서 예산은 정책, 그리고 정책의 우선순위 및 정책의 내용을 확정하는 정치적 기능을 수행한다. 따라서 예산편성 및 결정에 있어서 정치적 결정의 계기가 내포되어 있다. 오늘날 국가기능이 적극화되면서 예산은 분배 및 재분배, 그리고 이 과정에서 이익투쟁의 장이 되었다. 그 결과 거시적으로는 예산의 편성과 집행이 국민통합 혹은 분열의 효과를 갖게 된다.

나) 재정적 기능

예산은 정치적으로 결정된 정책목표를 재정적으로 보장한다. 정치적 결정이 법률제정 혹은 개정의 형태로 이루어지고, 이러한 정책에 대한 정치적 결정과 재정에 대한 정치적 결정이 차이를 보일 때 법률과 예산의 상호효력관계에 관한 문제가 발생한다. 「국회법」은 정책의 재정적 기반을 확보할 수 있도록 국회의원이 예산 또는 기금상의 조치를 수반하는 의안을 발의하는 경우 예상되는 비용에 대한 국회예산정책처의 추계서를 제출하도록 하고 있다(국회법 제79조의2).

다) 국정운영의 공개·투명화·통제기능

예산은 단순히 재정수입과 지출의 예정표에 그치지 않고, 해당 재정이 투입되는 국가사업을 제시한다. 따라서 예산의 심의·확정에 있어서 해당 국가사업의 상세한 내용과 그 정책적 타당성이 국회에서 집중적으로 심사된다. 이러한 과정을 통하여 국가운영이 공개·투명화되고, 국민의 국정에 대한 알 권리가 실현된다.

국회는 예산안을 심의·확정하며, 이는 국민의 재정적 부담의 정도를 심사하는 독자적인 기능이다. 또 국회는 정책계획과 이에 소요되는 경비에 대한 타당성을 심사하여 다른 국가기관, 특히 행정부의 국정수행을 통제한다. 국회는 결산심사 및 승인권과 연계하여 전년도 예산집행에 대한 검토의 결과를 다음연도 예산의 심의 및 확정에 반영하여 효율적인 재정 및 사업통제를 할 수 있다. 이와 같은 맥락에서 보면 예산심의확정권과 결산승인권은 국회의 고유기능의 성격과 행정부의 정책집행에 대한 통제의 성격을 함께 띠고 있다.

라) 경제정책적 기능

예산은 적시에 재정을 투입하여 경기의 과열과 침체를 조정하고, 그 결과 경제목표를 달성하는 데 기여하는 중요한 수단이다. 이러한 예산의 경제정책적 기능은 국가의 기능이 적극화하고, 그 결과 재정규모가 팽창하면서 점점 그 중요성을 더해가고 있다.[28]

(3) 예산법을 지배하는 원칙들

예산법을 지배하는 형식적인 원칙과 실질적인 원칙들이 있으며, 이는 예산을 규율하는 법률에 충실히 반영되어야 한다. 아래에서는 형식적인 원칙으로서 1년예산주의와 예산비법률주의, 그리고 실질적인 원칙으로서 예산완전성 및 단일성의 원칙을 설명한다. 현재 예산편성 및 집행을 규율하는 법으로 「국가재정법」이 있다.

가) 1년예산주의와 예산비법률주의

a) 1년예산주의, 계속비, 추가경정예산

예산은 1년회계연도 단위로 편성·집행한다. 「국가재정법」상의 회계연도는 매년 1월 1일부터 시작하여 12월 31일에 종료한다(국가재정법 제2조). 1년예산주의에 대

28) 위와 같은 예산의 경제정책적 기능에서 도출되는 경제목표를 독일의 「경제안정법」(Stabilitätsgesetz)은 네 가지로 표현하고 있다. 물가안정과 고용수준의 유지, 국제수지의 균형과 국민경제의 성장이 그것이다(경제안정법 제1조 제2문). 다만 이러한 경제정책의 목표들을 동시에 실현하는 것은 거의 불가능하다고 평가되고 있다.

한 예외로서 헌법은 계속비와 추가경정예산안제도를 두고 있다.

계속비는 1년예산주의에 대한 예외로서 완성에 수년이 필요한 공사나 제조 및 연구개발의 경우 경비의 총액과 연부액을 정하여 미리 국회의 의결을 얻은 범위 안에서 수년도에 걸쳐서 지출할 수 있는 예산을 말한다. 계속비로서 지출할 수 있는 연한은 당해 회계연도로부터 5년 이내이다. 다만, 사업규모 및 국가재원 여건상 필요한 경우에는 예외적으로 10년 이내로 할 수 있다. 또 기획재정부장관은 필요하다고 인정하는 때에는 국회의 의결을 거쳐 지출연한을 연장할 수 있다(헌법 제55조 제1항; 국가재정법 제23조).

추가경정예산은 예산성립 후에 발생한 사유로 인하여 이미 성립된 예산을 변경하는 제도이다(헌법 제56조). 이는 엄격히 보면 1년예산주의에 대한 예외는 아니지만 확정된 예산을 증액한다는 점에서 사실상 1년에 예산을 두 번 이상 편성하는 의미를 갖는다. 「국가재정법」은 추가경정예산을 편성하는 사유를 한정하고 있다. 즉 전쟁이나 대규모 자연재난 및 사회재난이 발생한 경우, 경기침체와 대량실업, 남북관계의 변화, 경제협력 등 대내외 여건에 중대한 변화가 발생하였거나 발생할 우려가 있는 경우, 그리고 법령에 따라 국가가 지급하여야 할 지출이 발생하거나 증가한 경우를 제외하고는 추가경정예산안을 편성할 수 없다. 추가경정예산을 사전적으로 통제하기 위하여 정부는 국회에서 추가경정예산안을 확정하기 전에는 이를 배정하거나 집행할 수 없도록 하였다(국가재정법 제89조).

그동안 정기예산안을 심의·의결하면서 국회에서 정부와 국회, 그리고 여당과 야당 간에 합의에 이르지 못한 부분을 관례적으로 추가경정예산을 편성하여 보충하여 왔다. 이는 추가경정예산의 본래의 취지에 반하며, 이에 비판이 가해져 왔다. 위 규정은 이러한 비판을 극복하기 위한 목적을 갖지만 법문이 지극히 추상적으로 되어 있어 실제 추가경정예산의 남용을 방지할 수 있을지는 의문이다. 예컨대 경제협력 등 대내외 여건의 중요한 변화는 그 자체가 모호한 기준이며, 또 이러한 상황이 발생할 우려가 있는 경우에도 추가경정예산안을 편성할 수 있기 때문에 추가경정예산안 편성을 통제하기 위한 기준으로서 실효성은 거의 없다.

b) 예산비법률주의

예산안에 대한 심의·확정은 법률제정과 유사한 절차를 밟는다. 그러나 예산이 법률은 아니며, 법적 구속력을 갖지 못한다. 비교법적으로 보면 예산을 법률의 형식으로 의결하는 입법례도 있다. 독일이 이러한 예에 해당한다(독일헌법 제110조 제2항).

그러나 예산이 법률의 형식으로 의결되는 경우에도 예산은 일반법률과는 달리 국민의 권리의무관계에 직접 변화를 가져오지는 않는다. 따라서 예산법률주의와 예산비법률주의의 구분은 헌법적 의미가 크지 않다.

국회의 예산통제를 강화하기 위하여 예산을 법률의 형식으로 하여야 한다는 논의가 있다. 그러나 이는 헌법개정에 의하지 않고는 불가능하다. 헌법제정권자는 예산법률주의와 예산비법률주의 중 후자를 선택한 것이기 때문이다.

근본적으로 보면 예산법률주의를 통하여 국회가 예산을 더욱 효율적으로 통제할 수 있다는 논리는 타당하지 않다. 예산법률주의와 예산비법률주의의 차이는 다음과 같은 이유에서 절대적이지 않기 때문이다. 첫째, 예산법은 형식적으로 법률의 외형을 띠지만 일반 법률과는 달리 국민의 권리의무관계에 직접 영향을 미치는 일반적·추상적 규율이 아니다. 예산법률주의를 채택하는 경우에도 예산법은 수권규정으로 구성되며, 세출을 규율대상으로 한다. 예컨대 예산법률주의를 채택하고 있는 독일의 「예산기본원칙에 관한 법률(Haushaltsgrundsätzegesetz)」은 이 점을 다음과 같이 명확히 하고 있다. 즉 예산법에 의하여 특정한 청구권이나 의무가 도출되지는 않는다(제3조). 또 거꾸로 개인이 국가에 대한 구체적인 청구권을 이미 갖고 있는 한 예산에 이에 관한 수권 및 지출승인에 관한 규정이 없다는 이유로 그 집행을 거부할 수는 없다. 둘째, 그 결과 예산법은 대외적 효력을 갖지 않으며, 따라서 기관법(Organgesetz)으로 불리운다. 셋째, 예산법은 기관법으로서도 규범력에 있어서 다음과 같은 특징이 있다. 즉 예산법은 예산을 집행하는 기관에 예산지출의 수권을 하지만 예산집행의 의무를 부과하는 것은 아니다. 예산집행의 여부는 기본적으로 집행기관의 결정에 유보되어 있다.

나) 예산총계주의

a) 내　용

예산의 본질상 국가의 모든 수입과 지출은 단일한 예산에 계상하여야 한다(국가재정법 제17조). 이때 비로소 국가 재정행위 및 사업운영의 투명성이 확보되고, 이를 효율적으로 통제할 수 있기 때문이다. 다만 「국가재정법」은 사업의 종류 및 사업의 주체에 따라 예산완전성 및 단일성의 원칙에 다음과 같은 특례와 예외를 두고 있다.

정부는 다음과 같은 경우 예산에 계상된 외의 지출을 할 수 있다. 용역 또는 시설을 제공하여 발생하는 수입과 관련되는 경비로서 수입이 예산을 초과하거나 초과할 것이 예상되는 때, 국가가 현물로 출자하는 경우와 외국차관을 도입하여 전대(轉貸)하는 경우, 차관물자대의 경우 전년도 인출예정분의 부득이한 이월 또는 환율 및 금리의 변동으로 인하여 세입이 그 세입예산을 초과하는 때, 전대차관을 상환하는 경우 환율 및 금리의 변동, 기한 전 상환으로 인하여 원리금 상환액이 그 세출예산을 초과하게 되는 때 등이 여기에 해당한다(국가재정법 제53조).

국가의 회계는 일반회계와 특별회계로 구분한다. 국가가 특정한 사업을 운영할 때, 특정한 자금을 보유하여 운영할 때, 기타 특정한 세입으로 특정한 세출에 충당하여 일반회계와 구분하여 계리할 필요가 있을 때에는 특별회계를 설치할 수 있다. 특별회계의 설치는 법률에 의한다(국가재정법 제4조, 별표 1). 현재 특별회계를 설치하는 근거 법률로 「지방자치분권 및 지역균형발전에 관한 특별법」, 「정부기업예산법」, 「농어촌구조개선특별회계법」, 「에너지 및 자원사업특별회계법」, 「고등·평생교육지원특별회계법」 등이 제정되어 있다. 예컨대 「정부기업예산법」은 우편사업특별회계, 우체국예금특별회계, 양곡관리특별회계, 조달특별회계 등 4개의 특별회계를 설치하고 있다(법 제3조).

국가예산과 직접 관련된 사안은 아니지만 국가과제를 수행하는 정부투자기관의 예산과 회계는 「국가재정법」이 아닌 별도의 법률에 의하여 규율되고 있다. 현재 「공공기관의 운영에 관한 법률」이 이에 대해서 규율하고 있다.

b) 기 금

기금은 예산총계주의에 대한 예외로서 특별히 설치된다. 즉 국가는 특정한 목적을 위하여 특정한 자금을 신축적으로 운영할 필요가 있을 때 기금을 설치할 수 있다. 기금의 설치는 법률에 의한다(국가재정법 제5조). 기금의 설치·운영에 관한 기본적인 사항은 「국가재정법」이 규율하고 있으며, 기금의 설치는 개별 법률이 직접 규율하고 있다(국가재정법 별표 2). 현재 「고용보험법」, 「공공자금관리기금법」, 「공무원연금법」, 「국민연금법」, 「군인연금법」, 「남북협력기금법」 등에 의하여 기금이 설치·운영되고 있다.

예산규모에 버금가는 기금이 별도로 운영되는 것은 예산총계주의에 충실하지 못하다고 평가할 수 있다. 이로써 예산을 기초로 국가사업을 투명화하는 가능성은 그만큼 제한되기 때문이다.[29] 그러나 기금이 설치목적에 집중하도록 전문적으로 운용되어야 한다는 점을 고려하면 기금을 예산과 독립하여 편성하는

29) 이러한 우려에 대해서는 헌재 2003.1.30, 2002헌바5, 15-1, 101면 이하; 2003.12.18, 2002헌가2, 15-2(하), 378면 이하 등 참조.

것이 보다 합리적이다. 기금이 예산에 편입될 경우 기금이 포괄적으로 정부 및 국회의 예산편성 및 심의확정권의 처분에 맡겨지게 되어 기금의 재정법적 특성인 목적기속성이 상실될 위험이 있기 때문이다.

위와 같이 기금이 예산과는 차별성이 있지만 기금의 재정적 중요성을 감안하여 예산과 같은 통제수단을 두고 있다. 즉 기금관리 주체는 매년 1월 31일까지 해당 회계연도부터 5회계연도 이상의 기간 동안의 신규사업 및 기획재정부장관이 정하는 주요 계속사업에 대한 중기사업계획서를 기획재정부장관에게 제출하여야 한다. 이때 기금관리 주체는 기금이 여성과 남성에게 미칠 영향을 미리 분석한 보고서(성인지 기금운용계획서), 그리고 기금이 온실가스 감축에 미칠 영향을 미리 분석한 보고서(온실가스감축인지 기금운용계획서)를 작성하여야 한다(국가재정법 제68조의2, 제68조의3). 이에 기초하여 기획재정부장관은 기금운용계획안을 작성하고, 이는 국무회의의 심의를 거쳐 대통령의 승인을 얻어야 한다. 이는 회계연도 개시 120일 전까지 국회에 제출하여야 한다(국가재정법 제66조 제6항, 제68조). 예산안심의에 있어서와 마찬가지로 국회는 정부가 제출한 기금운용계획안의 주요항목 지출금액을 증액하거나 새로운 과목을 설치하고자 할 때에는 정부의 동의를 얻어야 한다(국가재정법 제69조).

(4) 예산심의확정절차

가) 정부의 예산안편성

국회에서 예산심의를 위해서는 먼저 정부가 예산을 편성하여야 한다. 예산편성의 업무는 기획재정부장관이 담당한다. 회계업무 역시 기획재정부장관이 담당한다. 기획재정부장관은 예산안을 편성하여 국무회의의 심의를 거쳐 대통령의 승인을 얻어야 한다(국가재정법 제32조 이하).

국회, 대법원, 헌법재판소, 중앙선거관리위원회 등 독립기관들이 독자적으로 예산편성권을 갖지는 않는다. 다만 이들 기관의 독립성을 뒷받침하기 위하여 예산을 편성할 때 독립기관의 장의 의견을 최대한 존중하여야 한다. 국가재정 상황 등에 따라 세출예산요구액에 대한 조정이 필요한 경우 당해 독립기관의 장과 미리 협의하여야 한다. 협의에도 불구하고 세출예산요구액을 감액할 때에는 국무회의에서 해당 독립기관의 장의 의견을 들어야 한다. 또 정부가 독립기관의 세출예산요구액을 감액한 때에는 그 규모와 이유 및 감액에 대한 독립기관의 장의 의견을 국회에 제출하여야 한다. 감사원의 세출예산요구액을 감액하고자 하는 경우에는 국무회의에서 감사원장의 의견을 들어야 한다(국가재정법 제40, 41조).

정부는 예산을 편성하여 회계연도 개시 90일 전까지 국회에 제출하여야 한다(헌법 제54조 제2항). 「국가재정법」은 예산안을 국회에 제출하는 시기를 회계연도 개시 120일 전으로 하고 있다(법 제33조).

나) 국회에서의 예산심의

a) 예산심의절차

국회에 제출한 예산안은 국회의장이 접수한 후 소관 상임위원회에 회부하고 예비심사를 하여 그 결과를 보고받는다. 예산안에 대해서 본회의에서 정부의 시정연설을 듣는다. 국회의장은 예산안에 대한 소관 상임위원회의 보고서를 첨부하여 예산결산특별위원회에 회부하여 심의하도록 한다(국회법 제84조). 예산결산특별위원회는 예산안에 대하여 공청회를 개최하여야 한다(국회법 제84조의3).

국회는 예산안에 대한 수정동의를 할 수 있다. 이를 위해서는 국회의원 50인 이상의 찬성이 있어야 한다(국회법 제95조 제1항).

b) 예산안 자동부의제도

예산안의 심사기간이 정해져 있다. 즉 위원회는 예산안 등과 세입예산안 부수 법률안의 심사를 매년 11월 30일까지 마쳐야 한다. 위원회가 기한 내에 심사를 마치지 않은 때에는 그 다음 날에 위원회에서 심사를 마치고 바로 본회의에 부의된 것으로 본다. 이는 의장이 각 교섭단체 대표의원과 합의한 경우에는 적용되지 않는다(국회법 제85조의3).

c) 국회에서의 예산증액 및 새 비목추가

국회는 정부가 제출한 지출예산 각항의 금액을 증가하거나 새 비목을 설치하기 위해서는 정부의 동의를 얻어야 한다(제57조). 세입세출예산은 궁극적으로 국민에 재정적 부담을 지우며, 또 국민의 권리의무에 중요한 영향을 미친다. 전통적으로 이러한 재정부담의 행위자는 행정부였으며, 국회의 예산심의확정권은 행정부를 통제하는 수단으로 구상되었다.

그런데 국회 역시 국가기관으로서 예컨대 국회의원이 지역구 유권자의 이익을 관철하기 위하여 예산의 심의확정권을 남용하고, 또 불합리한 국가사업을 수행할 수 있는데, 이러한 경우 통제가 필요하다. 헌법은 이 점에 착안하여 국회가 국민의 재정적 부담을 주는 행위를 할 경우 거꾸로 정부의 동의를 받도록 하고 있다.[30)]

30) 헌정사자료 제1집, 헌법제정회의록(국회도서관), 219면 이하 참조.

다) 국회에서의 예산확정

국회는 예산안을 심의한 후 회계연도 개시 30일 전까지 의결하여야 한다(제54조 제2항). 이는 훈시규정이다. 따라서 국회는 회계연도 개시 30일 전까지 예산안을 의결할 의무가 있지만 이 기간이 경과하더라도 회계연도 개시 전까지 의결하면 실제 예산의 성립과 집행에 영향을 주지 않는다. 문제는 새로운 회계연도 개시 전까지 예산안을 국회에서 의결하지 못하는 경우이다.[31)]

이러한 상황에 대한 헌법례는 세 가지이다. 첫째, 전년도 예산을 집행하는 방법이다(실행예산제도). 그런데 이 방법은 물가상승률이 높은 경우 예산이 실질적으로 기능할 수 없고, 무엇보다도 이 경우 국회의 예산심의확정권이 무력해진다는 문제가 있다. 둘째, 일정 기간을 정하여 임시로 예산안을 의결하고 그 기간 내에 정식의 예산을 의결하도록 하는 방법이다(가예산제도). 1948년 헌법이 제정되는 과정에서 원래의 초안에서는 실행예산제도가 채택되었으나 위에서 지적한 바와 같은 문제점이 있어 가예산제도로 변경되었다. 이에 의하면 국회가 회계연도가 개시되기까지 예산을 의결하지 못한 경우에는 1개월 이내에 가예산을 의결하고, 그 기간 내에 정식 예산을 의결하여야 한다(제94조).[32)] 그러나 이때에도 가예산이 적용되는 1개월이 경과한 후 여전히 본예산안이 의결될 수 없는 상황이 발생할 수 있다. 셋째, 현행 헌법과 같은 준예산제도이다. 이는 1960년 헌법에 도입되었다. 1960년 헌법에서 의원내각제를 채택하면서 국회해산 등으로 인하여 예산심의 및 확정이 지연될 수 있다는 상황을 고려한 것이었다.[33)] 1960년 헌법에서는 민의원이 신년도 총예산안을 법정기일 내에 의결하지 않는 경우에 이를 국무원에 대한 불신임결의로 간주할 수 있으며, 이때 국무원은 민의원을 해산할 수 있도록 하였다(제71조 제2항).

준예산제도에 따르면 새로운 회계연도가 개시될 때까지 예산안을 의결하지 못한 때에는 정부는 국회에서 예산안을 의결할 때까지 일정한 목적 및 사항에 한정하여 전년도 예산에 준하여 집행할 수 있다. 헌법이나 법률에 의하여 설치된 기관 또는 시설의 유지운영과 법률상 지출의무를 이행하기 위하여, 또 이미

---

31) 독일의 입헌군주제의 헌정은 이 문제에 대해서 헌법이 명시적인 해법을 제시하지 않은 경우 국회와 정부 사이에 심각한 분쟁을 야기한다는 사실을 보여주고 있다. 이 점에 대해서는 송석윤, "프로이센 헌법갈등연구", 「법학」(서울대) 제45권 제3호(2004), 352면 이하 참조.

32) 이에 대해서는 헌정사자료 제1집, 헌법제정회의록(국회도서관), 220면 이하, 224면 이하, 264면, 309면, 623면 이하 등 참조.

33) 헌정사자료 제5집 헌법개정회의록(제4대 국회)(대한민국 국회, 1968), 71면 참조.

예산으로 승인된 사업의 계속을 위해서 필요한 예산이 여기에 해당한다(제54조 제3항).

(5) 결산승인

예산집행의 결과인 결산에 대한 정부 내에서의 1차적인 검사는 기획재정부장관이 담당한다. 기획재정부장관의 검사결과는 국무회의의 심의를 거쳐 대통령의 승인을 받는다. 이는 감사원의 검사를 거친다. 정부는 감사원의 검사를 거친 국가결산보고서를 다음 회계연도 5월 31일까지 국회에 제출하고, 국회에서 의결한다(헌법 제99조; 국가재정법 제59조 이하).

결산을 심사한 결과 위법 또는 부당한 사항이 있는 때에는 국회는 본회의 의결 후 정부 또는 해당 기관에 변상 및 징계조치 등 시정을 요구할 수 있다. 정부 또는 해당 기관은 시정요구를 받은 사항을 지체 없이 처리하여 그 결과를 국회에 보고하여야 한다(국회법 제84조 제2항). 국회에서 결산에 대한 의결 혹은 부결은 기본적으로 정치적 행위이다. 즉 이는 예산집행에 대한 정치적 책임을 면제하는 의미를 갖는다. 그러나 국회의 결산 의결이 법적 책임을 면제시키는 것은 아니다. 즉 국회에서 결산이 의결된 경우에도 예산집행에서 나타난 위법 혹은 부당한 행위에 대한 법적 혹은 징계책임을 묻는 가능성은 여전히 남아 있다.

결산승인은 예산심의확정과 마찬가지로 국회의 재정통제를 위하여 중요하다. 그러나 실제 결산은 예산심의확정에 비해서는 주목을 받지 못하고 있다. 이와 관련하여 헌법의 편제도 문제가 있다. 결산승인이 예산안 심의확정과 마찬가지로 국회의 중요한 관할사항임에도 불구하고 국회에 관한 제3장에 이를 규율하지 않고, 감사원의 업무에 관한 헌법 제99조에 언급되어 있을 뿐이다.

2. 조세법률주의

(1) 조세법률주의의 헌법적 의미, 다른 헌법규정과의 관계

가) 조세법률주의의 헌법적 의미

예산항목 중 세입예산의 대부분은 국민의 조세부담에 의하여 충당한다. 국가의 과세행위는 국민의 재산권에 직접적인 영향을 미친다. 따라서 헌법은 조세법률주의를 헌법 제59조에 독자적으로 규정하고 있다. 즉 조세의 종목과 세율은 법률로 정한다. 조세법률주의는 조세평등주의와 함께 조세법의 기본원칙이다.

국가는 헌법 과제를 수행하기 위하여 재정능력을 필요로 한다. 그런데 직업의 자유와 재산권을 보장하고 있는 헌법에서 원칙적으로 국가는 직접 생산, 그리고 수익이 귀속되는 주체가 될 수는 없다. 따라서 국가의 재정은 국민의 경제활동의 결과 획득한 소득의 일부를 징수하는 방법에 의존한다. 또 경제활동을 하는 국민의 입장에서 보면 시장질서에 편입되어 이를 이용하여 이익을 취득하기 때문에 이러한 수익에 대한 보상으로서 납세의무는 정당화된다. 이는 조세를 정당화하는 사유이며, 동시에 조세부과의 한계를 암시한다.

나) 다른 헌법규정과의 관계

조세의 부과는 재산권을 제한하는 효과가 있기 때문에 기본권 제한에 적용되는 다른 헌법규정과의 관계가 밝혀져야 한다. 조세법률주의는 헌법 제37조 제2항 기본권 제한의 요건, 그리고 헌법 제75조 위임입법의 가능성과 한계에 관한 규정들과 경합한다. 기본권 제한의 형식적인 요건인 법률유보의 원칙은 조세행정에서 특별히 밀도있게 요청된다. 그 결과 위임입법의 가능성과 한계에 관한 헌법 제75조 역시 다른 기본권에 비해서 보다 엄격하게 적용된다. 이 점에서 헌법 제59조 조세법률주의는 같은 사안에서 경합하는 다른 헌법규정에 비해서 특별법의 관계에 있다.

(2) 공과금법체계에서 조세의 위치

가) 조 세

조세는 반대급부를 예정하지 않은 공법상의 채무로서, 국가의 일반적인 과제를 수행하는 데에 필요한 재정수요를 충당하기 위한 목적으로 징수된다.[34)] 따라서 세금의 사용용도에 대해서 이의를 제기하거나 사용중지를 요구하는 내용의 기본권은 인정되지 않는다.[35)] 오늘날 조세는 재정목적과 더불어 개인의 행태를 유도·조정하여 공익을 실현하는 적극적인 기능을 수행한다. 조세는 아래에서 설명하는 다른 공과금과는 달리 특정한 목적에 기속되어 있지 않다. 그만큼 조세에 대한 '지출통제'는 헌법적으로 제한되어 있다. 따라서 조세'수입'에 대한 헌법적 '통제'의 필요성이 더욱 크다.

---

34) 헌재 1990.9.3, 89헌가95, 2, 251면 참조. 이와 같이 조세는 공익목적으로 지출하는 공과금이기 때문에 조세채권을 담보권과의 관계에서 우선적으로 집행할 수 있도록 한 것 자체는 헌법에 위반되지 않는다. 그러나 조세채권에 비해서 시기적으로 앞서 성립된 담보권에 대해서도 조세채권의 우선권을 부여한 것은 헌법에 위반된다. 헌재 1996.12.26, 96헌가21, 8-2, 721면; 1990.9.3, 89헌가95, 2, 268면 이하 등 참조.

35) 헌재 2005.11.24, 2005헌마579등, 17-2, 522면 참조.

조세법률주의는 조세에 적용되는 원칙이며, 다른 공과금에 대해서는 적용되지 않는다. 예컨대 헌법재판소는 사회보험보험료의 경우 조세와 달리 반대급부가 예정되어 있기 때문에 법적 명확성, 그리고 위임입법에 있어서 구체성의 정도가 완화된다고 하고 있다.[36] 그러나 공과금에 있어서 반대급부가 예정되어 있다는 점이 위임입법의 구체성 심사에 있어서 중요한 기준이 된다는 논거는 불명확하다.

다른 공과금 역시 국민에게 재정적인 부담을 지우므로 기본권 제한의 일반적인 요건을 갖추어야 한다. 예컨대 「부담금관리 기본법」은 부담금의 부과 및 징수주체, 설치목적, 부과요건, 산정기준, 산정방법, 부과요율 등을 부담금 부과의 근거가 되는 법률에 구체적이고 명확하게 규정하도록 하고 있다(법 제4조). 또 재정부담의 한계의 문제에 있어서는 조세와 통합적으로 이해하여야 한다. 따라서 조세와 다른 공과금의 차이를 이해할 필요가 있다. 조세 이외에 공과금으로 이용료와 사회보험 보험료, 그리고 특별부담금이 있다.

나) 이용료 · 사회보험 보험료 · 특별부담금

a) 이용료

이용료는 공적 시설의 이용 및 서비스 제공을 보상하는 성격의 공과금이다. 따라서 이용료는 기본적으로 급부의 내용과 정도에 비례하여 형성된다.

b) 사회보험보험료

사회보험보험료는 장래 발생할 사회적 위험으로부터 개인을 보호하는 사전배려를 위한 재원이다. 따라서 사회보험보험료는 급부와 어느 정도 비례관계에 있어야 한다. 다만 민간보험과 달리 사회보험에서는 보험의 원칙과 함께 사회적 조정의 원칙이 적용되며, 이에 따라서 위험의 분산과 어느 정도 소득재분배가 이루어진다.

사회보험보험료에서는 이용료와 같은 정도로 급부와 반대급부가 균형관계에 있지는 않다. 또 급부와 반대급부 간의 비례관계는 모든 사회보험에 동일한 정도로 나타나는 것도 아니다. 예컨대 보험료에 어느 정도 비례하여 연금수준이 산정되는 국민연금에 비해서 국민건강보험에서는 가입자에게 질병이 발생한 경우 이를 치료하기 위한 요양급여가 보험료의 다과(多寡)에 관계없이 모든 수급자에게 동일하게 지급된다.

---

36) 헌재 2007.4.26, 2004헌가29등, 19-1, 367면 참조. 이 밖에 헌재 2012.11.29, 2011헌마814, 24-2(하), 249면 참조.

사회보험보험료는 목적기속적인 공과금이다. 즉 사회보험 보험료는 해당 사회적 위험을 보호하는 과제 이외의 목적으로 사용될 수는 없다. 따라서 조세와는 달리 사회보험에서는 보험료수입뿐 아니라 지출에 대한 통제를 위한 헌법적 기준이 존재한다.[37] 재산권과 평등권이 심사기준이 된다.

c) 특별부담금

aa) **특별부담금의 기능:** 특별부담금은 오늘날 국가의 재정수입에서 중요한 비중을 차지하고 있다. 특별부담금은 일반적으로 특별부담금이 부과되는 행위를 억제하거나 그러한 행위에서 파생하는 경제적 부담을 스스로 지우도록 하여 특정한 사회·경제적 정책실현을 목적으로 하거나(정책실현목적 부담금), 혹은 일반 국민의 부담으로 할 수 없는 특별한 공익사업의 재정을 조달하는 목적을 갖는다(재정조달목적 부담금). 재정조달을 목적으로 하는 부담금은 추구하는 공적 과제가 부담금의 지출단계에서 비로소 실현된다. 「의료분쟁조정법」에서 의료사고의 피해를 신속하게 구제하기 위하여 손해배상 대불을 위한 재원을 적립하도록 하고 이를 위하여 보건의료기관개설자에게 부과·징수하는 부담금이 재정조달목적의 부담금에 해당한다.[38] 이에 비해서 정책실현을 목적으로 하는 부담금은 추구하는 공적 과제의 전부 혹은 일부가 부담금의 부과단계에서 이미 실현된다. 「먹는물관리법」의 수질개선부담금(법 제31조), 「국민건강증진법」의 국민건강증진부담금(법 제23조), 「장애인고용촉진 및 직업재활법」의 고용부담금(법 제33조), 「개발제한구역의 지정 및 관리에 관한 특별조치법」의 개발제한구역보전부담금(법 제21조) 등이 대표적인 예이다. 특별부담금은 반대급부 없는 공과금이라는 점에서 조세와 유사하다(부담금관리 기본법 제2조). 그러나 특별부담금은 부담대상자 선정과 지출목적에 있어서 조세와는 구별된다.

특별부담금은 조세와 독립된 공과금으로서(부담금관리 기본법 제2조), 개인에게 재정적인 부담이 되기 때문에 예외적이고 최소한으로 허용된다. 따라서 특정한 공익사업의 재원을 조세 또는 특별부담금으로 할 것인가를 입법자가 자유로운 선택을 할 수는 없다. 특별부담금을 부과하기 위해서는 다음과 같은 요건을 충족하여야 한다.

bb) **특별부담금의 부과요건:** 특별부담금을 부과하기 위해서는 특별부담금이

37) 사회보험료 강제 부과 및 징수에 대한 헌법적 평가로는 헌재 2000.6.29, 99헌마289, 12-1, 913면 이하; 2001.8.30, 2000헌마668, 13-2, 287면 이하; 2003.10.30, 2000헌마801, 15-2(하), 106면 이하 등 참조.

38) 헌재 2014.4.24, 2013헌가4, 26-1(상), 593면 이하 참조.

해당 과제와 밀접한 관련성이 있어야 하며, 이는 일반적으로 다음과 같은 요건을 내용으로 한다. 첫째, 특별부담금은 조세의 납부의무자인 일반국민과는 구별되는 외부적 차별성과 내부적 동질성을 지니는 특정집단에 한하여 부과된다(집단의 동질성). 둘째, 부과대상자가 특별부담금을 부과하여 수행하고자 하는 특정한 경제적·사회적 과제와 특별히 객관적으로 밀접한 관련성이 있어야 한다(객관적 근접성). 셋째, 그러한 과제의 수행에 관하여 조세 이외의 특별한 부담을 져야 할 책임이 인정될 만한 집단이어야 한다(집단적 책임성). 넷째, 특별부담금은 지출목적에 있어서도 다음과 같은 차이가 있다. 즉 특별부담금의 수입은 특별부담금 납부의무자의 집단적 이익을 위하여 사용되어야 한다(집단적 효용성).

위와 같은 특별부담금의 정당화 요건은 일률적으로 적용되지는 않는다. 객관적 근접성과 집단적 책임성이 특별부담금의 본질적인 요소이다. 이에 비해서 집단적 동질성과 집단적 효용성은 엄격히 요구되지는 않는다. 특히 정책실현을 목적으로 부과되는 유도적·조정적 목적의 특별부담금에 있어서는 특별부담금의 수입이 부담금 의무자의 집단적 이익을 위하여 사용되어야 한다는 필연성은 없다(부담금관리 기본법 제2조).[39] 다만 집단적 이익을 위하여 사용되는 경우에는 부담금 부과의 정당성이 제고된다.[40] 그만큼 정책실현목적의 부담금의 경우에는 재정조달목적의 부담금에 비해서 헌법적 정당화의 요건이 완화된다.[41]

특별부담금이 위와 같은 요건을 충족하지 않고 일반 공익사업의 재정을 충당하기 위하여 부과되는 경우에는 특별부담금은 조세와 구별될 수 없고, 따라서 이중과세에 해당하며, 헌법에 위반된다.

판례 **특별부담금 부과요건과 학교용지부담금** (헌재 2005.3.31, 2003헌가20)

모든 국민은 그 보호하는 자녀에게 적어도 초등교육과 법률이 정하는 교육을 받게 할 의무를 지고(헌법 제31조 제2항), 의무교육은 무상으로 한다(헌법 제31조 제3항). 의무교육제도는 국민에 대하여 자녀를 취학시키도록 하는 의무부과의 면보다는 국가에 대하여 인적·물적 교육시설을 정비하고 교육환경을 개선하여야 하는 의무부과의 측면이 더 중요한 의미를 갖는다. 의무교육에 필요한 학교시설은 국가의 일반적 과제이고, 학교용지는 의무교육을 시행하기 위한 물적 기반으로서 필수조건이므

39) 헌재 2007.5.31, 2005헌바47, 19-1, 580면; 2007.12.27, 2006헌바25, 19-2, 779면 이하 등 참조.
40) 헌재 1999.10.21, 97헌바84, 11-2, 453면 이하; 2003.12.18, 2002헌가2, 15-2(하), 381면; 2005.3.31, 2003헌가20, 17-1, 308면 등 참조.
41) 헌재 2004.7.15, 2002헌바42, 16-2(상), 33면 참조.

로 이에 필요한 비용은 국가의 일반재정으로 충당하여야 한다. 따라서 적어도 의무교육에 관한 한 일반재정이 아닌 부담금과 같은 별도의 재정수단을 동원하여 특정한 집단으로부터 그 비용을 추가로 징수하여 충당하는 것은 의무교육의 무상에 관한 헌법에 반한다.

의무교육이 아닌 중등교육에 관한 교육재정과 관련하여 재정조달목적의 부담금을 징수할 수 있더라도 이때 부담금이 갖추어야 할 요건을 동일하게 갖추어야 한다. 그런데, 학교용지부담금은 특정한 공익사업이 아니라 일반적 공익사업이거나 일반적 공익사업의 성격을 함께 갖는 공익사업을 위한 재정확보수단이다. 그리고 학교용지 확보 필요성에 있어서 주택건설촉진법상의 수분양자들의 구체적 사정을 거의 고려하지 않은 채 수분양자 모두를 일괄적으로 동일한 의무자집단에 포함시켜 학교용지부담금을 부과하는 것은 합리적 근거가 없는 차별에 해당한다. 또 의무자집단 전체의 입장에서 보더라도 일반 국민, 특히 다른 개발사업에 의한 수분양자집단과 사회적으로 구별되는 집단적 동질성을 갖추고 있다고 할 수 없다. 나아가 학교용지 확보의 필요성은 신규 주택의 건설·공급의 경우에 생겨나는 것이고, 그 정도는 개발사업의 목적이나 절차에 관계없이 개발사업의 결과로 공급되는 신규 주택의 수에 비례하여 결정된다. 그런데 이 사건 법률조항은 학교용지부담금 부과대상 개발사업을 신규 주택의 공급 여부가 아닌 단순히 주택 공급의 근거 법률에 따라 정하고 있는 바, 이는 합리성이 없는 기준에 의하여 자의적으로 제청신청인들을 불리하게 대우하는 것이다.

---

cc) **예-장애인고용부담금:** 「장애인고용촉진 및 직업재활법」은 장애인고용의무를 이행하지 않는 사용자에게 고용부담금을 부과한다. 이는 다음과 같은 이유에서 특별부담금의 부과요건을 충족한다.[42] 첫째, 사업주는 고용의 주체라는 점에서 일반 국민과는 구분된다. 보다 적극적으로 보면 장애인고용이라는 공공복리를 실현하기 위하여 국가는 고용능력을 갖는 사용자를 유도·조정하여야 한다는 점에서 사업주는 일반 국민과 구별되는 집단적 동질성을 갖는다. 둘째, 자본주의 시장경제에서는 민간기업이 고용능력을 보유하고 있기 때문에 민간기업의 사용자들은 장애인고용이라는 공공과제에 밀접한 관련성을 갖는다. 따라서 객관적 근접성의 요건을 충족시킨다. 셋째, 민간기업의 사업주가 적극적으로 장애인을 고용하지 않는다면 다른 방법을 통하여 장애인고용이 증진될 수 없다는 점에서 특별히 책임이 인정된다. 넷째, 장애인 고용부담금은 주로 의무

42) 장애인의무고용 및 고용부담금에 대한 헌법적 평가로는 헌재 2003.7.24, 2001헌바96, 15-2(상), 58면 이하; 2012.3.29, 2010헌바432, 24-1(상), 494면 이하 등 참조.

고용율을 초과하여 장애인을 고용하거나 고용의무가 없는 사업주가 장애인을 고용할 때 지급되는 고용장려금의 재원으로 사용된다. 이 점, 즉 고용부담금이 부담금 납부의무자에 한정하여 사용되는 것은 아니라는 점에서 보면 집단적 효용성이 없다고 볼 수도 있다. 그러나 장애인을 고용하지 않은 사업주는 고용부담금을 납부하여 장애인고용의무에서 면제되고, 또 부담금이 장애인고용의무를 초과하여 이행한 사업주를 지원하는 재원이 된다는 점에서 보면 사업주 전체의 집단적 효용성이 인정될 수 있다.

(3) 조세법률주의의 내용

가) 형식적 조세법률주의와 실질적 조세법률주의

헌법 제59조는 조세법률주의의 내용으로 조세의 종목과 세율을 법률로 정하도록 하고 있다. 그러나 조세법률주의는 이보다는 넓게 이해되고 있다.

조세법률주의는 과세요건법정주의와 과세요건명확주의를 내용으로 한다(형식적 조세법률주의). 이 밖에 조세법에서 과세부담평등의 원칙, 그리고 이로부터 파생하는 실질과세의 원칙이 존중되어야 한다. 과세권의 행사에 있어서 기본권이나 헌법의 원칙 역시 존중하여야 한다(실질적 조세법률주의). 아래에서는 과세요건법정주의와 과세요건명확주의, 그리고 과세권의 한계에 관하여 설명한다.

나) 과세요건법정주의

과세요건법정주의는 과세와 관련된 중요한 법률관계의 내용이 국회에서 제정하는 법률에 규율되어야 한다는 것을 말한다. 헌법 제59조에서 언급하는 조세의 종목과 세율은 조세법률관계의 중요한 내용을 예시한 것이다. 이 밖에 납세의무자, 과세물건, 과세표준, 과세기간, 세율 등의 실체법적인 과세요건뿐 아니라 부과·징수절차 등 절차법적으로 중요한 법률관계도 포함된다. 조세의 감면 역시 법적 근거를 필요로 한다.[43] 과세의 요건 등을 법률이 직접 규정하여야 하므로 행정입법에 과세요건을 포괄적으로 위임하는 것은 포괄위임금지의 원칙과 함께 조세법률주의에 위반된다.

과세는 과세시점에 적용되는 법률에 의하여 이루어져야 한다. 따라서 미신고 또는 누락된 상속세에 있어서 상속세 부과요건이 성립된 시점인 상속이 개시된 때가 아니라 상속세 부과 당시의 가액(價額)을 과세대상인 상속재산의 가

43) 헌재 1996.6.26, 93헌바2, 8-1, 532면; 1997.2.20, 95헌바27, 9-1, 162면; 2001.6.28, 99헌바54, 13-1, 1271면 이하 등 참조.

액으로 하는 것은 조세법률주의에 위반된다.[44)]

다) 과세요건명확주의

과세요건의 내용은 명확하고 일의적이어야 한다. 과세요건이 지나치게 추상적이고 불명확하면 과세관청의 자의적인 해석과 집행을 초래할 염려가 있다. 또 과세대상자의 입장에서 보면 자신의 조세법적 지위를 예측할 수 없고, 이로써 경제생활에 있어서 법적 안정성이 훼손된다.

위와 같은 이유에서 조세법의 해석은 엄격하여야 한다. 그렇다고 해서 조세법에서 유추해석이나 확장해석이 금지되는 것은 아니다. 헌법 제12조 죄형법정주의의 내용에 유추해석의 금지가 포함되어 있는 데 비해서 조세법에서 유추해석이 금지된다는 명확한 헌법적 근거는 없다. 실제 법원은 "합리적인 이유없이" 확장해석하거나 유추해석하는 것은 허용되지 않는다고 하여 확장해석이나 유추해석의 가능성을 완전히 배제하지는 않는다.[45)] 유추해석은 과세요건명확주의에 충실하지 못한 면이 있는 것은 사실이다. 그러나 유추해석을 금지하는 것은 바람직하지 못한 결과를 낳을 수 있다. 과세요건을 모두 법률에 명확히 서술하는 것은 불가능하며, 이러한 상황에서 유추해석을 금지할 경우 입법자는 일반조항을 도입하여 실질과세의 원칙을 관철할 가능성이 있기 때문이다.

특별한 사정이 있는 경우에 유추해석이 허용된다 하더라도 이는 유효한 법률이 존재할 때 비로소 가능하다. 따라서 과세의 근거조항이 삭제되어 더 이상 존재하지 않는 경우에 기존 법률 규정이 계속 존재한다는 의제하에 행하는 유추해석은 허용되지 않는다.[46)]

판례 실효된 부칙조항에 의한 과세권 행사와 과세요건법정주의
(헌재 2012.5.31, 2009헌바123등)

형벌조항이나 조세법의 해석에 있어서는 헌법상의 죄형법정주의, 조세법률주의의 원칙상 엄격하게 법문을 해석하여야 하고 합리적인 이유 없이 확장해석하거나 유추해석할 수는 없다. '유효한' 법률조항의 불명확한 의미를 논리적·체계적 해석을 통해 합리적으로 보충하는 데에서 나아가, 해석을 통하여 전혀 새로운 법률상의 근거를 만들거나, 기존에는 존재하였으나 실효되어 더 이상 존재하지 않는 법률조항을 여전히 '유효한' 것으로 해석한다면 법률해석의 한계를 벗어난다. 이는 '법률의 부존

44) 헌재 1992.12.24, 90헌바21, 4, 899면 이하 참조.
45) 대판 2004.3.12, 2003두7200; 2004.6.10, 2003두12981 등 참조.
46) 헌재 2012.5.31, 2009헌바123등, 24-1(하), 281면 이하 참조.

재'로 말미암아 형벌의 부과나 과세의 근거가 될 수 없는 것을 법률해석을 통하여 창설해 내는 일종의 '입법행위'이다. 이는 권력분립원칙, 죄형법정주의, 조세법률주의의 원칙에 반한다.

이 사건 부칙조항은 과세근거조항이자 주식상장기한을 대통령령에 위임하는 근거조항이므로 이 사건 전문개정법의 시행에도 불구하고 존속하려면 반드시 전문개정법에 그 적용이나 시행의 유예에 관한 명문의 근거가 있어야 한다. 그런데 입법자의 실수 기타의 이유로 이 사건 부칙조항이 전문개정법에 반영되지 못한 이상, 위 전문개정법 시행 이후에는 전문개정법률의 일반적 효력에 의하여 더 이상 유효하지 않게 되었다고 보아야 한다. 전문개정법이 시행된 1994. 1. 1. 이후 제정된 조세감면규제법(조세특례제한법) 시행령들에서 이 사건 부칙조항을 위임근거로 명시한 후 주식상장기한을 연장해 왔고, 조세특례제한법 중 개정법률에서 부칙조항의 문구를 변경하는 입법을 한 사실이 있다. 그러나 이는 이미 실효된 부칙조항을 위임의 근거 또는 변경대상으로 한 것으로서 아무런 의미가 없을 뿐만 아니라, 부칙조항과 같은 내용의 과세근거조항을 재입법한 것으로 볼 수도 없다.

조세법률주의가 지배하는 조세법의 영역에서는 경과규정의 미비라는 명백한 입법의 공백을 방지하고 형평성의 왜곡을 시정하는 것은 원칙적으로 입법자의 권한이고 책임이지 법문의 한계 안에서 법률을 해석·적용하는 법원이나 과세관청의 몫은 아니다. 뿐만 아니라 구체적 타당성을 이유로 법률에 대한 유추해석 내지 보충적 해석을 하는 것도 어디까지나 '유효한' 법률조항을 대상으로 하는 것이지 이미 '실효된' 법률조항은 그러한 해석의 대상이 될 수 없다. 따라서 관련 당사자가 공평에 반하는 이익을 얻을 가능성이 있다 하여 이미 실효된 법률조항을 유효한 것으로 해석하여 과세의 근거로 삼는 것은 과세근거의 창설을 국회가 제정하는 법률에 맡기고 있는 권력분립원칙과 조세법률주의의 원칙에 반한다.

라) 과세요건명확주의와 실질과세의 원칙

실질과세의 원칙에 의하면 거래행위의 법형식을 불문하고 소득이 있으면 과세가 되어야 한다. 그런데 실질과세의 원칙은 조세행정에서 과세요건명확주의와 충돌하는 경우가 종종 나타난다. 과세요건명확주의는 조세법의 특수성 또는 입법기술상의 제약 때문에 그 실현에 일정한 한계가 있다. 조세법의 주된 규율대상은 경제적 현상인데, 이는 매우 다양하며 가변적이기 때문에 과세의 구성요건을 모두 법률에 망라하여 완결적으로 규정하기는 어렵기 때문이다. 그 결과 세법상의 구성요건에 포섭되지 않는 소득이 발생할 수 있으며, 이 경우 실질과세의 원칙을 실현하는 데 과세요건명확주의가 장애가 될 수 있다.

따라서 조세법에서 과세대상인 소득을 파악하기 위하여 일반조항 혹은 의제조항을 두고, 그 결과 과세요건명확주의가 어느 정도 완화되는 것은 피할 수 없다. 예컨대 「상속세 및 증여세법」은 각종 증여추정 및 의제조항을 두고 있다(법 제44조 이하).

실질과세의 원칙은 예외적으로 입법적 추정에 의하여 조세회피를 방지하는 조치에 장애가 되는 것은 아니다. 예컨대 명의신탁이 조세를 회피하기 위한 목적이 있으며, 증여를 은폐하기 위하여 명의신탁을 했다는 입법적 추정을 하는 것은 실질과세의 원칙에 충실한 것은 아니다. 실제 증여를 받지 아니한 사람에게 증여세가 부과될 수도 있기 때문이다. 그러나 이 경우 명의신탁이 증여를 은폐하기 위한 수단이 될 수 있기 때문에 명의신탁 수탁자에게 증여세를 부과하는 것이 일반 수증자와의 관계에서 평등의 원칙에 위반되는 것은 아니다.[47)]

(4) 조세입법형성의 한계

가) 과세권의 상한과 하한의 문제

조세는 개인이 경제생활을 위하여 필요한 경제질서를 국가가 보장하는 데에 대한 보상의 성격이 있다. 그리고 조세는 국가의 일반과제를 수행하는 개방적인 목적을 갖는 공과금이다. 이로부터 조세법 형성에 있어서의 다음과 같은 한계가 나타난다.

a) 과세권의 상한

aa) 이른바 압살적 과세: 소득은 경제적 생활의 기초이며, 따라서 소득에 대해서 과세권을 행사한 결과 경제적 생활의 기초가 박탈되어서는 안 된다. 이 경우 '압살적 조세'로 평가된다. 이러한 이유에서 전체조세부담의 헌법적 한계를 계량화하는 시도가 있었다. 이에 따르면 전체조세부담이 과세대상이 갖는 경제적 가치의 50%를 넘는 경우 과세권의 한계에 이르렀다고 본다. 그러나 이러한 시도는 정치적으로 주목할 만하지만, 실제 적용될 수 있는 헌법적 기준은 아니다. 전체조세부담이 직접세뿐 아니라 간접세를 포함하는지 명확하지 않으며, 또 현실적으로 전체조세부담을 산출하는 것은 불가능하기 때문이다.[48)] 예컨대 미실현소득인 수득세(收得稅)의 경우 경제상황에 따라서 수익과 손실이 변화하기 때문에 특정 시점을 기준으로 조세부담률을 판단하는 것은 자의적일

47) 헌재 2004.11.25, 2002헌바66, 16-2(하), 314면 이하 참조.
48) *BVerfGE* 115, 97면 이하 참조.

가능성도 있다.

과세권의 상한은 위와 같은 계량적인 방법이 아니라 실질적인 기준에 의하여 결정되어야 한다. 예컨대 헌법재판소는 종합부동산세 자체는 헌법에 위반되지 않지만 단지 주거목적으로 한 채의 주택을 일정한 기간 이상 보유하고 있으며 다른 소득이 없는 경우에도 종합부동산세가 부과되면 사실상 과세대상인 주택의 처분을 강요하는 결과가 되어 헌법에 합치하지 않는다는 판단을 한 바 있다.[49] 이러한 판단기준이 재산세와 같은 보유세의 경우 조세부담능력을 결정하는 데 있어서 올바른가에 대해서는 좀 더 논의가 필요하다.

재정조달을 목적으로 하는 조세에 대한 헌법적 심사의 기준은 재산권 및 과잉금지의 원칙이다. 이에 비해서 주로 유도적·조정적 목적의 조세의 경우에는 해당 생활을 규율하는 다양한 기본권이 심사의 기준이 된다. 예컨대 특정 사업수행에 대해서 혹은 특정 지역을 사업지로 하는 경우에 중과세를 하는 것은 영업의 자유를 내용으로 하는 직업의 자유와 관련성을 갖는다.

bb) 미실현소득에 대한 과세: 아직 실현되지 않은 소득에 대한 과세 그 자체가 헌법에 위반되지는 않는다. 또 미실현소득에 대한 과세는 과세대상이 부동산일 경우 필연적으로 부동산 가치의 일부를 잠식하지만, 그 자체가 위헌이라고 할 수는 없다. 그러나 이러한 과세의 결과 원본, 즉 토지 자체를 무상으로 몰수하는 결과가 되는 경우에는 과세권의 한계를 넘는다.[50]

판례 **종합부동산세와 과세권의 한계** (헌재 2008.11.13, 2006헌바112등)

종합부동산세는 부동산 보유에 대한 조세부담의 형평성을 제고하고, 부동산 가격을 안정시키는 데 목표가 있고, 아울러 지방재정의 균형발전과 국민경제의 건전한 발전을 위한 것으로 입법목적의 정당성과 방법의 적절성이 있다. 또한 전체 재산세 납세의무자나 인구, 세대 중 종합부동산세의 납세의무자가 차지하는 비율, 1인당 또는 1세대당 평균세액, 세액 단계별 납세자 및 납세액의 분포, 부동산 가격 대비 조세부담률, 직전년도 총세액 부담액에 대한 150% 내지 300%의 세액 상한의 설정 등에 비추어 보면, 종합부동산세의 부담은 재산권의 본질적 내용인 사적 유용성과 원칙적인 처분권한을 여전히 부동산 소유자에게 남겨 놓고 있다. 또 위 가격 대비 부담률에 비추어 보면, 매년 종합부동산세가 부과된다고 하더라도 상당히 짧은 기간 내에 사실상 부동산 가액 전부를 조세 명목으로 무상으로 몰수하는 결과를 가

49) 헌재 2008.11.13, 2006헌바112등, 20-2(하), 69면 이하 참조.

50) 헌재 1994.7.29, 92헌바49등, 6-2, 95면 이하; 2008.11.13, 2006헌바112등, 20-2(하), 54면 이하 등 참조.

져오는 것은 아니다. 따라서 이 사건 주택분 및 종합토지분 종합부동산세의 과세표준 및 세율로 인한 납세의무자의 세부담 정도는 종합부동산세의 입법 목적에 비추어 일반적으로는 과도하다고 보기 어려우며, 입법재량의 범위를 일탈하였다고 할 수는 없다.

그러나, 이 사건 주택분 종합부동산세 부과규정은, 납세의무자 중 적어도 주거 목적으로 한 채의 주택만을 보유하고 있는 자로서, 그 중에서도 특히 일정한 기간 이상 이를 보유하거나 또는 그 보유기간이 이에 미치지 않더라도 과세 대상 주택 이외에 별다른 재산이나 수입이 없어 조세지불 능력이 낮거나 사실상 거의 없는 자 등에 대하여 주택분 종합부동산세를 부과함에 있어서는 그 보유의 동기나 기간, 조세 지불능력 등과 같이 정책적 과세의 필요성 및 주거생활에 영향을 미치는 정황 등을 고려하여야 한다. 그리고 이에 따라 납세의무자의 예외를 두거나 과세표준 또는 세율을 조정하여 납세의무를 감면하는 등의 과세 예외조항이나 조정장치를 두어야 한다. 이와 같은 주택 보유의 정황을 고려하지 않고 다른 일반 주택 보유자와 동일하게 취급하여 일률적 또는 무차별적으로, 그것도 재산세에 비하여 상대적으로 고율인 누진세율을 적용하여 결과적으로 다액의 종합부동산세를 부과하는 것이므로, 그 목적의 달성에 필요한 정책수단의 범위를 넘어 과도하게 주택 보유자의 재산권을 제한하는 것으로서 피해의 최소성 및 법익 균형성의 원칙에 어긋난다.

---

b) 과세권의 하한

aa) 최저생활보장: 국가는 모든 국민에게 인간다운 최저생활을 보장하여야 한다. 이러한 과제를 실현함에 있어 헌법상의 자유는 기본적으로 국가의 개입이 없는 '자연적 자유'이어야 한다. 과세권의 행사로 인하여 자유를 행사하기 위하여 필요한 경제적 기초를 상실시키며, 이를 회복하기 위해서는 다시 국가의 적극적 급부를 필요로 하는 상황이 나타나서는 안 된다.

위와 같은 이유에서 개인의 소득 중 필수적인 생활에 필요한 소득부분은 과세의 대상에서 제외하여야 한다. 다만 필수적인 수요의 범위를 확정하는 문제, 그리고 필수적인 수요와 임의적인 수요를 구별하는 문제는 정책적으로 결정된다. 「국민기초생활 보장법」상의 급여수준과 연계시키는 것이 현실적으로 타당한 방법이다. 현행 「국민기초생활 보장법」은 수급자에게 자신의 자산 및 소득을 우선적으로 투입할 의무를 부과한다. 그렇다면 당연히 국가는 최저생활을 위하여 필요한 소득부분을 과세의 대상에서 제외하여야 한다.[51)]

51) 헌재 1999.11.25, 98헌마55, 11-2, 611면 참조.

bb) 혼인과 가족의 보호: 과세권의 하한은 다른 헌법적 요청에서도 도출된다. 헌법 제36조 제1항은 가족의 보호를 국가의 과제로 하고 있다. 국가는 적극적으로는 가족의 형성과 유지를 지원하여야 한다. 자녀양육지원이 대표적인 예이다. 국가는 적극적인 급여와 소극적인 부담의 감면을 통하여 이러한 목적을 실현한다. 전자는 사회보장법, 후자는 세법의 과제이다. 따라서 자산소득에 대해서 부부 간 합산과세를 하여, 그리고 종합부동산세를 세대별로 합산 과세하여 결과적으로 부부 간 합산한 재산가액에 과세하는 것은 혼인한 부부를 그렇지 않은 경우에 비하여 차별하여 과세 여부 및 과세율의 적용에 있어서 불이익을 주는 것으로서 이를 금지하고 있는 헌법 제36조 제1항에 위반된다.[52)]

국가는 가족의 유지를 위하여 소요되는 자녀양육비용 등을 직접 지급하든지, 혹은 이에 소요되는 비용을 가족의 전체소득에서 공제하여 과세하여야 한다. 이때 소득의 다과를 기준으로 사회보장법 혹은 세법에 의한 지원 여부를 달리 하는 것은 합리적인 차별이 아니다. 자녀양육의 부담을 기준으로 보면 모든 가족이 같은 상황에 있기 때문이다. 전자의 방법으로 통일적으로 가족의 부담을 지원할 것인가, 아니면 전자와 후자의 방법을 병행할 것인가는 입법적으로 결정되어야 한다.[53)]

판례 **종합부동산세 부부합산과세와 혼인·가족보호** (헌재 2008.11.13, 2006헌바112등)

특정한 조세 법률조항이 부부 등 가족이 있는 자를 혼인하지 아니한 자 등에 비하여 차별 취급하는 것은 비례의 원칙에 의한 심사에 의하여 정당화되지 않는 한 헌법 제36조 제1항에 위반된다. 이 사건 세대별 합산규정은 생활실태에 부합하는 과세를 실현하고 조세회피를 방지하고자 하는 입법목적의 정당성은 수긍할 수 있다. 그러나 가족 간의 증여를 통하여 재산의 소유 형태를 형성하였다고 하여 모두 조세회피의 의도가 있었다고 단정할 수 없고, 정당한 증여의 의사에 따라 가족 간에 소유권을 이전하는 것도 국민의 권리에 속한다. 우리 민법은 부부별산제를 채택하고 있고 배우자를 제외한 가족의 재산까지 공유로 추정할 근거규정이 없고, 공유재산이라고 하여 세대별로 합산하여 과세할 당위성도 없다. 부동산 가격의 앙등은 여러 가지 요인이 복합적으로 작용하며 오로지 세제의 불비 때문에 발생하는 것만이 아니다. 이미 헌법재판소는 자산소득에 대하여 부부 간 합산과세에 대하여 위헌선언한

---

52) 헌재 2002.8.29, 2001헌바82, 14-2, 170면; 2005.5.26, 2004헌가6, 17-1, 592면; 2008.11.13, 2006헌바112등, 20-2(하), 59면 이하 등 참조.

53) *BVerfGE* 87, 153(169면 이하) 참조.

바 있으므로 부부 간 합산한 재산가액을 과세대상으로 하는 것도 적절한 차별취급이라 할 수 없다. 또 부동산실명법상의 명의신탁 무효 조항이나 과징금 부과 조항, 상속세 및 증여세법상의 증여 추정규정 등에 의해서도 조세회피를 방지하는 입법목적을 충분히 달성할 수 있기 때문에 반드시 필요한 수단이라고 볼 수 없다.

이 사건 세대별 합산규정으로 인한 조세부담의 증가라는 불이익은 이를 통하여 달성하고자 하는 조세회피의 방지 등 공익에 비하여 훨씬 크다. 또 조세회피의 방지와 경제생활 단위별 과세의 실현 및 부동산 가격의 안정이라는 공익은 입법정책상의 법익인데 반해 혼인과 가족생활의 보호는 헌법적 가치이기 때문에 법익균형성도 인정하기 어렵다. 따라서 이 사건 세대별 합산규정은 혼인한 자 또는 가족과 함께 세대를 구성한 자를 비례의 원칙에 반하여 개인별로 과세되는 독신자, 사실혼 관계의 부부, 세대원이 아닌 주택 등의 소유자 등에 비하여 불리하게 차별취급하고 있으므로, 헌법 제36조 제1항에 위반된다.

나) 조세의 종목과 관련된 문제

조세에는 개인에게 과세하는 직접세와 과세대상 자체에 과세하는 간접세가 있다. 직접세에서는 개인의 실질적인 소득을 기준으로 과세가 이루어진다. 이로써 실질과세의 원칙, 그리고 소득재분배의 정의를 실현할 수 있다. 이에 비해서 간접세의 경우 개인의 실질적인 소득이 아니라 일반적으로 추정되는 구매력을 기준으로 과세가 이루어진다. 이는 조세행정상의 편의에 기여한다. 그러나 조세정의에 반하는 다음과 같은 상황이 나타날 수 있다. 간접세에서는 추정된 개인의 부담능력이 과세기준이 되기 때문에 실제로는 개인의 부담능력에 상응하지 않는 불균형한 과세가 얼마든지 이루어질 수 있다. 간접세의 기준이 되는 추정적 부담능력에 따른 소비형태를 일탈하고, 간접세 수입이 전체 국민을 위하여 지출되는 경우에는 조세는 이중(二重)으로 소득역진적 효과를 갖게 된다.

위와 같은 간접세의 특성 때문에 간접세가 지나친 비중을 차지하는 것은 헌법의 이념에 충실하지 않다. 그러나 경제유통 및 소비 역시 중요한 경제과정이기 때문에 과세의 대상이 되어야 하며, 간접세의 정당성을 부인할 수는 없다. 결국 조세의 종목과 관련하여 직접세와 간접세를 함께 균형 있게 형성하여야 한다.

3. 그 밖에 정부의 재정행위에 대한 동의권

(1) 국회동의권의 의의

국채를 모집하거나 예산 외에 국가의 부담이 될 계약을 체결하려 할 때에는 정부는 미리 국회의 의결을 얻어야 한다(제58조). 국채 및 계약상의 국가부담은 미래의 국민에게 부담이 되며, 이 점에서 부담의 시기가 다를 뿐 그 본질이 조세와 다르지 않다. 특히 조세 및 공과금의 인상은 국민의 재정부담에 직접, 그리고 현재 영향을 주는 반면, 국가부채는 이러한 인식이 약하기 때문에 국가는 국가부채를 증가시키는 유인을 가질 수 있다. 그만큼 정치적 및 헌법적 통제의 필요성이 있다. 이와 같은 이유에서 헌법은 이 경우 사전에 국회의 동의를 요하도록 하였다.

정부는 재정운용의 효율화와 건전화를 기하고, 이에 대한 국회의 통제를 실질화하기 위하여 매년 해당 회계연도부터 5회계연도 이상의 기간에 대한 재정운용계획을 수립하여 회계연도 개시 120일 전까지 국회에 제출하여야 한다(국가재정법 제7조 제1항). 또 정부는 회계연도 개시 120일 전까지 국가보증채무관리계획, 「공공기관의 운영에 관한 법률」에 따른 중장기 재무관리계획, 「사회기반시설에 대한 민간투자법」에 따른 임대형 민자사업 정부지급금추계서 등을 국회에 제출하여야 한다(국가재정법 제9조의2).

(2) 국가부채와 투자의 균형유지

오늘날 국가기능이 확대되면서 국가부채가 증가하는 경향이 일반적으로 관찰된다. 또 그렇기 때문에 재정균형은 지속가능성에 관한 논의의 중심 의제가 되었다. 위에서 서술한 절차적인 요건 외에 국채부담에 있어서 실체법적인 기준에 관한 논의가 필요하다.

첫째, 국가부채는 미래세대의 부담으로 현세대에게 혜택을 부여하는 효과가 있다. 그런데 국가는 어느 정도는 세대 간 부담의 균형을 배려하여야 한다. 그렇다면 국가부채에 상응하는 수준으로 현세대의 희생하에 미래세대를 위한 조치가 취해져야 한다. 따라서 미래세대를 위한 투자와 현재세대를 위한 국가부채가 어느 정도 균형을 이루어야 한다. 과거 독일헌법은 이러한 규정을 두었다. 즉 국가부채에 의한 재정수입이 예산안에 계상되어 있는 투자비용(Investition)의 총계를 초과하여서는 안 된다. 다만 이 원칙은 전체 국민경제의 균형이 훼손되는 것을 방지하기 위하여 필요한 경우에는 적용되지 않는다(제115조 제1항). 이러한 고려가 정치적으로 타당한 것은 사실이다. 그러나 국가부채와 투자는 각각 독자적으로 정치적 상황에 따라 판단된다. 국가부채와 투자가 세대 간 부담의 균형을 유지하는 효과가 뚜렷한 것도 아니다. 단기상환부채와 장기적인 효과를 갖는 투자, 그리고 장기상환부채와 단기적인 효과를 갖는 투자가 얼마든지 있을 수 있기 때문이다. 따라서 위와 같은 기준이 헌법적 규범력을 갖고 국회의 의사결정을 구속할 수는 없다. 실제 독일헌법의 이 규정은 실효성이 없는 것으로 평가되었다.

둘째, 균형예산을 통하여 부채의 상한을 형성하는 방법이다. 스위스헌법이 이러한 예에 해당한다. 스위스헌법은 장기적으로 수입과 지출의 균형을 유지하도록 하였다. 특히 지출이 최고액을 초과하는 경우에는 일정한 기간 내에 재정균형을 회복하기 위한 조치가 취해져야 한다(스위스헌법 제126조). 이 규정은 2001년 도입된 이후 부채를 효과적으로 억제하고 있는 것으로 평가되고 있다. 독일 역시 2009년 이러한 방향으로 국가부채에 대한 기준을 변경하는 헌법개정을 하였다. 이 밖에 유럽연합(EU)은 재정 건전성을 위하여 회원국에 명확한 기준을 이중으로 제시하였다. 즉 회원국은 연단위로 국가재정적자가 국내총생산의 3%를, 그리고 총국가부채가 국내총생산을 기준으로 60%를 초과해서는 안 된다.[54)]

Ⅲ. 국정감사와 국정조사

1. 국정감사 및 국정조사의 헌법적 의의

국회는 국정을 감사하거나 특정한 국정사안에 대하여 조사할 수 있으며, 이에 필요한 서류의 제출 또는 증인의 출석과 증언이나 의견의 진술을 요구할 수 있다. 국정감사 및 조사에 관한 절차 기타 필요한 사항은 법률로 정한다(제61조).

비교법적으로 보면 헌법에서 국정감사와 조사를 모두 두는 것은 드문 예이다. 우리 헌법사에서 보면 1948년 헌법 이후 국정감사권을 두었으며, 이는 1972년 헌법에서는 삭제되었다. 1980년 헌법에서는 국정조사권을 국회에 부여하였다. 현행 1987년 헌법에서 국회는 국정감사권과 국정조사권을 함께 갖게 되었다.

54) 이러한 유럽연합의 지침은 본래는 재정의 지속가능성을 목표로 한 것이 아니라 회원국 간의 물가 및 환율을 안정시키기 위한 목적으로 제정되었다.

2. 국정감사 및 국정조사의 내용·절차

국정감사와 국정조사는 다른 국가기관을 포괄적으로 견제하기 위한 수단이다. 국정감사는 예산의 심의·확정에 앞서 국정 전반을, 국정조사는 특정 사안을 대상으로 한다. 국정감사와 국정조사는 단순히 소극적인 견제와 균형에 그치지 않고, 국정에 대한 공개와 이를 통하여 국민의 알 권리를 충족시키는 기능이 있다. 국정감사와 조사에 대한 구체적인 사항을 규율하는 법으로 「국정감사 및 조사에 관한 법률」과 「국회에서의 증언·감정 등에 관한 법률」이 있다. 이와 같이 국정감사와 국정조사는 대상이 다를 뿐 국정통제수단으로서 본질적인 차이가 있는 것은 아니다.

(1) 국정감사와 국정조사권의 발동·대상

가) 국정감사 및 조사의 개시

국정감사는 매년 정기국회가 집회하기 이전에 감사시작일부터 30일 이내의 기간을 정하여 실시한다. 다만 본회의의 의결에 의하여 정기회 기간 중에 감사를 실시할 수 있다(국정감사법 제2조). 국정감사는 일반적으로는 정기국회에서 예산안을 심의·확정하기 위한 예비작업의 성격을 띤다.

국정조사에 착수하기 위해서는 국회 재적의원 4분의 1 이상의 찬성이 있어야 한다. 국정조사는 특별위원회 혹은 상임위원회가 시행한다(국정감사법 제3조).

나) 국정감사의 대상

국정감사의 대상은 국가기관·지방자치단체 및 「공공기관의 운영에 관한 법률」에 의한 공공기관, 한국은행, 농업협동조합중앙회, 수산업협동조합중앙회 등을 포괄한다. 다만 지방자치단체에 대한 감사는 제한적이다. 즉 특별시·광역시·도 등 광역지방자치단체가 감사의 대상이다. 이 경우에도 감사의 범위는 국가위임사무와 국가가 보조금 등 예산을 지원하는 사업에 한한다. 기초지방자치단체는 감사의 대상에서 제외된다. 이 외에 본회의의 의결이 있는 경우 지방행정기관, 지방자치단체, 「감사원법」에 의한 감사원의 감사대상기관 등도 국정감사의 대상이 될 수 있다(국정감사법 제7조).

(2) 운영의 원칙

국정감사 및 국정조사는 공개로 한다. 다만 위원회의 의결로 비공개로 할 수 있다(국정감사법 제12조).

국정감사 혹은 국정조사를 위하여 필요한 경우 감사 또는 조사와 관련된 보고와 서류 및 사건·영상물 등의 제출을 관계인 또는 기관에 요구할 수 있고, 증인·감정인·참고인의 출석을 요구하고 검증할 수 있다. 요구를 받은 자 또는 기관은 「국회에서의 증언·감정 등에 관한 법률」에서 특별히 규정한 경우를 제외하고는 이에 응하여야 한다. 일정한 경우에 증언 및 선서를 거부할 수 있다(국회증언법 제3조). 첫째, 형사책임을 부담할 위험이 있는 경우이다. 친족이거나 친족이었던 사람, 법정대리인, 후견감독인 등의 관계에 있는 자가 형사소추 또는 공소제기를 당하거나 유죄판결을 받을 사실이 드러날 염려있는 경우에 증언 또는 선서를 거부할 수 있다. 둘째, 업무상 비밀을 보호할 필요가 있는 경우이다. 변호사, 변리사, 공증인, 공인회계사, 세무사, 대서업자, 의사, 한의사, 치과의사, 약사, 약종상, 조산사, 간호사, 종교의 직에 있는 자 또는 이러한 직에 있었던 자가 업무상 위탁을 받은 관계로 알게 된 사실로서 타인의 비밀에 관한 것은 증언 또는 선서를 거부할 수 있다.

서류제출을 요구받은 국가기관이 이에 관한 예외사유에 해당하지 않으면서 이를 거부하거나 거짓으로 제출한 때에는 본회의 또는 해당 위원회의 의결로 주무부장관에 대하여 본회의 또는 위원회에 출석하여 해명하도록 하거나, 관계자에 대한 징계 등 필요한 조치를 요구할 수 있다(국회증언법 제4조의2). 서류제출 및 출석의 요구를 받은 자는 위원회의 검증 기타의 활동에 협조하여야 한다. 위원회는 증거의 채택 또는 증거의 조사를 위하여 청문회를 열 수 있다(국정감사법 제10조).

공무원 또는 공무원이었던 자는 증언할 사실이나 제출할 서류의 내용이 직무상 비밀에 속한다는 이유로 증언이나 서류제출을 거부할 수 없다. 다만, 군사·외교·대북관계의 국가기밀에 관한 사항으로서 발표로 인하여 국가안위에 중대한 영향을 미친다는 주무부장관(대통령 및 국무총리의 소속기관에서는 당해 관서의 장)의 소명이 증언 등의 요구를 받은 날로부터 5일 이내에 있는 경우에는 증언 또는 서류제출을 거부할 수 있다. 국회는 이 경우 본회의 혹은 위원회의 의결로 국회가 요구한 증언 또는 서류의 제출이 국가의 중대한 이익을 해친다는 취지의 국무총리의 성명을 요구할 수 있다(국회증언법 제4조).

위원회는 증인에 대한 출석요구가 있었음에도 불구하고 정당한 이유없이 출석하지 않은 경우 의결로 해당 증인에 동행명령을 내릴 수 있다(국회증언법 제6조). 증인·감정인에게는 증언·감정을 요구할 때 선서하게 하며, 선서하기 전에 위증 또는 허위감정의 벌이 있음을 알려야 한다(국회증언법 제7조). 국회에서 증인·감정인·참고인으로 조사받은 자는 해당 증언·감정·진술로 인하여 어떠한 불이익한 처분도 받지 않는다(국회증언법 제9조).

국정감사 및 국정조사에 협조하여야 할 의무가 있는 자가 이에 응하지 않는 경우 형법상 처벌의 대상이 된다. 먼저, 정당한 이유없이 출석하지 않은 증인, 보고 또는 서류제출요구를 거절한 자, 선서 또는 증언이나 감정을 거부한 증인이나 감정인은 3년 이하의 징역 또는 1천만원 이상 3천만원 이하의 벌금에 처한다. 정당한 이유없이 증인·감정인·참고인의 출석을 방해하거나 검증을 방해한 자 역시 같은 처벌을 받는다(국회증언법 제12조). 증인이 증언에 임하여 폭행·협박·기타 모욕적인 언행으로 국회의 권위를 훼손한 때 또는 증인이 동행명령을 거부하거나 제3자로 하여금 동행명령장의 집행을 방해하도록 한 것은 국회모욕의 죄에 해당하며, 5년 이하의 징역에 처한다(국회증언법 제13조). 증인 또는 감정인이 허위의 진술이나 감정을 한 때에는 1년 이상 10년 이하의 징역에 처한다. 이는 일반 형사사건에서 위증의 경우에 비하여 무거운 제재이다.[55] 다만, 범죄가 발각되기 전에 자백한 때에는 그 형을 감경 또는 면제할 수 있다(국회증언법 제14조). 본회의 또는 위원회는 증인·감정인 등이 위와 같은 죄를 범하였다고 인정한 때에는 고발하여야 한다(국회증언법 제15조).

(3) 국정감사와 국정조사 결과의 처리

국정감사와 국정조사의 결과는 의장을 경유하여 본의회에 보고하고, 국회본회의는 의결로 감사 또는 조사결과를 처리한다. 감사 또는 조사의 결과 위법 또는 부당한 사항이 있을 때에는 정부 또는 해당 기관에 변상, 징계조치, 제도개선, 예산조정 등 시정을 요구하고, 정부 또는 해당 기관에서 처리하는 것이 타당한 경우에는 정부 또는 해당 기관에 해당 사안을 이송한다. 이 경우 정부 또는 해당 기관은 시정요구사항 혹은 이송받은 사항을 지체 없이 처리하고 그 결과를 국회에 보고하여야 한다(국정감사법 제16조).

3. 국정감사 및 국정조사의 한계

국정감사와 국정조사 활동에는 한계가 있다. 즉 국정감사와 국정조사는 개인의 사생활을 침해하거나 계속 중인 재판 또는 수사 중인 사건의 소추에 관여할 목적으로 행해져서는 안 된다(국정감사법 제8조). 전자는 국정감사 및 국정조사 활

55) 이에 대한 헌법적 판단으로는 헌재 2015.9.24, 2012헌바410, 27-2(상), 528면 이하 참조.

동의 기본권적 한계를, 그리고 후자는 권력분립적 관점에서의 한계를 규정한 것이다.

국정감사 혹은 국정조사는 대상기관의 기능과 활동을 현저히 저해해서는 안 된다. 또 기밀이 누설되지 않도록 주의하여야 한다. 의원 및 사무보조자는 감사 또는 조사를 통하여 알게 된 비밀을 정당한 사유 없이 누설해서는 안 된다(국정감사법 제14조). 이를 위반한 경우 「국회법」에 의하여 징계할 수 있다.

Ⅳ. 국회의 인사권 및 인사통제기능

국회의 인사권은 국민의사형성에 적극적이고 직접적으로 영향을 미치지는 않는다. 국회의 인사권은 우선 수동적이다. 즉 대통령이 공직자를 임명하기 위하여 지명한 경우 동의권을 행사한다. 또 능동적인 경우에도 제한적이다. 즉 국회가 직접 국가기관 구성권을 갖는 경우에도 이는 해당 기관의 일부에 국한하며, 대통령, 대법원장 등 다른 국가기관과 공동으로 국가기관을 구성한다.

위와 같은 한계 속에서 국회의 인사권을 통한 효율적인 견제와 균형을 도모하는 노력이 필요하다. 아래에서는 국회의 능동적인 인사권과 다른 국가기관의 구성에 있어서 국회가 행하는 인사통제권을 분류하여 설명한다.

1. 국회의 국가기관구성권

(1) 대통령선출권

국회는 예외적인 경우에 대통령을 선출하는 권한을 갖는다. 대통령은 국민의 직접선거에 의하여 선출된다. 그런데 대통령선거에 있어서 최고득표자가 2인 이상인 경우가 있을 수 있다. 이는 현실적으로는 거의 발생하지 않을 것이다. 이와 같은 예외적인 경우에는 국회에서 결선투표를 행하며, 국회 재적의원 과반수가 출석한 공개회의에서 다수표를 얻은 자를 대통령 당선자로 한다(제67조 제2항).

위와 같은 대통령 선출방법은 대통령중심제의 체계와 정합성이 없다. 이 경우 국민에 의한 결선투표방법을 도입하는 것이 보다 체계적이다.

(2) 헌법재판소와 중앙선거관리위원회 일부 구성권

가) 내용 및 제도의 취지

국회는 헌법재판소 재판관 3인, 그리고 중앙선거관리위원회 위원 3인을 선출한다(제111조 제3항, 제114조 제2항). 이는 국회가 대통령 및 대법원장과 국가기관의 구성에 공동으로 참여하여 해당 국가기관의 기능에 적합한 구도를 도모하는 목적이 있다. 특히 헌법재판소와 중앙선거관리위원회와 같이 정치과정과 밀접한 관련을 갖는 국가기관의 구성에 있어서 국회·행정부 및 사법부에게 공동으로 기관구성권을 부여한 것은 다음과 같은 소극적인, 그리고 적극적인 의미가 있다. 소극적으로 보면 이들 기관들이 특정 정치세력 혹은 이념에 의해서 지배되지 않고 독립성을 유지할 수 있도록 대통령 혹은 다수세력의 일방적인 임용을 방지할 수 있다. 적극적인 측면에서 보면 국회, 대통령, 그리고 대법원장이 임용에 참여하여 해당 기관에서 다원적인 정치이념이 반영될 수 있도록 한다.

나) 문제점

위와 같은 제도의 취지가 헌법에 충실하게 반영되었는지는 의문이다. 국회는 다원적인 정치세력의 집합체이며, 따라서 국가기관 구성에 있어서 적극적으로 중립성을 보장하는 매체가 될 수 있다. 이에 비해서 대통령 및 대법원장이 헌법재판소 및 중앙선거관리위원회 구성에 관여하는 것은 설득력이 없다. 참고로 독일의 경우 연방헌법재판소 재판관 16명 중 8명은 연방의회(Bundestag)에서, 8명은 연방참사원(Bundesrat)에서 선출한다(독일헌법 제94조 제1항). 미국 연방대법원 판사는 대통령이 지명하여 상원의 동의를 얻은 후 대통령이 임명한다(미국헌법 제2조 제2항).

대통령이 이들 기관의 구성에 관여함으로써 국회에 의하여 담보되는 정치적 다원성 내지 정치적 중립성이 균형을 상실할 위험이 있다. 중앙선거관리위원회의 경우 대법원장의 관여를 통하여 전문성을 확보하는 장점이 있기는 하다. 그러나 이는 법률에 위원의 자격규정을 두어 담보할 수 있다. 따라서 대법원장이 중앙선거관리위원회의 구성에 관여하는 필연성이 있지는 않다. 결국 헌법재판소 및 중앙선거관리위원회의 구성에 국회와 함께 대법원장, 그리고 특히 대통령이 독자적으로 참여하는 것은 헌법정책적으로 보면 적합하지 않다.

2. 국회의 인사통제권

(1) 국회의 인사통제권의 내용 및 입법형성의 가능성

가) 인사통제의 다양한 유형

국회는 대통령의 공직자 임명권에 다양한 형태로 관여할 수 있다. 국회는 사전적으로 임명동의를 하거나, 사후적으로 해임을 권고, 혹은 탄핵소추를 하는 등 법적 및 정치적 기준에 따라 책임을 물을 수 있다. 이에 대해서는 아래에서 설명한다. 이에 앞서 현행 헌법상 국회의 인사통제권을 입법적으로 확대할 수 있는가의 문제가 제기된다.

나) 입법적 확대의 가능성

기본적으로 이와 같은 입법은 가능하다. 이는 아래에서 설명하는 탄핵소추, 임명동의 그리고 해임건의 등의 제도에 대해서 모두 적용된다. 다만 이때 다음과 같은 기준을 존중하여야 한다. 첫째, 권력분립원칙에 비추어 국회의 인사권을 확대하는 것이 권력의 집중을 방지하기 위하여 필요하여야 한다. 그렇지 않다면 국회인사권의 확대는 오히려 권력분립의 원칙에 반한다. 둘째, 국가기능론의 관점에서 볼 때 국회의 인사권한을 확대하는 것이 헌법상 해당 국가기관이 갖는 공직구성권의 본질적인 내용을 침해해서는 안 된다. 셋째, 국회가 해당 국가기관이 담당하는 업무사안과는 관계없는 비본질적인 기준에 따라서 혹은 일정한 정치적인 조건과 교환하기 위한 목적으로 인사개입을 하여서는 안 된다.

위와 같은 적극적인 혹은 소극적인 조건을 충족하는 한 국회의 인사에 관한 권한은 헌법의 직접 해석을 통하여, 그리고 명시적인 입법조치를 통하여 확대할 수 있다. 헌법에 명시적인 근거 없이 시행되고 있는 인사청문회제도를 통하여 국회가 대통령의 인사권을 효율적으로 통제하고 있는 것이 좋은 예이다.

(2) 국무총리 등 임명동의권

가) 임명동의권의 헌법적 의미

대통령은 국무총리, 대법원장과 대법관, 헌법재판소장 및 감사원장을 임명함에 있어서 국회의 동의를 얻어야 한다(제86조 제1항, 제104조 제1, 2항, 제111조 제4항, 제98조 제2항). 이러한 사전동의제도는 국회가 대통령의 공직구성권을 통제하여 독단을 예방하는 목적을 갖는다. 국무총리가 대통령의 유고시 제1순위 권한대행권자(제71조)라는 사실을 중심으로 보면 국회의 국무총리임명 동의권은 이러한 잠재적 가능성에 민주적 정당성을 부여하는 효과가 있다.

대법원장 및 대법관, 헌법재판소장, 그리고 감사원장 임명권 등 대통령의 고유권한을 행사할 때 국회의 동의를 얻도록 하는 것은 다음과 같은 소극적인, 그리고 적극적인 의미가 있다. 소극적으로 보면 대통령의 독단적인 공직임용을 통제하는 효과가 있다. 적극적으로 보면 해당 국가기관의 기능이 헌법이 의도한 바에 따라 수행될 것을 보장하는 효과가 있다. 국회에서의 동의절차가 이들에게 정치적 다원성 및 이에 기초한 정치적 중립성을 확보하는 수단이 될 수 있기 때문이다.

나) 임명동의 판단기준

국무총리, 대법원장 및 대법관, 헌법재판소장, 그리고 감사원장에 대한 임명동의권과 같은 국회의 권한은 법적 기준에 따라서 행사될 수는 없다. 법적 평가의 대상인 해당 공직자의 행위가 존재하지 않기 때문이다. 즉 국회의 인사권은 필연적으로 정책 혹은 정치적인 기준에 따라 행사된다. 정책적 기준이란 주로 일정한 사항에 대한 지명자의 객관적인 견해를 의미한다. 이에 비해서 정치적 기준은 정치이념적 성향을 말하며, 이는 해당 국가기관의 구성에 있어서 정치적 이념의 다원성을 보장하기 위하여 필요하다. 예컨대 과거의 재판에서 드러난 재판관의 성향 등이 동의 여부에 대한 기준이 될 수도 있다.

다) 임명동의를 필요로 하는 공직자의 범위에 대한 입법형성의 가능성

국회의 임명동의와 관련하여 헌법이 명시하고 있는 국무총리, 대법원장과 대법관, 헌법재판소장, 감사원장 이외의 공직자에 대해서 국회에서 임명동의의 대상을 확대하는 것이 헌법에 위반하는가 하는 문제가 제기될 수 있다.

국회에서 임명동의의 대상을 확대하는 것을 헌법이 절대적으로 금지한다고 생각하지는 않는다. 헌법은 국가조직 및 기능과 관련된 근본규범이며, 따라서 헌법이 이에 대해서 망라하여 규율할 수는 없다. 실제 헌법재판소는 「정부조직법」에 관한 한 이러한 확인을 한 바 있다. 즉, 대통령의 직속기관을 설치하기 위하여 반드시 헌법적 근거가 있어야 하는 것은 아니며, 다음과 같은 조건하에서 가능하다. 첫째, 그 설치·조직 및 직무범위 등에 관하여 법률의 근거가 있어야 한다. 둘째, 그 내용에 있어서 해당 기관의 설치목적, 기능 등이 헌법에 적합하여야 한다. 셋째, 해당 기관의 권한이 기본권적 가치를 실현하기 위하여 행사되도록 제도화되어야 한다. 넷째, 권한의 남용 내지 악용이 최대한 억제되도록 합리적이고 효율적인 통제장치가 갖추어져야 한다.[56)]

이러한 조직법에 관한 확인은 기능적으로도 타당하다. 따라서 대통령의 임명권, 그리고 집행에 관한 대통령의 고유권한을 침해하지 않는 한 임명동의의 대상이 되는 공직자의 범위를 넓히는 것이 가능하다. 대통령의 고유권한을 침

56) 헌재 1994.4.28, 89헌마221, 6-1, 263면 참조.

해하지 않으면서 대통령의 독단을 통제할 수 있기 때문에 임명동의 대상의 확대는 오히려 헌법의 이념에 비추어 볼 때 바람직하다. 다만 이러한 원칙을 넘어서서 구체적으로 어떠한 범위의 공직자를 국회에서 임명동의의 대상으로 할 것인가는 별도의 논의를 필요로 한다.[57)]

(3) 국무총리 · 국무위원 해임건의권

국회는 국무총리 및 국무위원의 해임을 건의하여 대통령의 인사권을 통제할 수 있다. 해임건의를 위해서는 국회 재적의원 3분의 1 이상이 발의하고, 국회 재적의원 과반수의 찬성이 있어야 한다(제63조).

가) 해임건의의 헌법적 의미

a) 불신임의결과의 차이

우리 헌법상의 정부형태가 의원내각제 혹은 이원정부제가 아니기 때문에 해임건의는 국회의 행정부 자체에 대한 불신임을 의미하지는 않는다. 국무총리 및 국무위원에 대한 해임건의가 행정부에 대한 불신임을 의미한다면 적어도 국무총리에 대한 해임건의가 있을 경우 이는 국무위원 전체에 대한 연대책임을 지우는 효과가 있어야 한다. 그런데 현행 헌법은 명시적으로 연대책임을 묻고 있지는 않다.

우리 헌법사에서 보면 1972년 헌법 및 1980년 헌법에서 대통령에게 국회해산권을 부여하였다. 이에 비해서 국회는 국무총리에 대한 해임의결을 할 수 있도록 하였으며, 이 경우 대통령은 국무위원 전원을 해임하여야 한다(1972년 헌법 제97조 제3항 및 1980년 헌법 제99조 제3항). 1962년 헌법은 대통령에게 국회해산권을 부여하지 않은 대신, 국회는 국무총리 및 국무위원에 대한 해임을 건의할 수 있도록 하였다. 그러나 해임건의에 법적 효력을 부여하지는 않았다. 즉 대통령은 해임건의가 있는 경우 특별한 사유가 없는 한 이에 응하여야 한다(1962년 헌법 제59조 제3항). 이와 같은 헌법개정사를 보면 현행 헌법은 국무위원 연대책임을 부인하는 것으로 보아야 한다.

b) 국회의 정치적 통제

해임건의는 국회가 국무총리 혹은 국무위원 개인에 대한 정치적 책임을 묻는 제도이다.

대통령이 국회의 존속에 어떠한 영향도 미칠 수 없으면서, 국회에게 국무총

57) 이 문제와 관련된 구체적인 예는 예컨대 최대권, "한국은행총재 임명에 대한 국회동의권 부여의 위헌 여부", 「고시계」(1989.4), 75면 이하 참조.

리 및 국무위원에 대한 해임건의권을 부여하는 것은 체계적이지 못하다는 견해가 있을 수 있다. 이러한 견해는 국무총리 해임건의를 행정부에 대한 불신임으로 이해할 때에는 타당하다. 그러나 국무총리 해임건의는 단순히 개별적이고 정치적인 통제에 해당하기 때문에 국무총리 해임건의제도가 비체계적이라고 할 수는 없다. 또 위와 같은 체계론을 떠나 정부의 주요 공무원에 대한 국회의 해임건의는 국회의 일반적인 국정통제 기능에 속한다.

나) 해임건의의 판단기준

국무총리나 국무위원에 대한 해임건의의 사유에 대해서 헌법이 직접 규정하고 있지는 않다. 국회가 정치기관이기 때문에 기본적으로 정치 및 정책적인 관점이 기준이 될 것이다. 국무총리 및 국무위원이 직무상 헌법 및 법률에 위반하는 행위를 한 경우는 헌법 제65조 탄핵소추의 사유에 해당하지만, 이때 국회는 탄핵소추 대신 해임건의를 할 수도 있다.

다) 해임건의의 법적 성격

국무총리 및 국무위원에 대한 해임건의는 대통령을 법적으로 구속하지는 않는다. 그렇지만 현실정치적으로 볼 때 해임건의를 위해서 국회 재적의원 과반수의 찬성이 있어야 한다는 점을 고려하면 해임건의를 대통령이 거부하기는 어려울 것이다. 법적으로 보면 대통령이 해임건의를 무시할 수 있지만 이 경우 대통령은 국회와 극한 대립을 피할 수 없다.

라) 해임건의의 대상인 공직자의 범위에 대한 입법형성의 가능성

해임건의는 법적 구속력을 갖는 것은 아니며, 정치적인 성격이 있을 뿐이다. 그렇다면 해임건의의 대상을 국무총리 및 국무위원에 한정하는 헌법적인 필연성은 없다. 해임건의는 대통령의 권한 행사에 적극적인 영향을 미치지 않으며, 소극적이고 정치적인 통제이다. 따라서 대통령의 인사에 관한 고유권한을 침해하지 않으며, 권력분립의 이념에 반하지도 않는다.

정치적 공무원이 아닌 법관이나 감사위원, 중앙선거관리위원 등은 그 직무의 정당성의 기초가 전문성에 있고, 독립성이 보장되어야 한다. 따라서 이들 공직자들은 법적인 기준 외에 정치적인 사유로 신분상의 불이익을 가하는 해임건의의 대상이 될 수 없다(제106조, 제112조, 제114조 제5항; 감사원법 제8조).

(4) 탄핵소추발의 및 의결

가) 탄핵소추의 헌법적 의미

탄핵소추는 통상적인 사법절차를 통하여는 사실상 소추·처벌이 어려운 고위 공직자에 대해서 법적 기준에 따라서 책임을 묻기 위한 제도이다. 탄핵소추는 국회가 발의·의결하고, 헌법재판소가 이를 결정한다. 이러한 결정은 해당 공직자를 공직으로부터 파면시키며, 민형사상의 책임은 별도의 사법절차를 통해서 구명한다(제65조 제4항). 즉 국회가 사법기관은 아니기 때문에 사법적 책임의 동기를 부여하지만, 법적 책임에 대한 최종적인 결정은 사법부가 담당한다. 파면을 결정한 후 검찰 및 사법부가 정치적 부담이 없이 사법적 소추와 판결을 할 수 있게 된다. 이로써 탄핵소추는 고위 공직자에게 법적 책임을 결정하는 사법부의 권한을 보충하면서, 그러나 권력분립의 한계를 벗어나지 않으려는 헌법적인 의미를 갖는다.

탄핵소추제도는 공직자에 대한 사법적 제재와 권력통제의 기능을 수행하지만 헌법질서를 수호하는 의미를 갖기도 한다. 이를 반영하여 탄핵소추의 의결이 있는 경우에는 해당 소추대상자의 임명권자는 피소추자의 사직원을 접수하거나 해임할 수 없도록 하였다(국회법 제134조 제2항).

나) 탄핵소추의 대상

탄핵소추 발의 및 의결의 대상인 고위 공직자는 대통령·국무총리·국무위원·행정각부의 장·헌법재판소 재판관·법관·중앙선거관리위원회 위원·감사원장·감사위원 기타 법률이 정한 공무원이다(제65조 제1항).

탄핵소추의 대상에 관한 위 규정은 예시규정이다. 우선 문언의 해석상 '기타 법률이 정한 공무원'이라는 표현을 하고 있어 입법적으로 탄핵소추의 대상을 확대할 수 있다. 예컨대 「검찰청법」은 검사를, 「고위공직자범죄수사처 설치 및 운영에 관한 법률」은 수사처장, 차장과 수사처 검사를, 「국가경찰과 자치경찰의 조직 및 운영에 관한 법률」은 경찰청장과 국가수사본부장을, 그리고 「방송통신위원회의 설치 및 운영에 관한 법률」은 방송통신위원회 위원장을, 「선거관리위원회법」은 각급선거관리위원회 위원을 탄핵소추의 대상으로 하고 있다(검찰청법 제37조; 경찰법 제11조 제6항; 방송통신위원회의 설치 및 운영에 관한 법률 제6조 제5항; 선거관리위원회법 제9조 제2호; 고위공직자범죄수사처 설치 및 운영에 관한 법률 제14조; 국가경찰과 자치경찰의 조직 및 운영에 관한 법률 제14조 제3항 및 제16조 제5항). 또 통상적인 사법절차를 통하여 사법적인 책임을 묻기 어려운 고위 공직자에 해당한다면 헌법에 명시된 공직자 이외의 공직자도 탄핵소추의 대상이 된다. 이를 위해서는 법률에 근거가 있어야 하는 것은 물론이다.

다) 탄핵소추의 기준 및 사유

a) 법적 기준에 의한 책임

탄핵소추는 법적 기준에 따른 국회의 인사기능이다. 즉 공무원이 직무집행에 있어서 헌법이나 법률을 위반한 경우 소추된다. 헌법재판소는 불문헌법에 위반한 경우에도 탄핵소추사유에 해당한다고 하고 있다.[58] 그러나 이때 불문헌법이 무엇인지는 명확하지 않다. 직무란 법제상 소관 사무에 속하는 고유업무 및 통념상 이에 관련된 업무를 말한다. 여기에는 법령에 근거한 행위뿐 아니라 국정수행과 관련하여 행하는 모든 행위가 포함된다.

직무는 시간적으로 재직 중의 직무를 말한다. 따라서 해당 공직에 취임하기 전의 행위는 탄핵소추사유가 될 수 없다. 탄핵소추는 법적 기준에 따라서 책임을 묻는 제도이기 때문에 정치적 무능력이나 정책과오 등은 탄핵소추의 사유가 될 수 없다.[59]

b) 헌법 및 법률위반의 내용

법률에 위반한 행위가 있는 경우에도 모든 사소한 법위반의 사실이 탄핵의 사유가 되는 것은 아니다. 특히 국민에 의하여 직접 선출된 대통령의 경우 법률 혹은 헌법위반이 동시에 도덕적·정치적 비난의 대상이 되어 더 이상 정상적으로 국정을 수행할 수 없을 정도로 중대한 법위반이라고 판단하는 경우 탄핵의 사유가 된다. 이 점에서 대통령의 경우 다른 탄핵대상인 공직자에 비해서 탄핵의 사유를 엄격하게 해석하여야 한다. 이렇게 이해하는 것이 대통령의 원활한 국정수행을 보장하기 위하여 경미한 범죄를 저질렀다는 이유로는 재직 중 형사상의 소추를 할 수 없도록 하고 있는 헌법 제84조의 취지와 조화될 수 있다.

대통령의 경우에는 특히 대통령은 국민에 의하여 직접 선출되었다는 사실, 그리고 대통령은 헌법수호의 책무를 진다는 점이 고려되어야 한다.[60] 이러한 관점에서 보면 대통령에 대한 탄핵사유는 우선 헌법수호의 책무를 위반하는 중대한 법위반의 경우를 들 수 있다. 이는 법치국가원리와 민주주의원리 등 헌법의 기본원칙에 대한 적극적인 위반행위를 말한다. 구체적으로는 대통령이 권한을 남용하여 국회 등 다른 헌법기관의 권한을 침해하는 경우, 국가조직을 이용하여 국민의 기본권을 침해하는 경우, 선거에서 국가조직을 이용하여 부정선거

58) 헌재 2004.5.14, 2004헌나1, 16-1, 633면 참조.

59) 헌재 2004.5.14, 2004헌나1, 16-1, 651면 이하 참조.

60) 헌재 2004.5.14, 2004헌나1, 16-1, 655면 이하; 2017.3.10, 2016헌나1, 29-1, 37면 이하 등 참조.

운동을 하거나 선거의 조작을 꾀하는 경우 등을 말한다. 이러한 사유에 해당하지 않는 경우에도 대통령이 권한과 지위를 남용하여 뇌물수수, 공금의 횡령 등 부정부패행위, 또 공익실현의 의무에 반하여 명백하게 국익을 해하는 활동을 하는 등 국민의 신임에 반하는 경우가 파면사유에 해당한다.

c) 탄핵소추와 국회의 자율권

탄핵소추의 사유가 존재하는 경우에도 탄핵소추의 발의 및 의결을 할 것인가는 국회가 자율적으로 판단한다. 따라서 개인이 국회에게 탄핵소추를 의결할 것을 청구할 권리는 존재하지 않는다.[61]

국회의 탄핵소추에 있어서는 자율권이 존중된다. 국회가 탄핵소추를 하기 전에 소추사유에 관하여 충분한 조사를 하는 것이 바람직하지만 그 사유 등에 대한 조사 여부는 국회의 재량에 속한다. 따라서 국회가 탄핵소추사유에 대하여 별도의 조사를 하여야 하는 것은 아니다. 또 소추의결을 하기 전에 찬반토론의 절차를 반드시 거쳐야 하는 것은 아니다.[62]

라) 탄핵소추의 절차 및 효과

a) 탄핵소추의 발의 및 의결

탄핵소추를 위해서는 국회 재적의원 3분의 1 이상의 발의가 있어야 하며, 탄핵소추를 의결하기 위해서는 국회 재적의원 과반수의 찬성이 있어야 한다. 대통령에 대한 탄핵소추발의 및 의결에 있어서는 가중정족수가 필요하다. 즉 국회 재적의원 과반수의 발의와 국회 재적의원 3분의 2 이상의 찬성이 있어야 한다(제65조 제2항).

국회가 헌법재판소에 청구한 탄핵소추심판을 철회하려는 경우 정족수에 대한 문제가 제기된다. 이 경우에도 탄핵소추의결에 있어서와 같이 국회재적의원 3분의 2 이상의 찬성이 필요하다는 견해도 있었으나 이에 관하여 헌법 및 법률에 특별한 규정이 없기 때문에 일반정족수로 충분하다. 예컨대 독일 「연방헌법재판소법」은 이 문제를 직접 규율하고 있다(법 52조 제1항). 즉 연방의회 및 연방참사원은 각각 재적과반수의 의결로 연방대통령에 대한 탄핵소추심판청구를 철회할 수 있다. 독일헌법에 의하면 탄핵소추를 의결하기 위해서는 연방의회 혹은 연방참사원 3분의 2 이상의 찬성이 필요하다(독일헌법 제61조 제1항).

61) 헌재 1996.2.29, 93헌마186, 8-1, 118면 참조.
62) 헌재 2017.3.10, 2016헌나1, 17면 이하 참조.

국회에서 탄핵소추의결이 있는 경우 해당 공직자의 신분은 불안정한 상태에 있게 된다. 따라서 이 경우 헌법재판소에서 탄핵심판의 결정이 있을 때까지 해당 공직자의 권한행사는 정지된다(제65조 제3항). 또 탄핵심판청구와 동일한 사유로 피청구인에 대한 형사소송이 진행되고 있을 때에는 재판부는 심판절차를 정지할 수 있다(헌재법 제51조). 이는 헌법재판소가 임의로 결정한다.

탄핵소추의 의결이 있는 경우 피소추자의 임명권자는 피소추자의 사직원을 접수하거나 해임할 수 없다(국회법 제134조 제2항). 다만 임명권자가 국회에서 탄핵소추가 의결된 공무원을 탄핵심판결정 전에 파면하는 것은 가능하다. 파면은 탄핵결정의 효과와 같으며, 따라서 탄핵심판청구의 목적은 이미 달성되었기 때문이다. 이 경우 헌법재판소는 심판청구를 기각한다(헌재법 제53조 제2항). 대통령은 임명권자가 별도로 존재하지 않기 때문에 탄핵소추가 의결된 대통령이 탄핵심판 전에 사임하는 것이 가능한가 하는 문제가 제기된다. 특별히 이에 관한 규정이 없는 상태에서 사임이 불가능하다고 할 수는 없다. 다만 이때 사임은 탄핵결정을 벗어나기 위한 목적으로 남용되어서는 안 된다. 또 탄핵심판은 해당 공직자의 행위가 헌법이나 법률에 위반되는가의 여부를 확인하는 객관적인 의미도 있다. 이러한 점들을 고려하면 대통령의 사임이 탄핵심판의 절차를 계속하는 데에 영향을 주어서는 안 된다. 독일의 「연방헌법재판소법」은 이 점을 명확히 하고 있다. 즉 "절차의 개시와 진행은 대통령의 사임이나 임기만료에 의하여 영향을 받지 않는다"(법 제51조).

국회에서 탄핵소추가 의결된 법관이 헌법재판소에서 탄핵심판이 심리되기 전에 재임용을 신청하지 않아 퇴직하여 더 이상 법관의 직에 있지 않게 된 때 탄핵심판의 청구가 적법한지 문제가 제기된다. 위에서 언급했듯이 탄핵심판은 직무집행에 있어서 헌법과 법률에 위반하는 고위공직자를 파면하는 기능 외에 헌법질서를 수호하는 객관적 기능이 있다. 그런데 법관이 재임용을 신청하지 않아 법관의 직에 있지 않다는 이유로 심리를 하지 않는다면 탄핵심판의 제도적 의미는 그만큼 상실된다. 헌법재판소는 이 경우 심판의 이익이 더 이상 없다는 이유로 각하결정을 한 바 있다.[63]

63) 헌재 2021.10.28, 2021헌나1, 헌재공보(2021), 1269면 이하 참조.

판례 **법관에 대한 탄핵심판** (헌재 2021.10.28. 2021헌나1)

[4인의 각하의견]

헌법 제65조 제4항 전문은 “탄핵결정은 공직으로부터 파면함에 그친다”라고 규정하고, 헌법재판소법 제53조 제1항은 “탄핵심판 청구가 이유 있는 경우에는 헌법재판소는 피청구인을 해당 공직에서 파면하는 결정을 선고한다”라고 규정하여 헌법재판소가 탄핵결정을 선고할 때 피청구인이 ‘해당 공직에 있음’을 전제로 하고 있다.

국회는 2021. 2. 4. 피청구인에 대한 탄핵소추를 의결한 후 같은 날 헌법재판소에 탄핵심판청구를 하였고, 그 무렵 소추의결서가 송달되어 피청구인의 법관으로서의 권한 행사가 정지되었다. 2021. 2. 28. 임기만료로 피청구인이 2021. 3. 1. 법관직에서 퇴직함에 따라 더 이상 해당 공직을 보유하지 않게 된 사실이 인정되므로, 피청구인이 임기만료 퇴직으로 법관직을 상실함에 따라 이 사건에서 본안심리를 마친다 해도 공직을 박탈하는 파면결정 자체가 불가능한 상태가 되었다. 따라서 탄핵심판절차의 헌법수호기능으로서 손상된 헌법질서의 회복 수단인 ‘공직 박탈’의 관점에서 볼 때 이 사건 탄핵심판의 이익을 인정할 수 없다.

[3인의 인용의견]

탄핵심판은 국회에 의한 민주적·대의적 권력통제수단이자 헌법재판소에 의한 기능적 권력통제수단으로서 행정부와 사법부에 대한 권력통제의 기능을 수행한다. 이러한 점에서 탄핵심판은 헌법질서를 훼손한 고위공직자 개인에 대한 공직의 강제 박탈이라는 주관소송으로서의 성격뿐만 아니라 무너진 헌법질서의 회복과 수호를 목적으로 하는 객관소송으로서의 성격도 강하게 가지고 있다. 따라서 고위공직자가 탄핵소추된 이후에 임기만료로 퇴직하여 개인적 차원의 책임추궁이 어렵게 되었다고 하더라도 그 이유만으로 심판의 이익이 소멸되었다고 볼 수는 없고, 헌법질서의 회복과 수호의 관점에서 헌법적 해명의 필요성이 인정되는 경우에는 심판의 이익이 인정될 수 있다.

탄핵심판은 고위공직자의 위헌·위법행위에 대한 헌법적 통제를 통해 그들에 의한 헌법위반을 경고하여 사전에 방지하고 국가권력을 통제하는 기능을 한다. 그런데 공직자의 임기만료가 임박한 시점에 탄핵소추의결이 이루어지거나 탄핵심판이 여러 사유로 장기화되어 심판계속 중 임기만료로 퇴직한 경우 일률적으로 심판의 이익이 소멸된다고 보면, 헌법질서 수호와 고위공직자에 대한 권력통제장치로서의 탄핵심판 본래의 목적과 기능은 달성할 수 없게 된다. 임기가 정해진 공무원은 시간의 경과만으로 당연히 퇴직하게 되므로, 임기만료일이 가까워질수록 탄핵심판이 국가권력의 주요 담당자에게 갖는 경고와 예방의 기능은 약화되고, 행정부와 사법부에 대한 권력통제장치로서의 탄핵심판의 기능 또한 작동하기 어렵게 된다. 그런데 국회의 의결을 거쳐 탄핵소추된 고위공직자의 행위에 대해 심판계속 중 임기만료 퇴직을 이유로 아무런 헌법적 해명도 하지 않는다면, 이는 헌법재판소의 헌법수호의 책무를 외면하는 것으로서 결과적으로 고위공직자의 임기만료 근접 시기에 이루어진 위헌·위법행위에 대한 헌법적 통제를 포기하는 것과 다르지 않을 것이다.

국회법 제134조 제2항은 임명권자로 하여금 피소추자의 사직원을 접수하거나 해임하지 못하도록 하여 헌법질서의 회복과 수호 차원에서 이루어지는 탄핵심판의 기능이 당사자 등의 선택에 따라 임의로 무력화되는 것을 방지하고 있다. 이러한 취지에 비추어 보면, 탄핵심판 계속 중 피청구인이 임기만료 퇴직으로 그 직을 유지하고 있지 않더라도 탄핵심판의 실효성 확보 차원에서 심판의 이익을 인정할 수 있다.

위와 같은 탄핵심판제도의 목적과 실효성 확보의 필요성, 위 국회법 조항의 취지 등을 고려하면, 법관과 같이 임기가 정해진 공무원이 임기만료로 퇴직하였다고 하여 일률적으로 심판의 이익이 소멸된다고 볼 수 없다.

---

b) 탄핵소추심판의 심리·결정·결정의 효력

탄핵소추심판은 헌법재판소가 관할한다. 탄핵의 결정을 위해서는 재판관 6인 이상의 찬성이 있어야 한다(제113조 제1항; 헌재법 제23조 제2항). 탄핵심판에 있어서도 재판관은 결정서에 의견을 표시하여야 한다(헌재법 제36조 제3항).[64)]

탄핵결정의 효과는 당해 공무원을 공직에서 파면함에 그친다. 「헌법재판소법」은 탄핵소추사유가 있는 경우 해당 공직자를 파면하는 결정을 한다고 하여 탄핵소추사유와 파면사유를 구분하지 않고 있다(헌재법 제53조). 이론적으로 보면 탄핵소추사유와 파면사유를 구분하여 규율할 수 있다. 비교법적으로 보면 독일이 여기에 해당한다. 독일은 헌법 자체에서, 그리고 「연방헌법재판소법」에서 연방대통령에 대한 탄핵소추사유와 파면 여부의 문제를 분리하여 판단하도록 하고 있다. 즉 독일헌법 제61조에 의하면 "연방헌법재판소는 연방대통령의 고의의 법위반을 확인한 경우에는 대통령직의 상실을 선고할 수 있다". 이에 따라서 「연방헌법재판소법」 제56조에 의하면 연방헌법재판소의 탄핵결정은 두 단계로 나누어져 있다. 즉 1단계에서는 고의의 법위반 여부를, 2단계에서는 대통령직의 상실 여부를 재량으로 판단한다. 우리 헌법 및 「헌법재판소법」은 이를 구분하지 않기 때문에 사소한 헌법 및 법률위반행위는 탄핵소추 및 파면의 사유가

64) 개정 전 「헌법재판소법」은 명시적으로는 위헌심판, 권한쟁의심판 및 헌법소원심판의 경우 재판관이 결정서에 의견을 표시하도록 규정하고 있었다. 2004년 대통령에 대한 탄핵심판결정에 있어서 재판관들의 의견표시의무 혹은 가능성에 대한 논란이 있었다. 생각건대 개정 전 「헌법재판소법」 제36조 제3항이 재판관에게 의견표시를 금지하는 규정이라고 볼 수는 없다. 이 문제는 헌법재판소가 스스로 결정할 문제였다. 2004년 탄핵심판에서는 재판관들이 의견을 표시하지 않는 합의가 이루어졌다. 이후 「헌법재판소법」은 위 본문에서와 같이 개정되었다.

되지 않는다고 탄핵소추사유를 엄격하게 해석해야 한다.

탄핵결정에 의하여 파면된 자는 결정선고가 있은 날로부터 5년간 공무원 임용자격을 상실한다. 탄핵결정은 해당 공직자의 민·형사상의 책임에는 영향을 주지 않으며, 이에 대해서는 법원이 결정한다(제65조 제4항; 헌재법 제54조).

판례 **대통령 탄핵심판 Ⅰ** (헌재 2004.5.14, 2004헌나1)

대통령은 행정부의 수반으로서 공정한 선거가 실시될 수 있도록 총괄·감독해야 할 의무가 있으므로, 당연히 선거에서 중립의무를 지며, 이로써 공직선거법 제9조의 '공무원'에 포함된다. 대통령이 특정 정당을 일방적으로 지지하는 발언을 하여 국민의 의사형성과정에 영향을 미친다면, 정당과 후보자에 대한 정당한 평가를 기초로 하는 국민의 자유로운 의사형성과정에 개입하여 이를 왜곡시킨다. 동시에 지난 수 년간 국민의 신뢰를 얻기 위하여 꾸준히 지속해 온 정당과 후보자의 정치적 활동의 의미를 반감시킴으로써 의회민주주의를 크게 훼손시킨다. 그런데 이 부분 대통령의 발언은 그 직무집행에 있어서 반복하여 특정 정당에 대한 자신의 지지를 적극적으로 표명하고, 나아가 국민들에게 직접 그 정당에 대한 지지를 호소하는 내용이다. 따라서 선거에 임박한 시기이기 때문에 공무원의 정치적 중립성이 어느 때보다도 요청되는 때에, 공정한 선거관리의 궁극적 책임을 지는 대통령이 기자회견에서 전 국민을 상대로, 대통령직의 정치적 비중과 영향력을 이용하여 특정 정당을 지지하는 발언을 한 것은, 대통령의 지위를 이용하여 선거에 부당한 영향력을 행사하고 이로써 선거의 결과에 영향을 미치는 행위이므로, 선거에서 중립의무를 위반하였다.

헌법 제65조 제1항은 '대통령…이 그 직무집행에 있어서'라고 하여, 탄핵사유의 요건을 '직무' 집행으로 한정하고 있다. 따라서 위 규정의 해석상 대통령의 직위를 보유하고 있는 상태에서 범한 법위반행위만이 소추사유가 될 수 있다. 썬앤문 및 대선캠프 관련 불법정치자금 수수 등에 관한 소추사유들은 대통령으로 취임하기 전에 일어난 사실에 바탕을 두는 것이어서 대통령으로서의 직무집행과 무관함이 명백하므로, 탄핵사유에 해당하지 않는다.

헌법 제65조 제1항은 탄핵사유를 '헌법이나 법률에 위배한 때'로 제한하고 있고, 헌법재판소의 탄핵심판절차는 법적인 관점에서 단지 탄핵사유의 존부만을 판단한다. 따라서 이 사건에서 청구인이 주장하는 바와 같은 정치적 무능력이나 정책결정상의 잘못 등 직책수행의 성실성 여부는 소추사유가 될 수 없어, 탄핵심판절차의 판단대상이 되지 아니한다.

"탄핵심판청구가 이유 있는 때에는 헌법재판소는 피청구인을 당해 공직에서 파면하는 결정을 선고한다." 위 규정은 헌법 제65조 제1항의 탄핵사유가 인정되는 모든 경우에 자동적으로 파면결정을 하는 것으로 해석할 수 있으나, 직무행위로 인한 모든 사소한 법위반을 이유로 파면을 해야 한다면, 이는 책임에 상응하는 헌법적 징벌의 요청, 즉 법익형량의 원칙에 위반된다. 따라서 '탄핵심판청구가 이유 있는 때'란, 모든 법위반의 경우가 아니라, 단지 공직자의 파면을 정당화할 정도로 '중대한' 법위반의 경우를 말한다. '법위반이 중대한지' 또는 '파면이 정당화되는지'의 여부는 그 자체로서 인식될 수 없으므로, '법위반이 어느 정도로 헌법질서에 부정적 영향이나 해악을 미치는지의 관점'과 '피청구인을 파면하는 경우 초래되는 효과'를 서로 형량하여 탄핵심판청구가 이유 있는지의 여부, 즉 파면여부를 결정해야 한다.

대통령직의 유지가 더 이상 헌법수호의 관점에서 용납될 수 없거나 대통령이 국민의 신임을 배신하여 국정을 담당할 자격을 상실한 경우에 한하여, 대통령에 대한 파면결정은 정당화된다. 이 사건에서는 대통령의 구체적인 법위반행위에 있어서 헌법질서에 역행하고자 하는 적극적인 의사를 인정할 수 없으므로, 자유민주적 기본질서에 대한 위협으로 평가될 수 없다.

---

(5) 국회의 인사청문회

가) 인사청문회의 기능

국회의 인사권 및 인사통제권은 국회에서의 정당분포에 따라 대통령이 소속된 정당이 다수의석을 보유하고 있는 경우에는 의미가 반감되며, 또 탄핵소추는 현실적으로 거의 행사되지 않는다는 한계가 있다. 이러한 상황에서 인사청문회가 국회의 인사권을 의미있게 보충하고 있다. 이로써 정당기속하에 있는 폐쇄적인 국회에서의 인사과정이 개방되어 국민의 통제를 받을 수 있는 계기를 마련한다. 이는 동시에 폐쇄적인 대통령의 고위 공직자 임명과정을 국민에게 개방하는 효과가 있다. 또 인사청문회는 국회가 국민 일반에게 국정에 관한 정보를 제공하는 기능(informing function)을 제고하며, 이를 통하여 국민의 알 권리를 충실히 실현하는 데 기여한다.

인사청문회가 권력분립 및 국가기능에 기여하기 위해서는 공직 임명에 비본질적인 기준에 따라 인사청문회가 정치적으로 남용되어서는 안 된다. 인사청문회가 여론재판이 되지 않기 위해서는 인사청문회에 대한 실질적인, 그리고 절차적인 규율을 법제화하여야 한다.

나) 인사청문의 대상

인사청문의 대상은 헌법에 의하여 국회의 임명동의를 필요로 하는 대법원장·헌법재판소장·국무총리·감사원장 및 대법관과 국회에서 선출하는 헌법재판소 재판관 및 중앙선거관리위원회 위원 등이다. 아직 취임하지 않은 대통령

당선인이 지명한 국무총리 후보자 역시 인사청문의 대상이다. 이들 공직자에 대한 인사청문은 인사청문특별위원회에서 시행된다(국회법 제46조의3).

이 밖에 대통령이 다른 법률에 의하여 헌법재판소 재판관 · 중앙선거관리위원회 위원 · 국무위원 · 방송통신위원회 위원장 · 국가정보원장 · 공정거래위원회 위원장 · 금융위원회 위원장 · 국가인권위원회 위원장 · 고위공직자범죄수사처장 · 국세청장 · 검찰총장 · 경찰청장 · 합동참모의장 · 한국은행 총재 · 특별감찰관 또는 한국방송공사 사장의 후보자에 대한 인사청문을 요청한 경우에 인사청문회를 연다(국회법 제65조의2; 인사청문회법 제2조; 헌재법 제6조 제2항; 선거관리위원회법 제4조; 국가공무원법 제31조의2 및 제32조; 방송통신위원회의 설치 및 운영에 관한 법률 제5조; 국가정보원법 제7조; 독점규제 및 공정거래에 관한 법률 제37조 제2항; 금융위원회의 설치 등에 관한 법률 제4조; 국가인권위원회법 제5조 제3항; 고위공직자범죄수사처 설치 및 운용에 관한 법률 제5조 제1항; 검찰청법 제34조 제2항; 경찰법 제11조 제3항; 군인사법 제18조 제1항; 한국은행법 제33조 제1항). 이 경우 인사청문은 소관 상임위원회에서 시행된다. 헌법재판소 재판관 후보자가 헌법재판소장 후보자를 겸하는 경우에는 인사청문특별위원회에서 인사청문을 행한다. 이는 소관상임위원회인 법제사법위원회에서의 인사청문회를 겸하는 것으로 본다(국회법 제65조의2).

다) 국회의 구도와 인사청문회

인사청문회를 통하여 국회의 기능을 강화하는 취지는 청문의 대상인 공직자의 종류에 따라 다음과 같이 차이가 있다.

국무총리에 대한 인사청문회는 특히 대통령의 소속정당이 국회에서 소수정당인 경우에는 어차피 국회에서 충분한 통제가 이루어지기 때문에 상대적으로 의미가 그리 크지 않다. 이러한 구도에서도 미국에서 인사청문회가 의미를 가질 수 있는 이유는 미국에서는 정당지도부의 의사가 소속국회의원을 거의 기속하지 않기 때문이다. 반면 대통령의 소속정당이 국회 다수정당인 경우에는 인사청문회는 국회의 소수정당이 국무총리임명을 통제하는 실질적인 기회가 되고, 이때 소수정당은 국민을 직접 상대로 다수의 독단에 대항할 수 있는 중요한 수단을 갖게 된다. 이러한 의미는 비정치적 공직자인 대법원장, 대법관, 헌법재판소장 및 감사원장에 대한 임명동의에 있어서도 마찬가지이다.

이에 비해서 헌법재판소 재판관, 중앙선거관리위원회 위원 등과 같이 국회가 행정부 및 사법부와 더불어 국가기관의 일부 구성권을 갖는 경우 시행하는 인사청문회의 의미는 조금 다르다. 즉 이 경우 국가기관구성권은 어차피 정치적 타협에 의해서 이루어지기 때문에 정치권 내부에서의 상호통제는 기대하기 어려울 것이다. 그만큼 국민으로부터의 통제가 필요하다. 인사청문회는 이에 기여할 수 있다. 대의기관 내에서 정치적 타협은 간접적인 형태로나마 국민의 통제를 받게 되며, 이로써 대의기관에서 불합리한 정치적인 타협이 수정될 가능성이 열리게 된다.

라) 인사청문회의 결과처리

국회는 임명동의안이 제출된 날로부터 20일 이내에 심사 또는 인사청문을 마쳐야 한다. 인사청문특별위원회는 임명동의안 등이 회부된 날부터 15일 이내에 인사청문회를 마쳐야 한다. 인사청문회의 기간은 3일 이내로 한다.

임명동의안에 대한 인사청문의 결과가 실제 임명동의에 어떠한 영향을 미치는가에 대해서는 특별한 규정이 없다. 즉 인사청문의 보고서가 채택되지 않은 경우 혹은 부정적인 내용의 보고서가 채택된 경우에는 본회의에서 임명동의안이 상정될 수 없다는 규정은 없다. 따라서 현행법상 임명동의안에 대한 인사청문은 국회에 대하여 임명동의를 위한 정보제공, 그리고 국민에 대해서는 인사권 행사를 투명화하는 효과가 있을 뿐이다.

헌법재판소 재판관·중앙선거관리위원회 위원·국무위원 등 다른 법률에 의하여 인사청문의 대상이 되는 공직자에 대한 인사청문에 있어서 국회가 기간 내에 인사청문을 마치지 못하여 인사청문경과보고서를 송부하지 못한 경우에는 대통령 또는 대법원장은 10일의 범위 내에서 기간을 정하여 인사청문경과보고서를 송부할 것을 국회에 요청할 수 있다. 국회가 이 기간을 준수하지 못하는 경우에는 대통령 또는 대법원장은 헌법재판소 재판관 등을 임명 또는 지명할 수 있다(인사청문회법 제6조 제3항, 제4항).

인사청문회가 종료한 후 인사청문특별위원회는 인사청문경과보고서를 의장에게 제출한다. 특별위원회의 위원장은 인사청문을 마친 임명동의안에 대한 위원회의 인사청문경과를 본회의에 보고한다. 국회에 보고된 후보자 등에 대한 인사청문경과보고서는 국회의장이 임명권자인 대통령 또는 대법원장에게 송부하여야 한다(인사청문회법 제9조 및 제11조).

V. 그 밖의 국회의 기능

1. 외교행위에 대한 동의권

위에서 설명한 사항 외에도 국회는 동의권을 통하여 행정부의 국정행위를 통제한다. 국회는 정부의 중요한 외교행위에 대한 동의권을 갖는다. 정부는 상호원조 또는 안전보장에 관한 조약, 중요한 국제조직에 관한 조약, 우호통상항해조약, 주권의 제약에 관한 조약, 강화조약, 국가나 국민에게 중대한 재정적 부담을 지우는 조약 또는 입법사항에 관한 조약 등 중요한 조약을 체결하는 경우 국회의 동의를 얻어야 한다. 예컨대 「대한민국에서의 합중국군대의 지위에 관한 협정」, 즉 '한미행정협정'은 협정이라는 명칭에도 불구하고 외국 군대의 지위에 관한 것이고, 국가에게 재정적 부담을 지우는 내용과 근로자의 지위, 미군에 대한 형사재판권, 민사청구권 등 입법사항을 포함하고 있어 국회의 동의를 요하는 조약에 해당한다.[65] 이 경우 조약은 법률과 같은 효력을 갖는다. 이러한 조약의 범주가 불명확하며, 또 확대될 수 있다는 점에 대해서는 위에서 조약의 국내법적 효력과 관련하여 설명한 바 있다.

이 밖에 국회는 선전포고, 국군의 외국에의 파견 또는 외국군대의 대한민국 영역 안에서의 주류(駐留)에 대해서 동의권을 갖는다(제60조).

2. 대통령의 긴급권행사에 대한 승인권 등

대통령은 긴급재정경제명령 및 처분, 혹은 긴급명령을 발했을 때 지체 없이 국회에 보고하여 승인을 받아야 한다. 승인에 필요한 정족수는 헌법이 특별히 정하고 있지 않다. 따라서 국회 재적의원 과반수의 출석과 출석의원 과반수의 찬성으로 승인할 수 있다(제49조). 국회의 승인을 받지 못한 때에는 해당 명령 혹은 처분은 그때로부터 효력을 상실한다(제76조).

대통령이 계엄을 선포한 경우에 국회는 계엄의 해제를 요구할 수 있다. 이 경우 대통령은 계엄을 해제하여야 한다. 계엄의 해제를 요구하기 위해서는 국회 재적의원 과반수의 찬성이 필요하다(제77조).

3. 일반사면승인권

대통령의 사면권행사에 있어서도 국회의 관여가 예정되어 있다. 즉 대통령이 일반사면을 하기 위해서는 국회의 동의를 얻어야 한다(제79조 제2항). 일반사면은 죄의 종류를 정하여 형의 선고의 효력을 상실시키며, 따라서 국회의 입법의사를 변형시키는 결과가 되기 때문이다.

---

65) 헌재 1999.4.29, 97헌가14, 11-1, 281면 이하 참조.

4. 국무총리 및 국무위원 출석 · 답변요구권

국회가 정책을 통제하기 위하여 필요한 경우 국무총리, 국무위원 또는 정부위원을 국회에 출석하게 하고 답변을 요구할 수 있다. 출석요구를 받은 국무총리 혹은 국무위원은 국무위원 또는 정부위원으로 하여금 출석 · 답변하게 할 수 있다(제62조 제2항). 정부위원이란 국무조정실의 실장 및 차장, 부 · 처 · 청의 처장 · 차관 · 청장 · 차장 · 실장 · 국장 · 차관보, 그리고 과학기술정보통신부 · 행정안전부 및 산업통상자원부의 본부장을 말한다(정부조직법 제10조).

헌법이 직접 규정하고 있지는 않지만 「국회법」상 국회는 특정한 사안에 대하여 질문하기 위하여 대법원장 · 헌법재판소장 · 중앙선거관리위원회 위원장 · 감사원장 또는 그 대리인의 출석을 요구할 수 있다(국회법 제121조 제5항).

제 4 절 국회의원의 지위 · 신분과 특권

I. 국회의원의 지위와 의무

1. 국민 전체의 대표

국회의원은 국민 전체의 대표이다. 이는 헌법 제7조 제1항에서 도출되며, 특히 국회의원의 지위와 관련하여 헌법 제46조에서 다시 한번 확인하고 있다. 즉 국회의원은 국가이익을 우선하여 양심에 따라 직무를 수행한다(제46조 제2항). 적극적으로 보면 국회의원은 국회의 구성원으로서, 또 독립된 국가기관으로서 자신의 정치적 양심에 따라 공익을 지향하는 국민 전체의 의사를 형성하고, 또 국민 전체의 의사를 형성하는 데 기여하여야 한다. 소극적으로 보면 국회의원은 자신이 속한 정당, 자신을 선출한 유권자, 그리고 사회의 부분이익을 관철하려는 이익단체로부터 독립하여야 한다.

2. 직능대표성과 지역대표성

위와 같은 국회의원의 지위에 관한 설명은 지역구 국회의원과 비례대표 국회의원 모두에 대해서 타당하다. 비례대표 국회의원이 직능대표로서 국회에 진출한 경우에도 국회의원은 해당 직능의 대표가 아니라 직능의 전문성을 국민 전체 이익의 관점에 따라서 구체화하는 기능을 수행하여야 한다.

국회의원이 국민 전체의 대표로서의 지위와 함께 지역대표로서의 지위를 갖는가 하는 문제가 제기된다. 이미 언급했듯이 국회의원은 지역구에서 선출된다고 해서 지역대표의 지위를 갖는 것은 아니다. 이 점을 예컨대 1791년 프랑스 헌법은 다음과 같이 명확히 한 바 있다. 즉 "의원은 전국민의 대표이고, 특정 지역의 대표가 아니며, 의원에 대하여 (명령적) 위임을 부여할 수 없다."[66] 국회의원 선거구 인구불평등에 대한 헌법적 판단에 있어서 인구밀도가 낮은 농어촌지역의 특수성을 참작하여야 한다는 견해는 국회의원을 지역대표로서 이해하는 논리로서 타당성이 없다.[67]

3. 청렴의무 · 지위남용금지의무 · 이해충돌방지의무 등

국회의원의 지위와 관련하여 헌법은 보충적으로 두 가지 주의규정을 두고 있다. 첫째, 국회의원은 청렴의 의무가 있다. 둘째, 국회의원은 그 지위를 남용하여 국가·공공단체 또는 기업체와의 계약이나 그 처분에 의하여 재산상의 권리·이익 또는 직위를 취득하거나 타인을 위하여 그 취득을 알선할 수 없다(제46조 제1, 3항). 이와 같은 규정들이 헌법 사항인가는 의문이다.

「공직자윤리법」은 국회의원에게 직무관련성이 있는 주식을 매각 혹은 백지신탁하도록 하여 국회의원 개인의 이익과 국가이익이 충돌하는 상황을 회피하도록 하고 있다(공직자윤리법 제14조의4).[68] 「국회법」은 국회의원의 이해충돌 방지에 관한 상세한 규정을 두고 있다(국회법 제32조의2 이하). 이에 따르면 국회의원 당선인은 의원 본인, 배우자 또는 직계존비속이 임원, 대표자 등으로 재직하는 법인, 단체의 명단 및 업무내용 등을 윤리심사자문위원회에 등록하여야 한다. 국회의원은 소속 위원회의 안건 심사, 국정감사 또는 국정조사 등과 관련하여 직접적으로 이익 혹은 불이익을 받게 되는 것을 알게 된 때에는 이를 신고하고, 위원회 위원장에게 그 사안 혹은 안건에 대한 표결 및 발언의 회피를 신청하여야 한다.

---

66) 헌재 1994.4.28, 92헌마153, 6-1, 425면에서 재인용.

67) 이러한 견해는 헌재 1995.12.27, 95헌마224등 사건의 이른바 4인 의견에 나타나 있다. 7-2, 786면 이하 참조. 위와 같은 논리는 같은 문제가 심판대상이 되었던 헌재 2001.10.25, 2000헌마92등 사건에서는 더 이상 채택되지 않았다. 13-2, 513면 이하 참조. 같은 문제가 심판의 대상이었던 2014.10.30, 2012헌마190등 결정에서 반대의견은 국회의원의 지역대표성에 관한 논리를 다시 제시하였다. 26-2(상), 691면 이하 참조.

68) 헌재 2012.8.23, 2010헌가65, 24-2(상), 369면 이하 참조.

판례 **국회의원의 국가이익 우선의무와 주식백지신탁제도** (헌재 2012.8.23. 2010헌가65)

국회의원으로 하여금 직무관련성이 인정되는 주식을 매각 또는 백지신탁하도록 하여 그 직무와 보유주식 간의 이해충돌을 원천적으로 방지하기 위한 규정은 헌법상 국회의원의 국가이익 우선의무, 지위남용 금지의무 조항 등에 비추어 볼 때 정당한 입법목적을 달성하기 위한 적절한 수단이다. 이 사건 법률조항은 국회의원이 보유한 모든 주식이 아니라 직무관련성이 인정되는 금 3천만 원 이상의 주식에 대하여 적용되어 그 적용범위를 목적달성에 필요한 범위 내로 최소화하고 있는 점, 당사자에 대한 사후적 제재수단인 형사처벌이나 부당이득환수, 또는 보다 완화된 사전적 이해충돌 회피수단이라 할 수 있는 직무회피나 단순보관신탁만으로는 이 사건 법률조항과 같은 수준의 입법목적을 달성할 수 있을지 단정할 수 없다는 점에 비추어 최소침해성원칙에 반하지 않는다. 국회의원의 공정한 직무수행에 대한 국민의 신뢰확보는 돈으로 환산할 수 없는 가치를 지닌다. 따라서 이 사건 법률조항으로 인한 사익의 침해가 그로 인해 확보되는 공익보다 크다고는 볼 수 없으므로 법익균형성 역시 준수하고 있다. 따라서 이 사건 법률조항은 재산권을 침해하지 않는다.

Ⅱ. 국회의원 자격의 발생과 소멸

1. 자격의 발생

국회의원의 임기는 총선거에 의한 전임의원의 임기만료일의 다음날로부터 시작한다. 이때 국회의원의 자격이 발생한다. 보궐선거에 의하여 당선된 국회의원의 임기는 당선이 결정된 때로부터 개시하며, 이때 국회의원의 자격이 발생한다(공직선거법 제14조 제2항).

2. 자격의 소멸

국회의원의 자격은 임기가 만료하면서 소멸한다. 국회의원은 임기 전에 사직할 수 있다. 사직하기 위해서는 국회의 의결로 허가를 받아야 한다. 국회가 폐회 중인 때에는 의장이 사직을 허가할 수 있다. 국회의원의 사직의 허가 여부는 토론 없이 표결한다(국회법 제135조). 국회의원이 겸직이 금지된 공직선거후보자로 등록한 때, 법률에 규정된 피선거권이 없게 된 때 국회의원은 퇴직된다(국회법 제136조). 헌법재판소는 헌법 제8조 제4항에 따라 민주적 기본질서에 위배되어 해산된

정당에 소속된 국회의원은 의원직을 상실한다는 결정을 한 바 있다.[69)]

국회는 자율적으로 국회의원의 자격을 심사하여 무자격결정을 하거나 제명을 할 수 있다. 무자격결정절차는 30인 이상의 국회의원이 연서로 청구하여 개시한다. 이에 대한 심사와 심문은 윤리특별위원회에서 행한다. 무자격결정의 의결은 본회의에서 하며, 의결을 위해서는 국회 재적의원 3분의 2 이상의 찬성이 있어야 한다(제64조 제2항; 국회법 제138조 이하). 국회의원을 제명하기 위해서는 국회 재적의원 3분의 2 이상의 찬성이 있어야 한다(제64조 제3항).

국회에서의 자율적인 무자격결정과 제명에 대해서는 법원에 제소할 수 없다(제64조 제4항).

Ⅲ. 국회의원의 직무보상, 겸직금지, 영리업무 종사금지

1. 직무보상

국회의원은 국민 전체의 대표로서 국정에 충실할 의무가 있다. 국회의원은 지방의회의원과는 달리 명예직 공무원이 아니다. 따라서 국회의원은 직무수행을 위한 비용을 보상받을 뿐 아니라 직무수행에 대한 보수를 받는다. 다만 국회의원의 직무수행에 대한 보수로서의 성격이 명확히 입법화되어 있지는 않다.

국회의원의 직무보상에 대해서는 「국회의원수당 등에 관한 법률」이 자세하게 규율하고 있다. 이에 따르면 국회의원에게 직무수행에 대한 대가로서 수당과 입법활동비, 특별활동비, 그리고 직무수행에 필요한 여비가 지급된다. 이 밖에 입법활동비와 특별활동비, 입법 및 정책개발비를 지급할 수 있다(국회법 제30조; 국회의원의 보좌직원과 수당 등에 관한 법률 제7조 이하).

2. 겸직금지

국회의원은 국민 전체의 대표이며, 다른 국가기관에 대한 통제기능을 수행하기 때문에 일정한 직업을 겸직하는 것은 금지되어 있다. 국회의원은 국무총리와 국무위원 외의 다른 직을 겸할 수 없다. 그러나 공익 목적의 명예직, 다른 법률에서 의원이 임명·위촉되도록 정한 직, 「정당법」에 따른 정당의 직은 겸직할 수 있다. 국회의원은 대통령·헌법재판소재판관·각급 선거관리위원회위

69) 헌재 2014.12.19, 2013헌다1, 26-2(하), 112면 이하 참조.

원 · 지방의회의원 등을 겸직할 수 없다.

국회의원은 이익단체의 성격을 갖는 기관의 임 · 직원이 될 수 없다. 즉 「공공기관의 운영에 관한 법률」 제4조에 따른 공공기관의 임직원, 「농업협동조합법」 및 「수산업협동조합법」에 의한 조합, 중앙회와 그 자회사의 임직원이 될 수 없다. 또 「정당법」 제22조 제1항에 의하여 정당의 당원이 될 수 있는 교원을 겸직할 수 없다(국회법 제29조).

겸직 허용 여부가 문제가 되는 때에는 국회의장은 윤리심사자문위원회의 의견을 들어 결정하며, 이때 윤리심사자문위원회의 의견을 존중하여야 한다.

3. 영리업무 종사금지

국회의원은 그 직무 외에 영리를 목적으로 하는 업무에 종사할 수 없다. 다만 의원 직무수행에 지장이 없는 경우에 의원 본인 소유의 토지 · 건물 등의 재산을 활용한 임대업 등 영리업무를 할 수 있다(국회법 제29조의2).

Ⅳ. 국회의원의 특권

국회는 국민의 대표기관이다. 따라서 국회에서의 의사결정은 외부의 간섭을 받지 않고 자유로운 토론과 표결절차를 거쳐서 이루어져야 한다. 이러한 대의과정을 보호하기 위하여 국회의원에게 불체포특권과 면책특권이 인정된다(제44조, 제45조).

불체포특권과 면책특권은 국회의 대의기능을 보호하기 위한 제도이다. 그러나 우리 헌정사에서 불체포특권과 면책특권은 오히려 남용되어 왔으며, 이에 제도의 존재 여부 및 제도개선에 관한 논의가 있어 왔다. 불체포특권의 경우 각종 불법행위를 행한 국회의원을 보호하기 위하여 회기를 계속 연장하는 형태의 이른바 '방탄국회'의 폐해가 있었다. 또 면책특권을 빙자하여 허위사실을 무분별하게 유포하는 행태가 되풀이되어 왔다. 이에 대의기능을 유지하기 위하여 필요한 범위와 내용으로 국회의원의 특권을 다시 검토할 필요성이 제기되고 있다.

1. 불체포특권

(1) 제도적 의의

불체포특권은 국민의 대표기관인 국회의 집회가 행정부의 자의적인 형사법상의 위협으로 인하여 훼손되는 것을 방지하기 위한 목적을 갖는다. 불체포특권은 다음과 같은 내용을 갖는다.

(2) 불체포특권의 내용

국회의원은 형법상의 구성요건에 해당하는 행위를 하여 범죄의 의심이 있는 경우에도 회기 중 국회의 동의가 없으면 체포 또는 구금되지 않는다. 다만 현행범인의 경우에는 불체포특권은 적용되지 않는다. 현행범인의 경우 범죄의 성립이 명확하며, 이때에도 불체포특권을 적용한다면 이는 오히려 특권을 남용하는 결과가 되기 때문이다.

불체포특권은 엄격히 보면 국회의원의 특권이라기보다는 국회라는 대의기관의 특권이다. 따라서 국회의 집회에 영향을 주지 않는 시기, 즉 회기 중이 아닌 때에는 불체포특권은 적용되지 않는다. 계엄이 시행 중인 때에는 회기 중이 아니더라도 국회의원은 체포 또는 구금되지 않는다. 계엄이 시행되는 비상적인 헌법상황에서 국회의 견제기능이 유지되어야 할 필요성이 특히 크기 때문이다. 다만 이때에도 현행범인인 경우에는 불체포특권이 적용되지 않는다(계엄법 제13조). 회기 전에 체포 또는 구금된 때에 회기가 개시되면 국회는 국회의원의 석방을 요구할 수 있다. 정부는 체포 또는 구금된 의원이 있을 때에는 지체 없이 의장에게 영장 사본을 첨부하여 이를 통지하여야 한다. 구속기간이 연장되었을 때에도 같은 방법으로 통지하여야 한다(국회법 제27조). 체포 또는 구금된 의원의 석방 요구를 발의할 때에는 재적의원 4분의 1 이상의 연서로 요구서를 의장에게 제출하여야 한다(국회법 제28조). 위에서 설명한 바와 같은 이유에서 현행범인에 대해서는 석방요구를 할 수 없다.

국회의원을 체포 또는 구금하기 위하여 국회의 동의를 얻기 위해서는 관할법원의 판사가 영장을 발부하기 전에 체포동의요구서를 정부에 제출하여야 하며, 정부는 국회에 체포동의를 요청한다. 국회의장은 체포동의의 요청을 받은 후 처음 개의하는 본회의에 이를 보고하고, 본회의에 보고된 때부터 24시간 이후 72시간 이내에 표결한다. 이와 같은 기간을 지키지 않아 체포동의안이 폐기되는 것을 방지하기 위한 규정을 두었다. 즉 체포동의안이 72시간 이내에 표결되지 않는 경우에는 그 이후에 최초로 개의하는 본회의에 상정하여 표결한다(국회법 제26조).

(3) 국회의원의 신분과 불체포특권

불체포특권은 국회의 특권이므로 국회의원이 신분을 상실하면 불체포특권은 더 이상 적용되지 않는다. 이 점이 국회의원이 신분을 상실한 후에도 책임을 물을 수 없는 면책특권과 구별된다.

2. 면책특권

(1) 제도적 의의

국회의원은 자유로이, 그리고 외부의 간섭이 없는 상태에서 국민 전체의 의사를 형성하는 데에 참여할 수 있어야 하며, 이때 비로소 국회가 기능할 수 있다. 이를 위하여 국회의원은 자신의 발언과 표결에 대한 법적 비난으로부터 자유로워야 한다. 이를 보호하는 국회의원의 특권이 면책특권이다.

(2) 면책특권의 대상 – 직무상 행한 발언과 표결

가) '국회'에서의 발언과 표결

면책특권의 대상은 국회의원이 국회에서 직무상 행한 발언과 표결이다. 국회라는 공간적 범위에 국회 본회의와 위원회가 포함되는 것은 물론이다. 그러나 국회를 이와 같이 순수히 공간적인 개념으로만 이해할 수는 없다.

예컨대 국회의원이 본회의에서 발언할 내용을 본회의가 개회하기 전에 기자실에서 기자들에게 배포한 행위는 다음과 같은 조건하에 본회의에서의 발언에 부수하는 행위로서 면책특권이 적용된다. 즉 원고의 내용이 공개회의에서 행할 발언내용이고(회의의 공개성), 원고의 배포시기가 발언하기로 예정된 회의시작시간에 근접해 있으며(시간적 근접성), 원고배포의 장소 및 대상이 국회 내에 위치한 기자실에서 국회 출입기자들만을 상대로 한정적으로 이루어지고(장소 및 대상의 한정성), 원고배포의 목적이 보도의 편의를 위한 것(목적의 정당성)인 경우에는 면책특권을 적용한다.[70)]

이러한 설명은 국회의원의 특정한 행위가 면책특권의 적용대상이 되는 이유를 제시한 것이다. 따라서 이러한 요건 중 일부를 결여하는 경우 면책특권이 적용되지 않는다고 볼 수는 없으며, 일반적인 면책특권의 적용요건에 대해서 좀 더 구체적인 논의가 필요하다. 다만 면책특권의 대상이 되기 위해서는 국회

70) 대판 1992.9.22, 91도3317 참조. 유사한 사안에서 면책특권을 인정하는 판결로는 대판 2011.5.13, 2009도14442 참조.

에서의 직무수행과 관련이 있어야 한다. 따라서 이와 관련이 없는 국회의원의 일반적인 정치활동은 면책특권에 의하여 보호되지 않는다. 예컨대 국회의원이 지역구 주민을 초청하여 국회 밖에서 행한 발언은 일반 정치적 발언으로서 면책특권의 대상은 아니다.

이 밖에 국회의원이 국회의 위원회나 국정감사장에서 국무위원 · 정부위원 등에 대하여 하는 질문이나 질의 역시 면책특권의 대상이다. 이는 국회의 입법활동에 필요한 정보를 수집하고 국정을 통제하는 기능에 해당하기 때문이다.

나) '직무'상 행한 발언과 표결

면책특권이 인정되기 위한 조건인 직무의 개념과 범위는 국회의원의 직무와의 관련성이라는 기능적인 관점에서 확대 이해할 필요가 있다. 직무상 행한 발언과 표결에 해당 의사표현행위가 포함되는 것은 당연하다. 그러나 이에 통상적으로 부수하여 행해지는 행위도 포함한다. 구체적으로 면책특권이 적용되는 부수적인 행위인가의 여부는 행위의 목적, 장소, 태양 등을 종합하여 개별적으로 판단하여야 한다.

발언 내용이 직무와 명백히 관련성이 없거나, 명백히 허위임을 인식하고 허위의 사실을 적시하여 타인의 명예를 훼손하는 경우가 아닌 한 면책특권이 적용된다. 따라서 발언 내용이 다소 근거가 부족하거나 진위 여부를 확인하기 위한 조사를 제대로 하지 않았다고 하여 면책특권의 적용이 배제되는 것은 아니다.[71)]

국회의원이 국회 내에서 정부 · 행정기관에 자료제출을 요구하는 행위 역시 직무상 질문이나 질의를 준비하기 위한 경우에는 면책특권이 인정된다.[72)] 그러나 국회의원이 자료제출 요구의 사실을 적시하여 이를 공갈의 수단으로 사용한 때에는 면책특권은 적용되지 않는다.

다) 발언과 표결

국회의원은 발언과 표결의 내용에 대해서 국회 외에서 책임을 지지 않는다. 발언의 행태가 보호되는 것은 아니다. 따라서 폭력적인 방법에 의한 의사표현에는 면책특권을 적용하지 않는다. 또 모욕적인 발언을 사용하는 의사표현은 면책특권의 한계를 일탈한다. 모욕은 직무에 필요한 행위가 아니기 때문이다.

71) 대판 2007.1.12, 2005다57752 참조.
72) 대판 1996.11.8, 96도1742 참조.

예컨대 독일헌법은 중상적 모욕행위는 면책특권의 대상이 아니라는 점을 명확히 하고 있다(독일헌법 제46조 제1항 제2문).

(3) 면책특권의 효과

면책특권에 의하여 국회의원은 자신의 발언과 표결에 대해서 국회 외에서 책임을 지지 않는다. 면책특권은 일종의 인적 처벌조각사유에 해당한다. 면책특권에 의하여 형법상의 책임뿐 아니라 민사상의 책임 등 모든 법적 책임이 면제된다. 그러나 면책특권은 국회 외에서의 책임을 면제하기 때문에 국회에서 자율적인 결정에 의하여 국회의원에게 책임을 묻는 것은 가능하다.

면책특권이 적용되면 국회의원의 발언이 형법상의 구성요건에 해당하는 경우에도 검찰은 이에 대해서 공소를 제기할 수 없다. 그럼에도 이에 대해서 공소를 제기한 경우 법원은 재판권 없음의 결정을 하는 것이 아니라, 공소권이 없음에도 불구하고 공소를 제기한 것은 「형사소송법」 제327조 제2호의 '공소제기의 절차가 법률의 규정에 위반하여 무효인 때'에 해당되므로 공소를 기각하여야 한다.[73)]

불체포특권과는 달리 면책특권은 국회의원이 신분을 상실한 후에도 적용된다. 국회의원이 신분을 상실한 후 임기 중 행한 발언과 표결에 대해서 법적 책임을 물을 수 있다면 재직 중 국회의원의 활동이 위축될 것이기 때문이다.

판례 **면책특권의 적용범위** (대판 1992.9.22, 91도3317)

국회의원의 면책특권은 국회의원이 국민의 대표자로서 자유롭게 그 직무를 수행할 수 있도록 보장하기 위한 것이므로 면책특권의 대상이 되는 행위는 직무상의 발언과 표결이라는 의사표현행위 자체에 국한되지 아니하고 이에 통상적으로 부수하여 행하여지는 행위까지 포함한다. 그와 같은 부수행위인지 여부는 구체적인 행위의 목적, 장소, 태양 등을 종합하여 개별적으로 판단한다.

피고인는 신한민주당 소속 제12대 국회의원으로서 정기국회 본회의에서의 정치분야 대정부 질문자로 내정되었다. 피고인은 그 질문 원고를 작성함에 있어 우리나라의 통일정책과 관련하여 "이 나라의 국시는 반공이 아니라 통일이어야 한다", "통일이나 민족이라는 용어는 공산주의나 자본주의보다 그 위에 있어야 한다"는 등 통일을 위해서라면 공산화 통일도 용인하여야 한다는 취지 등을 담은 원고를 완성하

---

73) 대판 1992.9.22, 91도3317 참조. 이 사건의 원심이었던 서울고법 1991.11.14, 86고합1513에서는 면책특권에 속하는 행위에 대하여 공소를 제기한 경우는 재판권이 없는 때에 해당하여 「형사소송법」 제327조 제1호에 의한 공소기각의 선고를 한 바 있다.

고 이를 50부를 복사하게 한 다음, 국회의사당 내 기자실에서 그 중 30부를 국회 출입기자들에게 배포하였다. 이에 반국가단체인 북괴의 활동에 동조하여 이를 이롭게 하였다는 취지의 공소가 제기되었다.

이에 원심은 피고인이 배포한 원고의 내용이 공개회의에서 행할 발언내용이고(회의의 공개성), 원고의 배포시기가 당초 발언하기로 예정된 회의시작 30분 전으로 근접되어 있으며(시간적 근접성), 원고배포의 장소 및 대상이 국회의사당 내에 위치한 기자실에서 국회 출입기자들만을 상대로 한정적으로 이루어졌고(장소 및 대상의 한정성), 원고배포의 목적이 보도의 편의를 위한 것이라는(목적의 정당성) 등의 사실을 인정한 후 이와 같은 사실을 종합하여 피고인이 국회 본회의에서 질문한 원고를 사전에 배포한 행위는 국회의원의 면책특권의 대상이 되는 직무부수행위에 해당한다고 판시하였다. 기록에 비추어 원심의 판단은 옳고 거기에 국회의원의 면책특권에 관한 법리를 오해하였거나 채증법칙을 어긴 위법이 없다.

국회의원의 면책특권에 속하는 행위에 대하여는 공소를 제기할 수 없으며 이에 반하여 공소가 제기된 것은 결국 공소권이 없음에도 공소가 제기된 것이 되어 형사소송법 제327조 제2호의 "공소제기의 절차가 법률의 규정에 위반하여 무효인 때"에 해당되므로 이와 같은 경우에는 공소를 기각하여야 할 것이다. 원심은 피고인의 행위가 면책특권의 대상이 되는 직무부수행위에 해당한다고 판단하면서도 이와 같은 경우에는 형사소송법 제327조 제1호의 "피고인에 대하여 재판권이 없는 때"에 해당한다고 보아 이를 이유로 이 사건 공소를 기각하였다. 이와 같은 견해는 국회의원의 면책특권에 해당하는 경우에는 재판권의 일부가 입법부에 속하는 것으로 파악됨을 전제로 한 것이 되어 재판권 행사에 관한 현행 법체계하에서는 채용할 수 없다.

제4장 대통령과 행정부 · 지방자치

헌법 제4장의 제목은 '정부'이다. 이러한 제목은 이례적이다. 정부라는 명칭은 통상 국회, 행정부 및 사법부를 통칭하는 개념으로 사용하기 때문이다. 그렇다고 제4장의 제목을 행정부라고 하는 것도 적당치 않다. 제4장에서 규율하고 있는 대통령은 국회 및 사법부와 견제 · 균형의 관계에 있는 행정부의 수반일 뿐 아니라 국정의 최고책임자의 지위에 있기 때문이다. 이러한 제4장의 규율대상의 특수성 때문에 '정부'라는 명칭을 사용한 것이 아닌가 한다.

제4장은 제1절에서 대통령, 제2절에서 행정부라는 제목하에 제1관 국무총리와 국무위원, 제2관 국무회의, 제3관 행정각부, 제4관 감사원에 대해서 규율하고 있다. 제2관 국무회의에서는 국무회의와 함께 대통령의 자문기관에 대하여 규율하고 있다. 결국 현행 헌법은 대통령과 국무총리 · 국무위원 등을 포함하여 넓은 의미의 행정부를 정부로, 그리고 대통령을 제외한 제4장의 규율대상인 국가기관을 좁은 의미의 행정부로 이해하고 있다.

헌법은 대의민주주의를 보충하고, 전국적 보편성과 지역적 특수성을 조화시키며, 또 중앙정부와 지역정부 간의 견제와 균형을 도모하기 위하여 헌법 제117조 및 제118조에서 지방자치제도를 보장하고 있다. 지방자치는 기본적으로 행정의 민주화와 분권화를 내용으로 하기 때문에 넓은 의미에서 행정부 및 행정권에 관한 헌법상의 제도이다.

아래에서는 헌법 제4장의 편제에 따라서 대통령과 좁은 의미의 행정부를 나누어서 설명하고, 이어 지방자치에 대한 헌법질서를 살펴본다.

제 1 절 대 통 령

Ⅰ. 대통령의 선출 · 임기 · 권한대행

1. 대통령 선출

(1) 대통령선거

가) 통상적인 경우

대통령은 국민의 선거에 의해 직접 선출된다. 대통령선거에 있어서 그 밖의 선거의 원칙, 즉 보통 · 평등 · 비밀 및 자유선거의 원칙이 적용된다(제67조 제1항). 대통령선거에서 투표에 참여한 전체 유권자의 다수를 획득한 입후보자가 대통령으로 선출된다. 대통령에 당선되기 위하여 절대다수, 즉 전체 유권자의 과반수의 득표가 필요하지는 않다. 만약 절대다수의 지지를 받은 자를 당선자로 하는 규정을 두고 있다면 과반수 득표자가 없으면 결선투표가 시행되어야 한다. 프랑스가 이러한 예에 해당한다.

대통령의 선출방법과 관련하여 2017년 대통령선거 직전 우리 헌법에서 대통령의 권한에 부합하기 위해서는 결선투표가 필요하다는 논의가 있었다. 그러나 결선투표가 헌법개정이 없이 실시될 수는 없다. '역사적'으로 우리 헌법에서 대통령선거에서 결선투표를 도입한 바도 없고, 또 해석에 의한 결선투표의 도입 가능성이 논의된 바도 없다. 적어도 헌법 제정 혹은 개정의 행위자들이 결선투표를 고려한 것은 아니다. 따라서 이에 관한 규정을 두지 않았다는 것은 기존의 방법을 그대로 유지한다는 의미가 내포되어 있다. '헌법체계'적인 관점에서 대통령 선출방법에 관한 헌법규정을 전체적으로 보면 결선투표는 이질적이다. 아래에서 서술하는 바와 같이 대통령선거에서 최고득표자가 2인 이상인 때에는 국회에서 재적의원 과반수가 출석한 공개회의에서 다수표를 얻은 자를 당선자로 한다. 이 경우 심지어 국회에서 재적의원 4분의 1의 득표를 한 후보자가 대통령으로 당선될 수도 있다. 헌법제정권자가 결선투표의 가능성을 염두에 두었다면 이와 같은 상황을 피할 수 있는 규정을 두었을 것이다. 또 대통령후보자가 1인일 때에는 선거권자 총수의 3분의 1 이상의 득표를 얻어야 대통령으로 당선될 수 있다. 이러한 정족수에 관한 규정은 결국 우리 헌법이 결선투표를 통하여 절대다수의 득표를 한 자를 대통령으로 선출하는 문제를 고려한 바 없다는 의미를 갖는다.

나) 예외적인 경우

헌법은 대통령선거에서 다음과 같은 특별한 경우에 대비한 규정을 두고 있다.

a) 최고득표자가 2인 이상인 경우

대통령선거에서 최고득표자가 2인 이상인 때에는 국회에서 대통령을 선출한다. 즉 국회 재적의원 과반수가 출석한 공개회의에서 다수표를 얻은 자가 대통령으로 당선된다(제67조 제2항). 이는 현실적으로는 거의 나타날 수 없다. 그러나 헌법정책적으로 보면 바로 이 경우 결선투표를 실시하여야 할 것이다. 대통령을 국회에서 선출하는 것은 대통령의 정당성이 국민으로부터 직접 도출되어야 한다는 대통령중심제의 본질에 반하기 때문이다.

b) 대통령 입후보자가 1인인 경우

이때에는 통상적인 선거를 통하여 대통령을 선출하되, 상대다수득표의 선출방법을 적용할 수 없다. 이 경우에 헌법은 최소득표요건을 제시하고 있다. 즉 단독입후보자의 경우 득표수가 선거권자 총수의 3분의 1 이상이어야 대통령으로 당선될 수 있다(제67조 제3항).

(2) 피선거권

헌법은 대통령의 피선거권에 대해서 직접 규율하고 있다. 즉 대통령으로 선거될 수 있는 자는 국회의원의 피선거권이 있고 선거일 현재 40세에 달하여야 한다(제67조 제4항).

이 밖에 「공직선거법」은 대통령의 피선거권과 관련하여 일정한 거주기간에 관한 규정을 두고 있다. 즉 선거일 현재 5년 이상 국내에 거주하고 있어야 한다. 공무로 해외에 파견된 기간과 국내에 주소를 두고 일정 기간 외국에 체류한 기간은 국내거주기간으로 본다(공직선거법 제16조 제1항).

(3) 선거시기, 임기만료 · 궐위 등

대통령선거는 대통령의 임기가 만료하기 70일에서 40일 전에 실시한다. 대통령이 궐위한 때 또는 대통령당선자가 사망하거나 판결 기타의 사유로 그 자격을 상실한 때에는 60일 이내에 후임자를 선거한다(제68조). 궐위란 사망, 사임 등의 이유로 대통령직이 비어 있는 경우를 말한다. 판결 기타의 사유로 대통령의 자격을 상실하는 경우로는 헌법재판소가 대통령에 대해서 탄핵결정을 하는 경우를 포함한다. 대통령의 궐위로 인하여 실시되는 선거에서 당선된 대통령의 임기는 당선이 결정된 때, 즉 정확히는 선거관리위원회가 당선인 결정을 한 때로부터 개시된다(공직선거법 제14조 제1항).

대통령이 사고 혹은 질병 등의 이유로 직무를 수행할 수 없는 경우에는 국무총리가 권한대행자로서 대통령의 직무를 수행한다. 그러나 기간의 제한 없이 국무총리가 대통령의 권한을 대행하는 것은 바람직하지 않다. 따라서 대통령이 직무복귀를 할 수 없다고 판단하는 경우에는 궐위를 선언하여야 할 것이다. 다만 현재 이 문제는 법제화되어 있지 않다.

2. 대통령의 임기

대통령의 임기는 5년이며, 중임할 수 없다(제70조). 대통령의 임기와 중임제한에 관한 규정은 헌법개정의 한계는 아니다. 그러나 이에 대한 개정은 개정 제안 당시 대통령에 대해서는 효력이 없다(제128조 제2항). 대통령이 임기연장 혹은 중임제한에 관한 규정을 개정하여 종신집권을 꾀했던 헌정사에 대한 반성을 담은 조문이다. 이 조문은 이와 같이 우리 헌정사의 특수성을 반영한 것으로서 당시 상황에서 보면 정당성이 있었다. 그러나 이제는 이러한 역사적 부담을 벗어나서 단임제 및 임기 규정의 객관적 합리성에 대한 개방적인 논의가 필요하다.

3. 대통령 권한대행

(1) 권한대행권자

대통령이 궐위되거나 사고로 인하여 직무를 수행할 수 없을 때에는 국무총리가 대통령 권한대행 제1순위자이다. 국회에서 대통령에 대한 탄핵이 의결된 경우 대통령의 권한행사가 정지되기 때문에 이때에도 국무총리가 대통령의 권한을 대행한다. 대통령이 내란 또는 외환의 죄를 범하고 수사를 위하여 구속되어 있는 상황은 아직 궐위에 해당하지 않으며, 또 사고에 대한 기존의 이해방법도 벗어난다. 그러나 현실적으로 이러한 경우에 대통령이 직무를 정상적으로 수행할 수 없기 때문에 사고의 개념을 넓게 형성하고 이에 포섭할 수 있도록 하여야 한다. 또 앞으로 헌법 및 「정부조직법」의 개정을 통하여 이러한 상황에 대한 규율을 보충할 필요가 있다.

국무총리 역시 궐위인 때에는 법률이 정하는 국무위원의 순서로 대통령의 권한을 대행한다(제71조). 국무총리 이외에 법률이 정한 대통령의 권한대행은 기획재정부장관, 교육부장관, 과학기술정보통신부장관, 외교부장관, 통일부장관, 법무부장관, 국방부장관 등의 순서로 행한다(정부조직법 제26조 제1항).

대통령이 궐위된 때, 대통령 당선자가 사망하거나 판결 기타의 사유로 그 자격을 상실한 때에는 60일 이내에 후임자를 선거하므로 해당 기간 동안 국무총리가 대통령의 권한을 대행한다. 국회에서 대통령에 대한 탄핵을 의결한 경우에는 헌법재판소의 결정이 있을 때까지 대통령의 권한 행사가 정지되기 때문에 국무총리의 권한대행기간은 더 길어질 수도 있다. 또 대통령이 사고로 인하여 직무를 수행할 수 없을 때에도 직무능력을 회복할 때까지 국무총리가 대통령의 권한을 대행한다.

(2) 권한대행의 직무범위

국무총리의 대통령 권한대행에 있어서 직무와 관련된 헌법상의 제한은 없다. 국무총리는 국민에 의하여 직접 선출된 국가기관은 아니다. 이러한 한계에서 국무총리는 새로운 대통령이 선출되기까지 현상을 유지하기 위하여 소극적인 기능을 수행하는 데 그쳐야 하는 정치적 의무가 있다. 그러나 국무총리의 정당성의 한계를 들어 권한행사를 제한하는 시도가 추상적으로 타당할 수 있지만 이러한 원칙이 항상 존중될 수는 없다. 다음과 같은 두 가지 경우를 예상할 수 있다. 첫째, 상황 자체가 중대하며, 또 시급한 권한 행사가 필요한 경우이다. 이러한 때에도 적극적인 국정운영을 하지 않는 경우에는 현상이 훼손될 것이다. 둘째, 권한대행이 적극적인 행위를 하지 않는 경우 헌법기관이 기능할 수 없는 경우이다. 예컨대 국무총리가 권한대행 기간 중 헌법재판관 4인 이상이 퇴직하는 경우 권한대행이 헌법재판관 임명권을 행사하지 않는 때에는 헌법재판은 더 이상 기능을 할 수 없게 된다. 이때에는 권한대행은 적극적으로 행위를 하여야 하는 헌법적 의무가 있다. 이와 같이 보면 결국 국무총리가 현상을 유지하는 데 그쳐야 한다는 권한행사의 정치적 의무는 가변적이다.

보다 근본적으로 대통령의 보좌기관으로 부통령을 두고, 부통령이 대통령과 함께 입후보하여 국민에 의하여 직접 선출되는 방식으로 권력구조의 틀을 바꿔야 한다.

Ⅱ. 대통령의 헌법적 지위

1. 국정의 최고책임자로서의 지위

헌법상 대통령의 지위는 이중적이다. 대통령은 한편으로는 국정의 최고책임자로서의 지위를 갖는다. 이 점을 헌법은 다음과 같이 표현하고 있다. 대통령은 국가의 원수로서 외국에 대하여 국가를 대표한다(제66조 제1항). 대통령은 국가의 독립, 영토의 보전, 국가의 계속성과 헌법을 수호할 책무를 진다(제66조 제2항). 대통령은 조국의 평화적 통일을 위한 성실한 의무를 진다(제66조 제3항).

국정의 최고책임자의 지위에서 대통령은 고도의 정치적 결정을 행한다. 이는 정치적 재량행위로서 국민 전체의 이익이라는 기준이 제시되어 있을 뿐이며, 사법적 통제의 가능성은 제한적이다. 예컨대 헌법재판소는 국군의 해외파병의 결정이 통치행위로서 사법심사가 자제되어야 한다는 이유로 각하결정을 하였다.[1)]

2. 행정의 최고책임자로서의 지위

대통령은 행정부의 최고책임자로서의 지위를 갖는다. 즉 행정권은 대통령을 수반으로 하는 정부에 속한다(제66조 제4항). 이러한 지위에서 대통령은 주로 집행기능을 수행한다. 그만큼 집행의 근거인 법률을 제정하는 국회, 그리고 집행이 법률에 합치하는가를 심사하는 사법부의 통제를 받을 가능성이 넓게 열려 있다.

Ⅲ. 대통령의 권한

아래에서는 대통령의 이중적 지위에 상응하여 대통령의 권한을 국정의 최고책임자의 지위에서 나오는 권한과 행정부의 수반의 지위에서 나오는 권한으로 나누어 설명한다.

---

1) 이에 대해서는 헌재 2003.12.18, 2003헌마255등, 15-2(하), 655면 이하 참조. 같은 사안에 대한 또 다른 결정에서는 헌법재판소는 기본권 침해의 자기관련성이 없다는 이유로 각하결정을 하였다. 헌재 2004.4.29, 2003헌마814, 16-1, 601면 이하 참조.

1. 대통령의 권한행사의 형식 – 부서제도

(1) 부서의 제도적 의의

대통령의 국법상 행위는 문서로써 하며, 이 문서에는 국무총리와 관계국무위원이 부서하여야 한다. 군사에 관한 대통령의 국법상의 행위에도 부서제도가 적용된다(제82조). 기원적으로 보면 부서제도는 입헌군주제의 산물이다. 즉 입헌군주제에서 국왕의 독단적 권력행사를 견제하기 위하여 국왕의 국정수행에 있어서 의회에서 구성된 내각의 동의를 받도록 한 것이다. 이에 비해서 대통령중심제에서 부서는 대통령의 행위에 대한 국무총리 및 관계 국무위원의 책임을 확인하는 의미가 있다.

대통령중심제를 채택하고 있는 우리 헌법에서 부서의 기능은 제한적이다. 부서권자인 국무총리와 관계국무위원은 독자적인 권한을 갖고 대통령을 견제하기보다는 보좌하는 기능을 수행하기 때문이다.[2] 따라서 부서제도는 1차적으로는 대통령의 국법상의 행위를 국무총리 및 관계국무위원이 검토·보좌하였다는 사실을 확인하는 의미를 갖는다. 그 결과 국무총리와 관계국무위원의 책임관계가 명확해질 수 있다.

(2) 부서제도와 국무회의

부서제도는 국무회의와 기능상 중첩하는 면이 있다. 다만 국무회의는 정부행위에 대한 책임관계를 밝히는 기능보다는 심의에 중점이 있다. 또 국무회의가 책임의 주체이더라도 이 경우 집단적인 책임관계가 문제된다. 이에 비해서 부서제도에서는 개별적인 책임관계가 구명된다.

(3) 부서제도의 기능 및 내용

부서제도는 규범적으로 대통령을 견제하는 기능보다는 보좌하는 기능을 수행한다. 또 제한적인 견제기능도 현실적인 이유에서 거의 발휘될 수 없다. 이론적으로 보면 국무총리 및 관계국무위원은 부서를 거부하여 대통령을 견제할 수 있다. 그런데 이때 대통령은 부서를 거부하는 국무총리 혹은 관계국무위원을 해임하는 방법을 통하여 견제를 극복할 수 있기 때문이다. 실제 우리 헌정사에서 부서가 거부된 예는 없다.

부서의 대상은 대통령이 문서로써 행하는 국법상의 행위이다. 따라서 구두

2) 헌재 1994.4.28, 89헌마221, 6-1, 260면 참조.

형식의 대통령의 행위는 부서의 대상이 아니다. 군사에 관한 사항에 대해서도 부서제도가 적용된다는 규정은 확인규정이다. 부서가 존재하지 않는 대통령의 국법상의 행위는 헌법에 위반되며, 따라서 효력이 없다.

2. 국정의 최고책임자로서의 지위에서 나오는 권한

(1) 외교적 권한

대통령은 외국에 대하여 국가를 대표하는 지위에서 각종 외교권을 행사한다(제73조). 조약을 체결 · 비준하는 권한, 외교사절을 신임 · 접수 또는 파견하는 권한, 그리고 선전포고와 강화의 권한을 갖는다.

가) 조약체결 · 비준권

대통령은 외국과 조약을 통하여 일정한 사안에 대한 합의가 필요한 경우 해당 사안에 대한 협상권한을 전권대표에게 위임하여 협상하게 하고, 협상의 결과 조약의 문안이 확정되면 전권대표로 하여금 이에 서명하게 할 수 있다. 대통령은 비준의 권한을 갖는다. 비준은 조약이 구속력을 갖는다는 것을 확인하는 행위이다.

대통령이 조약을 체결 · 비준함에 있어서는 행정부 내부에서, 그리고 국회와의 관계에서 일정한 절차를 거쳐야 한다. 조약안은 국무회의의 심의대상이다(제89조 제3호). 여기에는 국무총리 및 관계국무위원의 부서가 있어야 한다. 헌법 제60조 제1항에 열거된 조약을 체결 · 비준함에 있어서는 국회의 동의를 받아야 한다.

나) 외교사절 신임 · 접수 및 파견권

대통령은 외교사절을 신임 · 접수 또는 파견한다. 이는 외교관계에 관한 대통령의 고유한 권한이다. 일반적으로 이러한 대통령의 행위는 국민의 권리의무에 직접적인 영향을 미치지 않으며, 또 다른 국가기관이 법적 기준에 따라 통제하는 가능성은 거의 없다. 다만 이러한 권한은 경우에 따라서는 외교관계의 수립이라는 외교정책의 중요한 부분이 될 수 있으므로 국회의 정치적 참여와 통제가 필요한 것은 물론이다.

다) 선전포고 및 강화권

대통령은 선전포고와 강화권을 갖는다. 선전포고는 외국과 전쟁의 개시를 선언하는 행위이다. 강화는 이를 종료하는 행위이다. 선전포고와 강화는 모두 국무회의의 심의사항이다(제89조 제2호).

전쟁은 국민의 생명, 그리고 자유와 재산에 중대한 영향을 미치므로 선전포고를 하려면 대통령은 국회의 동의를 얻어야 한다(제60조 제2항). 국회의 동의는 원칙적으로 사전에 이루어져야 한다. 다만 외국의 침략으로 인한 다급한 상황에서 방어적 전쟁을 하여야 하는 경우에도 국회의 동의를 얻어야 하는가에 대해서는 논의의 여지가 있다. 사전동의가 예외없이 필요하다고 볼 수는 없을 것 같다. 예컨대 독일헌법은 방어적 전쟁상황의 존재 여부에 대해서 기본적으로 의회의 사전적 확인을 얻도록 하고 있다. 다만 국가비상사태(Verteidigungsfall)에 대해서 여러 가지 특례를 두고 있다(독일헌법 제115a조).

(2) 국군통수권

가) 내 용

대통령은 헌법과 법률이 정한 바에 의하여 국군을 통수한다. 국군의 조직과 편성은 법률로 정한다(제74조). 헌법은 대통령에게 국가의 독립, 영토의 보전, 국가의 계속성과 헌법을 수호할 책무를 부과하고, 이를 위하여 대통령은 국군을 통수하는 권한을 갖는다. 국군통수권은 국군의 조직 및 관리에 관한 권한과 작전명령권을 포괄한다. 헌법례에 따라서는 이를 분리하는 경우도 있다. 예컨대 독일헌법 제65a조는 작전명령권과 지휘권을 연방국방부장관에게 부여하고 있다. 다만 국가비상사태가 선포되면 이 권한은 연방총리가 갖는다(독일헌법 제115b조).

나) 국군통수의 헌법적 기준

대통령이 국군을 통수함에 있어서는 이에 관한 헌법의 기준을 준수하여야 한다. 이는 다음과 같이 실체법적·조직법적, 그리고 절차법적인 원칙으로 정리할 수 있다.

a) 실체법적 원칙

침략전쟁은 부인된다(제5조 제1항). 대통령은 침략전쟁의 목적으로 국군을 통수할 수 없다. 분단을 극복하기 위하여 평화적 통일정책을 수립하고 이를 추진하여야 한다(제4조). 무력통일을 위하여 국군을 동원하는 것은 허용되지 않는다. 국군은 국가의 안전보장과 국토방위를 위하여 존재하며, 대통령은 국군을 정치적 목적으로 동원해서는 안 된다(제5조 제2항).

b) 조직법적 원칙

조직법적으로 중요한 내용은 문민통치의 원칙이다. 국군은 정치적 중립의 의무가 있고, 또 대통령은 정치적 목적으로 국군을 동원해서는 안 된다. 현역 군인은 정치적 공무원이 될 수 없다. 헌법은 이 점을 국무총리와 국무위원의 임용자격과 관련하여 명시하고 있다(제86조 제3항, 제87조 제4항). 명시적인 규정은 없지만 이러한 제한은 대통령 등 그 밖의 정치적 공무원에게도 마찬가지로 적용된다.

c) 절차법적 원칙

절차법적 기준은 다음과 같다. 군사에 관한 중요한 사안은 국무회의의 심의를 거쳐야 한다. 선전포고와 강화 역시 국무회의의 심의를 거쳐야 한다(제89조 제2, 6호). 국군조직권과 관련하여 합동참모의장 및 각군참모총장을 임명함에 있어서, 그리고 한시적인 군사통치인 계엄을 선포하는 경우에 국무회의의 심의가 필요하다(제89조 제16호, 제5호). 선전포고, 국군의 외국에의 파견 또는 외국 군대의 대한민국 영역 안에서의 주류에 대해서는 국회의 동의를 얻어야 한다(제60조 제2항). 대통령의 국군통수 행위 중 문서로써 행하는 국법상의 행위에 대해서는 국무총리와 관계국무위원이 부서하여야 한다. 헌법은 군사에 관한 사안에 대해서 부서제도가 적용된다는 점을 확인하여 강조하고 있다(제82조 제2문).

이 밖에 대통령은 군사정책 및 통일정책의 수립에 있어서 국가안전보장회의, 민주평화통일자문회의 등의 자문을 받을 수 있다(제91조, 제92조). 자문을 받을 것인가의 여부는 임의적이다.

(3) 국가긴급권

재정 · 경제적인 혹은 국가안전보장과 관련된 위기상황이 발생하여 헌법이 예정하는 통상적인 방법과 절차를 통해서는 이를 극복하기 어려운 경우 대통령은 국가긴급권을 발동할 수 있다. 국가긴급권은 세 가지이다. 헌법 제76조 제1항과 제2항의 긴급재정경제명령 및 처분권과 긴급명령권, 그리고 헌법 제77조의 계엄선포권이 그것이다.

가) 긴급재정경제명령 및 처분권, 긴급명령권

a) 요건과 내용

aa) 긴급재정경제명령 및 처분 발동의 요건 및 내용

ⅰ) 요 건: 대통령이 긴급재정경제명령 및 처분을 발하기 위해서는 다음과 같은 요건이 갖추어져야 한다.[3]

---

3) 1971년 제정된 「국가보위에 관한 특별조치법」은 국가긴급권 발동의 요건을 전체적으로 갖추지 못하여 위헌으로 결정된 바 있다. 헌재 2015.3.26, 2014헌가5, 27-1(상), 226면 이하 참조.

(ㄱ) 현재의 위기상황: 내우·외환·천재·지변 또는 중대한 재정·경제상의 위기상황이 존재하여야 한다. 현재 이러한 위기상황이 존재하여야 하며, 장래 예견되는 위기상황을 예방하는 목적의 이른바 사전적·예방적 긴급권은 허용되지 않는다. 1972년 헌법이 예방적인 목적의 긴급조치를 인정하였는데, 현행 헌법은 이를 명확히 허용하지 않은 것이다. 1972년 헌법 제53조 제1항에 따르면, "대통령은 천재·지변 또는 중대한 재정·경제상의 위기에 처하거나, 국가의 안전보장 또는 공공의 안녕질서가 중대한 위협을 받거나 받을 우려가 있어, 신속한 조치를 할 필요가 있다고 판단할 때에는 내정·외교·국방·경제·재정·사법 등 국정 전반에 걸쳐 필요한 긴급조치를 할 수 있다."

위기상황의 존재 여부에 대한 1차적인 판단은 대통령의 재량에 속한다. 그러나 이러한 판단이 대통령의 자유재량은 아니다. 즉 객관적으로 대통령의 판단을 정당화할 수 있을 정도의 위기상황이 존재하여야 한다.[4)]

(ㄴ) 정상회복의 목적: 대통령의 긴급권은 위기상황에서 국가의 안전보장 또는 공공의 안녕질서를 유지하기 위한 목적으로 발동된다. 긴급권은 위기상황을 극복하고, 정상적인 상황으로 회복하는 목적을 갖는다. 이에 비해서 현재의 정상적인 상황을 적극적으로 개선하기 위한 목적으로 긴급권을 발동할 수는 없다. 다만 이에 대한 판단은 추상적으로는 명확하지만, 구체적인 상황에 있어서는 상대적이며, 명확한 기준으로 기능하는 데 한계가 있다.

(ㄷ) 긴급조치의 필요성: 긴급한 조치가 필요하여야 한다. 위기상황이 존재하는 경우에도 헌법의 정상적인 수단을 통하여 이를 극복할 수 있는 경우에는 대통령은 긴급권을 발동할 수 없다.

(ㄹ) 조치의 시급성 – 규범목적적 접근: 국회의 집회를 기다릴 여유가 없어야 한다. 즉 국회의 집회를 기다려서는 목적을 달성할 수 없어야 한다. 이 조건은 순수하게 시간적인 의미만을 갖는 것은 아니다. 통상적으로 국회 임시회를 열기 위해서는 3일의 공고기간이 필요하지만 내우외환, 천재지변 또는 중대한 재정·경제상의 위기가 발생한 경우 등 긴급한 상황에서는 공고기간을 1일로 할 수 있다(국회법 제5조 제1, 2항). 따라서 국회의 집회를 기다릴 여유가 없다는 요건은 시간적 개념으로 좁게 이해하기보다는 해당 긴급권의 내용과 관련하여 규범목적적으로 이해하여야 한다. 즉 국회를 소집하고 해당 사안을 통상적인 방법과

4) 헌재 1996.2.29, 93헌마186, 8-1, 121면; 대판 2010.12.16, 2010도5986; 2013.4.18, 2011초기689 등 참조.

절차에 따라 토론과 표결을 통하여 법률의 형식으로 규율하게 되면 규범의 목적을 달성할 수 없다고 판단되어야 한다.

헌법재판소 역시 이 요건을 기본적으로 규범목적의 시각에서 이해하고 있다. 즉 금융실명제를 시행하기 위한 긴급재정명령과 관련하여 "...국회를 소집하여 그 논의를 거쳐 기존의 금융실명법을 이 사건 긴급명령과 같은 내용으로 개정한 후 시행하는 경우에는 검은 돈이 금융시장을 이탈하여 부동산시장으로 이동함으로써 한편으로는 금융경색을 초래하여 기업의 자금조달을 어렵게 하여 경기침체를 심화시키고, 다른 한편으로는 부동산 투기를 재연시키거나 자금이 해외로 도피할 위험성이 있으며, 특히 사채시장 의존도가 높은 중소기업의 일시적 자금부족이 우려되고 비실명화율이 높은 증권시장에 혼란이 일어나는 등 큰 부작용이 있을 것임은 충분히 예상할 수 있기 때문에" 이 경우 국회의 집회를 기다릴 여유가 없는 때에 해당한다는 것이다.[5)]

ii) 내 용: 위와 같은 상황에서 대통령은 재정 · 경제상의 처분을 하거나 명령을 발할 수 있다. 재정 · 경제상의 처분은 정부가 행하는 각종 예산 및 재정상의 처분행위 중 국회의 동의를 요하는 처분으로서, 개별적 · 구체적인 효력을 갖는 정부행위를 말한다. 명령은 재정 · 경제에 관한 대통령의 명령이다. 대통령의 긴급재정명령은 법률의 효력을 갖는다.

긴급재정경제명령과 처분은 위기상황을 극복하기 위하여 최소한으로 필요한 범위 내에서 발동하여야 하며, 해당 목적을 달성하기 위하여 필요한 정도를 벗어난 경우 과잉금지의 원칙에 위반된다.

bb) 긴급명령발동의 요건 및 내용

i) 요 건: 긴급명령의 발동요건은 다음과 같다.

(ㄱ) 교전상태: 국가의 안위(安危)에 관계되는 중대한 교전상태에 있어야 한다.

(ㄴ) 국가보위의 목적: 국가를 보위(保衛)하기 위한 목적이 있어야 한다. 긴급재정경제명령 및 처분에 있어서와 마찬가지로 현재 교전상태에 의하여 국가의 보위가 위태로운 상황이 존재하여야 하며, 사전적 · 예방적 목적의 긴급명령은 허용되지 않는다.

(ㄷ) 긴급조치의 필요성: 국가를 보위하기 위하여 긴급한 조치가 필요하여야 한다. 헌법이 정한 정상적인 수단을 통하여 국가의 보위를 유지 · 존속할 수 있는 경우에는 긴급명령을 발동할 수 없다.

---

5) 헌재 1996.2.29, 93헌마186, 8-1, 123면 이하 참조.

㈃ 국회의 집회불가능: 국회의 집회가 불가능하여야 한다. 이 요건은 국회의 집회를 기다릴 여유가 없는 때라는 긴급재정경제명령 및 처분의 요건보다는 엄격하다. 즉 현실적으로 국회의 집회가 불가능하여야 한다. 그러나 헌법의 문언에도 불구하고 실제 긴급한 상황에서는 현실적으로 국회의 집회가 불가능한 경우뿐 아니라 규범목적을 달성하기 위하여 국회의 집회를 기다릴 여유가 없는 경우에도 해당 긴급명령이 정당화된다고 보아야 할 것이다.

ii) 내 용: 위와 같은 상황에서 대통령은 긴급명령을 발동할 수 있다. 긴급명령은 법률과 같은 효력을 갖는다. 긴급재정경제명령 및 처분의 경우와는 달리 긴급명령의 경우 취해지는 조치의 최소필요성에 대해서 헌법이 명시하고 있지는 않다. 그러나 이 경우에도 조치의 내용은 국가를 보위하기 위하여 필요한 최소한의 범위에 그쳐야 한다. 즉 과잉금지의 원칙이 적용되어야 한다.

b) 발동절차, 국회의 통제 및 대체입법의무, 사법적 통제

aa) 발동절차: 긴급재정경제명령 및 처분, 그리고 긴급명령은 모두 국무회의의 심의를 거쳐야 한다(제89조 제5호). 또 국무총리 및 관계국무위원의 부서가 있어야 한다.

bb) 국회의 통제

i) 국회의 승인권: 긴급재정경제명령 및 처분, 그리고 긴급명령은 모두 국회의 기능을 한시적으로 대통령이 대체하거나 혹은 국회의 통제를 한시적으로 배제한다. 따라서 국회는 대통령의 긴급권을 통제할 수 있어야 한다. 대통령이 긴급재정경제명령 및 처분, 또는 긴급명령을 한 때에는 이를 지체 없이 국회에 보고하여야 한다. 해당 처분 또는 명령이 효력을 지속하기 위해서는 국회의 승인을 얻어야 한다(제76조 제3항).

ii) 국회 불승인의 효력: 처분 또는 명령이 국회의 승인을 얻지 못한 때에는 그 처분 또는 명령은 그때부터 효력을 상실한다(제76조 제4항 제1문). 따라서 처분 또는 명령이 발동된 후 국회의 승인을 받지 못한 경우에 이때까지 해당 처분 또는 명령의 효력에는 영향을 미치지 않는다.

헌법정책적으로 이러한 태도가 타당한지는 의문이다. 일반적으로 처분 또는 명령의 효력을 부인하는 상황이 발생한 경우 소급해서 효력을 상실시키지 않는 이유는 법적 안정성을 해칠 염려가 있기 때문이다. 그런데 처분 또는 명령에 대해서 국회가 승인을 부인하는 시점은 명령 또는 처분을 발동한 시점과 거의 근접해 있다. 대통령은 이를 국회에 지체 없이 보고하여야 하기 때문이다. 그

렇다면 명령 및 처분의 효력을 소급적으로 부인하는 경우에도 법적 안정성을 침해하는 가능성은 그만큼 제한적이다. 또 명령 및 처분이 국회의 승인을 받지 못한 경우 그 효력을 소급적으로 부인하는 경우에는 대통령이 보다 신중하게 명령 및 처분의 내용을 형성하도록 유도하는 효과가 있다. 그러나 현재와 같은 헌법규정으로는 국회의 승인을 받지 않은 명령 및 처분의 효력을 소급해서 부인하는 해석을 할 수는 없다. 헌법정책적으로는 검토가 필요한 사안이다.

긴급재정경제명령 혹은 긴급명령에 의하여 개정 또는 폐지되었던 법률은 그 명령이 승인을 얻지 못한 때부터 당연히 효력을 회복한다(제76조 제4항 제2문). 긴급재정경제명령 및 긴급명령은 법률과 같은 효력을 갖기 때문에 그 내용에 따라 기존의 법률을 개정 혹은 폐지하는 효과가 있다. 실제 1993년 8월 12일 발동된 「금융실명거래 및 비밀보장에 관한 긴급재정경제명령」은 제15조에서 1982년 제정된 기존의 「금융실명거래에 관한 법률」을 폐지하도록 하였다. 그런데 긴급명령이 국회의 승인을 받지 못한 경우 긴급명령은 그때로부터 효력을 상실하고, 따라서 규율의 공백이 발생한다. 이러한 공백을 방지하기 위하여 명령으로 인하여 개정 혹은 폐지된 법률의 효력이 당연히 회복되도록 한 것이다.

일반적으로 보면 기존의 법률을 개폐하는 신법이 효력을 상실하는 경우 입법자는 새로운 입법의 의무를 가지며, 기존의 법률이 당연히 효력을 회복하지는 않는다. 그런데 긴급명령의 경우 그 자체가 비정상적인 대체입법이기 때문에 해당 긴급명령이 효력을 가질 수 없는 경우 기존 법률이 효력을 회복하도록 한 것이다.

대통령은 긴급재정경제명령 및 처분 혹은 긴급명령이 국회에서 승인받은 사실 혹은 승인받지 못하여 효력을 상실함으로 인해 기존의 개폐된 법률이 효력을 회복한 사실을 지체 없이 공포하여야 한다(제76조 제5항).

cc) **국회의 대체입법의무:** 긴급재정경제명령 및 긴급명령은 특수한 상황에서 대통령이 국회의 승인유보하에 한시적으로 행하는 대체입법이다. 이와 같이 긴급재정경제명령 및 긴급명령 발동권은 한시적 · 잠정적 성격의 권한이므로 긴급권 발동의 원인이 소멸한 때에는 대통령은 이를 지체 없이 해제하여야 한다. 또 국회는 이후 긴급재정경제명령 및 긴급명령의 내용을 정상적인 절차를 거쳐 입법하여야 한다. 다만 국회의 정상적인 입법에 의하여 대체하지 않고 긴급재정경제명령 및 긴급명령의 효력을 어느 정도 장기간 지속시키는 경우 이를 위헌적인 상태로 볼 것인가는 개별적인 판단을 필요로 한다.

1993년 8월 12일 발동된 「금융실명거래 및 비밀보장에 관한 긴급재정경제명령」을 대체하는 법률인 「금융실명거래 및 비밀보장에 관한 법률」은 1997년 12월 31일 비로소 국회에서 제정되었다. 1996년 긴급재정경제명령의 위헌확인을 구하는 헌법소원에서 헌법재판소는 긴급재정경제명령이 발포일로부터 2년이 훨씬 지난 시점까지도 유지되고 있는 상황이 바람직하지는 않지만 그렇다고 긴급재정경제명령이 바로 위헌이 된다고 할 수는 없다는 입장을 취한 바 있다.[6]

dd) **사법적 통제:** 대통령의 긴급권의 내용인 명령 및 처분 역시 사법심사의 대상이 된다. 1972년 헌법은 헌법 자체에서 대통령의 긴급조치를 사법심사의 대상에서 제외한 바 있다(제53조 제4항). 한때 이른바 정치행위론 혹은 통치행위론에 기초하여 대통령의 긴급권 행사는 고도의 정치행위이며, 사법심사의 대상이 되지 않는다는 입장이 있었다.

대통령의 긴급재정경제명령 및 처분권, 그리고 긴급명령권의 행사가 1차적으로 대통령의 판단영역에 속하고, 또 고도의 정치행위인 것은 사실이다. 그러나 정치행위라는 이유로 이들이 사법심사의 대상에서 제외되는 것은 아니다. 국가작용으로서 정치행위 역시 국민의 기본권을 존중하고 이를 위하여 발동요건과 내용상의 한계를 지켜야 한다.[7] 따라서 발동요건이 존재하지 않은 경우, 혹은 발동요건은 존재하지만 구체적인 조치의 내용이 목적을 달성하는 데 필요한 정도 이상으로 개인의 기본권을 제한하는 경우에는 헌법에 위반된다.[8]

판례 **대통령의 긴급권 행사에 대한 사법적 통제** (헌재 1996.2.29, 93헌마186)

고도의 정치적 결단에 의한 행위로서 그 결단을 존중하여야 할 필요성이 있는 행위라는 의미에서 통치행위의 개념을 인정할 수는 있다. 긴급재정경제명령은 중대한 재정 경제상의 위기에 처하여 국회의 집회를 기다릴 여유가 없을 때에 국가의 안전보장 또는 공공의 안녕질서를 유지하기 위하여 필요한 경우에 발동되는 국가긴급권으로서 대통령이 고도의 정치적 결단을 요하고 가급적 그 결단이 존중되어야 한다. 그러나 이른바 통치행위를 포함하여 모든 국가작용은 국민의 기본권적 가치를 실현하기 위한 수단이라는 한계를 반드시 지켜야 한다. 헌법재판소는 헌법의 수호와 국민의 기본권 보장을 사명으로 하는 국가기관이므로 비록 고도의 정치적 결단에 의하여 행해지는 국가작용이라도 그것이 국민의 기본권 침해와 직접 관련되는 경우

6) 헌재 1996.2.29, 93헌마186, 8-1, 124면 참조.

7) 헌재 1996.2.29, 93헌마186, 8-1, 115면 이하; 대판 2010.12.16, 2010도5986; 헌재 2013.3.21, 2010헌바70등, 25-1, 199면 이하 등 참조.

8) 긴급조치의 발동이 헌법적 요건을 충족하지 못하여 위헌인 경우에도 대통령에게 불법행위로 인한 책임을 물을 수 없다는 판결로는 대판 2015.3.26, 2012다48824 참조.

에는 심판대상이 될 수 있을 뿐 아니라, 긴급재정경제명령은 법률의 효력을 가지므로 마땅히 헌법에 기속되어야 한다.

긴급재정경제명령을 발할 수 있는 중대한 재정 · 경제상의 위기 상황의 유무에 관한 제1차적 판단은 대통령의 재량에 속한다. 그러나 그것이 자유재량이라거나 객관적으로 긴급한 상황이 아닌 경우라도 주관적 확신만으로 좋다는 의미는 아니므로 객관적으로 대통령의 판단을 정당화할 수 있을 정도의 위기상황이 존재하여야 한다. 대통령은 기존의 금융실명법으로는 재정 · 경제상의 위기상황을 극복할 수 없다고 판단하여 이 사건 긴급명령을 발한 것임을 알 수 있고, 대통령의 그와 같은 판단이 현저히 비합리적이고 자의적이라고는 인정되지 않으므로 이는 존중되어야 한다.

당시 국회는 폐회 중이었고 이러한 상황에서 국회를 소집하여 그 논의를 거쳐 기존의 금융실명법을 이 사건 긴급명령과 같은 내용으로 개정한 후 시행하는 경우에는 검은 돈이 금융시장을 이탈하여 부동산시장으로 이동함으로써 금융경색을 초래하여 기업의 자금조달을 어렵게 하여 경기침체를 심화시킬 수 있다. 또 부동산투기를 재연시키거나 자금이 해외로 도피할 위험성이 있다. 특히 사채시장 의존도가 높은 중소기업의 일시적 자금 부족이 우려되고 비실명화율이 높은 증권시장에 혼란이 일어나는 등 큰 부작용이 있을 것임은 충분히 예상할 수 있다. 그렇다고 금융실명제의 실시를 지체하기에는 우리나라의 재정 · 경제상의 위기상황이 매우 심각하였다. 따라서 긴급명령의 발포와 관련하여 "긴급한 조치가 필요함에도 국회의 집회를 기다릴 여유가 없을 때"라는 요건도 충족되었다.

긴급권은 비상사태에 대응하기 위한 잠정적 성격의 권한이므로 긴급권의 발동은 그 목적을 달성할 수 있는 최단기간 내로 한정되어야 하고 그 원인이 소멸된 때에는 지체 없이 해제하여야 한다. 이 사건 긴급명령은 발포일로부터 2년이 훨씬 지난 현재까지도 유지되고 있는 바, 이와 같은 긴급명령 발포상태의 장기화는 바람직하지 않다. 그러나 그렇다고 그 사유만으로 발포 당시 합헌적이었던 이 사건 긴급명령이 바로 위헌으로 된다고 할 수는 없다.

나) 계엄선포권

위에서 설명한 긴급권이 국회의 입법권을 대통령이 한시적으로 대체하는 성격을 갖는 데 비해서 계엄선포권은 행정 · 사법분야에서 한시적인 군사통치를 행하는 대통령의 권한이다. 계엄이 선포되면 기본권이 침해될 수 있다. 계엄은 이와 같이 통상적인 헌법 운용의 틀을 벗어나고, 또 개인의 권리의무에 중요한 영향을 미치기 때문에 법률에 의하여 선포한다. 이에 대해서는 「계엄법」이 자세히 규율하고 있다.

a) 종류 · 요건 및 내용

aa) **계엄의 종류와 선포요건:** 계엄의 종류는 비상계엄과 경비계엄으로 나누며, 그 요건과 내용은 다르다. 계엄을 선포하기 위한 요건은 다음과 같다(제77조 제1항; 계엄법 제2조).

(ㄱ) 국가비상사태: 전시 · 사변 또는 이에 준하는 국가비상사태에 있어서 적과 교전상태에 있거나 사회질서가 극도로 교란되어 있는 상황에서 대통령은 비상계엄을 선포할 수 있다. 아직 적과 교전상태에 있지는 않으며, 따라서 사회질서의 혼란의 정도가 극도의 상태에 이르지 않은 경우에는 경비계엄을 선포한다. 위기상황이 예견되는 경우 이를 사전에 예방하기 위한 목적으로 계엄을 선포할 수는 없다. 국방부장관 또는 행정안전부장관은 계엄을 선포할 사유가 발생한 경우 국무총리를 거쳐 대통령에게 계엄의 선포를 건의할 수 있다.

(ㄴ) 국가기능 유지를 위한 군사상의 필요: 위와 같은 사태에서 행정 및 사법기능의 수행이 현저히 곤란하여 군사상의 필요에 응하거나 공공의 안녕질서를 유지할 필요가 있는 경우에 비상계엄을 선포한다. 이에 비해서 일반행정기관으로서 치안을 유지할 수 없는 정도의 상황에서 공공질서를 유지할 필요가 있는 경우에는 경비계엄을 선포한다. 긴급명령에 있어서와 마찬가지로 공공복리의 증진과 같은 적극적인 목적을 위하여 계엄을 선포할 수는 없다.

(ㄷ) 계엄법: 계엄선포는 법률, 즉 「계엄법」이 정하는 바에 의한다.

bb) **선포절차:** 계엄을 선포할 때 대통령은 국무회의의 심의를 거쳐야 하며(제89조 제5호), 국무총리와 관계국무위원이 부서하여야 한다. 대통령은 계엄을 선포할 때 중요사항, 즉 이유 · 종류 · 시행일시 · 시행지역 및 계엄사령관을 공고하여야 한다(계엄법 제3조). 계엄을 선포한 때 대통령은 지체 없이 국회에 통고하여야 한다(제77조 제4항). 사태가 평상상태로 회복하였을 때에는 대통령은 국무회의의 심의를 거쳐 계엄을 해제하고 이를 공고하여야 한다(계엄법 제11조).

cc) **계엄조치의 내용:** 헌법은 비상계엄을 선포한 때 취해지는 조치에 대하여 규율하고 있다. 즉, 비상계엄이 선포된 때에는 영장제도, 언론 · 출판 · 집회 · 결사의 자유, 정부나 법원의 권한에 관하여 특별한 조치를 할 수 있다(제77조 제3항). 헌법이 명시하고 있지는 않지만 계엄조치의 내용은 계엄선포의 원인이 된 사태를 극복하는 데 필요한 최소한의 범위에 그쳐야 한다. 계엄의 내용을 헌법과 「계엄법」을 종합하여 보면 다음과 같다.

i) 계엄사령관의 행정 및 사법업무 관장

(ㄱ) 계엄사령관: 계엄업무의 시행은 계엄사령관이 담당한다. 계엄사령관은 현역 장성급 장교 중에서 국방부장관이 추천하여 국무회의의 심의를 거쳐 대통령이 임명한다(계엄법 제5조). 계엄사령관은 계엄의 시행에 관하여 국방부장관의 지휘·감독을 받는다. 전국을 계엄지역으로 하는 경우 또는 대통령이 직접 지휘·감독을 할 필요가 있는 경우에는 대통령의 지휘·감독을 받는다(계엄법 제6조).

(ㄴ) 행정 및 사법업무 관장: 비상계엄이 선포되면 계엄사령관은 계엄지역의 모든 행정사무와 사법사무를 관장한다. 이에 비해서 국회의 기능에는 영향을 주지 않는다. 경비계엄이 선포된 경우에는 계엄사령관은 군사에 관한 행정사무와 사법사무를 관장한다(계엄법 제7조).

계엄이 선포된 경우에도 국회의 기능에 영향을 주지는 않는다. 국회가 계엄의 해제요구에 대한 결정을 하여야 하기 때문이다. 또 「계엄법」은 계엄의 선포로 인하여 국회의원의 불체포특권에 영향을 주지 않는다는 점을 명시하고 있다(계엄법 제13조). 이는 일반적으로 불체포특권이 국회 회기 중 전용되는 것에 비하면(제44조 제1항) 불체포특권의 효력을 강화한 것이다. 계엄이 선포된 경우에는 국회의 기능이 유지되어야 한다는 의미를 표현한 것이다.

사법사무와 관련하여 중요한 변화는 군사법원이 민간인 범죄를 관할한다는 것이다. 즉 비상계엄이 선포된 경우에는 내란죄, 외환죄, 국교에 관한 죄, 공안을 해치는 죄, 폭발물에 관한 죄, 살인의 죄, 강도의 죄 등 법률에 열거된 범죄에 대해서는 군인 또는 군무원이 아닌 국민도 군사법원의 재판을 받는다. 다만, 계엄사령관은 필요한 경우에는 해당 관할법원이 재판하게 할 수 있다(제27조 제2항; 계엄법 제10조). 특정범죄에 대해서는 단심(單審)으로 할 수 있다. 군인·군무원의 범죄나 군사에 관한 간첩죄의 경우와 초병·초소·유독음식물공급·포로에 관한 죄 중 법률이 정한 경우가 여기에 해당한다. 다만 군사법원에서 사형을 선고하는 경우에는 대법원을 최종심으로 한다(제110조 제4항).

ii) 기본권 제한

(ㄱ) 제한되는 기본권의 범위: 비상계엄이 선포되면 기본권이 침해될 수 있다. 헌법에 의하면 영장제도 및 언론·출판·집회·결사의 자유에 대해서 특별한 조치를 할 수 있다(제77조 제3항). 「계엄법」은 이 밖에 거주·이전의 자유, 단체행동권을 특별한 조치의 대상에 포함하고 있다. 또 작전상 부득이한 경우 국민의 재산을 파괴 또는 소각(燒却)할 수 있다. 이 경우 발생한 손실에 대해서는 정

당한 보상을 하여야 한다(계엄법 제9조 이하).

비상계엄이 선포된 경우 침해될 수 있는 기본권의 종류에 대한 헌법상의 규정이 열거규정인가 혹은 예시규정인가에 대한 논란이 있다. 해당 규정을 예시규정으로 볼 수는 없다. 이 경우 침해되는 기본권의 종류가 무한정으로 확대될 수 있기 때문이다. 그러나 헌법이 명시하고 있는 기본권 외에 거주·이전의 자유와 단체행동권을 침해될 수 있는 기본권으로 들고 있는 「계엄법」 규정이 헌법에 위반된다고 볼 수도 없다. 적과 교전상태에 있는 전시·사변의 상황에서 군사작전을 효율적으로 수행하기 위하여 거주·이전의 자유와 단체행동권 등을 헌법이 예정하지 않은 방법으로 침해하는 것은 피할 수 없기 때문이다.

(ㄴ) 특별한 조치의 내용: 비상계엄이 선포되면 영장제도와 언론·출판·집회·결사의 자유에 대해서 특별한 조치를 취할 수 있다. 이러한 조치의 내용과 한계가 구명되어야 한다.

영장제도의 본질은 구속 여부에 대한 피의자와 검사의 분쟁에서 독립성을 갖는 법관으로 하여금 사전에 공정하게 판단하고, 이로써 신중하게 구속 여부를 결정하도록 하는 데에 있다. 따라서 법관이 아니라 분쟁의 당사자인 검사로 하여금 영장을 발부하게 하는 것은 영장제도의 본질에 반하며, 이는 비상계엄이 선포된 경우에도 허용될 수 없다. 영장 없는 체포·구속은 물론 허용되지 않는다.[9] 1972년 헌법의 시대에 긴급조치는 법관의 영장 없이 체포, 구속하거나(1974년 긴급조치 1호 제5항, 1975년 긴급조치 9호 제8항) 혹은 비상군법회의 관할사건에 관하여 검찰관의 영장을 발부하여 체포, 구속을 할 수 있도록 한 바 있다(1972년 2호 제12항). 이는 이후 법원 및 헌법재판소에서 위헌으로 결정되었다.[10] 비상계엄하에서 군사재판이 시행되기 때문에 군사법원의 판사가 영장을 발부하는 것은 가능하다. 영장은 원칙적으로 구속 전에 발부하여야 한다. 그런데 비상계엄이 선포된 경우에는 헌법과 「형사소송법」에서 규정하는 사후영장을 정당화하는 사유가 존재하지 않는 경우에도 사후영장을 허용하는 것이 특별한 조치의 내용이 될 수는 있을 것이다.

비상계엄이 선포되면 정상적인 상황에서는 헌법상 허용되지 않는 방법으로 언론·출판·집회·결사의 자유가 제한될 수 있다. 언론·출판의 자유 및 집회·결사의 자유에 대한 사전적인 제한이나 사후검열 등은 통상적인 제한의 방법이다. 따라서 비상계엄이 선포된 경우에는 언론·출판의 자유가 허가나 사전

9) 헌법위원회결정 4286.10.8, 4286헌위2 참조.

10) 대판 2010.12.16, 2010도5986; 헌재 2013.3.21, 2010헌바70 등, 25-1, 192면 이하 등 참조.

검열에 의하여, 또 집회 · 결사의 자유가 허가를 통하여 제한될 수 있다. 이 경우에도 과잉금지의 원칙이 존중되어야 한다.

b) 국회의 통제 및 사법적 통제

aa) 국회의 통제: 국회는 계엄의 해제를 요구할 수 있다. 이를 위해서는 국회 재적의원 과반수의 찬성이 있어야 한다. 국회가 계엄의 해제를 요구한 경우 대통령은 이를 해제하여야 한다(제77조 제5항). 헌법이 명시하고 있지는 않지만 이때 대통령은 지체없이, 즉 즉시 해제하여야 한다. 국회의 해제요구는 구속력이 있기 때문에 대통령이 이에 응하지 않을 경우 탄핵사유가 된다.

bb) 사법적 통제: 계엄선포는 긴급재정경제명령 및 처분, 그리고 긴급명령과 마찬가지로 대통령의 고도의 정치행위이다. 그러나 계엄선포가 사법심사의 대상에서 제외되는 것은 아니다. 계엄선포는 한시적이지만 국가의 기능에 중요한 변화를 초래하고, 또 개인의 권리의무관계에 밀접한 영향을 미친다. 무엇보다도 계엄이 선포되면 기본권이 직접 침해된다. 따라서 법원은 계엄선포요건의 구비 여부 또는 계엄선포의 당부에 대해서 심사할 수 있다.[11] 또 계엄조치의 종류와 내용이 계엄의 목적을 달성하기 위해서 필요한 최소한인가에 대해서 과잉금지의 원칙에 따라 심사되어야 한다.

(4) 사면권과 영전수여권

가) 사면권

a) 사면권의 제도적 의의

대통령은 법률이 정하는 바에 의하여 사면 · 감형 또는 복권을 명할 수 있다(제79조). 이에 대해서 자세히는 「사면법」이 정하고 있다. 사면은 특정한 범죄를 지정하여 해당 범죄를 범한 자에 대한 형의 선고의 효력을 상실시키거나 혹은 특정한 범죄인의 형의 집행을 면제하는 행위이다.

대통령의 사면권은 특정한 구성요건을 처벌의 대상으로 한 입법적 결정, 그리고 특정인의 범죄행위에 대한 사법적 결정의 효력을 변형하는 결과가 된다. 따라서 사면권 행사는 신중하여야 하며, 국민 일반이 수긍할 수 있는 사유가 있어야 한다.

대통령의 사면권은 정치적 고려에 의하여 행사되며, 또 사면권이 일반 국민

11) 기존에 이에 대한 소극적인 법원의 판결로는 예컨대 대판 1954.1.30, 4286형상103; 1979.12.7, 79초70; 1981.1.23, 80도2756; 1981.2.10, 80도3147; 1981.4.28, 81도874; 1981.5.26, 81도1116; 1981.9.22, 81도1833; 1982.9.14, 82도1847 등 참조.

에게 사실상 혹은 간접적인 영향을 미칠 수는 있어도 법적 이익 혹은 권리를 직접 침해하지는 않는다.[12] 따라서 대통령의 사면권 행사를 법적 기준에 따라서 심사할 수는 없다. 명문의 규정은 없지만 대통령의 사면권은 사법적 심사의 대상이 되지 않는다.[13]

b) 사면권의 종류와 내용

사면의 종류에는 일반사면과 특별사면이 있다. 이 밖에 대통령은 일반감형과 특별감형, 그리고 복권을 명할 수 있다.

일반사면은 범죄를 지정하여 이를 범한 자를 대상으로, 형의 선고의 효력을 상실시키는 조치이다. 이 경우 아직 형의 선고를 받지 않은 자에 대하여는 공소권이 상실된다. 특별사면은 형의 선고를 받은 특정인을 대상으로 하며, 형의 집행을 면제한다.

일반감형조치가 취해지는 경우 형이 변경되며, 특별감형조치를 통해서는 형의 집행을 경감한다. 복권은 형의 선고로 인하여 법령이 정한 바에 의하여 자격이 상실 또는 정지된 자를 대상으로 한다. 복권조치가 취해지면 형의 선고의 효력으로 인하여 상실 또는 정지된 자격을 회복한다(사면법 제3, 5조).

사면·감형과 복권으로 인하여 형의 선고에 의한 기존의 효과는 변경되지 않는다. 행정법규 위반에 대한 범칙 또는 과벌과 징계법규에 의한 징계 또는 징벌의 면제는 엄격한 의미에서 사면은 아니지만 이 경우 사면에 관한 규정을 준용한다(사면법 제4조).

c) 사면권 행사의 절차

사면권을 행사하기 위해서는 국무회의의 심의를 거쳐야 한다(제89조 제9호). 일반사면은 국무회의의 심의를 거쳐, 국회의 동의를 얻어야 한다(제79조 제2항). 일반사면은 특정한 구성요건을 처벌하는 국회의 입법적 의사에 수정을 가하는 의미가 있기 때문이다. 특별사면에 있어서 사면권의 행사를 신중하게 하기 위하여 법무부장관이 대통령에게 특별사면에 대한 상신을 할 때 사면심사위원회의 심사를 거쳐야 한다(사면법 제10조 이하).

나) 영전수여권

대통령은 법률이 정하는 바에 의하여 훈장 기타 영전을 수여한다(제80조). 이에

12) 헌재 1998.9.30, 97헌마404, 10-2, 565면 참조.

13) 헌재 2000.6.1, 97헌바74, 헌재공보(2000), 448면 이하; 2015.11.24, 2015헌마1061; 대판 1979.12.7, 79초70; 1981.9.22, 81도1833 등 참조.

대해서 자세히는 「상훈법」이 정하고 있다. 대통령이 국가 및 사회발전에 공헌한 자에 대해서 훈장 및 포장을 수여하기 위해서는 국무회의의 심의를 거쳐야 한다(제89조 제8호; 상훈법 제7조). 훈장 및 포장은 이를 받은 자에게만 효력이 있으며, 어떠한 특권도 이에 따르지 않는다(제11조 제3항).

국가는 국가사회발전에 공헌한 자 및 이 과정에서 희생한 자의 생활안정을 위하여 노력하여야 하며, 특히 헌법은 이들에 대한 취업보호를 명시하고 있다(제32조 제6항). 이는 「국가유공자등 예우 및 지원에 관한 법률」, 그리고 「독립유공자예우에 관한 법률」 등이 정하고 있다. 개인이 영전을 수여할 것을 청구할 권리를 갖지는 않는다.[14]

서훈 공적이 거짓으로 밝혀진 경우, 국가안전에 관한 죄를 범한 사람으로서 형을 받았거나 적대지역(敵對地域)으로 도피한 경우, 혹은 사형, 무기 또는 1년 이상의 징역이나 금고의 형을 선고받고 그 형이 확정된 경우에는 서훈을 취소하고, 훈장 또는 포장과 이와 관련하여 수여한 물건 및 금전을 환수한다(상훈법 제8조).

(5) 헌법개정안발의권

국회 재적의원 과반수 또는 대통령은 헌법개정안을 발의할 수 있다(제128조 제1항). 대통령이 헌법개정안을 발의할 때에는 다음과 같은 내용상의 한계를 준수하여야 한다. 즉 대통령의 임기연장 또는 중임변경을 위한 헌법개정을 할 수는 있지만 이는 그 헌법개정 제안 당시의 대통령에 대하여는 효력이 없다(제128조 제2항). 우리 헌정사에서 대통령의 임기를 연장하거나 혹은 중임규정을 개정하는 방법을 통하여 장기집권을 해 왔던 경험을 염두에 두고 이를 방지하는 조치이다.

대통령이 발의한 헌법개정안은 국회의 의결을 거쳐 국민투표를 통하여 확정된다. 국회에서 헌법개정안은 재적의원 3분의 2 이상의 찬성을 얻어 의결된다. 헌법개정을 위해서는 국민투표에서 국회의원선거권자 과반수의 투표와 투표자 과반수의 찬성을 얻어야 한다(제130조).

(6) 국민투표부의권

가) 임의적 국민투표와 필수적 국민투표

대통령은 외교 · 국방 · 통일 기타 국가안위에 관한 중요정책을 국민투표에 부칠 수 있다(제72조). 이를 국민투표에 부칠 것인가의 여부는 대통령의 정치적 재

14) 헌재 2005.6.30, 2004헌마859, 17-1, 1021면 참조.

량에 속한다(임의적 국민투표).[15] 헌법개정안에 대해서는 필수적으로 국민투표를 부치도록 한 것과 비교된다. 국민투표의 준비·시행, 국민투표무효소송 등에 대해서는 「국민투표법」이 정하고 있다.

나) 국민투표의 대상

국민투표의 사항적 대상과 관련하여 헌법 규정이 열거적인가 아니면 예시적인가 하는 문제가 제기된다. 또 이와 관련하여 중요정책이 아닌 대통령의 신임을 묻는 국민투표가 허용되는가 여부도 문제된다.

a) 국민투표의 사항적 대상, 법률안에 대한 국민투표

국민투표의 대상이 열거적으로 제한되어 있다고 볼 수는 없다. 헌법이 직접 외교·국방·통일정책 외에 '기타 국가안위에 관한 중요정책'이라는 표현을 하고 있고, 기타 국가안위에 관한 문제인가는 대통령이 재량에 의하여 결정할 수 있기 때문이다. 다만 1972년 헌법에서는 한정적 표현 없이 중요정책을 국민투표의 대상으로 한 데 비해서(제49조), 1980년 헌법, 그리고 현행 헌법에서는 국민투표의 대상을 "외교·국방·통일정책 외에 기타 국가안위에 관한 사항"으로 한정하는 차이는 있다. 이와 같이 헌법의 문언을 축소한 취지, 그리고 국민투표가 민주주의에서 예외적인 의사결정방법이라는 점을 고려하면 '기타 국가안위'에 대한 이해는 제한적이어야 한다.

법률안이 국민투표의 대상이 될 수 있는가 하는 문제가 제기된다. 비교헌법적으로 보면 프랑스, 스위스 등이 법률안에 대한 국민투표를 허용하고 있다(프랑스헌법 제11조; 스위스헌법 제140, 141조). 그러나 이를 명시하지 않은 우리 헌법에서 법률안에 대한 국민투표는 허용되지 않는다.[16] 헌법은 입법권을 국회에 부여하고 있으며(제40조), 다른 방법에 의하여 법률을 제정하는 가능성을 두고 있지 않다. 그런데 입법권의 주체와 입법절차와 같은 중요한 문제는 헌법에 망라하여 규정하였다고 보아야 하며, 이 외에 다른 방법을 인정할 수는 없다. 또 법률안에 대해서 국민투표가 인정된다고 하는 경우에도 실제 법률이 효력을 발생하기 위한 절차가 존재하지 않는다. 예컨대 법률안에 대한 국민투표를 허용하고 있는 프랑스헌법은 법률안의 제안권자, 심의·절차 및 공포 절차 등을 직접 규정하고 있다(프랑스헌법 제11조 제2항).

---

15) 헌법재판소의 일부 견해는 대의기관의 의사와 국민의 현실적인 의사가 다르다고 볼 상당한 이유가 있는 경우에는 해당 사안에 대한 국민투표는 필수적이라고 보고 있으나, 이는 타당하지 않다. 헌재 2004.11.20, 2004헌마554등, 16-2(하), 56면 이하 참조.

16) 신중한 판단의 결과라고 보이지는 않으나 헌법재판소는 법안을 국민투표의 대상에 포함된다고 이해하고 있다. 헌재 2004.5.14, 2004헌나1, 16-1, 649면 참조.

국회에서 부결된 법률안에 대한 국민투표는 더욱 허용되지 않는다. 국민투표는 국회에서 의사결정을 할 수 없는 경우 이를 보충하는 방식으로 운영되어야 한다. 그런데 국회에서 부결된 법률안을 국민투표에 부치는 것은 국회의 기능을 보충하는 것이 아니라 정면으로 부인하는 것이기 때문이다.

b) 신임국민투표

국민투표에 부쳐지는 사안은 외교 · 국방 · 통일 기타 국가안위에 관한 중요정책이다. 그런데 대통령의 신임 여부를 직접 묻거나 혹은 정책과 연계하여 신임을 묻는 신임국민투표, 즉 이른바 '플레비시트(plébiscite)'가 허용되는가 하는 문제가 제기된다. 우리 헌정사에서 1975년 2월 12일 당시 대통령 박정희에 대한 신임국민투표가 실시된 바 있다. 당시 국민투표를 부의하는 담화에는 다음과 같은 표현이 들어 있었다. "… 이번 국민투표를 비단 현행 헌법에 대한 찬반투표일 뿐 아니라, 나 대통령에 대한 신임투표로 간주하고자 합니다". 그리고 1988년 출범한 노태우정권은 임기 중간에 신임국민투표를 실시할 것을 대통령 선거공약으로 제시한 바 있으나 실제 시행하지는 않았다. 이 당시 신임을 묻는 국민투표가 정치적으로 바람직한가, 그리고 헌법상 허용되는가에 대해서 활발하게 논의되었다.

대통령의 신임을 묻는 국민투표는 허용되지 않는다. 또 정책결정을 대통령의 신임과 결부시키는 국민투표 역시 허용되지 않는다.[17] 헌법은 국민투표의 대상을 '중요정책'으로 하고 있다. 일반적으로 국민투표의 또 하나의 유형으로 신임국민투표가 있는데 우리 헌법이 국민투표사항을 중요정책으로 규정한 것은 신임국민투표를 배제한 것으로 보아야 한다. 또 중요정책에 대한 국민투표를 대통령의 신임에 연계시키는 것은 이로써 국민투표사항이 모호해지는 문제가 있다. 대통령의 신임 문제가 중요정책에 대한 판단을 흐리게 할 수 있기 때문이다.

판례 신임국민투표의 허용 여부 (헌재 2004.5.14. 2004헌나1)

국민투표는 직접민주주의를 실현하기 위한 수단으로서 '사안에 대한 결정' 즉, 특정한 국가정책이나 법안을 대상으로 한다. 따라서 국민투표의 본질상 '대표자에 대한 신임'은 대상이 될 수 없으며, 우리 헌법에서 대표자의 선출과 그에 대한 신임은 단지 선거의 형태로써 이루어져야 한다. 대통령이 자신에 대한 재신임을 국민투표의 형태로 묻고자 하는 것은 헌법 제72조에 의하여 부여받은 국민투표부의권을

17) 헌재 2004.5.14, 2004헌나1, 16-1, 648면 이하 참조.

위헌적으로 행사하는 경우에 해당한다. 이는 국민투표제도를 자신의 정치적 입지를 강화하기 위한 정치적 도구로 남용해서는 안 된다는 헌법적 의무를 위반한다. 대통령이 위헌적인 재신임 국민투표를 단지 제안만 하였을 뿐 강행하지는 않았으나, 헌법상 허용되지 않는 재신임 국민투표를 국민들에게 제안한 것은 그 자체로서 헌법 제72조에 반하여 헌법을 실현하고 수호해야 할 대통령의 의무를 위반한 것이다.

다) 국민투표의 효력

국민투표의 결과는 국민 전체의 의사로 의제된다. 따라서 국회는 이를 존중하여야 하며, 국민투표로 나타난 국민의 의사에 반하는 입법을 할 수는 없다. 그러나 여기에는 다음과 같은 유보가 있다. 국민투표에서는 제도본질적으로 질문의 내용이 추상적이고, 단순하게 구성된다. 국민투표로 나타난 국민의 의사가 입법의 세부적인 기준을 제시할 수는 없다. 따라서 실제에 있어서는 입법내용이 국민투표로 나타난 국민의 의사와 합치하는가의 여부는 구체적인 해석을 필요로 한다.

라) 국민투표에 대한 헌법정책적 평가

국민투표는 대통령이 국정의 최고책임자로서 중요정책에 대한 국민의 의사를 대의과정을 거치지 않고 직접 확인하는 제도이다. 민주주의는 원칙적으로 대의과정을 통하여 실현되고, 헌법은 이 과정에서 국가기관 상호간의 견제와 균형의 장치를 마련하고 있다. 이에 비해서 국민투표를 통하여 국민의사를 직접 확인하는 것은 예외적인 민주주의의 실현방법이다. 국민투표는 대의과정을 우회하는 수단으로 남용될 수 있으며, 국민의 의사를 조작하기 위한 목적으로 활용될 수도 있다. 또 경험적으로 우리나라에서 지금까지 시행된 국민투표가 국민의 진정한 의사를 확인하는 수단이 되지 못했다. 따라서 국민투표는 대의과정에서 국민의사가 형성될 수 없는 예외적인 상황에서 결정대상이 명료하게 질문으로 구성·제시되고, 또 국민투표사안에 대한 충분한 정보제공 및 교환의 가능성이 보장되는 조건하에서 시행하여야 한다.[18)]

---

18) 헌법재판소도 이 점에 있어 같은 견해이다. 헌재 2004.5.14, 2004헌나1, 16-1, 649면 참조.

3. 행정부의 수반으로서의 지위에서 나오는 권한

(1) 국가기관 구성권

대통령은 일부 국가기관을 구성하는 권한을 갖는다. 이러한 권한은 대통령이 독점적으로 행사하는 경우와 다른 국가기관, 즉 국회 및 사법부와 함께 행사하는 경우가 있다. 이러한 국가기관 구성권은 국정의 최고책임자로서의 지위에서 나오는 경우와 행정부 수반의 지위에서 나오는 경우가 있다.

대통령은 국정의 최고책임자로서 대법원장과 대법관, 그리고 헌법재판소 소장을 임명한다. 대법원장을 임명하기 위해서는 국회의 동의를 얻어야 하며, 대법관은 대법원장의 제청을 받고 국회의 동의를 얻어야 한다(제104조 제1, 2항). 헌법재판소 소장 역시 국회의 동의를 얻어 대통령이 임명한다(제111조 제4항). 헌법재판소 재판관에 대해서는 국회의 동의절차가 없다.

대통령은 행정부의 수반으로서 행정부에 속하는 국가기관을 구성한다. 대통령은 국무총리를 국회의 동의를 얻어 임명하며, 국무위원을 국무총리의 제청을 받아 임명한다(제86조 제1항, 제87조 제1항). 감사원장 역시 국회의 동의를 얻어 대통령이 임명하며, 감사위원은 감사원장의 제청으로 대통령이 임명한다(제98조).

대통령은 행정부의 수반으로서 국회 및 법원과 함께 일부 국가기관을 구성하는 데 참여한다. 대통령은 헌법재판관 9인 중 3인을 자신의 선택에 의하여 임명한다. 대통령은 나머지 6인 중 3인은 국회에서 선출한 자를, 3인은 대법원장이 지명한 자를 임명한다. 이는 형식적인 임명권으로써 해당 후보자가 자격요건 등에 관한 결격사유가 없는 한 대통령은 원칙적으로 임명을 거부할 수 없다(제111조 제3항). 대통령은 중앙선거관리위원회 위원 9인 중 3인을 임명한다. 나머지 6인 중 3인은 국회에서 선출하며, 3인은 대법원장이 지명한다(제114조 제2항). 이와 같이 대통령과 국회, 그리고 대법원장이 동등한 비중을 가지고 헌법재판소와 중앙선거관리위원회의 구성에 참여하는 것은 정치적 다원성을 확보하여 정치적 중립성을 보장하려는 의도이다. 그러나 현행 헌법에서 이들 기관의 구성방법이 그 제도적 이념에 충실하지는 않다. 이들 기관의 구성을 국회에 맡기는 것이 오히려 합리적이다. 이 점에 대해서는 위에서 설명한 바 있다.

(2) 공무원 임면권

대통령은 헌법과 법률이 정하는 바에 의하여 공무원을 임면한다(제78조). 헌법에서 직접 임용방법이 규정되어 있는 공무원에 대해서는 그에 따른다. 주로 행정직 공무원이 대통령의 임면권의 대상이 된다. 행정직 공무원을 임면함에 있어서 대통령은 헌법상 공무원제도의 중요한 내용을 준수하여야 한다. 직업공무원은 전문지식의 보유 여부를 기준으로 임용·전보 등을 하여야 하며, 면직함에 있어서는 이들에 대한 헌법 및 「국가공무원법」상의 신분보장을 위한 규정을 지켜야 한다.

실제 대통령이 임면권을 행사하는 공무원은 5급 이상 행정기관 소속공무원 및 고위공무원단에 속하는 일반직 공무원이다. 대통령은 소속장관의 제청을 받아, 인사혁신처장과 협의하고 국무총리를 거쳐 이들을 임용한다. 그 밖의 행정기관 소속공무원에 대한 임용권은 소속장관이 갖는다. 또 소속장관은 공무원 임용권을 보조기관 또는 그 소속기관의 장에게 위임할 수 있다(국가공무원법 제32조).

(3) 행정입법권

대통령은 법률에서 구체적으로 범위를 정하여 위임받은 사항과 법률을 집행하기 위하여 필요한 사항에 관하여 대통령령을 발할 수 있다(제75조). 이로써 대통령은 일반적인 효력을 갖는 규범을 행정입법의 형식으로 제정한다. 행정입법의 가능성과 한계에 대한 논의에서 다음 세 가지 문제가 쟁점이 된다.

첫째, 법률에 의한 규율대상과 명령에 의한 규율대상을 구분하는 문제이다. 법률에 의한 규율대상임에도 불구하고 명령에 의하여 규율한다면 이는 규범형식위반으로 헌법에 위반된다. 이 문제에 대해서는 이미 국회의 입법권과 관련하여 설명한 바 있다.

둘째, 특정한 사안이 중요한 본질적인 문제로서 법률이 규율하고 있는 경우에도 이에 대한 세부적인 규율을 대통령에게 위임할 수 있다. 다만 입법자는 행정입법의 목적과 내용에 대해서 구체적으로 범위를 정하여 위임하여야 한다(제75조). 따라서 행정입법의 규율대상을 포괄적으로 위임하는 것은 헌법에 위반된다. 아래에서는 이 문제를 집중적으로 설명한다. 이 경우 법률이 헌법심사의 대상이기 때문에 행정입법의 내용이 헌법에 합치하는가는 별개의 문제이다.[19] 또 거꾸로 행정입법의 내용이 헌법에 위반되는지는 수권법률의 위헌 여부에 영향을 미치지 않는다.[20]

셋째, 입법자가 중요하고 본질적인 사안을 직접 규율하였고, 또 구체적으로

19) 이 점에 대해서는 예컨대 헌재 1995.11.30, 93헌바32, 7-2, 609면 참조.
20) 헌재 1996.6.26, 93헌바2, 8-1, 537면; 1997.9.25, 96헌바18등, 9-2, 373면; 2003.6.26, 2002헌가16, 15-1, 637면 등 참조.

범위를 정하여 대통령령에 위임하였지만 대통령이 위임의 내용을 일탈하여 명령을 제정한 경우이다. 이는 명령이 법률에 위반되는가의 문제로서 헌법문제가 아니라, 행정법적인 문제이다.[21] 「국회법」은 이러한 상황을 방지하기 위한 규정을 두고 있다. 즉 중앙행정기관의 장은 법률에서 위임한 사항이나 법률을 집행하기 위하여 필요한 사항을 규정한 행정입법이 제정 · 개정 또는 폐지되었을 때에는 10일 이내에 이를 국회 소관 상임위원회에 제출하여야 한다. 또 국회 상임위원회는 행정입법이 법률의 취지 또는 내용에 합치하지 않는다고 판단하는 경우에는 검토의 경과와 처리 의견 등을 기재한 검토결과보고서를 의장에게 제출하고, 국회는 본회의 의결로 이를 처리하고 정부에 송부한다. 정부는 송부받은 검토결과에 대한 처리 여부를 검토하고 그 처리결과를 국회에 제출하여야 한다. 또 상임위원회는 부령이 법률의 취지 또는 내용에 합치되지 않는다고 판단되는 경우에 소관 중앙행정기관의 장에게 그 내용을 통보할 수 있으며, 중앙행정기관의 장은 통보받은 내용에 대한 처리 계획과 그 결과를 지체 없이 소관 상임위원회에 보고하여야 한다(국회법 제98조의2).

가) 행정입법의 형식

a) 입법형식의 개방성

국회입법과 함께, 그리고 국회입법을 보충하기 위하여 행정입법이 필요하고 또 정당하다는 점에 대해서는 이미 설명하였다. 이러한 전제하에 행정부가 행정입법의 종류를 선택하는 데에 적용되는 헌법적 기준에 관한 문제가 제기된다. 헌법은 행정입법의 근거를 두고, 행정입법의 종류로서 대통령령과 총리령 및 부령을 명시하고 있다. 그러나 행정입법의 종류가 여기에 한정되는 것은 아니다. 즉 고시 또는 훈령 등 행정규칙도 행정입법의 형식이 될 수 있다.

b) 법규명령과 행정규칙: 원칙과 예외

행정입법 중 행정규칙은 전통적인 이해에 따르면 대외적 효력을 갖지 않으며, 행정조직 내부의 관계를 규율한다. 정책결정의 투명성을 요구하는 민주주의원리에 비추어 보아, 그리고 행정규칙에 대한 행정법상의 이해에 기초할 때 행정규칙이 외부적인 효력을 갖는 것은 바람직하지 않다. 법률과 법규명령의 경우 입법예고제 및 공포제도를 통하여 일반국민에게 그 내용을 고지하는 절차가 존재한다.[22] 그런데 행정규칙에는 이러한 절차가 없기 때문이다. 실제 공포

21) 예컨대 대판 1996.4.12, 95누7727 참조.

22) 「법제업무 운영규정」 제14조; 「행정절차법」 제41조; 「법령 등 공포에 관한 법률」 제5, 7, 9, 11,

나 고시절차가 행정규칙의 적법요건은 아니다.[23]

국민의 권리의무관계를 규율하는 경우에는 행정규칙이 아니라 법규명령의 형식을 선택하여야 한다. 규율대상이 전문적·기술적 사항이거나 경미한 사항으로서 법규명령으로 정하는 것이 적합하지 않는 경우에 한하여 예외적으로 행정규칙으로 정할 수 있다.[24] 헌법재판소는 행정규칙의 외형을 띠는 경우에도 이를 법규명령으로 이해하고 있다. 수권규정이 "...보건복지부장관이 정한다"고 되어 있는 경우, 이를 "...보건복지부장관이 법규명령으로 정한다"고 이해하여야 한다는 것이다. 다만 입법론적으로는 "보건복지부령이 정한다"고 하는 것이 보다 합리적이라는 권고를 하고 있다.[25]

행정규칙의 형식을 택한 것이 곧 형식위반의 위헌은 아니다. 오늘날 행정의 기능유지를 위해서, 그리고 행정 및 국가목적의 적극적인 실현을 위하여 경우에 따라서는 행정규칙에 법규적 효력을 인정할 수도 있다.[26] 특히 다음과 같은 경우 행정규칙은 법규명령과 동일한 효력을 갖는다. 첫째, 이른바 규범구체화 행정규칙이다. 법률이 일반조항 혹은 불확정개념을 사용하여 행정입법에 위임하여, 이를 구체화하기 위하여 발하는 행정규칙이다. 다만 이 경우 행정규칙은 그 자체로서 독자적으로 법규적 효력을 갖는 것이 아니라 수권규정인 법령과 결합하여 법령의 일부가 되어 법규적 효력을 갖는다.[27] 둘째, 이른바 법률대위적 행정규칙이다. 이는 법률유보의 원칙이 적용되지 않는 경미한 규율대상에 대해서 발해지는 행정규칙을 말한다. 셋째, 행정청의 재량권 행사의 준칙인 규칙이 반복 시행되어 행정관행으로 자리잡아 평등의 원칙 혹은 신뢰보호의 원칙에 의하여 행정기관이 자기구속을 하는 경우이다.[28]

12조 등 참조.

23) 대판 1990.5.22, 90누639 참조.

24) 헌재 2004.10.28. 99헌바91, 16-2(하), 119면; 2014.7.24, 2013헌바183등, 26-2(상), 158면; 2016.2.25, 2015헌바191, 28-1(상), 167면 이하 등 참조.

25) 헌재 1990.9.3, 90헌마13, 2, 298면 이하 참조. 대법원 역시 원칙적으로 행정규칙의 법규적 성격을 부인하지만, 행정규칙의 법규적 효력을 인정하는 판결을 남기고 있기도 하다. 예컨대 대판 1984.9.11, 82누116; 1989.11.14, 89누5676; 1994.3.8, 92누1728(고시의 법규성) 등 참조. 독일에서는 연방행정법원의 이른바 뷜(Wyhl)결정(*BVerwGE* 72, 300면)에서 연방내무장관의 지침인 '방사선유출량 산출기준'이 위임한계를 벗어나지 않는 범위 내에서 법원을 기속한다고 판결한 바 있다. 이는 이른바 규범구체화 행정규칙(normkonkretisierende Verwaltungsvorschrift)의 개념을 정립하는 계기가 되었다.

26) 헌재 2000.1.27, 99헌바23, 12-1, 73면 이하 참조.

27) 헌재 2003.12.18, 2001헌마543, 15-2(하), 591면; 2004.10.28, 99헌바91, 16-2(하), 117면; 2005.5.26, 2004헌마49, 17-1, 761면 등 참조.

28) 헌재 1990.9.3, 90헌마13, 2, 303면; 2004.10.28, 99헌바91, 16-2(하), 117면; 2007.8.30, 2004헌

판례 **법규명령과 행정규칙에 의한 규율대상** (헌재 2016.2.25. 2015헌바191)

[다수의견]

사회적 변화에 대응한 입법수요의 급증과 종래의 형식적 권력분립주의로는 현대사회에 대응할 수 없다는 기능적 권력분립론 등을 감안하여 헌법 제40조와 헌법 제75조, 제95조의 의미를 파악하여야 한다. 의회가 구체적으로 범위를 정하여 위임한 사항에 관하여는 당해 행정기관이 법 정립의 권한을 갖게 되고, 이 경우 입법자는 규율의 형식도 선택할 수 있다. 따라서 헌법이 명시하고 있는 법규명령의 형식이 아닌 행정규칙에 위임하더라도 이는 국회입법의 원칙에 반하지 않는다. 다만, 행정규칙은 법규명령과 같은 엄격한 제정 및 개정절차를 요하지 아니하므로, 기본권을 제한하는 내용에 대해서는 법규명령에 위임함이 바람직하다. 부득이 고시와 같은 형식으로 위임을 할 때에는 적어도 전문적·기술적 사항이나 경미한 사항으로서 업무의 성질상 위임이 불가피한 사항에 한정된다.

기초연금의 '선정기준액'은 기초연금 수급자가 65세 이상인 사람 중 100분의 70 수준이 되도록 정해야 하며, 이는 전체 노인가구의 소득·재산 수준과 생활실태를 다양한 자료에 의해 파악한 다음 이를 통계화하여 분석하고 그 밖에 물가상승률, 국가재정상황 등도 종합적으로 고려하여 전문적·기술적으로 판단할 수밖에 없다. 그런데 그러한 판단을 하려면 고도의 전문성이 필요하므로, 이러한 내용을 법규명령이 아닌 보건복지부 고시에 위임하는 것은 허용된다.

[반대의견]

기초연금법은 '선정기준액'을 보건복지부장관 고시로 정하도록 직접 위임하고 있다. '선정기준액'은 기초연금 수급의 기준이 되는 금액으로서 그 내용에 따라 구체적인 기초연금 수급권의 발생 여부가 달라질 수 있으므로, 이는 국민의 권리의무에 직접적으로 영향을 미치는 입법사항에 속한다. 따라서 법률에서 이를 위임할 때는 그 위임이 허용된 대통령령이나 총리령·부령 등 법규명령에 위임하여야 한다. 다수의견은, 헌법이 예정하는 위 위임형식을 예시적인 것으로 본 뒤, '선정기준액'을 정함에 있어서는 고도의 전문성이 필요하다는 점을 들어 법규명령이 아니라 바로 행정규칙에 위임하는 것도 허용된다고 보고 있다. 그러나 전문적·기술적 영역에 관하여 법규명령이 아닌 행정규칙에 위임하여 탄력적 대응이 필요하다는 요청은 헌법상 허용된 위임의 단계를 밟더라도 충분히 해결할 수 있다. 즉 법률에서 곧바로 행정규칙에 위임하지 않고 법률이 헌법에 정하여진 법규명령에 대하여 위임을 하고, 다시 법규명령이 구체적 범위를 정하여 행정규칙에 위임함으로써 헌법에 충실하면서도 국가의 적극적 기능을 확보할 수 있다. 따라서 이 사건 선정기준액 조항은 헌법에서 정한 위임입법의 형식을 갖추지 못하여 헌법에 위반된다.

마670, 19-2, 307면 이하 등 참조.

나) 위임의 구체성

a) 포괄위임금지

aa) 내 용: 법률은 법규명령의 내용과 목적 등에 대해서 구체적인 위임을 하여야 한다(위임의 구체성). 이에 따라 법규명령이 아니라 법률의 규정에 의해서 개인의 법적 지위를 명확히 알 수 있거나 혹은 적어도 예측할 수 있어야 한다. 위임의 구체성은 법률의 명확성의 원칙을 행정입법과의 관계에 있어서 적용한 것이다. 이때 비로소 개인은 법률을 기준으로 자신의 법적 지위를 예측할 수 있고, 또 이에 기초하여 자신의 행위를 형성할 수 있기 때문이다. 따라서 규범의 내용을 행정입법에 포괄적으로 위임하는 것은 헌법에 위반된다.[29)]

bb) 정관에의 적용 여부: 위임의 구체성은 법률과 행정입법의 관계에 적용되는 기준이므로 법률이 공법상 기관의 정관에 자치법적 사항을 위임한 경우에는 위임의 구체성이 판단기준이 될 수 없다.[30)] 입법사항임에도 불구하고 국회가 직접 법률에 규율하지 않았기 때문에 헌법에 위반되는가는 별개의 문제이다.[31)]

판례 **입법사항에 대한 자치규약에의 위임과 의회유보** (헌재 2012.4.24, 2010헌바1)

도시정비법상의 사업시행자는 정비구역 내에서 독점적·배타적인 사업 시행권을 가지는 사업주체일 뿐 아니라 관할 행정청의 감독 아래 정비구역 안에서 정비사업을 시행하는 목적 범위 내에서 법령이 정하는 바에 따라 일정한 행정작용을 행하는 행정주체의 지위를 갖는다. 따라서 토지 등 소유자가 도시환경정비사업을 시행하는 경우 사업시행 인가를 신청할 때 필요한 토지 등 소유자의 동의는 개발사업의 주체 및 정비구역 내 토지 등 소유자를 상대로 수용권을 행사하고 각종 행정처분을 발할 수 있는 행정주체의 지위에 있는 사업시행자를 지정하는 문제이다. 따라서 그 동의요건을 정하는 것은 토지 등 소유자의 재산권에 중대한 영향을 미치고, 이해관계인 사이의 충돌을 조정하는 중요한 역할을 담당한다. 그렇다면 사업시행 인가를 신청할 때 요구되는 토지 등 소유자의 동의정족수를 정하는 것은 국민의 권리와 의무의 형성에 관한 기본적이고 본질적인 사항으로 법률유보 내지 의회유보의 원칙이 지켜져야 할 영역이다.

사업시행자를 지정한다는 면에서 같은 성격을 가지는 조합설립 인가에 대해서는 조합설립 인가를 신청할 때 필요한 동의정족수에 관해 도시정비법에서 명문으로 규

---

29) 헌재 2022.5.26, 2021헌마619, 34-1, 516면 이하 참조.
30) 헌재 2001.4.26, 2000헌마122, 13-1, 972면 이하 참조.
31) 자치규약에 의한 규율에 대해서 의회유보사항이라는 이유로 위헌으로 결정한 예로는 헌재 2012.4.24, 2010헌바1, 24-1(하), 47면 이하 참조.

정(제16조 제1항)하고 있다. 이 점을 보아도 토지 등 소유자가 사업시행 인가를 신청하기 위해 얻어야 하는 동의정족수는 자치규약에 정할 것이 아니라 입법자가 스스로 결정하여야 한다. 입법자는 도시정비법 제28조 제7항을 신설하여 도시환경정비사업을 토지 등 소유자가 시행하고자 하는 경우 사업시행 인가를 신청하기 전에 얻어야 하는 토지 등 소유자의 동의정족수를 법률에 명문으로 규정하였다. 이는 이 사건 동의요건 조항이 토지 등 소유자 사업시행 방식에 대하여 동의정족수를 법률에 규정하지 않고 자치규약에 정하도록 한 데 대한 반성적 고려가 포함된 것이다. 따라서 사업시행 인가를 신청할 때 필요한 동의정족수를 자치규약에 정하도록 한 이 사건 동의요건 조항은 법률유보 내지 의회유보원칙에 위배된다.

---

cc) **재위임:** 재위임의 경우에도 위임의 구체성은 준수되어야 한다. 다만 재위임의 문제는 대통령의 행정입법권과 행정 각부 장관의 권한에 관한 문제이므로 뒤에서 따로 다루기로 한다.

b) 위임의 구체성에 대한 판단

aa) **구체성의 정도:** 위임의 구체성의 정도는 규율대상의 종류와 성격에 따라 어느 정도 차이가 있다. 침해적 법률, 예컨대 조세법규 및 처벌법규에 있어서는 위임의 요건과 범위가 엄격하고 제한적이어야 한다. 처벌법규를 위임하기 위하여 다음과 같은 조건이 갖추어져야 한다. 첫째, 특히 긴급한 필요가 있거나 미리 법률로써 정할 수 없는 부득이한 사정이 있어야 한다. 둘째, 법률에서 처벌대상 행위인 범죄의 구성요건을 예측할 수 있을 정도로 구체적으로 정하여야 한다. 셋째, 형벌의 종류 및 그 상한과 폭을 명백히 규정하여야 한다.[32)]

이에 비해서 급부행정에서 위임의 구체성의 정도는 완화된다. 급부행정을 규율하는 법은 구성요건과 이에 대한 법적 효과를 규율하기보다는 일정한 목표를 실현하는 성격을 갖는다. 그런데 이러한 목표는 실현과정에서 여러 환경적 요인에 의하여 영향을 받는데, 이를 모두 법률에 규율할 수는 없기 때문이다.

규율의 대상이 개념의 가변성, 학문적 및 기술적 진보에의 의존성, 그리고 급여의 적정성 판단에 적용되는 기준의 복잡성 및 가변성 등의 특성을 가지고 있는 경우에는 구체적으로 규율하거나 위임하는 데 한계가 있다. 「국민건강보험법」이 보호하는 질병의 개념, 요양급여의 종류와 내용, 그리고 수준 등이 여

32) 헌재 1991.7.8, 91헌가4, 3, 341면; 1994.6.30, 93헌가15등, 6-1, 585면; 1997.5.29, 94헌바22, 9-1, 534면 이하; 2000.3.30, 98헌가8, 12-1, 295면 이하; 2002.5.30, 2001헌바5, 14-1, 478면 이하; 2005.10.27, 2003헌바50등, 17-2, 260면; 2000.7.20, 99헌가15, 12-2, 46면 등 참조.

기에 해당하는 예이다. 그러나 급부법에 해당한다고 해서 곧 위임의 구체성이 완화되는 것은 아니다. 해당 행정행위의 구체적인 효과가 수익적인가, 아니면 침해적인가 하는 점이 중요한 기준이다. 예컨대 기존의 「공무원연금법」 및 「군인연금법」에서는 연금수급자가 소득이 있는 경우 연금의 지급을 일부 정지하기 위하여 "국가 또는 지방자치단체가 직접 또는 간접으로 출연금·보조금 등 재정지원을 하는 기관"에 취업한 경우 "연금의 일부 또는 전부의 지급을 정지"할 수 있도록 행정입법에 위임하였다. 이 규정은 연금의 지급이 정지되는 대상취업기관, 지급이 정지되는 소득수준, 지급정지율 혹은 지급정지액에 대해서 행정입법에 포괄위임하는 것이기 때문에 위헌으로 결정되었다.[33]

판례 **퇴직연금 지급정지 요건 및 내용에 대한 포괄위임**(헌재 2003.9.25. 2001헌가21등)

연금수급권자에게 임금 등 소득이 퇴직 후에 새로 생겼다면 이러한 소득과 연계하여 퇴직연금 일부의 지급을 정지함으로써 입법자가 사회정책적 측면과 국가의 재정 및 기금의 상황 등 여러 가지 사정을 참작하여 지급 정도를 폭넓은 재량으로 축소하는 것은 위헌은 아니다. 다만 공무원연금법 제47조 제2호에서 그 대상으로 정부투자기관·재투자기관 중에서 그 일부를 선별한다면 국회는 정부투자의 규모와 비율에 관한 기준을 먼저 법률로 정한 다음 그 범위 내에서 하위법규가 이를 선별하도록 위임하여야 한다. 그런데 위 조항은 물론 그 밖의 어느 규정도 이에 관한 아무런 기준을 제시하지 아니하여 아무리 투자의 비율 또는 규모가 작더라도 투자가 이루어지기만 하면 행정자치부령이 정하는 바에 따라 지급정지 대상기관이 될 수 있게 되어 정부투자기관·재투자기관의 확정을 실질적으로 행정부에 일임한 것이 되었다. 또 법 제47조 제3호의 경우 정부재정지원기관 중에서 그 일부를 대상으로 선별한다면 국회는 정부재정지원의 규모와 형태에 관한 기준을 먼저 법률로 정한 다음 그 범위 내에서 하위법규가 이를 선별하도록 위임하여야 한다. 그런데 위 조항은 물론 그 밖의 어느 규정도 재정지원의 방식·형태·규모 등에 관한 아무런 기준을 제시하지 아니함으로써 아무리 적은 규모라도 어떤 형태로든지 정부의 재정지원이 있기만 하면 행정자치부령이 정하는 바에 따라 지급정지 대상기관이 될 수 있게 되어 정부재정지원기관의 확정을 실질적으로 행정부에 일임한 결과가 되었다. 결국 법 제47조 제2호 및 제3호는 연금지급정지의 대상이 되는 정부투자기관·재투자기관 및 정부재정지원기관에 관하여 구체적으로 범위를 정하지 아니하고 포괄적으로 행정자치부령에 위임하고 있다. 이는 헌법상 입법위임의 한계를 일탈한 것으로서 헌

33) 헌재 2003.9.25, 2001헌가22, 15-2(상), 231면 이하; 2005.12.22, 2004헌가24, 17-2, 625면 이하; 2009.3.26, 2007헌가5등, 21-1(상), 312면 이하; 2010.7.29, 2009헌가4, 22-2(상), 95면 이하 등 참조.

법 제75조 및 제95조에 위반된다.

지급정지제도의 본질에 비추어 지급정지의 요건 및 내용을 규정함에 있어서는 소득의 유무뿐만 아니라 소득의 수준에 대한 고려는 필수적이다. 그럼에도 불구하고, 이 사건 심판대상조항은 지급정지와 소득수준의 상관관계에 관하여 아무런 정함이 없이 대통령령에 포괄적으로 위임한 것으로서 헌법 제75조가 정하는 포괄위임금지의 원칙에 위반된다. 나아가 이 사건 심판대상조항은, 퇴직연금 중 본인의 기여금에 해당하는 부분은 임금후불의 성격이 강하므로 재산권적 보호가 강조되어야 하는 점을 고려하여, '퇴직연금 또는 조기퇴직연금의 2분의 1의 범위 안에서'라는 구체적 범위를 정하여 위임하여야 함에도 불구하고 그러한 범위를 정하지 아니한 채 위임하고 있기 때문에 위헌이다.

---

bb) 판단대상: 위임의 구체성은 해당 법률조문 자체가 구체적인 범위를 명확히 규정하는 경우에 이상적으로 충족된다. 그러나 위임규정 자체뿐 아니라 당해 법률의 전반적인 체계와 관련 규정을 모두 판단기준으로 하여 위임의 범위와 한계를 객관적으로 분명히 확정할 수 있거나 혹은 적어도 예측할 수 있다면 포괄위임은 아니다.[34] 이와 같은 기준에 따라 헌법재판소는 구「의료보험법」이 분만급여기준을 통하여 분만자녀의 수를 2자녀로 제한한 것에 대해서는 이러한 자녀수의 제한이「의료보험법」의 전체적인 체계에 비추어 예측할 수 있다는 이유로 합헌결정을 하였다.[35] 이에 비해서 보험자 또는 보험자단체에게 보건복지부장관이 정하는 바에 따라서 요양기관의 지정을 취소할 수 있도록 한 구「의료보험법」의 규정에 대해서는 포괄위임규정이라는 이유로 위헌결정을 한 바 있다.[36] 그러나 상대적으로 보면 전자의 심판대상인 법률조항은 후자의 그것에 비해서 위헌의 가능성이 더 높다. 후자의 경우 의료보험에서 요양기관에 대한 통제가 필요하고, 따라서 의료보험의 기능에 위해(危害)가 되는 행위는 비난가능성이 있다고 예측할 수 있다. 이에 비해서 전자의 경우 법률에 아무런 암시가 없이 행정입법이 분만자녀수를 제한하고 있어서, 법률이 예측가능성의 기준을 전혀 제시하지 않고 있기 때문이다.

이러한 판단에 있어서 일반적으로는 입법목적이 중요하다.[37] 입법목적으로부터 위임의 내용이 구체화될 수 있고, 그 결과 위임의 범위를 예측할 수 있기

34) 예컨대 헌재 2010.10.28, 2008헌마408, 22-2(하), 169면 참조.
35) 헌재 1997.12.24, 95헌마390, 9-2, 817면 이하 참조.
36) 헌재 1998.5.28, 96헌가1, 10-1, 509면 이하 참조.
37) 헌재 2003.7.24, 2002헌바82, 15-2(상), 143면; 2004.11.25, 2002헌바52, 16-2(하), 310면 참조.

때문이다. 이에 비해서 사실관계는 위임의 범위를 예측하는 근거가 될 수 없다. 예컨대 안마사 자격기준과 관련하여 오랫동안 시각장애인이 안마사의 직업을 독점적으로 수행하여 왔다는 사실로부터 「의료법」이 안마사 자격기준에 대해서 포괄적인 위임을 하는 위헌적인 상황이 정당화되는 것은 아니다.[38)]

cc) 수임기관의 조직법적 특성: 행정입법을 행하는 수임기관의 조직법적 성격은 위임의 구체성을 판단하는 데에 어느 정도 영향을 미친다. 예컨대 수임기관이 지방의회와 같이 민주적 정당성을 갖는 합의체기관인 경우에는 위임의 구체성의 정도가 완화되고 포괄적인 위임도 가능하다는 것이 법원과 헌법재판소의 입장이다.[39)] 그러나 이 경우 포괄적인 위임이 허용된다는 견해는 너무 단정적이며 헌법에 충실한 태도는 아니다.

위와 같은 논리는 대통령의 행정입법에 있어서 위임의 구체성의 문제와 직접적인 관련은 없다. 다만 이 문제가 대통령의 행정입법권에 있어서도 다음과 같은 경우 고려될 수 있다. 즉 대통령에게 행정입법권이 위임되어 있지만 해당 법률에서 전문가 혹은 관련당사자들로 구성된 위원회에 중요한 사항을 심의·결정하도록 한 것이 위임의 구체성의 판단에 영향을 주는가 하는 문제이다. 이로써 해당 법률관계의 중요한 내용은 전문가위원회에서 결정된다는 예측을 할 수 있고, 따라서 그만큼 행정입법에 있어서의 위임의 구체성은 완화될 수 있는가 하는 관점이다.[40)] 그러나 이 경우 각각 독립하여 위임의 구체성이 판단되어야 하며, 위원회에 해당 사안에 대한 결정이 위임되었다고 해서 행정입법에 대한 위임의 구체성의 정도가 완화되는 것은 아니다.

4. 국회와의 관계 – 출석발언 및 의견표시권, 법률안 거부권

(1) 국회 출석·발언 및 의견표시권

대통령은 국회에 출석하여 발언하거나 서한으로 의견을 표시할 수 있다(제81조). 국회가 대통령에 대해서 출석·답변요구권을 갖지는 않는다. 이에 비해서

38) 이에 관한 첫 번째 결정에서 헌법재판소는 주로 본문에서 든 논리에 따라서 해당 규정을 합헌으로 결정하였다. 그러나 두 번째 결정에서는 위임없이 행정입법을 통하여 기본권을 침해했다는 이유로 해당 행정입법을 위헌으로 결정하였다. 헌재 2003.6.26, 2002헌가16, 15-1, 672면 이하; 2006.5.25, 2003헌마715등, 18-1(하), 112면 이하 등 참조. 같은 문제가 있는 결정으로는 헌재 2004.11.5, 2002헌바52, 16-2(하), 309면 이하 참조.

39) 이에 관한 법원의 결정으로는 예컨대 대판 1991.8.27, 90누6613 참조. 이에 관한 헌법재판소의 결정으로는 헌재 1995.4.20, 92헌마264등, 7-1, 572면 참조.

40) 이러한 관점을 시사하는 결정으로는 헌재 2013.7.25, 2010헌바51, 25-2(상), 53면 참조.

국회는 국무총리 · 국무위원 등에 대해서는 국회에 출석 · 답변을 요구할 수 있다(제62조 제2항).

(2) 법률안 거부권

대통령은 국회에서 의결한 법률안에 대해서 재의를 요구할 수 있다(제53조 제2항). 이러한 권한에는 대통령이 갖는 국정의 최고책임자로서의 지위와 행정부의 수반으로서의 지위가 동시에 반영되어 있다.

대통령이 법률안에 대한 재의를 요구하는 사유로 다음과 같은 경우를 들 수 있다. 첫째, 해당 법률안의 내용이 헌법에 위반된다는 의심 혹은 확신이 있는 경우이다. 이때 대통령은 헌법을 수호하기 위하여 법률안에 대한 재의를 요구한다. 둘째, 집행의 책임을 지고 있는 행정부의 수반으로서 대통령이 해당 법률의 집행에 필요한 재정적 부담을 감당할 수 없다고 판단하는 경우이다. 셋째, 해당 법률안에 나타난 정책의 내용이 대통령의 구상과 맞지 않는 경우이다. 이와 같이 대통령은 정책적인 이유에서 재의를 요구할 수 있기 때문에 대통령이 법률안을 거부하는 사유는 사실상 한정되어 있다고 할 수 없다.

대통령이 법률안에 대한 재의를 요구하는 경우 법률안의 일부에 대하여 혹은 수정하여 재의를 요구할 수는 없다. 이 경우 실질적으로 새로운 법률안이 제출되는 것과 같으며, 따라서 입법절차를 처음부터 거쳐야 할 것이기 때문이다.

Ⅳ. 대통령의 신분과 특권

1. 겸직금지

대통령은 겸직금지의 의무가 있다. 즉 대통령은 국무총리 · 국무위원 · 행정각부의 장 기타 법률이 정하는 공사(公私)의 직을 겸할 수 없다(제83조). 대통령은 헌법에 명시된 위와 같은 공직 외에 권력분립의 원칙에 의하여 다른 국가기관의 직을 겸할 수 없다. 또한 대통령은 영리를 목적으로 하는 사적(私的)인 직업을 가질 수 없다.

2. 전직대통령에 대한 예우

대통령은 퇴직 후 신분과 예우를 보장받는다(제85조). 이에 대해서는 「전직대통령 예우에 관한 법률」이 정하고 있다. 전직대통령과 그 유족에게는 연금이 지급되며, 기념사업에 필요한 지원이 행해진다. 그 밖에 전직대통령의 활동을 보좌하는 비서관 등을 둘 수 있으며, 필요한 경호, 교통·통신 및 사무실이 지원될 수 있다. 다만 재직 중 탄핵소추를 받아 퇴임한 경우, 금고 이상의 형이 확정된 경우, 형사처분을 회피할 목적으로 외국 정부에 도피처 또는 보호를 요청한 경우, 대한민국의 국적을 상실한 경우에는 경호 및 경비 등의 예우 외에 대부분의 예우조치는 행해지지 않는다(전직대통령예우법 제4조 이하).

3. 대통령의 형사소추에 있어서의 특권

(1) 형사소추특권의 의의와 유형

대통령은 신분상의 특권으로 내란 또는 외환의 죄를 범한 경우를 제외하고는 재직 중 형사상의 소추를 받지 않는다(제84조). 이러한 특권은 대통령의 직책을 원활하게 수행하도록 하는 목적을 갖는다. 다만 내란이나 외환의 죄는 국가안위에 직접 관련되는 범죄이기 때문에 대통령의 재직 중에도 소추할 수 있다.

대통령의 형사상의 특권은 비교법적으로 볼 때 일반적으로 인정되고 있다. 다만 그 내용은 차이가 있다. 다음과 같은 세 가지 유형이 있다.[41] 첫째, 특정한 범죄(예컨대 반역죄)를 제외하고는 대통령의 직무상의 행위에 대해서는 일체의 형사책임을 묻지 않는 유형이다. 프랑스와 이탈리아의 헌법이 여기에 해당한다. 둘째, 특정한 범죄를 제외하고 나머지 범죄에 대해서 재직 중 형사상의 소추만을 금지하는 경우이다. 우리 헌법은 이러한 예에 속한다. 셋째, 재직 중의 직무행위에 대해서는 형사상의 책임을 면제하고, 그 외의 행위에 대해서는 재직 중 형사소추를 금지하는 경우이다. 그리스, 싱가포르 등의 헌법이 이러한 예에 속한다.

(2) 형사소추특권의 내용

대통령의 형사소추에 있어서의 특권은 다음과 같은 내용을 갖는다. 첫째, 내란 및 외환의 죄에 대해서는 재직 중 형사상의 소추를 할 수 있다. 둘째, 내란 및 외환의 죄를 제외하고 다른 범죄에 대해서는 대통령으로 재직 중에는 형사소추를 할 수 없다. 이 경우 해당 범죄에 대한 공소시효의 진행은 정지된다.[42] 셋째, 대통령에 대한 형사소추금지는 신분상의 특권이기 때문에 대통령이

41) 이에 대해서는 헌재 1995.1.20, 94헌마246, 7-1, 45면 이하 참조.
42) 헌재 1995.1.20, 94헌마246, 7-1, 49면 참조.

신분을 상실한 후에는 재직 중의 모든 범죄에 대해서 형사소추할 수 있다. 이 점이 신분을 상실한 후에도 적용되는 국회의원의 면책특권과 다르다. 넷째, 대통령의 재직 중에도 형사책임이 아닌 다른 법적 책임, 예컨대 민사상의 책임을 묻는 데에는 헌법상 장애가 없다.

(3) 내란 및 외환의 죄에 대한 형사소추와 공소시효의 문제

대통령의 재직 중 내란 및 외환의 죄에 대해서는 형사소추를 할 수 있기 때문에 공소시효와 관련하여 다음과 같은 불합리가 발생할 수 있다. 내란 및 외환의 죄가 아닌, 상대적으로 형법적 비난가능성이 적은 죄에 대해서는 재직 중 형사소추를 할 수 없기 때문에 공소시효의 진행은 정지된다. 대통령의 신분이 상실되면 공소시효가 다시 진행되고, 따라서 형사소추를 하는 데에 공소시효와 관련된 장애는 없다. 이에 비해서 형법적 비난가능성이 큰 내란 및 외환의 죄에 대해서는 재직 중 대통령을 형사소추할 수 있고, 따라서 공소시효의 진행은 정지하지 않는다. 그런데 대통령으로 재직 중 내란 및 외환의 죄를 이유로 소추하는 것이 현실적으로 어렵다. 그럼에도 규범적으로는 소추가 가능하다는 이유로 공소시효가 진행된다면 그 결과 형법적 비난가능성이 큰 행위에 대해서 공소시효가 일찍 종료되어 퇴직 후 형사책임을 물을 수 없게 된다.

위와 같은 불합리를 인식하였음에도 불구하고 헌법제정권자가 대통령의 불소추특권을 두었다고 할 수는 없다. 따라서 대통령의 불소추특권은 공소시효의 진행 및 진행의 중지에 특별히 관련된 규정은 아니다. 그러나 재직 중 대통령을 소추할 수 없다는 사실상의 중대한 사유가 존재한다는 이유로 대통령의 재직 중에는 일반적으로 공소시효가 정지된다고 할 수도 없다. 대통령이 재직 중이라는 사실은 형사소추를 어렵게 하는 사실상의 장애이지 법적 장애는 아니다. 그런데 이러한 경우에도 공소시효를 정지시켜, 소추장애사유를 확대하는 것은 바람직하지 않다. 공소시효가 완성된 경우에도 개별적인 판단을 하여 소급입법을 통하여 해당 내란 혹은 외환행위에 대해서 형사소추를 할 수 있도록 하는 것이 보다 헌법합치적 해결방법이라고 생각한다.[43)]

43) 이 문제가 쟁점이 되었던 심판에서 헌법재판소는 공소시효의 진행이 정지된다는 견해와 공소시효의 진행에 장애가 되지 않는다는 견해가 나누어져 결정에 이르지 못했다. 헌재 1996.2.16, 96헌가2등, 8-1, 73면 이하, 81면 이하 참조.

제 2 절 행 정 부

행정부는 대통령을 보좌하거나 자문하는 기관에 대한 통칭이며, 국무총리·국무위원·국무회의·행정 각부 및 감사원, 그리고 대통령의 자문회의로 구성되어 있다. 이들 구성과 조직 및 권한에 대해서 살펴본다.

Ⅰ. 국무총리

1. 국무총리의 헌법적 지위, 국무총리의 임명

(1) 보좌기관으로서의 지위

대통령중심제에서 이례적으로 국무총리를 헌법기관으로 두고 있다. 국무총리는 기본적으로 대통령에 대한 보좌기관이다. 국무총리가 어느 정도 대통령의 권한행사를 견제할 수 있지만 규범적으로 그러한 가능성은 제한되어 있으며, 현실적으로 국무총리가 대통령을 견제하지는 못하고 있다.

(2) 임명과 해임

가) 임 명

국무총리는 국회의 동의를 얻어 대통령이 임명한다. 군인은 현역을 면한 후가 아니면 국무총리로 임명할 수 없다(제86조 제1, 3항). 국회는 국무총리에 대한 임명동의안을 심사하기 위하여 인사청문회를 실시한다(국회법 제46조의3). 국무총리 임명동의는 국회가 적극적으로 행정부를 구성하는 의미를 갖지는 않는다. 이는 대통령의 정부 구성에 대한 국회의 통제수단으로 보아야 한다.

나) 해 임

국무총리의 해임에는 국회의 동의가 필요하지 않다. 국무총리의 임명에 대한 국회의 동의권이 적극적으로 행정부를 구성하는 권한이 아니라 대통령에 대한 소극적인 인사통제에 해당하기 때문이다. 국회는 국무총리의 해임을 대통령에게 건의할 수 있다(제63조). 해임건의의 내용과 의미에 대해서는 이미 설명한 바 있다. 국무총리는 탄핵소추의 대상이다. 이에 대해서는 위에서 설명하였다.

(3) 국회의 임명동의

가) 임명동의의 의미

국회의 국무총리 임명동의는 대통령의 독단을 막기 위한 국회의 인사 통제 수단이다. 국무총리가 대통령의 유고시 제1순위 권한대행권자(제71조)라는 사실을 중심으로 보면 국회의 국무총리 임명동의는 이러한 잠재적 가능성에 대해서 민주적 정당성을 부여하는 효과가 있다.

나) 국무총리 중심의 국정운영의 가능성과 한계

국무총리임명에 대한 국회의 동의는 헌정운영에 따라서는 국회 다수의 지지를 받는 정부를 구성하는 의미를 가질 수 있다. 이와 같은 기능이 존중되는 경우 헌법상의 정부형태는 순화된 대통령중심제, 즉 강한 국무총리를 중심으로 국정이 운영되는 현실이 생길 수도 있다. 분권형 대통령제 혹은 책임총리제 등의 형태로 의제가 되고 있는 사안이다.

그러나 설혹 국무총리 중심의 정국구도가 출현한다 해도 이는 대단히 불안정하다. 다음과 같은 두 가지 이유에서이다. 첫째, 제도적으로 보면 여전히 헌법상의 정부형태는 대통령중심제이며, 국무총리는 대통령을 다소 견제할 수 있더라도 기본적으로는 보좌하는 데 그친다.[44] 따라서 국무총리에게 실질적으로 행정을 통할하는 권한(제86조 제2항)을 부여하더라도 이는 대통령의 의지에 따른 결과이며, 제도적으로 보면 이러한 권한은 언제나 회수될 수 있다. 둘째, 국회의 국무총리 임명동의를 행정부를 구성하는 의미로 이해하는 것은 헌법의 의도에 반한다. 헌법상의 정부형태는 대통령중심제이다. 그런데 국회에서 행정부가 구성되는 때에는 대통령중심제의 특징적인 요소인 국회와 행정부의 조직상의 독립이 상실되고, 이는 동시에 기능의 독립을 저해하기 때문이다.

(4) 국무총리 직무대행

가) 직무대행권자

국무총리가 사고로 인하여 직무를 수행할 수 없을 때에는 기획재정부장관이 겸임하는 부총리, 교육부장관이 겸임하는 부총리의 순으로 직무를 대행한다. 부총리가 직무를 수행할 수 없는 때에는 대통령의 지명이 있는 경우 그 지명을 받은 국무위원이, 지명이 없는 경우에는 「정부조직법」 제26조 제1항에 규정된 순서에 따라, 즉 과학기술정보통신부장관, 외교부장관, 통일부장관, 법무부

44) 헌재 1994.4.28, 89헌마221, 6-1, 260면 이하 참조.

장관 등의 순서로 국무위원이 국무총리의 직무를 대행한다(정부조직법 제22조).

나) 궐위시 직무대행의 문제

대통령의 경우와 달리 국무총리의 경우 사고를 이유로 한 직무대행에 대해서 규율하고 있을 뿐(정부조직법 제22조) 궐위, 즉 사망, 사임의 경우 직무대행에 대한 규정은 없다. 이러한 상황에서 대통령이 국무총리 후보자를 지명하였지만 아직 국회의 동의를 받지 못한 경우에 오랫동안 관례적으로 행해왔던 국무총리서리제도를 통하여 국정의 공백을 극복할 것인가 혹은 국무총리 직무대행에 관한 규정을 준용할 것인가에 대한 논의가 필요하다.

국무총리임명에 있어서 국회의 사전적 동의가 필요하기 때문에 국무총리서리제도는 헌법에 위반된다.[45] 국무총리의 공석이 사고로 인한 것이 아니기 때문에 이 경우 국무총리 직무대행에 관한 규정을 적용하는 것은 「정부조직법」에 위반된다는 주장이 있다. 그러나 「정부조직법」에 위반된다는 이유로 헌법에 위반되는 국무총리서리제도가 정당성을 가질 수는 없다.

국무총리가 임명동의를 받지 않는 경우 직무대행에 관한 규정을 적극적으로 규율하여야 한다. 이 점이 규율되어 있지 않은 상황에서는 국회가 국무총리임명에 아직 동의하지 않은 경우 현행 국무총리 직무대행에 관한 규정을 확대적용하여야 할 것이다.

2. 국무총리의 기능과 권한

(1) 행정 각부 통할권

가) 내 용

국무총리는 기본적으로 대통령을 보좌하며, 이러한 기능에서 행정에 관하여 대통령의 명을 받아 행정 각부를 통할한다(제86조 제2항). 이를 조직법적으로 뒷받침하기 위하여 국무총리는 대통령에게 국무위원을 제청하고, 또 국무위원의 해임을 건의할 수 있다(제87조 제1, 3항).

국무총리가 행정 각부를 통할하는 권한은 다음과 같이 구체화된다. 첫째, 국무총리는 대통령의 명을 받아 중앙행정기관의 장을 지휘·감독하고, 중앙행정기관의 장의 명령이나 처분이 위법 또는 부당하다고 인정할 때에는 대통령의 승인을 얻어 이를 중지 또는 취소할 수 있다(정부조직법 제18조). 둘째, 국무총리는 정책

45) 이 점이 헌법재판소에 권한쟁의심판으로 청구되었으나, 헌법재판소가 각하결정하였다. 헌재 1998.7.14, 98헌라1, 10-2, 1면 이하 참조.

을 조정하고, 사회위험 및 갈등의 관리, 정부업무평가 및 규제개혁 등의 기능을 수행한다(정부조직법 제20조). 이 밖에 국무총리의 소속하에 인사혁신처, 법제처, 식품의약품안전처가 설치되어 있다(정부조직법 제22조의3 이하).

나) 국무총리의 행정 각부 통할권과 대통령 직속기관

국무총리의 행정 각부 통할권은 국무총리에게 모든 행정조직을 통할하는 권한이 있다는 의미는 아니다. 즉 국무총리의 통할권한에서 제외되는 대통령 직속기관 혹은 독립기관을 둘 수 있다.[46] 또 이들 기관의 설치 근거가 「정부조직법」에 있어야 하는 것은 아니며, 다른 법률에 의하여 설치될 수도 있다. 국가인권위원회, 고위공직자범죄수사처 등이 여기에 해당한다. 다음과 같은 두 가지가 대표적인 예이다. 첫째, 업무의 특수성으로 인하여 대통령 직속기관으로 구성하는 경우이다. 국가안보관련성, 신속성, 기밀성(보안성) 등을 업무의 특성으로 하는 정보기관을 대통령 직속기관으로 둘 수 있다. 둘째, 대통령 개인에 대한 비서 및 경호기능을 수행하는 행정부서는 당연히 국무총리의 통할을 받지 않는다.

위와 같이 대통령이 직속기관을 설치하는 경우에 다음과 같은 원칙을 준수하여야 한다. 첫째, 설치 · 조직 · 직무범위 등이 법률에 규율되어야 한다. 둘째, 해당 기관의 목적 · 기능 등이 헌법에 적합하여야 한다. 셋째, 해당 기관의 권한이 기본권적 가치를 실현하기 위하여 행사되도록 제도화되어야 한다. 넷째, 권한의 남용 내지 악용이 최대한 억제되도록 합리적이고 효율적인 통제장치가 있어야 한다.[47]

국무총리는 행정 각부 통할권을 갖기 때문에 이에 대한 예외를 인정하기 위해서는 이를 정당화할 만한 사유가 있어야 한다. 즉 원칙과 예외의 관계가 명확하여야 한다. 따라서 예산 및 인사와 같은 중요한 행정업무를 담당하는 조직을 대통령 직속하에 설치하고 국무총리의 통할을 받지 않도록 하는 것은 헌법에 위반된다.

(2) 그 밖의 기능과 권한

행정각부 통할권 이외에 국무총리는 다음과 같은 기능 및 권한을 갖는다.

---

46) 헌재 1994.4.28, 89헌마221, 6-1, 239면 이하; 2021.1.28, 2020헌마264등, 33-1, 95면 이하 등 참조.

47) 헌재 1994.4.28, 89헌마221, 6-1, 263면 참조.

가) 국무위원 임명제청 및 해임건의권

국무총리는 행정 각부를 통할하기 위하여 국무위원의 임명을 제청하고, 또 국무위원에 대한 해임을 대통령에게 건의할 수 있다. 이는 건의이기 때문에 대통령을 법적으로 구속하는 것은 아니다.

나) 국무회의 부의장, 부서

국무총리는 행정부의 제2인자로서 국무회의의 부의장이다(제88조 제3항). 국무총리는 대통령의 모든 국법상의 행위에 부서한다(제82조). 국무총리의 부서는 기본적으로 대통령의 국법상의 행위를 보좌하고 책임을 명확히 하는 의미가 있다. 규범적으로 보면 국무총리가 부서를 거부하여 대통령을 통제할 수 있다. 그러나 대통령은 국무총리를 해임하여 이러한 상황을 극복할 수 있으며, 또 현실적으로 국무총리가 부서를 거부하는 것을 기대할 수는 없다.

다) 행정입법권

국무총리는 소관사무에 관하여 법률이나 대통령령의 위임 또는 직권으로 총리령을 발할 수 있다(제95조). 국무총리는 행정입법을 할 때 위임의 구체적인 범위와 내용을 존중하여야 한다. 이에 대해서는 대통령의 행정입법권에 관한 설명이 그대로 적용된다.

총리령과 관련하여 재위임의 가능성과 한계의 문제가 제기된다. 이 문제에 대해서는 아래에서 행정 각부의 장의 행정입법권과 관련하여 설명하기로 한다.

라) 대통령 권한대행

국무총리는 대통령이 궐위되거나 사고로 인하여 직무를 수행할 수 없을 때 제1순위로 대통령의 권한을 대행한다(제71조). 이에 대한 자세한 내용과 문제점에 대해서는 이미 설명한 바 있다.

마) 국회출석 및 발언권

국무총리는 국회에 출석하여 국정처리상황을 보고하거나 의견을 진술하고 질문에 응답할 수 있다(제62조 제1항). 국무총리가 국회에서 발언하기 위해서는 미리 국회의장 혹은 위원회위원장의 허가를 받아야 한다(국회법 제120조). 국무총리는 국회 또는 위원회의 요구가 있을 때에는 국회에 출석·답변하여야 한다(제62조 제2항). 이를 위해서는 국회 또는 위원회의 의결이 있어야 한다(국회법 제121조).

Ⅱ. 국무위원과 국무회의, 행정 각부

1. 국무위원

(1) 임명과 해임

가) 임 명

국무위원은 국무회의의 구성원이며, 국정을 심의하는 대통령에 대한 보좌기관이다(제87조 제2항). 행정 각부의 장관은 동시에 국무위원의 지위를 갖는다. 국무위원은 국무회의의 구성원으로서 기본적으로 심의기능을 수행하는 반면, 행정 각부의 장관은 집행업무를 수행한다는 점에서 차이가 있다.

국무위원은 국무총리의 제청으로 대통령이 임명한다(제87조 제1항). 국무위원의 임명에 있어서 인사청문을 거쳐야 한다(국가공무원법 제31조의2). 국무총리와 마찬가지로 군인은 현역을 면한 후가 아니면 국무위원으로 임명될 수 없다(제87조 제4항). 국무총리의 제청이 없이 대통령이 국무총리와 국무위원 및 행정 각부의 장관을 일괄적으로 임명하는 관례가 오랫동안 있었으나, 이는 헌법에 반하는 것이었다.

나) 해 임

국무위원은 국무총리의 관여 없이 대통령이 해임할 수 있다. 또 국무총리는 국무위원의 해임을 대통령에게 건의할 수 있다(제87조 제3항). 국무총리의 행정 각부를 통할하는 지위에서 나오는 권한이다. 국무총리의 국무위원 해임건의는 법적 구속력은 없다. 다만 이를 수용하지 않을 경우 국무총리의 통할권은 약화 혹은 상실될 것이다. 이러한 정치적 이유에서 대통령은 해임건의를 수용할 것이다. 국회 역시 국무위원에 대한 해임을 건의할 수 있다(제63조 제1항). 국무위원은 탄핵소추의 대상이다.

(2) 기 능

국무위원은 국무회의의 구성원으로서 국무회의에서 심의할 의안을 제출·심의한다(정부조직법 제12조 제3항). 그러나 국무회의는 의결기관은 아니기 때문에 국무위원이 표결권을 갖는 것은 아니다. 국무위원은 대통령에 대한 보좌기관으로서 대통령이 문서로써 국법상의 행위를 할 때 소관업무에 대해서는 부서한다(제82조).

국무위원은 대통령의 권한을 대행하는 권한을 갖는다. 대통령이 궐위 혹은 사고로 인하여 직무를 수행할 수 없을 때 국무총리가 제1순위 권한대행권자이며 국무총리가 권한을 대행할 수 없는 경우 법률이 정한 국무위원의 순서로 대통령의 권한을 대행한다(제71조). 이 밖에 국무위원은 법률이 정하는 바에 의하여 국무회의의 의장과 국무총리의 직무를 대행한다(정부조직법 제12조 제2항, 제22조).

국무위원은 국회에 출석하여 국정처리상황을 보고하거나 의견을 진술하고 질문에 응답할 수 있다(제62조 제1항). 그 내용과 절차는 국무총리의 경우와 같으며, 이에 대해서는 위에서 설명하였다.

2. 국무회의

(1) 국정심의기관

국무회의는 정부의 권한에 속하는 중요한 정책을 심의하는 회의체기관이다(제88조 제1항). 의원내각제에서 내각이 의결기관인 데 비해서 우리 헌법상의 국무회의는 심의기관이라는 점에서 차이가 있다.

국무회의의 심의사항은 헌법에 열거되어 있다. 국정의 기본계획과 정부의 일반정책 등 16개 사항과 그 이외에 대통령·국무총리 또는 국무위원이 제출한 사항이 국무회의의 심의사항이다(제89조). 국무회의는 심의기관이며, 의결기관은 아니다. 따라서 국무회의의 의사가 대통령에게 법적 구속력을 갖지는 않는다. 극단적으로는 대통령은 국무회의에서 심의 결과 형성된 국무위원 다수의 의사에 반하는 정책을 결정할 수 있다. 그러나 국무회의는 단순히 대통령의 자문기관은 아니다. 즉 헌법 제89조에 열거된 사항은 반드시 국무회의의 심의를 거쳐야 한다. 따라서 이러한 사안에 대해서 국무회의의 심의를 거치지 않는 것은 헌법에 위반된다.

(2) 구 성

국무회의는 의장인 대통령과 부의장인 국무총리, 그리고 15인 이상 30인 이하의 국무위원으로 구성한다(제88조 제2, 3항). 국무위원이 아닌 공무원, 즉 국무조정실장·인사혁신처장·법제처장·식품의약품안전처장 그 밖에 법률로 정하는 공무원은 필요한 경우 국무회의에 출석하여 발언할 수 있다. 또 이들은 소관사무에 관하여 국무총리에게 의안의 제출을 건의할 수 있다(정부조직법 제13조).

3. 행정 각부

(1) 기능과 조직

행정 각부는 행정부의 권한에 속하는 업무를 구체적으로 집행한다. 이를 위하여 행정 각부는 소관사무에 관하여 법률이나 대통령령의 위임 또는 직권으로 부령을 발할 수 있다(제95조).

행정 각부의 장은 국무위원 중에서 국무총리의 제청으로 대통령이 임명한다(제94조). 행정 각부의 설치 · 조직과 직무범위는 법률로 정한다(제96조).

현재 「정부조직법」은 행정 각부로서 기획재정부, 교육부, 과학기술정보통신부, 외교부, 통일부, 법무부, 국방부, 행정안전부, 국가보훈부, 문화체육관광부, 농림축산식품부, 산업통상자원부, 보건복지부, 환경부, 고용노동부, 여성가족부, 국토교통부, 해양수산부, 중소벤처기업부 등 19부를 두고 있다. 행정 각부는 소관사무를 독립조직으로 하여금 관장하게 하기 위하여 청을 두고 있다. 현재 국세청, 관세청, 조달청, 통계청, 해외동포청, 검찰청, 병무청, 방위사업청, 경찰청, 소방청, 국가유산청, 농촌진흥청, 산림청, 특허청, 질병관리청, 기상청, 해양경찰청 등이 설치되어 있다(정부조직법 제26조 이하).

행정 각부는 집행기능을 담당하는 모든 중앙행정부서를 말하는 것은 아니다. 예컨대 대통령 직속기관으로서 국무위원이 아닌 자가 장으로 임명되며, 부령을 발할 수 없는 중앙행정기관은 헌법 제94조의 행정 각부는 아니다. 헌법 제86조 제2항, 제94조 및 제95조 등의 적용을 받지 않는 기관을 설치하는 것이 금지되지는 않는다. 대통령 직속기관인 대통령비서실, 국가정보원 등이 대표적인 예이다(정부조직법 제14조 이하). 이에 대해서 구체적으로는 헌법 제96조에 의하여 법률에 정한다. 다만 이때 입법자는 헌법상의 규범형식적 · 실체법적, 그리고 권력분립의 원칙에 따른 기준을 존중하여야 한다.[48] 「정부조직법」이 이에 대해서 자세히 규율하고 있다.

(2) 집행 및 행정입법권

가) 일반론

행정 각부는 구체적인 집행을 담당하기 때문에 행정입법권을 갖는다. 행정 각부장관은 법률이나 대통령령에 의하여 위임받은 사항에 대해서 부령을 발할 수 있다. 헌법은 대통령령의 경우와는 달리 부령에 대해서는 "구체적으로 범위를 정하여"라는 제한을 두고 있지 않다. 부령의 경우에도 대통령령과 관련하여 규정된 헌법상의 제한이 당연히 적용되어야 하며, 따라서 구체적으로 범위를 정하여 위임받은 사항에 대해서 부령을 발할 수 있다.[49]

48) 이에 대해서는 헌재 1994.4.28, 89헌마221, 6-1, 263면 참조.
49) 헌재 1998.5.28, 96헌가1, 10-1, 518면 이하; 2003.9.25, 2001헌가22, 15-2(상), 247면 등 참조.

나) 재위임

대통령령이 법률에서 위임받은 사항을 부령에 그대로 재위임하는 것 자체가 헌법에 위반되는 것은 아니다. 그러나 법률에서 위임받은 사항을 전혀 규정하지 않고 재위임하는 것은 "위임받은 권한을 그대로 다시 위임할 수 없다"는 복위임금지(復委任禁止)의 법리에 반한다. 또 이는 수권법의 내용을 변경하는 결과가 된다. 수권을 받은 기관 자체에 입법의무가 있기 때문이다. 더욱이 부령의 제정·개정절차가 대통령령에 비하여 용이하다는 점을 고려하면, 재위임의 경우에도 구체적으로 범위를 정하여 위임받은 사항에 한하여 부령을 발할 수 있다.[50)]

Ⅲ. 감 사 원

1. 감사원의 헌법적 지위

감사원은 세입·세출의 결산, 국가 및 법률이 정한 단체의 회계검사, 행정기관 및 공무원의 직무에 관한 감찰업무를 행하는 필수적인 헌법기관이다(제97조). 감사원은 조직상으로는 대통령 직속기관이지만 기능적으로는 독립기관으로서의 성격을 갖는다.[51)] 이에 상응하여 감사원 소속 공무원의 임용·조직 및 예산의 편성에 있어서 감사원의 독립성이 최대한 존중되어야 한다(감사원법 제2조).

비교헌법적으로 보면 감사기능을 담당하는 기관을 국회에 소속시키는 경우, 독립기관으로 설치하는 경우, 행정부에 소속시키는 경우 등이 있다. 우리 헌법은 감사원을 대통령에 소속시키면서 직무상의 독립성을 보장하는 예를 따르고 있다.

2. 감사원의 구성·조직, 감사위원의 신분

(1) 감사원의 구성·조직

감사원은 원장을 포함한 5인 이상 11인 이하의 감사위원으로 구성한다. 원장은 국회의 동의를 얻어 대통령이 임명하고, 임기는 4년이다. 감사원장은 1차

50) 재위임의 가능성과 한계에 대해서는 헌재 1996.2.29, 94헌마213, 8-1, 162면 이하; 2002.7.18, 2001헌마605, 14-2, 101면; 2002.10.31, 2001헌라1, 14-2, 371면 이하; 2003.12.18, 2001헌마543, 15-2(하), 600면 이하 등 참조.

51) 헌재 1998.7.14, 98헌라2, 10-2, 63면 이하 참조.

에 한하여 중임할 수 있다. 감사위원은 원장의 제청으로 대통령이 임명하고, 임기는 4년이다. 감사위원 역시 1차에 한하여 중임할 수 있다(제98조). 현재 감사원은 감사원장을 포함하여 7인의 감사위원으로 구성되어 있다(감사원법 제3조).

감사원에는 감사원장과 감사위원 전원으로 구성하는 합의체기관인 감사위원회의가 설치되어 있다. 감사위원회의는 감사원에 부여되어 있는 주요한 사항에 대해서 재적 감사위원 과반수의 찬성으로 의결한다(감사원법 제11조 이하).

(2) 감사위원의 신분

감사원의 기능에 상응하여 감사위원의 정치활동은 금지된다. 즉 감사위원은 정당에 가입하거나 정치운동에 관여할 수 없다(감사원법 제10조). 또 감사위원은 국회 또는 지방의회의 의원, 행정부서의 공무원, 「감사원법」에 따라 감사의 대상이 되는 단체의 임직원, 그 밖에 보수를 받는 직을 겸직할 수 없다. 감사위원은 영리를 목적으로 하는 사업을 할 수 없다(감사원법 제9조).

감사원이 외부로부터 독립하여 기능할 수 있도록 감사위원의 신분은 보장된다. 감사위원은 탄핵결정이나 형의 선고에 의하지 않고는 의사에 반하여 면직되지 않는다. 감사위원이 장기(長期)의 심신쇠약으로 직무를 수행할 수 없을 때에는 감사위원회의의 의결을 거쳐 감사원장의 제청으로 대통령이 퇴직을 명한다(감사원법 제8조).

감사원의 조직 · 직무범위 · 감사위원의 자격 · 감사대상 공무원의 범위 등에 대해서는 법률로 정한다(제100조). 「감사원법」이 이에 대해서 자세히 규율하고 있다.

3. 감사원의 기능

감사원의 직무범위는 다음과 같은 세 가지이다. 첫째, 국가의 세입 · 세출의 결산이다. 둘째, 국가 및 법률이 정한 단체의 회계검사이다. 셋째, 행정기관 및 공무원의 직무에 관한 감찰이다(제97조).

(1) 세입 · 세출의 결산

감사원은 회계검사를 행하여 국가의 세입 · 세출의 결산을 검사한다. 감사원은 결산검사의 결과를 대통령과 차년도 국회에 보고한다(제97조, 제99조). 이에 대해서 앞서 국회의 장에서 설명하였다.

(2) 회계검사

가) 회계검사의 대상

감사원은 국가와 지방자치단체, 한국은행 및 국가 또는 지방자치단체가 자본금의 2분의 1 이상을 출자한 법인, 그리고 다른 법률에 의하여 감사원의 회계검사를 받도록 규정된 단체 등의 회계를 검사한다(감사원법 제22조). 이는 필요적 검사사항이다.

이 밖에 감사원은 필요하다고 인정하는 경우 혹은 국무총리의 요구가 있는 경우 회계검사를 할 수 있다(감사원법 제23조). 이는 선택적 검사사항이다. 국가기관 또는 지방자치단체 외의 자가 국가 또는 지방자치단체를 위하여 취급하는 국가 또는 지방자치단체의 현금·물품 또는 유가증권의 출납, 국가 또는 지방자치단체가 직접 또는 간접으로 보조금·장려금·조성금 및 출연금 등을 교부하거나 대부금 등 재정원조를 제공한 자의 회계, 국가 또는 지방자치단체가 자본금의 일부를 출자한 자의 회계 및 이들이 보조금·장려금·조성금 및 출연금 등을 다시 교부한 자의 회계, 국가 또는 지방자치단체가 자본금의 일부를 출자한 자의 회계, 국가 또는 지방자치단체가 채무를 보증한 자의 회계, 민법 또는 상법 외의 다른 법률에 의하여 설립되고 그 임원의 전부 또는 일부 혹은 대표자가 국가 또는 지방자치단체에 의하여 임명되거나 임명승인되는 단체 등의 회계, 국가·지방자치단체 및 위에서 열거한 감사대상인 기관과 계약을 체결한 자의 그 계약에 관련된 사항에 관한 회계, 「국가재정법」 제5조의 적용을 받는 기금을 관리하는 자의 회계 등이 그것이다.

나) 회계검사의 범위와 기준

필수적 검사의 경우와 선택적 검사의 경우 검사의 범위에 있어서 차이는 없다. 「감사원법」은 필수적 검사의 범위를 "수입과 지출, 재산(물품·유가증권·권리 등을 포함한다)의 취득·보관·관리 및 처분 등의 검사"로 하고 있고(감사원법 제22조 제2항), 이러한 검사의 범위에 관한 규정은 선택적 검사의 경우에도 적용된다. 입법정책적으로 이러한 규정이 체계적인가는 의문이다. 필수적 검사사항에 해당하는 회계는 국가 및 지방자치단체, 그리고 국가회계에 준하는 기관이라는 특성이 있고, 따라서 회계에 대한 포괄적인 검사가 이루어진다. 이에 비해서 선택적 검사사항 중 국가보조금 등이 지급되기 때문에 검사의 대상이 되는 경우에는 검사가 해당 사안에 국한되어야 한다. 예컨대 대학이 국고보조금을 지급받기 때문에 회계검사의 대상이 될 수 있지만 그렇다고 대학 회계 전체를 감사원에 의한 회계검사의 대상으로 할 수는 없다.

「감사원법」은 회계검사의 기준에 대해서 아무런 규정을 두고 있지 않다. 따라서 감사원은 합법성 기준뿐 아니라 합목적성 기준에 따라 회계검사를 할 수 있다.

(3) 직무감찰

감사원은 직무감찰을 행한다. 직무감찰의 대상은 다음과 같다. 「정부조직법」 및 그 밖의 법률에 의하여 설치된 행정기관의 사무와 그에 소속한 공무원의 직무, 지방자치단체의 사무와 그에 소속한 지방공무원의 직무, 감사원의 검사대상이 되는 회계사무와 직접 또는 간접으로 관련이 있는 직원의 직무, 법령에 의하여 국가 또는 지방자치단체가 위탁하거나 대행하게 한 사무와 그 밖의 법령에 의하여 공무원의 신분을 가지거나 공무원에 준하는 자의 직무 등이 그것이다. 감사원의 지방자치단체에 대한 감사에 있어서 감사의 대상 및 범위, 그리고 기준에 제한이 없다. 국회의 지방자치단체에 대한 국정감사가 광역자치단체의 국가위임사무만을 대상으로 하고, 또 정부의 지방자치단체에 대한 감사가 합법성 기준에 따른 감사를 하는 점과 비교된다.[52)]

감사의 대상에서 소장급 이하의 장교가 지휘하는 전투를 주임무로 하는 부대 및 중령급 이하의 장교가 지휘하는 부대, 국회 · 법원 및 헌법재판소에 소속한 공무원은 제외된다. 또 국무총리로부터 국가기밀에 속한다는 소명이 있는 사항 및 국방부장관으로부터 군기밀 또는 작전상 지장이 있다는 소명이 있는 사항 역시 감사대상에서 제외된다(감사원법 제24조).

감사의 결과 감사원은 변상책임 · 징계책임 등을 물을 수 있고, 시정 · 개선 또는 권고 등의 조치를 취할 수 있다(감사원법 제31조 이하). 감사원은 감사의 결과 범죄혐의가 있다고 인정할 때에는 수사기관에 고발하여야 한다.

판례 **지방자치단체에 대한 감사원 감사의 기준** (헌재 2008.5.29, 2005헌라3)

감사원법은 지방자치단체의 위임사무나 자치사무의 구별 없이 합법성 감사뿐만 아니라 합목적성 감사도 허용하고 있으므로, 감사원의 지방자치단체에 대한 이 사건 감사는 법률상 권한 없이 이루어진 것은 아니다.

헌법이 감사원을 독립된 외부감사기관으로 정하고 있는 취지, 중앙정부와 지방

---

52) 이에 대한 헌법적 평가에 대해서는 헌재 2008.5.29, 2005헌라3, 20-1(하), 41면 이하 참조. 이 결정에는 지방자치단체에 대한 감사원의 감사가 합법성 기준에 한정되어야 한다는 소수의견이 제시되어 있다. 52면 이하 참조.

자치단체는 서로 행정기능과 행정책임을 분담하면서 중앙행정의 효율성과 지방행정의 자주성을 조화시켜 국민과 주민의 복리증진이라는 공동목표를 추구하는 협력관계에 있다는 점을 고려하면 지방자치단체의 자치사무에 대한 감사원의 합목적성 감사의 근거가 되는 이 사건 관련규정은 그 목적의 정당성과 합리성을 인정할 수 있다. 또한 감사원법에서 지방자치단체의 자치권을 존중할 수 있는 장치를 마련해두고 있는 점, 국가재정지원에 상당 부분 의존하고 있는 우리 지방재정의 현실, 독립성이나 전문성이 보장되지 않은 지방자치단체 자체감사의 한계 등으로 인한 외부감사의 필요성까지 감안하면, 이 사건 관련 규정이 지방자치단체의 고유한 권한을 유명무실하게 할 정도로 지나치게 제한하여 지방자치권의 본질적 내용을 침해하였다고는 볼 수 없다.

---

4. 감사청구

감사원의 감사는 일반적으로 법률이 정한 바에 의하여 직권으로 행해지지만 국민이 감사원에 심사를 청구하는 가능성도 열려 있다. 즉 이해관계인은 감사원의 감사를 받는 자의 직무에 관한 처분 등에 관하여 감사원에 심사를 청구할 수 있다. 감사청구는 처분 등의 행위를 행한 기관의 장을 거쳐 제출하여야 한다. 다만 청구서를 접수한 관계기관의 장이 1개월 이내에 이를 감사원에 송부하지 않는 경우에는 감사원에 직접 감사를 청구할 수 있다(감사원법 제43조 이하).

국회가 감사를 요구할 수도 있다. 즉 국회는 의결에 의하여 감사원에 대하여 「감사원법」에 의한 감사원의 직무범위에 속하는 사항 중 사안을 특정하여 감사를 요구할 수 있다. 이 경우 감사원은 감사요구를 받은 날부터 3개월 이내에 감사결과를 국회에 보고하여야 한다(국회법 제127조의2).

Ⅳ. 대통령자문기관

대통령은 자문기관으로 국가원로자문회의, 국가안전보장회의, 민주평화통일자문회의, 국민경제자문회의 등을 둘 수 있다. 국가안전보장회의는 필수적인 기관이며, 나머지 자문회의는 임의적인 기관이다. 대통령자문기관은 국가안전보장회의를 제외하고는 헌법의 현실에서 의미 있게 기능하고 있지는 않다.

1. 국가원로자문회의

국가원로자문회의는 국가원로로 구성하는 자문회의로, 국정의 중요한 사항에 대해서 자문한다. 국가원로자문회의의 의장은 직전대통령이 되며, 직전대통령이 없을 때에는 대통령이 지명한다(제90조). 현재 국가원로자문회의는 설치되어 있지 않다.

2. 국가안전보장회의

국가안전보장회의는 국가안전보장에 관련되는 대외정책 · 군사정책과 국내정책의 수립에 관하여 국무회의의 심의에 앞서 대통령의 자문에 응하기 위하여 설치된다(제91조). 국가안전보장회의는 대통령 · 국무총리 · 외교부장관 · 통일부장관 · 국방부장관 및 국가정보원장과 대통령령이 정하는 약간의 위원으로 구성된다. 국가안전보장회의는 대통령이 의장으로서 주재한다(국가안전보장회의법 제2, 4조). 국가안전보장회의의 조직 · 직무범위 등에 대해서는 「국가안전보장회의법」이 규율하고 있다.

3. 민주평화통일자문회의

민주평화통일자문회의는 평화통일정책의 수립에 관한 대통령의 자문에 응하기 위하여 둘 수 있다(제92조). 민주평화통일자문회의는 평화통일을 위한 정책의 수립 및 추진에 관하여 대통령에게 건의하고 자문에 응하며, 이러한 목적을 위하여 국내외 통일여론수렴, 통일에 관한 국민적 합의도출, 범민족적 통일의지와 역량의 결집, 그 밖에 대통령의 평화통일정책에 관한 자문 · 건의 등을 한다.

민주평화통일자문회의는 지역대표와 정당 · 직능단체 · 주요 사회단체 등의 직능분야 대표급인사 중에서 대통령이 위촉하는 7천인 이상의 자문위원으로 구성한다(민주평화통일자문회의법 제2, 3조). 민주평화통일자문회의의 조직 · 직무범위 등에 대해서는 「민주평화통일자문회의법」이 정하고 있다.

4. 국민경제자문회의

대통령은 국민경제의 발전을 위한 중요정책의 수립에 관하여 대통령의 자문에 응하기 위하여 국민경제자문회의를 둘 수 있다(제93조). 국민경제자문회의의 조직 · 직무범위 등에 대해서 자세히는 「국민경제자문회의법」이 규율하고 있다.

제 3 절 지방자치

Ⅰ. 지방자치의 헌법적 보장

헌법은 제8장에 독립하여 지방자치에 대해서 규정하고 있다. 제117조에서 지방자치단체의 기능범위와 지방자치단체의 종류에 대한 법정주의를, 그리고 제118조에서는 지방의회에 대해서 규율하고 있다. 이로써 주민자치와 지방분권, 그리고 주민의 참여에 의한 지방행정을 헌법적으로 보장하고 있다.

단일국가에서 지방자치의 보장은 연방국가원리를 채택하는 헌법과는 차이가 있다. 연방국가에서 연방을 구성하는 주들은 각각 어느 정도 국가로서의 독자성을 가지고 있다. 즉 주들은 연방과 마찬가지로 자체 독자적인 입법부와 행정부, 그리고 사법부를 보유하는 것이 일반적이다. 그리고 이를 헌법이 직접 구체적으로 보장하고 있다. 이에 비해서 지방자치는 주로 집행기능에 대한 지역자치와 지방분권, 그리고 주민참여를 보장하고 있다. 그리고 이들 제도 내용은 입법적으로 형성된다. 따라서 지방자치와 관련하여 입법형성의 가능성과 한계의 문제가 중요한 쟁점이 된다.

Ⅱ. 지방자치의 기능

지방자치의 개념요소인 행정의 분권과 자치, 그리고 참여는 헌법의 기본원리를 지역적 차원에서 실현한다. 지방자치의 내용을 입법적으로 형성함에 있어서 지방자치의 기능을 충실히 반영하여야 한다.

1. 민주적 정당성 보충

지방자치는 국민 전체의 의사를 형성함에 있어서 지방의 이해와 관심을 반영한다. 이로써 지방자치는 적극적으로는 대의기관의 민주적 정당성을 지방 차원에서 제고하여 전국 차원에서 틈이 생길 수 있는 국가기관의 민주적 정당성을 보충한다.

2. 수직적 권력분립

지방자치는 권력의 분산과 견제·균형의 중요한 수단이다. 지방자치를 통하여 지역의 고유한 사무를 사항적 · 지역적으로 근접한 지방행정이 수행하면서 중앙정부의 불합리한 정책결정 및 집행을 통제한다. 권력분립의 관점에서 보면 지방자치는 중앙정부에서의 입법 · 행정 및 사법 간의 수평적 권력분립의 실효성을 수직적 권력분립을 통하여 보충한다. 특히 오늘날 정당을 매개로 중앙정부에서 수평적 권력분립이 약화되는 점을 고려하면 지방자치를 통한 수직적 권력분립은 헌법의 규범력을 제고하는 중요한 계기가 된다.

3. 민주적 정치의식 제고

지방자치는 국민의 정치적 의식을 활성화하고 책임의식을 높이는 계기가 된다. 일반적으로 지역 주민이 전국적인 주제에 대해서 직접 의견을 형성하고 스스로 책임의식을 갖지는 못한다. 그런데 지방자치를 통하여 주민은 자기 주변의 작은 문제에 대해서 현실적인 관심을 갖고 결정과정에 참여한다. 이러한 결정은 직접적으로 주민의 권리의무에 영향을 미치며, 정책 효과가 주민에게 귀속되면서 주민의 책임의식이 길러질 수 있다.

4. 국가의사 선도기능

특히 전국적 주제와 지역적 주제가 융합되어 있는 경우 지방자치를 통해서 지역 주민의 의사를 형성하고, 이를 계기로 국민 전체의 의사를 선도할 수 있다. 또 이러한 과정을 거쳐 국민 전체의 의사를 형성하면, 국가정책결정이 투명하게 되는 효과가 있다.

Ⅲ. 지방자치에 대한 헌법적 요청

1. 지방자치제도의 보장: 지방자치단체 · 자치사무 · 자치기능의 보장

헌법은 지방분권과 주민자치, 그리고 주민참여를 제도적으로 보장하기 때문에 지방자치를 시행하지 않거나 혹은 이를 폐지하는 것은 물론 허용되지 않는다. 그러나 기존의 구체적인 지방자치의 존속이 헌법에 의하여 보장되는 것은 아니다. 예컨대 지방자치단체는 법률이 정하는 절차에 의하여 명칭과 구역을 바꾸거나 폐지 · 설치하거나 또는 나누거나 합칠 수 있다. 이 경우 지방의회의 의견을 들어야 한다. 다만 「주민투표법」에 의하여 주민투표가 실시되는 경우

지방의회의 의견을 듣는 절차를 대신할 수 있다(지방자치법 제5조 제2, 3항).[53]

지방자치가 기능하기 위해서는 지역의 고유한 사무를 지방정부의 책임하에 자율적으로 집행할 수 있어야 한다. 지방자치단체의 사무는 자치사무와 법령에 따라 지방자치단체에 속하는 사무로 구분된다(지방자치법 제13조). 그러나 고유사무의 범위를 지나치게 축소하고, 그 결과 지방자치단체에게 주로 위임사무를 처리하게 하는 것은 지방자치의 본질을 훼손한다. 「지방자치법」은 지방자치단체의 자치사무로 지방자치단체의 구역, 조직, 행정관리, 주민의 복지증진, 농림·수산·상공업 등 산업 증진, 지역개발과 자연환경 보전 및 생활환경시설의 설치·관리, 교육·체육·문화·예술의 진흥, 지역민방위 및 지방소방, 국제교류 및 협력 등을 예로 들고 있다.

지방자치단체가 자치적으로 사무를 처리하기 위하여 지방자치단체에게 자치권한을 부여하여야 한다. 지역고권, 인사고권, 재정고권과 예산고권, 조직고권, 계획고권, 자치입법고권 등이 그것이다. 예컨대 지방자치단체의 인사고권을 근거로 지방자치단체는 국가의 명령과 지시를 받지 않고 소속 공무원에 대한 인사와 처우를 스스로 결정하는 권한을 갖는다.[54] 헌법은 특히 자치입법고권을 명시하고 있다(제117조 제1항).

지방자치는 지방의 특수성을 충실히 반영하여 민주성을 보충하고 중앙정치의 독단을 견제하며, 이로써 주민의 복리를 도모하여야 한다. 그러나 지방자치는 여전히 국가행정조직의 일부이다. 따라서 이 두 측면 중 어디에 중점을 두고 자치사무 및 자치기능을 구체적으로 형성할 것인가는 기본적으로는 입법정책의 문제이다. 다만 지방자치의 본질적인 내용이 훼손되어서는 안 된다.

2. 자치입법권의 보장

(1) 조례입법권과 법률우위의 원칙

지방자치단체는 법령의 범위 안에서 자치에 관한 규정을 제정할 수 있다. 지방자치단체에서 지방의회는 조례를, 그리고 지방자치단체의 장은 규칙을 제정한다. 조례 및 규칙은 법률하위의 규범이다. 지방자치단체는 법령의 범위 안

---

53) 이에 관한 헌법소원심판으로는 헌재 1994.12.29, 94헌마201, 6-2, 510면 이하 참조.

54) 헌재 2005.10.27, 2003헌바50등, 17-2, 259면; 2008.5.29, 2005헌라3, 20-1(하), 48면 이하 등 참조. 이와 관련하여 「지방공무원법」 제58조 제2항은 지방공무원 중 노동운동이 인정되는 사실상의 공무원의 범위를 조례로 정하도록 하고 있다. 그러나 노동운동이 인정되는 공무원의 범위는 지역의 특수한 사정에 기초하여 판단할 문제가 아니기 때문에 조례에 의하여 규율될 대상은 아니다. 잘못된 규범형식이 선택된 것으로 보인다.

에서 그 사무에 관하여 조례를 제정할 수 있다(지방자치법 제28조 본문). '법령의 범위 안에서'라는 표현은 법률의 위임이 있어야 한다는 것이 아니라 법령에 위반되지 않는 범위에서 조례를 제정할 수 있다는 의미이다. 즉 엄격한 법률유보의 원칙이 아니라 법률우위의 원칙을 선언한 것이다.[55)]

(2) 조례입법권과 법률유보의 원칙

조례를 통하여 주민의 권리를 제한하거나 의무를 부과하는 사항이나 벌칙을 정하는 때에는 법률의 위임이 있어야 한다(지방자치법 제28조 단서). 즉 법률유보의 원칙이 적용된다. 이는 기본권을 제한하기 위해서는 법률의 근거가 있어야 한다는 헌법 제37조 제2항의 취지를 반영한 것이다. 또 조례를 통하여 형벌을 부과하는 것은 죄형법정주의를 위반한다. 따라서 조례에 의한 형벌 부과는 「지방자치법」 제28조 단서뿐 아니라 헌법 제12조에 위반된다.[56)] 「지방자치법」은 조례를 위반한 행위에 대한 제재로서 형벌이 아닌 과태료를 부과할 수 있도록 하고 있다(지방자치법 제34조).

(3) 위임의 구체성

법률과 일반적인 행정입법과의 관계에서는 위임의 구체성의 원칙이 적용되는 반면 법률과 조례와의 관계에서는 위임의 구체성의 원칙이 엄격하게 적용되지는 않는다. 즉 행정입법의 수임기관이 지방의회인 경우에는 위임의 구체성의 정도는 완화된다. 법원과 헌법재판소는 이 경우 포괄적 위임도 가능하다는 입장이다.[57)]

수임기관이 지방의회이고, 규범형식이 조례인 경우에는 위임의 구체성의 정도가 어느 정도 완화된다. 다음과 같은 이유에서이다. 첫째, 지방의회는 합의체 기관이며, 의원 간의 자유로운 토론과 표결을 통하여 조례가 제정되기 때문에 위임입법권이 남용될 가능성이 그만큼 적다. 둘째, 지방의회는 헌법상 자치입법권이 보장되어 있다. 이에 비해서 지방의회가 민주적 정당성을 갖는다는 사실은 위임의 구체성의 정도를 완화하는 이유가 되지 못한다. 이와 같은 논리라면 대통령령에 대한 포괄위임도 허용되어야 하는데, 헌법 제75조는 이를 부인하고 있기 때문이다.

55) 대판 2000.11.24, 2000추29 참조.
56) 대판 1995.6.30, 93추83 참조.
57) 대판 1991.8.27, 90누6613; 헌재 1995.4.20, 92헌마264 등, 7-1, 572면 등 참조.

판례 **조례에 대한 위임의 구체성** (헌재 1995.4.20, 92헌마264)

이 사건 조례들은 담배소매업을 하는 주민들에게 자판기 설치를 제한하여 주민의 직업선택의 자유 특히 직업수행의 자유를 제한하기 때문에 주민의 권리의무에 관한 사항을 규율한다. 따라서 지방자치단체가 이러한 조례를 제정함에 있어서는 법률의 위임을 필요로 한다.

조례의 제정권자인 지방의회는 선거를 통해서 그 지역적인 민주적 정당성을 갖는 주민의 대표기관이고, 헌법이 지방자치단체에 대해 포괄적인 자치권을 보장하고 있는 취지로 볼 때 조례제정권에 대한 지나친 제약은 바람직하지 않다. 따라서 조례에 대한 법률의 위임은 법규명령에 대한 법률의 위임과 같이 반드시 구체적으로 범위를 정하여 할 필요가 없으며 포괄적인 것으로 족하다. 이 사건의 경우를 보면, 담배사업법은 제16조 제4항에서 "소매인의 지정기준 기타 지정에 관하여 필요한 사항은 재무부령으로 정한다"고 규정하고 있다. 재무부령인 담배사업법시행규칙은 제11조 제1항의 별표 2 "제조담배소매인의 지정기준" 중 자동판매기란에서 "1. 자동판매기는 이를 일반소매인 또는 구내소매인으로 보아 소매인 지정기준을 적용한다. (단서 생략) 2. 청소년의 보호를 위하여 지방자치단체가 조례로 정하는 장소에는 자동판매기의 설치를 제한할 수 있다"고 규정하고 있다. 이 사건 조례들은 위 규정들에 의한 위임에 근거하여 제정된 것이다. 이러한 위임에 의하여 자판기의 설치 제한 및 철거에 관하여 규정하고 있는 이 사건 심판대상규정 역시 자판기의 설치를 전면적으로 금지하는 등의 특별한 사정이 없는 한 위임의 한계를 벗어난 것은 아니다.

Ⅳ. 지방자치단체의 종류 · 구성과 조직

1. 보통지방자치단체와 특별지방자치단체

지방자치단체의 종류는 법률로 정한다(제117조 제2항). 「지방자치법」은 지방자치단체의 종류를 보통지방자치단체와 특별지방자치단체로 나눈다.

(1) 보통지방자치단체

보통지방자치단체로 특별시, 광역시와 특별자치시 및 도, 특별자치도(광역지방자치단체), 그리고 시와 군 및 구(기초지방자치단체)를 설치한다. 보통지방자치단체는 지역자치를 실현하기 위한 행정조직이다.

(2) 특별지방자치단체

특별지방자치단체는 특정한 목적을 수행하기 위하여 설치 · 운영한다(지방자치법 제2조). 2개 이상의 지방자치단체가 공동으로 특정한 목적을 위하여 광역적으로 사무를 처리할 필요가 있을 때에는 법인으로서 특별지방자치단체를 설치할 수 있다. 이를 위해서는 관련 지방자치단체가 협의에 따른 규약을 정하여 구성 지방자치단체의 지방의회의 의결을 거치고 행정안전부장관의 승인을 받아야 한다(지방자치법 제119조). 특별지방자치단체에 독자적으로 특별지방자치단체의 장과 의회를 둔다(지방자치법 제120조 이하).

2. 교육감

「지방교육자치에 관한 법률」에 의하여 시 · 도 단위에 집행기관으로 교육감을 둔다. 교육감은 시 · 도 단위에서 주민의 보통 · 평등 · 직접 · 비밀선거에 의하여 선출된다. 교육감의 임기는 4년이며, 계속 재임은 3기에 한한다(법 제21조, 제43조 이하). 교육감은 교육 · 학예에 관한 소관 사무로 인한 소송이나 재산의 등기 등에 대해서 시 · 도를 대표한다(법 제18조). 교육감은 교육 · 학예에 관하여 조례의 작성 및 제출, 예산안의 편성 및 제출, 교육규칙의 제정, 교육과정의 운영, 교육 · 학예의 시설 · 설비 및 교구(教具), 재산의 취득 및 처분, 기금의 설치 · 운용 등의 사항에 관한 사무를 관장한다(법 제20조).

교육의 사무를 교육감에게 관장하게 하는 것은 이중적으로 교육의 원리와 관련된다. 첫째, 교육은 국가의 과제이지만 국가의 통일적인 기준에 따른 교육이 이루어져야 하는 것은 아니다. 오히려 해당 지역의 특수한 상황과 이에 대한 평가를 위한 관점이 존중되어야 한다. 또 중앙의 일방적인 기준에 따른 교육이 시행되는 경우 정치적 간섭의 창구가 일원화된다는 점에서 정치적으로 취약한 교육구조가 될 수 있다. 그 결과 교육의 자주성과 전문성이 희생될 수 있다. 둘째, 교육의 사무를 교육감에 위임하는 경우에도 헌법상 교육의 기본원칙은 충실히 존중되어야 한다. 즉 지방교육의 중요한 사항이 일반적인 지방정치의 기준에 따라 결정되어서는 안 된다. 또 보다 적극적으로 보면 지방교육에 대한 중요한 사항이 교육당사자의 전문적인 기준에 의하여 자주적으로 결정되어야 한다. 지방교육자치의 의미이다.

3. 지방의회와 지방자치단체의 장

헌법은 지방자치단체에 의회를 두도록 하고, 지방의회가 지방자치단체의 장과 대립구도 속에서 지방자치를 실시하도록 예정하고 있다.

(1) 지방의회

지방의회는 주민의 보통·평등·직접·비밀선거에 의하여 선출되는 임기 4년의 지방의회의원으로 구성한다(지방자치법 제38, 39조). 지방의회 및 지방자치단체장의 선거에 있어서는 일정한 거주요건을 갖춘 외국인도 선거권을 갖는다. 즉 「출입국관리법」 제10조에 따른 영주의 체류자격 취득일 후 3년이 경과한 외국인으로서 해당 지방자치단체의 외국인등록대장에 올라 있는 외국인은 선거권을 갖는다(공직선거법 제15조 제2항 제3호).

지방의회는 전체국가조직에서 보면 행정기관의 성격을 갖는다. 따라서 지방의회를 구성하는 지방의회의원은 국회의원과는 달리 불체포특권 및 면책특권을 갖지 않는다. 개정 전 「지방자치법」은 지방의회의원을 무보수·명예직 공무원으로 하였다. 2003년 개정으로 이러한 규정은 삭제되었다. 지방의회의원에게는 의정활동비와 여비, 그리고 직무활동에 대해서 월정수당이 지급된다(지방자치법 제40조).

(2) 지방자치단체의 장

지방자치단체의 장은 주민의 보통·평등·직접·비밀선거에 의하여 선출되는 지방자치단체의 대표기관이다. 지방자치단체의 장의 임기는 4년이며, 계속 재임은 3기에 한한다(지방자치법 제107조 이하).[58]

Ⅴ. 지방자치에서 직접민주정적 요소

중앙정부와는 달리 지방자치에서는 부분적으로 직접민주정적 요소를 도입하여 시행하고 있다. 「지방자치법」은 직접민주정적 요소로 주민투표제와 주민소환제, 그리고 조례개폐청구권을 인정하고 있다. 그러나 주민투표 및 주민소환에 관하여 주민이 헌법상의 기본권을 갖는 것은 아니다.[59]

58) 이에 대한 헌법적 평가로는 헌재 2006.2.23, 2005헌마403, 18-1(상), 320면 이하 참조.
59) 헌재 2007.6.28, 2004헌마643, 19-1, 850면 이하; 2011.12.29, 2010헌바368, 23-2(하), 670면 등 참조.

1. 주민투표

지방자치단체의 장은 주민에게 과도한 부담을 주거나 중대한 영향을 미치는 지방자치단체의 주요 결정사항 등을 주민투표에 부칠 수 있다(지방자치법 제18조). 이에 대해서 자세히는 「주민투표법」이 규율하고 있다. 또 중앙행정기관의 장은 지방자치단체의 폐치 · 분합 또는 구역변경, 주요 시설의 설치 등 국가정책의 수립에 관하여 주민의 의견을 듣기 위하여 필요한 경우 지방자치단체의 장에게 주민투표의 실시를 요구할 수 있다(주민투표법 제8조).

주민투표에 부쳐진 사항은 주민투표권자 총수의 4분의 1 이상의 투표와 유효투표수 과반수의 득표로 확정된다. 전체 투표수가 주민투표권자 총수의 4분의 1에 미달하는 경우, 그리고 주민투표에 부쳐진 사항에 관한 유효득표수가 동수인 경우에는 찬성과 반대 모두를 수용하지 않거나, 양자 택일의 대상이 되는 사항 모두를 선택하지 않은 것으로 본다(주민투표법 제24조).

2. 주민소환

주민은 지방자치단체의 장 및 지방의회의원을 소환할 수 있다. 비례대표 지방의회의원은 주민소환의 대상에서 제외된다. 주민소환의 투표 청구권자 · 청구요건 · 절차 및 효력 등에 관하여 자세히는 「주민소환에 관한 법률」로 정한다. 일정 수 이상의 주민은 주민소환의 실시를 청구할 수 있다. 특별시장 · 광역시장 · 도지사의 경우 투표권자 총수의 100분 10 이상, 시장 · 군수 등의 경우 투표권자 총수의 100분 15 이상, 지역선거구 시 · 도의회의원 등의 경우 투표권자 총수의 100분 20 이상의 청구가 있어야 한다(주민소환법 제7조). 주민소환청구에는 기간에 제한이 있다. 즉 선출직 지방공직자의 임기개시일부터 1년이 경과하지 아니한 때, 선출직 지방공직자의 임기만료일부터 1년 미만일 때, 그리고 해당선출직 지방공직자에 대한 주민소환투표를 실시한 날부터 1년 이내인 때에는 주민소환투표의 실시를 청구할 수 없다(주민소환법 제8조).

주민소환투표대상자는 투표안을 공고한 때로부터 투표결과가 공표될 때까지 권한행사가 정지된다(주민소환법 제21조). 주민소환은 주민소환투표권자 총수의 3분의 1 이상의 투표와 유효투표 총수 과반수의 찬성으로 확정된다. 투표자의 총수가 투표권자 총수의 3분의 1에 미달하는 때에는 개표하지 않는다(주민소환법 제22조).[60)]

60) 이 규정에 대한 헌법적 평가에 대해서는 헌재 2009.3.26, 2007헌마843, 21-1(상), 651면 이하 참조.

3. 조례 제정 및 개폐청구

일정 수 이상의 주민은 연서로 지방자치단체의 장에게 조례를 제정하거나 개정 혹은 폐지할 것을 청구할 수 있다. 청구인의 대표자는 조례의 제정안, 개정안 및 폐지안을 작성하여 제출하여야 한다. 지방자치단체의 장이 청구를 수리한 경우 30일 이내에 주민청구조례안을 지방의회에 부의하여야 한다(지방자치법 제19조, 주민조례발안에 관한 법률 제12조).

Ⅵ. 국가와 지방자치단체

지방자치단체는 지역사무를 자기책임에 기초하여 자율적으로 처리하는 독립된 법인의 성격과 국가조직의 일부로서의 성격을 함께 갖고 있다. 지방자치단체의 후자의 성격은 위임사무를 처리할 때 나타나며, 특히 기관위임사무를 처리하는 경우 지방자치단체는 국가의 하급행정기관으로서의 지위를 갖는다.

지방자치단체는 지방의회와 지방자치단체의 장의 견제와 균형관계 속에서 업무를 수행한다. 지방자치단체는 국가의 부분으로서의 성격도 있기 때문에 국가의 감독을 받는다. 이때 국가의 감독이 지방자치제도의 본질적인 내용을 침해해서는 안 된다.[61] 행정안전부장관이나 시·도지사는 조언·권고하거나 지도할 수 있으며 이를 위하여 필요한 경우 자료제출을 요구할 수 있다. 위임사무에 대해서는 행정안전부장관이나 시·도지사는 지방자치단체를 지도·감독한다. 행정안전부장관이나 시·도지사는 자치사무에 관하여 보고를 받거나 서류·장부 또는 회계를 검사할 수 있다. 이러한 감사는 법령위반사항에 한하여 이루어진다(지방자치법 제190조). 법령위반에는 자치사무에 관한 재량권의 일탈·남용이 포함된다.[62]

지방자치단체의 사무는 감사원의 감사의 대상이다. 감사원의 감사는 행정부의 감사와는 달리 자치사무에 대한 합법성 감사에 한정되지 않는다(감사원법 제24조 제1항 제2호). 따라서 합목적성 감사를 포함한다.[63] 감사원의 감사와는 달리 중앙행정기관의 감사는 자치사무에 관한 한 합법성 심사에 한정되어 있으며, 감사의 개시요건도 제한적이다. 즉 중앙행정기관이 감사를 개시하기 위해서는 자치사무에 관하여 특정한 법령 위반행위가 확인되었거나 위법행위가 있다는 합리적인 의심이 있

61) 헌재 2001.11.29, 2000헌바78, 13-2, 657면 이하 참조.
62) 대판 2007.3.22, 2005추62 참조.
63) 이에 관한 헌법적 심사로는 헌재 2008.5.29, 2005헌라3, 20-1(하), 41면 이하 참조.

어야 한다. 또 감사의 대상이 특정되어야 한다. 따라서 포괄적 · 사전적 일반감사 혹은 위반사항을 특정하지 않고 행하는 감사 혹은 법령 위반사항을 적발하기 위한 감사는 허용되지 않는다.[64] 이러한 감사의 기준은 기초지방자치단체의 자치사무에 대한 광역지방자치단체의 감사에 있어서도 적용된다.[65] 국가나 광역지방자치단체의 감독이 위법한 경우에는 지방자치단체는 항고소송 및 권한쟁의 심판 등을 통하여 불복할 수 있다.

판례 **중앙행정기관의 지방자치단체에 대한 감사의 범위** (헌재 2009.5.28. 2006헌라6)

지방자치제 실시를 유보하던 개정전 헌법 부칙 제10조를 삭제한 현행 헌법 및 이에 따라 자치사무에 관한 감사규정은 존치하되 '위법성 감사'라는 단서를 추가하여 자치사무에 대한 감사를 축소한 구 지방자치법 제158조 신설경위, 자치사무에 관한 한 중앙행정기관과 지방자치단체의 관계가 상하의 감독관계에서 상호보완적 지도 · 지원의 관계로 변화된 지방자치법의 취지, 중앙행정기관의 감독권 발동은 지방자치단체의 구체적 법위반을 전제로 작동되도록 제한되어 있는 점, 그리고 국가감독권 행사로서 지방자치단체의 자치사무에 대한 감사원의 사전적 · 포괄적 합목적성 감사가 인정되므로 국가의 중복감사의 필요성이 없는 점 등을 종합하여 보면, 중앙행정기관의 지방자치단체의 자치사무에 대한 구 지방자치법 제158조 단서 규정의 감사권은 사전적 · 일반적인 포괄감사권이 아니라 그 대상과 범위가 한정적인 제한된 감사권이라고 해석하여야 한다.

중앙행정기관이 구 지방자치법 제158조 단서 규정상의 감사에 착수하기 위해서는 자치사무에 관하여 특정한 법령위반행위가 확인되었거나 위법행위가 있었다는 합리적 의심이 있어야 하고, 또한 그 감사대상을 특정해야 한다. 따라서 전반기 또는 후반기 감사와 같은 포괄적 · 사전적 일반감사나 위법사항을 특정하지 않고 개시하는 감사 또는 법령위반사항을 적발하기 위한 감사는 모두 허용될 수 없다. 행정안전부장관 등이 감사 실시를 통보한 사무는 서울특별시의 거의 모든 자치사무를 대상으로 하여 사실상 피감사대상이 특정되지 아니하였고 행정안전부장관 등은 합동감사 실시계획을 통보하면서 구체적으로 어떠한 자치사무가 어떤 법령에 위반되는지 여부를 밝히지 않았다. 그렇다면 행정안전부장관 등의 합동감사는 구 지방자치법 제158조 단서 규정상의 감사개시요건을 전혀 충족하지 못하였으므로 헌법 및 지방자치법에 의하여 부여된 서울특별시의 지방자치권을 침해한 것이다.

---

64) 헌재 2009.5.28. 2006헌라6, 21-1(하), 428면 이하 참조.
65) 헌재 2022.8.31. 2021헌라1, 34-2, 182면 이하 참조.

제5장 사 법 부

헌법은 제5장에서 법원을, 그리고 제6장에서 헌법재판소를 규율하고 있다. 이러한 헌법례가 일반적인 것은 아니다. 예컨대 독일헌법은 제9장 사법(Die Rechtsprechung)이라는 제목하에 헌법재판소와 일반법원을 함께 규율하고 있다. 이와 같은 우리 헌법의 구도에서 법원과 헌법재판소의 기능 및 성격상의 차이, 그리고 헌법적 위상에 대한 설명이 필요하다. 이 문제에 대한 설명은 아래 제6장 헌법재판소에서 한다. 제5장에서는 법원의 사법적 기능 및 기능의 특성을 설명하고, 이어 사법권의 조직과 독립, 그리고 사법권의 행사에 상응하는 국민의 재판을 받을 권리와의 관계를 설명한다.

제 1 절 사법부의 기능

사법은 국가와 국민, 그리고 국민 상호 간에 법적 분쟁이 발생한 경우 법원이 제3자의 지위에서 공정하게 판단하여 개인의 권리를 보호하는 국가작용이다. 사법부의 기능은 관점에 따라서 다음과 같이 세분화하여 설명할 수 있다.

Ⅰ. 주관적 권리구제

사법권은 개인의 권리를 구제하는 주관적인 기능을 수행한다. 이로써 헌법 제27조 재판을 받을 권리가 실현된다. 따라서 사법권은 구체적으로 자신의 권리를 침해당한 자가 소송을 제기하고, 소송을 통하여 구제될 수 있는 이익이 존재할 때 기능한다. 단순히 법률에 위반된 행위 혹은 부당한 행위가 존재한다는 사실만으로는 사법권이 발동될 수 없다. 또 자신의 권리가 현재 침해당한 자만이 소송을 제기할 수 있기 때문에, 타인의 불법행위로 인하여 자신이 아닌 제3자의 권리가 침해된 경우 혹은 미래에 침해될 우려가 있다는 사실만으로 사법부에 권리구제를 의뢰할 수 없다. 이러한 이유에서 「행정소송법」은 민중소송을 소송의 종류로서 인정하면서도 법률이 정한 경우에 법률이 정하는 자에 한하여 제기할 수 있도록 하고 있다(행정소송법 제45조).

공권력의 안정적인 집행을 고려하여야 하는 공법에서는 권리침해가 있는 경우에도 권리침해의 사실이 존재하였던 혹은 그것을 알았던 시점에서 일정한 기간 내에 권리구제를 위한 소송을 제기하여야 한다. 그 기간을 경과한 경우 더 이상 사법권의 발동을 청구할 수 없다. 예컨대 「행정소송법」에 의하면 취소소송은 처분 등이 있음을 안 날부터 90일 이내에, 그리고 처분 등이 있은 날부터 1년을 경과하면 제기하지 못한다(행정소송법 제20조).

주관적인 권리구제를 신중하게 행하도록 「법원조직법」은 심급제도를 두고 있다. 3심급제도를 기본적인 모형으로 하고 있다. 다만 3심제도가 보장되어 있는 것은 아니다. 따라서 특별한 사유가 있는 경우 상고심청구를 제한하는 것이 헌법에 위반되지는 않는다.

Ⅱ. 객관적인 법질서유지

사법권은 법의 내용을 확인·선언하는 객관적 기능을 수행한다. 이때 모든 국민에게 평등하게 법률을 적용하기 위해서 법원의 법률해석은 계속성과 통일성을 확보하여야 한다. 그런데 법관은 독립한 국가기관으로서 헌법과 법률, 그리고 법적 양심에 따라 심리한다(제103조). 즉 법관은 상명하복의 원칙이 적용되지 않는 국가기관이다. 그만큼 법률해석에 있어서 통일성과 계속성이 조직법적으로는 보장될 수 없다.

위와 같은 법률해석의 계속성과 통일성의 요청, 그리고 실현의 장애를 염두에 두고 「법원조직법」은 다음과 같은 규정을 두고 있다. 첫째, 심급제도를 운영하여, 하급법원에서의 다양한 법적 견해를 상급법원에서 통일적으로 평가할 수 있도록 하였다. 둘째, 심급제도를 통하여 법률해석의 계속성과 통일성이 보장될 수 있도록 상급법원의 재판에 있어서의 판단은 당해 사건에 관하여 하급심을 기속하도록 하였다(법원조직법 제8조). 셋째, 최고법원인 대법원이 자신의 기존 법률해석 및 적용에 관한 의견을 변경할 필요가 있을 때에는 대법관 전원의 3분의 2 이상의 합의체에서 이를 행하도록 하였다(법원조직법 제7조 제1항 제3호).

법률해석의 통일성에 비추어 주목되는 조항이 재판에 대해서 헌법소원을 허용하지 않는 「헌법재판소법」 제68조 제1항이다. 법원에 구체적인 사건이 계속 중 해당 사건에 적용될 법률에 대해서 위헌제청이 되면 헌법재판소는 헌법위반 여부를 판단한다. 그런데 예컨대 헌법재판소가 위헌결정이 아닌 한정위헌결정을 하였으며 법원이 이의 기속력을 인정하지 않고 헌법재판소의 법률해석에 대한 견해를 따르지 않는 경우 동일한 법률조항에 대해서 헌법재판소와 대법원이 다른 해석을 하는 상황이 발생한다. 헌법재판소는 이와 같은 예외적인 경우, 즉 헌법재판소가 위헌으로 결정한 법률을 적용하여 법원이 재판을 한 경우에는 재판에 대한 헌법소원을 허용하여 헌법합치적 해결을 시도한 바 있다.[1] 그러나 법률이 아니라 명령·처분 등이 헌법에 위반되는가의 여부가 재판의 전제가 된 경우에는 상황이 다르다. 이 경우에는 헌법 제107조 제2항에 의하여 최종적인 심사는 대법원이 행한다.[2] 이때 대법원이 헌법재판소와 다른 입장에서 심사를 할 수 있다. 이 경우에는 법원의 재판이 헌법소원의 대상이 될 수 없기 때문에 헌법해석의 통일성이 저해된다.

Ⅲ. 최종적인 판단

주관적인 권리구제 및 객관적인 법질서유지의 기능은 사법부만의 전유물은 아니다. 입법부 및 행정부 역시 자신에게 부여된 방법으로 기본권을 실현한다. 또 입법부 및 행정부 역시 객관적인 법질서유지의 기능을 수행한다. 국회입법은 헌법의 내용을 객관적으로 확정하는 의미가 있으며, 행정입법 혹은 처분 역시 법률의 내용을 구체적으로 확정하는 작용으로 평가할 수 있다. 이들 기능과 비교하여 사법부는 개인의 권리구제 및 법질서 유지를 위한 최종적인 판단을 한다는 데에 그 특징이 있다.

법률의 해석 및 사실관계를 둘러싼 법적 분쟁을 중재하는 데에 있어서 행정부의 관여 자체가 헌법적으로 문제되는 것은 아니다. 또 헌법은 국가와 국민 간의 분쟁에 있어서 행정부의 분쟁조정기능을 규정하고 있다. 즉 헌법 제107조 제3항에서 재판의 전심절차로서 행정심판을 인정하고 있다. 예컨대 국가배상청구에 있어서 배상심의회의 배상결정은 재판에 의한 최종적인 판단이 배제되어 있지 않다면 헌법에 위반되는 것은 아니다.[3] 그러나 사법부는 분쟁의 최종적인 판단권자이기 때문에 당사자의 동의 없이 법원이 아닌 행정부가 분쟁을 최종적으로 결정하는 것은 헌법에 위반된다. 개정 전「특허법」및「변호사법」은 사실

1) 헌재 1997.12.24, 96헌마172등, 9-2, 842면 이하 참조.
2) 법원은 1972년 헌법의 대통령의 긴급조치를 형식적으로 국회입법의 형식을 띠지 않았다는 이유로 법원이 위헌 여부에 대한 최종적인 결정권을 갖는다고 보았다. 대판 2010.12.16, 2010도5986 참조.
3) 헌재 2000.2.24, 99헌바17등, 12-1, 249면 이하 참조.

관계에 대한 판단에 있어 특허청에서의 항고심판, 법무부 변호사징계위원회에서 이의절차를 밟은 후 곧바로 대법원에 상고 및 즉시항고하도록 하였다. 그런데 대법원은 기본적으로 법률심이다. 이로써 법원에서 사실관계를 판단하는 기회가 보장되지 않으므로 헌법에 합치하지 않는 것으로 결정된 바 있다.[4] 이에 비해서 대법원이 사실확정의 기능도 행하는 경우에는 대법원을 단심으로 하는 재판이 헌법에 위반되는 것은 아니다. 이러한 이유로 법관에 대한 징계처분 취소소송을 대법원이 단심으로 하는 규정은 합헌으로 결정되었다.[5]

사법부는 위와 같이 최종적인 판단권자로서 구체적인 사건에서 직접 조사한 증거를 통하여 밝혀진 객관적 상황에 기초하여 법을 해석·적용하여야 한다. 따라서 법관에게 증거조사에 의한 사실판단의 기회를 주지 않고 공소사실과 검사의 의견을 듣고 형을 선고하도록 하는 것은 입법권과 사법권의 기능분배의 원칙을 위반하여 사법권을 침해한다.[6] 이 밖에 입법권에 의하여 법관의 양형결정권을 지나치게 침해한 경우 역시 권력분립의 원칙에 위반하여 사법부의 권한을 제한한다.[7]

위와 같은 기준에 비추어 볼 때 현행 헌법에서 배심제 및 참심제는 허용될 수 없다. 이 점에 대해서 재판을 받을 권리와 관련하여 설명하였다.

제 2 절 사법부의 특성

사법작용은 국회와 행정부의 기능과 비교해 볼 때 여러 측면에서 차이가 있다. 무엇보다도 사법기능은 소극적이고, 수동적이라는 특성이 있다.

Ⅰ. 소 극 성

입법 및 행정작용은 미래를 지향하여 제도를 개선하고, 또 법적 분쟁을 사전에 예방하여 사회구성원 간에 이해관계의 마찰 없이 정책이 집행될 수 있도록 모색한다. 이에 비해서 사법권은 사실관계 혹은 법률의 해석을 둘러싸고

4) 헌재 1995.9.28, 92헌가11등, 7-2, 264면 이하; 2000.6.29, 99헌가9, 12-1, 753면 이하 등 참조.
5) 헌재 2012.2.23, 2009헌바34, 24-1(상), 80면 이하 참조.
6) 이에 대해서는 헌재 1996.1.25, 95헌가5, 8-1, 18면 이하 참조.
7) 헌재 1992.4.28, 90헌바24, 4, 237면 이하 참조.

법적 분쟁이 발생했을 때 비로소 발동한다. 이 점에서 사법권은 소극적인 권력이다.

Ⅱ. 수 동 성

법적 분쟁이 발생했다는 사실만으로 사법권이 발동하는 것은 아니다. 즉 사법권은 분쟁의 일방 당사자가 분쟁의 해결을 사법부에 의뢰했을 때 비로소 발동한다. 법적 분쟁이 발생한 경우에도 분쟁의 당사자가 아니며, 따라서 자신의 권리가 침해된 자가 아니라면 사법권의 발동을 청구할 수 없다. 검찰이 고소뿐 아니라 제3자의 고발 혹은 직권에 의하여 수사를 개시하는 점과 비교되는 사법부의 특성이다. 이 점에서 사법권은 수동적인 권력이다.

제 3 절 사법권의 한계

사법작용에는 민사·형사 및 행정재판이 포함된다. 헌법재판도 기본적으로는 법적 분쟁에 대한 사법적 판단이므로 사법작용에 포함된다. 특히 우리 헌법과 같이 추상적 규범통제를 인정하지 않는 상황에서 헌법재판은 사법작용의 성격이 강하다. 다만 헌법은 헌법재판이 일반 재판과 다른 특유한 성격을 고려하여 장을 달리하여 규율하고 있다.

Ⅰ. 법적 기준과 정책적 기준

사법은 법적 기준에 따라 분쟁을 중재한다. 따라서 권리 혹은 이익침해를 이유로 분쟁이 발생한 경우에도 해당 분쟁이 법률해석이 아니라 현행 법령의 정책적 불합리를 이유로 제기된 경우에는 사법적 판단의 범위를 벗어난다. 이 경우 해당 법률의 헌법 위반을 이유로 당사자는 위헌법률심판제청 혹은 헌법소원을 제기할 수 있을 뿐이다. 법원이 직접 법률의 적용을 배제하고 정책적으로 보다 바람직한 혹은 헌법에 합치하는 법률을 형성하여 적용하는 권한은 없다.[8)]

8) 따라서 헌법 제29조 제2항의 이른바 이중배상금지규정의 법이론적 불합리를 인식하고 이 규정

Ⅱ. 통치행위의 문제

1. 통치행위에 대한 이해

사법권의 한계와 관련하여 통치행위의 인정 여부가 문제된다. 통치행위는 미국헌법에서 유래하는 정치행위이론(political question doctrine)과 맥락을 같이 한다. 이에 따르면 헌법 자체가 법의 해석 및 적용의 권한을 정치기관에게 부여한 경우 정치행위이론이 적용되어 사법심사가 배제된다.

기능적인 시각에서 헌법해석이 다양한 권력에 분배되어 있다고 이해하여 정치행위이론을 구성하기도 한다. 일반적으로 통치행위이론은 대통령의 고도의 정치적 결정이 사법심사의 대상인가 하는 문제로 구체화된다.

2. 헌법적 기준에 따른 판단

긴급재정경제명령, 긴급명령, 비상계엄조치 등을 발동하는 대통령의 행위가 사법심사의 대상이 될 수 있는가 하는 문제이다. 예컨대 국군을 해외파병하는 결정(이라크전쟁 파병결정)에 관한 헌법소원심판에서 헌법재판소는 해당 대통령의 행위를 사법심사가 자제되어야 하는 통치행위로 본 바 있다.[9] 이에 대해서는 대통령에 관한 장에서 설명하였다.

이 밖에 대통령의 외교권, 사면권, 법률안에 대한 거부권, 대통령의 헌법기관구성권 또는 헌법개정안 발의행위 등은 헌법적 기준에 따라 심사하기에 적합하지 않은 사안들이다. 다만 이들은 대부분의 경우 통치행위의 논리와 관계없이 원고적격이 부인되어 실제는 사법심사의 대상이 될 수 없다. 위에서 언급한 이라크전쟁 파병에 대한 또 다른 결정에서 헌법재판소는 파병결정으로 인하여 침해되는 기본권이 존재하지 않는다는 이유로 각하결정을 한 바 있다.[10]

판례 **국군해외파병결정과 통치행위** (헌재 2004.4.29, 2003헌마814)

외국에의 국군의 파견결정은 파견군인의 생명과 신체의 안전뿐만 아니라 국제사회에서 우리나라의 지위와 역할, 동맹국과의 관계, 국가안보문제 등 궁극적으로 국민 내지 국익에 영향을 미치는 복잡하고도 중요한 문제로서 국내 및 국제정치관계

이 적용되는 사안을 해석론을 통하여 축소하려는 시도는 한계가 있다. 이러한 시도로는 대판 1979.1.30, 77다2389 참조.

9) 헌재 2004.4.29, 2003헌마814, 16-1, 601면 이하 참조.

10) 헌재 2003.12.18, 2003헌마255등, 15-2(하), 655면 이하 참조.

등 제반상황을 고려하여 미래를 예측하고 목표를 설정하는 등 고도의 정치적 결단이 요구된다. 따라서 이는 이에 대한 정치적 책임을 질 수 있는 국민의 대의기관이 관계분야의 전문가들과 광범위하고 심도 있는 논의를 거쳐 신중히 결정하는 것이 바람직하다. 우리 헌법도 그 권한을 국민으로부터 직접 선출되고 국민에게 직접 책임을 지는 대통령에게 부여하고 그 권한행사에 신중을 기하도록 하기 위해 국회가 파병에 대한 동의 여부를 결정할 수 있도록 하고 있다. 대의민주제하에서 대의기관인 대통령과 국회의 그와 같은 고도의 정치적 결단은 가급적 존중되어야 한다.

이 사건 파견결정이 헌법에 위반되는지의 여부, 즉 국가안보에 기여하고 궁극적으로는 국민과 국익에 이로운 것인지 여부 및 이라크전쟁이 국제규범에 어긋나는 침략전쟁인지 여부 등에 대한 판단은 대의기관인 대통령과 국회의 몫이고, 성질상 한정된 자료만을 가지고 있는 우리 재판소가 판단하는 것은 바람직하지 않다. 우리 재판소의 판단이 대통령과 국회의 그것보다 더 옳다거나 정확하다고 단정짓기 어려움은 물론 재판결과에 대하여 국민들의 신뢰를 확보하기도 어렵다. 설혹 사법적 심사의 회피로 자의적 결정이 방치될 수도 있다는 우려가 있으나 대통령과 국회의 판단은 궁극적으로는 선거를 통해 국민에 의한 평가와 심판을 받게 될 것이다.

---

3. 법적 기준에 따른 판단

(1) 통치행위이론의 형성 가능성

대통령의 고도의 정치적 결정이 실정법에 위반될 때 사법심사의 대상이 되는가는 통치행위에 대한 전형적인 논의 범위에 속하지는 않는다. 통치행위는 추상적인 헌법과 구체적인 대통령의 행위와의 관계에서 헌법해석의 결과 대통령이 취한 행위를 존중한다는 논리이다. 그런데 대통령의 구체적인 행위가 구체적인 법률에 위반되는가는 이와 구분되는 문제이다. 지금까지 이 문제는 전형적인 통치행위와는 논리구조가 다름에도 불구하고 구분하여 이해하지는 않았다.[11)]

이 문제에 대해서는 다음과 같은 두 가지 입장이 있을 수 있다.

첫째, 통치행위이론 혹은 정치행위이론은 헌법해석 및 적용 권한의 배분과 관련하여 헌법이 사법부와 입법부 및 행정부, 주로 대통령과의 관계에서 명시적인 기준을 제시하지 않는다는 점에 착안한다. 이 경우 대통령에게 독자적인 권한을 부여하여야 하며, 사법부의 헌법해석 및 적용 권한은 자제되어야 한다

---

11) 이러한 헌법재판소의 결정 혹은 법원의 판결로는 헌재 1994.8.31, 92헌마126, 6-2, 176면 이하; 대판 2004.3.26, 2003도7878 등 참조.

는 것이다(self-restraint). 그런데 대통령의 행위가 법률의 구체적인 기준에 반하는 경우에는 통치행위이론을 적용할 여지가 없으며, 따라서 대통령의 행위는 사법 심사의 대상이 된다. 이러한 입장은 그 주장이 명료하기는 하다. 그러나 현실에 대한 탄력적인 대응능력이 부족한 법률적 기준을 절대적으로 존중하여야 하는 경우 특히 우리나라와 같은 분단상황에서 급변하는 남북관계에 대응하는 대통령의 통일 및 헌법수호의 과제에 장애가 될 수 있다.

둘째, 국회의 입법행위는 그 자체 정책판단의 결과이기는 하지만, 또 헌법적 가치를 실현하는 헌법해석의 성격이 있다. 이러한 국회 입법행위의 이중적 성격을 구체적인 상황에서 대통령의 법률적 기준에 반하는 행위에 적용하면 다음과 같이 평가할 수 있다. 즉 한편으로 보면 대통령의 행위는 국회에서 제정한 법률을 위반하였으며, 따라서 비난의 대상이지만, 다른 한편으로 보면 대통령이 국회와는 다른 정치적 결정을 하여 헌법의 가치를 구체화하였다고도 볼 수 있다. 그리고 후자의 관점에서 보면 실정법에 명시적으로 반하는 대통령의 정치적 결정이 통치행위의 성격을 가질 수 있다. 예컨대 1972년 남북공동성명 직전 대통령이 북한에 밀사를 파견한 행위를 「국가보안법」 위반으로 수사·기소하는 것은 희화적이다.

(2) 통치행위이론의 제한적 적용

생각건대 위 견해 중 두번째 입장에 서더라도 법률에 위반하는 대통령의 정치적 결정이 일반적으로 통치행위라는 이유로 사법심사의 대상에서 제외될 수는 없다.[12] 이를 사법심사의 대상에서 제외하는 것은 다음과 같은 조건하에 극히 예외적으로 인정되어야 한다. 첫째, 해당 행위가 헌법적 가치를 실현하는 정당성이 있어야 한다. 둘째, 해당 행위가 개인의 기본권에 직접적인 영향을 주는 효과가 없어야 한다. 셋째, 해당 대통령의 행위가 목적을 달성하는 데 명백히 불합리한 수단이라고 볼 수 없어야 한다.

판례 대통령긴급조치와 통치행위에 대한 사법심사
(대판 2010.12.16, 2010도5986)

입헌적 법치국가의 기본원칙은 어떠한 국가행위나 국가작용도 헌법과 법률에 근거하여 그 테두리 안에서 합헌적·합법적으로 행하여질 것을 요구하고, 이러한 합헌성과 합법성의 판단은 사법의 권능에 속한다. 다만 고도의 정치성을 띤 국가행위에

12) 대판 1997.4.17, 96도3376 참조. 보다 적극적인 판결로는 대판 2010.12.16, 2010도5986 참조.

대하여는 이른바 통치행위라 하여 법원 스스로 사법심사권의 행사를 억제하여 그 심사대상에서 제외하는 영역이 있을 수 있다. 그러나 이와 같이 통치행위의 개념을 인정한다고 하더라도 과도한 사법심사의 자제가 기본권을 보장하고 법치주의 이념을 구현하여야 할 법원의 책무를 태만히 하거나 포기하는 것이 되지 않도록 그 인정을 지극히 신중하게 하여야 한다.

유신헌법 제53조에 근거한 긴급조치 제1호는 국민의 기본권을 제한하는 조치로서 형벌법규와 국가형벌권의 행사에 관한 규정을 포함하고 있다. 그러므로 기본권 보장의 최후 보루인 법원은 긴급조치 제1호에 규정된 형벌법규에 대하여 사법심사권을 행사함으로써, 대통령의 긴급조치권 행사로 인하여 국민의 기본권이 침해되고 나아가 우리나라 헌법의 근본이념인 자유민주적 기본질서가 부정되는 사태가 발생하지 않도록 그 책무를 다하여야 한다.

긴급조치 제1호는 대한민국헌법을 부정, 반대, 왜곡 또는 비방하는 일체의 행위, 대한민국헌법의 개정 또는 폐지를 주장, 발의, 제안 또는 청원하는 일체의 행위와 유언비어를 날조, 유포하는 일체의 행위 및 이와 같이 금지된 행위를 권유, 선동, 선전하거나, 방송, 보도, 출판 기타 방법으로 이를 타인에게 알리는 일체의 언동을 금한다. 이 조치를 위반하거나 비방한 자는 법관의 영장 없이 체포, 구속, 압수, 수색하며 15년 이하의 징역에 처한다. 이는 유신헌법 등에 대한 논의 자체를 전면 금지함으로써 유신체제에 대한 국민적 저항을 탄압하기 위한 것임이 분명하다. 이는 긴급조치권의 목적상의 한계를 벗어나고, 위 긴급조치가 발령될 당시의 국내외 정치상황 및 사회상황이 긴급조치권 발동의 대상이 되는 비상사태로서 국가의 중대한 위기상황 내지 국가적 안위에 직접 영향을 주는 중대한 위협을 받을 우려가 있는 경우에 해당하지 않는다. 따라서 그러한 상황에서 발령된 긴급조치 제1호는 유신헌법 제53조의 요건을 결여한 것이다.

이와 같이 긴급조치 제1호는 그 발동 요건을 갖추지 못한 채 목적상 한계를 벗어나 국민의 자유와 권리를 지나치게 제한함으로써 국민의 기본권을 침해한 것이다. 따라서 긴급조치 제1호는 해제 내지 실효되기 이전부터 유신헌법에 위배되어 위헌이고, 나아가 긴급조치 제1호에 의하여 침해된 위 각 기본권의 보장 규정을 두고 있는 현행 헌법에 비추어 보더라도 위헌이다.

Ⅲ. 헌법규범적 한계

위와 같이 사법본질적 혹은 헌법이론적 관점에서 사법권 행사에는 한계가 있다. 이 밖에 헌법은 국회의 자율권을 존중하기 위하여 국회에서 국회의원에 대한 자격심사 및 징계, 그리고 제명에 대해서는 법원에 제소할 수 없도록 하고 있다(제64조 제4항). 이 규정 이외에는 헌법은 사법권의 한계에 관한 명시적인 규정을 두고 있지 않다. 과거 헌법, 즉 1972년 헌법은 대통령의 긴급조치를(제53조 제4항), 1980년 헌법은 불법적인 집권과정에서 국가보위입법회의에서 제정한 법률 등에 대한 사법심사를 배제하는 규정을 둔 바 있다(부칙 제6조 제3항). 다만 과거 헌법에 의하여 사법심사의 대상에서 제외된 조치들이 현행 헌법을 기준으로 사법심사의 대상이 될 수는 있다.[13)]

제 4 절 사법권의 독립

사법부는 분쟁의 당사자로부터 독립하여 당사자 일방에 치우치지 않은 제3자의 지위에서 공정하게 분쟁을 조정하여야 한다. 이 점에서 사법부의 구성·조직 및 권한형성에 있어서 가장 중요한 원칙은 사법권의 독립이다. 헌법은 사법권의 독립을 다음과 같은 다양한 방법으로 보장하고 있다.

Ⅰ. 법원조직의 독립

1. 법원조직 등의 법정주의

행정부가 자의적으로 법원조직에 간섭하는 것을 배제하기 위해서 법관의 자격과 법원조직은 법률로 정한다. 사법권은 법관으로 구성된 법원에 속한다. 법원은 최고법원인 대법원과 각급 법원으로 조직된다(제101조, 제102조). 이에 대해서 자세히는 「법원조직법」이 정하고 있다. 행정부는 헌법 또는 법률의 개정없이 사법부의 조직을 자의적으로 변경할 수 없다.

2. 특별법원

특별법원은 헌법이 특별히 규정하는 경우를 제외하고는 허용되지 않는다. 특별법원으로 군사법원을 설치할 수 있다(제110조 제1항). 군사법원은 일반법원과 조직·권한 및 재판관의 자격을 달리한다. 군사법원에서 재판도 비상계엄이 선포된 경우를 제외하고는 대법원을 최종심으로 한다. 비상계엄이 선포된 경우 일정한 범위의 범죄에 대해서는 군사법원에서 단심(單審)으로 할 수 있다. 다만

13) 헌재 2013.3.21, 2010헌바70등, 25-1, 194면 이하 참조.

선고의 내용이 사형인 경우에는 대법원이 최종심이 되어야 한다(제110조 제2, 4항). 군사법원의 관할사항에 대해서는 재판을 받을 권리와 관련하여 서술한 바 있다.

3. 예산편성에 있어서의 배려

사법부 조직의 독립에 한정된 문제는 아니지만 사법부의 예산편성권이 행정부에 있는 점은 법원의 독립에 장애요소로 지적되고 있다. 법원의 예산요구를 존중하는 다양한 장치가 모색되어야 할 것이다.[14] 이 점은 「법원조직법」과 「국가재정법」이 부분적으로 반영하고 있다. 법원의 예산을 편성함에 있어서는 사법부의 독립성과 자율성을 존중하여야 한다(법원조직법 제82조 제2항). 또 법원의 재정적인 독립성을 존중하기 위하여 법원이 제출한 세출예산요구액을 감액하고자 할 때에는 국무회의에서 대법원장의 의견을 들어야 하며, 실제 감액할 때에는 그 규모와 이유, 감액에 대한 대법원장의 의견을 국회에 제출하여야 한다(국가재정법 제40조).

Ⅱ. 법관의 신분보장

1. 신분보장의 내용

법관이 외부의 압력을 받지 않고 독립한 지위에서 공정한 재판을 하기 위해서는 헌법 및 법률이 정한 사유 이외의 사유로 불이익한 처분을 받지 않아야 한다. 따라서 법관은 일반 공무원에 비해서 강하게 신분이 보장된다. 이를 헌법은 다음과 같이 구체화하고 있다.

법관은 탄핵 또는 금고 이상의 형의 선고에 의하지 않고는 파면되지 않는다. 또 법관은 징계처분에 의하지 않고는 정직·감봉 기타 불리한 처분을 받지 않는다(제106조 제1항). 1972년 헌법은 법관이 탄핵, 형벌뿐 아니라 징계처분에 의하여도 파면될 수 있도록 하여 법관의 신분보장을 크게 약화시킨 바 있다(1972년 헌법 제104조 제1항). 법관이 직무상 의무를 위반하거나 직무를 게을리한 경우 혹은 법관이 품위를 손상하거나 법원의 위신을 떨어뜨린 경우가 징계사유이다. 법관에 대한 대법원의 징계처분에 대해서는 전심절차를 거치지 않고 대법원이 단심으로 재판한다(법관징계법 제2조, 제27조).[15] 이 밖에 법관보직권이 실질적으로는 법관에 대한 징계 혹은 문책

14) 이 문제에 대한 정책적 논의에 대해서는 예컨대 양건, "사법부의 예산안편성권 및 법률안제출권 인정에 관한 연구", 양건, 헌법연구(법문사, 1995), 604면 이하 참조.

15) 이에 대해서는 헌재 2012.2.23, 2009헌바34, 24-1(상), 80면 이하 참조.

의 수단으로 남용되는 경우 법관은 법원행정처의 소청심사위원회에 구제를 청구할 수 있고, 이에 불복하여 행정소송을 제기할 수 있다.[16)]

2. 법관임기제

법관의 임기조항도 신분보장에 기여한다. 법관은 임기제로 임용되며, 임기가 경과하는 때에는 재임용을 받아야 한다(제105조 제3항). 이를 적극적으로 보면 법관은 임기 중에는 헌법과 법률이 정한 경우를 제외하고는 의사에 반하여 퇴직하지 않는다. 법관은 중대한 심신상의 장해로 인하여 직무를 수행할 수 없는 때에 퇴직하며, 이는 법률이 정하는 바에 따라야 한다(제106조 제2항).

3. 법관재임용

법관의 임기제가 사법권독립의 원칙과 조화되기 위해서는 법관의 임기가 종료된 때에 직무를 수행하는 데 장애가 되는 특별한 사유가 존재하지 않는 한 재임용되어야 한다. 현행법에 의하면 임기가 만료된 판사는 인사위원회의 심의를 거치고 대법관회의의 동의를 얻어 대법원장의 연임발령으로 연임한다. 신체 또는 정신상의 장해로 인하여 판사로서 정상적인 직무를 수행할 수 없는 경우, 근무성적이 현저히 불량하여 판사로서 정상적인 직무를 수행할 수 없는 경우, 그리고 판사로서의 품위를 유지하는 것이 현저히 곤란한 경우에 한하여 대법원장은 연임발령을 하지 않는다(법원조직법 제45조의2).

법관임기제와 종신제는 각각 장·단점이 있다. 따라서 어느 하나에 헌법이론적 우월성이 있다고 볼 수는 없다.[17)] 다만 법관임기제는 운영에 따라서는 사법권의 독립을 해칠 우려가 있다. 따라서 법관재임용을 위한 평가기준이 사법권독립의 원칙에 충실하게 형성되어야 하며, 재임용을 원칙으로 운영되어야 한다.

Ⅲ. 재판의 독립

사법권 독립의 핵심은 법관의 재판에 있어서의 독립이다. 위에서 설명한 법

---

16) 헌법재판소는 바로 이와 같이 권리구제수단이 존재한다는 이유로 법관보직권행사에 대한 헌법소원심판청구는 보충성의 원칙에 반한다는 결정을 한 바 있다. 헌재 1993.12.23, 92헌마247, 5-2, 682면 이하 참조.

17) 유사한 논리는 교원임용에 있어서 기간제임용과 종신제임용에 대한 헌법적 평가에도 적용된다. 이 점에 대해서는 헌재 1998.7.16, 96헌바33등, 10-2, 148면 참조.

원조직의 독립, 그리고 법관의 신분보장은 모두 법관의 재판상의 독립을 확보하기 위한 목적을 갖는다. 법관의 재판상의 독립은 헌법 제103조에 선언되어 있다. 즉 법관은 헌법과 법률에 의하여 양심에 따라 독립하여 심판한다. 이는 다음과 같은 적극적인, 그리고 소극적인 내용을 갖는다.

1. 헌법과 법률, 그리고 양심에의 기속

(1) 헌 법

법관은 재판에 있어서 헌법과 법률에 기속된다. 헌법은 모든 국가기관을 기속하기 때문에 당연히 재판에서 심판의 기준이 된다. 법관은 적용법률이 헌법에 위반된다고 판단하는 경우 이의 적용을 배제할 수 있다. 다만 법률에 대한 위헌결정권은 헌법재판소에 있다(제107조 제1항). 따라서 적용법률이 헌법에 위반된다고 판단하는 때에는 법관은 헌법재판소에 해당 법률에 대한 위헌제청을 하고, 그 결과에 따라서 당해 사건을 심리하여야 한다.

이에 비해서 당해 사건에 적용할 명령·규칙 또는 처분이 헌법 또는 법률에 위반된다고 판단하는 경우에는 법원은 독자적으로 이를 심사할 수 있다. 이에 대한 최종적인 결정권은 대법원에 있다(제107조 제2항). 이와 같이 헌법재판이 이원화되면서 나타나는 문제점에 대해서는 위에서 언급한 바 있다.

(2) 법 률

법관을 기속하는 법률은 기본적으로 국회에서 제정한 형식적 의미의 법률이다. 이 밖에 다음 세 가지 범주의 법규가 재판의 기준이 된다. 첫째, 법률의 효력을 갖는 조약, 긴급재정경제명령 및 긴급명령 등이다. 둘째, 법률 하위의 일반적인 효력을 갖는 명령 등이다. 조직 내부의 사무처리 및 질서유지를 위하여 제정되는 행정규칙은 원칙적으로 대외적인, 그리고 일반적인 효력은 없다. 따라서 이는 재판규범으로 적용되지는 않는다. 다만 행정규칙 중 일부는 외부적 효력을 갖는다. 규범구체화 행정규칙, 법률대위적 행정규칙 등이 그것이다. 셋째, 실정법뿐 아니라 관습법 그리고 법의 일반원칙이 법관을 기속한다. 예컨대 행정법의 일반원칙으로 신뢰보호의 원칙, 과잉금지의 원칙 등이 적용된다.

이미 언급했듯이 법관이 위헌인 법률의 적용을 배제하기 위해서는 먼저 위헌제청을 하고 헌법재판소가 해당 법률에 대해서 위헌결정을 하여야 한다.

(3) 자연법의 재판규범성

법률의 내용이 법의 이념인 정의관념에 항상 합치하는 것은 아니다. 이 경우 법관이 주관적인 정의관념에 반한다는 이유로 법률의 적용을 배제할 수는 없다. 즉 법관을 기속하는 법률의 개념과 범주에 자연법이 포함되지는 않는다. 비교헌법적으로 보면, 예컨대 독일헌법 제20조 제3항은 사법부는 '법률(Gesetz)' 및 '법(Recht)'에 기속된다고 규정하고 있으나 이 규정이 법관으로 하여금 자연법에 반하는 법률의 적용을 배제하는 권한을 부여한 것은 아니다. 우리 법원도 자연법을 재판규범으로 인정하지 않고 있다.[18] 독일헌법 제97조 제1항은 법관은 법률(Gesetz)에 기속된다고 규정하여 이 점을 명확히 하였다.

(4) 양 심

법관은 헌법과 법률에 의하여 양심에 따라 독립하여 심판한다. 이때 양심은 법관의 법적 기준과 무관한 내심의 윤리적·가치적 판단을 말하는 것은 아니다. 법관은 법적 기준에 따른 판단이 자신의 윤리적·가치적 판단과 합치하지 않는 갈등의 상황에서 전자의 기준에 충실하여야 할 헌법적 의무가 있다. 사실 헌법 제103조가 제시한 양심의 내용은 이와 같이 의미가 없기 때문에 양심을 재판기준으로 드는 것은 헌법정책적으로 보면 무의미하다.

2. 법관의 법원 외부·내부 및 당사자로부터의 독립

(1) 외부로부터의 독립

법관은 다른 국가기관 및 외부의 영향으로부터 독립하여 심판한다. 법원은 입법부와 행정부의 위헌 혹은 위법적인 행위를 통해서 국민의 권리가 침해되지 않도록 보장하여야 하므로 구체적인 재판기능에 있어서 법관은 다른 국가기관, 즉 행정부 및 국회로부터 독립하여야 한다.

이러한 이유에서 국회는 계속 중인 재판 또는 수사 중인 사건의 소추에 관여할 목적으로 국정감사 및 국정조사를 할 수 없다(국정감사법 제8조). 또 법원의 재판에 이해관계가 있는 외부의 이익단체 혹은 일반 국민이 영향력을 행사하는 가능성이 차단되어야 한다. 예컨대 재판에 간섭하는 내용의 청원, 혹은 재판진행 중인 사안

18) 대판 1975.4.8, 74도3323; 1980.8.26, 80도1278; 1980.5.20, 80도306 등 참조. 80도306 선고에서 소수의견은 자연권에 기초한 저항권을 재판규범으로 인정하는 의견을 밝히고 있다. 헌법적 심사의 기준으로서 저항권에 대해서 자세히는 *BVerfGE* 5, 85(376ff.) 참조.

에 대한 청원은 접수하지 않는다(국회법 제123조 제3항; 청원법 제5조 제1항 제1호). 「집회 및 시위에 관한 법률」은 각급 법원의 경계지점으로부터 1백미터 이내의 장소에서는 옥외집회 또는 시위를 금지하였다(집시법 제11조 제1호). 다만 법관의 직무상 독립이나 구체적 사건의 재판에 영향을 미칠 우려가 없는 경우, 대규모 집회 또는 시위로 확산될 우려가 없는 경우 등과 같이 법원의 기능이나 안녕을 침해할 우려가 없는 때에는 집회 및 시위가 금지되지 않는다. 법원 주변에서의 집회가 법원을 대상으로 하지 않는 때 혹은 법원을 대상으로 하지만 사법행정과 관련된 의사표현을 목적으로 하는 때에는 재판에 영향을 미칠 우려가 없는 경우에 해당한다.[19]

(2) 내부로부터의 독립

법관은 독립된 국가기관으로 헌법과 법률에 의하여 재판한다. 이 점은 상명하복의 원칙이 적용되는 일반공직사회의 경우와 비교된다. 법관의 독립성으로 인하여 법원 내부에서도 상급법원의 법관과 하급법원의 법관, 그리고 동급법원에서 법관 간의 직위에 따른 위계관계는 사법행정에 있어서 의미가 있을 뿐 재판에 영향을 주지는 않는다.

이와 관련하여 「법원조직법」 제8조에 대해서는 설명이 필요하다. 이에 따르면 상급법원의 재판에 있어서의 판단은 당해 사건에 관하여 하급심을 기속하며, 따라서 상급심재판의 기속력이 인정된다. 이 규정은 법관의 재판상의 독립을 훼손하는 외관을 띠고 있다. 그러나 이는 심급제의 재판구조에서는 불가피한 규정이다. 예를 들어 당해 사건에 대해서 대법원이 하급심과는 다른 판결을 하여 파기환송한 경우 하급심이 원판결을 그대로 유지한다면 파기환송은 계속 반복될 것이다. 이로써 소송이 신속히 종결될 수 없고, 이는 소송경제의 측면에서도 바람직하지 않다. 또 보다 적극적으로 보면 법률해석 및 적용의 통일성을 기하기 위해서 당해 사건에서는 상급심재판이 하급심을 기속하여야 한다. 당해 사건이 아니라면, 예컨대 유사사건이라는 이유로 상급심재판이 하급심에 대해서 기속력을 갖지는 않는다.

(3) 재판당사자로부터의 독립

법관은 재판에 있어서 당사자의 이해관계로부터 독립할 때 비로소 공정하게

19) 기존 규정에 대한 헌법불합치결정으로는 헌재 2018.7.26, 2018헌바137, 30-2, 71면 이하 참조. 기존에 이 규정에 대한 합헌결정으로는 헌재 2005.11.24, 2004헌가17, 17-2, 362면 이하 참조.

분쟁을 조정할 수 있다. 법관이 재판의 당사자 일방과 친족관계 등 밀접한 인적 관계에 있는 경우에는 법관의 주관적인 심리상태를 볼 때 공정한 재판을 기대할 수 없으며, 그 결과 객관적으로 공정한 재판결과를 보장할 수 없다. 이 점을 각종 소송법은 제척·기피 및 회피제도를 두어 반영하고 있다.

법관 또는 그 배우자가 사건의 당사자가 되는 경우 등 제척사유가 존재하는 때에는 당해 법관은 직무집행에서 제외된다(헌재법 제24조 제1항; 민소법 제41조; 형소법 제17조). 법관에게 공정한 재판을 기대하기 어려운 사정이 있는 때에는 당사자는 기피신청을 할 수 있다(헌재법 제24조 제3항; 민소법 제43조; 형소법 제18조). 제척 또는 기피의 사유가 있는 경우에 법관 자신이 법원의 허가를 받아 직무집행을 회피할 수 있다(헌재법 제24조 제5항; 민소법 제49조; 형소법 제24조).

제 5 절 사법부의 구성과 조직, 법관의 신분

Ⅰ. 사법부의 구성과 조직

1. 대법원과 각급법원의 구성과 조직

법원은 최고법원인 대법원과 각급법원으로 구성된다. 대법원은 법률해석기관으로 법원 중 최상급심이며, 또 최고사법행정권을 갖는다. 헌법의 편제상 헌법재판소는 독립된 장(제6장)에 규율되어 있고, 기능상 헌법재판소는 헌법의 최고 해석기관이다. 대법원은 이러한 범위 내에서 최고법원이다.

대법원과 각급 법원의 조직은 법률로 정한다. 대법원을 최고법원으로 하고 대법원에 재판업무의 전문성과 효율성을 제고하기 위하여 부를 둘 수 있다(제102조 제1항). 이 밖에 고등법원, 특허법원, 지방법원, 가정법원, 행정법원, 회생법원이 설치되어 있다(법원조직법 제3조).

대법원에 대법관을 둔다. 대법원은 대법원장을 포함하여 14명으로 구성되어 있다(법원조직법 제4조 제2항). 대법원장은 국회의 동의를 얻어 대통령이 임명한다. 대법관은 대법원장의 제청으로 국회의 동의를 얻어 대통령이 임명한다. 이로써 사법부 구성에 대한 국회의 통제장치를 마련하고, 동시에 대법원에 어느 정도의 민주적 정당성을 부여하였다. 대법원장과 대법관이 아닌 법관은 대법관회의의 동의를 얻어 대법원장이 임명한다(제104조).

2. 사법보좌관제도

대법원과 각급 법원에 법관 외에 사법보좌관을 두고 있다. 사법보좌관은 법원사무관 또는 등기사무관 이상 직급으로 5년 이상 근무한 자, 법원주사보 또는 등기주사보 이상 직급으로 10년 이상 근무한 자 중 대법원규칙이 정하는 자로 한다. 사법보좌관제도는 실질적인 쟁송 이외의 업무에 관한 법관의 부담을 경감하여 법관이 실질적 쟁송에 관한 업무에 집중하도록 하는 목적으로 운영되고 있다. 사법보좌관은 실질적 쟁송에 해당하지 않는 업무, 즉 「민사소송법」 및 「소송촉진 등에 관한 특례법」에 따른 소송비용액 및 집행비용액 확정결정절차, 독촉절차, 공시최고절차, 「소액사건심판법」에 따른 이행권고결정절차에서의 법원의 사무, 「민사집행법」에 따른 집행문 부여명령절차, 채무불이행자명부 등재절차, 재산조회절차, 부동산에 대한 강제경매절차, 자동차·건설기계에 대한 강제경매절차, 동산에 대한 강제경매절차, 금전채권 외의 채권에 기초한 강제집행절차, 담보권 실행 등을 위한 경매절차, 제소명령절차, 가압류·가처분의 집행취소신청절차에서의 법원의 사무, 그리고 「주택임대차보호법」 및 「상가건물 임대차보호법」상의 임차권 등기명령절차에서의 법원의 사무 등의 업무를 담당한다(법원조직법 제54조 제2항).

사법보좌관은 법관의 감독을 받아 업무를 수행하며, 사법보좌관의 처분에 대하여는 법관에게 이의신청을 할 수 있다(법원조직법 제54조 제3항).[20]

Ⅱ. 법관의 신분

1. 임 기

법관은 임기제로 임용한다. 임기제의 의미에 대해서는 위에서 설명하였다. 대법원장의 임기는 6년이며, 중임할 수 없다. 대법관의 임기는 6년이며, 법률이 정하는 바에 의하여 연임할 수 있다. 대법원장과 대법관이 아닌 법관의 임기는 10년이며, 법률이 정하는 바에 의하여 연임할 수 있다(제105조 제1, 2, 3항). 임기제에 따르는 재임용기준이 사법권의 독립을 훼손해서는 안 된다는 점에 대해서는 이미 설명하였다. 대법원장은 판사에 대한 근무성적을 평정하여 그 결과를 인사

20) 사법보좌관은 소송비용확정재판 등 비송적·형식적 절차 업무를 처리하지만 이러한 처분에 대해서 이의신청이 허용되고 이 경우 법관이 재판을 담당하기 때문에 헌법에 위반되지 않는다. 헌재 2009.2.26, 2007헌바8등, 21-1(상), 45면 이하 참조.

관리에 반영시킬 수 있다(법원조직법 제44조의2). 이러한 근무성적에 대한 평정이 법관의 재판의 독립에 영향을 주어서는 안 된다.

2. 정 년

법관의 정년은 법률로 정한다(제105조 제4항). 대법원장과 대법관의 정년은 70세, 판사의 정년은 65세이다(법원조직법 제45조 제4항).

3. 신분보장

재판의 독립을 위하여 법관의 신분은 보장된다. 즉 법관은 탄핵 또는 금고 이상의 형의 선고에 의하지 않고는 파면되지 않는다. 또 징계처분에 의하지 않고는 정직·감봉 기타 불리한 처분을 받지 않는다. 대법원장은 판사보직권을 갖는다(법원조직법 제44조). 그런데 이러한 보직권은 경우에 따라서 법관에 대한 문책 혹은 징계의 수단으로 남용될 수 있으며, 이 경우 권리구제의 절차가 있어야 한다. 이 점에 대해서는 위에서 설명하였다.

법관이 중대한 심신상의 장해로 직무를 수행할 수 없을 때에는 대법원장은 인사위원회의 심의를 거쳐 퇴직을 명할 수 있다. 심신상의 장해로 인하여 퇴직하기 위해서는 대법관의 경우에는 대법원장의 제청이 있어야 하며, 대통령이 퇴직을 명한다(제106조 제2항; 법원조직법 제47조).

제 6 절 재판공개의 원칙

공정한 재판을 위하여 재판의 심리와 판결은 공개한다. 다만 심리가 국가의 안전보장 또는 안녕질서를 방해하거나 선량한 풍속을 해할 염려가 있을 때에는 법원의 결정으로 공개하지 않을 수 있다(제109조). 이 경우에도 재판장은 정당하다고 인정되는 사람에 대해서는 법정 안에 있게 할 수 있다. 법원의 심리를 비공개하는 결정을 하는 경우 이유를 밝혀 선고한다(법원조직법 제57조 제2항).

제 7 절 사법부의 조직, 기능과 권한

Ⅰ. 대 법 원

1. 대법관회의

대법원에는 대법관으로 구성된 대법관회의를 둔다. 대법관회의의 의장은 대법원장이다. 대법관회의는 대법관 전원의 3분의 2 이상의 출석과 출석인원 과반수의 찬성으로 의결한다. 가부동수인 때에는 의장이 결정권을 갖는다(법원조직법 제16조).

다음 사항들은 대법관회의의 의결을 거쳐야 한다. 판사의 임명에 대한 동의, 대법원규칙의 제정과 개정 등에 관한 사항, 판례의 수집·간행에 관한 사항, 예산요구, 예비금지출과 결산에 관한 사항, 다른 법령에 의하여 대법관회의의 권한에 속하는 사항, 특히 중요하다고 인정되는 사항으로서 대법원장이 부의한 사항 등이 그것이다(법원조직법 제17조).

2. 기능과 권한

(1) 종심심판권

대법원은 다음과 같은 사안에 대한 종심심판권을 갖는다. 고등법원 또는 항소법원·특허법원의 판결에 대한 상고사건, 항고법원·고등법원 또는 항소법원·특허법원의 결정·명령에 대한 재항고사건, 다른 법률에 의하여 대법원의 권한에 속하는 사건 등이다(법원조직법 제14조). 다른 법률에 의하여 대법원의 권한에 속하는 사건에는 대통령선거 및 국회의원선거, 그리고 비례대표 시·도의회의원 및 시·도지사선거에 있어서 선거소송 및 당선소송이 있다(공직선거법 제222조 이하). 상고심청구권은 법률에 의하여 제한할 수 있다. 이 점에 대해서는 이미 설명한 바 있다.

대법원이 위와 같은 심판권을 행사할 때에는 대법관 전원의 3분의 2 이상의 합의체에서 행한다. 대법관 3인 이상으로 구성된 부에서 먼저 사건을 심리하여 의견이 일치한 때에는 합의체에서 심판할 필요는 없다. 다만 다음과 같은 경우는 항상 합의체에서 심판을 하여야 한다. 명령 또는 규칙이 헌법에 위반함을 인정하는 경우, 명령 또는 규칙이 법률에 위반함을 인정하는 경우, 종전에 대법원에서 판시한 헌법·법률·명령 또는 규칙의 해석적용에 관한 의견을 변경할 필요가 있음을 인정하는 경우, 부에서 재판함이 적당하지 아니함을 인정하는 경우 등이다(법원조직법 제7조 제1항).

대법원장은 필요하다고 인정하는 경우에 특정한 부로 하여금 행정·조세·노동·군사·특허 등 사건을 전담하여 심판하게 할 수 있다(법원조직법 제7조 제2항).

(2) 명령·규칙 또는 처분에 대한 위헌·위법심사권

명령·규칙 또는 처분이 헌법이나 법률에 위반되는지 여부가 재판의 전제가 된 경우 대법원은 이를 최종적으로 심사한다(제107조 제2항). 대법원의 이러한 심사권은 해당 명령·규칙 또는 처분이 구체적인 사건에 적용되고 법원에 계속 중일 때 해당 사건을 심판하는 데에 부수적으로 행하여진다. 명령·규칙 또는 처분이 집행을 매개하지 않고 직접 개인의 기본권을 침해하는 경우에는 헌법 제107조 제2항이 적용되지 않으며, 명령·규칙 또는 처분은 헌법재판소에서 헌법소원의 심판대상이 된다.

이와 같이 헌법재판이 이원적으로 운영되면서 헌법 및 법률해석의 통일성이 상실될 위험이 있다. 첫째, 명령·규칙 또는 처분은 법률에 근거하여 발해진다. 그런데 법률의 위헌 여부는 헌법재판소가 판단한다. 이때 헌법재판소가 법률해석에 있어서 적용하는 헌법의 내용과 법원이 명령·규칙 또는 처분을 해석함에 있어서 적용되는 헌법내용에 대한 이해가 달라질 수 있다. 둘째, 같은 효력단계에 있는 명령·규칙 또는 처분에 대한 헌법적 판단을 대법원 혹은 헌법재판소가 행함에 따라서 해당 명령·규칙 또는 처분의 내용에 대한 이해에 있어서 통일성이 상실될 수 있다.

(3) 규칙제정권

대법원은 법률에 저촉하지 않는 범위에서 소송에 관한 절차, 법원의 내부규율과 사무처리에 관한 규칙을 제정할 수 있다(제108조). 대법원의 규칙제정권은 재판의 전문성과 독립성을 존중하기 위하여 부여된 권한이다. 헌법재판소는 대법원의 규칙제정권과 관련하여 위임의 구체성은 완화되거나 혹은 적용되지 않는다고 보았다.[21] 그러나 대법원 규칙이 기본권을 제한하거나 국가조직의 중요한 사항을 규율하는 경우에는 법률유보의 원칙은 존중되어야 한다.

대법원의 자율입법권은 기본적으로 법원의 내부적인 사무의 처리지침을 규

---

21) 헌재 1995.12.28, 91헌마114, 7-2, 887면 이하; 2016.6.30, 2013헌바370등, 28-1(하), 478면 이하 등 참조.

율대상으로 한다. 그러나 소송절차에 대한 규율은 필연적으로 외부적 효력을 갖는다. 따라서 이러한 규율은 재판규범으로 원용될 수 있다. 대법원규칙이 외부적 효력을 갖는 경우에 그 규율대상에는 한계가 있으며, 예컨대 죄형법정주의 등 기본권의 실현에 중요한 사항은 법률에 규정하여야 한다.

대법원장은 법원의 조직 · 인사 · 운영 · 재판절차 · 등기 · 가족관계등록 그 밖의 법원업무에 관련된 법률의 제정 또는 개정이 필요하다고 인정하는 경우에는 국회에 서면으로 그 의견을 제출할 수 있다(법원조직법 제9조 제3항).

(4) 사법행정권 등

대법원장은 사법행정사무를 통할하며, 사법행정사무에 관하여 관계공무원을 지휘 · 감독한다(법원조직법 제9조 제1항). 이를 위하여 대법원에 법원행정처를 설치한다(법원조직법 제19조). 법원의 인사에 관한 기본계획의 수립 및 인사운영을 위하여 대법원장의 자문기관으로 법관인사위원회를 설치한다(법원조직법 제25조의2).

대법원은 판사, 사법연수생, 그리고 법원직원 등을 교육하며, 이를 위하여 사법연수원, 법원공무원교육원이 설치되어 있다(법원조직법 제20, 21조). 이 밖에 사법제도 및 재판제도의 개선에 관한 연구를 위하여 사법정책연구원을 설치하였다(법원조직법 제20조의2).

Ⅱ. 각급법원

1. 각급법원의 종류와 관할사항

(1) 고등법원

고등법원은 지방법원합의부 · 가정법원합의부 · 회생법원합의부 또는 행정법원의 제1심 판결 · 심판 · 결정 · 명령에 대한 항소 또는 항고사건, 지방법원 단독판사 · 가정법원 단독판사의 제1심 판결 · 심판 · 결정 · 명령에 대한 항소 또는 항고사건으로서 형사사건을 제외한 사건 중 대법원규칙으로 정하는 사건, 그리고 다른 법률에 의하여 고등법원의 권한에 속하는 사건을 심판한다(법원조직법 제28조).

(2) 특허법원

특허법원은 「특허법」 제186조 제1항, 「실용신안법」 제33조, 「디자인보호법」 제166조 및 「상표법」 제162조에서 정하는 제1심사건, 「민사소송법」 제24조 제2항 및 제3항에 따른 사건의 항소사건, 그리고 다른 법률에 의하여 특허법원의 권한에 속하는 사건을 심판한다(법원조직법 제28조의4).

(3) 지방법원

지방법원 단독판사는 제1심을 관할한다. 지방법원과 그 지원의 합의부는 제1심 혹은 제2심을 관할한다. 지방법원과 그 지원의 합의부는 다음 사건을 제1심으로 심판한다. 합의부에서 심판할 것으로 합의부가 결정한 사건, 민사사건에 관하여는 대법원규칙으로 정하는 사건, 사형·무기 또는 단기 1년 이상의 징역 또는 금고에 해당하는 사건[22] 및 이 사건과 동시에 심판할 공범사건, 지방법원판사에 대한 제척·기피사건, 다른 법률에 의하여 지방법원합의부의 권한에 속하는 사건 등이 그것이다. 지방법원 본원합의부 및 춘천지방법원 강릉지원합의부는 지방법원 단독판사의 판결·결정·명령에 대한 항소 또는 항고사건 중 대법원규칙이 고등법원관할로 정하는 사건 이외의 사건을 제2심으로 심판한다(법원조직법 제32조).

대법원장은 지방법원 또는 그 지원 소속판사 중에서 관할구역 안에 위치한 시·군법원의 판사를 지명하여 시·군법원의 관할사건을 심판하게 한다. 시·군법원은 「소액사건심판법」의 적용을 받는 민사사건, 화해·독촉 및 조정에 관한 사건, 20만원 이하의 벌금 또는 구류나 과료에 처할 범죄사건, 「가족관계의 등록 등에 관한 법률」 제75조에 의한 협의상 이혼의 확인 등을 관할한다(법원조직법 제33, 34조).

(4) 가정법원

가정법원 단독판사는 제1심을 관할한다. 가정법원과 그 지원의 합의부는 제1심 혹은 제2심을 관할한다. 가정법원 및 가정법원지원의 합의부는 「가사소송법」에서 정한 가사소송과 마류(類) 가사비송사건 중 대법원규칙으로 정하는 사건, 가정법원판사에 대한 제척·기피사건 및 다른 법률에 의하여 가정법원합의부의 권한에 속하는 사건을 제1심으로 심판한다. 가정법원 본원합의부 및 춘천

22) 다만 다음과 같은 사건은 합의부에 의한 심판대상에서 제외된다. 형법 제258조의2 제1항, 제331조, 제332조(제331조의 상습범에 한한다)와 그 각 미수죄에 해당하는 사건, 제350조의2와 그 미수죄, 제363조에 해당하는 사건, 「폭력행위 등 처벌에 관한 법률」 제2조 제3항 제2호·제3호, 제6조(제2조 제3항 제2호·제3호의 미수죄에 한한다), 제9조에 해당하는 사건, 「병역법」 위반사건, 「특정범죄가중처벌 등에 관한 법률」 제5조의3 제1항, 제5조의4 제5항 제1호·제3호 및 제5조의11에 해당하는 사건, 「보건범죄단속에 관한 특별조치법」 제5조에 해당하는 사건, 「부정수표단속법」 제5조에 해당하는 사건, 「도로교통법」 제148조의2 제1항·제2항, 같은 조 제3항 제1호 및 제2호에 해당하는 사건, 「중대재해 처벌 등에 관한 법률」 제6조 제1항·제3항 및 제10조 제1항에 해당하는 사건.

가정법원 강릉지원합의부는 가정법원 단독판사의 판결 · 심판 · 결정 · 명령에 대한 항소 또는 항고사건 중 대법원규칙이 고등법원관할로 정하는 사건 이외의 사건의 제2심으로 심판한다(법원조직법 제40조).

(5) 행정법원

행정법원은 「행정소송법」에서 정한 행정사건과 다른 법률에 의하여 행정법원의 권한에 속하는 사건을 제1심으로 심판한다(법원조직법 제40조의4).

(6) 회생법원

회생법원은 다음 사건을 제1심으로 심판한다. 「채무자 회생 및 파산에 관한 법률」에 따라 회생법원 합의부의 권한에 속하는 사건, 합의부에서 심판할 것으로 합의부가 결정한 사건, 회생법원판사에 대한 제척 · 기피사건 및 「채무자 회생 및 파산에 관한 법률」 제16조에 따른 관리위원에 대한 기피사건, 다른 법률에 따라 회생법원 합의부의 권한에 속하는 사건. 회생법원 합의부는 회생법원 단독판사의 판결 · 결정 · 명령에 대한 항소 또는 항고사건을 제2심으로 심판한다(법원조직법 제40조의7).

2. 심 판

고등법원 · 특허법원 및 행정법원의 심판은 판사 3인으로 구성된 합의부에서 행한다. 다만 행정법원에서 단독판사가 심판할 것으로 행정법원합의부가 결정한 사건의 심판은 단독판사가 행한다. 이에 비해서 지방법원, 가정법원 및 회생법원과 그 지원, 가정지원 및 시 · 군법원의 심판은 단독판사가 행한다. 그러나 지방법원, 가정법원 및 회생법원과 그 지원 및 가정지원에서 합의심판을 하여야 하는 경우에는 판사 3인으로 구성된 합의부에서 행한다(법원조직법 제7조 제3, 4, 5항).

제 8 절 행정심판과 사법절차

Ⅰ. 행정심판의 필요성과 정당성

사법부는 당사자로부터 독립한 제3자의 지위에서 법적 분쟁을 공정 · 신속하게 결정하여야 한다. 그런데 오늘날 국가기능이 확대되고, 복잡화 · 전문화되면서 국가와 개인의 법적 분쟁이 발생했을 때 사법적 판단에 앞서 행정청 스스로가 자기교정을 하여 개인이 신속하게 권리를 구제받을 수 있도록 할 필요가 있다. 이에 전심절차로서 행정심판을 설치·운영하고 있다. 그러나 전심절차를 사법절차로 대체하여 종심절차로 하는 것은 헌법에 위반된다.

「행정소송법」은 원칙적으로 행정심판을 거치지 않고 행정소송을 제기할 수 있지만, 법률에 특별한 규정이 있는 경우에는 먼저 행정심판을 거치도록 하고 있다. 다만 필수적인 행정심판의 경우에도 행정심판청구가 있은 날로부터 60일이 지나도 재결이 없는 때, 처분의 집행 또는 절차의 속행으로 생길 중대한 손해를 예방하여야 할 긴급한 필요가 있는 때, 법령의 규정에 의한 행정심판기관이 의결 또는 재결을 하지 못할 사유가 있는 때 및 그 밖의 정당한 사유가 있는 때에는 행정심판을 거치지 않고 행정소송을 제기할 수 있다(행정소송법 제18조). 필수적 행정심판을 도입하면서 행정심판을 거치지 않고 행정소송을 제기할 수 있는 예외를 전혀 인정하지 않거나 극히 협소하게 규정하는 것은 사법부에 의한 권리구제의 가능성을 그만큼 제한하는 것으로 헌법에 위반된다.[23)]

판례 **필수적 행정심판과 행정소송** (헌재 2001.6.28. 2000헌바30)

지방세 부과처분에 대한 이의신청 및 심사청구의 심의·의결기관인 지방세심의위원회는 그 구성과 운영에 있어서 심의·의결의 독립성과 공정성을 객관적으로 신뢰할 수 있는 토대를 충분히 갖추고 있다고 보기 어렵고, 이의신청 및 심사청구의 심리절차에 사법절차적 요소가 매우 미흡하며, 당사자의 절차적 권리보장의 본질적 요소가 결여되어 있다. 이 점에서 지방세법상의 이의신청·심사청구제도는 헌법 제107조 제3항에서 요구하는 "사법절차 준용"의 요청을 외면하고 있다. 그런데 지방세법 제78조 제2항은 이러한 이의신청 및 심사청구라는 2중의 행정심판을 거치지 않으면 행정소송을 제기하지 못하도록 하고 있으므로 위 헌법조항에 위반될 뿐만 아니라, 재판청구권을 보장하는 헌법 제27조 제3항에도 위반된다. 나아가 필요적 행정심판전치주의의 예외사유를 규정한 행정소송법 제18조 제2항, 제3항에 해당하는 사유가 있어 행정심판제도의 본래의 취지를 살릴 수 없는 경우에까지 그러한 전심절차를 거치도록 강요한다는 점에서도 국민의 재판청구권을 침해한다.

---

23) 이에 대해서는 예컨대 헌재 2001.6.28, 2000헌바30, 13-1, 1342면 이하 참조.

Ⅱ. 행정심판과 사법절차

헌법은 전심절차를 적극적으로 인정하면서, 개인의 권리를 충실히 구제할 수 있도록 행정심판의 절차를 법률로 정하고, 여기에 사법절차를 준용하도록 하고 있다(제107조 제3항).

1. 사법절차의 특징적 요소

행정심판에 준용되는 사법절차의 특징적 요소는 다음과 같다.[24] 첫째, 판단기관의 독립성과 공정성이 보장되어야 한다. 이를 위해서는 판단기관의 조직과 운영의 기본적인 사항이 법률에 정해져야 한다. 또 판단기관이 재결청의 지휘·감독을 받지 않고 독자적인 결정을 할 수 있어야 하며, 외부전문가가 일정 비율로 참여하는 것이 보장되어야 한다. 둘째, 대심적 심리구조가 갖추어져야 한다. 구술심리절차를 마련하여 변론의 기회를 보장하여야 한다. 따라서 이를 보장하지 않고 서면심리에 의하여 증거조사 후 일방적으로 결정이 내려지는 경우 대심적 심리구조를 결여하였다고 본다. 셋째, 당사자의 절차적 권리가 보장되어야 한다. 당사자에게 위원에 대한 기피신청권, 보충서면제출권, 증거제출권, 증거조사신청권 등이 보장되어야 한다.

2. 준용의 의미

행정심판에 사법절차가 준용되어야 한다는 것은 위와 같은 사법절차의 요소들을 엄격히 갖추어야 할 필요는 없지만 적어도 그 본질적 요소를 현저히 결여해서는 안 된다는 의미이다. 예컨대 헌법재판소는 「지방세법」상 지방세 부과처분에 대한 이의신청 및 심사청구에 대한 심의 및 의결에 있어서 사법절차가 준용되지 않았다는 이유로 해당 규정을 위헌으로 판단하였다.[25]

Ⅲ. 사법절차 준용의 대상범위

1. 필수적 전심절차와 임의적 전심절차

행정심판에 사법절차를 준용하여야 한다는 헌법적 요청이 상대화될 수 있는

24) 헌재 2000.6.1, 98헌바8, 12-1, 602면 이하; 2001.6.28, 2000헌바30, 13-1, 1338면 이하 등 참조.
25) 헌재 2001.6.28, 2000헌바30, 13-1, 1336면 참조.

것은 아니다. 헌법재판소는 필수적인 전심절차와 임의적인 전심절차를 나누어, 전자의 경우에 한하여 사법절차를 준용하여야 하며, 후자의 경우에는 사법절차를 준용할 필요는 없다고 보고 있다. 그러나 임의적인 전심절차에서도 행정소송을 제기할 가능성과는 별개로 개인의 법적 지위가 잠정적으로 결정된다는 점에서는 필수적인 전심절차와 차이가 없다. 따라서 헌법재판소의 위와 같은 분류와 이에 따른 헌법적 평가는 타당하지 않다. 즉 행정심판의 경우에는 필수적이든 임의적이든 사법절차가 준용되어야 한다.

판례 **행정심판에 사법절차의 준용** (헌재 2000.6.1, 98헌바8)

산업재해보상보험법이 규정하고 있는 심사청구·재심사청구의 절차와 여기에 보완적으로 적용되는 행정심판법의 심리절차까지 고려하여 살펴보면, 심사청구·재심사청구의 절차는 전체적으로 대심주의 구조에 가깝고, 증거조사신청권 등 당사자의 절차적 권리가 상당히 보장되어 있으며, 재결의 절차와 방식, 재결의 효력 등의 면에서도 사법절차를 준용하고 있다. 재결기관의 독립성·공정성에 관하여 보건대, 재심사청구의 재결기관인 산업재해보상보험심사위원회는 그 구성과 운영에 있어서 심의·재결의 독립성과 공정성을 객관적으로 신뢰할 수 있고, 심사청구의 경우에도 근로복지공단이 그 재결기관으로 되어 있다는 점만으로 심의·재결의 독립성과 공정성이 본질적으로 배제되어 있다고 하기 어렵다. 또 심사청구에 관한 결정에 불복이 있는 자는 재심사청구의 기회가 보장되어 있다. 그렇다면 전체적으로 볼 때 심사청구·재심사청구제도는 헌법 제107조 제3항에 위반된다고 할 수 없다.

헌법 제107조 제3항은 행정심판의 절차를 법률로 정하도록 하고 있으므로 입법자는 행정심판을 통한 권리구제의 효율성, 행정청에 의한 자기시정의 개연성, 행정심판사항의 특성 등 여러 가지 요소를 감안하여 행정심판절차의 구체적 모습을 형성할 수 있다. 산업재해보상업무에는 업무와 재해 간의 의학적 인과관계, 신체장해의 정도, 요양의 필요성 등 고도의 의학적·법학적·보험정책적 전문성과 기술성이 요구되어 이에 관한 행정기관의 전문성을 충분히 살릴 필요성이 크므로 다른 일반의 행정처분과는 달리 특수한 전심절차를 둔 것에 합리성이 있다. 또 심사청구·재심사청구제도는 통상의 소송절차에 비하여 간편한 절차에 의해 시간과 비용을 절약하며, 신속하고도 효율적인 권리구제를 꾀할 수 있다는 장점이 있다. 비록 국민의 재판청구권을 제약하는 측면이 있으나, 심사청구·재심사청구의 전치로 인한 노고와 시간, 즉 재판청구권의 제약의 정도는 경미한 데 비하여 그로 인하여 달성되는 공익은 매우 크다. 따라서 심사청구·재심사청구제도가 행정심판절차에 관한 입법형성권의 한계를 벗어나 국민의 재판청구권을 침해한다고 할 수 없다.

2. 대안적 분쟁해결절차와 사법절차

사법절차의 준용문제는 행정심판 이외에 사전적 권리구제제도를 형성하는 데 있어서도 문제가 된다. 법관에 의한 분쟁해결은 공정성이 보장되지만 신속하지 못한 단점이 있다. 또 당사자 간의 합의에 의하여 이익이 조정되는 형태로 분쟁이 해결될 수 있다면 이는 당사자 간에 수용될 가능성이 높다. 이러한 이유에서 오늘날 공법관계뿐 아니라 사법관계에서도 이른바 '소송 외의 대안적 분쟁해결(Alternative Dispute Resolution; ADR)'이 널리 이용되고 있다.

대안적 분쟁해결에 사법절차가 준용되어야 하는가의 문제에 헌법 제107조 제3항이 직접 적용될 수는 없다. 이들 분쟁해결수단이 행정심판은 아니기 때문이다. 그러나 이를 적용하여 내려지는 결정이 재판상 화해와 같이 실질적으로는 재판과 같은 효력을 갖는 경우에는 헌법 제27조 재판을 받을 권리가 실현되는 과정이기 때문에 사법절차가 준용되어야 한다. 따라서 심의기구가 중립성과 독립성을 가져야 하며, 전문가가 참여하여야 하고, 또 심의절차의 공정성과 신중성이 보장되어야 한다. 이에 비해서 결정이 민법상 화해와 같이 당사자 간의 합의에 의하여 집행이 이루어지는 약한 효력을 갖는 경우에는 사법절차를 준용할 것인가의 여부는 헌법적인 문제는 아니다.

「국가배상법」상 배상심의회의 결정전치주의에 대해서 위헌결정을 했던 헌법재판소는 배상결정의 심의가 행정심판에 해당하지 않지만 해당 결정이 재판상 화해와 같은 강한 효력을 가짐에도 불구하고 사법절차가 전혀 준용되고 있지 못하다는 점을 위헌결정의 주된 논거로 든 바 있다.[26)]

판례 **국가배상심의회의 결정 효력과 재판청구권** (헌재 1995.5.25, 91헌가7)

이 사건 심판대상조항부분은 국가배상에 관한 분쟁을 신속히 종결·이행시키고 배상결정에 안정성을 부여하여 국고의 손실을 가능한 한 경감하려는 입법목적을 달성하기 위하여 동의된 배상결정에 재판상의 화해의 효력과 같은, 강력하고도 최종적인 효력을 부여하여 재심의 소에 의하여 취소 또는 변경되지 않는 한 그 효력을 다툴 수 없도록 하고 있다. 그러나 사법절차에 준한다고 볼 수 있는 각종 중재·조정절차와는 달리 배상결정절차에 있어서는 심의회의 제3자성·독립성이 희박한 점, 심의절차의 공정성·신중성도 결여되어 있는 점, 심의회에서 결정되는 배상액이 법원의 그것보다 하회하는 점 및 불제소합의의 경우와는 달리 신청인의 배상결정에 대

26) 헌재 1995.5.25, 91헌가7, 7-1, 598면 이하 참조. 이에 비해서 사법절차가 준용되어 합헌으로 결정된 예로는 헌재 2009.4.30, 2006헌마1322, 21-1(하), 267면 이하; 2017.6.29, 2015헌마654, 29-1, 320면 이하 등 참조.

한 동의에 재판청구권을 포기할 의사까지 포함되는 것으로 볼 수도 없다. 이 점을 종합하여 볼 때 이는 신청인의 재판청구권을 과도하게 제한하는 것이어서 과잉입법금지의 원칙에 반한다. 또 권력을 입법·행정 및 사법 등으로 분립한 뒤 실질적 의미의 사법작용인 분쟁해결에 관한 종국적인 권한은 원칙적으로 이를 헌법과 법률에 의한 법관으로 구성되는 사법부에 귀속시키고 국민에게 법관에 의한 재판을 받을 기본권을 보장하는 헌법의 정신에도 충실하지 못하다.

제 6 장 헌법재판소

제 1 절 헌법재판의 유형

헌법재판은 헌법의 최고규범성을 제도적으로 보장한다. 따라서 헌법재판이 존재하지 않거나 혹은 실제로 기능할 수 없는 경우 헌법의 최고규범성은 그 의미가 약해진다. 헌법재판은 관할 기관의 성격, 그리고 관할범위, 심판의 시기 등에 따라서 다양한 헌법례가 있다. 우리 헌법은 지금까지 다양한 헌법재판의 유형을 실험해 왔다. 다음에서는 헌법재판기관의 유형과 헌법재판에 속하는 심판의 종류를 역대 헌법을 중심으로 살펴본다.

Ⅰ. 헌법재판기관

헌법재판을 담당하는 기관의 종류에 따라 다음과 같은 유형이 있다.

1. 헌법재판소

현행 헌법이 채택하고 있는 유형이다. 우리 헌법사에서는 1960년 헌법에서 헌법재판소제도를 채택한 바 있다(제83조 의3). 그러나 당시 헌법재판소는 1961년 5·16 군사쿠데타에 의하여 헌법의 효력이 정지되면서 구성되지 못했다. 실제 헌법재판소제도는 1987년 헌법에 와서 처음으로 운영되고 있다. 독일, 오스트리아, 이탈리아, 스페인 등이 헌법재판소를 설치·운영하고 있다.

2. 헌법위원회

헌법재판기능을 준정치적(準政治的) 기관에게 부여하는 유형이다. 우리 헌법사에서는 1948년 헌법(1948년 헌법 제81조 제2항), 1972년 헌법(1972년 헌법 제109조), 그리고 1980년 헌법(1980년 헌법 제112조)에서 헌법위원회제도가 여기에 해당한다. 1948년 헌법은 위원장을 부통령으로 하고 대법관 5인과 국회의원 5인의 위원으로 헌법위원회를 구성하였다. 이에 비해서 1972년 헌법과 1980년 헌법은 헌법위원회 구성에 있어서 대통령과 국회, 그리고 대법원장이 같은 비중을 갖고 참여하였다. 위원의 자격에 대해서는 아무런 규정을 두지 않았다.

헌법위원회제도는 단순히 법률을 적용하는 사법기관이 아니라 입법권과 행정권, 그리고 사법권에 의하여 권위가 부여된 강력한 기관으로 하여금 헌법수호의 과제를 담당케 한다는 이념에 기초하고 있다. 따라서 헌법위원회는 사법기관보다는 정치기관의 성격이 강했다. 프랑스의 헌법위원회(Conseil constitutionnel)가 이러한 유형에 가깝다.

3. 일반법원

일반법원에서 구체적 사건에 대한 재판을 함에 있어서 적용법률의 위헌 여부를 심판하는 유형이다. 1962년 헌법이 이러한 유형을 채택한 바 있다(제102조). 미국과 일본의 헌법이 일반법원에 헌법재판기능을 부여하고 있다.

Ⅱ. 헌법재판 관할범위

헌법재판은 위헌법률심판을 핵심적으로 관할한다. 여기에 헌법재판기관의 성격에 따라 일반적으로 탄핵심판과 정당해산심판, 권한쟁의심판, 그리고 헌법소원심판을 관할한다. 우리 헌법상의 헌법재판소는 위 다섯 가지 사항을 모두 관할한다(제111조 제1항).

1. 위헌법률심판

(1) 구체적 규범통제와 추상적 규범통제

그동안 우리 헌법상의 헌법재판기관은 그 종류에 관계없이 모두 위헌법률심판을 관할하였다. 위헌법률심판을 제청하기 위하여 해당 법률의 위헌 여부가 재판의 전제가 되어야 하는가(구체적 규범통제), 아니면 구체적인 사건성과 관계없이 추상적으로 해당 법률의 위헌 여부를 제청할 수 있는가(추상적 규범통제)는 헌법정책적인 문제이다. 우리 헌법은 헌법재판소가 구체적 규범통제만을 관장하도록 하여, 추상적 규범통제는 인정하지 않는다. 예컨대 독일헌법은 구체적 규범통제와 함께 추상적 규범통제를 인정하고 있다(독일헌법 제93조).

(2) 사후적 심사와 사전적 심사

우리 헌법에서는 추상적 규범통제를 인정하지 않는 결과 법률이 효력을 발생하여 개별사건에 적용되는 때에 비로소 위헌심판을 할 수 있다(사후적 심사). 예컨대 프랑스에서는 법률이 효력을 발생하기 전에 위헌 여부를 심사한다(사전적 심사).

우리 헌법과 같이 사전적 위헌심사가 인정되지 않고, 사후적 심사에 그치는 경우에도 헌법재판은 사실상 국가의 위헌적 작용을 사전에 예방하는 역할을 한다. 국가기관은 사후에 헌법재판의 대상이 된다는 사실을 인식하여 사전에 국가작용의 합헌성을 신중히 검토할 것이기 때문이다.

법률에 대한 사전적인 위헌심사의 가능성만을 두는 것은 바람직하지 않다. 법률의 내용은 사실관계와 상호작용 속에서 비로소 명확해진다.[1)] 그런데 법률이 적용되기 전에 사전심사를 하는 경우에는 아직 확정되지 않은 법률 내용이 평가되는 것이기 때문이다. 또 법률이 효력을 발생한 이후 적용되면서 사후적으로 헌법에 합치하지 않게 될 수도 있다. 그런데 사전적 심사에서는 이 점에 대한 평가를 할 수 없다.

2. 헌법소원심판, 탄핵심판, 정당해산심판, 권한쟁의심판

헌법소원심판은 기본권을 보장하기 위한 핵심적인 구제수단이다. 이는 현행 헌법에서 처음으로 도입되었다.

탄핵심판은 고위직 공직자가 헌법 및 법률을 위반하는 행위를 한 경우에 책임을 묻는 제도이다. 탄핵심판이 항상 헌법재판의 범주에 있었던 것은 아니다. 1960년 헌법과 현행 1987년 헌법에서는 헌법재판소가 탄핵을 최종적으로 결정한다. 1972년 헌법과 1980년 헌법에서도 헌법위원회가 탄핵심판을 관할하였다. 이에 비해서 1948년 헌법과 1952년 헌법은 탄핵재판소와 탄핵심판소, 그리고 1962년 헌법은 탄핵심판위원회를 독자적으로 설치하여 탄핵심판을 관할하도록 하였다.

정당은 헌법에 의해서 존속이 보장되며, 정당의 해산을 위해서는 헌법상 요건을 충족하여야 한다. 이 점에서 정당해산심판 역시 헌법재판의 한 종류이다. 이에 지금까지 우리 헌법은 모두 정당해산심판을 헌법재판기관이 관할하도록 하였다. 다만 1948년 헌법에는 정당에 관한 조항이 존재하지 않았다.

현행 헌법은 권한쟁의심판을 헌법재판의 종류로 도입하고, 헌법재판소로 하

1) 이 점에 대해서는 헌재 2012.12.27. 2011헌바117, 24-2(하), 396면 이하 참조.

여금 심판을 관할하도록 하고 있다. 1960년 헌법상의 헌법재판소 역시 권한쟁의심판을 관할하였다.

선거소송은 1960년 헌법에서 헌법재판소의 관할에 포함되어 있었다. 1960년 헌법에서는 대법원장과 대법관은 법관의 자격이 있는 자로써 조직되는 선거인단에 의하여 선거하고, 이를 대통령이 확인하도록 하였다(제78조 제1항). 그리고 헌법재판소는 대통령, 대법원장과 대법관의 선거에 관한 소송을 관할하였다. 현행 헌법에서 선거소송은 선거의 종류에 따라 대법원 혹은 고등법원이 관할한다.

제 2 절 헌법재판의 기능

Ⅰ. 헌법보호

헌법재판은 헌법의 최고규범성을 제도적으로 보장한다. 헌법재판을 통해서 헌법의 실질적 및 절차적 기준에 위반하는 입법·행정·사법 등 국가작용은 효력을 상실하기 때문이다. 특히 긴급한 상황에서 헌법의 보호를 위하여 대통령이 긴급명령, 긴급재정경제명령, 그리고 계엄을 발동할 때에도 이에 필요한 실질적 및 절차적 조건, 그리고 이들 조치의 과잉금지원칙 위반 여부 등이 헌법심사의 대상이 된다. 위헌법률심판은 입법권으로부터 헌법을 보호한다.

헌법보호기능의 관점에서 보면 「헌법재판소법」 제68조 제1항이 법원의 재판을 헌법소원의 대상에서 제외한 것은 문제가 있다. 법원의 재판 역시 공권력의 행사로서 헌법에 위반하여 개인의 권리를 침해할 수 있고, 따라서 헌법적 기준에 따른 통제가 필요하기 때문이다. 이에 대한 적극적인 헌법해석 및 입법개선이 필요하다. 또 현행 헌법이 헌법재판을 이원화하여 형성한 점에 대해서도 헌법정책적 검토가 필요하다. 법률에 대한 위헌심사는 최종적으로 헌법재판소가 관할한다(제107조 제1항). 이에 비해서 명령·규칙 또는 처분의 위헌 여부가 재판의 전제가 된 경우에는 대법원이 이를 최종적으로 심사한다(제2항). 이와 같은 헌법재판의 이원화는 규범의 통일적 이해를 위하여 바람직하지 않다는 점에 대해서는 이미 지적한 바 있다.

헌법재판이 헌법을 보호하는 기능을 수행하지만 헌법이 예정하는 이상적인 상태를 실현하는 충분한 수단은 아니다. 헌법의 추상적인 가치를 이상적으로 실현하는 수단과 방법, 그리고 내용에 대한 결정은 기본적으로 입법권에 위임되어 있기 때문이다.

Ⅱ. 권력통제

헌법재판은 국가권력의 남용으로 인한 권리침해를 구제하고 개인의 권리를 효율적으로 보호하기 위하여 필요한 객관적인 권력구도가 파괴되는 것을 방지한다. 전자의 기능은 특히 헌법소원심판을 통하여, 그리고 후자의 기능은 특히 권한쟁의심판을 통하여 실현된다. 구체적으로 권한을 남용하여 국민의 권리 혹은 다른 국가기관의 권한을 침해하지 않는 경우에도 고위직 공직자의 헌법 및 법률 위반행위에 대한 통제는 탄핵심판의 기능이다.

헌법재판이 권력을 통제해야 하지만 이로써 헌법이 예정하는 국가기관의 권한행사를 저해해서는 안 된다. 이러한 관점에서 헌법재판에는 다음과 같은 이중적인 한계가 있다.

첫째, 헌법재판은 사법작용으로서 구체적인 분쟁을 당사자의 주장에 따라 인용 혹은 기각하는 방법으로 분쟁을 조정하며, 원칙적으로 타협적인 결론은 있지 않다. 다양한 정책적 기준과 정책의 결정 및 집행에 따른 이해관계의 복잡한 구도 속에서 국가의사는 정치세력 간의 협의와 타협, 그리고 합의에 의하여 결정될 때 비로소 그 수용력이 높다. 그런데 헌법재판이 이러한 대의과정에 조기(早期)에 개입하여 획일적 결정을 할 때 헌법이 예정하는 원칙적인 국가의사결정과정이 기능하지 못할 수 있다. 둘째, 헌법재판은 헌법적 기준에 따라 국가작용을 심사한다. 그런데 헌법은 국가작용에 구체적인 기준을 제시하는 것은 아니며, 따라서 국가권력에게 정책적인 판단의 여지를 널리 인정한다. 이 경우 헌법재판은 기능의 한계에 부딪히며, 이때 사법작용이 정치적 기능을 떠맡아서는 안 된다. 「신행정수도의 건설을 위한 특별조치법」에 대한 헌법재판소의 위헌결정이 이에 해당하는 대표적인 예이다.[2] 지나친 '정치의 사법화'는 필연적으로 '사법의 정치화'를 가져와 사법의 독자적인 기능이 상실되는 헌법위기에 직면할 수도 있다.[3]

---

2) 헌재 2004.10.21, 2004헌마554등, 16-2(하), 1면 이하 참조.

3) 이른바 정치의 사법화에 대응하여 사법의 정치화가 논의된 대표적인 예로서 1935년 미국에서의 연방대법원개혁안(court packing plan)을 들 수 있다. 당시 경제공황을 극복하기 위하여 입안한 일련의 산업부흥법안에 대하여 연방대법원이 위헌판결을 하자 민주당 정부의 철학에 공감하는

Ⅲ. 소수보호

헌법재판은 국회의 다수의사에 의해서 의결된 법률이 헌법에 위반하는가의 여부를 심판하며, 이로써 결과적으로 소수를 보호한다. 헌법소원은 소수보호에 직접적으로 기여한다. 헌법소원은 기본권을 보호하는 최후의 수단이다. 기본권은 국회의 다수의사에 의해서도 침해할 수 없는 헌법상의 권리이며, 따라서 기본권의 가장 중요한 의미는 다수로부터 소수를 보호하는 것이기 때문이다.

이에 비해서 다른 헌법심판, 즉 권한쟁의심판, 탄핵심판, 위헌정당해산심판 등은 소수보호와의 관련성은 간접적이다.

제 3 절 헌법재판의 성격

Ⅰ. 헌법재판의 일반적인 특성

헌법재판은 사법작용의 속성을 가지고 있다. 다만 헌법재판은 특수한 사법작용으로서, 순수한 사법작용과 구별되는 다음 요소들을 고려하여야 한다.

첫째, 헌법재판의 기준은 헌법이다. 그런데 헌법은 일반법률과는 달리 추상적이고 가치론적인 개념으로 구성되어 있다. 이에 상응하여 헌법재판은 규범의 해석에 그치지 않고 규범의 내용을 구체화하며, 또 가치결정적 작용을 하는 특성이 있다. 둘째, 헌법은 규범구체화 및 가치결정적 기능을 헌법재판소에 독점적으로 부여하고 있는 것은 아니다. 헌법재판은 권력분립 및 국가기능론적인 관점에서 다른 국가기관을 통제하고, 또 동시에 다른 국가기관의 권한을 존중하여야 한다. 헌법재판이 합헌적 법률해석 등 다양한 해석방법을 사용하는 것은 바로 헌법적 가치의 실현방법과 입법권의 의사를 존중하는 시도이다. 셋째, 헌법재판은 헌법보호의 기능을 수행한다. 따라서 우리 헌법 및 「헌법재판소법」과 같이 헌법재판이 주로 개인의 주관적 권리보호를 위하여 기능하는 경우에도 헌법질서의 유지라는 객관적인 계기는 여전히 작용한다. 이러한 이유에서 헌법재판에는 일반사법작용과는 달리 객관적 소송의 요소가 가미되어 있다. 헌법재

대법원판사들을 충원하기 위하여 연방대법원 판사의 숫자를 기존의 9명에서 15명까지 확대하는 계획을 세운 바 있다. 그러나 이러한 계획은 실천에 옮겨지지는 않았다.

판의 결정은 일반법원의 재판과는 달리 재판의 당사자에게 효력을 갖는다는 기판력뿐 아니라 국가기관, 지방자치단체 및 법원에 대해서 기속력을 갖는다.

아래에서는 주관적 소송과 객관적 소송의 특성을 중심으로 헌법재판의 성격을 보다 자세히 보기로 한다.

Ⅱ. 주관적 소송과 객관적 소송

1. 심판의 종류에 따른 분류

헌법재판이 주관적 소송의 성격이 강한가 아니면 객관적 소송의 성격이 강한가 하는 문제를 일률적으로 대답할 수는 없다. 주관적 혹은 객관적 소송의 개념을 이해하는 방법이 다르고, 또 헌법재판소가 관할하는 심판의 종류별로 그 성격이 다르기 때문이다.

권리 혹은 권한이 침해된 자가 제기하는 소송을 주관적 소송, 그리고 이와 관계 없이 헌법질서의 유지라는 객관적인 목적을 위하여 제기하는 소송을 객관적 소송이라고 이해하면 다음과 같은 분류가 가능하다.

헌법소원은 주관적 소송의 성격이 가장 강하다. 위헌법률심판 역시 주관적 성격의 소송이다. 우리 헌법은 추상적 규범통제를 인정하지 않으며, 법률의 위헌 여부가 재판의 전제가 되어 개인의 권리구제를 위하여 필요한 경우에 한하여 위헌법률심판이 이루어지기 때문이다. 위헌법률심판 제청권자는 당해사건의 당사자가 아니라 법원이지만, 이 점은 소송의 성격과 관련해서는 형식적인 기준일 뿐이다. 권한쟁의심판 역시 기관 상호 간의 관계에서 헌법과 법률에 의한 권한의 존재 여부를 심판한다는 점에서 주관적 성격의 소송이다. 이에 비해서 위헌정당해산심판과 탄핵심판은 객관적 성격의 소송이다. 모두 구체적인 권리 혹은 권한의 침해 여부에 관계없이 심판청구의 요건이 갖추어지면 정부 또는 국회가 심판을 제기하기 때문이다.

보다 일반적인 이해에 따르면 주관적 소송은 개인의 권리를 구제하기 위하여 제기하며, 객관적인 소송은 헌법질서유지라는 객관적인 목적을 갖는다. 이에 따르면 헌법소원과 위헌법률심판은 주관적 성격의 소송이다. 이에 비해서 탄핵심판, 위헌정당해산심판뿐 아니라 권한쟁의심판 역시 객관적 성격의 소송이다. 권한쟁의심판은 개인의 권리구제가 소송의 목적이 아니라, 헌법과 법률상의 권한관계를 명확히 하고, 이를 회복하려는 객관적인 목적을 갖기 때문이다.

2. 주관적 소송에서 헌법질서유지를 위한 객관적 요소

헌법소원은 가장 대표적인 주관적 성격의 소송이다. 그런데 헌법소원 역시 헌법재판의 일종으로서 헌법보호를 위하여 필요한 범위에서 객관적 기능을 수행한다. 실제 「헌법재판소법」은 헌법소원심판에 있어서 소송의 목적을 달성하기 위한 조치 외에 객관적인 헌법질서의 유지를 위한 조치를 취할 수 있도록 하고 있다. 또 헌법재판소는 헌법소원의 객관적인 기능을 고려하는 결정례를 발전시켜 왔다. 이를 아래에서 정리해 본다.

(1) 헌법소원에서 위헌선언

헌법소원심판의 목적을 달성하기 위해서는 개인의 기본권을 침해하는 국가작용을 취소하고 새로운 처분을 하는 것으로 충분하다. 그런데 헌법재판소는 공권력의 행사 또는 불행사가 위헌인 법률 또는 법률의 조항에 기인한 것으로 인정하는 때에는 인용결정에서 당해 법률 또는 법률의 조항이 위헌임을 선고할 수 있다(헌재법 제75조 제5항).

(2) 헌법소원 및 위헌법률심판 청구요건의 완화

헌법재판의 객관적 기능은 특히 헌법재판의 실무에서 강조하여 왔다. 헌법소원심판을 제기하기 위해서는 현재 자신의 기본권이 침해되어야 하며, 또 주관적인 권리구제의 이익이 존재하여야 한다. 그런데 헌법재판소는 과거에 이미 기본권 침해행위가 종료하여 사전적 권리구제수단인 헌법소원을 통하여 구제할 수 없는 경우에도 앞으로 기본권 침해가 예견되는 경우, 혹은 권리구제의 이익이 없는 경우에도 예외적으로 헌법소원심판청구의 적법성을 인정하여 왔다. 침해행위가 앞으로도 반복될 위험이 있거나, 당해 분쟁의 해결이 헌법질서의 수호·유지를 위하여 긴급한 사항이어서 그 해명이 헌법적으로 중요한 의미가 있는 경우가 이러한 예외 사유에 해당한다.

위헌법률심판의 제청이 적법하기 위해서는 해당 법률의 위헌 여부가 재판의 전제가 되어야 한다. 이에 대해서 자세히는 아래에서 설명한다. 그런데 헌법재판소는 해당 법률의 위헌 여부에 따라서 재판의 주문이나 결론이 달라지는 경우뿐 아니라 재판의 결론이나 주문에 영향을 주지는 않지만 재판의 결론을 도출하는 이유를 달리하는 경우에도 재판의 전제성을 인정하였다. 이 경우 법률의 위헌 여부가 당해 소송의 당사자의 법적 지위 및 권리구제에는 영향을 주지 않기 때문에 이러한 논리에는 헌법의 의미를 명확히 하고자 하는 헌법재판의 객관적 성격이 반영되어 있다.

(3) 심판비용의 국가 부담

헌법재판은 개인의 이익을 실현하기 위하여 행하는 민사소송 및 행정소송과는 달리 객관적인 헌법질서를 수호·유지하는 성격을 갖는다. 이러한 이유에서 헌법재판에서 심판비용은 국가가 부담한다(헌재법 제37조 제1항). 이는 패소한 당사자가 소송비용을 부담하는 민사소송 및 행정소송과 다른 점이다. 다만 헌법재판에서도 변호사 보수와 같은 당사자비용을 국가가 부담하지는 않는다.[4)]

(4) 준용규정의 제한적 적용

헌법재판의 객관적 기능은 「헌법재판소법」 제40조의 준용규정을 적용하는 데에 신중하게 고려되어야 한다. 헌법재판소의 심판절차에 관하여는 「헌법재판소법」에 특별한 규정이 있는 경우를 제외하고는 헌법재판의 성질에 반하지 않는 한도 내에서 민사소송에 관한 법령의 규정을 준용한다.

그런데 민사소송에 관한 법령은 기본적으로 사인 간의 이익조정을 목적으로 한다. 따라서 「헌법재판소법」에 적용법규가 없는 경우 민사소송에 관한 법령의 규정이 당연히 적용되는 것인지, 아니면 헌법재판의 기능을 존중하여 경우에 따라서는 적용이 배제되는지를 검토하여야 한다. 헌법소원심판의 청구인이 소송을 취하한 경우 「민사소송법」 제267조를 준용하여 심판절차를 종료하는 문제가 대표적인 예이다.[5)]

4) 헌재 2015.5.28, 2012헌사496, 27-1(하), 396면 이하 참조.

5) 이 문제가 제기된 헌재 1995.12.15, 95헌마221등 사건에서 다수의견은 민사소송법을 준용하여 심판절차를 종료하도록 하였다. 7-2, 747면. 이 결정에는 헌법재판의 객관적 기능을 존중하여 민사소송법을 준용할 수 없다는 반대의견이 제시되었다. 7-2, 749면 이하 참조. 같은 내용의 결정으로는 헌재 2001.6.28, 2000헌라1, 13-1, 1218면 이하 참조.

제 4 절 헌법재판소의 구성과 조직

Ⅰ. 헌법재판관의 임명 · 임기와 자격 · 신분

1. 헌법재판관의 임명 · 임기 등

(1) 헌법재판관의 수

가) 헌법규정

헌법재판소는 대통령이 임명하는 9인의 재판관으로 구성된다(제111조 제2항). 대법관의 수와는 달리 헌법재판관의 수는 헌법에 직접 규정되어 있다. 이는 바람직하지는 않다. 헌법재판의 수요를 헌법제정 당시에는 예측할 수 없기 때문이다.

실제 1988년 헌법재판소가 출범할 당시 헌법재판의 활성화 가능성에 대해서는 낙관론과 회의론이 비슷한 비중으로 예측되었다. 그리고 초기 「헌법재판소법」은 헌법재판이 활발하지 않으리라는 예측하에 헌법재판관 9인 중 3인의 재판관은 비상임으로 하였다. 그러나 이후 실제 헌법재판이 활발히 제기되자 「헌법재판소법」을 개정하여 헌법재판관 9인 모두를 상임재판관으로 하였다.

나) 헌법정책적 평가

정책적으로 보면 헌법재판관의 수를 확대하여 18인으로 하고 두 개의 부로 나누어 헌법재판을 운영하는 것이 바람직해 보인다. 그런데 헌법재판관의 수가 헌법에 직접 규정되어 있기 때문에 이를 위해서는 헌법개정이 필요하다. 그러나 헌법재판관의 수를 늘리는 것을 유일한 목적으로 헌법개정절차를 밟는 것은 현실성이 없다. 따라서 앞으로 중요 문제에 대한 헌법개정을 하는 경우 헌법재판관의 수에 대한 헌법 규정을 삭제하고, 이 문제를 「헌법재판소법」의 규율사항으로 하는 것이 타당하다. 대법관의 수를 「법원조직법」(제4조 제2항)에 정하는 예를 따라야 한다.

(2) 헌법재판관 임명

가) 헌법규정

헌법재판관은 대통령에 의하여 임명되지만 대통령이 실질적으로 임명하는 재판관은 3인이다. 나머지 6인 중 3인은 국회에서 선출하는 자를, 그리고 3인은 대법원장이 지명하는 자를 대통령이 임명한다(제111조 제3항). 이는 형식적인 임명권으로서 대통령은 원칙적으로 그 임명을 해야 할 의무가 있으며, 이를 거부할 수 없다. 재판관의 임기가 만료되거나 정년을 하는 경우에는 임기 만료일 또는 정년 도래일까지 후임 재판관을 임명하여야 한다. 임기 중 재판관이 결원된 경우에는 결원된 날로부터 30일 이내에 후임자를 임명하여야 한다(헌재법 제6조 제2, 3항). 다만 이러한 기간에 관한 규정은 훈시규정이며, 이는 국민이 신속하게 헌법재판을 받을 권리, 재판관 임명에 관한 헌법 제111조 제2항 및 3항의 취지, 그리고 인사청문회에 소요되는 기간을 고려하여 '상당한 기간'으로 이해되고 있다. 국회는 이러한 상당한 기간 내에 후임 재판관을 선출하는 구체적인 작위의무가 있으며, 이를 이행하지 않은 것은 이러한 헌법적 의무의 이행을 지체한 것이 된다.[6)]

판례 **국회의 헌법재판관 선출 의무와 의무이행의 지체** (헌재 2014.4.24, 2012헌마2)

헌법재판소법은 후임 재판관 선출 시한에 관하여 재판관의 임기가 만료되거나 정년이 도래하는 경우에는 임기 만료일 또는 정년 도래일까지, 임기 중 재판관이 결원된 경우에는 결원된 날로부터 30일 이내에 후임 재판관을 선출하여야 한다고 규정하고 있다. 이는 법률에 구체적인 기간을 명시하여 가급적 신속하게 재판관의 공석 상태를 해소하도록 하기 위한 훈시규정으로 보는 것이 타당하다. 공석인 재판관의 후임자를 선출함에 있어 준수하여야 할 기간은 헌법재판소법 제6조 제3항 내지 제5항이 규정하고 있는 기간이 아니라, 헌법 제27조, 제111조 제2항 및 제3항의 입법취지, 공석인 재판관 후임자의 선출절차 진행에 소요되는 기간 등을 고려한 '상당한 기간'이라고 보아야 할 것이다. 공석인 재판관의 후임자를 선임함에 있어 준수하여야 할 '상당한 기간'을 정당한 사유 없이 경과하였다면 공석인 재판관의 후임자를 선출하여야 할 헌법상 작위의무의 이행을 지체한 것이다.

재판관의 임명·선출 및 지명에 있어서는 국회의 인사청문을 거쳐야 한다(헌재법 제6조 제2항). 임명에 있어서 국회의 동의를 필요로 하는 헌법재판소 소장 및 국회에서 선출하는 재판관의 인사청문은 국회인사청문특별위원회에서 실시한다(국회법 제46조의3). 이에 비해서 대통령이 임명하는 재판관과 대법원장이 지명하는 재판관에 대한 청문은 국회 소관상임위원회, 즉 법제사법위원회에서 행한다. 헌법재판소 재판관 후보자가 헌법재판소장 후보자를 겸하는 경우에는 인사청문특별

6) 헌재 2014.4.24, 2012헌마2, 26-1(하), 4면 이하 참조. 다만 이에 관한 헌법소원심판은 결정 시점에 이미 후임 재판관이 임명되었기 때문에 권리보호의 이익이 없다는 이유로 각하 결정되었다.

위원회에서 인사청문을 행한다. 그리고 이는 법제사법위원회에서의 인사청문회를 겸하는 것으로 본다(국회법 제65조의2). 2006년 당시 현직 헌법재판관을 사직하게 하고 재판소장으로 임명하려고 했을 때 헌법재판관 임명과 동시에 헌법재판소 소장 임명이 이루어지기 때문에 인사청문특별위원회와 법제사법위원회의 청문을 모두 실시하여야 하는지가 문제된 바 있다. 위 조항은 이를 입법적으로 해결하기 위하여 도입되었다.

헌법재판소 소장은 국회의 동의를 얻어 대통령이 임명한다(제111조 제4항). 이에 비해서 헌법재판관 임명에 있어서는 국회의 동의가 필요하지 않다. 대법관 임명과 다른 점이다. 대법관과는 달리 헌법재판관 임명에 있어서는 국회가 직접 일부 구성권을 갖기 때문이다.

나) 헌법정책적 평가

헌법재판소의 구성에 있어서 대통령과 국회, 그리고 법원이 같은 비중을 갖고 참여하는 것은 외견적으로 보면 권력분립의 원칙을 반영한 것이며, 견제와 균형을 통하여 헌법재판소의 정치적 중립을 보장하기 위한 고려라고 할 수 있다. 그러나 대통령이 정당을 매개로 국회에서 헌법재판관 선출에 영향을 미칠 것이기 때문에 위와 같은 제도적 이념이 실제 실현될 수 없다. 또 헌법적 판단의 객체가 될 수 있는 법원이 헌법재판소의 구성에 참여하는 것도 타당하지 않다.

법원의 재판경험을 헌법재판에 반영한다는 점에서 헌법재판관의 일부를 법원의 판사 중 임명하는 것은 합리성이 있다. 예컨대 독일헌법은 연방헌법재판소의 재판관은 부분적으로 연방판사 중에서 임명하도록 하였다(독일헌법 제94조 제1항). 즉, 각 원(Senat)의 재판관 중 3명을 최소한 3년 이상은 연방최고법원에 소속되어 있던 판사 중에서 임명된다(연방헌법재판소법 제2조 제3항). 그러나 우리나라의 경우 실질적인 임명권을 대법원장이 갖는 것은 문제이다. 국민의 대표기관이며, 또 다양한 정치세력이 대표되어 있는 국회가 헌법재판관 전원을 임명하는 것이 보다 바람직하다. 이때 비로소 정치적 다원화를 통하여 헌법재판소의 정치적 중립성을 보장할 수 있기 때문이다.

국회에서 헌법재판소를 구성하는 견해에 대해서는 헌법재판소가 위헌법률심사를 행하며, 따라서 입법부인 국회 역시 헌법재판의 객체이기 때문에 대법원과 다를 바 없다는 이견이 있을 수 있다. 그러나 국회는 입법기관일 뿐 아니라 국민의 대의기관이라는 점에서 차이가 있다.

(3) 헌법재판관의 임기와 정년

헌법재판관의 임기는 6년이며, 연임할 수 있다(제112조 제1항). 헌법재판소 소장의 임기에 관한 별도의 규정은 없다. 대법원의 경우 대법관과 별도로 대법원장의 임기와 중임제한에 관한 규정을 둔 점과 비교된다(제105조 제1항). 헌법재판소 소장은 헌법재판관 중에서 임명되기 때문에 재판관의 임기와 연임에 관한 규정이 적용된다고 보아야 한다. 다만 이 경우 다음과 같은 문제가 있다. 즉 현직 재판관이 소장으로 임명되는 경우 해당 재판관의 잔여임기에 따라서 소장의 임기가 달라진다. 이는 한편으로는 헌법재판소의 안정성을 저해하기 때문에 바람직하지 않으며, 다른 한편 대통령의 소장 임명권이 남용될 수도 있다. 경우에 따라서 대통령은 짧은 임기의 소장을 잇달아 여러 명 임명할 수도 있기 때문이다.

대법원장의 경우 대법관 중에서 임명한다는 규정이 없는 반면 헌법재판소 소장은 헌법재판관 중에서 임명된다. 헌법재판소 소장은 헌법재판관 중에서 임명된다는 규정이 현재 재직 중에 있는 재판관 중에서 소장이 임명되어야 한다는 의미는 아니다. 대통령이 헌법재판소 소장을 임명할 때에는 동시에 재판관에 대한 임명이 있는 것으로 보아야 한다. 이 경우 위에서 언급했듯이 헌법재판소 소장에 대한 국회 인사청문특별위원회에서의 인사청문은 재판관에 대한 인사청문을 겸하는 것으로 본다(국회법 제65조의2). 따라서 재판관에 대한 상임위원회에서의 별도의 인사청문이 이루어지지는 않는다.

헌법재판관의 연임을 허용하는 것이 바람직한 것은 아니다. 헌법재판관이 연임 가능성을 염두에 두고 헌법재판 심리에 있어서 자신의 임명에 영향을 미친 정치세력에 우호적인 태도를 취할 정치적 유인이 있을 수 있기 때문이다.

헌법재판관의 정년은 70세이다(헌재법 제7조).

2. 헌법재판관의 자격

헌법재판관으로 임명되기 위해서는 법관의 자격이 있어야 하며(제111조 제2항), 일정한 경력이 있어야 한다. 즉 판사·검사·변호사, 변호사의 자격이 있는 사람으로서 국가기관, 국영·공영기업체, 「공공기관의 운영에 관한 법률」에 따른 공공기관 또는 그 밖의 법인에서 법률에 관한 사무에 종사한 사람, 변호사의 자격이 있는 사람으로 공인된 대학의 법률학 조교수 이상의 직에 있던 사람으로서 이들 경력을 통산하여 15년 이상이 되어야 한다. 또 40세 이상이어야 한다(헌재법 제5조 제1항).

다음에 해당하는 사람은 재판관으로 임명할 수 없다. 다른 법령에 따라 공무원으로 임용하지 못하는 사람, 금고 이상의 형을 선고 받은 사람, 탄핵에 의하여 파면된 후 5년이 지나지 않은 사람, 「정당법」 제22조에 따른 정당의 당원 또는 당원의 신분을 상실한 날부터 3년이 경과되지 않은 사람, 「공직선거법」 제2조에 따른 선거에 후보자 혹은 예비후보자로 등록한 날부터 5년이 경과되지 아니한 사람, 「공직선거법」 제2조에 따른 대통령선거에서 후보자의 당선을 위하여 자문이나 고문의 역할을 한 날부터 3년이 경과되지 않은 사람은 재판관으로 임명할 수 없다.

법관의 자격이 있는 자에 한하여 헌법재판관으로 임명하는 점에 대해서는 논의가 필요하다. 헌법재판은 헌법 자체의 특성으로 인하여 가치론적 판단과정으로서의 성격이 있다. 이러한 헌법재판기관을 법률의 해석·적용에 익숙하지만 헌법의 정치적·가치론적 이해가 부족한 법관의 자격이 있는 자만으로 구성하는 것은 바람직하지 않다. 따라서 헌법재판소에 헌법학자 혹은 넓게는 공법학자들이 참여하는 가능성이 논의되고 있다. 장기적으로는 헌법개정 논의가 본격화되면 다시 한번 검토하여야 한다.

3. 헌법재판관의 독립성·신분보장

헌법재판은 헌법을 기준으로 하는 사법작용이다. 헌법재판의 독립성이 보장되며, 그 내용은 사법권의 독립과 마찬가지이다. 이에 대해서는 사법부의 장에서 자세히 설명한 바 있다.

일반법관과 마찬가지로 헌법재판관은 헌법과 법률에 의하여 양심에 따라서 독립하여 심판한다(헌재법 제4조). 헌법재판관이 분쟁당사자로부터 독립하여 심판할 수 있도록 제척·기피 및 회피제도를 두고 있다(헌재법 제24조).

헌법재판의 특성상 특히 헌법재판관의 정치적 중립성이 보장되어야 한다. 따라서 헌법재판관은 정당에 가입하거나 정치에 관여할 수 없다(제112조 제2항; 헌재법 제9조). 헌법재판관은 공정한 심리를 위하여 이에 영향을 미치는 직을 겸할 수 없다. 즉 재판관은 국회 또는 지방의회의 의원의 직, 국회·정부 또는 법원의 공무원의 직, 그리고 법인·단체 등의 고문·임원 또는 직원의 직을 겸할 수 없다. 또 헌법재판관은 영리를 목적으로 하는 사업을 영위할 수 없다(헌재법 제14조).

헌법재판관은 탄핵결정이 된 경우, 또는 금고 이상의 형의 선고를 받은 경우가 아니면 그 의사에 반하여 해임되지 않는다(제112조 제3항; 헌재법 제8조).

Ⅱ. 헌법재판소의 조직

1. 재판관회의

헌법재판소의 중요의결기관으로 재판관회의가 설치되어 있다. 재판관회의는 재판관 전원으로 구성하며, 헌법재판소장이 의장이 된다. 재판관회의는 다음 사항을 의결한다. 헌법재판소규칙의 제정과 개정 등에 관한 사항, 헌법재판소와 관련된 입법의견의 제출에 관한 사항, 예산요구, 예비금지출과 결산에 관한 사항, 사무처장 · 사무차장 · 헌법재판연구원장 · 헌법연구관 및 3급 이상 공무원의 임면에 관한 사항, 특히 중요하다고 인정되는 사항으로서 헌법재판소장이 부의하는 사항 등이 그것이다.

재판관회의는 재판관 전원의 3분의 2를 초과하는 인원의 출석과 출석인원 과반수의 찬성으로 의결한다. 의장은 의결에 있어 표결권을 가진다. 재판관회의의 운영에 관하여 필요한 사항은 헌법재판소규칙으로 정한다(헌재법 제16조).

2. 사무처 · 헌법재판연구원 등

헌법재판소에 헌법재판소장의 명을 받아 사건의 심리 및 심판에 관한 조사 · 연구를 위하여 헌법연구위원, 헌법연구관 또는 헌법연구관보를 둔다(헌재법 제19조). 이 밖에 헌법재판소의 행정사무를 처리하기 위하여 사무처를 둔다(헌재법 제17조). 헌법 및 헌법재판연구와 헌법연구관, 사무처 공무원 등의 교육을 위하여 헌법재판소에 헌법재판연구원을 둔다(헌재법 제19조의4).

제 5 절 헌법재판의 종류와 내용

헌법재판소는 위헌법률심판, 탄핵심판, 정당해산심판, 국가기관 상호 간 · 국가기관과 지방자치단체 간 및 지방자치단체 상호 간의 권한쟁의에 대한 심판, 그리고 헌법소원심판을 관할한다. 「헌법재판소법」은 이들 모든 심판절차에 공통적으로 적용하는 규정을 일반심판절차에, 그리고 각각의 심판절차에 특유하게 적용하는 규정을 특별심판절차에 나누어서 규율하고 있다.

Ⅰ. 일반심판절차

1. 재판부 및 심판정족수

(1) 재판부 · 지정재판부

헌법재판의 심리는 특별한 규정이 있는 경우를 제외하고는 재판관 전원으로 구성하는 재판부에서 행한다(헌재법 제22조). 헌법소원심판에 있어서는 재판관 3명으로 구성하는 지정재판부에서 사전심사를 담당한다(헌재법 제72조 제1항).

(2) 심판정족수

재판부에서 사건을 심리하기 위해서는 재판관 7명 이상이 출석하여야 한다(심리정족수). 그런데 헌법재판관의 임기 만료로 인하여 공석이 발생하고 재판관의 수가 7명에 이르지 못하여 심리가 진행되지 못하는 경우가 있다. 헌법재판소는 이 경우 신속한 헌법재판을 위하여 해당 규정의 효력을 정지시키고 심리할 수 있도록 하는 가처분신청을 인용한 바 있다.[7)]

사건에 관한 결정을 하기 위해서는 종국심리에 관여한 재판관 과반수의 찬성이 있어야 한다. 다만 법률의 위헌결정, 탄핵의 결정, 정당해산의 결정 또는 헌법소원에 관한 인용결정을 하는 경우, 그리고 종전에 헌법재판소가 판시한 헌법 또는 법률의 해석적용에 관한 의견을 변경하는 경우에는 재판관 6명 이상의 찬성이 있어야 한다(의결정족수)(제113조 제1항; 헌재법 제23조).

결국 심판의 종류별로 보면 권한쟁의심판의 경우에 한하여 과반수의 찬성으로 인용결정을 한다. 그 밖에 헌법재판소는 헌법에 정족수에 관한 특칙이 없는 한 재판관 과반수의 찬성으로 결정한다. 예컨대 위헌법률심판에서 '재판의 전제성'에 대한 판단, 헌법소원심판청구의 '적법성'에 대한 판단은 모두 재판관 과반수의 찬성으로 결정한다.

판례 **심리정족수 규정의 효력정지 가처분** (헌재 2024.10.14. 2024헌사1250)

국회의 탄핵소추의 의결을 받은 자는 헌법재판소의 탄핵심판이 있을 때까지 그 권한행사가 정지된다. 따라서 탄핵심판은 신중하면서도 신속하게 진행되어야 한다. 그런데 3명 이상의 재판관이 임기만료로 퇴직하여 재판관의 공석 상태가 된 경우에도 헌법재판소법 제23조 제1항에 따라 사건을 심리조차 할 수 없다고 한다면 이는 사실상 재판 외의 사유로 재판절차를 정지시키는 것이고 탄핵심판사건 피청구인의

7) 헌재 2024.10.14. 2024헌사1250, 헌재공보(2024), 1577면 이하 참조.

신속한 재판을 받을 권리에 대한 과도한 제한이다. 또한 신청인의 권한행사 정지상태가 그만큼 장기화되면서 방송통신위원회 위원장으로서의 업무수행에도 중대한 장애가 발생할 수 있다. 결국 신청인으로서는 헌법재판소법 제23조 제1항으로 인하여 회복하기 어려운 중대한 손해를 입을 위험이 있다. 또한, 3명의 재판관 퇴임이 임박한 만큼 손해를 방지할 긴급한 필요도 인정된다.

가처분을 인용하더라도 이는 의결정족수가 아니라 심리정족수에 대한 것이므로 법률의 위헌결정이나 탄핵결정을 하기 위하여는 여전히 6명 이상의 찬성이 있어야 한다. 만약 재판관 6명의 의견이 팽팽하게 맞서고 있어 나머지 3명의 재판관의 의견에 따라 사건의 향배가 달라질 수 있는 경우에는 현재 공석인 재판관이 임명되기를 기다려 결정을 하면 된다. 다만 보다 신속한 결정을 위하여 후임 재판관이 임명되기 전에 쟁점을 정리하고 증거조사를 하는 등 사건을 성숙시킬 필요가 있다.

재판관의 임기만료로 인한 퇴임은 당연히 예상되는 것임에도 재판관 공석의 문제가 반복하여 발생하는 것은 국민 개개인의 주관적 권리보호 측면에서 뿐만 아니라 헌법재판의 객관적 성격의 측면에서도 심각한 문제이다. 헌법재판소법 제23조 제1항에서 재판관 7명 이상이 출석하여야만 사건을 심리할 수 있다고 하면서도 직무대행제도와 같은 제도적 보완 장치는 전무하다. 국회가 선출하여 임명된 재판관 중 공석이 발생한 경우, 국회가 상당한 기간 내에 공석이 된 재판관의 후임자를 선출하여야 할 헌법상 작위의무가 존재하고, 이러한 작위의무의 이행을 지체하였다고 판시한 사례가 있음에도 사정은 달라지지 않았다. 따라서 헌법재판소법 제23조 제1항이 위헌이라고 볼 여지가 있다. 결국 이 사건에서 가처분을 인용한 뒤 종국결정에서 청구가 기각되었을 때 발생하게 될 불이익보다 가처분을 기각한 뒤 청구가 인용되었을 때 발생하게 될 불이익이 더 크다.

신청인의 이 사건 가처분신청은 허용함이 상당하다. 다만 이 사건에서는 재판관이 임기만료로 퇴직하여 재판관의 공석 상태가 된 경우가 문제되는 것이므로 헌법재판소법 제23조 제1항 중 재판관이 임기만료로 퇴직하여 재판관의 공석 상태가 된 경우에 적용되는 부분에 한하여 그 효력을 정지함이 상당하다.

---

(3) 가중정족수의 의미

헌법재판의 중요한 심판에 있어서 가중정족수를 적용하는 것은 기존의 법질서를 변경하는 데에 신중하기 위해서이다. 위헌법률심판에 있어서는 입법권을 존중하는 의미가 있다. 이에 비해서 권한쟁의심판은 대등한 당사자 간에 권한관계를 객관적으로 확인하는 목적을 갖기 때문에 과반수의 찬성으로 인용결정을 할 수 있다.

가중정족수에 관한 규정은 개인의 주관적 권리구제가 심판의 목적인 헌법소원심판에 있어서는 불합리할 수 있다. 그만큼 개인의 권리구제가 어려워지기 때문이다. 따라서 가중정족수에 대한 규정을 헌법소원심판에도 적용하는 문제에 대해서는 헌법정책적으로 다시 검토하여야 한다. 또 위헌법률심판에 있어서도 입법권을 존중하고 법적 안정성을 기하기 위하여 가중정족수를 적용하고 있지만, 위헌법률심판은 궁극적으로 개인의 권리구제를 목적으로 하므로 가중정족수 규정에 대해서 검토가 필요하다. 예컨대 독일의 헌법재판에서는 기본권 실효와 정당해산, 그리고 대통령과 법관에 대한 탄핵결정의 경우 재판관 3분의 2 이상의 가중정족수가 필요하며, 그 밖의 경우에는 단순과반수로써 결정한다(연방헌법재판소법 제15조 제4항).

2. 심 리

(1) 서면심리와 구두심리

위헌법률심판과 헌법소원심판은 서면심리를 원칙으로 한다. 다만 재판부가 필요하다고 인정하는 경우에는 변론을 열어 당사자·이해관계인, 그 밖의 참고인의 진술을 들을 수 있다. 이에 비해서 탄핵심판·정당해산심판 및 권한쟁의 심판은 구두변론에 의한다(헌재법 제30조).

심판의 변론과 결정의 선고는 공개한다. 다만 일반법원의 재판과 마찬가지로 심리가 국가안전보장·안녕질서 또는 선량한 풍속을 해할 우려가 있는 경우에는 결정으로 변론 및 결정의 선고를 공개하지 않을 수 있다. 서면심리와 평의는 공개하지 않는다(헌재법 제34조).

(2) 일사부재리의 원칙 등

헌법재판에는 일사부재리의 원칙이 적용된다. 즉 헌법재판소는 이미 심판을 거친 동일한 사건에 대해서는 다시 심판할 수 없다(헌재법 제39조). 이는 법적 안정성을 위하여 둔 규정이다. 그러나 심판대상인 법률조문의 일부가 중복되는 경우에는 동일한 심판은 아니다. 또 심판대상이 동일한 법률조항이라 하더라도 심판유형이 다르거나 청구인이 다른 경우에는 중복제소가 아니고, 따라서 일사부재리의 원칙이 적용되지 않는다. 청구인이 같고 심판대상인 법률조문이 같더라도 당해 사건이 다른 경우에는 일사부재리의 원칙이 적용되지 않는다.

헌법재판소의 결정에 대한 불복신청, 즉시항고 등은 허용되지 않는다.

일사부재리의 원칙과는 별도로 헌법재판소에 의하여 이미 위헌으로 결정된 법률은 그 결정이 있은 날로부터 효력을 상실하므로 이에 대한 위헌제청은 허용되지 않는다.[8]

(3) 결정의견표시

심판에 관여한 재판관은 결정서에 의견을 표시하여야 한다(헌재법 제36조 제3항). 개정 전 「헌법재판소법」은 법률의 위헌심판, 권한쟁의심판 및 헌법소원심판의 경우에 한하여 결정서에 의견을 표시할 의무를 규정하였다. 그러나 이 규정이 탄핵심판의 경우 재판관이 의견을 표시하는 것을 금지하는 근거는 아니었으며, 이에 대한 논란이 있었다.[9] 이후 「헌법재판소법」을 개정하여 모든 결정에 재판관이 의견을 표시하도록 하였다.

(4) 결정선고기간

헌법재판에는 종국결정선고기간이 정해져 있다. 즉 헌법재판소는 심판사건을 접수한 날로부터 180일 이내에 종국결정의 선고를 하여야 한다. 다만, 재판관의 궐위로 7명의 출석이 불가능한 때에는 그 궐위된 기간은 심판기간에 산입하지 않는다(헌재법 제38조). 이러한 결정선고기간은 실제에 있어서는 준수되지 않는 경우가 많으며, 또 이는 훈시규정으로 이해되고 있다.[10] 이는 일반법원에서의 재판에 있어서도 마찬가지이다. 예컨대 「민사소송법」 제199조에 따르면 판결은 소가 제기된 날부터 5월 이내에 선고한다. 그런데 이는 그 동안 훈시규정으로 이해되어 왔다.

3. 대표자, 변호사강제주의

(1) 대표자 및 대리인

헌법재판의 심판절차에서 정부가 당사자인 때에는 법무부장관이 정부를 대표한다. 심판당사자인 국가기관 또는 지방자치단체는 변호사 또는 변호사의 자격이 있는 소속 직원을 대리인으로 선임하여 심판을 수행하게 할 수 있다.

---

8) 헌재 2009.3.26, 2007헌가5등, 2-1(상), 319면; 2010.7.29, 2009헌가4, 22-2(상), 106면 이하 등 참조.

9) 헌재 2004.5.14, 2004헌나1, 16-1, 659면 참조.

10) 헌재 2009.7.30, 2007헌마732, 21-2(상), 335면 이하 참조.

(2) 변호사강제주의

가) 변호사강제주의가 적용되는 심판

심판에 있어서 당사자가 사인(私人)인 경우에는 변호사를 대리인으로 선임하여 심판청구 및 수행을 하여야 한다. 사인인 청구인이 헌법소원심판을 청구하고 수행하였지만 후에 변호인이 선임되어 추인한 경우에는 적법한 것으로 효력이 있다.[11] 변호사의 자격이 있는 자가 당사자인 경우에는 직접 심판을 청구·수행할 수 있다(헌재법 제25조).

실제 변호사강제주의가 적용되는 경우는 헌법소원심판이다. 위헌법률심판에서는 심판의 성격상 당사자가 존재하지 않는다. 법원이 제청의 주체이기 때문이다. 탄핵심판에서 소추위원은 국회법제사법위원장이며, 피소추자는 고위 공직자이다. 이들 당사자가 사인은 아니기 때문에 변호사강제주의가 적용되지 않는다. 정당해산심판에 있어서 제소권자는 정부이다. 따라서 심판의 청구에 있어서 변호사강제주의가 적용되지 않는다. 정당은 사법상의 결사이기 때문에 심판의 수행에 있어서 변호사를 선임하여야 한다는 논리가 있을 수 있다. 그러나 변호사강제주의는 주관적으로는 심판을 제기하는 자에 대한 충실한 권리구제를 위하여, 그리고 객관적으로는 효율적이고 전문적이며 신중한 심판을 위하여 필요하다. 그런데 정당은 권리가 침해되어 심판을 청구하는 자의 위치에 있지 않다. 따라서 정당해산심판에 있어서도 변호사강제주의는 적용되지 않는다. 권한쟁의심판의 당사자는 국가 또는 지방자치단체이기 때문에 변호사강제주의가 적용되지 않는다.

나) 변호사강제주의의 취지

변호사강제주의를 도입한 취지는 다음과 같다.[12] 첫째, 헌법재판의 기술성·전문성에 비추어 당사자의 권리구제를 위하여 전문적인 법적 지식이 있는 변호사의 도움이 필요하다. 둘째, 재판의 효율성을 위하여 변호사의 사전적인 검토를 거쳐 재판을 운영할 필요가 있다. 이러한 사전적 검토는 헌법재판소의 논리전개에 촉매역할을 할 수 있으며, 이로써 헌법재판을 질적으로 향상시킨다. 셋째, 법률전문가인 변호사의 사전적인 검토없이 재판이 과도하게 청구되는 경우 재판업무를 가중시키는 폐해가 있는데, 이를 방지할 필요가 있다. 넷째, 변호사

11) 헌재 1992.6.26, 89헌마132, 4, 398면; 2012.2.23, 2011헌마123, 24-1(상), 369면 등 참조.

12) 이 점에 대해서는 헌재 1990.9.3, 89헌마120등, 2, 293면 이하; 2001.9.27, 2001헌마152, 13-2, 452면 이하 등 참조.

가 심리에 관여하는 것은 재판관으로 하여금 신중한 심리를 하도록 감시 또는 견제하는 효과가 있다.

다) 국선변호인

변호사강제주의는 위와 같이 정당성이 있지만, 변호사를 선임하기 위해서는 당사자의 자력(資力)이 있어야 한다. 그런데 경제적 능력이 없기 때문에 변호사를 선임할 수 없고, 그 결과 헌법소원심판을 청구·수행할 수 없다면 국민의 헌법적 권리실현에 결정적인 장애가 된다. 「헌법재판소법」은 이러한 문제를 국선변호인제도를 두어 어느 정도 극복하고 있다.

헌법소원심판을 청구하려는 자가 변호사를 선임할 자력이 없는 경우에는 헌법재판소에 국선대리인을 선임하여 줄 것을 신청할 수 있다. 국선변호인 선임의 요건을 갖추지 못하는 경우에도 헌법재판소가 공익상 필요하다고 인정할 때에는 국선대리인을 선임할 수 있다. 다만 심판청구가 명백히 부적법하거나 이유없는 경우 또는 권리의 남용이라고 인정되는 경우에는 국선대리인을 선정하지 아니할 수 있다.

헌법재판소는 「헌법재판소규칙」이 정하는 바에 따라 변호사 중에서 국선대리인을 선정한다. 선정한 국선대리인에 대하여는 「헌법재판소규칙」이 정하는 바에 따라 국고에서 보수를 지급한다(헌재법 제70조).

4. 다른 법률의 준용

(1) 준용규정

「헌법재판소법」은 다른 소송관련법률들에 비해서 비교적 규율의 밀도가 낮다. 따라서 「헌법재판소법」이 헌법재판을 운영하는 데 있어서 나타나는 문제를 망라하여 규율하고 있다고 볼 수 없다. 이러한 법률의 흠결을 염두에 두고 「헌법재판소법」은 준용의 원칙을 제시하고 있다(헌재법 제40조).

헌법재판소의 심판절차에 관하여 직접 적용될 수 있는 규정이 「헌법재판소법」에 있지 않은 경우에 헌법재판의 성질에 반하지 않는 한도 내에서 민사소송에 관한 법령의 규정을 준용한다. 예컨대 헌법재판소는 「민사소송법」에 임의적 당사자변경이 인정되지 않는다는 이유로 헌법소원심판에서 추가적으로 피청구인변경을 허용하지 않았다.[13] 또 공동청구인의 심판참가에 「민사소송법」을

13) 헌재 2003.12.18, 2001헌마163, 15-2(하), 568면 이하 참조.

준용한 바 있다.[14] 탄핵심판의 경우에는 형사소송에 관한 법령을, 권한쟁의심판 및 헌법소원심판의 경우에는 「행정소송법」을 함께 준용한다. 이와 같이 두 종류의 준용법규가 존재할 경우 법률의 충돌, 즉 같은 사안에 준용하는 법규 간에 내용상의 충돌이 있을 수 있다. 이 경우 다시 적용법률을 조정하여야 한다. 즉 형사소송에 관한 법령 또는 「행정소송법」이 민사소송에 관한 법령과 저촉할 때에는 민사소송에 관한 법령은 준용하지 않는다.

(2) 준용의 가능성과 한계

가) 준용규정의 제한적 적용

「헌법재판소법」의 준용규정을 적용함에 있어서 다음과 같은 문제가 제기된다. 즉 헌법재판의 심리에 있어서 적용할 특별한 규정이 「헌법재판소법」에 없는 경우 준용규정은 유보없이 적용되는가, 아니면 사안의 성격에 따라 「민사소송법」 등을 준용하는 것이 헌법재판의 성격과 조화되지 않을 경우에는 준용될 수 없으며, 이 경우 헌법재판소는 스스로 법형성을 하여 독자적인 판단을 하여야 하는가 하는 문제이다. 후자의 입장이 보다 헌법재판의 특성을 존중하는 해결방법이며, 또 「헌법재판소법」은 이에 관한 근거를 두고 있다.[15] 즉 민사소송에 관한 법령은 헌법재판의 성질에 반하지 않는 한도에서 준용된다.

헌법재판의 성질에 반하지 않는 경우란 준용으로 인하여 헌법재판의 고유한 성질을 훼손하지 않는 경우를 말한다. 이는 당해 헌법재판이 갖는 고유한 성질, 헌법재판과 일반재판의 목적 및 성격의 차이, 준용절차와 대상의 성격 등을 종합적으로 고려하여 구체적 · 개별적으로 판단된다.[16] 예컨대 탄핵심판에 형사소송에 관한 법령을 준용하도록 하고 있지만 탄핵심판이 형사절차는 아니기 때문에 형사법과 같은 구체성과 명확성이 요구되지는 않으며, 따라서 탄핵소추사유가 「형사소송법」상의 공소사실과 같이 특정되어야 하는 것은 아니다.[17]

판례 **탄핵심판에서 형사소송법의 준용** (헌재 2017.3.10, 2016헌나1)

탄핵심판절차는 형사절차나 일반 징계절차와는 성격이 다르다. 헌법 제65조 제1

---

14) 헌재 2010.10.28, 2008헌마408, 22-2(하), 162면 이하; 2020.4.23, 2015헌마1149, 32-1(상), 385면 이하 등 참조.

15) 2003년 「헌법재판소법」이 개정되어 준용 여부의 판단기준으로 "...헌법재판의 성질에 반하지 아니하는 한도 내에서..."라는 제한적 규정이 삽입되었다(헌재법 제40조 제1항).

16) 헌재 2014.2.27, 2014헌마7, 26-1(상), 317면 참조.

17) 헌재 2017.3.10, 2016헌나1, 29-1, 14면 이하 참조.

항이 정하고 있는 탄핵소추사유는 '공무원이 그 직무집행에 있어서 헌법이나 법률을 위배한' 사실이고, 여기에서 법률은 형사법에 한정되지 않는다. 그런데 헌법은 물론 형사법이 아닌 법률의 규정이 형사법과 같은 구체성과 명확성을 갖지 않은 경우가 많으므로 탄핵소추사유를 형사소송법상 공소사실과 같이 특정하도록 요구할 수는 없고, 소추의결서에는 피청구인이 방어권을 행사할 수 있고 헌법재판소가 심판대상을 확정할 수 있을 정도로 사실관계를 구체적으로 기재하면 된다. 공무원 징계의 경우 징계사유의 특정은 그 대상이 되는 비위사실을 다른 사실과 구별될 정도로 기재하면 충분하므로, 탄핵소추사유도 그 대상 사실을 다른 사실과 명백하게 구분할 수 있을 정도의 구체적 사정이 기재되면 충분하다.

이 사건 소추의결서의 헌법 위배행위 부분은 사실관계를 중심으로 기재되어 있지 않아 소추사유가 분명하게 유형별로 구분되지 않은 측면이 없지 않지만, 소추사유로 기재된 사실관계는 법률 위배행위 부분과 함께 보면 다른 소추사유와 명백하게 구분할 수 있을 정도로 충분히 구체적으로 기재되어 있다.

나) 청구취하의 경우

헌법재판의 청구인이 청구를 취하한 경우에 민사소송에 관한 법령을 준용하여 종료선언을 하여야 하는지가 문제된다. 청구취하에도 불구하고 헌법의 중요한 사항에 대한 해명이 헌법적으로 특히 중대한 의미를 갖는 경우에는 「민사소송법」의 준용을 배제하고 종국결정을 하여야 한다는 견해도 있었다. 그러나 아직까지 헌법재판소의 다수의견은 예외없이 「민사소송법」을 준용하여 종료선언을 하여 왔다.[18]

다음과 같은 경우에는 헌법재판의 객관적 기능을 고려하여 「민사소송법」을 준용하지 않고 종국결정을 하여야 한다.[19] 첫째, 헌법재판이 일반적인 중요성을 가지며, 둘째, 그렇기 때문에 구두변론을 거쳤고, 셋째, 그러한 중요성이 종국결정 시점에도 그대로 유지되고 있는 경우이다.

---

18) 헌재 1995.12.15, 95헌마221등, 7-2, 747면 이하; 2001.6.28, 2000헌라1, 13-1, 1218면 이하; 2003.2.11, 2001헌마386, 15-1, 454면 이하 등 참조. 헌법재판소의 결정에서 다수의견은 전자의 태도를, 그리고 반대의견은 후자의 태도를 취하여 대립한 바 있다. 위 각주 5 참조.

19) *BVerfGE* 98, 218면 이하 참조.

Ⅱ. 위헌법률심판

1. 형식적인 위헌법률심판과 실질적인 위헌법률심판, 규범통제의 이원화

(1) 형식적인 위헌법률심판

법률의 위헌 여부가 재판의 전제가 된 경우 위헌법률심판은 헌법재판소가 관할한다(제107조 제1항). 헌법은 이와 같은 구체적 규범통제 이외에 재판의 전제성이 없이 법률의 위헌 여부를 심사하는 추상적 규범통제는 인정하지 않는다.

(2) 실질적인 위헌법률심판

이 밖에 헌법재판소는 실질적으로 위헌법률심판에 해당하는 다음과 같은 심판을 관장한다.

가) 법령에 대한 헌법소원

법령이 집행을 매개하지 않고 직접 개인의 기본권을 침해하는 때에는 헌법소원심판의 대상이 된다. 이때 헌법재판소는 실질적으로는 위헌법률심판을 하는 셈이다.

나) 위헌심사형 헌법소원

소송의 당사자가 당해 소송에서 위헌법률심판의 제청을 신청하였지만 법원이 이를 기각한 경우 소송당사자는 「헌법재판소법」 제68조 제2항에 의하여 헌법소원심판을 청구할 수 있다. 이 경우 헌법소원심판의 외형을 띠고 있지만 실질적으로는 위헌법률심판이 이루어지며, 따라서 위헌법률심판에 적용되는 「헌법재판소법」 제45조 및 제47조가 준용된다(헌재법 제75조 제6항). 즉 헌법재판소는 주문에서 심판대상인 법률이 헌법에 위반 혹은 위반되지 않는다는 결정을 한다.

(3) 명령·규칙 등에 대한 위헌심판

명령·규칙 또는 처분이 헌법 또는 법률에 위반되는가의 여부가 재판의 전제가 되는 때에는 대법원이 최종적으로 이를 심사한다(제107조 제2항). 이에 비해서 명령·규칙 또는 처분이 집행을 매개로 하지 않고 직접 개인의 기본권을 침해하는 경우에는 헌법소원심판을 청구할 수 있으며 헌법재판소가 이에 대한 최종적인 결정을 한다. 이로써 헌법상의 규범통제는 이원화되어 있으며, 이는 헌법 및 법질서의 통일적 해석 및 적용을 저해한다. 예컨대 법원은 1972년 헌법상 대통령의 긴급조치에 대해서 형식적인 법률이 아니라는 이유로 법원이 위헌 여부에 대한 결정권을 갖는다고 판단하였다. 같은 사안은 헌법재판소에 의해서도 심리되었다.[20] 이와 같은 경우에 헌법재판소와 대법원이 같은 심판대상에 대해서 다른 이해와 해석 및 적용을 하는 우려가 있다. 이 점에 대해서는 이미 자세히 설명한 바 있다.

2. 법원의 위헌법률심판제청

(1) 법원의 위헌법률심사권

가) 위헌제청을 위한 법원의 심사권

법원은 1차적으로 법률의 위헌 여부를 심사한다. 이는 헌법재판소에 위헌법률심판을 제청할 것인가를 결정하기 위한 심사이다. 위헌법률심판의 제청을 하는 경우 법원은 대법원을 거쳐야 한다. 이는 형식적인 경유절차이기 때문에 대법원이 실질적인 심사를 행한 후 불송부결정을 할 수는 없다. 이 점이 과거 헌법위원회가 위헌법률심판을 행하던 때와는 차이가 있다. 즉 당시 헌법 및 「헌법위원회법」에서는 각급 법원에게 위헌법률심판제청권을 부여하였지만 제청을 위해서는 대법원을 경유하여야 하였고, 또 대법원은 불송부결정을 하는 권한이 있었다(1980년 헌법 제108조 제1항; 헌법위원회법 제12조 및 제15조). 실제 1972년 이후 대법원은 한번도 위헌법률심판제청을 송부한 바 없다.

법원은 적용법률이 헌법에 위반되는가, 그리고 이 문제가 재판의 전제가 되는가를 심사한다. 재판의 전제성에 대해서는 아래에서 자세히 설명한다. 위헌 여부의 심사에 있어서는 다음과 같은 두 가지 문제에 대한 논의가 필요하다.

나) 직권에 의한 심사와 신청에 의한 심사

법원이 법률의 위헌 여부를 심사하는 계기는 두 가지이다(헌재법 제41조 제1항). 첫째, 법원은 직권으로, 즉 당사자의 신청이 없는 경우에도 적용법률의 위헌 여부를 심사할 수 있다. 둘째, 법원은 소송당사자가 위헌법률심판의 제청을 신청한 경우 이를 결정하기 위해서 위헌법률심사를 행한다. 법원은 적용법률을 합헌으로 판단하는 경우에 신청을 기각할 수 있으며, 기각결정에 대해서 소송의 당사자는 「헌법재판소법」 제68조 제2항에 의한 헌법소원을 제기할 수 있다.

다) 위헌제청신청된 법률의 적용

법원은 위헌법률심사의 결과 법률이 헌법에 위반되지 않는다고 판단하면 소

---

20) 대판 2012.12.16, 2010도5986; 헌재 2013.3.21, 2010헌바70등, 25-1, 180면 이하 등 참조.

송당사자의 신청을 기각하고 소송을 계속할 수 있다. 법원의 기각결정에 대해서는 항고가 허용되지 않으며, 이제 당사자는 헌법소원을 제기할 수 있을 뿐이다(헌재법 제41조 제4항, 제68조 제2항).

법원의 위헌심사권은 그 범위가 제한적이다. 법원은 법률의 위헌 여부가 재판의 전제가 된 때 위헌법률심판을 제청한다. 따라서 재판의 전제성이 있는 때에는 법원은 원칙적으로 위헌법률심판을 제청하여야 한다. 이 점은 1980년 헌법에서는 법률이 헌법에 위반되는 것을 법원이 인정할 때 위헌법률심판을 제청하도록 하였던 점과 비교된다(1980년 헌법 제108조 제1항).[21] 따라서 법원은 적용법률을 위헌으로 판단하는 경우는 물론이고, 위헌 여부에 대해서 확신이 없는 경우에도 합리적인 위헌의 의심이 있는 때에는 위헌법률심판을 제청하여야 한다.[22]

(2) 재판의 전제성

가) 재판의 전제성의 의미

법원이 위헌법률심판을 제청하기 위해서는 법률의 위헌 여부가 재판의 전제가 되어야 한다. 위헌법률심판이 개인의 권리구제를 위한 주관적 성격의 소송이며, 이러한 목적을 결여하고 있는 추상적 규범통제는 인정되지 않는다는 것을 다시 보여준다.

재판의 전제성이 없이 소송당사자가 위헌법률심판의 제청을 신청한 경우 법원은 이를 각하한다. 재판의 전제성이 없음에도 불구하고 법원이 위헌법률심판을 제청한 때에는 헌법재판소는 각하결정을 한다.

나) 재판의 전제성의 내용

a) 재판의 의미

재판이란 그 형식 여하, 본안에 대한 재판인가 혹은 소송절차에 관한 것인가를 불문하며, 판결과 결정 그리고 명령 등을 포함한다.[23] 예컨대 「형사소송법」 제295조에 의하여 법원이 행하는 증거채부결정은 당해 소송을 종국적으로 종결시키는 재판은 아니지만 법원의 의사결정으로서 재판에 해당한다.[24] 그러나 단순

---

21) 이에 비해서 이전 헌법들에서는 현행 헌법과 마찬가지로 법률이 헌법에 위반되는 여부가 재판의 전제가 되었을 때 위헌법률심판을 제청하도록 하였다. 1948년 헌법 제81조 제2항, 1962년 헌법 제102조 제1항, 1972년 헌법 제105조 제1항 등 참조.

22) 헌재 1993.12.23, 93헌가2, 5-2, 592면 참조.

23) 헌재 1994.2.24, 91헌가3, 6-1, 30면 참조. 따라서 예컨대 구 「민사소송법」 제368조의2에 의한 인지첩부 보정명령도 재판에 포함된다. 이 밖에 헌재 1996.12.26, 94헌바1, 8-2, 818면 참조.

24) 헌재 2010.12.28, 2009헌가30, 22-2(하), 545면 이하 참조.

히 재판의 진행환경에 해당하는 재판장의 녹음불허가 등에 대한 이의신청은 재판에 해당하지 않는다.[25)]

b) 재판의 전제성

aa) 일반론: 법률의 위헌 여부가 재판의 전제가 되기 위해서는 다음의 요건을 충족하여야 한다. 첫째, 구체적인 사건이 법원에 계속 중이어야 한다. 이 때 소송의 제기는 적법한 것이어야 한다. 따라서 소송이 부적법하여 각하될 경우에는 재판의 전제성은 부인된다.[26)] 둘째, 위헌 여부가 문제되는 법률이 당해 소송사건의 재판에 적용되어야 한다. 따라서 예컨대 형사사건에서 공소가 제기되지 않은 법률조항에 대해서 위헌법률 심판을 제청한 때에는 재판의 전제성이 없어 각하된다.[27)] 셋째, 적용법률의 위헌 여부에 따라 당해 사건을 담당하는 법원이 다른 내용의 재판을 하는 경우이다. 이에 대해서는 설명이 필요하다.

bb) 다른 내용의 재판을 하는 경우: 법원이 다른 내용의 재판을 하는 경우란 다음과 같은 내용을 갖는다.

첫째, 재판의 결론이나 주문에 영향을 주는 경우이다. 이에 대해서는 특별히 설명이 필요하지 않다.

둘째, 재판의 결론이나 주문에 영향을 주는 것은 아니지만 재판의 결론을 도출하는 이유를 달리하는 데 관련되어 있는 경우이다. 형벌조항에 대한 위헌 여부가 심판의 대상이 된 경우에 해당 조항이 위헌 결정되더라도 다른 법률 조항에 의하여 같은 내용의 판결이 이루어질 수 있다. 다만 이 경우 재판의 결론에 이르는 이유가 달라지며, 따라서 재판의 전제성이 있다. 예컨대 사형을 유일한 법정형으로 하는 「군형법」상의 상관살해죄 조항을 위헌 결정하더라도 다른 조항, 즉 일반 살인죄를 적용하여 같은 결과, 즉 사형이 선고될 가능성이 있는 경우에도 재판의 이유는 달라지게 된다.[28)] 재판의 결론이나 주문에 영향을 주지 않는 경우에도 재판의 전제성을 인정하는 것은 위헌법률심판이 기본적으로 주관적 권리구제를 위한 제도이지만, 어느 정도 객관적 법질서를 유지·확인하는 기능을 수행한다는 점을 반영한 것이다.

셋째, 법률의 위헌 여부에 따라서 재판의 내용과 효력에 관한 법률적 의미

25) 헌재 2011.6.30, 2008헌바81, 23-1(하), 282면 이하; 2013.8.29, 2011헌바253등, 25-2(상), 433면 이하 등 참조.
26) 헌재 2003.10.30, 2002헌가24, 15-2(하), 1면 이하 참조.
27) 헌재 1989.9.29, 89헌마53, 1, 304면 참조.
28) 헌재 2007.11.29, 2006헌가13, 19-2, 540면 참조.

가 달라지는 경우이다. 예컨대 개정 전 「형사소송법」 제331조 단서는 형사사건에서 검사가 중한 구형을 하면 무죄판결을 받은 경우에도 구속영장의 효력을 유지시키도록 하였다. 그러나 법원의 무죄판결은 구속취소의 결정을 당연히 포함하고 있기 때문에 이는 헌법에 위반된다. 그런데 위 조항의 위헌 여부는 형사재판의 결론, 즉 유죄 여부 및 형량에 영향을 미치는 것은 아니다. 다만 재판의 결론이 구속영장의 효력에 영향을 미치며, 이러한 의미에서 재판의 전제성이 있다.29)

판례 재판의 결론을 도출하는 이유를 달리하는 경우와 재판의 전제성
(헌재 2007.11.29, 2006헌가13)

재판의 전제성이란, 첫째 구체적인 사건이 법원에 계속되어 있었거나 계속 중이어야 하고, 둘째 위헌 여부가 문제되는 법률이 당해 소송사건의 재판에 적용되어야 하며, 셋째 그 법률의 위헌 여부에 따라 법원이 다른 내용의 재판을 하게 되는 경우를 말한다. 여기서 법원이 "다른 내용의" 재판을 하게 되는 경우라 함은 법원이 심리 중인 당해 사건의 재판의 결론이나 주문에 영향을 주는 것뿐만 아니라, 문제된 법률의 위헌 여부가 비록 재판의 주문 자체에는 아무런 영향을 주지 않더라도 재판의 결론을 이끌어 내는 이유를 달리하는 데 관련되어 있거나 또는 재판의 내용과 효력에 관한 법률적 의미가 전혀 달라지는 경우도 포함된다.

국방부장관은 이 사건 관련 증거에 의하여 공소사실이 인정되고, 양형조건에 비추어 결론이 달라질 가능성이 없기 때문에 재판의 전제성이 없다고 주장한다. 그러나 헌법재판소가 사형만을 유일한 법정형으로 규정하고 있는 이 사건 법률조항에 대하여 위헌선언을 하는 경우 위 법률조항이 소급하여 효력을 상실하게 되어 이 사건 법률조항을 적용법조로 한 공소사실에 대하여는 적용할 수 없게 된다. 그 결과 법원이 심리 중인 당해 사건의 재판의 주문에 영향을 미치게 되고, 제청신청인에 대한 처벌조항으로 이 사건 법률조항이 아닌 다른 법률조항, 예컨대 형법상 단순살인죄로 적용법조를 변경하는 공소장 변경이 있게 된다. 이 경우에도 당해 사건의 재판의 이유가 달라지게 되어 결국 이 사건 법률조항의 위헌 여부에 따라 이 사건 재판의 내용은 달라지므로 재판의 전제성이 인정된다.

---

c) 재판의 전제성의 존재 시점

위헌법률심판제청 당시에는 재판의 전제성이 있었으나 그 후 상황이 변화하여 재판의 전제성이 없어진 경우에는 원칙적으로 해당 위헌법률심판제청은 부

29) 헌재 1992.12.24, 92헌가8, 4, 865면 이하 참조. 이 밖에 헌재 1994.6.30, 92헌바23, 6-1, 603면 이하 참조.

적법하다.

그러나 이러한 경우에도 예외적으로 위헌법률심판제청이 적법할 수 있다. 제청된 법률조항에 의하여 침해되는 기본권이 중요하여 법률의 위헌 여부의 해명이 헌법적으로 중요한 데도 그 해명이 없거나, 동 법률조항으로 인한 기본권의 침해가 반복될 위험성이 있는데도 이에 대한 위헌여부 심판의 기회를 갖기 어려운 경우이다. 이 경우에는 객관적인 헌법질서의 수호와 유지를 위하여 위헌 여부에 대한 판단을 할 필요가 있기 때문이다.

다) 재판의 전제성에 대한 판단

a) 법원의 판단 존중

재판의 전제성은 일차적으로는 법원에서 판단된다. 재판의 전제성은 기본적으로 법률의 당해 사건과의 관계에 관한 문제이므로 헌법재판소는 법원의 심사의견을 존중한다.

이러한 관점에서 헌법재판소는 재판의 전제성이 명백하지 않은 경우 혹은 재판의 전제성이 결여될 가능성이 있는 경우에도 재판의 전제성에 대한 판단을 법원에 유보하는 경향이 있다.[30)]

b) 헌법재판소의 최종적인 판단

위헌법률심판에서 심판청구의 적법성은 최종적으로는 헌법재판소가 판단한다. 따라서 법원이 재판의 전제성을 인정하여 위헌법률심판을 제청한 경우에 헌법재판소가 직권으로 조사하여 재판의 전제성을 부인할 수도 있다. 이에 비해서 법원이 재판의 전제성이 없다는 이유로 위헌법률심판제청의 신청을 각하한 경우에는 신청인이 「헌법재판소법」 제68조 제2항에 의한 헌법소원심판을 청구하면 헌법재판소가 법원의 판단을 번복할 수 있다.[31)]

(3) 위헌법률심판제청의 효과

법원이 헌법재판소에 위헌법률심판을 제청한 때에는 당해 소송사건의 재판은 헌법재판소의 결정이 있을 때까지 정지된다(헌재법 제42조). 헌법재판소의 결정이 있은 후 재판은 속개되며, 법원은 헌법재판소의 결정에 따라 재판을 수행한다. 이에 비해서 실질적으로는 위헌법률심판에 해당하는 「헌법재판소법」 제68조

30) 헌재 1994.4.28, 92헌가3, 6-1, 217면 이하; 1996.10.4, 96헌가6, 8-2, 322면; 2001.10.25, 2001헌바9, 13-2, 498면; 2003.11.27, 2003헌바39, 15-2(하), 297면 이하 등 참조.

31) 헌재 2003.11.27, 2003헌바39, 15-2(하), 305면 이하 참조.

제2항에 의하여 헌법소원심판이 청구된 경우에는 당해 소송사건이 정지되지는 않는다.

3. 헌법재판소에서의 위헌법률심판

(1) 심판의 대상

가) 법 률

위헌법률심판에서 심판의 대상은 제청된 법률 또는 법률조항이다. 법률의 효력을 갖는 관습법 역시 위헌법률심판의 대상이 된다.[32] 위헌법률심판은 구체적인 권리의무관계에 관한 분쟁을 해결하는 목적을 갖기 때문에 심판의 대상인 법률 또는 법률조항은 제정되어 현재 시행 중이거나 혹은 과거에 시행되었던 것이어야 한다. 폐지된 법률도 그 위헌 여부가 관련 소송사건에서 재판의 전제가 되는 경우에는 위헌법률심판의 대상이 된다. 그러나 제정·공포는 되었으나 시행되지 않았으며 이미 폐지되어 효력을 상실한 법률은 심판대상이 될 수 없다.

위헌법률심판은 헌법에 의하여 부여된 입법권에 의하여 제정된 규범의 위헌 여부를 판단한다. 따라서 1945년 이후 3년간 미군정시기에 제정된 미군정법령은 적어도 이미 적용되어 법적 효과가 완료된 경우에는 원칙적으로 위헌심사의 대상이 되지 않는다. 이는 헌법이 헌법 제정 이전의 법령에 대해서 계속효를 부여하는 규정(1948년 헌법 제100조)을 두었더라도 마찬가지이다. 이 경우 해당 법령이 곧 우리 헌법에 의한 입법권 행사의 결과라는 의미를 갖지는 않기 때문이다.[33]

법률이 개정되어 구법이 더 이상 적용되지 않는 경우에는 구법은 원칙적으로 심판의 대상이 되지 않는다.[34] 그러나 소급입법금지의 원칙이 적용되는 형법사건에서 신법을 소급적용하는 것이 위헌인가를 판단하는 경우 구법이 심판의 대상에 포함된다. 신법의 소급적용이 위헌인가의 문제에 있어서는 구법이 행위시에 위헌이었는가, 그리고 신·구법 중 어느 법률이 당사자에게 유리하였는지가 선결문제가 되기 때문이다.[35] 또 법률을 개정하면서 개정 법률의 소급

32) 헌재 2013.2.28, 2009헌바129, 25-1, 18면 이하; 2016.4.28, 2013헌바396등, 28-1(상), 608면 이하; 2020.10.29, 2017헌바208, 32-2, 380면 이하 등 참조. 이에 비해서 법원은 위헌법률심판의 대상에서 관습법은 제외된다는 입장이다. 대판 2009.5.28, 2007카기134 참조.

33) 이와 달리 이미 완성된 법적 효과와 관련하여도 미군정법령에 대한 위헌심사의 가능성을 인정하는 결정으로는 헌재 2021.1.28, 2018헌바88, 33-1, 25면 이하 참조.

34) 헌재 1989.4.17, 88헌가4, 1, 27면; 2000.8.31, 97헌가12, 12-2, 178면 등 참조.

35) 헌재 1989.7.14, 88헌가5등, 1, 82면 참조.

적용기간에 관한 부칙 규정이 위헌심판의 대상인 경우 이를 판단하기 위해서는 구법 규정의 위헌 여부가 선결문제가 되며, 따라서 구법 규정이 위헌심판의 대상이 된다. 예컨대 1997년 개정된 「국적법」은 자녀의 국적을 결정하는 기준으로서 기존의 부계혈통주의에서 부모양계혈통주의로 개정하면서 이의 소급적용기간을 10년으로 하였다. 그런데 부칙상의 소급적용기간이 짧아 국적취득을 못한다는 이유로 위헌심판이 제청되었다. 이 경우 부칙 규정의 위헌심판을 위해서는 부계혈통주의에 대한 위헌심판이 선행되어야 했다. 이때 비로소 소급적용되지 않는 상태가 위헌인가의 여부를 판단할 수 있기 때문이다.[36)]

법률규정 중 개념을 정의하는 조항은 일반적으로 중립적 의미를 갖기 때문에 심판의 대상이 되지 않는다. 그러나 개념정의에 관한 규정이 전반적인 규범체계 속에서 실질적으로 국가작용의 대상범위를 확정하는 내용을 갖는 경우에는 심판의 대상이 될 수 있다. 예컨대 「국토의 계획 및 이용에 관한 법률」상 '체육시설'을 정의하고 있는 조항은 사업의 시행을 위하여 수용권이 행사될 수 있는 대상의 범위를 확정하는 의미도 있으므로 위헌법률심판의 대상이 된다.[37)]

위헌심판의 대상은 존재하는 법률이기 때문에 입법부작위는 위헌심판의 대상이 되지 않는다. 입법부작위는 「헌법재판소법」 제68조 제2항에 의한 위헌심사형 헌법소원심판의 대상에 포함되지도 않는다. 입법부작위는 「헌법재판소법」 제68조 제1항에 의한 헌법소원심판의 대상은 될 수 있다.

판례 **관습법과 위헌법률심판의 대상** (헌재 2013.2.28, 2009헌바129)

관습법은 사회의 거듭된 관행으로 생성된 사회생활규범이 사회의 법적 확신과 인식에 따라 법적 규범으로 승인되고 강행되기에 이르러 법원(法源)으로 기능하게 된 것이다. 법원(法院)은 여러 차례 분재청구권에 관한 관습이 우리 사회에서 관습법으로 성립하여 존재하고 있음을 확인하고 상속 등에 관한 재판규범으로 적용하여 왔다. 그런데 이 사건 관습법은 민법 시행 이전에 상속을 규율하는 법률이 없는 상황에서 재산상속에 관하여 적용된 규범으로서 비록 형식적 의미의 법률은 아니지만 실질적으로는 법률과 같은 효력을 갖는다.

헌법 제111조 제1항 제1호, 제5호 및 헌법재판소법 제41조 제1항, 제68조 제2항에 의하면 위헌심판의 대상은 '법률'이다. 여기서 '법률'은 국회의 의결을 거친 형식적 의미의 법률뿐만 아니라 법률과 동일한 효력을 갖는 조약 등도 포함한다. 이처럼 법률의 효력을 갖는 조약 등을 위헌심판의 대상으로 삼음으로써 헌법을 최고규

36) 헌재 2000.8.31, 97헌가12, 12-2, 167면 이하 참조.
37) 헌재 2011.6.30, 2008헌바166등, 23-1(하), 305면 참조.

범으로 하는 법질서의 통일성과 법적 안정성을 확보할 수 있을 뿐만 아니라, 합헌적인 법률에 의한 재판을 가능하게 하여 궁극적으로는 국민의 기본권 보장에 기여할 수 있다. 그렇다면 형식적인 의미의 법률은 아니지만 법률과 같은 효력을 가지는 이 사건 관습법도 당연히 헌법소원심판의 대상이 된다.

나) 헌법의 개별규정

헌법의 개별 조문은 위헌법률심판의 대상이 되지 않는다.[38] 헌법의 개별 조문이 위헌법률심판의 대상이 되기 위해서는 헌법 규정 간에 효력의 차이가 있어야 한다. 또 헌법의 개별 규정을 위헌법률심판의 대상인 '법률'로 이해할 수 있는 근거가 있어야 한다.

헌법재판소는 헌법규범 상호 간에 이념적·논리적으로 우열이 있다는 사실 자체는 인정하고 있다. 그러나 그렇다고 해서 헌법의 어느 규정이 다른 규정의 효력을 전면 부인할 수 있는 정도로 효력상의 차등이 있는 것은 아니라는 이유로 헌법의 개별 규정에 대한 위헌법률심판은 인정하지 않고 있다.

또 우리 헌법에서는 헌법규정을 법률로 이해할 수 없다. 비교법적으로 보면 독일헌법은 헌법의 개별 규정을 위헌법률심판의 대상으로 할 수 있는 외형적인 조건을 갖추고 있다. 독일헌법은 헌법 개정의 한계에 관한 규정을 두고 있다. 이는 개정한계 조항이 다른 규정에 비해서 우월한 효력을 갖는다는 점을 직접 실정화한 의미가 있다. 또 독일헌법상 헌법 개정은 법률의 형식으로 이루어진다(독일헌법 제79조 제1항 참조). 이를 근거로 독일의 연방헌법재판소는 위헌적 헌법규범에 대한 심판을 인정하고 있다. 다만 독일에서도 심판의 가능성을 인정하면서 위헌결정을 하는 데에는 매우 신중해 왔다. 따라서 이론에 머무르고 있으며, 실천적 의미를 갖지는 않는다.

다) 조약, 긴급명령 등

위헌심판의 대상이 되는 법률은 그 제정형식이나 명칭이 아니라 규범의 효력을 기준으로 판단한다. 따라서 국회제정법 이외에 법률의 효력을 갖는 규범 역시 위헌법률심판의 대상이 된다. 긴급재정경제명령 및 긴급명령(제76조 제1, 2항), 헌법에 의하여 체결·공포된 조약으로서 비준에 앞서 국회의 동의를 얻은 조약이

---

38) 헌재 1995.12.28, 95헌바3, 7-2, 846면; 1996.6.13, 94헌바20, 8-1, 482면; 1996.6.13, 95헌바39 등, 8-1, 512면 등 참조.

여기에 속한다(제6조 제1항, 제60조 제1항).[39] 이러한 규범들이 효력을 발생 혹은 유지하기 위해서는 일반적으로 국회의 '승인' 혹은 '동의' 등 국회의 관여가 인정된다. 그러나 이는 필수적인 것은 아니다. 즉 국회가 관여하지 않았더라도 국민의 법률관계에 영향을 미치는 입법사항에 관한 규범은 위헌법률심판의 대상이 된다. 예컨대 1972년 헌법상의 긴급조치는 그 발동에 있어 국회의 관여가 인정되지 않았지만 법률과 같은 효력을 갖기 때문에 현행 헌법을 기준으로 위헌심판의 대상이 되었다.[40]

판례 **대통령 긴급조치와 위헌법률심판** (헌재 2013.3.21, 2010헌바70등)

법원의 제청에 의한 위헌법률심판 또는 헌법재판소법 제68조 제2항에 의한 헌법소원심판의 대상이 되는 '법률'에는 국회의 의결을 거친 형식적 의미의 법률은 물론이고 그 밖에 조약 등 '형식적 의미의 법률과 동일한 효력'을 갖는 규범들도 포함된다. 이때 '형식적 의미의 법률과 동일한 효력'이 있느냐 여부는 그 규범의 명칭이나 형식에 구애받지 않고 법률적 효력의 유무에 따라 판단하여야 한다.

법률의 위헌심사권과 명령, 규칙 등 하위 법령의 위헌(위법)심사권을 이원화하여 전자를 헌법위원회에, 후자를 대법원에 귀속시키고 있던 제헌헌법 제81조와 관련하여, 6·25 발발 당일 대통령이 제정, 공포한 긴급명령인 '비상사태하의 범죄처벌에 관한 특별조치령'(대통령긴급명령 제1호)에 대한 법원의 위헌제청에 따라 헌법위원회가 심사하여 위헌으로 결정한 바 있다(헌법위원회 1952.9.9. 결정 4285년 헌위 제2호). 대법원도 헌법 제정 이전에 제정된 군정법령(제88호)에 대해 헌법위원회에 위헌제청하면서, 위헌제청할 수 있는 법률은 헌법 공포 이후에 제정된 법률은 물론이고 헌법 공포 이전에 시행된 법령이라도 입법사항을 규정한 것은 법령, 규칙 등 형식과 명칭 여하에 불구하고 헌법위원회의 심사대상이라고 판시한 바 있다(대법원 1960.2.5.자 4292행상110결정). 또한 헌법재판소는 '대한민국과 아메리카합중국 간의 상호방위조약 제4조에 의한 시설과 구역 및 대한민국에서의 합중국군대의 지위에 관한 협정'(1967.2.9. 조약 제232호)이 비록 그 명칭은 '협정'이지만 법률의 효력을 가지는 조약으로 보아 본안판단을 하였다.

유신헌법 제53조는 긴급조치의 효력에 관하여 명시적으로 규정하고 있지 않다. 그러나 긴급조치는 유신헌법 제53조에 근거한 것으로서 그에 정해진 요건과 한계를 준수해야 한다는 점에서 이를 헌법과 동일한 효력을 갖는 것으로 보기는 어렵다. 한편 이 사건 긴급조치들은 표현의 자유 등 기본권을 제한하고, 형벌로 처벌하

39) 조약에 대한 위헌심사에 대해서는 헌재 1999.4.29, 97헌가14, 11-1, 281면 이하; 2009.2.26, 2007헌바35, 21-1(상), 82면 이하 등 참조.

40) 헌재 2013.3.21, 2010헌바70등, 25-1, 192면 이하 참조. 이 밖에 헌재 2015.3.26, 2014헌가5, 27-1(상), 226면 이하 참조.

는 규정을 두고 있으며, 영장주의나 법원의 권한에 대한 특별한 규정 등을 두고 있다. 유신헌법이 규정하고 있던 적법절차의 원칙(제10조 제1항), 영장주의(제10조 제3항), 죄형법정주의(제11조 제1항), 기본권 제한에 관한 법률유보원칙(제32조 제2항) 등을 배제하거나 제한하고, 표현의 자유 등 국민의 기본권을 직접 제한하는 내용이 포함된 이 사건 긴급조치들의 효력을 법률보다 하위에 있다고 보기도 어렵다. 결국 이 사건 긴급조치들은 최소한 법률과 동일한 효력을 가지는 것으로 보아야 하고, 따라서 그 위헌 여부 심사권한도 헌법재판소에 전속한다.

라) 심판대상의 확대와 축소

헌법재판소는 위헌제청된 법률에 대해서 재판의 전제성을 기준으로 심판대상을 확대 혹은 축소하여, 그 결과 결정의 효력을 심판대상인 법률조항에 비해서 확대 혹은 축소시키고 있다.

위헌제청이 되지는 않았지만 제청된 법률조항과 필연적인 연관관계에 있는 경우 혹은 제청된 법률조항과 사실상 동일한 내용을 갖는 것이어서 따로 분리하여 존속시킬 이유가 없는 경우 이를 함께 심판한다(심판대상의 확대).[41] 또 위헌제청된 법률 전체의 내용이 나누어질 수 있고(可分的), 그 일부의 내용에 한하여 재판의 전제성이 있는 경우에는 이 범위로 심판의 대상을 축소하여 심리한다(심판대상의 축소).[42]

(2) 심판의 기준

위헌법률심판에서 심판의 기준은 실정헌법규정뿐 아니라 헌법적 효력을 갖는 원칙들을 포함한다. 헌법재판소는 관습헌법을 기준으로 위헌법률심판을 행한 바 있다.[43] 헌법소원심판에 있어서도 헌법의 원칙규범이 심사의 기준이 되는 경우가 있지만 원칙규범에 위반한다는 이유만으로 인용결정을 할 수는 없다. 헌법소원심판은 기본권 침해 여부를 확인하여야 하기 때문이다.

일반적으로 위헌법률심판에서 심판의 기준으로 여러 헌법조항이 제시된다. 이 경우 이를 주장하는 청구인의 의도 및 입법자의 객관적 동기 등을 참작하

41) 이에 대한 예로는 헌재 2007.3.29, 2005헌마985등, 19-1, 313면 이하; 2003.9.25, 2000헌바94등, 15-2(상), 267면 이하 등 참조.
42) 이에 대한 예로는 헌재 1991.5.13, 89헌가97, 3, 202면 이하; 1998.6.25, 97헌가15, 10-1, 736면 이하; 2012.2.23, 2009헌바47, 24-1(상), 99면 등 참조.
43) 헌재 2004.10.21, 2004헌마554등(병합), 16-2(하), 36면 이하 참조.

여 그 사안과 가장 밀접한 관계에 있는 헌법규정을 중심으로 위헌심사가 이루어진다. 예컨대 「공무원연금법」과 「군인연금법」이 급여사유인 장애라는 동일한 상황에 대해서 다른 취급을 하는 경우 헌법 제34조 인간다운 생활을 할 권리가 관련되어 있기도 하지만 해당 사안에 가장 밀접한 관련성이 있는 기본권은 평등권이며, 따라서 평등권이 주된 심사의 기준이 된다.[44)]

헌법재판은 객관적인 소송의 성격이 있다는 점이 심사기준에 영향을 미친다. 즉 헌법재판소는 제청법원이나 제청신청인이 주장하는 헌법적 관점에 구속되지 않으며, 모든 헌법적 관점을 심사의 기준으로 적용한다.

(3) 결정정족수

가) 가중정족수

위헌법률심판에서 제청된 법률에 대한 위헌결정을 하기 위해서는 재판관 9명 중 6명 이상의 찬성이 있어야 한다. 입법권을 존중하고, 또 법질서의 안정성을 우선적으로 고려하여 가중정족수를 적용하도록 한 것이다. 위헌법률심판은 최종적으로는 개인의 권리를 구제하는 목적이 있기 때문에 가중정족수의 타당성에 대해서는 검토가 필요하다는 점은 위에서 지적한 바 있다.

재판관 9명 중 5명이 위헌의견을 낸 경우 위헌결정의 정족수에 미달하기 때문에 합헌결정을 한다. 초기 헌법재판소는 이 경우 이른바 위헌선언불가결정의 주문을 채택한 바 있다. 즉 "…은 헌법에 위반된다고 선언할 수는 없다"는 주문이 그것이다.[45)] 그러나 이는 바람직한 것은 아니다. 이러한 주문은 해당 법률 혹은 법률의 조항이 실질적으로 위헌이지만 위헌으로 선언할 수 없는 특별한 사유가 존재하는 듯한 인상을 주기 때문이다. 헌법재판소는 1996년 이후 초기의 이러한 주문례를 변경하여 5명이 위헌의견을 낸 경우 단순합헌결정의 주문을 채택하고 있다.[46)]

나) 여러 의견이 나뉜 경우

사안에 따라서는 여러 의견이 분산되는 경우가 있다. 이때 헌법재판소의 의견을 형성하는 문제가 생긴다. 「헌법재판소법」에 이에 관한 특별한 규정은 없다. 지금까지 이 문제는 「법원조직법」 제66조 제2항을 준용하여 해결하고 있다.

44) 헌재 2010.6.24, 2008헌바128, 22-1(하), 482면 이하 참조.

45) 헌재 1989.12.22, 88헌가13, 1, 357면 이하; 1993.5.13, 90헌바22등, 5-1, 253면 이하; 1994.6.30, 92헌바23, 6-1, 592면 이하 등 참조.

46) 헌재 1996.2.16, 96헌가2등, 8-1, 96면 참조.

「법원조직법」 제66조 제2항에 따르면 '수액'이나 '형량'에 관하여 3설 이상이 나뉘어져 있고, 어떠한 견해도 과반수에 이르지 못한 경우에는 신청인에게 가장 유리한 견해를 가진 수에 순차로 그 다음으로 유리한 견해를 가진 수를 더하여 과반수에 이르게 된 때의 견해를 합의체의 견해로 한다. 이를 위헌법률심판에 적용하면 다음과 같은 결과가 나온다. 단순위헌의견 5명, 헌법불합치의견 2명, 합헌의견 2명인 경우 신청인에게 가장 유리한 것은 위헌결정이며, 그 다음 유리한 것이 불합치결정이다. 그리고 이때 위헌결정정족수인 6명을 초과하게 된다. 따라서 이 경우 헌법불합치결정의 주문을 택한다. 헌법불합치의견이 5명, 단순위헌의견이 4명인 경우에도 헌법불합치결정을 한다. 전부 헌법불합치의견이 5명, 일부 단순위헌 일부 헌법불합치 의견이 1명인 경우에도 헌법불합치결정의 주문을 채택한다.

(4) 합의방식

헌법재판소에서 심리의 결과를 합의하는 방식은 이론적으로 보면 두 가지가 있다. 첫째, 재판관이 각하, 기각 및 인용 등의 주문유형을 중심으로 합의를 하는 방식이다(주문별 합의방식). 둘째, 각각의 쟁점을 중심으로 합의를 하는 방식이다(쟁점별 합의방식). 쟁점별 합의방식에 따르면 본안 전 판단에서는 적법 혹은 부적법 여부가 쟁점이 되며, 본안판단에서는 위헌 여부가 쟁점이 된다. 따라서 이러한 방식에 따르면 본안판단에서는 각하의견이 나올 수 없다. 현재까지 헌법재판소는 주문별 합의방식을 따르고 있다. 그 결과 본안판단에서 각하의견이 나오는 문제를 보이고 있다.[47]

주문별 합의방식은 다음과 같은 사안에 있어서도 문제를 보인다. 재판관 5명이 위헌의견, 2명이 헌법불합치의견, 그리고 2명이 합헌의견인 경우 헌법불합치결정을 하게 된다. 그런데 이 경우 해당 법률 조항의 계속 적용 혹은 적용 중지가 또 하나의 쟁점이 된다. 현재는 주문별 합의방식을 채택하는 결과 헌법불합치의견을 낸 2명의 재판관에 의하여 법률 조항의 계속 적용 혹은 적용 중지가 결정된다.[48] 쟁점별 합의방식에 따르면 이 경우 법률 조항의 계속 적용 여부가 독자적인 합의의 대상이 되어야 하며, 이것이 보다 합리적이다.

---

47) 이에 관한 논의로는 예컨대 헌재 1994.6.30, 92헌바23, 6-1, 612면 이하 참조. 본안판단에서 각하의견이 나오는 예로는 예컨대 헌재 1997.7.16, 96헌라2, 9-2, 166면 이하 참조.
48) 이러한 예로는 헌재 2009.9.24, 2008헌가25, 21-2(상), 427면 이하 참조.

(5) 주문의 유형과 결정의 효력

가) 주문의 유형과 효력 일반론

위헌법률심판의 결정의 종류로는 단순위헌결정과 단순합헌결정이 있다. 이밖에 헌법재판소는 한정위헌결정 및 한정합헌결정, 그리고 헌법불합치결정 등 이른바 변형결정을 행한다. 「헌법재판소법」에 이에 대한 명시적인 근거가 존재하지 않음에도 불구하고 이러한 변형결정이 허용되는가에 대해서 검토가 필요하다.

위헌결정된 법률 혹은 법률의 조항은 결정이 있는 날로부터 효력을 상실한다. 즉 법률에 대한 위헌결정은 원칙적으로 소급효를 갖지 않는다(헌재법 제47조 제2항). 그러나 헌법재판소와 법원은 판례를 통하여 당해 사건, 당해 법률에 대한 위헌심판제청을 한 사건, 그리고 당해 법률이 적용될 사안으로 법원에 계속 중인 사건에 대해서는 위헌결정이 소급효를 갖도록 해석하고 있다. 이에 비해서 형벌에 관한 법률 조항에 대한 위헌결정은 소급효를 갖는다. 이 경우 위헌으로 결정된 법률 또는 법률의 조항에 근거한 유죄의 확정판결은 재심사유가 된다(헌재법 제47조 제4항).

위헌결정의 소급효가 갖는 시간적 범위에 대해서 논란이 있어 왔다. 즉 소급효의 시간적 범위에 관한 특별한 규정이 없으므로 해당 법률의 제정 시점까지 소급하여 처음부터 법률이 제정되지 않은 것과 같은 상태가 실현되어야 한다는 견해와 이러한 효력을 제한하여야 한다는 견해가 대립하여 왔다. 2014년 「헌법재판소법」이 개정되어 소급효를 제한하는 규정이 삽입되었다. 즉, 형벌조항에 대한 위헌결정을 하는 경우 해당 법률 또는 법률의 조항에 대하여 종전에 합헌으로 결정한 사건이 있는 때에는 그 결정이 있는 날의 다음 날로 소급하여 효력을 상실한다(헌재법 제47조 제3항).

위헌결정은 법원과 그 밖의 국가기관 및 지방자치단체를 기속한다(헌재법 제47조 제1항). 개별주문유형에 따른 결정의 효력에 대해서는 아래에서 세분화해서 살펴본다.

나) 이른바 변형결정의 허용 여부

a) 부인론

헌법재판소의 초기 결정에서는 변형결정의 허용 여부에 대해 논란이 있었다. 변형결정이 허용되지 않는다는 논거로 다음 세 가지가 제시되었다.[49]

---

49) 이와 같은 논리는 제1기 헌법재판관 중 특히 변정수 재판관이 계속 제시하였다. 헌재 1989.9.8, 88

첫째, 「헌법재판소법」 제45조에 의하면 "헌법재판소는 제청된 법률 또는 법률조항의 '위헌 여부만'을 결정한다". 따라서 단순위헌 혹은 합헌 결정 이외에 다른 주문방식은 허용되지 않는다. 둘째, 「헌법재판소법」 제47조 제1항에 의하면 "법률의 '위헌결정'은 법원 기타 국가기관 및 지방자치단체를 기속한다". 따라서 위헌결정이 아닌 다른 주문은 기속력이 없기 때문에 헌법재판소는 이러한 주문을 채택할 수 없다. 셋째, 특히 헌법불합치결정과 관련해서는 비교법적 논거로서, 헌법불합치결정의 모국(母國)인 독일의 경우 「연방헌법재판소법」이 헌법불합치결정을 주문의 유형으로 명시하고 있는 반면, 우리 「헌법재판소법」에는 이에 관한 명시적인 근거가 없다.

b) 평 가

aa) **부인론에 대한 평가:** 위와 같은 논거는 변형결정의 주문을 부인하는 근거가 될 수 없다. 첫째, 「헌법재판소법」 제45조 제1항은 주문의 유형을 한정하는 규정이 아니라 심판의 범위에 관한 규정이다. 즉 당해 사건을 직접 심판하는 것은 일반법원이며, 헌법재판소는 당해 사건에 적용되는 법률의 위헌 여부만을 심판한다는 의미이다. 둘째, 「헌법재판소법」 제47조 제1항은 다음과 같이 목적론적으로 해석할 수 있다. 즉 결정의 종류로서 위헌결정만이 기속력을 갖는 것이 아니고, 어떠한 종류의 결정이든 그 결정에 포함된 위헌성을 확인하는 내용은 기속력을 갖는다.[50] 다만 이 규정을 모든 헌법재판소의 결정이 기속력을 갖도록 개정하는 방안은 적극적으로 고려되어야 한다. 예컨대 독일 「연방헌법재판소법」은 모든 결정이 기속력을 갖도록 규정하고 있다(법 제31조 제1항). 셋째, 독일의 경우에도 1970년에 와서야 「연방헌법재판소법」 제31조 제2항 및 제79조 제1항에 헌법불합치결정이 주문의 유형으로 명시되었다. 그런데 이미 이전에 연방헌법재판소는 헌법적 필요성을 이유로 헌법불합치결정을 행하였다.

bb) **변형결정의 필요성:** 헌법의 특성상 변형결정의 허용 여부는 헌법재판소의 법형성기능에 맡겨져 있다고 보아야 한다. 헌법은 내용적으로 다양하고 폭넓은 입법형성에 의하여 실현된다. 헌법재판은 이를 존중하여야 한다. 또 법률조항에 일부 위헌적인 요소가 있는 경우 전면적인 위헌결정을 하기보다는 합헌적 법률해석을 하여 전면위헌으로 인한 법적 공백과 이로 인한 법적 안정성에 대한 위험을 최소화하기 위하여 헌법재판소는 다양하게 대응할 필요가 있다.

헌가6, 1, 263면 이하 참조.

50) 헌재 1997.12.24, 96헌마172등, 9-2, 860면 이하 참조.

다) 단순합헌결정

a) 주문의 형식

합헌결정을 할 때 헌법재판소는 "...은 헌법에 위반되지 않는다"라는 주문을 채택한다. 위헌결정을 하기 위해서는 헌법재판관 6명 이상의 찬성이 있어야 하기 때문에 헌법재판관 과반수가 위헌의견을 낸 경우에는 위헌결정을 할 수 없다. 헌법재판소 초기에는 이른바 위헌선언불가결정의 주문을 채택하여 왔으나 이는 타당하지 않으며, 지금은 이와 같은 주문이 채택되지 않는다는 점에 대해서는 이미 위에서 설명하였다.

b) 단순합헌결정의 효력

법률의 '위헌결정'은 국가기관을 기속한다. 이에 비해서 단순합헌결정의 효력에 관하여 특별히 규정하고 있지는 않다. 합헌결정은 국가기관을 기속하지 않는다. 이는 이미 존속하고 있는 법률에 대한 합헌선언이기 때문에 입법상태에 변화를 가져오지 않는다. 또 합헌결정은 해당 법률조항만이 헌법에 합치하는 유일한 입법이라는 의미는 아니다. 따라서 합헌결정이 국가기관을 기속하지 않는다 해도 실천적 의미를 갖는 것은 아니다.

라) 단순위헌결정

a) 주문의 형식

위헌심판이 제청된 법률이 위헌인 때에는 헌법재판소는 "...은 헌법에 위반된다"라는 주문을 택한다. 위헌결정은 법률 전체가 아니라 법률의 일부, 즉 독립된 법조문, 조문의 일부인 독립된 항, 항의 일부의 문, 또는 문의 일부에 대해서 이루어지는 것이 일반적이다.

b) 법률 전부 혹은 관련 법률조항에 대한 위헌결정

위헌결정으로 인하여 법률 전부를 시행할 수 없다고 인정할 때에는 그 전부에 대해서 위헌결정을 할 수 있다(헌재법 제45조 단서). 예컨대 세법에서 과세표준 및 과세율에 관한 규정과 같은 세법의 기본적인 요소들이 헌법에 합치하지 않기 때문에 해당 세법 전체를 시행할 수 없다고 판단하는 때에는 심판대상인 조문뿐 아니라 해당 세법 전체를 헌법에 합치하지 않는다는 결정을 한다.[51)]

이 밖에 헌법재판소는 위헌인 법률조항 이외의 나머지 법률조항들에 대해서 부수적으로 위헌선언을 할 수 있다. 위헌결정 후 합헌으로 남아있는 나머지 법

---

51) 헌재 1994.7.29, 92헌바49등, 6-2, 117면 이하 참조. 이 밖에 헌재 1994.6.30, 92헌가18, 6-1, 564면 이하; 2015.3.26, 2014헌가5, 27-1(상), 231면 참조.

률조항만으로는 법적으로 독립된 의미를 갖지 못하거나,[52] 위헌인 법률조항이 나머지 법률조항과 극히 밀접한 관계에 있어서 전체적·종합적으로 양자가 분리할 수 없는 일체를 형성하고 있는 경우,[53] 위헌인 법률조항만을 위헌선언하게 되면 전체 규정의 의미와 정당성이 상실되는 경우,[54] 그리고 제청된 법률조항과 사실상 동일한 내용을 갖는 조문이어서 따로 분리하여 존속시킬 이유가 없는 경우[55] 등이 이에 해당된다.

위헌인 법률조항이 개정되었지만 동일한 내용으로 조문 위치만이 변경된 경우 혹은 심판대상인 조항이 개정 법률에 그대로 남아 있는 경우 개정 조문 역시 위헌으로 선언한다. 법질서의 유지 및 소송경제의 측면에서 필요한 조치이다.[56] 이와 같은 요건을 충족시키는 한 위헌제청되지 않은 법률조항도 심판의 대상에 포함하며, 위헌결정의 효력이 확대된다.

c) 기속력

aa) 기속력의 내용: 법률에 대한 위헌결정은 법원과 그 밖의 국가기관 및 지방자치단체를 기속한다(헌재법 제47조 제1항). 헌법재판의 객관적 소송으로서의 성격상 위헌결정이 양 당사자 외에 국가기관 등을 기속하여 헌법질서를 유지하도록 하는 규정이다.

국회가 헌법재판소에서 위헌결정된 법률과 동일한 내용의 법률을 제정하는 것이 금지되는 것은 아니다. 다만 이를 위해서는 위헌판단의 계기가 된 사실관계 혹은 견해가 근본적으로 변화하는 등의 특별한 사정이 존재하여야 한다. 이와 같은 사정이 없는 한 위헌결정된 법률과 새로이 심판의 대상이 된 법률이 동일하여 반복입법에 해당하는지가 판단되어야 한다. 이는 단순히 법률 조문의 외형뿐 아니라 입법목적 및 입법동기, 입법 당시의 시대적 배경 및 관련 조항들의 체계 등을 종합하여 실질적인 동일성이 있는가의 기준에 따라 판단된다.[57]

---

52) 헌재 1989.11.20, 89헌가102, 1, 342면; 2001.7.19, 2000헌마91등, 13-2, 100면 이하 등 참조.

53) 헌재 1996.12.26, 94헌바1, 8-2, 829면 이하; 2001.6.28, 2000헌바30, 13-1, 1344면; 2002.8.29, 2001헌바82, 14-2, 183면; 2005.2.3, 2001헌가9등, 17-1, 12면; 2007.3.29, 2005헌마985등, 19-1, 309면 이하 등 참조.

54) 헌재 1996.1.25, 95헌가5, 8-1, 22면; 1999.4.29, 94헌바37등, 11-1, 347면 이하; 1999.9.16, 99헌가1, 11-2, 259면 이하 등 참조.

55) 헌재 2003.9.25, 2001헌가22, 15-2(상), 250면; 2003.9.25, 2000헌바94등, 15-2(상), 267면 이하 등 참조.

56) 헌재 2008.7.31, 2004헌마1010등, 20-2(상), 256면; 2008.6.26, 2005헌마506, 20-1(하), 415면 등 참조.

57) 헌재 2010.12.28, 2008헌바89, 22-2(하), 659면 이하 참조.

bb) **기속력의 범위:** 위헌결정의 기속력이 인정되는 범위에 대해서는 논란이 있다. 즉 결정주문에 한하여 기속력을 인정할 것인가, 나아가서 주문에 이르는 중요한 이유에 대해서도 기속력을 인정할 것인가 하는 문제이다. 헌법재판은 헌법과 법률의 내용을 최종적으로 확인하고 선언하여 헌법질서를 유지하는 객관적 기능도 수행한다. 이 점을 고려하면 주문의 내용 및 의미를 명확히 한다는 의미에서 주문뿐 아니라 주문에 이르는 중요한 이유에 대해서도 기속력이 인정되어야 한다.

주문에 이르는 중요한 이유에 기속력을 인정하는 것은 주문의 내용 및 의미를 명확히 하는 효과 외에 다음과 같은 의미도 갖는다. 즉 주문에 이르는 이유가 다양하며 어떠한 이유도 독자적으로 위헌결정에 필요한 다수, 즉 재판관 6명에 이르지 못한 경우에는 해당 위헌사유들이 기속력을 가질 수 없다. 실체법적 기준에 따른 위헌의견이 재판관 5명, 위임의 구체성에 관한 기준 위반을 이유로 한 위헌의견이 재판관 5명으로, 전체적으로 위헌의견이 6명 이상이어서 위헌결정을 하는 경우가 이러한 예에 해당한다. 이 경우 각각의 위헌 의견에 재판관 6명 이상의 의견이 형성되지 못하였기 때문에 개정 법률이 동일한 실체법적 규율을 하였더라도 기존에 이에 대한 결정에 기속력을 인정할 수 없었다.[58)]

d) **원칙적 즉시효, 예외적 소급효**

aa) **즉시효원칙:** 위헌결정된 법률 또는 법률의 조항은 결정이 있는 날로부터 즉시 효력을 상실한다(헌재법 제47조 제2항 본문). 이는 결정이 있는 날 0시를 말한다. 이로써 「헌법재판소법」은 위헌결정의 효력발생시점에 관한 입법례 중 소급효와 장래효를 배척하고, 즉시효를 선택한 것이다.[59)]

위헌결정에 소급효를 인정할 경우에는 구체적 타당성이나 평등의 원칙이 실현될 수 있다. 과거에 위헌법률에 의하여 권리를 침해당한 국민이 구제될 수 있으며, 또 이로써 위헌법률의 적용 시점에 관계 없이 모든 국민이 보호될 수 있기 때문이다. 그러나 이 경우 법적 안정성과 신뢰보호의 원칙은 희생된다. 법률이 적용되는 시점에 해당 법률을 합헌으로 생각하고 법률행위를 행한 국민은 불이익을 받을 수 있기 때문이다. 위헌결정에 즉시효를 인정하는 경우에는

58) 이러한 예로는 헌재 2008.10.30, 2006헌마1098등, 20-2(상), 1103면 이하 참조.
59) 위헌결정의 효력에 대한 다양한 입법례에 대해서는 헌재 1993.5.13, 92헌가10등, 5-1, 246면 이하 참조.

위와는 반대의 효과가 나타난다. 즉 과거에 위헌법률에 의하여 권리가 침해된 사람이 구제될 수 없으며, 이로써 권리가 침해된 시점에 따라서 권리구제에 있어서 불평등이 나타난다. 반면 과거에 형성된 법률관계에 영향을 미치지 않기 때문에 법적 안정성에 기여할 수 있다. 따라서 위헌결정의 효력발생시점에 대한 선택은 헌법의 문제가 아니라, 입법정책적 문제이다. 「헌법재판소법」 제47조 제2항은 기본적으로 구체적 타당성보다는 법적 안정성에 중점을 둔 것이다.

위와 같은 위헌결정의 효력발생시점에 대한 원칙에는 다음과 같은 두 가지 예외가 인정되어 있다.

bb) 헌법해석에 따른 예외 - 예외적인 소급효

ⅰ) 인정 취지: 위헌결정의 즉시효에 관한 규정을 예외없이 적용할 경우 헌법의 체계에 합치하지 않는 다음과 같은 불합리가 나타난다.

헌법 제107조 제1항 및 제111조 제1항 제1호에 의한 구체적 규범통제는 위헌법률에 의한 권리침해를 구제하기 위한 목적을 갖는다. 그런데 위헌결정의 소급효를 예외없이 부인하는 경우에는 소송 당사자가 법률에 대하여 위헌법률심판의 제청을 신청하여 제청이 실제 이루어지고, 헌법재판소가 적용 법률에 대해서 위헌결정을 한 경우에도 당해 소송의 당사자는 소송을 통하여 권리구제를 받을 수 없다. 법률이 적용되어 개인의 권리를 침해한 시점은 헌법재판소가 적용 법률을 위헌으로 결정한 시점보다 앞서기 때문이다. 따라서 이러한 경우에는 위헌결정의 소급효를 예외적으로 인정할 필요가 있다.

ⅱ) 예외적으로 소급효를 인정하는 경우

㈀ 당해·동종·병행사건: 헌법재판소와 법원은 위와 같은 헌법적 이유에서 「헌법재판소법」 제47조 제2항을 헌법합치적으로 해석하여 위헌결정의 소급효가 인정되는 범위를 확장시켜 왔다.[60] 이에 따르면 법원의 위헌법률심판제청, 헌법소원의 청구 등을 통하여 헌법재판소에 법률의 위헌결정을 위한 계기를 부여한 사건(당해 사건), 위헌결정이 있기 전에 이와 동종의 위헌 여부에 관하여 헌법재판소에 위헌제청을 하였거나 법원에 위헌제청신청을 한 경우의 사건(동종사건), 그리고 위헌제청신청을 하지는 않았지만 당해 법률 또는 법률의 조항이 재판의 전제가 되어 법원에 계속 중인 사건(병행사건) 등에 대해서는 위헌결정이 소급효를 갖는다.

㈁ 일반사건: 위와 같은 유형에 속하지 않는 사건으로서 예컨대 헌법재판

60) 이 점에 대해서는 헌재 1993.5.13, 92헌가10등, 5-1, 250면 이하 참조.

소가 위헌결정을 한 후 비로소 법원에 해당 위헌법률에 근거한 처분의 취소를 구하는 경우에도 소급효의 가능성이 완전히 배제되는 것은 아니다. 즉 당사자의 권리구제를 위한 구체적 타당성의 요청이 현저한 반면에 소급효를 인정하여도 법적 안정성을 침해할 우려가 없고, 또 구법에 의하여 형성된 기득권자의 이익을 해칠 사안이 아닌 경우로서 소급효를 부인하는 것이 오히려 정의와 형평 등 헌법적 이념에 심히 배치되는 때에는 소급효를 인정할 수 있다.

소급효를 인정하기 위한 요건을 구체적으로 충족하는가는 기본적으로 헌법재판소가 위헌선언을 하면서 직접 그 결정주문에서 밝히거나, 일반법원이 구체적 사건에서 여러 이익을 형량하여 합리적·합목적적으로 정한다. 법원은 위헌결정 이후에 같은 이유로 제소된 일반사건에 대해서 위헌결정이 포괄적으로 소급효를 갖는다는 입장을 밝힌 바 있다.[61] 그러나 이는 헌법재판소의 결정내용과 정확히 일치하는 것은 아니다. 헌법재판소의 결정에 따르면 구체적인 형량을 거쳐 소급효의 인정 여부를 법원이 결정하도록 하고 있기 때문이다.[62]

판례 **위헌결정의 소급효와 이에 대한 예외** (헌재 1993.5.13, 92헌가10등)

헌법재판소에서 위헌으로 결정된 법률 또는 법률의 조항이 제정 당시로 소급하여 효력을 상실하는가 아니면 장래에 향하여 효력을 상실하는가는 특단의 사정이 없는 한 헌법적합성의 문제가 아니라 입법자가 법적 안정성과 개인의 권리구제 등 제반 이익을 비교형량하여 결정할 입법정책의 문제이다. 입법자는 헌법재판소법 제47조 제2항 본문의 규정을 통하여 형벌 법규를 제외하고는 법적 안정성을 더 높이 평가하는 방안을 선택하였다. 이에 의하여 구체적 타당성이나 평등의 원칙이 완벽하게 실현되지 않는다고 하더라도 법적 안정성 내지 신뢰보호의 원칙에 의하여 정당화되고, 특단의 사정이 없는 한 헌법이 침해되는 것은 아니다.

그러나 효력이 다양할 수밖에 없는 위헌결정의 특수성 때문에 예외적으로 부분적인 소급효가 인정될 수 있다. 첫째, 구체적 규범통제의 실효성을 보장하기 위하여 법원의 제청·헌법소원 청구 등을 통하여 헌법재판소에 법률의 위헌결정을 위한 계기를 부여한 당해 사건, 위헌결정이 있기 전에 이와 동종의 위헌 여부에 관하여 헌법재판소에 위헌제청을 하였거나 법원에 위헌제청신청을 한 경우의 당해 사건, 그리고 따로 위헌제청신청을 하지 않았지만 당해 법률 또는 법률의 조항이 재판의 전제가 되어 법원에 계속 중인 사건에 대하여는 소급효를 인정하여야 할 것이다. 둘

61) 대판 1993.1.15, 92다12377 참조.
62) 소급효를 부인하는 판결로는 예컨대 대판 2005.11.10, 2003두14963; 2005.11.10, 2004두7122; 2006.6.15, 2006두279; 헌재 2013.6.27, 2011헌바247, 25-1, 467면 이하 등 참조.

째, 당사자의 권리구제를 위한 구체적 타당성의 요청이 현저한 반면에 소급효를 인정하여도 법적 안정성을 침해할 우려가 없고 나아가 구법에 의하여 형성된 기득권자의 이득이 해쳐질 사안이 아닌 경우로서 소급효를 부인하면 오히려 정의와 평등 등 헌법적 이념에 심히 배치되는 때에도 소급효를 인정할 수 있다. 어떤 사안이 후자의 범위에 해당하는가는 본래 규범통제를 담당하는 헌법재판소가 위헌선언을 하면서 직접 그 결정주문에서 밝혀야 할 것이나, 직접 밝힌 바 없으면 그와 같은 경우에 해당하는가의 여부는 일반법원이 구체적 사건에서 해당 법률의 연혁·성질·보호법익 등을 검토하고 제반 이익을 형량해서 합리적·합목적적으로 정하여야 한다.

---

cc) 실정법적인 예외 - 형벌규정에 대한 위헌결정의 소급효

ⅰ) 내용 및 인정취지: 「헌법재판소법」 자체가 위헌결정의 소급효에 대한 예외규정을 두고 있다. 즉 형벌에 관한 법률 또는 법률의 조항은 위헌결정으로 인하여 소급하여 그 효력을 상실한다(헌재법 제47조 제3항). 여기에는 형벌 법규에 대한 헌법불합치결정이 포함된다.[63] 이 경우 해당 법률 또는 법률의 조항에 근거하여 내려진 유죄의 확정판결에 대해서 재심을 청구할 수 있다(헌재법 제47조 제4항). 재심청구는 형의 집행을 정지하는 효력이 있는 것은 아니다. 다만 재심청구에 대한 재판이 있을 때까지 형의 집행을 정지할 수는 있다(형소법 제428조). 형벌 규정에 대한 위헌결정이 내려진 경우 소급효의 시간적 범위와 관련하여 다음과 같은 제한이 있다. 즉 해당 법률 또는 법률의 조항에 대하여 종전에 합헌으로 결정한 사건이 있는 경우에는 그 결정이 있는 날의 다음 날로 소급하여 효력을 상실한다(헌재법 제47조 제3항 단서).

형벌규정에 한하여 위헌결정에 소급효를 인정한 이유는 다음과 같다. 첫째, 형벌은 개인의 권리를 심각하게 침해하기 때문에 예외적으로 소급효를 인정할 필요가 있다. 둘째, 형벌 조항에 있어서는 법률관계가 국가와 개인 간의 단선구조이다. 따라서 위헌결정이 소급효를 갖더라도 법적 안정성을 해치지 않는다. 오히려 형벌 규정에 대한 위헌결정은 항상 개인의 법적 지위에 유리한 효과를 갖는다.

위헌결정의 소급효가 갖는 시간적 범위에 대해서는 그동안 논란이 있어 왔다. 기존에는 소급효의 시간적 범위에 관한 특별한 규정이 없었기 때문에 해당 법률 또는 법률조항의 제정시점까지 소급하여 효력이 상실될 수밖에 없었다.

---

63) 대판 2011.6.23, 2008도7562 참조.

그러나 오래 전에 제정되고 적용되었던 형벌에 관한 규정이 당시 헌법적 이해에 따르면 합헌이지만 그동안 사회경제적 및 국민의식의 변화에 따라 더 이상 헌법적 효력을 가질 수 없는 경우가 얼마든지 있다. 이 경우에도 해당 형벌에 관한 규정의 효력을 소급적으로 상실시키고 그 결과 당시 재판에 대해서 재심을 청구할 수 있도록 하는 것은 타당하지 않다.[64] 이에 2014년 「헌법재판소법」은 개정 법률은 소급효의 시간적 제한을 두는 단서를 두었다. 즉 '해당 법률 또는 법률의 조항에 대하여 종전에 합헌으로 결정한 사건이 있는 경우에는 그 결정이 있는 날의 다음 날로 소급하여 효력을 상실한다'. 예컨대 2015년 간통죄에 대한 위헌결정은 간통죄에 대한 최종적인 합헌결정일이었던 2008년 10월 30일까지만 소급하여 효력을 미치며, 따라서 10월 30일 다음 날 0시부터 위헌의 효력이 발생한다.[65]

ii) 불처벌의 특례의 경우: 위와 같은 예외는 개인의 권리를 유리하게 형성하기 위한 입법조치이기 때문에 심판대상이 불처벌의 특례에 관한 규정과 같이 소급적용할 경우 오히려 개인의 법적 지위에 불리한 효과를 갖는 경우에는 형벌 규정에 대해서도 「헌법재판소법」 제47조 제3항 본문의 소급효에 관한 규정은 적용되지 않는다.[66]

dd) 위헌결정된 법률에 근거한 처분의 효력: 위헌결정은 법원과 그 밖의 국가기관 및 지방자치단체를 기속한다. 그러나 위헌결정된 법률에 근거하여 내려진 행정처분이 당연무효가 되는 것은 아니다.[67] 행정처분을 발할 당시 시점에서 처분의 근거가 된 법률의 위헌 여부가 명백한 것은 아니며, 따라서 처분에 중대한 하자가 있을 뿐 명백한 하자가 있지는 않기 때문이다.

행정처분을 무효로 하더라도 법적 안정성을 해치지 않는 경우에는 처분을 무효로 할 수 있다. 예컨대 행정처분이 위헌법률에 근거한 것이고 행정처분의

---

64) 헌재 2016.4.28, 2015헌바216, 28-1(하), 34면 이하 참조. 대표적인 예가 형법 제304조 혼인빙자간음죄 규정에 대한 위헌결정, 그리고 형법 제241조 간통죄 규정에 대한 위헌결정이었다. 헌재 2009.11.26, 2008헌바58등, 21-2(하), 520면 이하; 2015.2.26, 2009헌바17등, 27-1(상), 20면 이하 등 참조. 이에 대한 합헌결정으로는 헌재 2002.10.31, 99헌바40등, 14-2, 390면 이하; 2008.10.30, 2007헌가17, 20-2(상), 696면 이하 등 참조. 이 밖에 「특정경제범죄 가중처벌 등에 관한 법률」의 예에 대해서 헌재 2005.6.30, 2004헌바4등, 17-1, 907면 이하; 2006.4.27, 2006헌가5, 18-1(상), 491면 이하 등 참조.

65) 헌재 2015.2.26, 2009헌바17등, 27-1(상), 27면 이하; 2008.10.30, 2007헌가17, 20-2(상), 696면 이하 등 참조.

66) 헌재 1997.1.16, 90헌마110등, 9-1, 107면 이하 참조.

67) 헌재 1998.4.30, 95헌마93등, 10-1, 452면 참조.

목적을 달성하기 위하여 후행 행정처분이 필요한데, 후행 행정처분은 아직 없는 경우에는 행정처분을 무효로 하더라도 법적 안정성을 해치지 않는다. 따라서 이 경우 당연무효로 보아 쟁송기간이 경과한 후에도 무효확인을 구할 수 있다.[68]

마) 합헌적 법률해석: 한정위헌결정과 한정합헌결정

a) 주문의 형식

심판대상인 법률이 다의적으로 해석될 수 있으며, 해석 내용에 따라 법률이 헌법에 합치 혹은 위반되는 경우가 있다. 이때 헌법재판소는 입법권을 존중하고 법률을 합헌적인 내용으로 존속시키기 위하여 한정위헌 혹은 한정합헌결정을 한다.

한정합헌결정과 한정위헌결정의 주문은 "…은…으로 해석하는 한, 헌법에 위반되지 아니한다", 그리고 "…은…으로 해석하는 한, 헌법에 위반된다"고 표현한다.

b) 합헌적 법률해석의 요건 및 효력

한정합헌 혹은 한정위헌결정을 하기 위해서는 법률 조항이 다의적으로 해석될 수 있거나 다양한 적용 범위를 가져야 하며, 합헌적인 부분과 위헌적인 부분이 구분될 수 있어야 한다. 이러한 구분이 불가능하다면 한정합헌 혹은 한정위헌결정이 아니라 단순위헌결정 혹은 헌법불합치결정을 하여야 한다.

한정합헌 혹은 한정위헌결정은 모두 위헌결정의 일종이다. 한정합헌결정의 경우 법률의 내용 중 위헌적인 것으로 해석되는 부분을 제외하고 축소된 부분만이 헌법에 합치하며, 이러한 범위 내에서 해당 법률 조항이 적용되어야 한다. 이에 비해서 한정위헌결정에서는 일정한 축소해석부분이 헌법에 위반되며, 따라서 그 적용이 배제되어야 한다. 그러나 대법원은 한정위헌결정의 위헌결정으로서의 효력을 부인하고 일종의 권고적 견해로 이해하고 있다.[69]

한정합헌결정과 한정위헌결정은 위헌결정과는 달리 법률의 문언에 변화를 가져오지는 않는다. 즉 법률의 문언 자체는 그대로 존속한다. 다만 법률의 문언이 가지는 실질적인 내용이 달라진다.

---

68) 헌재 1994.6.30, 92헌바23, 6-1, 592면 이하 참조. 위헌결정된 법률에 근거한 처분은 당연무효라는 판결로는 대판 1991.6.28, 90누9346; 1993.2.26, 92누12247 등 참조.

69) 대판 1996.4.9, 95누11405; 2001.4.27, 95재다14; 2013.3.28, 2012재두299 등 참조.

바) 헌법불합치결정

a) 주문의 형식

헌법불합치결정은 법률 또는 법률의 조항이 헌법에 위반되지만 위헌결정을 하지 않고, 법률의 존속을 유지하면서 입법자에게 입법개선의무를 부과한다. 헌법불합치결정에서 주문은 "...은 헌법에 합치하지 아니한다"고 표현된다.

b) 헌법불합치결정이 채택되는 사안

법률에 대한 위헌결정은 그 자체가 목적이 아니라 위헌결정의 결과 나타나는 법률의 공백상태가 합헌으로 평가될 수 있어야 한다. 그런데 심판대상인 법률 조항이 위헌이기는 하지만 이를 위헌으로 결정하여 나타나는 법률의 공백이 합헌으로 평가될 수 없는 경우가 있다. 이때 헌법재판소가 직접 합헌적인 입법을 할 수는 없다. 따라서 헌법재판소는 해당 법조문을 존속시키면서 위헌을 확인하는 데 그치고 합헌적인 내용으로 법률을 개선하는 의무를 입법자에게 부담시킨다. 헌법불합치결정의 주문을 채택하는 상황은 다음과 같다.

aa) 상대적 평등위반: '상대적 평등위반의 법상태'가 존재하는 경우이다. 예컨대 법률에서 일정한 집단에 대해서는 조세감면 등 이익처분을 하면서, 본질적으로 그 성격이 다르지 않은 그 외의 집단은 이 혜택의 대상에서 제외한 경우이다.

이 경우 심판의 대상은 하나의 집단이 같은 상황에 있는 다른 집단과의 관계에서 수혜대상에서 제외되고 있다는 불평등의 문제이다. 이에 비해서 수혜대상에서 제외되었다는 사실 자체 혹은 다른 집단이 수혜의 대상이 되었다는 사실 자체가 각각 독자적으로 헌법에 반하는 상태는 아니다. 그런데 이때 위헌결정을 하면 기존 수혜조치의 법적 근거가 상실되고, 이는 기존의 수혜대상자에게 불이익처분을 하는 결과가 된다. 이는 헌법재판소의 권한을 일탈한다. 따라서 이 경우 헌법재판소는 헌법불합치결정을 하고, 궁극적인 해결, 즉 수혜대상을 확장하여 적극적으로 평등을 실현할 것인가, 혹은 수혜조치를 폐지 혹은 조정하여 소극적으로 평등을 실현할 것인가를 입법자의 판단에 맡겨야 한다.[70)]

그러나 한 집단을 혜택으로부터 배제하는 데에 합리성이 없으며, 그 혜택을 부여하는 방법이 합헌성을 회복하는 유일한 방법인 경우에는 헌법불합치결정을 할 필요는 없으며, 위헌결정을 한다.[71)]

70) 헌재 2004.5.27, 2003헌가1등, 16-1, 696면 이하 참조.
71) 헌재 2011.6.30, 2008헌마715등, 23-1(하), 441면 이하 참조.

헌법불합치결정은 위와 같은 특수한 상황에서 입법권을 존중하는 의미가 있다. 이에 비해서 단순히 입법권을 존중한다는 논리는 헌법불합치결정을 하는 사유가 될 수 없다.

판례 **불합치결정과 위헌결정**(헌재 2011.6.30, 2008헌마715등)

종래에는 고엽제후유의증 환자가 생존 중인 경우에만 가족들에게 교육지원과 취업지원을 하다가 2007. 12. 21. 개정된 '고엽제후유의증 환자지원 등에 관한 법률' 제7조 제9항과 이 사건 부칙조항에서 사망한 고엽제후유의증 환자 중 일부의 유족들도 교육지원과 취업지원을 받을 수 있도록 하였다. 이는 제도의 단계적인 개선에 해당하며 지원을 받을 유족의 범위를 한정한 것 자체는 평등권을 침해하지 않는다. 그러나 그 경우에도 수혜자를 한정하는 기준은 합리적인 이유가 있어 그 혜택으로부터 배제되는 자들의 평등권을 해하지 않아야 한다. 이 사건 부칙조항이 수혜자 한정의 기준으로 정한 고엽제후유의증 환자의 사망시기는 고엽제후유의증의 종류에 따라 이환의 시기와 정도 및 질병의 진행속도 등이 다르다는 우연한 사정에 기인하는 결과의 차이일 뿐이다. 이와 같이 사망시기는 보상 여부의 근거가 될 수 있는 희생과 공헌의 정도 또는 유족의 생계곤란의 정도나 지원의 필요성을 판정하는 기준이 될 수 없다. 따라서 환자의 사망시기를 기준으로 유족의 혜택 여부를 달리 취급하는 것은 합리적인 이유가 있는 차별이 아니다. 이에 이 사건 부칙조항은 청구인들의 평등권을 침해한다.

이 사건에서 고엽제후유의증 환자가 사망한 경우에도 유족에게 교육지원과 취업지원을 한다는 내용은 개정된 '고엽제후유의증 환자지원 등에 관한 법률' 제7조 제9항에서 규정한 것이고, 이 사건 부칙조항은 그 수혜자의 범위를 한정하는 내용일 뿐이므로 이 사건 부칙조항에 대하여 단순위헌을 선언하더라도 기존의 수혜자들에 대한 수혜의 근거가 사라지지 않고, 어떠한 법적 공백이나 혼란을 초래하지 않으며, 달리 헌법불합치결정을 할 특별한 필요성이 인정되지 않는다. 따라서 청구인들의 평등권 침해 상태를 바로 회복시킬 수 있는 단순위헌결정을 한다.

---

bb) 위헌결정으로 인하여 보다 위헌적인 상태가 나타나는 경우: 심판대상인 법률 혹은 법률의 조항에 대해서 위헌결정을 하는 경우 이로 인하여 보다 혹은 여전히 헌법에 위반되는 법상태가 발생하는 경우이다.

공무원 모두에게 노동쟁의권을 부인하는 규정은 헌법 제33조 제2항에 반한다는 것이 헌법재판소의 견해이다. 그런데 그렇다고 해당 규정을 위헌으로 결정하면 공무원의 노동쟁의권을 규율하는 조항은 없어지고, 그 결과 규율의 공백이 발생하여 모든 공무원은 노동쟁의권을 행사할 수 있게 된다. 그런데 이러한 상태 역시 공무원의 노동3권을 제한하는 헌법 제33조 제2항에 위반된다. 따라서 이와 같은 경우에 헌법재판소는 법률 조항이 헌법에 합치하지 않는다는 선언을 하고 헌법에 합치하는 상태로 법률을 개정할 의무를 입법자에게 부과한다.[72)]

cc) 위헌결정으로 인하여 법률공백의 혼란이 나타나는 경우: 심판대상인 법률 또는 법률 조항에 대해서 위헌결정을 할 때 나타나는 입법공백상태가 혼란을 야기하는 경우이다.

예컨대 개정 전 민법 제847조 제1항 친생부인의 소의 제척기간이 제한적이어서 헌법에 위반된다고 판단하여 위헌결정을 하는 경우 제척기간이 전혀 없게 된다. 그런데 이러한 경우 출생 후 상당 기간이 경과하여 사실상 이미 번복할 수 없는 신분관계로서 존재하고 있는 부자(父子)관계에 대하여도 개정입법이 있기까지는 언제든지 재론할 수 있게 되어 법적 혼란을 초래할 우려가 있다. 이때 헌법재판소는 헌법불합치결정을 하여 입법자가 제척기간을 합헌적으로 조정하도록 한다. 또 혼인관계가 종료한 날로부터 300일 이내에 출생한 자를 혼인기간에 포태한 것으로 추정하여 예외 없이 이혼 후 모(母)가 그 자(子)를 재혼한 생부(生父)의 가족관계부에 등록할 수 없도록 한 것은 모의 가족형성에 관한 권리를 침해한다. 그러나 이를 위헌으로 결정하는 경우에는 일반적으로 자의 법적 지위의 안정을 위하여 필요한 친생추정이 소멸하는 혼란이 발생하기 때문에 이에 대한 합헌적 규율을 입법적 형성에 맡길 필요가 있다.[73)]

판례 **대체복무 입법부작위와 불합치결정**(헌재 2018.6.28. 2011헌바379등)

병역종류조항의 위헌성은 양심적 병역거부자에 대한 대체복무제를 규정하지 아니한 부작위에 있다. 그런데 위와 같은 부작위의 위헌성을 이유로 병역종류조항을 단순위헌으로 결정할 경우 병역의 종류와 각 병역의 구체적인 범위에 관한 근거규정이 사라지게 되어 일체의 병역의무를 부과할 수 없게 되므로, 용인하기 어려운 법적 공백이 생긴다. 더욱이 입법자는 대체복무제를 형성함에 있어 그 신청절차, 심사주체 및 심사방법, 심사결과에 대한 이의신청절차, 복무분야, 복무기간 등을 어떻게 설정할지 등에 관하여 넓은 입법재량을 가진다. 따라서 병역종류조항에 대하여 단순위헌 결정을 하는 대신 헌법불합치 결정을 선고하되, 다만 입법자의 개선입법이

72) 헌재 1993.3.11. 88헌마5, 5-1, 59면 이하 참조.
73) 헌재 2015.4.30. 2013헌마623, 27-1(하), 116면 참조.

이루어질 때까지 계속적용을 명하기로 한다. 입법자는 가능한 한 빠른 시일 내에 양심적 병역거부자에 대한 대체복무제를 도입하는 내용의 개선입법을 해야 할 의무가 있으므로, 늦어도 2019. 12. 31.까지는 개선입법을 이행하여야 하고, 그때까지 개선입법이 이루어지지 않으면 병역종류조항은 2020. 1. 1.부터 효력을 상실한다.

---

dd) 위헌적인 요소와 합헌적인 요소가 혼재하고 분리하여 판단할 수 없는 경우: 심판대상인 조문을 위헌적 요소와 합헌적인 요소로 분리할 수 있는 경우에는 한정합헌 혹은 한정위헌의 결정을 할 수 있다. 그런데 제도 자체는 헌법에 위반되지 않지만, 그 제도의 운영에 관한 일부 내용이 헌법에 위반되며, 제도 그 자체와 이러한 제도운영의 내용을 분리하여 판단할 수 없는 경우에 헌법불합치 결정을 한다. 헌법불합치결정은 해당 제도 자체를 존속시키면서 위헌적인 요소를 제거하는 입법개선의무를 부과한다.

개발제한구역을 설정하는 제도 자체는 합헌이지만 개발제한구역으로 설정된 토지소유자에게 수인할 수 없는 피해가 발생하는 경우에도 보상을 하지 않는 것은 위헌이라고 판단하는 경우, 또 교원의 기간제 임용 자체는 합헌이지만 재임용 거부사유 및 사전절차, 그리고 권리구제를 위한 사후절차를 결여하고 있는 것이 위헌이라고 판단되는 경우가 여기에 해당한다.[74)]

판례 위헌적인 요소와 합헌적인 요소의 혼재를 이유로 한 헌법불합치결정
(헌재 1998.12.24, 89헌마214등)

이 사건 법률조항의 위헌성에도 불구하고 위헌결정을 통하여 당장 법률 조항의 효력을 소멸시키는 것은 다음 몇 가지의 사정에 비추어 바람직하지 않다. 첫째, 개발제한구역의 지정제도 그 자체는 토지재산권에 내재하는 사회적 기속성을 구체화한 것으로서 원칙적으로 합헌적인 규정이다. 다만 구역지정으로 말미암아 일부 토지소유자에게 사회적 제약의 범위를 넘는 가혹한 부담이 발생하는 예외적인 경우에도 보상규정을 두지 않은 것이 위헌이므로, 헌법불합치결정을 선고하여 입법자가 이 사건 법률조항을 헌법에 적합하게 개정할 때까지 그대로 유지해야 할 필요성과 당위성이 있다. 둘째, 개발제한구역의 지정에 따라 생기게 된 가혹한 부담의 유무와 정도 및 이에 따른 보상의 구체적인 기준과 방법은 헌법재판소가 일률적으로 확정할 수 없고 개개의 토지에 대하여 구체적이고 객관적인 사정을 종합하여 입법자가 판단하여야 한다. 예외적으로 헌법적 한계를 넘은 경우 입법자는 이에 대하여 금전보

---

74) 헌재 1998.12.24, 89헌마214등, 10-2, 958면 이하; 2003.2.27, 2000헌바26, 15-1, 192면 이하 등 참조.

상의 규정을 두거나 아니면 지정의 해제 또는 토지매수청구권제도와 같이 금전보상에 갈음하거나 기타 손실을 완화할 수 있는 제도를 보완하는 등 재산권의 침해와 공익 간의 비례성을 다시 회복할 수 있는 여러 가능성이 있다. 또한 보상을 위한 입법의 형태, 보상의 대상과 방법 등도 선택의 여지가 다양하여 가장 바람직하고 합리적인 것에 대한 선택은 넓은 입법형성권을 가진 입법자의 과제로서 입법정책적으로 해결되어야 하며 헌법재판소가 결정할 성질의 것이 아니다.

---

c) 헌법불합치결정의 효력

헌법불합치결정은 위헌결정의 일종이다. 따라서 논리적으로 보면 헌법불합치결정된 법률 또는 법률 조항의 적용이 중지되는 것이 원칙이다.[75] 법원은 헌법에 합치하는 입법을 기다려 그에 따라 사건을 판단하여야 한다. 또 위헌결정에 있어서와 마찬가지로 헌법불합치결정은 당해사건, 그리고 동종 및 병행사건에 대해서는 소급효를 갖는다. 개선입법은 경과규정에서 소급적용에 관한 규정을 두어야 하며, 설혹 경과규정이 없는 경우에도 당연히 소급 적용되는 것으로 보아야 한다.[76]

판례 **적용중지 헌법불합치결정의 효력** (헌재 1998.12.24, 89헌마214등)

헌법재판소가 헌법불합치결정을 내리는 경우 위헌결정을 선고한 경우와 마찬가지로 원칙적으로 위헌적 법률의 적용이 금지되므로, 행정청은 위헌적 상태를 제거하기 위한 보상입법이 마련되기 전에는 이 사건 법률 조항에 근거하여 새로이 개발제한구역의 지정을 하여서는 안 된다.

이 사건 법률 조항은 오로지 보상규정이 결여되었기 때문에 헌법에 합치되지 않는 것이므로, 청구인들을 포함한 모든 토지소유자가 토지재산권의 사회적 한계를 넘는 가혹한 부담을 받은 경우에 한하여 보상입법을 기다려 그에 따른 권리행사를 할 수 있다. 이에 비해서 이 사건 결정에 근거하여 이 사건 법률 조항에 의한 개발제한구역의 지정이나 그에 따른 토지재산권의 제한 그 자체의 효력을 다투거나 이 사건 법률 조항에 위반하여 행하여진 자신들의 행위의 정당성을 주장할 수는 없다.

상황에 따라서는 헌법불합치결정된 법률이 계속 적용되기도 한다. 이 경우에는 법원은 위헌법률을 적용하여 재판을 할 수 있다. 다만 형벌조항에 대한

75) 헌재 2007.8.30, 2004헌가25, 19-2, 212면 이하 참조.
76) 헌재 2011.8.30, 2008헌마343, 23-2(상), 408면 이하 참조.

잠정적용의 헌법불합치결정을 하는 경우 형법 조항에 대한 위헌결정은 소급효를 갖는다는 「헌법재판소법」 제47조 제3항과 충돌하는 문제가 발생한다. 지금까지 법원은 이 경우 헌법불합치결정이 위헌결정과 다르지 않다고 보고 잠정적용의 명령에 불구하고 처벌규정을 적용하지 않고 재판을 하고 있다.[77)]

일정한 개정 시한을 제시하고 그 시한까지 입법개선이 되지 않으면 해당 법률조항의 효력이 상실된다는 선언을 하는 경우도 있다. 이 경우에 개선입법이 있기까지 해당 법률은 적용대상자에게 일반적으로 기본권을 침해하게 된다. 헌법불합치결정의 소급효는 당해사건과 동종사건 및 병행사건에 한하여 적용되기 때문이다. 이와 같이 헌법불합치결정된 법률이 일반적으로 기본권을 침해하고, 또 개선입법이 소급적으로 적용되지 않는 결과 기본권이 구제될 수 없는 문제를 극복하기 위하여 헌법재판소는 개선입법에서 관련 규정을 소급하여 적용하는 경과규정을 두지 않은 상태에 대해서 다시 헌법불합치결정을 하는 경우도 있다.[78)] 또 법원은 헌법재판소가 계속 적용의 명령을 한 경우에도 이로 인하여 청구인의 권리가 구제될 수 없는 상황에서 헌법불합치결정된 법률 조항의 적용범위를 축소하여 청구인에게 불이익이 되는 부분에 대해서는 적용이 중지된 상태에 있다는 판단을 한 바 있다. 이 경우 개선입법에 이에 관한 경과규정을 두지 않은 경우에도 해당 규정은 소급 적용되어 권리구제에 기여할 수 있다.[79)]

판례 **불합치결정된 법률 규정의 개선입법의 소급효** (헌재 2019.9.26. 2018헌바218 등)

헌법재판소는 구법 조항에 대하여 "통상의 출퇴근 재해를 업무상 재해로 인정하지 아니한 것은 헌법에 합치되지 않는다"는 취지의 헌법불합치결정을 하였다. 이 사건 헌법불합치결정에서 기존 제도에서 배제된 집단이 받는 중대한 불이익이 이미 확인된 이상, 신법 조항을 소급적용함으로써 산재보험에 미치는 재정상 부담과, 그로써 회복할 수 있는 합헌적 상태의 이익을 충분히 고려하여 차별취급이 합리적인지 여부를 판단하여야 한다.

그런데 최근 산재보험 재정수지와 적립금 보유액, 통상의 출퇴근 재해를 업무상 재해로 인정함에 따라 인상된 보험료율 등을 살펴보면, 이 사건 헌법불합치결정 이후 통상의 출퇴근 사고를 당한 근로자에게 이미 위헌성이 확인된 구법 조항을 계속

77) 예컨대 대판 2011.6.23, 2008도7562 참조.
78) 헌재 2016.12.29, 2015헌바208등, 28-2(하), 456면 이하; 2019.9.26, 2018헌바218등, 31-2(상), 298면 이하 등 참조.
79) 예컨대 대판 2011.9.29, 2008두18885; 2015.5.29, 2014두35447 등 참조.

적용하면서까지 산재보험 기금의 재정건전성을 담보할 필요가 있는지 의문이 있다. 또한 개정법은 통상의 출퇴근 재해 인정에 따른 산재보험 기금의 재정상 부담을 완화할 수 있는 다양한 방법을 마련하고 있다.

심판대상조항이 신법 조항의 소급적용을 위한 경과규정을 두지 않음으로써 개정법 시행일 전에 통상의 출퇴근 사고를 당한 비혜택근로자를 보호하기 위한 최소한의 조치도 취하지 않은 것은, 산재보험의 재정상황 등 실무적 여건이나 경제상황 등을 고려한 것이라고 하더라도, 그 차별을 정당화할 만한 합리적인 이유가 있다고 보기 어렵고, 이 사건 헌법불합치결정의 취지에도 어긋난다. 따라서 심판대상조항은 헌법상 평등원칙에 위반된다.

입법자는 적어도 이 사건 헌법불합치결정일인 2016. 9. 29. 이후에 통상의 출퇴근 사고를 당한 근로자에 대해서는 신법 조항을 소급적용하여 심판대상조항의 위헌성을 제거하여야 한다. 심판대상조항은 입법자의 개선입법이 있을 때까지 적용할 수 없도록 함이 상당하다. 입법자는 가능한 한 빠른 시일 내에 이와 같은 결정의 취지에 맞추어 개선입법을 할 의무가 있고, 늦어도 2020. 12. 31.까지 이를 이행하여야 한다.

판례 **불합치결정된 규정의 계속적용과 규정의 일부에 대한 법원의 적용중지** (대판 2011.9.29, 2008두18885)

헌법재판소는 2010.6.24. 선고 2008헌바128 전원재판부 결정에서, 구법 조항이 상이연금 지급대상에서 '군인이 퇴직 후 공무상 질병 또는 부상으로 인하여 폐질상태로 된 경우'를 제외한 것은 이에 해당하는 자들을 '공무상 질병 또는 부상으로 인하여 폐질상태로 퇴직한 경우뿐만 아니라 퇴직 후 폐질상태가 된 경우에도 공무원연금법 소정의 장해연금 등을 지급받을 수 있는 공무원'이나 '공무상 질병 또는 부상으로 인하여 군 복무 중 폐질상태로 되어 퇴직하여 군인연금법상 상이연금을 지급받는 군인'과 비교하여 본질적 차이가 없음에도 합리적 이유 없이 차별하여 헌법 제11조 제1항에 위반된다고 판단하였다. 다만 ① 구법 조항을 단순위헌으로 선언하여 즉시 그 효력을 상실하게 하는 경우, 이미 폐질상태가 확정되어 퇴직한 군인에 대한 상이연금 지급의 근거 규정마저 없어지는 등 법적 공백상태와 부작용이 초래될 수 있고, ② 퇴직 후 폐질상태가 확정된 군인에 대해서도 상이연금수급권이 인정되어야 한다는 것이 헌법적 요청이라고 하더라도 그 상이연금수급권의 요건 및 수준을 결정하는 것은 종국적으로 군인연금 기금의 재정상태와 수급 구조, 경제 상황 등을 고려하여 입법자가 결정해야 할 사항이며, ③ 군인연금법상의 관련 규정도 함께 정비하여야 한다는 이유로 구법 조항에 대하여 헌법불합치를 선언함과 아울러 구법 조항은 2011. 6. 30.을 시한으로 입법자가 개정할 때까지 계속 적용된다고 결정하였다.

헌법재판소가 일정 시한까지 구법 조항의 계속 적용을 명한 것은 구법 조항에 의한 불합리한 차별을 개선입법 시행 시까지 계속 유지할 근거는 아니다. 따라서 이 사건 헌법불합치결정에서 구법 조항의 계속 적용을 명한 부분의 효력은 기존의 상이연금 지급대상자에 대하여 상이연금을 계속 지급할 수 있는 근거라는 점에 있고, 나아가 '군인이 퇴직 후 공무상 질병 또는 부상으로 인하여 폐질상태로 된 경우'에 대하여 상이연금의 지급을 배제하는 근거라는 점에까지는 미치지 않는다. 즉 구법 조항 가운데 그 해석상 '군인이 퇴직 후 공무상 질병 등으로 인하여 폐질상태로 된 경우'를 상이연금 지급대상에서 제외한 부분은 여전히 적용중지 상태에 있다.

이 사건 헌법불합치결정에 따라 2011년 개정된 군인연금법은 제23조 제1항에서 상이연금의 지급대상에 '군인이 퇴직 후에 공무상 질병 또는 부상으로 인하여 폐질상태로 된 때'를 추가하였고, 제24조 제6항을 신설하여 "제23조 제1항에 따라 상이연금을 받게 되는 사람 중에 이미 퇴직일시금, 퇴역연금일시금, 퇴역연금공제일시금을 받은 사람은 퇴직 시 수령한 퇴직일시금, 퇴역연금일시금, 퇴역연금공제일시금에 이자를 가산하여 군인연금기금에 반납하여야 한다"라고 규정하고 있으나, 부칙은 "이 법은 공포한 날부터 시행한다"라고 규정하고 있을 뿐, 소급적용에 관하여 아무런 규정을 두고 있지 않다. 그러나 당해 사건 및 이 사건 헌법불합치결정 당시에 구법 조항의 위헌 여부가 쟁점이 되어 법원에 계속 중인 사건에 대하여는 헌법불합치결정의 소급효가 미치므로 비록 현행 군인연금법 부칙에 소급 적용에 관한 경과조치를 두고 있지 않더라도 이들 사건에 대하여는 구법 조항을 그대로 적용할 수는 없고, 위헌성이 제거된 현행 군인연금법의 규정이 적용되는 것으로 보아야 한다.

위헌결정으로 인하여 여전히 혹은 더 위헌적인 상태가 나타나거나 입법공백으로 인하여 혼란을 가져올 우려가 있기 때문에 헌법불합치결정을 하는 경우에는 헌법불합치결정된 법률 또는 법률조항이 잠정적으로 적용된다. 이때 당사자의 권리구제를 위하여 당해 사건에 한하여 적용을 중지하도록 하는 경우도 있다.[80] 헌법재판소는 입법개선을 위한 시한을 정하고 그 시한까지 해당 법률 조항이 적용된다는 제한을 두는 경우도 있다. 위헌적인 요소와 합헌적인 요소가 혼재해 있고 분리하여 판단할 수 없기 때문에 헌법불합치결정을 하는 경우에는 상황에 따라서 적용중지 혹은 계속 적용하도록 하고 있다.

80) 예컨대 헌재 2008.7.31, 2004헌마1010등, 20-2(상), 256면 이하 참조.

Ⅲ. 탄핵심판

1. 심 리

헌법재판소는 국회에서 탄핵소추가 발의·의결된 고위직 공무원에 대한 탄핵의 소추를 심판한다. 국회에서 탄핵소추발의 및 의결절차에 대해서는 위에서 자세히 설명한 바 있다. 탄핵심판청구와 동일한 사유로 형사소송이 진행되고 있는 때에는 재판부는 심판절차를 정지할 수 있다(헌재법 제51조).

탄핵심판은 구두변론에 의한다(헌재법 제30조 제1항). 탄핵심판에는 「헌법재판소법」에 적용 법률이 없는 경우 민사소송에 관한 법령을 준용하며, 이와 함께 형사소송에 관한 법령을 준용한다. 형사소송에 관한 법령과 민사소송에 관한 법령이 저촉하는 경우에는 형사소송에 관한 법령을 우선적으로 준용한다(헌재법 제40조).

2. 결정, 결정의 효력

탄핵심판청구가 이유 있는 때에는 헌법재판소는 탄핵소추의 대상이 된 피청구인을 당해 공직에서 파면하는 결정을 선고한다(헌재법 제53조). 「헌법재판소법」은 탄핵소추사유와 파면사유를 차별하여 규율하지 않으며, 그 결과 탄핵소추사유를 엄격히 해석하여야 한다는 점에 대해서는 위에서 설명한 바 있다.

탄핵결정은 피청구인의 민사상 또는 형사상의 책임에는 영향을 미치지 않으며, 이는 일반법원이 관할한다. 탄핵결정에 의하여 파면된 자는 공무담임권이 제한된다. 즉 탄핵결정에 의하여 파면된 자는 결정선고가 있은 날로부터 5년간 공무원이 될 수 없다(헌재법 제54조).

판례 **대통령 탄핵심판 Ⅱ** (헌재 2017.3.10. 2016헌나1)

피청구인은 최○원에게 공무상 비밀이 포함된 국정에 관한 문건을 전달했고, 공직자가 아닌 최○원의 의견을 비밀리에 국정 운영에 반영하였다. 피청구인의 이러한 위법행위는 피청구인이 대통령으로 취임한 때부터 3년 이상 지속되었다. 피청구인은 국민으로부터 위임받은 권한을 사적 용도로 남용하여 적극적·반복적으로 최○원의 사익 추구를 도와주었고, 그 과정에서 대통령의 지위를 이용하거나 국가의 기관과 조직을 동원하였다는 점에서 법 위반의 정도가 매우 중하다. 대통령은 공무 수행을 투명하게 공개하여 국민의 평가를 받아야 한다. 그런데 피청구인은 최○원의 국정 개입을 허용하면서 이 사실을 철저히 비밀에 부쳤고, 그에 관한 의혹이 제기될 때마다 이를 부인하며 의혹 제기 행위만을 비난하였다. 따라서 권력분립원리에 따른 국회 등 헌법기관에 의한 견제나 언론 등 민간에 의한 감시 장치가 제대로 작동될 수 없었다. 이와 같은 피청구인의 일련의 행위는 대의민주제의 원리와 법치주의의 정신을 훼손한 것으로서 대통령으로서의 공익실현의무를 중대하게 위반한 것이다.

결국 피청구인의 이 사건 헌법과 법률 위배행위는 국민의 신임을 배반한 행위로서 헌법수호의 관점에서 용납될 수 없는 중대한 법 위배행위이다. 그렇다면 피청구인의 법 위배행위가 헌법질서에 미치게 된 부정적 영향과 파급 효과가 중대하므로, 피청구인을 파면함으로써 얻는 헌법수호의 이익이 대통령 파면에 따르는 국가적 손실을 압도할 정도로 크다고 인정된다.

Ⅳ. 정당해산심판

1. 심 리

정당의 목적이나 활동이 민주적 기본질서에 위배될 때에는 정부는 국무회의의 심의를 거쳐 헌법재판소에 정당해산심판을 청구할 수 있다. 헌법재판소는 정당해산심판에 대해서 최종적으로 결정한다(제8조 제4항). 정당해산제도에 대해서는 헌법 제8조와 관련하여 위에서 자세히 설명한 바 있다.

탄핵심판과 마찬가지로 정당해산심판은 구두변론에 의한다(헌재법 제30조 제1항). 정당해산심판에는 「헌법재판소법」에 적용법률이 없는 경우 민사소송에 관한 법령을 준용한다(헌재법 제40조). 정당해산심판에는 가처분제도가 예정되어 있다. 즉 헌법재판소는 정당해산심판의 청구를 받은 때에는 청구인의 신청 또는 직권으로 종국결정의 선고시까지 피청구인의 활동을 정지하는 결정을 할 수 있다(헌재법 제57조).[81]

2. 결정, 결정의 효력

헌법재판소가 정당의 해산을 명하는 결정을 선고한 때에는 그 정당은 해산된다. 정당해산을 명하는 결정서는 피청구인 외에 국회·정부 및 중앙선거관리위원회에 송달한다. 정당의 해산을 명하는 헌법재판소의 결정은 중앙선거관리위원회가 「정당법」의 규정에 의하여 이를 집행한다(헌재법 제59, 60조). 위헌정당으로 해산된 정당에 소속되어 있는 국회의원은 그 직을 상실한다. 이 문제는 그동안 논란이 있었으나 2014년 헌법재판소는 통합진보당에 대한 해산결정을 하면서

---

81) 정당해산심판에서 가처분의 정당성에 대해서는 헌재 2014.2.27, 2014헌마7, 26-1(상), 319면 참조.

소속 국회의원의 직을 상실시키는 결정을 한 바 있다.[82)]

V. 권한쟁의심판

1. 권한쟁의심판의 기능, 청구사유 및 심판의 종류

(1) 기 능

권한쟁의심판은 헌법과 법률에 의하여 부여된 국가 혹은 지방자치단체의 권한의 존재 및 그 범위를 대상으로 하는 헌법재판이다. 따라서 권한쟁의심판은 국가기관 및 지방자치단체의 권한과 기능 및 그 한계를 명확히 하고 권력분립의 기능을 확보하기 위한 객관적 성격의 소송이다. 다만 공권력의 행사는 개인의 권리의무관계에 영향을 미치므로, 간접적으로는 개인의 권리구제의 기능을 수행한다.

(2) 청구사유

권한쟁의심판은 국가기관 또는 지방자치단체의 처분 또는 부작위가 헌법 또는 법률에 의하여 부여받은 다른 국가기관 혹은 지방자치단체의 권한을 침해하였거나 침해할 현저한 위험이 있는 때에 청구할 수 있다(헌재법 제61조 제2항). '권한의 침해'란 피청구인의 처분 또는 부작위로 인하여 청구인의 권한침해가 과거에 발생하였거나 현재까지 지속되는 경우를 말한다. 이는 청구인의 권한이 구체적으로 관련되어 이에 대한 침해가능성이 존재하는 경우에 충족된다.[83)] '현저히 침해할 위험성'이란 아직 침해되었다고 할 수는 없지만 침해될 개연성이 상당히 높은 상황을 말한다.[84)] 부작위에 대하여 권한쟁의심판을 청구하기 위해서는 피청구인에게 헌법 또는 법률에서 도출되는 작위의무가 있음에도 불구하고 의무를 이행하지 않았어야 한다.[85)]

권한쟁의의 심판대상과 관련하여 적극적인 권한의 존부 및 침해 여부뿐 아니라 소극적인 권한쟁의, 즉 특정사안에 대해서 권한이 없다는 내용의 권한쟁의심판이 허용되는가 하는 문제가 제기된다. 권한쟁의심판은 국가기능을 효율적으로 분할하고 권력 상호 간의 견제·균형을 도모하여 헌법과 법률의 규범력

82) 헌재 2014.12.19, 2013헌다1, 26-2(하), 112면 이하 참조.
83) 헌재 2008.5.29, 2005헌라3, 20-1(하), 47면 이하 참조.
84) 헌재 2006.5.25, 2005헌라4, 18-1(하), 35면 이하 참조.
85) 헌재 1998.7.14, 98헌라3, 10-2, 81면 참조.

을 유지하는 과제를 갖는다. 따라서 국가 또는 지방자치단체가 특정 사안에 대해서 권한 혹은 의무가 없다는 내용의, 이른바 소극적인 권한쟁의심판 역시 인정되어야 한다.[86]

(3) 권한쟁의심판의 종류

권한쟁의심판의 종류는 다음과 같은 세 가지이다(헌재법 제62조).

가) 국가기관 상호 간의 권한쟁의심판

국회, 정부, 법원 및 중앙선거관리위원회 상호 간의 권한쟁의심판이 여기에 해당한다.

나) 국가기관과 지방자치단체 간의 권한쟁의심판

정부와 특별시 · 광역시 · 도 또는 특별자치도 간의 권한쟁의심판, 정부와 시 · 군 · 자치구 간의 권한쟁의심판이 여기에 해당한다. 지방자치단체가 청구인인 경우에 권한쟁의심판의 대상은 자치사무에 대한 권한의 존부 및 침해이다. 이에 비해서 기관위임사무에 대한 권한의 존부 및 침해는 권한쟁의심판의 대상이 될 수 없다. 기관위임사무는 지방자치단체의 고유사무가 아니고, 기관위임사무를 집행하는 지방자치단체의 장은 그 사무가 위임된 국가기관의 지위를 갖기 때문이다.[87]

다) 지방자치단체 상호 간의 권한쟁의심판

특별시 · 광역시 · 도 또는 특별자치도 상호 간의 권한쟁의심판, 그리고 시 · 군 또는 자치구 상호 간의 권한쟁의심판, 특별시 · 광역시 · 도 또는 특별자치도와 시 · 군 또는 자치구 간의 권한쟁의심판 등이 여기에 해당한다.

권한쟁의심판이 「지방교육자치에 관한 법률」 제2조의 규정에 의한 교육 · 과학 · 기술 · 체육 그 밖의 학예에 관한 지방자치단체의 사무에 관한 것인 때에는 교육감이 권한쟁의심판의 당사자가 된다.

2. 권한쟁의심판의 당사자능력

(1) 당사자능력에 관한 규정: 예시규정

권한쟁의심판의 당사자능력과 관련하여 위에서 언급한 당사자에 관한 규정

86) 소극적인 권한쟁의심판청구로는 헌재 1998.6.25, 94헌라1, 10-1, 754면 이하; 1998.8.27, 96헌라1, 10-2, 380면 이하 등 참조.
87) 헌재 1999.7.22, 98헌라4, 11-2, 65면 이하; 2004.9.23, 2000헌라2, 16-2(상), 418면 등 참조.

이 예시규정인가, 아니면 열거규정인가의 여부가 문제된다. 권한쟁의심판은 권력 간의 견제와 균형을 확보하는 기능을 수행한다. 그런데 「헌법재판소법」이 언급하고 있는 당사자에 관한 규정은 다분히 전통적인 권력분립에 대한 이해에 기초하여 있다. 권한쟁의심판의 당사자능력을 입법·행정 및 사법기능을 담당하는 기관에 한정하고 있기 때문이다.

그러나 오늘날 특히 정당을 매개로 국회와 행정부 간에 권력의 통합이 보편화되어 있는 정치현실에서는 위와 같은 당사자에 관한 규정은 권력분립의 이념을 실현하는 데에 충분하지 못하다. 따라서 중앙국가기관에 관한 한 「헌법재판소법」상의 권한쟁의심판의 당사자에 관한 규정은 열거규정이 아니라 예시규정으로 보아야 한다. 이에 비해서 지방자치단체 상호 간의 권한쟁의심판에 있어서는 「헌법재판소법」상의 당사자능력에 관한 규정은 열거규정으로 이해된다. 지방자치단체의 종류는 「지방자치법」에 확정되어 있기 때문이다. 따라서 예컨대 지방의회 의원이 의장을 피청구인으로 하는 권한쟁의심판청구는 지방자치단체 상호 간의 권한쟁의가 아니라 지방의회 내부의 분쟁으로서 부적법하다.[88] 이는 국회의원이 국회의장을 상대로 하는 권한쟁의심판에서 당사자능력을 갖는 것과 차이가 있다.

(2) 당사자능력의 판단기준

권한쟁의심판의 당사자능력을 확대하는 기준은 다음과 같다. 첫째, 헌법에 의하여 설치된 국가기관인가의 여부이다. 권한쟁의심판의 당사자능력을 형식적으로 헌법에 의하여 설치된 기관에 한정할 것인가, 법률에 의하여 설치된 기관도 조직과 업무에 있어서 독립기관인 경우에는 당사자능력을 인정할 것인지에 대해서는 다툼이 있다. 헌법재판소는 전자의 입장에서 예컨대 국가인권위원회에 대해서는 권한쟁의심판의 당사자능력을 부인하였다.[89] 둘째, 헌법과 법률에 의하여 독자적인 권한이 부여되어 있는 기관인가의 여부이다. 셋째, 기관 간의 권한의 존부 및 범위에 관한 다툼이 있는 경우에 이를 해결할 적당한 기관과 방법이 별도로 존재하는가의 여부이다.

위와 같은 기준을 충족하는 한 외형적으로 보면 하나의 국가기관을 구성하는 주체 간에 분쟁이 발생한 경우에도 권한쟁의심판을 청구할 수 있다. 국회의

88) 헌재 2010.4.29, 2009헌라11, 22-1(상), 596면 이하 참조.
89) 헌재 2010.10.28, 2009헌라6, 22-2(하), 1면 이하 참조.

장과 국회의원 간의 분쟁이 대표적인 예이다. 국회의장과 국회의원은 모두 국회를 구성하는 구성원이지만 각각 헌법과 법률에 의하여 독자적인 권한이 부여되어 있으며, 또 이들 사이에 권한의 존부 및 범위에 관한 다툼이 발생할 경우 이를 중재할 적당한 기관도, 그리고 방법도 존재하지 않기 때문이다. 국회의 자율권은 이 경우 분쟁해결의 방법이 될 수 없다. 국회의 자율권은 법률에 저촉하지 않는 범위 내에서 형성된다(제64조 제1항). 그런데 헌법과 법률에 위반 여부가 분쟁의 대상인 경우에는 국회의 자율권에 의한 규율범위를 벗어나기 때문이다. 이 밖에 국회부의장, 국회의 각 위원회, 국회 원내교섭단체도 권한쟁의심판의 당사자능력을 갖는다.

국회의원 일부가 다른 국가기관에 의하여 국회의 권한이 침해되었다는 내용의 이른바 '제3자 소송담당'은 인정되지 않는다. 국회의원이 국회 내부에서 심의 및 표결권이 침해되었다는 이유로 국회의장을 상대로 권한쟁의심판청구를 할 수는 있지만 국회의원이 제3자인 국회를 대신하여 대통령을 피청구인으로 하여 국회의 동의권이 침해되었다는 청구를 할 수는 없다.[90]

3. 심 판

(1) 청구기간

권한쟁의의 심판은 청구기간에 제한이 있다. 즉 심판의 사유가 있음을 안 날로부터 60일 이내에, 그 사유가 있은 날로부터 180일 이내에 청구하여야 한다. 이는 불변기간이다(헌재법 제63조).[91]

(2) 구두변론

권한쟁의심판은 구두변론에 의한다(헌재법 제30조 제1항).

(3) 가처분

권행쟁의심판에 있어서 가처분결정을 할 수 있다. 즉 헌법재판소는 직권 또는 청구인의 신청에 의하여 종국결정의 선고시까지 심판대상이 된 피청구기관

90) 헌재 2007.7.26, 2005헌라8, 19-2, 34면 이하; 2011.8.30, 2011헌라2, 23-2(상), 276면 이하 등 참조. 같은 이유에서 헌법재판소는 다수당 소속 국회의원은 국회의 의결을 통하여 권한을 회복할 수 있다는 이유로 권한쟁의심판청구를 부적법하다고 판단하였다. 헌재 1998.7.14, 98헌라1, 10-2, 17면 이하 참조. 감사원장 임명과 관련된 동일한 사안에 대해서는 헌재 1998.7.14, 98헌라2, 10-2, 39면 참조.

91) 헌재 1999.7.22, 98헌라4, 11-2, 65면 참조.

의 처분의 효력을 정지하는 결정을 할 수 있다(헌재법 제65조).

권한쟁의심판에서 가처분결정을 하기 위해서는 피청구기관의 처분이나 그 집행 또는 절차의 속행으로 인하여 생길 회복하기 어려운 손해를 예방할 필요가 있거나 기타 공공복리상의 중대한 사유가 있어야 하고 처분의 효력을 정지시켜야 할 긴급한 필요가 있어야 한다. 본안사건이 부적법하거나 이유없음이 명백하지 않은 한, 가처분을 인용한 뒤 종국결정에서 청구가 기각되었을 때 발생하게 될 불이익과 가처분을 기각한 뒤 청구가 인용되었을 때 발생하게 될 불이익을 비교형량하여 후자의 불이익이 보다 심각한 경우 가처분을 결정한다.[92)]

(4) 준용규정

권한쟁의심판에서 「헌법재판소법」에 적용 법률이 없는 경우 민사소송에 관한 법령을 준용하며, 이와 함께 「행정소송법」을 준용한다. 「행정소송법」과 민사소송에 관한 법령이 저촉하는 경우에는 「행정소송법」을 우선적으로 준용한다(헌재법 제40조).

4. 결정 및 결정의 효력

헌법재판소는 심판의 대상이 된 국가기관 또는 지방자치단체의 권한의 존부 또는 범위에 관하여 확인적 판단을 한다(헌재법 제66조 제1항). 이러한 확인적 판단에는 피청구기관이 권한침해를 제거할 적극적인 재처분의무나 결과제거의무와 같은 작위의무가 포함되지는 않는다.[93)]

피청구기관의 처분 또는 부작위가 청구인의 권한을 침해한 때에는 이를 취소하거나 그 무효를 확인할 수 있다. 이는 권한질서, 그리고 청구인의 권한을 회복시키는 형성적 기능을 갖는다. 특히 관할위반과 같이 처분에 있어 중대하고 명백한 흠이 있는 경우에는 해당 처분은 무효이다.[94)] 부작위에 대한 심판청구가 인용된 경우에는 피청구인은 결정취지에 따른 처분을 하여야 한다(헌재법 제66조 제2항).

권한쟁의심판의 결정은 모든 국가기관과 지방자치단체를 기속한다. 다만 국가기관 또는 지방자치단체의 처분을 취소하는 결정은 그 처분의 상대방에 대하여 이미 생긴 효력에 영향을 미치지 않는다(헌재법 제67조).

92) 헌재 1999.3.25, 98헌사98, 11-1, 270면 이하 참조.
93) 헌재 2010.11.25, 2009헌라12, 22-2(하), 320면 이하 참조.
94) 헌재 1999.7.22, 98헌라4, 11-2, 69면 참조.

판례 권한쟁의심판에서 위헌·위법상태제거 의무와 국회의 자율권
(헌재 2010.10.29. 2009헌라8등)

권한쟁의심판 결과 드러난 위헌·위법 상태를 제거함에 있어 헌법재판소는 피청구인의 정치적 형성권을 가급적 존중하여야 하므로, 재량적 판단에 의한 무효확인 또는 취소로 처분의 효력을 직접 결정하는 것은 권한질서의 회복을 위하여 헌법적으로 요청되는 예외적인 경우에 한정되어야 한다. 이 사건에 있어서도 국회의 입법에 관한 자율권을 존중하는 의미에서 헌법재판소는 처분의 권한 침해만을 확인하고, 권한 침해로 인하여 야기된 위헌·위법상태의 시정은 피청구인에게 맡겨 두는 것이 바람직하다.

Ⅵ. 헌법소원심판

1. 헌법소원심판의 종류

헌법소원은 공권력의 행사 혹은 불행사로 인하여 침해되는 기본권을 구제하기 위한 헌법재판이다(헌재법 제68조 제1항). 이 밖에 소송의 계속 중에 소송의 당사자가 재판에 적용되는 법률이 헌법에 위반된다는 이유로 법원에 위헌법률심판의 제청을 신청하였으나 법원이 이를 기각한 경우 당사자는 법원의 기각결정에 대해서 헌법소원심판을 제기할 수 있다(헌재법 제68조 제2항). 이는 형식적으로는 헌법소원심판이지만 실질적으로 위헌법률심판에 해당하며, 따라서 위헌법률심판에서 위헌결정 및 위헌결정의 효력에 관한 「헌법재판소법」 제45조 및 제47조가 준용된다(헌재법 제75조 제6항).

아래에서는 먼저 「헌법재판소법」 제68조 제1항에 의한 '권리구제형 헌법소원심판'을 살펴보고, 이어 「헌법재판소법」 제68조 제2항에 의한 '위헌심사형 헌법소원심판'에 대해서 설명한다.

2. 권리구제형 헌법소원심판

(1) 청구권자

가) 국민·외국인

헌법소원심판은 기본권의 주체가 청구한다. 따라서 자연인인 국민은 모두 헌법소원심판 청구권자가 될 수 있다. 이미 사망한 사람은 헌법소원심판을 청구할 수 없다. 또 청구인이 헌법소원심판을 청구한 후 사망한 경우에는 심판절

차는 종료된다.[95] 다만 헌법소원이 인용된다면 그 배우자나 직계친족이 재심을 청구할 수 있으며, 따라서 권리보호의 이익이 있는 경우에는 헌법소원심판 청구는 적법한 것으로 본다.[96] 외국인은 기본권 주체성이 인정되는 경우에 한하여 헌법소원심판을 청구할 수 있다.

나) 사법상의 법인 · 단체

사법상의 법인도 기본권의 성격에 따라서 기본권의 주체가 될 수 있으며, 이 경우 헌법소원심판을 청구할 수 있다. 법인이 아니며 권리능력이 없는 단체도 구성원과 독립하여 기본권을 행사할 자격이 있는 경우에는 청구권자가 될 수 있다. 정당과 노동조합 등이 여기에 해당한다. 이에 비해서 단체의 부분기관으로서 독립해서 기본권의 주체가 될 수 없는 기관은 헌법소원심판의 청구권자가 될 수 없다.

판례 **법인의 기본권 주체성** (헌재 1991.6.3, 90헌마56)

청구인 한국영화인협회 감독위원회는 한국영화인협회로부터 독립된 별개의 단체가 아니고, 영화인협회의 내부에 설치된 8개의 분과위원회 가운데 하나에 불과하며, 달리 단체로서의 실체를 갖추어 당사자능력이 인정되는 법인 아닌 사단으로 볼 수 없으므로 헌법소원심판청구능력이 없다. 단체는 원칙적으로 단체 자신의 기본권을 직접 침해당한 경우에만 그의 이름으로 헌법소원심판을 청구할 수 있고 그 구성원을 위하여 또는 구성원을 대신하여 헌법소원심판을 청구할 수 없다. 청구인 사단법인 한국영화인협회는 그 자신의 기본권이 침해당하고 있음을 이유로 하여 이 사건 헌법소원심판을 청구한 것이 아니고, 그 단체에 소속된 회원들인 영화인들의 헌법상 보장된 예술의 자유와 표현의 자유가 침해당하고 있음을 이유로 하여 이 사건 헌법소원심판을 청구하여 자기관련성의 요건을 갖추지 못하였다.

다) 공법상의 법인

공법상의 법인은 원칙적으로 기본권의 수범자로서 기본권의 주체가 될 수 없으며, 따라서 헌법소원심판의 청구권자가 될 수 없다. 다만 공법상의 법인도 헌법에서 보장된 생활영역에 있어서는 기본권의 주체로서 헌법소원심판을 청구할 수 있다. 예컨대 국립대학은 연구와 교육의 영역에서 학문의 자유를 침해

95) 헌재 2014.6.26, 2012헌마757, 26-1(하), 656면; 2016.2.25, 2011헌마165; 2016.6.30, 2014헌바300 등 참조.

96) 헌재 1997.1.16, 89헌마240, 9-1, 70면 참조. 이 밖에 헌재 2020.4.23, 2015헌마1149, 32-1(상), 388면 이하 참조.

당한 경우 헌법소원심판을 청구할 수 있다.[97] 국가기관은 물론 헌법소원심판을 청구할 수 없다.

(2) 헌법소원심판의 제기요건

헌법소원심판을 청구하기 위해서는 공권력의 행사 혹은 불행사에 의하여 청구인 자신의 기본권이(자기관련성) 다른 국가작용을 매개하지 않고 직접, 그리고 현재 침해되어야 한다(침해의 직접성과 현재성). 또 헌법소원심판은 기본권을 구제하기 위한 제도이므로 심판의 결과 권리구제의 이익이 존재하여야 한다. 헌법소원심판에는 청구기간의 제한이 있다. 헌법소원심판은 다른 법률상의 구제수단에 대해서 보충성을 갖는다. 즉 다른 법률에 의하여 구제수단이 있는 경우에는 이를 모두 거친 후가 아니면 헌법소원심판을 청구할 수 없다. 이들 요건을 나누어서 설명한다.

가) 공권력의 행사 또는 불행사

공권력에는 입법 · 행정 및 사법작용 등 국가작용뿐 아니라 간접적인 국가작용, 예컨대 공법상의 사단 및 재단, 그리고 국립대학교와 공영방송사와 같은 영조물 등의 작용이 모두 포함된다.[98] 그러나 행정청의 사법상의 행위는 헌법소원심판의 대상인 공권력에 해당하지 않는다.[99]

a) 입법작용에 의한 기본권침해

aa) **법률 · 행정입법:** 헌법소원의 대상인 법률에는 국회제정법뿐 아니라 행정입법이 포함된다. 법률은 현재 시행 중인 유효한 법률을 말한다. 따라서 예컨대 헌법불합치결정된 법률 조항에 대한 헌법소원심판청구는 부적법하다.[100] 예외적으로 법률이 효력을 발생하기 전에도 헌법소원심판의 대상이 될 수 있다. 이미 공포되었으며, 그로 인하여 사실상의 위험이 발생한 경우이다. 법률이 시행된 후에 비로소 헌법소원을 제기할 수 있다면 청구인에게 회복할 수 없거나 중대한 손해가 발생할 수 있기 때문이다.[101]

대통령의 고도의 정치적 결정인 긴급재정경제명령 및 긴급명령과 같은 긴급

97) 헌재 1992.10.1, 92헌마68등, 4, 670면 참조.
98) 헌재 1992.10.1, 92헌마68등, 4, 667면 이하; 1998.8.27, 97헌마372등, 10-2, 470면; 2013.5.30, 2009헌마514, 25-1, 343면 등 참조.
99) 헌재 1992.11.12, 90헌마160, 4, 793면 이하; 1992.12.24, 90헌마182, 4, 948면 이하; 1994.2.24, 93헌마213등, 6-1, 188면 등 참조.
100) 헌재 2006.6.29, 2005헌마44, 18-1(하), 328면 참조.
101) 헌재 1994.12.29, 94헌마201, 6-2, 523면 이하; 2000.6.1, 99헌마553, 12-1, 703면 이하 등 참조.

입법도 기본권을 직접 제한하는 경우에는 헌법소원심판의 대상이 된다.[102)]

입법절차에 하자가 있는 경우 해당 입법의 효력 여부를 권한쟁의심판을 통해서 다투는 것은 별론으로 하고, 입법절차의 하자를 이유로 해당 법률에 대한 헌법소원심판을 청구할 수는 없다.[103)] 입법절차상의 하자 그 자체가 법률안의 가결선포행위에, 그리고 그 결과 법률의 효력에 영향을 미치지는 않기 때문이다.

bb) **행정입법에 대한 헌법소원과 위헌심판:** 명령 · 규칙 · 처분과 같은 행정입법의 경우 법원과 헌법재판소의 관할분배의 문제가 제기된다. 헌법 제107조 제2항에 의하면 명령 · 규칙 또는 처분이 헌법이나 법률에 위반되는가의 여부가 재판의 전제가 된 경우 대법원은 이를 최종적으로 심사한다. 이는 행정입법이 집행에 의하여 비로소 개인의 법적 지위에 영향을 미치며, 따라서 행정입법의 위헌 · 위법 여부가 재판의 전제가 되는 경우를 말한다. 이에 비해서 집행행위를 매개하지 않고 행정입법이 직접 개인의 기본권을 침해할 때에는 이에 대해 헌법소원심판을 청구할 수 있다.[104)] 이와 같은 헌법재판의 이원화로부터 발생하는 문제에 대해서는 위에서 설명한 바 있다.

판례 **명령·규칙에 대한 헌법소원** (헌재 1990.10.15, 89헌마178)

헌법 제107조 제2항이 규정한 명령 · 규칙에 대한 대법원의 최종심사권이란 구체적인 소송사건에서 명령 · 규칙의 위헌 여부가 재판의 전제가 되었을 경우 법률의 경우와는 달리 헌법재판소에 제청할 것 없이 대법원이 최종적으로 심사할 수 있다는 의미이다. 명령 · 규칙 그 자체에 의하여 직접 기본권이 침해되었음을 이유로 하여 헌법소원심판을 청구하는 것은 위 헌법규정과는 아무런 상관이 없는 문제이다. 따라서 입법부 · 행정부 · 사법부에서 제정한 규칙이 별도의 집행행위를 기다리지 않고 직접 기본권을 침해하는 때에는 헌법소원심판의 대상이 될 수 있다.

이 사건에서 심판청구의 대상은 법원행정처장의 법무사시험 불실시, 즉 공권력의 불행사가 아니라 법원행정처장으로 하여금 그 재량에 따라 법무사시험을 실시하지 않을 수 있다고 규정한 법무사법 시행규칙 제3조 제1항이다. 법령 자체에 의한 직접적인 기본권 침해가 문제되었을 때 그 법령의 효력을 직접 다투는 것을 소송물로 하여 일반 법원에 구제를 구하는 절차는 존재하지 아니하므로 이 사건에서는 다른 구제절차를 거칠 것 없이 바로 헌법소원심판을 청구할 수 있다.

법무사법 시행규칙 제3조 제1항은 법원행정처장이 법무사를 보충할 필요가 없다

102) 헌재 1996.2.29, 93헌마186, 8-1, 116면 참조.
103) 헌재 1998.8.27, 97헌마8등, 10-2, 442면 이하; 2000.12.14, 99헌마112등, 12-2, 407면 등 참조.
104) 헌재 1990.10.15, 89헌마178, 2, 369면 이하 참조.

고 인정하면 법무사시험을 실시하지 않아도 된다는 것으로서 상위법인 법무사법 제4조 제1항에 의하여 모든 국민에게 부여된 법무사 자격취득의 기회를 하위법인 시행규칙으로 박탈한 것이어서 평등권과 직업선택의 자유를 침해한다.

---

cc) **조례 · 행정규칙:** 지방의회가 제정한 조례 역시 헌법소원의 대상이다.

내부적 효력을 갖는 행정규칙은 헌법소원의 대상이 될 수 없다. 그러나 행정규칙이 외부적인 효력을 갖는 경우에는 헌법소원의 대상이 된다. 즉 고시 · 훈령 · 예규 등 행정규칙의 외형을 갖더라도 법령의 직접적인 위임을 받아 이를 구체화하는 경우, 혹은 법령의 내용을 구체적으로 보충하는 경우에는 이러한 행정규칙은 상위 법령과 결합하여 대외적인 구속력을 가지며, 법규명령과 같이 기능한다. 따라서 헌법소원의 대상이 된다. 행정규칙이 재량권 행사의 준칙으로서 반복 시행되어 행정관행으로 자리잡고, 그 결과 평등의 원칙 및 신뢰보호의 원칙에 따라 행정기관이 자기구속을 당하는 경우에도 대외적 효력을 가지며, 따라서 헌법소원의 대상이 된다.[105] 법률의 내용을 보충하는 보완통보 등과 같은 법적 효력이 없는 행정계획도 그로 인하여 직접 기본권이 침해되는 경우에는 헌법소원심판의 대상이 된다.[106] 대법원 규칙 역시 헌법소원심판의 대상이 된다.[107]

그러나 행정기관 등 국가기관의 내부적 행위로서 국민의 법적 지위에 구체적으로 영향을 미치지 않는 행위는 헌법소원의 대상인 공권력은 아니다.

판례 **행정규칙에 대한 헌법소원** (헌재 2024.3.28, 2020헌마1079)

이 사건 처리기준은 행정규칙인 바, 행정규칙은 일반적으로 행정조직 내부에서만 효력을 가지는 것이나, 행정규칙이 법령의 규정에 의하여 행정관청에 법령의 구체적 내용을 보충할 권한을 부여한 경우나 재량권행사의 준칙인 규칙이 그 정한 바에 따라 되풀이 시행되어 행정관행이 되면, 평등의 원칙이나 신뢰보호의 원칙에 따라 행정기관이 그 상대방에 대한 관계에서 그 규칙에 따라야 할 자기구속을 당하게 되는 경우에는 대외적인 구속력을 가지게 되며, 이러한 경우에는 헌법소원의 대상이 될 수 있다.

이 사건 처리기준은 재량준칙의 성격을 가진 행정규칙에 해당한다. 이 사건 처리기준은 외국인이 어떠한 경우에 긴급재난지원금의 지급대상에 포함되는지에 관

---

105) 헌재 2007.8.30, 2004헌마670, 19-2, 397면; 2024.3.28, 2020헌마1079, 36-1(상), 342면 등 참조.
106) 헌재 1996.4.25, 94헌마119, 8-1, 442면 참조.
107) 헌재 1990.10.15, 89헌마178, 2, 373면 참조.

한 기준을 대내외적으로 제시하고 있다. 이 사건 처리기준의 직접적인 상대방인 각 지방자치단체들은 실질적으로 이에 따라 긴급재난지원금 지급사무를 처리할 수밖에 없고, 이 사건에서도 주민센터에서 청구인에게 긴급재난지원금의 지급을 거부한 것은 청구인이 지급대상으로 정한 영주권자 또는 결혼이민자에 해당하지 않았기 때문이다. 그렇다면 이 사건 처리기준은 대외적 구속력이 있는 '공권력의 행사'로서 헌법소원의 대상이 될 수 있다.

---

b) 행정작용에 의한 기본권침해

aa) 일반론: 공권력주체의 행정작용이 헌법소원의 대상이므로 사법상의 주체에게 위탁된 공권력 행사 또는 단순한 사실조회행위와 같은 공권력 주체의 비권력적 사실행위는 헌법소원의 대상이 되지 않는다. 그러나 공권력 주체의 권력적 사실행위는 헌법소원의 대상이 된다.[108] 검사의 무혐의·기소중지·기소유예 등 불기소처분에 대해서도 헌법소원심판을 청구할 수 있다. 그러나 검사의 기소처분은 헌법소원의 대상이 아니다.[109] 이에 대해서는 해당 재판절차에서 사법심사를 받을 수 있기 때문이다. 헌법재판소 설립 이후 20년 동안 검사의 불기소처분에 대한 헌법소원은 헌법소원사건 중 압도적으로 다수를 차지하고 있었다. 2008년 「형사소송법」이 개정되어 고소를 한 자가 불기소처분의 통지를 받은 때에는 관할 고등법원에 재정신청을 할 수 있게 되었다(형소법 제260조). 이에 검사의 불기소처분에 대한 헌법소원사건은 대폭 줄었다.

bb) 원행정처분: 행정처분이 헌법에 위반된다는 이유로 취소를 구하는 행정소송을 제기하였으나 법원에서 청구가 기각 혹은 각하된 후에 다시 원래의 행정처분에 대하여 헌법소원심판을 청구할 수 있는가 하는 문제가 제기된다.[110]

원처분(原處分)에 대한 헌법소원은 실질적으로는 행정소송의 결론을 심사하는 의미가 있다. 그런데 행정소송의 결론 그 자체를 심사하는 것이 헌법소원의 과제일 수는 없다. 사실관계의 인정과 평가, 법령의 해석·적용 등은 일반법원의 권한이기 때문이다. 원처분의 위법 여부에 대해서는 일반법원이 심사하고, 헌법재판소는 법원이 헌법적 쟁점을 간과했거나 잘못 이해하였는가의 여부를

---

108) 헌재 2011.6.30, 2009헌마406, 23-1(하), 465면 참조.

109) 헌재 1992.6.24, 92헌마104, 4, 298면; 1994.1.12, 93헌마287, 6-1, 8면; 1994.9.30, 94헌마183, 6-2, 347면 등 참조.

110) 법원이 재판을 각하한 경우에도 원처분에 대한 헌법소원심판청구를 허용하지 않은 사례로는 헌재 1998.5.28, 91헌마98등, 10-1, 660면 이하 참조.

심사하여야 한다. 따라서 원처분에 대한 헌법소원은 아래에서 설명하는 예외적인 경우를 제외하고는 허용되지 않는다. 또 재판에 대한 헌법소원이 허용되지 않는 한 원처분에 대한 헌법소원을 인정하더라도 예외적인 경우를 제외하고는 재판의 취소 등을 통한 집행력이 담보될 수 없기 때문에 권리구제에 큰 도움이 되지도 않는다.

헌법재판소에서 이미 위헌으로 결정한 법률을 적용하여 법원이 재판을 한 경우에는 예외적으로 재판에 대한 헌법소원이 허용된다. 그리고 이때에는 그 판결의 대상이 된 원행정처분에 대한 헌법소원심판의 청구 역시 허용된다.[111)]

c) 재판작용에 의한 기본권침해

이론적으로 보면 법원의 재판 역시 공권력작용이며, 재판에 의하여 기본권이 침해될 수 있다. 그럼에도 불구하고 「헌법재판소법」은 법원의 재판을 헌법소원심판의 대상에서 제외하고 있다. 이때 재판에는 판결뿐 아니라 기타 소송절차의 파생적·부수적 사항에 대한 공권적 판단도 포함된다. 재판의 지연,[112)] 재판장의 소송지휘 및 변론진행[113)] 등이 여기에 해당한다. 이 밖에 「통신비밀보호법」에 의한 통신제한조치에 대한 법원의 허가 역시 재판에 해당한다.[114)]

법원의 재판을 헌법소원심판의 대상에서 제외하는 규정에 대해서는 헌법적 평가가 필요하다. 헌법소원은 헌법을 심판의 기준으로 하는 재판작용이다. 이에 비해서 법원의 재판은 법률을 기준으로 한다. 그리고 국민의 재판을 받을 권리는 법원의 재판 및 헌법재판을 받을 권리를 모두 포괄한다.[115)] 따라서 법원의 재판을 헌법소원심판의 대상에서 제외하는 것은 헌법에 위반된다. 즉 이 문제는 단순히 입법정책적인 문제가 아니다.

헌법재판소는 법원의 재판을 헌법소원의 대상에서 제외하는 규정이 기본적으로 헌법에 위반되지 않는다는 입장이다. 법원의 재판에 의하여 기본권이 침해되는 경우는 국회나 행정부에 비해서 상대적으로 드물고, 최종심급은 어떠한 형태로든 존재할 수밖에 없는데 이러한 최종심급을 법원이 관할한다는 것이다. 또 재판을 받을 권리는 사실관계 및 법률관계에 관하여 최소한 한번의 재판을

111) 헌재 1997.12.24, 96헌마172등, 9-2, 865면 이하 참조.
112) 헌재 1994.6.30, 93헌마161, 6-1, 704면 이하; 1998.5.28, 96헌마46; 1999.9.16, 98헌마75, 11-2, 370면 이하 등 참조.
113) 헌재 1993.6.2, 93헌마104, 5-1, 431면 이하 참조.
114) 헌재 2018.8.30, 2016헌마263, 30-2, 492면 참조.
115) 헌재 2014.4.24, 2012헌마2, 26-1(하), 4면 참조.

받을 것을 내용으로 하며, 결코 헌법소원의 형태로 기본권이 구제되어야 하는 것은 아니라고 한다.[116] 그러나 이를 예외없이 적용하는 경우 다음과 같은 불합리가 발생한다. 무엇보다도 헌법해석에 대한 헌법재판소의 결정을 법원이 존중하지 않는 판결을 하는 경우 주관적으로는 헌법재판을 통한 당사자의 권리구제가 이루어질 수 없으며, 객관적으로는 헌법질서의 통일성이 훼손된다. 또, 헌법재판소에서 위헌으로 결정된 법률을 법원이 적용한 경우 헌법재판의 위헌결정은 법원을 기속한다는 「헌법재판소법」 제47조 제1항이 의미를 상실한다.

법원이 이미 위헌으로 결정한 법률을 재판에서 적용하는 경우에 한하여 예외적으로 재판은 헌법소원심판의 대상이 된다.[117] 또 법원이 위헌결정된 법령이 아니라 다른 조문을 적용하였지만 실질적으로 위헌결정의 기속력을 부인하는 재판을 한 경우에도 재판에 대한 헌법소원은 허용된다. 예컨대 법원이 한정위헌으로 결정된 법령을 적용한 것이 아니라 한정위헌결정을 위헌결정으로 보지 않고 「헌법재판소법」 제75조 제7항에 의한 재심의 청구를 기각한 경우 이는 한정위헌결정의 기속력을 부인하는 효과를 갖기 때문에 헌법소원의 대상이 된다.[118] 재판에 대한 헌법소원은 헌법재판소가 위헌으로 결정한 법령을 당해 재판에 적용한 결과 기본권이 침해된 경우에 허용된다. 따라서 위헌결정된 법률을 적용하였지만 기본권이 침해되었다고 볼 수 없는 경우에는 헌법소원은 허용되지 않는다.[119] 또 적용 법률이 위헌으로 결정된 경우에도 위헌결정 이전에 법원이 법률을 적용하여 행한 재판은 헌법소원심판의 대상이 되지 않는다.[120]

판례 **재판에 대한 헌법소원** (헌재 1997.12.24, 96헌마172등)

헌법 제111조 제1항 제5호가 '법률이 정하는 헌법소원에 관한 심판'이라고 규정한 뜻은 헌법이 공권력작용으로 인하여 헌법상의 권리를 침해받은 자가 그 권리를 구제받기 위한 주관적 권리구제절차를 우리의 사법체계, 헌법재판의 역사, 법률문화와 정치적·사회적 현황 등을 고려하여 헌법의 이념과 현실에 맞게 구체적인 입법을 통하여 구현하도록 위임한 것이다. 따라서 '법원의 재판에 대한 소원'을 심판의 대상에 포함하여야 헌법소원제도의 본질에 부합한다고 할 수는 없다.

116) 헌재 1997.12.24, 96헌마172등, 9-2, 858면 이하 참조.
117) 헌재 1997.12.24, 96헌마172등, 9-2, 861면 이하 참조.
118) 헌재 2003.4.24, 2001헌마386, 15-1, 443면 이하; 2022.6.30, 2014헌마760등, 34-1, 604면 이하 등 참조.
119) 헌재 1999.10.21, 96헌마61등, 11-2, 461면 이하; 1999.10.21, 97헌마301등, 11-2, 516면 이하 등 참조.
120) 헌재 2022.7.21, 2013헌마242, 헌재공보(2022), 1019면 이하 참조.

입법작용과 행정작용의 잠재적인 기본권 침해자로서의 기능과 사법작용의 기본권의 보호자로서의 기능이 법원의 재판을 헌법소원심판의 대상에서 제외한 것을 정당화하는 본질적인 요소이므로, 헌법재판소법 제68조 제1항은 평등의 원칙에 위반되지 않는다. 재판청구권은 사실관계와 법률관계에 관하여 최소한 한번의 재판을 받을 기회에 관한 절차적 기본권이므로 기본권의 침해에 대한 구제절차가 반드시 헌법소원의 형태로 헌법재판기관에 의하여 이루어질 것만을 요구하지는 않는다. 법원의 재판은 법률상 권리의 구제절차이자 동시에 기본권의 구제절차이므로, 법원의 재판에 의한 기본권의 보호는 재판청구권을 충족시키고 있기 때문이다. 법원의 재판을 헌법소원심판의 대상에 포함시켜야 한다는 견해는 기본권 보호의 측면에서는 이상적이지만, 이는 헌법재판소의 위헌결정을 통하기보다 입법자가 해결해야 할 과제이다. 헌법재판소법 제68조 제1항은 국민의 기본권(평등권 및 재판청구권 등)의 관점에서는 입법형성권의 헌법적 한계를 넘는 위헌적인 법률조항이라고 할 수 없다.

헌법재판소법 제68조 제1항이 원칙적으로 헌법에 위반되지 않지만, 법원이 헌법재판소가 위헌으로 결정하여 그 효력을 전부 또는 일부 상실하거나 위헌으로 확인된 법률을 적용함으로써 국민의 기본권을 침해한 경우에도 법원의 재판에 대한 헌법소원이 허용되지 않는 것으로 해석한다면, 위 법률조항은 그러한 한도 내에서 헌법에 위반된다. 모든 국가기관은 헌법의 구속을 받고 헌법에의 기속은 헌법재판을 통하여 사법절차적으로 관철되므로, 헌법재판소의 법률에 대한 위헌결정은 법원을 포함한 모든 국가기관과 지방자치단체를 기속한다. 따라서 헌법재판소가 위헌으로 결정하여 그 효력을 상실한 법률을 적용하여 한 법원의 재판은 헌법재판소 결정의 기속력에 반할 뿐 아니라, 법률에 대한 위헌심사권을 헌법재판소에 부여한 헌법의 결단(헌법 제107조 및 제111조)에 정면으로 위배된다.

헌법재판소의 법률에 대한 위헌결정에는 단순위헌결정은 물론, 한정합헌, 한정위헌결정과 헌법불합치결정도 포함되고 이들은 모두 기속력을 가진다. 이 사건 대법원 판결은 헌법재판소가 이 사건 법률 조항에 대하여 한정위헌결정을 선고함으로써 이미 부분적으로 그 효력이 상실된 법률 조항을 적용한 것으로서 위헌결정의 기속력에 반한다. 따라서 이에 대한 헌법소원은 허용되고, 또한 이 사건 대법원 판결로 인하여 청구인의 재산권 역시 침해되었다. 따라서 이 사건 대법원 판결은 헌법재판소법 제75조 제3항에 따라 취소되어야 한다.

행정처분이 헌법에 위반된다는 이유로 그 취소를 구하는 행정소송을 제기하였으나 법원에 의하여 그 청구가 받아들여지지 아니한 후 다시 원래의 행정처분에 대하여 헌법소원심판을 청구하는 것이 원칙적으로 허용될 수 있는지의 여부에 관계없이, 이 사건의 경우와 같이 행정소송으로 행정처분의 취소를 구하는 청구를 받아들이지 아니한 법원의 판결에 대한 헌법소원심판의 청구가 예외적으로 허용되어 그 재판이 헌법재판소법 제75조 제3항에 따라 취소되는 경우에는 원래의 행정처분에 대한 헌법소원심판의 청구도 이를 인용하는 것이 상당하다.

판례 **한정위헌결정의 기속력을 부인하는 재판 취소** (헌재 2022.6.30, 2014헌마760등)

헌법재판소는 헌재 2016.4.28, 2016헌마33 사건에서 헌법재판소법 제68조 제1항 본문 중 '법원의 재판' 가운데 '헌법재판소가 위헌으로 결정한 법령을 적용함으로써 국민의 기본권을 침해한 재판' 부분에 대하여 위헌결정을 한 바 있으나, 이 사건 재판소원금지 조항의 적용 영역에서 '법률에 대한 위헌결정의 기속력에 반하는 재판' 부분을 모두 제외하기 위하여 이 사건 재판소원금지 조항 가운데 '법률에 대한 위헌결정의 기속력에 반하는 재판' 부분은 헌법에 위반된다는 결정을 한다.

이 사건 한정위헌결정은 형벌 조항의 일부가 헌법에 위반되어 무효라는 내용의 일부위헌결정으로, 법원과 그 밖의 국가기관 및 지방자치단체에 대하여 기속력이 있다. 이 사건 한정위헌결정의 기속력을 부인하여 청구인들의 재심청구를 기각한 법원의 재판은 '법률에 대한 위헌결정의 기속력에 반하는 재판'으로 이에 대한 헌법소원은 허용되고 청구인들의 재판청구권을 침해하였으므로 법 제75조 제3항에 따라 취소되어야 한다.

---

d) 부작위에 의한 기본권침해

aa) 부작위의 의미: 공권력의 부작위에 대한 헌법소원심판은 단순한 불행사가 아니라 작위의무가 있음에도 불구하고 이를 행하지 않은 경우에 청구할 수 있다. 즉 헌법상 명문으로 공권력 주체의 작위의무가 규정되어 있는 경우, 법률의 해석상 공권력 주체의 작위의무가 도출되는 경우, 그리고 공권력 주체의 작위의무가 법령에 구체적으로 규정되어 있는 경우에 헌법소원심판을 청구할 수 있다. 그러나 기본권을 침해하지 않는 행정행위의 단순한 부작위는 헌법소원심판의 대상이 될 수 없다.

bb) 진정입법부작위와 부진정입법부작위: 입법부작위는 두 가지로 분류된다. 첫째, 어떠한 사항에 대하여 전혀 입법을 하지 않은 경우이다(진정입법부작위). 둘째, 어떠한 사항에 대하여 입법을 하였으나 입법의 내용·범위 및 절차 등이 당해 사항을 불완전·불충분 또는 불공정하게 규율한 경우이다(부진정입법부작위).

입법을 할 것인가는 입법정책의 문제이므로 진정입법부작위에 대한 헌법소원심판은 원칙적으로 인정되지 않는다. 다만 헌법에서 기본권 보장을 위하여 명시적으로 입법위임을 하였음에도 불구하고 입법자가 이를 방치하고 있거나 헌법해석상 특정인에게 구체적인 기본권이 생겨 이를 보장하기 위한 국가의 행위의무 내지 보호의무가 명백히 있음에도 불구하고 입법자가 아무런 입법조치를 취하지 않은 경우에는 헌법소원심판의 대상이 된다.[121)]

부진정입법부작위는 입법부작위상태가 아니라 해당 규정 자체가 헌법소원심판의 대상이 된다.[122)]

cc) **행정입법부작위:** 진정입법부작위에 해당하는 행정입법부작위에 대해서 헌법소원심판을 청구하는 경우에도 유사한 요건을 충족하여야 한다. 즉 첫째, 헌법상 행정청에 행정입법의무가 있어야 한다. 이는 헌법에 명문으로 공권력 주체의 작용의무가 있는 경우, 헌법의 해석상 공권력 주체의 작용의무가 도출되는 경우, 공권력 주체의 작용의무가 법령에 구체적으로 규정되어 있는 경우에 인정된다.[123)] 둘째, 입법을 위하여 필요한 상당한 기간이 경과하였어야 한다. 셋째, 행정입법의 제정 또는 개정권이 행사되지 않았어야 한다. 다만 행정입법의 제정을 지체하는 데에 정당한 사유가 있는 경우에는 이를 위헌이라고 할 수 없다. 행정입법의 제정이 헌법에 위반되거나 전체 법질서와 조화될 수 없어 행정입법의무의 이행이 오히려 헌법에 합치되지 않는 경우가 여기에 해당한다.[124)]

판례 **진정입법부작위에 대한 헌법소원** (헌재 2009.7.30, 2006헌마358)

공무원노조법에 의하면, 지방공무원 중 기능직공무원과 고용직공무원은 모두 공무원노동조합에 가입할 수 있고, 단결권과 단체교섭권을 가진다. 그런데 만일 지방공무원법 제58조 제2항에 따라 제정된 조례가 기능직공무원을 '사실상 노무에 종사하는 공무원'의 범위에 포함시킨다면 기능직공무원들은 공무원노조법의 적용대상에서 제외되어 단결권과 단체교섭권은 물론 단체행동권까지 가질 수 있게 된다. 이와 같이 해당 조례가 어떻게 제정되는지에 따라 기능직공무원인 청구인들이 향유할 수 있는 근로3권의 범위가 달라진다. 따라서 이 사건 진정입법부작위에 의하여 청구인들의 기본권이 침해될 가능성이 있으며 아울러 청구인들은 이 사건 심판청구에 관한 자기관련성도 인정된다.

지방공무원법 제58조 제2항은 '사실상 노무에 종사하는 공무원'의 구체적인 범위

121) 이에 대해서는 헌재 1994.12.29, 89헌마2, 6-2, 395면 이하 참조.
122) 예컨대 헌재 2018.6.28, 2011헌바379등, 30-1(하), 403면 이하 참조.
123) 헌재 2011.8.30, 2006헌마788, 23-2(상), 383면 이하 참조. 이밖에 2023.5.25, 2019헌마1234, 35-1(하), 36면 이하 참조.
124) 헌재 1998.7.16, 96헌마246, 10-2, 305면 이하; 2004.2.26, 2001헌마718, 16-1, 321면 등 참조.

를 조례로 정하도록 하고 있기 때문에 조례가 제정되어야 비로소 지방공무원 중에서 단결권·단체교섭권 및 단체행동권을 보장받게 되는 공무원이 구체적으로 확정된다. 그러므로 지방자치단체는 소속 공무원 중에서 지방공무원법 제58조 제1항의 '사실상 노무에 종사하는 공무원'에 해당하는 지방공무원이 단결권·단체교섭권 및 단체행동권을 행사할 수 있도록 보장하기 위하여 그 구체적인 범위를 조례로 제정할 헌법상 의무가 있다. 지방공무원법 제58조가 '사실상 노무에 종사하는 공무원'에 대하여 단체행동권을 포함한 근로3권을 인정하더라도 업무 수행에 큰 지장이 없고 국민에 대한 영향이 크지 않다는 입법적 판단에 기초하여 제정된 이상, 해당 조례의 제정을 미루어야 할 정당한 사유가 존재한다고 볼 수도 없다.

나) 기본권 침해

a) '헌법상 기본권'의 침해

헌법소원심판은 공권력에 의하여 기본권이 침해되었을 때 청구한다. 따라서 헌법상의 기본권이 아니라 법률상의 권리가 침해된 경우에는 헌법소원심판이 아니라 법원에서 재판을 통하여 권리구제를 다투어야 한다. 또 헌법상의 기본권이 아니라 객관적인 헌법규범에 위반되었다는 이유로 헌법소원심판을 청구할 수는 없다.[125] 다만 헌법소원심판에 있어서 헌법의 권한규범 등 객관적 성격의 규범이 심사의 기준으로 적용될 수는 있다.

b) 기본권 '침해'

자신의 기본권이 현재, 그리고 직접 침해되었을 때 헌법소원심판을 청구할 수 있다. 이때 기본권 침해란 기본권 침해의 가능성을 말한다.

aa) 기본권 침해의 자기관련성

(ㄱ) 자신의 기본권 침해: 헌법소원심판은 주관적 성격의 소송으로서 청구인 자신의 기본권 침해를 구제하기 위하여 청구한다. 타인의 기본권을 구제하기 위한 헌법소원심판은 허용되지 않는다.

예컨대 검찰의 불기소처분에 대하여 고소인이 자신의 재판을 받을 권리가 침해되었다는 이유로 헌법소원심판을 청구할 수 있지만 고발인은 헌법소원심판을 청구할 수 없다. 고발인은 공권력에 의하여 자신의 기본권이 침해된 자가 아니기 때문이다. 고소인인 형사피해자의 개념은 넓게 해석되고 있다. 즉 형사

125) 헌재 1995.2.23, 90헌마125, 7-1, 243면; 1997.4.24, 95헌바48, 9-1, 444면 이하; 1998.10.29, 96헌마186, 10-2, 606면 등 참조.

실체법상의 직접적인 보호의 주체가 아니더라도 범죄로 인하여 법률상 불이익을 받는 자는 기본권 침해의 자기관련성을 갖는다.[126)]

기본권 침해는 법적·구체적이어야 한다. 청구인이 급여에 대한 구체적인 권리를 갖지 않는 때에도 다른 집단과의 관계에서 혜택이 배제되는 경우에는 평등권이 침해될 수 있으며, 이 경우 기본권 침해의 자기관련성이 인정된다.[127)] 그러나 국가작용을 통하여 단순히 사실적 및 간접적 불이익을 받는다는 이유로 기본권이 침해되었다고 할 수는 없다. 예컨대 국군의 해외파병으로 인한 국민일반에 대한 사실상 및 간접적 피해는 기본권 침해에 해당하지 않는다.[128)] 또 법률 조항 중 개념정의에 관한 규정은 일반적으로 개인의 법적 지위에 영향을 주지 않기 때문에 원칙적으로 기본권을 침해하는 효과를 갖지 않는다.[129)]

(ㄴ) 제3자의 경우: 공권력 작용의 직접적인 상대방이 아닌 제3자에게 공권력 작용이 간접적·사실적 또는 경제적 이해관계를 갖는다는 이유로 헌법소원심판을 청구할 수 없다. 그러나 공권력 작용이 제3자의 기본권을 직접적이고 법적으로 침해하는 경우에는 해당 제3자에게 기본권 침해의 자기관련성이 인정된다. 제3자의 기본권 침해 여부는 법의 목적과 실질적 규율대상, 그리고 법규정에서의 제한이나 금지가 제3자에게 미치는 효과 및 진지성 등을 종합적으로 고려하여 판단하여야 한다. 예컨대 건강보험에서 요양급여에 대한 보상금액을 인하하는 조치는 요양기관을 수규자로 한다. 그러나 이로 인하여 요양기관에 고용된 의사에게 경제적 손실을 직접 발생시키기 때문에 고용된 의사의 기본권을 침해하는 효과가 있다. 대인적(對人的) 공권력 작용이 아닌 대물적(對物的) 공권력 작용에서는 개인이 직접 공권력 행사의 대상이 아니지만 이로 인하여 직접 개인의 법적 지위에 영향을 받은 경우에는 기본권 침해의 자기관련성이 인정될 수 있다.[130)]

(ㄷ) 단체 구성원의 경우: 공권력 작용의 객체는 단체이지만 법의 목적 및 실질적인 규율대상, 제한이나 금지가 구성원에게 미치는 효과와 진지성의 정도 등을 종합하여 볼 때 그 효과가 구성원의 법적 지위에 직접 영향을 미치

126) 헌재 1992.2.25, 90헌마91, 4, 130면; 1993.3.11, 92헌마34, 5-1, 119면; 1994.5.6, 90헌마106등, 6-1, 531면; 1994.12.29, 93헌마86, 6-2, 472면 등 참조.
127) 헌재 2011.6.30, 2008헌마715등, 23-1(하), 436면 참조.
128) 헌재 2003.12.18, 2003헌마255등, 15-2(하), 655면 이하 참조.
129) 헌재 2009.5.28, 2006헌마618, 21-1(하), 754면 참조.
130) 헌재 1993.7.29, 89헌마31, 5-2, 106면 참조.

는 경우에는 그 구성원에게 기본권 침해의 자기관련성이 인정된다. 예컨대 법률의 수범자는 공법인인 의료보험조합이지만 실질적으로 공법인의 구성원인 가입자에게 거의 동일한 불이익을 가져오며, 따라서 동일한 법적 효과를 갖는 경우 가입자에게 기본권 침해의 자기관련성이 인정된다.[131] 그러나 반대로 공권력 행사의 객체가 개인인 경우 그 개인이 구성원인 단체에게는 기본권 침해의 자기관련성은 부인된다.[132]

bb) 기본권 침해의 현재성

(ㄱ) 내 용: 헌법소원심판은 현재 침해되고 있는 기본권을 구제하는 제도이다. 따라서 이미 과거에 기본권 침해가 종료한 경우, 그리고 앞으로 단순히 기본권 침해가 예견되는 경우에는 헌법소원심판을 청구할 수 없다. 이미 기본권 침해행위가 종료하여, 개인에게 손해가 발생한 경우에는 이는 헌법 제29조 국가배상청구권에 의한 권리구제의 대상이다.

(ㄴ) 현재성의 요건이 완화되는 경우: 헌법재판소는 기본권 침해의 현재성의 요건을 다음과 같은 경우에는 완화하여 적용하고 있다. 첫째, 이미 기본권 침해행위가 과거에 종료한 경우에도 그러한 침해행위가 앞으로도 반복될 위험이 있거나 당해 분쟁의 해결이 헌법질서의 수호·유지를 위하여 긴요해서 헌법적으로 그 해명이 중대한 의미를 갖는 경우에는 헌법소원심판의 적법성을 인정한다. 해당 공권력 작용을 취소할 수는 없지만 이러한 행위가 위헌임을 확인할 객관적인 필요성이 있기 때문이다.[133] 둘째, 공권력 작용으로 인하여 아직 기본권 침해가 발생한 것은 아니지만 앞으로 기본권 침해가 틀림없을 것으로 예상되며, 사실상 기본권 침해의 위험이 발생하였다고 판단하는 경우 헌법소원심판을 청구할 수 있다. 예컨대 기본권을 제한하는 법률 개정에 있어서 유예기간이 정해져 있는 경우 유예기간이 종료되었을 때가 아니라 법률 개정 시점에 이미 기본권 침해의 현재성의 요건이 충족된다.[134]

---

131) 헌재 1997.9.25, 96헌마133, 9-2, 416면; 2000.6.1, 99헌마553, 12-1, 704면 이하; 2000.6.29, 99헌마289, 12-1, 934면 등 참조. 이와 같은 요건을 갖추지 못했기 때문에 단체구성원의 자기관련성이 부인되었던 결정으로는 헌재 2000.12.24, 2000헌마308, 12-2, 435면 이하 참조.

132) 헌재 1994.2.24, 93헌마33, 6-1, 127면; 1995.7.21, 92헌마177등, 7-2, 119면; 2010.7.29, 2008헌마664등, 22-2(상), 435면 이하; 2011.12.29, 2010헌마293, 23-2(하), 886면 등 참조.

133) 헌재 2011.6.30, 2009헌마406, 23-1(하), 466면 참조.

134) 헌재 1994.12.29, 94헌마201, 6-2, 523면 이하; 1996.3.28, 93헌마198, 8-1, 250면 이하; 2000.6.1, 99헌마553, 12-1, 703면 이하; 2000.6.29, 99헌마289, 12-1, 935면 등 참조.

cc) 기본권 침해의 직접성

(ㄱ) 내 용: 기본권 침해의 직접성은 특히 법령이 헌법소원심판의 대상이 되었을 때 문제가 된다. 행정처분은 본질적으로 개인의 법적 지위에 직접적, 그리고 구체적으로 영향을 준다. 따라서 권리구제를 위한 소송의 대상은 집행행위이며, 근거 법령 자체는 헌법소원심판의 대상이 될 수 없다.[135] 이때 집행행위에는 입법행위도 포함된다. 따라서 법률 규정의 구체화를 위하여 하위규범의 시행을 예정하고 있는 경우에는 해당 하위규범이 법률관계에 직접 영향을 미치므로 수권규범인 법률은 기본권 침해의 직접성의 요건을 충족하지 못한다.[136] 그러나 예외적으로 법령이 집행행위를 매개하지 않고 직접 개인의 기본권을 침해하는 경우에는 헌법소원심판의 대상이 된다. 법령을 집행하는 공권력의 행위는 필요하지 않지만 법률효과가 발생하기 위해서는 사인(私人)의 행위가 필요한 경우 이는 기본권 침해의 직접성에 영향을 주지 않는다.[137]

(ㄴ) 직접성원칙에 대한 예외: 집행행위를 거쳐 비로소 개인의 기본권을 침해하는 법령이 예외적으로 헌법소원심판의 대상이 될 수 있다. 다음 두 가지 경우이다. 첫째, 집행행위를 대상으로 하는 구제절차가 없거나 구제절차가 있더라도 권리구제의 기대가능성이 없는 경우이다.[138] 둘째, 법령이 일의적이고 명백하기 때문에 집행기관이 심사와 재량의 여지가 없이 해당 법령에 따라 일정한 집행행위를 하여야 하는 경우이다.[139] 집행행위가 재량행위인 경우에는 원칙적으로 기본권 침해의 직접성은 인정되지 않는다.[140] 그러나 재량행위로서 집행행위가 예정되어 있더라도 법규범의 내용이 집행행위 이전에 이미 국민의 권리관계를 변동시키거나 국민의 법적 지위를 결정적으로 정하는 것이기 때문에 집행행위의 유무나 내용에 의하여 좌우될 수 없을 정도로 확정된 상태인 경우에는 예외적으로 기본권 침해의 직접성이 인정된다. 형벌 조항에 대한 헌법소원이 대표적인 예이다.[141] 형벌 조항의 경우 해당 조항의 적용·집행행위인

135) 헌재 1992.11.12, 91헌마192, 4, 823면 참조.

136) 헌재 2011.11.24, 2009헌마415, 23-2(하), 491면 이하; 2012.5.31, 2011헌마241, 24-1(하), 680면 이하 등 참조.

137) 헌재 1996.4.25, 95헌마331, 8-1, 470면 이하 참조.

138) 헌재 1992.4.14, 90헌마82, 4, 203면; 1997.8.21, 96헌마48, 9-2, 304면; 1999.11.25, 98헌마55, 11-2, 605면 이하 등 참조.

139) 헌재 1995.2.23, 90헌마214, 7-1, 254면; 1997.5.29, 94헌마33, 9-1, 551면; 2003.12.18, 2001헌마543, 15-2(하), 593면 이하; 2005.5.26, 2004헌마49, 17-1, 754면 이하 등 참조.

140) 헌재 1998.4.30, 97헌마141, 10-1, 504면 참조.

141) 헌재 1996.2.29, 94헌마213, 8-1, 154면; 1998.4.30, 97헌마141, 10-1, 504면 등 참조.

법원의 판결을 기다려 그 후에 비로소 헌법소원심판을 청구하도록 할 수는 없기 때문이다.

다) 청구기간

a) 청구기간 · 청구기간의 연장

헌법소원의 청구기간에는 제한이 있다. 즉 청구사유가 있음을 안 날로부터 90일 이내에 또는 청구사유가 발생한 날로부터 1년 이내에 헌법소원을 제기하여야 한다. 청구인이 국선대리인의 선임신청을 한 경우에는 그 신청일을 기준으로 청구기간의 준수 여부를 판단한다.[142] 다른 법률에 의한 구제절차를 거친 헌법소원심판은 그 최종결정을 통지받은 날로부터 30일 이내에 청구하여야 한다(헌재법 제69조 제1항).

청구기간은「행정소송법」제20조 제2항 단서를 준용하여 예외적으로 연장될 수 있다. 즉 청구기간을 준수하지 못한 데에 정당한 사유가 있는 경우에는 청구기간의 도과에도 불구하고 헌법소원심판청구는 적법하다. 이때 정당한 사유란 여러 가지 사정을 종합하여 지연된 심판청구를 허용하는 것이 사회통념상 상당한 경우를 말한다.[143] 생소한 새로운 제도의 내용이 불명확하여 심판청구가 지연된 것이 이러한 경우에 해당한다.[144]

b) 청구기간의 기산점

초기에 헌법재판소는 기본권 침해가 확실히 예견되는 시점을 청구기간의 기산점으로 하였다.[145] 이후 헌법재판소는 기본권 침해가 있는 시점을 청구기간의 기산점으로 하고 있다. 기본권 침해가 확실히 예견되는 시점을 기산점으로 하는 경우에는 청구기간의 기산점이 불명확하며, 청구기간이 조기에 종료되는 효과가 있어서 국민의 권리구제에 불리한 영향을 미치기 때문이다.[146]

장래 발생할 것이 확실히 예측되는 기본권 침해를 이유로 헌법소원심판을 청구하는 경우에는 청구기간은 문제되지 않는다. 기본권 침해가 앞으로 발생할 것을 전제로 하는 청구이기 때문이다. 앞으로 실시될 선거에 입후보할 수 없다

142) 헌재 2011.6.30, 2008헌마715등, 23-1(하), 437면 참조.
143) 헌재 2000.4.27, 99헌마76, 12-1, 566면 등 참조.
144) 헌재 1993.7.29, 89헌마31, 5-2, 111면 이하 참조.「행정소송법」상 청구기간의 예외를 인정하는 정당한 사유는 처분이 있은 날을 기점으로 한다. 처분이 있음을 안 날을 기점으로 산정되는 청구기간은 불변기간이다. 그런데 위 결정은 기본권침해의 사유가 있음을 안 날을 기점으로 하는 경우에「행정소송법」을 준용한 예이다.
145) 헌재 1990.6.25, 89헌마220, 2, 200면; 1996.2.29, 94헌마213, 8-1, 156면 등 참조.
146) 헌재 1996.3.28, 93헌마198, 8-1, 250면 이하 참조.

는 이유로 기본권 침해를 다투는 심판청구가 이에 해당한다.[147)]

c) 법령에 대한 헌법소원에 있어서 청구기간

법령에 대한 헌법소원에서 청구기간의 계산은 다음과 같다. 법령의 시행과 동시에 기본권을 침해받은 자는 그 법령이 시행된 사실을 안 날로부터 90일 이내에, 그리고 그 법령이 시행된 날로부터 1년 이내에 헌법소원심판을 청구하여야 한다. 법률의 부칙규정에 의하여 법시행일로부터 일정한 유예기간이 지난 후 기본권이 제한되는 경우에도 유예기간에 관계없이 청구기간은 법시행일로부터 기산된다.[148)]

법령이 시행된 이후에 비로소 그 법령에 해당하는 사유가 발생하여 기본권이 침해된 때에는 그 사유가 발생함을 안 날로부터 90일 이내에, 그 사유가 발생한 날로부터 1년 이내에 헌법소원심판을 청구하여야 한다. 사유가 발생함을 안 날이란 법령의 제정 등 공권력에 의한 기본권 침해의 사실관계를 안 날을 뜻한다. 헌법소원의 사유가 된다는 사실을 안 날을 의미하는 것은 아니다. 또 사유가 발생한 날이란 법령의 규율을 구체적이고 현실적으로 적용받게 된 최초의 날을 말한다.[149)]

공권력의 부작위에 대한 헌법소원심판에 있어서는 해당 부작위가 계속되는 한 청구기간의 제한은 없다. 이때 부작위는 진정부작위를 말한다. 부진정부작위에 있어서는 해당 법률규정 자체가 심판의 대상이며, 청구기간과 관련하여 위에서 설명한 일반론이 적용된다.

라) 권리보호의 이익

a) 내 용

헌법소원심판을 청구하기 위해서는 개인의 기본권을 구제할 수 있는 상황이 존재하여야 한다. 이미 기본권 침해가 종료하여 헌법소원을 인용하더라도 권리구제의 가능성이 없다면 헌법소원심판의 실익이 없기 때문이다.

불처벌의 특례를 규정하고 있는 법률 조항에 대해서는 인용결정을 하더라도 형벌불소급의 원칙에 의하여 형벌 규정을 소급하여 적용할 수 없기 때문에 이러한 헌법소원에는 권리보호의 이익이 부정된다.[150)] 불기소처분에 대한 헌법소

147) 헌재 2007.6.28, 2004헌마644등, 19-1, 872면 참조. 이 밖에 헌재 2001.2.22, 2000헌마25, 13-1, 386면; 2006.5.25, 2003헌마715등, 18-1(하), 119면 등 참조.
148) 헌재 1996.3.28, 93헌마198, 8-1, 251면 이하 참조.
149) 헌재 2006.7.27, 2004헌마655, 18-2, 242면; 2012.5.31, 2009헌마299, 24-1(하), 513면 등 참조.
150) 헌재 1997.1.16, 90헌마110등, 9-1, 108면 참조.

원심판에서 피의사실에 대한 공소시효가 완료된 경우에도 더 이상 권리보호의 이익은 없다.[151]

권리보호의 이익은 결정시점에도 계속 존재하여야 한다. 따라서 심판청구 당시에는 권리보호의 이익이 존재하였으나 심판의 계속 중 사정변경으로 인하여 권리보호의 이익이 소멸한 경우에는 심판청구는 부적법하다.

b) 예 외

헌법소원은 기본적으로 주관적 권리구제를 위한 제도이지만 객관적으로 헌법질서를 보장하는 기능 역시 수행한다. 따라서 권리구제의 이익에 관한 청구요건은 경우에 따라서 완화하여 적용되고 있다. 예컨대 심판청구인이 사망하여 더 이상 권리구제의 이익이 없더라도 헌법질서를 수호·유지하기 위하여 이에 대한 헌법적 해명이 긴요하다고 판단되는 경우에는 심판청구의 이익을 인정한다.[152] 헌법소원심판을 청구한 후 청구대상인 법률이 개정된 경우에는 원칙적으로는 권리보호의 이익이 없다. 그러나 예외적으로 심판이 청구된 구법 조항과 유사한 내용이 개정 법률에 규정되어 있어 이에 대한 심판이 개정 조항의 재개정 여부에 영향을 미칠 수 있는 경우에는 이에 대한 헌법적 해명은 중대한 의미를 가지므로 권리보호의 이익이 인정된다.[153]

마) 보충성의 원칙

a) 제도의 취지

헌법소원은 기본권을 구제하기 위한 최후의 보충적인 제도이다. 따라서 청구인은 다른 법률에 구제절차가 있는 경우에는 그 절차를 모두 거친 후가 아니면 헌법소원심판을 청구할 수 없다(헌법소원의 보충성).

보충성의 원칙은 다음과 같은 두 가지 의미를 갖는다. 첫째, 구체적인 분쟁에서 법령의 해석·적용 및 사실관계의 확정에 대한 판단은 법원이 담당하며, 법원이 재판과정에서 헌법의 의미를 잘못 파악하거나 혹은 간과한 경우 보충적·최종적으로 헌법소원심판이 이루어진다. 둘째, 위와 같이 헌법소원심판과 법원의 재판이 기능을 분담하면서 헌법재판소의 부담을 덜어주는 효과가 있다.

b) 보충성의 원칙의 내용

다른 법률에 의한 구제절차는 공권력의 행사 또는 불행사를 직접 대상으로

151) 헌재 1989.7.28, 89헌마61, 1, 166면; 1994.2.24, 93헌마42, 6-1, 143면 등 참조.
152) 헌재 2020.4.23, 2015헌마1149, 32-1(상), 388면 이하; 2024.3.28, 2020헌마1079, 36-1(상), 342면 이하 등 참조. 이 밖에 헌재 1991.7.8, 89헌마181, 3, 367면 참조.
153) 헌재 2003.5.15, 2001헌마565, 15-1, 575면 이하 참조.

하여 그 효력을 다툴 수 있는 절차를 말한다. 행정처분에 대해서는 행정심판 및 행정소송에 의한 권리구제절차가 마련되어 있으며, 따라서 이를 거쳐야 한다. 예컨대 신청인의 진정에 대한 국가인권위원회의 각하 혹은 기각결정이 행정처분에 해당하기 때문에 다른 구제절차인 행정심판이나 행정소송을 먼저 제기하여야 하며, 따라서 이에 대한 헌법소원심판은 보충성의 원칙에 위반하여 부적법하다.[154)]

이때 구제절차는 적법한 구제절차를 말한다. 따라서 다른 법률에 의한 구제절차에서 예컨대 청구기간의 도과로 인하여 각하결정을 받은 경우에는 적법한 구제절차를 거치지 않은 것이다. 사후적·보충적 구제절차인 손해배상청구권 혹은 손실보상청구권은 기본권 침해를 직접 구제하는 절차는 아니기 때문에 보충성의 원칙을 충족하기 위하여 필요한 다른 구제절차에 해당하지 않는다.

c) 보충성의 원칙의 예외

헌법소원심판에서 보충성의 원칙은 다음과 같은 경우에 예외적으로 적용되지 않는다.

첫째, 위헌법률 및 명령 등에 의하여 직접 개인의 기본권이 침해되는 경우이다. 다만 이는 보충성의 원칙에 대한 예외라기보다는 법원에서 법령 자체의 효력을 직접 다투는 소송이 허용되지 않기 때문에 보충성의 원칙이 적용될 수 없는 경우이다.[155)] 행정청의 고시도 처분성이 결여되어 있고 법규명령으로서 일반적·추상적 성격을 갖는 경우에는 행정소송의 대상이 되지 않기 때문에 헌법소원심판의 대상이 된다.[156)]

둘째, 청구인에게 사전에 구제절차를 거칠 것을 기대하기 곤란하거나 기대할 수 없는 경우이다. 이는 청구인의 불이익으로 돌릴 수 없는 정당한 사유있는 착오로 인하여 전심절차를 거치지 않은 경우, 전심절차로 권리를 구제할 가능성이 거의 없는 경우, 또는 권리구제절차가 허용되는가의 여부가 객관적으로 불확실하여 전심절차이행의 기대가능성이 없는 경우 등을 말한다. 예컨대 지금

---

154) 헌재 2015.3.26, 2013헌마214등, 27-1(상), 310면 이하 참조. 헌법재판소는 같은 사안에서 국가인권위원회의 진정에 대한 각하 혹은 기각결정이 행정처분에 해당하지 않으며, 따라서 이에 대한 헌법소원심판청구를 적법한 것으로 결정한 바 있으나, 위 결정으로 기존 결정을 변경한 것이다. 헌재 2011.3.31, 2010헌마13, 23-1(상), 431면; 2012.7.26, 2011헌마829등, 헌재공보(2012), 1460면 등 참조.

155) 예컨대 대판 1994.4.26, 93부32; 헌재 2003.10.30, 2001헌마700등, 15-2(하), 149면; 2011.6.30, 2008헌마715등, 23-1(하), 436면 이하 등 참조.

156) 헌재 2010.9.30, 2008헌마758, 22-2(상), 751면 이하 참조.

까지 법원에서 행정소송의 대상에서 제외해 온 행정청의 사실상의 부작위,[157] 종료된 권력적 사실행위,[158] 행정기관 상호 간의 내부적인 의사결정, 그리고 공공기관이 전산시스템에 개인의 정보를 보유하는 행위 등에 대한 헌법소원심판 청구에 대해서는 보충성의 원칙에 대한 예외를 인정하였다.[159] 그러나 소송에서 패소할 것이 예상된다는 점만으로는 전심절차에서 권리구제의 가능성이 없어 전심절차의 이행도 기대할 수 없는 경우에 해당하지는 않는다.[160]

d) 보충성의 원칙과 재판에 대한 헌법소원

보충성의 원칙은 재판에 대한 헌법소원금지와 함께 작용하여 헌법소원심판을 청구하는 가능성을 제한하고 있다. 행정처분에 대해서 이의가 있는 경우 보충성의 원칙에 따라서 일반적으로 행정소송을 거쳐야 한다. 그런데 행정소송을 거친 경우에는 그 결과인 재판에 대한 헌법소원심판을 청구할 수 없다. 따라서 현재의 법상태에서는 해당 공권력 작용이 행정소송의 대상이 되지 않는 경우에 한하여 헌법소원심판을 청구할 수 있다. 행정소송의 대상이 되는 경우에는 위에서 설명한 바와 같은 예외적인 경우, 즉 법원이 헌법재판소에서 위헌으로 결정된 법률을 적용하여 재판을 행한 경우에 한하여 행정처분의 효력을 헌법소원심판을 통하여 다툴 수 있다.

(3) 심 리

가) 사전심사

헌법재판소장은 재판관 3명으로 구성되는 지정재판부를 두어 헌법소원심판의 사전심사를 담당하게 할 수 있다. 심판청구의 요건을 결여하는 경우에는 지정재판부 재판관 전원의 일치된 의견에 의한 결정으로 심판청구를 각하한다. 전원의 일치된 의견으로 각하결정을 하지 않는 경우에는 헌법소원을 재판부의 심판에 회부하여야 한다.

헌법소원심판의 청구 후 30일이 지날 때까지 각하결정이 없는 때에는 심판에 회부하는 결정이 있는 것으로 본다(헌재법 제72조).

나) 변호사강제주의 · 직권심리

헌법소원심판에는 변호사강제주의가 적용된다. 변호사강제주의의 의미, 국선

157) 헌재 1989.9.4, 88헌마22, 1, 185면 이하 참조.
158) 헌재 1999.5.27, 97헌마137등, 11-1, 661면; 2005.5.26, 2001헌마728, 17-1, 709면 이하 참조.
159) 헌재 1993.5.13, 91헌마190, 5-1, 321면 이하; 2005.7.21, 2003헌마282등, 17-2, 81면 이하 등 참조.
160) 헌재 2010.4.29, 2003헌마283, 22-1(하), 91면 참조.

대리인제도 등에 대해서는 위에서 설명한 바 있다.

헌법소원심판에서는 직권심리주의가 적용된다. 따라서 헌법재판소는 청구인의 주장에 구속되지 않고 침해된 기본권과 침해의 원인이 되는 공권력 작용을 직권으로 조사하여 판단한다.

심리의 기준은 헌법상의 기본권이 침해되었는가의 여부이다. 위에서 언급했듯이 헌법의 객관적인 규범이 동시에 심사의 기준이 될 수 있다. 침해의 원인이 된 공권력에 관한 사실관계의 인정과 평가, 단순한 일반법규의 해석·적용의 문제는 원칙적으로 헌법소원의 심판사항이 아니다.[161]

다) 가처분

「헌법재판소법」은 정당해산심판과 권한쟁의심판에 있어서 명시적으로 가처분에 관한 규정을 두고 있다(헌재법 제57조 및 제65조). 그러나 헌법소원심판에서도 가처분의 필요성이 있으며, 이를 허용하지 않을 상당한 이유가 있지 않으므로 가처분이 허용되고 있다.

가처분을 위해서는 헌법소원심판에서 다투어지는 '공권력의 행사 또는 불행사'를 그대로 유지시켜서 생길 회복하기 어려운 손해를 예방하고, 그 효력을 정지시켜야 할 긴급한 필요가 있어야 한다. 따라서 본안심판이 부적법하거나 이유없음이 명백하지 않는 한, 가처분을 인용한 뒤 종국결정에서 청구가 기각되었을 때 발생하게 될 불이익과 가처분을 기각한 뒤 청구가 인용되었을 때 발생하게 될 불이익을 비교형량하여 후자가 전자보다 큰 경우에 가처분을 인용할 수 있다.[162] 가처분의 허용 여부에 대한 판단에 있어서 그 대상이 법률인 경우에는 공공복리와의 비교형량이 엄격히 이루어진다.[163] 법률이 심판대상인 경우에는 사인 간의 법률관계 혹은 행정청의 구체적인 처분인 경우에 비해서 법률의 효력을 일반적으로 정지시키는 효과가 있기 때문이다.

판례 **효력정지 가처분결정**(헌재 2014.6.5, 2014헌사592)

이 사건 가처분신청의 본안심판은 헌법재판소의 사전심사를 거쳐 전원재판부에 계속 중이므로 본안심판이 명백히 부적법한 경우에는 해당하지 아니한다. 신청인이 난민신청자에 해당할 경우 변호사의 조력을 받을 권리를 갖게 되고(난민법 제12조),

161) 헌재 1992.1.16, 91헌마232, 4, 3면 참조.
162) 헌재 1999.3.25, 98헌사98, 11-1, 270면 이하; 2000.12.8, 2000헌사471, 12-2, 385면; 2024.10.14, 2024헌사1250, 헌재공보(2024), 1577면 이하 등 참조.
163) 이에 대해서는 헌재 2002.4.25, 2002헌사129, 14-1, 439면 참조.

인신보호법상 피수용자 및 구제청구자에 해당할 경우 변호인을 선임할 권리를 갖게 된다(인신보호법 제12조 제2항). 이러한 경우에도 형사피의자와 동일하게 변호인 접견을 포함한 변호인의 조력을 받을 권리를 인정할 수 있는 것인지, 피신청인이 이 사건 접견신청 거부행위를 통하여 신청인에 대한 일체의 접견을 불허한 것이 신청인의 기본권을 침해하는지 여부는 본안심판에서 심리를 거쳐 판단할 필요가 있어, 이 사건 가처분신청은 본안심판이 명백히 이유 없는 경우에도 해당하지 아니한다.

신청인의 인신보호법상 수용임시해제청구의 소는 인용되었고, 인신보호청구의 소 역시 항고심에서 인용된 후 재항고심에 계속 중이며, 난민인정심사 불회부결정 취소의 소 역시 청구를 인용하는 제1심 판결이 선고되었으나, 두 사건 모두 상급심에서 청구가 기각될 가능성을 배제할 수 없다. 특히 인신보호청구의 소는 항고심 법원이 제1심 법원의 결정을 취소하였다. 신청인이 소송 제기 후 5개월 이상 변호인을 접견하지 못하여 공정한 재판을 받을 권리 역시 심각한 제한을 받고 있다. 이러한 상황에서 피신청인의 재항고가 인용될 경우 신청인은 변호인 접견을 하지 못한 채 불복의 기회마저 상실하게 되므로 회복하기 어려운 중대한 손해를 입을 수 있다. 인신보호청구의 소는 2014. 5. 19. 재항고심에 접수되어 재항고에 대한 결정이 머지않아 날 것으로 보이므로 손해를 방지할 긴급한 필요 역시 인정된다. 신청인의 변호인접견을 즉시 허용한다 하더라도 피신청인의 출입국관리, 환승구역 질서유지 업무에 특별한 지장을 초래할 것이라고 보기 어려운 반면, 이 사건 가처분신청을 기각할 경우 신청인은 위에서 살펴본 바와 같이 돌이킬 수 없는 중대한 불이익을 입을 수 있다. 따라서 이 사건 가처분신청을 인용한 뒤 종국결정에서 청구가 기각되었을 때 발생하게 될 불이익보다 이 사건 가처분신청을 기각한 뒤 청구가 인용되었을 때 발생하게 될 불이익이 더 크다. 따라서 피신청인은 신청인에 대한 변호인접견신청을 즉시 허가하여야 한다.

---

(4) 결 정

가) 결정정족수 · 주문

헌법소원심판청구를 인용하기 위해서는 재판관 6명 이상의 찬성이 있어야 한다. 이러한 결정정족수에 이르지 못하는 경우 기각결정을 한다.

본안심리의 결과 재판관 5명이 위헌의견이지만 4명이 사전심사에서의 각하의견을 그대로 유지하는 경우에 주문결정방법이 문제된다. 사전심사와 본안심리는 각각 쟁점을 달리하므로 이 경우 사전심사의 결과인 각하의 주문이 아니라 기각 혹은 합헌결정의 주문을 채택한다.[164)]

164) 헌재 1994.6.30, 92헌바23, 6-1, 611면 이하; 2000.2.24, 97헌마13등, 12-1, 284면 등 참조. 이

나) 인용결정의 내용

인용결정을 할 때에는 결정서의 주문에 침해된 기본권과 침해의 원인이 된 공권력의 행사 혹은 불행사를 특정하여야 한다. 헌법재판소는 기본권 침해의 원인이 된 공권력의 행사를 취소하거나 또는 불행사가 위헌임을 확인할 수 있다.

공권력의 행사 혹은 불행사가 위헌인 법률 또는 법률의 조항에 기인한다고 인정할 때에는 인용결정에서 당해 법률 또는 법률 조항이 위헌임을 선고할 수 있다(헌재법 제75조 제2, 3, 5항).

다) 기속력

헌법소원의 인용결정은 모든 국가기관과 지방자치단체를 기속한다. 헌법재판소가 인용결정을 한 때에는 피청구인은 결정취지에 따라 새로운 처분을 하여야 한다(헌재법 제75조 제1, 4항). 예컨대 검사의 불기소처분을 취소하는 인용결정이 있은 경우 검사는 결정의 기속력을 존중하여 원칙적으로 새로운 처분으로서 기소처분을 하여야 한다. 그러나 현실적으로 검찰에서는 불기소처분의 취소결정을 재수사명령으로 받아들인 바 있다. 헌법재판소가 인용결정에서 공권력의 행사 혹은 불행사의 원인이 된 법률 또는 법률 조항을 위헌선고한 경우에는 위헌법률심판에 관한 「헌법재판소법」 제45조 및 제47조가 준용된다(헌재법 제75조 제6항).

(5) 재 심

헌법소원심판에 있어서 일반법원의 재판과 같이 「민사소송법」의 재심에 관한 규정을 준용하여 재심이 허용된다. 재판부의 구성이 위법한 경우 혹은 판단유탈, 즉 '판결에 영향을 미칠 중요한 사항에 관하여 판단을 유탈한 때'가 대표적인 재심사유이다.[165)]

3. 위헌심사형 헌법소원심판

(1) 심판의 청구

「헌법재판소법」 제68조 제2항에 의한 위헌심사형 헌법소원은 계속 중인 소송에서 당사자가 적용 법률에 대한 위헌심판의 제청을 법원에 신청하였지만 법원이 이를 기각 혹은 각하한 경우 당사자가 직접 청구한다. 이때 실질적으로

경우 각하결정을 하여야 한다는 견해가 있었다.

165) 헌재 2001.9.27, 2001헌아3, 13-2, 460면 이하 참조. 이 결정을 통하여 헌법재판소는 기존의 결정을 변경하였다. 기존에 헌법재판소는 판단유탈을 재심사유로 인정하지 않았다. 헌재 1995.1.20, 93헌아1, 7-1, 113면; 1998.3.26, 98헌아2, 10-1, 320면 등 참조.

는 위헌법률심판이 이루어진다. 따라서 심판의 대상은 법률이다. 이에 비해서 헌법의 조문 혹은 행정입법은 심판의 대상이 아니다. 「헌법재판소법」은 법원이 위헌법률심판 제청신청을 기각한 경우 헌법소원심판을 청구할 수 있다고 표현하고 있지만 여기에는 법원의 각하결정이 포함된다. 법원이 재판의 전제성이 없다는 이유로 제청신청을 각하한 경우에는 헌법재판소는 법원의 판단을 존중하여 일반적으로 헌법소원심판에서 각하결정을 한다. 그러나 헌법재판소는 이에 관한 최종적인 결정권한이 있기 때문에 다른 결론을 낼 수도 있다.[166)]

특정 법률 조항에 대해서 위헌심판제청을 하지 않았고, 따라서 법원의 기각결정도 없는 경우에는 위헌소원심판청구는 부적법하여 각하된다.[167)] 다만 당사자가 위헌심판제청을 신청하지도 않았고, 또 법원이 기각 혹은 각하결정을 하지는 않았지만 법원이 심판대상인 조항을 실질적으로 판단하였거나, 당해 조항이 위헌제청을 신청한 조항과 필연적인 연관관계가 있어서 법원이 해당 조항을 묵시적으로 판단한 것으로 볼 수 있는 예외적인 경우에는 심판청구를 적법한 것으로 본다.[168)]

보충성의 원칙 등 권리구제형 헌법소원의 제기요건은 위헌심사형 헌법소원에는 적용되지 않는다.

(2) 한정위헌청구의 적법성

법률 그 자체의 위헌성이 아니라 법률 조항의 특정한 해석 혹은 적용 부분의 위헌성을 청구하는 것이 허용되는가에 대해서는 논란이 있어 왔다. 헌법재판소는 한때 '법률 조항을 ...으로 해석하는 한 위헌'이라고 청구하는 한정위헌청구를 원칙적으로 부적법하다고 보았다. 다만 예외적으로 다음과 같은 경우에 적법한 청구로 인정하였다.[169)]

첫째, 법규정 자체의 불명확성을 다투는 것으로 볼 수 있는 경우이다. 이 경우 명확성의 원칙 혹은 과세요건 명확주의 위반 여부가 문제된다. 둘째, 일정한 사례군이 상당 기간에 걸쳐서 형성·집적되어 있기 때문에 법원의 해석에 의하여 구체화된 심판대상 규정의 위헌성이 문제되는 것으로 볼 수 있는 경우이다. 셋째, 그 밖에 한정위헌의 판단을 구하는 청구가 법률 조항 자체에 대한

166) 헌재 1989.12.18, 89헌마32등, 1, 346면 참조.
167) 헌재 2000.7.20, 98헌바74, 12-2, 76면 이하 참조.
168) 헌재 2012.4.24, 2010헌바1, 24-1(하), 45면 참조.
169) 헌재 2008.11.27, 2004헌바54, 20-2(하), 196면 이하 참조.

다툼으로 볼 수 있는 경우이다. 이 경우 법률유보의 원칙 혹은 과세요건 법정주의 위반 여부가 심사된다.[170)]

이후 헌법재판소는 선례를 변경하여 한정위헌청구를 원칙적으로 적법하다고 보았다. 위헌법률심판은 해석에 의하여 구체화된 법률 조문의 의미와 내용을 대상으로 하며, 따라서 위헌적인 해석의 가능성을 제거하는 내용의 심판청구가 적법하다는 논리이다. 다만 헌법적 관련성이 없이 사실관계를 확인하거나 법률 조항의 단순한 해석에 관한 청구는 법원의 관할에 속하기 때문에 부적법하다.[171)]

판례 **한정위헌청구의 원칙적인 적법성** (헌재 2012.12.27, 2011헌바117)

구체적 규범통제절차에서 심판대상 법률 조항의 특정한 해석이나 적용 부분의 위헌성을 주장하는 한정위헌청구 역시 원칙적으로 적법하다. 그 이유는 다음과 같다.

첫째, 법률의 의미는 개별·구체화된 법률해석에 의해 확인되기 때문에 법률과 법률의 해석을 구분할 수는 없고, 재판의 전제가 된 법률에 대한 규범통제는 해석에 의해 구체화된 법률의 의미와 내용에 대한 헌법적 통제로서 헌법재판소의 고유권한이다. 따라서 규범통제절차에 있어서 한정위헌결정은 법리상 당연하면서도 불가피하다.

둘째, 당해 사건 재판의 근거가 되는 법률 조항 그 자체나 그 전체의 위헌성을 주장하지 않고 당해 법률 조항의 특정한 해석 및 적용 가능성에 대하여만 제한적·한정적으로 위헌을 주장한다면 헌법재판소는 제청법원 등이 주장하는 범위 내에서 위헌 여부를 심판하는 것이 원칙이다. 그 이외의 부분까지 위헌 여부를 심판하는 것은 헌법재판에서 요구되는 직권주의를 감안하더라도, 헌법재판소법상의 신청주의나 적법요건으로서의 재판의 전제성에 위반될 수 있다. 그러므로 제청법원의 한정위헌청구는 헌법재판소가 소홀히 할 수 있는 당해 법률 조항에 대한 한정위헌결정 여부를 주의깊게 심사하도록 촉구하여 위헌의 범위와 그에 따른 기속력의 범위를 제한적으로 정확하게 한정할 수 있게 한다. 그 결과 규범통제절차에 있어서 위헌여부심판권의 심사지평을 넓힐 수 있어서, 금지되어서는 안 되며 오히려 장려되어야 한다.

셋째, 한정위헌청구는 입법권에 대한 자제와 존중의 표현이다. 즉 헌법재판소를 포함한 모든 국가기관과 국민은 권력분립원리에서 파생된 입법권에 의한 입법을 존중하여야 한다. 한정위헌청구에 따른 한정위헌결정은 당해 법률 조항 중 위헌적인 해석이나 적용 부분만을 제거하고 그 이외의 (합헌인) 부분은 최대한 존속시킬 수 있어서 입법권에 대한 자제와 존중의 결과가 되며, 따라서 헌법질서에도 더욱 부합

170) 헌재 2011.2.24, 2009헌바33, 23-1(상), 97면; 2012.5.31, 2009헌바123등, 24-1(하), 292면 이하; 2018.8.30, 2016헌마263, 헌재공보(2018), 1517면 등 참조.

171) 헌재 2012.12.27, 2011헌바117, 24-2(하), 395면 이하 참조.

한다.

다만 구체적 규범통제절차에서 법률 조항에 대한 특정적 해석이나 적용 부분의 위헌성을 다투는 한정위헌청구가 원칙적으로 적법하다고 하더라도, 재판소원을 금지하고 있는 '헌재법' 제68조 제1항의 취지에 비추어 한정위헌청구의 형식을 취하고 있지만 실제로는 당해 사건 재판의 기초가 되는 사실관계의 인정이나 평가 또는 개별적·구체적 사건에서의 법률조항의 단순한 포섭·적용에 관한 문제를 다투거나 의미 있는 헌법문제를 주장하지 않으면서 법원의 법률해석이나 재판결과를 다투는 경우 등은 모두 현행의 규범통제제도에 어긋나는 것으로서 허용될 수 없다.

---

(3) 재판의 전제성

위헌심사형 헌법소원이 적법하기 위해서는 법원에 계속 중인 구체적인 사건에 적용될 법률이 헌법에 위반되는가의 여부가 재판의 전제가 되어야 한다.

가) 적법한 소송의 의미

재판은 법원에 적법하게 계속 중이어야 한다. 당해 소송이 법률이 정한 소송요건을 구비하지 못하여 부적법한 소송으로서 각하될 경우에는 헌법소원심판청구는 재판의 전제성을 갖추지 못하여 부적법하다.

해당 소송의 적법 여부에 대해서는 법원이 최종적으로 판단한다. 그러나 소송의 적법 여부에 대해서 기존에 확립된 판례가 없는 등의 이유로 법원의 판단을 예단할 수 없는 경우에는 헌법재판소는 적법으로 판단될 수도 있다는 전제하에 재판의 전제성을 인정하고 본안판단에 들어갈 수 있다. 다만 이 경우 헌법재판소의 소송의 적법성에 대한 판단은 법원을 구속하는 것은 아니다.[172)]

나) 재판의 전제성의 내용

위헌심사형 헌법소원심판에 적용되는 재판의 전제성의 내용은 위에서 살펴본 위헌법률심판에 있어서와 동일하다. 즉 법률의 위헌 여부에 따라 재판의 결론이 달라지거나 재판의 내용과 효력에 관한 법률적 의미가 달라져야 한다. 예컨대 행정처분에 대한 쟁송기간이 경과한 후에는 행정처분의 근거법률이 위헌인 경우에도 행정처분의 효력에 영향을 주지 않는다. 따라서 이 경우 법률에 대한 위헌심사형 헌법소원심판청구는 부적법하다.[173)] 그러나 법적 안정성을 훼

172) 헌재 2004.10.28, 99헌바91, 16-2(하), 115면 이하 참조.

173) 헌재 1999.9.19, 92헌바9, 11-2, 270면; 2010.2.25, 2007헌바131 등, 22-1(상), 120면 이하 등 참조.

손하는 효과가 없기 때문에 당연무효로 보는 데 장애가 없는 경우에는 재판의 전제성은 인정된다.[174]

위헌심사형 헌법소원에서는 심판을 청구한 경우에도 당해 사건의 재판이 정지되지는 않는다. 위헌법률심판에서 법원의 위헌제청이 있는 경우 법원의 재판이 정지되는 것과 차이가 있다. 당해 사건에 대한 판결이 확정된 후 헌법재판에서 적용 법률에 대한 위헌결정이 내려진 경우에 당사자는 재심을 청구할 수 있다. 따라서 당해 사건의 판결이 확정된 경우에도 재판의 전제성은 유지될 수 있다.[175] 이에 비해서 헌법재판소가 결정을 하기 전에 이미 법원에서 당해 사건에 대한 무죄 혹은 취소소송에서 승소판결이 확정된 경우에는 더 이상 당사자의 이익을 위하여 재심을 청구할 수 없기 때문에 해당 법률조항의 위헌 여부가 재판의 전제가 되지 않는다.[176] 다만 객관적인 헌법질서의 수호 및 유지, 그리고 관련 당사자의 권리구제를 위하여 필요한 경우에는 예외적으로 재판의 전제성이 인정된다.[177]

심판대상은 원칙적으로는 당해 사건에 직접 적용되는 법률이다. 그러나 예외적으로 간접 적용되는 법률에 대한 위헌소원도 재판의 전제성이 있을 수 있다. 해당 법률의 위헌 여부에 의하여 당해 사건의 재판에 직접 적용되는 법령의 위헌 여부가 결정되는 경우가 여기에 해당한다. 예컨대 재판에 직접 적용되는 시행령의 위헌 여부가 수권법률규정의 위헌 여부에 따라서 결정되는 때에는 해당 위임규정은 직접 적용되는 법률이 아니지만 이에 대한 위헌소원심판청구는 적법하다.[178]

판례 **무죄판결이 선고된 경우 재판의 전제성** (헌재 2013.3.21. 2010헌바70등)

당해 사건에서 무죄판결이 선고되거나 재심청구가 기각되어 원칙적으로는 재판의 전제성이 인정되지 않지만, 긴급조치의 위헌 여부를 심사할 권한은 본래 헌법재판소의 전속적 관할 사항인 점, 법률과 같은 효력이 있는 긴급조치의 위헌 여부에 대한 헌법적 해명의 필요성이 있는 점, 당해 사건의 대법원 판결은 대세적 효력이 없는 데 비하여 형벌 조항에 대한 헌법재판소의 위헌결정은 대세적 기속력을 가

174) 헌재 1994.6.30, 92헌바23, 6-1, 603면 이하 참조.
175) 헌재 2010.7.29, 2006헌바75, 22-2(상), 246면 참조.
176) 헌재 2008.7.31, 2004헌바28, 20-2(상), 87면 이하; 2009.2.26, 2006헌바90, 21-1(상), 42면; 2009.5.28, 2006헌바109등, 21-1(하), 554면 이하 참조.
177) 헌재 2013.3.21, 2010헌바70등, 25-1, 185면 이하 참조.
178) 헌재 2003.11.27, 2001헌바35, 15-2(하), 232면 이하 참조. 이 밖에 헌재 2001.10.25, 2000헌바5, 13-2, 475면 참조.

지고 유죄 확정판결에 대한 재심사유가 되는 점, 유신헌법 당시 긴급조치 위반으로 처벌을 받게 된 사람은 재판절차에서 긴급조치의 위헌성을 다툴 수조차 없는 규범적 장애가 있었던 점 등에 비추어 볼 때, 예외적으로 헌법질서의 수호·유지 및 관련 당사자의 권리구제를 위하여 재판의 전제성이 인정된다.

---

(4) 청구기간 · 이중제청금지

위헌심사형 헌법소원심판에 있어서도 청구기간에 제한이 있다. 즉 청구인은 위헌법률심판의 제청신청을 기각하는 법원의 결정을 통지받은 날로부터 30일 이내에 심판을 청구하여야 한다(헌재법 제69조 제2항).

당해소송에서 위헌법률심판의 제청을 신청한 당사자는 법원이 그 신청을 기각한 경우 위헌심사형 헌법소원심판을 청구할 수 있을 뿐 당해 사건의 소송절차에서 동일한 사유를 이유로 다시 위헌여부심판의 제청을 신청할 수 없다(헌재법 제68조 제2항).[179] 따라서 이 신청을 기각한 법원의 결정에 대해서는 헌법소원심판을 청구할 수 없다.

(5) 심판청구의 효과

위헌심사형 헌법소원은 실질적으로는 위헌법률심판에 해당하지만 법원이 위헌법률심판을 제청한 경우와는 달리 당해 사건의 소송절차가 정지되지는 않는다. 당해 소송사건이 종결된 후 헌법재판소가 위헌결정을 하면 이는 당해소송과 관련하여 재심사유가 된다.

이로써 당해 소송의 결론에 따라서 당사자에게 회복할 수 없는 손해가 발생할 수도 있다. 그럼에도 불구하고 당해 사건의 재판을 정지하지 않도록 한 것은 다음과 같은 고려가 작용했다고 생각된다. 위헌법률심판은 법률전문가인 법관에 의하여 제청된다. 따라서 심판의 제청은 전문적이고 신중한 결정이라고 할 수 있다. 이에 비해서 헌법소원은 일반 국민이 자신의 권리구제를 목적으로 청구하며, 이러한 경우에도 재판을 정지하게 되면 원활한 소송수행에 장애가 될 수 있기 때문이다.

(6) 결정 및 결정의 효력

헌법소원심판은 심판사건을 접수한 날로부터 180일 이내에 종국결정의 선

---

179) 헌재 1994.4.28, 91헌바14, 6-1, 293면 이하 참조.

고를 하여야 한다. 이 규정은 훈시규정으로 이해되고 있다. 그러나 위헌심사형 헌법소원심판에서는 당해 사건의 재판이 정지되지 않기 때문에 재판의 결론에 따라서 당사자에게 회복할 수 없는 손해가 발생할 수 있으며, 따라서 헌법재판소는 신속한 심리와 결정을 하여야 한다. 심판청구가 인용되면 이는 재심사유가 되지만 회복할 수 없는 손해가 발생한 경우에는 재심을 통하여 권리를 구제하는 데에는 한계가 있기 때문이다.

위헌심사형 헌법소원은 실질적으로는 위헌법률심판이기 때문에 결정의 내용 및 결정의 효력에 있어서는 위헌법률심판의 해당 규정이 적용된다(헌재법 제75조 제6항, 제45조 및 제47조). 이에 대해서 자세히는 위에서 설명한 바 있다. 또 헌법소원이 이유 없는 경우에 기각결정이 아니라 합헌결정을 한다.

(7) 재 심

위헌심사형 헌법소원이 인용된 때에 당해 헌법소원과 관련된 소송사건이 이미 확정된 경우에는 당사자는 재심을 청구할 수 있다. 이때 인용결정에는 한정위헌결정 역시 포함되는 것은 물론이다. 형벌조항에 대한 위헌결정은 소급효를 갖기 때문에 이는 재심사유가 된다(헌재법 제47조 제4항). 이에 비해서 비형벌조항에 대한 위헌결정은 장래효를 가질 뿐이므로 재심의 허용 여부는 법적 안정성과 구체적 정의의 가치를 형량하여 결정된다.[180] 재심심리에 있어서 형사사건에 대해서는 「형사소송법」의 규정을, 그 이외의 사건에 대해서는 「민사소송법」의 규정을 준용한다(헌재법 제75조 제8항).

권리구제형 헌법소원과는 달리 위헌심사형 헌법소원심판의 결정에 대해서는 재심에 의한 불복은 허용되지 않는다. 법적 안정성을 침해하는 정도가 크기 때문이다.[181]

판례 비형벌조항에 대한 위헌결정과 재심 (헌재 2021.11.25, 2020헌바401)

헌법재판소법은 국가공권력에 의한 형벌권 행사를 초래하는 형벌 법규에 대해 위헌결정을 선고한 경우는 소급효 및 재심을 통한 구제를 허용함으로써 국민의 권리구제 및 기본권 보호를 우선하도록 하였다. 그러나 비형벌법규에 대한 위헌결정에 대해서는 법적 안정성을 우선하여 장래효를 원칙으로 하면서 위헌결정이 선고된 헌법소원사건의 당해 소송사건에 한해서 재심을 허용하고 있다. 이러한 입법내용이 비

180) 헌재 2021.11.25, 2020헌바401, 33-2, 631면 이하 참조.
181) 헌재 1992.6.26, 90헌아1, 4, 384면 이하; 1994.12.29, 92헌아1, 6-2, 541면 등 참조.

상의 불복절차인 재심제도를 구성함에 있어 입법자에게 부여된 입법형성권의 한계를 일탈한 것이라고 보기 어렵다.

청구인들은, 심판대상조항이 법적 안정성만을 내세워 비형벌법규에 대한 위헌결정에 대하여 예외 없이 장래효만 인정하고 위헌결정을 이끌어낸 헌법소원사건의 당해 소송사건을 제외하고는 재심의 사유로 인정하지 않음으로써, 국가가 집단적으로 민간인을 학살한 이 사건과 같이 법적 안정성의 요청을 물리쳐야 할 만큼 정의의 요청이 절박한 경우에도 이 사건 위헌결정이 내려진 헌법소원사건의 당사자가 아니라는 이유로 재심을 통한 구제를 원천적으로 봉쇄하는 것은 인간의 존엄과 가치 및 재판청구권의 본질적 내용을 침해하는 것이라고 주장한다.

헌법재판소는 비형벌법규에 대한 위헌결정의 장래효 원칙과 관련하여, 당사자의 권리구제를 위한 구체적 타당성의 요청이 현저한 반면에 소급효를 인정하여도 법적 안정성을 침해할 우려가 없고 구법에 의하여 형성된 기득권자의 이득이 해쳐질 사안이 아닌 경우로서 소급효의 부인이 오히려 정의와 형평 등 헌법적 이념에 심히 배치되는 때에는 소급효를 인정할 수 있다고 보고, 이를 전제로 헌법재판소법 제47조 제2항의 합헌성을 인정하였다. 다만 이와 같은 해석을 통해 소급효가 인정되는 것은 위헌법률에 근거한 법률관계가 재판상 확정되기 전의 경우에 한정된다. 위헌결정 전에 이미 해당 법률에 근거한 법률관계가 재판상 확정되었더라도 헌법의 최고규범력 확보와 정의 실현의 요청이 법적 안정성의 요청을 물리쳐야 할 만큼 현저한 경우에는 소급효 및 재심을 허용하여야 한다는 입장이 있을 수 있다. 그러나 위헌법률에 근거한 법률관계의 변동을 저지하는 것과 위헌법률에 근거한 법률관계가 이미 판결을 통해 확정된 경우 그 확정판결의 기판력을 배제하는 것은 법적 안정성 측면에서 차이가 있다. 나아가 재심은 확정된 종국판결에 재심사유에 해당하는 중대한 하자가 있는 때에 그 판결의 취소와 이미 종결된 사건의 재심판을 구하는 비상의 불복절차로서 재심사유는 가급적 명확히 할 필요가 있다. 그런데 '헌법의 최고규범력 확보와 정의 실현의 요청이 법적 안정성의 요청을 물리쳐야 할 만큼 현저한 경우'라는 다소 추상적인 기준을 재심사유로 하는 것은 자칫 법적 안정성의 이념을 허약한 토대 위에 올려놓는 결과가 될 수 있다. 따라서 이와 같은 경우를 재심사유로 정하지 않았다고 하여 입법형성권의 한계를 일탈하였다고 볼 수 없다.

다만, 입법론으로는 '5 · 18민주화운동 등에 관한 특별법', '부마민주항쟁 관련자의 명예회복 및 보상 등에 관한 법률', '제주4 · 3사건 진상규명 및 희생자 명예회복에 관한 특별법' 등에서 해당 사건으로 유죄의 확정판결을 받은 사람이 형사소송법 또는 군사법원법의 재심조항에서 정한 재심사유가 없는 경우에도 재심을 청구할 수 있도록 규정하고 있는 것과 같이, 이 사건 위헌결정의 효력이 미치지 아니하는 피해자 또는 그 유족에 대해 특별재심을 허용하여 구제하는 방안을 고려해 볼 수 있다.

제 9 편

경제질서

제 1 장 헌법상 경제질서의 유형

제 1 절 경제질서와 경제헌법

Ⅰ. 경제헌법에 대한 이해

헌법은 제9장에서 경제질서를 독자적으로 편제하여 규율하고 있다. 이로부터 우리 헌법이 경제질서에 관한 완결된 체계를 제시하는가, 그리고 이에 기초하여 경제질서 그 자체 및 경제질서에 관한 법률관계를 형성하는 지침이 획득될 수 있는가 하는 질문이 제기될 수 있다. 경제헌법은 이러한 시도를 위하여 사용되는 용어례이다.

이론적으로 보면 이러한 시도는 세 방향으로 이루어질 수 있다. 첫째, 헌법 제9장 경제의 장에 규율된 규범의 총체를 경제헌법으로 이해하는 방법이다(가장 좁은 의미의 경제헌법). 그러나 경제에 관한 제9장은 그 자체만으로 질서를 형성하는 것은 아니며 기본권 및 다른 헌법질서와 상호관계 속에서 규범력을 갖는다. 이 점을 고려하면 이러한 이해방법은 이론적인 유용성이 없다. 둘째, 경제에 관한 제9장을 비롯하여 제23조 재산권, 제15조 직업선택의 자유, 그리고 제14조 거주·이전의 자유 등 이른바 경제적 기본권들이 함께 경제헌법을 구성한다고 이해하는 방법이다(좁은 의미의 경제헌법). 이것이 가장 일반적인 경제헌법에 대한 이해방법이다. 이는 경제질서에 대한 헌법의 구상을 이해하는 데에는 유용하다. 그러나 전체 헌법질서와의 관련성이 고려될 수 없다는 문제는 여전히 남는다. 셋째, 경제질서에 사회적 과제가 내재해 있고 경제질서(그리고 사회질서)는 각종 사회적 기본권들이 재산권, 직업선택의 자유 등 경제적 기본권과 상호작용을 하면서 형성되며, 그 결과 이들 기본권 역시 경제헌법을 구성한다(넓은 의미의 경제헌법). 또 이들 기본권이 민주주의적 의사결정구조에서 실현된다는 점 역시 고려되어야 한다. 이와 같은 이해방법에 따르면 헌법의 기본원리, 그리고 거의 모든 헌법규정이 정도의 차이가 있을 뿐 경제헌법을 구성한다(가장 넓은 의미의 경제헌법). 이로써 경제헌법의 외연이 하나의 체계를 형성한다고 볼 수 없을 만큼 확대된다.

이 밖에 경제질서의 유형을 중심으로 헌법의 관련 규정을 편성하고 이를 경제헌법으로 이해하려는 시도가 있다. 예컨대 독일에서는 사회적 시장경제질서를 중심으로 헌법을 재편성하고 이를 경제헌법으로 이해하는 시도가 있었다.[1] 그러나 이는 헌법이 특정 경제체계를 선택한 경우에 한하여 타당한 이해방법이다. 그런데 일반적으로 헌법이 이러한 결정을 할 수는 없기 때문에 이러한 이해방법은 타당하지 않다.

Ⅱ. 경제질서의 다층적 형성

헌법의 경제질서에 관한 규정은 완결된 구상이라고 볼 수는 없다. 이는 필연적으로 입법적 및 행정적 결정을 통하여 구체화된다. 그리고 이 과정에서 헌법은 적극적인 형성기준, 혹은 소극적인 통제기준으로 기능한다. 그렇기 때문에 경제질서는 경제에 관한 장에 규율되어 있는 조항, 헌법의 기본원리 및 기본권 등을 포함한 전체 헌법구조에서, 그리고 이러한 헌법적 기준들과 경제질서에 관한 입법적 결정과의 관계를 함께 고려했을 때 비로소 이해될 수 있다.

제 2 절 자본주의 시장경제질서와 사회주의 중앙계획경제질서

Ⅰ. 자본주의 시장경제질서

근대 헌법은 개인생활에 대한 국가의 간섭을 배제하고 개인의 자기결정권을 보호하는 국민적 요구에서 출발하였다. 이는 재산권·직업선택의 자유·거주이전의 자유 등으로 구성된다.

경제에 대한 국가의 불간섭은 다음과 같은 두 형태로 나타난다. 첫째, 생산수단을 국가가 아니라 사인(私人)이 소유한다. 둘째, 재화·서비스 등의 생산과 유통, 그리고 소비에 있어서 국가가 관여하지 않으며 이들 경제과정은 시장에서 실현된다. 시장에서 기능하는 '보이지 않는 손'에 의하여 공급과 수요가 균형을 이루고, 이러한 균형점에서 적정가격이 형성될 수 있다고 생각되었다. '자

1) 이에 대해서는 Hans Carl Nipperdey, *Soziale Marktwirtschaft und Grundgesetz* (Heymann, 1961), 44면 참조.

본주의' '시장경제'의 출현이다.

자본주의 시장경제에 충실한 일부 국가에서는 복지의 문제도 시장에서 효율성을 기준으로 사용자와 근로자 간에 자율적으로 결정되어야 한다고 이해한다. 이러한 유형에서는 국가의 직접적인 개입을 통한 복지생산에 대한 강한 불신이 존재한다. 미국이 이에 해당하는 대표적인 국가이다.

Ⅱ. 사회주의 중앙계획경제질서

자본주의 시장경제는 인류의 역사에서 개인의 경제적 자유를 보장하고, 또 전체적인 부의 축적에 기여하였다. 그러나 여기에는 다음과 같은 사회문제가 뒤따랐다. 자본주의 시장경제에서 자본과 노동이라는 새로운 형태의 경제적 계급이 출현하였고, 이에 따른 경제적 불균형은 국가 및 사회 전반의 불균형과 새로운 계급사회가 형성되는 계기가 되었다. 이에 자본주의 시장경제에 대한 강력한 대안으로 '사회주의' '중앙계획경제'가 실험되었다. 이에 따르면 생산수단은 국가가 소유하며, 경제과정은 국가의 계획에 따라 운영된다. 이때 비로소 개인은 자기에게 필요한 수요를 충족할 수 있다는 것이다.

사회주의 중앙계획경제는 제2차 세계대전 후 전세계를 양분하여 한 축을 구성하는 지역에서 실험되었다. 그리고 이는 한동안 국가의 경제성장을 이끌었다. 그러나 사회주의 중앙계획경제는 1970년대 이후 더 이상 경제성장과 경제정의의 실현에 적절한 이념과 제도로서 평가되지 못했다. 사회주의 중앙계획경제질서는 1980년대 이후 동구권에서 민주화 운동, 그리고 1990년대 이후 동서독의 통일과 구소비에트연방의 해체 등을 계기로 실패한 실험으로 역사에서 사라졌다. 사회주의 중앙계획경제질서를 여전히 유지하고 있는 국가가 북한, 즉 조선민주주의인민공화국이다. 북한헌법 제20조 및 제21조가 이 점을 명백히 하고 있다. "조선민주주의인민공화국에서 생산수단은 국가와 사회협동단체가 소유한다"(제20조). "...국가소유권의 대상에는 제한이 없다. 나라의 모든 자연부원, 철도, 항공운수, 체신기관과 중요공장, 기업소, 항만, 은행은 국가만이 소유한다. 국가는 나라의 경제발전에서 주도적 역할을 하는 국가소유를 우선적으로 보호하며 장성시킨다"(제21조).

제3절 혼합경제질서와 사회적 시장경제질서

Ⅰ. 혼합경제질서

체계의 단순화를 위하여 경제질서의 역사적 기원에 따라 자본주의 시장경제와 사회주의 중앙계획경제로 분류하였지만 다른 조합의 경제질서도 가능하다. 자본주의 시장경제의 문제를 기존의 체제를 유지하면서 경제질서에 사회적 과제를 부과하는 방법을 통하여 극복하는 시도가 있다. 역사적으로, 그리고 헌법적으로 이 방법은 두 차원에서 시도되었다. 첫째, 사회적 기본권을 보장하여 국가가 개인생활을 배려하는 시도이다. 이를 통하여 자본주의 시장경제에서 모든 국민에게 실질적인 자유를 향유하기 위하여 필요한 생활의 기초를 보장한다. 그리고 이를 위하여 필요한 범위에서 경제적 기본권은 상대화된다. 둘째, 자본주의 시장경제의 문제가 체제 자체에 있다는 사실이 인식되었다. 따라서 국가는 시장이 기능하기 위하여 필요한 전제조건을 보호하여야 한다. 즉 시장에 대한 규제와 조정은 시장의 기능 자체를 위하여 필요하다는 것이다.

혼합경제질서의 또 하나의 예가 자본주의 중앙계획경제이다. 역사적으로는 제2차 세계대전 전 독일 나치시대의 경제질서가 여기에 해당한다. 여기에서는 원칙적으로 자본의 민간소유를 보장하되, 경제의 운용에는 국가가 전적으로 개입하여 경제에 관한 기본권은 무력화된다. 넓게 보면 개발독재시대의 국가독점자본주의도 이러한 범주에 속한다. 그러나 사회주의와 시장경제질서의 조합은 불가능하다. 국가가 생산수단을 독점하고 있는 경우 시장은 원천적으로 성립되지 않을 것이기 때문이다.

Ⅱ. 사회적 시장경제질서

사회적 시장경제질서(Soziale Marktwirtschaft)는 혼합경제질서의 한 유형이다. 사회적 시장경제질서는 1950년대 독일에서 신자유주의(Neo Liberalismus)의 영향하에 형성되었다. 이는 기본적으로 자본주의 시장경제질서와 개인의 경제적 자유를 보호하지만, 동시에 국가의 경제에 대한 책임을 인정하고 부담시킨다. 시장경제질서는 그 자체에 시장경제를 파괴하는 가능성이 있다고 이해하며, 국가는 이를 극복하고 또 보장하는 과제를 갖는다.

사회적 시장경제질서에서 국가는 독과점을 규제하여 효율적인 경쟁질서를 보장하여야 한다. 경제성장과 완전고용을 추구하며, 가격안정과 경기조정을 위한 조치를 취한다. 1960년대 말 독일의 「경제안정화법(Stabilitäts- und Wachstumsgesetz)」은 이러한 사회적 시장경제의 이념을 반영하여 경제성장과 물가안정, 무역수지의 균형과 완전고용을 경제정책의 목표로 제시하였다(법 제1조). 국가가 경제에 관한 구조조정을 위하여 개입할 수 있지만 이는 부분적·일시적이며, 국가가 지속적으로 경제질서를 형성할 수는 없다. 국가의 경제개입에 있어서 보충성의 원칙이 엄격하게 적용된다. 사회적 약자에 대한 지원과 사회정의의 실현은 기본적으로 시장에 적합한 방법에 따라야 한다. 따라서 국가는 복지생산에 있어서 시장에 개입하여 직접 소득분배를 조정하는 정책이 아니라, 시장에서 분리된 사회정책을 형성하여 재분배정책을 시행하는 방법을 우선하여야 한다.[2)]

제 4 절 우리 헌법상의 경제질서 – 혼합·개방경제질서

우리 헌법은 기본적으로 자본주의 시장경제질서를 채택하고 있다. 이는 헌법 제119조 제1항, 제10조에서 도출되는 계약의 자유, 제15조 직업선택의 자유, 제23조 재산권, 그리고 원칙적으로 사영기업을 국영 혹은 공영으로 전환할 수 없고, 경영을 통제 또는 관리할 수 없도록 하는 제126조에 나타나 있다. 그러나 우리 헌법이 순수한 형태의 자본주의 시장경제질서를 예정하고 있는 것은 아니다. 제119조 제2항이 시장 기능 자체를 위하여, 또 사회적 고려에서 경제에 관한 규제와 조정을 할 수 있도록 규정하고 있기 때문이다. 이는 부분적으로 국가가 직접 생산기능을 담당하고, 또 경제에 개입하는 방법으로 이루어진다. 다만 이러한 경제질서에 관한 헌법규정으로부터 규제와 조정의 영역, 내용 및 방법 등에 대한 지침이 직접 도출되지는 않는다. 따라서 헌법이 자본주의 시장경제와 사회주의 계획경제 사이의 다양한 경제질서의 유형 중 특정한 유형을 선택한 것으로 볼 수는 없다. 위에서 언급한 바와 같이 독일헌법에서 초기 사회적 시장경제질서를 헌법의 경제질서로 이해하는 견해가 있었다. 그러나 독일의 연방헌법재판소는 이미 일찍이 사회적 시장경제질서가 경제질서의 유형이

2) 독일에서 사회적 시장경제의 형성과 발전에 대해서는 예컨대 Franz-Xaver Kaufmann, *Sozialpolitisches Denken*(Suhrkamp, 2003), 125면 이하 참조.

될 수는 있지만 독일헌법은 기본적으로 경제질서에 대해서 개방적이라는 점을 명확히 하였다.[3)]

근본적으로 보면 헌법이 특정한 유형의 경제질서를 법제화하는 것은 불가능하다. 위에서 설명한 바와 같이 경쟁구조와 가격구조, 그리고 분배와 재분배 및 경기조정 등이 경제질서를 형성하는데 이를 헌법에 구체적으로 규정할 수는 없기 때문이다. 예컨대 성장과 분배의 긴장관계, 분배와 재분배의 구조형성 및 긴장관계, 분배 및 재분배 구조 내에서 개인 및 집단 간의 긴장관계에 있어서 그 사실관계 및 결정구조, 그리고 결정으로 인하여 발생하는 정책효과 등을 사전에 파악하고 평가하여 규범화할 수는 없다. 또 이 모든 문제구조는 거시환경의 변화에 따라 가변적이다. 따라서 이러한 다양한 요소에 대한 국민적 합의가 이루어질 수 없으며, 특정 시점에 이러한 합의가 존재하더라도 이는 필연적으로 추상적이며, 따라서 구체적으로는 합의될 수 없는 문제가 무수히 남게 된다. 그럼에도 불구하고 이를 헌법에 고정시키는 경우 헌법의 정치안정적 기능과 정치개방적 기능을 모두 저해하게 될 것이다.

결국 헌법은 경제질서에 관하여 다음과 같은 윤곽을 제시할 뿐이다. 첫째, 사회적 약자에 대한 배려와 시장기능 자체에 무관심한 극단적인 형태의 경제질서, 그리고 국가가 생산을 독점하고 시장을 인정하지 않거나 지배하는 다른 극단의 경제질서는 우리 헌법과 조화될 수 없다. 둘째, 위에서 살펴보았듯이 경제질서는 기본권과 상호 작용하면서 실현된다. 따라서 경제질서의 목표는 기본권적 기준을 존중하여야 한다.

우리 헌법상의 경제질서를 사회적 시장경제질서에 해당한다고 보는 것이 일반적이다. 헌법재판소 역시 이러한 입장에 있다. 그러나 사회적 시장경제질서는 특정한 경제이념의 산물이며, 이에 상응하여 특정한 질서요소들을 내포하고 있다. 그런데 우리 헌법이 이러한 내용을 규정하고 있는 것은 아니다. 또한 사회적 시장경제질서가 예정하는 산업구조조정의 범위 및 강도가 헌법에서 도출되는 것은 아니다. 그리고 헌법이 복지생산의 방법론으로 시장 자체에 사회적 과제를 부여하기보다 재분배의 방법을 우선하여야 한다는 지침을 제시하는 것도 아니다. 따라서 헌법상의 경제질서를 사회적 시장경제질서라고 하는 것은 옳지 않다. 굳이 말하자면 우리 헌법상의 경제질서는 혼합경제에 해당한다. 그

3) *BVerfGE* 4, 7(17면 이하) 참조.

리고 경제 및 사회정책적 결정에 있어서 어떠한 요소들을, 어느 정도로 선택할 것인가는 입법적 결정에 유보되어 있다는 점에서 혼합경제질서의 범주 내에서 경제질서는 개방되어 있다.

헌법이 개방적인 경제질서를 예정하고 있다면 사실 위에서 언급한 경제질서의 유형에 관한 논의는 헌법의 이해에 있어서 실익이 거의 없다. 혼합경제질서에 포섭될 수 있는 구체적인 질서유형이 대단히 다양하며, 또 각각의 유형이 규범적 기준으로 기능할 정도로 명확한 것도 아니기 때문이다. 이보다는 헌법이 제시하는 개별적인 경제목표에 대한 입법적 형성가능성과 그 한계를 살펴보는 것이 보다 중요하다.

제2장 헌법상 경제질서의 요소들

제1절 자본주의 시장경제질서의 원칙과 의미

Ⅰ. 자본주의 시장경제질서의 원칙

전체적인 경제질서를 헌법 제9장 경제에 관한 장을 중심으로 보면 다음과 같다. 헌법 제119조는 제1항에서 개인과 기업의 경제상의 자유와 창의를 존중함을 경제질서의 기본으로 하고 있다. 이로써 기본적으로 자본주의 시장경제질서가 선택되었다. 이러한 경제질서에서 자본의 소유관계(자본주의), 그리고 경제의 운용관계(시장경제질서)를 국가의 개입이 허용되지 않는 불가침의 영역으로 본 것은 아니다. 제119조 제2항은 국가에게 경제에 대한 규제와 조정의 권한을 부여하고 있다. 이러한 규제와 조정은 그 자체가 목적은 아니며, 균형있는 국민경제의 성장과 안정, 적정한 소득분배, 시장의 지배와 경제력의 남용 방지, 경제주체 간의 조화를 통한 경제의 민주화라는 목적을 달성하기 위한 수단이다.

Ⅱ. 자본주의 시장경제질서의 헌법적 의미

자본주의 시장경제는 다음과 같은 다원적인 의미가 있다.

1. 사인의 자본 소유, 시장의 자율성 보장

자본주의 시장경제에서 국가의 자본소유는 엄격히 제한된다. 국가는 시장의 기능을 보장하기 위하여, 그리고 사회질서를 형성하기 위하여 시장에 개입한다. 그렇기 때문에 소유관계, 그리고 경제운용에 국가가 개입하기 위해서는 이를 정당화하는 부담이 따른다. 예컨대 사영기업을 국영화하거나 경영을 통제 혹은 관리하는 것은 엄격한 조건하에서만 허용된다(제126조).

헌법 제126조는 두 가지 내용을 갖는다.[1]

첫째, 사영기업의 국유 또는 공유로의 이전은 원칙적으로 허용되지 않는다.

---

1) 헌재 1998.10.29, 97헌마345, 10-2, 635면 참조.

사영기업의 국유 또는 공유로의 이전이란 "일반적으로 공법적 수단에 의하여 사기업에 대한 소유권을 국가나 기타 공법인에 귀속시키는 행위"를 말한다. 둘째, 국가는 원칙적으로 사영기업의 경영을 통제 또는 관리할 수 없다. 헌법의 경제목표를 달성하기 위한 기업에 대한 규제와 조정을 넘어서서 국가의 광범위하고 강력한 감독과 통제 또는 관리는 허용되지 않는다. 그 결과 '영리추구'라는 사기업 본연의 목적을 포기할 것을 강요하거나, 전적으로 사회·경제적 목표를 달성하는 방향으로 '기업의 목표'를 전환하게 하거나 기업에 대한 재산권이 박탈되거나 통제를 받게 되어 그 기업이 사회의 공동재산의 형태로 변형되어서는 안 된다.

이러한 금지에 대한 예외가 인정되기 위해서는 두 가지 요건이 필요하다. 첫째, 국방상 또는 국민경제상 긴절한 필요가 있어야 한다. 둘째, 이러한 실질적인 요건이 충족되는 경우에도 법률에 근거가 있어야 한다.

판례 **경제질서와 기업해체조치** (헌재 1993.7.29, 89헌마31)

헌법 제119조 제1항은 대한민국의 경제질서는 개인과 기업의 경제상 자유와 창의를 존중함을 기본으로 하여 시장경제의 원리에 입각한 경제체제임을 천명하고 있다. 이는 기업의 생성·발전·소멸은 기업의 자율에 맡긴다는 기업자유의 표현이며 국가의 공권력은 특단의 사정이 없는 한 이에 대한 불개입을 원칙으로 한다. 나아가 헌법 제126조는 국방상 또는 국민경제상 긴절한 필요로 인하여 법률이 정하는 경우를 제외하고는 사영기업을 국유 또는 공유로 이전하거나 그 경영을 통제 또는 관리할 수 없다고 규정하여 사영기업의 경영권에 대한 불간섭의 원칙을 보다 구체적으로 밝히고 있다. 따라서 국가의 공권력이 부실기업의 처분정리를 위하여 그 경영권에 개입코자 한다면 적어도 긴절한 필요 때문에 정한 법률상의 규정이 있어야 한다. 다만 근거법률은 없지만 부실기업의 정리에 개입하는 예외적인 길은 부실기업 때문에 국가가 중대한 재정·경제상의 위기에 처하게 된 경우 공공의 안녕질서의 유지상 부득이하다는 요건에 맞추어 긴급명령을 발하는 것이고, 그것만이 합헌적인 조치가 될 수 있다.

부실기업을 그대로 방치할 때에 국가사회적 파급효과가 크다 하더라도 법의 테두리 안에서 문제를 해결하여야 한다. 만일 법이 없으면 공권력 개입의 객관적 기준을 세운 법안을 발안한 다음 새 입법을 기다려 그에 의거하여야 하며, 그와 같은 절차가 번거롭다고 하여 이를 생략한 채 목적이 좋다는 것만 내세워 초법적 수단에 의거하여 마치 국·공영기업의 경영자를 발령하여 바꾸듯이 사영기업의 사실상의 지배주주를 갈고 경영권자를 바꾸는 식의 공권력의 행사는 시장경제적 법치질서를 파탄시키는 것이 된다.

2. 경제에 관한 국가의 책임과 권한

(1) 경제질서와 사회질서

자본주의 시장경제에서는 원칙적으로 사인이 자본을 보유하며, 생산과 분배는 시장에서 이루어진다. 그러나 자본주의 시장경제에도 그 자체에 내재적으로, 그리고 기능상의 한계로 인하여 국가의 역할이 필요하다. 즉 시장은 참여자가 이익 추구를 위하여 독과점 등의 형태로 시장질서를 왜곡시킬 우려가 있으며, 또 사회적 약자를 배려하는 기능이 시장에 부과되어야 하기 때문이다.

역사적으로 보면 1948년부터 1972년까지 우리 헌법은 주로 시장의 기능상의 한계에 주목하였다. 경제질서는 개인의 기본적인 생활수요를 보장하는 데에 목적이 있었으며, 이는 다음과 같이 표현되었다. 즉 "... 경제질서는 모든 국민에게 생활의 기본적 수요를 충족할 수 있게 하는 사회정의의 실현과 균형있는 국민경제의 발전을 기함을 기본으로 삼는다"(1948년 헌법 제84조). 그러나 1980년 헌법에서는 시장의 내재적인 한계에 주목하고 이에 대한 처방을 헌법이 직접 제시하는 변화가 있었다. 이에 경제질서의 목표로서 독과점에 대한 규제가 등장하였다. 1987년 헌법에 와서 사회질서를 형성하는 기능에 관한 명시적인 규정은 사라졌다. 그 대신 시장의 내재적인 한계에 대한 처방이 보다 구체화되었으며, 그 밖에 경제목표가 추가로 제시되었다. 그 결과 헌법이 어떠한 목적에서 국가의 역할을 예정하는가에 대한 보다 진지한 검토가 필요하게 되었다.

(2) 시장의 내재적 한계와 기능상의 한계

가) 내재적 한계 – 원칙과 예외의 관계에 대한 재검토

시장경제는 자유로운 경쟁을 통하여 경제의 효율성을 제고하여야 한다. 그런데 시장에서는 경쟁을 제한하여 이익을 최대화하려는 시장왜곡의 가능성이 항상 잠재해 있다. 자본이 독자성을 가지면서 자본의 증식이라는 자기목적이 추구되었으며, 이를 위하여 독과점 등 시장을 인위적으로 조작하는 행태로 나타났다. '보이는 손'이 '보이지 않는 손'을 대체할 위험이 처음부터 존재했다는 것이다. 따라서 국가는 이를 규제하여 시장질서가 정상적으로 기능할 수 있도록 하여야 한다. 이러한 규제가 시장질서에 내재해 있다는 점은 시장에 대한 행정적 규제가 확립되기 전 이미 시장질서를 유지하기 위한 일종의 경찰법적 조치가 취해졌다는 역사로부터도 알 수 있다. 헌법재판소 역시 이 점을 명확하게 인식하고 있다. 즉 "... 국가가 아무런 관여를 하지 않는다면 오히려 공정한 경제질서가 깨어지고 경제주체 간의 부조화가 일어나게 되어 헌법상의 경제질서에 반하는 결과가 초래될 것…” 혹은 “… 공정경쟁질서의 유지는 자연적인 사회현상이 아니라 국가의 지속적인 과제라는 인식에 그 바탕을 두고 있다”.[2]

헌법 제119조 제2항 시장의 지배와 경제력의 남용을 방지하기 위한 국가의 규제와 조정은 이미 제119조 제1항에서 선언된 자본주의 시장경제에 내포되어 있다.[3] 즉 제119조 제1항과 제2항이 원칙과 예외의 관계에 있는 것이 아니라, 제1항의 경제질서를 유지하기 위한 조건을 제2항이 제시한 것이다. 이러한 시각에서 보면 경제정책은 규제와 무규제의 어느 하나에 헌법적 필연성이 있는 것은 아니다. 오히려 정책영역에 따라 세분화된 접근이 필요하다.

나) 기능상의 한계

헌법 제119조는 경제에 사회적 책임을 부과한다. 이와 같은 규정이 필요한 이유는 자본주의 시장경제에 사회적 배려를 통한 사회통합의 과제가 내재해 있는 것은 아니기 때문이다.

시장에서는 시장참여자에게 자율적인 결정권이 보장되어야 한다. 동시에 시장에서는 개인이 생활을 유지하기 위하여 필요한 교환과 소비가 이루어진다. 이 점을 현행 헌법은 명시적으로 표현하고 있지는 않다. 모든 국민에게 생활의 기본적 수요를 충족시키는 사회정의의 실현을 경제에 관한 규제와 조정의 목적으로 제시하였던 이전 헌법과 구별된다. 그러나 헌법은 사회적 기본권과 경제질서에 관한 장을 두어 시장에 사회적 과제를 부과하고 있다. 경제성장, 소득분배 및 경제의 민주화에 관한 목표들 역시 시장의 기능적 한계를 보충하기 위한 규정으로 이해할 수 있다. 또 1948년 이래 우리 헌법의 경제질서와 당시 전범(典範)으로 삼았던 1919년 독일 바이마르헌법의 경제질서에 관한 규정은 경제질서에 사회적 과제를 부과하는 데 의미가 있었다. 예컨대 바이마르헌법 제151조는 “경제생활의 질서는 모든 국민에게 인간다운 생활을 보장하기 위한 목표를 가지며 이를 위하여 정의의 원칙을 존중하여야 한다. 개인의 경제적 자유는 이 한계 내에서 보장된다”고 규정하였다.

경제질서와 관련하여 조문의 배치 및 표현을 중시하여 제119조 제1항과 제

---

2) 헌재 2003.2.27, 2002헌바4, 15-1, 216면 참조.

3) 헌법재판소의 결정에서도 이러한 시각은 나타난다. 헌재 1996.4.25, 92헌바47, 8-1, 380면 이하; 2001.2.22, 99헌마365, 13-1, 316면 이하; 2003.2.27, 2002헌바4, 15-1, 205면 이하; 2002.7.18, 2001헌마605, 14-2, 97면 등 참조.

2항의 관계를 원칙과 예외로 보는 시각, 그리고 보충성의 원칙을 헌법의 원칙으로 보는 시각 등은 이러한 경제질서에 관한 기원 및 헌법의 전체구도에 충실한 이해방법이 아니다.

3. 국가개입의 필요성과 정당성

'보충성의 원칙'은 헌법이 예정하는 하나의 경향으로 존중하여야 한다. 그러나 이것이 사경제활동의 가능성 및 자유를 보장하며, 국가경제활동에 의하여 제한되어서는 안 된다는 내용의 헌법원칙은 아니다.[4] 공익을 위하여 필요하고, 경쟁질서를 파괴하여 사경제활동의 여지를 사실상 상실시키는 경우가 아닌 한 보충성의 원칙을 근거로 국가경제활동이 금지되는 것은 아니다.

보다 넓은 시각에서 사회통합의 국가과제를 중심으로 보면, 다음과 같은 경우 생산과 분배에 있어서 어느 정도 국가의 개입이 필요하고 또 정당화되며, 이를 시장에 맡기는 것은 적합하지 않다. 이러한 경우에는 경제질서의 원칙과 예외의 논리도, 또 보충성의 원칙도 적용될 수 없다. 첫째, 민주주의원리, 법치국가원리, 복지국가원리 등 헌법의 기본원리가 기능하기 위하여 필요한 공공재의 공급이다. 자녀양육, 교육 등이 여기에 해당한다. 둘째, 시장에서 안정적으로 공급되기를 기대할 수 없는 공공재이다. 교통, 사회기반시설 등이 여기에 해당한다. 셋째, 재화와 서비스의 가격이 시장에서 형성되는데, 이를 필요로 하는 자가 가격을 부담할 경제적 능력이 없기 때문에 필수적인 수요가 충족될 수 없는 경우이다. 사회보장급여가 여기에 해당한다.

Ⅲ. 경제질서와 기본권

1. 경제질서의 기본권 기속성

시장경제의 질서를 유지하기 위한 국가의 규제와 조정의 권한은 그 자체로 완결된 정당성이 있는 것은 아니다. 즉 기본권에 의하여 정당화되어야 한다.

경제에 관한 규제와 조정은 이중적인 한계가 있다. 첫째, 이러한 국가작용은 경제목표, 즉 균형있는 국민경제의 성장과 안정, 적정한 소득분배, 시장의

---

4) 이 점에서 보충성의 원칙을 헌법상의 원칙으로 이해하는 헌법재판소의 견해는 많은 설명을 필요로 한다. 다만 헌법재판소는 보충성의 원칙에 높은 규범력을 인정하고 있지는 않다. 헌재 1989.12.22, 88헌가13, 1, 377면 참조. 유사한 설명으로 헌재 1995.11.30, 94헌가2, 7-2, 544면 참조.

지배와 경제력의 남용 방지, 경제주체 간의 조화를 통한 경제의 민주화에 기여하여야 한다. 둘째, 이러한 작용은 필연적으로 개인 및 기업의 영업의 자유와 재산권을 제한하는 효과가 있다. 따라서 헌법 제37조 제2항에 따른 기본권 제한의 요건을 충족하여야 한다. 즉 이러한 조치들이 헌법 제119조 제2항의 경제질서의 목표를 실현할 수 있어야 하며, 이에 적합한 수단이어야 한다. 또 이를 실현하기 위하여 적합한 수단 중 개인과 기업의 자유를 최소한으로 침해하는 것이어야 한다. 마지막으로 실현하고자 하는 경제질서의 목표와 해당 조치를 통하여 제한되는 개인과 기업의 자유 간에 법익이 균형을 이루어야 한다.

2. 기본권의 사회적 기속성

시각을 달리해서 보면 기본권은 자본주의 시장경제의 유지를 위하여, 그리고 국가의 경제에 관한 규제와 조정에 의하여 제한될 수 있는 사회적 기속성을 갖는다. 이러한 심사에 있어서 특히 재산권은 그 내용과 한계가 법률로 정해지며, 그 행사가 공공복리에 적합하여야 한다(제23조 제1, 2항). 그만큼 입법적 형성의 여지가 넓다. 이는 직업의 자유도 마찬가지이다. 특히 기업의 영업의 자유가 문제되는 경우, 그리고 심사의 대상이 주식회사에서의 의결권과 같이 인격실현의 수단보다는 참여권의 성격을 갖는 경우 직업의 자유는 사회적 관련성과 책임성 속에서 실현되기 때문이다. 또 직업의 자유는 주관적 공권의 성격 외에 객관적인 질서형성의 요소로서 국가는 공정경쟁의 질서를 조성하여 국민 모두가 원하는 직업 및 영업을 수행할 수 있도록 하여야 한다.

판례 **부당내부거래의 규제와 시장경쟁질서** (헌재 2003.7.24. 2001헌가25)

부당내부거래가 초래하는 폐해는 다음과 같다. 첫째, 퇴출되어야 할 효율성이 낮은 부실기업이나 한계기업을 계열회사의 형태로 존속케 함으로써 당해 시장에서 경쟁자인 독립기업을 부당하게 배제하거나 잠재적 경쟁자의 신규 시장진입을 억제함으로써 시장의 기능을 저해한다. 둘째, 계열회사 간에 지속적인 부당내부거래는 독과점적 이윤을 상호 간에 창출시키고, 그 결과 대기업집단 소속 계열회사들의 독점력을 강화함으로써 경제력 집중의 폐해를 야기한다. 셋째, 부당내부거래는 우량 계열기업의 핵심역량이 부실 계열기업으로 분산·유출되어 우량기업의 경쟁력이 저하됨에 따라 기업집단 전체가 동반 부실화할 위험을 초래한다. 넷째, 부당내부거래는 기업의 투명성을 저해하고 주주, 특히 소액주주와 채권자 등의 이익을 침해하게 된다.

이러한 폐해를 효과적으로 규제하기 위하여 공정거래법을 개정, 부당내부거래를 불공정거래행위의 유형으로 규정하여 이를 금지하고, 그 위반행위에 대하여 시정조치, 과징금, 형사처벌을 규정하고 있다. 과징금은 부당내부거래 억지라는 행정목적을 실현하기 위하여 그 위반행위에 대하여 제재를 가하는 행정상의 제재금으로서의 기본적 성격에 부당이득환수적 요소도 부가되어 있고, 국가형벌권 행사로서의 '처벌'에 해당하지 않으므로, 공정거래법에서 형사처벌과 아울러 과징금을 병과하더라도 이중처벌금지원칙에 위반된다고 볼 수 없다.

제 2 절 경제에 대한 규제와 조정의 목표와 내용

Ⅰ. 경제정책의 목표

헌법은 자본주의 시장경제가 시장의 불균형을 심화시킬 수 있고 개인의 자본에 대한 종속을 가중시킨다는 문제를 인식하고, 국가에게 경제에 관한 규제와 조정의 권한을 부여하였다. 이러한 국가의 권한은 다음과 같은 목표를 갖는다. 첫째, 균형있는 국민경제의 성장 및 안정이다. 둘째, 소득의 적정한 배분을 유지하여야 한다. 셋째, 시장의 지배와 경제력의 남용을 방지하여야 한다. 넷째, 경제주체 간의 조화를 통한 경제의 민주화를 실현하여야 한다(제119조 제2항).

국가는 위와 같은 경제정책의 목표를 균형 있게 실현하여야 한다. 그러나 이들 목표는 부분적으로 모순된 관계에 있기 때문에 모두를 균형 있게 실현하는 것은 불가능에 가깝다.[5] 이는 외국의 경험이기도 하다. 예컨대 과거 독일헌법 제109조 제2항에 의하면 재정정책은 국민경제적 균형을 고려하여야 한다. 이때 국민경제적 균형이란 경제성장, 완전고용, 물가안정, 국제수지의 균형을 내용으로 한다. 그런데 이들 목표를 동시에 균형 있게 이루는 것은 불가능하기 때문에 정책결정에 있어서 입법 형성권을 넓게 인정하였다.[6] 따라서 국가는 하나의 목표를 완전히 희생시키지 않는 범위 내에서 정책의 우선순위를 정할 수 있으며, 이러한 정책결정이 헌법에 위반되는 것은 아니다.

5) 헌재 1999.11.25, 98헌마55, 11-2, 610면 이하 참조.
6) 이에 대해서는 *BVerfGE* 79, 311(338) 참조.

Ⅱ. 헌법상 경제질서의 내용

1. 국민경제의 성장과 안정, 그리고 균형 있는 국민경제의 발전

(1) 국민경제의 성장과 안정

균형있는 국민경제의 성장과 안정은 1차적으로는 경제질서 그 자체의 목표이다. 헌법이 성장과 안정의 목표를 제시한 것은 시장에서 국가가 독자적인 기능을 갖는다는 의미를 내포한다. 균형 있는 국민경제발전의 목표에는 국가의 독자적인 기능이 더욱 명확하게 표현되어 있다. 이는 2차적으로는 사회적 배려 및 사회통합이 실현되는 경제적 기반이다. 안정적인 경제성장은 지속적으로 사회적 분배를 하는 데 유리한 재정적 환경이다. 반면 경기침체와 성장의 불균형은 경제 및 재정의 지속가능성뿐만 아니라 사회적 지속가능성을 위협한다. 국가부채, 미래세대에 대한 재정부담의 전가 등이 새롭게 조명되어야 할 문제이다. 지역 간, 산업 간, 그리고 계층 간의 균형있는 경제성장 역시 적절한 소득분배를 조성하는 사회경제적 기반이다.

헌법이 경제의 성장과 안정·발전에 대한 직접적인 지침을 제시하고 있지는 않다. 다만 무역에 대한 규정을 두고 있다. 우리나라는 대외무역에 대한 의존도가 높기 때문에 국가가 무역을 육성하고, 또 무역에 대한 규제·조정을 할 수 있다(제125조). 이 밖에 헌법이 직접 제시하고 있지는 않지만 헌법이 허용하는 범위 내에서 국가에게 가격정책의 권한이 부여되어 있다.

(2) 균형 있는 국민경제의 발전

균형 있는 경제발전과 관련하여는 비교적 자세한 규정을 두고 있다.

가) 국토의 개발과 보존을 위한 제한

헌법은 협소한 국토에서 토지재산권이 갖는 공적 성격을 염두에 두고 생산 및 생활기반인 국토를 균형 있게 활용하기 위하여 국토의 개발과 보존을 위한 제한과 의무를 과할 수 있도록 하였다(제122조).

판례 **국토의 개발 및 보전의 과제와 토지거래허가제** (헌재 1989.12.22, 88헌가13)

국토이용관리법은 국토는 모든 국민의 복리증진을 위한 유한한 자원이며 공통기반임에 비추어 그 이용에 있어서는 공공복리를 우선시키고 자연환경을 보호함과 아울러 지역적 여러 조건을 충분히 고려하여 토지가 합리적으로 이용되고 적정하게 거래되도록 함으로써 양호한 생활환경의 확보와 국토의 균형 있는 발전을 도모함을 기본이념으로 한다. 토지거래허가제는 거래목적, 거래면적, 거래가격 등을 통제하기 위한 제도이나 실제에 있어서는 토지의 거래가격을 허가기준가격의 범위 내로 억제하는 것이 주목적이다. 따라서 어떤 의미에서는 토지거래의 상한가격을 통제하는 제도라 할 수 있고 이러한 물가통제는 시장경제원리를 채택하고 있는 경우에도 흔히 볼 수 있으며 우리나라에만 있는 것은 아니다. 시장경제원리를 중시하는 것은 그것이 개인의 자유와 창의를 보장하고 재화를 효율적으로 배분하는 데 가장 알맞기 때문이다. 그런데 투기가 성행하는 경우에는 이러한 시장의 정상적인 기능이 마비되고 사회적으로 여러 가지 폐단과 모순을 노정하게 된다. 이를 그대로 방치해 둘 수는 없으며 어떤 형태의 규제가 불가피하다. 국민의 건전한 양식과 양심에 따른 자율적 규제로 토지투기가 억제되기 어렵다는 것은 수많은 토지투기의 사례와 지가폭등의 현실이 잘 보여 주고 있으며, 그에 대한 정부의 규제는 불가피하다. 그렇다면 토지거래허가제는 헌법이 정하고 있는 경제질서와 충돌이 없으므로 이를 사적자치의 원칙이나 헌법상의 보충의 원리에 위배된다고 할 수 없다.

나) 농어업 · 지역경제 · 중소기업 보호육성

a) 농어업 · 지역경제 보호 · 육성

산업화과정에서 정책적 우선순위가 뒤질 수밖에 없었던 농어촌, 중소기업, 그 밖에 지역경제 등에 대한 보호규정을 두었다. 이러한 국가의 지원은 보조금이나 세제상의 혜택을 부여하여 이들 지역 및 산업이 시장경쟁능력을 갖도록 하는 목표를 갖는다.[7]

국가는 농업 및 어업을 보호 · 육성하기 위하여 농 · 어촌종합개발과 그 지원 등 필요한 계획을 수립 · 시행하여야 한다(제123조 제1항). 이들은 중소기업과 함께 자본주의 시장경제에서 사회적 약자 집단에 속하기 때문이다.[8] 국가는 농수산물의 수급균형과 유통구조의 개선에 노력하여 가격안정을 도모하는 방법으로 농어촌경제의 수익증진을 실현하여야 한다(제4항).

국가는 농어촌경제의 균형 발전을 농어민 스스로가 선도하도록 하였다. 즉 농 · 어민과 중소기업의 자조조직을 육성하여야 하며, 그 자율적 활동과 발전을 보장한다(제5항). 이들 조직의 자율성을 침해하지 않아야 하며, 이들 조직이 충실

7) 헌재 1996.12.26, 96헌가18, 8-2, 697면 참조.
8) 헌재 1996.4.25, 92헌바47, 8-1, 380면 이하 참조.

히 기능할 수 없는 경우에는 적극적으로 이들 조직을 육성하여야 한다.[9]

이 밖에 농촌이 시장에 잠식되어 경제의 균형이 상실되는 것을 방지하기 위하여 경자유전(耕者有田)의 원칙을 선언하고 소작제도를 금지하였다. 농촌인구의 격감 등 현실을 반영하여 위탁경영 · 임대차까지 금지하지는 않았다(제121조).

국가는 지역 간의 균형있는 발전을 위하여 지역경제를 육성하여야 한다(제123조 제2항). 이로써 지역 간의 경제적 불균형을 시정하는 과제가 부과되었다. 국가는 농어촌의 이주현상과 대도시로의 인구집중을 방지하고 균형있는 인구분산을 하여 해당 지역의 발전과 전국적으로 균형있는 경제 · 사회 및 문화적 발전의 목표를 추구하여야 한다.

b) 중소기업의 보호 · 육성

국가는 중소기업을 보호 · 육성하여야 한다(제123조 제3항). 중소기업은 생산 및 고용의 증진에 기여하고, 또 새로운 기술개발의 진원이지만 대기업에 비해서 경영의 합리화와 경쟁력에 있어서 열세에 있다. 따라서 중소기업이 대기업과 공정한 경쟁을 할 수 있도록 국가는 중소기업을 특별히 지원 · 배려하여야 한다.

그러나 국가는 경제질서의 기본원칙으로서 공정경쟁을 보장하여야 하며, 따라서 중소기업의 보호가 공정경쟁의 범위를 벗어나서 실현될 수는 없다. 즉 중소기업이 대기업과의 경쟁으로부터 보호를 받는 것은 아니다. 따라서 소비자에게 중소기업이 생산하는 제품을 의무적으로 구입하도록 하는 이른바 '자도소주구입명령제도'는 헌법상 허용되는 중소기업보호를 위한 방법은 아니다.[10] 국가는 중소기업을 지원하여 불리한 경쟁조건을 극복하고 공정경쟁에 참여할 수 있도록 하여야 한다. 예컨대 세법상의 혜택 등을 통하여 중소기업을 육성하여야 한다. 이는 특히 「중소기업기본법」 등 중소기업을 지원하기 위한 특별법을 통해서 실현되고 있다. 이에 비해서 중소기업이 스스로 경쟁력을 갖추기 이전에 시장에서 퇴출되거나 혹은 경쟁력을 갖추기 어렵다고 판단되는 경우에는 시장을 지배하고 있는 대기업의 영업을 제한하는 것이 정당성을 갖는다.[11]

판례 **자도소주(自道燒酒)구입명령제도와 공정경쟁질서** (헌재 1996.12.26, 96헌가18)

헌법 제119조 제2항은 독과점규제의 경제목표를 개인의 경제적 자유를 제한할

9) 헌재 2000.6.1, 99헌마553, 12-1, 712면 참조.
10) 헌재 1996.12.26, 96헌가18, 8-2, 680면 이하 참조.
11) 헌재 2018.6.28, 2016헌바77등, 30-1(하), 513면 이하 참조.

수 있는 정당한 공익의 하나로 명문화하고 있다. 독과점규제의 목적이 경쟁의 회복에 있다면 이 목적을 실현하는 수단 또한 자유롭고 공정한 경쟁을 가능하게 하는 방법이어야 한다. 그러나 주세법의 구입명령제도는 전국적으로 자유경쟁을 배제한 채 지역할거주의로 자리잡게 되고 그로써 지역 독과점현상의 고착화를 초래하므로, 독과점규제의 공익을 달성하기에 적정한 조치로 보기 어렵다.

헌법 제123조 지역경제육성의 목적은 일차적으로 지역 간의 경제적 불균형의 축소에 있다. 입법자가 기본권 침해를 정당화하는 입법목적으로서의 지역경제를 주장하기 위하여는 해당 지역의 현존하는 경제적 낙후성 혹은 특정 입법조치를 취하지 않을 경우 발생할 지역 간의 심한 경제적 불균형과 같은 납득할 수 있는 구체적이고 합리적인 이유가 있어야 한다. 그러나 전국 각도에 균등하게 하나씩의 소주제조기업을 존속케 하려는 주세법에서는 수정되어야 할 구체적인 지역 간의 차이를 확인할 수 없다. 따라서 1도 1소주 제조업체의 존속유지와 지역경제의 육성 간에 상관관계를 찾아볼 수 없으므로 "지역경제의 육성"은 기본권의 침해를 정당화할 수 있는 공익으로 고려하기 어렵다.

우리 헌법은 중소기업이 국민경제에서 차지하는 중요성 때문에 "중소기업의 보호"를 경제정책의 목표로 명문화하고, 대기업과의 경쟁에서 불리한 위치에 있는 중소기업의 지원을 통하여 경쟁에서의 불리함을 조정하고, 가능하면 균등한 경쟁조건을 형성함으로써 대기업과의 경쟁을 가능하게 해야 할 국가의 과제를 담고 있다. 중소기업의 보호는 넓은 의미의 경쟁정책의 한 측면을 의미하므로 이는 원칙적으로 경쟁질서의 범주 내에서 경쟁질서의 확립을 통하여 이루어져야 한다. 중소기업의 보호란 공익은 자유경쟁질서 안에서 발생하는 불리함을 국가의 지원으로 보완하여 경쟁을 유지하고 촉진시키려는 데 그 목적이 있으므로, 구입명령제도는 이러한 공익을 실현하기에 적합한 수단으로 보기 어렵다.

---

2. 적정한 소득의 분배

소득분배는 경제정책의 목표이며, 동시에 사회정책적 목표이다. 경제정책적으로 보았을 때 개인의 소득능력에 상응하여 시장에서 소득이 분배되어야 한다. 이때 어느 정도 사회적 관점이 배려되어야 한다. 즉 재화 및 서비스의 공급과 수요상황이 소득분배의 유일한 기준은 아니며, 개인의 사회적 상황이 소득분배에 고려되어야 한다. 적정한 소득분배의 목표는 시장의 불균형 혹은 개인의 사회적 문제가 어느 정도 시장에서 기원한다는 점을 주목하여 시장에 외재적인 과제, 즉 사회적 배려와 지원의 과제를 부여한 것이다. 이와 같이 헌법이 시장에 사회적 과제를 부여한 것으로 이해하는 경우, 개인의 사회적 위험을 보호하기 위하여 소득재분배가 이루어지는 것은 헌법이 예정하고 있는 경제과정이다.

소득의 적정한 배분은 노동의 권리, 노동자의 권리 및 사회보장제도를 통해서 실현되는 소득재분배정책을 정당화하고, 또 정책적 동기로서 작용한다.[12] 복지국가원리가 경제질서에 의하여 뒷받침되고 있다는 것을 알 수 있다.

경제의 운용이 시장의 효율성에 전적으로 위임될 수는 없다. 헌법논리적으로 보면 개인생활은 1차적으로 시장에서 이루어진다. 시장의 경쟁구조에서 개인의 경제적 자유가 실현되며, 또 시장에서 개인은 생활에 필요한 소비를 행한다. 그렇기 때문에 개인의 사회적 문제는 일반적으로 시장관련성을 갖는다. 그렇다면 복지국가는 시장관련성을 갖는 사회적 문제를 어느 정도 시장 자체에 부담시킬 수 있어야 한다. 결국 헌법은 시장에서의 소득분배뿐 아니라 소득의 재분배를 통한 생활보장의 과제를 국가에게 부과하고 있다. 다만 소득의 재분배 그 자체가 사회정책의 목표가 될 수는 없다. 소득재분배는 시장에서 취득하는 소득에 기초하여 생활의 형성을 보호하는 직업의 자유, 그리고 소득 그 자체 대한 재산권적 보호와 긴장관계에 있다. 또 사회정책에서 소득재분배는 사회적 위험의 분산과 보호를 위한 특유한 기능에 관련되어 있으며, 일반적인 정책목표가 될 수 없기 때문이다.

조세정책 역시 소득재분배를 통하여 사회보장에 기여한다.[13] 소득에 비례하여 과세가 이루어지며 이때 누진세가 적용되기도 한다. 또 세법에서 생활의 유지를 위하여 필요한 비용을 과세대상에서 제외시키는 방법으로 사회보장에 기여한다.[14] 그러나 조세의 이러한 기능에 의하여 구체적인 조세정책, 예컨대 누진세제도의 시행의무가 있거나 혹은 개인이 이를 요구하는 권리가 있는 것은 아니다.[15]

3. 시장의 지배와 경제력 남용방지

시장의 지배를 완화하고 경제력의 남용을 방지하는 것은 공정경쟁질서를 보호하기 위한 수단이다. 자유로운 경쟁질서는 결코 자연스러운 현상은 아니다.

---

12) 노동3권과 복지국가원리의 관련성에 대해서는 헌재 1993.3.11, 92헌바33등, 5-1, 40면; 2002.11.28, 2001헌바50, 14-2, 677면 등 참조.
13) 헌재 1994.7.29, 92헌바49등, 6-2, 95면 참조.
14) 헌재 1999.11.25, 98헌마55, 11-2, 612면 참조.
15) 헌재 1999.11.25, 98헌마55, 11-2, 610면 참조.

이를 보장하기 위해서 국가의 규제와 조정은 어느 정도는 필요하며, 이는 독과점규제를 통하여 실현된다. 따라서 특정 범주에 속하는 업체를 경쟁으로부터 보호하는 정책은 이를 정당화하는 특별한 사유가 존재하지 않는 한 독과점규제의 헌법 규정에 반한다. 현재 독과점규제정책은 「독점규제 및 공정거래에 관한 법률」에 의하여 실현되고 있다.

개인이 특정한 직업을 선택·행사하기 위하여 독과점은 방지되어야 하며, 따라서 이에 관한 규제는 직업의 자유가 충실히 실현되기 위한 객관적 질서이다. 「공정거래법」은 공정한 거래를 저해할 우려가 있는 행위를 열거하여 금지하고 있다(공정거래법 제23조 제1항). 부당하게 특수관계인이나 다른 회사에 대하여 상품, 용역, 자금 등을 제공하거나 상당히 유리한 조건으로 거래하여 특수관계인 또는 다른 회사를 지원하는 행위, 즉 부당내부거래가 여기에 해당한다. 부당내부거래는 다음과 같은 국민경제적 폐해가 있기 때문이다.[16] 첫째, 효율성이 낮은 부실기업을 계열회사의 형태로 존속케 하여 시장에서 경쟁기업을 부당하게 배제하거나 잠재적 경쟁자가 신규로 시장에 진입하는 것을 억제하여 시장의 기능을 저해한다. 둘째, 계열회사 간 부당내부거래를 통하여 독과점적 이윤을 상호 간에 창출시키고, 그 결과 대기업집단에 소속된 계열회사들이 독점력을 강화하여 경제력의 집중을 발생시킨다. 셋째, 부당내부거래는 우량 계열기업의 핵심역량이 부실 계열기업으로 분산·유출되어 우량기업의 경쟁력을 저하시키고, 그 결과 기업집단 전체가 동반 부실화할 위험을 초래한다. 넷째, 부당내부거래는 기업의 투명성을 저해하고 주주, 특히 소액주주와 채권자 등의 이익을 침해한다.

소비자보호운동을 적극적으로 육성하는 국가의 과제 역시 시장의 지배력을 완화하는 중요한 수단이다(제124조). 이 규정이 소비자를 보호하기 위한 사회적 배려의 객관적 원칙인가, 소비자운동을 기본권으로 보장하는가에 대해서는 견해의 차이가 있으나 이 규정이 기본권을 도출하는 근거라고 볼 수는 없다.

4. 경제의 민주화

(1) 거시질서적 구상

헌법이 경제질서의 목표로서 경제주체 간의 조화를 통한 경제의 민주화를 제시하고 있는 것은 이례적이다. 경제의 민주화는 경제질서 그 자체의 목표로

16) 이에 대해서는 헌재 2003.7.24, 2001헌가25, 15-2(상), 9면 참조.

서는 생소하며, 시장의 기능 및 사회적 과제와 실질적인 연관성이 있다고 볼 수도 없다. 또 연관성이 논의되는 경우에도 그 내용은 매우 불분명하다. 1987년 헌법에 도입된 경제의 민주화의 목표는 그동안 헌법이론적으로, 그리고 헌법현실에 있어서 거의 주목을 받지 못하다가 2012년 대통령선거를 전후하여 비로소 활발하게 쟁점화되었다. 그러나 경제민주화의 이해방법, 또 헌법구조적 의미를 해명하는 진전이 있지는 않았다.

경제의 민주화의 목표를 일반적인 민주주의의 구조에서 이해하려는 시도가 있다. 시대적으로 보면 1987년 정착된 정치의 민주화는 민주화의 이념이 경제질서에 확대되어야 한다는 요청을 내포하고 있다고 이해한다. 이러한 입장에서는 경제의 민주화는 정치의 민주화와 함께 헌법원리를 구성한다. 그러나 일반 민주주의원리를 경제영역으로 확대하는 입장은 국가와 시장의 구분을 헌법 및 경제질서의 출발점으로 하는 우리의 헌법구조와 조화될 수 없다.

거시적인 차원에서 보면 경제민주화의 실현양태를 다음 두 가지로 구상할 수 있다. 첫째, 경제정책이 민주적 절차에 따라 결정되어야 한다. 그러나 이는 민주주의의 당연한 요청이며, 이 경우 경제의 민주화는 독자적인 의미를 갖지 않는다. 둘째, 경제정책에 특별한 관련성을 갖는 집단이 정치적 의사결정에 참여할 수 있어야 한다는 요청이다. 경제영역 전반에서 근로자와 사용자, 그리고 사업자와 소비자 간에 의사결정권의 집중을 완화하는 요청이라는 이해방법도 기본적으로 일반 민주주의의 관점을 중시하는 입장이다. 그러나 이러한 입장이 이들의 이해관계 혹은 의견이 정치과정에 반영되어야 한다는 정도를 의미한다면 이는 기본권의 기능과 중첩된다. 반면에 이들에게 의사결정에서 일정한 지분이 인정되어야 하는 것이라면 이들에게 특별히 정치적 비중을 부여하는 결과가 되어 정치적 평등과 조화될 수 없다. 즉 이로써 민주주의는 희생된다.

역사적으로 보면 경제민주화의 구상이 없지는 않았으나, 이는 성공할 수 없었다. 1948년 헌법제정과정에서 국민경제회의의 구상이 있었으나 최종적으로 헌법에 규정되지는 않았다.[17] 또 당시 국민경제회의는 내각의 자문기관으로서 실효성 있게 기능할 수 있는 조직이 아니었다. 경제민주화의 좀 더 진지한 시도는 1919년 바이마르헌법에서 국민경제위원회(Reichswirtschaftsrat)를 조직하는 형태로 이루어졌다(제165조).[18] 그러나 이러한 역사적 실험은 아무런 성과가 없었

17) 이에 대해서는 유진오, 헌법기초회고록(일조각, 1980), 54면 이하 참조.

18) 이에 대해서는 Christoph Gusy, *Die Weimarer Reichsverfassung*(Mohr Siebeck, 1997), 364면 이

다. 헌법 자체가 국민경제위원회의 성격을 명확히 하지 않았기 때문이다. 이를 자문기관으로 이해하는 경우 헌법운영에 아무런 영향을 미칠 수 없었다. 그렇다고 정치적 대표기관인 국회와 병렬적으로 기능하는 경제 국회, 혹은 제2의 국회로 이해할 경우 헌법이론적으로는 민주주의원리와 조화될 수 없었고, 헌법현실적으로도 국회와의 병렬관계로 실현하는 것이 불가능했다.

(2) 미시질서적 구상

미시적인 차원에서 경제의 민주화는 경제질서에 영향을 미치는 자조조직 혹은 기업경영에의 참여를 요청한다고 이해하는 견해가 있다. 그러나 특히 기업경영에의 참여를 민주주의의 논리로 정당화하는 시도는 헌법 전체질서와 조화될 수 없다. 경제질서의 관점에서 보면 이는 기업을 구성하는 요소 중 자본 및 경영에 비해서 노동에 우월한 위상을 부여하는 결과가 되기 때문이다. 기본권적 관점에서 보면 이로써 시장에서 당사자로 참여하는 자본의 기본권, 즉 재산권 및 직업의 자유 등이 정치적 처분의 대상이 된다. 이는 법치국가원리를 희생하지 않고는 실현될 수 없다.[19)]

경제의 민주화의 목표를 경제질서에 특유하게 이해하려는 입장도 있다. 이에 따르면 경제의 민주화는 특히 국가의 중립성과 노사 간의 균형관계를 확립하는 필요성과 당위성을 표현한 것으로 이해한다. 그러나 이러한 목표는 부분적으로 헌법 제33조 노동3권을 통하여 실현된다. 헌법 제33조는 노동과 자본의 균형을 실현하고, 국가에게는 중립의 과제를 부과하기 때문이다. 다만 헌법 제33조는 근로조건의 향상을 위하여 근로자에게 사용자와 대등한 협상력을 보장하는 목적을 갖는다. 따라서 경제정책 혹은 기업에서 노동자의 의사결정권 혹은 의사결정에의 참여권을 보장하는 것은 아니다. 경제의 민주화의 목표가 국가의 중립성, 노사관계의 균형성을 요구한다고 이해하는 입장에서는 헌법 제33조의 내용을 확인하는 것에 그치는가, 그 이상의 헌법적 의미를 갖는가, 그리고 구체적으로 이를 제도화하는 방법은 무엇인가에 대해서는 침묵하고 있다.

하; Gerhard A. Ritter, "Die Entstehung des Räteartikels 165 der Weimarer Reichsverfassung", *Historische Zeitschrift*(1994), 73면 이하 등 참조. 이 밖에 경제민주화의 이념적 기원에 대해서는 Franz-Xaver Kaufmann, *Sozialpolitisches Denken*(Suhrkamp, 2003), 24면 이하, 79면 이하 참조.

19) 이러한 이유에서 독일의 헌법재판소는 「공동결정법(Mitbestimmungsgesetz)」이 근로자의 경영참가로 인하여 사용자의 경영권을 무력화하지 않는 범위에서 합헌이라는 결정을 한 바 있다. *BVerfGE* 50, 290면 이하 참조.

한편 경제민주화의 목표를 보다 실체적 내용으로 이해하여 분배의 실질적 평등을 실현할 수 있다는 입장이 있다. 그러나 이는 민주주의가 아니라 복지국가원리의 과제이다.

(3) 헌법적 이질성과 불명확성

경제민주화의 목표는 위와 같이 명확하지도 않고, 또 전체 헌법질서와의 관계에서도 이질적이다. 그래서 그런지 경제민주화의 목표는 부분적으로 다른 경제정책 목표와 중복되며, 따라서 일반적·보충적 성격을 갖는다는 견해가 있다. 그러나 이 경우 불명확하고 이질적인 원칙이 헌법질서를 지배하게 될 위험이 있다. 이러한 위험은 이중적이다. 첫째, 헌법에 대한 이해를 왜곡할 수 있다. 예컨대 지난 몇 년간 재벌개혁, 불공정거래의 근절, 중소기업 및 소상공인 보호, 동반성장, 중소기업과 상생발전 등이 경제민주화의 주요 쟁점으로 부각되었다. 그러나 이러한 주제들은 헌법에서 시장의 지배와 경제력의 남용 방지의 목표에 포섭되며, 경제민주화라는 독자적인 논리를 필요로 하지는 않는다.[20] 그 결과 전자의 목표는 독자적인 의미를 상실하고, 반면에 후자에 대한 기대가 증폭되는 헌법의 왜곡이 나타날 수 있다. 둘째, 시장의 지배와 경제력의 남용 방지의 목표는 비교적 그 기능과 범주가 명확하고, 따라서 경제정책을 형성하고 평가하는 데 구체적인 기준이 될 수 있다. 그럼에도 불구하고 경제민주화라는 추상적이고 불명확한 기준이 적용됨으로써 경제정책의 목표정향성과 체계성이 상실될 수 있다. 재벌개혁의 시대적 요구에 대한 헌법적 분석이 좋은 예이다. 재벌개혁은 다양한 논의에도 불구하고 내부적으로 지배구조의 개선을, 그리고 외부적으로는 시장지배를 완화하여 자유경쟁의 구조를 조성하는 목표를 추구하며, 이는 시장의 지배와 경제력의 남용의 방지라는 목표와 일치한다. 그런데 이러한 문제를 경제민주화의 목표와 연관시키는 구상을 함으로써 한편으로는 재벌개혁의 시대적 과제가 독자적인 의제로서의 성격을 상실하게 되고, 다른 한편 경제적 민주화의 목표에 지나친 부담이 가해진다.

결국 경제의 민주화의 목표는 헌법전체구조와 조화될 수 있는 규범적 의미를 갖지는 못한다. 경제주체 간에 참여와 상호 의사소통을 통하여 거시경제 및 미시경제의 운영에 있어서 투명성과 공개성이 증진되어야 한다는 수사적 의미

20) 예컨대 헌재 2018.6.28, 2016헌바77등, 30-1(하), 512면 이하 참조.

정도가 있지 않을까 한다.[21)]

21) 헌법재판소 역시 뚜렷한 입장을 밝히고 있지 않다. 다만 다음과 같은 모호한 설시가 발견된다. "'경제의 민주화'의 이념이 경제영역에서의 국가행위의 한계를 설정하고 청구인의 기본권을 보호하는 헌법규범이 아니라 개인의 경제적 자유에 대한 제한을 정당화하는 근거규범…", 헌재 2003.11.27, 2001헌바35, 15-2(하), 239면; 2004.10.28, 99헌바91, 16-2(하), 129면 등 참조.

제10편

헌법의 개정

제 1 장 국민주권과 헌법제정권력, 헌법개정권력

제 1 절 국민주권과 헌법제정권력

헌법은 국가와 사회를 장기적으로 선도하는 가치질서에 대한 국민적 합의이다. 따라서 헌법의 제정은 국민주권이 실현되는 대표적인 형태이다. 헌법제정권력으로서 국민은 헌법이 제정된 후에는 이념적 통일체로서 기능한다. 구체적인 헌법관계는 헌법에 의하여 창설된 국가권력의 행사와 통제, 그리고 기본권의 효율적인 보장과 실현을 내용으로 한다. 이와 같은 헌법관계에는 헌법의 구체적인 질서가 더 이상 기능할 수 없는 경우, 혹은 개선될 필요가 있는 경우에 기존의 헌법질서와 동질성을 유지하는 범위 내에서 헌법을 개정하는 권력이 포함되어 있다. 이에 비해서 기존의 헌법질서의 동질성을 벗어나는 결정은 새로운 헌법제정권력의 행사에 해당하며, 이는 기존의 헌법적 가치와 내용, 그리고 절차에 기속되지 않는 정치적 행위이다.

헌법제정권력에 대한 구상, 그리고 헌법제정권력과 헌법개정권력의 구분은 근대 헌법의 이론적 산물이다. 이에 따르면 헌법제정권력은 근대 헌법의 실질적 원리와 원칙을 벗어나 행사될 수는 없다. 또 헌법제정권력의 행사는 국민적 합의절차를 거쳐야 하기 때문에 국회에서 가중된 의결정족수에 의한 의결과 국민투표를 실시하도록 하는 것이 일반적이다. 특히 국회에서 가중된 의결정족수는 헌법제정에 있어 소수를 보호하는 역할을 하기 때문에 필수적이다. 이 점에서 헌법제정권력의 행사에 실체법적 및 절차법적 한계가 있다는 논리가 성립된다. 그러나 오늘날 헌법국가의 전형을 벗어날 가능성은 없기 때문에 헌법제정권력의 한계에 관한 논의는 실익이 없다.

제 2 절 헌법개정의 한계

Ⅰ. 헌법제정권력과 헌법개정권력

근대 헌법의 설계자, 예컨대 시이예스(Abbé Sieyès)는 국민이 주권자의 지위를 갖고 근대 헌법의 보편적 가치를 구성하는 헌법을 제정하면서 구체제(ancien régime)로의 퇴행을 방지하기 위하여 헌법에 의하여 조직화된 헌법개정권력의 개념을 구상하였다. 그리고 헌법개정권력이 헌법제정권력의 의지를 벗어날 수는 없다는 이론을 구성하였다. 이는 혁명기에 불가역(irreversibility)의 헌법을 유지하기 위한 이론적 노력이었다. 그러나 헌법국가가 정착해 있는 상황에서는 이러한 이론의 가치는 제한적이다. 오늘날 헌법국가는 헌법의 보편적 가치와 그 변화를 충실히 헌법규범화하는 과제를 가지며, 이전 헌법과의 연속성과 동질성을 유지하는 것이 중요한 문제는 아니기 때문이다.

위와 같은 관점에서 보면 헌법제정권력과 헌법개정권력의 구분이 갖는 의미는 제한적이다. 그동안 헌법개정을 제어하는 요소로서 추상적으로는 헌법제정권력의 의지, 헌법의 자동성과 계속성, 구체적으로는 국민주권, 기본권 보장, 의회제도, 그리고 권력분립 등이 제시되어 왔다. 이 밖에 보다 상세하게 헌법전문, 민주공화국, 국민주권주의, 평화주의, 복수정당제도, 사회적 시장경제, 경성헌법 등을 중시하는 견해도 있었다. 그리고 이를 부인하는 헌법의 변화는 더 이상 헌법의 개정은 아니라고 보았다. 그러나 이와 같이 헌법개정의 한계를 벗어나는 헌법의 변화가 헌법제정에 해당한다고 할 수도 없다. 헌법제정권력의 개념과 실체 자체가 위와 같은 이념과 원리를 구성요소로 하는 근대 헌법의 산물이기 때문이다. 그 결과 헌법개정의 한계에 관한 설명이 헌법사를 이해하고 역사적 전환의 인과관계를 설명하는 데 유용한 개념인가는 의문이다.

Ⅱ. 헌법개정의 실정법적 한계

헌법개정권력의 행사가 기존 헌법질서의 동질성을 파괴하지 않도록 하기 위하여 헌법 자체가 헌법의 본질적인 요소, 혹은 헌법개정의 한계를 직접 제시하는 헌법례가 있다. 1954년 헌법은 제1조 민주공화국, 제2조 국민주권, 그리고 제7조의2 국민주권의 제약, 영토의 변경 등 중대 사안에 대한 국민투표에 관한 규정을 개폐할 수 없도록 하였다(1954년 헌법 제98조 제6항). 독일헌법은 연방국가원리, 인간의 존엄, 그리고 헌법의 기본원리에 대한 개정을 금지하고 있다(독일헌법 제79조 제3항).

현행 헌법은 헌법개정의 한계를 직접 제시하고 있지는 않다. 다만 헌법개정의 효력발생시기에 관한 제한은 있다. 즉 "대통령의 임기연장 또는 중임변경을 위한 헌법개정은 그 헌법개정 제안 당시의 대통령에 대하여는 효력이 없다"(제128조 제2항). 이는 우리 헌정사에서 1954년, 1969년, 그리고 1972년 헌법개정과 같이 대통령의 집권을 연장하기 위한 헌법개정이 되풀이되지 않도록 하기 위한 목적을 갖는다. 우리 헌법이 헌법개정의 한계를 직접 제시하지 않았더라도 헌법제정권력과의 관계에서 헌법개정권력의 행사에는 한계가 있다. 민주주의, 법치국가원리, 복지국가원리, 기본권의 보장과 같은 현행 헌법의 본질적인 요소를 폐지하는 헌법개정은 그 한계를 벗어난다. 그러나 현실정치적으로 보면 그와 같은 가능성은 없기 때문에 혁명적 상황이 존재하는 경우를 제외하고는 헌법개정의 한계에 관한 논의는 실익이 거의 없다.

제 2 장 헌법개정, 헌법변천과 헌법해석

제 1 절 헌법개정과 헌법변천

헌법은 국가 및 사회의 장기적인 가치질서이며, 따라서 헌법개정의 절차는 일반 법률의 개정절차에 비해서는 엄격한 것이 일반적이다. 우리 헌법은 헌법개정을 위하여 일반 법률의 개정에 비해서 가중된 의결정족수를 적용하고, 또 국민투표를 거치도록 하고 있다. 헌법이 현실의 변화를 합리적으로 규율하는데 한계가 있는 경우가 얼마든지 나타날 수 있다. 이러한 경우에 헌법변천의 논리에 따라 헌법규범의 한계를 벗어나는 사안을 헌법에 포섭하거나 혹은 헌법규범의 해석상의 한계를 벗어나 헌법규범에 새로운 내용을 부여하는 시도가 이루어진 바 있다. 그러나 헌법변천의 논리는 헌법국가를 실현하는 방법으로 옳지 않다.

헌법변천의 논리는 국민주권을 행사하여 제정된 헌법의 결정을 왜곡하는 위험이 있다. 헌법의 규범력을 실현하기 위하여 헌법현실을 존중하여야 할 필요가 있으며, 헌법규범과 헌법현실 사이의 간극이 해석에 의하여 좁혀질 수 없는 경우에는 이제 국민의 직접적인 결정, 즉 헌법개정이 필요하다. 무엇보다도 헌법이 변천하여 새로운 내용을 갖게 하거나 심지어 헌법의 의도를 근본적으로 벗어나는 의미를 가질 수 있게 한다면 헌법이 국가 및 사회의 장기적인 가치로서 정치적 안정성을 보장하는 기능은 상실될 것이다.

제 2 절 헌법개정과 헌법해석

헌법국가가 안정적으로 정착할수록 헌법적 가치를 존중하며, 이에 기초하여 헌법이 규범력을 강화할 수 있도록 해석하고, 또 이론을 형성하는 경향이 뚜렷하게 나타나게 되었다. 예컨대 기본권의 경우에는 인간의 존엄과 같은 일반적인 효력을 갖는 원칙규범, 그리고 행복추구권과 같이 일반적 행동권을 보장하는 규범의 해석을 통하여 개인의 행위 및 법적 지위를 광범위하게 포섭할 수 있게 되었다. 또 기본권의 객관적 성격에 관한 이론에 기초하여 기본권을 실현하기 위하여 필요한 조건을 보호할 수 있게 되었다. 이와 같은 해석론저 및 이론적 상황은 헌법개정의 필요성을 약화시키는 요소들이다.

위와 같은 관점에서 보면 헌법규범과 헌법현실의 괴리가 발생하는 경우 이러한 괴리를 좁혀서 헌법의 규범력을 유지하는 것은 1차적으로 헌법해석의 과제이며, 헌법해석이 한계에 부딪칠 경우에는 헌법개정의 절차를 밟아야 한다.

제 3 장 현행 헌법과 헌법개정

제 1 절 개정의 필요성에 관한 논의

현행 헌법에 대해서는 오랫동안 개정의 필요성이 제기되었으며, 이는 다음과 같이 유형화될 수 있다.

첫째, 민주주의의 공고화와 관련된 논의이다. 1987년 헌법이 절차적 민주주의에는 기여했지만 사회경제 및 문화의 영역으로 민주주의를 확장하여 실현하는 데 실패했거나 적어도 실질적 민주주의가 지체되고 있다는 지적이었다. 이는 주로 정치학 및 사회학 등 사회과학에서 1987년 헌법에 대한 분석과 평가였다. 이러한 논의가 헌법개정을 목적으로 하였는지, 또 헌법의 수정과 보충을 의도했는지는 명확하지 않다.

둘째, 1998년 출범한 국민의 정부(김대중 정부)는 자민련과 선거연합을 이루어 선거에서 승리하고 집권하였지만 정책연합으로서 오래 가지는 않았다. 이후 여소야대의 정국구도가 빈번하게 나타났다. 이러한 구도에서 대통령과 국회, (소수) 집권당과 (다수) 야당이 극한 대립을 하였고, 정부의 기능은 곳곳에서 장애를 보였다. 이러한 구도는 2003년 참여정부(노무현 정부)에서도 다시 나타났고, 2004년 국회에서 대통령에 대한 탄핵소추가 의결되는 상황에 이르렀다. 이를 전후(前後)하여 집중적으로 분권형 대통령중심제, 책임총리제, 이원정부제 등이 87년 체제에 대한 대안으로 논의되기 시작하였다.

셋째, 1987년 헌법이 처음부터 체계모순을 내포하고 있었으며, 지난 30년 동안 이 점이 부분적으로 나타났다. 이러한 모순을 정리하여 체계화할 필요가 있다는 지적이다. 법원과 헌법재판소의 관계, 헌법재판소의 구성방법, 감사원의 위상 등이 대표적인 예이다.

넷째, 보다 일반적인 관점에서 1987년 헌법이 노쇠(老衰)했으며, 따라서 그 동안 진행된 사회경제적 환경, 그리고 국민의식의 변화에 맞추어 부분적으로 개정 혹은 보완되어야 한다는 것이다. 예컨대 그 동안 헌법재판소가 헌법에 명시되지 않은 권리를 기본권으로 인정하여 왔다는 사실에 기초하여 이와 같은 성과를 수용하는 개정이 필요하다는 제안이다. 알권리, 개인정보자기결정권 등이 대표적인 예이다.

제 2 절 헌법개정의 필요성과 정당성

위와 같은 헌법개정에 대한 논의는 규범적 의미보다는 정치적 및 수사적 의미가 더 강한 것으로 보인다. 기본권은 국민생활에 직접 영향을 미치며, 헌법은 시대의 흐름에 따라 규범력을 유지하기 위하여 진화하여야 한다. 그러나 역설적으로 보면 기본권의 기능적 중요성으로 인하여 일반적으로 헌법재판소 등 헌법을 유권적으로 해석하는 국가기관은 헌법 제10조 인간의 존엄 및 행복추구권을 근거로, 그리고 제37조 제1항 열거되지 않은 기본권에 관한 조항을 매개로 기본권을 보충하는 작업을 하여 왔다.[1)] 이는 일종의 헌법해석에 해당한다. 헌법정책적 중요성을 이유로 새로운 기본권을 도입할 필요가 있는 경우 헌법개정을 통하여 이를 명확히 하는 것은 바람직하다. 이 경우 일반적으로 헌법개정은 사회변화를 선도하기보다는 그동안 이미 '상당한 정도로 진행된' 사회변화를 헌법에 수용하는 의미를 갖는다.

그러나 헌법개정과 입법의 관계에서 보면 사실관계 및 국민의식의 변화를 입법적으로 수용하는 것이 훨씬 신축성이 있는 대응방법이다. 국민안전권에 관한 논의가 대표적인 예이다. 국민안전권이 기본권의 성격을 갖는가, 따라서 헌법에 도입되어야 하는가의 논의에 앞서 이를 입법적으로 충실화하는 것이 훨씬 헌법친화적이다. 또 사실관계의 변화는 헌법재판에서 승인되어 헌법적 의미를 가질 수 있다. 예컨대 가족에서 부부의 역할분담의 변화는 입법적으로, 그리고 헌법재판을 통하여 수용되어 남녀평등의 기본권이 실질적으로 보충되었다. 이러한 인식의 변화를 반영하여 재산분할청구권이 도입되었으며, 또 헌법재판소는 부부자산소득 합산과세에 대해서 위헌결정을 내린 바 있다.[2)] 소극적으로 보면 헌법개정은 사회변화를 신속히 법질서에 반영하는 수단으로 적합하지 않다.

---

1) 헌재 1996.11.28, 95헌바1, 8-2, 545면 이하(생명권); 2001.7.19, 2000헌마546, 13-2, 108면 이하(인격권); 2005.5.26, 99헌마513등, 17-1, 683면 이하(개인정보자기결정권); 2009.11.26, 2008헌마385, 21-2(하), 647면(연명치료중단의 자기결정권) 등 참조.

2) 이에 대해서는 헌재 2002.8.29, 2001헌바82, 14-2, 170면 이하; 2008.11.13, 2006헌바112등, 20-2(하), 1면 이하; 2011.11.24, 2009헌바146, 23-2(하), 234면 이하 등 참조. 같은 취지의 결정으로는 2008.11.27, 2006헌가1, 20-2(하), 6면 이하 참조.

헌법개정을 위한 국민적 합의에는 여러 가지 변수가 작용하며, 이때 본질적인 문제가 희석될 수 있기 때문이다. 앞으로 동성혼인 혹은 동성 간 동거와 혼인 관계에 대한 법적 규율은 위와 같은 헌법변화의 단계를 거칠 가능성이 높다. 우리 헌법에서 혼인과 가족의 보호와 가족법의 관계에서 이러한 헌법의 실현에 관한 특성은 빈번하게 관찰되어 왔다.[3)]

헌법개정의 유력한 계기는 남북통일이 될 것이다. 특히 실현가능성이 높지는 않지만 남북이 합의에 의하여 통일하는 경우 우리 헌법은 통일헌법에 의하여 대체될 수 있다. 그러나 동·서독 통일의 예가 보여주듯이 적어도 규범적으로 보면 통일에 반드시 새로운 헌법의 제정 혹은 전면적인 헌법개정이 뒤따라야 하는 것은 아니다. 1990년 통일 독일의 헌법에서는 수많은 조항이 개정되었지만 헌법개정의 형태를 띠었고 1949년 헌법과의 동일성은 그대로 유지되었다. 우리 헌법은 이미 제3조에서 북한 지역을 포함한 한반도 전체를 대한민국의 영토로 하고 있으며, 분단의 현실을 반영하는 국적에 관한 조항이 있는 것도 아니다. 다만 분단과 통일에 관한 일부 조항은 삭제될 것이다. 헌법 제4조 평화통일조항, 제66조 제3항 평화통일에 관한 대통령의 과제 및 제69조 이에 관한 대통령 선서 조항 등이다. 또 우리 헌법이 북한 지역에 전면적으로 적용되는 데 따르는 법적 혼란을 완화하기 위하여 과도기적으로 북한 지역에 대한 정치적 및 사회경제적 배려 및 지원을 헌법에 직접 규율할 수도 있다. 이 경우에도 규범적으로 보면 헌법의 전면개정이 반드시 필요한 것은 아니다. 다만 정치상징적인 이유에서 외형적으로 전면개정이 이루어질 가능성은 크다.

제 3 절 외국 헌법의 예

헌법개정, 헌법의 해석 및 구체화의 관계는 다른 나라의 헌법변화에서도 확인된다. 예컨대 독일헌법은 1949년 제정된 이후 그동안 67차례에 걸쳐 개정되었다. 이는 비교헌법적으로 보면 매우 빈번하게 개정되는 예이다. 독일은 1949년 헌법을 제정하면서 예상하였던 분단 시기 약 5년 동안을 고려한 임시헌법

3) 헌재 1997.7.16, 95헌가6등, 9-2, 1면 이하(동성동본금혼제도); 2005.2.3, 2001헌가9등, 17-1, 1면 이하(호주제); 2005.12.22, 2003헌가5등, 17-2, 544면 이하(부성주의); 2015.2.26, 2009헌바17등, 27-1(상), 20면 이하(간통죄) 등 참조.

으로 구상하였고, 당시 점령국 하에서 완전한 주권을 보유·행사할 수 없었다는 점이 태생적 한계로 작용하였다. 그리고 임시헌법이 정상헌법으로 기능하게 되면서 한편으로는 임시적 성격을 해체하고, 다른 한편으로는 정상헌법으로 기능하기 위하여 필요한 헌법개정이 따랐다. 또 독일이 연방국가이기 때문에 헌법제정 이후 진행된 사회경제적 상황과 과제의 변화를 연방과 주 간에 입법권한의 배분 및 재정방식에 반영하는 필요성이 계속 나타났다. 이와 같은 사안들은 헌법에 비교적 상세하게 규율되었기 때문에 기술적인 의미를 갖는 규정을 포함하게 되었다. 그만큼 이러한 규정은 해석의 폭이 좁았고, 따라서 헌법의 변화는 개정의 방법에 의할 수밖에 없었다. 이 문제에 관한 한 독일헌법은 장기적인 가치질서의 성격을 갖기보다는 시대적 필요에 따른 처방이었고, 그 결과 헌법의 정형을 벗어나 법률과 같은 구조를 가졌다는 평가를 받았다. 여기에는 독일헌법에서 헌법의 개정을 위해서 연방의회와 연방참사원 3분의 2 이상의 가중정족수가 필요하지만 국민투표를 거치지 않는다는 점도 작용하였다. 그러나 이와 같은 빈번한 헌법개정에도 불구하고 기본적으로 국가조직 및 기능에 있어서는 거의 변화가 없었다.

미국헌법은 제정 이후 27차례 개정되었지만, 이는 정확히 표현하면 증보(amendment)였다. 그리고 미국은 독일과 같이 연방국가이지만 헌법개정의 전개양상은 현저히 달랐다. 이는 미국헌법이 독일헌법과 비교했을 때 다음과 같은 두 가지 차이가 있기 때문이다. 첫째, 미국헌법이 독일헌법과 같은 정도로 연방과 주 간의 권한배분을 밀도있게, 그리고 기술적인 규정을 통하여 세밀하게 규율하지는 않았다. 연방과 주 간에 권한배분이 문제될 때 연방의회의 권한을 의제하는 전통이 형성되어 왔다는 점도(이른바 'implied power') 헌법개정의 필요성을 약화시키는 요인이었다. 둘째, 미국헌법은 독일헌법과 달리 국가의 사회경제적 과제를 광범위하게 규율하고 있지는 않다. 독일헌법에서 연방국가에 관련된 개정이 대부분 사회경제적 과제의 재편성, 이에 뒤따르는 과세권한의 조정 및 조세수입의 배분에 관한 것이었다는 점을 염두에 두면 미국헌법의 개정 빈도가 낮았다는 점은 설명이 된다.

일본헌법은 헌법개정의 빈도, 개정의 필요성과 정당성과의 관계에서 주목을 요한다. 일본헌법은 1946년 제정된 이후 지금까지 국회, 그리고 학계에서 수많은 개정 논의가 있었지만 아직 한 차례도 개정되지 않았다. 여기에는 헌법이 국가생활에 대한 기본질서로서 해석 및 구체화에 의하여 실현된다는 이해가 작용하였다. 즉 엄격한 의미에서 헌법개정의 필요성이 인식되지 않았다는 것이다. 그러나 그렇다고 일본헌법이 1946년 이후 아무런 변화가 없었다고 볼 수는 없다. 1950년대 자위대의 창설과 관련하여 제기되었던 헌법변천 및 헌법해석의 한계에 관한 문제는 이제 극복된 듯 하며, 최근 제9조 평화헌법 조항에 대한 개정논의는 평화주의 자체로부터의 전환을 대상으로 하고 있다.

제 4 장 헌법개정절차

헌법개정은 국회 재적의원 과반수 또는 대통령이 발의한다(제128조 제1항). 헌법개정안이 발의된 후 개정안에 대한 국민의 의사형성을 위하여 필요한 기간 동안 공고하는 절차가 필요하다. 즉 개정안은 대통령이 20일 이상의 기간 공고하여야 한다(제129조). 헌법개정을 대통령이 발의한 경우, 국회에서 발의한 경우 모두 국회에서 의결하여야 한다. 국회는 헌법개정안이 공고된 날로부터 60일 이내에 의결하여야 한다. 국회에서 헌법개정안을 의결하기 위해서는 국회 재적의원 3분의 2 이상의 찬성을 얻어야 한다. 국회에서 헌법개정안은 기명투표로 표결한다. 일반적으로 하나의 정당이 국회에서 3분의 2 이상의 의석을 차지하는 것은 거의 불가능하다. 따라서 헌법을 개정하기 위해서는 집권당과 야당 간에 합의가 있어야 한다. 이와 같은 가중정족수에 관한 규정은 헌법의 존속에 관한 결정에 있어서 소수를 보호하는 의미를 갖는다.

국회에서 의결된 헌법개정안은 최종적으로 국민투표를 거쳐야 한다. 헌법개정안은 국회에서 의결된 후 30일 이내에 국민투표에 부쳐 국회의원선거권자 과반수의 투표와 투표자 과반수의 찬성을 얻어야 한다. 국민투표에서 찬성을 얻은 때 헌법개정은 확정되며, 대통령은 이를 즉시 공포하여야 한다(제130조).

대한민국헌법

전 문

유구한 역사와 전통에 빛나는 우리 대한국민은 3·1운동으로 건립된 대한민국임시정부의 법통과 불의에 항거한 4·19민주이념을 계승하고, 조국의 민주개혁과 평화적 통일의 사명에 입각하여 정의·인도와 동포애로써 민족의 단결을 공고히 하고, 모든 사회적 폐습과 불의를 타파하며, 자율과 조화를 바탕으로 자유민주적 기본질서를 더욱 확고히 하여 정치·경제·사회·문화의 모든 영역에 있어서 각인의 기회를 균등히 하고, 능력을 최고도로 발휘하게 하며, 자유와 권리에 따르는 책임과 의무를 완수하게 하여, 안으로는 국민생활의 균등한 향상을 기하고 밖으로는 항구적인 세계평화와 인류공영에 이바지함으로써 우리들과 우리들의 자손의 안전과 자유와 행복을 영원히 확보할 것을 다짐하면서 1948년 7월 12일에 제정되고 8차에 걸쳐 개정된 헌법을 이제 국회의 의결을 거쳐 국민투표에 의하여 개정한다.

1987년 10월 29일

제 1 장 총 강

제 1 조 ① 대한민국은 민주공화국이다.
② 대한민국의 주권은 국민에게 있고, 모든 권력은 국민으로부터 나온다.

제 2 조 ① 대한민국의 국민이 되는 요건은 법률로 정한다.
② 국가는 법률이 정하는 바에 의하여 재외국민을 보호할 의무를 진다.

제 3 조 대한민국의 영토는 한반도와 그 부속도서로 한다.

제 4 조 대한민국은 통일을 지향하며, 자유민주적 기본질서에 입각한 평화적 통일정책을 수립하고 이를 추진한다.

제 5 조 ① 대한민국은 국제평화의 유지에 노력하고 침략적 전쟁을 부인한다.
② 국군은 국가의 안전보장과 국토방위의 신성한 의무를 수행함을 사명으로 하며, 그 정치적 중립성은 준수된다.

제 6 조 ① 헌법에 의하여 체결·공포된 조약과 일반적으로 승인된 국제법규는 국내법과 같은 효력을 가진다.
② 외국인은 국제법과 조약이 정하는 바에 의하여 그 지위가 보장된다.

제 7 조 ① 공무원은 국민전체에 대한 봉사자이며, 국민에 대하여 책임을 진다.
② 공무원의 신분과 정치적 중립성은 법률이 정하는 바에 의하여 보장된다.

제 8 조 ① 정당의 설립은 자유이며, 복수정당제는 보장된다.
② 정당은 그 목적·조직과 활동이 민주적이어야 하며, 국민의 정치적 의사형성에 참여하는 데 필요한 조직을 가져야 한다.
③ 정당은 법률이 정하는 바에 의하여 국가의 보호를 받으며, 국가는 법률이 정하는 바에 의하여 정당운영에 필요한 자금을 보조할 수 있다.

④ 정당의 목적이나 활동이 민주적 기본질서에 위배될 때에는 정부는 헌법재판소에 그 해산을 제소할 수 있고, 정당은 헌법재판소의 심판에 의하여 해산된다.

제 9 조 국가는 전통문화의 계승·발전과 민족문화의 창달에 노력하여야 한다.

제 2 장 국민의 권리와 의무

제10조 모든 국민은 인간으로서의 존엄과 가치를 가지며, 행복을 추구할 권리를 가진다. 국가는 개인이 가지는 불가침의 기본적 인권을 확인하고 이를 보장할 의무를 진다.

제11조 ① 모든 국민은 법 앞에 평등하다. 누구든지 성별·종교 또는 사회적 신분에 의하여 정치적·경제적·사회적·문화적 생활의 모든 영역에 있어서 차별을 받지 아니한다.

② 사회적 특수계급의 제도는 인정되지 아니하며, 어떠한 형태로도 이를 창설할 수 없다.

③ 훈장등의 영전은 이를 받은 자에게만 효력이 있고, 어떠한 특권도 이에 따르지 아니한다.

제12조 ① 모든 국민은 신체의 자유를 가진다. 누구든지 법률에 의하지 아니하고는 체포·구속·압수·수색 또는 심문을 받지 아니하며, 법률과 적법한 절차에 의하지 아니하고는 처벌·보안처분 또는 강제노역을 받지 아니한다.

② 모든 국민은 고문을 받지 아니하며, 형사상 자기에게 불리한 진술을 강요당하지 아니한다.

③ 체포·구속·압수 또는 수색을 할 때에는 적법한 절차에 따라 검사의 신청에 의하여 법관이 발부한 영장을 제시하여야 한다. 다만, 현행범인인 경우와 장기 3년 이상의 형에 해당하는 죄를 범하고 도피 또는 증거인멸의 염려가 있을 때에는 사후에 영장을 청구할 수 있다.

④ 누구든지 체포 또는 구속을 당한 때에는 즉시 변호인의 조력을 받을 권리를 가진다. 다만, 형사피고인이 스스로 변호인을 구할 수 없을 때에는 법률이 정하는 바에 의하여 국가가 변호인을 붙인다.

⑤ 누구든지 체포 또는 구속의 이유와 변호인의 조력을 받을 권리가 있음을 고지받지 아니하고는 체포 또는 구속을 당하지 아니한다. 체포 또는 구속을 당한 자의 가족등 법률이 정하는 자에게는 그 이유와 일시·장소가 지체없이 통지되어야 한다.

⑥ 누구든지 체포 또는 구속을 당한 때에는 적부의 심사를 법원에 청구할 권리를 가진다.

⑦ 피고인의 자백이 고문·폭행·협박·구속의 부당한 장기화 또는 기망 기타의 방법에 의하여 자의로 진술된 것이 아니라고 인정될 때 또는 정식재판에 있어서 피고인의 자백이 그에게 불리한 유일한 증거일 때에는 이를 유죄의 증거로 삼거나 이를 이유로 처벌할 수 없다.

제13조 ① 모든 국민은 행위시의 법률에 의하여 범죄를 구성하지 아니하는 행위로 소추되지 아니하며, 동일한 범죄에 대하여 거듭 처벌받지 아니한다.

② 모든 국민은 소급입법에 의하여 참정권의 제한을 받거나 재산권을 박탈당하지 아니한다.

③ 모든 국민은 자기의 행위가 아닌 친족의 행위로 인하여 불이익한 처우를 받지 아니한다.

제14조 모든 국민은 거주·이전의 자유를 가진다.

제15조 모든 국민은 직업선택의 자유를

가진다.

제16조 모든 국민은 주거의 자유를 침해받지 아니한다. 주거에 대한 압수나 수색을 할 때에는 검사의 신청에 의하여 법관이 발부한 영장을 제시하여야 한다.

제17조 모든 국민은 사생활의 비밀과 자유를 침해받지 아니한다.

제18조 모든 국민은 통신의 비밀을 침해받지 아니한다.

제19조 모든 국민은 양심의 자유를 가진다.

제20조 ① 모든 국민은 종교의 자유를 가진다.

② 국교는 인정되지 아니하며, 종교와 정치는 분리된다.

제21조 ① 모든 국민은 언론·출판의 자유와 집회·결사의 자유를 가진다.

② 언론·출판에 대한 허가나 검열과 집회·결사에 대한 허가는 인정되지 아니한다.

③ 통신·방송의 시설기준과 신문의 기능을 보장하기 위하여 필요한 사항은 법률로 정한다.

④ 언론·출판은 타인의 명예나 권리 또는 공중도덕이나 사회윤리를 침해하여서는 아니된다. 언론·출판이 타인의 명예나 권리를 침해한 때에는 피해자는 이에 대한 피해의 배상을 청구할 수 있다..

제22조 ① 모든 국민은 학문과 예술의 자유를 가진다.

② 저작자·발명가·과학기술자와 예술가의 권리는 법률로써 보호한다.

제23조 ① 모든 국민의 재산권은 보장된다. 그 내용과 한계는 법률로 정한다.

② 재산권의 행사는 공공복리에 적합하도록 하여야 한다.

③ 공공필요에 의한 재산권의 수용·사용 또는 제한 및 그에 대한 보상은 법률로써 하되, 정당한 보상을 지급하여야 한다.

제24조 모든 국민은 법률이 정하는 바에 의하여 선거권을 가진다.

제25조 모든 국민은 법률이 정하는 바에 의하여 공무담임권을 가진다.

제26조 ① 모든 국민은 법률이 정하는 바에 의하여 국가기관에 문서로 청원할 권리를 가진다.

② 국가는 청원에 대하여 심사할 의무를 진다.

제27조 ① 모든 국민은 헌법과 법률이 정한 법관에 의하여 법률에 의한 재판을 받을 권리를 가진다.

② 군인 또는 군무원이 아닌 국민은 대한민국의 영역 안에서는 중대한 군사상 기밀·초병·초소·유독음식물공급·포로·군용물에 관한 죄 중 법률이 정한 경우와 비상계엄이 선포된 경우를 제외하고는 군사법원의 재판을 받지 아니한다.

③ 모든 국민은 신속한 재판을 받을 권리를 가진다. 형사피고인은 상당한 이유가 없는 한 지체없이 공개재판을 받을 권리를 가진다.

④ 형사피고인은 유죄의 판결이 확정될 때까지는 무죄로 추정된다.

⑤ 형사피해자는 법률이 정하는 바에 의하여 당해 사건의 재판절차에서 진술할 수 있다.

제28조 형사피의자 또는 형사피고인으로서 구금되었던 자가 법률이 정하는 불기소처분을 받거나 무죄판결을 받은 때에는 법률이 정하는 바에 의하여 국가에 정당한 보상을 청구할 수 있다.

제29조 ① 공무원의 직무상 불법행위로 손해를 받은 국민은 법률이 정하는 바에 의하여 국가 또는 공공단체에 정당한 배상을 청구할 수 있다. 이 경우 공무원 자신의 책임은 면제되지 아니한다.

② 군인·군무원·경찰공무원 기타 법률이 정하는 자가 전투·훈련등 직무집행과 관련하여 받은 손해에 대하여는 법률이 정하는 보상 외에 국가 또는 공공단체에 공무원의 직무상 불법행위로 인한 배상은 청구할 수 없다.

제30조 타인의 범죄행위로 인하여 생명·신체에 대한 피해를 받은 국민은 법률이 정하는 바에 의하여 국가로부터 구조를 받을 수 있다.

제31조 ① 모든 국민은 능력에 따라 균등하게 교육을 받을 권리를 가진다.

② 모든 국민은 그 보호하는 자녀에게 적어도 초등교육과 법률이 정하는 교육을 받게 할 의무를 진다.

③ 의무교육은 무상으로 한다.

④ 교육의 자주성·전문성·정치적 중립성 및 대학의 자율성은 법률이 정하는 바에 의하여 보장된다.

⑤ 국가는 평생교육을 진흥하여야 한다.

⑥ 학교교육 및 평생교육을 포함한 교육제도와 그 운영, 교육재정 및 교원의 지위에 관한 기본적인 사항은 법률로 정한다.

제32조 ① 모든 국민은 근로의 권리를 가진다. 국가는 사회적·경제적 방법으로 근로자의 고용의 증진과 적정임금의 보장에 노력하여야 하며, 법률이 정하는 바에 의하여 최저임금제를 시행하여야 한다.

② 모든 국민은 근로의 의무를 진다. 국가는 근로의 의무의 내용과 조건을 민주주의원칙에 따라 법률로 정한다.

③ 근로조건의 기준은 인간의 존엄성을 보장하도록 법률로 정한다.

④ 여자의 근로는 특별한 보호를 받으며, 고용·임금 및 근로조건에 있어서 부당한 차별을 받지 아니한다.

⑤ 연소자의 근로는 특별한 보호를 받는다.

⑥ 국가유공자·상이군경 및 전몰군경의 유가족은 법률이 정하는 바에 의하여 우선적으로 근로의 기회를 부여받는다.

제33조 ① 근로자는 근로조건의 향상을 위하여 자주적인 단결권·단체교섭권 및 단체행동권을 가진다.

② 공무원인 근로자는 법률이 정하는 자에 한하여 단결권·단체교섭권 및 단체행동권을 가진다.

③ 법률이 정하는 주요방위산업체에 종사하는 근로자의 단체행동권은 법률이 정하는 바에 의하여 이를 제한하거나 인정하지 아니할 수 있다.

제34조 ① 모든 국민은 인간다운 생활을 할 권리를 가진다.

② 국가는 사회보장·사회복지의 증진에 노력할 의무를 진다.

③ 국가는 여자의 복지와 권익의 향상을 위하여 노력하여야 한다.

④ 국가는 노인과 청소년의 복지향상을 위한 정책을 실시할 의무를 진다.

⑤ 신체장애자 및 질병·노령 기타의 사유로 생활능력이 없는 국민은 법률이 정하는 바에 의하여 국가의 보호를 받는다.

⑥ 국가는 재해를 예방하고 그 위험으로부터 국민을 보호하기 위하여 노력하여야 한다.

제35조 ① 모든 국민은 건강하고 쾌적한 환경에서 생활할 권리를 가지며, 국가와 국민은 환경보전을 위하여 노력하여야 한다.

② 환경권의 내용과 행사에 관하여는 법률로 정한다.

③ 국가는 주택개발정책등을 통하여 모든 국민이 쾌적한 주거생활을 할 수 있도록 노력하여야 한다.

제36조 ① 혼인과 가족생활은 개인의 존엄과 양성의 평등을 기초로 성립되고 유

지되어야 하며, 국가는 이를 보장한다.

② 국가는 모성의 보호를 위하여 노력하여야 한다.

③ 모든 국민은 보건에 관하여 국가의 보호를 받는다.

제37조 ① 국민의 자유와 권리는 헌법에 열거되지 아니한 이유로 경시되지 아니한다.

② 국민의 모든 자유와 권리는 국가안전보장·질서유지 또는 공공복리를 위하여 필요한 경우에 한하여 법률로써 제한할 수 있으며, 제한하는 경우에도 자유와 권리의 본질적인 내용을 침해할 수 없다.

제38조 모든 국민은 법률이 정하는 바에 의하여 납세의 의무를 진다.

제39조 ① 모든 국민은 법률이 정하는 바에 의하여 국방의 의무를 진다.

② 누구든지 병역의무의 이행으로 인하여 불이익한 처우를 받지 아니한다.

제3장 국 회

제40조 입법권은 국회에 속한다.

제41조 ① 국회는 국민의 보통·평등·직접·비밀선거에 의하여 선출된 국회의원으로 구성한다.

② 국회의원의 수는 법률로 정하되, 200인 이상으로 한다.

③ 국회의원의 선거구와 비례대표제 기타 선거에 관한 사항은 법률로 정한다.

제42조 국회의원의 임기는 4년으로 한다.

제43조 국회의원은 법률이 정하는 직을 겸할 수 없다.

제44조 ① 국회의원은 현행범인인 경우를 제외하고는 회기 중 국회의 동의없이 체포 또는 구금되지 아니한다.

② 국회의원이 회기 전에 체포 또는 구금된 때에는 현행범인이 아닌 한 국회의 요구가 있으면 회기 중 석방된다.

제45조 국회의원은 국회에서 직무상 행한 발언과 표결에 관하여 국회 외에서 책임을 지지 아니한다.

제46조 ① 국회의원은 청렴의 의무가 있다.

② 국회의원은 국가이익을 우선하여 양심에 따라 직무를 행한다.

③ 국회의원은 그 지위를 남용하여 국가·공공단체 또는 기업체와의 계약이나 그 처분에 의하여 재산상의 권리·이익 또는 직위를 취득하거나 타인을 위하여 그 취득을 알선할 수 없다.

제47조 ① 국회의 정기회는 법률이 정하는 바에 의하여 매년 1회 집회되며, 국회의 임시회는 대통령 또는 국회재적의원 4분의 1 이상의 요구에 의하여 집회된다.

② 정기회의 회기는 100일을, 임시회의 회기는 30일을 초과할 수 없다.

③ 대통령이 임시회의 집회를 요구할 때에는 기간과 집회요구의 이유를 명시하여야 한다.

제48조 국회는 의장 1인과 부의장 2인을 선출한다.

제49조 국회는 헌법 또는 법률에 특별한 규정이 없는 한 재적의원 과반수의 출석과 출석의원 과반수의 찬성으로 의결한다. 가부동수인 때에는 부결된 것으로 본다.

제50조 ① 국회의 회의는 공개한다. 다만, 출석의원 과반수의 찬성이 있거나 의장이 국가의 안전보장을 위하여 필요하다고 인정할 때에는 공개하지 아니할 수 있다.

② 공개하지 아니한 회의내용의 공표에 관하여는 법률이 정하는 바에 의한다.

제51조 국회에 제출된 법률안 기타의 의안은 회기 중에 의결되지 못한 이유로

폐기되지 아니한다. 다만, 국회의원의 임기가 만료된 때에는 그러하지 아니하다.

제52조 국회의원과 정부는 법률안을 제출할 수 있다.

제53조 ① 국회에서 의결된 법률안은 정부에 이송되어 15일 이내에 대통령이 공포한다.

② 법률안에 이의가 있을 때에는 대통령은 제1항의 기간내에 이의서를 붙여 국회로 환부하고, 그 재의를 요구할 수 있다. 국회의 폐회 중에도 또한 같다.

③ 대통령은 법률안의 일부에 대하여 또는 법률안을 수정하여 재의를 요구할 수 없다.

④ 재의의 요구가 있을 때에는 국회는 재의에 붙이고, 재적의원 과반수의 출석과 출석의원 3분의 2 이상의 찬성으로 전과 같은 의결을 하면 그 법률안은 법률로서 확정된다.

⑤ 대통령이 제1항의 기간내에 공포나 재의의 요구를 하지 아니한 때에도 그 법률안은 법률로서 확정된다.

⑥ 대통령은 제4항과 제5항의 규정에 의하여 확정된 법률을 지체없이 공포하여야 한다. 제5항에 의하여 법률이 확정된 후 또는 제4항에 의한 확정법률이 정부에 이송된 후 5일 이내에 대통령이 공포하지 아니할 때에는 국회의장이 이를 공포한다.

⑦ 법률은 특별한 규정이 없는 한 공포한 날로부터 20일을 경과함으로써 효력을 발생한다.

제54조 ① 국회는 국가의 예산안을 심의·확정한다.

② 정부는 회계연도마다 예산안을 편성하여 회계연도 개시 90일 전까지 국회에 제출하고, 국회는 회계연도 개시 30일 전까지 이를 의결하여야 한다.

③ 새로운 회계연도가 개시될 때까지 예산안이 의결되지 못한 때에는 정부는 국회에서 예산안이 의결될 때까지 다음의 목적을 위한 경비는 전년도 예산에 준하여 집행할 수 있다.

1. 헌법이나 법률에 의하여 설치된 기관 또는 시설의 유지·운영
2. 법률상 지출의무의 이행
3. 이미 예산으로 승인된 사업의 계속

제55조 ① 한 회계연도를 넘어 계속하여 지출할 필요가 있을 때에는 정부는 연한을 정하여 계속비로서 국회의 의결을 얻어야 한다.

② 예비비는 총액으로 국회의 의결을 얻어야 한다. 예비비의 지출은 차기국회의 승인을 얻어야 한다.

제56조 정부는 예산에 변경을 가할 필요가 있을 때에는 추가경정예산안을 편성하여 국회에 제출할 수 있다.

제57조 국회는 정부의 동의없이 정부가 제출한 지출예산 각항의 금액을 증가하거나 새 비목을 설치할 수 없다.

제58조 국채를 모집하거나 예산 외에 국가의 부담이 될 계약을 체결하려 할 때에는 정부는 미리 국회의 의결을 얻어야 한다.

제59조 조세의 종목과 세율은 법률로 정한다.

제60조 ① 국회는 상호원조 또는 안전보장에 관한 조약, 중요한 국제조직에 관한 조약, 우호통상항해조약, 주권의 제약에 관한 조약, 강화조약, 국가나 국민에게 중대한 재정적 부담을 지우는 조약 또는 입법사항에 관한 조약의 체결·비준에 대한 동의권을 가진다.

② 국회는 선전포고, 국군의 외국에의 파견 또는 외국군대의 대한민국 영역 안에서의 주류에 대한 동의권을 가진다.

제61조 ① 국회는 국정을 감사하거나 특정한 국정사안에 대하여 조사할 수 있

으며, 이에 필요한 서류의 제출 또는 증인의 출석과 증언이나 의견의 진술을 요구할 수 있다.
② 국정감사 및 조사에 관한 절차 기타 필요한 사항은 법률로 정한다.

제62조 ① 국무총리·국무위원 또는 정부위원은 국회나 그 위원회에 출석하여 국정처리상황을 보고하거나 의견을 진술하고 질문에 응답할 수 있다.
② 국회나 그 위원회의 요구가 있을 때에는 국무총리·국무위원 또는 정부위원은 출석·답변하여야 하며, 국무총리 또는 국무위원이 출석요구를 받은 때에는 국무위원 또는 정부위원으로 하여금 출석·답변하게 할 수 있다.

제63조 ① 국회는 국무총리 또는 국무위원의 해임을 대통령에게 건의할 수 있다.
② 제1항의 해임건의는 국회재적의원 3분의 1 이상의 발의에 의하여 국회재적의원 과반수의 찬성이 있어야 한다.

제64조 ① 국회는 법률에 저촉되지 아니하는 범위 안에서 의사와 내부규율에 관한 규칙을 제정할 수 있다.
② 국회는 의원의 자격을 심사하며, 의원을 징계할 수 있다.
③ 의원을 제명하려면 국회재적의원 3분의 2 이상의 찬성이 있어야 한다.
④ 제2항과 제3항의 처분에 대하여는 법원에 제소할 수 없다.

제65조 ① 대통령·국무총리·국무위원·행정각부의 장·헌법재판소 재판관·법관·중앙선거관리위원회 위원·감사원장·감사위원 기타 법률이 정한 공무원이 그 직무집행에 있어서 헌법이나 법률을 위배한 때에는 국회는 탄핵의 소추를 의결할 수 있다.
② 제1항의 탄핵소추는 국회재적의원 3분의 1 이상의 발의가 있어야 하며, 그 의결은 국회재적의원 과반수의 찬성이 있어야 한다. 다만, 대통령에 대한 탄핵소추는 국회재적의원 과반수의 발의와 국회재적의원 3분의 2 이상의 찬성이 있어야 한다.
③ 탄핵소추의 의결을 받은 자는 탄핵심판이 있을 때까지 그 권한행사가 정지된다.
④ 탄핵결정은 공직으로부터 파면함에 그친다. 그러나, 이에 의하여 민사상이나 형사상의 책임이 면제되지는 아니한다.

제4장 정 부

제1절 대 통 령

제66조 ① 대통령은 국가의 원수이며, 외국에 대하여 국가를 대표한다.
② 대통령은 국가의 독립·영토의 보전·국가의 계속성과 헌법을 수호할 책무를 진다.
③ 대통령은 조국의 평화적 통일을 위한 성실한 의무를 진다.
④ 행정권은 대통령을 수반으로 하는 정부에 속한다.

제67조 ① 대통령은 국민의 보통·평등·직접·비밀선거에 의하여 선출한다.
② 제1항의 선거에 있어서 최고득표자가 2인 이상인 때에는 국회의 재적의원 과반수가 출석한 공개회의에서 다수표를 얻은 자를 당선자로 한다.
③ 대통령후보자가 1인일 때에는 그 득표수가 선거권자 총수의 3분의 1 이상이 아니면 대통령으로 당선될 수 없다.
④ 대통령으로 선거될 수 있는 자는 국회의원의 피선거권이 있고 선거일 현재 40세에 달하여야 한다.
⑤ 대통령의 선거에 관한 사항은 법률

로 정한다.

제68조 ① 대통령의 임기가 만료되는 때에는 임기만료 70일 내지 40일 전에 후임자를 선거한다.

② 대통령이 궐위된 때 또는 대통령 당선자가 사망하거나 판결 기타의 사유로 그 자격을 상실한 때에는 60일 이내에 후임자를 선거한다.

제69조 대통령은 취임에 즈음하여 다음의 선서를 한다. "나는 헌법을 준수하고 국가를 보위하며 조국의 평화적 통일과 국민의 자유와 복리의 증진 및 민족문화의 창달에 노력하여 대통령으로서의 직책을 성실히 수행할 것을 국민 앞에 엄숙히 선서합니다."

제70조 대통령의 임기는 5년으로 하며, 중임할 수 없다.

제71조 대통령이 궐위되거나 사고로 인하여 직무를 수행할 수 없을 때에는 국무총리, 법률이 정한 국무위원의 순서로 그 권한을 대행한다.

제72조 대통령은 필요하다고 인정할 때에는 외교·국방·통일 기타 국가안위에 관한 중요정책을 국민투표에 붙일 수 있다.

제73조 대통령은 조약을 체결·비준하고, 외교사절을 신임·접수 또는 파견하며, 선전포고와 강화를 한다.

제74조 ① 대통령은 헌법과 법률이 정하는 바에 의하여 국군을 통수한다.

② 국군의 조직과 편성은 법률로 정한다.

제75조 대통령은 법률에서 구체적으로 범위를 정하여 위임받은 사항과 법률을 집행하기 위하여 필요한 사항에 관하여 대통령령을 발할 수 있다.

제76조 ① 대통령은 내우·외환·천재·지변 또는 중대한 재정·경제상의 위기에 있어서 국가의 안전보장 또는 공공의 안녕질서를 유지하기 위하여 긴급한 조치가 필요하고 국회의 집회를 기다릴 여유가 없을 때에 한하여 최소한으로 필요한 재정·경제상의 처분을 하거나 이에 관하여 법률의 효력을 가지는 명령을 발할 수 있다.

② 대통령은 국가의 안위에 관계되는 중대한 교전상태에 있어서 국가를 보위하기 위하여 긴급한 조치가 필요하고 국회의 집회가 불가능한 때에 한하여 법률의 효력을 가지는 명령을 발할 수 있다.

③ 대통령은 제1항과 제2항의 처분 또는 명령을 한 때에는 지체없이 국회에 보고하여 그 승인을 얻어야 한다.

④ 제3항의 승인을 얻지 못한 때에는 그 처분 또는 명령은 그때부터 효력을 상실한다. 이 경우 그 명령에 의하여 개정 또는 폐지되었던 법률은 그 명령이 승인을 얻지 못한 때부터 당연히 효력을 회복한다.

⑤ 대통령은 제3항과 제4항의 사유를 지체없이 공포하여야 한다.

제77조 ① 대통령은 전시·사변 또는 이에 준하는 국가비상사태에 있어서 병력으로써 군사상의 필요에 응하거나 공공의 안녕질서를 유지할 필요가 있을 때에는 법률이 정하는 바에 의하여 계엄을 선포할 수 있다.

② 계엄은 비상계엄과 경비계엄으로 한다.

③ 비상계엄이 선포된 때에는 법률이 정하는 바에 의하여 영장제도, 언론·출판·집회·결사의 자유, 정부나 법원의 권한에 관하여 특별한 조치를 할 수 있다.

④ 계엄을 선포한 때에는 대통령은 지체없이 국회에 통고하여야 한다.

⑤ 국회가 재적의원 과반수의 찬성으로

계엄의 해제를 요구한 때에는 대통령은 이를 해제하여야 한다.

제78조 대통령은 헌법과 법률이 정하는 바에 의하여 공무원을 임면한다.

제79조 ① 대통령은 법률이 정하는 바에 의하여 사면·감형 또는 복권을 명할 수 있다.

② 일반사면을 명하려면 국회의 동의를 얻어야 한다.

③ 사면·감형 및 복권에 관한 사항은 법률로 정한다.

제80조 대통령은 법률이 정하는 바에 의하여 훈장 기타의 영전을 수여한다.

제81조 대통령은 국회에 출석하여 발언하거나 서한으로 의견을 표시할 수 있다.

제82조 대통령의 국법상 행위는 문서로써 하며, 이 문서에는 국무총리와 관계 국무위원이 부서한다. 군사에 관한 것도 또한 같다.

제83조 대통령은 국무총리·국무위원·행정각부의 장 기타 법률이 정하는 공사의 직을 겸할 수 없다.

제84조 대통령은 내란 또는 외환의 죄를 범한 경우를 제외하고는 재직 중 형사상의 소추를 받지 아니한다.

제85조 전직대통령의 신분과 예우에 관하여는 법률로 정한다.

제 2 절 행 정 부

제 1 관 국무총리와 국무위원

제86조 ① 국무총리는 국회의 동의를 얻어 대통령이 임명한다.

② 국무총리는 대통령을 보좌하며, 행정에 관하여 대통령의 명을 받아 행정각부를 통할한다.

③ 군인은 현역을 면한 후가 아니면 국무총리로 임명될 수 없다.

제87조 ① 국무위원은 국무총리의 제청으로 대통령이 임명한다.

② 국무위원은 국정에 관하여 대통령을 보좌하며, 국무회의의 구성원으로서 국정을 심의한다.

③ 국무총리는 국무위원의 해임을 대통령에게 건의할 수 있다.

④ 군인은 현역을 면한 후가 아니면 국무위원으로 임명될 수 없다.

제 2 관 국무회의

제88조 ① 국무회의는 정부의 권한에 속하는 중요한 정책을 심의한다.

② 국무회의는 대통령·국무총리와 15인 이상 30인 이하의 국무위원으로 구성한다.

③ 대통령은 국무회의의 의장이 되고, 국무총리는 부의장이 된다.

제89조 다음 사항은 국무회의의 심의를 거쳐야 한다.

1. 국정의 기본계획과 정부의 일반정책
2. 선전·강화 기타 중요한 대외정책
3. 헌법개정안·국민투표안·조약안·법률안 및 대통령령안
4. 예산안·결산·국유재산처분의 기본계획·국가의 부담이 될 계약 기타 재정에 관한 중요사항
5. 대통령의 긴급명령·긴급재정경제처분 및 명령 또는 계엄과 그 해제
6. 군사에 관한 중요사항
7. 국회의 임시회 집회의 요구
8. 영전수여
9. 사면·감형과 복권
10. 행정각부간의 권한의 획정
11. 정부 안의 권한의 위임 또는 배정에 관한 기본계획
12. 국정처리상황의 평가·분석
13. 행정각부의 중요한 정책의 수립과 조정

14. 정당해산의 제소
15. 정부에 제출 또는 회부된 정부의 정책에 관계되는 청원의 심사
16. 검찰총장·합동참모의장·각군참모총장·국립대학교총장·대사 기타 법률이 정한 공무원과 국영기업체관리자의 임명
17. 기타 대통령·국무총리 또는 국무위원이 제출한 사항

제90조 ① 국정의 중요한 사항에 관한 대통령의 자문에 응하기 위하여 국가원로로 구성되는 국가원로자문회의를 둘 수 있다.
② 국가원로자문회의의 의장은 직전대통령이 된다. 다만, 직전대통령이 없을 때에는 대통령이 지명한다.
③ 국가원로자문회의의 조직·직무범위 기타 필요한 사항은 법률로 정한다.

제91조 ① 국가안전보장에 관련되는 대외정책·군사정책과 국내정책의 수립에 관하여 국무회의의 심의에 앞서 대통령의 자문에 응하기 위하여 국가안전보장회의를 둔다.
② 국가안전보장회의는 대통령이 주재한다.
③ 국가안전보장회의의 조직·직무범위 기타 필요한 사항은 법률로 정한다.

제92조 ① 평화통일정책의 수립에 관한 대통령의 자문에 응하기 위하여 민주평화통일자문회의를 둘 수 있다.
② 민주평화통일자문회의의 조직·직무범위 기타 필요한 사항은 법률로 정한다.

제93조 ① 국민경제의 발전을 위한 중요정책의 수립에 관하여 대통령의 자문에 응하기 위하여 국민경제자문회의를 둘 수 있다.
② 국민경제자문회의의 조직·직무범위 기타 필요한 사항은 법률로 정한다.

제 3 관 행정각부

제94조 행정각부의 장은 국무위원 중에서 국무총리의 제청으로 대통령이 임명한다.

제95조 국무총리 또는 행정각부의 장은 소관사무에 관하여 법률이나 대통령령의 위임 또는 직권으로 총리령 또는 부령을 발할 수 있다.

제96조 행정각부의 설치·조직과 직무범위는 법률로 정한다.

제 4 관 감사원

제97조 국가의 세입·세출의 결산, 국가 및 법률이 정한 단체의 회계검사와 행정기관 및 공무원의 직무에 관한 감찰을 하기 위하여 대통령소속하에 감사원을 둔다.

제98조 ① 감사원은 원장을 포함한 5인 이상 11인 이하의 감사위원으로 구성한다.
② 원장은 국회의 동의를 얻어 대통령이 임명하고, 그 임기는 4년으로 하며, 1차에 한하여 중임할 수 있다.
③ 감사위원은 원장의 제청으로 대통령이 임명하고, 그 임기는 4년으로 하며, 1차에 한하여 중임할 수 있다.

제99조 감사원은 세입·세출의 결산을 매년 검사하여 대통령과 차년도국회에 그 결과를 보고하여야 한다.

제100조 감사원의 조직·직무범위·감사위원의 자격·감사대상공무원의 범위 기타 필요한 사항은 법률로 정한다.

제 5 장 법　　원

제101조 ① 사법권은 법관으로 구성된 법원에 속한다.
② 법원은 최고법원인 대법원과 각급법

원으로 조직된다.

③ 법관의 자격은 법률로 정한다.

제102조 ① 대법원에 부를 둘 수 있다.

② 대법원에 대법관을 둔다. 다만, 법률이 정하는 바에 의하여 대법관이 아닌 법관을 둘 수 있다.

③ 대법원과 각급법원의 조직은 법률로 정한다.

제103조 법관은 헌법과 법률에 의하여 그 양심에 따라 독립하여 심판한다.

제104조 ① 대법원장은 국회의 동의를 얻어 대통령이 임명한다.

② 대법관은 대법원장의 제청으로 국회의 동의를 얻어 대통령이 임명한다.

③ 대법원장과 대법관이 아닌 법관은 대법관회의의 동의를 얻어 대법원장이 임명한다.

제105조 ① 대법원장의 임기는 6년으로 하며, 중임할 수 없다.

② 대법관의 임기는 6년으로 하며, 법률이 정하는 바에 의하여 연임할 수 있다.

③ 대법원장과 대법관이 아닌 법관의 임기는 10년으로 하며, 법률이 정하는 바에 의하여 연임할 수 있다.

④ 법관의 정년은 법률로 정한다.

제106조 ① 법관은 탄핵 또는 금고 이상의 형의 선고에 의하지 아니하고는 파면되지 아니하며, 징계처분에 의하지 아니하고는 정직·감봉 기타 불리한 처분을 받지 아니한다.

② 법관이 중대한 심신상의 장해로 직무를 수행할 수 없을 때에는 법률이 정하는 바에 의하여 퇴직하게 할 수 있다.

제107조 ① 법률이 헌법에 위반되는 여부가 재판의 전제가 된 경우에는 법원은 헌법재판소에 제청하여 그 심판에 의하여 재판한다.

② 명령·규칙 또는 처분이 헌법이나 법률에 위반되는 여부가 재판의 전제가 된 경우에는 대법원은 이를 최종적으로 심사할 권한을 가진다.

③ 재판의 전심절차로서 행정심판을 할 수 있다. 행정심판의 절차는 법률로 정하되, 사법절차가 준용되어야 한다.

제108조 대법원은 법률에 저촉되지 아니하는 범위 안에서 소송에 관한 절차, 법원의 내부규율과 사무처리에 관한 규칙을 제정할 수 있다.

제109조 재판의 심리와 판결은 공개한다. 다만, 심리는 국가의 안전보장 또는 안녕질서를 방해하거나 선량한 풍속을 해할 염려가 있을 때에는 법원의 결정으로 공개하지 아니할 수 있다.

제110조 ① 군사재판을 관할하기 위하여 특별법원으로서 군사법원을 둘 수 있다.

② 군사법원의 상고심은 대법원에서 관할한다.

③ 군사법원의 조직·권한 및 재판관의 자격은 법률로 정한다.

④ 비상계엄하의 군사재판은 군인·군무원의 범죄나 군사에 관한 간첩죄의 경우와 초병·초소·유독음식물공급·포로에 관한 죄 중 법률이 정한 경우에 한하여 단심으로 할 수 있다. 다만, 사형을 선고한 경우에는 그러하지 아니하다.

제 6 장 헌법재판소

제111조 ① 헌법재판소는 다음 사항을 관장한다.

1. 법원의 제청에 의한 법률의 위헌여부 심판
2. 탄핵의 심판
3. 정당의 해산 심판
4. 국가기관 상호간, 국가기관과 지방자치단체간 및 지방자치단체 상호간의 권한쟁의에 관한 심판
5. 법률이 정하는 헌법소원에 관한 심판

② 헌법재판소는 법관의 자격을 가진 9인의 재판관으로 구성하며, 재판관은 대통령이 임명한다.

③ 제2항의 재판관 중 3인은 국회에서 선출하는 자를, 3인은 대법원장이 지명하는 자를 임명한다.

④ 헌법재판소의 장은 국회의 동의를 얻어 재판관 중에서 대통령이 임명한다.

제112조 ① 헌법재판소 재판관의 임기는 6년으로 하며, 법률이 정하는 바에 의하여 연임할 수 있다.

② 헌법재판소 재판관은 정당에 가입하거나 정치에 관여할 수 없다.

③ 헌법재판소 재판관은 탄핵 또는 금고 이상의 형의 선고에 의하지 아니하고는 파면되지 아니한다.

제113조 ① 헌법재판소에서 법률의 위헌결정, 탄핵의 결정, 정당해산의 결정 또는 헌법소원에 관한 인용결정을 할 때에는 재판관 6인 이상의 찬성이 있어야 한다.

② 헌법재판소는 법률에 저촉되지 아니하는 범위 안에서 심판에 관한 절차, 내부규율과 사무처리에 관한 규칙을 제정할 수 있다.

③ 헌법재판소의 조직과 운영 기타 필요한 사항은 법률로 정한다.

제 7 장 선거관리

제114조 ① 선거와 국민투표의 공정한 관리 및 정당에 관한 사무를 처리하기 위하여 선거관리위원회를 둔다.

② 중앙선거관리위원회는 대통령이 임명하는 3인, 국회에서 선출하는 3인과 대법원장이 지명하는 3인의 위원으로 구성한다. 위원장은 위원 중에서 호선한다.

③ 위원의 임기는 6년으로 한다.

④ 위원은 정당에 가입하거나 정치에 관여할 수 없다.

⑤ 위원은 탄핵 또는 금고 이상의 형의 선고에 의하지 아니하고는 파면되지 아니한다.

⑥ 중앙선거관리위원회는 법령의 범위 안에서 선거관리·국민투표관리 또는 정당사무에 관한 규칙을 제정할 수 있으며, 법률에 저촉되지 아니하는 범위 안에서 내부규율에 관한 규칙을 제정할 수 있다.

⑦ 각급 선거관리위원회의 조직·직무범위 기타 필요한 사항은 법률로 정한다.

제115조 ① 각급 선거관리위원회는 선거인명부의 작성 등 선거사무와 국민투표사무에 관하여 관계 행정기관에 필요한 지시를 할 수 있다.

② 제1항의 지시를 받은 당해 행정기관은 이에 응하여야 한다.

제116조 ① 선거운동은 각급 선거관리위원회의 관리하에 법률이 정하는 범위 안에서 하되, 균등한 기회가 보장되어야 한다.

② 선거에 관한 경비는 법률이 정하는 경우를 제외하고는 정당 또는 후보자에게 부담시킬 수 없다.

제 8 장 지방자치

제117조 ① 지방자치단체는 주민의 복리에 관한 사무를 처리하고 재산을 관리하며, 법령의 범위 안에서 자치에 관한 규정을 제정할 수 있다.

② 지방자치단체의 종류는 법률로 정한다.

제118조 ① 지방자치단체에 의회를 둔다.

② 지방의회의 조직·권한·의원선거와 지방자치단체의 장의 선임방법 기타 지방자치단체의 조직과 운영에 관한 사항

은 법률로 정한다.

제9장 경 제

제119조 ① 대한민국의 경제질서는 개인과 기업의 경제상의 자유와 창의를 존중함을 기본으로 한다.

② 국가는 균형있는 국민경제의 성장 및 안정과 적정한 소득의 분배를 유지하고, 시장의 지배와 경제력의 남용을 방지하며, 경제주체간의 조화를 통한 경제의 민주화를 위하여 경제에 관한 규제와 조정을 할 수 있다.

제120조 ① 광물 기타 중요한 지하자원·수산자원·수력과 경제상 이용할 수 있는 자연력은 법률이 정하는 바에 의하여 일정한 기간 그 채취·개발 또는 이용을 특허할 수 있다.

② 국토와 자원은 국가의 보호를 받으며, 국가는 그 균형있는 개발과 이용을 위하여 필요한 계획을 수립한다.

제121조 ① 국가는 농지에 관하여 경자유전의 원칙이 달성될 수 있도록 노력하여야 하며, 농지의 소작제도는 금지된다.

② 농업생산성의 제고와 농지의 합리적인 이용을 위하거나 불가피한 사정으로 발생하는 농지의 임대차와 위탁경영은 법률이 정하는 바에 의하여 인정된다.

제122조 국가는 국민 모두의 생산 및 생활의 기반이 되는 국토의 효율적이고 균형있는 이용·개발과 보전을 위하여 법률이 정하는 바에 의하여 그에 관한 필요한 제한과 의무를 과할 수 있다.

제123조 ① 국가는 농업 및 어업을 보호·육성하기 위하여 농·어촌종합개발과 그 지원등 필요한 계획을 수립·시행하여야 한다.

② 국가는 지역간의 균형있는 발전을 위하여 지역경제를 육성할 의무를 진다.

③ 국가는 중소기업을 보호·육성하여야 한다.

④ 국가는 농수산물의 수급균형과 유통구조의 개선에 노력하여 가격안정을 도모함으로써 농·어민의 이익을 보호한다.

⑤ 국가는 농·어민과 중소기업의 자조조직을 육성하여야 하며, 그 자율적 활동과 발전을 보장한다.

제124조 국가는 건전한 소비행위를 계도하고 생산품의 품질향상을 촉구하기 위한 소비자보호운동을 법률이 정하는 바에 의하여 보장한다.

제125조 국가는 대외무역을 육성하며, 이를 규제·조정할 수 있다.

제126조 국방상 또는 국민경제상 긴절한 필요로 인하여 법률이 정하는 경우를 제외하고는, 사영기업을 국유 또는 공유로 이전하거나 그 경영을 통제 또는 관리할 수 없다.

제127조 ① 국가는 과학기술의 혁신과 정보 및 인력의 개발을 통하여 국민경제의 발전에 노력하여야 한다.

② 국가는 국가표준제도를 확립한다.

③ 대통령은 제1항의 목적을 달성하기 위하여 필요한 자문기구를 둘 수 있다.

제10장 헌법개정

제128조 ① 헌법개정은 국회재적의원 과반수 또는 대통령의 발의로 제안된다.

② 대통령의 임기연장 또는 중임변경을 위한 헌법개정은 그 헌법개정 제안 당시의 대통령에 대하여는 효력이 없다.

제129조 제안된 헌법개정안은 대통령이 20일 이상의 기간 이를 공고하여야 한다.

제130조 ① 국회는 헌법개정안이 공고된 날로부터 60일 이내에 의결하여야 하며,

국회의 의결은 재적의원 3분의 2 이상의 찬성을 얻어야 한다.
② 헌법개정안은 국회가 의결한 후 30일 이내에 국민투표에 붙여 국회의원선거권자 과반수의 투표와 투표자 과반수의 찬성을 얻어야 한다.
③ 헌법개정안이 제2항의 찬성을 얻은 때에는 헌법개정은 확정되며, 대통령은 즉시 이를 공포하여야 한다.

부 칙

제1조 이 헌법은 1988년 2월 25일부터 시행한다. 다만, 이 헌법을 시행하기 위하여 필요한 법률의 제정·개정과 이 헌법에 의한 대통령 및 국회의원의 선거 기타 이 헌법시행에 관한 준비는 이 헌법시행 전에 할 수 있다.

제2조 ① 이 헌법에 의한 최초의 대통령선거는 이 헌법시행일 40일 전까지 실시한다.
② 이 헌법에 의한 최초의 대통령의 임기는 이 헌법시행일로부터 개시한다.

제3조 ① 이 헌법에 의한 최초의 국회의원선거는 이 헌법공포일로부터 6월 이내에 실시하며, 이 헌법에 의하여 선출된 최초의 국회의원의 임기는 국회의원선거 후 이 헌법에 의한 국회의 최초의 집회일로부터 개시한다.
② 이 헌법공포 당시의 국회의원의 임기는 제1항에 의한 국회의 최초의 집회일 전일까지로 한다.

제4조 ① 이 헌법시행 당시의 공무원과 정부가 임명한 기업체의 임원은 이 헌법에 의하여 임명된 것으로 본다. 다만, 이 헌법에 의하여 선임방법이나 임명권자가 변경된 공무원과 대법원장 및 감사원장은 이 헌법에 의하여 후임자가 선임될 때까지 그 직무를 행하며, 이 경우 전임자인 공무원의 임기는 후임자가 선임되는 전일까지로 한다.
② 이 헌법시행 당시의 대법원장과 대법원판사가 아닌 법관은 제1항 단서의 규정에 불구하고 이 헌법에 의하여 임명된 것으로 본다.
③ 이 헌법 중 공무원의 임기 또는 중임제한에 관한 규정은 이 헌법에 의하여 그 공무원이 최초로 선출 또는 임명된 때로부터 적용한다.

제5조 이 헌법시행 당시의 법령과 조약은 이 헌법에 위배되지 아니하는 한 그 효력을 지속한다.

제6조 이 헌법시행 당시에 이 헌법에 의하여 새로 설치될 기관의 권한에 속하는 직무를 행하고 있는 기관은 이 헌법에 의하여 새로운 기관이 설치될 때까지 존속하며 그 직무를 행한다.

헌법재판소법

제 1 장 총 칙

제 1 조(목적) 이 법은 헌법재판소의 조직 및 운영과 그 심판절차에 관하여 필요한 사항을 정함을 목적으로 한다.

제 2 조(관장사항) 헌법재판소는 다음 각 호의 사항을 관장한다.

1. 법원의 제청에 의한 법률의 위헌 여부 심판
2. 탄핵의 심판
3. 정당의 해산심판
4. 국가기관 상호간, 국가기관과 지방자치단체 간 및 지방자치단체 상호간의 권한쟁의에 관한 심판
5. 헌법소원에 관한 심판

제 3 조(구성) 헌법재판소는 9명의 재판관으로 구성한다.

제 4 조(재판관의 독립) 재판관은 헌법과 법률에 의하여 양심에 따라 독립하여 심판한다.

제 5 조(재판관의 자격) ① 재판관은 다음 각 호의 어느 하나에 해당하는 직에 15년 이상 있던 40세 이상인 사람 중에서 임명한다. 다만, 다음 각 호 중 둘 이상의 직에 있던 사람의 재직기간은 합산한다.

1. 판사, 검사, 변호사
2. 변호사 자격이 있는 사람으로서 국가기관, 국영·공영 기업체, 「공공기관의 운영에 관한 법률」 제4조에 따른 공공기관 또는 그 밖의 법인에서 법률에 관한 사무에 종사한 사람
3. 변호사 자격이 있는 사람으로서 공인된 대학의 법률학 조교수 이상의 직에 있던 사람

② 다음 각 호의 어느 하나에 해당하는 사람은 재판관으로 임명할 수 없다.

1. 다른 법령에 따라 공무원으로 임용하지 못하는 사람
2. 금고 이상의 형을 선고받은 사람
3. 탄핵에 의하여 파면된 후 5년이 지나지 아니한 사람

제 6 조(재판관의 임명) ① 재판관은 대통령이 임명한다. 이 경우 재판관 중 3명은 국회에서 선출하는 사람을, 3명은 대법원장이 지명하는 사람을 임명한다.

② 재판관은 국회의 인사청문을 거쳐 임명·선출 또는 지명하여야 한다. 이 경우 대통령은 재판관(국회에서 선출하거나 대법원장이 지명하는 사람은 제외한다)을 임명하기 전에, 대법원장은 재판관을 지명하기 전에 인사청문을 요청한다.

③ 재판관의 임기가 만료되거나 정년이 도래하는 경우에는 임기만료일 또는 정년도래일까지 후임자를 임명하여야 한다.

④ 임기 중 재판관이 결원된 경우에는 결원된 날부터 30일 이내에 후임자를 임명하여야 한다.

⑤ 제3항 및 제4항에도 불구하고 국회에서 선출한 재판관이 국회의 폐회 또는 휴회 중에 그 임기가 만료되거나 정년이 도래한 경우 또는 결원된 경우에는 국회는 다음 집회가 개시된 후 30일 이내에 후임자를 선출하여야 한다.

제 7 조(재판관의 임기) ① 재판관의 임기

는 6년으로 하며, 연임할 수 있다.

② 재판관의 정년은 70세로 한다.

제8조(재판관의 신분 보장) 재판관은 다음 각 호의 어느 하나에 해당하는 경우가 아니면 그 의사에 반하여 해임되지 아니한다.

1. 탄핵결정이 된 경우
2. 금고 이상의 형을 선고받은 경우

제9조(재판관의 정치 관여 금지) 재판관은 정당에 가입하거나 정치에 관여할 수 없다.

제10조(규칙 제정권) ① 헌법재판소는 이 법과 다른 법률에 저촉되지 아니하는 범위에서 심판에 관한 절차, 내부 규율과 사무처리에 관한 규칙을 제정할 수 있다.

② 헌법재판소규칙은 관보에 게재하여 공포한다.

제10조의2(입법 의견의 제출) 헌법재판소장은 헌법재판소의 조직, 인사, 운영, 심판절차와 그 밖에 헌법재판소의 업무와 관련된 법률의 제정 또는 개정이 필요하다고 인정하는 경우에는 국회에 서면으로 그 의견을 제출할 수 있다.

제11조(경비) ① 헌법재판소의 경비는 독립하여 국가의 예산에 계상하여야 한다.

② 제1항의 경비 중에는 예비금을 둔다.

제2장 조 직

제12조(헌법재판소장) ① 헌법재판소에 헌법재판소장을 둔다.

② 헌법재판소장은 국회의 동의를 받아 재판관 중에서 대통령이 임명한다.

③ 헌법재판소장은 헌법재판소를 대표하고, 헌법재판소의 사무를 총괄하며, 소속 공무원을 지휘·감독한다.

④ 헌법재판소장이 궐위되거나 부득이한 사유로 직무를 수행할 수 없을 때에는 다른 재판관이 헌법재판소규칙으로 정하는 순서에 따라 그 권한을 대행한다.

제13조 삭제

제14조(재판관의 겸직 금지) 재판관은 다음 각 호의 어느 하나에 해당하는 직을 겸하거나 영리를 목적으로 하는 사업을 할 수 없다.

1. 국회 또는 지방의회의 의원의 직
2. 국회·정부 또는 법원의 공무원의 직
3. 법인·단체 등의 고문·임원 또는 직원의 직

제15조(헌법재판소장 등의 대우) 헌법재판소장의 대우와 보수는 대법원장의 예에 따르며, 재판관은 정무직으로 하고 그 대우와 보수는 대법관의 예에 따른다.

제16조(재판관회의) ① 재판관회의는 재판관 전원으로 구성하며, 헌법재판소장이 의장이 된다.

② 재판관회의는 재판관 7명 이상의 출석과 출석인원 과반수의 찬성으로 의결한다.

③ 의장은 의결에서 표결권을 가진다.

④ 다음 각 호의 사항은 재판관회의의 의결을 거쳐야 한다.

1. 헌법재판소규칙의 제정과 개정, 제10조의2에 따른 입법 의견의 제출에 관한 사항
2. 예산 요구, 예비금 지출과 결산에 관한 사항
3. 사무처장, 사무차장, 헌법재판연구원장, 헌법연구관 및 3급 이상 공무원의 임면에 관한 사항
4. 특히 중요하다고 인정되는 사항으로서 헌법재판소장이 재판관회의에 부치는 사항

⑤ 재판관회의의 운영에 필요한 사항은 헌법재판소규칙으로 정한다.

제17조(사무처) ① 헌법재판소의 행정사무를 처리하기 위하여 헌법재판소에 사무처를 둔다.

② 사무처에 사무처장과 사무차장을 둔다.

③ 사무처장은 헌법재판소장의 지휘를 받아 사무처의 사무를 관장하며, 소속 공무원을 지휘·감독한다.

④ 사무처장은 국회 또는 국무회의에 출석하여 헌법재판소의 행정에 관하여 발언할 수 있다.

⑤ 헌법재판소장이 한 처분에 대한 행정소송의 피고는 헌법재판소 사무처장으로 한다.

⑥ 사무차장은 사무처장을 보좌하며, 사무처장이 부득이한 사유로 직무를 수행할 수 없을 때에는 그 직무를 대행한다.

⑦ 사무처에 실, 국, 과를 둔다.

⑧ 실에는 실장, 국에는 국장, 과에는 과장을 두며, 사무처장·사무차장·실장 또는 국장 밑에 정책의 기획, 계획의 입안, 연구·조사, 심사·평가 및 홍보업무를 보좌하는 심의관 또는 담당관을 둘 수 있다.

⑨ 이 법에 규정되지 아니한 사항으로서 사무처의 조직, 직무 범위, 사무처에 두는 공무원의 정원, 그 밖에 필요한 사항은 헌법재판소규칙으로 정한다.

제18조(사무처 공무원) ① 사무처장은 정무직으로 하고, 보수는 국무위원의 보수와 같은 금액으로 한다.

② 사무차장은 정무직으로 하고, 보수는 차관의 보수와 같은 금액으로 한다.

③ 실장은 1급 또는 2급, 국장은 2급 또는 3급, 심의관 및 담당관은 2급부터 4급까지, 과장은 3급 또는 4급의 일반직 국가공무원으로 임명한다. 다만, 담당관 중 1명은 3급 상당 또는 4급 상당의 별정직국가공무원으로 임명할 수 있다.

④ 사무처 공무원은 헌법재판소장이 임면한다. 다만, 3급 이상의 공무원의 경우에는 재판관회의의 의결을 거쳐야 한다.

⑤ 헌법재판소장은 다른 국가기관에 대하여 그 소속 공무원을 사무처 공무원으로 근무하게 하기 위하여 헌법재판소에의 파견근무를 요청할 수 있다.

제19조(헌법연구관) ① 헌법재판소에 헌법재판소규칙으로 정하는 수의 헌법연구관을 둔다.

② 헌법연구관은 특정직국가공무원으로 한다.

③ 헌법연구관은 헌법재판소장의 명을 받아 사건의 심리 및 심판에 관한 조사·연구에 종사한다.

④ 헌법연구관은 다음 각 호의 어느 하나에 해당하는 사람 중에서 헌법재판소장이 재판관회의의 의결을 거쳐 임용한다.

1. 판사·검사 또는 변호사의 자격이 있는 사람
2. 공인된 대학의 법률학 조교수 이상의 직에 있던 사람
3. 국회, 정부 또는 법원 등 국가기관에서 4급 이상의 공무원으로서 5년 이상 법률에 관한 사무에 종사한 사람
4. 법률학에 관한 박사학위 소지자로서 국회, 정부, 법원 또는 헌법재판소 등 국가기관에서 5년 이상 법률에 관한 사무에 종사한 사람
5. 법률학에 관한 박사학위 소지자로서 헌법재판소규칙으로 정하는 대학 등 공인된 연구기관에서 5년 이상 법률에 관한 사무에 종사한 사람

⑤ 삭제

⑥ 다음 각 호의 어느 하나에 해당하는 사람은 헌법연구관으로 임용될 수 없다.

1. 「국가공무원법」 제33조 각 호의 어느 하나에 해당하는 사람
2. 금고 이상의 형을 선고받은 사람
3. 탄핵결정에 의하여 파면된 후 5년이

지나지 아니한 사람

⑦ 헌법연구관의 임기는 10년으로 하되, 연임할 수 있고, 정년은 60세로 한다.

⑧ 헌법연구관이 제6항 각 호의 어느 하나에 해당할 때에는 당연히 퇴직한다. 다만, 「국가공무원법」 제33조 제5호에 해당할 때에는 그러하지 아니하다.

⑨ 헌법재판소장은 다른 국가기관에 대하여 그 소속 공무원을 헌법연구관으로 근무하게 하기 위하여 헌법재판소에의 파견근무를 요청할 수 있다.

⑩ 사무차장은 헌법연구관의 직을 겸할 수 있다.

⑪ 헌법재판소장은 헌법연구관을 사건의 심리 및 심판에 관한 조사·연구업무 외의 직에 임명하거나 그 직을 겸임하게 할 수 있다. 이 경우 헌법연구관의 수는 헌법재판소규칙으로 정하며, 보수는 그 중 고액의 것을 지급한다.

제19조의2(헌법연구관보) ① 헌법연구관을 신규임용하는 경우에는 3년간 헌법연구관보로 임용하여 근무하게 한 후 그 근무성적을 고려하여 헌법연구관으로 임용한다. 다만, 경력 및 업무능력 등을 고려하여 헌법재판소규칙으로 정하는 바에 따라 헌법연구관보 임용을 면제하거나 그 기간을 단축할 수 있다.

② 헌법연구관보는 헌법재판소장이 재판관회의의 의결을 거쳐 임용한다.

③ 헌법연구관보는 별정직국가공무원으로 하고, 그 보수와 승급기준은 헌법연구관의 예에 따른다.

④ 헌법연구관보가 근무성적이 불량한 경우에는 재판관회의의 의결을 거쳐 면직시킬 수 있다.

⑤ 헌법연구관보의 근무기간은 이 법 및 다른 법령에 규정된 헌법연구관의 재직기간에 산입한다.

제19조의3(헌법연구위원) ① 헌법재판소에 헌법연구위원을 둘 수 있다. 헌법연구위원은 사건의 심리 및 심판에 관한 전문적인 조사·연구에 종사한다.

② 헌법연구위원은 3년 이내의 범위에서 기간을 정하여 임명한다.

③ 헌법연구위원은 2급 또는 3급 상당의 별정직공무원이나 「국가공무원법」 제26조의5에 따른 임기제공무원으로 하고, 그 직제 및 자격 등에 관하여는 헌법재판소규칙으로 정한다.

제19조의4(헌법재판연구원) ① 헌법 및 헌법재판 연구와 헌법연구관, 사무처 공무원 등의 교육을 위하여 헌법재판소에 헌법재판연구원을 둔다.

② 헌법재판연구원의 정원은 원장 1명을 포함하여 40명 이내로 하고, 원장 밑에 부장, 팀장, 연구관 및 연구원을 둔다.

③ 원장은 헌법재판소장이 재판관회의의 의결을 거쳐 헌법연구관으로 보하거나 1급인 일반직국가공무원으로 임명한다.

④ 부장은 헌법연구관이나 2급 또는 3급 일반직공무원으로, 팀장은 헌법연구관이나 3급 또는 4급 일반직공무원으로 임명하고, 연구관 및 연구원은 헌법연구관 또는 일반직공무원으로 임명한다.

⑤ 연구관 및 연구원은 다음 각 호의 어느 하나에 해당하는 사람 중에서 헌법재판소장이 보하거나 헌법재판연구원장의 제청을 받아 헌법재판소장이 임명한다.

1. 헌법연구관
2. 변호사의 자격이 있는 사람(외국의 변호사 자격을 포함한다)
3. 학사 또는 석사학위를 취득한 사람으로서 헌법재판소규칙으로 정하는 실적 또는 경력이 있는 사람
4. 박사학위를 취득한 사람

⑥ 그 밖에 헌법재판연구원의 조직과 운영에 필요한 사항은 헌법재판소규칙으로 정한다.

제20조(헌법재판소장 비서실 등) ① 헌법재판소에 헌법재판소장 비서실을 둔다.
② 헌법재판소장 비서실에 비서실장 1명을 두되, 비서실장은 1급 상당의 별정직국가공무원으로 임명하고, 헌법재판소장의 명을 받아 기밀에 관한 사무를 관장한다.
③ 제2항에 규정되지 아니한 사항으로서 헌법재판소장 비서실의 조직과 운영에 필요한 사항은 헌법재판소규칙으로 정한다.
④ 헌법재판소에 재판관 비서관을 둔다.
⑤ 재판관 비서관은 4급의 일반직국가공무원 또는 4급 상당의 별정직국가공무원으로 임명하며, 재판관의 명을 받아 기밀에 관한 사무를 관장한다.

제21조(서기 및 정리) ① 헌법재판소에 서기 및 정리를 둔다.
② 헌법재판소장은 사무처 직원 중에서 서기 및 정리를 지명한다.
③ 서기는 재판장의 명을 받아 사건에 관한 서류의 작성·보관 또는 송달에 관한 사무를 담당한다.
④ 정리는 심판정의 질서유지와 그 밖에 재판장이 명하는 사무를 집행한다.

제 3 장 일반심판절차

제22조(재판부) ① 이 법에 특별한 규정이 있는 경우를 제외하고는 헌법재판소의 심판은 재판관 전원으로 구성되는 재판부에서 관장한다.
② 재판부의 재판장은 헌법재판소장이 된다.

제23조(심판정족수) ① 재판부는 재판관 7명 이상의 출석으로 사건을 심리한다.
② 재판부는 종국심리에 관여한 재판관 과반수의 찬성으로 사건에 관한 결정을 한다. 다만, 다음 각 호의 어느 하나에 해당하는 경우에는 재판관 6명 이상의 찬성이 있어야 한다.

1. 법률의 위헌결정, 탄핵의 결정, 정당해산의 결정 또는 헌법소원에 관한 인용결정을 하는 경우
2. 종전에 헌법재판소가 판시한 헌법 또는 법률의 해석 적용에 관한 의견을 변경하는 경우

제24조(제척·기피 및 회피) ① 재판관이 다음 각 호의 어느 하나에 해당하는 경우에는 그 직무집행에서 제척된다.

1. 재판관이 당사자이거나 당사자의 배우자 또는 배우자였던 경우
2. 재판관과 당사자가 친족관계이거나 친족관계였던 경우
3. 재판관이 사건에 관하여 증언이나 감정을 하는 경우
4. 재판관이 사건에 관하여 당사자의 대리인이 되거나 되었던 경우
5. 그 밖에 재판관이 헌법재판소 외에서 직무상 또는 직업상의 이유로 사건에 관여한 경우

② 재판부는 직권 또는 당사자의 신청에 의하여 제척의 결정을 한다.
③ 재판관에게 공정한 심판을 기대하기 어려운 사정이 있는 경우 당사자는 기피신청을 할 수 있다. 다만, 변론기일에 출석하여 본안에 관한 진술을 한 때에는 그러하지 아니하다.
④ 당사자는 동일한 사건에 대하여 2명 이상의 재판관을 기피할 수 없다.
⑤ 재판관은 제1항 또는 제3항의 사유가 있는 경우에는 재판장의 허가를 받아 회피할 수 있다.
⑥ 당사자의 제척 및 기피신청에 관한 심판에는 「민사소송법」 제44조, 제45조,

제46조 제1항·제2항 및 제48조를 준용한다.

제25조(대표자·대리인) ① 각종 심판절차에서 정부가 당사자(참가인을 포함한다. 이하 같다)인 경우에는 법무부장관이 이를 대표한다.

② 각종 심판절차에서 당사자인 국가기관 또는 지방자치단체는 변호사 또는 변호사의 자격이 있는 소속 직원을 대리인으로 선임하여 심판을 수행하게 할 수 있다.

③ 각종 심판절차에서 당사자인 사인은 변호사를 대리인으로 선임하지 아니하면 심판청구를 하거나 심판 수행을 하지 못한다. 다만, 그가 변호사의 자격이 있는 경우에는 그러하지 아니하다.

제26조(심판청구의 방식) ① 헌법재판소에의 심판청구는 심판절차별로 정하여진 청구서를 헌법재판소에 제출함으로써 한다. 다만, 위헌법률심판에서는 법원의 제청서, 탄핵심판에서는 국회의 소추의결서의 정본으로 청구서를 갈음한다.

② 청구서에는 필요한 증거서류 또는 참고자료를 첨부할 수 있다.

제27조(청구서의 송달) ① 헌법재판소가 청구서를 접수한 때에는 지체 없이 그 등본을 피청구기관 또는 피청구인(이하 "피청구인"이라 한다)에게 송달하여야 한다.

② 위헌법률심판의 제청이 있으면 법무부장관 및 당해 소송사건의 당사자에게 그 제청서의 등본을 송달한다.

제28조(심판청구의 보정) ① 재판장은 심판청구가 부적법하나 보정할 수 있다고 인정되는 경우에는 상당한 기간을 정하여 보정을 요구하여야 한다.

② 제1항에 따른 보정 서면에 관하여는 제27조 제1항을 준용한다.

③ 제1항에 따른 보정이 있는 경우에는 처음부터 적법한 심판청구가 있은 것으로 본다.

④ 제1항에 따른 보정기간은 제38조의 심판기간에 산입하지 아니한다.

⑤ 재판장은 필요하다고 인정하는 경우에는 재판관 중 1명에게 제1항의 보정요구를 할 수 있는 권한을 부여할 수 있다.

제29조(답변서의 제출) ① 청구서 또는 보정 서면을 송달받은 피청구인은 헌법재판소에 답변서를 제출할 수 있다.

② 답변서에는 심판청구의 취지와 이유에 대응하는 답변을 적는다.

제30조(심리의 방식) ① 탄핵의 심판, 정당해산의 심판 및 권한쟁의의 심판은 구두변론에 의한다.

② 위헌법률의 심판과 헌법소원에 관한 심판은 서면심리에 의한다. 다만, 재판부는 필요하다고 인정하는 경우에는 변론을 열어 당사자, 이해관계인, 그 밖의 참고인의 진술을 들을 수 있다.

③ 재판부가 변론을 열 때에는 기일을 정하여 당사자와 관계인을 소환하여야 한다.

제31조(증거조사) ① 재판부는 사건의 심리를 위하여 필요하다고 인정하는 경우에는 직권 또는 당사자의 신청에 의하여 다음 각 호의 증거조사를 할 수 있다.

1. 당사자 또는 증인을 신문하는 일
2. 당사자 또는 관계인이 소지하는 문서·장부·물건 또는 그 밖의 증거자료의 제출을 요구하고 영치하는 일
3. 특별한 학식과 경험을 가진 자에게 감정을 명하는 일
4. 필요한 물건·사람·장소 또는 그 밖의 사물의 성상이나 상황을 검증하는 일

② 재판장은 필요하다고 인정하는 경우

에는 재판관 중 1명을 지정하여 제1항의 증거조사를 하게 할 수 있다.

제32조(자료제출 요구 등) 재판부는 결정으로 다른 국가기관 또는 공공단체의 기관에 심판에 필요한 사실을 조회하거나, 기록의 송부나 자료의 제출을 요구할 수 있다. 다만, 재판·소추 또는 범죄수사가 진행 중인 사건의 기록에 대하여는 송부를 요구할 수 없다.

제33조(심판의 장소) 심판의 변론과 종국결정의 선고는 심판정에서 한다. 다만, 헌법재판소장이 필요하다고 인정하는 경우에는 심판정 외의 장소에서 변론 또는 종국결정의 선고를 할 수 있다.

제34조(심판의 공개) ① 심판의 변론과 결정의 선고는 공개한다. 다만, 서면심리와 평의는 공개하지 아니한다.

② 헌법재판소의 심판에 관하여는 「법원조직법」 제57조 제1항 단서와 같은 조 제2항 및 제3항을 준용한다.

제35조(심판의 지휘와 법정경찰권) ① 재판장은 심판정의 질서와 변론의 지휘 및 평의의 정리를 담당한다.

② 헌법재판소 심판정의 질서유지와 용어의 사용에 관하여는 「법원조직법」 제58조부터 제63조까지의 규정을 준용한다.

제36조(종국결정) ① 재판부가 심리를 마쳤을 때에는 종국결정을 한다.

② 종국결정을 할 때에는 다음 각 호의 사항을 적은 결정서를 작성하고 심판에 관여한 재판관 전원이 이에 서명날인하여야 한다.

1. 사건번호와 사건명
2. 당사자와 심판수행자 또는 대리인의 표시
3. 주문
4. 이유
5. 결정일

③ 심판에 관여한 재판관은 결정서에 의견을 표시하여야 한다.

④ 종국결정이 선고되면 서기는 지체 없이 결정서 정본을 작성하여 당사자에게 송달하여야 한다.

⑤ 종국결정은 헌법재판소규칙으로 정하는 바에 따라 관보에 게재하거나 그 밖의 방법으로 공시한다.

제37조(심판비용 등) ① 헌법재판소의 심판비용은 국가부담으로 한다. 다만, 당사자의 신청에 의한 증거조사의 비용은 헌법재판소규칙으로 정하는 바에 따라 그 신청인에게 부담시킬 수 있다.

② 헌법재판소는 헌법소원심판의 청구인에 대하여 헌법재판소규칙으로 정하는 공탁금의 납부를 명할 수 있다.

③ 헌법재판소는 다음 각 호의 어느 하나에 해당하는 경우에는 헌법재판소규칙으로 정하는 바에 따라 공탁금의 전부 또는 일부의 국고 귀속을 명할 수 있다.

1. 헌법소원의 심판청구를 각하하는 경우
2. 헌법소원의 심판청구를 기각하는 경우에 그 심판청구가 권리의 남용이라고 인정되는 경우

제38조(심판기간) 헌법재판소는 심판사건을 접수한 날부터 180일 이내에 종국결정의 선고를 하여야 한다. 다만, 재판관의 궐위로 7명의 출석이 불가능한 경우에는 그 궐위된 기간은 심판기간에 산입하지 아니한다.

제39조(일사부재리) 헌법재판소는 이미 심판을 거친 동일한 사건에 대하여는 다시 심판할 수 없다.

제39조의2(심판확정기록의 열람·복사) ① 누구든지 권리구제, 학술연구 또는 공익 목적으로 심판이 확정된 사건기록의 열람 또는 복사를 신청할 수 있다. 다만, 헌법재판소장은 다음 각 호

의 어느 하나에 해당하는 경우에는 사건기록을 열람하거나 복사하는 것을 제한할 수 있다.

1. 변론이 비공개로 진행된 경우
2. 사건기록의 공개로 인하여 국가의 안전보장, 선량한 풍속, 공공의 질서유지나 공공복리를 현저히 침해할 우려가 있는 경우
3. 사건기록의 공개로 인하여 관계인의 명예, 사생활의 비밀, 영업비밀(「부정경쟁방지 및 영업비밀보호에 관한 법률」 제2조 제2호에 규정된 영업비밀을 말한다) 또는 생명·신체의 안전이나 생활의 평온을 현저히 침해할 우려가 있는 경우

② 헌법재판소장은 제1항 단서에 따라 사건기록의 열람 또는 복사를 제한하는 경우에는 신청인에게 그 사유를 명시하여 통지하여야 한다.

③ 제1항에 따른 사건기록의 열람 또는 복사 등에 관하여 필요한 사항은 헌법재판소규칙으로 정한다.

④ 사건기록을 열람하거나 복사한 자는 열람 또는 복사를 통하여 알게 된 사항을 이용하여 공공의 질서 또는 선량한 풍속을 침해하거나 관계인의 명예 또는 생활의 평온을 훼손하는 행위를 하여서는 아니 된다.

제40조(준용규정) ① 헌법재판소의 심판절차에 관하여는 이 법에 특별한 규정이 있는 경우를 제외하고는 헌법재판의 성질에 반하지 아니하는 한도에서 민사소송에 관한 법령을 준용한다. 이 경우 탄핵심판의 경우에는 형사소송에 관한 법령을 준용하고, 권한쟁의심판 및 헌법소원심판의 경우에는 「행정소송법」을 함께 준용한다.

② 제1항 후단의 경우에 형사소송에 관한 법령 또는 「행정소송법」이 민사소송에 관한 법령에 저촉될 때에는 민사소송에 관한 법령은 준용하지 아니한다.

제 4 장 특별심판절차

제 1 절 위헌법률심판

제41조(위헌 여부 심판의 제청) ① 법률이 헌법에 위반되는지 여부가 재판의 전제가 된 경우에는 당해 사건을 담당하는 법원(군사법원을 포함한다. 이하 같다)은 직권 또는 당사자의 신청에 의한 결정으로 헌법재판소에 위헌 여부 심판을 제청한다.

② 제1항의 당사자의 신청은 제43조 제2호부터 제4호까지의 사항을 적은 서면으로 한다.

③ 제2항의 신청서면의 심사에 관하여는 「민사소송법」 제254조를 준용한다.

④ 위헌 여부 심판의 제청에 관한 결정에 대하여는 항고할 수 없다.

⑤ 대법원 외의 법원이 제1항의 제청을 할 때에는 대법원을 거쳐야 한다.

제42조(재판의 정지 등) ① 법원이 법률의 위헌 여부 심판을 헌법재판소에 제청한 때에는 당해 소송사건의 재판은 헌법재판소의 위헌 여부의 결정이 있을 때까지 정지된다. 다만, 법원이 긴급하다고 인정하는 경우에는 종국재판 외의 소송절차를 진행할 수 있다.

② 제1항 본문에 따른 재판정지기간은 「형사소송법」 제92조 제1항·제2항 및 「군사법원법」 제132조 제1항·제2항의 구속기간과 「민사소송법」 제199조의 판결 선고기간에 산입하지 아니한다.

제43조(제청서의 기재사항) 법원이 법률의 위헌 여부 심판을 헌법재판소에 제청할 때에는 제청서에 다음 각 호의 사항을 적어야 한다.

1. 제청법원의 표시
2. 사건 및 당사자의 표시
3. 위헌이라고 해석되는 법률 또는 법률의 조항
4. 위헌이라고 해석되는 이유
5. 그 밖에 필요한 사항

제44조(소송사건 당사자 등의 의견) 당해 소송사건의 당사자 및 법무부장관은 헌법재판소에 법률의 위헌 여부에 대한 의견서를 제출할 수 있다.

제45조(위헌결정) 헌법재판소는 제청된 법률 또는 법률 조항의 위헌 여부만을 결정한다. 다만, 법률 조항의 위헌결정으로 인하여 해당 법률 전부를 시행할 수 없다고 인정될 때에는 그 전부에 대하여 위헌결정을 할 수 있다.

제46조(결정서의 송달) 헌법재판소는 결정일부터 14일 이내에 결정서 정본을 제청한 법원에 송달한다. 이 경우 제청한 법원이 대법원이 아닌 경우에는 대법원을 거쳐야 한다.

제47조(위헌결정의 효력) ① 법률의 위헌결정은 법원과 그 밖의 국가기관 및 지방자치단체를 기속한다.

② 위헌으로 결정된 법률 또는 법률의 조항은 그 결정이 있는 날부터 효력을 상실한다.

③ 제2항에도 불구하고 형벌에 관한 법률 또는 법률의 조항은 소급하여 그 효력을 상실한다. 다만, 해당 법률 또는 법률의 조항에 대하여 종전에 합헌으로 결정한 사건이 있는 경우에는 그 결정이 있는 날의 다음 날로 소급하여 효력을 상실한다.

④ 제3항의 경우에 위헌으로 결정된 법률 또는 법률의 조항에 근거한 유죄의 확정판결에 대하여는 재심을 청구할 수 있다.

⑤ 제4항의 재심에 대하여는 「형사소송법」을 준용한다.

제 2 절 탄핵심판

제48조(탄핵소추) 다음 각 호의 어느 하나에 해당하는 공무원이 그 직무집행에서 헌법이나 법률을 위반한 경우에는 국회는 헌법 및 「국회법」에 따라 탄핵의 소추를 의결할 수 있다.

1. 대통령, 국무총리, 국무위원 및 행정각부의 장
2. 헌법재판소 재판관, 법관 및 중앙선거관리위원회 위원
3. 감사원장 및 감사위원
4. 그 밖에 법률에서 정한 공무원

제49조(소추위원) ① 탄핵심판에서는 국회 법제사법위원회의 위원장이 소추위원이 된다.

② 소추위원은 헌법재판소에 소추의결서의 정본을 제출하여 탄핵심판을 청구하며, 심판의 변론에서 피청구인을 신문할 수 있다.

제50조(권한 행사의 정지) 탄핵소추의 의결을 받은 사람은 헌법재판소의 심판이 있을 때까지 그 권한 행사가 정지된다.

제51조(심판절차의 정지) 피청구인에 대한 탄핵심판 청구와 동일한 사유로 형사소송이 진행되고 있는 경우에는 재판부는 심판절차를 정지할 수 있다.

제52조(당사자의 불출석) ① 당사자가 변론기일에 출석하지 아니하면 다시 기일을 정하여야 한다.

② 다시 정한 기일에도 당사자가 출석하지 아니하면 그의 출석 없이 심리할 수 있다.

제53조(결정의 내용) ① 탄핵심판 청구가 이유 있는 경우에는 헌법재판소는 피청구인을 해당 공직에서 파면하는 결정을 선고한다.

② 피청구인이 결정 선고 전에 해당 공

직에서 파면되었을 때에는 헌법재판소는 심판청구를 기각하여야 한다.

제54조(결정의 효력) ① 탄핵결정은 피청구인의 민사상 또는 형사상의 책임을 면제하지 아니한다.

② 탄핵결정에 의하여 파면된 사람은 결정 선고가 있은 날부터 5년이 지나지 아니하면 공무원이 될 수 없다.

제 3 절 정당해산심판

제55조(정당해산심판의 청구) 정당의 목적이나 활동이 민주적 기본질서에 위배될 때에는 정부는 국무회의의 심의를 거쳐 헌법재판소에 정당해산심판을 청구할 수 있다.

제56조(청구서의 기재사항) 정당해산심판의 청구서에는 다음 각 호의 사항을 적어야 한다.

1. 해산을 요구하는 정당의 표시
2. 청구 이유

제57조(가처분) 헌법재판소는 정당해산심판의 청구를 받은 때에는 직권 또는 청구인의 신청에 의하여 종국결정의 선고 시까지 피청구인의 활동을 정지하는 결정을 할 수 있다.

제58조(청구 등의 통지) ① 헌법재판소장은 정당해산심판의 청구가 있는 때, 가처분결정을 한 때 및 그 심판이 종료한 때에는 그 사실을 국회와 중앙선거관리위원회에 통지하여야 한다.

② 정당해산을 명하는 결정서는 피청구인 외에 국회, 정부 및 중앙선거관리위원회에도 송달하여야 한다.

제59조(결정의 효력) 정당의 해산을 명하는 결정이 선고된 때에는 그 정당은 해산된다.

제60조(결정의 집행) 정당의 해산을 명하는 헌법재판소의 결정은 중앙선거관리위원회가 「정당법」에 따라 집행한다.

제 4 절 권한쟁의심판

제61조(청구 사유) ① 국가기관 상호간, 국가기관과 지방자치단체 간 및 지방자치단체 상호간에 권한의 유무 또는 범위에 관하여 다툼이 있을 때에는 해당 국가기관 또는 지방자치단체는 헌법재판소에 권한쟁의심판을 청구할 수 있다.

② 제1항의 심판청구는 피청구인의 처분 또는 부작위가 헌법 또는 법률에 의하여 부여받은 청구인의 권한을 침해하였거나 침해할 현저한 위험이 있는 경우에만 할 수 있다.

제62조(권한쟁의심판의 종류) ① 권한쟁의심판의 종류는 다음 각 호와 같다.

1. 국가기관 상호간의 권한쟁의심판
   국회, 정부, 법원 및 중앙선거관리위원회 상호간의 권한쟁의심판
2. 국가기관과 지방자치단체 간의 권한쟁의심판
   가. 정부와 특별시·광역시·도 또는 특별자치도 간의 권한쟁의심판
   나. 정부와 시·군 또는 지방자치단체인 구(이하 "자치구"라 한다) 간의 권한쟁의심판
3. 지방자치단체 상호간의 권한쟁의심판
   가. 특별시·광역시·도 또는 특별자치도 상호간의 권한쟁의심판
   나. 시·군 또는 자치구 상호간의 권한쟁의심판
   다. 특별시·광역시·도 또는 특별자치도와 시·군 또는 자치구 간의 권한쟁의심판

② 권한쟁의가 「지방교육자치에 관한 법률」 제2조에 따른 교육·학예에 관한 지방자치단체의 사무에 관한 것인 경우에는 교육감이 제1항 제2호 및 제3호의 당사자가 된다.

제63조(청구기간) ① 권한쟁의의 심판은

그 사유가 있음을 안 날부터 60일 이내에, 그 사유가 있은 날부터 180일 이내에 청구하여야 한다.

② 제1항의 기간은 불변기간으로 한다.

제64조(청구서의 기재사항) 권한쟁의심판의 청구서에는 다음 각 호의 사항을 적어야 한다.

1. 청구인 또는 청구인이 속한 기관 및 심판수행자 또는 대리인의 표시
2. 피청구인의 표시
3. 심판 대상이 되는 피청구인의 처분 또는 부작위
4. 청구 이유
5. 그 밖에 필요한 사항

제65조(가처분) 헌법재판소가 권한쟁의심판의 청구를 받았을 때에는 직권 또는 청구인의 신청에 의하여 종국결정의 선고 시까지 심판 대상이 된 피청구인의 처분의 효력을 정지하는 결정을 할 수 있다.

제66조(결정의 내용) ① 헌법재판소는 심판의 대상이 된 국가기관 또는 지방자치단체의 권한의 유무 또는 범위에 관하여 판단한다.

② 제1항의 경우에 헌법재판소는 권한침해의 원인이 된 피청구인의 처분을 취소하거나 그 무효를 확인할 수 있고, 헌법재판소가 부작위에 대한 심판청구를 인용하는 결정을 한 때에는 피청구인은 결정 취지에 따른 처분을 하여야 한다.

제67조(결정의 효력) ① 헌법재판소의 권한쟁의심판의 결정은 모든 국가기관과 지방자치단체를 기속한다.

② 국가기관 또는 지방자치단체의 처분을 취소하는 결정은 그 처분의 상대방에 대하여 이미 생긴 효력에 영향을 미치지 아니한다.

제 5 절 헌법소원심판

제68조(청구 사유) ① 공권력의 행사 또는 불행사로 인하여 헌법상 보장된 기본권을 침해받은 자는 법원의 재판을 제외하고는 헌법재판소에 헌법소원심판을 청구할 수 있다. 다만, 다른 법률에 구제절차가 있는 경우에는 그 절차를 모두 거친 후에 청구할 수 있다.

② 제41조 제1항에 따른 법률의 위헌 여부 심판의 제청신청이 기각된 때에는 그 신청을 한 당사자는 헌법재판소에 헌법소원심판을 청구할 수 있다. 이 경우 그 당사자는 당해 사건의 소송절차에서 동일한 사유를 이유로 다시 위헌 여부 심판의 제청을 신청할 수 없다.

제69조(청구기간) ① 제68조 제1항에 따른 헌법소원의 심판은 그 사유가 있음을 안 날부터 90일 이내에, 그 사유가 있는 날부터 1년 이내에 청구하여야 한다. 다만, 다른 법률에 따른 구제절차를 거친 헌법소원의 심판은 그 최종결정을 통지받은 날부터 30일 이내에 청구하여야 한다.

② 제68조 제2항에 따른 헌법소원심판은 위헌 여부 심판의 제청신청을 기각하는 결정을 통지받은 날부터 30일 이내에 청구하여야 한다.

제70조(국선대리인) ① 헌법소원심판을 청구하려는 자가 변호사를 대리인으로 선임할 자력이 없는 경우에는 헌법재판소에 국선대리인을 선임하여 줄 것을 신청할 수 있다. 이 경우 제69조에 따른 청구기간은 국선대리인의 선임신청이 있는 날을 기준으로 정한다.

② 제1항에도 불구하고 헌법재판소가 공익상 필요하다고 인정할 때에는 국선대리인을 선임할 수 있다.

③ 헌법재판소는 제1항의 신청이 있는 경우 또는 제2항의 경우에는 헌법재판소규칙으로 정하는 바에 따라 변호사 중에서 국선대리인을 선정한다. 다만, 그

심판청구가 명백히 부적법하거나 이유 없는 경우 또는 권리의 남용이라고 인정되는 경우에는 국선대리인을 선정하지 아니할 수 있다.

④ 헌법재판소가 국선대리인을 선정하지 아니한다는 결정을 한 때에는 지체 없이 그 사실을 신청인에게 통지하여야 한다. 이 경우 신청인이 선임신청을 한 날부터 그 통지를 받은 날까지의 기간은 제69조의 청구기간에 산입하지 아니한다.

⑤ 제3항에 따라 선정된 국선대리인은 선정된 날부터 60일 이내에 제71조에 규정된 사항을 적은 심판청구서를 헌법재판소에 제출하여야 한다.

⑥ 제3항에 따라 선정한 국선대리인에게는 헌법재판소규칙으로 정하는 바에 따라 국고에서 그 보수를 지급한다.

제71조(청구서의 기재사항) ① 제68조 제1항에 따른 헌법소원의 심판청구서에는 다음 각 호의 사항을 적어야 한다.

1. 청구인 및 대리인의 표시
2. 침해된 권리
3. 침해의 원인이 되는 공권력의 행사 또는 불행사
4. 청구 이유
5. 그 밖에 필요한 사항

② 제68조 제2항에 따른 헌법소원의 심판청구서의 기재사항에 관하여는 제43조를 준용한다. 이 경우 제43조 제1호 중 "제청법원의 표시"는 "청구인 및 대리인의 표시"로 본다.

③ 헌법소원의 심판청구서에는 대리인의 선임을 증명하는 서류 또는 국선대리인 선임통지서를 첨부하여야 한다.

제72조(사전심사) ① 헌법재판소장은 헌법재판소에 재판관 3명으로 구성되는 지정재판부를 두어 헌법소원심판의 사전심사를 담당하게 할 수 있다.

② 삭제

③ 지정재판부는 다음 각 호의 어느 하나에 해당되는 경우에는 지정재판부 재판관 전원의 일치된 의견에 의한 결정으로 헌법소원의 심판청구를 각하한다.

1. 다른 법률에 따른 구제절차가 있는 경우 그 절차를 모두 거치지 아니하거나 또는 법원의 재판에 대하여 헌법소원의 심판이 청구된 경우
2. 제69조의 청구기간이 지난 후 헌법소원심판이 청구된 경우
3. 제25조에 따른 대리인의 선임 없이 청구된 경우
4. 그 밖에 헌법소원심판의 청구가 부적법하고 그 흠결을 보정할 수 없는 경우

④ 지정재판부는 전원의 일치된 의견으로 제3항의 각하결정을 하지 아니하는 경우에는 결정으로 헌법소원을 재판부의 심판에 회부하여야 한다. 헌법소원심판의 청구 후 30일이 지날 때까지 각하결정이 없는 때에는 심판에 회부하는 결정(이하 "심판회부결정"이라 한다)이 있는 것으로 본다.

⑤ 지정재판부의 심리에 관하여는 제28조, 제31조, 제32조 및 제35조를 준용한다.

⑥ 지정재판부의 구성과 운영에 필요한 사항은 헌법재판소규칙으로 정한다.

제73조(각하 및 심판회부 결정의 통지) ① 지정재판부는 헌법소원을 각하하거나 심판회부결정을 한 때에는 그 결정일부터 14일 이내에 청구인 또는 그 대리인 및 피청구인에게 그 사실을 통지하여야 한다. 제72조 제4항 후단의 경우에도 또한 같다.

② 헌법재판소장은 헌법소원이 제72조 제4항에 따라 재판부의 심판에 회부된 때에는 다음 각 호의 자에게 지체 없이

그 사실을 통지하여야 한다.
1. 법무부장관
2. 제68조 제2항에 따른 헌법소원심판에서는 청구인이 아닌 당해 사건의 당사자

제74조(이해관계기관 등의 의견 제출) ① 헌법소원의 심판에 이해관계가 있는 국가기관 또는 공공단체와 법무부장관은 헌법재판소에 그 심판에 관한 의견서를 제출할 수 있다.

② 제68조 제2항에 따른 헌법소원이 재판부에 심판 회부된 경우에는 제27조 제2항 및 제44조를 준용한다.

제75조(인용결정) ① 헌법소원의 인용결정은 모든 국가기관과 지방자치단체를 기속한다.

② 제68조 제1항에 따른 헌법소원을 인용할 때에는 인용결정서의 주문에 침해된 기본권과 침해의 원인이 된 공권력의 행사 또는 불행사를 특정하여야 한다.

③ 제2항의 경우에 헌법재판소는 기본권 침해의 원인이 된 공권력의 행사를 취소하거나 그 불행사가 위헌임을 확인할 수 있다.

④ 헌법재판소가 공권력의 불행사에 대한 헌법소원을 인용하는 결정을 한 때에는 피청구인은 결정 취지에 따라 새로운 처분을 하여야 한다.

⑤ 제2항의 경우에 헌법재판소는 공권력의 행사 또는 불행사가 위헌인 법률 또는 법률의 조항에 기인한 것이라고 인정될 때에는 인용결정에서 해당 법률 또는 법률의 조항이 위헌임을 선고할 수 있다.

⑥ 제5항의 경우 및 제68조 제2항에 따른 헌법소원을 인용하는 경우에는 제45조 및 제47조를 준용한다.

⑦ 제68조 제2항에 따른 헌법소원이 인용된 경우에 해당 헌법소원과 관련된 소송사건이 이미 확정된 때에는 당사자는 재심을 청구할 수 있다.

⑧ 제7항에 따른 재심에서 형사사건에 대하여는 「형사소송법」을 준용하고, 그 외의 사건에 대하여는 「민사소송법」을 준용한다.

제 5 장 전자정보처리조직을 통한 심판절차의 수행

제76조(전자문서의 접수) ① 각종 심판절차의 당사자나 관계인은 청구서 또는 이 법에 따라 제출할 그 밖의 서면을 전자문서(컴퓨터 등 정보처리능력을 갖춘 장치에 의하여 전자적인 형태로 작성되어 송수신되거나 저장된 정보를 말한다. 이하 같다)화하고 이를 정보통신망을 이용하여 헌법재판소에서 지정·운영하는 전자정보처리조직(심판절차에 필요한 전자문서를 작성·제출·송달하는 데에 필요한 정보처리능력을 갖춘 전자적 장치를 말한다. 이하 같다)을 통하여 제출할 수 있다.

② 제1항에 따라 제출된 전자문서는 이 법에 따라 제출된 서면과 같은 효력을 가진다.

③ 전자정보처리조직을 이용하여 제출된 전자문서는 전자정보처리조직에 전자적으로 기록된 때에 접수된 것으로 본다.

④ 제3항에 따라 전자문서가 접수된 경우에 헌법재판소는 헌법재판소규칙으로 정하는 바에 따라 당사자나 관계인에게 전자적 방식으로 그 접수 사실을 즉시 알려야 한다.

제77조(전자서명 등) ① 당사자나 관계인은 헌법재판소에 제출하는 전자문서에 헌법재판소규칙으로 정하는 바에 따

라 본인임을 확인할 수 있는 전자서명을 하여야 한다.

② 재판관이나 서기는 심판사건에 관한 서류를 전자문서로 작성하는 경우에 「전자정부법」 제2조 제6호에 따른 행정전자서명(이하 "행정전자서명"이라 한다)을 하여야 한다.

③ 제1항의 전자서명과 제2항의 행정전자서명은 헌법재판소의 심판절차에 관한 법령에서 정하는 서명·서명날인 또는 기명날인으로 본다.

第78條(전자적 송달 등) ① 헌법재판소는 당사자나 관계인에게 전자정보처리조직과 그와 연계된 정보통신망을 이용하여 결정서나 이 법에 따른 각종 서류를 송달할 수 있다. 다만, 당사자나 관계인이 동의하지 아니하는 경우에는 그러하지 아니하다.

② 헌법재판소는 당사자나 관계인에게 송달하여야 할 결정서 등의 서류를 전자정보처리조직에 입력하여 등재한 다음 그 등재 사실을 헌법재판소규칙으로 정하는 바에 따라 전자적 방식으로 알려야 한다.

③ 제1항에 따른 전자정보처리조직을 이용한 서류 송달은 서면으로 한 것과 같은 효력을 가진다.

④ 제2항의 경우 송달받을 자가 등재된 전자문서를 헌법재판소규칙으로 정하는 바에 따라 확인한 때에 송달된 것으로 본다. 다만, 그 등재 사실을 통지한 날부터 2주 이내에 확인하지 아니하였을 때에는 등재 사실을 통지한 날부터 2주가 지난 날에 송달된 것으로 본다.

⑤ 제1항에도 불구하고 전자정보처리조직의 장애로 인하여 전자적 송달이 불가능하거나 그 밖에 헌법재판소규칙으로 정하는 사유가 있는 경우에는 「민사소송법」에 따라 송달할 수 있다.

제6장 벌 칙

第79條(벌칙) 다음 각 호의 어느 하나에 해당하는 자는 1년 이하의 징역 또는 100만원 이하의 벌금에 처한다.

1. 헌법재판소로부터 증인, 감정인, 통역인 또는 번역인으로서 소환 또는 위촉을 받고 정당한 사유 없이 출석하지 아니한 자
2. 헌법재판소로부터 증거물의 제출요구 또는 제출명령을 받고 정당한 사유 없이 이를 제출하지 아니한 자
3. 헌법재판소의 조사 또는 검사를 정당한 사유 없이 거부·방해 또는 기피한 자

판례색인

[국내판례]

[독일판례]

사항색인

[ㄴ]

[ㅇ]

[ㅈ]

[ㅌ]

[ㅍ]

[ㅎ]

저자 소개

〔약　력〕

연세대학교 법과대학 및 동대학원(법학사, 법학석사)
독일 뮌헨대학교 법과대학(법학박사)
한림대학교 법학과 교수
헌법재판소 연구위원
헌법재판소 헌법재판연구원장
한국사회정책학회 회장, 한국헌법학회 회장, 한국사회보장법학회 회장, 한국헌법판례학회 회장, 한국공법학회 부회장
현재 연세대학교 법학전문대학원 교수

〔저　서〕

Das Recht der sozialen Sicherheit und seine verfassungsrechtlichen Rahmenbedingungen in der Bundesrepublik Deutschland und in der Republik Korea(Nomos, 1990)
복지국가의 기원(역)(교육과학사, 1992; 법문사, 2005)
사회보장법학(한림대출판부, 1993)
독일사회보장법론(법문사, 1994)
법학개론(공저)(박영사, 1995. 전정3판 2018)
환경오염의 법적 구제와 개선책(공저)(소화, 1996)
한국 가족정책의 이해(공저)(학지사, 1996)
한국사회보장법론(법문사, 1997; 제13판, 집현재, 2024)
한국의 노동법 개정과 노사관계(공저)(한국노동연구원, 2000)
헌법판례연구(법문사, 2000)
판례헌법(공저)(신조사, 2002)
국제사회보장법론(법문사, 2002)
독일사회보장법과 사회정책(박영사, 2008)
사회변화와 입법(공저)(오름, 2008)
한국사회와 장애인정책－복지와 차별금지－(편저)(인간과 복지, 2011)
지속가능성과 법학의 과제(편저)(연세대 출판부, 2012)
복지국가론－기원, 발전, 개편－(신조사, 2012)
한국헌법학의 개척자들(집현재, 2015)(대한민국 학술원 우수학술도서(2016) 선정)
헌법의 기초(집현재, 2016, 제3판 2021)
사회보장법(공저)(신조사, 2011, 제8판, 2024)
국가 질병 관리의 역사: 질병 통제에서 보건의료까지(공저)(이화여대 출판문화원, 2022)(세종도서 학술도서(2022) 선정)
한국사회보장법의 역사(집현재, 2019)
사회복지법연구(공저)(경인문화사, 2019)(세종도서 학술부문(2019) 선정)
연세의 법학자들(Ⅰ)(공저)(연세대 대학출판문화원, 2020)
사회보장법과 헌법재판(집현재, 2021)

한국헌법론 [제 18 판]

2004년 3월 5일 초 판 발행
2005년 2월 25일 제 2 판 발행
2006년 3월 4일 제 3 판 발행
2007년 1월 15일 제 4 판 발행
2009년 2월 20일 제 5 판 발행
2010년 2월 28일 제 6 판 발행
2011년 6월 25일 제 7 판 발행
2013년 1월 15일 제 8 판 발행
2014년 1월 13일 제 9 판 발행
2015년 2월 6일 제10판 발행
2016년 2월 15일 제11판 발행
2017년 2월 1일 제12판 발행
2018년 2월 1일 제13판 발행
2019년 1월 21일 제14판 발행
2020년 2월 17일 제15판 발행
2021년 1월 19일 제16판 발행
2023년 2월 15일 제17판 발행
2025년 2월 17일 제18판 발행

저 자 전 광 석
발행인 위 호 준
발행처 도서출판 **집현재**
06190 서울특별시 강남구 삼성로64길 40
101-1005
전화 (02)332-4922 Fax (02)6442-6906
홈페이지 www.jhjbook.co.kr
e-mail: jyp4922@naver.com

출판등록 2010년 10월 22일
등록번호 제105-91-57581호

정가 54,000원 ISBN 979-11-92436-34-0